INTRODUCTION
A L'HISTOIRE
MODERNE, GÉNÉRALE ET POLITIQUE
DE
L'UNIVERS

TOME SIXIEME.

INTRODUCTION
A L'HISTOIRE
MODERNE, GÉNÉRALE ET POLITIQUE
DE
L'UNIVERS;

Où l'on voit l'origine, la révolution & la situation présente des différents Etats de l'Europe, de l'Asie, de l'Afrique & de l'Amerique :

Commencée par le Baron DE PUFENDORFF, augmentée par M. BRUZEN DE LA MARTINIERE.

NOUVELLE ÉDITION,

Revûe, considérablement augmentée, corrigée sur les meilleurs Auteurs, & continuée jusqu'en mil sept cent cinquante,

Par M. DE GRACE.

TOME SIXIEME.

A PARIS,

Chez
- MERIGOT, pere & fils, Quai des Augustins, près de la rue Gilles-Cœur.
- GRANGE', Libraire-Imprimeur, Grand'Salle du Palais, & rue de la Parcheminerie.
- HOCHEREAU, l'aîné, Quai de Conti, vis-à-vis la Descente du Pont-Neuf, au Phénix.
- ROBUSTEL, Quai des Augustins, près la rue Pavée.

M. DCC. LVIII.
AVEC APPROBATION ET PRIVILEGE DU ROI.

TABLE

Des Articles contenus dans le sixieme Volume.

CHAPITRE PREMIER. *Histoire des Juifs,*	Page 1.
Différentes sortes de Juifs,	67.
Leurs Loix,	ibid.
Forme de leur gouvernement,	68.
Administration de leur République,	ibid.
Peines, ou châtiments,	69.
Ministres de la Religion,	70.
Sacrifices & oblations,	73.
Lieux Saints,	75.
Fêtes des Juifs,	77.
Schismes, sectes & Docteurs des Juifs,	79.
Coutumes & Usages des Juifs, tant anciens que modernes,	82.
Le Talmud,	85.
Cabale des Juifs,	86.
Description Géographique de la Judée,	88.
CHAP. II. *Empire des Assyriens de Ninive,*	96.
CHAP. III. *Empire des Babyloniens,*	110.
Discussion sur la prise de Babylone par Cyrus, & sur le Darius Medus de Daniel,	121.
CHAP. IV. *Empire des Medes,*	134.
CHAP. V. ARTICLE I. *Histoire des Perses depuis Cyrus jusqu'à Alexandre le Grand,*	145.
ART. II. *Histoire des Perses sous les Rois Parthes,*	191.
ART. III. *Histoire des Perses Sassanides jusqu'à la conquête des Arabes,*	225.
ART. IV. *Histoire des mêmes Perses suivant les Ecrivains Orientaux,*	244.
CHAP. VI. *Histoire de la Gréce,*	264.
ART. I. *Topographie de la Gréce,*	267.
ART. II. *Mythologie Grecque. Réflexions préliminaires,*	274.
Précis de la Théogonie d'Hésiode,	285.
Différentes idées des Anciens sur la formation de l'Univers,	291.
Le Tartare,	297.
L'Amour,	298.
L'Ether,	300.

TABLE.

La Nuit & sa famille,	ibid.
Le Sommeil & les Songes,	ibid.
Momus,	301.
Les Hespérides,	ibid.
Némésis,	305.
La Mort,	306.
La Discorde,	ibid.
Famille de la Terre & du Ciel,	ibid.
L'Océan,	308.
La Fortune,	310.
Styx,	311.
Le Soleil,	316.
La Lune,	319.
L'Aurore,	ibid.
Japet,	321.
Atlas,	ibid.
Prométhée, Epimethée & Pandore,	323.
Hécate,	331.
Rhéa & Cybèle,	332.
Les Dactyles, les Curetes, les Corybantes,	337.
Thémis,	340.
Les Cyclopes,	341.
Saturne,	342
Jupiter,	346.
Vesta,	355.
Cérès & Proserpine,	356.
Mysteres d'Eléusis,	359.
Junon,	366.
Hébé,	369.
Mars,	ibid.
Ilithye,	370.
Vulcain,	ibid.
Mnémosine & les Muses,	371.
Les Graces,	372.
Les Parques,	373
Latone, Apollon & Diane,	375.
Minerve,	379.
Mercure,	382.
Bacchus,	385.
Neptune,	390.
Les Telchines,	391.

Pluton,	392.
Famille de la Terre & du Pont,	
Nérée & les Neréides,	395.
Téthys & Pélée,	ibid.
Thaumas & Iris,	396.
Les Harpies,	ibid.
Les Graies & les Gorgones,	397.
Eole,	400.
Borée,	ibid.
Ino & Mélicerte,	ibid.
Glaucus,	401.
Art. III. Des Oracles,	402.
Oracles rendus par les ames des morts,	408.
Oracle de Dodone,	410.
Oracle d'Amphiaraüs,	411.
Oracle de Trophonius,	ibid.
Oracle de Claros,	413.
Oracle de Delphes,	414.
Art. IV. Assemblée des Amphictyons,	420.
Art. V. Guerres Sacrées,	426.
Art. VI. Des Athlétes, des Jeux & des fêtes générales & particulieres de la Gréce,	439.
Du Pugilat,	448.
De la Lutte,	451.
Du Pancrace,	453.
De la Course,	ibid.
Du Disque ou Palet,	458.
Jeux Olympiques,	460.
Jeux Isthmiques,	462.
Jeux Néméens,	463.
Jeux Pythiques,	ibid.
Jeux Carniens,	464.
Fêtes particulieres aux Athéniens,	465.
Art. VII. Des Ministres Sacrés,	467.
Art. VIII. Imprécations publiques,	472.
Art. IX. Origine des Grecs, discussion sur les Pelasges & les Hellenes,	474.
Art. X. Arrivée des Colonies Orientales dans la Gréce, Colonies Grecques, droit des Métropoles sur les Colonies, & devoirs des Colonies envers leurs Métropoles,	493.
Art. XI. Guerres des Grecs contre les Troyens,	501.

Art. XII.	Royaumes de Sicyone, d'Argos & de Mycènes,	512.
Art. XIII.	Lacedemone,	520.
Art. XIV.	Histoire des Hilotes,	536.
Art. XV.	Corinthe,	540.
Art. XVI.	Thebes,	542.
Art. XVII.	Athènes,	545.
	Tribunaux d'Athènes,	546.
	Archontes,	548.
	Aréopage,	550.
	Prytanée,	553.
	Ostracisme,	557.
	Odeum d'Athènes,	559.
	Education de la Jeunesse,	560.
	Rois d'Athènes,	562.
	Nouvelle forme du Gouvernement,	567.

Fin de la Table.

PREFACE.

PRÉFACE.

ON eſt ſans doute ſurpris de trouver dans le ſixieme Volume de cette *Introduction à l'Hiſtoire de l'Univers*, des matieres qui paroiſſoient naturellement devoir faire le ſujet du premier Volume. Il eſt donc de mon intérêt de faire connoître les raiſons qui ont occaſionné cette eſpece d'inverſion.

On n'avoit d'abord eu d'autre deſſein que de corriger la derniere édition de M. de la Martiniere, & en conſéquence on ſuivit ſon plan, c'eſt-à-dire, qu'on commença par l'Hiſtoire de l'Europe. Celui qui s'étoit chargé de la nouvelle édition, avoit déjà revû l'Hiſtoire d'Eſpagne, & elle étoit même imprimée, lorſque je lui ſuccedai dans ce travail. Réfléchiſſant alors qu'il m'en coûteroit plus de réformer l'ouvrage de M. de la Martiniere, que d'en compoſer un nouveau, je me déterminai à prendre ce dernier parti, & j'allai puiſer dans les meilleures ſources qui me furent indiquées par les Sçavants. Je m'apperçus en même temps que l'Hiſtoire d'un pays ſeroit imparfaite, ſi on négligeoit de faire mention de toutes les révolutions qu'il avoit éprouvées depuis ſes

a

premiers habitants connus, jufqu'à nos jours; ainfi je crus qu'il étoit effentiel d'en donner l'Hiftoire ancienne & moderne. C'eft le plan que j'ai fuivi pour toute l'Europe.

Après avoir ainfi traité cette partie du Monde, je ne pouvois me difpenfer de fuivre la même méthode pour l'Afie & l'Afrique, & par conféquent, il étoit néceffaire que je parlaffe des anciennes Monarchies qui ont joué un fi grand rôle dans ces pays. La liaifon qui fe trouve entre l'Hiftoire Grecque & celle de l'Afie, ne me permettoit pas de les féparer, & d'ailleurs elle auroit mal figuré dans l'Hiftoire de l'Europe.

On voit maintenant pour quelles raifons le fixieme Volume contient des évenements de beaucoup antérieurs à ceux qu'on a lus dans les Volumes précédents, & on fent que je ne pouvois prendre une autre route, après avoir été contraint de commencer par l'Hiftoire de l'Europe. En donnant une Introduction à l'Hiftoire ancienne & moderne, j'ai fatisfait plufieurs de mes Lecteurs qui défiroient avoir un ouvrage complet.

Après m'être ainfi juftifié fur un article, je dois informer le Lecteur des motifs qui m'ont engagé à faire ufage de plufieurs Differtations dans un ouvrage dont le titre fembleroit les bannir. Je dis fembleroit, car je ne fuis point perfuadé qu'une Introduction à l'Hiftoire univerfelle ne doive être qu'un fimple abrégé de quelques faits jettés au hafard, tel que l'a donné M. de la Martiniere, même dans fa derniere édition. Je regarde au contraire un pareil ouvrage comme un guide qu'on donne aux jeunes gens pour leur indiquer les véritables fentiers qu'ils doivent fuivre, afin d'arriver à une connoiffance parfaite de l'Hiftoire. On ne peut donc fe

PRÉFACE.

difpenfer de raffembler dans une Introduction tout ce qu'on imagine devoir conduire à ce but.

L'Hiſtoire ancienne eſt une ſorte de labyrinthe, dont les routes encore peu connues, ſervent ſouvent à égarer celui qui les parcourt. La contradiction réelle ou apparente des Auteurs anciens, & la perte des écrits d'un grand nombre d'Hiſtoriens, ſont la cauſe de l'obſcurité qui regne dans l'Hiſtoire des premieres Monarchies. Préſenter toutes ces Hiſtoires ſans aucune critique, c'eſt annoncer qu'on décide les faits; c'eſt aſſurer, pour ainſi dire, qu'on donne comme quelque choſe de poſitif, ce qui eſt encore en queſtion (1). Telles ſont les Hiſtoires anciennes que nos Ecrivains modernes nous ont miſes entre les mains, & dans leſquelles ils ont évité toute diſcuſſion Académique. Ces diſcuſſions ſont cependant d'une grande utilité, puiſqu'elles apprennent à ceux qui veulent s'initier dans les myſteres profonds de l'Hiſtoire, l'avantage qu'ils peuvent retirer d'un Pyrrhoniſme raiſonnable. Elles leur enſeignent le chemin qu'ils doivent prendre pour étudier l'Hiſtoire avec fruit; leur font preſſentir les difficultés ſans nombre qu'ils y rencontreront; leur fourniſſent les moyens d'en applanir pluſieurs, & leur préſentent enfin la méthode que tant d'illuſtres Sçavants ont employée pour diſſiper une partie des ténebres dont l'Hiſtoire des premiers ſiecles eſt enveloppée. Mais en mettant ſous les yeux du Lecteur tous les différents ſyſtêmes imaginés pour parvenir à ce but, c'étoit le jetter dans de nouveaux embarras. Il étoit donc plus à propos de lui offrir ceux qui paroiſſoient les plus naturels, & qui étoient moins

---

(1) Voyez les Réfléxions de M. Freret ſur la maniere d'étudier l'Hiſtoire ancienne. Mém. de l'Acad. des Belles-Lettr. Tome VI. pag. 146. & ſuiv. Tome XVIII. pag. 49. & ſuiv. dans la partie Hiſtorique.

chargés d'hypotheses. C'est à quoi je me suis attaché, en profitant des avis de ceux qui étoient en état de me fournir des lumieres.

L'Histoire ancienne que je donne est tirée en grande partie des Mémoires de l'Académie Royale des Inscriptions & Belles-Lettres ; c'est le précis de ces sçavantes Dissertations, qui font connoître tous les jours l'avantage que la République des Lettres retire d'un Corps si illustre. J'ai fait encore usage de quelques manuscrits qui m'ont été communiqués ; en un mot, j'ai rassemblé tout ce que j'ai cru propre à rendre mon ouvrage plus utile.

En conséquence cette Histoire ancienne n'a presque aucune conformité avec toutes celles qui ont paru jusqu'à présent ; je pourrois même dire qu'elle en est en quelque sorte la critique, puisque les Mémoires dont je me suis servi, n'ont été composés que pour relever les erreurs de quelques Ecrivains même les plus célebres, ou pour éclaircir des points historiques qui avoient déja occupé un grand nombre de Sçavants.

Conduit par de si bons guides, j'offre au Lecteur de nouvelles vûes sur l'Histoire des Assyriens, sur celles des Medes & des Grecs. L'origine de ces derniers, l'arrivée des Colonies étrangeres dans leur pays, la formation de leurs premieres sociétés, leur Religion, &c. sont traitées d'une façon bien différente que partout ailleurs. Le grand nombre d'écrits qui a paru sur les Divinités Grecques, m'a obligé de faire un article sur cette matiere. Ce n'est point une répétition de ce qu'on lit dans nos Mythologues modernes ; c'est un nouveau système qui tend à détruire tous ceux qui ont paru jusqu'à aujourd'hui, & particulierement celui de M. l'Abbé Banier.

PRÉFACE.

J'ai cru devoir m'étendre un peu sur un sujet dont la connoissance nous est devenue, pour ainsi dire, nécessaire, tant par rapport à la Poësie que par rapport aux Sciences & aux Arts.

On trouvera dans les deux autres Volumes qui completeront l'ouvrage, le reste de l'Histoire de l'Asie, celles de l'Afrique & de l'Amérique.

EXPLICATION

Du Fleuron, des Vignettes & Culs-de-lampe du sixieme Volume.

LE sujet du Fleuron est la dispersion des peuples. Le fond de l'Estampe représente une plaine, dans l'éloignement de laquelle on apperçoit la Tour de Babel. Sur le devant paroissent deux colonnes de pierres grossierement construites, qu'on suppose être celles de Seth. Un homme est occupé à lire quelques caracteres tracés, qui sont comme les premiers monuments de l'Histoire ancienne. Les quatre hommes qui sont représentés dans les autres parties de la plaine, & qui indiquent du doigt le point de l'horison vers lequel ils vont porter leurs pas, caractérisent la dispersion des Peuples après la confusion des langues.

La Vignette du Chapitre premier représente l'alliance que Dieu contracte avec le peuple d'Israël. On distingue aisément le Mont Sinaï, & Moyse qui tient les Tables de la Loi.

Le Cul-de-lampe qui est à la fin de l'Histoire des Medes représente le tombeau de Sardanapale, avec des emblêmes qui caractérisent la vie molle de ce Prince.

Le sujet de la Vignette qui est à la tête de l'Histoire des Perses, est le tableau de ce qui se passa entre Cyrus & Crésus, lorsque ce premier voulut faire périr sur un bucher le Roi de Lydie, auquel il fit grace un moment après, comme on l'a vû par l'Histoire.

Le Cul-de-lampe qui est à la fin de l'Histoire des Perses représente un bout de ruines qu'on suppose être celles de Persépolis détruite par les Arabes, sectateurs de Mahomet. Un Soldat Arabe est monté sur une pile de pierres qui désigne une partie des murailles, & y plante l'Etendard de Mahomet. Un autre Soldat brise l'Etendard des Perses, où est l'image du Soleil.

On voit dans la Vignette qui est à la tête de l'Histoire Grecque, Thésée qui rassemble les Peuples de l'Attique. Il est appuyé contre un Olivier, & un Grec est à côté de lui qui tient le plan d'une Ville. Les Laboureurs qu'on apperçoit indiquent le commencement de l'agriculture chez les Grecs.

INTRODUCTION

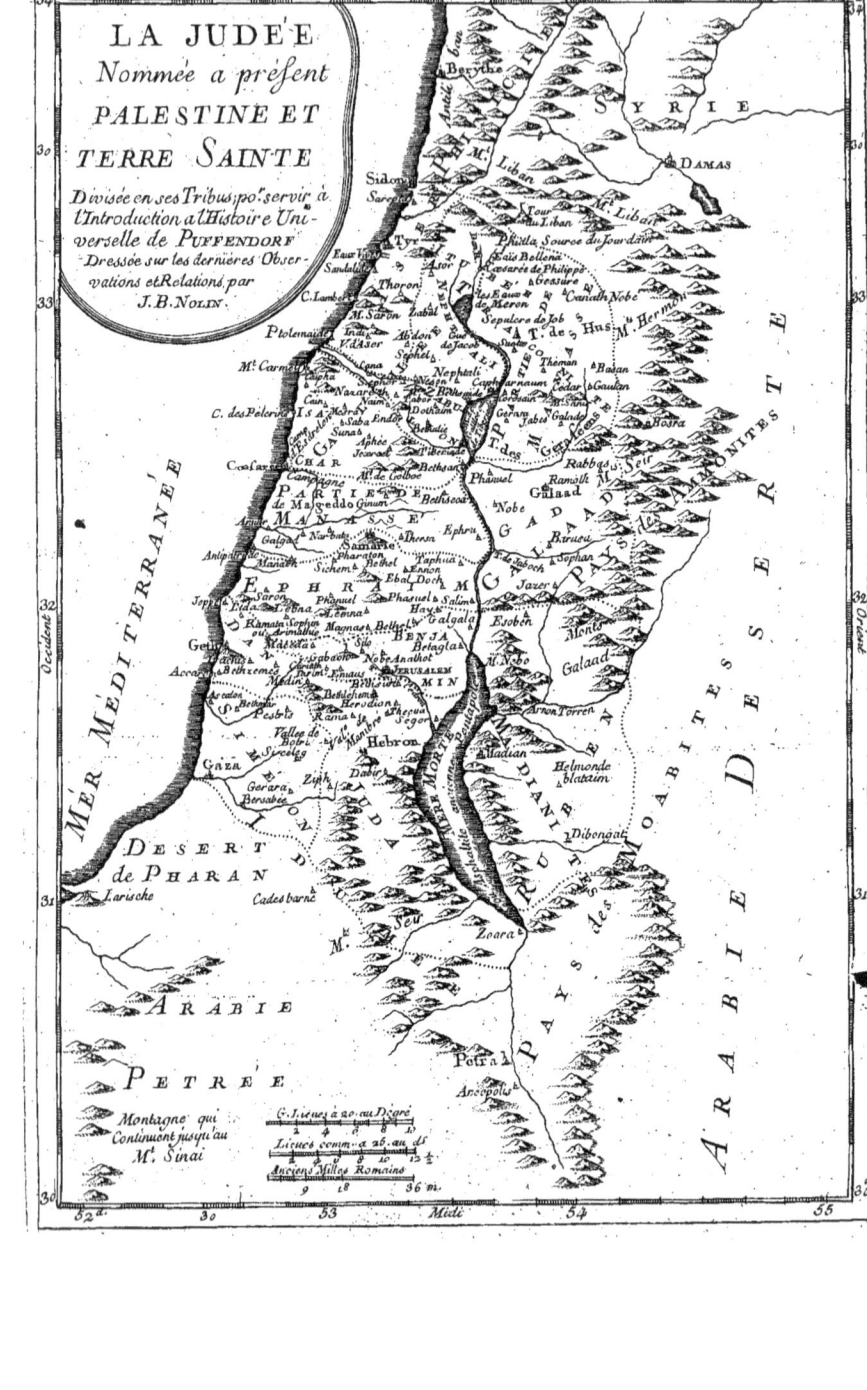

INTRODUCTION
A L'HISTOIRE UNIVERSELLE.

___

CHAPITRE PREMIER.

HISTOIRE DES JUIFS.

'HOMME créé dans l'état d'innocence oublia bientôt ce qu'il devoit à son Créateur, & sa désobéissance, si funeste à ses descendants, lui attira les justes effets de la colère de son Dieu. Chassé d'un séjour délicieux, il ne trouva plus que des ronces & des épines, & la terre ne lui accorda ses bienfaits qu'après un travail dur & pénible. La consolation qu'il esperoit trouver dans sa famille, lui fut refusée, & il eut la douleur de voir périr Abel par la main de son frere. Le genre humain, en se multipliant, s'écarta de plus en plus de la voye de la Justice, & les crimes étant montés à leur comble, Dieu résolut de faire périr les hommes par un Déluge universel. Noé, fils de Lamech, fut excepté de cette punition, & se sauva avec ses trois fils Sem, Cham & Japhet, & leurs femmes.

Tome VI. A

Le souvenir d'un châtiment si terrible se perdit bientôt, & le nombre des hommes s'étant considerablement augmenté, on vit reparoître les mêmes crimes qui avoient excité la vengeance divine contre la nature humaine. Les familles devenues nombreuses formérent differents peuples, qui ne pouvant plus rester dans le même endroit, allerent chercher plus loin de nouvelles habitations. Ce fut alors que se formerent les Empires de Babylone & d'Assyrie. Tandis qu'une partie des hommes se contentoit de la vie champêtre, & ne s'occupoit que de l'agriculture & du soin des troupeaux, une autre partie bâtissoit des villes & perfectionnoit les arts, que les fils de Noé avoient transmis à leurs enfants. Les hommes en s'éloignant de leur origine, avoient oublié ce qu'ils devoient à l'Etre suprême, & le culte divin avoit été profané en le rendant à des Créatures ou à des Etres imaginaires. Au milieu de tant de corruption Dieu se choisit un peuple dont Abraham fut le chef.

Ce Patriarche naquit à Ur ville des Chaldéens, où Tharé son pere, descendant de Sem, fils de Noé, avoit fixé sa demeure. Dans la suite les ordres de Dieu engagerent Abraham à entrer en Mésopotamie, & il s'établit avec toute sa famille à Haran. Tharé mourut dans cette ville qu'Abraham, après cinq ans d'habitation, abandonna pour prendre le chemin du pays de Chanaan, où Dieu lui ordonna de nouveau de se transporter avec Sara sa femme & Loth, fils de son frere. Une grande famine le contraignit de quitter ce pays pour quelque temps & de passer en Egypte; mais aussitôt que les circonstances le purent permettre il rentra en Chanaan. Il se sépara alors de son neveu qui tourna ses pas du côté de Sodome & de Gomorrhe, tandis qu'Abraham dirigea les siens du côté de la vallée de Mambré. Ses liaisons avec les principaux de cet endroit lui fournirent par la suite les moyens de délivrer Loth son neveu, qui avoit été fait prisonnier par Chodorlahomor, Roi des Elamites. Abraham à la nouvelle de cet accident implora le secours de ses amis; il l'obtint aussitôt, & s'étant mis à la poursuite des vainqueurs, il ne tarda pas à les atteindre. Il les surprit pendant la nuit à Dan, les défit, & reprit tout le butin & les prisonniers qu'ils avoient faits.

Abraham de retour à Mambré ou Hébron eut encore une vision, dans laquelle Dieu lui promit de nouveau une nombreuse & puissante postérité. Cependant Sara qui étoit stérile résolut d'adopter Ismael, que sa servante Agar avoit eu d'Abraham; mais quinze ans après elle devint mere d'Isaac, quoiqu'elle eût alors quatre-vingt-dix ans. La joye qu'Abraham & Sara ressentirent à la naissance d'un fils & la tendresse qu'ils conçurent pour lui, causerent de la jalousie à Agar & à Ismael. Ce dernier s'oublia même jusques à maltraiter le jeune Isaac, ce qui obligea Abraham à congédier la mere & le fils. Ils se retirerent dans les deserts de Pharan, & Ismael fut le pere d'un grand peuple. Isaac avoit à peine atteint l'âge de vingt-cinq ans, que Dieu pour éprouver la soumission d'Abraham, lui ordonna de le lui offrir en sacrifice. Le Patriarche n'hésita pas, & il étoit sur le point de donner le coup mortel à son fils, lorsqu'il se sentit arrêter le bras. Dieu lui fit connoître qu'il étoit content de son obéissance, & lui réitéra ses promesses touchant ses descendants. Abraham avoit fait alliance avec Abimelech, & vécut

---

HISTOIRE DES JUIFS.

Naissance d'Abraham.
2056.
Av. J. C.
1967.

Naissance d'Ismael.
1951.
Naissance d'Isaac.
1936.

heureux & tranquille jufqu'à la mort de Sara, qui arriva la cent vingt-feptieme année de fon âge. Cette mort lui caufa beaucoup de chagrin & après qu'il eut rendu les derniers devoirs à fa femme; il fongea à marier Ifaac. Dans cette vûe il envoya Eliezer un de fes plus fideles ferviteurs en Méfopotamie, & le chargea de choifir pour fon fils une épouse dans fa propre famille.

Le domeftique arrivé à Haran s'affit près d'un puits, & attendit que les filles du pays vinffent chercher de l'eau, pour s'informer à elles de la demeure de Nachor, frere d'Abraham. Celle à qui il s'adreffa fe trouva être fille de Nachor, & lui apprit qu'elle fe nommoit Rebecca, & que depuis la mort de fon pere elle demeuroit avec Laban & Bathuel fes freres. L'envoyé d'Abraham perfuadé que Rebecca étoit deftinée à être la femme de fon jeune maître, la pria de lui permettre de loger dans la maifon de fon pere. Elle lui accorda volontiers fa demande; & s'en retourna promptement chez fes freres les prévenir de la rencontre qu'elle avoit faite. Laban alla auffitôt au devant du ferviteur d'Abraham, qui lui fit part alors de la commiffion dont il étoit chargé, & qui lui demanda Rebecca pour Ifaac. Il n'eut pas de peine à l'obtenir; & s'étant mis en chemin avec elle, il fut de retour en fort peu de temps. Abraham fatisfait de fon ferviteur, reçut Rebecca avec joye, & la préfenta à fon fils qui fut charmé de fa beauté. Rebecca ftérile pendant dix-neuf ans, donna le jour à deux jumeaux dans le cours de la vingtième année. Le premier fût nommé Efaü & le fecond Jacob. Abraham eut la confolation de voir naître ces deux enfants, & il ne mourut que plufieurs années après âgé de cent foixante & quinze ans.

Ifaac & fon frere Ifmael enterrerent leur pere auprès de Sara dans la caverne de Macpela, & fe féparerent enfuite. Cependant la différence de caracteres qui fe remarquoit entre Efaü & Jacob, en mit dans les témoignages de tendreffe qu'ils recevoient d'Ifaac & de Rebecca. Efaü avoit beaucoup d'inclination pour la chaffe, & comme il flattoit le goût de fon pere en lui apprêtant le gibier qu'il prenoit, il étoit naturel qu'il eût dans fon efprit la préférence fur fon frere. Rebecca de fon côté aimoit mieux l'humeur douce & paifible de Jacob, & cherchoit à le favorifer en toute occafion. Elle en donna une preuve en l'engageant à fe préfenter à Ifaac pour recevoir la bénédiction qu'il avoit promife à Efaü à fon retour de la chaffe. Jacob craignoit que fon pere quoiqu'aveugle ne s'apperçût qu'on le trompoit, & il repréfenta à fa mere le danger qu'il couroit en ce cas. Rebecca plus hardie encouragea fon fils; & ayant pris deux chevreaux qu'elle apprêta au goût de fon mari, elle couvrit le col & les mains de Jacob avec les peaux de ces animaux, afin qu'il pût aifément paffer pour Efaü qui étoit velu par tout le corps. Jacob, outre ces précautions, s'étoit couvert des habits de fon frere; il entra & demanda à Ifaac s'il vouloit manger ce qu'il lui avoit préparé. Ce Patriarche étonné d'une pareille diligence, & furpris d'ailleurs du fon de voix de Jacob, lui ordonna de s'approcher. Jacob obéit, mais Ifaac ayant fenti la peau qui lui couvroit les mains, & l'odeur des habits d'Efaü, ne fit pas d'autre information, & auffitôt qu'il fe fut raffafié du ragoût que Jacob lui avoit offert, il lui donna fa bénédiction, lui fouhaitant tous les biens céleftes & temporels.

HISTOIRE DES JUIFS.

Mariage d'Ifaac.
1897.

Naiffance d'Efaü & de Jacob.
1877.

Mort d'Abraham.
1862.

A ij

4 INTRODUCTION A L'HISTOIRE

HISTOIRE DES JUIFS.

Jacob étoit à peine retiré qu'Esaü arriva avec le gibier qu'il avoit tué. Il l'accommoda promptement, & en servit un plat devant son pere. Isaac connut alors qu'Esaü avoit été prévenu par son frere; néanmoins persuadé que la Providence avoit reglé cet évenement, il avoua à son fils que Jacob venoit de recevoir la bénédiction qu'il lui destinoit. Esaü pénétré de la douleur la plus vive en donna de sensibles témoignages; de sorte que son pere pour le consoler le bénit aussi; mais les souhaits qu'il lui fit étoient moins étendus que ceux qu'il avoit faits à Jacob. Depuis ce moment Esaü conçut un grand desir de se venger de son frere, à qui il vouloit déjà du mal de l'avoir forcé en quelque sorte à lui céder son droit de primogeniture, pour un rafraîchissement qu'il lui avoit instamment demandé à un retour de chasse. Rebecca instruite de l'indignation d'Esaü contre Jacob, résolut de le soustraire à sa vûe pendant quelque temps. En conséquence elle engagea Isaac à lui donner la permission de l'envoyer chez son frere Laban chercher lui-même une épouse. Isaac consentit d'autant plus volontiers à ce voyage qu'il soupçonnoit aussi les desseins de vengeance d'Esaü, & que d'ailleurs peu satisfait des deux mariages de ce dernier avec des étrangeres, il étoit bien aise que Jacob prît une femme dans sa propre famille.

Départ de Jacob.

1803.

1793.

Jacob après avoir pris congé de son pere, & obtenu de nouveau sa bénédiction se mit en chemin. Il eut pendant sa route une vision qui le consola & lui raffermit le courage, & il arriva heureusement chez son oncle dont il fut reçu avec beaucoup de joye. Laban lui proposa de le servir sept ans, & lui promit de lui donner en récompense pour épouse la plus jeune de ses filles nommée Rachel. Jacob accepta ces offres, & au bout du temps prescrit les nôces furent célébrées; mais le lendemain Jacob s'apperçut qu'il avoit passé la nuit avec Lia, sœur aînée de Rachel. Il en fit ses plaintes à Laban, qui pour s'excuser lui dit qu'il n'étoit pas d'usage de marier les plus jeunes avant leurs aînées, &, comme cette raison étoit peu satisfaisante pour son gendre, il lui dit que Rachel seroit sa femme s'il vouloit rester encore sept ans avec lui de la même façon qu'il y avoit déjà été. Jacob dans l'esperance de posseder Rachel qu'il aimoit tendrement, accepta la proposition de son beau-pere, & lui rendit de grands services. Lorsque les quatorze années furent accomplies, il demanda à son oncle la permission de retourner chez son pere avec ses femmes & ses enfants. Laban chagrin de perdre un gendre dont le séjour lui avoit été fort avantageux, l'invita à rester six nouvelles années chez lui, & à continuer ses mêmes fonctions. Jacob consentit de demeurer à condition que ce qui naîtroit roux, tacheté & picoté dans les troupeaux seroit pour lui. Laban étant d'accord, Jacob travailla à son aggrandissement particulier; de sorte que ses richesses augmenterent en fort peu de temps; & qu'elles exciterent la jalousie de Laban & de ses fils. Ils la lui témoignerent en tant de rencontres, que Jacob irrité de leur ingratitude rassembla ses femmes, ses enfants, ses domestiques & ses troupeaux, & prit avec eux la route de Chanaan pendant que son beau-pere étoit absent.

Retour de Jacob.

1780.

Laban informé du départ de son gendre marcha sur le champ à sa poursuite, & lorsqu'il l'eut atteint il lui fit quelques reproches dont Jacob se justifia pleinement. Cette entrevue qui se passa plus tranquillement qu'il n'y avoit lieu de le penser, finit par un festin & des promesses réciproques de ne jamais chercher à se nuire. Laban après avoir donné sa bénédiction à toute la famille de son gendre, reprit le chemin de sa maison, & Jacob continua sa marche vers Chanaan. Plus il approchoit de la maison paternelle, plus la crainte du ressentiment de son frere jettoit le trouble & l'inquiétude dans son ame. Afin de sortir d'une situation si embarrassante, il envoya quelques serviteurs à Esaü pour l'instruire de son arrivée, & il les chargea de s'informer exactement en quelles dispositions il étoit à son égard. Le retour des messagers augmenta les appréhensions de Jacob, en lui rapportant que son frere venoit à sa rencontre à la tête de quatre cents hommes. Il adressa alors une fervente priere à Dieu : consolé la nuit suivante par une vision qu'il eut, & qui lui fit prendre le nom d'Israel, il avança vers son frere avec plus de fermeté. Aussitôt qu'il l'apperçut il lui offrit ses présents & se prosterna devant lui. Esaü touché de sa soumission l'embrassa tendrement, se reconcilia avec lui, l'assura d'une sincere amitié, & lui fit plusieurs offres que Jacob ne jugea pas à propos d'accepter. Esaü quitta ensuite son frere, & se retira du côté de la montagne de Sehir.

Jacob délivré de toutes les frayeurs dont il avoit été agité pendant son voyage, s'arrêta dans un endroit auquel il donna le nom de Sochot, & y demeura l'espace de deux ans, au bout desquels il alla s'établir à Salem, proche Sichem. Il avoit alors douze enfans, sçavoir, sept de Lia qui étoient 1°. Ruben, né l'an 1792. avant J. C. 2°. Siméon, né l'an 1791. 3°. Levi l'an 1790; 4°. Juda l'an 1789. 5°. Issachar; 6°. Zabulon l'an 1787. & 7°. Dina; deux de Bala servante de Rachel, qui étoient 1°. Dan, né l'an 1789. & 2°. Nephthali l'an 1788. deux de Zelpha servante de Lia, qui étoient 1°. Gad, né l'an 1788. & 2°. Aser l'an 1787. & un de Rachel, sçavoir, Joseph, né l'an 1786. Une si nombreuse famille donnoit une grande satisfaction à Jacob, qui vécut tranquillement jusqu'à ce que la curiosité de Dina vint troubler le bonheur dont il jouissoit. Sichem, fils du Roi des Sichimites, vit à une fête la fille de Jacob; il en devint amoureux, & la fit enlever. Quelque réparation que Hamor, pere de Sichem, fit offrir à Jacob; Siméon & Levi freres de Dina résolurent de tirer vengeance de l'affront fait à leur sœur. Pour cet effet ils feignirent de se rendre aux raisons de Sichem, & prirent des mesures si justes qu'ils massacrerent la plus grande partie des Sichimites, emmenerent leur sœur, & firent un grand butin.

Cette action causa beaucoup de chagrin à Jacob, qui se vit obligé de quitter sa demeure & d'aller à Bethel, où Dieu lui ordonna de bâtir un autel à son honneur. Il y séjourna peu de temps, & souhaitant revoir son pere & sa mere, il tourna ses pas vers Mambré. Pendant qu'il étoit en chemin Rachel accoucha d'un fils qui fut nommé Benjamin, & elle mourut peu de temps après. Jacob pleura sincerement une épouse qu'il avoit toujours cherie; & aussitôt qu'il lui eut rendu les derniers devoirs, il poursuivit sa route. Il arriva enfin auprès d'Isaac, & demeura avec lui jusqu'à la mort de ce Patriarche arrivée la cent quatre-vingtieme année de son âge. Esaü se trouva alors avec son frere; ils enterrerent leur pere dans la caverne de

Histoire des Juifs.

Entrevue de Jacob & d'Esaü.

Naissance de Benjamin, & mort de Rachel.

1770.

Mort d'Isaac.

1756.

Macpela avec Abraham & Sara, & Esaü étant ensuite retourné chez lui, Jacob fixa entierement sa demeure à Mambré. L'affection qu'il avoit pour Benjamin le plus jeune de ses fils le consoloit en quelque sorte de la perte de Joseph qu'il croyoit avoir été dévoré par quelque bête féroce un an après être arrivé dans la maison d'Isaac. Les autres fils de Jacob avoient conçu une violente jalousie contre Joseph, parce qu'il leur avoit raconté quelques songes qui sembloient lui annoncer une grandeur future. Ils chercherent alors à s'en défaire; mais Juda ne voulant point tremper ses mains dans le sang de son frere, avoit persuadé aux autres de le vendre à des marchands Ismaelites qui passoient. Son conseil fut suivi, & ils le retirerent d'une citerne où Ruben l'avoit descendu, dans le dessein de le sauver pendant la nuit. Aussitôt que Joseph fut assez éloigné pour ne plus inquiéter ses freres, ils tremperent sa robe dans le sang d'un bouc, & l'envoyerent à Jacob qui ne douta point de sa mort, & qui en fut sensiblement affligé.

Cependant Joseph arrivé en Egypte fut vendu à un Officier du Roi nommé Putiphar. Il le servit avec beaucoup de soin & de fidélité pendant dix ans, au bout desquels ayant refusé de répondre à la tendresse que la femme de son maître déclara sentir pour lui, il fut mis en prison sur les fausses accusations de cette femme. Il ne tarda pas à gagner la confiance du géolier, qui lui donna l'inspection des autres prisonniers, & il expliqua les songes de deux d'entr'eux qui étoient Officiers du Roi. Comme l'évenement répondit à la prédiction, ce fut l'origine des dignités dont il fut revêtu par la suite. Le Roi d'Egypte eut deux songes qui l'inquiéterent beaucoup, & dont personne de sa Cour ne put lui donner l'explication. Alors un des prisonniers à qui Joseph avoit appris ce que signifioit le rêve qu'il avoit fait, se souvint de cette circonstance, & en parla à Pharaon. Ce Prince fit aussitôt amener Joseph en sa présence, qui lui prédit sept années d'abondance suivies de sept autres de stérilité. Le Roi frappé de la sagesse avec laquelle Joseph lui parla, le nomma Surintendant de tout le Royaume, & lui donna une si grande autorité qu'il étoit le premier après Pharaon. Joseph suivant les ordres du Roi épousa la fille de Potipherah, Prêtre ou Prince d'On, & s'appliqua ensuite à mettre ordre à tout dans le Royaume.

Les sept années d'abondance étant passées, la famine commença à se faire sentir dans l'Egypte, & même jusques dans le pays de Chanaan; de sorte qu'on venoit acheter du bled chez les Egyptiens, dont les magasins étoient abondamment fournis par les soins de Joseph. Jacob qui comme les autres éprouva la disette générale, envoya ses fils en Egypte pour se fournir de grains. Joseph les reconnut, mais il ne voulut se découvrir à eux que lorsqu'ils lui eurent amené Benjamin, que Jacob eut beaucoup de peine à laisser aller. Aussitôt que les enfants de Jacob furent retournés en Egypte avec leur plus jeune frere, Joseph leur apprit quel il étoit, les embrassa, & envoya chercher son pere qu'il établit avec toute sa famille dans le pays de Gessen. Jacob vécut encore 17 ans, & mourut à l'âge de cent quarante-sept ans. Son corps fut porté dans le tombeau de ses peres comme il l'avoit expressément demandé, & Joseph qui lui survécut cinquante-quatre ans, finit ses jours dans sa cent dixieme année. Les autres enfants de Jacob qui sont aussi nommés Patriarches, parce qu'ils sont chefs des douze tribus

HISTOIRE DES JUIFS.

Joseph est vendu par ses freres.

Arrivée de Jacob en Egypte.

1747.
Mort de Jacob,
1730.
Mort de Joseph,
1676.

d'Ifraël, moururent après avoir vû leurs defcendants confiderablement augmentés (1).

L'accroiffement prodigieux des Ifraelites dans l'efpace de 215 ans, caufa de l'ombrage aux Egyptiens, & le Roi qui regnoit alors crut devoir prendre des mefures violentes pour les affoiblir. En conféquence il les accabla de tributs & d'impôts; mais s'appercevant que ces moyens ne rempliffoient pas fes vûes, il commanda à toutes les fages-femmes Hébreufes de détruire tous les enfants mâles qui verroient le jour par leur miniftere. Cet ordre qui ne fut pas d'abord exécuté à la rigueur fut renouvellé avec menaces des plus feveres châtimens contre celles qui n'obéiroient pas. Amram ou Amri petit fils de Levi avoit époufé Jocabeth, dont il avoit déjà eu deux enfants, fçavoir, Miriam ou Marie, & Aaron. Depuis l'Edit du Roi d'Egypte, il leur naquit un troifieme enfant, & Jocabeth malgré la tendreffe naturelle à une mere fut obligée de fe conformer à la loi cruelle impofée par Pharaon. Cependant pour éloigner autant qu'il étoit poffible le moment de la mort de cet enfant, elle l'enferma dans un petit coffre, & l'expofa fur le Nil où il vogua quelque temps jufqu'à ce qu'il fe trouva arrêté par des rofeaux. La fille de Pharaon vint fe baigner en cet endroit, & elle apperçut bientôt le petit berceau & l'enfant qui étoit dedans. Emue de compaffion elle le fit retirer, & ayant donné ordre qu'on cherchât une nourrice, Marie, que fa mere avoit placée à quelque diftance pour obferver ce que deviendroit le berceau, s'offrit d'en amener une, & alla promptement chercher Jocabeth. La Princeffe réfolue d'adopter l'enfant à qui elle fauvoit la vie, lui donna le nom de Moyfe, & recommanda à Jocabeth d'en avoir un grand foin.

La fille de Pharaon fit donner à Moyfe la plus brillante éducation; mais foit qu'il fût inftruit de fon origine, foit un mouvement naturel, il méprifa les fuperftitions des Egyptiens, & fe fentit au contraire beaucoup de compaffion pour les Hébreux qu'il voyoit opprimer. La mort qu'il donna à un Egyptien qui maltraitoit un Ifraelite, le contraignit de fe retirer au pays de Madian. Il fut reçu par Jethro, qui le chargea du foin de fes troupeaux, & lui donna fa fille en mariage. Moyfe fut quarante ans chez fon beaupere, fans ofer rentrer en Egypte, & ce ne fut qu'après des ordres pofitifs de Dieu qu'il fe préfenta devant Pharaon. Aaron qui avoit accompagné Moyfe fon frere demanda au Roi la liberté des Hébreux, & lui annonça de la part de Dieu des maux fans nombre s'il la refufoit. Le Roi d'Egypte irrité de la hardieffe avec laquelle les deux freres lui parloient, refufa abfolument de leur donner fatisfaction, & fit même augmenter les travaux des Ifraelites. La dureté de Pharaon attira fur fes peuples les fléaux de la vengeance célefte, & il fut enfin contraint de laiffer fortir de fes Etats tous les Ifraelites, qui fous la conduite de Moyfe fe mirent en chemin au nombre de fix cent mille fans compter les femmes, les enfants & les vieillards. Pendant

HISTOIRE DES JUIFS.

Naiffance de Moyfe.
1611.

Miffion de Moyfe.
1532.

---

(1) Feu M. Boivin de l'Académie Royale des Belles-Lettres, a fait une Differtation, dans laquelle il prétend prouver que les chefs des Ifraelites en Egypte y ont eu le titre de Rois, & que ce font eux qui font nommés Rois Pafteurs dans l'hiftoire de ce pays. Cet Académicien donne trois états différents aux Ifraelites en Egypte. Ils y furent fucceffivement Pafteurs, Rois & Captifs. Ils refterent, felon lui, dans ce pays quatre cent trente

qu'ils étoient en marche, Pharaon se repentit de les avoir laissé aller, & s'étant mis à la tête d'une armée considerable il les poursuivit, & les atteignit proche la mer Rouge. Les Israelites furent d'abord effrayés à la vûe des Egyptiens, mais rassurés par Moyse ils traverserent le bras de mer qui étoit devant eux, & les eaux se séparerent miraculeusement. Pharaon continue à suivre de près les Hébreux, & comme il étoit imprudemment entré dans l'ouverture qui s'étoit faite à la mer, il fut englouti & périt avec son armée.

Tous les prodiges que Dieu avoit faits en faveur des Israelites ne les toucherent que foiblement, & leurs plaintes & leurs murmures continuels furent cause qu'à l'exception de Josué & de Caleb, aucuns de ceux qui étoient sortis de l'Egypte n'entrerent dans le pays de Chanaan. Ils errerent l'espace de quarante ans, & ne cesserent ou de se défier de la providence qui leur avoit donné tant de marques de protection, ou d'abandonner le culte du vrai Dieu, & de conspirer contre Moyse qui les écoutoit avec tant de patience. Le séjour qu'ils firent aux environs de la montagne de Sinaï fut le plus long & le plus remarquable de tous ceux qu'ils se virent obligés de faire pendant leur passage. Moyse monta seul sur la montagne, & reçut les préceptes de la loi, que Dieu avoit gravés lui-même sur deux tables de pierre. Lorsqu'il descendit il apperçut les Israelites prosternés devant un veau d'or, qu'ils avoient fait construire dans l'idée que Moyse qui avoit été absent quarante jours, ne reviendroit plus. Une pareille conduite irrita Moyse à un tel point qu'il brisa les tables de la loi. Il alla aussitôt trouver son frere, lui fit de violents reproches sur la complaisance qu'il avoit eue, & ordonna aux enfants de Levi de tuer sans distinction tous ceux qui étoient encore occupés à célébrer leur fête idolâtre. Le zele des Levites en cette occasion fut récompensé par la prêtrise dont ils furent revêtus quelque temps après. Moyse fit ensuite de séveres réprimandes au reste des Israelites qui reconnurent leur faute, & le prierent d'interceder pour eux. Cette soumission l'ayant appaisé, il retourna sur la montagne, & obtint le pardon des enfants d'Israel, à condition qu'ils feroient annuellement une fête en mémoire de l'action criminelle qu'ils avoient commise. Moyse resta encore quarante jours & quarante nuits sur la montagne, où il travailla à faire deux tables pareilles à celles qu'il avoit rompues, & où Dieu lui donna de nouvelles instructions.

Moyse de retour vers le peuple lui fit part des ordres de Dieu, & demanda que chacun lui apportât en offrande les choses nécessaires pour la construction

---

ans. Ils passerent soixante & onze ans en qualité de Pasteurs sous les bons Pharaons. Ils porterent la couronne deux cent cinquante-neuf ans & dix mois sous Ephraïm, Beria, Rapha, Saraph, Thalé & Thaan, qui sont nommés dans le premier livre des Paralipomenes, chap. VII. & qu'on appelle en langue Egyptienne, Salatis, Beon, Apachnas, Apophis, Janias & Assis; enfin quatre-vingt dix-neuf ans & deux mois de servitude sous les mauvais Pharaons. M. Boivin appuye son système sur plusieurs passages de la Genese, des Paralipomenes, des Nombres & même des Pseaumes. Il employe aussi le témoignage de Manethon & de Josephe. M. l'Abbé Banier cherche à détruire cette opinion dans un Mémoire qu'il a fait pour répondre à celui de M. Boivin, & ce dernier fit une Réplique pour tâcher de renverser les objections de M. l'Abbé Banier. Voyez les Mémoires de l'Académie des Belles-Lettres, T. III, dans la partie historique, p. 31. & suiv.

du tabernacle, de l'arche, des uftenfiles & des habits facerdotaux. L'empreffement avec lequel il fut obéi, effaça en quelque forte les fautes paffées, & ceux qui furent chargés de ces ouvrages firent tant de diligence que tout fut achevé en fix mois. Aaron & fes fils inftalés dans le Sacerdoce commencerent alors à offrir des facrifices. Les nouveaux murmures que Moyfe eut encore à effuyer après avoir quitté le défert de Sinaï, furent caufe qu'il choifit par l'ordre de Dieu foixante & dix des principaux de toutes les Tribus, pour l'aider à gouverner un peuple qui devenoit de plus en plus indocile. Arrivé dans le défert de Pharan, Dieu commanda que douze hommes, fçavoir, un de chaque Tribu, fuffent envoyés en Chanaan afin d'examiner la force & la nature du pays. Ils furent de retour au bout de quarante jours, & apporterent des fruits fi beaux & d'un goût fi exquis, que tout le peuple en fut d'abord enchanté ; mais les efpions ayant repréfenté la force des villes, & la taille gigantefque des habitants, chacun tomba dans le découragement. Jofué & Caleb qui avoient été du nombre des douze envoyés, firent des efforts inutiles pour raffurer les efprits : la confternation étoit générale, & on réfolut de retourner en Egypte avec menace de lapider ceux qui voudroient s'y oppofer. La voix de Dieu fe fit entendre, & la crainte du châtiment fit enfin rentrer dans le devoir & la foumiffion un peuple toujours prêt à murmurer, & à fe plaindre.

Les Ifraelites, que la crainte avoit rendus fi lâches, tomberent bientôt dans une extrémité contraire ; ils prirent les armes, & malgré les repréfentations de Moyfe, ils marcherent pour fe rendre maîtres des paffages des montagnes voifines. Cette nouvelle défobéiffance fut punie. Les Amalécites (1) & les Chananéens (2) qui gardoient ces défilés les défendirent

(1) Les Amalécites, fuivant l'opinion la plus commune, devoient leur origine à Amalec, fils naturel d'Eliphaz, premier né d'Efaü. Les Arabes, qui ne font pas même d'accord entr'eux touchant Amalec, le font bien antérieur à Abraham, & ce qu'ils débitent de fa généalogie ne paroît avoir aucun fondement. On ignore comment la famille d'Amalec fe fépara de celles qui defcendoient auffi d'Efaü, & on n'eft pas plus inftruit du lieu où elle fixa d'abord fa demeure. A l'égard du Royaume que les Amalécites fonderent par la fuite, il y a lieu de penfer, fi on en croit Jofephe, qu'il étoit borné au Nord par le pays de Chanaan ; au Midi par l'Egypte ; à l'Orient par Edom, & à l'Occident par les déferts du côté de la mer, ou par la mer même. Ils en vinrent plufieurs fois aux mains avec les Ifraelites, la premiere fois un peu avant que ces derniers arrivaffent aux environs du mont Sinaï. Les Ifraelites eurent en cette occafion tout l'avantage ; mais les Amalécites furent victorieux à leur tour, lorfque les Hébreux les attaquerent contre les ordres de Dieu. Depuis ce temps ils mirent tout en ufage pour exterminer le peuple d'Ifrael jufqu'au regne de Saül, qui détruifit prefqu'entierement cette nation que Dieu avoit profcrite. Cependant ceux qui étoient échappés au carnage général retournerent dans leur patrie, où ils commencerent de nouveau à fe rendre redoutables. David les vainquit ; & en maffacra une bonne partie. Les autres raffemblerent leurs forces, & dans la réfolution de fe venger, ils prirent le chemin de Ziklag, & pendant l'abfence de David ils mirent le feu à cette ville, & emmenerent tous les habitants. David informé de cette action pourfuivit les Amalécites qu'il furprit, & qu'il paffa tous au fil de l'épée, à l'exception de quatre cent qui trouverent moyen de fe fauver. Alors la nation trop affoiblie ne put fe relever, & elle fut entierement exterminée fous le regne d'Ezechias par les defcendants de Siméon, qui fe mirent en poffeffion de la contrée qu'elle occupoit. Il paroit que le gouvernement des Amalécites étoit monarchique, &, fuivant l'Ecriture, un de leurs premiers Rois fe nommoit Agag, nom que portoit auffi le dernier de ces Princes.

(2) On regarde les enfans de Chanaan,

Tome VI.

HISTOIRE DES JUIFS.

vigoureusement, & firent un grand carnage des Hébreux. Ce fut quelque temps après cet échec que Core, Dathan, Abiram & On se révolterent avec tant de hauteur contre Moyse & Aaron, & qu'ils furent punis si séverement avec une grande partie du peuple complice de leur crime. Les Israelites arrivés à Kadesh recommencerent à se défier de la Providence, parce qu'ils manquoient d'eau. Moyse irrité frappa deux fois d'un air d'impatience un rocher, duquel Dieu lui avoit dit qu'il feroit sortir de l'eau. Cette action déplut à Dieu, qui le condamna à mourir aussi dans le désert; ensuite Eléazar, fils d'Aaron, fut revêtu des habits sacerdotaux de son pere.

Mort d'Aaron.

1492.

Aaron mourut aussi-tôt, & fut enterré sur la montagne de Hor. Les jours de deuil passés les enfants d'Israel se remirent en marche, & dès leur premier campement ils firent de nouvelles plaintes qui leur attirerent une nouvelle punition. Des serpents par leurs morsures firent mourir un grand nombre de ces rebelles, & ceux qui furent épargnés n'obtinrent leur guerison qu'en reconnoissant leur faute, & en regardant un serpent d'airain que Moyse avoit fait construire & placer dans un endroit élevé.

Après diverses marches, dans lesquelles les Israelites passerent entre les pays des Moabites & des Ammonites (1) sans y faire d'hostilités, ils arriverent enfin chez les (2) Amorrhéens. Sihon, Roi de Heshbon, marcha aussi-tôt à leur rencontre, fut défait, & perdit une grande partie de son Royaume, dont les habitants furent massacrés sans exception. Le Roi de Basan subit le même sort, & son pays fut partagé entre les Tribus de Manassé & de Gad. A l'égard du Royaume de Sihon, Gad en eut une partie, & Ruben l'autre. Cependant Balac, Roi de Moab, n'étoit pas sans inquiétude; le voisinage des Israelites qui venoient de donner des preuves éclatantes de leur valeur, lui faisoit appréhender qu'ils ne tournassent leurs armes contre lui. Pour se mettre en état de les recevoir, il se ligua avec

fils de Cham, comme les chefs des peuples qui habitoient le pays de Chanaan ou de promission. Chanaan avoit eu onze fils, sçavoir, Sidon ou Zidon, Heth, Jebusi, Amori, Gergashi, Hevi, Archi, Sini, Arvadi, Zemari & Hemathi. On ne sçait pour quelle raison un des peuples, dont ils furent les chefs, porta plus particulierement le nom de Chananéens. Sept-d'entre ces nations furent principalement l'objet des malédictions prononcées par Noé, & ils furent enfin exterminés par les Israelites, ou soumis à cette nation. Tous-ces Peuples ou Tribus furent sans doute subdivisés, puisqu'on trouve dans le pays de Chanaan jusqu'à trente & un Rois ou Chefs, tels que ceux de Jericho, d'Haï, de Jerusalem, d'Hebron, &c.

(1) Les Moabites & les Ammonites descendoient les premiers de Moab, fils de Loth & de sa fille aînée, & les seconds d'Ammon, fils que le même Patriarche eut de sa fille cadette. On sçait que Loth pour éviter d'être enveloppé dans l'embrasement de Sodome & des autres villes, en étoit sorti avec sa femme & ses filles. La femme de ce Patriarche n'ayant pu resister à la curiosité, tourna la tête malgré les menaces que les Anges lui avoient faites, & fut changée en statue de sel. Loth effrayé se retira avec ses filles dans une caverne, où il commit un inceste avec elles sans s'en appercevoir, parce qu'elles l'avoient enyvré à dessein. L'aînée devint mere de Moab, comme on l'a déjà dit, & la cadette donna le jour à Ammon. On croit que les peuples dont ils furent les chefs étoient établis en deçà du Jourdain. Les Israelites ne les attaquerent point dans leur passage à cause des défenses expresses de Dieu, qui déclara leur avoir donné le pays qu'ils possedoient.

(2) Les Amorrhéens qui avoient pour Chef Amor, fils de Chanaan, étoient possesseurs d'une partie de la Terre de promission. Ils s'étoient divisés en plusieurs Peuples ou Tribus, gouvernées chacune par des Rois ou Chefs.

les Madianites (1) & les Ammonites. Néanmoins il résolut auparavant de consulter Balaam, Prophete ou Devin. Balaam refusa de maudire le peuple Hébreux, comme il en étoit prié par le Roi de Moab ; mais il conseilla à ce dernier d'envoyer au camp des Israelites les plus belles filles des Moabites & des Ammonites, avec les instructions nécessaires. Ce stratagême eut tout le succès que Balaam en attendoit ; les Israelites touchés de la beauté de ces filles, oublierent bientôt leurs devoirs, & Dieu irrité de leur nouvelle apostasie en fit mourir un grand nombre. Le peuple prit ensuite les armes, & marcha contre cinq Rois de Madian, qui perdirent la vie dans une bataille que les enfants d'Israel leur livrerent. Les villes furent brûlées, & les habitants massacrés, à l'exception des femmes & des enfants qui tomberent en esclavage. Moyse pour punir les Madianites qui avoient cherché à séduire les Hébreux, ordonna que parmi ce grand nombre d'esclaves on ne garderoit que les filles vierges. On fit aussitôt après le dénombrement des enfants d'Israel en état de porter les armes, & on en compta six cent & un mille sept cent trente, sans y comprendre les Levites.

HISTOIRE DES JUIFS.

Moyse, qui par les ordres de Dieu s'étoit rendu sur la montagne de Nebo, vit le pays de promission, & apprit dans ce lieu qu'il alloit bientôt mourir. Cette nouvelle l'engagea à nommer Josué pour son successeur, & il le fit proclamer Chef & Général de tout le peuple d'Israel. Il s'occupa ensuite à différents réglements, & à rappeller au peuple les bienfaits dont il avoit été comblé. Il assembla plusieurs fois toutes les Tribus, leur partagea le pays de Chanaan, les exhorta à observer exactement les loix de Dieu, & finit ses prieres & ses invitations par la bénédiction qu'il leur donna. Après cette derniere cérémonie il monta sur la montagne de Nebo, où il mourut dans la cent vingtieme année de son âge, & on n'a jamais connu le lieu de sa sépulture. Josué chargé de la conduite des enfants d'Israel, se prépara à surmonter les difficultés qui s'opposoient à la conquête du pays de Chanaan. Il envoya d'abord à Jericho deux espions avec ordre de tout examiner avec beaucoup d'attention. Ces hommes logerent chez une femme nommée Rahab, qui les déroba aux recherches que les habitants de la ville en faisoient faire. Les deux espions partirent pendant la nuit, & en reconnoissance du service que Rahab leur avoit rendu, ils lui promirent que sa maison & celles de ses parents seroient exceptées du pillage, lorsque la ville seroit prise. Leur retour au camp fortifia le courage des enfants d'Israel, que Josué avertit de faire des provisions, parce qu'ils alloient passer le Jourdain. Il arriva dans ce passage le même miracle qui s'étoit déjà fait en faveur des Hébreux, lorsqu'ils traverserent la mer Rouge, c'est-à-dire, que les eaux se retirerent, & leur laisserent le chemin libre. Arrivé de l'autre côté du Jourdain, Josué ordonna aux Israelites d'observer la cérémonie de la circoncision qui avoit été suspendue jusqu'alors, & bientôt après ils célébrerent

Mort de Moyse 1451. av. J. C.

---

(1) Madian, fils d'Abraham & de Cetura, fut envoyé avec ses freres par ce Patriarche du côté de l'Orient, afin qu'ils ne pussent faire aucun tort à Isaac seul fils légitime d'Abraham. Madian eut cinq fils, sçavoir, Ephah, Epher, Henoch, Abidah & Edaah. Leurs descendants qui furent nommés Madianites, furent long-temps confondus avec ceux des enfants d'Ismael, & ils se liguerent plusieurs fois avec les Moabites ou les Ismaelites contre les enfants d'Israel.

la Pâque. Dieu inſtruiſit enſuite Joſué de la maniere dont il aſſiégeroit Jericho.

HISTOIRE DES JUIFS.

Les Iſraelites, ſuivant les ordres qu'ils avoient reçus, porterent l'Arche en cérémonie, & firent ainſi ſept fois le tour de la ville. A la fin du ſeptieme tour ils pouſſerent un grand cri, & les murailles tomberent d'elles-mêmes; de ſorte que les enfants d'Iſrael monterent aiſément à l'aſſaut, & ſe rendirent maîtres de la ville. Ils firent d'abord ſortir Rahab avec toute ſa famille, comme on le lui avoit promis, après quoi ils tuerent tous les habitants de Jericho, ſans diſtinction, brûlerent la ville, & la raſerent juſqu'aux fondements. La conquête de cette Place fut fort avantageuſe, & Joſué ayant mis ordre à tout dans le camp, envoya trois mille hommes contre le Roi Haï, mais ils furent repouſſés avec perte, & leur défaite répandit l'allarme parmi le reſte du peuple. Joſué eut recours à Dieu, qui lui apprit que la prévarication d'un ſeul homme étoit cauſe de cet accident. On tira au ſort, & par ce moyen on découvrit le coupable, qui fut lapidé & brûlé avec toute ſa famille. Cette exécution remit les eſprits, on marcha de nouveau contre le Roi de Haï. Son armée fut entierement diſſipée; la ville où il regnoit ſaccagée & détruite, & lui-même pendu à un arbre.

Les Gabaonites craignant que l'orage ne vînt fondre ſur eux, trouverent moyen de l'éloigner en faiſant alliance avec les Iſraelites. Cependant Adonizedec, Roi de Jeruſalem, envoya vers quatre autres Rois qu'il invita de ſe joindre à lui pour tirer vengeance de la défection des Gabaonites. Les quatre Rois approuverent les deſſeins de celui de Jeruſalem; ils réunirent leurs forces, & mirent le ſiége devant Gabaon. Les habitants de cette ville firent auſſitôt ſçavoir à Joſué la ſituation où ils ſe trouvoient, & le Général des Iſraelites marcha ſur le champ à leur ſecours. Les cinq Rois obligés de lever le ſiége de Gabaon ſe retirerent en grand déſordre, qui fut encore augmenté par une grêle d'une groſſeur prodigieuſe dont ils furent accablés. Joſué les pourſuivit ſans relâche, & dans la crainte que la nuit ne favoriſât leur retraite, il commanda au Soleil de s'arrêter, & par ce moyen les Iſraelites eurent le temps de détruire entierement les cinq Rois & toute leur armée. Les autres Chananéens réſiſterent encore l'eſpace de ſix ans, au bout deſquels les Iſraelites furent en état de s'établir dans la terre de promiſſion, & de partager le pays entre les différentes Tribus.

Partage du pays de Chanaan entre les douze Tribus d'Iſrael.

1486.

Siméon occupoit les parties les plus méridionales. Il avoit Edom au Midi, la mer Morte à l'Orient, Juda au Septentrion, & un pays déſert ou inhabité à l'Occident. Juda avoit Siméon au Midi, la mer Morte à l'Orient, Dan & Benjamin au Septentrion, & les Philiſtins à l'Occident. Dan avoit les Philiſtins & Juda au Midi, Benjamin à l'Orient, Ephraïm & la demi-Tribu de Manaſſé au Septentrion, & la mer Méditerranée à l'Occident. Benjamin avoit Juda au Midi, le Jourdain à l'Orient, Ephraïm au Septentrion, & Dan à l'Occident. Ephraïm & la demi-Tribu de Manaſſé avoient Dan & Benjamin au Midi, le Jourdain & une partie d'Iſſachar à l'Orient, l'autre partie d'Iſſachar & Aſher au Septentrion, & la mer Méditerranée à l'Occident. Iſſachar avoit Ephraïm & la demi-Tribu de Manaſſé au Sud & au Sud-Oueſt, le Jourdain à l'Orient, Zabulon au Septentrion, & Aſher à l'Occident. Aſher avoit la demi-Tribu de Manaſſé au Midi, Iſſachar, Zabulon

& Nephthali à l'Orient, les Phéniciens au Septentrion, & la mer Méditerranée à l'Occident. Zabulon avoit Issachar au Midi, une partie du Jourdain, & une partie de la mer de Galilée à l'Orient, Nephthali au Septentrion, & Asher à l'Occident. Nephthali avoit Zabulon au Midi, une partie de la mer de Galilée & du lac Samachonite à l'Orient, l'Anti-Liban au Septentrion, & Asher à l'Occident. Ruben & Gad avoient leur portion le long du bord oriental du Jourdain, entre la mer Morte & la mer de Tiberiade; & la demi-Tribu de Manassé avoit la sienne le long des côtes Orientales de la mer de Tiberiade, & du lac Samachonite.

Les Tribus de Ruben, de Gad & la demi-Tribu de Manassé qui avoient aidé les autres à conquerir le pays de Chanaan, s'en retournerent alors dans leurs possessions. Avant que de traverser le Jourdain ils eurent soin d'élever un Autel en mémoire des faveurs qu'ils avoient reçues de Dieu, & comme une marque de leur relation avec leurs freres. Cette action fit croire aux autres Tribus qu'ils avoient dessein de renoncer au culte de Dieu, & de se séparer de leurs freres. Ces soupçons se trouverent mal fondés, & les Députés chargés de s'informer du motif qui avoit fait agir les deux Tribus & demi, s'en retournerent satisfaits des éclaircissemens qu'on leur donna. Josué après avoir établi chaque Tribu dans le pays qui lui étoit échu, regla tout ce qui concernoit les cités des Lévites & de Réfuge, ensuite il fit une exhortation aux Chefs d'Israel, & leur fit promettre qu'ils observeroient fidelement les loix que Dieu leur avoit prescrites. Il mourut presqu'aussitôt, & le Grand Prêtre Eléazar ne lui survécut pas long-temps. La mort de Josué & celle de ce qui restoit des soixante & dix Anciens d'Israel, priva ce peuple de ceux qui pouvoient lui renouveller les sentimens de religion & de reconnoissance envers Dieu.

Leurs différentes apostasies depuis ce temps furent toujours punies par l'esclavage où les Chananéens les reduisirent plusieurs fois, & dont les Israelites ne sortirent jamais qu'après un retour sincere vers l'Etre souverain qui leur suscita chaque fois un libérateur. Chusan Roi de Mésopotamie fut le premier qui les fit tomber en servitude; ils y resterent l'espace de huit ans au bout desquels Othoniel les délivra de l'oppression, fut établi premier Juge d'Israel & gouverna pendant quarante ans. A la mort d'Othoniel le Peuple s'étant de nouveau rendu coupable, Dieu se servit d'Eglon Roi des Moabites pour le punir. Les Israelites furent emmenés en captivité par ce Prince qui les y retint dix-huit ans. Aod leur troisiéme Juge trouva moyen de leur faire secouer le joug & exerça la charge dont il étoit revêtu environ quatre-vingt ans. Jabin Roi des Chananéens soumit à son tour les Israelites qui resterent ses tributaires jusqu'à ce qu'au bout de vingt ans Debora entreprit de les soustraire à la puissance de ce Prince. Elle vint à bout de ses desseins à l'aide de Barac qui commandoit dix mille hommes, & de Jaël qui tua Sisara. Le quatriéme assujettissement que souffrirent les Israelites sous les Madianites & les Amalécites fut terminé par le Ministere de Gedéon en faveur duquel Dieu fit plusieurs miracles. Le Peuple d'Israel en reconnoissance confia le souverain pouvoir à Gedéon qui fut Juge quarante ans. Après la mort de Gedéon son fils Abimelech fut mis en possession du gouvernement par les Sichimites & en resta maître l'espace de trois ans. Il fit mourir soixante-dix de ses freres,

Histoire des Juifs.

Mort de Josué.
1478.

1467.

1419.

1321.

1301.

exerça toutes sortes de cruautés, & fut tué d'un coup de pierre qu'une femme lui jetta du haut d'une tour qu'il assiégeoit en s'emparant de la Ville de Thebé. Thola lui succéda dans la Judicature, dont Jaïr fut revêtu vingt-deux ans après, & qu'il garda le même nombre d'années.

Les Israelites s'étant replongés dans l'Idolâtrie avec une espéce de fureur subirent un rude esclavage de dix-huit ans sous les Philistins (1) & les Ammonites. Un sincere retour vers Dieu toucha sa miséricorde & il leur promit une prompte délivrance. Cependant comme il ne leur désigna point de Juge ou de Général, ils offrirent ces deux dignités à Jephté. Celui-ci les accepta, marcha contre les ennemis, & au moment que la bataille alloit se livrer il fit vœu d'offrir à Dieu, s'il remportoit la victoire, le premier objet qui se présenteroit à lui lorsqu'il s'en retourneroit à sa maison. L'avantage des Israelites en cette occasion mit Jephté dans l'obligation d'accomplir son vœu ; mais l'aspect de sa fille unique qui étoit venue le féliciter de sa victoire, empoisonna sa joie & lui fit donner des marques de la plus violente douleur. Néanmoins il tint la promesse qu'il avoit faite & gouverna ensuite le Peuple pendant six ans. Il eut Abesan pour successeur. A ce dernier qui avoit gouverné sept ans succéda Elon ou Ahialon. Au bout de dix ans on élut Abdon qui fut remplacé huit ans après par Samson.

Ce dernier étoit né dans la vieillesse d'une mere stérile & fut dès sa jeunesse d'une force extraordinaire. Les Philistins en éprouverent les effets en plusieurs rencontres & ne vinrent à bout de le vaincre que par le moyen de Dalila qui sçut engager Samson à lui découvrir en quoi consistoit la force dont il étoit doué. L'imprudence de Samson fut aussitôt punie ; les Philistins instruits que privé de ses cheveux il seroit comme un autre, les lui firent couper pendant qu'il dormoit, & le renfermerent avec beaucoup de soin. Au bout d'un tems assez considérable pour que les cheveux de Samson fussent revenus, les Philistins s'assemblérent dans un de leurs temples & firent venir leur captif afin de jouïr de sa confusion : mais celui-ci ayant embrassé deux des piliers qui soutenoient l'édifice, fit périr avec lui un grand nombre de ses ennemis. Lorsque Samson fut pris par les Philistins, on revêtit de la dignité de Juge le Grand Prêtre Heli qui gouverna le Peuple l'espace de quarante ans. Ce fut pendant la Judicature de Heli, homme foible & sans résolution, que les Philistins défirent les Israelites & s'emparerent de l'Arche. Cependant ils résolurent bientôt de la renvoyer parce qu'ils furent affligés de plusieurs maux, & l'ayant mise sur un chariot attelé de deux jeunes vaches, qu'ils laisserent aller à leur volonté, ils les virent prendre le chemin des possessions du Peuple d'Israel. La nouvelle de la prise de l'Arche & de la mort des deux fils de Heli causa un tel saisissement à ce Grand Prêtre, qu'il tomba à la renverse & se tua. Samuel qui avoit été consacré au service de Dieu & élevé en conséquence, succéda à Heli. Sa fermeté & son zele le firent craindre & respecter du Peuple, qui ne s'abandonna point à l'Idolâtrie tout le temps qu'il vécut.

---

(1) Ces peuples étoient sortis de Cassuhim & des Caphtorim, qui descendoient les uns & les autres de Mizraïm, fils de Cham, & qui habitoient d'abord une partie de l'Egypte. Les Philistins en quittant ce pays s'établirent dans une contrée, à laquelle ils donnerent leur nom, & eurent en différents temps plusieurs guerres à soutenir contre les Israelites,

Il y avoit déjà vingt-huit ans que Samuel étoit Juge en Ifrael lorfqu'on lui demanda tumultueufement un Roi ; ce qu'il accorda après avoir confulté la volonté de Dieu. Saül fils de Cis de la Tribu de Benjamin, deftiné à monter fur le thrône, fut chargé par fon pere de chercher quelques âneffes qui s'étoient égarées. Il s'adreffa à Samuel & lui demanda s'il ne pourroit point lui donner des nouvelles fur fes recherches. Samuel qui reconnut à cette queftion celui que Dieu avoit choifi pour être Roi, répandit de l'huile fur la tête de Saül & le falua comme Souverain. Cette cérémonie achevée Saül s'en retourna chez lui & comme il rencontra quelques Prophetes dans fon chemin, il prophétifa avec eux ; ce qui étoit une marque que Dieu lui avoit donné fon efprit. Il fut enfuite reconnu Roi par toutes les Tribus affemblées; & donna bientôt des preuves de fon courage contre les Amalécites qu'il vainquit. La compaffion qu'il eut de la fituation du Roi Amalécite à qui il laiffa la vie malgré les ordres de Dieu, attira à Saül de féveres réprimandes de la part de Samuel, qui lui annonça la perte de fa couronne & qui fit tuer fur le champ le Roi d'Amalec.

Samuel, fuivant le commandement de Dieu, fe rendit à Bethléem & verfa de l'huile fur la tête de David le plus jeune des fils d'Ifaï de la Tribu de Juda. Cependant Saül tomba dans une profonde mélancolie, & les accès étoient quelquefois fi violents qu'on lui confeilla de faire jouer devant lui de la harpe, dans l'efpérance qu'il recevroit du foulagement par ce moyen. David qui paffoit pour un habile Muficien fut préfenté à Saül, dont il fçut tellement gagner les bonnes graces que ce Monarque le retint auprès de lui. Néanmoins l'amitié de Saül fe changea par la fuite en averfion, lorfque David eut vaincu le Philiftin Goliath qui étoit d'une ftature beaucoup au-deffus de la taille ordinaire d'un homme. Les louanges qu'on donna à David en cette occafion & les acclamations avec lefquelles il fut reçu en préfentant la tête de Goliath à Saül, firent naître dans le cœur de ce Prince une cruelle jaloufie. Si d'un côté Saül regardoit David comme un de fes ennemis, d'un autre, Jonathas fils du Roi avoit pris pour lui une fincere amitié, & il le garantit plufieurs fois des effets de la fureur de fon pere. Les nouvelles victoires de David fur les Philiftins augmenterent la haine de Saül qui jura fa perte & chercha à le faire mourir. David fe vit contraint de fuir & de fe retirer auprès d'Achis Roi de Geth, où il ne refta pas long-temps de crainte que ce Prince ne prît auffi de l'ombrage de lui ainfi que Saül. David erra pour ainfi dire de cavernes en cavernes pendant que Saül, que fa fureur guidoit, le cherchoit de tous les côtés. Achimelec qui avoit fourni quelques provifions à David fans fçavoir qu'il fuyoit devant Saül, fut victime de la rage de ce dernier, par les ordres duquel il fût tué avec quatre-vingt-quatre autres facrificateurs & leurs familles, fous prétexte qu'ils étoient complices de David. Abiathar un des fils d'Achimelec eut le bonheur d'échapper à ce maffacre, & il alla auffitôt informer David de ce qui venoit de fe paffer.

David continua de fe cacher avec ceux qui étoient venus fe joindre à lui au nombre de fix cents ; & malgré la générofité qu'il eut de conferver la vie à Saül qui avoit été deux fois en fon pouvoir, ce Prince ne fe reconcilia jamais fincerement avec lui. L'avantage que David remporta avec fa petite troupe fur les Amalécites, qui venoient de piller Ziklag où ils avoient mis

HISTOIRE DES JUIFS.
Mort de Saül.
1055.

le feu, commença à rétablir ses affaires. La désertion des principaux de l'armée de Saül qui se rendirent auprès de lui augmenta ses forces & diminua celles du Roi. Ce Prince hors d'état de résister à ses ennemis, en faveur desquels la victoire s'étoit déclarée, se jetta sur son épée & finit ainsi sa vie. Dans l'espoir d'une magnifique récompense, un Amalécite prit les brasselets & la couronne de Saül, les apporta à David & lui annonça la mort de ce Prince & celle de Jonathas. David pénétré de douleur d'avoir perdu son ami fit punir de mort l'Amalécite qui en avoit apporté la nouvelle, & qui se vantoit d'avoir donné le dernier coup à Saül. Les jours de deuil passés David entra dans Hebron, y fut oint de nouveau & reconnu Roi de Juda par ceux de cette Tribu. Cependant Abner Général de Saül fit proclamer un des fils de ce Prince nommé Isboseth, & prit les armes en sa faveur. Joab Général de David marcha contre Abner & le défit, de sorte que le parti d'Isboseth commença à être affoibli. La défection d'Abner, qui sous pretexte d'escorter Michol fille de Saül & femme de David, vint offrir ses services au Roi de Juda, acheva de ruiner les affaires d'Isboseth. Ce malheureux Prince fut assassiné par deux scélérats que David fit mourir dans les tourmens, quoiqu'ils le rendissent, par cette action, seul possesseur du Royaume d'Israel.

David sans compétiteur songea à étendre ses conquêtes. Il assiégea & se rendit maître de Jerusalem, & la fit fortifier de façon qu'elle devint la capitale de la Judée. Il attaqua ensuite les Philistins qui s'étoient emparés de Bethlehem, & en fit un si grand carnage qu'ils ne furent de long-tems en état de se faire craindre. La paix générale, suite de tant d'heureux succès, fournit à David les moyens de faire éclater sa reconnoissance envers Dieu. Il fit transporter de la maison d'Aminadab à Jerusalem l'Arche qui étoit depuis long-temps en dépôt chez ce Lévite, & il avoit dessein de bâtir un temple, mais Dieu lui fit sçavoir que cet ouvrage étoit réservé à Salomon. Les divers reglemens que David fit, & le soin qu'il eut de faire observer toutes les cérémonies religieuses, ne le purent garantir d'une foiblesse dont les suites lui couterent de sensibles regrets. Bersabée femme d'Urie, qui étoit alors occupé au siége de la Capitale des Ammonites, se baignant dans son jardin fut apperçue de David & lui inspira un amour si violent qu'il ne put résister au desir de la posséder. David pour cacher son commerce criminel avec cette femme, fit venir Urie à sa Cour dans l'idée qu'il iroit se délasser avec Bersabée des travaux qu'il avoit essuyés à l'armée. Urie trompa l'attente du Roi & n'entra seulement pas dans sa maison ; ce qui engagea David à le sacrifier à la sûreté de Bersabée, contre laquelle la loi de Moyse étoit formelle. Le Roi en renvoyant Urie au camp le chargea de remettre une lettre à Joab, & dans cette lettre il ordonnoit à ce Général d'exposer Urie au danger le plus apparent. Joab obéit ; & peu de temps après il envoya la nouvelle de la mort de cet Officier. Bersabée libre alors épousa David, & en eut un fils.

Cependant Nathan s'étant presenté à David lui proposa une parabole, dont il fit l'application à ce Prince, qui, sans le sçavoir, s'étoit condamné lui-même. Il lui fit voir ensuite l'énormité du crime qu'il avoit commis, & lui annonça qu'en punition, sa maison seroit remplie de meurtres & de désordres,

&

& que le fruit de son adultere ne vivroit pas long-temps. David pénétré de la douleur la plus vive s'humilia devant Dieu, confessa sa faute & chercha par ses prieres à appaiser la colere de l'Etre souverain. Le fils de Bersabée mourut suivant la prédiction du Prophete Nathan; mais la naissance d'un second fils qui fut nommé Salomon, consola David de la perte du premier. Les autres malheurs annoncés par Nathan ne tardérent pas à arriver. David avoit eu d'une de ses femmes deux enfants, sçavoir Absalom & Thamar. La beauté de Thamar fit impression sur le cœur d'Amnon fils aîné de David, & ce jeune Prince ayant trouvé moyen d'attirer cette Princesse dans sa chambre sous prétexte qu'il étoit malade, la déshonora & la renvoya ensuite honteusement. Thamar alla aussitôt se plaindre à son frere Absalom de l'insulte qu'Amnon lui avoit faite. Absalom la retint chez lui, la consola & promit qu'il la vengeroit. En effet, deux ans après il invita tous ses freres à un festin, & sur la fin du repas il fit assassiner Amnon par ses serviteurs. Les autres fils de David dans l'appréhension d'un semblable traitement se sauverent sur le champ & prirent le chemin de Jerusalem, où ils répandirent la nouvelle de l'assassinat de leur frere. Absalom qui craignoit avec raison la colere de son pere, se retira à la Cour de Geshur pere de sa mere, où il demeura jusqu'à ce que Joab eût appaisé David & l'eût fait consentir au retour de son fils.

Quelque temps après avoir obtenu son pardon, Absalom forma une conjuration contre son pere, & il se conduisit avec tant de secret, que lorsque la révolte éclata, David ne put y mettre ordre & se vit même contraint de fuir de Jerusalem accompagné d'un petit nombre de personnes. Cussai ancien ami de David vint le trouver dans sa retraite, mais ce Roi infortuné l'engagea à retourner auprès d'Absalom, afin de pouvoir lui donner avis des mesures que les Rébelles prendroient contre lui. Cussai obéit, & sçut tellement gagner la confiance d'Absalom, qu'il balança toujours les conseils d'Achitophel, dont la politique inquiétoit David. La faveur de Cussai mortifia Achitophel, & il sçut d'ailleurs démêler les motifs qui le faisoient agir. Cette découverte le réduisit au désespoir, de sorte que ne doutant plus du rétablissement de David, & ne comptant point qu'il lui fît grace, il alla à sa maison & se pendit. La mort d'Achitophel affoiblit considérablement le parti des rebelles, & donna au contraire un nouveau courage à ceux qui étoient restés attachés à David. Ces derniers rassemblés à Mahanaïm, attendirent en bon ordre l'armée qu'Absalom commandoit, & aussitôt qu'ils la virent paroître, ils fondirent sur elle avec tant d'ardeur, qu'ils la défirent presqu'entièrement. Absalom obligé de prendre la fuite traversoit la forêt d'Ephraïm, lorsque ses cheveux s'embarrassèrent dans les branches d'un chêne, & il demeura ainsi suspendu jusqu'à ce que Joab, qui apprit cet accident, en profita, & lui donna la mort. Cette action de Joab força les rebelles à implorer la clémence de David, qui leur pardonna avec bonté. Néanmoins la tranquillité dont le Royaume jouissoit fut encore interrompue par une nouvelle révolte. La jalousie que dix Tribus d'Israël avoient conçue contre celle de Juda, pour laquelle David marquoit beaucoup de préférence, fut la cause de ce nouveau trouble. Seba, à la tête de ces dix Tribus, entra avec quelques troupes dans Abela-Bethmahaca. Joab qui commandoit l'armée

Tome VI. C

de David, assiégea bientôt cette ville; mais les habitants lui ayant jetté la tête de Seba par dessus les murs, il se retira aussitôt; & alla lui-même porter à David la nouvelle de cet heureux succès. Le Roi le reçut mieux qu'il ne devoit s'y attendre; car il n'étoit à la tête de l'armée que par sa trahison à l'égard de Hamasa, qu'il avoit tué en feignant de l'embrasser. Cependant l'affection des troupes pour Joab contraignit en quelque sorte David à lui conserver la qualité de Général.

Les victoires consécutives des Israelites sur les Philistins firent oublier à David les malheurs qu'il avoit déjà éprouvés. Il résolut, malgré les remontrances de Joab, de faire le dénombrement du peuple, & donna des ordres en conséquence. Il sentit bientôt la solidité des conseils de son Général; car à peine fut-il instruit, qu'il y avoit dans le pays treize cent mille hommes en état de porter les armes, que le Prophete Gad lui vint annoncer que Dieu étoit offensé. David reconnut sa faute, & en demanda pardon à Dieu. Gad lui proposa alors comme un moyen d'expier son crime, le terrible choix d'une famine de sept ans, d'une guerre de trois mois, ou d'une mortalité de trois jours. David se détermina pour le dernier fléau, & aussitôt qu'il eut déclaré le châtiment auquel il se soumettroit, Dieu envoya son Ange exterminateur en Israel. Les trois jours n'étoient pas encore expirés qu'il y avoit déjà soixante & dix mille hommes que la mort avoit emportés. David pénétré de la douleur la plus sincere pria Dieu d'épargner son peuple, & de le punir plutôt lui-même, puisqu'il étoit seul coupable. Ses supplications furent écoutées, & le Prophete lui ordonna d'élever un Autel, & d'y offrir des holocaustes & des sacrifices de prospérités. David obéit sur le champ, & le feu céleste qui consuma les victimes prouva que Dieu étoit appaisé.

David âgé alors de soixante & dix ans avoit presqu'entierement perdu ses chaleurs naturelles; ce qui l'engagea à choisir une jeune fille nommée Abisaï, pour coucher avec lui & le rechauffer. Cet état d'affoiblissement parut une occasion favorable à Adonias, fils aîné de David, pour se faire proclamer. Ce Prince avoit pris les mesures convenables avec Joab & Abiathar, lorsque Tsadok & Nathan, qui étoient dans les intérêts de Salomon, avertirent le Roi de ce qui se passoit. David surpris ordonna à Tsadok, qui étoit Sacrificateur, & à quelques-uns de ses principaux Officiers, de faire monter Salomon sur une mule de ses écuries, de le conduire à Guihon, & de répandre en ce lieu sur la tête de ce jeune Prince l'huile destinée au sacre des Rois. Salomon devoit ensuite être ramené en pompe, placé sur le thrône royal, & proclamé successeur de son pere au son de la trompette. Les ordres de David furent exécutés avec tant de diligence, qu'Adonias n'en fut instruit que par les acclamations du peuple qui faisoit éclater sa joye. Les amis d'Adonias effrayés prirent aussitôt la fuite, & l'abandonnerent au ressentiment de David & de Salomon. Adonias de son côté chercha un asyle auprès de l'Autel des holocaustes, & Salomon envoya lui dire qu'il ne devoit rien craindre, si sa rébellion n'avoit point de suites; mais qu'il seroit puni de mort aux moindres démarches contre son Souverain. Adonias satisfait de ces conditions, se jetta à genoux devant le nouveau Roi, & se retira dans sa maison.

Cependant David proche de sa fin assembla les Chefs de toutes les Tribus, ses Généraux, ses principaux Officiers, les Prêtres & les Lévites, & leur apprit que Salomon avoit été choisi de Dieu pour élever un Temple, où l'Arche pût être déposée. Il ajouta qu'il avoit amassé beaucoup de matériaux nécessaires, & il exhorta ceux qui l'écoutoient de contribuer à cet ouvrage par leurs dons. Le discours de David eut l'effet qu'il en avoit attendu, chacun apporta une quantité prodigieuse d'or, d'argent, de cuivre, &c. & après un magnifique sacrifice, Salomon fut sacré une seconde fois par Tsadok, reçut l'hommage de tous les Chefs de Juda & d'Israel, & fut proclamé Roi dans toutes les Tribus. David satisfait de l'ordre qui regnoit dans son Royaume, donna quelques instructions particulieres à Salomon, & mourut dans la soixante & dixieme année de son âge. Il avoit regné sept ans en Hebron sur la maison de Juda, & trente-trois ans sur les douze Tribus. Il fut enterré dans la partie de la ville qu'il avoit fait bâtir aux environs de l'ancienne Jebus ou Jerusalem.

Salomon paisible possesseur de la couronne songea à exécuter les dernieres volontés de son pere : Joab & Adonias furent les premieres victimes qu'il immola, en partie à sa propre sûreté, & en partie pour les punir de la façon dont ils s'étoient conduits sous le regne de David. Adonias, comme on l'a vû, avoit accepté les conditions que Salomon lui avoit imposées lorsqu'il s'étoit réfugié près de l'Autel. Il garda mal la promesse de rester tranquille, ou du moins par la permission qu'il demanda d'épouser Abisaï, derniere femme de David, il donna lieu de croire qu'il tramoit quelque conspiration. Salomon irrité des desseins de son frere commanda qu'on le fît mourir, ainsi que Joab soupçonné de lui avoir suggeré ce projet ambitieux. Joab crut être en sûreté près de l'Autel qu'il embrassoit, mais il fut massacré dans cette posture par Benajah, que Salomon fit Général de ses armées. Quelque temps après Dieu accorda au nouveau Roi le don de la Sagesse, & Salomon qui l'avoit préférée à la Richesse posséda toutes les deux. Il donna des marques de sa pénétration dans le jugement d'une dispute survenue entre deux femmes. Elles avoient mis au monde dans le même lieu chacune un fils, & l'une des deux ayant étouffé le sien en dormant alla prendre celui de sa compagne pendant qu'elle dormoit, & mit l'enfant mort à la place. Lorsque cette derniere fut éveillée elle s'apperçut que son fils avoit été changé contre celui qu'elle voyoit à ses côtés. Elle se plaignit de la trahison, & comme sa compagne soutenoit que l'enfant vivant lui appartenoit, elles vinrent l'une & l'autre expliquer leurs raisons devant le Roi. Salomon qui ne pouvoit rien décider sur la déposition de ces femmes, ordonna que l'enfant vivant seroit séparé en deux, afin qu'elles en eussent chacune une moitié. La véritable mere fut bientôt connue par l'effroi qu'elle montra en entendant prononcer ce jugement, & par la prompte cession qu'elle fit de l'enfant entier à sa compagne. Salomon ayant par ce moyen découvert la vérité fit rendre l'enfant vivant à sa mere, & remplit d'admiration tous ceux qui étoient présents.

Le bon ordre qui regnoit dans tout le Royaume, la magnificence de la Cour de Salomon, son mariage avec la fille du Roi d'Egypte, & l'alliance qu'il avoit contractée avec Hiram Roi de Tyr, le mirent en état de songer à la construction du Temple. Il fit faire le dénombrement des Chananéens & des autres Etrangers qui étoient dans le pays, & comme on en trouva cent cinquante-trois mille six cents, il en destina soixante & dix mille pour porter les fardeaux, quatre-vingt mille pour couper les bois sur les montagnes, & trois mille six cents pour avoir inspection sur tous les autres. D'ailleurs, quelques-uns de ses principaux Officiers veilloient à la conduite de l'ouvrage, & trente mille hommes levés en Israël travailloient tour à tour pendant un mois sur le mont Liban, c'est-à-dire, dix mille chaque mois sous les ordres d'Adoniram. Ces derniers tailloient le bois, le marbre & d'autres pierres, pendant que d'habiles ouvriers en or & en pierres précieuses préparoient les ornements destinés pour l'intérieur de l'édifice. La premiere pierre du Temple fut posée la quatriéme année du regne de Salomon, & au bout de sept ans l'ouvrage fut entierement fini. Ce Temple fut fait sur le modéle du Tabernacle; mais tout y étoit plus grand & beaucoup plus riche. Le Sanctuaire, où l'Arche d'alliance devoit reposer, étoit revêtu en dedans d'un or très-pur. Salomon fit faire dix chandeliers d'or à plusieurs branches, pour être placés des deux côtés de l'autre partie du Temple, appellé le *Saint*, avec un pareil nombre de tables d'or pour les pains de propositions, & un autel d'or au milieu nommé l'*Autel des parfums*. L'Autel des Holocaustes étoit vis-à-vis de l'entrée du lieu Saint, au milieu d'une grande cour entourée de galeries & de bâtiments. Cette cour s'appelloit le *Parvis intérieur* ou le *Parvis des Prêtres*; parce qu'ils étoient les seuls à qui l'entrée en fut permise. Dans ce Parvis il y avoit un grand bassin d'airain posé sur douze bœufs de même matiere. On l'appelloit *mer d'Airaïn*, & c'étoit où les Prêtres se lavoient avant que d'entrer dans le Temple. Il y avoit un autre Parvis beaucoup plus grand que le premier, qui étoit de même environné de galeries & de grands édifices, & qu'on nommoit le Parvis d'Israël, parce que le Peuple y entroit pour prier. Les édifices qui entouroient l'un & l'autre Parvis étoient ou des appartements pour les Prêtres, ou des chambres où l'on renfermoit les thrésors du Temple, les vases d'or & d'airain qui étoient sans nombre, & les autres choses nécessaires au culte de Dieu. Toute cette vaste enceinte qui formoit comme une grande citadelle portoit le nom de Temple. Salomon employa des richesses immenses pour la construction & l'ornement de cet auguste édifice, & il y épuisa l'art des plus habiles ouvriers.

Sept jours avant la fête des Tabernacles, les Anciens d'Israël, les chefs des Tribus, & une grande partie du peuple se rendirent auprès de Salomon, qui marcha avec eux vers le Temple. Les Prêtres suivoient chargés de l'Arche, & la placerent en cérémonie dans le Sanctuaire. Les Lévites au son des instruments de musique entonnerent aussi-tôt un cantique de louange, & le Roi ayant fait une priere, le feu descendit du ciel & consuma les holocaustes & les victimes. Le peuple se prosterna alors la face contre terre, & Salomon se leva & bénit toute l'Assemblée. La solemnité de cette dédicace dura sept jours, & comme la fête des Tabernacles arriva immédiatement après, on continua pendant sept autres jours les prieres & les sacrifices. Il y eut vingt-deux mille bœufs, & cent vingt mille moutons d'immolés dans cet espace de temps. Dieu apparut ensuite à Salomon, lui fit de grandes promesses s'il continuoit à observer ses commandements, & le menaça lui & son peuple des plus grands malheurs s'ils adoroient des Dieux étrangers. Salomon après la construction du Temple fit bâtir deux magnifiques palais, un pour lui-même & l'autre pour la Reine sa femme, fille du Roi d'Egypte. La grandeur, la magnificence, la sagesse de Salomon lui acquirent une réputation qui s'étendit jusques dans les pays éloignés. La Reine de Saba curieuse de voir un homme dont on publioit tant de merveilles, entreprit le voyage de Jerusalem. Elle eut lieu d'être satisfaite, fit ses présents & s'en retourna persuadée que la renommée n'avoit rien publié de trop.

Cependant ce Prince si sage, si éclairé, si digne d'admiration tomba dans de fâcheux égarements. Le grand nombre de ses femmes, leur attachement à l'Idolâtrie, & l'ascendant qu'elles prirent sur lui, l'entraînerent dans la débauche. Il sacrifia avec elles aux faux Dieux, fit bâtir des temples en leur honneur autour de Jerusalem & même dans la Ville. Dieu irrité d'une ingratitude si marquée apparut en songe à Salomon, & lui annonça que son fils Roboam ne regneroit que sur la Tribu de Juda, qu'en la seule considération de David ce sceptre lui resteroit, & que les autres Tribus seroient soumises à un autre Roi. On ignore si Salomon fit pénitence de son crime, on sçait seulement qu'il mourut dans la quarantiéme année de son regne, & la cinquante-huitiéme de son âge, & laissa son fils Roboam pour lui succéder. Quelques années avant la mort de Salomon, Dieu avoit envoyé un Prophete nommé Ahias vers Jeroboam, qui possédoit une charge considérable dans le Royaume. Le Prophete coupa son manteau en douze parties, & s'adressant à Jeroboam, lui dit, prenez dix parties pour vous, car Dieu a dit que vous regneriez sur dix Tribus, & si vous observez les commandements de Dieu, il assûrera la Souveraine puissance à votre postérité. Jeroboam dans la crainte que Salomon ne fût alors instruit de ce que lui avoit dit le Prophete, jugea à propos de se retirer en Egypte pour éviter les effets de son ressentiment. Aussi-tôt qu'il eut appris l'avénement de Roboam au thrône il se rendit en diligence en Israel. Le nouveau Roi étoit dans les plaines de Sichem avec ses courtisans, & les Anciens de toutes les Tribus, & devoit y recevoir l'hommage de ses sujets. Ceux-ci excités par Jeroboam demanderent la diminution des impôts, dont Salomon les avoit accablés, & assurerent qu'ils ne rendroient hommage qu'à cette condition. Roboam prit trois jours pour délibérer sur la réponse qu'il leur donneroit, & consulta à ce sujet ceux qui étoient à sa suite. Les Vieillards lui conseillerent d'écouter favorablement les plaintes du peuple; mais cet avis déplut au nouveau Roi, il aima mieux suivre celui de ses jeunes courtisans, & parla avec hauteur & menaces, quand les chefs des Tribus vinrent lui demander quelle étoit sa décision. Ce fut le signal d'une révolte contre la Maison de David, & tous les mécontents choisirent Jeroboam pour être leur chef. Les seules Tribus de Juda & de Benjamin resterent fidéles à Roboam, & l'escorterent jusqu'à Jerusalem. Depuis ce temps le Royaume de David fut divisé en deux parties, gouvernées chacune par un Roi indépendant de l'autre. Ceux qui ont regné sur les deux Tribus de Benjamin & de Juda sont connus sous le nom de Rois de Juda, & ceux auxquels les autres Tri-

HISTOIRE DES JUIFS.

Mort de Salomon.
975.

bus étoient soumises sont appellés Rois d'Israel. Pour faire connoître d'une maniere claire & distincte l'histoire de ces deux Royaumes, j'ai pensé qu'il étoit à propos de les présenter sous un même point de vûe, comme on le voit ci-dessous.

ROIS DE JUDA.	ROIS D'ISRAEL.
ROBOAM.	JEROBOAM.
975. Av. J. C.	975. Av. J. C.

Roboam de retour à Jerusalem leva des troupes dans les deux Tribus de Juda & de Benjamin, & son armée forte de cent quatre-vingt mille combattants marcha contre les rebelles. Le Prophete Semeias se présenta à Roboam, & lui défendit de poursuivre son entreprise contre les Tribus, qui s'étoient soustraites à son obéissance, parce que Dieu l'avoit ainsi ordonné. Roboam obéit, chacun s'en retourna dans sa maison; on travailla aux fortifications que le Roi fit faire à un grand nombre de Places. Pendant qu'on étoit ainsi occupé à se mettre en état de défense contre toute surprise de la part de Jeroboam, la tribu de Levi, & un grand nombre d'Israelites abandonnerent ce Prince, & se rendirent à Jerusalem; de sorte que Roboam eut en peu de temps le même nombre de sujets que son rival. Néanmoins ce Prince négligea le culte de Dieu, & introduisit dans son Royaume celui des Idoles. Dieu irrité l'abandonna, il fut vaincu par Sesac, Roi d'Egypte, & perdit plusieurs Villes. Les plus riches de la Tribu de Juda se retirerent à Jerusalem; & touchés des reproches que leur fit le prophète Semeïas, ils se repentirent de leurs crimes, & invoquerent la toute-puissance de Dieu. Leurs prieres adoucirent le châtiment qui leur

Jeroboam élevé sur le throne d'Israel, songea à affermir sa puissance. Comme il appréhendoit que ses sujets ne retournassent sous le pouvoir des Rois de Juda, s'ils alloient à Jerusalem faire leurs dévotions, suivant l'obligation imposée aux Israelites, il érigea deux veaux d'or, l'un à Bethel & l'autre à Dan, & ordonna au peuple d'offrir ses prieres dans l'un ou l'autre de ces deux endroits. Il bâtit aussi quelques temples & des autels sur les hauts lieux, & revêtit du sacerdoce les premiers qui se présenterent. Il entreprit de brûler lui-même de l'encens sur un de ces autels, lorsqu'un Prophete lui prédit que ce lieu seroit détruit par un Roi de Juda nommé Josias. Le Prophete ajouta, que pour prouver la vérité de sa prédiction, l'autel alloit se fendre, & que les cendres qui étoient dessus tomberoient sur la terre; ce qui arriva sur le champ. Le Roi irrité étendit la main pour saisir le Prophete, mais elle devint paralytique dans le moment; & cet accident fit rentrer ce Prince en lui-même. Il implora la miséricorde de Dieu, & à la priere du Prophete, il recouvra l'usage de sa main. En reconnoissance, il invita l'envoyé de Dieu à venir dans sa maison; ce que ce dernier refusa, parce qu'il lui étoit défendu de s'arrêter à Be-

ROIS DE JUDA.

étoit préparé. Sesac maître de Jerusalem, ne les emmena point en captivité ; il se contenta d'enlever les thrésors du Temple, & ceux du Palais du Roi. Roboam avoit alors régné cinq ans ; il occupa tranquillement le thrône l'espace de douze autres années, & mourut après avoir choisi pour son successeur un de ses fils nommé Abia.

ABIA. 958.

Ce Prince élevé sur le thrône de Juda, observa d'abord les préceptes de la loi de Dieu, & attira sur son Royaume les bénédictions célestes. Jeroboam avoit armé contre lui ; mais quoiqu'il l'emportât de beaucoup par le nombre de ses troupes, Dieu fit pancher la victoire du côté d'Abia, qui mit son ennemi en fuite, & lui enleva plusieurs places importantes. Le Roi de Juda ne tarda pas à suivre l'exemple de son père, & s'abandonna à l'Idolâtrie. Il regna trois ans, & eut Asa son fils pour successeur.

ASA. 955.

Le nouveau Roi fidèlement attaché aux devoirs de Religion, s'appliqua à les faire observer dans son Royaume. Il détruisit les temples, les autels, & les Idoles des faux dieux, & bannit de ses Etats ceux dont la conduite étoit suspecte. Dieu pour le récompenser le fit jouir de la paix avec tous ses voisins pendant plusieurs années, & lorsqu'il fut attaqué par Zara Roi d'Ethiopie, qui étoit à la tête d'une armée formidable, il remporta une victoire complette, & fit un butin considérable.

ROIS D'ISRAEL.

thel, & il partit sur le champ. Dans son chemin il rencontra un autre Prophete qui l'engagea à se reposer chez lui, sous prétexte que Dieu l'avoit ainsi ordonné. Le premier céda à ces instances, & désobéit au commandement qu'il avoit reçu. La punition suivit de près, car en s'en retournant il rencontra un Lion qui le tua, & se tint auprès de son corps, jusqu'à ce que le second vînt le prendre pour l'enterrer.

Cependant Jeroboam continua à détourner le peuple du culte de Dieu, Abiam, son fils, tombé dangereusement malade, l'inquiétta, & il résolut d'envoyer en secret la Reine vers le Prophete Ahias, pour s'informer si cet enfant recouvreroit la santé. Ahias, quoiqu'aveugle, reconnut la Reine, lui fit des reproches de son déguisement, & lui apprit que la mort de son fils étoit la moindre peine dont Dieu affligeroit Jeroboam. Le Prophete ajouta, que toute la postérité de ce Prince seroit exterminée, & n'auroit pas même de sépulture. Jeroboam commença bientôt à éprouver les menaces du Prophete, son fils mourut, & son armée fut défaite par le Roi de Juda. Tant d'accidents ne firent point changer Jeroboam ; il continua ses égaremens, & mourut dans la vingt-deuxième année de son regne.

NADAB. 954.

Nadab, fils de Jeroboam, lui succéda. Fidèle imitateur de son père, il sacrifia aux Idoles, & fut rejetté de Dieu. Un peu plus d'un an après qu'il fut monté sur le thrône, Baasa le fit assassiner, & tua tous ceux de la maison de Jeroboam, sans qu'il s'en sauvât un seul.

ROIS DE JUDA.

Le prophete Azarias félicita Asa sur cet heureux succès, & lui promit de nouvelles faveurs de la part de Dieu, s'il perséveroit dans les sentiments de pieté qu'il faisoit paroître. Le Roi encouragé par les discours du Prophete, redoubla ses soins pour détruire les Idoles, & rétablir le culte Divin; mais sa confiance en Dieu l'abandonna subitement à la nouvelle de l'entrée du Roi d'Israel dans le pays de Juda. Dans le dessein de contraindre ce Prince à se retirer promptement, Asa prit l'or & l'argent qui étoit dans son palais, & dans le temple, & l'envoya à Benadad, Roi de Syrie, & le pria de se déclarer contre Baasa. Benadad remplit les vûes du Roi de Juda. Ses Généraux s'emparerent de plusieurs Places en Israel, & par ce moyen força Baasa à rentrer en diligence dans ses Etats, afin d'en chasser les Syriens.

Le prophete Hanani fit de vifs reproches à Asa de ce qu'il avoit plus compté sur la puissance du Roi de Syrie, que sur la protection de Dieu, qui lui en avoit donné des marques si sensibles à la défaite du Roi d'Ethiopie. Asa n'écouta point les remontrances de Hanani avec docilité, & irrité de ce qu'il lui annonçoit plusieurs guerres, il le fit mettre en prison, & exerça diverses cruautés contre ceux qui prenoient la défense du Prophete. Sur la fin de son regne il fut attaqué d'une goutte aux pieds, que tout l'art des Medecins ne put lui ôter. Il mourut à quarante & un ans après être monté sur le thrône, & laissa la couronne à son fils Josaphat.

ROIS D'ISRAEL.

BAASA. 953.

Baasa affermi sur le thrône d'Israel, fut aussi déréglé & aussi idolâtre que ses prédécesseurs. Un Prophete lui ayant annoncé, qu'en punition de ses crimes, sa maison seroit traitée comme celle de Jeroboam, Baasa fit saisir l'envoyé de Dieu & le fit mourir. Quelque temps après il voulut faire quelque invasion dans le pays de Juda, mais il fut bientôt obligé de défendre ses propres Etats contre le Roi de Syrie. Il regna vingt-trois ans & laissa la couronne à son fils Ela.

ELA. 930.

Ela fut à peine un an sur le thrône, que Zambri, qui commandoit la moitié de sa cavalerie, se révolta contre lui, & l'assassina. La malédiction prédite par le Prophete que Baasa avoit fait mourir, fut alors accomplie; toute la maison de ce Roi d'Israel fut entierement détruite.

ZAMBRI. 929.

Zambri ne jouit pas long-temps d'une couronne qu'il avoit usurpée: les troupes, qui étoient occupées devant une place des Philistins, refuserent de le reconnoître, & proclamerent leur Général, nommé Amri. Celui-ci alla aussi-tôt assiéger Zamri dans la Ville où il étoit, & il le pressa si vivement, que ne voyant plus de ressource, Zamri s'enferma dans le Palais, où il mit le feu & périt dans les flammes.

AMRI. 929.

Amri sur le thrône d'Israel, ne fut

ROIS DE JUDA.

JOSAPHAT. 914.

Ce Prince dès le commencement de son regne veilla particulierement à abolir dans ses Etats le culte des Idoles. Il détruisit tout ce qui pouvoit rester des abominations que son pere avoit commencé à proscrire, & choisit des Prêtres & des Lévites qu'il envoya dans toutes les villes de son Royaume prêcher, & enseigner la loi de Dieu. Il parcourut lui-même tout le pays de sa domination, & établit des Juges, à qui il recommanda de rendre la justice avec beaucoup d'intégrité. Sa piété, son attachement à ses devoirs, & son amour pour la justice, lui méritérent les bénédictions du ciel. Il jouit des douceurs de la paix, ou triompha de ses ennemis quand ils oserent l'attaquer. Achab rechercha son amitié, & l'engagea par ses prieres à le secourir dans une entreprise qu'il méditoit contre les Syriens. Josaphat consentit à accompagner le Roi d'Israel, mais il voulut auparavant consulter un des Prophetes de Dieu. Il n'entendit apparemment pas le sens de la prédiction du Prophete, qui annonçoit la mort d'Achab; car il partit avec ce Prince pour le siége de Ramoth.

Cependant le Roi de Syrie arriva au secours de la Place, & ordonna à ses Officiers de faire leurs efforts pour tuer, ou faire prisonnier le Roi d'Israel, qui instruit sans doute de ce complot, prit l'habit d'un simple soldat. Josaphat, ignorant ces choses, conserva toutes les marques de la souveraineté; de sorte qu'on le prit pour le Roi d'Israel, & qu'il fut bientôt enveloppé. Dieu, dont il implora la puissance, le tira du danger qui le menaçoit. Les troupes Syriennes s'ap-

ROIS D'ISRAEL.

fut pas plus juste que tous ceux qui avoient régné avant lui. Il sacrifia, comme eux aux Idoles, & persévera dans son impiété jusqu'à sa mort. Ce fut lui qui acheta la montagne de Samarie, où il bâtit une Ville qui devint la Capitale du Royaume d'Israel. A sa mort, arrivée la douziéme année de son règne, son fils Achab prit possession de son gouvernement.

ACHAB. 917.

Ce Prince se noircit des plus grands crimes, & surpassa tous ses prédécesseurs par sa cruauté & son idolâtrie. Son mariage avec Jézabel, ennemie déclarée des Prophetes de Dieu, mit le comble à ses iniquités, & les mauvais exemples qu'il donna à ses sujets, les entraînerent dans les plus grands désordres. Elie fut envoyé de Dieu à Achab, pour lui annoncer qu'il ne tomberoit ni pluye ni rosée pendant quelques années; en sorte que le pays seroit en même temps affligé par la famine & par la guerre. Le Prophete se retira aussitôt après cette prédiction, & quelque recherche qu'on pût faire par les ordres d'Achab, on ne découvrit point le lieu de sa retraite. Au bout de trois ans il se présenta de nouveau au Roi, lui annonça qu'il alloit bientôt pleuvoir, & demanda que tout le peuple d'Israel & les Prêtres de Baal s'assemblassent sur le Mont Carmel. Alors Elie fit de grands reproches au peuple d'avoir quitté le culte d'un Dieu tout-puissant, pour invoquer une Idole sans mouvement, & il proposa d'en donner la preuve dans la même journée. Il fit amener deux bœufs, afin que les Prêtres de Baal en pussent

Tome VI. D

ROIS DE JUDA.

perçurent de leur erreur, cesserent de le charger, & se mirent à chercher Achab. Ce Prince malgré son déguisement ne pût éviter le coup dont il étoit menacé ; une fléche tirée au hasard lui perça la poitrine, & il mourut le soir même. Ses Généraux firent alors sonner la retraite, & les deux armées décamperent sur le champ. Josaphat en s'en retournant à Jerusalem rencontra le Prophete Jehu, fils de Hanani, qui lui fit des reproches du secours qu'il avoit donné à l'impie Achab. Le Roi de Juda avoua qu'il étoit coupable, & pour effacer cette faute, s'appliqua plus que jamais à faire fleurir la Religion dans son Royaume. Sur la nouvelle que les Moabites, les Ammonites & leurs Alliés avoient fait une irruption dans le pays de Juda, Josaphat publia un jeûne solemnel, & fit d'ardentes prieres, afin que Dieu délivrât son peuple de l'oppression de ses ennemis. Ses vœux furent exaucés. Un Lévite nommé Jahaziel, saisi tout-à-coup d'un esprit prophétique, lui promit la victoire, & l'encouragea à marcher au combat. Le Roi de Juda partit le lendemain, & lorsqu'il apperçut les ennemis, il plaça les Lévites à la tête de son armée, & leur dit de chanter hautement les louanges de Dieu. Les Moabites & leurs Alliés remplis de frayeur ne se reconnurent plus, & se tuerent les uns les autres ; de sorte que l'armée de Josaphat fit un butin considerable sans avoir perdu un seul homme.

Le secours miraculeux que Dieu donna au Roi de Juda contre les Moabites, ne fut pas le seul qu'il accorda à ce Prince. Ces mêmes peuples ayant refusé de payer un tribut au Roi d'Israel, Josaphat se joignit à

ROIS D'ISRAEL.

choisir un & le sacrifier à leur Dieu, pendant qu'il prendroit l'autre & l'immoleroit à l'Eternel, & il ajouta, que le Dieu qui feroit descendre le feu du Ciel pour consommer la victime qu'on lui offriroit, seroit reconnu pour le vrai Dieu. Le Peuple parut content des propositions d'Elie, & les Prêtres de Baal furent contraints de se soumettre aux preuves qu'on demandoit. Ils commencerent les premiers, couperent le bœuf en plusieurs morceaux, & invoquerent à grands cris la puissance de leur Dieu. Elie étoit présent, & augmentoit encore leur désespoir par les paroles ironiques qu'il leur adressoit. Enfin toutes les prieres des Prêtres idolâtres étant inutiles, Elie songea à son sacrifice. Il fit un Autel de douze pierres sur lequel il mit le bois & la victime, répandit dessus & autour une grande quantité d'eau, & pria Dieu ensuite de convaincre le peuple de sa toute-puissance. A peine son invocation fut-elle prononcée, que le feu descendit du Ciel, & consuma la victime & l'autel même. Les Israelites touchés de ce miracle, se saisirent, suivant les ordres d'Elie, de tous les Prêtres de Baal, & les conduisirent au torrent de Cison où ils les égorgerent. Achab n'osa s'opposer à leur zéle, & comme Elie lui dit de retourner promptement à son palais, parce qu'une pluye abondante ne tarderoit pas à tomber, ce Prince alla informer Jezabel du massacre de ses Prêtres. La pluye désirée depuis si long-temps arriva, comme le Prophete l'avoit dit ; mais ce prodige n'empêcha point la cruelle Jezabel de jurer la mort d'Elie, qui fut obligé de fuir pour conserver sa vie.

Loin de se convertir, Achab com-

ROIS DE JUDA.

lui pour les y forcer, & ils marcherent ensemble dans ce dessein. Le désert par où ils passerent se trouva sans eau, & l'armée couroit risque de périr sans Josaphat, qui demanda s'il n'y auroit point quelque Prophete auquel il pût s'adresser pour implorer la misericorde de Dieu. Elisée étoit dans l'armée d'Israel, & lorsque le Roi de Juda en fut instruit, il alla le trouver accompagné du Roi d'Israel & de celui d'Idumée. Elisée parla aux deux derniers avec mépris, parce qu'ils étoient impies; mais il dit à Josaphat que dès le lendemain la vallée où les troupes étoient campées, se trouveroit remplie d'eau, quoiqu'il n'y eût ni pluye, ni rosée; & il lui annonça en même temps que Dieu livreroit les Moabites entre ses mains. Ce que le Prophete avoit promis à Josaphat arriva de point en point, le camp se trouva rempli d'eau, & le Soleil qui dardoit ses rayons dessus l'ayant fait paroître rouge comme du sang aux yeux des Moabites, ils crurent que les Israelites s'étoient entre-tués. Ainsi ils vinrent se livrer eux-mêmes, & furent massacrés dans le temps qu'ils croyoient enlever les dépouilles de leurs ennemis. Josaphat depuis cette expédition vécut encore sept ans, & après un glorieux regne de vingt-cinq ans il mourut, & laissa le Royaume à Joram son fils aîné.

JORAM. 889.

Ce Prince ne marcha pas sur les traces de son pere, & aussi-tôt qu'il fut monté sur le thrône, il fit massacrer tous ses freres. Il épousa ensuite Athalie, fille d'Achab, & ne tarda pas à devenir aussi impie & aussi cruel que cette Princesse. Les

ROIS D'ISRAEL.

mit encore de nouveaux crimes, & pour satisfaire l'envie qu'il avoit, d'être possesseur de la vigne d'un homme de Jezraël nommé Naboth, il consentit qu'on le fît mourir sur la déposition de deux faux témoins apostés par Jezabel. Elie prédit au Roi Achab, qu'en punition de ce dernier forfait, Dieu l'accableroit de toutes sortes de maux, & extermineroit sa maison comme celle de Jeroboam ; & que Jezabel seroit mangée par les chiens dans le champ même de Naboth. Achab effrayé de ces menaces se couvrit d'un cilice ; mais son repentir n'étoit pas sincere, ou du moins ne dura pas long-temps, & ce Prince indigne du thrône, fut tué dans son expédition contre le Roi de Syrie, comme on l'a vu dans l'histoire de Josaphat Roi de Juda.

OCHOSIAS 897.

Ochosias, digne fils d'Achab, lui succéda, & ne fut pas meilleur que lui. Il avoit regné environ une année, lorsqu'il tomba par la fenêtre d'un de ses appartemens, & se blessa dangereusement. Inquiet s'il releveroit de la maladie causée par cette chûte, il envoya consulter Beelzebut, Dieu d'Accaron ; mais Elie arrêta en chemin ceux qui alloient à Accaron, suivant l'ordre qu'ils avoient reçu d'Ochosias, & leur dit, que ce Prince mourroit pour avoir eu recours à des Dieux étrangers. En effet, il expira peu après, & eut pour successeur Joram son frere, fils d'Achab.

JORAM. 896.

Quoique Joram ne fût pas aussi

D ij

ROIS DE JUDA.

Autels qu'il fit bâtir en l'honneur des faux Dieux, & l'encens qu'on leur offroit par son ordre furent un exemple dangereux pour le peuple, dont une grande partie devint auſſi idolâtre que son Souverain. Joram porta bientôt la peine que ses crimes méritoient. L'Idumée se révolta, & se donna un Roi; les Philiſtins & les Arabes entrerent dans son pays, le ravagerent, pillerent le palais, & emmenerent captifs ses femmes & ses enfants, à l'exception du plus jeune de ses fils nommé Ochozias. Tant de malheurs ne firent point rentrer en lui-même le Roi de Juda; enfin ce Prince fut attaqué d'une maladie incurable qui dura deux ans, & qui lui fit sortir les entrailles du corps. Il mourut dans de grandes douleurs, & fut enterré dans la ville de David, & non dans le sépulchre des Rois.

OCHOZIAS. 885.

Ochozias qui, comme on l'a vû, étoit échappé aux recherches des Philiſtins, fut élû Roi de Juda à la mort de son pere. La jeuneſſe & les funeſtes conseils d'Athalie sa mere, le firent tomber dans tous les crimes, dont toute la maison d'Achab étoit coupable. Il accompagna Joram, Roi d'Iſrael, dans son expédition contre les Syriens, & l'alla trouver à Jezraël, lorsqu'il s'y fut retiré, à cause d'une bleſſure qu'il avoit reçue en combattant. Le regne d'Ochozias ne fut pas de longue durée; il fut tué par les ordres de Jehu, un an après être monté sur le thrône. Son corps fut transporté à Jeruſalem, où on l'enterra dans le tombeau de ses ancêtres.

ROIS D'ISRAEL.

méchant que son pere Achab, il ne renonça point au culte des veaux d'or que Jeroboam avoit établi, & y demeura attaché toute sa vie. Il eut part à la victoire miraculeuse remportée sur les Moabites, par l'interceſſion de Joſaphat, & fut inſtruit par Eliſée de toutes les résolutions que le Roi formoit contre le Royaume d'Iſrael; de sorte qu'il arrêtoit tous les projets de ce Prince. Neanmoins il ne put empêcher le ſiége de sa capitale, qui fut ſi long que la famine fit périr un grand nombre d'habitants, & que les meres mangeoient juſqu'à leurs enfants. Joram au déſeſpoir alla trouver Eliſée pour lui demander ce qu'il devoit faire. Le Prophete le conſola, en lui diſant que le lendemain l'abondance rentreroit dans la Ville, & que les ennemis ne paroîtroient plus. En effet, la nuit ſuivante Dieu répandit la terreur dans le camp des Syriens, qui trompés par un bruit de chariots & de chevaux crurent qu'une nombreuſe armée arrivoit au ſecours de Samarie, & s'enfuirent en déſordre. Quatre Lépreux qui étoient près de la porte de la Ville, dont on leur refuſoit l'entrée, ayant pris le chemin du camp des Syriens, dans l'eſpérance de s'attirer leur compaſſion, furent dans une grande ſurpriſe de ne trouver perſonne, & de voir que rien n'étoit emporté. Ils revinrent en diligence apporter ces nouvelles aux habitants de Samarie, & le Roi qui en fut inſtruit, prit les précautions néceſſaires pour prévenir les trahiſons, & permit enſuite au peuple d'aller piller le camp de ſes ennemis. Benadad, Roi de Syrie, ne ſurvécut pas longtemps à la levée du ſiége de Samarie, & il y eut preſ-

ROIS DE JUDA.   ROIS D'ISRAEL.

que aussi-tôt une révolution dans le Royaume d'Israel. Joram toujours animé contre les Syriens campoit à Ramoth en Galaad avec Ochosias, Roi de Juda. Une blessure que le Roi d'Israel reçut dans un combat l'obligea à laisser son armée sous la conduite de ses Capitaines, & à prendre le chemin de Jezrael pour se faire panser. Ochosias le suivit bientôt, & resta auprès de lui.

Cependant Elisée envoya un Prophete aux Capitaines qui étoient à Ramoth, & lui ordonna de choisir un d'entre eux nommé Jehu, & de le Sacrer Roi d'Israel. Le Prophete exécuta ponctuellement ce qu'Elisée lui avoit prescrit, & se retira aussi-tôt avec précipitation. Les autres Capitaines instruits de ce qui venoit de se passer reconnurent Jehu pour leur Roi, & marcherent dans le moment même sous sa conduite vers Jezrael. Joram informé de la promptitude avec laquelle cette armée s'avançoit envoya un homme leur en demander la raison. Cet homme, ni un autre qu'on dépêcha après lui n'étant point revenus, Joram & Ochosias monterent chacun dans leur Chariot, pour aller s'instruire eux-mêmes de la vérité des choses. La réponse de Jehu apprit à Joram ce qu'il avoit à craindre, celui-ci se détermina à prendre la fuite avec Ochosias ; mais Jehu blessa mortellement le premier d'un coup de fléche, & ordonna qu'on tuât l'autre.

ATHALIE. 884.   JEHU. 884.

Athalie, mere d'Ochozias, sur la nouvelle de la mort de son fils, massacra ce qui restoit des Princes de la Maison Royale, afin de regner seule

Jehu alla ensuite à Jezrael, & comme il y entroit il apperçut Jezabel à une fenêtre. Il ordonna qu'on la jettât en bas, ce qui fut exécuté sur le

ROIS DE JUDA.

dans Juda. Josabeth, sœur d'Ochozias, & femme du Grand Prêtre Joïada, s'étant trouvée au Palais dans le moment qu'on tuoit les Princes, eut le bonheur d'en sauver un nommé Joas, âgé alors d'un an. Josabeth le cacha avec sa nourrice dans l'enceinte du Temple, & il y fut élevé par le Grand Prêtre jusqu'à ce qu'il eût sept ans. Cependant Athalie en possession du thrône de Juda, faisoit regner l'Idolâtrie avec elle. Le culte de Baal étoit augmenté par ses soins, & elle avoit dépouillé le Temple du vrai Dieu pour orner celui de son Idole.

La septieme année du regne d'Athalie, le Grand Prêtre Joïada assembla tous les Lévites dans le Temple, leur fit prendre les armes, & mit le Diadême sur la tête de Joas, qui fut reconnu Roi avec de grandes acclamations. La Reine en entendit une partie de son Palais; elle se rendit au Temple, & vit alors qu'elle étoit trahie. Elle voulut appeller du secours; mais Joïada la fit saisir, & ordonna qu'on la conduisît hors du Temple, & qu'on la fît mourir.

JOAS. 878.

Cette mort rendit Joas paisible possesseur de la couronne, & ce Prince, qui avoit alors sept ans, gouverna sous la Régence de Joïada. Tant que ce Grand Prêtre vécut Joas observa la justice, & fut attaché sincerement aux devoirs de Religion; mais aussitôt qu'il eut perdu ce guide éclairé, il prêta l'oreille aux discours flatteurs de ses courtisans, & s'abandonna à l'Idolâtrie. La cruauté & l'ingratitude trouverent aussi une place dans son cœur; en sorte qu'il eut

ROIS D'ISRAEL.

champ, & les chiens, suivant la prédiction d'Elie, mangerent presqu'entierement cette Princesse. Le nouveau Roi d'Israel se voyant sans compétiteur, songea à détruire totalement ceux qui étoient de la maison d'Achab, & il fit observer ses ordres avec tant de soin, qu'il n'y eut personne d'épargné. Jehu résolut ensuite d'abolir le culte de Baal, & d'exterminer tous les Sacrificateurs & les Ministres de cette Idole. En conséquence il feignit de vouloir faire un sacrifice solemnel à ce faux Dieu, assembla dans son temple tous ceux qui étoient ordinairement chargés de cet office, & les fit massacrer. Ce zele de Jehu fut agréable à Dieu, dont il reçut la promesse que ses enfants jusqu'à la quatrieme génération occuperoient le thrône d'Israel. Cependant ce Prince ne fit point abattre les veaux d'or que Jeroboam avoit érigés à Dan & à Bethel. Au reste, son Royaume fut tranquille pendant son regne, qui dura vingt-huit ans, après lesquels il mourut laissant la couronne à son fils Joachaz.

JOACHAZ. 856.

Ce Prince par son idolâtrie attira sur lui & sur son Royaume les malédictions du Ciel. Hazael, Roi de Syrie, marcha contre Israel, tailla en piéces les armées de Joachaz, & exerça de grandes cruautés sur les habitants des Villes, sans exception d'âge ni de sexe. Le Roi d'Israel sensible aux malheurs de ses sujets implora la miséricorde de Dieu; mais comme il étoit alors sur la fin de son regne, il n'eut pas le temps d'en éprouver les effets, & son peuple ne

ROIS DE JUDA.

l'inhumanité de faire mourir le Grand Prêtre Zacharie, fils de Joïada, à qui il devoit la couronne & la vie, parce que ce zélé Pontife lui reprochoit son Idolâtrie. Un crime aussi énorme méritoit une punition, le Roi ne l'évita pas. Hazaël, Roi de Syrie, s'avança jusqu'à Jerusalem qu'il mit au pillage, & se rendit maître de la personne de Joas, qui se racheta en donnant tout l'argent de ses thrésors & de ceux du Temple. Depuis cet événement le Roi de Juda tomba en langueur, & peu après deux de ses Officiers le tuerent dans son lit, environ la quarantieme année de son regne, & il ne fut point enterré dans le tombeau des Rois.

AMASIAS. 838.

Amasias, fils de Joas, lui succeda, & fut d'abord juste & religieux. Il fit le dénombrement de ses sujets, & comme il pensa que le nombre de trois cent mille hommes capables de porter les armes, ne suffiroit pas pour ce qu'il méditoit, il prit à sa solde cent mille hommes choisis du Royaume d'Israel. Il comptoit avec cette armée pouvoir entreprendre la guerre contre les Iduméens ; mais un Prophete l'engagea à renvoyer les troupes d'Israël, sans s'embarrasser de l'argent qu'il avoit déjà donné. Amasias obéit, & sur la promesse du Prophete, il marcha avec confiance contre les Iduméens, qu'il défit, & sur lesquels il remporta un grand butin. Cependant cette victoire lui devint funeste par la suite ; car il prit de l'attachement pour les Idoles qu'il avoit enlevées à ces peuples, & peu à peu il s'oublia au point de les adorer. Les remontrances qu'un Prophete lui fit à ce

ROIS D'ISRAEL.

fut délivré de l'oppression des Syriens que sous le regne de Joas, fils de Joachaz.

JOAS. 840.

Dès la premiere année du regne de ce Prince, Elisée tomba dangereusement malade, ce qui causa un violent chagrin au Roi, qui alla rendre visite au Prophete, & lui demander des conseils. Elisée le consola, & lui dit que son armée battroit les Syriens en trois différentes rencontres. On vit en effet l'accomplissement des prédictions du Prophete, qui étoit mort alors, & Joas battit trois fois les Syriens, & reprit sur eux les places dont Hazael s'étoit emparé. Une faveur si particuliere du Ciel n'engagea point Joas ni ses sujets à renoncer aux prévarications auxquelles la maison de Jeroboam avoit été sujette ; ils continuerent au contraire les uns & les autres à avoir du respect & de la dévotion pour les Idoles. Joas, comme on l'a vû, remporta la victoire sur Amasias, qui l'avoit défié, & pilla le temple de Jerusalem, & le Palais du Roi de Juda. Il mourut quelque temps après cette expédition, & eut pour successeur son fils Jeroboam, second du nom (1).

(1) M. Boivin l'aîné, dans le Tom. IV. des Mémoires de l'Académie des Belles-Lettres, page 337. prétend que Joas eut deux fils qui porterent le nom de Jeroboam ; mais que l'aîné est appellé Jesos, dans l'histoire de Josephe en Grec, & qu'il doit être immédiatement placé après son pere Joas. Il lui donne douze ans de regne, & lui fait succeder Jeroboam son frere. Il s'appuye sur un passage du quatrieme livre des Rois, chap. XIII. vers. 13. & chap. XIV. vers. 16. & suiv. & sur un endroit des Antiquités

ROIS DE JUDA.

sujet ne purent le tirer de son erreur, & il courut bientôt lui-même à sa perte, comme l'envoyé de Dieu le lui annonça. Amasias ayant formé le projet de faire la guerre au Roi d'Israel lui envoya une espece de défi. Joas qui regnoit alors sur ce Royaume, voulut inutilement engager Amasias à rester tranquille; ce Prince refusa d'écouter ce qui étoit raisonnable, & se mit en marche à la tête de ses troupes. Joas arma de son côté, & les deux Princes s'étant rencontrés, celui de Juda eut le chagrin de perdre la bataille, & d'être fait prisonnier par son ennemi. Le Roi d'Israel entra dans Jerusalem, pilla le Temple de Dieu & le Palais du Roi; après quoi il se retira, laissant Amasias en proye à la douleur, & au repentir. Ce Prince vécut encore seize ans, au bout desquels il fut assassiné dans la trentieme année depuis son avenement au thrône.

OZIAS ou AZARIAS. 809.

Ozias, qu'on appelle aussi Azarias, succeda à son pere Amazias à l'âge de seize ans. Ce Prince qui se défioit de lui-même, suivit par rapport à sa grande jeunesse les conseils d'un homme sage, nommé Zacharie; & tant que cet homme pieux & éclairé vécut, Ozias se distingua par son zele contre l'Idolâtrie. Dieu en récompense de sa vertu bénit ses armes ; en sorte qu'il remporta plusieurs avantages sur les Philistins, & sur quelques-uns de ses voisins jaloux de sa gloire. Ozias fit aussi de sages reglements, fortifia sa capitale, bâtit des forteresses & des magasins en divers endroits de son Royaume. L'estime générale que s'acquit le Roi de Juda, devoit l'engager à persévérer ; mais

ROIS D'ISRAEL.

JEROBOAM. 824.

Ce Prince que Joas son pere avoit déclaré Roi d'Israel sept ans avant que de mourir, se vit seul possesseur du thrône à la mort de ce Monarque. Il suivit, ainsi que ses prédécesseurs, le criminel exemple du premier Jeroboam, & rendit un culte religieux aux Idoles. D'ailleurs ce Prince étoit un grand guerrier, & Dieu se servit de lui pour sauver son peuple, qui gémissoit, & imploroit sa toute-puissance. Le Roi d'Israel, qu'un secours divin guidoit dans ses entreprises, conquit plusieurs places sur les Syriens, & rétablit les anciennes limites de son Royaume. Dieu avoit béni ses armes en considération de ceux qui lui étoient restés fidéles en Israel ; car Jeroboam ne mérita par lui-même aucune de ces faveurs. Ce Prince regna quarante & un an. Après sa mort ses Etats furent agités de grands troubles, & il y eut un interregne qui dura onze ans.

ZACHARIE. 772.

Zacharie, fils de Jeroboam, &

de Josephe, liv. IX. chap. 9. à la derniere ligne du texte original Grec. Il prétend que les douze ans de regne de ce Prince sont nécessaires pour la chronologie, & pour concilier les regnes d'Israel avec ceux de Juda. En conséquence de cette découverte, l'interregne mis en usage par la plûpart des habiles Chronologistes devient inutile, & d'ailleurs il n'en est point fait mention dans la Bible. Je renvoye le Lecteur à la Dissertation de M. Boivin.

arriere

ROIS DE JUDA.

il venoit de perdre son fidele conseiller, & l'orgueil auquel il s'abandonna, détruisit en un moment le mérite de plusieurs années. Ozias malgré les remontrances du Grand Pontife, & d'un grand nombre d'autres Prêtres, voulut offrir lui-même de l'encens sur l'autel des parfums, lorsqu'il se trouva frappé de lépre, maladie qui excluoit du Temple ceux qui en étoient attaqués. Le Roi ne put douter que cet événement extraordinaire ne fût un châtiment de sa témérité, & il se retira saisi de crainte & de repentir. Il sortit de la ville, & fixa son séjour dans une maison particuliere, où il vécut couvert de lépre, éloigné du commerce des hommes, & dépouillé de la dignité royale jusqu'à l'âge de soixante & huit ans, qu'il mourut. Il fut enterré dans un sépulchre séparé de celui de ses ancêtres.

JOATHAN. 757.

Joathan, fils d'Ozias, qui avoit été chargé du gouvernement aussitôt après la déposition de son pere, monta sur le trône à la mort de ce Prince. Il eut beaucoup de vertus, & sa piété ne se démentit point jusqu'à la fin de ses jours. Joathan fut toujours heureux dans ses entreprises; il força ses

ROIS D'ISRAEL.

arriere petit-fils de Jehu, monta enfin sur le throne d'Israel. Son regne ne fut pas heureux, & depuis ce Prince l'histoire ne fait plus mention que des trahisons, des meurtres & des désolations, dont le Royaume fut affligé. Zacharie ne conserva pas la couronne plus de six mois ; un de ses domestiques nommé Sellum le tua, & se rendit maître de la souveraine puissance.

SELLUM. 772.

Sellum qu'une trahison détestable avoit mis sur le throne, le perdit avec la vie un mois après s'en être emparé.

MANAHEM. 771.

Manahem qui étoit Général des troupes du Roi Zacharie, n'eut pas plutôt appris que ce Prince avoit été assassiné, qu'il se rendit à Samarie dans le dessein de venger sa mort. En effet, il tua Sellum, & monta sur le throne. Il prit ensuite le chemin de Thersa ; mais comme les habitants qui ne l'aimoient pas refuserent de lui ouvrir les portes de la ville, il l'emporta d'assaut, & commit de grandes cruautés. Le Roi d'Assyrie lui déclara la guerre quelque temps après, & comme Manahem ne se trouvoit pas en état de résister, il acheta la paix par une grosse somme d'argent. Depuis ce temps il vécut tranquille, & son regne dura dix ans.

PHACEIA. 761.

Phaceia, fils de Manahem, monta sur le throne d'Israel à la mort de son pere ; mais au bout de deux ans

Tome VI.

ROIS DE JUDA.

ennemis à lui payer de gros tributs, & cet argent lui servit à faire réparer le Temple, & fortifier la ville. Ce Prince regna seize ans, au bout desquels il mourut laissant un fils nommé Achaz, qui lui succeda.

ACHAZ. 741.

Ce Prince étoit à peine monté sur le thrône, que Phacée, Roi d'Israel, & Razin, Roi de Syrie, attaquerent ensemble le Royaume de Juda. Achaz fut effrayé de leur invasion, & craignit d'ailleurs de ne pouvoir résister aux forces réunies de ces deux Princes ; mais le Prophete Isaie étant venu le trouver de la part de Dieu, lui releva le courage, & lui promit la victoire sur ses ennemis. En effet Razin fut battu la troisieme année du regne d'Achaz, & Phacée l'année suivante. Achaz loin d'être touché de la faveur que Dieu lui avoit faite en le délivrant de deux ennemis redoutables, s'abandonna tellement au culte des Idoles, qu'il fit passer son fils par le feu en l'honneur de Moloch. Une telle ingratitude méritoit les plus rigoureux châtiments, aussi Achaz éprouva-t-il bientôt la punition qui lui étoit dûe. Les deux Rois d'Israel & de Syrie armerent de nouveau contre Juda, & prirent leurs mesures de façon qu'ils l'attaquerent à la fois en trois endroits différents. Achaz privé des secours du ciel fit une résistance inutile, ses ennemis eurent toujours l'avantage, & après s'être emparés de Jerusalem, y avoir fait mourir Mahaseja, fils du Roi, & la plûpart des principaux Seigneurs, ils s'en retournerent chargés de butin, & emmenerent un grand nombre de captifs. Dans cette extrémité Achaz eut re-

ROIS D'ISRAEL.

Phacée, Général de ses troupes, l'en fit descendre en l'assassinant.

PHACÉE. 759.

Ce dernier s'étant emparé de la couronne, la garda l'espace de vingt ans. Il eut une grande guerre à soutenir contre Teglath-Phalassar, Roi d'Assyrie, & perdit une partie de ses Etats. Ce Prince aussi impie que ses prédécesseurs fut tué la vingtieme année de son regne par Osée, fils d'Ela.

OSÉE. 738.

Osée, après avoir fait mourir Phacée, voulut se faire proclamer Roi d'Israel ; mais les troubles & les différentes factions dont le Royaume étoit agité, l'empêcherent pendant neuf ans de monter sur le thrône. Cependant il en vint à bout, & aussitôt qu'il eut affermi sa puissance, il se livra à l'Idolâtrie ; & imita les Rois qui avoient regné avant lui.

Salmanasar, Roi d'Assyrie, lui imposa un tribut, dont il chercha à s'affranchir en faisant alliance avec le Roi d'Egypte. Cette précaution, loin de lui être utile, fut cause de sa

ROIS DE JUDA. ROIS D'ISRAEL.

cours au Roi d'Affyrie, & ce Prince, à qui il envoya une grande partie de l'or & de l'argent qui étoit dans le Temple, arriva effectivement à son secours. Il vainquit Razin, le tua, s'empara de sa capitale, & marcha ensuite contre le Roi d'Ifraël. Les progrès rapides du Roi d'Affyrie donnerent de l'inquiétude à Achaz; son Royaume étoit défolé par les Iduméens & les Philiftins, & il appréhendoit avec raifon que son nouvel allié ne profitât des circonftances pour se déclarer contre lui, & le rendre son tributaire. Ces différentes calamités ne firent point changer le Roi de Juda; il augmenta encore le culte des Idoles, fit fermer le Temple, & mourut dans son impiété après un regne de feize ans.

pette, & de celle de tout le Royaume; car Salmanafar informé de sa rébellion marcha contre lui avec une nombreufe armée, & l'affiégea dans sa Capitale. Cette ville fut prife au bout de trois ans. Ofée tomba au pouvoir de Salmanafar, & fut chargée de chaînes, & la meilleure partie des Ifraelites fut emmenée en captivité au pays des Affyriens. Telle fut la fin du Royaume d'Ifraël, que Salmanafar détruifit entierement deux cent cinquante-quatre ans après fon établiffement par Jeroboam I. Cependant le Royaume de Juda fubfifta encore quelque temps, & les Ifraelites qui purent se fouftraire à la puiffance du Roi d'Affyrie, se rendirent à Jerufalem, & devinrent fujets du Roi qui y regnoit.

EZECHIAS. 727.

Ezechias, fils d'Achaz, fucceda à son pere, & n'imita point sa conduite impié. Il fignala le commencement de son regne, par le foin qu'il prit de rétablir le culte du vrai Dieu, que son pere avoit aboli, & après avoir fait ouvrir les portes du Temple, il affembla les Prêtres & les Lévites, & leur commanda de purifier la maifon de Dieu. Ses ordres ayant été exécutés, il fongea à faire célébrer la fête de Pâques, & envoya inviter les habitants du pays de Juda, & ceux qui étoient reftés en Ifrael, à se rendre à Jerufalem. Il s'affembla un peuple nombreux, fuivant les intentions du Roi, qui, avant que de commencer la fête, détruifit toutes les marques d'Idolâtrie qui se trouvoient encore dans Jerufalem. On folemnifa enfuite la Pâques avec une grande pompe, & le peuple encouragé par l'exemple du Roi, fit éclater sa joie & son zéle, en brifant les Idoles qui étoient dans toutes les villes de Juda, & en abattant les bois facriléges & les hauts lieux. Ezechias, pour ne laiffer aucun prétexte à l'Idolâtrie, fit mettre en piéces le ferpent d'airain que Moyfe avoit fait élever dans le défert, & auquel le peuple rendoit un culte fuperftitieux. L'application du Roi à faire obferver dans fes Etats les Loix divines & les fêtes ordonnées par Dieu même, lui méritèrent les faveurs de l'Etre fouverain, & il réuffit dans toutes fes entreprifes. Teglath-Phalaffar avoit impofé à Achaz un tribut, auquel Ezechias s'étoit foumis pendant les premieres années de son regne, & il l'avoit payé à Salmanafar. Cependant, lorfque Sennacherib, fils & fucceffeur de Salmanafar, fit demander au Roi de Juda le tribut accoutumé, ce Prince refusa de le satisfaire. Le Roi d'Assyrie marcha. aussitôt contre Ezechias, s'empara de plusieurs places, & prit le chemin de Jerusalem dans le dessein d'assiéger cette Capitale. Ezechias de son côté fit tous les préparatifs nécessaires pour se défendre, & exhorta ses sujets à attendre tout de la puissance de Dieu. Néanmoins sur leurs pressantes sollicitations, il prit la résolution d'envoyer demander du secours au Roi d'Egypte. Ce projet qui démentoit la confiance qu'il avoit d'abord fait voir dans la protection du Très-Haut, lui attira les reproches du Prophete Isaïe, & comme il tomba malade vers ce temps-là, &. que le même Prophete l'avertit de mettre ordre à ses affaires, il ne douta plus que Dieu ne le voulût punir. Il fit alors une fervente priere, & Dieu touché de son repentir & de ses larmes, renvoya Isaïe, qui annonça à Ezechias qu'il releveroit de cette maladie, qu'il vivroit encore quinze ans, & qu'avant peu il seroit délivré de ses ennemis. Le Roi surpris d'un changement si favorable, demanda au Prophete un signe qui pût lui prouver la vérité de ses promesses. Isaïe eut pitié de la foiblesse de ce Prince, & lui montra que Dieu avoit fait remonter de dix dégrés l'ombre d'un cadran solaire qui étoit dans son palais. Ezechias persuadé par ce prodige, rendit graces à Dieu, & fut rétabli de sa maladie au bout de trois jours, comme Isaïe le lui avoit promis.

Le siége de Jerusalem continuoit, & Rabsacès, un des Généraux de Sennacherib, adressa la parole au peuple &' fit plusieurs menaces, s'il continuoit à se défendre. Personne ne répondit au Général Assyrien, qui commença à prononcer des blasphêmes contre Dieu. Ezechias envoya demander conseil à Isaïe sur la conduite qu'il tiendroit à l'égard de ses ennemis. Le Prophete consola le Roi, & lui dit que les Assyriens seroient obligés de s'en retourner honteusement dans leur pays; & que le Roi périroit malheureusement. Sur la nouvelle que le Roi d'Ethiopie s'avançoit à la défense de Jerusalem, Sennacherib, à la tête de ses troupes, marcha à sa rencontre, après avoir envoyé à Ezechias un lettre insultante. Le Roi de Juda porta cette lettre dans le temple, & invoqua la puissance de Dieu. Le Prophete Isaïe prioit de son côté, & il fit dire à Ezechias, que ses prieres avoient été écoutées, & que les Assyriens seroient défaits avant qu'ils eussent seulement tiré une flêche contre la ville. L'événement répondit exactement à la prédiction. Sennacherib défit le Roi d'Ethiopie, & revint ensuite devant Jerusalem dans l'idée d'en poursuivre vivement le siége; mais la nuit qui suivit le jour de son arrivée, son armée fut défaite d'une maniere extraordinaire, & il se vit contraint de décamper honteusement, & de reprendre en diligence le chemin de ses Etats. Ezechias délivré d'un ennemi si redoutable, jouit d'une profonde paix jusqu'à sa mort, qui arriva dans la cinquante-quatrieme année de son âge, & la vingt-neuvième de son régne.

Manassés n'avoit que douze ans, lorsqu'il succéda à Ezechias son pere. Les pernicieux conseils qu'on lui donna, ou son penchant naturel, lui firent commettre tous les crimes que Dieu avoit punis en Israël. Le nouveau Roi, par une conduite opposée à celle de son pere, introduisit aussitôt l'Idolâtrie & le culte de Baal dans son Royaume. Il poussa l'impiété & l'abomination jusqu'à placer une Idole dans le temple de Dieu, & le peuple, toujours disposé à suivre l'exemple du Souverain, ne tarda pas à imiter les déreglements de Manasses. Les Prophetes parlerent en vain, leurs exhortations & leurs menaces ne servirent qu'à irriter contre eux les coupables, & le Roi les fit mourir, ainsi qu'un grand nombre de ses sujets qui étoient demeurés fidéles à leur religion. Manassès porta enfin la peine qu'il avoit méritée ; les Généraux du Roi d'Assyrie entrerent en Judée, y firent de grands ravages, & emmenerent à Babylone Manassès, chargé de fers. Le triste état où se trouva ce Prince lui fit ouvrir les yeux sur la conduite passée, il reconnut ses fautes, en demanda sincerement pardon, & pria Dieu de le tirer de l'oppression. Ses prieres furent exaucées ; le Roi de Babylone fit un traité avec lui, & le laissa retourner à Jerusalem avec le titre & la puissance de Roi, comme il possédoit l'un & l'autre auparavant. Un bonheur si peu attendu toucha le cœur de Manassès, qui depuis ce temps s'appliqua à réparer tout le mal qu'il avoit fait. Il brisa les Idoles & tout ce qui avoit rapport à leur culte, & ordonna que ses sujets adorassent, desormais le vrai Dieu, dont il avoit éprouvé la miséricorde. Son repentir fut agréable à Dieu, & ce Prince vécut en paix jusqu'à l'âge de soixante-sept ans. Il avoit régné cinquante-cinq ans, & fut enterré dans son jardin.

Amon, fils & successeur de Manasses, n'imita son pere que dans ses égaremens ; mais il n'eut pas le temps de s'en repentir comme lui ; car quelques-uns de ses sujets formerent une conspiration contre lui & l'assassinerent deux ans après qu'il fut monté sur le thrône. Le peuple vengea sa mort en massacrant ceux qui en étoient les auteurs, & mit la couronne sur la tête de Josias, fils d'Amon.

Josias, qui n'avoit alors que huit ans, fut heureusement guidé par des Conseillers sages & pieux, qui lui inspirerent leurs sentimens ; de sorte que ce Prince par la suite montra plus de vertus & de religion, qu'aucun de ses prédécesseurs. Aussitôt qu'il se fut chargé lui-même du gouvernement, il ne détruisit pas seulement les restes de l'Idolâtrie, il abattit encore les hauts lieux auxquels ses ancêtres n'avoient osé toucher. Il porta son attention jusqu'aux autels érigés par Jeroboam I. à Bethel, & les fit mettre en cendres, ainsi que tous ceux qu'il trouva dans les différentes villes d'Israël, habitées alors par les colonies que les Assyriens y avoient envoyées. Josias retourna ensuite à Jerusalem, & donna tous ses soins à rétablir le culte du vrai Dieu, & le service ordinaire du temple. Vers la dix-huitiéme année de son régne, il songea à faire réparer le temple, & comme on y travailloit, on trouva le livre de la Loi qui fut aussitôt apporté à Josias. Ce Prince, en le lisant, fut effrayé d'y voir les malédictions qui étoient annoncées en punition des crimes dont tous ses sujets étoient coupables à son avenement au thrône. Une connoissance aussi affligeante le pénétra de douleur, & il fit consulter Dieu, afin de sçavoir quel seroit le sort de son peuple & le sien même. Il apprit que sa fidélité & son zéle le mettroient à couvert des châtiments qu'il redoutoit ; mais que l'ingratitude & le penchant de ses sujets à l'Idolâtrie, leur feroient bientôt éprouver les effets de la vengeance céleste. Josias, pour remercier Dieu des faveurs qu'il en recevoit, & pour chercher à appaiser sa colere contre son peuple, ordonna qu'on célébrât la Pâques avec toutes les préparations & les cérémonies nécessaires. Il lut alors une partie du livre qu'on avoit découvert, & exhorta ceux qui l'écoutoient à faire tous leurs efforts pour mériter le pardon de leurs fautes passées. Aussitôt que la fête fut finie, Josias redoubla ses attentions touchant l'établissement du culte de Dieu, & l'entiere abolition de celui des Idoles dans ses Etats. Il avoit régné environ trente-un ans, & avoit joui jusques-là d'une profonde paix, lorsque Nechao, Roi d'Egypte, demanda un passage par le Royaume de Juda pour aller attaquer les Assyriens. Josias voulant s'y opposer, marcha à sa rencontre à la tête de son armée, & reçut une blessure, dont il mourut quelques jours après, sincérement regretté de tous ses sujets.

<small>HISTOIRE DES JUIFS.</small>

<small>SELLUM ou JOACHAZ. 611.</small>

Joachaz, ou comme quelques-uns l'appellent, Sellum, le plus jeune des fils de Josias, fut placé sur le trône de son pere au préjudice de ses freres. Jeremie, qui avoit déjà commencé à prophétiser sous le régne de Josias, exhorta le nouveau Roi à marcher sur les traces de son pere, & lui prédit que s'il y manquoit, il périroit malheureusement & en captivité dans un pays étranger. Joachaz fit aussi peu d'attention aux conseils du Prophete qu'à ses menaces, & se livra avec une espece de fureur à l'Idolâtrie. Il ne tarda pas à éprouver la vérité de ce que le Prophete lui avoit dit; car Nechao au retour de son expédition contre les Assyriens se rendit maître de Jerusalem, & déthrôna Joachaz dans le troisiéme mois de son régne. Ce Prince fut ensuite chargé de fers & emmené en Egypte, où il finit ses jours.

<small>ELIAKIM ou JOAKIM. 610.</small>

Le Roi d'Egypte rendit la couronne de Juda à Eliakim, frere aîné de Joachaz, & promit de le maintenir sur le thrône moyennant un tribut qu'il lui imposa. Il changea ensuite le nom de ce Prince, lui donna celui de Joakim, & se retira dans l'Egypte. Le Roi & le peuple de Juda oubliant totalement ce qu'ils devoient à Dieu, s'abandonnerent à toutes les abominations & à tous les désordres qui avoient causé la ruine du Royaume d'Israel. Jeremie & d'autres Prophetes remontrerent en vain à leurs compatriotes les suites funestes que pourroient avoir leur conduite criminelle, ils ne purent les persuader, & leur zéle les exposa plus d'une fois à perdre la vie. Cependant Joakim, que le Roi d'Egypte avoit promit de secourir dans les occasions, se vit privé de cet appui par le Roi de Babylone, qui remporta une victoire complette sur Nechao. Le vainqueur marcha aussitôt vers Jerusalem, & s'en empara, comme l'avoit prédit Jeremie. On compte depuis cet événement les soixante-dix années de captivité que Jeremie avoit prédites. Joakim fut d'abord chargé de chaînes ; mais sur la promesse qu'il fit de payer un tribut annuel au Roi de Babylone, ce Monarque lui rendit la liberté, & le laissa à Jerusalem. Le Roi de Juda resta soumis l'espace de trois ans; mais au bout de ce temps, voyant Nabuchodonosor occupé à faire de nouvelles conquêtes; il ne paya plus le tribut auquel il s'étoit engagé. Trois ans se passerent sans que le Roi de Babylone prît vengeance de celui de Juda, & comme il ne pouvoit entrer en personne dans la Judée, il y envoya une armée composée de Syriens, de Chaldéens, d'Ammonites, & de Moabites. Ces Troupes ravagerent tout le Royaume, emmenerent un grand nombre de prisonniers, tuerent Joakim, & laisserent son corps sans sépulture hors des portes de la Ville, comme le Prophete Jeremie l'en avoit menacé,

Son fils Joachin, ou Jechonias, lui succéda à l'âge de dix-huit ans. Ce Prince ne conserva la couronne que trois mois & quelques jours, parce que Nabuchodonosor ayant assiégé Jerusalem, Jechonias alla lui-même se livrer entre ses mains avec sa mere & ses femmes, & ils furent tous envoyés captifs à Babylone.

Mathanias, oncle de Jechonias, fut mis sur le thrône de Juda par Nabuchodonosor, qui lui donna le nom de Sedecias. Ce Prince ne fut pas meilleur que les derniers Rois ses prédécesseurs ; il fut aussi impie, aussi déreglé & aussi cruel qu'eux, à l'égard des vrais serviteurs de Dieu qui l'avertissoient de changer de conduite & de sentiment. Cependant ceux qui avoient été emmenés captifs à Babylone se flattoient d'être bientôt délivrés, & sur les promesses de quelques faux Prophetes, ils se préparoient à un prompt retour. Jeremie pour les désabuser leur écrivit un lettre dans laquelle il leur disoit : „ Voici ce que dit le Seigneur des armées, le Dieu d'Israël à tous
„ les captifs qu'il a transportés à Babylone : bâtissez des maisons & les ha-
„ bitez ; plantez des jardins, & nourrissez-vous de leurs fruits ; épousez des
„ femmes, & ayez en des enfans ; recherchez la paix & la prosperité de la
„ Ville où je vous ai transférés, & priez le Seigneur pour elle, parce que
„ votre paix dépend de la sienne. Ne vous laissez point séduire par les Pro-
„ phetes & par vos devins, car c'est faussement qu'ils vous parlent en mon
„ nom, & je ne les ai point envoyés. Voici ce que dit encore le Seigneur :
„ Après que vous aurez passé soixante-dix ans à Babylone, je vous visiterai
„ & vous ferai revenir en ce pays. Je sçais les desseins que j'ai sur vous, ce
„ sont des desseins de paix & non d'affliction. Vous m'invoquerez & je vous
„ exaucerai ; vous me chercherez & vous me trouverez, lorsque vous le
„ ferez de tout votre cœur. Je ramenerai alors vos captifs, & je vous rassemblerai du milieu de tous les Peuples, & de tous les pays où je vous
„ aurai fait transporter. A l'égard du Roi Sedecias, de tout le peuple qui
„ habite dans la ville de Jérusalem, & de vos freres, qui ne sont point
„ sortis comme vous hors du pays, je vais envoyer contre eux l'épée, la famine & la mortalité. Je les poursuivrai, & je les disperserai par tous les
„ Royaumes de la terre, & je les rendrai l'objet de l'exécration, de l'étonnement & des insultes de tous les peuples chez qui je les aurai bannis,
„ parce qu'ils n'ont point écouté mes paroles, que je leur ai fait annoncer
„ assiduement par mes Prophetes mes serviteurs. ‟

Sedecias, la septieme année de son régne, envoya des Ambassadeurs au Roi d'Egypte, & fit une ligue avec ce Prince, dans l'espérance que le secours qu'il lui fourniroit, le mettroit en état de secouer le joug du Roi de Babylone. En conséquence, il refusa bientôt de payer le tribut auquel il s'étoit engagé par serment, & leva des troupes pour soutenir sa rébellion. Nabuchodonosor ne tarda pas à entrer dans la Judée ; il s'empara d'une grande partie de ses places & alla mettre le siége devant Jérusalem. Ceux qui étoient renfermés dans cette ville firent une vigoureuse résistance, & Nabuchodonosor, sur la nouvelle que le Roi d'Egypte envoyoit un puissant secours à celui de Juda, leva le siége & alla à la rencontre de ces troupes. Les habitants de Jérusalem, voyant l'ennemi décampé, crurent être hors de danger, & se livrerent de nouveau à tous les désordres auxquels la crainte seul les avoit fait renoncer.

HISTOIRE DES JUIFS.

Jeremie les avertit de ne point compter sur les Egyptiens, qui les abandonneroient immanquablement. On fit peu d'attention aux discours du Prophete, il fut même maltraité & mis en prison, d'où il ne fut tiré qu'au moment de l'exécution de ses paroles. Nabuchodonosor à la tête de son armée effraya tellement les Egyptiens, qu'ils reprirent à la hâte le chemin de leur pays, & laissèrent Sedecias, leur allié, exposé à tous les effets du ressentiment du Roi de Babylone. Leur retraite fournit à Nabuchodonosor les moyens de recommencer le siége de la Capitale de Juda. Sedecias fit alors sortir Jeremie de la prison où il étoit, & lui demanda ce que Dieu lui avoit révélé touchant sa situation présente. Le Prophete ne lui déguisa rien, & lui apprit que le Roi de Babylone s'empareroit de la Ville & du Temple de Jerusalem, qu'il détruiroit l'un & l'autre, & que Sedecias après avoir vû égorger ses enfans, auroit les yeux crevés, & seroit en cet état conduit prisonnier à Babylone. Le Roi de Juda, mécontent de ce que Jeremie lui avoit dit, le fit reconduire en prison, & ensuite jetter dans une basse-fosse par le conseil de ses courtisans. Le Prophete y auroit péri sans les sollicitations d'un officier du Roi, qui obtint la permission de le retirer de ce lieu.

Cependant le siége continuoit avec ardeur, & malgré la défense opiniâtre des Assiégés, les ennemis au bout d'un an firent une grande brêche à la muraille, & entrerent par-là dans la Ville. Sedecias cherchant à fuir secrettement pendant la nuit, fut arrêté, reconnu & conduit devant Nabuchodonosor, qui fit aussitôt massacrer les deux fils de ce Prince, en présence de leur pere. Sedecias eut ensuite les yeux crevés, & fut envoyé dans les prisons de Babylone, suivant la prédiction qu'il avoit méprisée. La ville fut mise au pillage, & ses malheureux habitans, que la flamme & la peste avoient déja beaucoup affligés pendant le siége, furent inhumainement passés au fil de l'épée, où se virent chargés de chaînes, & contraints d'abandonner leur patrie. Le Temple fut entierement dépouillé de ses richesses, & Nabuchodonosor y fit mettre le feu, ainsi que dans tous les quartiers de la ville, dont les murailles furent rasées jusques dans leurs fondemens. Jeremie obtint la permission de demeurer avec le petit nombre de Juifs qu'on laissa pour cultiver les terres, & dans la suite il fut forcé à les suivre en Egypte, où ils l'emmenerent malgré ses représentations.

Retour des Juifs à Jérusalem.
538.

Lorsque les soixante & dix années de captivité furent entierement passées, les Juifs obtinrent de Cyrus un Décret, qui leur permettoit de retourner dans leur patrie. Ce Prince occupoit alors le thrône de Perse, & avoit établi sa résidence à Babylone, dont il s'étoit emparé quelques années auparavant. L'Edit qu'il fit publier étoit à peu près conçu en ces termes : « Ainsi a dit
» Cyrus, Roi de Perse. L'Eternel, le Dieu des Cieux m'a donné tous les
» Royaumes de la Terre, & lui-même m'a ordonné de lui bâtir une Maison
» à Jerusalem, qui est en Judée. S'il y a donc quelqu'un de son peuple qui
» veuille s'y employer, que son Dieu soit avec lui ; & qu'il monte à Jerusalem qui est en Judée, & qu'il rebâtisse la Maison de l'Eternel, le Dieu
» d'Israel qui habite à Jerusalem. Et quant à ceux qui faute de moyens ne
» pourront partir, que les gens du lieu où ils demeurent les aident d'argent,
» d'or, de biens & de montures, outre ce qu'on offrira volontairement pour
la

» la Maison de Dieu qui habite à Jerusalem. « A peine cet Edit fut-il publié, que les Chefs des Tribus de Juda & de Benjamin s'assemblerent avec les Prêtres & les Lévites, & se mirent à la tête de ceux qui résolurent de profiter de la permission accordée par le Roi de Perse. Ceux qui ne voulurent point quitter Babylone, se contenterent de fournir à leurs freres l'or, l'argent & les autres choses nécessaires pour la construction du Temple. Zorobabel & le Grand Prêtre Josué furent reconnus les premiers Chefs des quarante-deux mille trois cent soixante personnes qui se rendirent à Jerusalem, & ils s'associerent dans le gouvernement civil & ecclésiastique Néhémie, Mardochée (1), Seraia, Rahelaia, Belsan, Mesphar, Beguai, Rehum & Baana Chefs de différentes familles.

Ce petit nombre de Juifs, en comparaison de la multitude qui, à différentes fois, avoit été emmenée en esclavage, s'établit d'abord comme il put dans Jerusalem, ou aux environs de cette ville. Les Prêtres dresserent un Autel, & célébrerent la fête des trompettes, & celles de l'expiation & des Tabernacles, pendant lesquelles le peuple témoigna beaucoup de zele pour le rétablissement du culte de Dieu. L'année suivante on posa les fondements du Temple en présence de Zorobabel, Gouverneur du pays, de Josué, Grand Prêtre, & de tout le peuple assemblé. Les jeunes gens poussoient de grands cris de joye, tandis que les Anciens versoient des larmes, pensant que ce nouveau Temple n'égaleroit jamais la magnificence de celui que Salomon avoit bâti. On continuoit l'ouvrage avec ardeur, lorsque les habitans de Samarie (2), sous prétexte qu'ils adoroient le même Dieu que les Juifs, vinrent trouver Zorobabel, & lui offrirent d'aider les ouvriers. Zorobabel & ses Conseillers refuserent d'accepter l'offre des Samaritains, leur alléguant le Décret de Cyrus, accordé aux seuls Israelites qui pourroient regarder comme un affront d'avoir recours à des Etrangers. Les Samaritains irrités de l'espece de mépris que les Juifs leur avoient marqué, mirent tout en usage pour leur nuire auprès de Cyrus. Ils y réussirent en partie; & pendant tout le reste du regne de ce Prince, & durant celui de son successeur, la construction du Temple avança foiblement. A la mort de ce dernier, les Samaritains renouvellerent leurs accusations contre les Juifs. Ils obtinrent du Roi de Perse un Décret, qui défendoit de travailler à la Maison de Dieu, & furent chargés de veiller à l'observation de cette défense. Le rétablissement du Temple fut ainsi interrompu jusqu'au regne d'un autre Prince.

Cependant les Juifs découragés par tant d'obstacles, ne songeoient plus à l'ouvrage qu'ils avoient commencé avec tant de satisfaction. Le Prophete Aggée les reprit de leur indolence, & leur dit que la famine dont ils ve-

---

(1) Ces deux hommes, que quelques-uns croyent être les mêmes que ceux dont il est parlé dans les livres d'Esther & de Néhémie, passent, suivant le sentiment le plus commun, pour avoir seulement porté le même nom.

(2) Ces Samaritains n'étoient pas Israelites d'origine, mais descendoient de ceux que Salmanazar, Roi d'Assyrie, envoya de Cuthah, d'Ava, de Hamath, de Sepharvaïm & de quelques autres Provinces pour habiter les pays dont il avoit enlevé les dix Tribus. Ils prirent le nom de Samaritains, de la ville qu'ils habitoient, & rendirent à la vérité un culte au vrai Dieu; mais ils y mêloient celui des Idoles. C'est la raison pour laquelle Zorobabel ne voulut point accepter leurs offres de services touchant la construction du Temple.

noient d'être affligés, étoit une punition du soin qu'ils avoient eu de se bâtir de superbes maisons, pendant que celle de Dieu se trouvoit dans l'oubli. Zorobabel & les Chefs de la nation, frappés de ces paroles firent recommencer à travailler au Temple, sous les ordres d'Aggée & de Zacharie. Les Samaritains étonnés de la hardiesse des Juifs, en porterent leurs plaintes au Gouverneur de la Palestine, nommé Tatenai, & celui-ci s'étant rendu à Jerusalem, demanda aux Juifs s'ils étoient autorisés à continuer l'édifice qui occupoit tant d'ouvriers. Zorobabel & Josué montrerent au Gouverneur les vases sacrés que Cyrus leur avoit remis, & l'informerent du Décret que ce Prince leur avoit accordé. Tatenai instruisit de cette affaire Darius, qui étoit alors sur le thrône de Perse, & pria ce Prince de faire examiner s'il étoit vrai que Cyrus eût donné un Décret en faveur des Juifs. Cet Edit fut trouvé à Ecbatane, & Darius qui avoit beaucoup de vénération pour la mémoire de Cyrus, ratifia toutes les graces que les Juifs en avoient obtenues, & fit publier une Ordonnance, portant les menaces de sévères châtimens contre ceux qui chercheroient à nuire aux Juifs. Tatenai fut nommé par le Roi de Perse, pour prendre garde à faire observer exactement ce qui étoit contenu dans son Décret, & les Juifs, qu'aucun empêchement n'arrêtoit plus, se porterent avec tant de diligence à la construction du Temple, qu'il fut achevé au bout de trois ans. La Dédicace de cette Eglise fut célébrée avec de grandes démonstrations de joye, & par de nombreux sacrifices, & on observa avec grande exactitude les fêtes ordonnées par la loi.

Les Samaritains mortifiés du succès des Juifs dans leur entreprise, & irrités d'ailleurs d'avoir été obligés de contribuer aux dépenses qu'ils avoient faites, refuserent de payer le tribut ordinaire sitôt qu'ils virent le Temple achevé. Les Juifs se plaignirent à Darius, qui après un mur examen fit publier un nouvel Edit, qui ordonnoit aux Samaritains de fournir au Temple les taxes accoutumées. Depuis ce temps les Juifs gouvernés par leurs Grands Prêtres, & par les Chefs de la Tribu de Juda, jouirent d'une profonde paix pendant tout le regne de Darius, dont ils dépendoient toujours. Xerxès, successeur de ce Prince, confirma aux Juifs tous les priviléges que Darius leur avoit accordés. Ce fut dans la troisieme année du regne de ce Roi que mourut le Grand Prêtre Josué, & que son fils Joakim lui succeda dans le sacerdoce. Xerxès fut tué après avoir regné vingt-un ans, & son fils Artaxerxe (1) monta sur le thrône, & fut encore plus favorable aux Juifs que ne l'avoient été ses prédécesseurs. Il accorda à Esdras, homme sçavant, issu de la famille d'Aaron, la commission de retourner à Jerusalem, pour y regler les affaires de l'Etat & de la Religion qui étoient dans un grand désordre. Esdras s'acquitta de cet emploi avec tout le zele & la prudence imaginables; il corrigea plusieurs abus qui s'étoient introduits parmi le peuple contre la loi de Moyse, & fit divers reglements pour en prévenir d'autres. Son gouvernement dura treize ans, & il fut remplacé par Néhémie, qu'il aida pendant quelques années dans la pénible fonction de régir un peuple naturellement disposé à oublier ses devoirs les plus essentiels.

(1) Plusieurs pensent que ce Prince est le même que l'Assuerus de l'Ecriture Sainte, & que les Juifs étoient redevables à Esther des graces que le Roi de Perse leur accordoit.

Néhémie, Echanson du Roi de Perse, s'étoit toujours distingué par son sçavoir, & par sa piété. L'état de foiblesse où Jerusalem se trouvoit encore, le toucha, & l'engagea à demander au Roi la permission de succeder à Esdras dans le gouvernement de la Judée, & de faire bâtir des murailles autour de Jerusalem. Néhémie ayant obtenu ce qu'il demandoit, rassembla ceux qui vouloient bien le suivre, & partit sous une escorte que le Roi lui avoit accordée. Aussitôt après son arrivée, il assembla les chefs du peuple, leur fit part de sa commission, & disposa les choses de façon qu'au bout de cinquante-deux jours les murailles furent rétablies malgré les différentes oppositions que les Samaritains y mirent. Lorsque les murs se trouverent entierement achevés, Néhémie confia le gouvernement à ses deux freres, & reprit le chemin de Perse, où il demeura cinq ans. Pendant son absence Eliasib, grand Sacrificateur, fit quelque prévarication contre la loi, & le peuple négligea d'observer le jour du Sabbat. Néhémie instruit de ces désordres se hâta de revenir à Jerusalem, où il détruisit les abus qui s'étoient glissés, en ordonnant la fréquente lecture de la loi de Moyse. On ignore le lieu où mourut Néhémie, on sçait seulement qu'il parvint à un grand âge, & qu'il s'étoit rendu recommandable par son zele pour la Religion, son attachement aux loix de la justice, & son hospitalité. La forme du gouvernement fut totalement changé à sa mort, & depuis lui les Souverains Sacrificateurs eurent toute l'autorité qu'ils recevoient des Gouverneurs Syriens. Quelque temps avant la mort de Néhémie, le grand Sacrificateur Eliasib avoit été enterré, & Joyada son fils lui avoit succedé.

Joyada en mourant laissa la Souveraine Sacrificature à son fils Jonathan, qui en fit les fonctions pendant que Bagose étoit Gouverneur de Syrie & de Phénicie. Jeshua ou Jesus frere de Jonathan, avoit sçu gagner les bonnes graces de Bagose, qui lui promit la charge de Grand Prêtre ; & en conséquence ils se rendirent tous deux à Jerusalem. Jeshua eut avec son frere une entrevûe dans le parvis intérieur du temple, & dans le différend qui s'éleva entre eux, Jonathan en voulant pousser son frere dehors lui porta un coup dont il mourut sur le champ. Bagose irrité de cet attentat fit de sanglants reproches à Jonathan, entra dans l'intérieur du temple, & fit payer une amende très-forte à tous les habitans de Jerusalem. Ce châtiment que l'action criminelle de Jonathan avoit attiré sur tout le peuple, dura jusqu'à la mort d'Artaxerxé, qui arriva sept ans après. Ochus successeur de ce Prince fit la guerre aux Juifs, s'empara de Jericho, & emmena les habitans en captivité. On ne sçait point pour quelle raison Ochus leur avoit fait ce traitement, & s'il se borna à ce premier succès. Jonathan mourut la dixhuitiéme année du regne d'Ochus. Il laissa deux fils, sçavoir, Jaddus qui lui succéda dans la souveraine Sacrificature, & Manassé qui, à cause de son mariage avec la fille de Sanaballat, Gouverneur de Samarie, s'étoit retiré auprès de son beau-pere (1) avant la mort de Jonathan.

HISTOIRE DES JUIFS.

455.

JOYADA.
423.
JONATHAN.
403.

JADDUS.
363

---

(1) Nehemie, dans la réforme qu'il avoit introduite à Jerusalem, avoit ordonné à tous ceux qui s'étoient mariés à des femmes étrangeres, de les renvoyer avec les enfans qu'ils en avoient eus. Manassé se trouvoit dans le cas; mais, soit attachement pour son épouse, soit esprit de rebellion, il se retira à Samarie, où par la suite, Sanaballat, son beau-pere, le revêtit de la souveraine Sacrificature d'un temple qu'il bâtit sur le mont Garizim.

F ij

Pendant le Pontificat de Jaddus, Alexandre le Grand fit demander aux Juifs des vivres pour son armée, avec laquelle il avoit dessein d'assiéger la ville de Tyr. Jaddus fidéle à Darius, Roi de Perse, chercha à se dispenser de fournir au Roi de Macédoine les secours dont il sembloit avoir besoin. Ce refus, quoique fondé, irrita Alexandre, qui résolut d'en tirer vengeance aussitôt qu'il se feroit emparé de Tyr. En effet, cette ville ayant passée sous le pouvoir des Macédoniens, Alexandre prit le chemin de Jerusalem. L'approche de ce Conquérant consterna les Juifs, & ils s'attendoient à devenir les victimes du courroux d'Alexandre, lorsque Jaddus inspiré de Dieu se revêtit de ses ornements pontificaux, & se mit à la tête des autres Sacrificateurs couverts de leurs habits de cérémonies. Ces derniers étoient suivis de tout le peuple habillé de blanc, & ils prirent tous en ordre le chemin de Tsapha. Alexandre, à la vûe de Jaddus & des autres Prêtres, se sentit pénétré de respect; il s'avança vers le Pontife & le salua avec une vénération religieuse. Il se rendit ensuite à Jerusalem avec Jaddus, fit offrir à Dieu un grand nombre de victimes, & comme on lui fit voir les prophéties de Daniel, qui lui promettoient la conquête de la Perse, il en eut une si grande satisfaction, qu'il demanda aux Juifs assemblés ce qu'ils souhaitoient qu'il leur accordât. Jaddus, au nom du peuple, pria le Roi de leur permettre seulement le libre exercice de leur religion, & de les dispenser du tribut chaque septiéme année; ce qu'il obtint aisément. Le Roi de Macédoine offrit aussi de recevoir dans son armée ceux qui voudroient y entrer; & un grand nombre de Juifs consentit à le suivre. Les Samaritains profiterent de la bonne volonté d'Alexandre pour les Juifs, & en reçurent aussi de grandes faveurs. Cependant leur révolte contre Andromaque, Gouverneur de la Syrie & de la Palestine, qu'ils brulerent dans son palais, irrita tellement ce Monarque, qu'il fit massacrer ceux qui avoient eu part à cette action, chassa de la ville ceux qui y habitoient, & donna leurs terres aux Juifs. A l'égard de ces derniers, ils lui resterent soumis & jouirent tranquillement des priviléges qu'il leur avoit confirmés à son retour à Alexandrie.

Le bonheur des Juifs fut constant jusqu'à la mort d'Alexandre, qui laissa son Empire dans une grande confusion, & Jaddus qui ne survécut que quatre ans à ce Monarque, eut pour successeur son fils Onias. La Judée eut part à toutes les révolutions, & à toutes les guerres qui survinrent pour la succession d'Alexandre. Sa situation entre la Syrie & l'Egypte fut cause que les Syriens & les Egyptiens la subjuguerent tour à tour, & l'opprimerent également. Elle fut d'abord donnée avec la Syrie & la Phénicie à Laomedon le Mitylenien, un des Généraux d'Alexandre; & Ptolémée lui ayant enlevé peu de temps après la Phénicie & la Syrie, la Judée fut la seule Province qui lui resta. Le Monarque Egyptien qui n'avoit pas dessein de la laisser à Laomedon assiegea Jerusalem, & profitant d'un jour de Sabbat pour donner l'assaut, il n'eut pas de peine à se rendre maître de la ville. Il emmena un grand nombre de captifs en Egypte: mais faisant réflexion sur leur fidélité à leurs Maîtres, il leur confia la garde de plusieurs Places dans la Judée & en Egypte. Ce fut environ dans le même temps que les Samaritains firent de Sichem leur Capitale, & qu'ils augmenterent leur puissance & leurs richesses, tant par l'arrivée d'un grand nombre de Juifs apostats, que par leur facilité à changer de Maîtres, & à se déclarer pour le plus fort, sans scrupule pour leurs sermens. Leur Religion (1) dans plusieurs articles ressemble assez à celle que Moyse a établie, & s'ils l'observoient exactement ils paroîtroient, à l'exception des points qui concernent leur Schisme, plus soumis que les Juifs à la loi de Moyse ; mais la moindre persécution les effrayoit, & ils étoient prêts à sacrifier leur religion à leur intérêt, ou à leur sûreté.

La Judée fut soumise pendant quelques années au Roi d'Egypte, & passa ensuite sous la puissance d'Antigone, & de son fils, qui vinrent l'attaquer avec une nombreuse armée. La plus grande partie des Juifs abandonna alors sa patrie, & passa en Egypte, aimant mieux vivre dans un pays étranger sous la domination d'un Prince qui les favorisoit, que dans leur pays sous le pouvoir cruel du Monarque qui venoit de les subjuguer. Les différentes guerres que se firent Antigone Roi de la haute Asie, Seleucus Roi de Syrie, & Ptolémée Roi d'Egypte, acheverent de désoler la Judée ; de sorte qu'elle fut presque dépeuplée. Ptolémée la recouvra enfin, & les Juifs contens du gouvernement de ce Prince, retournerent volontiers dans leur Patrie. Simon, qui pendant ces troubles avoit succédé à son pere Onias dans la grande Sacrificature, mourut peu de temps après que Ptolémée eut repris la Judée. Son fils Onias étoit trop jeune pour être revêtu de sa dignité, ce qui fut cause qu'on l'a donna à Eleazar frere de Simon. Cependant Ptolémée Philadelphe succeda à son pere en Egypte, & fut encore plus favorable aux Juifs que ce Prince l'avoit été. Le goût de Philadelphe pour les Sciences, & le soin qu'il prit de former une célebre bibliotheque à Alexandrie, l'engagea à faire du bien aux Juifs, dont il vouloit avoir une copie des livres Sacrés. Son projet fut exécuté, il obtint ce qu'il souhaitoit, & la traduction qu'il fit faire des livres Saints en Grec, est connue sous le nom de la version des Septantes. (2)

ELEAZAR.
299.

Le Roi d'Egypte continua de donner des marques d'amitié aux Juifs, & ils jouirent d'une profonde paix tout le temps qu'il vécut. Quelques années

(1) Les Samaritains, dans leurs principaux articles de religion croyent, 1°. Qu'il n'y a qu'un seul Dieu, qui a envoyé Moyse comme son serviteur, & ils admettent les cinq livres de Moyse. 2°. Ils ont soin de circoncire leurs enfans le huitiéme jour après leur naissance, ne remettant point cette cérémonie pour quelque raison que ce soit. 3°. Ils n'ont jamais deux femmes, & n'épousent point leurs niéces comme les Juifs le font quelquefois. 4°. Ils font exactement l'ablution les matins quand ils ont eu commerce la nuit avec leurs femmes, ou qu'ils ont contracté quelque pollution accidentelle ; parce qu'ils pensent que tout ce qu'ils toucheroient avant cette cérémonie seroit souillé. 5°. Ils observent le sabbat à la rigueur, n'approchant point cette nuit de leurs femmes, ne faisant point de feu, & ne sortant de leur maison que pour aller à la Synagogue, où ils lisent dans le *Pentateuque*, offrent à Dieu l'hommage de leurs prieres, & chantent ses louanges. 6°. Ils célebrent avec beaucoup de solemnité la fête de Pâques, & ont une grande dévotion pour celle de la Pentecôte, celle des Tabernacles, & le jeûne d'expiation. 7°. Ils n'offrent jamais de Sacrifices que sur le mont Garizim. 8°. Ils prétendent avoir une succession non-interrompue de Prêtres, depuis Ruz, le fils de Phinées, & leur Grand Prêtre fait toujours sa résidence à Sichem, d'où il envoye ses ordres à ceux de sa secte, touchant l'observation de leurs fêtes, & de tout ce qui a rapport aux Rits Mosaïques.

(2) Cette version est ainsi appellée, parce que les Juifs, qui furent envoyés avec les livres sacrés, qu'ils traduisirent en Grec, étoient au nombre de soixante & douze.

après l'avénement de Ptolémée Evergetes au thrône d'Egypte, le Grand Prêtre Onias II. pensa par son avarice attirer de grands maux dans son pays. La Judée avoit été taxée à un tribut annuel de vingt talents, que les prédécesseurs d'Onias avoient exactement payé. On a déjà vû qu'Eléazar avoit succedé à son frere Simon dans la charge de souverain Sacrificateur. Il posseda cette dignité pendant trente ans, au bout desquels elle passa à Manassé fils de Jaddus, qui par rapport à son grand âge la conserva peu de temps. Alors Onias, fils de Simon, en fut revêtu ; & comme il fut plusieurs années sans payer le tribut accoutumé, Ptolémée Evergetes, envoya en Judée un de ses Officiers pour recevoir les années qui étoient dûes. Les menaces que cet Officier fit par ordre de son Maître, si on ne le satisfaisoit pas sur le champ, causa une grande inquiétude à tous les Juifs. Onias seul étoit tranquille, & paroissoit peu s'embarrasser de l'état où le peuple se trouvoit. Heureusement que le Grand Prêtre avoit un neveu nommé Joseph, qui plus sensible que son oncle aux malheurs de sa Patrie, chercha à les éloigner par son activité & sa prudence. Il logea chez lui l'Officier du Roi d'Egypte, lui fit de grands présents à son départ, & promit qu'il le suivroit bientôt à la Cour de Perse. La conduite de Joseph appaisa Ptolémée, & le disposa à lui donner une audience favorable, lorsque suivant sa promesse il apporta à ce Prince la somme qu'Onias lui devoit. Joseph sçut tellement gagner les bonnes graces du Roi d'Egypte, qu'il en obtint les fermes des Provinces de Célé-Syrie, de Phénicie, de Judée & de Samarie. On lui fit de grands honneurs à la Cour, & il s'en retourna à Jerusalem avec une escorte de deux mille hommes, qu'on lui donna pour le soutenir dans l'exécution de sa Charge. Il s'acquitta de son nouvel emploi avec toute l'application & la fidélité qui lui étoient naturelles, & l'exactitude avec laquelle il faisoit ses payemens, engagea le Roi à le continuer dans sa place, qu'il garda même pendant les regnes de Ptolémée Evergetes, de Philopator & d'Epiphane. Il eut sept fils d'une de ses femmes, & un huitieme nommé Hyrcan de la fille de son frere Solim. Ce dernier mariage fut célébré vers le temps de la mort du Roi d'Egypte, & de celle d'Onias qui fut remplacé par Simon II. son fils.

Ce Pontife, d'un caractere entierement opposé à celui de son pere, se distingua par son courage, sa piété & son désintéressement. Il éprouva dès les commencements de son Pontificat, combien ces vertus lui étoient nécessaires. Ptolémée Philopator, qui venoit de remporter de grands avantages sur Antiochus, s'étant rendu à Jerusalem pour offrir quelques Sacrifices, voulut entrer dans l'intérieur du Temple. Simon lui représenta d'abord avec douceur que l'entrée de ce lieu Saint étoit interdite à ceux qui n'étoient pas Prêtres. Le Roi, que ces raisons ne persuadoient point, continuoit à s'avancer, lorsque le Grand Prêtre lui annonça d'un air sévere, qu'il alloit éprouver la peine de son impiété & de sa hardiesse. Ptolémée sentit les effets des menaces dans l'instant même qu'il alloit entrer dans le lieu Saint ; car ayant été frappé d'une frayeur qui le rendit immobile, on fut obligé de le porter hors du Temple, où il reprit ses esprits. L'affront qu'il croyoit avoir reçu l'irrita contre les Juifs, & il sortit de Jerusalem dans la résolution de se venger d'eux. Cependant le courroux de ce Prince s'appaisa, &

il rendit aux Juifs les priviléges qu'il leur avoit ôtés en arrivant à Alexandrie. Il mourut quelque temps après, & laissa la couronne à son fils nommé Epiphane. La grande jeunesse de ce Prince donna à Antiochus le Grand & à Philippe de Macedoine, les moyens de le dépouiller de ses Etats. Les Juifs se démentirent en cette occasion, en se déclarant pour Antiochus, qui fit d'abord de grands progrès. Scophas, Général Egyptien, réduisit les Juifs sous l'obéissance de son Maître, & contraignit Antiochus à se retirer ; mais le Monarque Syrien revint avec de nouvelles forces, & recouvra bientôt tout ce qu'il avoit perdu. Antiochus, en reconnoissance des services que les Juifs lui avoient rendus dans cette expédition, leur confirma leurs anciens priviléges, leur fournit de l'argent & des vivres, & les exempta de tout tribut pour trois ans.

Le Grand Prêtre, Simon II. étant mort au bout de quelque temps, eut pour successeur Onias III. dont le mérite étoit généralement reconnu. Dans la huitiéme année de son Pontificat, Antiochus fut tué par les habitants d'Elymaïde, & laissa la couronne à son fils Seleucus. Ce Prince accorda aussi son amitié aux Juifs ; & ils auroient sans doute été tranquilles pendant son régne, si la mésintelligence qui survint entre le Grand Prêtre Onias & Simon, Gouverneur du Temple de Jerusalem, ne leur eût attiré de grandes persécutions. On ignore le sujet de leur inimitié ; mais quel qu'il fût, Simon pour causer du chagrin à Onias alla trouver Apollonius, & lui dit, qu'on gardoit dans le Temple des thrésors dont on pourroit aisément s'emparer au profit du Roi. Ce Prince, instruit de cette proposition, envoya Heliodore pour les enlever ; & comme il se préparoit à suivre les ordres de son Maître & à forcer l'entrée du Temple, il fut jetté miraculeusement à terre, où il resta sans sentiment pendant quelque temps. Les Syriens qui l'accompagnoient furent saisis d'une telle frayeur, qu'ils ne songerent plus à poursuivre leur entreprise sacrilége, & qu'ils emporterent promptement leur chef hors du Temple. Onias offrit des sacrifices pour le rétablissement de la santé d'Héliodore, qui retourna auprès de Seleucus & l'informa de ce qui lui étoit arrivé. Onias se rendit ensuite lui-même auprès du Roi, & se plaignit de la conduite de Simon. Seleucus l'écouta favorablement & exila Simon. Le Grand Prêtre ne jouit pas longtemps du repos que lui devoit procurer l'éloignement de son ennemi, Seleucus étant mort peu après. Antiochus Epiphane, successeur de Seleucus, étoit d'un caractere violent & intéressé, & Jason frere d'Onias en profita, pour se faire donner par ce Monarque, moyennant une somme d'argent, la charge de souverain Pontife, avec un ordre à Onias de se retirer à Antioche.

Jason, munis de ces pouvoirs, se rendit à Jerusalem, & comme il avoit un grand nombre de partisans, il n'eut pas de peine à s'emparer de la dignité qu'il avoit achetée. Il la posséda quelques années, & en fut dépouillé à son tour par son frere Menelas qu'il avoit envoyé à Antioche payer le tribut annuel, & qui obtint aussi pour de l'argent la charge de souverain Sacrificateur. Jason fit d'abord de la résistance ; mais son frere, qui avoit promis au Roi de Syrie d'embrasser sa Religion, fut secouru par ce Monarque, & contraignit Jason à se retirer dans le pays des Ammonites. Si d'une part, Menelas faisoit tous ses efforts pour tenir parole du côté de la Religion ;

HISTOIRE DES JUIFS.

ONIAS III.
206.

JASON.
174.
MENELAS.
172.

d'une autre, il négligeoit de payer la somme dont il étoit convenu. Antiochus lassé de ses remises le fit venir à Antioche, où Menelas, après avoir payé ce qu'il devoit, donna encore une somme d'argent à un Seigneur nommé Andronic, afin qu'il fît assassiner Onias son frere, que Jason avoit fait déposséder. Antiochus ne laissa pas une pareille action impunie ; il fit mourir l'assassin, priva Andronic de la charge qu'il avoit, & à l'égard de Menelas il n'évita le châtiment qu'en donnant de grandes sommes. Il employa encore par la suite la même ressource, pour se laver des accusations portées contre lui à Antiochus lui-même. Menelas fier de tant de succès exerça toutes sortes d'injustices & de méchancetés, sans craindre d'en être puni. Cependant le peuple à son imitation abandonnoit la Religion, & se livroit à plusieurs désordres, lorsque la fausse nouvelle de la mort d'Antiochus occasionna beaucoup de maux dans la Judée. Ce Prince informé que la plus grande partie des Juifs avoit fait éclater sa joye en apprenant l'extrémité où il étoit, ne différa sa vengeance que jusqu'au retour de sa santé. Les Juifs ne douterent plus de leur perte, & lorsqu'il assiégea Jerusalem, ils se défendirent avec toute la valeur imaginable. La ville fut néanmoins emportée, & ses malheureux habitants furent ou massacrés, ou vendus esclaves aux Peuples voisins, Antiochus enleva ensuite les thrésors du Temple & les vases sacrés, & donna le gouvernement de la Judée à un Phrygien nommé Philippe. Andronic fut chargé de celui de Samarie, & Menelas resta en possession de la charge de souverain Sacrificateur. Ces trois hommes, aussi méchants les uns que les autres, firent des maux sans nombre aux Juifs qui resterent fideles à la loi sainte ; de sorte qu'ils furent obligés d'abandonner Jerusalem.

Les Samaritains, craignant d'être enveloppés dans la persécution que les Juifs éprouvoient, envoyerent à Antiochus des Ambassadeurs, qui lui dirent, que pour renoncer à tout ce qui pouvoit avoir rapport à la religion Judaïque, ils lui demandoient la permission de dédier leur Temple de Garizim à Jupiter l'hospitalier. (1) Ils supplierent aussi le Roi de ne les pas confondre avec les Juifs, & d'épargner Samarie & ses habitants. Antiochus les écouta favorablement, & donna des ordres pour qu'ils fussent satisfaits sur toutes leurs demandes. Pendant qu'ils jouissoient du fruit de leur criminelle complaisance, les Juifs étoient traités avec la derniere barbarie. Athénéas un des Ministres d'Antiochus, dédia le Temple de Jerusalem à Jupiter Olympien, lui fit offrir des victimes, & condamna à la mort tous ceux qui refusoient de rendre hommage à cette fausse Divinité. Ce fut pendant cette persécution qu'Eleazar souffrit le martyr à l'âge de quatre-vingt-dix ans, & que sa mort fut suivie de celle de sept jeunes hommes qui étoient freres, & qui furent immolés avec leur mere à la fureur du Tyran. Matathias Prêtre, de la famille de Joarib, s'étoit retiré à Modin, lieu de sa naissance, quelque temps auparavant, & il s'y tenoit alors pour ne pas être témoin des abominations & des cruautés qui se passoient à Jerusalem. Un des Officiers du Roi alla à Modin, & dans le dessein d'engager le peuple à se soumettre aux ordres d'Antiochus, il le fit assembler avec Matathias & ses cinq fils,

---

(1) Voy. le second livre des Machabées ch. VI. Josephe dans ses antiquités Liv. XII. chap. 7. dit que c'étoit au Jupiter Grec, que les Samaritains offrirent de dédier leur temple.

Il s'adressa d'abord à ce dernier, & lui fit les promesses les plus séduisantes s'il vouloit renoncer à la loi de Moyse. Matathias protesta en élevant la voix, qu'il seroit, ainsi que ses fils, constamment attaché au culte du vrai Dieu, & comme il vit dans le moment un Juif qui se présentoit pour sacrifier aux Idoles, il se jetta sur lui & le tua. Ses fils, encouragés par son exemple, massacrerent l'Officier du Roi, renverserent l'autel & l'Idole, & exhorterent ceux qui étoient présents, & qui conservoient de l'amour pour leur religion, à les suivre dans les déserts de la Judée.

Aussitôt que Matathias se trouva avec sa suite en lieu de sûreté, il songea à prendre des mesures pour se défendre de ses ennemis. En conséquence il fut déterminé, que dans le cas de nécessité on prendroit les armes le jour même du sabat. Matathias dont la petite troupe se trouva renforcée par un assez grand nombre de Juifs, commença à faire des courses dans les plaines, & la rapidité de ses succès répandit une terreur générale parmi ses ennemis. Il en profita & parcourut différentes villes, où il renversa les autels des faux Dieux, & fit mourir tous les Juifs apostats qui tomberent entre ses mains. Il auroit poussé plus loin ses avantages, si sa mort ne l'en eût empêché. Il laissa cinq fils, sçavoir, Jonathan surnommé Kaddis, Simon surnommé Thassi, Judas appellé Machabée, Eleazar surnommé Avarani, Jonathan surnommé Apphus. Matathias, un peu avant que de mourir, avoit recommandé aux Juifs de choisir Judas, son troisiéme fils, pour être leur chef, quand il faudroit marcher à l'ennemi. Les dernieres intentions de Matathias furent remplies, Judas fut déclaré Général des troupes, & toutes ses entreprises furent marquées par les plus heureux succès. Il battit l'armée que Lysias, Général d'Antiochus avoit amenée contre lui, & profita de la retraite des Syriens pour entrer à Jerusalem, qu'il fit purifier, ainsi que le Temple. Ses soins ne se bornerent pas à cette action, il fit faire les ornements & les vases nécessaires aux sacrifices, & fit célébrer la dédicace du nouvel autel des holocaustes avec de grandes cérémonies.

Les peuples voisins de la Judée, jaloux du rétablissement du culte de Dieu, résolurent de joindre leurs forces afin d'exterminer les Juifs. Ils massacrerent d'abord ceux qui demeuroient parmi eux, & ils attendoient l'arrivée d'Antiochus pour envahir leur pays, lorsque la mort de ce Prince rompit leurs mesures, & empêcha l'exécution de ses sanguinaires desseins. La minorité d'Antiochus Eupator fournit à Judas & à ses freres les moyens d'augmenter encore le progrès de leurs armes. Ils s'étoient rendus si redoutables, que Lysias fit la paix avec eux, & la fit ratifier par le jeune Antiochus. Cependant les autres Généraux Syriens continuoient les hostilités, & Judas fut obligé de les réduire par la force des armes. Lysias ne tarda pas à rompre le traité qu'il avoit fait avec les Juifs, en menant une nombreuse armée à la défense d'Arca, que Judas assiégeoit; mais obligé de retourner promptement à Antioche, où ses propres intérêts l'appelloient, il se hâta de conclure de nouveau une paix avantageuse pour les Juifs. Le Grand Prêtre Menelas, qui mettoit tout en usage pour gagner les bonnes graces d'Antiochus, donna de l'ombrage à Lysias; de sorte que ce dernier le rendit suspect au Roi, & le fit condamner à la mort. La joye que les Juifs témoignerent de

HISTOIRE DES JUIFS.

MATATHIAS.
-165.

Tome VI. G

la punition de Menelas ne fut pas de longue durée ; car Lysias, sans avoir égard au droit qu'Onias, fils du Grand Sacrificateur Onias III. avoit au Souverain Pontificat, en fit décorer Alcime, qui n'étoit point de la famille pontificale. Onias, piqué de l'injustice qu'on lui faisoit, se retira en Egypte où il sçut gagner les bonnes graces de Ptolémée Philometor, & de la Reine Cléopatre. Il obtint de ce Monarque la permission de bâtir à Alexandrie un Temple pareil à celui de Jerusalem, & assura à ses descendants la Grande Sacrificature de ce Temple. Cependant Alcime qu'on refusa de reconnoître à Jerusalem, n'épargnoit rien pour affermir son autorité. Dans cette vûe il employoit les présents, les menaces, les cruautés mêmes. Il porta ses plaintes à Demetrius qui, après s'être sauvé de Rome & avoir fait mourir Antiochus Eupator & Lysias, s'étoit rendu maître du Royaume de Syrie. Demetrius accorda une armée à Alcime, & en donna le commandement à Nicanor. Ce Général persuadé de la valeur de Judas, entra en accommodement avec lui ; mais Alcime s'en plaignit à Demetrius, & ce Prince renouvella les ordres qu'il avoit déjà prescrits à son Général contre les Juifs. Nicanor assiégea Jerusalem, & il travailloit avec ardeur à se rendre maître de cette ville, lorsqu'il apprit que Judas en étoit sorti & s'étoit retiré en Samarie. Cette nouvelle obligea le Général Syrien à décamper & à prendre le chemin de la retraite de Judas. Ce dernier vint à sa rencontre, l'attaqua avec courage, défit toute son armée & tua Nicanor lui-même. Judas que cette victoire mit en état de se remettre en possession de Jerusalem, fut nommé par le peuple Souverain Sacrificateur, & il envoya des Ambassadeurs vers les Romains pour faire alliance avec eux. Les Romains firent une réception favorable aux Envoyés de Judas, acceptent leurs propositions & écrivirent à Demetrius de cesser les hostilités contre les Juifs. Néanmoins Demetrius marcha contre Judas, qui fut tué dans le combat que les Syriens lui livrerent. Simon & Jonathan, ses freres, enleverent son corps, l'enterrerent à Modim ; & le peuple le regretta sincerement.

Les Juifs découragés par la mort de Judas, furent accablés de toutes sortes de calamités ; la famine & les cruautés qu'on exerça contr'eux les réduisirent à une telle misere, qu'ils n'en avoient point éprouvé de semblable depuis leur captivité en Babylone. Ils proposerent alors à Jonathan de se mettre à leur tête, & de les tirer du triste état où ils se trouvoient. Jonathan accepta leurs offres, & afin d'éviter les entreprises que les Syriens pourroient faire contre lui, il se retira avec son frere Simon, & ceux de son parti, dans le désert proche de Jerusalem. Baccide, Gouverneur de cette ville pour Demetrius, instruit de la retraite de Jonathan, forma le dessein de l'attaquer un jour de Sabat. Jonathan ne refusa pas le combat, mais accablé par le nombre, il se jetta avec les siens dans le Jourdain, le passa à la nâge, & évita par ce moyen de tomber entre les mains de ses ennemis. Il augmenta ensuite le nombre de ses soldats, fit de grandes actions de valeur, & se vit en état de faire la loi à Baccide, qui accepta volontiers la paix qu'on lui offrit. La prudence de Jonathan, si favorable à ses freres, l'abandonna lorsqu'il s'agit de sa propre sûreté. Il donna dans le piége que Tryphon, Tuteur d'Antiochus, fils d'Alexandre Bala, lui tendit, & allant le trouver sans suite. Ce perfide, qui avoit dessein de se défaire d'Antiochus, s'assura de Jonathan, dont il craignoit la fidélité & le courage. Il entra ensuite avec ses troupes dans la Judée, où Simon, frere de Jonathan, le battit & le força de se retirer après avoir perdu beaucoup de monde. Tryphon irrité de sa défaite, se vengea, en faisant mourir Jonathan, qui étoit alors en sa puissance.

Simon, à la nouvelle de la mort de son frere, se joignit à Antiochus contre Tryphon, s'empara de plusieurs villes, dont ce traître s'étoit mis en possession, & le tua dans un combat. Antiochus, loin de reconnoître, comme il le devoit, un service de cette importance, envoya une armée dans la Judée pour ravager ce pays, & faire Simon prisonnier. Celui-ci, dont l'âge n'avoit point affoibli la valeur, se conduisit avec tant de vigueur & de prudence qu'il délivra sa patrie de la domination des Rois de Syrie. Simon étoit alors revêtu de la charge de Grand Sacrificateur, & il fut tué en trahison dans un festin par Ptolémée son gendre, qui retint prisonniers sa femme & deux de ses fils. Jean Hircan, troisième fils de Simon, ayant été averti que Ptolémée envoyoit plusieurs hommes pour le tuer, s'enfuit à Jerusalem, où le peuple, qui l'aimoit, le défendit contre les entreprises de Ptolémée, à qui on refusa l'entrée de la ville. Ptolémée obligé de se retirer dans un château nommé Dagon, y fut assiégé par Hircan, qui avoit succédé à son pere dans la charge de Grand Sacrificateur. Le château auroit été forcé en peu de temps, si la tendresse de Hircan pour sa mere & ses freres, qu'on menaçoit de faire mourir s'il profitoit de ses avantages, n'eût fait traîner le siége en longueur. Hircan décampa même de devant ce château, & prit le chemin de Jerusalem où les devoirs de sa charge le demandoient. Pendant son absence, sa mere & ses freres furent massacrés par les ordres de Ptolémée, qui se sauva auprès de Zenon à Philadelphie.

Cependant Antiochus, pour venger la défaite de ses Généraux par Simon, pere d'Hircan, entra dans la Judée & assiégea Jerusalem. Le Grand Sacrificateur hors d'état de résister, donna à Antiochus une somme d'argent qu'il fit prendre dans le sépulchre de David, le plus riche de ceux de tous les Rois. En conséquence Antiochus se retira, & quelque temps après il marcha avec toutes ses forces vers la Medie. Hircan qui craignoit la mauvaise foi de ce Prince, prit le moment qu'il étoit éloigné de la Syrie, pour porter ses armes dans ce pays, où il se rendit maître de plusieurs villes. Il s'empara aussi dans la Judée de différentes Places, s'avança jusqu'à Samarie, l'enferma de toutes parts, & chargea ses fils Aristobule & Antigone de continuer le siége. Ces deux freres le poussèrent avec vigueur, & après avoir défait Antiochus qui étoit venu au secours de cette Place, ils l'emportèrent, & firent ses habitants prisonniers. Ils poursuivirent plus loin leurs avantages ; s'étant mis en possession de toutes les terres du Mont Carmel, ils les partagèrent entr'eux. Hircan, à qui tout succéda suivant ses desirs, mourut dans la trente-troisième année de son gouvernement, laissant cinq fils. Il avoit eu le bonheur de posséder tout à la fois la Principauté, la Souveraine Sacrificature, & le don de Prophétie.

A sa mort, Aristobule, l'aîné de ses fils, changea la forme du gouvernement, & prit le titre de Roi. Il s'associa Antigone, l'un de ses freres, & fit emprisonner les autres avec sa mere, qu'il fit mourir de faim, parce qu'elle lui disputoit la souveraine autorité, en vertu des dernieres volontés d'Hircan qui l'avoit déclarée Régente. Aristobule ne conserva pas longtemps pour Antigone l'amitié qu'il lui avoit d'abord témoignée ; il prêta l'oreille aux discours qu'on lui tint contre ce Prince, & le fit assassiner. Sans doute qu'Aristobule découvrit par la suite l'innocence d'Antigone ; car le regret de sa mort le fit tomber dans une noire mélancolie qui altéra sa santé, & il mourut dans de grandes douleurs d'entrailles.

La Reine, sa veuve, fit sortir ses freres de prison, & mit la couronne sur la tête d'Alexandre, qui étoit l'aîné. Ce Prince ne fut pas plutôt élevé à la souveraine puissance, qu'il fit mourir celui de ses deux freres qui vouloit la lui disputer ; l'autre consentit à mener une vie privée, & par ce moyen conserva ses jours. Le regne d'Alexandre fut continuellement agité par des guerres, soit de la part de ses voisins, soit de celle de ses propres sujets, que ses cruautés indisposoient contre lui. Il fut attaqué d'une maladie dangereuse à son retour de ses expéditions contre les Syriens, & mourut dans la trente-septiéme année, depuis son avenement au thrône. La connoissance qu'il avoit du rare mérite de la Reine Alexandra sa femme, l'engagea à l'établir Régente du Royaume. Le choix qu'il avoit fait de cette Princesse fut agréable à tous les Juifs, & ils consentirent volontiers à lui obéir. Elle avoit deux fils d'Alexandre ; elle fit donner la Sacrificature à l'aîné nommé Hircan, & résolut d'éloigner du gouvernement Aristobule le cadet, dont elle craignoit l'esprit inquiet & remuant. Alexandra fit voir beaucoup de capacité & de prudence tout le temps qu'elle gouverna le Royaume ; mais elle eut trop de confiance dans les Pharisiens & leur laissa une autorité aussi étendue que la sienne. Cette Princesse, après avoir regné avec beaucoup de gloire, tomba dans une grande maladie ; ce qui fournit à Aristobule son fils l'occasion d'exécuter les desseins ambitieux qu'il avoit formés. Il assembla tous ses partisans, se rendit maître de toutes les forteresses, & prit les marques de la dignité royale. Hircan se plaignit à sa mere de la conduite de son frere, & elle fit enfermer la femme & les fils d'Aristobule, dans une forteresse proche du Temple. Sa maladie qui augmentoit considérablement l'empêcha de prendre d'autres mesures, & elle mourut, sans avoir eu le temps d'assurer à Hircan le titre de Roi, qu'elle lui avoit fait donner. Après la mort d'Alexandra, les deux freres se livrerent une bataille ; mais la plûpart des troupes d'Hircan l'ayant abandonné, il proposa un accommodement à Aristobule, qui y consentit d'autant plus volontiers, qu'il craignoit pour sa femme & ses enfants, que son frere avoit en sa puissance. Les conditions de cet accord furent, que le Royaume demeureroit à Aristobule, & que Hircan se contenteroit de jouir des honneurs dûs au frere d'un Roi.

Le pouvoir souverain, dont Aristobule se trouva en possession contre toute attente, chagrina ceux qui le haïssoient ; & parmi ces derniers, un Iduméen nommé Antipater, conseilla à Hircan de demander à Aretas, Roi des Arabes, une retraite & du secours pour recouvrer son Royaume. Hircan suivit l'avis d'Antipater, & obtint facilement d'Aretas l'assistance dont il avoit besoin. Ils marcherent ensemble contre Aristobule, le vainquirent dans un combat, & se seroient emparés de Jerusalem, si les Romains, qu'Aristobule avoit trouvé moyen de mettre dans ses intérêts, n'eussent ordonné aux Arabes de lever le siége qu'ils avoient commencé. Aretas qui craignoit de s'attirer les effets de leur reffentiment, s'en retourna dans ses Etats, & Hircan accompagné d'Antipater se rendit auprès de Pompée, lui fit de grands présents, & se plaignit de l'injustice que son frere lui faisoit. Aristobule, de son côté, vint aussi trouver le Général Romain sur la faveur duquel il comptoit. Sa fierté naturelle lui fit trouver de la bassesse à rechercher l'amitié des Romains par des déférences trop marquées, & il se retira brusquement à Diospolis. Pompée sollicité par Hircan, & irrité d'ailleurs de la conduite d'Aristobule, marcha contre lui & le contraignit d'avoir recours à sa clémence. Pompée étoit disposé à lui pardonner, & il avoit consenti, moyennant une somme d'argent, à se retirer de devant Jerusalem, lorsque le refus que les habitants firent d'ouvrir les portes à ceux qui venoient chercher cet argent, lui causa une si violente colere, qu'il s'assura de la personne d'Aristobule, & qu'il s'avança vers la ville. Pendant qu'il cherchoit les moyens de s'en emparer, ceux des habitants qui étoient dans les intérêts d'Hircan vouloient recevoir Pompée, & ceux qui tenoient le parti d'Aristobule soutenoient, qu'il falloit se défendre, & faire ses efforts pour délivrer le Roi. Ces derniers, se trouvant les plus foibles, se retirerent dans le Temple, résolus de résister jusqu'à la derniere extrémité, & les autres reçurent les Romains qui assiégerent le Temple & l'emporterent d'assaut au bout de trois mois.

Pompée, maître de la ville & du Temple de Jerusalem, confirma Hircan dans sa charge de Grand Sacrificateur, fit quelques réglements touchant les possessions des Juifs, imposa un tribut à Jerusalem & à toute la Province, & s'en retourna à Rome emmenant prisonniers, Aristobule avec ses deux filles, & ses deux fils Alexandre & Antigone. Le jeune Alexandre se sauva en chemin, assembla des troupes & pilla la Judée. Il espéroit forcer Hircan dans Jerusalem; mais Gabinius marcha à sa rencontre & l'obligea à retourner sur ses pas. Alexandre ne put éviter néanmoins d'en venir à un combat, & ayant été battu il se sauva avec les siens dans Alexandrion. Gabinius l'y assiégea bientôt, & le réduisit à lui remettre cette Place entre les mains, avec les forteresses de Macheron, de Hircania, qui furent ruinées. Le Général Romain se rendit ensuite à Jerusalem, donna le soin du Temple à Hircan, chargea de la conduite des affaires civiles les principaux d'entre les Juifs, & sépara toute la Province en cinq Jurisdictions. Le peuple ne jouit pas longtemps de la tranquillité que ce gouvernement Aristocratique devoit, selon toute apparence, lui procurer. Aristobule trouva moyen de sortir de Rome avec son fils Antigone, & se mit à la tête d'un grand nombre de Juifs, que l'amour de la nouveauté, ou l'affection qu'ils avoient pour lui, avoient engagés à le joindre. Gabinius, malgré la valeur d'Aristobule en plusieurs occasions, le battit, le fit prisonnier, ainsi que ses fils, & les fit partir pour Rome. Le Sénat, à la priere de Gabinius, se contenta de garder Aristobule, & renvoya Alexandre & Antigone, qu'on avoit promis de rendre à leur mere, en considération des Places qu'elle avoit remises aux Romains.

Alexandre excita encore une nouvelle révolte, que Gabinius appaisa à son retour d'Egypte, où il avoit été porter la guerre contre Ptolémée. Les Romains tuerent dix mille Juifs qu'Alexandre commandoit, & le contraignirent à se sauver avec ce qui lui restoit de monde. Gabinius, alla après cette expédition, mettre ordre à toutes choses à Jerusalem, comme Antipater le lui avoit conseillé. Cet Iduméen s'acquit l'estime de plusieurs Princes, & particulierement celle du Roi des Arabes, à qui il donna ses enfants (1) à garder pendant qu'il faisoit la guerre à Aristobule. Cesar devenu maître de Rome, rendit la liberté à Aristobule, & l'envoya avec deux légions en Syrie. Aristobule ne profita pas de la bonne volonté de Cesar, car les partisans de Pompée l'empoisonnerent, & son fils Alexandre eut la tête tranchée dans Antioche. Ptolémée, Prince de Chalcide, touché du malheur de ces Princes, envoya son fils à la veuve d'Aristobule, & lui manda de lui envoyer Antigone son fils, & ses filles. Il épousa une d'elles, nommé Alexandra, & prit un soin particulier d'Antigone & de ses sœurs.

Après la mort de Pompée, Antipater rechercha les bonnes graces de Cesar, & lui rendit de grands services en conséquence. Cesar ne fut pas ingrat, il l'honora de la qualité de citoyen Romain, & à sa considération, confirma à Hircan la charge de Grand Sacrificateur. Antigone, fils d'Aristobule, vint alors se présenter à Cesar, dans le dessein de nuire à Antipater, contre lequel il porta plusieurs accusations. Cesar démêla le motif qui faisoit agir Antigone, décida que la Souveraine Sacrificature resteroit à Hircan, & que le gouvernement de toute la Judée seroit donné à Antipater. Antigone voyant que ses démarches, loin de détruire ce dernier, comme il s'en étoit flatté, n'avoient servi qu'à donner un nouveau lustre à ses vertus, se retira fort mécontent auprès de son beau-frere. Cependant Antipater fit donner à Phazaël, l'aîné de ses fils, le gouvernement de Jerusalem & de toute la Province, & à Herode, qui étoit le second, celui de la Galilée. La jeunesse d'Herode ne l'empêcha point de faire de grandes actions de valeur, & il délivra la Syrie d'une troupe de voleurs qui désoloient tout le pays. Cette action commença à le faire connoître, & lui attira l'amour des Syriens, & l'estime de Sextus Cesar, leur Gouverneur. Phazael, de son côté, exerçoit sa charge avec beaucoup d'application, de douceur & de justice; de sorte qu'il se faisoit en même temps aimer du peuple Juif, & considérer des Romains. La gloire des enfants d'Antipater sembloit augmenter celle de leur pere, dont la fidélité pour Hircan ne se démentit jamais. Néanmoins le foible Hircan conçut de la jalousie contre le pere & les enfants, & frappé de quelques mauvais discours qu'on lui tint contre Herode, il lui ordonna de comparoître en Jugement. Antipater conseilla à son fils d'obéir; mais quoiqu'Herode fut absous des crimes dont on l'accusoit, il conserva toujours du ressentiment contre Hircan. Quelque temps après cet évenement, Antipater fut empoisonné, & Herode, qui découvrit l'auteur de ce crime, obtint des Romains la permission de le faire tuer, ce qu'il exécuta lorsqu'il le put faire avec sûreté.

La vengeance qu'Herode avoit tirée de la mort de son pere, lui fit plusieurs ennemis, qui prirent le parti d'Antigone. Herodes les vainquit & retourna à Jerusalem, où il devoit épouser Mariamne fille d'Alexandre fils d'Aristobule, & petite fille d'Hircan par sa mere Alexandra. La cérémonie de son mariage n'étoit pas encore achevée lorsqu'il fut contraint d'aller trouver Antoine dans la Bithynie, parce que les principaux de Jerusalem étoient

(1) Ces enfants étoient quatre fils; sçavoir, Phazael, Herode, qui fut Roi des Juifs, Joseph, Pheroras; & une fille nommée Salomé.

partis à dessein de porter leurs plaintes contre lui & contre son frere Phazael. Antoine à qui Herode donna une grande somme d'argent ne voulut pas seulement écouter ses ennemis. Ceux-ci sans se rebuter se rendirent une seconde fois auprès d'Antoine, & accuserent les deux freres de vouloir s'emparer de toute l'autorité. Messala & Hircan prirent avec tant de chaleur la défense de Phazael & d'Herode, qu'Antoine qui les aimoit déjà par rapport à Antipater, les établit Tetrarques des Juifs, & les chargea de la conduite des affaires. Ceux qui s'étoient déclarés contre eux ne cacherent point le mécontentement que cette décision leur causoit, & leurs murmures ayant irrité Antoine, il en fit mettre quinze en prison, & renvoya les autres. Deux ans après, Barzaphatnes, Gouverneur de la Syrie, & son Collegue Pachorus, fils du Roi des Parthes, convinrent de remettre Antigone en possession de Jerusalem moyennant une somme d'argent, & cinq cents femmes qu'il promettoit de leur donner. Ils remporterent d'abord quelques avantages, & arriverent jusqu'à Jerusalem, où sous prétexte d'un accommodement ils trouverent moyen de se rendre maîtres de Phazael & d'Hircan. Herode qui avoit fait tous ses efforts pour empêcher son frere d'écouter les propositions de ses ennemis, fut bientôt informé de ce qu'il lui étoit arrivé. Cette perfidie l'obligea de songer à partir secrettement avec tout ce qui lui appartenoit, & il se retira toujours en combattant au château de Massada, où un grand nombre de Juifs alla le trouver, & grossit son armée.

Pendant ce temps-là les Parthes faisoient de grands ravages dans Jerusalem, où ils pilloient les maisons de ceux qui s'étoient rendus auprès d'Herode. Ils établirent Antigone dans la ville, le proclamerent Roi, & lui livrerent Hircan & Phazael enchaînés. Antigone fit couper les oreilles au premier, afin qu'il ne pût jamais rentrer dans la charge de Souverain Sacrificateur. A l'égard de Phazael, il n'attendit point son jugement; car il se cassa la tête contre une pierre. Herode qui ne sçavoit pas encore la mort de son frere, & qui esperoit le délivrer en donnant aux Parthes une somme d'argent, résolut d'en emprunter au Roi des Arabes. Les services qu'Antipater avoit rendus à ce Prince, autorisoient Herode dans sa demande; mais celui-ci éprouva l'ingratitude de l'Arabe, qui lui fit dire de sortir promptement de ses Etats, parce qu'il craignoit les Parthes. La fureur qui possedoit Herode céda bientôt au chagrin dont il fut pénétré à la nouvelle du sort funeste de son frere, & il partit sur le champ pour Rome, où il instruisit Antoine de l'état fâcheux de ses affaires. Antoine toujours disposé à lui donner des marques de son estime parla efficacement au Sénat en sa faveur, & le fit nommer Roi des Juifs. Herode retourna dans la Judée, & assiégea Jerusalem sans succès, à cause des murmures des soldats Romains qui manquoient de vivres. Il leur en fournit en abondance, partit de devant Jerusalem qui l'auroit occupé trop longtemps, & s'empara de quelques autres Places en Galilée, où Antigone avoit établi des garnisons. Les ordres qu'il reçut alors d'aller joindre les Romains, afin de marcher contre les Parthes, lui firent songer à mettre dans la Judée le meilleur ordre qu'il pourroit. Il extermina entierement les voleurs, dont la Galilée étoit remplie, y laissa des troupes pour empêcher les révoltes, & alla attaquer Antigone avec le reste de son armée. Le besoin qu'Herode avoit du secours des Romains pour abattre la puissance de son rival, l'obligea à se rendre auprès d'Antoine, & il contribua à la prise de Samosate assiégée par les Romains.

Antoine en reconnoissance l'assista de ses troupes, & Herode se hâta de retourner en Judée venger la mort de son frere Joseph, qui avoit été tué dans une action. Il s'empara de toutes les Places qui se trouverent dans son passage, & campa devant Jerusalem, dont il se rendit maître après un siége de cinq mois. Antigone fut envoyé à Rome, où il eut la tête tranchée, & Herode donna aux soldats Romains une somme d'argent pour racheter Jerusalem & le Temple du pillage. Il fut ensuite reconnu Roi des Juifs, témoigna sa bienveillance à ceux qui avoient embrassé ses intérêts, & condamna à la mort la plûpart des partisans d'Antigone. Les présents qu'il envoya à Antoine, n'empêcherent point ce Romain de détacher de la Judée plusieurs belles Terres pour les donner à Cleopâtre. Lorsque la guerre fut déclarée entre Auguste & Antoine, Herode résolut de mener un puissant secours au dernier. Cleopâtre persuada à Antoine qu'il trouveroit plus d'avantage en engageant Herode à faire la guerre aux Arabes, qu'en acceptant ses offres. Le Roi des Juifs fut obligé de se conformer à la volonté de Cleopâtre, & quoiqu'il reçût d'abord quelque échec, & qu'un tremblement de terre arrivé dans la Judée répandit la consternation parmi ses troupes, il sçut relever leur courage, & vainquit ses ennemis. La satisfaction qu'un pareil succès devoit lui faire goûter, fut interrompue par la nouvelle de la défaite totale d'Antoine à Actium. Herode craignant que son attachement pour Antoine ne lui fît du tort dans l'esprit d'Auguste, alla le trouver à Rhodes, & lui parla avec tant d'éloquence, que ce Prince le confirma dans son Royaume, & lui accorda son amitié.

A son retour en Judée, Herode fit rebâtir le Temple de Jerusalem avec beaucoup de magnificence, & construisit un superbe Palais dans l'endroit le plus élevé de la ville. Il fonda une belle ville en Samarie, & lui donna le nom de Sebaste, c'est-à-dire, Auguste, & fit un grand nombre d'autres édifices en différents endroits. Si tout sembloit succéder à Herode au dehors, des chagrins domestiques troublerent la tranquillité de son regne. L'amour violent qu'il témoignoit à Mariamne sa femme ne put vaincre l'aversion que cette Princesse avoit conçue pour lui à cause de la mort de Hircan son ayeul, & celle d'Aristobule son frere, immolés tous les deux aux défiances continuelles d'Herode. Mariamne ne cessoit de faire des reproches à son époux, & enfin pour le convaincre de la foiblesse de son amitié, elle lui objecta un ordre qu'il avoit donné de lui ôter la vie s'il mouroit dans un de ses voyages vers Antoine. Herode surpris s'abandonna à la jalousie & à la fureur, fit mourir dans les tourments celui qui avoit révélé ce secret à Mariamne, & pressé par sa sœur Salomé, il n'épargna pas même cette Princesse, qui perdit la vie par ses ordres. Les deux fils de Mariamne, Alexandre & Aristobule eurent-le même sort dans la suite par les intrigues d'Antipater leur frere aîné, (1) qui les fit accuser de vouloir conspirer contre leur pere. Antipater coupable en effet des crimes qu'il

(1) Il étoit fils d'Herode & de Doris, qu'Herode répudia pour épouser Mariamne.

avoit

avoit fuppofés à Alexandre & à Ariftobule, fubit la peine qui lui étoit dûe. Toutes les mortifications qu'Herode eſſuya dans le fein de fa famille lui aigrirent l'efprit, & lui donnerent lieu d'exercer fréquemment une cruauté qui lui étoit naturelle (1). D'ailleurs, il fut attaqué d'une maladie d'entrailles, & fouffroit de violentes douleurs. Cependant fon humeur fanguinaire, & l'aigle dorée qu'il avoit fait placer fur la grande porte du Temple au mépris de la loi de Moyfe, indifpoferent les efprits contre lui. Il ne l'ignoroit pas, & outré de l'ingratitude d'un peuple qu'il avoit fecouru de fon propre bien dans un temps de famine, il affembla dans l'hippodrome les perfonnes les plus confidérables de la Judée, & fit promettre à fa fœur Salomé qu'elle les feroit maſſacrer au moment qu'il expireroit. Cet ordre fut le dernier acte de cruauté qu'il fit, & il mourut après avoir regné trente-fept ans depuis la mort d'Antigone, & quarante depuis que les Romains l'avoit établi Roi des Juifs.

Mort d'Herode.
An. 1. de J. C.

Ce Prince avoit eu dix femmes; la premiere nommée Doris fut mere d'Antipater, & trempa dans fa confpiration; la feconde appellée Mariamne, donna le jour à deux Princes, qu'Herode fit mourir ainfi que leur mere, & à deux Princeffes. La troifieme femme d'Herode, née à Alexandrie, étoit fille du Sacrificateur Simon, fe nommoit auſſi Mariamne, & eut un fils qui fut appellé Herode. La quatrieme étoit fa niéce, & n'eut point d'enfants; la cinquieme n'en eut point non plus, & fut fa coufine germaine. La fixieme originaire de Samarie, fut mere d'Archelaüs, d'Antipas, & d'une fille nommée Olympe. La feptieme étoit de Jerufalem, s'appelloit Cleopâtre, & eut deux fils, Herode & Philippe. La huitieme étoit Pallas, & le fils qu'elle eut porta le nom de Phazael. Phedre, la neuvieme, eut une fille nommée Roxane; & Elpide, la dixieme, en eut auſſi une qui s'appella Salomé. Le teftament d'Herode déclaroit Archelaüs fon fucceſſeur au throne, Antipas Tétrarque, & il laiſſoit la Trachonite à Philippe. Il régloit de plus qu'on portât fon anneau à Auguſte à qui il remettoit le pouvoir d'ordonner de tout avec une pleine autorité. Lorfque ce teftament eut été lû par Ptolémée, Garde du Sceau d'Herode, les gens de guerre & le peuple qu'on avoit aſſemblés crierent, *vive le Roi Archelaüs*, promirent de le fervir fidelement, & lui fouhaiterent un heureux regne.

Le nouveau Roi fongea auſſitôt à faire de fuperbes funerailles à fon pere, & après les fept jours de deuil ordonnés par la loi, il alla vêtu de blanc au Temple, & remercia le peuple des honneurs qu'il avoit rendus à la mémoire d'Herode, & de ceux qu'on lui avoit faits à lui-même. Il dit enfuite que quoique le teftament de fon pere l'eût défigné pour regner, il ne feroit point les fonctions de Roi qu'Auguſte n'eût confirmé ce choix, & il promit de récompenfer alors fes fujets de leur affection pour lui. Cependant dès le jour même une troupe de factieux demanda vengeance de la mort de ceux qui ayant ôté l'aigle placée fur la grande porte du Temple, avoient été brûlés vifs par les ordres d'Herode. Archelaüs preſſé de partir employa

---

(1) S. Matthieu rapporte, que ce Prince fit maſſacrer tous les enfants mâles, depuis l'âge de deux ans & au deſſous; mais Jofephe & les autres hiftoriens prophanes, à l'exception de Macrobe, n'en font point mention.

d'abord la douceur; mais le nombre des féditieux augmentant ainſi que leur inſolence, il ſe vit contraint de faire venir toute ſon armée, & il y eut trois mille rebelles de tués, le reſte ſe ſauva dans les montages voiſines. Archelaüs laiſſa à Philippe le gouvernement du Royaume, & accompagné de ſa mere & de quelques-uns de ſes principaux amis, il prit le chemin de la mer, afin de s'embarquer & de paſſer à Rome. Salomé, ſous prétexte de lui faire honneur, l'accompagna dans ce voyage avec ſes fils & les freres de ce Prince. Lorſqu'ils furent arrivés auprès d'Auguſte, Salomé & Antipas, plus connu ſous le nom d'Herode, frere d'Archelaüs, préſenterent des mémoires contre lui & le chargerent de diverſes accuſations. Archelaüs ſe juſtifia le mieux qu'il lui fut poſſible, & enfin Auguſte termina toutes les conteſtations, & décida que la moitié du Royaume de Judée, ſous le titre d'Ethnarchie, ſeroit accordée à Archelaüs, avec promeſſe de l'établir Roi, s'il s'en rendoit digne. Il partagea l'autre moitié entre Philippe & Antipas Herode, donnant à ce dernier la Galilée & le pays qui étoit au-delà du fleuve, & à Philippe la Bathanée, la Trachonite & l'Auranite. Le partage d'Archelaüs étoit compoſé de la Judée, de l'Idumée, & de Samarie. A l'égard de Gaza, de Gadara & de Joppé, Auguſte les retrancha pour les unir à la Syrie. Salomé, à qui Herode avoit laiſſé les villes de Damnia, d'Azot & de Phazaelide, fut confirmée dans ces poſſeſſions, & Auguſte y joignit un palais dans Aſcalon. L'Empereur donna des preuves de ſa magnificence à toute la famille d'Herode, refuſa de recevoir l'argent qu'il lui avoit légué, & en fit préſent à ſes fils.

Pendant qu'Archelaüs & ſes parents étoient à Rome, il arriva différents troubles dans la Judée par l'avarice de Sabinus qui, malgré les défenſes de Varus, vouloit contraindre les Juifs à lui remettre les thréſors d'Herode. Les troupes Romaines que Varus avoit laiſſées à Sabinus, lui ſervirent à exercer de nouvelles violences; de ſorte que les Juifs de la Galilée, de l'Idumée & de Jericho, ſous prétexte de s'aſſembler pour célébrer la Pentecôte, envelopperent les Romains de toutes parts, & il y eut beaucoup de monde de tué des deux côtés. Les autres endroits de la Judée n'étoient pas exempts de ſoulevements, & les féditieux détruiſirent de magnifiques édifices. Varus alla lui-même pour appaiſer tous ces troubles, & le calme étoit entierement rétabli lorſqu'Archelaüs ſortit de Rome. Auſſitôt qu'il ſe vit en poſſeſſion de ſon Ethnarchie, il fit éclater ſon reſſentiment contre ceux qui lui avoient nui à Rome, & confondant par la ſuite les innocents avec des coupables, il traita durement tous les Juifs & les Samaritains. Les uns & les autres ſe laſſerent d'une domination ſi cruelle, envoyerent des Ambaſſadeurs en porter leurs plaintes à Auguſte, qui informé d'ailleurs de la vérité de leurs rapports, relegua Archelaüs à Vienne dans les Gaules, & confiſqua ſon bien vers la neuviéme année de ſon régne. Il réduiſit enſuite en provinces les pays qu'il avoit poſſédés, & en donna le gouvernement à Coponius, Chevalier Romain. Herode, ſurnommé Antipas, & ſon frere Philippe, ne furent point enveloppés dans la diſgrace d'Archelaüs, & continuerent à jouir de leur Tétrarchie. A l'égard de Salomé, elle donna ſa Toparchie, par teſtament, à Livie, femme d'Auguſte.

Tibere, fils de Livie, ſuccéda à Auguſte, qui mourut après avoir régné environ cinquante-ſept ans. Le nouvel Empereur donna le gouvernement de la Judée à Pilate, & celui-ci fit porter de nuit dans Jerusalem des drapeaux, où la figure de l'Empereur étoit repréfentée. Cette action, que le peuple regardoit comme une violation de leurs loix, & comme une atteinte aux priviléges dont il jouiffoit, caufa un grand trouble. Pilate s'opiniâtra vainement à laiffer ces drapeaux, il fut obligé de céder aux larmes des Juifs, & la tranquillité fut rétablie. Cependant Agrippa, fils d'Ariftobule, alla à Rome dans le deffein de nuir à fon oncle Hérode le Tétrarque : mais quelques difcours imprudents qu'il tint contre Tibere irriterent ce Prince, qui le fit mettre en prifon ; & il y refta jufqu'à l'avenement de Caius Caligula au thrône. Alors il obtint fa liberté. Caius lui donna la Tétrarchie de fon oncle Philippe qui étoit mort, & l'établit Roi. Herode jaloux de la bonne fortune d'Agrippa, & follicité par fa femme Herodiade, fe rendit à Rome dans l'efpérance d'obtenir une faveur femblable. Loin de réuffir, comme il s'en étoit flatté, il perdit fa Tétrarchie, que l'Empereur ajouta aux Etats d'Agrippa, & il fe retira en Efpagne où il mourut. Agrippa, dont la puiffance étoit parvenue à un dégré plus éminent qu'il ne l'auroit compté, fe fervit de la faveur où il étoit pour fupplier Caius de renoncer à faire placer fes ftatues dans le Temple de Jerufalem. L'Empereur entra dans une telle fureur, en écoutant cette priere, qu'Agrippa effrayé tomba fans mouvement, & fut emporté dans fon palais en cet état. Il auroit peut-être fervi de premiere victime à la colere de Caius, fi cet Empereur n'eût été affaffiné quelques jours après. Claudius élevé à l'Empire augmenta encore la fortune d'Agrippa, & ce Prince arrivé à Jerufalem commença à l'enfermer d'un mur fi fort, que jamais la ville n'auroit été prife, fi cette muraille eût été achevée. Agrippa mourut trop tôt pour cela, & fon fils, de même nom que lui, n'étoit pas affez âgé pour lui fuccéder & faire continuer les travaux.

Claudius, par rapport à la jeuneffe d'Agrippa, réduifit encore en Province le Royaume de fon pere, & la fit gouverner par Cufpius Fadus. Tibere Alexandre lui fuccéda dans cette charge, & les Juifs goûterent un profond repos fous le gouvernement de tous les deux. Celui de Cumanus, qui remplaça Tibere Alexandre, ne fut pas auffi tranquille, & il ne put calmer tous les différents troubles qui s'eleverent fucceffivement. Sa négligence à punir les coupables, dans un démêlé arrivé entre les Juifs & les Samaritains, obligea le Gouverneur de Syrie à l'envoyer fe juftifier devant l'Empereur. Ce Prince, mécontent de fa conduite, l'exila, donna fa place à Felix, & revêtit de la Tétrarchie qu'avoit eu Philippe, & de plufieurs autres Provinces, Agrippa, fils d'Agrippa. Ce Prince, fous le régne de Neron fucceffeur de Claudius, augmenta fes Etats de quatre villes, dont le nouvel Empereur lui fit préfent. Depuis Felix, confirmé par Neron dans le gouvernement du refte de la Judée, ce pays fut défolé par des révoltes & des brigandages fans nombre, que la plûpart des Gouverneurs Romains fomentoient encore pour s'enrichir pendant les troubles. Il feroit trop long d'en rapporter un détail circonftancié; il fuffit de dire que les Juifs aigris par leurs malheurs en attribuerent la caufe aux Romains, & réfolurent de fecouer le joug, & de prendre les armes contre eux. Les plus fenfés remontrerent en vain à leurs compatriotes la folie de leur entreprife, ils couroient à leur perte, & y entraînerent ceux qui méritoient un meilleur fort.

Neron, informé de la révolte des Juifs, donna à Vespasien le commandement de l'armée qu'il destinoit contre eux, Vespasien se chargea volontiers de cette entreprise, & il se rendit dans la Syrie, où il assembla toutes les forces Romaines, & les troupes que plusieurs Rois voisins de cette Province lui envoyerent. Il passa ensuite dans la Galilée, (1) & mit une garnison Romaine à Sephoris, que les habitants avoient eux-mêmes demandée, & qu'ils reçurent avec joye. Le siége & la prise de Jotapat fut la premiere conquête des Romains dans la Galilée. Josephe Commandant de cette ville l'avoit défendue de toutes ses forces ; mais obligé de céder, il se retira dans une caverne avec quarante des siens, où il fut caché pendant deux jours. Une femme l'apperçut la troisiéme nuit, comme il sortoit pour observer les ennemis, & alla le dire aux Romains. Ceux-ci l'exhorterent à se rendre, & Josephe y sembloit disposé, lorsque ses compagnons l'en empêcherent par leurs reproches & leurs menaces. Ils n'écouterent point ce qu'il leur dit pour les engager à accepter les propositions qu'on leur faisoit, & ils aimerent mieux se tuer les uns après les autres, que de tomber au pouvoir de leurs ennemis. Josephe resté avec un seul homme lui persuada de l'imiter, & alla trouver Nicanor qui le mena à Vespasien. Ce Général le traita avec douceur ; & le fit seulement garder avec beaucoup de soin. Pendant que Vespasien étoit occupé au siége de Jotapat, il avoit envoyé Trajan contre Japha, & Tite à la tête de mille hommes de pied & de cinq cens chevaux, s'étoit emparé de cette ville. Joppé fut aussi réduite par les Romains, & Vespasien, invité par Agrippa d'aller avec son armée se rafraîchir dans son Royaume, fit remettre sous la domination de ce Prince Tiberiade & Tarichée, qui s'étoient révoltées.

Les Places de la Galilée, qui avoient secoué le joug, rentrerent dans le devoir aussitôt après la prise de Tarichée, & les Romains devinrent maîtres de toutes les villes de cette Province, à l'exception de Giscala, de la montagne d'Itaburin, de Gamala, de Sogan & de Seleucie. Vespasien assiégea d'abord Gamala, & l'emporta d'assaut ; mais les habitants se défendirent si vigoureusement dans l'intérieur de la ville, que les Romains furent obligés d'en sortir avec perte. Vespasien consola ses soldats découragés par ce désavantage, & les succès de Placide, qui dissipa entierement les Juifs fortifiés sur la montagne d'Itaburin, rendirent aux Romains leur premiere ardeur. Ils s'emparerent de Gamala une seconde fois, & massacrerent impitoyablement & sans distinction, tous ceux qui tomberent entre leurs mains. Tite fils de Vespasien, marcha ensuite par les ordres de son pere vers Giscala, la seule ville de la Galilée qui restoit à prendre. Jean fils de Levy avoit poussé quelques habitants à la révolte, & le parti qu'il s'étoit formé empêchoit le reste du peuple à traiter avec les Romains. Tite, avant que d'assiéger cette Place, fit proposer aux habitants de se soumettre, avec promesse de

---

(1) Suivant la description que Josephe donne de la Galilée, elle se divisoit en haute & basse, qui se trouvoient toutes deux environnées de la Phénicie & de la Syrie. La longueur de la basse Galilée s'étendoit depuis Tyberiade jusqu'à Zabulon, & sa largeur depuis le bourg de Xaloth, jusqu'à Bersabé. La longueur de la haute Galilée se prenoit depuis Thella, village proche du Jourdain, jusqu'à Meroth, & sa largeur depuis Bersabé jusqu'au village de Baca, qui la séparoit d'avec les terres des Tyriens. Ces deux Provinces remplies de bourgs, de villages & de villes, étoient très-peuplées, bien cultivées & d'une grande fertilité.

leur pardonner. Jean & les siens furent les seuls qui entendirent les offres des Romains, parce qu'ils avoient eu soin d'éloigner ceux qui leur étoient contraires, & ils répondirent à Tite qu'ils consentoient à traiter avec lui, à condition qu'il accorderoit ce jour à la célébration du Sabat. Tite se laissa facilement persuader, & alla camper à quelque distance, pour laisser les Juifs plus libres dans leurs exercices de Religion. Cependant un motif aussi sage n'étoit pas celui qui faisoit agir le perfide Jean : il comptoit se sauver à la faveur de la nuit, & il exécuta ce dessein pour la ruine & la désolation de Jerusalem, où il se retira avec tout ce qu'il y avoit de gens de guerre, & quelques-uns des principaux habitants, leurs femmes & leurs enfants. La fuite de la mort ou de l'esclavage les fit d'abord marcher avec vigueur, mais la longueur du chemin, l'âge avancé des vieillards, la délicatesse des femmes & des enfants ralentirent la course de ces derniers, qui furent abandonnés par Jean de Giscala, & par ceux qui eurent la force de faire diligence jusqu'à Jerusalem. Le jour fut à peine venu que Tite s'approcha de Giscala; alors les habitants lui ouvrirent les portes, & le prièrent de ne les point punir de la sortie de Jean, à laquelle ils n'avoient pû s'opposer. Tite fâché de s'être laissé tromper par Jean, ordonna à une partie de sa Cavalerie de le poursuivre ; mais il étoit arrivé à Jerusalem, & les Cavaliers que Tite avoit envoyés ne trouvèrent que ceux qui avoient été moins diligens. Les Romains tuèrent la plus grande partie de ces derniers, & ramenèrent environ trois mille femmes ou enfants écartés en divers endroits. Tite laissa une garnison dans Giscala, & la reddition de cette Place acheva de soumettre toute la Galilée aux Romains, qui allèrent avec Tite à Césarée, où Vespasien leur fit prendre un repos qu'il jugeoit nécessaire, avant que de les mener assiéger Jerusalem.

Lorsque Jean de Giscala arriva dans cette ville, le peuple l'environna, & lui demanda le récit des malheurs arrivés à leur Nation. Jean dissimula la cause de sa fuite, & voulut persuader qu'on résisteroit facilement aux Romains. Tous les Juifs étoient divisés en deux partis, l'un étoit composé de ceux qui prévoyant la ruine infaillible de la Nation, prétendoient que le seul moyen de l'éviter étoit de se soumettre aux Romains ; l'autre comprenoit un grand nombre de gens abandonnés à toutes sortes de crimes, & qui ne respiroient que la guerre. Ces derniers se donnoient le nom de *Zélateurs*, & cherchoient à faire croire qu'ils n'agissoient que par zèle pour la gloire de Dieu, qui étoit blessée de la soumission de son peuple à des Payens tels qu'étoient les Romains. Les Zélateurs après avoir désolé la campagne se jetterent dans Jerusalem sous la conduite de Zacharie & d'Eleazar, & s'emparèrent du Temple. Ananus qui avoit été Souverain Sacrificateur engagea le peuple à prendre les armes, & à attaquer ces factieux. Il sçut les chasser enfin de l'enceinte extérieure du Temple, & les fit bloquer dans la partie intérieure dont ils étoient maîtres. Ce fut dans ces circonstances que Jean de Giscala arriva à Jerusalem. Ce scélerat digne d'augmenter le nombre des Zélateurs feignit d'être du parti des gens modérés, afin d'être plus en état de leur nuire. Ananus trop facile à croire les apparences, loin de se défier de Jean de Giscala, le chargea de porter aux Zélateurs des propositions d'accommodement. Jean au lieu de s'acquitter de sa commission leur persuada d'appeller les Iduméens à leur fecours ; fon confeil fut fuivi ; & en conféquence on vit bientôt vingt mille Iduméens fe préfenter devant les murs de Jérufalem. Ananus leur en refufa l'entrée, leur donnant les meilleures raifons qu'il lui fut poffible ; mais ils s'opiniâtrerent à refter, & à la faveur d'une furieufe tempête, les Zélateurs fortirent fecrettement du Temple, & leur ouvrirent les portes de la ville. Alors les uns & les autres maffacrerent impitoyablement ceux qui leur étoient oppofés, & exercerent toutes fortes de cruautés. Ananus & Jéfus furent les premieres victimes du reffentiment des Iduméens, qui ne leur pardonnoient pas de s'être oppofés à eux. Un grand nombre de Juifs périt par la main de ces factieux ; dont la conduite commença à donner de l'horreur aux Iduméens ; de forte qu'ils fe retirerent dans leur pays. Les Zélateurs en pleine liberté de fe livrer à leur rage, remplirent la ville d'horreur & de confufion. Perfonne n'ofoit fe flatter d'éviter leur barbarie : les richeffes, la probité ou l'amour de la paix ; tout leur paroiffoit un crime digne de mort.

Pendant ces troubles Vefpafien étoit à Céfarée, & fes Officiers furpris de fon inaction, lui repréfenterent qu'il négligeoit l'occafion de fe rendre maître de Jerufalem. Vefpafien leur fit remarquer que fa tranquillité apparente laiffoit aux Juifs le temps de fe détruire eux-mêmes, & facilitoit aux Romains la conquête de la Judée. L'événement fit voir la fage prévoyance de Vefpafien ; car les Zélateurs las de maffacrer ceux qui leur étoient contraires, chercherent à fe détruire mutuellement en fe divifant encore en différents partis. Jean de Gifcala jaloux de l'autorité des autres mit dans fes intérêts les plus déterminés des Zélateurs, & fe fit reconnoître leur Chef. Les autres formerent une feconde faction, & s'occuperent à détruire celle de Jean Gifcala, qui conjointement avec eux pilla le refte du peuple. La ville n'étoit pas feule réduite à cet état déplorable. Simon, fils de Gorias de Gelafa, fe fit auffi un parti, & s'étant emparé de la forte Place de Maffada, elle lui fervoit de retraite & de magafin pour le butin qu'il faifoit en faccageant le pays. Sa troupe fut confidérablement augmentée par ceux qui fuyoient les cruautés des autres féditieux, & qui aimoient mieux fe mettre fous fa protection, parce qu'il fembloit le moins méchant de tous. Cependant Neron fut obligé de fe donner la mort pour éviter les fupplices qu'on lui deftinoit, & Vefpafien qui ignoroit cet événement fe préparoit à faire le fiége de Jerufalem. Les Juifs au lieu de fonger à la défenfe de leur Capitale, ne s'attachoient toujours qu'à fe ruiner les uns les autres. Les Zélateurs avertis des magafins que Simon faifoit à deffein d'être en état de les inveftir, marcherent contre lui pour diffiper fes forces. Ils furent battus & mis en fuite, & Simon fe jetta dans l'Idumée, qu'il ravagea par la trahifon d'un Iduméen, qui lui livra les troupes de fa Nation. Simon que cette conquête rendit formidable aux Zélateurs, paroiffoit à l'abri de leurs entreprifes ; mais ceux-ci ne pouvant à la vérité agir ouvertement contre lui, fe contenterent de lui dreffer plufieurs embûches, dans l'une defquelles ils firent fa femme prifonniere. Simon au défefpoir courut jufqu'aux portes de Jerufalem, & il commit de fi grandes cruautés fur ceux qui tomberent entre fes mains, que fes ennemis épouvantés lui rendirent promptement fa femme. Il les laiffa alors, & alla achever de faccager l'Idumée, dont les habitants échappés au carnage se sauverent à Jerusalem. Cette ville déchirée dans son sein par la faction de Jean, n'avoit pas moins à souffrir au-dehors par celle de Simon. Les cruautés de Jean étonnerent même ceux de son parti, & ils se révolterent contre lui ; pillerent son palais, & le forcerent à chercher un asyle dans le Temple. Cependant le peuple qui craignoit que le désespoir ne lui fit entreprendre de mettre le feu à la ville, résolut d'appeller Simon avec les siens pour les opposer à Jean. Simon fut donc admis dans Jerusalem, attaqua Jean & fut repoussé ; ce qui l'obligea à le tenir seulement assiégé dans le Temple.

D'un autre côté les Romains sous la conduite de Placide, se rendirent maîtres de toute cette partie de la Judée, qui se trouvoit à l'Orient du Jourdain. Cette conquête se fit en hyver, & dès le commencement du printemps Vespasien entra bien avant dans l'Idumée, & y mit tout à feu & à sang. Il envoya alors Tite à Rome, pour complimenter Galba sur son avenement à l'Empire, & Tite ayant appris en chemin que cet Empereur avoit été massacré au bout de sept mois de regne, & qu'Othon lui avoit succédé, retourna en Césarée où Vespasien venoit de se rendre. Tite & Vespasien marcherent ensemble vers Jerusalem, & s'emparerent de toutes les Places qui se trouvoient sur leur route, à l'exception d'Herodion, de Macheron, & de Massada, tandis que Cerealis un de leurs Généraux ravageoit la haute Idumée. L'Empire Romain étoit dans un état presqu'aussi fâcheux : Galba avoit été assassiné, Othon éprouva un sort pareil, & Vitellius qui fut aussi revêtu de la souveraine puissance ne fut pas plus heureux que ses prédécesseurs. Les malheurs & les troubles dont l'Empire Romain étoit affligé ne cesserent qu'après l'élection de Vespasien, qui ne se servit de son autorité que pour rétablir le calme & l'abondance dans ses Etats. Aussitôt qu'il eut appris qu'on l'attendoit à Rome, où son élévation étoit approuvée & confirmée ; il laissa ses meilleures troupes à son fils, avec ordre de faire le siége de Jerusalem. (1) Cette ville étoit toujours agitée par des dissensions intestines, & il se forma un nouveau parti, dont Eleazar de race Sacerdotale, se déclara le chef. Il enleva un grand nombre de partisans à Jean de Giscala, s'empara du parvis des Prêtres, & restreignit son rival à celui du peuple. La situation de Jean étoit embarrassante ; il avoit d'un côté Eleazar, dont il se défendoit en lançant contre lui des pierres ; & de l'autre, Simon, qui maître de la ville le tenoit bloqué. Jean faisoit souvent des sorties sur ce dernier, & mettoit le feu à tout ce qu'il pouvoit rencontrer, de sorte qu'il y eut une grande quantité de bled, & d'autres provisions brûlées dans ces différentes actions.

Tout concouroit à la destruction des Juifs, & les choses étoient en cet état lorsque Tite entreprit le siège de Jerusalem. Il s'avança avec six cents Cavaliers assez-près de la ville pour en reconnoître la force, & dans l'espérance que ceux qui aimoient la paix lui ouvriroient les portes. Ils l'auroient fait s'ils eussent été les plus forts ; mais les factieux l'emportoient de beaucoup à cet égard, & ils firent une sortie si vigoureuse, que la valeur seule de Tite & des siens les sauva du danger qu'ils coururent en cette occasion.

(1) Ce Prince, avant son départ, rendit, comme c'étoit l'usage chez les Romains, la liberté à Josephe, en brisant ses chaînes.

Il fit alors approcher son armée, & assiégea Jerusalem dans les formes. Les trois factions ouvrirent les yeux sur le péril qui les menaçoit, & songerent à se réunir contre l'ennemi commun. Cette résolution étoit trop avantageuse pour durer, & Jean de Giscala, qu'un caractere perfide & ambitieux guidoit dans toutes ses entreprises, fit entrer quelques-uns des siens dans le parvis occupé par Eléazar. Si-tôt que ces derniers se virent en liberté d'agir, ils tirerent leurs armes cachées sous leurs habits, tuerent tous ceux des partisans d'Eléazar qu'ils rencontrerent, & se rendirent maîtres du parvis des Prêtres. Ce stratagême réduisit les trois factions à deux, qui se détruisoient à leur ordinaire quand les Romains leur donnoient quelque relâche, & se réunissoient lorsqu'il étoit question de marcher contre eux. Tite fit inutilement plusieurs propositions de paix, les Juifs les rejetterent toutes, & blesserent même ceux qui s'approcherent pour leur parler. Les machines des Romains commencerent bientôt à jouer contre la ville, & firent un effet terrible. Néanmoins les assiégés s'opiniâtrerent à résister, & ruinerent par le feu ou en minant sous terre quelques tours élevées par les Romains. Les beliers firent enfin une brêche à la muraille ; mais les Juifs s'étoient retirés derriere une autre élevée à ce dessein. Jean défendoit le Temple & le château d'Antonia, & Simon la ville. Tite fit attaquer la seconde muraille, sans avoir égard aux signes de soumission que lui firent les assiégés, parce qu'il les soupçonna de fausseté. Les Juifs qui étoient dans une des tours de cette muraille y mirent le feu, & se précipiterent dans les flammes.

Cependant la peste & la famine faisoient d'horribles ravages dans la ville, & les factieux à qui les vivres commençoient à manquer, augmentoient encore la misere du peuple, en forçant les maisons, massacrant ceux qui avoient quelques provisions, & mettant à la torture ceux chez qui ils n'en trouvoient point. Tite pour hâter la ruine de Jerusalem la fit entourer d'une muraille, afin que personne ne pût échapper à sa vengeance par la fuite. Les calamités des assiégés parvenues à leur comble, la quantité de morts & de mourans, les cruautés des Zélateurs, forcerent plusieurs Juifs à s'aller rendre aux Romains. Le malheur les poursuivoit, & la Providence avoit sans doute déterminé leur perte ; car les soldats de Tite ayant découvert que quelques-uns avoient avalé de l'or, ouvrirent le ventre aux autres, & en tuerent deux mille dans une seule nuit. Cette inhumanité causa une telle colere à Tite, qu'il fit proclamer que les coupables à l'avenir seroient punis de mort. Dans le temps qu'il faisoit ainsi éclater sa compassion pour les Juifs, les Zélateurs poussoient la barbarie au point d'insulter leurs freres, & d'essayer sur eux la bonté de leurs armes. Tite instruit de tout ce qui se passoit dans Jerusalem, apprit une action (1) dont il eut tant

(1) Cette action avoit été commise par Marie, fille d'Eléazar. Elle s'étoit trouvée dans Jerusalem au moment que cette ville fut assiégée, & elle éprouva comme les autres les rapines des Zélateurs, qui lui enleverent ses provisions ; & tout ce qu'elle avoit de plus précieux. Le désespoir & la faim où elle fut bientôt livrée, la rendirent furieuse, de sorte que perdant tout sentiment de tendresse, elle arracha de son sein un enfant qu'elle allaitoit, le tua, & le prépara pour le manger. L'odeur d'un mets si horrible attira chez elle quelques Zélateurs ; mais ils, furent effrayés lorsqu'elle leur en montra les restes, & sortirent avec précipitation publier une action si détestable.

d'horreur

d'horreur, qu'il jura la perte de cette ville. Il fit de nouveaux efforts contre les assiégés, & s'étant rendu maître de la forteresse Antonia, les Juifs mirent le feu aux galeries qui joignoient cette forteresse au Temple. Enfin après diverses propositions que Tite fit faire à differentes fois, & qui furent toutes également rejettées, les Romains brûlerent la galerie où les Juifs avoient déjà mis le feu, & s'avancerent jusqu'au portique Occidental du Temple. Les Juifs l'avoient rempli de matieres combustibles; de sorte que les Romains qui s'y trouverent, devinrent la proye des flammes, où se tuerent en se jettant du haut en bas. Tite pour ménager la vie de ses soldats fit mettre le feu aux portes du Temple, & résolut de faire un assaut général le lendemain. Les Juifs pendant la nuit firent deux sorties qui acheverent d'irriter les assiégeants; & un soldat Romain furieux de tant de résistance, se fit soulever par un de ses compagnons, & jetta par la fenêtre une piece de bois toute enflammée dans un des appartements qui entouroient le Sanctuaire. Tite donna vainement des ordres pour éteindre le feu, ses soldats étoient trop animés, & ne songeoient qu'à massacrer les Juifs ou à augmenter l'incendie. Il ne put sauver que le chandelier d'or, la table des pains de propositions, l'autel des parfums, & le livre de la loi enveloppé dans un riche tissu.

Lorsque les soldats Romains eurent enlevé les richesses du Temple, le massacre commença, & il y eut un grand nombre de Juifs ou passés au fil de l'épée, ou dévorés par les flammes, & le Temple fut entierement détruit, à l'exception de deux portes, & de la partie du parvis destinée pour les femmes. Cette destruction arriva la deuxieme année du regne de Vespasien, au même mois & au même jour que Nabuchodonosor en avoit fait autant. Cependant les factieux retranchés dans la partie Méridionale de la ville, envoyerent demander à parler à Tite. Ce Prince leur promit la vie s'ils se rendoient; mais comme ils souhaitoient obtenir la liberté de se retirer dans les montagnes avec toutes leurs familles, ils refuserent de profiter de la bonne volonté de Tite. Les Romains outrés de leur insolence, les assiégerent dans leur retraite, & enfin se virent maîtres de Jerusalem, & Tite y fit son entrée le 8 de Septembre. Ses soldats massacrerent tous ceux qui étoient incapables de servir, & firent les autres prisonniers. Tandis que le feu réduisoit en cendres les restes de la ville, & que tout éprouvoit la fureur des soldats, Simon & Jean furent trouvés (1) & amenés à Tite, qui les réserva pour son triomphe. Dès que le pillage fut cessé, Tite fit raser jusqu'aux fondements tous les édifices que le feu avoit épargnés, & à l'exception des trois tours d'Hippicos, de Phazael, & de Mariamne, tout fut tellement ruiné qu'il ne paroissoit aucune trace d'habitation. Jean & Simon arrivés à Rome, ornerent le triomphe de Tite; Simon fut ensuite prome-

(1) Jean sortit le premier de sa retraite, & se rendit à condition qu'on lui conserveroit la vie. Il obtint cette grace, & fut condamné à une prison perpétuelle. Simon qui avoit plus de vivres, resta caché plus longtemps, & lorsque la faim le contraignit à paroître, il se montra subitement sur les ruines du Temple. L'habit blanc & le manteau de pourpre dont il s'étoit revêtu, & l'air de majesté qu'il affecta, surprirent d'abord les Romains; mais ayant sçu quel il étoit, on le fit enchaîner pour le présenter à Tite.

né par les rues la corde au col, & mis à mort ; & Jean fut enfermé pour le reste de sa vie.

Il restoit trois châteaux à réduire ; sçavoir, celui d'Herodion, celui de Massada, & celui de Macheron. Tite avant que de partir avoit donné la Lieutenance de la Judée à Lucilius Bassus, & ce Romain devint maître d'Herodion par capitulation. Il entreprit aussitôt après le siége de Macheron, dont les habitants rendirent la Place, à condition qu'ils pourroient se retirer où ils voudroient. Ils profiterent de la liberté qu'on leur accorda pour aller joindre dans la forêt de Jardes les Juifs révoltés ; mais Bassus alla les y attaquer, & les défit entierement. Massada tenoit encore, & Flavius Silva, successeur de Bassus alla camper devant cette Place. La garnison étoit nombreuse, & Eléazar qui en étoit le chef avoit résolu de résister jusqu'aux dernieres extrémités. Néanmoins le feu mis aux portes par les Romains s'étant communiqué à la ville, Eléazar assembla tous les habitants, & ordonna aux hommes de tuer leurs femmes & leurs enfants, & de se donner ensuite la mort les uns aux autres. Cet ordre dicté par le désespoir fut exécuté avec soumission, & le lendemain lorsque les Romains voulurent monter à l'assaut, deux femmes qui seules avoient trouvé moyen d'échapper au massacre, parurent sur les murailles, & leur apprirent ce qui s'étoit passé. Flavius entra dans la Place, fit éteindre le feu, y mit une garnison Romaine, & prit le chemin de Césarée. Les Zélateurs n'étoient pas totalement exterminés, & ils firent plusieurs efforts en Egypte, & en Cyrene de Lybie, pour rétablir leur puissance. Toutes leurs tentatives ne servirent qu'à rendre leur esclavage plus rude, & à faire fermer sans retour le Temple qu'Onias avoit élevé à Alexandrie. Jonathan, le chef des révoltés de Cyrene, fut défait, & devint prisonnier de Catulle, Gouverneur de la Lybie.

Depuis ce temps jusques vers la fin du regne de Trajan, les Juifs épars en divers endroits se tinrent tranquilles ; mais le nombre de ceux qui avoient formé des habitations sur les ruines de Jerusalem s'augmenta par dégrés, & ils commencerent à faire quelques mouvements un peu avant l'élévation d'Adrien à l'Empire. Ce Prince dans le dessein de tenir en respect un peuple inquiet & remuant, envoya une Colonie Romaine en Judée, & fit travailler à bâtir une ville à la place de Jerusalem. Il donna le nom d'*Ælia Capitolina* à cette ville, afin qu'elle portât le nom de sa famille, & le surnom de Jupiter, auquel il éleva un Temple dans le lieu même où avoit été celui du vrai Dieu. Les Juifs dissimulerent d'abord l'indignation dont ils furent saisis, & leur révolte n'éclata que lorsqu'ils se sentirent assez forts pour lever l'étendard de la rébellion. Adrien convaincu du danger qui menaçoit l'Empire, donna des ordres si sages dans toutes ses Provinces, que la Judée seule lui resta à pacifier. Les Juifs avoient à leur tête un Brigand de profession, qui se donnoit pour le Messie, autorisé par son nom de Barcochebas, dont la signification étoit, *Fils de l'étoile*. Julius Severus envoyé par l'Empereur au secours de Tinnius Rufus, Commandant de la Judée, fut nommé Général des troupes Romaines, & marcha contre les Juifs rebelles. Il évita avec soin d'en venir à une bataille, & se contenta de les affoiblir par de petites actions, dans lesquelles il ne faisoit quartier à personne. Il se rendit maître de plusieurs villes, Places ou bourgades qu'il détruisit ensuite. L'exploit le plus remarquable de cette guerre fut le siége de Bitther, ville forte à peu de distance de Jerusalem. Les Séditieux chassés de toutes leurs retraites, s'étoient renfermés dans cette Place, où ils se défendirent en désespérés. Les Romains ne laisserent pas que de s'en rendre maîtres, & Barcochebas y périt, soit en combattant, soit autrement. La prise de Bitther, en ôtant aux Juifs leur derniere ressource, mit fin à la guerre que les Romains leur faisoient. Tous ceux que le fer, le feu ou d'autres fléaux ne firent pas périr, furent vendus & emmenés en différents pays; de sorte que la Judée demeura presqu'entierement déserte. Les Juifs ne se releverent jamais des pertes qu'ils firent sous Adrien, & ce Prince par une sage précaution leur interdit l'entrée de Jerusalem. Il leur permit seulement d'y venir un seul jour de l'année, qui étoit l'anniversaire de la destruction de la ville, & suivant saint Jerôme, on leur faisoit payer la liberté de pleurer sur les ruines de leur ville. Les efforts d'Adrien réussirent contre les Juifs, ils n'ont jamais pû se rétablir, & dispersés dans presque tous les Pays du Monde, ils y sont haïs & persécutés.

HISTOIRE DES JUIFS.

Entiere dispersion sous Adrien.

134.

DES DIFFERENTES SORTES DE JUIFS.

Il y a deux sortes de Juifs, les uns qui le sont par leur origine, & les autres qu'on nomme Juifs de conversion.

Les premiers tirent leur origine de Sem, comme on l'a vû au commencement de ce chapitre. Ils ont eu plusieurs noms. On les a appellés *Hebreux*; d'Heber d'ont ils descendent, ou du mot hebreu *Havar*, qui signifie Etranger, suivant le sentiment de quelques-uns. Ils ont été nommés *Israélites*, de Jacob, qui reçut le surnom d'Israel après le combat qu'il soutint contre un Ange. Ils ont eu le nom de *Juifs*, de la Tribu de Juda. Cette Tribu resta seule réunie. Enfin, on leur a donné le nom de Peuple de Dieu, par rapport à l'alliance particuliere que Dieu avoit contractée avec eux.

Les Juifs de conversion sont ceux qui, demeurant dans la Judée, étoient censés de la Nation, comme les ouvriers, les esclaves, &c. Cette seconde sorte de Juifs s'appelle *Prosélites*, c'est-à-dire, *Etrangers*. Il y en a de deux sortes; sçavoir, des Prosélites d'habitation, & des Prosélites de justice. Les premiers étoient ceux qui demeuroient dans la Judée. Ils n'étoient pas obligés d'observer toute la Loi, mais ils étoient assujettis à celle du Sabbat: les Prosélites de justice observoient entierement la Loi, & ils jouissoient des mêmes priviléges que les Juifs de naissance. Pour devenir Prosélite de justice on observoit trois formalités. La premiere étoit de recevoir la Circoncision, & le sang qu'on y répandoit s'appelloit le sang de l'alliance. La seconde étoit de se laver ou baptiser au moins en présence de trois Juifs considérables. Le Prosélite promettoit alors de suivre exactement la Loi de Dieu. La troisiéme étoit d'offrir un sacrifice.

LEURS LOIX.

Les Rabbins réduisent les Loix que Dieu donna à Noé à sept commandements essentiels; sçavoir, 1°. d'adorer le vrai Dieu; 2°. de ne point profaner fon nom ; 3°. de ne pas verfer le fang humain ; 4°. de ne fe pas fouiller par des conjonctions illicites ; 5°. de ne pas dérober ; 6°. d'établir des Magiftrats pour veiller à l'obfervation de ces Loix ; 7°. de manger la chair avec le fang.

On fçait que Dieu donna aux Ifraelites dix Commandements écrits fur deux Tables de pierre, & qui font le fondement de la Loi. Les cérémonies légales, & les différentes Ordonnances, tant pour le gouvernement fpirituel que pour le civil, fe trouvent dans les Livres de l'Exode, du Lévitique, des Nombres & du Deuteronome. On y voit l'établiffement des fêtes, la maniere de les obferver, les différentes efpéces de châtiments dont on puniffoit les tranfgreffeurs de la Loi, &c.

FORME DE LEUR GOUVERNEMENT.

L'Hiftorien Jofephe donne le nom de *Théocratie* au gouvernement des Juifs, parce qu'ils étoient directement gouvernés par Dieu, qui leur avoit donné des Loix. Il avoit établi des Magiftrats pour les gouverner en fon nom ; & il y en avoit de trois fortes. Les uns étoient pour le gouvernement civil, les autres pour la guerre, & les autres pour le Barreau. On donna le nom de Juges à ceux qui commandoient au peuple fous le nom de Dieu. Cette forme de gouvernement fubfifta jufqu'au tems de Samuel, qui fut le dernier Juge. Alors le gouvernement devint Monarchique, & Saül fut le premier Roi de la Nation. La Royauté fut entierement éteinte, lorfque Jerufalem tomba fous la puiffance de Nabuchodonofor Roi de Babylone.

Au retour de la captivité, les Juifs obéirent aux Souverains Prêtres, & l'autorité fuprême paffa aux Princes Machabées. La République des Juifs changea encore de forme, & devint une Monarchie fous Ariftobule, fils d'Hircan, qui prit le diadême. Enfin les Juifs tomberent fous la puiffance des Romains, jufqu'à la deftruction totale de Jerufalem par Tite.

ADMINISTRATION CIVILE DE LA REPUBLIQUE JUIVE.

On doit confidérer dans l'adminiftration civile de la République des Juifs, les affemblées, les Jugements, & la forme des Jugements.

Les Affemblées, qui étoient ou de toute la Nation, ou d'une Tribu, ou d'une famille, ou d'une ville, ne fe convoquoient que par l'ordre des Magiftrats. On s'affembloit, foit pour faire des prieres, foit pour lire la Loi de Dieu, foit pour élire des Magiftrats, foit pour délibérer de la guerre ou de la paix, foit enfin, pour découvrir quelque coupable qui avoit attiré la colere de Dieu fur la Nation, comme on le voit dans le chapitre 7. de Jofué.

Il y avoit trois fortes de Tribunaux pour les fonctions de la Juftice. Chaque ville avoit un Tribunal qui s'appelloit *le Jugement*, & il en eft parlé dans le Chapitre 19. du fecond Livre des Paralipomenes. Il étoit compofé de trois Juges feulement, ou de vingt-trois, & les Juifs croyoient que le nombre devoit toujours être impair, afin qu'il fe trouvât un Juge qui fît pancher la balance dans les cas où l'on feroit également partagé. Le fecond

Tribunal étoit appellé *Sanedrin*, par les Grecs, & *Conseil* par la Vulgate. Le troisième étoit le Grand Sanedrin, que Moyse avoit établi pour se décharger d'une partie des affaires. Il n'avoit admis dans ce Tribunal que des personnes âgées & habiles. Les Juifs croyent qu'il étoit composé de soixante & onze Juges.

Les procès pour de l'argent & pour les biens mobiliaires, se plaidoient devant les trois Juges. Ceux où il s'agissoit de la vie alloient devant les vingt-trois ; & les affaires importantes étoient portées au Grand Sanedrin. Ce Tribunal avoit autorité sur le Roi, les Tributs, les faux Prophetes, le Souverain Pontife, & il jugeoit tout ce qui appartenoit à la Religion. Son pouvoir n'a pas toujours été le même, & il en est très-peu parlé sous les Rois ; mais il fut en quelque vigueur sous la domination des Asmonéens, & dans le temps même que la Judée avoit des Gouverneurs Romains.

Les Tribunaux étoient placés à la porte des villes, & on choisissoit sans doute ce lieu comme plus fréquenté & plus commode, pour rencontrer les Parties auxquelles on avoit affaire. Le Grand Sanedrin, appellé la Maison du Jugement, ou la Chambre de pierres, étoit placé dans le Temple. Il formoit un demi-cercle, de maniere que la moitié étoit dans le vestibule des Prêtres, & l'autre dans le vestibule d'Israel. Les Juges composés de Prêtres & de Laïcs, prenoient séance dans le lieu qui leur convenoit. Le Président étoit placé au milieu. Les criminels étoient condamnés à mort dans le Temple, mais on les exécutoit ailleurs. Le Tribunal devoit être nécessairement à Jerusalem, parce que Dieu avoit ordonné dans le Chapitre 19. du Deuteronome, que si les Juges inférieurs ne s'accordoient pas, on se transporteroit à la ville que Dieu avoit choisie.

DES PEINES OU CHASTIMENTS.

Il y avoit chez les Juifs deux sortes de peines, les ecclésiastiques & les civiles.

Les peines ecclésiastiques consistoient dans l'excommunication ; c'est-à-dire, dans une séparation de tout commerce, tant pour la Religion que pour la société civile ; ainsi un excommunié ne pouvoit plus entrer dans le Temple ni dans les Synagogues, & il étoit défendu de manger avec lui. Celui qui avoit mérité l'excommunication étoit chargé de malédictions, comme on peut le voir dans le Chapitre 27. du Deuteronome, où ce mot, *maudit soit*, est répété tant de fois.

Les Rabbins distinguent trois sortes d'excommunications. Ils appellent la premiere *Niddui*, c'est-à-dire, séparation. Celle-ci éloignoit un homme de tout commerce civil, même d'avec sa femme & d'avec ses domestiques. Elle duroit trente jours, si le coupable se repentoit ; & on la prolongeoit, lorsqu'il perseveroit dans le mal. Les lépreux, les femmes malades ou en couches, étoient sujets à cette excommunication.

La seconde sorte d'excommunication se nomme *Cherem* ou *Herem*, qui signifie anathématiser, dévouer à la mort. Cette excommunication ajoutoit à l'autre les malédictions.

La troisième sorte d'excommunication est appellée *Schammat*, mot dont on donne diverses explications.

Les peines civiles étoient de différentes espéces.

On vendoit comme esclave, celui qui n'avoit pas de quoi payer ses dettes, où restituer ce qu'il avoit volé.

Un voleur devoit rendre le quadruple de ce qu'il avoit pris, si la chose étoit encore en nature, & si elle n'y étoit pas, il n'étoit condamné qu'à rendre le double.

Celui qui frappoit une femme enceinte, lui payoit une somme d'argent.

Celui qui avoit retenu un dépôt confié, étoit forcé à y ajouter la cinquiéme partie.

Les peines corporelles étoient le fouet, la lapidation, le feu, le décolement, & la croix. Lorsqu'on vouloit fouetter un criminel, on lui attachoit les mains à une colomne, le bourreau le dépouilloit ensuite jusqu'à la ceinture, & le frappoit avec des courroyes. Pendant le supplice un Officier crioit à haute voix, *si vous n'observez & ne pratiquez tout ce qui est écrit dans le volume de la Loi, si vous ne craignez le nom auguste & terrible du Seigneur, vos peines seront redoublées.* Un second Officier comptoit les coups, tandis que le troisiéme ordonnoit au bourreau de frapper. Suivant la Loi on ne devoit pas donner plus de quarante coups, de sorte qu'on n'en donnoit que trente-neuf, de peur d'excéder le nombre prescrit. Les coupables étoient quelquefois fouettés dans les Synagogues.

Dans le chapitre 24. du Lévitique, il y a un commandement qui ordonne de mener hors du camp celui qui devoit être lapidé, d'où étoit venu la coutume d'exécuter les criminels hors de la ville. Lorsqu'on les menoit au supplice, un Archer marchoit devant & crioit, *cet homme va être lapidé pour un tel crime, & accusé par tels témoins, si quelqu'un veut faire voir qu'il est innocent, qu'il approche.* A huit pas ou environ du lieu du supplice, on l'exhortoit à avouer son crime, & lorsqu'il étoit plus près, on le dépouilloit de ses habits. De quelque genre de mort qu'on dût le faire mourir, on présentoit au criminel du vin, où l'on avoit mis de l'encens pour les étourdir & l'enyvrer. L'exécution se faisoit toujours avant le Soleil couché, & la Loi ordonnoit que le même jour on enterrât le corps. Le lieu où on lapidoit étoit élevé d'environ dix ou douze pieds. Quelque fois on précipitoit les criminels d'un endroit élevé, & s'ils n'étoient pas morts de cette chûte, on les écrasoit avec de grosses pierres.

MINISTRES DE LA RELIGION.

Les Israélites furent à peine entrés dans le désert, après la sortie miraculeuse de l'Egypte, que Dieu leur prescrivit le culte qu'ils devoient lui rendre. Moyse en conséquence des ordres qu'il en avoit reçus fit dresser un Tabernacle pour y enfermer l'Arche d'alliance. Le Tabernacle étoit une tente d'étoffes précieuses, & enrichies de broderies. Elles étoient garanties des injures de l'air par des peaux de chévres, qui étoient étendues au-dessus. Le Tabernacle étoit partagé en deux par un voile ou rideau d'une riche étoffe. La partie dans laquelle on entroit d'abord, s'appelloit le *Saint*, ou *le lieu Saint*, & le fond du Tabernacle, qui étoit caché par le rideau, se nommoit *le Sanctuaire* ou *le Saint des Saints*. C'est dans ce Sanctuaire que l'Arche d'alliance étoit placée.

L'Arche d'alliance étoit un coffre de bois précieux, revêtu de lames d'or au-dedans & au-dehors, au-dessus duquel étoit un couvercle d'or appellé *Propitiatoire*. Aux deux extrémités du Propitiatoire étoient deux Cherubins qui le couvroient de leurs aîles. Cette Arche renfermoit les deux tables de la Loi, avec de la Manne dans un vase. C'étoit de dessus le Propitiatoire que Dieu parloit & rendoit ses Oracles.

Dans la partie du Tabernacle appellé *le Saint*, il y avoit d'un côté un chandelier d'or à sept branches, destiné à éclairer le Tabernacle; de l'autre côté une table d'or pour mettre *les pains de propositions*. Au milieu étoit un autel d'or sur lequel on faisoit brûler continuellement des parfums. Au dehors & vis-à-vis l'entrée du Tabernacle il y avoit un autre autel, appellé l'*Autel des Holocaustes*, qui étoit d'airain. Il servoit à brûler la chair & la graisse des victimes. Entre cet Autel & le Tabernacle étoit placé un grand bassin d'airain plein d'eau, où les Prêtres se lavoient avant que de faire les fonctions de leur ministere. L'espace qui étoit autour du Tabernacle s'appelloit *le Parvis*. Il étoit fermé d'une enceinte de rideaux, soutenus par des colomnes d'airain. Moyse consacra toutes ces choses avec une huile sainte.

Les pains de propositions étoient au nombre de douze, & ils étoient faits de la plus pure farine, & on ne mettoit point de levain dans la pâte. On se servoit d'huile au lieu d'eau pour la pétrir. Les Lévites étoient chargés de ce soin & de la faire cuire. Il n'y avoit que les Prêtres & leurs enfants mâles qui pussent manger de ces pains, lorsqu'on les retiroit de devant le Seigneur. Les femmes & les filles des Prêtres n'avoient pas droit d'en faire usage. On mangeoit ces pains dans le vestibule du Temple. David est le seul laïc qui en ait mangé, mais dans le cas pressant où il se trouvoit, le Grand Prêtre Achimelech crut devoir transgresser la Loi en sa faveur.

Moyse après avoir fait faire toutes ces choses purifia Aaron & ses quatre fils, & les établit Prêtres du Seigneur. Il revêtit Aaron des habits de Grand Sacrificateur, & lui fit une onction sur le sommet de la tête, & une autre à l'extrémité de l'oreille droite, aux pouces de la main & du pied droit. Il aspersa ensuite ses vêtements du sang d'un belier qu'on avoit immolé. Il pratiqua la même cérémonie pour la consécration des enfants d'Aaron. Le Grand Prêtre & ses fils présenterent à Dieu une corbeille où étoient des pains & des morceaux du belier qui avoit été sacrifié, comme une marque du pouvoir qu'ils venoient de recevoir d'offrir des victimes à Dieu.

On offrit ensuite trois sacrifices solemnels. Le premier fut celui qu'on appelle pour le péché. Aaron & ses fils mirent les mains sur la tête du veau qu'on immola, pour marquer par cette cérémonie qu'ils étoient pécheurs. Moyse prit du sang de ce veau, en fit des marques à chaque angle de l'Autel, & répandit le reste sur le marche-pied. La graisse des intestins de la victime, celle qui couvroit le foye & les reins furent brûlés sur l'Autel; la chair, la peau & les excréments furent portés hors du camp pour y être consumés par le feu. Le second sacrifice fut d'un belier qui fut offert en holocauste. Les nouveaux Sacrificateurs poserent leurs mains sur la tête de l'animal, répandirent son sang autour de l'Autel & mirent tout son corps en pièces. On brûla sur l'Autel sa tête, ses membres, fa graiffe, fes entrailles, & fes pieds. Le troifieme facrifice fut celui des Pacifiques, qui fut auffi d'un belier, fur la tête duquel Aaron & fes fils impoferent encore les mains.

Après que Moyfe l'eut égorgé, il prit du fang de la victime, en fit une onction à l'oreille droite, & au pouce du pied & de la main droite d'Aaron & de fes fils, & verfa le refte autour de l'Autel. Il mit enfuite à part la graiffe qui couvre les inteftins, le foye, les reins, la queue, & la piéce de derriere de l'animal. Il prit encore un pain fans levain avec un gâteau trempé dans l'huile, & les ayant mis fur ces graiffes, & fur les parties du côté droit de la victime, il les donna à Aaron & à fes fils pour qu'ils les offriffent au Seigneur. Il les fit enfuite brûler fur l'Autel, mais il réferva pour lui la poitrine, qu'il offrit à Dieu. Il ramaffa le fang qui étoit refté fur l'Autel, le mêla avec de l'huile facrée, & en oignit le corps & les vêtements des Sacrificateurs. Après toutes ces cérémonies, Moyfe leur commanda de faire cuire la poitrine du belier devant le Tabernacle, & de la manger, avec ordre de brûler ce qu'il y auroit de refte. Il leur commanda encore de la part de Dieu, de refter pendant fept jours dans le veftibule ou l'entrée du Tabernacle, au bout defquels on feroit les mêmes cérémonies pour finir la confécration. Toutes ces chofes s'obferverent dans la fuite dans la confécration des fucceffeurs d'Aaron.

La dignité de Souverain Pontife étoit à vie : mais lorfque les Juifs furent paffés fous la domination des Grecs & des Romains, cette dignité fut conférée aux favoris des Rois ou des Empereurs, qui la donnerent fouvent même à ceux qui leur offroient une plus groffe fomme d'argent. Les perfonnes qui l'avoient ainfi achetée n'étoient pas fures de la conferver longtemps, & elles en étoient quelquefois privées pour faire place à une autre qui avoit plus de faveur. Les Souverains Pontifes n'étoient plus alors en poffeffion des habits Pontificaux. Les Romains qui s'en étoient rendus les maîtres les faifoient garder dans la fortereffe de *Baris* qui fut nommée depuis *Antonia*. On ne les fortoit de cette fortereffe que pour le temps qu'il étoit néceffaire que le Grand Prêtre en fût revêtu pour faire fon office, & on les renfermoit auffitôt que l'office étoit fini.

Les Prêtres étoient chargés d'avoir foin du feu facré qui étoit fur l'Autel des Holocauftes, de garder les vafes facrés avec les ornements, d'offrir les facrifices & les holocauftes, d'écorcher les animaux, de les laver, de faire les afperfions d'eau & de fang fur les perfonnes, fur les victimes, & fur les livres de la Loi, de brûler les parfums, de préparer & d'accommoder les lampes, de changer les pains de propofitions, & de recevoir le fang des victimes. Tous ces devoirs étoient communs à tous les Prêtres qui étoient en femaine de fervice ; mais le Souverain Pontife avoit feul le pouvoir d'entrer dans *le Saint des Saints* le jour du pardon ou de l'expiation, & d'offrir les facrifices ordonnés pour la rémiffion des péchés de tout le peuple.

Les Prêtres qui avoient quelque défaut ne pouvoient pas offrir de facrifices, ni y affifter. Ils devoient alors s'occuper à fendre du bois pour l'Autel des Holocauftes, & rejetter tous les morceaux qui étoient gâtés par les vers ou autrement. Saint Jerôme dans les queftions Hebraïques, fur le livre des Paralipomenes, dit que les Prêtres n'écorchoient que les victimes qui

devoient

devoient être offertes pour le péché, mais que les Lévites étoient chargés d'écorcher les autres.

Les Lévites avant la construction du Temple avoient la garde du Tabernacle, du pavillon, de la couverture, du voile de la porte, & généralement de ce qui appartenoit au ministere de l'Autel. Depuis que Salomon eut bâti un Temple au Seigneur, une partie des Lévites n'eut plus d'autre emploi que celui de chanter des Hymnes devant l'Arche, & les autres étoient occupés à servir de portiers ou à remplir d'autres fonctions qui étoient au-dessous de celles des Prêtres. Ce n'étoit que dans la seule Tribu de Lévi qu'on prenoit les Ministres pour les Autels, & la famille d'Aaron fournissoit les Souverains Pontifes & les Prêtres. Le Prince des Prêtres étoit le chef & le premier de ceux de sa famille. Le Prince de tous les Prêtres étoit le chef du Grand Conseil ou Sanhedrin, composé des Docteurs de la Loi.

Les habits du commun des Prêtres étoient les caleçons de lin, la robe de lin, qui étoit si juste qu'elle ne faisoit aucun pli, la ceinture, & la tiare espéce de coeffure ronde. Le Grand Prêtre outre ces vêtements avoit une grande robe de couleur d'hyacinthe qui lui descendoit jusqu'aux pieds. Soixante & dix clochettes d'or, & autant de grenades entremêlées, étoient attachées au bas de cette robe. Le Grand Prêtre avoit encore sur les épaules une espéce de vêtement nommé *Ephod*. Sur chaque épaule étoit une pierre précieuse, où l'on avoit gravé le nom des Chefs des douze Tribus. Il portoit sur la poitrine un morceau d'étoffe quarré de la grandeur de la main, auquel on donnoit le nom de *Rational*. Sur ce Rational étoient douze pierres précieuses, sur lesquelles étoient encore écrits les noms des enfants de Jacob. Au milieu du Rational étoit une petite lame d'or sur laquelle on avoit gravé ces deux mots. URIM & THUMMIM, qui signifient *doctrine & vérité*. L'ornement de tête étoit un bonnet de couleur d'Azur, avec une triple couronne d'or au-dessus, entourée de petits gobelets. Cette couronne ne couvroit que le derriere de la tête & les deux temples, & au-dessus il y avoit une lame d'or sur laquelle étoit écrit le saint nom de Dieu.

SACRIFICES ET OBLATIONS.

Dieu en prescrivant aux Juifs les diverses sortes de sacrifices qu'ils devoient lui offrir, avoit en même-temps spécifié les animaux qu'on devoit lui présenter, & les cérémonies qu'il falloit observer. Ces différents sacrifices étoient l'holocauste, où toute la victime étoit consumée. Dans le sacrifice de paix & d'action de graces, on n'y brûloit que la graisse; l'épaule & la poitrine appartenoient au Prêtre, les autres parties étoient pour ceux qui offroient la victime. Il y avoit encore des sacrifices pour les péchés, soit du Prêtre, soit du Prince, soit du peuple ou de quelque particulier; des sacrifices d'expiations, de purifications, de propitiation, &c. Il y avoit outre cela un sacrifice perpétuel du matin & du soir, & de propres pour les fêtes, comme au commencement de chaque mois ou aux nouvelles Lunes. Pour la fête de Pâques, on immoloit l'agneau paschal à l'entrée du Temple. Tout le monde avoit le pouvoir de l'égorger, mais les Prêtres seuls avoient le droit d'en recevoir le sang dans une coupe, & de le répandre au pied de l'Autel. La chair étoit portée & mangée dans les familles. Le second jour de la Pâques on offroit le sacrifice avec une gerbe nouvelle. A la fête de la Pentecôte, ou le cinquieme jour après la Pâques, outre le sacrifice du commencement du mois, on offroit deux pains pour prémices de la moisson. A la fête des Tabernacles, on offroit du vin & de l'eau. Au jour de l'expiation, on offroit deux boucs ; l'un étoit immolé & brûlé pour les péchés, & le Prêtre en portoit le sang dans le Saint des Saints. Il confessoit les péchés du peuple sur l'autre, & ensuite il le laissoit aller dans le désert ; ce qui lui fit donner le nom de bouc émissaire.

Les victimes devoient être sans tache & sans défaut. Avant la construction du Temple les sacrifices s'offroient à l'entrée du Tabernacle, mais après que le Temple fut bâti, il ne fut plus permis d'en offrir que dans ce lieu. On pouvoit indifféremment immoler les victimes dans tous les endroits du parvis du Temple ; cependant celles qui étoient plus saintes ne pouvoient être égorgées que du côté septentrional de l'Autel. On ne devoit offrir les sacrifices que dans le jour, & on ne faisoit jamais d'aspersion que du sang de la victime qui avoit été égorgée le même jour. Le sacrifice du matin s'offroit lorsque l'aurore paroissoit, & celui du soir lorsque les ombres commençoient à s'étendre sur la terre. L'agneau Paschal s'immoloit lorsque le soleil commençoit à baisser.

Celui qui présentoit la victime mettoit quelquefois sa main sur la tête de l'animal. Lorsque le sacrifice étoit plus saint qu'à l'ordinaire, il confessoit les péchés pour lesquels il l'offroit. Ensuite on égorgeoit la victime, de sorte qu'on coupoit tout à la fois la trachée artere & l'œsophage. On en recevoit le sang dans une coupe, & on avoit soin de le remuer, pour empêcher qu'il ne se caillât avant qu'on eût fait les aspersions sur le voile, & les côtés de l'Autel, au pied duquel on versoit ce qui restoit. Après cette cérémonie on écorchoit la victime, on la partageoit, & les morceaux étoient portés avec pompe par le côteau qui servoit à monter à l'Autel. Les Prêtres en montant élevoient vers les quatre parties du monde le morceau qu'ils portoient. La victime entiere ou quelque partie étoit brûlée sur l'Autel, où les Prêtres entretenoient un feu perpétuel, par le bois qu'ils avoient soin d'y mettre tous les matins. En montant à l'Autel ils saloient la victime, car la Loi défendoit d'en présenter aucune qui ne fût salée. On ne participoit point à l'holocauste, parce que la victime y étoit consumée toute entiere par le feu. Dans les autres sacrifices une partie de la victime étoit pour les Prêtres, & l'autre appartenoit à celui qui offroit le sacrifice. Elles devoient toujours être mangées dans le lieu Saint, c'est-à-dire, dans le parvis du Temple, & on n'admettoit à ces repas que des Juifs, & des Juifs qui n'avoient aucune impureté légale. Pour le sacrifice de l'Agneau Paschal, il suffisoit de le manger dans l'enceinte des murailles de Jerusalem.

On ajoutoit toujours des oblations aux sacrifices. Il y en avoit de trois sortes, d'ordinaires, de libres, & de prescrites. Les oblations ordinaires se faisoient d'encens qu'on brûloit sur l'Autel, d'or, de thymiame & de pains de proposition. Les oblations libres étoient ou des promesses, ou des vœux. Les premieres n'obligeoient pas si étroitement que les vœux. Il y avoit deux espèces de vœux ; celui de consécration, qui consistoit à consacrer quelque chose, ou pour un sacrifice, ou pour l'usage du Temple, comme du vin, du bois, du sel, &c. & le vœu d'engagement. Par celui-ci, une personne s'engageoit à quelque chose de permis, comme de ne point manger de telle viande, de ne point porter de tels habits, de ne point se couper les cheveux, &c. Lorsqu'on faisoit un vœu on se servoit de ces termes: *Je me charge d'un holocauste*, ou *je me charge du prix de cet animal pour un holocauste*. La Loi ordonnoit de s'acquitter promptement des vœux qu'on avoit faits, & ce qu'on donnoit à Dieu par vœu étoit mis au rang des choses sacrées auxquelles on ne pouvoit toucher sans sacrilége.

Les oblations prescrites comprenoient les dixmes, les prémices & l'argent. Le premier né de tous les animaux appartenoit à Dieu, mais il étoit permis de le racheter. On ne pouvoit manger d'aucun fruit de la terre qu'on en eût auparavant offert les prémices à Dieu. Les dixmes se payoient des animaux & des fruits de la terre. Il y en avoit de deux sortes. La premiere étoit celle que le peuple payoit aux Lévites, & que les Lévites payoient aux Prêtres de la même dixme qui leur avoit été donnée. La seconde étoit une espéce de réserve que chacun faisoit en son particulier. Ces dixmes étoient destinées pour le voyage de Jerusalem. On les mangeoit dans le vestibule du Temple, & les Prêtres étoient invités à ces repas. On ne pouvoit commencer la moisson qu'on n'eût offert à Dieu la gerbe nouvelle le second jour de la Pâques, ni faire de pain de bled nouveau, qu'on ne lui eût présenté un pain le jour de la Pentecôte. Avant l'oblation des prémices, tout étoit immonde. Tout Israelite, depuis l'âge de trente ans, étoit obligé de payer un demi-sicle. Au commencement, cette capitation se portoit au Tabernacle, dans la suite on la porta au Temple. La coutume en étoit interrompue, lorsque le Roi Josias la rétablit pour les besoins du Temple, à la porte duquel il fit mettre un tronc.

DES LIEUX SAINTS.

Depuis l'entrée des Israelites dans le désert, jusqu'au regne de Salomon, ces peuples rendoient à Dieu un culte public dans le Tabernacle ; mais aussitôt que Salomon eut bâti un Temple au Seigneur, tous les sacrifices se firent dans ce lieu, que Dieu voulut bien honorer de sa présence.

Ce Temple avoit la même forme que le Tabernacle, mais il étoit considérablement plus grand. *Le Saint des Saints* avoit vingt coudées en quarré, le *Saint* en avoit quarante de long & vingt de large. Ces deux parties étoient séparées par un voile. L'Arche, le chandelier, l'Autel d'or, & la table des pains de propositions étoient placés comme dans le Tabernacle. Il y avoit un voile étendu devant la porte. On trouvoit à l'entrée une galerie où étoit dressées deux colonnes d'airain, l'une appellée *Jachim*, l'autre *Booz*. Ces noms marquoient que Dieu avoit bâti ce Temple, & qu'il le soutenoit. Il regnoit autour une enceinte qui répondoit à celle du Tabernacle, où étoit l'Autel des holocaustes.

Cet Autel étoit beaucoup plus élevé & plus large que nos Autels modernes. On n'égorgeoit pas les victimes sur cet Autel, mais elles y étoient consumées par le feu ; on répandoit seulement le sang au pied de cet Autel qui étoit entouré d'une espéce de fossé, d'où le sang s'écouloit par des canaux souterrains dans le torrent de Cedron. Il étoit de figure quarrée, & en comprenant les retraites & la fosse, il avoit vingt coudées en quarré, & en avoit dix de hauteur. On y montoit par une colline ou chemin en pente, & un feu perpétuel y étoit entretenu.

On avoit aussi mis dans ce Temple une mer d'airain qui avoit trente coudées de tour, & qui étoit portée par douze taureaux de cette matiere. Cette enceinte s'appelloit le vestibule des Prêtres. La place du Roi étoit à l'entrée de cette enceinte. Il y en avoit une seconde qui représentoit le camp des Juifs dans le désert, & elle étoit nommée le vestibule d'Israel. Les femmes y avoient des places distinguées. Ces deux enceintes étoient fermées par des bâtimens superbes : les uns servoient de demeures aux Prêtres, à qui il étoit défendu de sortir du Temple pendant leur semaine d'exercice, c'est-à-dire d'un sabbat à l'autre. Plusieurs personnes pieuses s'y retiroient aussi pour se consacrer à la priere & au service du Temple. Il y avoit outre cela des endroits destinés à laver les victimes, & un lieu où se tenoit le grand Sanhedrin. On trouvoit encore de grands vestibules, dans l'un desquels, vers la porte orientale, étoient les troncs destinés à recevoir les aumônes.

L'enceinte des Prêtres avoit trois portes, l'une à l'Orient, l'autre au Septentrion, & la troisiéme au Midi. Celle des Israelites n'en avoit qu'une du côté de l'Orient, & elle étoit appellée *la Belle*, mais au Midi & au Septentrion il y en avoit trois de chaque côté. Cette enceinte étoit quarrée. A chaque angle il y avoit des cuisines, dont les deux qui regardoient l'Occident, étoient destinées aux Prêtres, & les deux autres servoient à faire cuire les portions des victimes de ceux qui offroient le sacrifice : elles ne pouvoient être mangées que dans le Temple.

Une troisiéme enceinte enfermoit tout l'ouvrage, & elle s'appelloit le vestibule des Gentils, parce qu'il étoit destiné pour eux, & ils n'avoient pas la liberté d'entrer plus avant. De grandes galeries regnoient tout autour.

Comme l'espace qui étoit sur le mont Moria n'étoit pas assez grand pour un ouvrage si étendu, il fallut l'élargir en faisant des terrasses, sous lesquelles il y avoit de vastes souterrains. Le toit du Sanctuaire étoit tout hérissé de pointes pour empêcher les oiseaux de se poser dessus.

Le Temple de Salomon ayant été détruit par les Babyloniens, Zorobabel obtint de Cyrus la permission d'en rétablir un second, qui fut également construit sur la montagne de Moria, mais il n'étoit pas aussi magnifique que le premier. Hérode y fit de grands embellissements. C'est ce dernier Temple qui fut renversé par les Romains sous la conduite de Tite. Ce second Temple n'eut pas les mêmes avantages que le premier, & Dieu n'y rendit point ses oracles.

Les Juifs avoient encore deux autres Temples. Le premier fut bâti sur la montagne de Garizim dans le pays de Samarie par Sannabalet, comme je l'ai déja dit, & le second, en Egypte près d'Heliopolis, par Onias, fils du Souverain Prêtre du même nom. La fondation de ces deux Temples étoit contraire aux principes de la Loi des Juifs, & ceux qui y alloient sacrifier étoient regardés comme Schismatiques.

On peut mettre les Synagogues au rang des Lieux Saints. C'est un endroit où les Juifs s'assemblent pour prier & pour lire l'Ecriture. Elles n'ont aucune forme particuliere : on y voit seulement une table ou espéce d'Autel, sur lequel on met le livre de l'Ecriture sainte, & vers l'Orient une armoire pour le renfermer : un grand nombre de lampes sont attachées au plancher. Les femmes sont dans une chambre voisine, car il ne leur est pas permis de se trouver dans la Synagogue. Ce mot en Grec signifie *Assemblée*. On croit qu'elles commencerent à être en usage au temps de la captivité, parce qu'alors les Juifs n'avoient plus de Temple. Il y en avoit plusieurs dans chaque ville, & on en comptoit jusqu'à quatre cent quatre-vingts dans Jerusalem. Comme tous les Juifs dispersés se rendoient dans cette ville dans un certain temps de l'année, chaque nation & chaque condition avoient une Synagogue particuliere, telle que la Synagogue des Affranchis ; celle des Alexandrins, dont il est parlé dans les Actes des Apôtres.

Il y avoit plusieurs sortes d'Officiers dans les Synagogues. Les Présidents, que les Grecs appellent Princes de la Synagogue, & les Hébreux, Chefs de Congrégation, étoient des hommes avancés en âge, sçavants, éclairés & d'une probité connue. Ils jugeoient des affaires pécuniaires, des larcins, des dommages, &c. Ils avoient le pouvoir de punir ceux qu'ils jugeoient être rebelles à la Loi ; c'est pour cette raison que Jesus-Christ avertit ses Disciples, qu'on les fouetteroit dans les Synagogues. La priere étoit faite dans cet endroit par un Ministre qui régloit la lecture de la Loi, & qui prêchoit. On avoit associé à ce Ministre d'autres Officiers qui avoient soin des pauvres, & qui recueilloient les aumônes. On ne lisoit jamais la Loi qu'en Hébreu dans les Synagogues ; ainsi lorsque cette langue cessa d'être vulgaire, il fallut établir un Interprete. Enfin, il y avoit de jeunes éleves de la Synagogue qui servoient dans les prieres, & qui étudioient dans les écoles. Les maîtres étoient assis sur des bancs, & leurs disciples se tenoient par terre à leurs pieds.

FESTES DES JUIFS.

Les Juifs avoient trois sortes de fêtes ; les ordinaires, les annuelles, & celles qui n'arrivoient qu'après un certain nombre d'années.

Les fêtes ordinaires étoient le sabbat & les nouvelles Lunes. Ce mot de sabbat signifie *repos*, & pendant ces jours là tout travail étoit interdit aux Juifs. On préparoit la veille tout ce qui étoit nécessaire pour le lendemain. Chaque Juif allumoit une chandelle un moment avant le coucher du soleil, afin que le commencement du sabbat ne le surprît point à travailler. On donnoit un signal avec une trompette à diverses heures. Le premier à la neuviéme heure, qui répond à trois heures après midi. Alors on cessoit le travail à la campagne. Le second quelque temps après, & les ouvriers de la ville quittoient leur travail & fermoient les boutiques : le dernier au soleil couché, & on allumoit des lampes. On demeuroit le jour du sabbat dans un parfait repos ; cependant il étoit permis de sortir de la ville, pourvû qu'on ne s'en écartât pas plus de deux mille coudées, ce qu'on appelloit *le chemin du fabbat*.

Le fabbat commençoit depuis le couchant du foleil de la veille, jufqu'à celui du lendemain. Dieu n'avoit point donné de commandement exprès pour célébrer les nouvelles Lunes, il avoit feulement ordonné de lui offrir des holocauftes au commencement de chaque mois. C'eft fans doute pour cette raifon que les Juifs fe firent une loi de célébrer les nouvelles Lunes.

La première fête annuelle étoit la Pâques. On fçait que ce mot fignifie *paffage*, & qu'elle fut établie en mémoire de la mort fubite de tous les premiers nés des Egyptiens. Dès le dixiéme jour du premier mois qui s'appelloit *Nifan*, les Juifs choififfoient un agneau qu'ils immoloient le quatorze, depuis trois heures après midi jufqu'à fix heures, & ils le mangeoient la nuit avec des laitues ameres. Ils ne fe fervoient dans ce repas, & pendant les fix jours fuivants, que de pain fans levain. Le maître de chaque famille avoit foin la veille de faire dans fa maifon une exacte perquifition, pour qu'il ne fe trouvât pas un feul morceau de pain levé, & qu'il n'y eût aucun levain chez lui le jour de la Pâques. Le lendemain on offroit les prémices de la moiffon. Si la maladie empêchoit quelqu'un de célébrer la Pâques le 14 du mois Nifan, il étoit obligé de la faire le 14 du mois fuivant.

La Pentecôte étoit la feconde fête annuelle. Elle avoit différents noms. Dans l'Exode elle eft nommée la *fête des femaines*, parce quelle arrivoit fept femaines après la Pâques. Ces fept femaines comprennent quarante-neuf jours, qu'on commençoit à compter du lendemain de la Pâques ; ainfi la fête de la Pentecôte, où le faint Efprit defcendit fur les Apôtres, étoit un Dimanche. Elle étoit encore appellée *la folemnité de la moiffon*, parce qu'on commençoit alors la moiffon du froment. Dans le Livre des Nombres on lui donne le nom des *jours des premiers fruits*, parce qu'on offroit à Dieu deux pains de froment nouveau. Ces deux pains étoient faits avec du levain. Le Grand Prêtre en prenoit un pour lui ; & l'autre étoit partagé entre les Prêtres. On ne le portoit point fur l'Autel, d'où le levain étoit abfolument banni. Cette fête étoit encore établie pour faire fouvenir les Juifs, que Dieu leur avoit donné la Loi fur le mont Sinaï.

La fête des trompettes étoit la troifiéme fête. Elle fe célébroit le premier jour du feptiéme mois, qui s'appelloit *Tifri*. C'étoit le commencement de l'année civile des Juifs, & on envoyoit des perfonnes pour l'annoncer.

Neuf jours après on célébroit la fête du jeûne, ou de l'expiation. Le Grand Prêtre achetoit un jeune taureau, & le peuple préfentoit deux boucs. Un des deux étoit chargé de malédictions, & on le chaffoit dans le défert, comme je l'ai déjà dit plus haut.

Le quinziéme jour du même mois on célébroit la fête des Tabernacles ou Tentes, que les Grecs appelloient *Scenopegies*. Elle duroit huit jours, pendant lefquels les Juifs demeuroient fous des tentes qu'ils plaçoient en différents endroits, & hors defquelles il ne leur étoit pas permis de manger, ni de boire, ni de coucher. Dieu avoit ordonné que le premier jour les Juifs auroient dans leurs mains les fruits du plus bel arbre, des branches de palmiers chargées de fruits, de différents autres arbres, & qu'ils fe réjouiroient en fa préfence. Cette fête étoit célébrée avec une joye univerfelle,

Ce même jour ils ne quittoient point leurs branches d'arbres, même pendant la prière ; mais les autres jours ils ne les portoient qu'au Temple, où ils entouroient l'Autel en les tenant à la main & chantant *hosanna*. Le septiéme jour on faisoit sept fois le tour de l'Autel, ce qu'on appelloit *le grand hosanna*. Le même jour un Prêtre alloit puiser de l'eau avec un vase d'or dans la piscine de Siloé : il la portoit au Temple, & la versoit mêlée avec du vin sur la victime dans le sacrifice du matin. Cela ne se faisoit dans aucune fête de l'année.

Le huitiéme jour étoit aussi solemnel que le premier.

La fête du sort se faisoit le 14 du mois *Adar*. Les Juifs l'instituerent en mémoire de ce qu'Esther obtint d'Assuerus la révocation de l'Edit qui condamnoit tous les Juifs à la mort.

La derniere des fêtes annuelles étoit la dédicace du Temple. Il y en avoit quatre différentes qu'on célébroit en divers temps de l'année. La premiere est celle qui fut faite par Salomon, & qu'on célébroit le huitiéme mois. La seconde fut faite par Zorobabel, & se solemnisoit au mois d'Adar. La troisiéme fut faite par Judas Machabée, mais ce ne fut qu'une nouvelle consécration de l'Autel des holocaustes. Elle se faisoit le 25 du mois *Casleu*. Les Juifs l'appelloient la fête des lumieres, parce que le premier jour ils allumoient une lampe, le second deux, & augmentoient toujours pendant les huit jours que duroit cette solemnité. La quatrième dédicace fut faite par Herode lorsqu'il eut embelli le Temple.

Les Juifs avoient encore d'autres fêtes, qu'ils célébroient en mémoire de certains évenements, comme du sacrifice de la fille de Jephté, de la mort d'Holopherne, &c.

Il y avoit deux autres sortes de fêtes, qui ne se célébroient qu'après un certain nombre d'années. L'année sabbatique, c'est-à-dire, chaque septiéme année en étoit une. Pendant cette année on ne cultivoit point la terre, & ce qu'elle rapportoit naturellement étoit abandonné aux pauvres & aux bêtes sauvages : il n'étoit pas permis de se faire payer de ses dettes. L'année du Jubilé qui arrivoit la cinquantiéme, étoit annoncée au peuple avec des cornes de Bélier. On mettoit alors les esclaves en liberté, & les biens aliénés revenoient à leurs premiers maîtres.

SCHISMES, SECTES ET DOCTEURS DES JUIFS.

Le premier schisme qui se forma parmi les Juifs fut celui de Samarie, lorsque Jeroboam fit soulever dix Tribus d'Israel contre Roboam, successeur de Salomon. Le second schisme fut depuis la captivité, lorsque Manassés, fils de Jaddus, Grand Sacrificateur, bâtit un Temple sur la montagne de Garizim. Le troisiéme fut celui des Juifs d'Alexandrie qui offroient des sacrifices dans le Temple qu'Onias avoit élevé dans cette ville d'Egypte. Le quatrième fut celui des Carréens. Ces Juifs rejettent les traditions, & ne s'attachent qu'au texte de l'Ecriture. Les Juifs les ont en horreur, & de leur côté ils détestent les Juifs. On croit que ce schisme commença lorsque le Thalmud fut composé. Les Carréens le rejetterent, & ce fut la cause de la séparation.

HISTOIRE DES JUIFS.

Il y avoit parmi les Juifs quatre sectes différentes, sçavoir, celle des Saducéens, celle des Pharisiens, celle des Herodiens, & celle des Esseniens.

Les Saducéens ont tiré, à ce qu'on croit, leur nom de Sadoc, auteur de cette secte, qui étoit une des plus anciennes. On pense qu'elle commença peu de temps après la mort d'Alexandre le Grand. Les Saducéens nioient la résurrection, ne croyoient point à l'immortalité de l'ame, ne reconnoissoient ni Anges, ni Esprits, s'imaginoient que Dieu ne voit pas toutes choses, & enseignoient qu'il faut servir le Souverain Etre, comme on sert les Princes, c'est-à-dire, par honneur, & non par intérêt. Ces erreurs n'excluoient point les Saducéens du commerce avec les autres Juifs, du Temple, des charges, &c. Les Juifs les regardoient comme des Hérétiques.

Les Pharisiens tiroient leur nom du mot hébreu *Paras*, qui signifie *séparer*, parce qu'ils faisoient profession de se distinguer des autres Juifs par la sainteté extérieure de leur vie. Ils étoient si fort attachés à la lettre de la Loi, que de peur de la violer, ils faisoient plus qu'elle n'ordonnoit, comme de payer la dixme des herbages. Jesus-Christ leur reproche leur orgueil & leur hypocrisie. Il paroît que cette secte commença sous le régne de Jonathas Asmonéen. Ils attribuoient tout au Destin, croyoient que les astres concouroient avec la liberté, mais qu'ils ne la détruisoient pas. Ils croyoient aussi à la métempsycose de Pythagore. La secte des Pharisiens dominoit parmi le peuple, & les personnes de condition embrassoient celle des Saducéens. Jean, l'un des Princes Asmonéens, chagrin de la trop grande puissance des Pharisiens, condamna toutes leurs traditions, & défendit de s'y arrêter. Il se rangea en même temps du côté des Saducéens. Les Pharisiens soutenus par le Roi Demetrius, firent la guerre à Jean, & lui enleverent les pays des Moabites & de Galaad. Après sa mort la Reine Alexandra, qui favorisoit les Pharisiens, rétablit leurs Loix. Ils en devinrent plus fiers & commirent toutes sortes de désordres jusqu'à Hircan & Aristobule, dont l'un embrassa la secte des Pharisiens, & l'autre celle des Saducéens.

Les Hérodiens, que Saint Epiphane compte parmi les sectes des Juifs, dont il est parlé dans l'Évangile, pensoient, suivant l'opinion la plus commune, qu'Hérode étoit le Messie. Quelques-uns croyent que les Hérodiens étoient simplement des gens de la maison d'Herode, & la version syriaque du nouveau Testament, où on lit, qu'un grand nombre de Juifs traitoient Hérode d'usurpateur, & s'opposoient fortement à sa domination, a fait imaginer à d'autres, que ceux qui étoient favorables à ce Roi des Juifs furent appellés Herodiens. S. Epiphane parle aussi d'une autre espéce de gens qui se baignoient tous les jours par religion, & qui, pour cette raison, furent nommés Hemero-Baptistes. Le même Saint fait encore mention d'une secte qu'il désigne par le nom de Nazaréens; mais il est certain que les Chrétiens furent ainsi appellés par les Juifs en mépris de Jesus-Christ, qu'ils disoient être né à Nazareth, & que ce ne fut qu'à Antioche, que les Fideles prirent le nom de Chrétiens.

Josephe, dans le second livre de la guerre des Juifs, place dans un rang au-dessus des autres la secte des Esseniens ou Esséens. On pourroit croire que le mot d'Esséen est le même que celui d'Hassidéen, qui en Hébreu signifie un Saint, & il y a beaucoup d'apparence que cette secte a tiré son

origine

origine de ceux qui se retirerent dans le désert avec Judas Machabée, pour observer la Loi avec plus de liberté. Josephe, dans le portrait qu'il en fait, dit qu'ils ne s'engagent point dans le mariage, & n'ont d'autres enfants que ceux qu'ils adoptent ; qu'ils méprisent les richesses, & ne font pas leur séjour dans les villes ; qu'ils ne changent de vêtement & de chaussure que lorsque la nécessité les y contraint ; qu'ils mettent leurs biens en commun avec leurs freres ; & ne s'appliquent point au commerce ; qu'ils secourent les pauvres, se baignent tous les jours dans l'eau froide, & sont extrêmement religieux ; qu'ils gardent un profond silence dans leurs repas, n'admettent parmi eux que ceux dont on a éprouvé la sobriété, & chassent de leur compagnie tout sujet tombé dans quelque faute considérable ; qu'ils ont du mépris pour la mort même la plus cruelle, parce qu'ils croyent que les ames des justes vont dans les Isles fortunées, & que celles des méchants sont enfermées dans des lieux souterrains. Josephe ajoute encore dans un autre endroit, que les Esseniens rapportent toutes choses à Dieu, qu'ils croyent l'immortalité de l'ame, qu'ils défendent de faire des présents au Temple, d'offrir des sacrifices avec le peuple, persuadés que leur maniere de vivre est plus pure que les sacrifices. Les Juifs en conséquence les traitoient d'Hérétiques & de Schismatiques. Pline fait aussi mention des Esseniens. C'est, dit-il, un peuple singulier & le plus admirable qu'il y ait dans l'Univers. Il ignore l'usage de l'argent & des plaisirs grossiers, n'admet point de femmes, & ne laisse point de se soutenir & de se multiplier par le nombre de ceux qui s'y joignent. Philon s'explique à peu près dans les mêmes termes touchant les Esseniens.

Josephe met au nombre des sectes Juives celle de Judas de Galilée, & s'exprime ainsi : Archelaüs ayant été envoyé en exil, la Judée fut réduite en Province par les Romains, & obligée de leur payer tribut. Judas, originaire de Gamala, ville de Gaulonite, exhorta le peuple à secouer le joug, disant que le tribut est une marque honteuse de servitude. Plusieurs prêterent l'oreille à ses discours, s'attacherent à lui & firent une secte particuliere. Ils se piquoient de sainteté & de justice, parce qu'ils ne reconnoissoient point d'autre Souverain que Dieu, & ils souffrirent toutes sortes de tourments, plutôt que de se soumettre à l'empire des hommes.

Les Docteurs Juifs prenoient autrefois la qualité de *Sopherin*, mot tiré de l'Hebreu *Saphar*, qui signifie compter, expliquer, & ce nom convenoit à toutes les personnes de lettres. Le Traducteur Grec du nouveau Testament l'a traduit par les mots de *Grammairiens* & de *Maîtres de la Loi* ; & l'Interprete latin, par ceux de *Scribes* & de *Sçavants dans la Loi*. Leur profession étoit d'expliquer l'Ecriture, de la lire dans les Synagogues, de conserver la pureté du texte, & de résoudre toutes les difficultés qui se présentoient, soit dans les Livres de Moyse, soit dans les Prophetes. Ils étoient chargés de garder les généalogies des Tribus, & surtout celle de la famille royale. Enfin, ils étoient les Interpretes des divers sens de la Loi, ou des diverses Loix ; car les Juifs distinguent celle que Moyse écrivit de sa propre main, de celle qu'il donna de vive voix, & qui reçue d'abord par Josué & les Anciens, passa d'eux aux Prophetes, & des Prophetes aux Scribes. Les Prêtres furent les premiers Scribes, & Dieu lui-même les chargea de cet

HISTOIRE DES JUIFS.

emploi ; mais dans la suite plus appliqués au gouvernement politique qu'à la Religion, ils laisserent à quelques Sçavants le soin d'étudier & d'expliquer l'Ecriture. Le nom de Rabin, dérivé du mot *Rab*, qui signifie Grand, Eminent, Docteur, fut substitué à celui de Scribe. Les Rabins s'estiment au-dessus de tous les hommes, sans excepter les Rois, par la raison, disent-ils, qu'un sage est difficilement remplacé à sa mort, & que le premier qui se présente peut succéder à un Roi. L'érudition des Rabins est toute renfermée dans l'étude du texte de la Bible, qu'ils appellent *Micra*, dans la connoissance des Traditions, qu'ils nomment *Mishnah*, & dans la recherche des allégories, auxquelles ils donnent le nom de *Midras*, tiré de l'Hebreu *Darasch*, qui signifie rechercher, fouiller. Les Juifs appellent *Agadiques* ceux de leurs Rabins qui entrent le plus avant dans le sens & dans les mysteres de l'Ecriture. Les Docteurs Rabins associoient ceux de leurs disciples qu'ils en jugeoient capables, en leur imposant les mains ; c'est-à-dire, que le Docteur en mettant la main sur la tête de son disciple, lui disoit : *Je vous impose les mains*. La qualité de Docteur ne dispensoit pas du travail manuel. Les deux Rabins Hillel, Schammai, qui vivoient vers le même temps que J. C. ont été les plus célebres que les Juifs ayent eus. Leurs disciples ont formé deux écoles différentes, qui ont eu ensemble de grands démêlés.

COUTUMES ET USAGES DES JUIFS, TANT ANCIENS QUE MODERNES.

Les Juifs ont coutume de circoncire leurs enfants huit jours après leur naissance. Les garçons seuls sont sujets à cette cérémonie, qui s'est toujours faite parmi les Juifs dans les maisons particulieres, sans qu'il y eût des personnes préposées pour la faire. On donnoit un nom aux garçons le jour de leur circoncision, & aux filles le huitieme jour après leur naissance. Le jour qu'on sévroit un enfant étoit un jour de réjouissance, & on faisoit un grand festin.

Les Juifs marioient les garçons à seize ou dix-sept ans au plus tard, coutume qu'ils observent encore aujourd'hui. Une fille sort rarement de la maison, & par rapport à cela se nomme *Alma*, qui signifie renfermée. Le mariage des Juifs se faisoit hors du Temple sans aucune cérémonie religieuse. Les fiançailles le précédoient toujours de plusieurs mois, & même quelquefois de plusieurs années. Le jour du mariage la fiancée étoit menée dans la maison de son époux par une troupe choisie des amis de ce dernier. Les Grecs nomment ceux qui accompagnent la fiancée, *Paranymphes*, & les Hébreux *Seheliachim*, mot qui veut dire Envoyé ou Apôtre. Le mariage se fait sous un dais soutenu par quatre jeunes gens ; ceux qui sont présents chantent & font des vœux pour la prospérité des nouveaux Mariés. L'époux donne une bague à son épouse, & on lit le contrat devant deux témoins, qui sont ordinairement des Rabins. Les filles pouvoient être mariées dans quelque Tribu que ce fût ; mais une héritiere étoit obligée d'épouser dans sa propre Tribu quelqu'un des parents de son pere. Les Lévites pouvoient s'allier à toutes les autres Tribus. La défense de se marier à ses parents n'empêchoit pas que quand un homme mouroit, son frere ne fût obligé d'époufer fa veuve, & les enfants qu'il en avoit portoient le nom & étoient héritiers du mort. Cela formoit une double généalogie, l'une naturelle, l'autre légale. Dans la premiere on mettoit les noms des peres, dans la seconde les noms de ceux dont on étoit héritier, & les Juifs étoient exacts à dresser ces généalogies. Chaque particulier pouvoit avoir plusieurs femmes ; le Souverain Sacrificateur étoit privé de cette liberté, il n'en devoit avoir qu'une & ne pouvoit épouser une veuve.

La loi des Juifs leur défend de porter des étoffes fabriquées de laine & de lin, de sorte qu'ils ne cousent pas même avec du fil leurs habits de laine. Ils attachoient autrefois des houpes couleur d'hyacinthe aux quatre coins de leur manteau, aujourd'hui qu'ils suivent la mode du pays où ils vivent, ils portent sur la chemise une piece d'étoffe quarrée, aux quatre bouts de laquelle il y a des houpes. Lorsqu'ils prient dans leurs Synagogues ils ont un grand morceau d'étoffe dont ils s'enveloppent le cou & les épaules. Cet habillement leur tient lieu de celui que Moyse leur avoit prescrit pour se distinguer des autres peuples, & ils le nomment *Thalet*. Ils s'attachoient encore au front & aux bras ce qu'ils appellent *Tephillim*, & les Grecs *Philacteres*, qui consistoient dans des parchemins où ils écrivoient des passages de l'Ecriture. Le mot *Tephillim* signifie prieres, & c'est particulierement dans le temps qu'ils prient, que les Juifs en font usage. Le mot *Philacteres* est Grec ; & les Juifs qui parloient cette langue ont ainsi nommé ces peaux & parchemins, parce qu'ils servoient à conserver la memoire des paroles de la Loi.

Les hommes dans les Synagogues se couvroient le visage pour prier, & se seroient fait un scrupule d'en agir autrement. Les femmes alloient voilées dans les rues ; mais comme elles étoient séparées des hommes dans les Synagogues, elles avoient alors le visage découvert. Les Juifs alloient pieds nuds avec des sandales semblables à celles des Capucins ; ce qui les obligeoit à se laver souvent les pieds, & à les oindre d'huile. Ces sandales étoient attachées aux jambes & aux cuisses avec des cordons que les domestiques étoient chargés de délier, quand ils vouloient se déchausser. Ils ne se font point la barbe avec un rasoir, & ne se coupent point les cheveux en rond. Leurs habits, qui descendoient jusqu'aux talons, étoient fort amples. De sorte qu'il falloit les relever & les resserrer avec une ceinture, lorsqu'ils alloient à la campagne, ou qu'ils vouloient travailler.

Parmi les Juifs, comme chez les Romains, les grandes maisons avoient des galeries couvertes. Les toits étoient plats, entourés d'un rebord crenelé à hauteur d'appui, & le dégré par lequel on y montoit étoit hors de la maison. A la place de vitres, dont ils n'avoient pas le secret, ils mettoient à leurs fenêtres des châssis ou des rideaux. Ils n'avoient pas non plus l'invention des cheminées, & faisoient du feu ou dans des lieux découverts, ou dans le milieu des chambres. Les Juifs maintenant laissent en quelque endroit de leur maison environ une coudée en quarré sans l'enduire de chaux, afin de remettre devant leurs yeux la destruction du Temple. On ne souffroit pas autrefois à Jerusalem que les poutres d'aucun étage débordassent dans la rue, de peur que ceux qui passeroient sous ces poutres ne fussent souillés sans le sçavoir, dans le cas qu'il y eût un mort exposé en une de ces chambres. Les Juifs observent diversement la loi qui ordonne d'écrire sur les portes les Commandements de Dieu. Les uns les tracent sur des cartouches qu'ils attachent sur toutes les portes ; les autres les enferment dans des boétes qu'ils mettent sur la porte, & les dévots en sortant portent la main à cet endroit, en disant : *Que le Seigneur favorise ma sortie & mon retour.* Quelques-uns percent l'étui où ces Commandements sont enfermés, & les arrangent de façon qu'on apperçoit par cette ouverture un des noms de Dieu. Le Rabin Maimonide remarque qu'il étoit défendu de donner aux maisons la forme du Temple, ni de rien avoir qui ressemblât à ce qui étoit dans le Temple. Ceux qui faisoient bâtir une Synagogue la devoient faire plus belle que leur maison. Ils achetent ordinairement leur batterie de cuisine toute neuve dans la crainte qu'elle n'ait servi à apprêter des viandes défendues par la Loi. Lorsque par hasard ils font acquisition de vaisselle qui ait appartenu à quelque Chrétien, ils brisent celle de terre ou de bois, & nettoyent avec grand soin celle de métal. Ils ont deux sortes de vaisselle, l'une pour apprêter & pour manger la viande, l'autre pour le laitage. Ils poussent le scrupule là-dessus jusqu'au point de ne pas couper du fromage avec le même couteau dont ils ont coupé la viande ; de peur d'enfreindre la Loi, qui dit : (1) *Vous ne ferez point cuire le chevreau dans le lait de sa mere.* Les Juifs mangeoient autrefois sur des lits qu'on dressoit, lorsque la saison le permettoit, sous des arbres ou sous des treilles. Les personnes réglées ne mangeoient que le soir, & ne se mettoient point à table qu'ils ne se fussent souvent lavé les mains ; ce qu'ils observent encore aujourd'hui. Au commencement du repas, le chef de famille prend un pain entier, le bénit, le rompt, en donne à chacun un morceau de la grosseur d'une olive, & fait une semblable bénédiction sur une coupe. Lorsqu'on fait le pain, on met à part un morceau de pâte, qui se réservoit autrefois pour le Prêtre, & qu'on jette maintenant au feu. Les Juifs ont soin de passer le vin avant que d'en boire ; parce qu'ils appréhendent d'avaler quelques moucherons, qui sont au rang des animaux immondes. Ils ne mangent point de viande suffoquée, & ne reçoivent à faire le métier de boucher que ceux dont on a éprouvé l'adresse à bien saigner les animaux qu'ils tuent.

Les Juifs prenoient le deuil pour différentes causes, & ces causes étoient, ou des calamités publiques, comme une mortalité, une stérilité générale, une incursion d'ennemis, ou quelques malheurs particuliers, comme la mort, une dangereuse maladie, ou la captivité d'un parent ou d'un ami, & l'accusation d'un crime. Ils marquoient leur deuil en déchirant leurs habits, en se battant la poitrine, mettant leurs mains sur la tête, se la découvrant, y jettant de la poussiere ou de la cendre à la place des parfums ordinaires, en se rasant la barbe & les cheveux. Tout le temps du deuil ils ne devoient ni s'oindre ni se laver, ils portoient des habits sales & déchirés, ou des sacs, c'est-à-dire, des habits étroits & sans plis. Ces habits se nommoient encore cilices, parce qu'ils étoient faits de gros camelots, ou de quelque étoffe semblable, rude & grossiere. Ils avoient la tête & les pieds nuds, & se couvroient le visage ; quelquefois ils s'enveloppoient d'un manteau pour ne point voir le jour & cacher leurs larmes. Le jeûne accompa-

(1) Exod. chap. 33.

gnoit toujours le deuil ; de sorte qu'ils ne mangeoient que le soir, ne prenoient que des nourritures communes, & ne buvoient que de l'eau. Ils demeuroient enfermés, assis à terre ou couchés sur la cendre, gardoient un profond silence qu'ils n'interrompoient que pour se plaindre ou chanter des cantiques lugubres. Le deuil pour un mort duroit ordinairement sept jours, quelquefois on le continuoit pendant un mois, quelquefois plus longtemps.

Les Juifs veilloient particulierement aux funerailles, & regardoient comme une malédiction terrible, que leurs corps, ou ceux des personnes qui leur étoient cheres, demeurassent exposés à être déchirés par les bêtes & par les oiseaux, ou à se corrompre à découvert & infecter les vivans. Les gens du commun étoient enterrés, & on embaumoit les personnes les plus considérables pour les mettre dans des sépulchres. La maniere d'embaumer chez les Hébreux ressembloit à celle des Egyptiens, c'est-à-dire, qu'ils entouroient le corps d'une grande quantité de drogues dessechantes. Ils mettoient ensuite le corps dans les sépulchres, qui étoient de petits caveaux, ou des cabinets taillés dans des roches avec un tel art que quelques-uns avoient des portes fermantes & tournant sur leurs gonds, taillées de la même piéce. Il y avoit au milieu de ces cabinets une table de pierre sur laquelle on posoit le corps.

Ceux qui suivoient le convoi étoient en deuil, & faisoient de grands cris. Il y avoit des femmes qui faisoient le métier de pleurer en ces occasions, & à leurs voix se joignoit le son des flutes dont les airs étoient lugubres. Enfin on composoit des cantiques pour servir comme d'oraison funebre aux personnes illustres qui étoient mortes malheureusement. Quoique les funerailles fussent un devoir de piété, on n'y observoit aucune cérémonie de religion, & ceux qui approchoient d'un corps mort devenoient impurs, & étoient obligés de se purifier. Par cette raison il étoit expressément défendu aux Prêtres d'assister aux funerailles, à moins que ce ne fussent celles de leurs proches. On offroit ensuite des sacrifices pour les morts, c'est-à-dire, pour la rémission de leurs péchés, & le baptême pour les morts, dont parle Saint Paul, étoit quelque cérémonie de se baigner & se purifier, qu'on croyoit leur être utile aussi-bien que les prieres.

LE TALMUD.

Le mot Talmud est Hébreu, signifie doctrine ou discipline, & vient de la racine *Lamad, discere*. Le livre des Juifs qu'on appelle Talmud passe pour renfermer toute leur doctrine, leur science, & tout ce qui est du droit divin & humain. Il est divisé en deux parties ; la premiere s'appelle *Misna*, & la seconde *Ghemara*. Cette derniere est une explication claire & étendue de ce qui est contenu dans la premiere partie. On donne le nom de Talmud à ces deux parties réunies, & même quelquefois à chacune séparément. Les Juifs disent, qu'un homme de bien doit partager son temps de façon qu'il puisse d'abord s'occuper à lire la Bible, ensuite la *Misna*, & en troisiéme lieu, s'attacher à bien comprendre la *Ghemara*. Les Juifs ont deux sortes de Talmud, le Jérosolimitain, & le Babylonien. Le premier a été composé par le Rabin Joannan ou Jocanan, Chef ou *Nasci* de l'école de la Palestine ; le second a pour auteur Assé, Chef ou Nasci de l'école de Babylone, & il est plus d'usage parmi les Juifs.

Ce Talmud Babylonien est rempli de fables & d'histoires ridicules, dont il n'est pas permis de douter. Ceux qui auroient la hardiesse de parler ou d'écrire contre, passeroient pour Infidéles, Hérétiques ou Apostats. Les Juifs sont obligés de révérer toutes les décisions renfermées dans ce Livre, comme si Moyse les avoit dictées lui-même, & ils doivent croire toutes les fables qui y sont contenues comme des révélations, sans oser les examiner. Cet ouvrage fut commencé par le Rabin Assé, (1) Chef de l'Université de Babylone. Il y travailla conjointement avec les Docteurs de cette même Université, & le Rabin Mar, son fils & son disciple, mit la derniere main à ce Livre qui étoit plus grand que dix Bibles.

Le Talmud Jerosolimitain est plus obscur, parce qu'il est plus abrégé. Il fut composé par les Docteurs des écoles que Zorobabel, Esdras & Néhémie instituerent à Jerusalem. Le Rabin Joannan ou Jocanan le publia sous son nom, & cet ouvrage est plus petit de la quatriéme partie que le Talmud Babylonien. Les Rabins commandoient aux gens simples, de dire à ceux qui les interrogeroient sur ces Livres. *Nous ne comprenons point ces choses, mais nos Rabins pourront vous répondre.*

CABALE DES JUIFS.

La Cabale étoit une doctrine merveilleuse, qui dévoiloit, à ce qu'on s'imaginoit, les secrets de la Religion, & même ceux de la Nature. On avoit la foiblesse de se flater qu'avec une telle science on pouvoit être affranchi des erreurs de l'humanité, être conduit dans des routes pleines de lumière, obtenir les biens surnaturels & les commodités de la vie, avoir commerce avec les Intelligences spirituelles ; être uni plus étroitement avec Dieu, posséder le don des Langues, l'esprit de prophétie, & le pouvoir de faire des prodiges. On ne s'adonnoit ordinairement qu'à quelques parties de cette prétendue science, & il n'y en avoit qu'un petit nombre qui suivissent l'étude de la cabale dans toute son étendue. L'un se livroit à des idées abstraites, & ne cherchoit que des connoissances purement spéculatives ; l'autre s'attachoit dans ses opérations à produire des effets sensibles ; l'un se flatoit de trouver dans les livres saints tous les secrets qu'il vouloit sçavoir ; l'autre enfin s'imaginoit lire dans les Astres l'histoire de l'Univers.

Pour parvenir à tant de sublimes connoissances, on n'employoit qu'une combinaison de lettres, de nombres, ou de quelques autres symboles. Les partisans de la Cabale soutenoient qu'elle étoit fondée sur la nature des choses,

---

(1) Genebrard Liv. II. de sa Chron. dit, que plusieurs captifs de Babylone ayant vû que leur Jeunesse ignoroit totalement la Langue Hébraïque, que leurs Anciens étoient morts, & que ceux qui étoient nés dans la captivité ne parloient plus que Chaldéen, craignirent que la Langue Hébraïque ne se perdit. Pour remédier à cet inconvénient, ils bâtirent la ville de Nerda, où ils établirent des Synagogues & des Académies, pour enseigner la Langue primordiale, & ce fut de ces Académies que sortit le Talmud Babylonien.

& sur la révélation divine ; parce que Dieu, disoient-ils, a établi différents dégrés d'analogie & de subordination entre lui & les Anges, entre les Anges & les Astres, & entre les Astres & les corps sublunaires ; que Dieu a imprimé les caracteres de ce rapport sur les lettres, sur les nombres & sur les symboles, & qu'il a révélé la maniere de consulter ces symboles, pour y trouver le rapport de tous les êtres réels. De ce principe naissent les opinions des Cabalistes sur les mots, sur les lettres, sur les nombres, sur la diversité des sens des livres sacrés, sur l'influence des Astres, sur le commerce des Esprits, & généralement sur toutes les prétendues vertus secrettes des êtres réels & symboliques.

Quelques-uns font la Cabale aussi ancienne que le Monde. Dieu, selon eux, la découvrit aux Anges, les Anges en instruisirent le premier homme & les patriarches, ceux-ci la communiquerent à leur Nation dans des écoles destinées à cet usage, & une tradition fidelle fit passer à la postérité ce précieux dépôt. D'autres prétendent qu'en même temps que Dieu donna la Loi à Moyse sur le mont Sinaï, il lui en révéla la véritable explication, & lui fit part des secrets & des mysteres cachés dans les paroles dont il se servoit. Il y avoit, en conséquence de ces systêmes, une double Loi ; l'une selon la lettre, & c'est celle que Moyse écrivit en faveur du peuple ; l'autre selon l'esprit, & c'est la Cabale, qui ne fut communiquée qu'aux soixante-dix Sages d'Israël, avec ordre de la transmettre de vive voix à leurs successeurs. Ces deux opinions différentes s'accordent à donner une origine céleste à la Cabale. Il est néanmoins évident que la Cabale ne porte point avec soi le caractere de la sagesse divine, & on ne sent que trop qu'elle est l'ouvrage des hommes. Principes faux ou incertains, maximes superstitieuses, interprétations arbitraires, allégories forcées, abus manifestes des livres saints, mysteres recherchés dans les évenements, dans les objets réels & dans les symboles, vertus attribuées à des jeux d'imagination sur les mots, sur les lettres & sur les nombres, attention à consulter les Astres, commerce prétendu avec les Esprits, récits fabuleux, histoires ridicules ; tout y respire l'imposture & la séduction, tout nous y avertit que cette doctrine ne vient pas du ciel.

Les Juifs prétendent faire remonter leur cabale à plusieurs milliers d'années, mais c'est une erreur qu'il est facile de dissiper. Les divers changements arrivés de l'aveu même des Juifs aux lettres de leur alphabeth suffisent pour renverser leur systême sur l'antiquité de la Cabale. Les opérations de cette science imaginaire roulent essentiellement sur un arrangement fixe, & sur une figure déterminée des lettres Hébraïques, sur la variété des traits droits ou courbes, horizontaux ou perpendiculaires, sur les couronnes, & sur les points dont les lettres sont accompagnées. Cette forme de caracteres régle l'explication des noms de Dieu & des Anges, celle des trente-deux voyes de la sagesse, & des cinquante portes de la justice, qui sont les fondements invariables de la Cabale. Il est cependant certain que ces caracteres ont été dérangés, qu'ils ont même totalement changé avec le temps ; par conséquent la Cabale qui est conforme aux lettres des derniers siècles, n'avoit pas lieu dans les siècles éloignés. Le livre *Jetzira* ou *de la formation*, que les Cabalistes attribuent au Patriarche Abraham, & où ils préten-

HISTOIRE DES JUIFS. dent qu'est renfermée en substance toute leur doctrine, est un ouvrage moderne, & d'ailleurs il n'est pas certain que ce soit un livre de Cabale.

Il commence par les trente-deux voyes, ou plutôt ne roule que sur elles. Les dix premieres voyes qui sont les *Sephiroth*, autrement *les dix Splendeurs*, y sont rapportées en si peu de mots, & d'une maniere si obscure qu'on ne sçauroit deviner de quoi il est parlé. On en fait l'application à une chose ou à plusieurs comme on le juge à propos. On y a trouvé jusqu'à dix noms de Dieu, dix perfections divines, dix Ordres d'Anges ou d'Esprits, dix Spheres célestes, les dix préceptes de la Loi, les dix Cathegories d'Aristote, le nombre de dix célébré par Pythagore, Apollon & les neuf Muses, &c. Les vingt-deux autres voyes sont expliquées plus au long & plus clairement, ce sont les vingt-deux lettres de l'alphabeth Hébreu. On les prend séparément pour autant de lettres initiales d'un grand nombre de mots différents. Elles servent aussi à distinguer plusieurs êtres naturels avec leurs propriétés, dont on fait des descriptions assez peu raisonnées. (1)

DESCRIPTION GÉOGRAPHIQUE
De la Terre des Hébreux ou Israelites, suivant la Carte de Sanson.

De la Judée en générale. LA Judée est bornée au Nord par la Phénicie & le Mont Liban, qui la sépare de la Syrie ; à l'Orient par les Monts Hermon, Sanir & Galaad, & par l'Arabie déserte ; au Midi par le Mont Seïr, & l'Idumée ou l'Arabie Petrée, & à l'Occident par la Méditerranée. Le nom de Judée qui fut donné à ce pays, vient de ce qu'après le retour de la captivité le plus grand nombre des Juifs qui retournerent dans leur pays, étoit de la Tribu de Juda. On croit que le nom de Palestine qui lui fut donné dans la suite, tire son origine des Palestins ou Philistins, avec lesquels les Grecs & les Romains firent commerce.

Le Jourdain est proprement l'unique riviere de la Judée. Il a deux sources, l'une au Nord de la ville de Dan, qu'on appelle la caverne de Panion, & l'autre, qui est sa vraie source, & au Nord de la demi-Tribu de Manassé, dans une fontaine nommée Phiala. Il coule du Nord au Sud, traverse le lac de Génézareth ou de Galilée, & se jette dans la Mer morte.

Des trois Tribus du Jourdain. Dans la Tribu de Ruben, les principales villes sont : *Madian*, ville royale au Midi : *Cariathaïm*, près le torrent d'Arnon : *Mephaat*, ville Lévitique sur le même torrent : *Bosor*, ville de réfuge & Lévitique, à l'Occident de Medaba : *Hesebon*, au Nord de Bosor, ville royale & Lévitique ; Sehon Roi des Amorrhéens, y demeuroit ; *Macherus*, au Sud-Ouest de la Tribu de Ruben, Château très fort, dans lequel la Reine Alexandra mit ce qu'elle avoit de plus précieux, & qui servit de retraite à Aristobule, qui y fut

---
(1) Voyez sur ce sujet la Dissertation de M. de la Nauze, dont ceci est tiré, Mémoires de l'Académie des Belles Lettres, T. IX. pag. 37. & suiv.

pris

pris par Gabinius, & envoyé à Rome. L'Hiſtorien Joſephe aſſure qu'Herode Antipas y fit renfermer ſaint Jean-Baptiſte. Près de ce Château étoit *Callirhoé*, lieu fameux pour ſes eaux chaudes, auxquelles Herode le grand eut recours. M. Robert l'appelle auſſi *Laſſa*, d'après Adrichonius ; Sanſon néanmoins, dans ſon *Index* Géographique, eſt d'un ſentiment différent. *Aſedoth Phaſga*, près le mont Phaſga, dans le milieu de la Tribu de Ruben. *Bethphogor*, près le mont Phogor au Nord de la précédente : ſon nom vient du Temple Phogor, Dieu des Amorrhéens. *Jaſa*, Lévitique, au Nord-Eſt de Bethphogor : ce fut près de cette ville que Sehon fut défait par Moyſe. *Bethabara*, au Nord-Oueſt de Bethphogor, près du Jourdain. On croit que c'eſt en cet endroit que les Iſraelites paſſerent le Jourdain : ſon nom ſignifie en effet, *Maiſon du paſſage*. C'eſt-là auſſi où ſaint Jean baptiſoit. Elle eſt nommée *Bethanie* dans la Vulgate.

Dans la Tribu de Gad. *Jaſer*, Lévitique, près le Lac de Jaſer. *Dabir*, près du Jourdain. *Betharan*, ou *Juliade*, au Nord de Dabir. Elle fut fortifiée par Herode Antipas, qui la nomma *Juliade* en l'honneur de Julie, femme de l'Empereur Tibere. *Beth-Nemra*, ſur le Jourdain, au Nord de Betharan. *Maſpha* ; vers le Nord : auprès de cette ville Jephté défit les Madianites, & remit le peuple d'Iſrael en liberté. *Thebe*, patrie d'Elie à l'Orient de Betharan. *Socoth*, le long du Jourdain, nommée ainſi par Jacob, parce qu'il y dreſſa ſes tentes à ſon retour de Méſopotamie. *Ramoth-Galaad*, ville Lévitique & de Refuge, au Nord-Eſt de la Tribu de Gad, célebre par la mort d'Achab, Roi d'Iſrael, qui y fut tué, ſelon la prédiction du Prophete Michée. Joram fils d'Achab y fut auſſi bleſſé dans la guerre qu'il fit à Haſael, Roi de Syrie. *Rabba*, ou *Philadelphie*, au Nord-Eſt de la précédente. Elle a été pendant un temps la Capitale des Ammonites. Elle fut priſe par David, après avoir été long-temps aſſiégée par Joab Général de ſes armées. On y gardoit le lit de fer d'Og Roi de Baſan, qui prouvoit quelle étoit ſa taille gigantesque. *Mahanaïm*, Lévitique, au Nord-Oueſt, ſur le torrent de Jaboc. Jacob lui donna ce nom, qui ſignifie *Camp de Dieu*, parce qu'il y rencontra une troupe d'Anges, comme il revenoit de Méſopotamie. *Phanuel*, plus au Midi : ce fut où Jacob lutta contre un Ange, qui le bénit enſuite, & lui donna le nom d'*Iſrael*, (fort contre Dieu.) Près de cette ville étoit la forêt d'Ephraïm, ou Abſalon révolté contre ſon pere David, fut défait & tué.

Dans la demi-Tribu de Manaſſé. *Gadara*, ville forte au Midi, & près laquelle il y avoit des bains d'eau chaude. Joſephe la nomme la Capitale de la *Perée*, c'eſt-à-dire, du *pays au-delà du Jourdain*. *Jabès-Galaad*, au Midi. Cette ville eſt célébre dans l'Ecriture, parce que ſes habitants ne s'étant pas trouvés avec les autres Iſraelites pour punir le crime des Benjamites envers la femme du Lévite, ils furent mis à mort, & on ne réſerva que les filles. Ils témoignerent longtemps après leur reconnoiſſance envers Saül, qui les avoit délivrés du ſiége des Ammonites, en détachant ſon corps des murs de *Bethſan*, où il avoit été ſuſpendu par les Philiſtins. *Pella*, à l'Orient de Jabès-Galaad. Cette petite ville eſt remarquable pour avoir été la retraite des Juifs devenus Chrétiens, lors du dernier ſiége de Jeruſalem par Titus, qui fut ſuivi de la deſtruction de cette ville. Joſephe la donne comme ſervant de bornes, du côté du Nord, à la Perée, qui eſt le pays au-delà du Jourdain. *Gaulon*, ville de Refuge & Lévitique, au Nord de Pella. *Aſtaroth* ou *Baſan*, *Baeſtra* & *Carnaim*, au Nord de Gaulon, royale & Lévitique : c'étoit la réſidence du Roi Og, Amorrhéen, qui étoit un Geant, que les Iſraelites défirent, & qu'ils dépouillerent de ſes Etats. *Geſſur*, au Nord de cette Tribu. C'eſt dans cette ville qu'Abſalom, fils de David, ſe réfugia vers Tholmaï, ſon ayeul maternel, qui en étoit Roi ; & il y demeura trois ans, parce qu'il avoit tué ſon frere Amon. *Machati*, au Sud-Eſt de Geſſur. *Auram*, au Nord-Oueſt de Machati, Capitale d'une contrée nommée *Auranite*. Joſephe joint toujours l'Auranite à la Batanée, & à la Traconite. Auguſte donna d'abord ces pays à Herode, & enſuite à ſon fils Philippe. *Geraſa*, au Sud-Oueſt de cette Tribu. C'eſt dans le pays des Geraſeniens, auquel elle donnoit ſon nom, que J. C. chaſſa une légion de démons du corps d'un poſſédé. *Capharnaum*, dont il eſt ſouvent parlé dans l'Evangile, le long du Jourdain, ainſi que *Bethſaïde* ou *Juliade*, patrie des Apôtres ſaint Pierre & ſaint André. Elle fut augmentée par Philippe le Tetrarque, qui l'appella Juliade, du nom de Julie, fille d'Auguſte.

<small>Des ſix Tribus en deçà du Jourdain, du Sud au Nord.</small> La Tribu de Juda a pour principales villes : *Eder* ou *Hered*, au Sud, royale, près du Déſert de Sin ou de Judée. *Holon*, Lévitique, au Nord d'Eder. *Cariath-Sepher* ou *Dabir*, royale & Lévitique, au Nord d'Holon. Son premier nom ſignifie la ville des Lettres, & c'étoit comme l'Academie des Chananéens. Elle fut priſe ſur eux par Othoniel, frere de Caleb, qui lui donna en récompenſe ſa fille Axa en mariage. *Jeta* ou *Juta*, Lévitique, près du Déſert de Ziph, à l'Occident de la Mer-Morte. C'eſt dans ce Déſert que David ſe cacha pour éviter la colere de Saül, qui ne laiſſa pas que de l'y pourſuivre, à la ſollicitation des Ziphéens. Au Nord de ce Déſert eſt la *vallée de bénédiction*, ainſi nommée, à cauſe de la victoire miraculeuſe remportée par Joſaphat ſur les Ammonites, les Moabites & les Iduméens, qui s'y tuerent les uns les autres, en ſorte qu'il n'en reſta pas un ſeul. *Carmel*. Cette ville eſt remarquable à cauſe de la montagne de même nom, qu'il ne faut pas confondre avec un autre Mont Carmel, qui ſe trouve dans la Tribu d'Iſſachar, & où Elie ſe retiroit. Le Mont Carmel de Juda eſt célèbre dans l'Ecriture par l'Arc de triomphe que Saül s'y fit ériger après ſa victoire ſur les Amalecites ; & par la demeure de Nabal, homme très-riche, mais ſi dur, qu'il refuſa d'aſſiſter David à qui il avoit obligation, & qui étoit dans un preſſant beſoin. Après la mort de Nabal, David épouſa ſa femme Abigail. *Maon*, dans le Déſert de même nom, où David ſe retira pour ſe mettre à couvert de la fureur de Saül. *Aſaſon-Thamar* ou *Engaddi*, près de la Mer-Morte, dans la Vallée des Salines. A l'Occident de cette ville eſt la caverne où Saül ſe retira, & ou David, qui y étoit caché avec ſes gens, épargna ſa vie, & l'appaiſa par ſes humbles remontrances. Le premier Livre des Rois, chapitre 24. la place dans le déſert d'Engaddi. Au Sud de cette ville étoient les villes criminelles de *Sodome* & de *Gomorrhe*, ſur leſquelles Dieu fit deſcendre une pluye de ſouffre du temps d'Abraham, & qui furent rétablies fort longtemps après. *Cariath-Arbé* ou *Hebron*, ville royale de refuge & Lévitique, dans les montagnes de la Tribu de Juda. On croit que cette ville étoit la demeure de Zacharie, pere de

saint Jean-Baptiste, & d'Elisabeth, qui fut visitée par la Sainte Vierge. C'est dans cette ville, la principale de la Tribu de Juda, que regna David pendant sept ans, avant que d'être reconnu Roi par tous les Israelites. Son nom de *Cariath-Arbé*, qui signifie la ville des quatre, vient selon Bochart, de ce qu'on y enterra Enac & ses trois enfants, dont les espions, envoyés par Josué, rapporterent des choses merveilleuses. *Hebron* est la plus célebre des villes données aux Prêtres descendants d'Aaron. Les huit autres de la Tribu de Juda sont : *Holon*, *Dabir*, *Ain*, *Lobna*, *Jether*, *Estemo*, *Jata* & *Bethsames*. Pour les quatre autres, elles sont dans la Tribu de Benjamin, & ce sont *Gabaon*, *Gabaa*, *Anathot* & *Almon*. Voyez Josué chap. 21. Tout près de cette ville est la caverne double où furent enterrés Sara & Abraham, Isaac & Rebecca, Jacob & Lia. Elle est encore visitée avec respect par les Juifs, les Mahométans & les Chrétiens. Près d'Hebron étoit la vallée de *Mambré*, où demeurerent longtemps les Patriarches Abraham, Isaac & Jacob. *Jether*, Lévitique, au Sud-Ouest de la Tribu de Juda, & au Midi, de celle de Siméon. *Jerimoth*, *Odulham* ou *Socho*, royales près la Tribu de Dan. *Eglon*, *Lachis*, royales vers le milieu. *Bethléem*, appellée d'abord *Ephrata*, au Nord de Lachis. Cette petite ville est célébre par la naissance de David, & par celle de Jesus-Christ. Près de là étoit le sépulchre de Rachel, au Nord, & à l'Orient la Tour du Troupeau où les Anges annoncerent aux Bergers la naissance du Sauveur. *Gedera*, ville royale, vers la Tribu de Dan, au Nord-Ouest d'Eglon. *Lobna* ou *Lobné*, ville royale & Lévitique au Nord-Ouest de Gedera. *Maceda*, ville royale à l'Orient de la Tribu de Dan, & au Nord de Lobna. Elle est remarquable par la caverne qui en étoit proche, & où se cacherent cinq Rois Chananéens qui furent pris & mis à mort par Josué. Le pays des Philistins, qui étoit sur le bord de la Mer Méditerranée, a fait partie en différents temps de la Tribu de *Juda*; à laquelle il avoit été assigné; (Josué, chap. 15.) mais les péchés des Israelites furent cause que ces peuples les affligerent beaucoup.

La Tribu de Benjamin a d'Orient en Occident: *Jericho*, ville royale, fameuse par son baume. Ses murs furent miraculeusement renversés lorsque les Israelites entrerent dans le pays de Chanaan. Elle fut rebâtie par Hiel, qui perdit son premier & son dernier fils en la bâtissant, selon la prédiction de Josué. Liv. 3. Rois. chap. 26. Près de Jericho, vers le Nord-Ouest, se trouve la montagne où le Diable tenta Jesus-Christ, en lui faisant voir tous les pays du Monde. Au Sud de cette ville est la montagne de la Quarantaine, où Jesus-Christ jeûna quarante jours, & fut ensuite tenté par le Démon. *Ophera*, royale, au Sud-Ouest de Jericho. *Almon* ou *Almath*, Lévitique près de Jericho. *Galgala* au Nord-Est d'Almon. Josué y circoncit le peuple avant que d'entrer dans la terre promise. C'est près de là que les trois Tribus, dont le partage avoit été assigné au-delà du Jourdain, bâtirent un Autel qu'elles appellerent l'Autel du *Témoignage*, pour marquer leur droit aux sacrifices offerts à Dieu dans le Tabernacle. *Haï*, ville royale au Nord-Ouest de la précédente. *Bethel*, appellée d'abord *Lusa*, à l'Ouest de Haï. Jacob lui donna le nom de Bethel, qui signifie la Maison de Dieu, à cause de la vision de l'échelle mystérieuse qu'il eut en cet endroit, en allant en Mésopotamie. *Anathot* ou *Nobé*, Lévitique, au Sud-

Ouest de Béthel, célèbre par le massacre que fit Saül de quatre-vingts de ses Prêtres, & par sa ruine par Doëg. C'est aussi la patrie du Prophete Jérémie. *Gabaa*, au Nord-Est de la précédente, Lévitique. Jerusalem au Sud-Ouest de Gabaa, ville royale & capitale de la Judée, depuis David. Elle se nommoit d'abord *Salem*, & elle eut pour Roi Melchisedech, Prêtre du Très-Haut. Elle s'appella ensuite *Jebus*, & elle demeura entre les mains des Jebuséens jusqu'au temps de David. Elle étoit tellement sur les confins de la Tribu de Juda, qu'une partie de cette ville en dépendoit. *Gabaon*, au Nord de Jerusalem, capitale des Gabaonites, qui surprirent Josué ; ce fut une ville Lévitique. *Bethoron la basse* au Nord-Ouest de Gabaon. C'est-là où Dieu fit pleuvoir des pierres sur les Rois que Josué poursuivoit, & qui étoient venus assiéger Gabaon. Judas Machabée y tua Seron Chef de l'armée de Syrie. *Masphat*, à l'extrêmité occidentale de la Tribu de Benjamin, célèbre par les Assemblées du peuple que Samuel y tint plusieurs fois, entre autres pour l'élection de Saül, premier Roi des Hébreux, & où Samuel jugeoit les affaires du peuple.

La Tribu d'Ephraïm a d'Orient en Occident : *Taphua*, ville royale, près du Jourdain. *Gibsaïm* ou *Gibsam* & *Jecmaan*, Lévitique, dans le milieu. *Sichem*, au Nord de Gibsaïm, ville de refuge & Levitique. Abraham & Jacob y ont demeuré. Elle fut détruite par Abimelech, fils de Gedéon, & rebâtie par Jeroboam I. Roi des dix Tribus ou d'Israel. Elle est fameuse par le veau d'or qu'y mit ce même Jeroboam, & par la malédiction que prononça Elisée contre quarante enfants qui l'avoient insulté, & qui furent dévorés par des Ours, en punition du mépris injurieux qu'ils avoient fait de ce Prophete. C'est aussi près de cette ville, qui étoit alors appellée *Sichar*, que J. C. eut avec une Samaritaine un entretien rapporté dans le chapitre 4. de l'Evangile de Saint Jean. Cette ville se nomme aujourd'hui *Naplosa* ou *Naplouse*. *Samarie*, au Nord de Sichem, bâti par Amri, Roi d'Israel, & appellée Samarie du nom de Semer, à qui appartenoit la montagne où elle étoit située, & qu'Amri acheta deux talents d'argent. 3. Liv. des Rois, chap. 16. Elle fut depuis ce temps la Capitale du Royaume d'Israel, ou des dix Tribus. Herode ayant rebâti cette ville qui avoit été ruinée, lui donna le nom de Sebaste en l'honneur d'Auguste ; car *Sebastes* en Grec est la même chose qu'*Augustus* en Latin. Au Midi de Samarie sont les monts Garisim & Hebal, & au Nord-Ouest de ces montagnes étoit le Temple de Baal sur la montagne de Dan. *Machmas*, au Midi sur les confins de la Tribu de Benjamin. C'est dans cette ville que les Philistins avoient mis une garnison pour attaquer les Israelites, & ils y furent vaincus d'abord par Jonathas, & ensuite par Saül. *Najoth*, au Nord-Ouest de Machmas. Samuel & David s'y retirerent pour fuir la colere de Saül. *Silo*, au Nord-Est de Najoth. Le Tabernacle y resta longtemps, y ayant été mis par Josué. *Tamnatsaré*, à l'Ouest de Machmas. Cette ville est célèbre par la sépulture de Josué. *Gazer*, ville royale & Lévitique sur le torrent de Gaas, à l'Ouest de Tamnatsaré. Salomon ayant épousé la fille du Roi d'Egypte, ce Roi prit cette ville sur les Chananéens qu'il fit passer au fil de l'épée, & en donna le territoire pour dot à sa fille, après l'avoir brûlée, mais Salomon la rétablit. Elle fut fortifiée longtemps après par Jonathas Machabée, &.

Simon son frere paroît y avoir habité après avoir augmenté ses fortifications. Ce fut dans cette ville que Jean son fils apprit qu'il avoit été tué en trahison. *Lydda*, sur le même torrent, célebre par la guérison d'un paralytique nommé Enée, par saint Pierre. *Sarona*, royale, au Nord-Est de Lydda. *Bethoron la haute*, Lévitique, au Nord-Ouest de Sarona.

La demi Tribu de Manassé a d'Orient en Occiden : *Betbera*, sur le Jourdain, où Gedéon fit camper les Ephraïmites pour prévenir les Madianites. *Ennon*, près du Jourdain, ainsi que *Salem*. Saint Jean baptisoit près de ces villes, parce qu'il y avoit beaucoup d'eau. *Bethsan* ou *Scythopolis*, près du Jourdain. On croit que son nom vient de ce qu'elle a été habitée par des Scythes. Ce fut à ses murs que les Philistins attacherent le corps de Saül. *Bethseca* ou *Besec* au Sud-Ouest de Bethsan, ville royale. *Abel-Mehula* au midi de Bethseca, patrie d'Elisée. *Alexandrion*, à l'Occident de la précédente, Château très-fort, bâti sur une montagne par Alexandre, Roi de Judée, & dans lequel Aristobule son fils, & Alexandre, fils d'Aristobule, se retirerent. Le Roi Herode répara ce Château, ainsi que ceux de Macheron dans la Tribu de Ruben & d'*Hyrcanium*, au Midi de Juda ; & vers les montagnes d'Arabie, selon Josephe. *Thersa*, royale, à l'Ouest d'Alexandrion. Elle a été la résidence & le lieu de la sépulture des premiers Rois d'Israel. *Getremmon* ou *Balaam* & *Jeblaam* Lévitique, dans le milieu. *Galgal*, royale, à l'Occident de cette Tribu. *Mageddo*, au Sud-Est de Galgal, royale & Levitique. C'est près de cette ville que le pieux Roi Josias fut tué par Necao, Roi d'Egypte. *Thanac-Aner* au Nord-est de Mageddo, royale & Levitique. *Dor*, royale, à l'extrémité occidentale. Elle fut assiégée par Antiochus, fils de Démétrius, Roi de Syrie, avec une armée de cent vingt mille hommes, pour prendre Tryphon son Compétiteur qui se sauva. *Césarée*, port sur la Méditerranée. Elle a été appellée *Tour de Straton* & *Drusus*, du nom du fils de la femme de Cesar ; son nom de Cesarée lui a été donné par Herode, qui l'augmenta considérablement en l'honneur de Cesar Auguste. *Capharsalama*, *Apollonie* ou *Antipatride*, sur la même Mer. Elle a été rebâtie par Herode, qui lui donna le nom d'Antipatride, en mémoire de son pere Antipater.

La Tribu d'Issachar contient, d'Orient en Occident : *Cesion* ou *Cedes*, Levitique. *Rameth* ou *Jerimoth*, Lévitique, au Sud-Ouest de Cesion. Au Nord de Rameth sont les montagnes de *Gelboé*, fameuses par la mort de Saül & de Jonathas, avec ses autres fils, qui y furent tués par les Philistins. *Engannim*, Lévitique, au Nord-Ouest de Rameth. *Dabereth*, Lévitique, au Nord-Est de la précédente près le Torrent de Cison. *Jesrahel*, au Sud-Ouest de Dabereth, fameuse par la vigne de Naboth, & par la mort de Joram, fils d'Achab, & de l'impie Jezabel sa mere. C'étoit une ville royale des Chananéens. *Aphec*, au Nord de Jesrahel, royale, désignée à Joas, Roi d'Israel, comme le lieu où Elisée lui prédit qu'il devoit battre trois fois les Syriens. *Naïm*, au Nord d'Aphec, près de laquelle Jésus-Christ ressuscita le fils unique d'une veuve. *Betsemes*, à l'Ouest de Naïm. Il ne faut pas la confondre avec une autre Betsemes, qui étoit sur les confins du pays des Philistins, & de la Tribu de Dan. *Sunam*, au Nord-Ouest de Betsemes, célebre par cette femme qui fut l'hôtesse d'Elisée, dont il ressuscita le fils,

HISTOIRE DES JUIFS.

qui étoit né miraculeusement. A l'extrémité occidentale, on trouve le Mont Carmel, où se retiroit Elie.

La Tribu de Zabulon a d'Orient en Occident ; *Genesareth*, *Cineret* ou *Tiberiade*, sur le bord de la mer de Galilée. Cette ville ayant été rebâtie par Herode le Tetrarque, fut nommée Tiberiade en l'honneur de l'Empereur Tibere. *Geth-Epher* ou *Jotapata*, au Nord-Est de Genesareth. C'étoit la patrie du Prophete Jonas. Elle fut ensuite célebre par la vigoureuse défense de Josephé l'Historien, qui y commandoit dans la guerre contre les Romains, qui le firent prisonnier. *Dothaim*, au Nord de Geth-Epher. Le Patriarche Joseph y trouva ses freres, qui le vendirent à des Marchands qui le menerent en Egypte. *Remnon-Amtar* ou *Damna*, Lévitique, au Nord-Est de la précédente. *Bethléem* ou *Bethulie*, au Sud-Ouest de la précédente. Entre les deux étoit la Citerne de Joseph. C'est cette ville, selon Santon, qui est célebre par le siége qu'y mit Holopherne à qui Judith coupa la tête. Dom Calmet place Bethulie dans la Tribu de Siméon d'où étoit Judith. *Semeron*, royale dans le milieu. *Nahalol* ou *Cathet*, Lévitique, au Nord de Semeron. *Cheseleth-Thabor* ou *Carthan*, Lévitique, au Sud de Semeron. On trouve vers les frontieres d'Issachar, au Sud-Ouest de la Tribu de Zabulon, le Mont *Thabor*. C'est-là que Debora ordonna à Balac de combattre Sisara, & où J. C. fut transfiguré. *Nazareth*, au Nord-Ouest du Thabor, célebre par la demeure de J. C. jusqu'à l'âge de trente ans. *Sarid*, près le Torrent de Cison, au Nord-Ouest de Nazareth. *Sephoris*, au Nord-Est de Nazareth, selon Santon. C'étoit la capitale & la résidence d'Herode Antipas Tetrarque de Galilée. *Jechonam*, royale & Lévitique, au Nord-Est de Sarid, & sur le bord de la Tribu d'Aser. *Cana*, au Sud-Est de Jechonam, célebre par le miracle du changement de l'eau en vin par Jesus-Christ.

La Tribu de Nephthali, au Nord-Est de la Judée, renferme du Sud au Nord : *Corosaïm*, sur le bord de la Mer de Galilée. C'est une des villes impénitentes contre lesquelles J. C. a prononcé des malédictions. Au Nord de cette ville est la montagne où J. C. se retiroit pour prier, & où il choisit ses Apôtres. *Cariatharim* ou *Cartan*, Lévitique, près de Corosaïm. *Abelmaacha* ou *Abelmaïm* & *Abela*, au Nord-Est de Cariathaïm, fameuse par la retraite de Seba, révolté contre David, & qui y eut la tête coupée à la persuasion d'une femme très-sage, qui étouffa par-là les suites d'une guerre civile, dans laquelle dix Tribus avoient été entraînées contre leur Roi légitime. A l'Orient de cette ville, & près du Lac Merom est la *Fontaine de Daphné*. *Arama-Asor*, royale vers la Tribu d'Aser. *Hamon* ou *Amoth-Dor*, Lévitique, au Sud d'Arama. *Cedes*, ville royale, de Refuge & Lévitique, vers le milieu. C'étoit la patrie de Barac, qui défit Sisara, Général de Jabin, Roi des Chananéens. *Hasoreth des Gentils*, sur le Jourdain, demeure de Sisara. *Helon*, sur le même Fleuve, ainsi que *Dan* ou *Lais* & *Panias*, appellée aussi *Cesarée de Philippe*, du nom de Philippe Tetrarque de l'Iturée, qui l'agrandit & l'appella Cesarée en l'honneur de Cesar Auguste.

Des trois Tribus vers la Méditerranée. La Tribu de Siméon. *Bersabée* ou *Basiothie*, vers le Torrent d'Egypte ou de Besor. C'est depuis ce lieu jusqu'à Dan ou Laïs, que l'Ecriture marque l'étendue de la Judée. Cette ville est célebre par la demeure qu'ont faite dans son voisinage, Abraham, Isaac & Jacob. *Harma* ou *Horma*, royale, au Midi. Judas Machabée, avec son frere Simon, y défirent les Gentils, & l'appellerent *Horma*, c'est-à-dire, *Anathême*. *Cesil* ou *Bethuel*, au Sud-Ouest d'Horma : c'est, selon Dom Calmet, la fameuse *Bethulie*, où Judith tua Holopherne, Général des Assyriens. *Siceleg*, au Nord-Ouest d'Horma, fameuse parce qu'elle fut donnée à David par Achis, Roi des Philistins. Elle fut brûlée par les Amalécites en l'absence de David, & ils enleverent les femmes & les enfants ; mais David les ayant poursuivis, reprit sur eux tout ce qu'ils avoient enlevé, & fit un grand butin. *Mademena* ou *Beth-Marcaboth*, au Nord-Ouest de Siceleg. *Sensenna* ou *Haser-Susa*, & *Hasar-Susim*, au Nord-Est de Mademena. *Lebaoth* ou *Beth-Lebaoth*, & *Bethbera*, au Sud-Est de la précédente. *Ain* ou *Aen*, Lévitique, près de la Tribu de Juda. *Asan*, Lévitique, au Sud-Est de Ain. Il faut remarquer que cette Tribu eut son partage dans le territoire qui avoit d'abord été assigné à la Tribu de Juda, & qui étoit trop grand pour elle.

La Tribu de *Dan* contient, du Sud au Nord : *Ajalon*, Lévitique, au Sud-Est. *Modin*, au Nord-Est d'Ajalon, patrie de Matathias & de ses enfants nommés Machabées : ce fut aussi le lieu de leur sépulture. Simon y éleva un Mausolée de marbre blanc, d'une hauteur prodigieuse. *Gabbaton* ou *Gibbeton*, Lévitique, au Nord-Ouest de Modin. *Helteco*, dans le milieu. *Saraa*, patrie de Samson, au Midi, près du Torrent de Sorec. *Estaol*, au Sud-Est de Saraa. *Hirsemes*, ou la ville du Soleil, au Nord d'Estaol. *Thamna* ou *Temna*, *Thamnata*, au Nord-Est d'Hirsemes. C'est près de cette ville que Samson, allant pour épouser une femme du pays des Philistins, rencontra un Lion qu'il mit en piéces, & dans la gueule duquel il trouva un rayon de miel ; ce qui lui donna occasion de proposer une énigme. *Getremnon*, Lévitique, au Nord de la Tribu de Dan. *Joppé*, Port sur la Méditerranée, tout au Nord : Saint Pierre y ressuscita Thabité. *Bethsemes*, Lévitique. Samson l'a mise entre Accaron & Geth, dans le pays des Philistins, qui en ont été les maîtres pendant un temps. Cette ville est célebre par la mort de cinquante mille hommes de ses habitants, à cause de leur curiosité par rapport à l'Arche, lorsque les Philistins la renvoyerent après l'avoir prise.

La Tribu d'*Aser* est au Nord-Ouest de la Judée, & a du Sud au Nord : *Messal*, Lévitique, près la Méditerranée. *Acco* ou *Ptolemaïde*, royale, nommée Ptolemaïde, parce qu'elle fut agrandie par Ptolemée I. Roi d'Egypte. On la nomme aujourd'hui Acre. *Cades* ou *Cedessa*, royale, dans le milieu. *Abran* ou *Abdon*, & *Madon*, royale & Lévitique, sur les confins de Nephthali. *Rohob* & *Helcath*, Lévitique, au Nord. C'est à Rohob qu'allerent les douze hommes envoyés par Moyse, pour examiner la terre promise. La côte des *Sidoniens*, où sont les villes de Tyr, Sarepta & Sidon, avoit été assignée aux enfants d'Aser, par Josué ; mais leur lâcheté & leur désobéissance firent qu'elle resta indépendante. C'est ce qu'on appelle autrement le pays des Phéniciens.

Fin de l'Histoire des Juifs.

CHAPITRE II.

EMPIRE DES ASSYRIENS DE NINIVE.

AVANT-PROPOS. L'Epoque de la fondation de l'Empire de Ninive, & le temps de sa durée, sont des points qui ont toujours embarrassé les Ecrivains modernes. Les contradictions réelles ou apparentes des Auteurs anciens ont occasionné ces difficultés, & ont fait imaginer des systèmes, qui, loin d'éclaircir les faits, en ont encore augmenté les ténebres. M. Freret (1) en comparant les Historiens, les uns avec les autres, est venu à bout de mettre au jour tous les points difficiles de cette Histoire. Un passage d'Æmilius-Sura rapporté par Velleius Paterculus, lui a fourni les moyens de fixer la Chronologie de l'Empire de Ninive, & de concilier les calculs qui avoient paru jusqu'alors les plus opposés. Il est dit dans ce passage d'Æmilius « que » les Assyriens furent d'abord les maîtres de la Terre ; que leur puissance » passa ensuite aux Medes, de ceux-ci aux Perses, & enfin aux Macedo-» niens, d'où étoient sortis deux Rois, Philippe & Antiochus ; que ces » Princes ayant été vaincus peu de temps après la ruine de Carthage, la » plus grande partie des Provinces qu'ils avoient occupées, étoit tombée » sous la domination Romaine ; que depuis le commencement du regne de » Ninus jusqu'à ce temps, il s'étoit écoulé 1905 ans. » (2)

La Syrie soumise à la Maison des Seleucides avoit été désolée pendant longtemps, & les Syriens, las de tant de désordres causés par la dissension des Princes de cette Maison, avoient reconnu Tigrane pour leur Souverain. Lucullus chargé de faire la guerre à Mithridate & à Tigrane, chassa ce dernier de la Syrie, où il établit Antiochus l'Asiatique. C'est de ce Prince dont Æmilius fait mention. Pompée qui avoit succédé à Lucullus dans le commandement des armées Romaines, chassa Antiochus de la Syrie, s'empara de cette Province, & continua avec succès la guerre contre Mithridate. L'année de ces grands événements tombe à celle du Consulat de Ciceron, & de la naissance d'Auguste, c'est-à-dire soixante-trois ans avant l'Ere Chrétienne. Il s'ensuit donc, que si l'Empire de Ninus a commencé 1905 ans avant ce Consulat, l'établissement de l'Empire Assyrien est de l'an 1968, avant l'Ere vulgaire. Pour que cette date puisse lever toutes les difficultés de l'Histoire Assyrienne, il faut encore admettre trois Rois d'Assyrie, auxquels les

---

(1) Mémoires de l'Académie Royale des Belles-Lettres T. V. depuis la page 331, jusqu'à 405.

(2) *Assyrii Principes omnium Gentium rerum potiti sunt, deinde Medi, postea Persæ, deinde Macedones, exinde duobus Regibus Philippo & Antiocho, qui à Macedonibus Oriundi erant, haud multò post Carthaginem subactam devictis, summa Imperii ad Po-pulum Romanum pervenit : inter hoc tempus & initium Nini Regis Assyriorum, qui princeps rerum potitus, intersunt anni* CIƆIƆCCCV. ou 1905. Velle. L. XI. c. 3°.
—C'est la date qu'on trouve dans les véritables manuscrits de Velleius. Dans l'édition de cet écrivain donnée par *Beatus Rhenanus*, on lit, 1995. mais on sçait que cette édition a été faite sur une mauvaise copie.

DE L'UNIVERS. Liv. VI. Ch. II. 97

Grecs ont donné le nom de Sardanapale, & c'est ce qu'il n'est pas impossible de démontrer. Veileius Paterculus en fait périr un 1070 ans après Ninus; Castor fait mention d'un autre qui regnoit 1280 ans depuis ce même Ninive, & Ctesias parle d'un autre du même nom, qui périt avec la ville de Ninive plus de 1360 ans depuis le commencement de l'Empire Assyrien. C'est en partie sur un fondement aussi solide que M. Freret appuie son système, que je vais faire connoître d'avantage en donnant le résultat de son Mémoire, auquel j'ajouterai cependant quelque détail. Ce résultat formera un abrégé de l'Histoire d'Assyrie plus exact & plus suivi, que tout ce qu'on a écrit jusqu'à présent sur cette matiere.

Ninive (1), selon Moyse, étoit presqu'aussi ancienne que Babylone, & elle fut bâtie par Nemrod, petit fils de Cham, ou par Assur, fils de Sem (2). Il paroît qu'elle avoit été la capitale d'un petit Etat composé des villes de Ninive, de Rehobot, de Calach & de Resen. Les premiers Rois de Ninive se contenterent pendant longtemps de leurs établissemens sur les bords du Tigre, & l'Assyrie proprement dite, ne s'étendit jamais fort loin au-delà de la vallée où coule ce Fleuve. Belus devenu Roi de Ninive, jetta les fondemens de l'Empire Assyrien, & eut la gloire de le rendre florissant pendant le cours de son régne par les conquêtes qu'il fit sur ses voisins. Il porta la couronne pendant environ cinquante ans, selon Jule Africain; ainsi le commencement de son régne tombe à la mort d'Abraham.

Ninus son fils & son successeur marcha sur les traces de son pere, & recula les bornes de l'Empire qu'il lui avoit laissé. C'est à ce Prince que presque tous les Auteurs rapportent l'origine de cette Puissance, qui rendit les Assyriens redoutables à toutes les Nations de l'Asie. Il paroît que les premieres expéditions de Ninus furent du côté de l'Armenie. La foiblesse des Places, & le peu d'expérience des peuples dans l'art militaire, faciliterent les conquêtes de ce Prince, qui se trouvoit à la tête de troupes déja aguerries, & accoutumées à vaincre. Les Armeniens allarmés des premiers succès de Ninus, se soumirent d'eux-mêmes au vainqueur, qui ne leur imposa d'autres Loix que celles de lui fournir des vivres, & de l'accompagner dans les expéditions qu'il méditoit. Les Medes, contre lesquels il marcha avec cette armée formidable, firent d'inutiles efforts pour lui résister. Tous les pays qu'il parcourut subirent le joug qu'il voulut leur imposer, & dans l'espace de dix-sept ans il soumit, selon Ctesias, la Syrie, l'Egypte, la Phenicie, la Pamphylie, la Lycie, la Carie, la Phrygie, la Mysie, la Lydie, la Troade, la Perse, la Susiane, les pays des Cadusiens, des Tapyres, des Hyrcaniens & des Daces. Parmi le nombre de ces Provinces dont il est fait mention, on pourroit retrancher l'Egypte, puisqu'il paroît par les monumens historiques, que ce pays sous le régne de Ninus & de ses succes-

ASSYRIENS.

Avant J. C.
2125.

2023.

NINUS.
1968.

(1) Ce nom a été commun à plusieurs villes, & signifie en Caldaïque, *ville du Seigneur*.
(2) Nemrod sortant du pays de Sennahar dans la Mésopotamie, où il avoit bâti Babylone, s'empara de l'Assyrie, & y fonda Ninive avec quelques autres villes. Le pays de Sennahar, nommé *Sinhar* ou *Singar*, dans le texte de Moyse, étoit appellé *Singara* par les Grecs, & porte aujourd'hui le nom de Sinjar chez les Arabes. Il comprenoit autrefois tout le pays d'entre les deux fleuves du Tigre & de l'Euphrate, au-lieu qu'il ne s'étend gueres maintenant au-delà des environs de Mosoul.

Tome VI. N

ASSYRIENS.

feurs, fut gouverné par des Princes libres & indépendants. On trouve, à la vérité, dans Manethon, que Salathis, Roi des Pasteurs, fit fortifier la partie orientale de l'Egypte, pour la défendre contre les Assyriens; mais cet Auteur ne fait point mention de leur entrée dans le pays. Les habitants de la Bactriane ressentirent aussi les effets de la puissance de Ninus. Oxyarte, leur Roi, que Justin, & plusieurs autres Auteurs ont confondu avec le fameux Zoroastre, chercha inutilement les moyens de défendre les frontieres de ses Etats. La valeur de ses troupes avoit à la vérité rompu & mis en désordre les Assyriens; mais accablés par le grand nombre d'ennemis, elles perdirent bientôt leur premier avantage, & se virent dans la nécessité de chercher leur salut dans la fuite. Ninus ne trouvant plus de résistance, n'eut pas de peine à se rendre maître de tout le pays, & Bactres, capitale du Royaume, fut la seule Place qui osa lui résister. Défendue par une forte garnison, & munie de différentes espéces de provisions, elle arrêta long-temps les Assyriens, qui ne la prirent que par l'adresse & la valeur de Semiramis, femme de Menonès, Gouverneur de Syrie. (1) Une action de cette importance, jointe à la beauté de cette Princesse, toucherent vivement Ninus, qui fit tout son possible pour engager Menonès à la lui céder. Le Gouverneur de Syrie ne put goûter une telle proposition, & redoutant la colere du Roi, il se donna la mort. Semiramis devint alors l'épouse de Ninus, & partagea avec lui le thrône. On prétend qu'elle se servit de sa puissance pour faire assassiner Ninus, à dessein de venger son premier mari. D'autres Ecrivains font mourir Ninus tranquillement dans ses Etats, après un régne de cinquante-deux ans. C'est un point d'Histoire qui n'est pas encore éclairci.

SEMIRAMIS.
1916.

Ninus n'avoit laissé qu'un fils, mais comme il étoit encore enfant, la tutelle de ce Prince, & l'administration du Royaume furent confiées à Semiramis, qui se fit reconnoître pour Souveraine de l'Empire de Ninus (2). Remplie des mêmes vûes que son époux, & guidée par l'amour de la gloire, elle étendit bientôt les Etats que Ninus lui avoit laissés. Pour contenir dans l'obéissance les peuples qu'elle avoit soumis, elle fit construire plusieurs villes & plusieurs forteresses; mais en même-temps qu'elle cherchoit à leur inspirer de la terreur, elle travailloit à gagner leur affection par ses bienfaits; & par les commodités qu'elle vouloit leur procurer. On répara par son ordre les chemins qui étoient dans l'étendue de son Empire, on en fit de nouveaux, en coupant même des montagnes lorsqu'il en étoit besoin:

(1) L'origine de cette Princesse est si fort mêlée de fables, qu'il est impossible de la découvrir. Sa beauté frappa tellement Menonès, qu'il s'unit avec elle par les liens du mariage. Obligé de suivre Ninus à la guerre, il ne quitta qu'à regret une femme dont il avoit connu tout le mérite & les talens supérieurs. La sympathie qui regnoit entre les deux époux, les rejoignit au camp, qui étoit devant Bactres, & Semiramis qui ne cherchoit que l'occasion d'acquérir de la gloire, & de faire connoitre que les femmes n'ont rien d'inférieur aux hommes, profita de l'imprudence des Assiégés, pour s'emparer de la Place, avec le Corps de troupes dont elle avoit obtenu le commandement.

(2) Le déguisement de cette Princesse rapporté par Justin, est regardé aujourd'hui comme une fable. En effet, il ne paroît pas vraisemblable que Semiramis, qui devoit être d'un certain âge, eût voulu se faire passer pour Ninias, son fils, qui étoit encore un enfant.

on jetta des ponts fur plufieurs rivieres, & on creufa des lacs & des canaux, les uns pour empêcher les ravages que caufent les débordements, & les autres pour conduire les eaux dans des lieux fecs & arides. Une grande partie de ces monuments fubfiftoient encore du temps de Strabon & de Dicdore, c'eft-à-dire près de deux mille ans après Semiramis. Nos Voyageurs les plus exacts ont reconnu le chemin que cette Princeffe fit tailler dans le roc fur la route de Babylone à Ecbatanes, & dont Diodore fait mention. Ce chemin fe trouve en allant de Bagdad à Hamadan, & on voit encore le bas relief que Semiramis avoit fait fculpter dans le roc. La ville de Babylone, dont cette Princeffe s'empara, lui dut toute la magnificence qui la fit regarder comme une des merveilles du Monde.

La facilité avec laquelle Semiramis étoit venu à bout de foumettre un grand nombre de Provinces, lui fit concevoir le projet de pouffer fes conquêtes jufqu'aux Indes, fi l'on doit s'en rapporter à Ctefias. A la tête de la plus nombreufe armée qu'on eût encore vûe, elle paffa le fleuve Indus malgré les efforts de Stabrobate, Roi des Indes. Ce Prince n'ayant pu défendre l'entrée de fes Etats, attira les ennemis dans le milieu des terres, & trouva moyen de détruire une armée fi formidable. Semiramis, qui avoit reçu deux bleffures, & qui voyoit fes troupes entierement détruites, fe vit contrainte de fe retirer, dans l'efpérance fans doute de tirer vengeance de fa défaite; mais la fortune qui venoit de l'abandonner, lui réfervoit un coup bien plus fenfible. Ninias fon fils, ennuyé de porter le titre de fujet, confpira contre fa mere; & lui enleva le thrône. Cette Princeffe avertie du complot, fe retira dans une de fes foreteffes pour y vivre dans la folitude. On publia alors que les Dieux l'avoient métamorphofée en Colombe, & cet oifeau fut longtemps en vénération parmi les Affyriens.

Plufieurs Auteurs font paffer cette Princeffe pour une perfonne abandonnée à toutes fortes de débauches, mais quelques-uns en même temps la juftifient fur l'amour illicite qu'elle avoit pour fon fils. Photius nous apprend qu'on a eu tort d'attribuer à Semiramis, femme de Ninus, ce que les Ecrivains rapportent d'Atoffa, fille de Belochus. Eprife d'amour pour fon fils qu'elle ne connoiffoit pas, elle eut d'abord quelqu'intrigue fecrette avec lui; mais lorfqu'elle l'eut connu, elle le prit pour fon mari. C'eft depuis ce temps-là que les Medes & les Perfes permirent ces mariages qu'ils avoient regardés jufqu'alors avec horreur.

» Selon Diodore, Ninus étoit maître de toute l'Afie, depuis le Tanaïs
» jufqu'au Nil. La mer qui baigne les côtes de l'Afie mineure, bornoit fes
» Etats à l'Occident, & l'Indus les terminoit du côté de l'Orient. Semira-
» mis y ajouta la plus grande partie de l'Ethiopie & de la Lybie. Polyænus
» rapporte une Infcription faite en l'honneur de cette Princeffe, & tra-
» duite de la Langue Affyrienne. Cette Reine y décrit ainfi l'étendue de
» fon Empire. « *J'ai régné à Ninive : mes Etats étoient bornés à l'Orient
par le fleuve Hindmamès*, (1) *au Midi par le pays qui porte l'encens & la*

---

(1) Le fleuve Hindmamès eft celui que plufieurs Anciens nomment *Etmandus*; il porte encore aujourd'hui le nom de Hindmend, & féparoit la Drangiane & l'Ara- chofie du pays des Saques établis en deçà de l'Oxus. Il paffoit à Befté, aujourd'hui Bost, à l'extrêmité orientale de la Perfe. Sur ce même fleuve, Semiramis avoit bâti

myrhe, (1) au Nord par les Saques (2) & les Sogdiens. Avant moi, les Assyriens n'avoient point vu de mer, & j'en ai soumis quatre à mes Loix. (3) J'ai forcé les fleuves de couler où j'ai voulu, & j'ai voulu qu'ils portassent leurs eaux aux pays qui en avoient besoin: J'ai rendu fertiles les terres les plus arides, en les arrosant par ces fleuves qui étoient mon ouvrage. J'ai construit des forteresses imprenables : j'ai dompté par le fer les rochers les plus impratiquables, & j'ai employé mes richesses à ouvrir des chemins dans des endroits où les bêtes sauvages ne pouvoient pénétrer. Malgré toutes ces occupations importantes, j'ai trouvé du temps pour mes amusemens & pour ceux de mes amis.

» Cette Inscription qui nous fixe les bornes de l'Empire d'Assyrie à l'O-
» rient, & au Midi, ne détermine point les autres frontieres de cet Em-
» pire. A l'Occident il comprenoit toute l'Asie mineure, & Semiramis est
» regardée comme la fondatrice de la ville de Melita dans la Cappadoce,
» sur le Confluent de Melas & de l'Euphrate : c'est aujourd'hui Malatia.
» Elle avoit encore bâti Comana sur le fleuve Sarus, vers les frontieres de
» la Cilicie & de la Cappadoce. Zela dans le Pont, voisine du fleuve Ha-
» lys & du Thermodon, fut aussi construite par les ordres de cette Prin-
» cesse. Le nom de Semiramis donné à la ville de Thyatire sur le Lycus
» dans la Mysie, & non loin de Pergame, fait connoître que la Reine
» d'Assyrie l'avoit fortifiée & agrandie; & par conséquent que ce pays voi-
» sin de l'Archipel avoit fait partie de son Empire. On peut dire de mê-
» me de la ville d'Aphrodisias où Megalopolis, non loin du Meandre sur
» les frontieres de la Lydie & de la Carie, dont l'ancien nom étoit Ninoé,
» ou ville de Ninus. Sa situation étoit propre pour contenir des Nations
» belliqueuses dans l'obéissance. Ces différens monuments servent, non
» seulement à prouver que l'Empire de Semiramis a été réel, mais ils

la ville de Cophé ou d'Arachosie. Cette ville subsiste encore à présent, & porte le nom d'Arrouchage: Stephanus nous apprend qu'elle étoit sur la frontiere des Massagetes ou des Saques, & en cela il est conforme à la Géographie d'Eratosthenes. Thyamis bâti par Semiramis, étoit près de l'Arachosie.

(1) On comprend aisément qu'il s'agit ici de l'Arabie. Semiramis avoit bâti sur cette frontiere trois villes, dont deux étoient dans le pays des Arabes Omani, qui s'étendoient au Midi de l'Euphrate, depuis Petra (aujourd'hui Hagjar dans le pays des Tsamoud) jusqu'à Charax, qui n'est pas éloigné de Bassora. Pline dit que ces villes, ruinées de son temps, portoient le nom d'Abesamis & de Soracté. La troisiéme ville bâtie sur la frontiere de la Cœlesyrie & de l'Arabie, étoit nommée par les Syriens Gadara, & fut nommée dans la suite Seleucia Antiochia. Elle étoit située près du Lac de Tiberiade; & elle étoit sur la frontiere des portions de la Tribu de Gad, & de celle de Manassé. La fondation de cette ville prouve que les conquêtes des Assyriens & le regne de Semiramis sont antérieurs à Moyse, & à l'établissement des Hebreux dans la Palestine.

(2) Les Saques & les Massagetes s'étendoient depuis la mer Caspienne jusqu'au Nord du fleuve Hindmamés, & bornoient de ce côté-là l'Empire des Assyriens.

Le mot de Sogdiane ou Sogd, comme les Persans le prononcent aujourd'hui, signifie en général une vallée, & la Sogdiane, dont il est parlé dans l'inscription, ne désigne autre chose que les vallées du Paropamisus, montagne considérable au Nord de l'Arachosie. On voit dans Arien que le nom de Sogdiane se donnoit communément à tous les pays de montagnes.

(3) C'est-à-dire, jusqu'à la mer Erythréene ou au golfe de Perse; & à celui des Indes, jusqu'à la Méditerannée le long des côtes de Syrie; & à l'extrémité occidentale de l'Asie mineure, jusqu'au pont Euxin; & jusqu'à la mer Caspienne.

» déterminent encore quelle en a été l'étendue. Ils montrent aussi que quoiqu'il
» y ait quelqu'erreur, & de l'exagération dans ce que Diodore de Sicile
» nous en dit, il s'en falloit très peu que du temps de Ninus & de Semi-
» ramis, c'est-à-dire 1900 ans avant l'Ere Chrétienne, cet Empire n'ait eu
» autant d'étendue que celui des Perses sous le regne de Cyrus.

» Diodore met l'Egypte, l'Ethiopie, & même une partie de la Lybie au
» rang des Provinces de l'Empire Assyrien, sans doute sur l'autorité de
» Ctesias; mais l'Histoire Egyptienne est contraire à ce fait. On peut
» donc se contenter de donner pour bornes à l'Empire Assyrien les villes
» les plus éloignées, dont on attribuoit la fondation à Semiramis. Pour
» empêcher le soulevement de ces Provinces, Semiramis avoit fait cons-
» truire des forteresses sur des rochers escarpés, où l'art avoit achevé ce
» que la Nature avoit commencé pour les rendre inaccessibles. Dans les
» Provinces où il n'y avoit point de rochers, elle avoit fait élever des but-
» tes de terre, rapportées & liées ensemble avec tant de soin & d'art, que
» les châteaux qui étoient au sommet ont subsisté longtemps après elle.
» Ces buttes portoient ordinairement le nom de Semiramis. Dans l'His-
» toire des successeurs d'Alexandre, il est souvent fait mention d'un de
» ces châteaux, bâti dans la Cilicie auprès d'Anchialé. Il est nommé Kin-
» da. Outre les troupes qui étoient en garnison dans ces châteaux, chaque
» Province levoit tous les ans un certain nombre de soldats qu'elle en-
» voyoit à Ninive, sous la conduite des Chefs que le Roi choisissoit dans
» la Nation même. Ces troupes demeuroient un an entier campées aux
» portes de Ninive, lorsqu'elles n'étoient point employées à quelques ex-
» péditions. Elles étoient relevées au bout de l'année par de nouvelles trou-
» pes, & s'en retournoient dans leurs Provinces. Par ce moyen les Rois
» d'Assyrie avoient toujours une armée considérable sur pied, prête à mar-
» cher au premier ordre, & en état de réprimer les moindres souleve-
» ments. «

Après la mort ou la retraite de Semiramis, Ninias son fils devint possesseur du thrône d'Assyrie, trente-cinq ans environ après le passage de Jacob
en Egypte. On ignore les actions de ce Prince, de même que celles de ses
successeurs, & on attribue à la mollesse avec laquelle ils vivoient, le silence
des Historiens à leur égard. Leur humeur pacifique, & la tranquillité qu'ils
procurerent à leurs Sujets, est peut-être la seule raison qui a porté les Ecrivains à négliger de nous donner le détail de ce que ces Princes avoient fait
pendant leur regne. Les Auteurs anciens ne s'attachoient ordinairement qu'à
décrire les conquêtes & les révolutions éclatantes, parce que ces événements leur paroissoient plus capables d'attacher l'imagination du Lecteur,
que l'histoire uniforme d'un Prince qui ne possédoit que des vertus pacifiques. » Il n'a été que trop commun dans tous les temps de voir les hom-
» mes éblouis du faux éclat des talents guerriers, mépriser les vertus dou-
» ces & pacifiques, qui sont cependant les seules que les peuples puissent
» raisonnablement désirer dans leurs Souverains ; car enfin ces Princes
» guerriers & conquérans, auxquels ils aiment à donner leurs éloges, sont
» autant de fléaux que le Ciel employe dans sa colere pour châtier égale-
» ment les Nations qu'ils régissent, & celles qu'ils désolent. «

ASSYRIENS.

Les Rois d'Assyrie conserverent pendant plusieurs siecles le grand nombre de provinces, que Semiramis avoit soumis à son Empire ; mais elles passerent ensuite sous la domination de Sesostris, Roi d'Egypte, qui subjugua les Assyriens, & s'empara de toute la haute Asie, & d'une partie de l'Inde. Cette conquête dont Diodore de Sicile ne fait aucune mention, est confirmée par le Canon des Rois d'Assyrie, rapporté par Syncelle, qui l'avoit tiré de Jule Africain. Dans cette liste, le dixieme Roi depuis Ninus est nommé Sethos, du même nom que les Grecs donnoient à Sesostris. Manethon marquoit expressément que Sethos ou Sethosis avoit soumis les Assyriens. (1).

SETHOS. 1610.

Sethos commença à regner 358 ans après Ninus, c'est-à-dire, l'an 1610. avant J. C., & il termina son regne l'an 1578 ; peu de temps avant la naissance de Moyse. Ce Roi est nommé Altadas par Eusebe, soit que ce fût le nom Assyrien de Sesostris, soit que ce fût le nom du Prince qui regnoit alors sur l'Assyrie, & qui devint tributaire des Egyptiens. La Monarchie Assyrienne se trouva considerablement affoiblie par les conquêtes de Sesostris. Plusieurs provinces tombées sous la domination Egyptienne, ne retournerent jamais sous l'obéissance des Rois de Ninive. Les successeurs de Sesostris negligerent une partie des conquêtes que ce Prince avoit faites, & l'Empire Egyptien se demembra en moins d'un siecle, & de ce démembrement il se forma divers Etats indépendants de l'Egypte & de l'Assyrie ; comme on le voit par l'établissement des Hebreux dans le pays de Chanaan.

Ce fut vers ce même temps que se formerent les Royaumes de Phrygie, & de Lydie ou de Mœonie dans l'Asie mineure, à l'Occident du fleuve Halys. Il ne paroît pas que ces Etats, non plus que le Royaume de Troye ayent jamais dépendu de l'Empire Assyrien, malgré tout ce que les Grecs ont débité à ce sujet. A l'Orient de Ninive, les Scythes se répandirent dans les pays voisins de la mer Caspienne, & une de leurs Colonies prit le nom de Parthes, car elle est du temps de Sesostris. (2) Il paroît par l'Histoire de Moyse que l'autorité des Assyriens n'étoit plus reconnue au Midi de l'Euphrate, lorsque les Hebreux s'établirent dans la terre de Chanaan ; au moins est-il certain que les pays situés au Midi du Liban ne dépendoient pas d'eux, & qu'ils ne s'opposerent pas aux conquêtes de Josué, l'an 1440 avant J. C.

(1). Le même Ecrivain assuroit que ce Prince étoit l'Egyptus des Grecs, & le frere de Danaüs. Or il est constant par la Chronique de Paros, que Danaüs passa en Grece 362 ans avant la prise de Troye, & Manethon nous apprend, que Danaüs ne quitta l'Egypte qu'après que Sesostris fut revenu de ses expéditions. Si la ville de Troye a été prise l'an 1282. avant J. C. comme il résulte de la Chronologie d'Herodote ; le temps du retour de Sesostris tombe à l'an 1584. ou 1585. avant J. C. Les expéditions de Sesostris ont duré neuf ans entiers ; ainsi en supposant qu'il avoit commencé par la conquête de l'Assyrie, elle doit être arrivée vers l'an 1594. avant l'Ere Chrétienne. Voyez le Tom. V. des Mémoires de l'Académie, pag. 285. & suivantes au sujet de l'époque de la prise de Troye.

(2) Il étoit alors arrivé une révolution parmi les Scythes, qui les avoit obligés d'avancer vers l'Occident, pour y chercher de nouvelles demeures. Au temps d'Herodote, vers l'an 450. avant J. C. ils comptoient 1000 ans, entre le temps auquel ils étoient venus sur le bord du Tanaïs, & celui de la guerre que Darius entreprit contre eux.

Le nom des Assyriens n'étoit cependant pas inconnu, & l'on n'avoit pas oublié quelle avoit été leur puissance. On le voit par la prophétie de Balaam, qui menace les Arabes des armes Assyriennes. (1) Cette menace fut accomplie peu d'années après, lors de l'expédition de Chusan, Roi de Mesopotamie, & dépendant des Assyriens. Il assujettit les Hebreux, & fut maître de leur pays pendant huit ans. Les habitants de ces provinces se révolterent après sa mort, & les Assyriens négligerent de les soumettre, ou ne se trouverent pas assez forts pour l'entreprendre. Depuis ce temps il n'est plus parlé d'eux dans la Bible jusqu'au regne d'Osias, Roi de Juda, & à celui de Manahem, Roi d'Israel, vers l'an 250, après la Dédicace du Temple de Salomon. Depuis la défaite de Chusan par Othoniel, frere de Caleb, il se forma au Midi de l'Euphrate un grand nombre de petits Etats, dont les peuples assujettirent plusieurs fois les Hebreux.

ASSYRIENS.

Belochus, autrement Balæus ou Belimus, monta sur le trône de Ninive six-cent vingt-cinq ans après Ninus. Belochus fut pere d'Atossa, & cette Princesse, qu'il avoit associée au trône, regna douze ans. Atossa, qui se nommoit aussi Semiramis, épousa son fils, pour lequel elle avoit conçu une violente passion, comme on l'a vû plus haut. Belochus & Atossa furent les derniers Rois de la famille de Semiramis.

BELOCHUS. 1343.

Après leur mort, Beletaras, Intendant des jardins du Palais, monta sur le trône, mais on ne sçait si ce fut la violence ou l'intrigue qui l'y plaça. Ce Prince & ses descendants ne conserverent pas sur les peuples tributaires la même autorité qu'avoient eue ceux de la famille de Semiramis. Cette foiblesse les empêcha de s'opposer aux conquêtes de David & de Salomon, & aux entreprises que firent ces Princes jusques sur les bords de l'Euphrate. Le huitieme des successeurs de Beletaras est nommé Teutamès ou Teuthanès, & la ressemblance de ce nom avec celui de Titon, mari de l'Aurore, & pere de Memnon, a fait imaginer aux Grecs que ce Roi d'Assyrie avoit envoyé du secours à Priam, Roi de Troye. Cependant les Grecs varient sur le nom de ce Prince, à qui ils donnent quelquefois le nom de Panyas. Il n'étoit fait aucune mention de la guerre de Troye dans les Annales Persanes & Assyriennes.

BELETARAS. 1318.

On ne sçait rien de ce qui se passa sous les successeurs de Beletaras jusqu'à la révolte d'Arbaces, & des pays tributaires de l'Empire d'Assyrie. Arbaces ou Pharnaces Satrape de Medie, & Belesis, Gouverneur de la Babylonie, formerent le plan de cette résolution, que plusieurs Auteurs ont regardé comme la fin de l'Empire de Ninive. Ces deux Seigneurs, après avoir mis dans leurs intérets les Persans & les Arabes, se révolterent ouvertement contre le Roi d'Assyrie, à qui Diodore & Justin donnent le nom de Sardanapale. Cette guerre dura plusieurs années, & les rebelles, malgré la perte de trois batailles consécutives, ne purent se déterminer à quitter les armes. Résolus de venir à bout de leur entreprise, ils engagerent les troupes de la

Révolution de l'Empire d'Assyrie.

(1) Dans la Prophétie de Balaam il est parlé des Assyriens, comme d'une Nation guerriere, & le Prophete déclare aux Kinéens, peuples de l'Arabie Pétrée, que malgré la force de leur retraite, ils seront subjugués par les Assyriens. <i>Robustum est habitaculum tuum; sed si in petrâ posueris nidum tuum, quandiù poteris permanere? Assur enim capiet te.</i> Num xx. 4. 21.

ASSYRIENS. Bactriane, ou des Provinces orientales à se joindre à eux. Le Roi d'Assyrie perdit alors tout l'avantage qu'il avoit eu, & son camp ayant été forcé, il se retira à Ninive, & laissa le commandement de son armée à Salamenes, frere de la principale de ses femmes. La défaite de Salamenes mit les rebelles en état d'assiéger Ninive. Cette Place résista pendant trois ans, & ne fut prise qu'à la faveur d'un violent débordement du Tigre, qui renversa une partie des murailles. Sardanapale craignant de tomber vif entre les mains de l'ennemi, & ne voulant point survivre à la perte de ses États, fit mettre le feu à son palais, & perdit la vie au milieu des flâmes. Justin nous représente ce Prince comme lâche & efféminé, mais le récit de Diodore nous en fait un portrait bien différent. Tout ce que Sardanapale avoit fait depuis la révolte de ses sujets jusqu'au moment de la prise de Ninive, nous fait connoître que ce Prince avoit de la valeur & de la conduite. Il avoit eu soin de mettre ses enfants en sûreté, en les envoyant avec des sommes considérables chez un Gouverneur de Paphlagonie, qui lui étoit resté fidele.

898. Ce Prince fut enterré à une des portes de Ninive, & on lui éleva un tombeau superbe, sur lequel on avoit gravé une épitaphe, qui étoit une satyre propre à décrier sa mémoire, & à justifier la conduite de l'usurpateur.

Selon Velleius, il étoit le trente-troisieme Roi d'Assyrie, & suivant les manuscrits de Diodore, que le Syncelle avoit vus, il étoit le trente-cinquieme; mais dans le texte que nous avons maintenant, il étoit le trentieme. On lui donne le nom de Sardanapale, soit qu'il l'eût effectivement porté, soit qu'il ait été confondu avec un autre Sardanapale; car il y en a eu plusieurs de ce nom. Ce mot en langue Assyrienne ou Chaldéenne signifie, *Prince donné du Ciel*, & n'est qu'une épithete honorable.

Tous les Modernes qui ont écrit l'Histoire d'Assyrie, ont regardé cette révolution comme la fin du premier Empire de ce nom, & n'ont pas assez examiné le récit de Diodore & celui de Nicolas de Damas. On voit cependant par leurs écrits que Ninive ne fut point détruite par Arbaces; mais que cet usurpateur changea la forme du Gouvernement Assyrien. Les Gouverneurs des Provinces ne reconnurent plus l'autorité des Rois de Ninive; le pouvoir devint héréditaire dans leurs familles, & ils ne purent être privés de leur puissance que dans une assemblée generale de tous les Princes confédérés. Les successeurs d'Arbaces gouvernerent la Medie avec une espece de supériorité sur les autres Princes; mais cette sorte de Monarchie ne leur donnoit pas droit de changer les Loix qui avoient été établies par les ligués.

On a tout lieu de croire que Ninive & les Assyriens formerent toujours un royaume particulier, qui commença à rétablir sa puissance au bout d'un siecle ou environ. La confédération d'Arbaces étoit alors considérablement affoiblie, & les pays révoltés ne se trouvoient plus en état de soutenir l'indépendance qu'ils s'étoient procurées. Les Rois de Ninive faisant alors de nouveaux efforts pour rendre à leur Empire son ancien éclat, leverent des troupes, & soumirent d'abord les provinces de Mésopotamie & de Syrie qui avoient secoué le joug depuis long-temps. L'Ecriture Sainte nous fournit quelque trait qui ont rapport à l'Histoire d'Assyrie; mais il n'est pas possible de donner un détail suivi de tout ce qui s'est passé de relatif à cet Empire jusqu'à la destruction de Ninive.

Phul

Phul ou Pul est le premier Roi d'Assyrie, dont il est fait mention dans la Bible. (1). Pendant que ce Prince s'avançoit jusqu'au Mont Liban, Manahem, qui avoit usurpé le Royaume d'Israel, se soumit à lui, & paya mille talents pour l'engager à le maintenir dans son usurpation.

Achas, Roi de Juda, pressé par les Rois d'Israel & de Damas, envoya des sommes considérables à Teglathphalassar, Roi d'Assyrie, pour engager ce Prince à le secourir. Teglathphalassar entra d'abord dans le royaume de Damas, se rendit maître de la Capitale, & en transporta les habitants vers les bords de l'Euphrate dans le pays de Kir, ou dans la Cyrrestique, pays voisin de la Comagene. Le vainqueur passa ensuite dans le Royaume d'Israel, où regnoit Phacée, ravagea le pays, obligea le Roi à lui payer un tribut annuel, & fit conduire en Assyrie un grand nombre de prisonniers.

Salmanassar, successeur de Teglathphalassar, marcha sur ses traces, & travailla beaucoup à étendre sa domination. Le refus que le Roi d'Israel avoit fait de payer le tribut annuel qui lui avoit été imposé, obligea le Roi d'Assyrie à entrer en Judée. Il fit en même temps le siége de plusieurs Places maritimes de Phénicie, dont il s'empara, à l'exception de Tyr, qu'il fut obligé d'abandonner après un siége de cinq ans. Samarie fut prise & ruinée, & les Habitants furent transportés en partie dans la Mésopotamie le long des fleuves Chabor & Saocoras, & le reste vers la frontiere des Medes, dans les montagnes qui séparent la Médie & l'Assyrie. Ce Prince établit ensuite dans le pays d'Israel des Colonies tirées de la Babylonie, du territoire de Sippara ou de Sepharvaim, de Syrie ou du pays d'Emath, du pays d'Ava, c'est-à-dire, de l'Adiabene, & enfin du pays de Coræa, canton de l'Armenie à l'Orient du Tigre, & voisin des Gordiens ou Carduques. Le Royaume d'Israel fut entierement détruit par ces transplantations, & les Juifs regarderent comme Etrangers les peuples qui s'établirent à Samarie. Salmanassar, maître du Royaume d'Israel, voulut imposer un tribut à Ezechias, Roi de Juda, mais ce Prince le refusa, & mit dans ses intérêts le Roi d'Egypte.

Pendant que Salmanassar se disposoit à entrer en Judée, il fut attaqué d'une maladie qui le mit au tombeau. Sennacherib, son fils, fut à peine monté sur le thrône qu'il renouvella la demande que son pere avoit faite à Ezechias touchant le tribut, & sur le refus de ce Prince, il se disposa à l'attaquer avec une puissante armée. Ezechias, redoutant la puissance des Assyriens, offrit de se soumettre & de payer le tribut. Sennacherib rejetta toute proposition, & fit déclarer au Roi de Juda, qu'il ne lui accorderoit la paix qu'à condition qu'il se soumettroit entierement à lui, & se remettroit entre ses mains. Il lui déclara en même temps, que s'il n'acceptoit cette proposition, il détruiroit Jerusalem de fond en comble, & en transporteroit les habitants dans un autre pays. Le Roi d'Assyrie n'étoit résolu d'attaquer Ezechias, qu'après avoir terminé la guerre qu'il avoit entreprise contre les Philistins. Le Roi de Juda profita de cet intervalle pour fortifier Jerusalem,

ASSYRIENS.
PHUL.
770.
TEGLATH.
741.

SALMANASSAR.
730.

SENNACHERIB.
714.

---

(1) Les Auteurs d'une Histoire universelle imprimée à Londres, prétendent qu'on ne doit commencer l'histoire d'Assyrie qu'au regne de Phul, mais il paroît qu'ils n'avoient pas lu le grand Mémoire de M. Freret sur cette matiere ; car les preuves que ce sçavant Académicien rapporte pour nous faire connoître l'antiquité & la durée de l'Empire Assyrien, leur auroient fait abandonner le systême qu'ils veulent établir.

Tome VI. O

ASSYRIENS. & se mettre en état d'attendre le secours des Ethiopiens, qui étoient alors maîtres de l'Egypte. Sennacherib informé que Taraca, (1) Roi d'Ethiopie, marchoit au secours des Juifs, alla à sa rencontre, lui enleva la ville d'Azoth, mit le siége devant Peluse, & ravagea la basse Egypte. Taraca s'avançoit cependant par le désert le long de la Mer Rouge, à dessein de prendre les Assyriens en flanc, & de les mettre entre Peluse & son armée. Sennacherib, craignant d'être enfermé leva le siége de Peluse, & ayant joint le reste de ses troupes à Lakis, il s'avança vers Jerusalem. Il se disposoit à livrer bataille à Taraca, lorsque son armée fut miraculeusement détruite pendant une nuit. L'Ange du Seigneur, selon l'expression de l'Ecriture, frappa ses troupes, & il perdit en une seule nuit cent quatre-vingt mille hommes. Sennacherib effrayé d'un tel évenement, prit la fuite avec un petit nombre de Soldats. Ce fait est rapporté dans Herodote, qui l'avoit appris des Egyptiens, qui attribuoient cette merveille à Vulcain.

Cette disgrace fit tomber le Roi d'Assyrie dans le mépris de ses sujets; & fut cause que plusieurs Provinces se révolterent contre lui. Ce Prince devenu furieux dans son malheur, faisoit tous les jours massacrer un grand nombre de Juifs, & il n'épargnoit pas même ses propres sujets. Devenu insupportable à sa famille, Adramelech & Sarasar, ses deux fils aînés, le poignarderent dans le Temple de Nesroch. On prétend qu'il avoit résolu de les offrir en sacrifice à son Dieu, & qu'ils avoient prévenu leur mort par cet horrible parricide. Ces deux Princes ne purent recueillir le fruit de leur crime, & ils furent obligés de chercher une retraite en Armenie.

ASSARRHADDON.

710.

Les Assyriens mirent alors la couronne sur la tête d'Assarrhaddon ou Assordan, le plus jeune des fils de Sennacherib. Pendant cette révolution, dont on ignore les principales circonstances & la durée, Déjocès rétablit le gouvernement Monarchique dans la Médie. Assarrhaddon envoya de nouvelles colonies dans le pays de Samarie, pour fortifier celles que Salmanassar y avoient établies. Il consentit aussi que quelques-uns des Israelites des dix Tribus retournassent dans ce pays, & ce fut alors que les Samaritains commencerent à joindre le culte du vrai Dieu à celui de leurs anciennes Divinités. Le regne de ce Prince (2) ne fut pas long, & la faction qui l'avoit mis

---

(1) Herodote livre II. dit qu'il se nommoit Sethon. Il est nommé Tharsices dans Josephe. Ce Prince est peut-être le même que Thearcon Ethiopien, dont parle Strabon, sur l'autorité de Megasthenes. XV. 686, 687.

(2) La plupart des Chronologistes modernes se sont persuadés que cet *Assarrhaddon*, fils de Sennacherib, est le même que le Prince nommé *Assaradinus*, qui regna pendant treize ans à Babylone, & qui monta sur le thrône l'an 68. de Nabonassar, selon le Canon de Ptolémée. On voit, par le témoignage de l'Ecriture Sainte, que le Roi de Babylone étoit différent de celui d'Assyrie; puisqu'il est dit dans le quatriéme livre des Rois, que le Roi de Babylone envoya une Ambassade à Ezechias après la retraite de Sennacherib. On lit ailleurs, que Dieu fit déclarer à Ezechias par le Prophete Isaïe, que ces mêmes Babyloniens, dont il avoit reçu les Ambassadeurs avec tant de faste, enleveroient ses thrésors, meneroient ses enfants à Babylone, &c. *Vos fils qui sortiront de vous, ceux que vous aurez engendrés*. Ces paroles font connoître clairement, qu'il s'agit ici des propres enfants d'Ezechias, & ce Prince l'entendoit aussi de même, puisqu'il demande à Dieu la grace de ne pas être témoin des malheurs de sa famille. On trouve dans les Paralipomenes, que Manassés, fils d'Ezechias fut envoyé prisonnier à Babylone par les Généraux du Roi d'Assyrie. Par ces Assyriens on ne peut entendre que

sur le Thrône se trouvant trop foible pour résister à celle qui lui étoit opposée, il fut obligé d'abandonner la Couronne, & de se retirer en Cilicie, Province voisine de l'Assyrie. Il s'occupa à fortifier les villes de Tharse & d'Anchialé.

ASSYRIENS.

On mit à sa place un Prince nommé Ninus II, & c'est le dernier Roi d'Assyrie qui se trouve dans le Canon de Castor. (1) Le nom du Prince qui succéda à Ninus II, ne nous est pas connu. Cependant Déjocès, Roi des Medes, qui avoit. enlevé aux Assyriens l'Armenie & la Cappadoce, étoit mort l'an 657. Phraortes, son fils & son successeur, poussa beaucoup plus loin ses conquêtes, & après avoir soumis la Perse, les Carmaniens, les Parthes, & tous les pays Orientaux, jusqu'à ceux des Massagettes, & les Saques, il voulut forcer les Assyriens de Ninive à le reconnoître. Le succès ne répondit point à son attente: son armée fut mise en déroute, il fut tué dans le combat. L'année de la mort de ce Prince, qui est nommé Arphaxad dans le livre de Judith, étoit selon la version Latine de ce même livre, la douziéme du regne du Roi de Ninive, & selon la version Grecque, la dix-septiéme. Ainsi ce Roi de Ninive, que les Auteurs du livre de Judith appellent Nabuchodonosor, avoit commencé à regner l'an 646 ou 651, c'est-à-dire, quarante ans ou environ après l'expulsion d'Assarrhaddon.

NINUS II.

657.

635.

Après la défaite de Phraortes l'armée des Assyriens entra dans la Judée sous la conduite d'Holopherne, soumit la partie septentrionale de la Mésopotamie, s'empara de Mélita sur l'Euphrate, & du pays de Damas. Josias regnoit alors à Jerusalem, & étoit dans l'onziéme ou douziéme année de son âge. Holopherne s'avança ensuite pour attaquer les Juifs, mais comme il s'apperçut qu'ils gardoient avec soin les défilés par lesquels on pouvoit pénétrer dans leur pays, il jugea à propos de commencer par le siége de Bethulie. Judith délivra ses Citoyens du malheur qui les menaçoit en assassinant Holopherne dans sa tente. Les Assyriens se voyant sans chef, se retirerent en désordre dans la Mésopotamie. Cependant Cyaxare, fils de

634.

les Babyloniens, conformément à la prophétie d'Isaïe; puisque ceux qui doivent mener les enfants d'Ezechias à Babylone, sont les mêmes peuples qui étoient gouvernés par Marodach ou Mardokempad, lorsque ce Prince envoya des Ambassadeurs au Roi de Juda. On sçait qu'on donnoit indifféremment le nom d'Assyriens à ceux de Babylone; comme à ceux de Ninive. Dans la Cyropedie de Xenophon, les Babyloniens sont toujours nommés Assyriens. Dans plusieurs endroits des prophéties de Jeremie, où il est fait mention des Assyriens, il faut entendre ceux de Ninive, car il nomme Chaldéens, ceux de Babylone.

(1) La fin de ce Canon tomboit à l'an 1280. depuis le commencement de Ninus, fils de Belus, fondateur de l'Empire Assyrien; & cette année 1280. est, selon la date du commencement de Ninus, donnée par Æmilius Sura, l'an 688. avant l'Ere Chrétienne; c'est la premiere des cent vingt-huit années de l'Empire des Medes, suivant Herodote, ou de leur domination sur les Pays qu'ils avoient enlevés aux Assyriens dans l'Asie mineure à l'Orient du fleuve Halys. Castor donne le nom de Sardanapale au prédecesseur de Ninus II. Le temps du regne de ce Sardanapale quadre parfaitement avec celui d'Assarrhaddon ou d'Assordan; ainsi il est très-probable qu'Assarrhaddon est le Sardanapale de Clitarque, qui mourut dans un âge avancé, & qui avoit survécu long-temps à la perte de son Royaume. Cela ne peut convenir au Sardanapale, détrôné par Arbaces, ni à celui sous lequel Ninive fut absolument détruite par les Medes & les Babyloniens, puisque l'un & l'autre périrent dans la révolution. Assarrhaddon est le Sardanapale dont le tombeau étoit en Cilicie, avec une Epitaphe sur laquelle il est nommé Sardanapale, fils d'Anakyndarax.

ASSYRIENS.

Phraortes, avoit levé de nouvelles troupes dans la résolution de venger la mort de son pere. L'armée qu'il avoit mise en campagne rencontra les Assyriens qui avoient perdu leur chef devant Bethulie, & ce Prince n'eut pas de peine à remporter sur eux une victoire complette.

Il se préparoit à profiter de son avantage, lorsqu'il se vit contraint de tourner ses armes contre les Scythes, qui étoient entrés dans la Médie. Les Assyriens de leur côté ne songerent plus qu'à conserver leurs Provinces, & à les défendre contre ces mêmes peuples, qui ravageoient tous les pays sans distinction d'amis ni d'ennemis. (1)

Destruction de Ninive.

608.

Cyaxare ayant trouvé moyen de chasser les Scythes de ses Etats, contracta une alliance avec Nabopolassar, Roi de Babylone, Nabuchodonosor, fils de ce dernier, ayant épousé Aroïtis, fille d'Astiage, fils de Cyaxare. Les Babyloniens se joignirent alors aux Medes pour attaquer les Assyriens. Ils firent le siége de Ninive, dans laquelle s'étoit renfermé Sarac, que les Grecs nomment aussi Sardanapale. Ce Prince réduit aux dernieres extrémités se brûla dans son Palais, après avoir égorgé sa femme & ses enfants.

Cet événement arriva l'année dans laquelle Nabuchodonosor fut désigné Roi par son pere. Le pays des Assyriens fut partagé entre les vainqueurs, la ville de Ninive fut totalement détruite, ses édifices furent rasés, & ses habitants transportés dans la Babylonie & dans la Médie, ou dispersés dans les villages de la Mésopotamie.

Les Babyloniens s'emparerent de la Mésopotamie, & les Medes de l'Assyrie, & des pays situés au-delà du Tigre.

Telle fut la fin de l'Empire Assyrien 1360 ans juste, après le commencement du regne de Ninus. Les diverses révolutions de cette Monarchie ont donné lieu aux Historiens de varier sur sa durée. Les uns l'ont fait cesser 1070 ans après son commencement, c'est-à-dire, lors de la révolte des pays tributaires en 898. Les autres ont considéré l'Empire de Ninive comme subsistant jusqu'aux conquêtes des Medes, & jusqu'à leur domination sur la Cappadoce, l'Arménie, la Perse, & les autres Provinces soumises à leur puissance, ce qui a commencé l'an 688. Ceux-là donnent 1280 ans de durée aux Assyriens. Le plus grand nombre a suivi Ctesias, & a donné 1360 ans de durée à leur Empire.

On doit regarder les faits suivants comme la base de l'histoire Assyrienne.

» 1°. Ninive, quoique très-ancienne, l'étoit moins que Babylone.

» 2°. Au temps d'Abraham il n'y avoit point encore d'Empire d'Assyrie ; » puisque le Roi de Sinhar ou de la Mésopotamie étoit vassal du Roi d'E-

---

(1) Ces Scythes sous la conduite de Madyes leur Roi, défirent l'armée de Cyaxare, & ravagerent l'Asie pendant près de vingt-huit ans. Les Scythes passerent dans la Judée, & s'avancerent jusques sur les frontieres de l'Egypte ; mais le Roi Psammétique marcha à leur rencontre, & les obligea de se contenter des sommes d'argent qu'il leur offrit, & de se retirer. Psammetique mourut en 616, ainsi l'incursion des Scythes est antérieure à cette année : elle doit être postérieure à la treizieme année de Josias, ou à l'an 628 ; car la prophetie de Jeremie nous apprend que les Scythes n'étoient pas encore entrés dans la Judée, & le Prophete annonce leur invasion. Les Medes ayant exterminé la plus grande partie de ces Barbares, le reste se retira dans la Scythie occidentale sur les bords du Tanaïs, où ils sont toujours demeurés depuis.

» lam, & que ce dernier avoit rendu tout le pays de Chanaan tributaire.

» 3°. Au temps de l'Exode la puissance des Assyriens étoit redoutable » dans l'Orient, puisqu'un Prophete menace des peuples de l'Arabie pétrée » des armes Assyriennes ; ainsi on peut regarder comme un Roi d'Assyrie, » ou comme un Général de ses armées, le Chusan, Roi de la Mésopota- » mie, qui réduisit les Hébreux en servitude quelque temps après la mort » de Josué.

» 4°. Au temps de David & de Salomon, c'est-à-dire, mille ans avant » l'Ere chrétienne, la puissance des Assyriens avoit été extrêmement affoi- » blie, soit par quelque grande révolution, soit par la mollesse des Princes » qui les gouvernoient ; en sorte que les Assyriens ne s'opposerent point aux » conquêtes de ces deux Rois, ni aux expéditions qu'ils firent jusques sur » le bord de l'Euphrate.

» 5°. Environ 250 ans après la fondation du Temple de Jerusalem, » l'Empire des Assyriens prit une nouvelle vigueur, & cette Nation con- » quit la Syrie, & une partie de la Judée, qu'elle conserva au moins jus- » qu'au regne d'Assarrhaddon, après lequel sa puissance diminua extrême- » ment.

» 6°. La ville de Ninive & le Royaume d'Assyrie, proprement dit, » subsisterent au plus jusqu'à la premiere année de la captivité, & leur » destruction arriva au commencement du regne de Joachim, fils de Josias, » Roi de Juda.

» 7°. Les deux noms différents que les Samaritains donnent au même » Prince, l'appellant Assarrhaddon, lorsqu'ils demandent du secours aux » Juifs contre ce Roi, & Asen-Aphar dans la lettre qu'ils écrivent au Roi » de Perse pour le même sujet ; le nom de Sargon donné à Sennacherib par » le Prophete Isaïe, & celui d'Enémessar donné par la version Grecque de » Tobie, au Prince que la Vulgate & la version Syrienne appellent Salma- » nassar ; ces variétés dans le nom du même Prince, prouvent qu'il portoit » différents noms ou surnoms, & que souvent celui sous lequel il étoit connu » dans un pays, n'étoit pas en usage dans d'autres Provinces. Ainsi il ne » faut pas former une objection contre l'Histoire Assyrienne, de ce que les » Ecrivains Grecs ne donnent pas aux Rois de ce pays les noms qui sont en » usage dans l'Ecriture. « (1)

(1) Tel est le précis du Mémoire de M. Freret, auquel je renvoye le Lecteur qui sera curieux de connoître toutes les différen- tes preuves, sur lequel cet Académicien ap- puye son système.

Fin de l'Histoire d'Assyrie.

CHAPITRE III.

EMPIRE DES BABYLONIENS.

LE plus ancien Empire dont il est fait mention dans l'Ecriture, est celui de Babylone fondé par Nemrod, fils de Chus, petit-fils de Cham, & arriere petit-fils de Noé. C'étoit, dit l'Ecriture, *un violent chaffeur devant le Seigneur, & il commença à être puiffant fur la terre*. Après s'être longtemps occupé à détruire les bêtes fauvages il bâtit plusieurs villes dans les plaines de Sennahar, & on le regarde comme le Fondateur de Babylone. Il paroît que cet Empire, qui avoit eu beaucoup d'éclat fous fon premier Souverain, dégénéra dans la fuite, & ne devint floriffant qu'après la deftruction de l'Empire de Ninive, dont il étoit devenu tributaire felon les apparences fous le regne de Ninus. Semiramis maîtreffe du thrône d'Affyrie depuis la mort de fon mari, donna tous fes foins pour que Babylone devînt la plus belle ville qui fût alors. En voici la defcription tirée des Auteurs anciens.

Ses murailles étoient à toute forte d'égards prodigieufes. Elles avoient quatre-vingt-fept pieds d'épaiffeur, trois cent cinquante de hauteur, & quatre cent quatre-vingt ftades de circuit.

Cette magnifique enceinte formoit un quarré parfait. Les murailles étoient conftruites de briques larges, & cimentées de bitume, liqueur épaiffe & glutineufe qui fort de terre dans ce pays-là, & qui joint plus fortement que le meilleur ciment, que l'on ait jamais eu. Elle devient même par la fuite plus dure que la pierre à laquelle elle fert de liaifon.

La ville étoit entourée d'un vafte foffé remplie d'eau, & revêtu de briques des deux côtés. La terre qu'on en avoit tirée en le creufant, avoit fervi pour faire les briques, dont les murailles étoient conftruites. Ainfi par l'extrême hauteur & épaiffeur des murs, on peut juger quelle étoit la largeur & la profondeur des foffés.

Chaque côté de ce grand quarré avoit vingt-cinq portes, ce qui en faifoit cent, toutes d'airain maffif. D'où vient que quand Dieu promit à Cyrus la conquête de Babylone, il lui dit : *Je romprai les portes d'airain*. (1)

Entre deux de ces portes il y avoit trois tours, élevées de dix pieds au-deffus des murs ; fans en compter quatre autres bien plus grandes, placées au coin de ce grand quarré.

Des vingt-cinq portes qui étoient à chaque côté partoient autant de rues qui aboutiffoient aux portes du côté oppofé ; de forte qu'il y avoit en tout cinquante rues, qui fe coupoient en angles droits, & dont chacune avoit cent cinquante pieds de larges. Il y avoit encore quatre autres rues qui n'étoient bâties que d'un côté ; étant bordées par le rempart. On auroit

(1) Ifa. XLV. v. 2.

pû, en les suivant, faire le tour de la ville. Elles avoient deux cent pieds de large.   BABYLO-NIENS.

Les maisons y étoient de trois ou quatre étages, mais elles n'étoient pas contigues les unes aux autres. On les avoit ainsi disposées, tant pour la commodité des habitants, qui avoient chacun leur jardin, que pour aërer la ville, la rendre plus saine, & obvier aux ravages du feu. Tout cela faisoit voir que Babylone étoit beaucoup plus grande en apparence qu'en réalité. En quoi elle étoit bien inférieure à Ninive, qui dans une égale enceinte n'avoit aucun endroit vuide, du moins que nous sçachions. Une preuve même que celle-ci étoit remplie d'habitants, c'est le nombre prodigieux d'enfants qu'elle renfermoit. Au temps de Jonas, il s'y en trouva, selon l'Ecriture, six vingt mille qui ne sçavoient pas discerner leur main gauche d'avec leur droite.

Une branche de l'Euphrate traversoit cette grande ville, du Nord au Midi. On passoit ce bras du fleuve dans l'endroit où il étoit le moins large, sur un pont qu'on a regardé comme l'un des plus grands ouvrages de Babylone. Comme le fond de la riviere étoit entierement sablonneux, on avoit été obligé d'y enfoncer une quantité immense de pilotis, & on y avoit employé des poutres prodigieuses de Cedres & de Cyprès. La maçonnerie sembloit devoir durer éternellement, si Dieu n'avoit mis la main à la démolition de l'ouvrage. C'étoient des pierres d'une grosseur énorme jointes avec du plomb fondu, & liées entre elles par des crochets de fer.   L'Euphrate & son Pont.

Le Temple de Bel avoit deux parties, l'ancienne & la nouvelle. La premiere ne comprenoit que cette fameuse Tour bâtie par les enfants d'Adam, lors de la confusion des langues. La description qu'en font les Auteurs profanes est tout-à-fait conforme à celle de Moyse. Ce fameux édifice surpassoit de beaucoup les Pyramides de l'Egypte, autrefois si vantées. La plus grande de celle-ci formoit un quarré de sept cent pieds dans chaque face par le bas, & portoit quatre cent quatre-vingt un pieds de hauteur. La Tour de Babel étoit un chef-d'œuvre bien plus admirable. Comme la Pyramide, elle étoit quarrée, mais chacun de ses côtés avoit cent pieds de moins; & sa ligne perpendiculaire étant de six cent pieds juste, elle excédoit la merveille Egyptienne de cent dix-neuf pieds, ce qui mérite une attention singuliere, eu égard à la diminution de sa base. C'est un quart sur le tout. Elle étoit toute bâtie de brique & de bitume.   Le Temple de Bel.

Herodote dit, qu'on y montoit par un escalier qui alloit en tournant par le dehors; d'où l'on peut conjecturer que c'étoit une rampe oblique prise dans l'épaisseur du mur, laquelle tournoit huit fois avant que d'arriver au sommet; ce qui formoit une apparence de huit Tours posées l'une sur l'autre, & qui alloient toujours en diminuant. Chacune avoit soixante-cinq pieds de haut, c'est-à-dire, près de quinze pieds au dessus des plus hautes maisons de Paris.   La Tour de Babel.

On y avoit pratiqué plusieurs appartements avec des voûtes soutenues par des piliers; & toutes ces chambres firent partie du Temple, lorsque la Tour fut consacrée à un usage idolâtre. Le plus haut étage étoit réputé le plus saint.

Au sommet de la Tour étoit une large plate-forme, ou Observatoire,

BABYLO-NIENS. par le secours duquel les Babyloniens s'étoient rendus plus habiles en Aſtronomie, qu'aucune autre Nation. Car lorſqu'Alexandre prit Babylone, le Philoſophe Caliſthene qui l'avoit ſuivi, s'informa, ſur la priere de ſon maître Ariſtote, des obſervations Aſtronomiques des Chaldéens, & ils lui en donnerent de dix-neuf cent trois ans, ce qui remontoit juſqu'à la cent-quinziéme année depuis le Déluge, la quinziéme depuis la conſtruction de la Tour de Babel, & du commencement de Nembrod.

Juſqu'au régne de Nabuchodonoſor, le Temple de Bel ne contenoit que la Tour & les chambres qui ſervoient à ſon culte. Mais ce Monarque en accrut extrêmement l'étendue, par les grands édifices qu'il y fit bâtir tout autour, dans un quarré de 800 toiſes, ce qui excédoit de trois cent l'enceinte de celui de Jeruſalem. Tout ce vaſte corps de bâtiment étoit enclos d'un mur, qu'on peut ſuppoſer avoir été à peu près de la même étendue que le quarré qu'il renfermoit. Il y avoit pluſieurs portes toutes d'airain maſſif; & c'eſt apparemment à quoi fut employée la Mer d'airain, les colonnes & autres choſes du même métal, qui avoient été enlevées du Temple de Jeruſalem, & tranſportées à Babylone. Car l'Hiſtoire Sainte dit que le vainqueur impie les mit dans la Maiſon de ſon Dieu.

Ce Temple ſubſiſtoit encore du temps de Xercès: Mais ce Prince, pour ſe venger, & ſe dédommager des pertes qu'il avoit eſſuyées dans ſa malheureuſe expédition de la Grece, le démolit entierement, après avoir enlevé les thréſors immenſes qu'il contenoit, parmi leſquels il y avoit pluſieurs ſtatues d'or maſſif, ſans compter une grande multitude de vaſes, d'uſtenſiles, & autres ornements. En un mot, c'étoit l'amas des vœux, des libéralités & des ſacrifices mémoriaux, offerts pendant 1900 ans à la principale Divinité de l'Orient. Alexandre avoit formé la réſolution de le rebâtir, & d'abord il y employa dix mille hommes, pour en nettoyer la place, & en écarter les ruines. Mais ce Prince ayant été ſurpris par une mort violente, environ deux mois après, ſon projet finit avec lui.

Les Palais. Près du Temple, & du même côté oriental du fleuve, étoit ſitué le vieux Palais des Rois de Babylone, qui, ſans doute, n'auroit plus montré au temps d'Herodote qu'une triſte maſure, s'il n'avoit été entretenu par quelques Rois d'Aſſyrie, qui y étoient venus de temps en temps paſſer une partie de l'hyver. Deux lieues de chemin en faiſoient le tour.

Vis-à-vis, de l'autre côté du fleuve, étoit placé le nouveau Palais; ouvrage de Nabuchodonoſor le Grand. Il formoit un quarré de quatre lieues en circonférence; par conſéquent, il avoit le double de l'ancien. Il étoit entouré de trois murailles, & bien fortifié à la maniere de ce temps-là.

Les Jardins ſuſpendus. Mais ce qu'il y avoit de plus remarquable, c'étoient ces jardins ſuſpendus, ſi renommés parmi les Grecs, & que la poſtérité a connus ſous le nom de *jardins de Semiramis*. Ils contenoient un quarré de 400 pieds de chaque côté, ou près de 67 toiſes. C'étoit une eſpece d'amphithéatre charmant, formé par pluſieurs larges terraſſes, dont la plus haute étoit le niveau des murs de la ville; je veux dire qu'elle avoit 350 pieds. On montoit d'une terraſſe à l'autre, par un eſcalier large de dix pieds. La maſſe entiere étoit ſoutenue par de grandes voûtes, bâties l'une ſur l'autre, & fortifiée d'une muraille de 22 pieds d'épaiſſeur, qui l'entouroit de toute part,

Sur

Sur le sommet de ces voûtes on avoit posé de grandes pierres plattes, de 16 pieds de long, & de 4 de large. Il y avoit ensuite une forte couche de roseaux, enduits d'une grande quantité de bitume; puis deux rangs de briques, fortement liées avec du mortier. Tout cela étoit couvert de plaques de plomb; & par-dessus étoit la terre du jardin. Ces plattes formes avoient été ainsi construites, afin que l'humidité de la terre ne perçât point en bas, & ne s'écoulât point au travers des voûtes. La terre qui y avoit été portée étoit si profonde, que les plus grands arbres pouvoient y prendre racine. Ces terrasses en étoient couvertes, aussi bien que de tout autre arbre fruitier, plantes, ou fleurs propres à embellir un lieu de plaisance. Sur la plus haute terrasse étoient un acqueduc & une pompe, par le moyen de laquelle on tiroit l'eau de la riviere, & de-là on en arrosoit tout le jardin. Tant d'art faisoit la plus riante colline que l'on puisse imaginer au milieu de la plus belle ville du Monde, & d'une plaine qui avoit mérité tous ces ouvrages.

BABYLO-
NIENS.

Amytis, femme de Nabuchodonosor, ayant été élevée dans la Medie, dont Astiage son pere étoit Roi, s'étoit beaucoup plû aux forêts & aux montagnes de ce pays-là. Elle souhaitoit d'avoir quelque chose de semblable à Babylone; Nabuchodonosor, pour lui plaire, fit construire ce superbe édifice.

Comme on étoit résolu de convertir en merveilles tout ce qui étoit à Babylone, il falloit rendre le fleuve qui la traversoit aussi propre & aussi agréable que le peuvent être ces canaux magnifiques qui embellissent les jardins de nos Rois. Nabuchodonosor en avoit formé le plan, mais Herodote en attribue l'exécution à Nitocris sa brue, mere de Balthasar. Pour cet effet, on fit bâtir des deux côtés du fleuve, une lieue au-dessus & au-dessous de la ville, une grande muraille de briques & de bitume, portant 87 pieds d'épaisseur; qui formoit un quai superbe, & le plus beau point de vûe qui fut possible. Chaque rue y aboutissoit par une descente large & commode, dont l'entrée se fermoit toutes les nuits par une porte d'airain. Ainsi l'on pouvoit passer la riviere en batteau dans tous les quartiers de la ville qui étoient trop éloignés du pont. Cet ouvrage servoit tout à la fois d'ornement à la ville, & de digue contre les inondations.

Les Quais.

Nabuchodonosor n'en demeura pas là. Il fit creuser des canaux & des lacs artificiels, destinés à décharger le fleuve de la surabondance de ses eaux dans le temps des crues. Car aux approches de l'été, le soleil venant à fondre les neiges des montagnes d'Arménie, il arrivoit souvent que l'Euphrate franchissoit ses bornes, & se répandoit dans les campagnes, ainsi que le Nil en Egypte. Comme la ville & le pays en souffroient beaucoup, ce Prince, pour y remédier, fit tirer fort au-dessus de la ville deux canaux artificiels, pour détourner & conduire ces eaux débordées dans le Tigre. Le premier de ces canaux se déchargeoit près de Séleucie, & le second vis-à-vis d'Apamée. Celui-ci étoit marchand & navigable.

Les Canaux &
le Lac.

Pour le lac, c'étoit un vaste lit, capable de recevoir dans son sein toutes les eaux du fleuve, & qui servoit de décharge comme les canaux. Il commençoit un peu plus haut que Babylone au-dessus du quai, du côté occidentale, tournoit en dehors de la ville, & ramenoit les eaux dans leur

Tome VI.   P

BABYLO-NIENS.

lit ordinaire. Il le fit creuser pour la commodité des ouvriers qui travailleren aux quais & au pont. On verra quel usage en fit Cyrus pour la ruine de Babylone.

On avoit élevé à l'entrée de ces canaux & du lac une forte digue bâtie de briques, à la hauteur qui étoit nécessaire, afin qu'il ne restât dans le fleuve qu'autant d'eau qu'il en falloit pour faire un canal à peu près toujours uniforme. C'est par la rupture de ces digues, que les Perses mirent l'Euphrate à sec ; & se jetterent en foule dans la ville.

Telle étoit Babylone dans sa splendeur ; & sa gloire venoit d'être portée au plus haut point, lorsque son Empire touchoit à sa décadence. Car tous ces immenses ouvrages ne furent entierement finis, selon le sentiment de plusieurs, que sous le dernier de ses Rois, & presque dans le moment fatal où elle tomba sous la puissance des Médes & des Perses. (1)

(1) Herodote en parlant de cette ville a assuré qu'elle étoit quarrée ; que chacun de ses côtés étoit de six vingts stades, & qu'ainsi elle avoit quatre cent quatre-vingts stades de tour ; mais Diodore de Sicile écrit que sa circonférence étoit de trois cent soixante stades. Les Critiques se sont trouvés embarrassés d'une si grande différence entre deux Auteurs, dont l'un avoit vû Babylone, & dont l'autre, qui avoit copié Ctesias, avoit en ce point le même avantage qu'Herodote. Jacques Capel dans son Traité Latin des poids & des mesures, paroît avoir fait les plus grands efforts pour concilier ces deux Auteurs. Il suppose que les stades d'Herodote sont des stades Grecs ; qu'il appelle Attiques, & ceux de Diodore des stades Babyloniens, plus grands d'un quart. Ce système ne peut être reçu, puisque le nom de stade n'a été donné qu'à de certaines mesures des Grecs. Pline s'est écarté de la vérité, lorsqu'il a écrit que cette grande ville embrassoit soixante mille dans ses murailles. En traduisant Herodote il a évalué à son ordinaire le mille à huit stades, au lieu qu'il devoit compter douze stades & demi pour un mille. A l'égard de la contradiction qu'on observe entre Herodote & Diodore, elle vient de la maniere différente dont Herodote & Ctesias s'y sont pris pour connoître l'étendue de cette ville. Celui-ci l'avoit mesuré sur le rempart, & le premier en avoit fait le tour au dehors, au-delà d'un large fossé. Babylone n'avoit donc au plus que treize de nos lieues en dehors, & près de dix en dedans, & cela est suffisant pour la faire regarder comme une très-grande ville. Pline en donnoit une fausse idée en écrivant qu'elle avoit soixante mille de tour, puisque ce seroit vingt lieues justes. La comparaison du pied cubique Romain, & du pied cubique Grec, donne le même résultat que celle des deux pieds simples. *Mémoires de l'Académie des Belles-Lettres Tom. XIX. pag. 528. & suiv.*

Tel est le sentiment de M. de la Barre, dans l'endroit que je viens de citer. M. Freret n'est pas du même avis. Il pense, 1°. que cette différence entre Herodote & Ctesias vient de la grandeur des stades que l'un & l'autre ont employé. 2°. Que ceux d'Herodote ne contenoit que les trois quarts de ceux de Ctesias, & que si le degré d'un grand cercle contenoit 1111. des stades d'Herodote, il n'y en avoit que 833 ½ de ceux de Ctesias. 3°. Que les 480 stades d'Herodote, étant pris pour des stades itinéraires de 1111 au degré, Babylone n'aura plus que 29520 pas de tour, au lieu des 54000 qui résultent de l'évaluation commune ; sa largeur sera de 7380 pas, & non de 1350, c'est-à-dire, d'un peu plus du double de Paris ; pris de l'Observatoire à la porte Saint Denis. Dans l'hypothese commune la largeur de Babylone est quadruple de celle de Paris, & Babylone auroit contenu dix-huit fois l'aire de Paris, au lieu que dans l'évaluation de M. Freret, elle la contiendra seulement un peu plus de quatre fois. *Mémoires de l'Académie des Belles-Lettres, Tom. XXIV. pag. 439. & suiv. 522. & suiv.* Comme il n'est pas possible de donner dans une note le précis du Mémoire de M. Freret sur l'évaluation des mesures des Anciens, je me trouve obligé d'y renvoyer le Lecteur, qui verra sur quel fondement ce célebre Académicien appuye son système,

Les Babyloniens ont toujours été regardés comme un peuple extrêmement débauché, & qui avoit poussé le luxe & le faste jusqu'à l'excès.

Les Babyloniens & les Chaldéens (1) avoient deux principales Divinités, sçavoir, une Venus céleste, nommée Mylitta, & Bel ou Baal. Suivant Jérémie, Bel étoit représenté comme un homme vénérable, tenant un sceptre dans sa main droite, & un poignard avec une hache dans sa gauche. Les femmes Babyloniennes, pour honorer leur Venus, étoient obligées de se prostituer une fois aux Étrangers, & l'argent qu'elles recevoient en cette occasion étoit regardé comme sacré. Les Chaldéens, c'est-à-dire, les Prêtres & les Lettrés de la Nation avoient, au sujet des Dieux, des opinions qui leur étoient propres, & dont le Vulgaire n'avoit qu'une connoissance imparfaite. » Ils disoient qu'il y avoit un grand nombre de Dieux » qui gouvernoient le Monde. Les principaux étoient les douze signes du » Zodiaque, & au dessous d'eux les cinq Planettes, le Soleil, Mars, Venus, Mercure & Jupiter. Ceux-ci étoient les interprètes des douze, c'est-» à-dire, qu'en arrivant à chaque signe, ils l'informoient de ce qui se pas-» soit dans le Monde. Les Chaldéens disoient encore, que le Conseil des » douze Dieux étoit composé de trente constellations, dont quinze avoient » le département du Ciel & de la Terre, & les quinze autres avoient celui » des lieux souterrains. Il y avoit encore une vingtaine de constellations » distribuées au Midi & au Nord, dont les unes étoient visibles & les au-» tres cachées. Celles-ci jugeoient les morts, au lieu que les premières » jugeoient les vivants. « Tel est le système religieux dont les Chaldéens firent part à Diodore de Sicile.

Les traditions chaldéennes, très-différentes de celles des Egyptiens, supposoient notre Monde tiré du chaos par une Intelligence supérieure qu'elles nommoient Bel ou Baal, *le Seigneur*, & qui étoit regardée comme le principe & l'auteur de l'ordre ou arrangement organique des diverses parties de l'Univers. Ces traditions supposoient encore, que toutes les Nations descendoient d'un seul & même homme formé par Bel, & doué d'une intelligence unie par le Dieu suprême à la portion de matiere dont il avoit composé le corps du premier homme. Ces mêmes traditions ajoutoient que les descendants de cet homme, qu'elles nommoient *Alorus*, s'étant

BABYLO-
NIENS.

Divinités adorées à Babylone.

(1) Xenophon, dans sa Cyropédie & dans sa retraite des dix mille, ne donne point le nom de Chaldéens aux peuples de la Babylonie. En effet, en examinant cette matiere avec attention, on trouve que le nom des Chaldéens de la Babylonie ne convenoit qu'à une Tribu, ou famille de gens qui s'appliquoient dès l'enfance à la recherche des choses naturelles, à l'observation des Astres, & au culte des Dieux. Xenophon donne le nom de Chaldéens aux peuples qui habitent cette branche du Caucase où l'Euphrate, le Tigre, l'Araxe & le Cyrus prennent leur source. Cette position paroît d'abord révolter ceux qui sont accoutumés à la Géographie d'Herodote, qui nomme ces peuples Chalybes, & met les Chaldéens à Babylone; néanmoins Xenophon paroît le plus exact, ayant été suivi par ceux qui ont écrit après lui. Strabon assure que les peuples nommés anciennement Chalybes, étoient appellés de son temps Chaldéens. L'Empereur Constantin Porphyrogenete, qui appelle les Provinces du nom des peuples qui les habitoient, donne celui de *Chaldia* au pays dont Trebisonde étoit la capitale, & qui s'étend fort loin au Midi & à l'Orient de cette ville, comprenant une grande partie des deux Arménies : il ajoute même que ce nom vient des Perses. *Mémoires de l'Académie des Belles-Lettres*, Tom. *IV*. pag. 594.

P ij

116 INTRODUCTION A L'HISTOIRE

BABYLO-
NIENS.

corrompus, Bel les fit périr à la dixiéme génération par un déluge, dont il préserva Zisuthrus & sa famille par une protection particuliere. Cette famille repeupla la terre, & c'est d'elle que sortent toutes les Nations. On reconnoît aisément ici la ressemblance de ces traditions avec l'histoire de la Genese.

On pense que la connoissance des Astres, & la science établie sur les observations de leur cours, & des phénomenes célestes, qui est l'Astronomie proprement dite, doit son origine aux Chaldéens, de même que cette autre partie pleine de superstition, qui regarde les effets & les influences des Astres, qu'on appelle Astrologie apotelesmatique, ou Sphere barbarique. (1)

L'an 916. avant J. C.

Les Babyloniens resterent sous la puissance des Rois d'Assyrie jusqu'à la révolte de Belesis, Gouverneur de la Babylonie. Il avoit été excité à cette révolte par Arbaces qui commandoit en Médie. Quelques Auteurs ont prétendu que Babylone fut alors soumise aux Medes, mais ce sentiment ne paroît pas probable, puisque les Medes formerent alors une République. Il y a plutôt lieu de croire que toutes les Provinces, qui avoient secoué le joug des Assyriens, se donnerent chacune des Chefs, & ne sortirent point de la dépendance d'un peuple, pour tomber sous celle d'un autre. Les Babyloniens ne changerent pas, selon les apparences, la forme de leur gouvernement, & ils reconnurent Belesis pour leur Roi. Les actions de ce Prince ne nous sont point connues, & il n'y a rien de certain sur le nom de ses premiers successeurs.

NABONASSAR.

La chronologie des Rois de Babylone n'est exactement fixée que depuis le commencement du regne de Nabonassar. Ce Prince ayant fait des établissements considérables, par rapport aux sciences & à l'Astronomie, le commencement de son regne devint une époque, que les Astronomes anciens employerent longtemps après la destruction de Babylone. L'histoire ne nous a pas conservé les actions de ces Princes jusqu'au regne de Nabuchodonosor le Grand. On sçait seulement que Merodach Baladan ou Mardokempad, mort l'an 710. avant l'Ere chrétienne, envoya des Ambassadeurs à Esechias, pour le féliciter sur le rétablissement de sa santé, & s'informer du prodige arrivé en sa faveur par la rétrogradation de l'ombre du Soleil sur l'horloge d'Achaz.

ASSARADINUS.

Ceux qui confondent mal-à-propos Assarrhaddon, Roi d'Assyrie, avec Assaradinus qui monta sur le throne de Babylone l'an 68. de l'Ere de Nabonassar, disent que le Royaume de Babylone étoit alors retourné sous la domination Assyrienne, & qu'il y resta jusqu'à la révolte de Nabopolassar.

NABOPOLASSAR.

J'ai fait voir dans l'histoire d'Assyrie la fausseté de ce systême. Nabopolassar, monté sur le throne de Babylone par ordre de succession, se joignit à Cyaxare, Roi des Medes, pour détruire la ville de Ninive, où regnoit alors Sarac, nommé aussi Sardanapale par les Grecs. L'Empire de Babylone augmenté par les conquêtes qu'il venoit de faire sur les Assyriens, devint plus florissant qu'il n'avoit été. Nabopolassar ayant résolu de mettre sous sa domi-

(1) Je n'entrerai point ici dans le détail des années Babyloniennes, qui me jetteroit dans de longues discussions, qu'il n'est pas facile d'abréger. Je renvoie au Tome XVI. des Mémoires de l'Académie pag. 205 & suiv. ceux qui seront curieux de s'en instruire à fond. Ils y trouveront de quoi se satisfaire.

nation les Provinces qui avoient dépendu du Royaume de Ninive, il fit tous les préparatifs nécessaires pour une expédition de cette importance. Trop âgé & trop infirme pour supporter seul le poids de tant d'affaires, il associa au thrône son fils Nabuchodonosor, qui fut dans la suite surnommé le Grand.

BABYLO-
NIENS.

Ce Prince, à la tête d'une puissante armée, s'avança vers la Syrie pour soumettre cette Province, dont il vint à bout de se rendre maître après avoir battu Necao, Roi d'Egypte, qui s'étoit présenté avec de nombreuses troupes pour la défendre. Necao obligé de prendre la fuite, fut poursuivi par le Vainqueur jusqu'à Peluse. Nabuchodonosor pour ôter toutes ressources au Roi d'Egypte, & se venger en même temps d'Eliacim, surnommé Joakim, Roi de Juda, qui étoit dans les intérêts de Necao, entra dans la Judée, réduisit tout le pays sous son obéissance, & fit le Roi prisonnier. Ce Prince, qui devoit être conduit à Babylone, eut recours à la clémence du Vainqueur, & obtint sa liberté, à condition qu'il se reconnoîtroit tributaire des Babyloniens. Nabuchodonosor satisfait de sa soumission le rétablit sur le thrône, mais il enleva une partie des vases sacrés du Temple, & fit conduire à Babylone un grand nombre de Juifs, parmi lesquels étoient Daniel, Ananias, Misaël & Azarias de la Tribu de Juda. Ces quatre jeunes gens sont aussi nommés Balthasar, Sidrac, Misac & Abdenago.

NABUCHODO-
NOSOR.

607.

Quelques temps après Nabopolassar mourut. Nabuchodonosor, qui apprit cette nouvelle pendant qu'il étoit occupé à terminer glorieusement la campagne, accorda la paix au Roi d'Egypte, & retourna à Babylone pour y regler les affaires de son Royaume. Il profita de ce repos pour embellir cette ville, & plusieurs Ecrivains lui attribuent les ouvrages que d'autres donnent à Semiramis. Ce qu'il y a de certain, c'est que ce Prince fit beaucoup travailler dans cette Capitale de ses Etats. Ce fut au milieu de ces occupations qu'il eut un songe mystérieux, dont il fut tellement frappé, qu'il fit condamner à mort les Mages, parce qu'ils n'avoient pû lui en donner l'explication. Daniel, qui étoit élevé dans le collège des Mages, n'eut pas plutôt appris l'arrêt prononcé contre eux, & dans lequel il étoit compris, qu'il demanda à être présenté au Roi. On ne l'avoit sans doute point consulté à cause de sa jeunesse. Lorsqu'il fut en présence de ce Prince, il lui parla ainsi:

Il vous a paru comme une grande statue, qui se tenoit de bout, en votre présence, & dont vous pouviez à peine supporter les regards. La tête étoit d'or, la poitrine & les bras d'argent, le ventre & les cuisses d'airain, les jambes de fer, & les pieds partie de fer, partie d'argile. Pendant que vous étiez attentif à cette vision, une pierre s'est détachée d'elle-même d'une montagne, & frappant la statue par les pieds, elle l'a brisée & réduite en poudre, & la pierre est devenue une grande montagne, qui a rempli toute la terre. Daniel donna ensuite l'explication de ce songe, marquant les trois grands Empires qui devoient succéder à celui des Babyloniens, sçavoir, l'Empire des Perses, l'Empire d'Alexandre le Grand, l'Empire Romain, ou selon d'autres, celui des successeurs d'Alexandre. Après ces Royaumes, continua Daniel, le Dieu du Ciel en suscitera un qui ne sera jamais détruit, qui ne passera point à un autre peuple, qui renversera & anéantira tous ces Royau-

Explication du premier songe de Nabuchodonosor.

BABYLO-
NIENS.

mes ; & qui subsistera pendant toute l'éternité. C'est ainsi qu'il désignoit clairement le Royaume de Jesus-Christ.

Nabuchodonosor satisfait des discours de Daniel, déclara hautement que le Dieu d'Israël étoit le véritable Dieu, & éleva Daniel aux premieres charges de l'Empire. Il le fit chef de ceux qui avoient la surintendance sur les Mages, l'établit gouverneur de Babylone, & le mit au nombre des principaux Seigneurs qui suivoient toujours la Cour. Ses compagnons eurent aussi part à son élévation. La révolte de Joakim obligea Nabuchodonosor à charger ses vassaux de lui faire la guerre. Ce Prince fut tué dans Jerusalem ; & Joachin son fils nommé aussi Jechonias lui succéda. Il ne jouit pas long-temps du thrône ; car Nabuchodonosor étant venu mettre le siége devant Jerusalem, le fit prisonnier, & l'emmena à Babylone, où il resta jusqu'à la mort de ce Prince. Le vainqueur enleva toutes les richesses du Temple & du Palais. Mathanias surnommé Sedecias qu'il avoit établi Roi de Jerusalem, se révolta peu de temps après, & sa rébellion fut la cause de la destruction totale de Jerusalem, & de l'extinction du Royaume de Juda. Sedecias vit périr ses deux fils, eut les yeux crevés, & fut jetté dans une prison à Babylone, comme on l'a vû ci-devant dans l'histoire des Juifs.

Quelque temps après cette expédition, Nabuchodonosor fit faire une statue d'or d'une forme colossale, & la fit exposer dans la plaine de Dura près de Babylone. Il ordonna à tous ses sujets de se prosterner devant & de l'adorer, mais Sidrac, Misac & Abdenago refuserent de participer à cette Idolâtrie. Le Roi offensé du mépris qu'ils faisoient de ses ordres, les fit jetter dans une fournaise ardente dont ils furent délivrés miraculeusement. Nabuchodonosor frappé de ce prodige, adora le Dieu d'Israël ; & combla d'honneurs les trois jeunes Juifs.

Siége de Tyr.
586.

Le Roi de Babylone resta tranquille pendant deux ans, après lesquels il remit ses troupes en campagne pour se venger de quelques peuples qui s'étoient ligués contre lui pour défendre les Juifs. Il fit assiéger Tyr par une partie de son armée, & donna ordre à l'autre partie de marcher contre les Ammonites, les Moabites, les Iduméens, & autres Nations voisines de Jerusalem. Nabusardan, Général de Nabuchodonosor, vint facilement à bout de réduire tous ces peuples, & de les rendre tributaires. La conquête de Tyr ne fut pas si facile, & les Babyloniens resterent treize ans devant cette Place. La peste & la famine obligerent les habitants d'abandonner la ville, mais ils eurent soin en même-temps d'emporter avec eux leurs richesses, de sorte que Nabuchodonosor ne fit qu'un modique butin en se rendant maître de Tyr.

Conquête de l'Egypte.

Le Roi de Babylone tira un plus grand avantage de l'expédition qu'il fit contre Apriès, Roi d'Egypte, nommé dans Jérémie Pharaon Ophra. La révolte d'Amasis facilita à Nabuchodonosor les moyens de faire dans l'Egypte des ravages épouvantables. Il laissa par tout des marques de sa fureur & de sa cruauté ; & Memphis, Tanis, Dubaste, Damiete, Heliopolis & Thèbes furent traitées avec la dernière rigueur, & Nabuchodonosor emporta de ces villes toutes les richesses qu'il y trouva. (1)

(1) Quoiqu'Herodote ne fasse aucune mention de cette conquête, elle n'en est pas moins certaine. Les Prêtres d'Egypte par une sotte vanité, avoient eu soin de

Nabuchodonosor fier de tant de succès, conçut des sentiments d'orgueil qui lui attirèrent la colere de Dieu. Le Maître des Rois pour lui connoître que sa puissance n'étoit qu'un néant, lui envoya une vision dans laquelle il apperçut un grand arbre, qui de sa tête touchoit le ciel, & qui étendoit ses branches jusqu'aux extremités de la terre. Ses feuilles étoient très-belles, & il portoit des fruits en grande abondance. Il couvroit de son ombre toutes sortes d'animaux, & les oiseaux du ciel venoient se reposer sur ses branches. Celui qui veille descendit du ciel, & cria d'une voix forte : abattez l'arbre par le pied, coupez en les branches, faites-en tomber les feuilles, & répandez ses fruits. Que les bêtes qui étoient dessous s'enfuient, & que tous oiseaux s'envolent de dessus ses branches. Laissez néanmoins en terre la tige avec ses racines ; qu'elle soit liée avec des chaînes de fer & d'airain parmi les bêtes des champs ; que la rosée du ciel tombe dessus, & qu'elle paisse avec les bêtes sauvages les herbes de la terre. Qu'on lui ôte son cœur d'homme, & qu'on lui donne un cœur de bête : Enfin que sept temps se passent ainsi sur elle. Les Mages ne purent donner aucune explication de ce songe, & il n'y eut que Daniel qui fit connoître au Roi qu'il étoit cet arbre que Dieu feroit couper. Cette prédiction fut accomplie au bout de douze mois, aussitôt après que Nabuchodonosor eut proferé quelques paroles orgueilleuses, il entendit tout d'un coup cette voix du ciel : Voici ce qui vous est annoncé, ô Nabuchodonosor : votre Royaume passera dans d'autres mains ; vous serez chassé de la compagnie des hommes ; vous habiterez avec les bêtes farouches ; vous mangerez du foin comme un bœuf, & sept années passeront sur vous jusqu'à ce que vous reconnoissiez que le Très-haut a un pouvoir absolu sur le Royaume des hommes, & qu'il les donne à qui il lui plaît.

Cet oracle fut accompli à la même heure, & Nabuchodonosor chassé de la compagnie des hommes, vécut parmi les bêtes de la campagne ; ses cheveux devinrent comme les plumes d'un aigle, & ses ongles comme les griffes des oiseaux. Il ne fut pas changé en une véritable bête, mais son esprit fut tellement abruti qu'il leur devint en quelque façon semblable. Le temps marqué pour sa pénitence étant accompli, il implora la miséricorde du Tout-puissant, & il rentra dans son bon sens. Il mourut un an après son rétablissement, ayant regné selon le calcul des Babyloniens quarante-trois ans, depuis la mort de son pere ; ou suivant la manière des Juifs, quarante-cinq ans, depuis sa premiere expédition en Syrie ; ce qui répond à la trente-septiéme année de la prison de Jéchonias.

Pendant que Nabuchodonosor étoit privé de sa raison, l'Etat fut gouverné par Evilmerodac son fils, que les Seigneurs avoient nommé Régent du

BABYLONIENS.
Seconde vision de Nabuchodonosor.
570.

562.

EVILMERODAC.

cacher à Hérodote cet événement, de même que les victoires que Cyrus avoit remportées sur Amasis. L'expédition de Nabuchodonosor est rapportée d'ailleurs par Berose, dans son histoire de Babylone, dont Josephe fait mention. Les annales des Phéniciens disoient les mêmes choses, & les plus habiles Chronologistes modernes suivent le témoignage de Josephe, qui avoit lû les anciens Historiens qu'on trouve cités dans son ouvrage. Nous avons encore une preuve de cet événement, dans les propheties de Jérémie & d'Ezechiel, où il est dit que Dieu livrera Pharaon Ophra à Nabuchodonosor, Roi de Babylone ; que son pays sera ravagé, que ses villes seront détruites & son peuple mené en captivité.

BABYLO-NIENS. Royaume. Aussitôt que son pere fut mort, il prit le titre de Roi, & le premier acte d'autorité qu'il fit fut de mettre Jechonias en liberté, & de lui faire rendre les plus grands honneurs. Saint Jerôme prétend d'après une ancienne tradition des Juifs, que Nabuchodonosor mécontent de l'administration de son fils l'avoit fait mettre dans la même prison où étoit Jechonias, & où il avoit lié une étroite amitié avec ce Prince. Evilmerodac devint si odieux à sa famille par les grands excès où il se porta; qu'elle le fit assassiner au bout de deux ans de regne.

NERIGLISSOR, Régent du Royaume.

561.

La Couronne passa ensuite sur la tête de Neriglissor, qui avoit épousé la sœur d'Evilmerodac. Jaloux de la puissance des Medes, il se ligua avec plusieurs Princes voisins pour les attaquer. Cyaxare II. fut bientôt informé du projet du Roi de Babylone, & il avertit aussitôt les Perses de lui envoyer une puissante armée. Cyrus son neveu se mit à la tête de trente mille hommes, avec lesquels il marcha contre les Babyloniens. Des succès consécutifs de la part des Perses, affoiblirent considérablement les Babyloniens, & Neriglissor perdit lui-même la vie dans un combat.

LABOROSORCOD.

Le throne fut alors occupé par Laborosorcod son fils, Prince cruel & adonné aux passions les plus infâmes. Il commit tant d'injustices que ses propres sujets se révolterent contre lui, & l'assassinerent après neuf mois de regne.

BALTHASAR.

Il eut pour successeur Nabonadius, que Berose appelle Nabonid, Herodote Labingt, Josephe Naboandel, & Daniel Balthasar. On croit qu'il étoit fils d'Evilmerodac & de Nitocris. Cette Princesse chargée de la tutelle de son fils, qui n'étoit pas encore en âge de gouverner par lui-même, se conduisit avec beaucoup de sagesse. Résolue de réparer les pertes que l'Empire avoit faites depuis quelque temps, & d'arrêter les progrès de Cyrus, elle engagea son fils à faire alliance avec Cresus, Roi de Lydie. Ce Prince se joignit volontiers aux Babyloniens; mais le grand nombre des troupes qu'il avoit ne servit qu'à augmenter la gloire de Cyrus. L'armée Lydienne fut taillée en pièces, & Cresus perdit le throne, comme je le dirai dans l'histoire de Lydie. Cyrus profitant de sa victoire se rendit maître de tout le continent qui est entre le Pont Euxin, la mer Egée, l'Ocean & l'Euphrate. Il passa ensuite au Nord de Babylone, & s'empara de plusieurs Provinces qui en dépendoient. Nitocris craignant que le vainqueur ne formât le projet d'assiéger Babylone, mit dans la ville une grande provision de vivres, & prit toutes les précautions nécessaires pour être en état de faire une longue résistance. Elle s'apperçut bientôt que ces mesures n'étoient point inutiles, car Cyrus ne tarda pas à se présenter devant la Place. Les travaux du siège n'avancerent pas beaucoup en apparence pendant un an, parce que Cyrus forma divers canaux pour détourner le fleuve, afin d'entrer par le lit qui devoit rester à sec. Cyrus profita d'une nuit où Balthasar donnoit un repas somptueux, & dans lequel il profana les vases du Temple de Jerusalem en y faisant boire ses concubines, & les compagnons de ses débauches. Pendant qu'il ne songeoit qu'à se livrer au plaisir, il apperçut une main qui traçoit quelques caracteres sur la muraille. Daniel qui fut appellé pour en donner l'interprétation, déclara à Balthasar qu'il étoit prêt à perdre le throne & la vie. Cette prédiction eut son effet quelques heures après,

après, car les Perses étant entrés dans la ville tuerent le Roi, & massacrerent tous ceux qui voulurent se défendre.

Tel fut la fin de l'Empire de Babylone, qui fut entierement détruit par la conquête de Cyrus.

Tout ce qui s'est passé dans cet Empire depuis la mort de Nabuchodonosor, est si confondu dans les Historiens, qu'il paroît comme impossible de démêler la vérité. Les noms des successeurs de ce Prince ne nous sont pas même bien connus. Ce n'est qu'en tâchant de concilier les Auteurs les uns avec les autres qu'on peut venir à bout d'entrevoir quelque chose de certain. Le Darius Medus dont il est parlé dans Daniel, & qui regna après Balthasar à Babylone, forme une difficulté qui a toujours occupé les plus sçavants Critiques. De tous ceux que j'ai consultés sur une matiere aussi épineuse, je n'en ai point trouvé qui l'ait traitée avec plus de solidité que M. Freret, dans une de ses dissertations sur la Cyropedie de Xenophon (1). Mon dessein étoit d'extraire cette partie de sa dissertation, mais je me suis apperçu que je ne pouvois le faire qu'en affoiblissant son raisonnement & ses preuves. J'ai donc pris le parti de copier tout ce qui étoit relatif au sujet que je viens de traiter, & je pense que je ferai plaisir à plus d'un lecteur de lui présenter les moyens de s'éclaircir sur un point si difficile de l'Histoire.

Discussion sur la prise de Babylone par Cyrus, & sur le Darius Medus de Daniel.

Je suis persuadé, dit M. Freret, que si l'on compare sans prévention l'histoire de Xenophon avec les endroits de l'Ecriture allégués par les défenseurs de la Cyropedie, loin d'y appercevoir quelque conformité, on y découvrira des oppositions formelles. Je dis, si l'on compare sans prévention ; car les partisans de la Cyropedie ne l'ont trouvée conforme au livre de Daniel, que parce qu'ils ont expliqué cette prophetie, non par elle même, mais par les suppositions qu'ils avoient faites d'avance. Le rapport que l'on trouve entre le détail que Xenophon fait du siége de Babylone, & plusieurs endroits des Prophetes, ne donne aucun avantage à cet Historien, puisqu'il ne dit rien qui ne se trouve dans Herodote, quoiqu'avec moins d'étendue. Il y a encore quelques autres conformités, qui ne consistent que dans la maniere d'adapter certains endroits de Daniel, au systême que l'on s'est formé pour l'histoire de Babylone ; mais ces conformités, ou convenances, sont une suite & une dépendance de ces systêmes, & non pas la preuve de leur vérité ; elles se rencontrent également dans des systêmes opposés ; ainsi elles ne peuvent servir à fonder la préférence d'un de ces systêmes, & l'exclusion des autres.

La grande conformité qu'on s'imagine appercevoir entre Xenophon & le Prophete Daniel, celle que l'on croit suffisante pour établir la préférence que l'on accorde à l'Historien Grec, dépend de ce qu'il dit de la prise de

---

(1) Tom. VII. des Mémoires de l'Académie pag. 461. & suiv. Ceux qui seront curieux de voir la dissertation de M. l'Abbé Banier sur le même sujet, la trouveront dans le volume VI. dans la partie des Mémoires, pag. 414. & suiv. Je n'ai pas jugé à propos de l'insérer, parce qu'elle se trouve solidement réfutée par M. Freret.

BABYLO-NIENS.

Babylone, de la destruction de l'Empire des Assyriens par Cyrus, de la mort du Roi, qu'il nomme un Prince impie, & que l'on croit le même que le Balthasar de Daniel ; enfin de ce qu'il dit du regne de Cyaxare, oncle de Cyrus, à Babylone ; car on suppose, qu'outre la couronne des Medes qu'il tenoit de son pere Astyage, il regnoit aussi sur les Perses ; que par conséquent Cyrus étoit son sujet, & que c'étoit pour lui qu'il avoit fait la conquête du Royaume de Lydie, & de celui de Babylone. De-là on conclut, que le Darius Mede de Daniel, successeur de Balthasar, & que l'on suppose avoir regné, non-seulement sur les Babyloniens, mais encore sur les Medes & sur les Perses, ne peut être différent du Cyaxare de Xenophon. Or comme cet Historien est le seul qui parle de ce Cyaxare, si Daniel ne peut être entendu qu'en admettant le système historique de la Cyropedie, il est clair que cet ouvrage doit être préféré à toutes les autres histoires.

Je pourrois me dispenser d'examiner ce raisonnement, & d'y répondre en détail ; car comme il est démontré, que le Cyaxare de Xenophon est un personnage fabuleux, & dont le regne sur les Medes est formellement détruit par Daniel, toute la suite du raisonnement tombe d'elle-même ; cependant je veux bien suivre les partisans de Xenophon, & répondre pied à pied à leur prétendue démonstration. Je ferai voir, que même en supposant la Cyropedie une histoire véritable, elle est opposée au Prophete Daniel, bien loin de lui être favorable. Je commence par établir le vrai système de la Cyropedie de Xenophon, parce que ceux dont j'examine l'opinion, ne l'ont pas représenté fidelement.

1°. Cyaxare II. régnoit sur les Medes. Les Perses faisoient un Etat séparé, allié, mais non dépendant de celui des Medes ; & quoique Cyrus obéît à Cyaxare, c'étoit comme son neveu, c'étoit comme plus jeune que lui, & non comme son sujet. On peut voir de quelle façon Xenophon rapporte le raccommodement de Cyrus & de Cyaxare après l'expédition de Chaldée, entreprise sans l'ordre & sans la participation de Cyaxare. Cyrus traite avec le Roi des Medes, & lui parle comme un Prince son égal, & commandant une armée indépendante de lui. Après la conquête de la Lydie, & des autres Royaumes de l'Asie mineure, Cyrus en regle le gouvernement, sans attendre les ordres de Cyaxare, sans même lui demander son avis ; il en fait autant après la prise de Babylone, il y met garnison Persane, il y établit des impôts, & il envoye des Satrapes dans les Provinces conquises, sans la participation de Cyaxare. Il est vrai qu'il lui réserve une part du butin fait sur les vaincus, & qu'il lui destine un palais dans Babylone ; mais cela même est un Acte de souveraineté. S'il eût été sujet du Roi des Medes, il n'eût pas été en droit de faire la part de son Maître, & de s'approprier le reste, à lui & aux Persans. C'est-là un présent que fait Cyrus à son oncle, & même un présent que Cyaxare étoit en droit de demander ; puisque ses troupes avoient eu une grande part à la guerre.

Lorsque Cyrus passe à Ecbatanes, après la prise de Babylone, Cyaxare lui offre sa fille en mariage ; Cyrus ne l'accepte que sous la condition que son pere Cambyse y consentira : s'il eût été sujet de Cyaxare, l'autorité royale eut rendu le consentement de Cambyse inutile, & la condition mise par Cyrus à son acceptation eut blessé Cyaxare, que Xenophon nous représente comme un Prince extrêmement jaloux de son autorité. D'Ecbatanes, Cyrus passe à Persepolis, où les États généraux du Royaume de Perse lui prêtent serment, & le reconnoissent pour successeur de Cambyse, sans qu'il soit fait aucune mention de Cyaxare; son consentement auroit cependant été nécessaire, si la Perse eût été une Province de son Empire. On ne trouve rien dans la Cyropédie qui fasse penser que Cyaxare ait regné sur les Perses; donc s'il est vrai, comme le suppose la prétendue démonstration, que le Darius Mede de Daniel eût regné sur les Medes & sur les Perses, ainsi que sur les Babyloniens, ce Prince seroit très-différent de Cyaxare, qui n'a regné que sur les Medes seuls.

2°. Le Cyaxare de Xenophon étoit à Ecbatanes pendant le siége de Babylone; & s'il vint dans cette derniere ville, ce ne fut que deux ans au plutôt après sa prise par Cyrus. Or le Darius de Daniel monta sur le throne de Chaldée aussitôt après la mort de Balthasar. Le recit de Daniel ne permet pas de douter que Darius ne fût à Babylone, & qu'il ne gouvernât cette ville par lui-même; donc il est différent du Cyaxare de Xenophon.

3°. Le Roi, sur lequel Cyrus prit Babylone, fut non seulement le dernier Roi Assyrien, mais encore le dernier Roi de cette ville, qui cessa d'être capitale d'un Empire; le Royaume des Assyriens ayant été absolument éteint, & la Babylonie avec les Etats qui en relevoient, étant devenue une Province dépendante de l'Empire de Perse. Ce Prince regnoit depuis cinq ans; son pere auquel il succéda, ayant été tué dans un combat dès la première année de la guerre.

Xenophon le nomme un Prince impie, ἀνόσιον: mais cette impiété ne doit pas s'entendre du mépris de la religion; le terme ne le signifie pas nécessairement. Xenophon lui donne ce titre à cause des actions injustes & barbares qu'il en rapporte à l'occasion de Gadates, & du fils de Gobrias; mais quand bien même cette impiété devroit s'entendre du mépris des Dieux, elle n'auroit aucun rapport à la prophanation des vases du Temple des Juifs par Balthasar. Cette prophanation n'étoit regardée comme une impiété, que par ceux qui adoroient le Dieu des Juifs; les Idolâtres n'en portoient pas le même jugement.

Daniel nous apprend qu'après la mort de Nabuchodonosor, Roi de Babylone, son fils Balthasar lui succéda : il lui donne en cinq endroits différents du chapitre V. le titre de *fils de Nabuchodonosor*, (1) du Roi qui avoit pris Jerusalem & brûlé le Temple, emporté les vases sacrés, & réduit les Juifs en servitude; de celui-là même que Dieu avoit châtié, & que ce châtiment avoit fait rentrer en lui-même. Les termes de Daniel ne se peuvent entendre que d'un fils de Nabuchodonosor, & il n'est pas possible de supposer qu'il s'agit là seulement d'un petit-fils, ou même d'un descendant de ce Conquérant.

Il est vrai que le quatrième Livre des Rois, (2) Jeremie, (3) Bérose, Mégasthenes & le Canon Astronomique, nomment le fils & le successeur de Nabuchodonosor, *Evilmerodac*, & que ce nom de Balthasar n'est donné à aucun des Rois de Babylone; (4) mais nous trouvons dans Baruch de quoi

(1) Dan. 5. v. 2. 11. 13. 18. 22.
(2) Reg. 25. 27.
(3) Jerem. 50. 2. 31.
(4) Jos. cont. Apion. 1. 1344.

réfoudre cette difficulté, (1) puifque nous voyons qu'il donne le nom de Balthafar au fils de Nabuchodonofor, à celui qui étoit deftiné à lui fuccéder & qui étoit en quelque façon affocié à la fouveraineté. Dans la lettre qu'il écrit au nom des Juifs tranfportés à Babylone, (2) à ceux qui étoient demeurés à Jerufalem, il les exhorte à prier pour la vie du Roi Nabuchodonofor, & pour celle de fon fils Balthafar : *Orate pro vitâ Nabuchodonofor Regis Babylonis, & pro vitâ Balthafar filii fui . . . . . ut vivamus fub umbrâ Balthafar filii ejus & ferviamus eis, & inveniamus gratiam in confpectu eorum.* On voit par-là que le fils de Nabuchodonofor avoit porté le nom de Balthafar du vivant de fon pere, & que quoiqu'il eût prit le titre d'Evilmerodac en montant fur le thrône, Daniel a pû continuer de le défigner par fon premier nom.

Cette premiere obfervation forme une différence abfolue entre le Balthafar de Daniel, & le Roi de Babylone de Xenophon. Ce dernier avoit fuccédé à fon pere tué dans un combat, & avoit regné cinq ans. Si le Balthafar de Daniel eft le même que le Roi impie de Xenophon, ce dernier aura été fils de Nabuchodonofor, & il faudra fuppofer que Nabuchodonofor fera aufli le Roi d'Affyrie, tué dans un combat cinq ans avant la prife de Babylone par Cyrus. (3) Comment ajufter cette circonftance avec ce que nous apprennent Berofe, Megafthenes, &c. (4) que Nabuchodonofor mourut de maladie, vingt-trois ans au moins avant la prife de Babylone. La durée de ces vingt-trois ans poftérieurs à Nabuchodonofor, eft conftatée d'une maniere indubitable par le Canon Aftronomique des Rois Chaldéens, & par plufieurs obfervations d'éclipfes rapportées par Ptolémée, & marquées par les Aftronomes aux années du regne des fucceffeurs de Nabuchodonofor.

Il faut encore fuppofer dans cette hypothefe, que le Balthafar de Daniel, fils de Nabuchodonofor, a vécu & à regné jufqu'à la prife de Babylone par Cyrus, ou jufqu'à la fin de la captivité ; & comme le Roi impie de Xenophon n'a regné que cinq ans, il faut fuppofer par une conféquence néceffaire, qu'il a commencé à regner la foixante-cinquiéme année de la captivité. Comment accorder cela avec ce que nous apprennent Jeremie (5), & le quatriéme livre des Rois, (6) qu'Evilmerodac, fils de Nabuchodonofor, monta fur le thrône à la fin de la trente-feptiéme année depuis la déportation de Joachim. Cet événement étoit de la huitiéme année de Nabuchodonofor, à ce que nous apprend le livre des Rois ; ainfi le commencement d'Evilmerodac tombe à la 44ᵉ. année après celui de fon pere Nabuchodonofor. La premiere année du regne de ce Prince avoit été la premiere de la captivité de foixante-dix ans ; on ne peut en placer le commencement plutôt, puifque la captivité fut prédite par Jeremie (7) la premiere année de Nabuchodonofor. Evilmerodac ayant commencé à regner la quarante-quatriéme année de la captivité, elle a duré encore vingt-fix ans ; & s'il n'a regné que cinq ans, comme il le faut fuppofer en le faifant le même que le Roi impie de Xenophon, la captivité

(1) Eufeb. præpar. 9. cap. 40. & 41.
(2) Baruch. 1. verf. 11. 12.
(3) Jof. cont. Ap. 1. pag. 1344.
(4) Eufeb. 9. c. 40.

(5) Jerem. 52. verf. 31.
(6) 4. Reg. 25.
(7) Jerem. 25. verf. 6.

aura duré encore vingt-un ans après la prise de Babylone, par Cyrus; & comme ce Prince n'a regné que neuf ans à Babylone, le retour des Juifs, & la fin de la captivité, ne seront arrivés que la sixiéme année de Darius, treize ans après la mort de Cyrus, quoique l'Ecriture nous apprenne que les Juifs avoient été renvoyés à Jerusalem dès la premiere année du regne de Cyrus.

Berose & le Canon Astronomique, (1) ne donnent que deux ans de regne à Evilmerodac; Daniel (2) fait mention de la troisiéme année de Balthasar; mais cette difficulté ne doit point arrêter, dès que l'on sçait que les Babyloniens n'attribuoient aux Rois que les années qui avoient commencé sous leur regne, & qu'ils les leur attribuoient toutes entieres, (3) quand même ils seroient morts avant qu'elles fussent révolues; ce qui est encore en usage à la Chine : on comprend par-là qu'Evilmerodac ayant regné deux ans & demi, la derniere année de son regne n'étoit comptée que pour la seconde, quoiqu'elle fût en effet la troisiéme.

Le Roi Balthasar fut tué dans un festin, après avoir élevé le Prophete Daniel à la troisiéme place du Royaume, pour récompense de lui avoir expliqué une vision qui l'avoit effrayé, lui & toute sa Cour. Après la mort de Balthasar, Darius le Mede, fils d'Assuerus, âgé de soixante-deux ans, lui succéda. Ceux qui prétendent que Xenophon est conforme à Daniel, supposent que ce Darius Mede de naissance, & fils d'Assuerus, est le même que Cyaxare, fils d'Astyage & oncle de Cyrus, qu'ils font regner à Babylone, contre le témoignage de Xenophon, ainsi que je l'ai montré. Le nom d'Assuerus, pere de Darius, n'a aucun rapport avec celui d'Astyage, pere de Cyaxare; c'est le nom de Cyaxare, qui, comme de très-habiles gens l'ont fait voir, ressemble à celui d'Assuerus, & peut être pris pour le même; (4) d'ailleurs l'âge de ce Darius Mede quadre avec le temps de Cyaxare, troisiéme Roi des Medes, beaucoup mieux qu'avec celui d'Astyage. Son fils Cyrus succéda à cet Astyage l'an 560, avant J. C. Astyage avoit regné trente-cinq ans, & avoit commencé l'an 595. Cyaxare avoit regné quarante ans, & par conséquent étoit monté sur le thrône l'an 635.

Darius le Mede succéda au fils de Nabuchodonosor, selon Daniel, & par conséquent il est le même que le *Nerigliffor* ou *Nericassolassar* de Berose, de Megasthenes & du Canon Astronomique, qui commença à regner l'an 189 de Nabonassar, 559 avant l'Ere Chrétienne : s'il avoit alors 62 ans, il étoit né l'an 620, & la seizieme année du regne de Cyaxare, Roi des Medes.

Nabuchodonosor avoit épousé une Princesse du Sang Royal de Medie, (5) à ce que nous apprend Berose; & ce fut pour elle qu'il fit construire ces fameuses terrasses, dont les Anciens ont tant parlé. Alexandre Polyhistor

(1) Berof. Ap. Joseph. cont. Apion.
(2) Dan. c. 8.
(3) Vid. Dodwel. *Append. ad differtat. Cyprian.* §. 25. pag. 38. On en a des preuves indubitables pour les Rois de Perse du Canon Astronomique.
(4) Scaliger, *Append. ad Emend. tempor.* pag. 20. lit, sur l'Hébreu de Daniel, *Oxua-*

res, ou *Axuts*, & *Ochofarses*, au lieu de l'Assuerus de la Vulgate.
Voyez la dixiéme dissertation du P. de Tournemine, pag. 453. de la derniere édition du Menochius.
(5) Josep. antiq. 10. 11. Syncel. chronogr. pag. 210.

BABYLO-
NIENS.

qui la nomme *Aroïtis*, dit qu'elle étoit fille d'Astyage (1). Quoiqu'il en soit de ce dernier article, on ne sera pas étonné de voir un Prince de Medie, frere d'Astyage, aller chercher une retraite auprès de Nabuchodonosor, qui avoit épousé sa sœur ou sa niéce, de le voir épouser une fille de Nabuchodonosor, & succéder à son beau-frere Evilmerodac, comme le rapportent Berose & Megasthenes. Daniel après avoir raconté la mort de Balthasar, fils de Nabuchodonosor tué dans un festin, dit que Darius le Mede lui succéda; Berose & Megasthenes disent que Nerigliffor qui avoit épousé la sœur d'Evilmerodac, fils de Nabuchodonosor, conspira contre lui, lui ôta la vie, & s'empara de la royauté. La parité est entiere, & la différence des noms de Darius & de Nerigliffor ne doit pas arrêter, car l'identité des personnes est prouvée, & Daniel appelle cet usurpateur du nom qu'il portoit avant que de monter sur le thrône, de même qu'il donne au fils de Nabuchodonosor celui de Balthasar, qu'il avoit quitté pour prendre celui d'Evilmerodac, lorsqu'il avoit succédé à son pere.

Darius le Mede ou Nerigliffor regna quatre ans commencés, (2) & laissa la couronne à son fils Laborosorcod, encore enfant, & petit-fils de Nabuchodonosor par sa mere. Ce jeune Prince qui n'étoit pas encore sorti de l'enfance, ne regna que neuf mois; son regne n'est pas marqué dans le Canon Astronomique, sans doute parce que les neuf mois de son regne faisoient partie de la quatriéme année de celui de son pere. Il périt par une conspiration, & les Conjurés mirent sur le thrône un d'entr'eux, qui n'étoit point de la famille Royale, comme l'observe Megasthenes; & par-là s'accomplit la prophétie de Jeremie, qui, dès les premieres années du regne de Nabuchodonosor, avoit prédit (3) que le sceptre de Babylone sortiroit de la famille de ce Prince après la troisiéme génération, *& servient Nabuchodonosori, & filio ejus, & filio filii ejus*, Josephe dit que celui qui fut mis sur le thrône de Babylone par les Conjurés, se nommoit *Naboandel*; Berose & le Canon Astronomique l'appellent Nabonade. Megasthenes le nommoit Nabannidochus; c'est le même que le Labinet d'Herodote. Ce Prince regna dix-sept ans entiers; il marcha à la tête d'une armée contre Cyrus, lorsque celui-ci vint attaquer la Babylonie, & ayant perdu un combat, il se retira avec les débris de son armée dans la ville de Borsippe; mais pendant qu'il cherchoit à rassembler de nouvelles troupes pour aller attaquer Cyrus, occupé au siége de Babylone, cette ville fut surprise par le stratagême connu de tout le monde; il se vit lui-même assiegé dans Borsippe par Cyrus, & prit le parti de se remettre entre les mains du vainqueur, qui le reçut avec bonté, & lui donna le gouvernement de la Carmanie. Voilà ce que nous apprend Berose dans les fragments de son histoire Chaldéenne, écrite sur les Mémoires des Prêtres de Babylone, & tous ces traits sont également éloignés de l'histoire de Xenophon & du récit de Daniel.

Balthasar étoit fils de Nabuchodonosor, comme on l'a vû; au lieu que Nabonnide étoit un simple particulier, qui n'avoit aucune alliance avec la famille de son prédecesseur. Ce seroit supposer ce qui est en question,

(1) Joseph. cont. Ap. ubi sup. Euseb. præpar. 9. 40.

(2) Berose & Megasth. ib.
(3) Jerem. 27. vers. 7.

que de rejetter en cette occasion avec Prideaux, le témoignage de Berose & de Megasthenes, parce qu'ils ne s'accordent pas avec Daniel; (1) il faudroit avoir prouvé auparavant que le Balthasar du Prophete est le même que le Nabonnide de ces deux Historiens: il faut expliquer les écrits des Prophetes par l'Histoire, & non les Historiens par les interprétations que nous donnons aux Prophetes; c'est, ce me semble, une des premieres régles de la Critique sacrée.

Les circonstances de la mort de Balthasar sont absolument opposées à l'histoire du dernier Roi de Babylone. On vient de voir le récit qu'en faisoient Berose & Megasthenes: Xenophon se contente de dire que ce Roi fut tué dans son palais, en combattant contre les soldats de Cyrus. Daniel décrit au Chapitre V. la vision effrayante qui troubla la joye de ce festin, dans lequel Balthasar avoit fait servir les vases du Temple de Jerusalem, soit à faire des libations à ses Dieux, soit à augmenter la pompe & le luxe du repas; après quoi il rapporte l'explication qu'il donna à ce Prince de trois mots qu'une main céleste avoit tracés à ses yeux sur la muraille de la Salle. Daniel déclara à Balthasar, que ses crimes avoient comblé la mesure, que la fin de son regne étoit arrivée, que son Royaume seroit déchiré & livré aux Medes & aux Persans. C'étoit-là une prophétie bien claire de la conquête de Babylone par les Persans; mais c'étoit une prophétie, c'està-dire, la prédiction d'un événement futur qui ne pouvoit être connu que par révélation, & que l'esprit humain ne pouvoit prévoir naturellement. Si la ville eût été assiegée alors, si l'Euphrate ayant été détourné de son lit, eût donné dans ce moment même entrée aux Persans dans la ville; si aussitôt après l'explication de la vision de Balthasar, les troupes de Cyrus eussent attaqué le Palais, comme le dit Prideaux; (2) il me semble que Daniel pouvoit sçavoir toutes ces choses sans révélation : la conduite du Roi de Babylone, la connoissance de son caractere, & de l'habileté de Cyrus, devoient faire prévoir à Daniel, quelle seroit la fin de cette guerre.

La prédiction de Daniel fut donc une véritable prophétie, & par conséquent préceda l'événement de quelque temps. Sur le champ Balthasar le fit revêtir d'une robe de pourpre, lui fit mettre un collier d'or, & le déclara solemnellement l'un de ses trois premiers Ministres: ces ornemens étoient apparemment les marques de cette dignité.

Balthasar fut tué cette même nuit, à ce que nous apprend le Prophete Daniel, mais il ne parle point de la prise, ni du ravage de la ville; il ne dit point que la prophétie qu'il venoit de faire fût accomplie alors: il se contente de nous apprendre que Darius, Mede de nation, & âgé de 62 ans, monta sur le thrône. Le terme dont il se sert, n'emporte point même l'idée d'un Prince qui s'empare d'un Etat à main armée, & qui le soumet à un Royaume dont il étoit déja possesseur; il ne désigne qu'une succession ordinaire: (3) *Darius succeffit in Regnum*, dit la Vulgate; le texte dit seulement, (4) que *Darius fut fait Roi*. Daniel auroit-il exprimé ainsi la conquête de Babylone par le Roi des Medes?

La révolution qui mit ce Darius sur le thrône, ne causa même aucun

(1) Tom. 1. pag. 279. année 538.
(2) Vol. 1. pag. 271. année 539.
(3) Vide Grot. Dan. 5. 31.

(4) Scalig. *Append. ad Emend. temp. pag.* 16. traduit ces mots, *& Darius Medus traditum regnum accepit.*

BABYLO-
NIENS.

changement à la forme du gouvernement établie sous Balthasar; ce que l'on ne peut dire de la conquête de Babylone par Cyrus; car ce Prince y mit une garnison Persane, & des Magistrats ennemis des Chaldéens ou Assyriens, & ordonna, à ce que nous apprend Bérose, que l'on rasât toutes les fortifications extérieures de cette ville, dont il craignoit la révolte.

Le Royaume de Babylone demeura gouverné sous Darius, comme il l'avoit été sous les Rois précédents, par trois Ministres suprêmes, auxquels les Satrapes inférieurs rendoient compte, & Daniel conserva parmi ces trois Satrapes le rang que lui avoit donné Balthasar: (1) le changement n'étoit donc arrivé que dans la personne du Roi; ceux qui lui avoient ôté la vie, en avoient mis un autre sur le trône, & ce nouveau Roi laissa subsister l'ancienne forme de l'administration.

Prideaux, & quelques autres défenseurs de Xénophon, (2) objectent que, selon Daniel, ce Darius divisa l'Empire de Babylone en cent vingt Provinces ou Gouvernements. Cette division ne peut regarder, dit-on, le seul Royaume de Chaldée qui étoit trop peu considérable, mais se doit rapporter à celui des Perses. (3) Sous Cyrus, l'Empire de ces peuples, augmenté des conquêtes de Cambyse & de celles de Darius, ne comprenoit, disent-ils, au temps d'Esther, que cent vingt-sept Provinces; ainsi le seul Etat des Chaldéens, qui ne faisoit pas la septième partie de l'Empire Persan, ne pouvoit être divisé en cent vingt Provinces.

Il y a bien des choses à dire sur cette preuve. 1°. Daniel ne parle point d'une division en cent vingt Provinces, mais dit seulement, que Darius établit cent vingt Officiers ou Satrapes, qui rendoient compte de la recette des deniers publics à trois Surintendants ou Ministres, desquels Daniel étoit un. 2°. Ce que l'on dit de l'étendue de l'Empire Persan au temps d'Esther, n'a nulle application au point dont il s'agit; rien n'est plus incertain que le temps auquel est arrivée l'aventure d'Esther, les interprètes se sont partagés sur l'époque de cet évenement, & ils ne réussissent qu'à détruire mutuellement les hypothèses qu'ils combattent. De toutes ces hypothèses, la moins probable est celle qui place Assuerus après le regne de Cyrus à Babylone, & après le retour des Juifs à Jerusalem; soit parce que l'âge de Mardochée, oncle d'Esther, n'y peut gueres convenir, soit parce qu'il n'est pas dit un mot dans le livre d'Esther de la construction du Temple, ni de la permission de bâtir les murailles de Jerusalem accordée par Cyrus. Aman se fût servi de ces prétextes pour rendre les Juifs redoutables; car les livres d'Esdras nous apprennent que leurs ennemis firent révoquer la permission que Cyrus leur avoit donnée, & que la construction des murailles de Jerusalem étoit un prétexte que l'on prenoit pour les rendre suspects. Après la punition d'Aman, Esther & Mardochée en auroient parlé à Assuerus, & auroient demandé la révocation des ordres prescrits pour empêcher l'effet de l'Edit de Cyrus; cet Edit si favorable à la Réligion Juive, & par lequel Cyrus reconnoît que c'est du Dieu des Juifs qu'il tient son Empire & sa puissance, c'est une chose dont Esther & Mardochée auroient fait mention.

(1) Dan. 6. 2. 5. 29.
(2) Prid. hist. des Juifs. pag. 279. année 538.
(3) Dissert. additæ Menochio, edit. Parif. pag. 758 column. I,

3°. Enfin l'argument tiré du peu d'étendue du Royaume de Babylone, prouve trop ; car fans examiner fi on ne le refferre pas dans des bornes trop étroites, il fuffit d'obferver que ces cent vingt Satrapies devoient être de très petits cantons, & non pas des provinces ou gouvernements, puifque l'Empire des Perfes fous Darius & fous Xercès, (1) ne contenoit que vingt-une Provinces, quoique la Thrace, les Ifles de la mer d'Ionie, l'Egypte, & une partie de l'Inde, euffent été ajoûtées par les fucceffeurs de Cyrus.

Prideaux (2) dit que Darius gouvernant felon les Loix des Medes & des Perfans, cela ne peut être arrivé que lorfque les Medes & les Perfes fe furent emparés de Babylone, & par conféquent après la conquête de cette ville par Cyrus. Prideaux fe contente d'indiquer deux endroits de Daniel ; mais les circonftances du récit de ce Prophete prouvent le contraire de la conféquence que l'on en tire. Voici ce qu'il nous apprend.

La faveur de Daniel auprès de Darius augmentant tous les jours, les Satrapes Babyloniens craignirent qu'il ne devînt le premier & le feul Miniftre : en effet le Roi avoit formé le deffein de lui confier en Chef les rennes du gouvernement (3), & pour l'empêcher de l'exécuter, ils chercherent les moyens de perdre Daniel ; fon adminiftration ne leur donnant aucune prife, ils crurent que fa religion leur en fourniroit un prétexte. Après s'être affemblés dans cette réfolution, ils vont trouver le Roi, & lui déclarent que l'avis de tous fes Miniftres, des Satrapes, des Magiftrats & des Capitaines, eft qu'il faffe un Edit pour fufpendre l'exercice de tout culte religieux pendant trente jours, avec défenfe, fous peine de la vie, d'adreffer des prieres à aucune Divinité ; (4) ils lui demandent de figner cet Edit, & d'y ajoûter une claufe qui le rende inviolable, comme les Loix des Medes & des Perfes.

Darius leur accorda cet Edit fans en prévoir les conféquences, & même fans fçavoir ce que fignifioit la claufe qu'ils y avoient fait ajouter ; car lorfqu'ils lui eurent prouvé que Daniel avoit contrevenu à la Loi, il voulut fauver fon Miniftre, & lui faire grace : mais fes efforts furent inutiles, les Satrapes lui apprirent qu'il s'étoit lié les mains, & qu'il n'avoit pas ce pouvoir, les Loix des Medes & des Perfes étant telles que le Roi lui-même n'y pouvoit rien changer, lorfqu'il les avoit confirmées. Ces Loix devoient être femblables aux actes du Parlement d'Angleterre, auxquels le Roi n'a pas le pouvoir de toucher.

Rex fatis contriftatus eft pro Daniele, pofuit cor ut liberaret eum, & ufque ad occafum folis laborabat. . . . Viri autem dixerunt ei : fcito, Rex, quia Lex Medorum atque Perfarum eft ut omne decretum quod conftituerit Rex, non liceat immutari.

Le Roi avoit extrêmement à cœur de fauver Daniel, dont il connoiffoit l'innocence ; mais il fut obligé de le livrer, & fe retira dans fon palais, accablé d'une douleur qui ne lui permit ni de manger, ni de dormir.

Au Chapitre XIV, qui contient la même hiftoire, avec quelque changement dans les circonftances, ou du moins une hiftoire à peu près pareille, arrivée à Daniel fous le même Darius, les Babyloniens vont trou-

(1) Herod. 3. 95.
(2) P. 279. an. 538.
(3) Dan. 6. 4.

(4) Voyez la paraphrafe Chaldéenne fur le v. 8.

Tome VI.

ver le Roi, & le menacent de le tuer, lui & toute fa famille, s'il ne livre Daniel : *Interficiemus te & domum tuam* ; & il eſt contraint de le livrer, *neceſſitate compulſus quòd irruerunt in eum vehementer.*

Les termes des Satrapes Babyloniens, *ſcito, Rex*, &c. ſuppoſent que Darius ne ſçavoit pas à quoi il s'étoit engagé, ni quelle étoit la force de la clauſe qu'il avoit ajoutée : donc il n'étoit pas inſtruit des Loix des Medes & des Perſes, & l'on ne peut dire qu'il les avoit établies à Babylone. S'il eût regné depuis longtemps ſur les Medes, & ſur les Perſes, eût-il ignoré la force d'une Loi qui le regardoit, & qui ſervoit à borner ſon pouvoir ? Cette Loi odieuſe de laquelle il devoit entendre parler tous les jours, lui auroit été encore mieux connue qu'aux Babyloniens. (1)

Cette Loi des Medes & des Perſes, ſemblable à la grande Charte des Anglois, ne nous eſt gueres connue ; il en eſt encore parlé dans le livre d'Eſther ; mais je n'en ai trouvé aucune trace dans l'Hiſtoire des Rois de Perſe, je vois au contraire qu'ils poſſedoient une autorité ſans bornes, & qu'ils n'avoient beſoin du concours d'aucun des ordres de l'Etat, pour exercer le pouvoir légiſlatif, pour faire des Loix nouvelles, ou pour en révoquer d'anciennes. Quand bien même ces Loix auroient été en uſage en Perſe, elles n'avoient pas lieu pour les pays conquis ; & ſi le Darius Mede avoit été le Cyaxare de Xenophon, maître de Babylone par le droit des armes, tenant une forte garniſon dans cette ville, auroit-il été contraint d'abandonner malgré lui à des mutins ſon favori, un Miniſtre habile & intégre, à qui il avoit donné ſa confiance ; & cela, parce qu'il ne s'étoit pas conformé à une Loi biſarre & déraiſonnable, dont le violement ne faiſoit aucun tort, ni au public, ni aux particuliers.

Le Darius Mede de Daniel tremblant devant les Babyloniens, ne peut donc être le Cyaxare de Xenophon, Prince abſolu, & extrêmement jaloux de ſon autorité, comme on le voit dans la brouillerie qu'il y eut entre Cyrus & lui. Ce Cyaxare d'ailleurs n'eſt venu à Babylone que deux ans au plutôt après la priſe de cette ville par Cyrus. Au lieu que cette aventure arriva dès la premiere année du regne de Darius ; peut-être même n'y eſt-il jamais venu, du moins n'en a-t-on nulle preuve, & Joſephe l'Hiſtorien, qui le croit le même que Darius Mede, ſuppoſe, contre le témoignage formel de l'Ecriture, que l'aventure de Bel & du Dragon ſe paſſa à Ecbatanes.

Il y a donc beaucoup plus de raiſon de prendre avec Grotius, ce Darius pour un uſurpateur placé ſur le thrône par un parti de mécontents, obligé par-là d'avoir pour eux de grands égards, & dont le pouvoir étoit ſubordonné à l'autorité de ceux qui l'avoient fait Roi. Tel étoit Nerigliſſor, (2) ſucceſſeur de Balthaſar, comme je l'ai montré ; & par cette explication on fait diſparoître toutes les difficultés qui ſe trouvent dans le récit de l'hiſtoire de Daniel. Quoiqu'il reſte encore quelque embarras au ſujet de cette Loi, & de la force qu'elle avoit d'obliger le Roi irrévocablement, il eſt moindre dans cette explication que dans toutes les autres, & cela doit

---

(1) Scaliger, *Append. Emend. temp. pag.* 22. avoit déjà fait cette remarque.

(2) Scalig. *Append. pag.* 22. croit que ce Darius eſt le Nabonnide de Beroſe, & que l'aventure rapportée par Daniel, eſt arrivée à Suſe ; il croit auſſi que Balthaſar eſt le même que Laboroſoarcod, petit fils de Nabuchodonoſor.

DE L'UNIVERS. Liv. VI. Ch. III.

suffire ; car il ne faut pas se flatter de résoudre pleinement toutes les difficultés qui se rencontrent dans les Livres des Prophetes, & sur-tout dans celui de Daniel.

On ne peut apporter comme une preuve que Cyrus a succedé immediatement à Darius le Mede, ces paroles du 28 verset du Chap. VI de Daniel. *Porrò Daniel perseveravit usque ad Regnum Darii, regnumque Cyri Persæ,* car ce verset terminant le récit d'un évenement arrivé sous le regne de Darius, il est clair que le mot *usque* s'entend de la durée du regne. L'Hebreu signifie *pendant le regne de Darius, & pendant celui de Cyrus.* (1) Le Paraphraste Chaldéen, & l'Auteur de la version Grecque, ont traduit de même, *le crédit de Daniel continua pendant tout le regne de Darius, & pendant celui de Cyrus.* De ce que ces deux Princes sont nommés l'un avec l'autre, il n'en faut pas conclure qu'ils ont régné successivement. Nous voyons au verset 21 du premier Chapitre, qu'à l'occasion du regne de Nabuchodonosor, & de la considération dans laquelle Daniel étoit sous ce Prince, il est dit, *fuit autem Daniel usque ad annum primum Cyri Regis.* Il est clair que l'Ecrivain sacré n'a voulu marquer autre chose, sinon que le crédit de Daniel a duré jusqu'à la conquête de Babylone par Cyrus ; parce qu'alors la forme du gouvernement fut changée, & que l'on mit dans les emplois d'autres gens que ceux qui les avoient exercés sous les Rois Chaldéens : dans l'un & dans l'autre exemple, l'Ecrivain a supprimé les noms des Princes qui ont régné entre ces deux termes, parce que son expression les comprenoit tacitement.

En tout cas, si l'on ne veut pas prendre le verset 28 du Chapitre VI. en ce sens, il faudra seulement en conclure, que Darius le Mede est le Roi de Babylone sur qui Cyrus a fait la conquête, c'est-à-dire le Nabonnide de Berose ; ce qui est l'opinion de Scaliger & de quelques autres Critiques. J'ai montré plus haut, que selon Daniel, il ne peut être le Cyaxare de Xenophon, Roi des Medes ; le Prophete dit formellement, (2) que Cyrus succeda au Roi Astiage, & regna à sa place. Astyage étoit Roi des Medes ; donc il n'y a point eu de Cyaxare qui ait régné sur les Medes après lui & avant Cyrus.

Le Chevalier Marsham (3) & Prideaux (4) placent le regne de Cyaxare à Babylone avant celui de Cyrus, & depuis la prise de cette ville par les Perses. Comme ils prennent ce Cyaxare pour le Darius de Daniel, ils lui donnent deux ans entiers ; parce que Daniel parle de la premiere année de Darius, ce qui suppose qu'il a regné au moins deux ans : dans leur Chronologie ces deux années sont la premiere & la seconde du regne de Cyrus à Babylone, selon le Canon Astronomique ; car ils croyent que Cyrus n'a regné seul à Babylone que sept ans ; & par le détail de la Chronologie de l'Histoire des Juifs sous l'Empire des Perses, ils montrent que l'Edit accordé pour le retour de la captivité, n'a été donné que sept ans avant la mort de ce Prince.

Ces deux Auteurs croyent trouver une preuve de ce regne de sept ans dans un passage du huitieme Livre de la Cyropedie. Xenophon dit dans

(1) Vide Grot.
(2) Dan. 9. 1.
(3) Marsh. p. 631. edit. Lips.
(4) Prideaux ann. 530. vol. I. pag. 367.

cet endroit, *que Cyrus étant devenu extrêmement vieux, alla en Perse pour la septieme fois depuis le commencement de son regne ; que son pere & sa mere étoient morts depuis longtemps, comme il est vraisemblable* (ὠ ἄπερ εἰκὸς) il ajoute, *qu'ayant fait les sacrifices reglés par les Loix, ayant conduit la marche sacrée ou procession des Persans, & fait les présents accoutumés à tous les Persans, il eut en songe une révélation de sa mort prochaine.*

Pour établir le regne de sept ans de Cyrus, ces deux Auteurs traduisent τὸ ἕϐδομον ἐπὶ τῆς αὑτῦ ἀρχῆς par *la septieme année de son regne* ; mais ces mots signifient seulement que c'étoit la septieme fois que Cyrus venoit dans la Perse proprement dite depuis le commencement de son regne, ainsi que l'a traduit Leunclavius, *septimâ vice* : τὸ ἕϐδομον, est là un adverbe semblable au *septimum consul* des Latins, & c'est la formule dont se sert Plutarque dans les vies des Romains, & Denys d'Halicarnasse dans son Histoire, pour marquer leurs Magistratures ; mais quand l'expression Grecque auroit en elle-même quelque ambiguité, elle est déterminée par la suite de l'Histoire au sens que je lui donne. Xenophon dit que Cyrus étoit devenu extrêmement vieux depuis le commencement de son regne, μάλα πρεσϐύτης. Or, il n'avoit que trente-cinq ans au plus, selon lui, lorsqu'il fut déclaré Roi par son pere Cambyse, & qu'il reçut le serment des Perses en cette qualité : il y avoit longtemps, πάλαι δὴ, , que Cambyse étoit mort ; comme le dit Xenophon : le regne de Cyrus avoit commencé au moins à la mort de ce Prince, & sept ans ne suffisent pas pour faire un temps considérable : un regne de sept ans est un regne très court, & suivant le récit de Xenophon, il paroît que celui de Cyrus avoit été très long. Dans le discours qu'il fait au lit de la mort, il remercie les Dieux de ne lui avoir refusé aucunes des choses que les hommes désirent, & se glorifie d'avoir conservé dans une vieillesse avancée la vigueur & l'activité de sa jeunesse. Donc il avoit vécu longtemps, & son regne avoit été long ; sans quoi ce bonheur, dont il remercie les Dieux, auroit été très-imparfait ; par conséquent le τὸ ἕϐδομον tombe sur quelqu'autre chose que sur les années de son regne, c'est-à-dire sur le nombre de ses voyages en Perse. Car c'est de ses voyages qu'il s'agit en cet endroit.

Il ne serviroit de rien de dire, que le regne de Cyrus sur la Perse avoit été long, mais que celui de Babylone n'avoit été que de sept ans. Cette supposition seroit contraire à la Chronologie de Xenophon, dans laquelle Cyrus regne à Babylone assez long-temps avant la mort de son pere Cambyse. Xenophon ne connoît point ces divers commencements de regnes ; & s'il les connoissoit, le regne de Cyrus à Babylone seroit le plus long de tous, puisqu'il a commencé le premier. Selon Marsham & Prideaux, Cyaxare, ou Darius Mede, a regné deux ans à Babylone ; mais selon Xenophon, Cyaxare n'est venu dans cette ville que deux ans au moins après sa prise par Cyrus. Daniel parle de Darius, & de la premiere année de son regne à Babylone, il rapporte ce qui lui arriva dans cette ville avec ce Prince ; s'il est le même que Cyaxare, il regnoit encore la troisieme année après la conquête ; donc Cyrus n'y auroit regné que cinq ans, & non sept, comme ils le disent ; & n'ayant commencé à gouverner que cinq ans avant sa mort, son Edit pour la liberté des Juifs n'eût été que de cette cinquieme année, & non de la septieme avant sa mort. Cette différence de deux ans ne doit pas être négligée dans leur fystême de Chronologie, où ils comptent les mois & les jours, à cause de l'explication des foixante-dix femaines de la prophétie de Daniel. Je ne finirois point, fi je voulois m'engager à détailler toutes les abfurdités de leur fystême fur le Cyaxare, & fur le Darius Mede. Ces abfurdités qui font fans nombre, démontrent la fauffeté de leurs idées; car c'eft le propre des faux fystêmes de multiplier les difficultés, & d'en faire naître de nouvelles, fous prétexte de remédier à celles qui fubfiftoient déjà. (1)

On demandera peut-être, pourquoi Xénophon auroit marqué que c'étoit le feptieme voyage de Cyrus dans la Perfide, ou dans la Perfe proprement dite, depuis le commencement de fon regne. La réponfe eft facile : il faifoit fon féjour ordinaire dans les villes de Sufes, d'Ecbatanes, & de Babylone; & quand il alloit dans la *Perfide*, c'étoit un véritable voyage. Cette Province jouiffoit de priviléges très-confidérables; non-feulement elle étoit exempte de tout tribut, non-feulement elle ne payoit rien au Roi; mais le Roi lui-même étoit obligé de donner une certaine fomme à tous les Perfans naturels de l'un & de l'autre fexe, établis dans cette Province, toutes les fois qu'il y entroit au retour d'un voyage ou d'une expédition. (2)

Xénophon remarque que Cyrus à fon premier voyage en Perfe après la conquête de Babylone, fit cette diftribution aux hommes & aux femmes; à quoi il ajoute, que cet ufage fubfiftoit encore de fon temps; on a vu que Cyrus fit *les préfents accoutumés* à tous les *Perfans*, lors de fon dernier voyage. Ces fept diftributions faites par Cyrus, avoient fervi à retenir le nombre de fes voyages dans la Perfe; les peuples auxquels la mémoire de Cyrus étoit très chere, & qui lui donnoient le furnom de pere, s'en fouvenoient encore au temps de Xénophon; (3) & c'eft pour cela qu'il le remarque. Cet ufage fubfifta toujours depuis; on donnoit un Darique, ou une piéce d'or, à peu près du poids de la guinée d'Angleterre, & qui valoit près d'un demi marc d'argent de notre poids. (4) Cette diftribution alloit à une fomme confidérable; & Plutarque remarque que les Rois de Perfe s'abftenoient fouvent d'aller dans cette Province pour éviter cette dépenfe, & qu'Ochus n'y entra jamais pendant tout fon regne pour cette raifon. (5) La différence que le peuple remarquoit entre la conduite de ces Rois à cet égard, & celle de Cyrus, fervoit à graver dans leur efprit le fouvenir des voyages fréquents qu'il avoit faits dans la Perfe proprement dite.

(1) Le fyftême du Chevalier Marsham fur les deux régnes collateraux des Medes & des Medoperfes, dans lequel il fuppofe deux Aftyages différents, en peut fervir d'exemple.
(2) Lib. 8. pag. 228.
(3) Plut. Alex. & de virtut. mulier. 8. 5.

(4) *Ed. Bernard de ponderibus & menfuris, lib.* 2. *pag.* 171 §. 58.
Les Dariques d'or, fuivant Gréaves, péfent 132 gr. Anglois, ou 134. gr. $\frac{6}{64}$ du poids de marc.
(5) *Plut. de virtut. mulier.*

Fin de l'Hiftoire de Babylone.

CHAPITRE IV.

EMPIRE DES MEDES.

L'Epoque de l'affranchissement des Medes, la durée de leur Monarchie, les noms de leurs Souverains, le nombre de ses Princes, les évenements de leurs regnes, sont autant de choses, qui, jusqu'aprésent ont embarrassé nos plus habiles Critiques. Le récit d'Herodote, entierement opposé à celui de Ctesias, (1) soit pour le nombre des Princes qui ont gouverné les Medes depuis la révolte d'Arbaces jusqu'au regne de Cyrus, soit par rapport aux évenements relatifs à l'Histoire des Medes, a fait naître des difficultés que les sçavants du premier ordre ont encore augmentées par leurs systêmes. Herodote nous dit que l'Etat des Medes après la révolte d'Arbaces fut Republicain, & qu'ils furent ensuite gouvernés par quatre Rois : sçavoir, Dejocès, Phraorte, Cyaxare, & Astyage déthrôné par Cyrus, son petit-fils.

Ctesias au contraire fait prendre à Arbaces le titre de Roi, & Diodore de Sicile qui a extrait les ouvrages de cet Auteur, ne nous donne que les noms de huit des successeurs d'Arbaces : sçavoir, *Mandauces*, *Sosarme*, *Artycas*, *Arbianes*, *Arteus*, *Artynes*, *Astybaras*, & *Aspadas*. Il paroît que Diodore en a supprimé quelques-uns.

„ Pour former un systême sur les Medes, il faut, 1°. ou préferer Herodote à Ctesias, 2°. ou suivre Ctesias sans égard pour Herodote, 3°. ou combiner ensemble les deux témoignages, en confondant les Rois Medes de l'un avec ceux de l'autre, 4°. ou chercher une explication qui concilie les deux textes, sans confondre des listes aussi opposées que celles des deux Historiens. De ces quatre différents partis, le second & le dernier n'ont été pris par aucun Ecrivain, soit ancien, soit moderne. Préferer le récit de Ctesias à celui d'Herodote, c'eût été, suivant la plûpart des Auteurs, compromettre son jugement, & deshonorer sa critique. A l'égard du dernier moyen, on n'a pas même eu la pensée d'y recourir. (2). „

(1) On sçait que les ouvrages de cet Ecrivain sont perdus, & que nous ne les connoissons que par les extraits qui sont dans Diodore de Sicile. Ce dernier, par négligence ou autrement, a pû ômettre plusieurs faits essentiels, qui auroient servi à jetter quelque jour sur l'Histoire des anciennes Monarchies. Le merveilleux que Ctesias a fait entrer dans plusieurs de ses écrits, a indisposé contre lui le plus grand nombre des sçavants, qui l'ont regardé comme un Auteur romanesque. Avec moins de prévention ils distingueroient facilement ce qu'on peut adopter dans cette Histoire & ce qu'on peut rejetter. M. Freret l'a beaucoup justifié dans sa Chronologie Assyrienne, dont j'ai fait usage dans le second article de ce volume.

(2) Le sçavant M. Desvignoles dans sa Chronologie de l'Histoire Sainte tom. II. liv. IV. chap. 5. pag. 237. édition de Berlin 1738, semble avoir entrevu ce moyen de conciliation. Voici comme il s'exprime : *Prenons*, dit-il, *un autre chemin, & sans renoncer aux remarques précédentes, voyons*

Ceux qui ont examiné cette matière n'ont trouvé que deux façons de résoudre le problème. Les uns se sont uniquement attachés au récit d'Herodote, sans faire mention de ce qui étoit dans Ctesias; les autres ont joint
le témoignage de ce dernier à celui d'Herodote, & des deux listes différentes, ils n'en ont fait qu'une seule. Ceux qui ont adopté le récit d'Herodote
y ont fait les changements qu'exigeoient leurs hypotheses particulieres, &
aux quatre Rois marqués par cet Historien, ils y ont ajouté un Cyaxare II,
qu'ils font regner quelques mois avant Cyrus. Les autres, en mêlant les
deux listes ensemble, ont proscrit à leur gré tel ou tel Roi; ont imaginé entre tel ou tel Prince une identité que d'autres rejettent; ont fait entrer dans
la liste de leurs Rois Medes des Princes qui ne sont ni dans le catalogue
d'Herodote, ni dans celui de Ctesias; ont changé l'ordre, ont altéré plus
ou moins la durée des regnes; en un mot se sont permis tout ce qui convenoit à leur système.

Ces additions & ces changements prouvent assez l'insuffisance de ces différents systêmes, qui loin de dissiper les ténèbres dont l'Histoire des Medes
est enveloppée, n'ont fait au contraire que les augmenter. On voit par-là
quel fond on peut faire sur ce qu'on trouve à ce sujet dans nos Ecrivains
modernes. Avec un peu moins de prévention contre Ctesias, on découvriroit
peut-être le nœud de la difficulté, & une réflexion judicieuse feroit appercevoir que les deux Historiens qui sont si opposés, nous présentent cependant, chacun de leur côté, un récit véritable qui mérite une égale
croyance.

» Herodote & Ctesias ne parlent sûrement pas de la même Monarchie
» des Medes, mais de deux Dynasties absolument différentes qui subsis-
» toient en même temps, & qu'il faut avoir soin de bien distinguer l'une
» de l'autre. On ne doit pas cependant considérer les Medes d'Herodote &
» ceux de Ctesias, comme deux portions du même peuple, comme deux
» branches de la même tige. C'est des habitants de la Medie, proprement
» dite que parle Herodote & Ctesias n'en parle pas.

» Les Medes de ce dernier ne portent, selon toute apparence, ce nom
» qu'improprement, & par une extension qui a peut-être sa source dans la
» méprise de l'Historien. Comme l'Auteur de l'affranchissement des Me-
» des, Arbaces, étoit Mede lui-même, & qu'avec le secours des troupes de
» Medie qu'il commandoit, il sçut se faire une souveraineté dans les pays
» voisins, Ctesias aura donné le nom de Medes aux peuples, sur lesquels
» ce Prince & ses successeurs regnerent. Ce qui doit surprendre d'autant
» moins que ces peuples avoient pris part à la révolte, & que cette ré-
» volte passoit néanmoins pour celle des Medes, par la seule raison qu'ils
» furent les Chefs de la Ligue. Quoique plusieurs Provinces eussent à la

*si notre premiere conjecture pourra s'accom-
moder à ces Catalogues. Artée & Dejocès
ont été tous deux Rois des Medes; mais ils
ont regné en divers quartiers ou dans diverses Provinces; Artée à Suses, capitale de
la Susiane, & Dejocès à Ecbatanes, capitale
de la grande Médie.... C'étoient des capitales d'Etats différents; Ecbatanes étoit la résidence de Dejocès, qui y avoit son Palais,
comme l'assure Hérodote, & suivant Nicolas
de Damas, Artée demeuroit à Suses. M.
Desvignoles avance cette conjecture sans
preuves, & ne développe ni ne soutient son
idée.*

» fois secoué le joug des Rois d'Assyrie, cependant on parloit sur-tout des
» Medes : on leur attribuoit la principale gloire de l'entreprise, parce que
» les peuples ligués avoient combattu sous leurs enseignes, & sous les
» ordres d'un Général de leur nation. La Monarchie qui se forma pour lors
» des débris de l'Empire Assyrien, fut celle des Medes, quoique par cette
» révolution ils eussent recouvré leur liberté, & qu'Arbaces n'ait jamais été
» Souverain en Medie. «

On a pu confondre dans la suite avec les Medes les Nations sur lesquelles Arbaces regna, & quelqu'Ecrivain leur aura donné mal-à-propos le nom
de Medes. Cette sorte d'erreur se trouve souvent dans les Historiens par
rapport à d'autres peuples, & il ne seroit pas difficile d'en donner un
grand nombre d'exemples. » Quoiqu'il n'ait existé qu'un seul peuple
» de Medes, il sera toujours vrai de dire qu'il y aura eu deux Dynas-
» ties de Rois Medes, qui doivent l'une & l'autre leur origine à la révol-
» te d'Arbaces, mais dont l'antiquité n'est pas égale. Celle de Ctesias fon-
» dée par Arbaces même, remonte à l'an 900, avant l'Ere Chrétienne ; &
» par une suite de Rois d'abord très puissants, dans la suite Vassaux des
» Souverains de Babylone, remplit l'intervalle écoulé depuis cette époque
» jusqu'à Cyrus. La Dynastie des Medes d'Herodote ayant été précédée,
» suivant les termes de cet Auteur, d'une espece d'autonomie qui fut dé-
» truite par Dejocès, ne commence qu'avec ce Prince en 710, & continue
» comme celle de Ctesias jusqu'à Cyrus, qui fit passer le sceptre entre les
» mains des Perses. Mais devenue sous les successeurs de Dejocès plus
» puissante que la Dynastie collatérale, dont les beaux jours étoient passés,
» & qui pour lors affoiblie par différents échecs, ne figuroit plus dans l'Orient,
» elle l'éclipsa par sa grandeur & sa célébrité. «

Cette idée lumineuse dissipe tout d'un coup l'obscurité qui regnoit sur
l'Histoire des Medes, & détruit en un instant tous les systêmes qu'on avoit
formés sur cette matiere. On voit clairement qu'Herodote & Ctesias parlent de deux peuples différents, & qu'on doit les suivre en ce qu'ils nous en
rapportent. Arbaces après être venu à bout de son dessein, a laissé aux Medes
la liberté de se gouverner à leur fantaisie, & il ne s'est fait donner le titre
de Roi que par les autres Nations, qui s'étoient rangées sous ses étendarts
pour attaquer les Assyriens. Ce Prince avoit déjà sans doute eu des successeurs, lorsque Dejocès persuada aux Medes de le choisir pour leur Souverain. Herodote n'aura fait mention que de cette derniere Dynastie, &
Ctesias se sera contenté de parler de la premiere. Il s'ensuivra de ces faits
que chacun de ces deux Historiens aura fait un récit véritable.

Une preuve qu'ils parloient de deux peuples différents, c'est que si
peu d'accord entr'eux sur les Rois Medes, prédécesseurs de Cyrus, ils se
réunissent sur les noms des Rois de Perses, successeurs de ce Prince. Mais on
demandera peu-être pourquelles raisons chaque Ecrivain n'a donné l'histoire
que d'une seule de ces Dynasties ? A l'égard de Ctesias, on n'en peut rendre aucune raison, parce que nous connoissons trop peu ses ouvrages pour
en avoir une juste idée, & qu'il est probable que Diodore les a altérés en
les donnant par extrait. Quant à Herodote, il y a lieu de penser qu'il a écrit
sur cette seconde Dynastie dans l'ouvrage qu'il avoit fait sur les Antiquités

d'Assyrie

d'Affyrie & de Babylone. Ce font fes *Affyriaques* que nous n'avons plus, & qu'Ariftote cite dans fon hiftoire des Animaux. Ainfi dans fon hiftoire des Medes il n'aura rien dit de la Dynaftie de Ctefias, parce qu'il en parloit ailleurs.

MEDES.

Il s'agit à préfent de faire voir quels étoient ces Medes de Ctefias, les contrées qui étoient foumifes à leur domination, & le fiége de leur Empire.

» L'Orient mettoit au nombre de fes Souverains les Rois d'Elymaïde ou
» de la Sufiane. Ces Monarques, dont les Ecrivains prophanes ne font
» prefque point mention, mais que l'Ecriture a connus, & qu'elle défigne
» toujours fous le nom de Rois d'Elam, tenoient même alors un rang dif-
» tingué dans l'Afie, quoiqu'affoiblis depuis plufieurs années par différents
» échecs. Les Prophetes nous parlent d'Elam comme d'un peuple puiffant
» & redoutable, qui avoit fait de grandes conquêtes fur les Affyriens. Je fçais
» qu'on a coutume d'entendre les Perfes fous ce nom d'Elam. Mais l'Ecri-
» ture donne aux Perfes de Cyrus le nom de *Paras*, & elle parle de la
» puiffance des Elamites dans un temps où les Perfes étoient à peine con-
» nus, où renfermés dans les montagnes ftériles de la Perfide, ignorés,
» mais libres & vertueux, ils devoient fur-tout à leur pauvreté, ces mœurs
» fimples & refpectables qui les ont fait confidérer par les Anciens comme
» les Spartiates de l'Orient : état qui, felon le témoignage de l'antiquité,
» dura jufqu'au regne de Cyrus.

» La domination des Rois d'Elymaïde s'étendoit furtout du côté de l'O-
» rient, où ils comptoient les Perfes au nombre de leurs vaffaux, & pour
» fujets les Parthes, les Carmaniens & tous les peuples de la Bactriane,
» jufqu'aux frontieres des Maffagetes & des Saques, voifins de l'Aracho-
» fie. Bornés au Couchant par les Etats du Roi de Babylone, ils l'étoient
» au Nord par les Medes d'Herodote. Mais la Sufiane étoit le fiége de leur
» Empire. Daniel nous apprend que le pays d'Elam avoit Sufe pour capi-
» tale. En effet cette ville, qui fut dans la fuite fi fameufe fous les Rois
» de Perfe, étoit déjà très-confidérable avant le regne de Cyrus au temps
» de Daniel : fa force & fa magnificence font célebres dans l'antiquité.
» Strabon compare fon étendue de cent vingts ftades à celle de Babylone.
» Il en attribue la fondation à Titon, fi connu par les amours de l'Aurore
» & pere de Memnon, origine fabuleufe, mais qui prouve l'ancienneté
» de cette ville. Suivant Herodote, elle portoit, fans doute à caufe de
» cette origine, le nom de Memnonium que Strabon donne au château
» feul, & Paufanias aux remparts de la ville. On appelloit auffi chemin
» de Memnon la grande route qui conduifoit de la Mer occidentale à Sufe,
» à travers l'Afie mineure, l'Affyrie, l'Armenie, & la Matiene. Enfin Da-
» niel parle fouvent de cette ville qu'il place fur l'*Euléus*.

» Cette grandeur & cette magnificence à laquelle Sufe étoit parvenue dès le
» temps de Cyrus, démontre qu'avant le regne de ce Prince elle avoit été la
» capitale d'un Etat puiffant pendant un temps confidérable. Or ce temps ne
» peut être que celui qui s'eft écoulé depuis la défaite de Sardanapale I. par
» Arbace, jufqu'à l'agrandiffement des fucceffeurs de Dejocès & des Rois

Tome VI. S

MEDES.

» de Babylone. En effet, on ne peut attribuer l'Empire de Sufe aux Ba-
» byloniens : ils étoient trop occupés de leur ville, & de plus, leur puif-
» fance n'a gueres commencé qu'à Nabuchodonofor. Sufes ne s'accrut pas
» non plus fous les Affyriens de Ninive : ils devoient craindre d'agrandir
» une ville située dans un pays riche, fur une riviere confidérable, & que
» fa pofition avantageufe auroit mife en état d'attirer tout le commerce
» d'Orient, parce que le canal de l'Eléus étoit plus navigable que le Ty-
» gre, qui arrofoit les murs de Ninive, & qu'il eft impoffible de remonter.
» Or cet intervalle écoulé depuis la révolte d'Arbacés, qui porta le pre-
» mier coup à l'Empire de Ninive, jufqu'au regne de Nabuchodonofor,
» dont les conquêtes augmenterent celui de Babylone, eft au moins de
» trois cents ans. En plaçant fous ces trois fiécles la Dynaftie des Rois de
» l'Elymaïde ou de la Sufiane, nous ferons parfaitement d'accord avec
» l'Ecriture, qui les repréfente comme très-puiffants alors. Le Prophete
» Jérémie en prédifant vers l'an 581. avant l'Ere chretienne la ruine d'E-
» lam, parle de la puiffance de fes Rois vaincus par Nabuchodonofor. (1)

Le témoignage de Nicolas de Damas peut fervir d'une nouvelle preuve de l'établiffement d'un Royaume dans la Sufiane. Cet Ecrivain qui avoit copié Ctefias en cette occafion parle de Sufe, comme d'une ville où les Rois Medes, fucceffeurs d'Arbacés faifoient leur réfidence. Les Medes ne peuvent être que ceux dont Ctefias a écrit l'hiftoire, puifque ceux qu'on trouve dans Herodote demeuroient à Ecbatane, capitale de leur Empire, & on ne lit en aucun endroit que Cyaxare, qui recula les bornes de l'Empire des Medes, ait été Souverain de la ville de Sufe.

On ne peut, ce me femble, fe refufer à de telles preuves, & rejetter une opinion fi fimple, fi dégagée de tout embarras, de toute fuppofition, & qui n'eft fondée ni fur des interprétations forcées, ni fur des corrections arbitraires de textes obfcurs. Elle concilie parfaitement, comme on voit, deux Auteurs qui paroiffoient fe contredire. (2)

Diodore de Sicile, & Nicolas de Damas ne nous ont point donné l'hiftoire des Rois des Medes, décrite par Ctefias. Ils parlent feulement de la révolte de Parfondas fous le régne d'Artéus, & de la guerre d'Aftybaras contre Zarine, Reine des Saces. Je ferai contraint de m'arrêter à ces deux feuls événements, qui prouveront qu'il y avoit effectivement des Rois à Sufe, & qu'ils étoient fucceffeurs d'Arbacés, mais différents des Rois Medes, dont le fiége étoit à Ecbatanes.

Il y avoit à la Cour d'Artéus, Roi des Medes, un Perfan nommé Parfondas, qui s'étoit rendu célebre par fa force & par la grandeur de fon courage. Il étoit extrêmement beau, & paffoit pour un homme très-prudent.

Son exercice ordinaire étoit la chaffe, & il fe plaifoit à attaquer les bêtes les plus féroces. Le throne de Babylone étoit alors occupé par Nanybrus, Prince efféminé, & qui employoit à la parure de fon corps tous les orne-

---

(1) *Confringam arcum Elam & fummam fortitudinem eorum.* Je briferai l'arc d'Elam, & j'abattrai fa grande puiffance. *Jerem. cap.* 49. v. 35.

(2) On doit cette importante découverte au génie de M. de Bougainville. Ce font fes propres réflexions que j'ai employées. Voyez fa differtation fur la Monarchie des Medes, Tom. XXIII. des Mém. de l'Acad. des Belles-Lettres, p. 1. & fuiv.

ments des femmes. (1) Parsondas voulut engager Artéus à enlever la couronne à Nanybrus, & à la lui mettre sur la tête. Artéus refusa constamment de se prêter à ses projets, ne voulant point enfreindre en aucune façon les Loix établies par Arbaces. Nanybrus informé des mauvais desseins de Parsondas, & des discours satyriques qu'il avoit tenus contre lui, promit de grandes récompenses à ceux qui pourroient lui amener ce Seigneur. Parsondas ayant un jour longtemps chassé dans une plaine près de Babylone, s'écarta de la chasse, & arriva par hasard dans un endroit où il y avoit un grand nombre de vivandiers qui préparoient un festin. Aussi-tôt qu'ils eurent reconnu Parsondas, ils lui offrirent du vin, & les viandes qu'ils faisoient cuire. Parsondas fatigué de la chasse & tourmenté par la soif, accepta avec joye ce qu'on lui offroit. Les serviteurs de Nanybrus s'étant apperçus que le vin avoit fait quelqu'effet sur Parsondas, lui amenerent les plus belles femmes, pour l'inviter à passer la nuit dans cet endroit. Ce Seigneur séduit par tant d'objets agréables, donna dans le piége qu'on lui tendoit. Pendant qu'il étoit livré aux douceurs du sommeil, les serviteurs de Nanybrus le chargerent de chaînes & le conduisirent au Roi. Ce Prince ne se vengea de Parsondas qu'en le faisant habiller en femme, & en le mettant au nombre de celles qui avoient coutume de jouer des instruments devant lui. Parsondas les surpassa bientôt toutes, & les soins qu'on avoit pris de son tein & de sa peau, tromperent tous ceux qui le virent, puisqu'on le prenoit pour une femme.

Cependant Artéus ignoroit ce que Parsondas étoit devenu, malgré les perquisitions qu'il avoit pû faire pour le sçavoir. Il y avoit déjà sept ans qu'il regrettoit la perte d'un homme dont il avoit reçu tant de services, lorsque l'Eunuque, que Nanybrus avoit chargé du soin de Parsondas, découvrit au Roi des Medes le lieu où ce Seigneur étoit retenu. Artéus employa aussi-tôt les menaces, pour forcer Nanybrus à rendre la liberté à Parsondas. Celui-ci fut conduit à Suse où étoit le Roi. Ce Prince le voyant dans un état si déshonorant, lui demanda comment il avoit pû supporter si longtemps une telle ignominie, sans se donner la mort? Parsondas lui répondit qu'il n'avoit point voulu terminer ses jours sans se venger de Nanybrus, & en même temps il invita Artéus à l'aider dans cette entreprise. Nanybrus, redoutant les forces du Roi des Medes, qui s'étoit rendu à Babylone, employa le crédit d'un Eunuque de ce Prince pour détourner l'orage qui le menaçoit.

Parsondas, (2) irrité contre Artéus qui s'étoit laissé gagner par Nanybrus, résolut de se venger de ces deux Princes. Il se retira chez les Cadusiens (3) avec trois mille fantassins & mille chevaux. Il trouva moyen de mettre

---

(1) On ne sçait de quel Roi de Babylone Nicolas de Damas, dont ce récit est tiré, veut parler. Il sembleroit par la suite de cette histoire, que le Roi de Babylone auroit dépendu de celui de Suse. Voyez Nicolas de Damas, dans les extraits que Henri de Valois nous a donnés, p. 427.
(2) Diodore de Sicile, L. II.
(3) Il y a lieu de conjecturer que les Ca-

dusiens étoient des Arabes établis le long de l'Euphrate, &, qui habitoient dans des villes ou villages, en quoi ils différoient des Arabes Scénites, qui n'avoient point de demeures fixes. *Pietro della valle*, nous apprend que l'on donne à ces premiers Arabes le nom d'*Hhadesi* ou *Khadesi*. Ces Cadusiens commençoient apparemment à la ville de Cadesie, sur la frontiere occiden-

MEDES. dans ses intérêts le chef de cette nation en lui donnant sa sœur en mariage, & engagea les Cadusiens à se révolter, en leur représentant qu'ils devoient profiter de cette occasion pour se procurer la liberté. Parsondas fut déclaré le chef de cette entreprise & le succès répondit à l'espérance dont il s'étoit flatté. Les Cadusiens, quoiqu'inférieurs aux Medes, battirent leurs ennemis, & Artéus fut obligé de prendre la fuite après avoir perdu la plus grande partie de son armée. La valeur que les Cadusiens avoient remarquée dans Parsondas, les détermina à le choisir pour leur Roi. Depuis cet événement les Cadusiens ne cesserent de faire des courses sur les terres des Medes. Parsondas parvenu à une extrême vieillesse, exigea de celui qui devoit lui succéder, un serment, par lequel il promettoit d'entretenir toujours la haine qui étoit entre les Medes & les Cadusiens, sous peine de voir périr toute sa race & toute sa nation.

ASTYBARAS. Sous le régne d'Astybaras ou Artybarnas, Roi des Medes de la Susiane, les Parthes se révolterent contre ce Prince, & livrerent leur pays aux Saces, ce qui fut cause d'une guerre qui dura plusieurs années entre les Medes & les Saces. (1) La paix fut enfin conclue entre les deux nations, à condition que les Parthes rentreroient sous l'obéissance des Medes, & que les uns & les autres se tiendroient dans leurs anciennes bornes.

Les Saces étoient alors gouvernés par une Princesse nommée Zarine, femme au-dessus de son sexe par sa valeur, & son expérience dans l'art militaire, sa sagesse, sa prudence, & renommée d'ailleurs par son extrême beauté. Stryangée, gendre d'Astybaras, chargé par ce Prince du soin de la guerre qui se faisoit contre les Saces, n'avoit pas moins de réputation que Zarine, & la victoire se déclarant alternativement pour l'un & l'autre, sembloit vouloir mettre de l'égalité entre ces deux personnes célèbres. L'estime commença à réunir deux cœurs qui brûlerent bientôt d'une amoureuse flâme, mais ces sentiments délicats & réciproques n'empêcherent pas que la guerre ne continuât avec la même ardeur.

La fortune favorable à Stryangée voulut enfin terminer cette longue querelle à la gloire de ce Prince. Zarine fut vaincue, & fut même renversée de son cheval par son amant. Stryangée détestant alors sa victoire, s'abandonne à tous les mouvements de son cœur, & demande grace à celle qui sembloit être réduite à la lui demander. Il lui offre la paix aux conditions les plus avantageuses, & lui rend tous ses Etats dont il devenoit le maître par l'avantage qu'il remportoit.

Zarine, maîtresse alors de faire éclater tout ce qu'elle ressentoit pour son Vainqueur, ne lui laissa plus ignorer combien il lui étoit cher, & afin de lui en donner des marques, elle alla promptement à Roxanace, capitale de ses Etats, pour y préparer une entrée magnifique à Stryangée. Aussitôt qu'elle apprit qu'il s'approchoit de la ville, elle en sortit, l'ayant rencontré à quelque distance, elle l'embrassa en présence de tout le monde, & monta dans le char où il étoit. Ils mangerent ensuite ensemble, &

---

tale de l'Irac, & s'étendoient au Midi & à l'Orient, jusqu'au golphe Persique. *Mém. de l'Acad. des B. L. Tom. VII. p. 432.*

(1) Ces peuples, Scythes d'origine, habitoient alors la partie méridionale de la Ba-

bylonie. Les Perses avoient coutume de donner le nom de Saques ou Saces à la nation que les Grecs ont appellée Scythes & que nous nommons Tartares.

Stryangée; dont la paſſion étoit devenue plus violente, déclara à la Reine qu'il ne pouvoit plus ſe ſéparer d'elle. Zarine; dont les ſentiments n'étoient pas moins tendres que ceux de Stryangée, ne s'y abandonna cependant pas, & [n'écoutant que la vertu & l'héroïſme, elle voulut que ſon amant s'y conformât. Elle lui repréſenta que leur union étant impoſſible, puiſqu'il étoit le gendre du Roi des Medes, il devoit s'en tenir à la ſimple amitié, & ne rien faire qui pût flétrir la gloire qu'il avoit acquiſe. De ſi ſages leçons toucherent d'abord Stryangée, mais ſe laiſſant bientôt aller aux mouvements de ſa paſſion, il ſe perça le cœur d'un poignard après avoir écrit à Zarine une lettre, où il lui faiſoit connoître les motifs qui l'avoient porté à cette action violente.

Zarine plus maîtreſſe d'elle-même, ne jugea pas à propos d'imiter un tel exemple. Elle continua à vivre en héroïne, & fit le bonheur de ſon peuple. Elle ſubjugua les peuples barbares ſes voiſins, défricha les terres incultes, civiliſa pluſieurs nations ſauvages, & bâtit un grand nombre de villes. Les Saces honorerent ſa mémoire par des monuments publiques, & lui éleverent un tombeau plus magnifique que ceux de ſes prédéceſſeurs. On éleva une pyramide à trois angles, dont chaque côté avoit trois ſtades de longueur, & un de hauteur. (1). On avoit mis au-deſſus de ce tombeau une ſtatue d'or coloſſale, & on lui rendit les honneurs héroïques. (2).

Je paſſe maintenant à l'hiſtoire des Medes d'Ecbatane, telle qu'Herodote nous l'a donnée.

Hiſtoire des Medes, ſuivant Herodote.

Les Medes obéiſſoient depuis pluſieurs ſiécles aux Rois de Ninive; lorſqu'Arbaces, leur Gouverneur pour les Aſſyriens les engagea à ſecouer le joug. Juſtin rapporte que la vie efféminée du Roi de Ninive, qu'il nomme Sardanapale, fut le motif de la rébellion d'Arbaces, mais j'ai fait voir dans l'Hiſtoire d'Aſſyrie que ce Prince, taxé de lâcheté, avoit au contraire donné de grandes marques de ſon courage, & que la révolution n'avoit pas été auſſi ſubite que l'abréviateur de Trogue Pompée le rapporte. La guerre dura trois ans, & ce ne fut qu'au bout de ce temps que le Roi de Ninive ſuccomba ſous les efforts des rebelles, dont le nombre s'étoit conſidérablement augmenté. Arbaces pour couvrir ſon ambition, & mettre dans ſon parti pluſieurs peuples, avoit ſans doute repréſenté le Roi d'Aſſyrie comme un Prince mol & efféminé. Lorſqu'il fut venu à bout de ſon entrepriſe, il permit aux Medes de vivre en liberté, & il ſe contenta de regner ſur les autres peuples qui l'avoient aidé à porter le premier coup à la puiſſance des Aſſyriens. Les Medes diviſés en Tribus, & diſtribués dans des hameaux, ſans avoir ni forstereſſes ni capitale, jouirent quelque temps d'une pleine liberté dans un pays fortifié par ſa ſituation même, & dont l'entrée pouvoit ſe défendre aiſément. Ils ſe donnoient des Juges pendant la paix, & des Chefs pendant la guerre. Cet heureux état ne fut pas de longue du-

---

(1) Le ſtade avoit environ cent vingt-cinq pas, & le pas étoit de cinq pieds.
(2) Diodore, Nicolas de Damas, Denys d'Halicarnaſſe, Mém. de l'Acad. des B. L. T. II. p. 69.

MEDES.

Anarchie 903. ans avant J. C.

rée, & l'Anarchie dans laquelle ils vivoient, occasionna des désordres épouvantables. Herodote ne nous apprend point combien de temps ils resterent dans cet état, qu'il nomme Autonomie.

MEDES.

DEJOCES.
709.

Au milieu de tant de troubles & de confusion, un d'entr'eux nommé Dejocès, eut assez d'adresse pour engager un peuple qui ne respiroit que la liberté, à lui offrir la Couronne qu'il feignit longtemps de refuser. Elevé sur le thrône, il voulut bientôt en porter les marques distinctives, & affecta la pompe qui décoroit les autres Souverains de l'Orient. Il rassembla ses sujets épars dans les campagnes. Il fit bâtir Ecbatane sur une colline, & il en traça lui-même le plan. Cette ville fut environnée de sept enceintes, disposées de maniere, qu'au-dehors la premiere n'empèchoit pas de voir l'entablement de la seconde; & ainsi des autres, ce qui formoit un amphithéatre agréable à la vûe. Chaque enceinte étoit différenciée par la diversité des couleurs. La premiere, c'est-à-dire la plus extérieure, étoit enduite de blanc; le noir étoit pour la seconde; le rouge foncé pour la troisiéme; le bleu pour la quatriéme; le rouge pâle pour la cinquiéme; la sixiéme étoit argentée; & la septiéme dorée. Celle-ci renfermoit le palais du Roi, & tous ses trésors. Les Officiers de ce Prince & ses domestiques logeoient dans celle qui étoit argentée, & le peuple habitoit les cinq autres qui étoient comme autant de villes différentes. Dejocès fit ensuite des Loix pour le bien de l'Etat, & les fit exécuter avec vigueur. Il affecta même de ne se point souvent communiquer à ses sujets, croyant par ce moyen leur inspirer plus de respect pour sa personne. Trop occupé de civiliser ses peuples, & d'affermir sa nouvelle domination, il ne songea à faire aucune conquête, & il regna paisiblement pendant cinquante-trois ans.

PHRAORTES.
656.

Il eut pour successeur Phraortès son fils. Ce Prince qui n'avoit pas les mêmes raisons que son pere de rester tranquille, ne fut pas plutôt maître du Royaume de Medie, qu'il songea à en reculer les bornes. La fortune secondant ses projets, il mit sous sa domination les Perses & les nations voisines. Il enleva en même-temps aux Assyriens une partie de ce qu'ils possedoient au-delà du fleuve Halys. Nabuchodonosor, Roi de Ninive, ne souffrit pas longtemps que son ennemi osât l'attaquer jusques dans ses propres Etats. Il lui opposa des troupes disciplinées contre lesquelles les Medes qui ne sçavoient point manœuvrer, ne purent tenir longtemps. Phraortès guidé par son courage se jetta au milieu des Assyriens; mais accablé par le nombre, sa valeur & sa force lui devinrent inutiles, & il fut tué dans ce combat, où toute son armée fut presque entierement défaite.

CYAXARE.
634.

Cyaxare, son fils, animé du désir de la vengeance, rassembla promptement de nouvelles troupes, mais instruit par le malheur de son pere, il s'attacha à discipliner ses soldats, & à les former aux évolutions dont ils n'avoient eu aucune connoissance jusqu'alors. Il retira bientôt le fruit de ses peines dans la guerre qu'il fit au Roi de Lydie. Encouragé par les avantages qu'il remporta en cette occasion, il marcha contre les Assyriens; & après avoir taillé leur armée en pieces, il se disposoit à assiéger Ninive lorsqu'il fut obligé de retourner dans ses Etats, où les Scythes avoient fait une irruption. Ces Barbares ravagerent toute l'Asie pendant près de vingt-huit ans. Cyaxare étant venu à bout de les chasser de son pays, & de réparer les dommages qu'ils lui avoient causés, reprit son ancien projet contre les Assyriens. Il se ligua avec Nabopolassar, Roi de Babylone, & mit fin à l'Empire de Ninive l'an 608, comme on l'a vû dans le Chapitre II. Les Medes devenus plus puissants par les dépouilles des Assyriens, partagerent pour ainsi dire la haute Asie avec les Babyloniens. Cyaxare, après un regne des plus glorieux, & qui avoit duré quarante ans, laissa le thrône à son fils Astyage.

Herodote, au lieu de nous donner le récit des actions d'Astyage, ne s'est occupé qu'à nous rapporter des fables qui n'ont trouvé de crédit qu'auprès de ceux qui n'aiment que le merveilleux. Nous ignorons donc ce qui s'est passé sous le regne de ce Prince, qu'on doit regarder comme le dernier Roi des Medes, & qui fut détrôné par Cyrus son petit-fils, après 35 ans de regne. Le Cyaxare II. qu'on trouve dans Xenophon, n'est qu'un Prince imaginaire.

MEDES.

ASTYAGE.
593.

559.

Description Géographique de la Médie.

La Médie, suivant Ptolémée, étoit bornée au Nord par la mer Caspienne, au Midi par la Perse proprement dite, par la Susiane & par l'Assyrie, à l'Orient par la Parthie & l'Hyrcanie, & à l'Occident par l'Armenie majeure. Ce pays, selon Pline & Strabon, avoit pour bornes au Nord l'Armenie & le pays des Cadusiens, au Midi la Sitacène & la Susiane, à l'Orient le pays des Parthes, & les Régions situées le long des côtes méridionales de la mer Caspienne. A l'Occident l'Adiabene & la Gordienne. Cette vaste étendue de pays se divisoit du temps de Strabon en deux parties, dont l'une étoit appellée la grande Médie, & l'autre se nommoit l'Atropatène. Celle-ci du temps de la révolte d'Arbaces étoit habitée par six nations, ou pour mieux dire par six Tribus différentes, dont Herodote nous a conservé les noms.

L'Atropatène étoit située entre le mont Taurus & la mer Caspienne; c'étoit un pays mal peuplé du temps de Salmanassar, qui y envoya un grand nombre de Juifs après la conquête du Royaume d'Israel.

Les villes les plus considérables de cette partie de la Médie étoient Gaza, capitale de la Province, & située, suivant Pline, dans une grande plaine entre Ecbatane & Artaxate; Sanina, entre l'Araxe & le Cambyse; Fazina, entre cette derniere riviere & le Cyrus; & Cyropolis entre le Cyrus & l'Amardus.

Les villes les plus considérables de la grande Médie étoient Ecbatane, Laodicée, Apamée, Ragnes, Arsacie, &c. Ecbatane capitale du pays avoit été bâtie par Déjocès, comme je viens de le dire. Les Macédoniens maîtres du pays construisirent un grand nombre d'autres villes, qui par cette raison furent appellées villes Grecques par Strabon.

Les principales montagnes de ce pays sont, suivant Ptolémée & Strabon, Choatra, qui sépare la Médie de l'Assyrie, & qui s'étend depuis les monts Gordyens jusqu'aux confins de l'Assyrie & de l'Armenie; le Zagrus qui sépare la Médie de l'Assyrie du côté de l'Orient, & dont la hauteur est de cent coudées, s'il en faut croire Polybe; Parachoatra mise par Ptolémée

144 INTRODUCTION A L'HISTOIRE, &c.

MEDES.

vers les frontieres du côté de la Perse, & par Strabon sur les confins de la Médie, de l'Hyrcanie & de la Parthie ; l'Orontes, le Jansonius & le Coronus qui sont dans l'intérieur du pays.

Les rivieres les plus considérables sont, suivant Ptolémée, le Straton, l'Amardus, le Cyrus & le Cambyse. Toutes ces rivieres qui ne faisoient point partie de la Médie proprement dite, telle que les Anciens l'ont décrite, se déchargent dans la mer Caspienne.

Les parties septentrionales de la Médie sont très-froides, & les montagnes sont couvertes de neige pendant neuf mois de l'année. Les parties méridionales sont abondantes en toutes sortes de grains. Il y a encore dans la Médie de vastes plaines, entre autres celle de Nyse fameuse par le haras de chevaux qu'on y tenoit pour les Rois de Perse ; mais il n'est pas facile de déterminer où étoit cette plaine. Les Anciens la mettent dans la partie la plus orientale de ce qu'ils appellent Médie, & bien au-delà des bornes du pays qu'on désigne aujourd'hui par ce nom. Chardin, célebre voyageur, croit avoir vû cette plaine, & suivant la description qu'il en fait, elle se trouve plus près de nous de quelques dégrés.

Fin de l'Histoire des Medes.

INTRODUCTION

INTRODUCTION
A L'HISTOIRE UNIVERSELLE.

CHAPITRE CINQUIEME.

Article Premier.

Histoire des Perses, depuis Cyrus, jusqu'au regne d'Alexandre le Grand.

SI l'on en croit quelques Critiques, le pays d'Elam, dont Chodorlaomor étoit Roi, doit être regardé comme l'ancienne Perse. Quoiqu'il en soit nous n'avons aucune connoissance de la maniere dont la Perse fut gouvernée avant Cyrus. On sçait seulement que ce pays passa successivement des Assyriens aux Babyloniens & aux Medes, mais il paroît en même-temps que les Perses tributaires de ces nations étoient gouvernés par des Princes de leurs pays. Ainsi Cambyse, pere de Cyrus, peut être regardé comme véritablement Roi des Perses, mais tributaire de celui des Medes.

PERSES.

Tome VI.   T

146 INTRODUCTION A L'HISTOIRE

PERSES.
CYRUS.

L'origine de Cyrus, la plus grande partie des actions de sa vie, & sa mort même, sont des especes de problêmes historiques qu'il n'est pas facile de résoudre. Après une lecture réfléchie des différents Auteurs qui ont parlé de ce Prince, on est tenté d'avouer qu'on ne sçait que penser de la vie de ce grand conquérant. On conçoit aisément qu'il y a eu vers ces temps-là un Prince célebre, nommé Cyrus, qui s'est formé par sa valeur un Empire très-puissant, & c'est tout ce qu'on peut dire de plus certain, mais il n'en est pas de même lorsqu'on veut entrer dans quelque détail des actions de ce Héros. On se trouve à chaque instant arrêté par les contradictions réelles des Auteurs, & on est fort embarrassé sur le parti qu'on doit prendre. Herodote avant que de faire l'histoire de ce Prince, nous avertit qu'il y avoit trois manieres différentes de l'écrire, mais il assure en même-temps qu'il n'a pas choisi celle qui faisoit le plus d'honneur aux Perses ; il pouvoit ajouter encore qu'il n'a pas fait usage de celle dont les circonstances étoient les plus simples & les plus vraisemblables. Pour flatter sans doute le goût des Grecs, il n'a employé que ce qu'il a trouvé de plus merveilleux, & par cette raison son récit devient moins croyable. Je vais en donner un abrégé, afin de satisfaire la curiosité des personnes qui ne seroient pas dans le cas de lire Hérodote.

Histoire de Cyrus, suivant Hérodote.

Astyage devenu Roi des Medes, eut au sujet de sa fille Mandane deux songes qui l'obligerent à consulter les Mages. Dans le premier, il crut voir qu'elle rendoit une si grande quantité d'eau, que toute l'Asie en étoit inondée. Dans le second, il s'imagina qu'il étoit sorti du corps de sa fille, une vigne, dont les différents rameaux couvroient toute l'Asie. Les Mages lui déclarerent que ces songes signifioient les vastes conquêtes du fils que Mandane mettroit au Monde. Astyage craignant que ce Héros futur ne songeât à le détrôner, ne voulut point donner sa fille en mariage à aucun Seigneur Mede, mais il l'envoya en Perse, & lui fit épouser Cambyse, qui étoit d'une ancienne Maison de ce pays. Mandane devenue grosse, reçut ordre de son pere de se rendre en Médie pour y faire ses couches. L'enfant qu'elle mit au monde fut aussitôt proscrit, & Astyage commanda à un de ses confidents, nommé Harpagus, de le faire mourir. L'Officier touché de compassion, chargea un berger d'exécuter les ordres du Roi, en exposant l'enfant dans des lieux écartés. Le berger ne pouvant se résoudre à obéir, garda chez lui le petit fils d'Astyage, & exposa à sa place son fils, qui étoit du même âge, & qui venoit de mourir. Harpagus trompé par les pieux artifices du berger, assura le Roi que le fils de Mandane n'existoit plus.

Cyrus avoit à peine douze ans, qu'il lui arriva une aventure qui le fit reconnoître. Des enfants de son âge l'ayant élu leur Roi par forme de jeu, il fit punir quelques-uns d'entr'eux, qui n'avoient pas obéi à ses ordres. Parmi les enfants que Cyrus avoit fait châtier, il se trouva le fils d'un Seigneur, qui, irrité de la hardiesse du jeune Cyrus, en porta ses plaintes au Roi. Astyage fit venir devant lui celui qu'il regardoit comme le fils du berger ; & lui fit de sévéres réprimandes. Frappé de son air majestueux, & de la solidité de ses réponses, il s'imagina retrouver son petit-fils. Ses doutes furent bientôt dissipés par l'aveu que lui firent le berger & Harpagus.

Les Mages furent de nouveau consultés sur ce qu'il arriveroit à l'enfant, & ils déciderent que les songes du Roi se trouvoient accomplis par le diadême que les enfants avoient mis sur la tête du jeune Cyrus.

Astyage persuadé alors qu'il n'avoit plus rien à craindre de son petit-fils, le renvoya en Perse pour y être élevé conformément à sa naissance. Irrité de la désobéissance d'Harpagus, il s'en vengea d'une maniere bien cruelle, en lui faisant manger son propre fils. Harpagus dissimula son ressentiment, & attendit une occasion favorable pour en faire éclater les effets.

Cependant Cyrus avoit profité de la bonne éducation qu'il avoit reçue en Perse; & la renommée avoit publié ses grandes qualités. Harpagus le regardant comme l'instrument de sa vengeance, employa toute sorte de moyens pour le porter à se révolter contre Astyage. Cyrus gagné par les instances d'Harpagus, forma avec prudence le plan de sa révolte, afin de l'exécuter avec plus de sûreté. Après avoir rassemblé toutes les troupes des Perses, sous prétexte qu'il en avoit reçu ordre de son grand pere, il les conduisit dans un endroit où il y avoit beaucoup de bois; & leur commanda de travailler à en abattre le plus qu'elles pourroient pendant un jour entier. Il les invita à revenir le lendemain dans le même endroit; mais au lieu d'être obligées de travailler comme la veille, elles trouverent une grande quantité de viandes cuites, & du vin en abondance. Après qu'elles eurent passé la journée à se divertir, Cyrus leur demanda lequel des deux jours leur convenoit mieux: les Perses répondirent, sans hésiter qu'ils aimoient mieux celui où ils avoient vécu dans l'abondance & dans les plaisirs. Tant que vous serez sous la domination des Medes, leur répliqua Cyrus, vous vivrez dans l'esclavage, & par conséquent vous menerez une vie triste & laborieuse. Si au contraire vous secouez le joug de ces peuples, vous serez heureux, & l'abondance renaîtra parmi vous. Ce discours fit une grande impression sur les esprits, & les Perses l'ayant déclaré leur Chef, jurerent de le suivre par-tout où il voudroit les conduire.

Astyage fut bientôt averti de ce qui se passoit en Perse, & envoya ordre à Cyrus de se rendre promptement en Medie. Ce Prince répondit au messager qu'il y seroit plutôt que le Roi ne voudroit. Astyage comprenant par cette réponse que son petit-fils avoit dessein de venir l'attaquer dans ses Etats, rassembla toutes ses troupes, & en donna le commandement à Harpagus. Aussitôt que les deux armées furent l'une près de l'autre, le Général des Medes passa avec la plus grande partie de ses troupes dans celle des Perses, & les Medes qui resterent fidéles à leur Roi, furent taillés en piéces. Astyage plus irrité qu'abattu de cette perte, fit punir de mort les Mages qui avoient si mal interpreté ses songes, & leva une nouvelle armée à la tête de laquelle il se mit. Cette seconde tentative ne fut pas plus heureuse que la premiere: les Medes furent battus de nouveau, & Astyage fut fait prisonnier. Harpagus insulta alors au malheur d'Astyage, & lui reprocha sa cruauté. Astyage ayant ainsi perdu la couronne qu'il avoit portée pendant trente-cinq ans, demeura prisonnier dans le palais jusqu'à sa mort, & le vainqueur le traita toujours avec beaucoup de douceur. (1)

(1) Astyage, ou Astyigue, pour éviter la colere de Cyrus, se sauva à Ecbatane, où sa fille Amyntis, & Spitame son gendre, le cacherent dans le palais, Cyrus s'y étant ren-

C'est ainsi qu'Herodote raconte la naiſſance de Cyrus, & ſa conquête de la Medie. On a de la peine à ajouter foi à un tel récit qui a été adopté par Juſtin. Cteſias prétend qu'il n'y avoit aucune parenté entre Cyrus & Aſtyage, & il eſt d'accord avec Herodote au ſujet de la deſtruction de l'Empire des Medes par ce Prince. C'eſt le ſeul point de l'hiſtoire des Medes, où ces deux Auteurs ſoient conformes entr'eux. Diodore de Sicile le regarde auſſi comme le fils de Cambyſe & de Mandane, fille d'Aſtyage, & c'eſt le ſentiment de Xenophon ; mais bien différent d'Herodote, il ne fait pas naître Cyrus ſous des auſpices auſſi malheureux.

Après avoir rejetté le récit d'Herodote, il ne nous reſte plus d'autres Hiſtoriens à ſuivre que Xenophon ; examinons cependant quel fond on peut faire ſur cet Ecrivain. Dès le temps de Ciceron on doutoit que la Cyropedie ou l'hiſtoire de Cyrus écrite par Xenophon, dût être regardée comme une hiſtoire véritable pour le détail des faits. Cette queſtion a été agitée depuis, & il paroît que le plus grand nombre des Critiques s'eſt accordé à regarder cet ouvrage comme un roman hiſtorique. On voit d'ailleurs que tous les diſcours de la Cyropedie ſont des alluſions aux diſcours de Socrate, & ſouvent même des répétitions de ceux que Xenophon avoit déjà fait tenir à ce Philoſophe dans ſon livre *des Dits mémorables*. Trois choſes principales ſemblent devoir obliger à rejetter le détail des faits hiſtoriques de la Cyropedie.

1°. La Chronologie y eſt entierement violée.

2°. Xenophon a ſupprimé la guerre de Cyrus contre Aſtyage, quoique cette guerre ſoit un fait indubitable, & que cet écrivain lui-même en faſſe mention dans ſa *retraite des dix mille*, lorſqu'il parle des villes de Lariſſa, & de Meſpila. (1)

La premiere, dit-il, fut priſe dans le temps que le Roi des Perſes enlevoit l'Empire aux Medes....... La Reine de Medie qui s'étoit réfugiée dans Meſpila, y ſoutint un long ſiège contre les Perſes. Ces événements ne peuvent regarder que la conquête de la Médie par Cyrus. Il y a tout lieu de croire que c'étoit un fait qui paſſoit pour conſtant parmi les Perſes, & que ce fut pour cette raiſon que l'Hiſtorien Grec le rapporte dans cet endroit. Le deſſein de Xenophon dans ſon ouvrage étant de repréſenter un grand Roi, un politique habile, un grand Capitaine, un Prince juſte & vertueux, il a pris le parti de ſupprimer dans ſon hiſtoire, & d'effacer les traits capables de défigurer le portrait qu'il vouloit donner de Cyrus.

3°. Xenophon pour arranger les événements qu'il vouloit décrire, a imaginé un Cyaxare, fils d'Aſtyage, qui eſt inconnu à toute l'Antiquité.

Cette ſuppoſition ſe trouve détruite par le paſſage du même Auteur que

du, fit mettre à la torture Amyntis, Spitame, avec Spitace & Megaberne leurs fils, pour les obliger à déclarer l'endroit où Aſtyage s'étoit caché. Ce Prince informé des tourments que ſes enfants ſouffroient à ſon ſujet, ſortit de ſa retraite & ſe préſenta devant Cyrus, qui le remit entre les mains d'Œbares, avec ordre de le charger de chaînes & de l'enfermer dans un cachot. Il changea dans la ſuite de conduite à ſon égard, & après l'avoir tiré de priſon, il le regarda comme ſon pere. Il fit mourir Spitame pour ſe venger de ce qu'il n'avoit pas voulu découvrir l'endroit où il avoit caché Aſtyage, & épouſa Amyntis. *Cteſias dans les extraits de Photius.*

(1) Xenophon, expédition du jeune Cyrus, Livre III.

je viens de citer ; car si le grand Cyrus avoit épousé la fille de Cyaxare, il auroit monté de droit sur le thrône de Médie après la mort de son oncle & de son beau-pere. Xenophon, dans son récit des actions du jeune Cyrus, n'avoit eu d'autre vûe que de rapporter fidelement des faits dont il avoit été lui-même témoin ; vûe bien différente de celle qui l'avoit engagé à entreprendre la Cyropedie.

Le Prophete Daniel, contemporain de Cyrus, se trouve entiérement opposé à Xenophon, & conforme à Herodote, à Ctezias & à Trogue Pompée. Il dit en termes formels à la fin du Chapitre XIII : *Astyage fut enseveli dans le sépulchre de ses ancêtres, & Cyrus Persan de Nation regna en sa place.* Il s'ensuit de ce passage que le Cyaxare de Xenophon n'a point regné entre ces deux Princes. Ajoutons enfin que le titre de l'ouvrage de Xenophon nous apprend, que cet Auteur n'avoit point entrepris d'écrire l'histoire du regne entier de Cyrus, mais seulement celle de sa jeunesse, ou de son éducation, & de ses premiers exploits. En effet, il n'entre dans aucun détail en parlant des événements qui ont suivi la prise de Babylone, & se contente de nous apprendre en général le reste des actions de ce Prince. En supprimant la guerre de Cyrus contre les Medes, & que ce jeune Heros n'avoit terminée que vers la quarantiéme année de son âge, l'écrivain s'est mis dans la nécessité de chercher dequoi remplir le vuide de ce nombre d'années. Pour en venir à bout, & ne point supposer des exploits imaginaires, il a renversé tout l'ordre Chronologique, & a placé dans la jeunesse de Cyrus des événements qui avoient rapport à son dernier âge. C'est de-là que sont venus les deux Anachronismes de vingt-six & de vingt-huit ans, dans lesquels il est tombé au sujet de la prise des villes de Sardes & de Babylone. La plûpart des Historiens modernes, tels que Usserius, Vossius, Marsham, Prideaux, Rollin, une société de gens de lettres de Londres, &c. ont tous adopté le système de Xenophon, & le Cyaxare qu'il fait paroître sur la scene, parce qu'ils ont cru expliquer par ce moyen quelques passages de Daniel, c'est-à-dire, qu'ils ont cru reconnoître le Darius Medus de ce Prophete dans le Cyaxare de Xenophon. J'ai rapporté à la fin de l'histoire des Babyloniens le sentiment de M. Freret, (1) qui paroît avoir éclairci ce point difficile de l'Histoire.

Il me semble qu'on peut conclure de toutes ces réflexions qu'il n'est pas facile de donner une histoire suivie des actions de Cyrus, & qu'en voulant entrer dans quelque détail des exploits de ce Heros, on s'expose à tomber dans plusieurs erreurs. On sçait en général que ce Prince destiné par Dieu même (2) à soumettre une grande partie de l'Asie, a détruit l'Empire des

---

(1) Cet Académicien en faisant connoître le peu de fond qu'on doit faire sur les détails historiques contenus dans la Cyropedie, justifie pleinement Xenophon par rapport à la partie Géographique. *Voyez ses dissertations dans les Tom. IV. & VII. des Mémoires de l'Académie des Belles-Lettres.*

» (2) Voici ce que dit le Seigneur à Cyrus, » qui est mon Christ, que j'ai pris par la » main pour lui assujettir les nations, pour » mettre en fuite les Rois, pour ouvrir de- » vant lui toutes les portes sans qu'aucunes lui » soient fermées. Je marcherai devant vous, » j'humilierai les Grands de la terre , je » romprai les portes d'airain, & je briserai » les gonds de fer. Je vous donnerai les thré- » sors cachés, & les richesses secrettes & » inconnues, afin que vous sçachiez que je » suis le Seigneur, le Dieu d'Israel, qui vous » ai appellé par votre nom, à cause de Ja-

PERSES.

Medes, celui de Babylone, le Royaume de Lydie, (1) & a subjugué les Hyrcaniens, les Syriens, les Assyriens, les Arabes, les Cappadociens, les peuples de l'une & l'autre Phrygie, les Cariens, les Pheniciens, les Bactriens, les Indiens, les Ciliciens, les Saques, les Paphlagoniens, & un grand nombre d'autres Nations. Enfin, qu'il a contraint les Grecs voisins de la mer, les Cypriens & les Egyptiens à reconnoître son pouvoir. Dans l'impossibilité de donner les véritables détails de tous ces événements, je me contente de les indiquer, & je pense que c'est le parti le plus raisonnable.

La mort de ce Prince offre encore de nouvelles difficultés. Il meurt tranquillement dans son lit, suivant Xenophon, Onesicrite, Lucien, & les Historiens d'Alexandre ; mais Herodote le fait périr par la main des Massagettes ; Ctesias par celle d'un Indien, & Diodore croit qu'il fut fait prisonnier par la Reine des Scythes, qui le fit attacher à une croix. Cyrus étoit âgé de soixante-dix ans, suivant Dinon, & en avoit regné trente. Il paroît qu'on peut placer la mort de ce Heros à l'an 530 avant Jesus-Christ, la deux cent dix-huitiéme année de Nabonassar, selon le Canon Astronomique des Rois de Babylone. Eusebe dans sa préparation Evangelique place le commencement du regne de Cyrus, & le déthrônement d'Astyage à l'an 560 avant Jesus-Christ, & donne cette année comme un point de Chronologie démontré, Elle est la premiere de la cinquante-cinquiéme Olympiade. (2)

CAMBYSE.
530.

Cambyse devenu maître d'un puissant Empire par la mort de Cyrus son pere, se disposa à porter la guerre en Egypte, pour se venger d'une injure qu'il avoit reçue du Roi de ce pays. (3) Les Cypriotes & les Phéniciens le seconderent dans cette entreprise, mais il reçut des secours plus essentiels de la part de Phanès d'Halicarnasse. Ce Général avec une troupe de Grecs qui étoient entrés au service d'Amasis, abandonna ce Prince, & se jetta dans le parti de Cambyse, à qui il donna toutes les instructions nécessaires pour attaquer avec avantage le Roi d'Egypte. Il lui conseilla en même temps d'engager un Roi Arabe, dont les terres confinoient à la Palestine & à l'Egypte, à fournir de l'eau à son armée pendant qu'elle traverseroit le désert qui est entre ces deux pays.

» cob qui est mon serviteur, d'Israel qui est
» mon élû. » *Isaïe.*

(1) Voyez cette expédition dans l'histoire de Lydie, qui occupe un des chapitres de ce volume.

(2) Mémoires de l'Académie des Belles-Lettres, Tom. VII. pag. 453. & 455.

(3) Herodote rapporte que Cyrus, selon les uns, ou Cambyse, selon les autres, avoit fait demander la fille d'Amasis, Roi d'Egypte, pour la mettre au nombre de ses femmes ; mais que ce Prince craignant que sa fille n'obtînt pas le rang d'épouse légitime, envoya à sa place Nitetis, fille d'Apriès son prédécesseur, sur lequel il avoit usurpé la couronne. Les Egyptiens prétendoient que Cambyse étoit fils de Nitetis, & que ce fut pour venger la mort de son ayeul Apriès qu'il porta la guerre en Egypte. Herodote rejette avec raison cette tradition populaire des Egyptiens, & fait voir que la mere de Cambyse, nommée Cassandané, étoit Persane, & fille de Pharnaspes du sang des Achemenides ; mais il convient que Nitetis avoit été envoyée par Amasis à Cyrus, qui l'avoit mise dans son serrail, & que Cassandané jalouse du crédit que cette rivale avoit sur l'esprit de Cyrus, avoit inspiré à son fils Cambyse la haine qui le porta dans la suite à ravager si cruellement le pays des Egyptiens. On pourroit aussi penser qu'Amasis, qui avoit été soumis par Cyrus, dont il étoit devenu tributaire, avoit peut-être refusé de rendre le même hommage à Cambyse, & que cette raison avoit pû porter ce Prince à lui faire la guerre.

Cambyse, en arrivant sur les frontieres de l'Egypte, apprit la mort d'Amasis & les préparatifs que Psammenite, son fils & son succeseur, faisoit pour se mettre en état de lui résister. Peluse fut la premiere place qui arrêta l'armée des Perses. Cambyse qui sentoit la nécessité de se rendre maître de cette ville, & qui connoissoit en même temps la difficulté de l'entreprise, usa de stratagême pour s'en mettre en possession. Il fit marcher devant ses troupes un grand nombre d'animaux que les Egyptiens regardoient comme sacrés, & sur lesquels par conséquent ils n'oserent lancer leurs traits. Les Perses à la faveur de ces animaux livrerent un assaut général à la Place, & forcerent par ce moyen la garnison Egyptienne à leur ouvrir les portes de Peluse. La prise de cette place fut suivie d'une éclatante victoire que Cambyse remporta sur Psammenite qui s'étoit avancé pour s'opposer aux progrès des Perses. Cambyse profitant de son avantage, alla se présenter devant Memphis, où les débris de l'armée Egyptienne s'étoient retirés. Le Hérault qu'il envoya pour sommer les habitants de se rendre, fut massacré avec ceux qui l'accompagnoient. Cambyse devenu maître de la Place, tira une vengeance éclatante de cet attentat en faisant périr par les supplices un grand nombre de Seigneurs Egyptiens. Il n'épargna pas même le fils aîné de Psammenite, mais il traita avec beaucoup de douceur ce Roi qu'il avoit fait prisonnier; & lui assigna un entretien honorable. La clémence de Cambyse n'empêcha pas Psammenite, peu de temps après, de chercher les moyens de rentrer en possession de ses Etats. Cambyse irrité de sa révolte le fit mourir en lui donnant à boire du sang de Taureau. Alors les Lybiens, les Cyrenéens, & les Barcéens se soumirent aux Perses. Cambyse étant arrivé dans la ville de Saïs, lieu de la sépulture des Rois d'Egypte, fit tirer du tombeau le corps d'Amasis, & après lui avoir fait mille outrages, il ordonna qu'on le jettât au feu.

Maître de l'Egypte, il résolut de porter ses armes contre les Ammoniens & les Ethiopiens. Il envoya d'abord vers ces derniers des Ambassadeurs, qui devoient en même temps lui servir d'espions, & lui faire connoître les forces d'un peuple contre lequel il se préparoit à marcher. Le Roi d'Ethiopie, qui avoit pénétré les desseins de Cambyse, fit présent aux Ambassadeurs de ce Prince d'un arc, qui étoit extrêmement pesant, & qu'il avoit bandé facilement en présence des Ambassadeurs, auxquels il parla ainsi. « Quand les Perses pourront se servir aussi aisément que je viens de
» faire d'un arc de cette grandeur & de cette force, je leur conseille d'oser
» alors attaquer les Ethiopiens, mais il faut cependant qu'ils viennent en
» plus grand nombre qu'ils ne sont à présent. Ils doivent rendre graces
» aux Dieux de ce qu'ils n'ont pas mis dans le cœur des Ethiopiens le désir
» de s'étendre hors de leur pays. «

Cambyse choqué de cette réponse se mit aussi-tôt à la tête de ses troupes, sans songer à faire les provisions dont il avoit besoin pour la subsistance de son armée. Lorsqu'il fut arrivé à Thebes, il détacha cinquante mille hommes contre les Ammoniens, & leur donna ordre de ravager le pays, & de détruire le Temple de Jupiter Ammon. Cette armée, après plusieurs jours de marche dans le désert, fut couverte par les sables qu'un vent impétueux du Midi avoit tout à coup ramassés. Cependant l'armée que Cambyse conduisoit contre les Ethiopiens ressentoit tellement les horreurs de la famine, qu'on étoit obligé de tirer au sort, pour manger le dixiéme sur lequel il étoit tombé. Malgré une si dure extrêmité, la table de Cambyse n'étoit pas servie avec moins de délicatesse & de somptuosité, & ses Chameaux étoient chargés de tout ce qui lui étoit nécessaire. La triste situation de son armée ne le fit point d'abord renoncer à son projet, mais craignant ensuite pour lui-même, il ramena à Thebes les restes de ses troupes.

Ce fut dans cette ville qu'il fit éclater d'avantage le mépris qu'il avoit toujours témoigné pour les Dieux. Il ne se contenta pas de piller leurs Temples, il ajouta encore les railleries les plus piquantes. Ce Prince se rendit ensuite à Memphis, dont les habitants étoient alors occupés à célébrer la fête du Dieu Apis. Persuadé d'abord que les réjouissances qu'il voyoit n'étoient faites que pour insulter à ses malheurs, il fit connoître combien il y étoit sensible. On vint cependant à bout de l'appaiser, en lui apprenant le sujet de la joye publique. Surpris de la crédulité des Egyptiens, il ordonna qu'on fît paroître devant lui l'objet de leur vénération. Les Prêtres n'osant résister à ses ordres, lui présenterent le veau qu'ils adoroient sous le nom d'Apis: Cambyse plus furieux qu'auparavant, & croyant qu'on avoit dessein de se moquer de lui, frappa l'animal de son poignard, & lui fit à la cuisse une blessure dont il mourut quelques jours après. Il commanda ensuite de tuer tous les Egyptiens qui oseroient célébrer la fête du Dieu Apis.

Ce n'étoit pas seulement sur les Etrangers que ce Prince exerçoit ses fureurs sanguinaires; il n'épargna pas même sa propre famille. Guidé par une crainte qui n'avoit d'autre fondement qu'un vain songe, il donna ordre à un de ses confidents nommé Prexaspe, de faire mourir son frere Smerdis, ou Mergis selon Justin, ou Tanoaxare suivant Xenophon. Un ordre si cruel ne fut exécuté qu'avec trop d'exactitude. (1) Cambyse, qui n'écoutoit que

(1) Un Mage nommé Pphendadate ayant été puni pour quelque faute par Tanioxarce, frere du Roi, alla trouver Cambyse, & lui fit accroire que son frere avoit formé le dessein de le détrôner. Pour preuve de cela, Seigneur, ajouta-t-il, ordonnez à Tanioxarce de se rendre auprès de vous, & vous verrez s'il vous obéira. En effet ce Prince, qui étoit retenu en Perse par quelques affaires particulieres, ne se pressa pas d'entreprendre le voyage d'Egypte. Sphendadate profita de cette négligence pour irriter davantage Cambyse. Amyntis à qui le Mage étoit suspect, pria le Roi de suspendre son Jugement, & de se défier de Sphendadate. Cambyse feignit d'adhérer aux sages avis de sa mere, mais il étoit intérieurement persuadé que son frere étoit coupable, & il avoit déja résolu sa perte. Tanioxarce se rendit enfin aux ordres de son frere; mais à peine fut-il arrivé que le Roi tint conseil avec Sphendadate, pour sçavoir quel moyen il employeroit pour le faire mourir. Le Mage, qui ressembloit parfaitement à Tanioxarce, proposa au Roi un expédient singulier. Seigneur, dit-il, faites moi publiquement mon procès, comme si j'eusse calomnié votre frere, vous ferez ensuite mourir votre frere, & vous me revétirez de ses habits; on me prendra pour lui & tout le monde y sera trompé. Cambyse accepta la proposition, & après avoir fait condamner à mort le Mage, il fit avaler du sang de Taureau à son frere, qui en mourut, Sphendadate revétu des habits de Tanioxarce, passa pour le frere du Roi, & tous les Perses le reconnurent pour tel, à l'exception de trois Seigneurs de la Cour, & d'un Eunuque nommé Tybethée, qui étoient du secret. Cét Eunuque, ayant reçu quelques mauvais traitements de la part de Sphendadate, que le Roi avoit envoyé commander dans la Bactriane, découvrit l'imposture cinq

la violence de ses passions, conçut alors le criminel dessein d'épouser Meroé la plus jeune de ses sœurs. Ce Prince, qui vouloit faire approuver un commerce dont les Perses n'avoient point encore vû d'exemple, demanda à ceux qui étoient chargés d'interpréter les Loix, s'il y en avoit quelques-unes qui lui permissent de contracter le mariage qu'il avoit résolu de faire. Les Docteurs qui redoutoient sa colere, après lui avoir déclaré qu'ils n'en avoient point trouvé, ajouterent qu'il y en avoit une par laquelle il étoit permis aux Rois de Perse de faire tout ce qu'ils voudroient. Cambyse se trouvant autorisé par cette réponse, épousa publiquement sa sœur, & se fit accompagner de cette Princesse dans toutes ses expéditions. Le chagrin qu'elle témoigna de la mort de son frere, irrita tellement Cambyse, qu'il lui donna dans le ventre un coup de pied dont elle mourut.

Il sembloit que Cambyse se fît un plaisir de verser le sang humain, & il punissoit de mort la moindre faute, de sorte qu'il n'y avoit presque point de jour qu'il ne sacrifiât quelque Seigneur à son humeur féroce. Prexaspe ne fut pas plus épargné que les autres. Ce Seigneur obligé de dire au Roi ce que les Perses pensoient de lui, lui avoua qu'on se plaignoit de ce qu'il aimoit trop le vin. Cambyse offensé de cette franchise, se fit apporter du vin, & après qu'il en eut bû une plus grande quantité que de coutume, il ordonna au fils de Prexaspe de se tenir droit au bout de la salle. Il décocha alors une fleche contre ce jeune homme, en déclarant qu'il tiroit au cœur. On ouvrit ensuite le corps du fils de Prexaspe, & Cambyse faisant approcher le pere, lui montra le coup qu'il avoit porté dans le cœur, en disant: *Ai-je la main bien sûre? Apollon*, répondit Prexaspe, *ne tireroit pas plus juste.*

Cresus, qui étoit resté à sa Cour, hasarda un jour de lui donner quelques avis salutaires pour l'engager à changer de conduite. Cambyse, loin de sçavoir gré au Roi de Lydie de l'intérêt qu'il prenoit à sa personne, ordonna qu'on le fît mourir sur le champ. Ceux qu'il en avoit chargé, appréhendant que Cambyse ne se repentît des ordres qu'il avoit donnés, jugerent à propos de ne les point exécuter. En effet, le lendemain le Roi témoigna beaucoup de regret de la mort de Cresus. On lui avoua qu'il n'avoit point été obéi, & que le Prince Lydien étoit encore vivant. Cambyse reçut avec joye cette nouvelle, mais il fit mourir dans les supplices ceux qui avoient sauvé la vie à Cresus.

Ce fut vers ce même temps qu'Orétes, Gouverneur de Sardes pour Cambyse, fit mourir Polycrates, Tyran de Samos. Orétes piqué du reproche que lui fit un autre Satrape (1) de ce qu'il n'avoit pas encore pû se rendre maître de l'Isle de Samos, prit la résolution de s'en emparer à quelque prix que ce fût. Pour faire tomber Polycrates dans le piége qu'il lui tendoit, il feignit de se révolter contre Cambyse, & engagea le Tyran de Samos à recevoir ses thrésors en dépôt. Il promit de lui en céder la moitié pour lui aider à conquérir l'Ionie & les Isles voisines. Polycrates avant que de faire un traité

Fin tragique de Polycrate Tyran de Samos.

ans après. Amyntis à qui il s'étoit adressé, demanda qu'on lui livrât Sphendadate, & irritée du refus de son fils, elle fit contre lui de grandes imprécations, & termina sa vie par le poison. *Ctesias dans les extraits de Photius.*

(1) Ce nom signifie Gouverneur, & étoit en usage chez les Perses.

PERSES.

avec Orétes, lui envoya un député, pour examiner en quoi confiftoit fes richeffes. On fit voir à ce député une grande quantité de facs dont le haut étoit couvert de monnoye d'or, tandis que le refte n'étoit rempli que de pierres. Polycrates inftruit par fon député des richeffes apparentes d'Orétes, fe rendit à Sardes pour s'en mettre en poffeffion. Il y fut à peine arrivé que le Gouverneur le fit arrêter comme un ennemi de l'Etat, & en cette qualité, il le fit attacher à une potence où il perdit honteufement la vie. On dit que jufqu'alors la fortune avoit tellement favorifé ce Prince, qu'il ne lui étoit furvenu aucune peine ni aucun chagrin. C'eft de lui qu'on rapporte, qu'ayant jetté un anneau précieux dans la Mer, il le retrouva dans un poiffon qu'on lui fervit fur fa table. Le merveilleux de cet évenement empêche d'y ajouter foi.

Révolte des Mages contre Cambyfe.

Les cruelles précautions que le Roi de Perfes avoit prifes en faifant mourir fon frere dans la crainte qu'il ne lui enlevât la couronne, n'empêcherent pas que la fin de fon regne ne fût agité de divers troubles. Patifithe un des chefs des Mages, à qui Cambyfe avoit laiffé le gouvernement de la Perfe pendant fon voyage en Egypte, profita du mécontentement des peuples pour faire monter fur le thrône fon frere, à qui Herodote donne le nom de Smerdis. On prétend qu'il reffembloit parfaitement au frere de Cambyfe, & que ce fut cette reffemblance qui porta Patifithe à le placer fur le thrône de Perfe. Peu de perfonnes étoient inftruites de la mort du véritable Smerdis, de forte que le Mage n'eut pas beaucoup de peine à engager les Perfes à reconnoître pour leur Souverain celui qu'il faifoit paffer pour le fils de Cyrus. Le nombre des rebelles fe trouvant affez confidérable, Patifithe envoya des Hérauts par tout l'Empire, pour annoncer qu'on ne devoit plus reconnoître Cambyfe, qui s'étoit fait détefter par fes fureurs, & que les principaux d'entre les Perfes avoient mis en fa place Smerdis fon frere.

Cambyfe, qui étoit en chemin pour retourner en Perfe, apprit cette nouvelle à fon arrivée dans la Syrie. Prexafpe l'ayant alors affuré de nouveau qu'il n'avoit que trop fidelement exécuté fes ordres, & que fon frere avoit réellement perdu la vie, lui fit connoître que le complot ne pouvoit avoir été formé que par le Mage qui avoit employé ce ftratagême pour lui ravir la couronne. Cambyfe fe mit auffitôt en marche pour arrêter les progrès de ce complot : mais comme il montoit à cheval, il fe bleffa à la cuiffe avec fon poignard (1) qui étoit forti par hafard de fon fourreau. Cette bleffure étoit fi confidérable, qu'il en mourut quelques jours après dans un endroit nommé Ecbatane, qu'il ne faut pas confondre avec la ville du même nom

---

(1) Un jour que Cambyfe offroit un facrifice, il s'apperçut que les victimes ne rendoient point de fang. Il fut effrayé de ce prodige, mais fes allarmes redoublerent encore, lorfqu'il apprit que Roxane fa femme étoit accouchée d'un enfant qui n'avoit point de tête. Les Mages, qu'il confulta, répondirent que ces accidents fembloient annoncer qu'il ne laifferoit point de poftérité. Cambyfe accablé de chagrin, eut un fonge qui l'augmenta encore. Il crut voir fa mere qui lui reprochoit le meurtre de fon frere, & qui le menaçoit d'une fin prochaine. Malgré l'abattement où il étoit plongé, il fe rendit à Babylone, où voulant s'amufer à polir un morceau de bois avec fon cimetere, il fe bleffa à la cuiffe dans un endroit dangereux & mourut onze jours après de fa bleffure, après un regne de dix-huit ans. *Ctefias dans les extraits de Photius.*

qui étoit dans la Médie. Herodote raconte que l'Oracle de Bute (1) avoit annoncé à Cambyse qu'il mourroit à Ecbatane, & que Cambyse s'imaginant qu'il s'agissoit de la capitale de la Médie, avoit pris la résolution de ne jamais passer par cette ville. Lorsqu'il eût appris que le lieu où il étoit tombé malade portoit le même nom, il ne douta plus que sa fin ne fût proche. Il avertit alors ceux qui étoient autour de lui, que le véritable Smerdis étoit mort, & que celui qui s'étoit révolté étoit le fils du Mage Patisithe. Les Perses, croyant que la haine qu'il avoit toujours témoignée contre son frere lui faisoit tenir ce discours, se soumirent tranquillement à celui qui étoit sur le thrône.

Le Mage qui avoit intérêt que sa fourberie ne fût point découverte, se tenoit continuellement enfermé dans son palais, & ne traitoit des affaires que par l'entremise de ses Eunuques. Dans le dessein de gagner l'affection de ses nouveaux sujets, il leur accorda une exemption de taxe & de tout service militaire pendant trois ans. Il se fit un si grand nombre de Partisans par ses largesses, que sa mort fut pleurée par la plus grande partie des Perses. Toutes ces précautions ne servirent qu'à jetter du soupçon dans l'esprit des Grands de la Cour. Smerdis avoit épousé toutes les femmes de Cambyse, parmi lesquelles il y en avoit une nommée Phedime, qui étoit fille d'Otanès, dont on a déjà parlé plus haut. Ce Seigneur donna ordre à sa fille de découvrir si le Roi avoit des oreilles ou non. Phedime fit bientôt sçavoir à son pere que le Prince n'en avoit pas, & Otanès fut alors convaincu que celui qui regnoit, étoit le Mage à qui Cyrus avoit autrefois fait couper les oreilles en punition de quelque crime. Honteux d'obéir à un tel Souverain, il forma aussitôt contre ce Prince un complot dans lequel il fit entrer Darius, fils d'Hystaspe. (2)

Les Conjurés, au nombre de sept, étoient prêts à exécuter leur dessein lorsqu'un événement imprévû les engagea à précipiter le coup. Prexaspe à qui les Mages avoient fait promettre qu'il déclareroit devant le peuple, que le véritable Smerdis occupoit le thrône, tint un discours bien différent lorsque tout le peuple fut assemblé. Il avoua publiquement qu'il avoit trempé ses mains dans le sang du frere de son Souverain, & que le Mage avoit profité de cette circonstance pour s'emparer de la Couronne. Après cet aveu il demanda pardon aux Dieux & aux hommes, & se précipita de la tour d'où il parloit au peuple. Les Conjurés profitant du trouble où se trouvoient alors les Mages, entrerent dans le palais, & mirent à mort Smerdis & son frere Patisithe. Ils firent voir les têtes des deux Mages au peuple, qui, convaincu de l'imposture, se jetta avec fureur sur les autres Mages & sur leurs Partisans. On célébra pendant longtemps une fête annuelle, qui fut nommée massacre des Mages. Pendant ce jour aucun d'eux n'osoit paroître en public. (3)

---

(1) Je parlerai ailleurs des différents Oracles & de la maniere de les consulter.
(2) Hystaspe étoit un des plus grands Seigneurs qu'il y eût dans la Perse, & il étoit de la famille des Achemenides.
(3) Bagapate & Artasyras n'attendirent pas que Cambyse fût mort pour tenir chez eux un conseil. Ils formerent le projet de déférer la couronne au Mage Sphendadate, & en effet il regna après Cambyse. Ixabate fut chargé de conduire le corps du feu Roi en Perse, & de faire ses funérailles. A son

PERSES.

Les Conjurés tinrent conseil alors pour délibérer sur la forme du Gouvernement, & après plusieurs contestations ils convinrent que l'Etat Monarchique étoit le plus avantageux aux peuples. Il ne s'agissoit plus que de sçavoir qui d'entr'eux porteroit la couronne. On remit ce choix aux Dieux, & comme le Soleil étoit la grande Divinité des Perses, ils arrêterent que le lendemain ils se trouveroient tous à cheval au lever du Soleil dans un endroit indiqué, & que celui-là seroit Roi, dont le cheval henniroit le premier. L'Ecuyer de Darius usa de stratagême pour procurer le thrône à son maître. Il conduisit pendant la nuit le cheval de ce Prince dans l'endroit dont on étoit convenu, le laissa quelque temps avec une jeune cavale, & le ramena ensuite au palais. Lorsque le jour commença à paroître, les Conjurés se trouverent au rendez-vous, & à peine y furent-ils arrivés, que le cheval de Darius commença à hennir. Les autres Seigneurs le saluerent en qualité de Roi de Perse, & lui prêterent serment de fidélité.

DARIUS I.
521.

Darius accorda de grands priviléges à ces Seigneurs, & ils eurent la liberté d'entrer à toute heure chez le Roi, excepté lorsqu'il seroit avec la Reine. Un d'eux, nommé Intapherne s'étant présenté dans un de ces moments défendus, fut tellement interdit de ce qu'on lui refusoit l'entrée, qu'il maltraita à coups de sabre la Garde du Roi. Darius dissimula d'abord son ressentiment, dans la crainte que ce ne fût un complot formé contre lui de la part des Seigneurs qui l'avoient mis sur le thrône. Instruit dans la suite qu'ils n'avoient aucune part à cette violence, & que même ils la désapprouvoient, il fit arrêter Intapherne, ses enfants & toute sa famille. La femme de ce criminel ne cessa d'implorer la clémence du Roi, & ce Prince pour se débarrasser de ses poursuites, lui accorda la vie de celui qu'elle désigneroit. Darius ne fut pas peu surpris lorsqu'elle nomma son frere, & comme il lui demandoit la raison de ce choix, elle répondit que n'ayant plus de pere ni de mere, elle ne pouvoit espérer qu'il lui revînt un frere; au lieu que devenant veuve elle trouveroit un mari dont elle pourroit avoir des enfants. Darius lui accorda sa demande, & lui rendit encore son fils aîné.

Il n'y avoit pas longtemps que Darius étoit sur le thrône lorsque Syloson, frere de Polycrates alla trouver ce Prince. Ils s'étoient trouvés ensemble à Memphis dans le temps que Cambyse faisoit la guerre aux Egyptiens. Darius, alors simple Officier dans l'armée des Perses, avoit paru témoigner

---

retour, voyant le Mage sur le thrône sous le nom de Tanyoxarce, il entreprit de le faire connoître pour ce qu'il étoit. Son dessein ne réussit pas, & il fut contraint de se réfugier dans un Temple, d'où il fut tiré par force & mis à mort. Quelque temps après sept Perses des plus considérables de la nation; sçavoir, Onophas, Idernès, Norodabate, Mardonius, Barisès, Atapherne, & Darius, fils d'Hystaspe, conspirerent contre le Mage. Ces sept Chefs se donnerent la foi, & associerent à leur entreprise Artasyras, & Bagapate qui avoit toutes les clefs des chambres du Palais. Guidés par un homme qui connoissoit si bien l'intérieur des appartements, ils se rendirent dans celui du Mage qu'ils trouverent couché avec une courtisane de Babylone. Dès qu'il les vit, il se jetta hors du lit, & ne trouvant aucune sorte d'armes, parce que Bagapate les avoit toutes ôtées, il rompit une chaise d'or & avec le pied de la chaise, il combattit quelques moments. Enfin percé de coups, il tomba mort aux pieds de ses assassins, après un regne de sept mois. *Ctesias dans les extraits de Photius.*

un défir ardent de poffeder un manteau rouge qui appartenoit à Sylofon. Ce Grec lui en fit auffitôt préfent, & refufa de recevoir l'argent que Darius lui offroit en échange. Ce Prince qui avoit oublié la générofité de Sylofon, n'eut pas de peine à reconnoître ce Seigneur lorfqu'il fe préfenta devant lui, & offrit de lui donner tout ce qu'il defireroit. Sylofon le pria de le rétablir dans Samos, dont Méandrie s'étoit rendu maître depuis la mort de Polycrates. Le Roi donna auffitôt ordre à un de fes Généraux d'établir Sylofon à Samos, mais d'épargner le fang des Samiens. L'arrivée des Perfes effraya d'abord Méandrie, & il ne fongea qu'à fe mettre à couvert. Les Perfes qui avoient ordre de ménager les Samiens, dont le plus grand nombre étoit porté pour Sylofon, attendoient tranquillement que la révolution fe fît fans effufion de fang. Méandrie excité par fon frere, profita de l'imprudence des ennemis qui n'étoient pas fur leurs gardes, & en fit un grand carnage avec les troupes qu'il avoit raffemblées. Otanès, Général des Perfes, ne ménagea plus alors les Samiens, & ralliant en diligence fes foldats, il tailla en piéces tout ce qu'il rencontra, & n'épargna pas même les enfants. Cependant Méandrie qui n'étoit plus en état de faire aucune réfiftance, avoit trouvé moyen de fortir de Samos, & d'emporter toutes fes richeffes. Sylofon refta maître de l'Ifle qui fe trouva prefque déferte & dépeuplée.

Pendant cette expédition, les Babyloniens leverent l'étendard de la révolte. Il y avoit déjà longtemps que ces peuples, ennuyés du joug que les Perfes leur avoient impofé, travailloient fecrettement à le fecouer. Après avoir fait toutes les provifions néceffaires pour foutenir un long fiége, & avoir mis la place en état de défenfe, ils firent étrangler toutes les bouches inutiles. Darius réfolu de foumettre les rebelles, marcha contre eux avec une puiffante armée, & mit le fiége devant la ville. Il y avoit déjà dix-neuf mois que cette Place réfiftoit à tous les efforts des Perfes, lorfque Zopyre, un des fept qui avoient conjuré contre les Mages, imagina un ftratagême fingulier pour furprendre les Babyloniens. Il fe fit couper le nez, les oreilles, & fe fit flétrir le corps à coup de fouets. Il fe préfenta en cet état devant Darius, à qui il déclara que l'envie qu'il avoit de le rendre maître de Babylone, l'avoit porté à fe mutiler ainfi. Il alla en effet trouver les Babyloniens, & après leur avoir fait voir les playes dont il étoit couvert, il leur déclara que Darius l'avoit ainfi fait maltraiter, parce qu'il lui avoit confeillé d'abandonner fon entreprife fur Babylone. Les habitants de cette ville féduits par cet artifice, lui confierent quelques troupes, ne doutant pas qu'il ne cherchât l'occafion de fe venger de Darius. Il fit plufieurs forties, & battit toujours les Perfes comme il en étoit convenu avec le Roi. Ces avantages fucceffifs engagerent les Babyloniens à le reconnoître pour leur Général. Zopyre fe fervant alors de fon pouvoir, conduifit les chofes avec tant d'adreffe, qu'il trouva moyen d'introduire les ennemis dans la Place. Auffitôt que Darius fut maître de Babylone il en fit abattre les murailles, & la mit hors d'état de fe révolter dans la fuite. Trois mille des principaux rebelles furent pendus, & on épargna le refte. Darius fit repeupler cette ville, en y faifant venir un grand nombre de femmes pour remplacer celles que les Babyloniens avoient fi inhumainement étranglées. Pour récompenfer Zopyre du fervice important qu'il lui avoit rendu, il lui aban-

PERSES.

Révolte des Babyloniens.
516.

PERSES.

Guerre de Darius contre les Scythes.

514.

donna le revenu de cette ville, & le combla de tous les honneurs qu'un Roi peut accorder à un sujet.

Darius, après avoir réduit les Babyloniens, songea à porter la guerre contre les Scythes. L'invasion que ces peuples avoient faite dans les diverses parties de l'Asie, fut le prétexte dont le Roi de Perse se servit pour couvrir le désir qu'il avoit d'étendre ses conquêtes. Artabane son frere lui représenta inutilement les difficultés de cette entreprise, & le peu d'avantage qu'il en retireroit en supposant qu'elle fût suivie de tout le succès qu'il osoit se promettre. Darius, loin de profiter d'un conseil si sage, partit de Suse à la tête d'une armée de sept cent mille hommes. Il avoit outre cela une flotte de six cents vaisseaux, composée principalement d'Ioniens & d'autres nations Grecques qui habitoient les côtes de l'Asie mineure. Il marcha vers le Bosphore de Thrace qu'il passa sur un pont de bateaux, se rendit ensuite sur l'Ister, aujourd'hui le Danube, & traversa ce fleuve sur un pareil pont. Les Scythes avertis de la marche des Perses, firent retirer leurs femmes & leurs enfants dans les parties les plus septentrionales, & après avoir ravagé le pays, comblé les puits & les fontaines, ils allerent au-devant des ennemis. Leur dessein n'étoit point de livrer bataille, mais de se retirer aussitôt que les Perses voudroient les attaquer, afin de les attirer par ce moyen dans des lieux où ils manqueroient bientôt de vivres. Darius outré de dépit de ce qu'il ne pouvoit en venir aux mains avec ces barbares, leur envoya un Hérault pour leur proposer, ou d'accepter la bataille, ou de se soumettre. Indathyrse, Chef des Scythes, répondit avec beaucoup de fierté à l'Officier du Roi de Perse, & lui déclara qu'il ne reconnoîtroit jamais pour maître que le grand Jupiter son ayeul.

Enfin, l'armée de Darius s'étoit insensiblement engagée dans l'intérieur de la Scythie, & elle commençoit déjà à souffrir beaucoup par la disette des vivres lorsque le Chef des Scythes envoya en présent à Darius un oiseau, une souris, une grenouille & cinq flèches. (1) Le Hérault chargé de ces présents, refusa d'expliquer l'énigme qu'ils contenoient, mais Darius l'interprétant en sa faveur, conclut que les Scythes lui livroient la terre & l'eau marqué par la souris & la grenouille, leur cavalerie qui étoit désignée par l'oiseau, & enfin qu'ils lui rendoient les armes en lui offrant les cinq flèches. Gobrias, un des sept conjurés contre les Mages, donna une interprétation plus vraisemblable aux présents que les Scythes avoient envoyés. » Sçachez, dit-il aux Perses, que si vous ne vous envolez comme les oi-
» seaux, ou si vous ne vous cachez dans la terre comme les souris, ou si
» vous ne vous enfoncez dans l'eau comme les grenouilles, vous ne pour-
» rez échapper aux flèches des barbares. «

On sentit bientôt la vérité de cette explication, & Darius voyant que son armée étoit prête à périr de faim & de soif, se détermina enfin à la retraite. Pour tromper l'ennemi, on alluma de grands feux comme à l'ordinaire, & on laissa dans le camp les vieillards & les malades. L'armée gagna en diligence le Danube qu'elle repassa sur le pont de bateaux, dont

(1) Les deux Rois s'envoyerent réciproquement un arc; ce qui étoit un signe de défi. La grandeur & la pesanteur de celui du Scythe fit impression sur l'esprit de Darius, qui songea bientôt à la retraite. *Ctesias dans les extraits de Photius.*

le Roi de Perse avoit confié la garde aux Ioniens. Les Grecs déliberoient alors s'ils romproient ce pont, parce que le temps que Darius leur avoit marqué pour le conserver étoit écoulé, & que d'ailleurs ils étoient vivement sollicités par les Scythes qui vouloient couper la retraite aux Perses. Hystiée, Souverain de Milet, fut le seul qui s'y opposa, & qui engagea les Ioniens à attendre le retour de Darius. Ce Prince, après avoir repassé heureusement le fleuve, se rendit à Sardes, où il passa l'hyver. Pour reconnoître le service que lui avoit rendu Hystiée, il promit de lui accorder tout ce qu'il désireroit. Hystiée obtint en conséquence Mircine d'Edonée, sur le Strymon en Thrace, qu'il avoit demandée avec la liberté d'y bâtir une ville. Il se disposoit à exécuter son entreprise, lorsque Megabyse, Gouverneur de la Thrace pour Darius, engagea le Roi de Perse à révoquer une permission qui pourroit être préjudiciable à ce Prince dans ce pays. Hystiée fut mandé à la Cour, & le Roi, sous prétexte qu'il ne pouvoit se passer d'un ami si fidele, le retint auprès de lui en lui offrant de le dédommager de ce qu'il pouvoit abandonner dans la Thrace. Megabyse rendit un autre service à Darius, en engageant Amynthas, Roi de Macédoine, à donner la terre & l'eau à son Maître. On sçait que c'étoit la formule ordinaire de soumission. Cependant les Scythes, pour se venger de l'invasion que Darius avoit faite dans leur pays, passerent le Danube, & ravagerent toute cette partie de la Thrace qui s'étoit soumise aux Perses jusqu'à l'Hellespont.

Darius qui avoit dessein de reculer les bornes de son Empire du côté de l'Orient, voulut auparavant connoître le pays dont il espéroit faire la conquête. Il équippa pour cet effet une flotte, dont il donna le commandement à Scylax, Grec qui entendoit parfaitement la marine. Scylax, en conséquence des ordres qu'il avoit reçus de Darius, partit de Caspatyre, ville située sur l'Indus, parcourut tous les pays qui sont de l'un & de l'autre côté des bords de ce fleuve jusqu'à son embouchure, entra dans la Mer rouge par le détroit de Babelmandel, & après un voyage de trente mois, il aborda en Egypte. Darius satisfait du rapport du Capitaine Grec, se mit à la tête d'une armée considérable, & réduisit tout le pays que Scylax avoit parcouru. Hérodote ne nous donne aucun détail d'une expédition de cette importance : il nous apprend seulement que le pays des Indes faisoit le vingtiéme Gouvernement de l'Empire des Perses sous le regne de Darius.

Cependant Aristagore qui commandoit à Milet pour Hystiée, dont il étoit gendre & neveu, forma le projet de rétablir les Exilés de l'Isle de Naxe, réfugiés alors à Milet. Ce Gouverneur occupé de ce grand dessein, se rendit à Sardes, & en fit part à Artapherne, frère du Roi. Les espérances dont il le flatta si on se pouvoit rendre maître de Naxe, éblouirent Artapherne, qui, au lieu de cent vaisseaux qu'Aristagore demandoit pour cette expédition, proposa d'en donner deux cents, pourvû que le Roi y consentît. Quelqu'injuste que fût l'entreprise, Darius l'approuva, & Artapherne envoya le printemps suivant les vaisseaux qu'il avoit promis. Megabate, de la famille d'Achemenes, en eut le commandement; mais il devoit obéir aux ordres d'Aristagore, & cette soumission à un Ionien lui parut insupportable. Dans de semblables dispositions, Megabate ne tarda pas à avoir de grandes disputes avec Aristagore. La division entre les deux Généraux fut

PERSES.

Révolte des Ioniens.

504.

PERSES. poussée si loin, que Megabate pour se venger de son rival, fit secrettement avertir les Naxiens de ce qu'on méditoit contr'eux. Ces peuples profiterent de cet avis, & prirent des mesures si justes, que les Perses eurent le temps de consumer leurs provisions pendant qu'ils assiégeoient la capitale, & furent obligés de se retirer. Megabate avoit prévu cet échec, il en rejetta la faute sur Aristagore, trouva moyen d'irriter Artapherne contre lui, & de le faire condamner à payer tous les frais de la guerre. Aristagore voyant qu'on ne vouloit écouter aucune des raisons qu'il alléguoit pour sa défense, & persuadé qu'on travailloit à son entiere ruine, n'hésita point à se révolter contre Darius. Hystiée son beau-pere le confirma encore dans ce dessein par un messager qu'il lui envoya. Le but qu'Hystiée se proposoit étoit de quitter la Cour de Perse où il se déplaisoit, & il espéroit que s'il s'élevoit quelques troubles en Ionie, le Roi le chargeroit d'aller les appaiser. L'évenement répondit à son attente; Aristagore communiqua ses desseins aux Chefs des Ioniens qui entrerent facilement dans ses vûes, & on ne songea plus qu'aux préparatifs nécessaires.

Aristagore n'oublia rien pour s'attacher plus fortement les Ioniens. Il leur rendit la liberté, remit son autorité entre les mains du peuple, parcourut toute l'Ionie, & engagea tous les autres petits Princes que les Grecs d'alors appelloient Tyrans, à suivre son exemple. Il se fit déclarer Chef de la ligue qu'il fit avec eux, se révolta ouvertement, & songea à faire la guerre par terre & par mer. Son activité & sa prévoyance l'engagerent à mettre les Lacédémoniens dans son parti; mais il ne put persuader Cléomene, Roi de Lacédémone, & ce Prince refusa de donner les secours qu'on lui demandoit. Aristagore n'ayant pu réussir de ce côté, passa à Athènes où il fut reçu avec joye. La circonstance lui devenoit favorable; les Athéniens étoient irrités de la protection que les Perses accordoient à Hippias, fils de Pisistrate Tyran d'Athènes, qui avoit été banni dix ans auparavant. Aristagore obtint sans peine ce qu'il demanda, & les Athéniens envoyerent vingt vaisseaux aux Ioniens. Ces peuples, après avoir rassemblé toutes leurs forces, prirent le chemin d'Ephese. Ils y débarquerent, laisserent leurs vaisseaux dans le port de cette ville, & porterent leur pas vers Sardes. Un soldat Ionien mit par accident le feu à une maison, la flâme gagna bientôt les autres, qui n'étoient construites que de roseaux, & la ville fut réduite en cendres. Cet accident sembloit devoir favoriser les Ioniens, & ils se seroient sans doute rendus maîtres de la citadelle, s'ils n'eussent appris que les Perses & les Lydiens étoient en chemin, & ne tarderoient pas à les joindre. Ils songerent alors à regagner leurs vaisseaux en diligence, & partirent sur le champ. La précipitation avec laquelle ils marchoient, ne les empêcha pas d'être atteints par les Perses qui les défirent presqu'entierement avant qu'ils fussent arrivés à Ephese. Les Athéniens qui purent échapper, s'embarquerent au plus vîte, & de retour chez eux, ils refuserent de prendre aucune part à cette guerre. Ils croyoient éviter par ce moyen les effets du ressentiment de Darius; mais cette réflexion venoit trop tard, car le Roi de Perse, instruit de la part qu'ils avoient eue au siége de Sardes, jura de s'en venger, & de porter la guerre dans la Grece.

Les Ioniens, loin d'être abbattus par la défection des Athéniens qui suivit
immédiatement

immédiatement l'échec qu'ils venoient de recevoir, semblerent reprendre un nouveau courage. Leur flotte fit voile vers l'Hellespont & la Propontide, & réduisit Byfance, & la plûpart des autres villes Grecques de ce même côté. A leur retour ils descendirent en Carie, forcerent les Cariens de se joindre à eux, ainsi que les habitants de Cypre qui se révolterent contre les Perses. La rébellion devenant universelle, les Généraux Perses qui commandoient en ces quartiers, rassemblerent toutes les troupes de Cilicie & des Provinces voisines, & ordonnerent aux Phéniciens de leur amener leurs forces navales. Les Ioniens battirent en chemin la flotte Phénicienne, & gagnerent ensuite l'Isle de Cypre. Les troupes Persanes y descendirent aussi, donnerent une bataille aux rebelles, remporterent la victoire, & tuerent dans l'action Aristagore, Chef & premier auteur de la révolte. Les habitants de Cypre étant rentrés sous l'obéissance des Perses, Daurise, Hymée & Otanes, tous trois Généraux & gendres de Darius, partagerent leurs forces en trois corps, & marcherent contre les révoltés. Daurise dirigea ses pas vers l'Hellespont, se rendit maître de plusieurs Places occupées par les rebelles, attaqua les Cariens, & les défit dans deux batailles consécutives. De si rapides succès en faisoient espérer d'autres lorsque Daurise tomba dans une embuscade où il perdit la vie avec plusieurs Seigneurs Perses, & son armée fut taillée en piéces. Hymée eut autant de bonheur que Daurise en avoit eu d'abord. Il s'empara de la ville de Cye en Mysie, & soumit toute la côte d'Ilion. Il tomba malade à Troas, & mourut au bout de quelques jours.

Attapherne, Otanes & les autres Généraux des Perses résolurent de conduire toutes leurs forces contre la ville de Milet, qu'ils regardoient comme le centre de la confédération Ionienne. En conséquence ils entrerent en Ionie où ils prirent Clazomene, & en Eolie où ils enleverent Cyme. Milet étoit alors gouverné par Pythagore, citoyen d'un mérite distingué. Cet homme instruit des mesures que prenoient les Perses, convoqua une assemblée générale des Ioniens, & décida avec eux qu'on n'auroit point d'armée de terre, qu'on se contenteroit seulement de mettre la ville en état de soutenir un long siége, & qu'on armeroit pour combattre les Perses sur mer. Le rendez-vous des troupes fut à Lade, petite Isle vis-à-vis de Milet, & lorsqu'elles y furent arrivées, elles monterent trois cents cinquante-trois vaisseaux. Les Perses étoient beaucoup plus forts; mais la connoissance qu'ils avoient de l'habileté des Ioniens dans la marine, leur fit éviter d'en venir d'abord à un combat. Cependant leurs émissaires chercherent à gagner la plûpart des Confédérés, & lorsqu'ils les eurent détachés du parti qui leur étoit contraire, ils n'hésiterent plus à livrer la bataille. Les Samiens, les Lesbiens & plusieurs autres, abandonnerent tout-à-coup la flotte des Ioniens qui se trouva réduite à environ cent vaisseaux. Hors d'état de résister, elle fut presqu'entierement détruite, & les Perses assiégerent aussitôt Milet par mer & par terre. Cette ville ne put tenir longtemps, & elle fut prise & ruinée six ans après la révolte d'Aristagore. Toutes les autres villes rebelles furent aussi soumises. On brûla celles qui firent quelque résistance, de même que les Temples, & on destina les jeunes gens les mieux faits à servir dans le palais du Roi. Tels furent les maux que l'ambition & la

Tome VI. X

PERSES.

révolte d'Aristagore & d'Hystiée attirerent aux Ioniens. Quelques précautions que ce dernier eut pris, il tomba au pouvoir des Perses, & fut conduit à Sardes, où Artapherne le fit mourir sans attendre les ordres du Roi. La précipitation d'Artapherne à ôter la vie à Hystiée, fut occasionnée par la crainte qu'il eut que Darius ne lui pardonnât, & en effet ce Prince, en voyant la tête de ce rebelle, marqua beaucoup de mécontentement contre les auteurs de sa mort, & fit enterrer honorablement cette tête.

La flotte Phénicienne ayant subjugué toutes les Isles de la côte d'Asie, le Roi de Perse rappella tous ses Généraux. Il envoya Mardonius son gendre, fils de Gobryas, pour commander en Chef toutes les parties maritimes de l'Asie. Il lui donna ordre d'entrer dans la Grece, & de punir les Athéniens & les Erethriens d'avoir pris les armes en faveur des Ioniens. Mardonius rassembla dans l'Hellespont toutes les troupes destinées à cette expédition. Son armée de terre entra avec lui dans la Macédoine par la Thrace, & la flotte après s'être emparée de Thase, devoit en cotoyant suivre l'armée. Pendant que tout le pays de la Macédoine se soumettoit à Mardonius, la flotte Persane fut assaillie par une tempête qui abîma plus de trois cents vaisseaux, & fit périr vingt mille hommes. Le chagrin que dut causer au Général une nouvelle si affligeante, fut encore augmenté par l'attaque inopinée des Bryges, peuples de Thrace qui tomberent pendant la nuit sur le camp des Perses, en firent un grand carnage, & blesserent Mardonius lui-même. Tant de mauvais succès le contraignirent à retourner en Asie où le Roi le rappelloit, persuadé que son peu d'expérience étoit la cause de son malheur. Darius avant que de rien entreprendre de nouveau, envoya des Héraults dans toutes les villes Grecques demander en son nom la terre & l'eau. Plusieurs de ces villes donnerent les marques de soumission qu'on en exigeoit; mais Sparte & Athènes firent saisir les Héraults, & l'un fut jetté dans un puits, & l'autre dans une fosse profonde, où on leur conseilloit de prendre eux-mêmes ce qu'ils vouloient qu'on leur donnât. Les habitants de Sparte se repentirent bientôt d'une action qu'ils regardoient eux-mêmes comme un crime qui les couvroit de honte. Ils envoyerent des Ambassadeurs au Roi de Perse pour lui offrir telle satisfaction qu'il exigeroit. Darius appaisé par leur soumission, les renvoya sans leur faire aucune insulte.

Cependant ce Monarque songeoit toujours à la conquête de la Grece, & il donna le commandement de ses armées à Datis, Mede de nation, & à Artapherne, fils de son frere Artapherne. Ces deux Généraux étoient chargés de saccager Erethrie & Athènes, d'en brûler toutes les maisons & tous les Temples, d'en faire prisonniers tous les habitants, & de les envoyer à Darius. Datis & Artapherne mirent à la voile avec six cents vaisseaux, & une armée de cinq cents mille hommes. Ils s'emparerent dans leur route de l'Isle de Naxe, réduisirent en cendres sa capitale & tous les Temples qu'ils trouverent dans cette Isle, & dans toutes celles de la Mer Egée. Erethrie tombée en leur puissance par la trahison de deux de ses habitants, subit le même sort que la capitale de Naxe, & ses habitants furent chargés de fers. Les Perses songerent ensuite à traiter Athènes avec la même rigueur, & sitôt qu'ils eurent mis pied à terre, Hippias les conduisit dans les plaines de Marathon. Les Athéniens ne furent point intimidés comme on le penſoit, de ce qui étoit arrivé à Erethrie, & ils ſe préparerent à une vigoureuſe réſiſtance. Le ſecours que les Lacédémoniens leur avoit promis ne partit pas ſur le champ; mais les Platéens amenerent mille hommes aux Athéniens, qui armerent juſqu'à leurs eſclaves. L'armée Perſane commandée par Datis étoit forte de cent mille hommes d'infanterie, & de dix mille chevaux; au lieu que celle des Athéniens ne montoit en tout qu'à dix mille hommes, conduits par dix Chefs qui devoient commander l'un après l'autre, chacun un jour. On agita parmi les Athéniens s'ils attaqueroient les Perſes, ou s'ils les attendroient. Après diverſes délibérations on convint d'aller chercher les ennemis, & Miltiade, l'un des Chefs fut chargé de cette expédition. Il ſçut ſi bien profiter de l'avantage du terrein qu'il avoit choiſi, & ſes troupes ſe battirent avec un courage ſi extraordinaire, que les Perſes, malgré leurs efforts & la ſupériorité de leurs forces, furent mis en déroute, & gagnerent leur flotte en diligence. Les Athéniens les pourſuivirent, prirent ſept de leurs vaiſſeaux, & mirent le feu à pluſieurs autres. Les Perſes en cette occaſion perdirent un nombre conſidérable de ſoldats, & les Athéniens en eurent très peu de tués.

La flotte Perſane, pour ſe venger de cette défaite, prit le chemin d'Athènes dans la vûe de ſurprendre cette ville avant que les Athéniens puſſent y être arrivés. Ces derniers informés de ce deſſein, firent tant de diligence, que l'attente des Perſes fut trompée, & que Datis & Artapherne, ſans rien entreprendre contre Athènes, retournerent en Aſie. Ils envoyerent à Suſe les priſonniers Erethriens que Darius traita avec bonté, leur ôtant leurs fers, & leur donnant pour habitation un village à une journée de Suſe. Darius loin de ſe décourager, en apprenant la défaite de ſon armée à Marathon, en fit un nouveau motif de continuer la guerre contre les Athéniens, & ſe détermina à ſe mettre lui-même à la tête de ſes troupes. La révolte de l'Egypte arrivée pendant les préparatifs qu'il faiſoit pour entrer dans la Grece, déconcerta en quelque ſorte ſes projets. Néanmoins il ne voulut pas y renoncer entierement, & il réſolut d'employer une partie de ſes troupes à réduire l'Egypte, & de tomber lui-même ſur la Grece avec le reſte de ſon armée. Lorſque tout fut prêt pour ces deux expéditions, il ſongea à ſe nommer un ſucceſſeur, ſuivant un ancien uſage des Perſes, par lequel il étoit établi que le Roi, avant que d'aller à la guerre, déſigneroit celui qui devoit monter ſur le thrône après lui. Darius avoit trois fils de ſa premiere femme, nés pendant qu'il étoit encore homme privé, & quatre autres d'Atoſſa, fille de Cyrus, nés depuis qu'on lui avoit déféré la ſouveraine puiſſance. Artabazane, l'aîné des premiers, & Xerxès, l'aîné des ſeconds, ſe crurent autoriſés l'un & l'autre à prétendre à la couronne, & ils alléguerent chacun les raiſons ſur leſquelles ils s'appuyoient. Celles de Xerxès prévalurent, & Darius le déclara ſon héritier préſomptif & ſon ſucceſſeur immédiat. Artabazane ſe ſoumit à cette déciſion ſans marquer aucun mécontentement. La ſucceſſion de Darius ainſi réglée, ce Prince s'occupa uniquement de ſes préparatifs contre l'Egypte & la Grece, & tout ſe trouvoit en état lorſqu'il mourut. Il avoit regné pendant l'eſpace de trente ſix ans, & l'Ecriture Sainte parle de lui avantageuſement. Ses armes ne furent pas heureuſes contre les Scythes & les Grecs, mais il réuſſit dans ſes autres entrepriſes, en affermiſ-

PERSES.

Bataille de Marathon.

490.

X ij

PERSES.

XERXES.

485.

fant l'Empire de Cyrus que fes prédéceffeurs avoient ébranlé, & en ajoutant à fes Etats l'Inde, la Thrace, la Macédoine & les Ifles de la mer Ionienne.

Xerxès fuccéda à fon pere, & dès la feconde année de fon regne il entra en Egypte, & fubjugua les rebelles. (1) Il donna le gouvernement de cette Province à fon frere Achemenes, & revint à Sufe. Ses fuccès contre les Egyptiens lui firent croire qu'il pourroit aifément envahir la Grece ; projet que Darius avoit formé, & que Xerxès fe flattoit d'exécuter glorieufement. Il affembla fon confeil pour lui faire part de fes deffeins, & prendre l'avis de ceux qui le compofoient. Artabane, oncle du Roi, lui remontra d'abord les difficultés & la témérité de cette entreprife, & quoiqu'il fe fervît des termes les plus mefurés & les plus refpectueux, Xerxès s'en trouva offenfé, & lui répondit avec beaucoup de fierté. Il fe repentit bientôt de fa hauteur à l'égard de fon oncle, & répara publiquement cette faute, en demandant pardon à ce Prince, & en lui déclarant qu'il renonçoit fuivant fon avis à fon expédition contre les Grecs. Les Perfes charmés de la grandeur d'ame de leur Roi, lui en témoignerent leur admiration par de grands cris. Cependant Xerxès ne perfifta pas longtemps dans fes fentimens pacifiques, & Artabane lui-même (2) ayant approuvé la guerre contre les Grecs, on fe prépara de nouveau à les aller attaquer. Le Roi de Perfe dans la vûe d'accabler les Grecs fit alliance avec les Carthaginois, qui pendant que les Perfes attaqueroient la Grece, tomberoient fur les Colonies Grecques en Sicile & en Italie pour les empêcher de fecourir les autres Grecs. Amilcar fut élu Général des Carthaginois, & affembla un grand nombre de foldats tirés d'Efpagne, des Gaules & d'Italie. Xerxès partit de Sufe la cinquiéme année de fon regne, & fe rendit à Sardes, où étoit le rendez-vous général de toutes fes forces de terre. Celles de mer s'avançoient le long des côtes de l'Afie mineure vers l'Hellefpont.

Xerxès fit percer le Mont Athos, qui s'avance dans la mer en forme de prefqu'Ifle, & on y creufa un paffage affez large pour porter deux vaiffeaux de front. Le Roi ordonna auffi la conftruction d'un pont de bateaux fur l'Hellefpont, afin que fes troupes paffaffent d'Afie en Europe. Cet ouvrage fut achevé en peu de temps ; mais à peine étoit-il fini qu'une violente tempête brifa une partie des vaiffeaux, dont le pont étoit compofé. A cette nouvelle Xerxès entra dans une telle fureur qu'elle alla jufqu'à l'extravagan-

(1) Crefias dans les extraits de Photius fait mention d'une révolte des Babyloniens fous ce Prince, & il dit, qu'à la nouvelle de la mort de Zopyre, que les rebelles avoient tué, Xerxès donna ordre à Megabyfe de marcher contre eux. Megabyfe, qui avoit époufé Amytis, fille du Roi, fe conduifit avec tant de valeur & de prudence, qu'il fe rendit maitre de Babylone. Xerxès le récompenfa par de grands préfents, & lui donna une meule d'or du poids de fix talents, ce qui étoit, chez les Perfes, le plus grand honneur qu'un fujet pût recevoir de fon Roi.

(2) Hérodote raconte, que dans le temps qu'Artabané s'oppofoit le plus fortement à l'expédition projettée par Xerxès, ce Prince lui dit qu'un phantôme l'y exhortoit dans fes fonges. Artabane paroiffant douter du fait, le Roi l'engagea à fe revêtir des habits Royaux, & à fe coucher dans fon lit. Artabane, après quelques difficultés, obéit, & comme il dormoit dans le lit du Roi, le même phantôme lui apparut, & le menaça des plus grands malheurs, s'il s'oppofoit aux intentions de Xerxès. Ce fonge effraya Artabane, & fut la caufe qu'il changea fubitement de réfolution, & devint un des plus zélés partifans de la guerre contre les Grecs.

ce, & qu'il fit jetter des chaînes dans la mer, comme pour la mettre aux fers, & voulut qu'on lui donnât trois cents coups de fouet. Il fit ensuite couper la tête à ceux qui avoient eu la conduite de l'ouvrage, & nomma d'autres ouvriers auxquels il commanda de faire deux ponts, un pour son armée, & l'autre pour le bagage. Aussitôt que ces deux ponts furent en état Xerxès partit de Sardes, se rendit à Abyde, y fit la revûe de (1) ses troupes, & passa comme en triomphe le détroit que ses troupes furent sept jours & sept nuits à traverser, quoiqu'on les fit hâter à force de coups. Lorsque les Perses eurent mis le pied en Europe, les peuples en deçà de l'Hellespont se soumirent, & augmenterent l'armée de terre & la flotte de Xerxès ; de sorte que les troupes de ce Prince en arrivant aux Thermopyles, se trouverent fortes de deux millions six cent quarante & un mille six cent & dix hommes sans les valets, les femmes qui suivoient l'armée, & qui montoient à un nombre égal. (2)

Lacédémone & Athènes, les deux plus puissantes villes de la Grèce, envoyerent inutilement des députés dans plusieurs endroits pour demander du secours. Les habitants d'Argos, de Sicile, des Isles de Corcyre & de Crète, intimidés par la puissance de Xerxès, refuserent sous différents prétextes d'armer en faveur des Lacédémoniens & des Athéniens. Ces derniers abandonnés de tous leurs voisins, à l'exception des Thespiens & des Platéens, firent la paix avec les Eginetes, auxquels ils faisoient alors la guerre, & songerent à nommer un Général capable de les commander. Les Athéniens choisirent Thémistocle, & les Lacédémoniens se rangerent sous les ordres de Léonidas un de leurs Rois. Après diverses contestations, il fut décidé qu'un corps de quatre mille hommes seroit envoyé aux Thermopyles, le seul endroit par où les Perses pouvoient entrer en Achaie, & aller assiéger Athènes. Ce petit corps conduit par Léonidas gagna promptement le poste qui lui étoit assigné, & promit d'arrêter l'armée formidable de Xercès, ou de mourir dans cette entreprise. Trois cents Lacédémoniens, que Léonidas choisit lui-même, jurerent de ne jamais abandonner ce Prince. Cependant Xerxès persuadé que les Grecs prendroient la fuite dès qu'ils le verroient paroître, fut étrangement surpris en apprenant qu'on se préparoit à lui disputer le passage. Demarate un des deux Rois de Sparte, & qui avoit été banni de sa patrie, (3) avertit Xercès de la valeur des Lacédémoniens,

(1) Xerxès, en voyant le grand nombre d'hommes qui lui étoient soumis, sentit un mouvement de plaisir qui s'élevoit dans son cœur ; mais sa joie fut tout à coup changée en tristesse, & Artabane s'étant apperçu qu'il versoit des larmes, lui en demanda le sujet. Le Roi répondit, qu'examinant tant de milliers de soldats, il avoit songé que dans cent ans il n'en resteroit pas un seul, & que cette réflexion l'avoit touché jusqu'à le faire pleurer. Artabane profita de ce mouvement pour exhorter le Roi à traiter ses sujets avec bonté, puisqu'il n'étoit pas en son pouvoir de prolonger leur vie.

(2) Ce calcul, que donne Hérodote, est suivi par Plutarque & Isocrate ; mais Diodore de Sicile, Pline, Elien, & quelques autres diminuent beaucoup ce nombre. Cependant ce que dit Hérodote paroît se rapporter plus exactement avec les vers gravés sur le tombeau des Grecs tués aux Thermopyles, dont le sens est, qu'ils se battirent contre trois millions d'hommes, comme le porte l'inscription d'Herodote, ou contre deux millions, suivant Diodore de Sicile.

(3) Pausanias, en rapportant le sujet pour lequel Demarate quitta sa Patrie & alla offrir ses services au Roi de Perse, s'explique ainsi : Ariston, dit-il, Roi des Lacédémoniens, épousa la plus belle personne qu'on eût vûe

PERSES.

& l'assura qu'ils se battroient jusqu'à la dernière extrémité. Néanmoins Xerxès attendit quelques jours dans l'espérance que les Grecs se retireroient, & enfin voyant qu'ils étoient déterminés à se défendre, il fit marcher contre eux les Medes & les Cissiens. Les Medes furent bientôt mis en déroute, & dix mille Perses qui les releverent n'eurent pas un meilleur succès. Xerxès ne se rebuta pas, & envoya le lendemain un plus grand nombre de soldats, (1) qui furent de même battus, & obligés de fuïr. Le Roi désespéroit de se rendre maître de ces passages importants, & il s'abandonnoit au chagrin, lorsqu'un habitant du pays nommé Epialte (2) lui découvrit un sentier détourné par lequel on pourroit gagner les hauteurs, & envelopper les Lacédémoniens. Xerxès envoya sur le champ Hydarne, avec un corps choisi de dix mille Perses, qui à la pointe du jour arriverent à l'endroit marqué. Les Phocéens apperçurent les premiers leurs ennemis, & se retirerent au sommet de l'éminence pendant que Léonidas congédia le reste de ses Alliés, & demeura avec les Thespiens, les Thebains, & trois cents hommes pour défendre jusqu'au dernier moment de leur vie le poste qu'ils occupoient. (3) Hydarne attaqua alors Léonidas, qui fit ainsi que les siens des prodiges de valeur ; mais le nombre les accabla, & Léonidas tomba percé de coups. Les freres du Roi Abrocomes & Hyperanthas, s'avancerent pour se saisir de son corps ; les Lacédémoniens ardents à le défendre repousserent plusieurs fois les Perses, tuerent les deux freres de Xerxès, & reprirent le corps de leur Général. Ils continuerent ensuite à faire tête aux troupes qui les entouroient, & moururent tous les armes à la main. (4)

à Sparte depuis Hélene ; mais en même temps la plus débauchée. Cette Princesse accoucha d'un fils à sept mois. Un esclave étant venu en apporter la nouvelle au Roi comme il étoit au Conseil avec les Ephores, il dit que cet enfant ne pouvoit être à lui. Cette parole ne fût pas oubliée, & fut cause que Démarate, qui étoit cet enfant, perdit la couronne. Il ne lui servit de rien de s'être fait une grande réputation à Sparte, ni même d'avoir, de concert avec Cléomene, affranchi les Athéniens de la domination des enfants de Pisistrate, les discours de son pere furent relevés: On déclara Démarate enfant illégitime, & il se vit obligé d'abandonner le throne. Il alla alors à la Cour du Roi de Perse, & on dit que sa postérité y resta pendant longtemps.

(1) Ctesias, dans les extraits de Photius, fait monter ce nombre à cinquante mille.

(2) Ctesias dit que ce furent deux Trachiniens nommés Calliade & Timapherne, & un Thessalien appellé Thorax, qui offrirent à Xerxès de mener ses troupes par des chemins qui les feroient arriver sur les hauteurs.

(3) Léonidas paroissoit peu effrayé du nombre des troupes Persanes, & quelqu'un lui ayant dit, que si chaque soldat tiroit une fleche en même temps, le soleil seroit obscurci, il répondit tranquillement, *qu'il en étoit bien aise, parce qu'il aimoit à combattre à l'ombre.*

(4) On éleva dans la suite un monument près des Thermopyles, pour honorer la mémoire des Grecs qui y étoient péris. Ce monument étoit chargé de deux inscriptions, dont l'une regardoit en général tous ceux qui étoient morts en combattant, & portoit: que les Grecs du Péloponnese, au nombre seulement de quatre mille, avoient tenu tête à l'armée des Perses composée de deux ou trois millions d'hommes. L'autre inscription étoit particuliere aux Lacédémoniens, & on y lisoit : *Passant, va annoncer à Lacédémone que nous sommes morts ici pour obéir à ses justes Loix.* Simonide étoit l'Auteur de cette derniere inscription. On prononçoit tous les ans auprès de ces tombeaux une Oraison funebre en l'honneur des Héros qui y étoient enfermés, & on y célébroit des jeux auxquels les Lacédémoniens & les Thespiens avoient seuls droit d'assister, pour marquer qu'eux seuls avoient eu part à la glorieuse action des Thermopyles.

Cette action ne fut pas la seule dans laquelle les Perses perdirent un grand nombre d'hommes, leur flotte fut aussi endommagée par la tempête, & par la bataille que la flotte Athénienne lui livra à Arthémise Promontoire d'Eubée. Xerxès ne laissa pas que de s'avancer dans l'Attique, & les Athéniens trop foibles pour lui résister suivirent le conseil de Thémistocle en s'embarquant sur leurs vaisseaux, & en envoyant leurs femmes & leurs enfants aux Eginetes, & à ceux de Salamine & de Trézene. Dès que les Perses furent arrivés dans le voisinage d'Athènes, ils saccagerent le pays, & pendant que le plus fort de l'armée s'approchoit de cette ville, un détachement fut destiné à piller le Temple de Delphes. Hérodote & Diodore de Sicile rapportent, que les Perses furent à peine arrivés près du Temple de Minerve, qu'une violente tempête accompagnée de vents impétueux fit tomber du Mont-Parnasse deux gros rochers qui écraserent la plus grande partie du détachement. Le reste des troupes arrivé à Athènes trouva cette ville abandonnée par le plus grand nombre de ses habitants. Ceux qui s'étoient opiniâtrés à demeurer se battirent avec une valeur incroyable, & se laisserent tailler en pièces plutôt que de vouloir écouter aucune proposition. (1) Xerxès maître d'Athènes y fit mettre le feu, & réduisit en cendres tous les Temples.

Cependant Eurybiade, Généralissime de la flotte des Grecs, forte de trois cents voiles, avoit envie de s'approcher de l'Isthme de Corinthe, afin d'être plus à portée de secourir l'armée de terre, qui gardoit cette entrée sous le commandement de Cléombrote, frere de Léonidas. Thémistocle au contraire prétendoit qu'il étoit plus avantageux de rester à Salamine, & les raisons qu'il donna pour appuyer son sentiment parurent les meilleures, de sorte que son avis l'emporta. Les Perses de leur côté balançoient, s'ils hasarderoient un combat naval. Tous les chefs déciderent qu'il falloit livrer la bataille: la Reine Artémise fut la seule qui parut s'y opposer. (2) On rejetta son conseil, quoique très-prudent, & la bataille fut unanimement résolue. Xerxès, afin d'encourager ses troupes par sa présence, & voir ce qui se passeroit, fit mettre son throne sur une éminence. Ces préparatifs, & la nouvelle qu'un détachement de l'armée Persane marchoit contre Cléombrote effrayerent les Péloponnesiens, qui voulurent se rendre avec leurs vaisseaux à l'Isthme de Corinthe. Thémistocle les força de rester en faisant avertir le Roi de Perse de leur dessein, lui conseillant de faire environner Salamine par ses vaisseaux, & lui laissant entrevoir qu'il passeroit du côté des Perses avec une partie des Athéniens. Xerxès donna dans le piége, fit entourer l'Isle par une escadre nombreuse, & favorisa ainsi les vues de Thémistocle, qui avoit cherché à contraindre les Péloponnesiens de rester dans le détroit de Salamine, & de courir les mêmes risques que leurs Alliés. Thémistocle fit donner le signal aussitôt qu'un vent qu'il attendoit com-

---

(1) Ctesias extrait par Photius dit, que ce petit nombre d'habitants s'étoit renfermé dans la Citadelle, & qu'il en sortit pendant la nuit, & alla joindre ceux qui étoient à Salamine.

(2) Cette Princesse étoit Reine d'Halycarnasse, & avoit suivi Xerxès dans cette guerre avec cinq vaisseaux les mieux équipés de toute sa flotte, excepté ceux des Sidoniens. Elle se distingua dans toutes les occasions par son courage & par sa prudence, & Hérodote observe, qu'elle fut la seule qui donna à Xerxès un bon conseil dans le cas dont il s'agit.

PERSES. mença à souffler, & quoique les Perses se battissent courageusement, & fussent en plus grand nombre, les Grecs plus expérimentés qu'eux eurent tout l'avantage. Les Ioniens furent les premiers à fuir ; mais la Reine Artémise ne se retira que quand elle y fut absolument forcée, (1) & quoique les Athéniens missent tout en usage pour se rendre maîtres de sa personne, elle échappa à leur poursuite, & gagna les côtes d'Asie. Les Grecs perdirent quarante vaisseaux, & les Perses plus de deux cents.

Xerxès dans l'appréhension que les vainqueurs ne s'opposassent à son retour en Asie, laissa Mardonius en Grece avec une armée de trois cents mille hommes, & marcha avec le reste vers l'Hellespont : ses soldats souffrirent beaucoup dans le chemin faute de vivres, & les maladies en emporterent un grand nombre. Lorsque le Roi fut arrivé à l'Hellespont, il trouva le pont rompu par les tempêtes, & fut obligé de faire le trajet dans une barque de pêcheur. Il se rendit ensuite à Sardes, où il prit ses quartiers d'hyver. Vers le même temps que les deux batailles des Thermopyles & de Salamine se donnerent, l'armée des Carthaginois fut défaite par Gelon, Roi de Syracuse. Mardonius passa l'hyver en Thessalie & en Macédoine, & dès le commencement du printemps, il entra en Béotie, d'où il envoya faire aux Athéniens des propositions très-avantageuses. Ces derniers les rejetterent toutes également, & Mardonius irrité, s'avança dans l'Attique, détruisant tout ce qu'il trouvoit en son chemin. Les Athéniens quitterent encore une fois leur ville, que Mardonius acheva de ravager, & se retirerent dans l'Isthme de Corinthe, où tous les Grecs se rassemblerent. Le Général des Perses retourna aussitôt en Béotie, & campa sur la riviere d'Asope. Pausanias, Roi de Lacédémone, & Aristide, Général des Athéniens, le suivirent avec l'armée Grecque. (2) Il y eut un choc entre une partie des Grecs & la cavalerie Persane commandée par Masistius. La victoire fut longtemps douteuse ; mais enfin Masistius ayant été tué, les Perses prirent la fuite, & rentrerent dans le camp, où l'on resta dix jours dans l'inaction. Cependant Mardonius ennuyé de ce repos se détermina à donner une bataille générale, & comme les Grecs étoient décampés à la faveur de la nuit, il marcha à leur poursuite. Les Grecs s'arrêterent près de la petite ville de

Bataille de Platée. 479. Platée, & dès que Mardonius eut traversé l'Asope, il en vint aux mains avec les Lacédémoniens, & les Tégeates séparés du corps de l'armée, & au nombre de huit mille. Pausanias envoya promptement avertir les Athéniens du danger où il se trouvoit, & ces derniers étoient en chemin pour accourir à son secours, lorsque les Grecs qui tenoient le parti des Perses les attaquerent. (3) Les Lacédémoniens n'eurent donc plus d'autre ressource

(1) La valeur d'Artémise que Xerxès voyoit du lieu où il étoit, lui fit dire ; *que dans cette bataille les hommes s'étoient conduits comme des femmes, & que les femmes avoient montré un courage d'hommes.*

(2) Hérodote dit, que l'armée des Perses se montoit à trois cents cinquante mille hommes, & Diodore en compte cinq cents mille. A l'égard des Grecs, ils étoient forts de cent dix mille hommes.

(3) La bataille de Platée se donna en la LXXVe. Olympiade. Pausanias qui commandoit l'armée des Lacédémoniens, après avoir sauvé la Grece par une si belle victoire, s'abandonna à son ambition ; & ses intelligences avec le Roi de Perse ayant été découvertes, il périt misérablement. Cet homme étoit d'un caractere à peu près semblable à celui d'Alcibiade, extrême en bien & en mal ; *magnus homo, sed varius in que*

que leur propre valeur, & ils se battirent avec tant d'intrépidité, que l'armée Persane découragée par la mort de Mardonius (1) se retira en désordre dans le camp qu'elle fortifia d'une enceinte de bois. Les Grecs qui combattoient contre Aristide, informés de la déroute des Perses, laisserent les Athéniens maîtres du champ de bataille, ce qui leur fournit les moyens de rejoindre les Lacédémoniens, & de forcer avec eux le camp des ennemis. Artabaze venoit de le quitter à la tête de quarante mille hommes, & il eut le temps d'arriver à Byzance, & de passer de-là en Asie. Le reste des Perses qui étoient dans le camp furent presque tous massacrés, de sorte qu'il s'en sauva un très-petit nombre en comparaison de ce qu'ils étoient. Le jour même d'un si grand avantage pour les Grecs, leur flotte remporta la victoire à Mycale Promontoire d'Asie, sur celle des Perses.

Xerxès à la nouvelle de ces deux défaites, partit promptement de Sardes (2), & se hâta de regagner la Perse, après avoir ordonné qu'on brûlât & qu'on démolît tous les Temples des villes Grecques d'Asie, ce qui fut exécuté, & il n'y eut que le seul Temple de Diane à Ephese d'épargné. Le Roi de Perse entierement découragé par toutes les pertes qu'il venoit d'essuyer, renonça à tout projet de guerre & de conquête, & se livra à la mollesse & aux plaisirs. Cette maniere de vivre lui attira le mépris de ses sujets, ce qui donna lieu à Artabane (3) de conspirer contre sa vie. Il fit part de ce dessein à Mithridate (4), un des Eunuques du Roi, & par ce moyen il entra dans la chambre de ce Prince, & le tua pendant qu'il dormoit.

Les deux Conjurés instruisirent ensuite Artaxerxe, troisiéme fils de Xerxès, de

PERSES.

ARTAXERXE-LONGUE-MAIN.

473.

omni genere vitæ fuit. Nam ut virtutibus illuxit, sic vitiis est obrutus, dit de lui Cornelius Nepos.

(1) Ctesias extrait par Photius fait mourir ce Général devant Delphes qu'il assiégeoit, & qu'un orage préserva des efforts des Perses.

(2) Pendant que Xerxès étoit à Sardes, il avoit pris de l'amour pour la femme de Masiste son frere, mais il n'avoit jamais pu ébranler la vertu de cette Dame. Rebuté des marques d'indifférence dont elle payoit ses empressements & ses bienfaits, il cessa de l'aimer & s'attacha à sa fille, qu'il avoit fait épouser à son fils Darius. Artainte, c'est le nom de cette Princesse, ne fut pas insensible à la tendresse de Xerxès, & n'imita pas le sage exemple de sa mere. Amestris, femme du Roi, soupçonnoit cette intrigue; elle fut confirmée dans ses soupçons en voyant sa rivale parée d'une magnifique robe que Xerxès lui avoit donnée. Cette robe étoit un présent qu'Amestris avoit fait à son époux; elle y avoit travaillé elle-même, & elle résolut de tirer vengeance du mépris apparent que le Roi faisoit de ses dons. Cependant elle dissimula encore quelque temps, & fit tomber l'effet de son ressentiment sur la mere d'Artainte, à qui elle attribuoit la faute de cette Princesse. Le jour qu'on célébroit l'anniversaire de la naissance du Roi, ce Prince devoit accorder à sa femme tout ce qu'elle lui demandoit. Amestris profita de la circonstance, & pria Xerxès de lui livrer la femme de Masiste. Ce Prince ne céda qu'aux importunités d'Amestris, qui maîtresse du sort de sa belle-sœur, lui fit couper les mammelles, la langue, le nez, les oreilles & les lévres, & la renvoya en cet état dans sa maison. Masiste outré du traitement qu'on avoit fait à sa femme, assembla toute sa famille, ses domestiques & tous ceux qui voulurent le suivre, & prit en diligence le chemin de la Bactriane, dont il étoit gouverneur, dans le dessein de faire révolter cette Province. Xerxès fut bientôt informé du départ précipité de son frere, & prévoyant ses projets, il envoya après lui un parti de Cavalerie, qui l'atteignit, & suivant les ordres du Roi, le mit en piéces avec ses enfants, & tous ceux qui étoient avec lui.

(3) Artabane étoit Hyrcanien de naissance, Capitaine des Gardes du Roi, & un de ses premiers favoris.

(4) Ctesias extrait par Photius nomme cet Eunuque Spamitrès.

Tome VI. Y

l'assassinat du Roi, & ils en accuserent Darius, fils aîné de Xerxès. Artaxerxe persuadé qu'on lui disoit la vérité, & craignant les entreprises de son frere contre lui, se rendit dans l'appartement de ce Prince, & l'égorgea sans autres informations. Artabane mit alors la couronne sur la tête d'Artaxerxe, bien résolu de la lui enlever avec la vie quand il en seroit temps. Le nouveau Roi découvrit ce complot, dont Megabyse, frere de sa sœur Amytis, l'informa ; & il fit échouer les projets d'Artabane en le tuant avant qu'il pût exécuter sa trahison. Quoiqu'Artaxerxe se vît délivré par la mort d'Artabane d'un dangereux compétiteur, il craignoit encore son frere Hystaspe, qui étoit dans la Bactriane, & le parti d'Artabane à sa cour même. Ce rebelle avoit sept fils, & un grand nombre de partisans qui parurent dans la résolution de venger sa mort. Ils prirent les armes en conséquence, & ce ne fut qu'après avoir perdu un grand nombre de Nobles & d'autres, qu'Artaxerxe extermina entierement ceux qui étoient entrés dans la conjuration. L'Eunuque Mithridate fut rigoureusement puni, & le Roi le condamna au supplice des Auges. Artaxerxe songea aussitôt à envoyer une armée dans la Bactriane, qui s'étoit déclarée en faveur de son frere, & elle n'eut pas d'abord un grand succès. L'année suivante Hystaspe fut vaincu, & Artaxerxe demeura tranquille possesseur de l'Empire. Il s'appliqua à réformer les abus & les désordres qui s'étoient glissés dans le gouvernement, & gagna par cette conduite le cœur de ses sujets.

La cinquiéme année du regne d'Artaxerxe, les Egyptiens se révolterent, reconnurent pour leur Roi, Inare, Prince des Lybiens, & appellerent à leur secours les Athéniens, qui leur fournirent une flotte. Artaxerxe vouloit aller lui-même ranger les Egyptiens à leur devoir ; mais ses favoris l'en détournerent, & il confia le soin de cette expédition à Achemenide son frere. A peine ce Prince fut-il arrivé en Egypte, qu'Inare lui livra une bataille, défit son armée, le tua de sa propre main, & renvoya son corps à Artaxerxe. Les Perses ne furent pas plus heureux sur mer ; Charitimis qui commandoit la flotte Athénienne prit vingt de leurs vaisseaux avec tout l'équipage, & en coula trente autres à fond. Ceux qui échapperent se sauverent à Memphis, où ils furent poursuivis, & contraints de se fortifier derriere la muraille blanche. Ils se défendirent pendant trois ans, & malgré les efforts de leurs ennemis, le secours qui leur venoit de Perse arriva avant qu'ils se fussent rendus. A la nouvelle de la mort de son frere, & de la défaite de ses troupes, Artaxerxe donna ordre à Artabaze, Gouverneur de la Cilicie, & à Megabyse, Gouverneur de Syrie, de lever une armée pour aller dégager les Perses assiégés dans la muraille blanche. Artabaze (1) prit le commandement de la flotte Persane, & fit voile vers le Nil, pendant que Megabyse avec l'armée de terre prit la route de Memphis. Megabyse ne fut pas plutôt arrivé qu'il attaqua les Egyptiens. Le combat fut fort opiniâtre de part & d'autre, & la victoire balança longtemps. Il y eût un grand nombre de morts & de blessés des deux côtés, & encore plus d'Egyptiens que de Perses. Enfin Inare ayant reçu à la cuisse un coup que lui porta Megabyse, fit sa retraite avec les Athéniens & les Egyptiens, qui voulurent

---

(a) Ctesias extrait par Photius donne à ce Général le nom d'Oriscus.

l'accompagner, & gagna Byblos ou Byblis (1), une des plus fortes Places de l'Egypte.

L'Egypte rentra bientôt sous l'obéissance du Roi de Perse; néanmoins Amyrtée, qui avoit encore un parti dans les marais, s'y soutint plusieurs années, & Inare s'étoit fortifié à Byblos. Comme il étoit difficile de prendre cette Place par force, Megabyse aima mieux capituler avec Inare, & avec les Grecs qui étoient au nombre de six mille hommes. Il leur donna sa parole qu'Artaxerxe ne leur feroit aucun mal, & que ceux qui voudroient s'en retourner dans leur pays le pourroient faire librement. A ces conditions Inare & les siens se rendirent, & les vainqueurs furent mis en possession de Byblos. Megabyse établit Sartamas Gouverneur de l'Egypte, & se rendit auprès du Roi accompagné d'Inare & des six mille Grecs. Quelque temps après les Perses furent battus par Cimon, Général d'une flotte Athénienne, & Xerxès las d'une guerre si onéreuse, résolut d'y mettre fin par un accommodement. En conséquence il fit sçavoir à Megabyse & à Artabaze quelles étoient ses volontés, & il les chargea de faire la paix avec les Athéniens aux meilleures conditions qu'il seroit possible. Les deux Généraux Perses obéirent, & après diverses négociations la paix fut conclue aux conditions suivantes : 1°. Que toutes les villes Grecques d'Asie jouiroient d'une entière liberté, & pourroient se gouverner suivant leurs propres Loix. 2°. Qu'aucun vaisseau de guerre Persan n'entreroit dans les mers, qui sont depuis les Isles Cyanées jusqu'aux Isles Chélidoniennes, c'est-à-dire, depuis le Pont Euxin jusqu'aux côtes de Pamphylie. 3°. Qu'aucun Général Perse n'approcheroit de ces mers avec des troupes à la distance de trois jours de marche. 4°. Que les Athéniens n'attaqueroient plus aucunes des terres de la dépendance du Roi de Perse. Ces articles furent signés & publiés, & cette guerre qui duroit depuis cinquante & un ans fut enfin terminée.

Cependant la Reine Amestris inconsolable de la mort de son fils Achéménide, en poursuivoit la vengeance avec ardeur. Artaxerxe lui résista pendant cinq ans, mais fatigué de ses importunités continuelles, il céda, & la rendit maîtresse du sort d'Inare & des Athéniens de sa suite. La cruelle Amestris sans égard pour les promesses qu'on avoit faites à ces Grecs, fit crucifier Inare (2), & couper la tête à tous les autres. Cette violence irrita tellement Megabyse, qu'il demanda la permission d'aller en Syrie, dont il étoit Gouverneur, & où il avoit fait passer ceux des Grecs qui s'étoient dérobés au ressentiment d'Amestris. Aussitôt que Megabyse fut arrivé en Syrie, il fit soulever cette Province; & leva une armée assez considérable. Osiris marcha contre lui à la tête de deux cent mille hommes. Les deux Généraux en étant venus aux mains, se cherchèrent dans la mêlée, s'attachèrent à combattre l'un contre l'autre, & se blessèrent réciproquement. Megabyse fut atteint à la cuisse d'un dard qui entroit de deux doigts dans la chair. Osiris blessé d'un pareil coup aussi à la cuisse, & d'un autre à l'épaule

---

(1) Il y avoit une ville de ce nom en Phénicie ; mais il y en a eu aussi une sur le Nil en Egypte ; Etienne de Byzance ne l'a pas oubliée.

(2) Ctesias extrait par Photius rapporte qu'Inare fut attaché à trois croix. Cela paroît extraordinaire ; mais Plutarque dit aussi que Parysatis fit étendre sur trois croix l'Eunuque Mezabate, qui étoit le confident d'Artaxerxe-Mnemon.

tomba de cheval. Megabyſe le couvrit de ſon corps, le fit emporter hors du champ de bataille, & donna ordre qu'on eût ſoin de lui. Les Perſes avoient déjà perdu beaucoup de monde, & Zopyre & Artyphius tous deux fils de Megabyſe, firent le devoir de Général à la place de leur pere. Ils combattirent avec tant de valeur qu'ils remporterent une victoire complette. Après le combat, Megabyſe qui avoit ſauvé la vie à Oſiris, le renvoya à Artaxerxe, parce que ce Prince le demandoit. Le Roi ne tarda pas à faire marcher vers la Syrie une autre armée commandée par Menoſtate, fils d'Artarius, propre frere d'Artaxerxe, & Satrape de Babylone. Il y eut alors une ſeconde bataille, mais elle fut auſſi funeſte aux Perſes que la premiere. Menoſtate bleſſé d'abord à l'épaule par Megabyſe, le fut enſuite à la tête, prit la fuite avec ce qu'il put raſſembler de troupes, & abandonna le champ de bataille à l'ennemi, qu'une ſi belle victoire rendit encore plus redoutable. Artarius perſuadé qu'on vaincroit difficilement Megabyſe, dépêcha vers lui un exprès pour l'exhorter à entrer en accommodement. Megabyſe répondit qu'il y conſentoit, à condition qu'il ne ſeroit point obligé d'aller à la Cour, & qu'on le laiſſeroit dans ſa Province.

Le Roi fut bientôt inſtruit des diſpoſitions de Megabyſe, & Artoxarès, Eunuque de Paphlagonie ſon favori, lui conſeilla de profiter de la circonſtance. Ameſtris ſeconda Artoxarès de tout ſon pouvoir ; & on nomma Amytis, Artoxarès & Petiſas, fils d'Oſiris & de Spitame, pour aller traiter avec Megabyſe. Ces trois députés ſe tranſporterent en Syrie, & leurs prieres, leurs repréſentations, leurs ſerments, déterminerent enfin le rebelle à s'aller jetter aux pieds du Roi. Ce Prince le reçut avec bonté, & lui accorda ſon pardon. Quelques jours après, comme Artaxerxe étoit à la chaſſe, il fut attaqué par un lion. Megabyſe perça d'un javelot le flanc de cet animal dans le temps qu'il ſe levoit ſur ſes pieds pour terraſſer le Roi. Ce Prince fâché que Megabyſe lui eût dérobé cette victoire, le condamna ſur le champ à perdre la tête. Les prieres d'Amytis, de la Reine Ameſtris, & de pluſieurs grands, obtinrent qu'il changeroit la peine de mort en celle de l'exil, & Megabyſe fut confiné à Cyrte (1) ſur les bords de la Mer Rouge. Artoxarès qui repréſenta librement à Artaxerxe ſon injuſtice fut auſſi relégué en Arménie. Megabyſe au bout de cinq ans d'exil fit ſemblant d'être devenu lépreux. Or en Perſe il n'eſt permis à qui que ce ſoit d'approcher de ceux qui ſont attaqués de cette maladie. Sous ce perſonnage Megabyſe ſortit de Cyrte, & revint chez lui, où ſa femme Amytis même eut peine à le reconnoître. Cette Princeſſe aidée de la Reine ſa mere, trouva moyen de reconcilier ſon mari avec le Roi, qui l'admit à ſa table comme auparavant. Megabyſe jouit quelques années de cet honneur, & il mourut âgé de ſoixante-ſeize ans, ſincerement regretté d'Artaxerxe.

Après ſa mort, Amytis, que l'exemple de ſa mere ſembloit en quelque ſorte autoriſer, ne mit plus de bornes à ſes débauches. Apollonide, Médecin de Cos, devint amoureux d'elle, & l'ayant trouvée au lit qui ſe plaignoit de quelque indiſpoſition, il l'entretint d'abord de ſon mal, & lui découvrit enſuite les ſentiments qu'elle lui avoit inſpirés. Amytis l'écouta

---

(1) Etienne de Byzance dit *Cyrtée*; & Saumaiſe croit que c'eſt ainſi qu'il faut lire | dans les extraits que Photius a faits de Cteſias.

sans colère, & il s'établit bientôt entre eux un commerce de galanterie. Par la suite, soit que la maladie de la Princesse lui eût fait perdre sa beauté, soit inconstance de la part d'Apollonide, il ne lui marqua plus aucun empressement. Elle s'en trouva si offensée, qu'au lit de la mort elle demanda pour toute grace à sa mere, de la venger du mépris du Médecin. Amestris conta l'aventure au Roi, lui exagera l'affront qu'Apollonide faisoit à sa fille, & le ressentiment qu'elle en conservoit. Artaxerxe laissa Amestris maîtresse de la vie d'Apollonide. Cette Princesse profita de la permission pour faire souffrir au Médecin tous les tourments qu'elle put imaginer. Il vécut ainsi pendant deux mois, & fut enfin enterré vif le propre jour qu'Amytis mourut. Zopyre, après la mort de son pere & de sa mere, quitta la Cour dans le dessein de se retirer à Athènes, où il espéroit être bien reçu, parce qu'Amytis avoit autrefois rendu service aux Athéniens. Il s'embarqua, alla descendre à Caune, & somma aussitôt la ville de se rendre. Les habitants répondirent qu'ils étoient tous prêts à se soumettre à lui ; mais non pas aux Athéniens qui l'accompagnoient. Sur ce refus, il voulut prendre la ville par escalade, & il avoit déjà gagné le haut du mur, lorsqu'un des habitants nommé Alcide lui cassa la tête d'un coup de pierre. Amestris, ayeule de Zopyre, vengea sa mort en faisant attacher Alcide à une croix, & peu de jours après elle mourut dans un âge fort avancé. Artaxerxe ne tarda pas à la suivre, & son regne fut de quarante-neuf ans, suivant le plus grand nombre d'Ecrivains, & de quarante-deux selon Ctesias.

Ce Prince ne fut pas moins favorable aux Juifs que l'avoit été le grand Cyrus. Il envoya Esdras en Judée pour rétablir la République des Juifs, & ensuite il accorda aussi à Néhémie la permission de retourner dans son pays, & de rebâtir les murs de Jerusalem. C'est depuis la vingtiéme année de son regne que la plûpart des Chronologistes commencent à compter les Septantes semaines de Daniel. Il ne laissa qu'un fils légitime nommé Xerxès, le seul qu'il avoit eu de Damaspie. Cette Princesse mourut le même jour que son époux, de sorte que Bagoraze conduisit ensemble les corps du pere & de la mere en Perse. Artaxerxe laissa dix-sept enfants naturels, entre autres Sogdien appellé Secundien par quelques-uns, qui avoit pour mere Alogune de Babylone ; Ochus & Arsites, tous deux fils d'une autre Babylonienne qu'on nommoit Kismartidene. Du nombre de ces dix-sept enfants étoient encore Dagapée & Parysatis, nés l'un & l'autre d'une Babylonienne appellée Andia. Cette Parysatis fut mere d'Artaxerxe-Mnemon & de Cyrus le jeune. A l'égard d'Ochus, il parvint dans la suite à la Couronne, mais du vivant de son pere il étoit Satrape d'Hyrcanie, & avoit épousé Parysatis sa sœur, fille comme lui d'Artaxerxe.

Aussitôt après la mort de ce Prince, Sogdien conçut le dessein de regner, & mit dans ses intérêts l'Eunuque Pharnacyas, quoiqu'il fût moins accrédité que Bagoraze, Menostate & plusieurs autres. Afin d'accomplir ce projet avec plus de sûreté, ils prirent un jour de fête où Xerxès, alors sur le thrône, avoit fait excès de vin (1), & s'étant introduits dans son appartement, ils l'assassinerent

---

(1) Athenée, d'après un Auteur plus ancien, nous apprend que dans les jours de fêtes consacrés au Dieu Mithra, les Rois de Perse pouvoient s'enyvrer sans qu'on eût lieu de les en blâmer.

PERSES. le quarante-cinquiéme jour de son regne. Le corps de ce Prince fut porté avec celui de son pere au lieu de leur sépulture ; car quoique celui d'Artaxerxe fût déjà parti, les mules qu'on avoit attelées au char qui le portoit, étoient devenues si rétives qu'on ne put les faire marcher, & que par ce retard on eut le temps de placer Xerxès dans le même char.

SOGDIEN. Sogdien en possession du thrône de Perse, fit Menostate son premier Ministre, & voulant se défaire de Bagoraze qu'il haïssoit, lui reprocha d'avoir quitté le corps du feu Roi, & d'être revenu sans ordre. Bagoraze auroit pu sans doute se justifier, si le Roi n'eût pas eu de l'aversion pour lui, & s'il ne l'eût pas fait lapider, sans écouter les raisons qu'il alléguoit. Cette injustice indisposa tellement tous les esprits, qu'il ne put jamais venir à bout de se les concilier, quelques largesses qu'il fit, & on le détesta dans son Royaume comme le meurtrier de son frere Xerxès, & de l'Eunuque Bagoraze. Sogdien craignoit Ochus son frere, & pour se délivrer de cette inquiétude, il lui envoya un ordre de se rendre auprès de lui. Ochus manda qu'il partoit, mais reculant de jour en jour sous différents prétextes, il se précautionna contre toute surprise, & leva un si grand nombre de soldats qu'on soupçonna qu'il aspiroit au thrône. Sur ces entrefaites Arbarius, Général de la Cavalerie, se rangea du côté d'Ochus. Arxane, Satrape de l'Egypte, suivit son exemple, & Artoxarès, Gouverneur de l'Arménie, en fit autant. Tous les trois proclamerent Ochus, Roi des Perses, & malgré sa résistance, ils lui ceignirent le Diadême. Ochus, en commençant à regner, changea son nom en celui de Darius.

DARIUS NOTHUS. La premiere chose qu'il fit, à la persuasion de sa femme Parysatis, fut d'employer toutes sortes de moyens pour se rendre maître de la personne de Sogdien. Ce Prince sans cesse averti par Menostate de se défier des piéges qu'on lui tendoit, & de ne point traiter avec ceux qui cherchoient à le tromper, méprisa des conseils si prudents & se livra témérairement entre les mains de son rival. Ochus lui fit bientôt sentir le tort qu'il avoit eu de rejetter les sages avis de Menostate, car il le fit jetter sur le champ dans un monceau de cendres (1) chaudes, où il fut étouffé après un regne de six mois & quinze jours. La mort de Sogdien délivra Ochus d'un compétiteur dangereux, & ce Prince regna seul sous le nom de Darius Nothus. Les trois Eunuques qui eurent le plus de part aux affaires furent Artoxarès, Artibazane & Athoüs ; mais Parysatis l'emporta toujours sur eux, & le Roi ne faisoit rien que par son conseil. Avant que Darius montât sur le thrône, Parysatis avoit eu deux enfants, sçavoir, Amistris, & Arsacès qui dans la suite prit le nom d'Artaxerxe, & depuis qu'elle fut Reine, il lui naquit un fils qu'on appella Cyrus, un second qui fut nommé Artoste, & plusieurs

---

(1) Ce supplice fut inventé pour lui, parce qu'Ochus s'étoit engagé par serment à n'employer contre Sogdien, ni le fer, ni le poison, ni la faim. Cependant résolu de le faire mourir, & jaloux de tenir parole, le Roi fit emplir de cendres, jusqu'à une certaine élévation, une des plus hautes tours. On y fit monter Sogdien, & il fut précipité la tête la premiere dans ces cendres, qu'on agita avec une roue jusqu'à ce qu'il fût suffoqué. Ainsi périt ce malheureux Prince ; & depuis ce temps le supplice des cendres devint très-commun dans la Perse. Ovide y fait allusion, quand il dit dans son Ibis :

Utque necatorum Darii fraude secundi
Sic tua succensus devoret ossa cinis.

autres, qui moururent tous en bas âge, à l'exception d'Oxendras, qui étoit du nombre des derniers.

Arsitès, frere du Roi, né de même pere & de même mere, se révolta, dans l'espérance d'enlever à Darius une couronne, que ce Prince avoit ôtée à Sogdien. Artyphius, fils de Megabyse, se rangea du parti d'Arsitès, & battit deux fois Artasyras que Darius avoit chargé de dompter les rebelles. La troisiéme bataille ne fut pas favorable à Artyphius, qui se rendit sur la foi d'une amnistie. Darius vouloit néanmoins le condamner à perdre la vie ; mais la Reine s'y opposa & dit au Roi que cette indulgence engageroit peut-être Arsitès à se fier à lui, & qu'alors on puniroit les deux coupables. Ce que la Reine avoit prévû arriva, & quoique le Roi fût disposé à faire grace à son frere, Parysatis le fit jetter dans de la cendre avec Artyphius, & ils expirerent bientôt l'un & l'autre. Pharnacyas, complice de la mort de Xerxès, fut lapidé, & Menostate se donna la mort pour éviter le supplice qu'on lui préparoit. Ces différents exemples de sévérité n'empêcherent point Pisuthnès, Gouverneur de Lydie, de se soustraire à l'obéissance du Roi. Tissapherne, Spithradate, & Parmisès furent chargés de le ranger à son devoir, & se mirent aussitôt en chemin. Pisuthnès marcha à eux avec Lycon, Athénien, & les Grecs qu'il commandoit, & il auroit été en état de soutenir les efforts de ses ennemis, si les Grecs & leur chef ne se fussent pas laissé corrompre par les présents des Perses, & ne l'eussent pas livré au Roi. Pisuthnès conduit à la Cour de Perse, fut traité comme les deux rebelles dont on a déjà parlé. Son gouvernement fut donné à Tissapherne, & Lycon eut des villes & des Provinces entieres pour prix de sa trahison. Le supplice de Pisuthnès n'appaisa pas les troubles qui agitoient la Perse ; car Amorgès, fils de Pisuthnès, se maintint avec le reste de son armée, & ravagea pendant deux ans les Provinces maritimes de l'Asie mineure, jusqu'à ce qu'enfin il fut pris par les Grecs du Peloponnese à Jase, ville d'Ionie, & livré par eux à Tissapherne, qui le fit mourir.

Cette rébellion étoit à peine étouffée, qu'Artoxarès conçut aussi l'envie de regner. Comme il étoit Eunuque, & qu'il n'auroit pû par cette raison monter sur le thrône, il se déguisa, & se fit attacher par sa femme une longue barbe & des moustaches. Cette précaution ne lui servit de rien, sa femme le trahit & le livra à Parysatis, qui lui fit souffrir une mort honteuse & cruelle. Après ces sanglantes exécutions, Arsacès fils de Darius épousa Statira, fille d'Idernès, & Teritouchmès, fils d'Idernès, prit pour femme Amistris, fille du Roi. Teritouchmès à la mort de son pere fut revêtu de son gouvernement ; mais il n'en fut pas satisfait, & forma une conspiration contre le Roi. Il avoit pris de l'amour pour une de ses sœurs nommée Roxane, & comme Amistris le gênoit dans cette inclination, il résolut de s'en défaire, & chargea quelques factieux de massacrer cette Princesse. Udiastès, confident de Teritouchmès, instruisit Darius de ce qu'il projettoit, & le Roi chargea cet homme de veiller à la sûreté de sa fille Amistris. Udiastès, sur l'espoir d'une magnifique récompense, alla bien accompagné chez Teritouchmès & le tua, nonobstant le courage avec lequel il se défendit. Mithridate, fils d'Udiastès & écuyer de Teritouchmès, ayant appris ce qui s'étoit passé, blâma hautement la conduite de son pere, &

PERSES.

s'enferma dans la forte Place de Zaris, pour la conserver au fils de son maître. Cependant Parysatis s'assura de la mere de Teritouchmès, de ses freres & de deux sœurs qu'il avoit outre Statira. Elle fit enterrer ces personnes toutes vives, & couper Roxane en deux. Le Roi lui conseilloit d'envelopper Statira, femme de son fils Arsacès dans la même proscription, mais Arsacès par ses larmes & ses prieres obtint la grace de cette Princesse.

Le regne de Darius fut agité par des révoltes continuelles, & celle qui lui donna le plus de peine à appaiser fut celle de l'Egypte. Amyrtée, qui s'étoit retiré dans les endroits marécageux de ce pays, en sortit, & trouvant les Egyptiens fatigués de la domination des Perses, il offrit de les en délivrer, s'ils vouloient le reconnoître pour leur Roi. Les Egyptiens accepterent ces propositions, & sitôt qu'Amyrtée fut revêtu de la souveraine puissance, il prit ses mesures pour attaquer les Perses dans la Phénicie. Darius y envoya des troupes, & dans le temps qu'il étoit occupé de cette guerre, les Medes se souleverent. Ces derniers furent bientôt forcés de rentrer dans le devoir, & il y a apparence que les Perses furent aussi soumis; car Amyrtée étant mort après avoir regné six ans, son fils Pansiris, suivant Herodote, lui succéda du consentement des Perses, ce qui prouveroit que ces derniers étoient les maîtres du Pays. Dès que les affaires de Perse furent rétablies en Médie & en Egypte, Darius donna à Cyrus, le plus jeune de ses fils, le gouvernement en chef de toutes les Provinces de l'Asie mineure. Ce jeune Prince, qu'un pouvoir si étendu rendoit d'une hauteur insupportable, fit mourir deux enfants d'une sœur de son pere, parce qu'ils avoient manqué à un cérémonial qui s'observe seulement devant les Rois de Perse. Darius irrité contre son fils, lui manda de le venir trouver, & ce Prince qui connoissoit l'ascendant que sa mere avoit sur l'esprit de son pere, n'hésita pas à lui obéir. En effet, Parysatis engagea facilement Darius à pardonner à son fils; mais elle ne put obtenir qu'il le nommât son successeur quelques instances qu'elle fît. Peu de temps après Darius tomba malade à Babylone, & mourut dans la dix-neuviéme année de son regne (1).

ARTAXERXE-MNEMON.

494.

Arsacès à son avenement à la couronne changea son nom en celui d'Artaxerxe (2). Son premier soin fut de venger la mort des parents de Statira, en faisant arracher la langue, non par devant, mais par derriere, à Udiasrès. Ensuite il donna à Mithridate le gouvernement que son pere avoit eu; ce qui causa un violent dépit à Parysatis qui trouva moyen par la suite d'empoisonner Mithridate, & fit beaucoup de plaisir à Statira. Bientôt Tissapherne excita des troubles, en imputant à Cyrus de mauvais desseins contre son frere. Cyrus implora le secours de sa mere, & par son entremise fut absous du crime dont on l'accusoit. Il se retira dans son gouvernement & songea à se venger de la facilité d'Artaxerxe à ajouter foi aux discours qu'on avoit tenus contre lui. En conséquence il chargea Cléarque (3) de lever

(1) Ctesias extrait par Photius donne trente-cinq ans de regne à Darius-Nothus, & Diodore ne lui en donne que dix-neuf. La différence est considérable; peut-être vient-elle par la faute des Copistes, qui auront mis un chiffre pour un autre dans Photius.

(2) Cet Artaxerxe, second du nom, fut surnommé Mnemon, à cause de la prodigieuse mémoire dont il étoit doué.

(3) Ce Cléarque étoit un Officier de réputation, qui avoit été envoyé à Byzance

un corps d'armée de troupes, sous prétexte que les Lacédémoniens alloient porter la guerre en Thrace. Plusieurs villes du gouvernement de Tissapherne se révoltèrent par les intrigues de Cyrus & entrerent dans son parti. Cet incident alluma la guerre entre Cyrus & Tyssapherne, & fournit au premier l'occasion de tromper le Roi, à qui les séditieux faisoient croire que Cyrus n'armoit que pour se mettre à couvert des entreprises de Tissapherne. Cependant l'armée que ce Prince avoit levée devenoit considérable, & Tissapherne, qui démêloit le but où Cyrus tendoit, partit en hâte pour en aller informer Artaxerxe. Ce Prince ne put douter alors des intentions de son frere, & il se mit lui-même à la tête d'un nombreuse armée. S'il l'emportoit en forces sur Cyrus, Cyrus avoit dans ses troupes treize mille Grecs qui lui donnoient la supériorité du côté de la valeur. Aussi la victoire se déclara-t-elle d'abord en sa faveur, & il blessa deux fois son frere. Cet avantage redoubla encore l'ardeur de Cyrus à combattre, & sans écouter les représentations de Cléarque, il s'obstina à poursuivre ses ennemis. Son courage l'emporta trop loin; il fut (1) tué, & son armée privée de Chef se débanda, & fut entierement défaite par Artaxerxe. Ce Monarque traita le corps de son frere avec indignité; il en fit séparer la tête & la main dont Cyrus l'avoit blessé, & fit porter l'une & l'autre en triomphe. Cléarque profita de la nuit pour se retirer avec ses Grecs dans une des Places qui obéissoient à Parysatis, & contraignit Artaxerxe à entrer en accommodement avec lui. Parysatis affligée de la mort de son fils, s'en retourna à Babylone, fit rechercher la tête & la main de Cyrus, & les honora d'une sorte de sépulture. Ses larmes ne lui parurent pas suffisantes pour marquer ses regrets d'avoir perdu Cyrus, & elle crut devoir lui immoler ses meurtriers. Dans ce dessein, un jour qu'elle jouoit aux dez avec le Roi, elle lui proposa une discrétion (2), sûre de la gagner, parce que ses dez étoient préparés. Artaxerxe ayant perdu, fut obligé de lui livrer Bagapate (3) qu'elle lui demanda, & cette Princesse qui sçavoit que cet Eunuque avoit séparé la tête & la main du corps de Cyrus, le fit écorcher vif & ensuite mourir sur une croix. Cette exécution sembla calmer sa douleur; mais les honneurs dont Artaxerxe combla celui qui lui avoit apporté le bonnet (4) de Cyrus, & un Ca-

pour y appaiser les troubles qui divisoient cette ville. Il s'en fit le Tyran, & y amassa de grandes richesses par ses violences. Les Lacédémoniens le rappellerent, mais il refusa d'obéir, & se retira dans l'Ionie auprès du jeune Cyrus. Ce Prince nomma Cléarque Général des troupes Grecques, qu'il avoit à sa solde.

(1) Trois Historiens connus, Xenophon, Ctesias & Dinon, ont rapporté la mort du jeune Cyrus avec des circonstances différentes. Xenophon & Ctesias se trouverent à la bataille où ce jeune Prince fut tué, & Ctesias passa encore dix-sept ans à la Cour de Perse depuis cet événement, & put apprendre, sans doute, bien des particularités que les deux autres ont ignorées. Malgré cela,

Plutarque préfére l'autorité de Xenophon & même de celle Dinon, à celle de Ctesias.

(2) Plutarque dit, qu'après avoir perdu mille dariques contre le Roi, Parysatis lui proposa de jouer un Eunuque.

(3) On lit dans Plutarque, Mezabate au lieu de Bagapate, & il y a lieu de croire, que c'est ainsi qu'il faut lire, car Bagapate étoit mort depuis quelque temps.

(4) Cette espece de bonnet étoit indifféremment appelé Τιάρα & πίλος. On en peut voir la forme dans quelques médailles d'Auguste, frappées à l'occasion des drapeaux que les Parthes avoient autrefois pris sur les Romains, & qu'ils lui renvoyerent. On y voit la Parthie en posture de suppliante présentant ces drapeaux à Auguste, & on la

PERSES.

rien qui difoit l'avoir bleffé, exciterent de nouveau le reffentiment de Parysatis. Elle mit tout en ufage pour fe venger de ces deux hommes; le Roi les lui abandonna enfin, & elle les fit mourir dans les tourments, ainfi que Mithridate qui s'étoit vanté à table d'avoir tué Cyrus. Statira qui connoiffoit la cruauté de fa belle-mere, & la haine qu'elle lui portoit, fe tenoit fur fes gardes contre toutes fes entreprifes. Paryfatis, fûre de fes coups, feignit de fe reconcilier avec Statira, & l'invita à fouper chez elle. Statira, à la table de fa belle-mere, obfervoit de ne toucher qu'à ce que cette Princeffe goûtoit. Mais cette précaution ne la mit pas à couvert du poifon. Paryfatis ayant partagé en deux un oifeau rare, avec un coûteau empoifonné d'un côté, préfenta à fa belle fille une moitié & prit l'autre. Statira voyant la Reine manger de ce mêts n'eut aucune défiance, & mangea le morceau qui lui étoit offert. Elle fentit bientôt après de vives douleurs, & elle mourut dans de violentes convulfions. Artaxerxe fenfible à la perte d'une femme qu'il aimoit, & foupçonnant l'auteur de fa mort, fit arrêter tous les domeftiques de Paryfatis, & les fit mourir dans les tourments. A l'égard de la Reine, il la confina à Babylone, en l'affurant qu'il ne la reverroit jamais. Néanmoins elle revint à la Cour, lorfque le temps eut calmé le chagrin d'Artaxerxe, & elle y jouit jufqu'à fa mort d'un crédit fort étendu.

Après la mort de Cyrus, Tiffapherne avoit été renvoyé dans fon gouvernement, & il ne tarda pas à inquiéter les villes Grecques qui s'étoient déclarées pour Cyrus. Les Lacédémoniens dont ces villes implorerent le fecours, leur envoyerent Thimbron à la tête d'une armée. Xenophon qui, par fa valeur & fon activité, avoit ramené d'Afie les Grecs que Cléarque commandoit, avant que Tiffapherne lui eût fait perdre la vie par trahifon, joignit ces mêmes Grecs aux Lacédémoniens. Dercyllidas remplaça Thimbron, & profitant de la divifion qui fe mit entre Tiffapherne & Pharnabaze, Gouverneurs des deux Provinces voifines, il fe rendit maître de plufieurs Places. Pharnabaze porta fes plaintes contre Tiffapherne, qui loin de l'aider à repouffer les ennemis, avoit fait une trêve avec eux. Le Roi fit peu d'attention aux plaintes de Pharnabaze, mais il écouta volontiers le confeil qu'il lui donna d'équipper une flotte & d'en donner le commandement à Conon l'Athénien, alors en éxil dans l'Ifle de Cypre. Artaxerxe ayant approuvé ce projet le fit exécuter, & Conon fut nommé Général des forces maritimes de Perfe. Pendant ce temps Dercyllidas entra en Carie, & il y auroit été accablé, fi Tiffapherne & Pharnabaze, qui avoient réuni leurs troupes, l'euffent chargé dans le moment qu'il étoit pofté dans un terrein fort défavantageux. La crainte qui s'empara de Tiffapherne l'empêcha de fuivre l'avis de Pharnabaze, qui vouloit attaquer les Grecs, & fauva Dercyllidas, en lui donnant le temps de fe retirer.

Les Lacédémoniens informés des préparatifs du Roi de Perfe, firent partir Agéfilas, un de leurs Rois, en Afie, pour y faire une diverfion. La di-

---

reconnoît à la tiare qui lui couvre la tête. C'eft une efpece de bonnet rond & élevé qui fe termine en une pointe un peu inclinée. Hérodote remarque que les Perfes avoient le crâne extrêmement mince & foible, ce qu'il attribue à l'ufage où ils étoient d'avoir toujours la tête couverte; au lieu que les Egyptiens, par la raifon contraire, avoient le crâne fort dur & fort épais.

DE L'UNIVERS: LIV. VI. CH. V. 179

ligence & le profond secret des Lacédémoniens furent cause qu'Agésilas fut en campagne avant que les Perses s'en doutassent. Tissapherne hors d'état de combattre, amusa Agésilas par des promesses, & gagnant du temps par ce moyen, il assembla des troupes de tous côtés. Lorsqu'il se sentit assez fort, il fit dire à Agésilas qu'il sortît au plutôt de l'Asie, ou qu'il l'y contraindroit par la force. Le Général Lacédémonien rassura ses soldats intimidés par le nombre des Perses, & feignant d'avoir dessein d'envahir la Carie, il tomba tout à coup sur la Phrygie. Comme on ne l'attendoit pas dans cette Province, il se rendit facilement maître de plusieurs villes, fit un riche butin & passa l'hiver à Ephese. L'année suivante ne lui fut pas moins favorable, il s'empara de quelques Places en Lydie, & battit Tissapherne. Le Roi à la nouvelle de la défaite de ce Général conçut du soupçon contre lui, & Conon acheva de le ruiner dans l'esprit de ce Monarque, en l'accusant d'avoir privé de leur paye les soldats qui étoient sur la flotte Persane. Artaxerxe ainsi prévenu, chargea Tithrauste, Capitaine de ses Gardes, de prendre des mesures avec Ariée, Gouverneur de Larissa, pour faire mourir Tissapherne. Ariée instruit des intentions du Roi, attira chez lui Tissapherne, & pendant qu'il étoit au bain, suivant la coutume des Perses, on l'arrêta, & on le remit entre les mains de Tithrauste, qui le fit mourir, & se mit en possession de son gouvernement. Son premier soin fut d'entrer en accommodement avec Agésilas, qui sortit de sa Province, & se contenta de pousser ses conquêtes dans la Phrygie. La rapidité de ses succès engagea Tithrauste à envoyer Timocrate de Rhodes en Grece avec de grandes sommes d'argent, afin de rallumer en ce pays la guerre contre les Lacédémoniens. Il pensoit que les Spartiates rappelleroient aussitôt Agésilas, & effectivement les choses arriverent comme il l'avoit prévû (1).

Depuis le départ d'Agésilas, les Perses battirent les Lacédémoniens en différentes rencontres, & Conon & Pharnabaze maîtres de la mer réduisirent les villes qui appartenoient aux Spartiates, le long des côtes de l'Asie. Conon, que l'amour de la patrie guidoit dans toutes ses entreprises, persuada à Pharnabaze que le seul moyen d'affoiblir Sparte étoit de mettre Athènes en état de lui tenir tête. Pharnabaze entra dans les idées de Conon, & pour en faciliter l'exécution, il lui accorda la permission de se rendre à Athènes avec quatre-vingts vaisseaux, & lui donna cinquante talents pour rebâtir les murailles de cette ville. Conon arrivé au port d'Athènes, fit commencer l'ouvrage, & on y travailla si diligemment qu'il fut bientôt achevé. Les Lacédémoniens au désespoir de la gloire que la ville d'Athènes venoit de recevoir, résolurent d'envoyer Antalcide un de leurs citoyens faire des propositions de paix à Teribaze, Gouverneur de Sardes. Les autres villes de la Grece, Alliées des Athéniens, firent partir leurs députés en même-temps, & Conon fut à la tête de ceux d'Athènes. Les Lacédémoniens qui le haïssoient chargerent Antalcide de l'accuser devant Teribaze d'avoir volé au Roi l'argent qu'il avoit employé à relever les murs d'Athè-

(1) Xenophon rapporte, qu'Agésilas obligé de regagner Sparte, & chagrin d'abandonner ses conquêtes, s'écria que trente mille archers le chassoient d'Asie, faisant allusion aux dariques de Perses qui étoient des pièces d'or, sur lesquelles on voyoit d'un côté la figure d'un archer.

Z ij

ns, & d'avoir formé le dessein d'enlever aux Perses l'Eolide & l'Ionie. Conon sur ces accusations fut arrêté, & Teribaze partit pour la Cour de Perse, l'emenant avec lui. Artaxerxe fut fort satisfait de Teribaze à qui il donna ordre de mettre la derniere main au traité. Quelques Auteurs prétendent que le Roi ajoutant foi à ce qu'on disoit contre Conon, le condamna à la mort ; mais Xenophon, qui étoit contemporain n'en parle pas, ce qui rend la chose douteuse.

Teribaze de retour à Suse, assembla tous les députés des villes de la Grece, & leur fit la lecture du traité que le Roi avoit approuvé. Il portoit que toutes les villes Grecques de l'Asie resteroient sous la puissance du Roi, & que toutes les autres petites ou grandes conserveroient leur liberté. Le Roi retenoit outre cela la possession des Isles de Cypre & de Clazomene, & rendoit celles de Scyros, de Lemnos & d'Imbros aux Athéniens. Par ce même traité il s'engageoit à se joindre aux peuples qui l'accepteroient, pour faire la guerre à ceux qui refuseroient d'y entrer. Cette paix fut appellée la paix d'Antalcide, parce qu'il en fit les premieres propositions.

Aussitôt qu'Artaxerxe fut débarrassé de la guerre qu'il faisoit aux Grecs, il tourna ses armes contre Evagore, Roi de Cypre. Les Ancêtres de ce Prince avoient pendant plusieurs siécles joui de la Souveraine puissance à Salamine, capitale de l'Isle de Cypre. Les Perses s'étoient enfin emparés de ce petit Royaume, & en avoient fait une Province de la Perse. Evagore ne pouvant supporter une domination étrangere, chassa Abdymon, Gouverneur de Salamine pour le Roi de Perse, & se remit en possession d'un Royaume qu'on avoit enlevé à ses ayeux. Artaxerxe tenta vainement de l'en chasser, il avoit alors à se défendre contre les Grecs, & Evagore parvint à faire un accommodement fort avantageux, puisqu'on promit de ne le point troubler dans la possession de son Royaume. La facilité avec laquelle le Roi de Perse avoit consenti à traiter avec lui, le rendit entreprenant ; il s'étendit peu à peu, de sorte qu'il s'empara de toute l'Isle de Cypre. Les affaires d'Evagore étoient en cet état lorsque les Grecs & Artaxerxe firent la paix. Evagore se voyant menacé de la guerre, implora le secours de tous les Princes ennemis des Perses, leva une armée de terre & équippa une flotte assez considérable. Il eut d'abord quelques avantages, mais les Perses étoient en plus grand nombre, & Evagore se vit obligé de traiter avec eux à des conditions fort dures.

Cette guerre ne fut pas plutôt terminée qu'Artaxerxe en commença une autre contre les Cadusiens, & marcha contre eux en personne à la tête d'une armée formidable. Le pays où il s'avançoit étoit trop sterile pour faire subsister des troupes si nombreuses, & tous les soldats risquoient de périr sans le stratagême que Teribaze (1) imagina. Ce Général sçavoit que les Cadu-

(1) Teribaze étoit alors à la suite de l'armée comme prisonnier, à cause qu'Oronte, jaloux de la gloire de ce Général, l'avoit accusé de former des desseins contraires aux intérêts du Roi, & de conserver une intelligence secrette avec les Lacédémoniens. Theribaze fut arrêté en conséquence, & on n'examina pas sur le champ son affaire. Le service important qu'il rendit au Roi de Perse au sujet des Cadusiens, engagea Artaxerxe de faire discuter sans partialité les chefs d'accusation portés contre Teribaze, qui fut déclaré innocent, rétabli dans tous ses emplois, & Oronte son accusateur fut banni de la Cour.

fiens avoient deux Rois, campés féparément, & peu d'accord enfemble. Il profita de cette circonftance, alla trouver lui-même un de ces Rois, & envoya fon fils à l'autre. Chacun d'eux fit croire à celui à qui il parloit, que fon collégue cherchoit à entrer en accommodement avec les Perfes. Cette négociation eut l'effet qu'on en défiroit : les deux Princes fe prefferent de fe foumettre, ce qui fauva Artaxerxe & fon armée, dont une bonne partie étoit déjà perdue. L'expédition contre les Egyptiens, pour laquelle le Roi de Perfe fit des préparatifs qui durerent deux ans, ne lui fut d'aucun avantage, & lui couta des fommes immenfes. La fin du regne d'Artaxerxe fut troublée par des diffenfions domeftiques, plufieurs des fils de ce Monarque cherchant à faire valoir leurs prétentions à la Couronne. Le Roi avoit eu d'Atoffa fa femme légitime trois fils ; fçavoir, Darius, Ariafpe & Ochus, & cent quinze de fes concubines. Dans la vûe de mettre fin aux troubles occafionnés par leur jaloufie, il défigna Darius fon fils aîné pour lui fuccéder. Darius impatient de regner confpira contre la vie de fon pere ; mais le Roi informé de fon ingratitude le laiffa venir jufques dans fon appartement, où il le fit arrêter & mettre à mort. Artaxerxe en faifant mourir les conjurés ne put empêcher que les cabales ne recommençaffent de nouveau. Ariafpe, Ochus & Arfame efpéroient tous les trois monter fur le thrône ; les deux premiers, parce qu'ils étoient fils d'Atoffa, & le troifiéme, qui devoit la naiffance à une concubine, parce qu'il étoit en faveur auprès du Roi. Ochus pour fe défaire de fes deux freres, qui lui paroiffoient des concurrents à craindre, leur fit tenir des difcours propres à les épouvanter. Ariafpe y ajouta foi, & en fut effrayé à un tel point qu'il s'empoifonna lui-même. Arfame moins foible que fon frere fut auffi moins crédule, ce qui obligea Ochus à le faire affaffiner. La mort du jeune Prince arrivée immédiatement après celle d'Ariafpe caufa une fi vive douleur au Roi, que ce Monarque âgé alors de quatre-vingt-quatorze ans, y fuccomba, & mourut dans la quarante-fixiéme année de fon regne.

Ochus, dont les vices faifoient un contrafte avec les vertus de fon pere, fentit bien qu'on ne le verroit pas avec plaifir fur le thrône de Perfe. Pour avoir le temps d'affermir fa puiffance, il cacha la mort d'Artaxerxe, feignit que ce Prince l'avoit nommé fon fucceffeur, & fe fit proclamer Roi, fous prétexte d'obéir aux ordres de fon pere. Peu de temps après cette cérémonie, il déclara la mort du Roi, & s'empara de la Couronne. La révolte de toute l'Afie mineure, de la Syrie, de la Phénicie & de plufieurs autres Provinces caufa beaucoup d'inquiétude à Ochus ; qui ne fe trouvoit pas en état de réduire un fi grand nombre de rebelles. Il balançoit encore fur les mefures qu'il devoit prendre pour calmer les troubles, lorfqu'une partie des chefs de la révolte fe laiffa gagner par des préfents, trahit les autres chefs, & les livra à Ochus. Datame, Gouverneur de Cappadoce, fut le feul qui fe défia des traîtres. Il fe rendit maître de la Paphlagonie, & fe maintint dans ces deux Provinces, jufqu'à ce qu'il fût affaffiné par un de fes plus intimes amis. Ochus ne pouvant douter de la haine que fes fujets avoient pour lui, voulut leur ôter les moyens de mettre fur le thrône quelqu'un de la famille Royale. Pour exécuter ce projet, il fit mourir tous les Princes du fang, fit enterrer toute vive fa fœur Ocha, dont il avoit

PERSES.

OCHUS.
359.

PERSES. épousé la fille, & fit tuer à coups de fleches un de ses oncles (1), avec cent de ses fils & petits-fils, qu'il avoit fait enfermer dans une cour. Ces cruelles précautions que le Roi de Perse avoit crues nécessaires pour tenir ses différentes Provinces dans le respect, n'empêcherent point Artabaze (2) de se révolter. Il sçut obtenir des Athéniens quelques troupes qui le mirent en état de remporter la victoire sur l'armée qu'Ochus avoit envoyée contre lui. Les Athéniens dans l'appréhension d'attirer dans leur pays les forces du Roi de Perse, ordonnerent à Charès, qui commandoit le secours accordé à Artabaze, de reprendre avec ses troupes le chemin de la Grece. Artabaze abandonné des Athéniens eut recours aux Thébains, qui lui envoyerent un corps de cinq mille hommes, il battit encore deux fois l'armée du Roi de Perse. Les Thébains se laisserent corrompre par une somme d'argent qu'on leur offrit de la part d'Ochus, & ils quitterent aussi le parti d'Artabaze. Ce Gouverneur destitué de tout secours fut contraint de se réfugier chez Philippe de Macédoine.

Cette révolte ne fut pas plutôt étouffée, qu'il s'en éleva d'autres en divers endroits de l'Empire. Les Sidoniens & les Phéniciens secouerent le joug, & se joignirent à Nectanebus, Roi d'Egypte, contre le Roi de Perse. Ochus, qui méditoit depuis longtemps la conquête de l'Egypte, apprit avec chagrin que les Cypriots étoient entrés dans la nouvelle ligue des Phéniciens, des Sidoniens, & du Roi d'Egypte. Le Roi de Perse envoya ordre à Idriée, Roi de Carie, d'entrer dans l'Isle de Cypre, & d'y mettre tout à feu & à sang. Idriée obéit, & lorsque ses troupes furent débarquées, il alla assiéger Salamine par terre & par mer. Cependant Ochus à la tête d'une armée nombreuse s'avança vers la Phénicie. Nectanebus avoit fait marcher au secours des Phéniciens un corps de quatre mille Grecs, dont il donna le commandement à Mentor le Rhodien. Celui-ci se trouvoit à Sidon lorsque l'armée Persane parut en Phénicie : il fut effrayé de la voir si nombreuse, & traita secrettement avec Ochus. Il engagea Tennes, Roi de Sidon, dans la même trahison, & de concert ils livrerent la Place au Roi de Perse. Les Sidoniens au désespoir, se renfermerent avec leurs femmes & leurs enfants dans leurs maisons auxquelles ils mirent le feu. Les autres villes de Phénicie se soumirent toutes les unes après les autres ; de sorte que le Roi de Perse put librement prendre la route de l'Egypte. Nectanebus rassembla une armée assez forte ; mais elle étoit si inférieure à celle des Perses, que sa résistance fut inutile, & qu'il fut enfin contraint de se sauver en Ethiopie avec ses thrésors. Ochus entierement maître de l'Egypte, fit demander les Places fortes, pilla les Temples, & fit diverses insultes aux Divinités que les Egyptiens adoroient. Il s'en retourna ensuite à Babylone chargé de richesses immenses, & depuis ce temps l'Egypte ne fut plus qu'une Province de Perse jusqu'à Alexandre, qui délivra les Egyptiens de la tyrannie des Perses.

La paix ainsi rétablie par tout l'Empire, le Roi confia le soin de toutes

---

(1) Cet oncle paroît avoir été le pere de Sisygambis, mere de Darius-Codoman. Du moins Quinte-Curce donne lieu de le penser, en disant qu'Ochus avoit fait massacrer quatre-vingts freres de Sisygambis, avec leur pere, en un même jour.

(2) Il étoit Gouverneur d'une des Provinces d'Asie.

les affaires à l'Eunuque Bagoas, & à Mentor le Rhodien. Le premier gouvernoit toutes les Provinces de la haute Asie, & le dernier toutes celles de la basse. Bagoas étoit Egyptien de naissance, & avoit beaucoup de zèle pour la religion de son pays. Il avoit été present aux railleries que le Roi de Perse avoit faites des cérémonies Egyptiennes, & il avoit vu tuer Apis, c'est-à-dire, le taureau sacré que les Egyptiens adoroient sous ce nom Bagoas dissimula alors ce qu'il pensoit ; mais il en conçut un ressentiment qu'il ne perdit jamais. L'insulte faite à son Dieu lui revenoit toujours dans l'idée, & il ne crut pouvoir la réparer qu'en faisant mourir Ochus. En conséquence il le fit empoisonner dans la vingt-unième année du règne de ce Prince. La vengeance de Bagoas n'étoit pas encore satisfaite ; il fit enterrer un autre corps au lieu de celui du Roi, & comme ce Monarque avoit fait manger l'Apis par ses Officiers, il fit manger son corps mort par des chats, à qui il le donnoit haché en petits morceaux. A l'égard des os il en fit faire des manches de sabres, ou de couteaux.

PERSES.

Bagoas tout puissant à la Cour de Perse, mit sur le thrône Arsès, le plus jeune des fils d'Ochus. Il espéroit que ce Prince le laisseroit gouverner sous son nom, & pour n'avoir à craindre ni rival ni concurrent, il fit mourir tous les autres enfants du feu Roi. Arsès laissa jouir Bagoas de tout le pouvoir souverain, mais s'appercevant enfin de la méchanceté de ce Ministre, il résolut de s'en défaire. Bagoas soupçonna ce dessein, & le prévint en assassinant Arsès, & faisant mourir tous ceux qui lui appartenoient. Ce Prince ne régna que deux ans ; de sorte qu'on ne peut sçavoir si ses sujets auroient été heureux sous sa domination.

ARSÈS,
338.

La mort d'Arsès ayant rendu vacant le thrône de Perse, Bagoas y plaça Codoman, Gouverneur de l'Arménie. Codoman étoit fils d'Arsane, qui l'avoit eu de Sysigambis, sa femme & sa sœur. Arsane, petit-fils de Darius Nothus, fut tué avec son pere, ses enfants & un grand nombre de ses cousins, par les ordres d'Ochus, comme on l'a vû plus haut. On ignore de quelle maniere Codoman échappa à ce massacre ; mais on sçait qu'il n'eut d'abord d'autre charge que celle de porter les dépêches du Roi aux Gouverneurs des Provinces ; il servit par la suite dans les armées d'Ochus, & un Cadusien ayant défié tous les Perses de lui fournir un champion qui osât se battre contre lui, Codoman fut le seul qui accepta le défi, & il tua le Cadusien. Cette action de valeur fut récompensée par le gouvernement de l'Arménie, d'où Bagoas le tira pour lui mettre la couronne sur la tête. Ce Prince prit aussitôt le nom de Darius, & parut vouloir s'appliquer à faire regner le bon ordre & la justice dans ses Etats. Bagoas, qui se flattoit de jouir d'une puissance absolue, s'apperçut de son erreur, & il pensa qu'il lui seroit facile d'ôter à Darius la couronne & la vie, de même qu'aux prédécesseurs de ce Prince. En conséquence il prépara du poison, & entra dans la chambre de Darius à qui il présenta cette boisson. Darius prit des mains de Bagoas la coupe qu'il lui offroit, & força cet Eunuque à avaler lui-même ce qu'il comptoit faire boire à son maître. Bagoas mourut dans les douleurs, & périt ainsi par sa propre méchanceté. Darius délivré du seul ennemi qu'il avoit à craindre dans l'intérieur de son Royaume, fut bientôt obligé de prendre des mesures pour repousser les Macédoniens qui parois-

DARIUS-CODOMAN.
335.

PERSES. soient vouloir envahir la Perse. Avant que Darius fût monté sur le thrône, les Grecs, dans une assemblée générale des Amphictions, avoient résolu de venger les injures que les Perses leur avoient faites depuis longtemps, & Philippe, Roi de Macédoine, avoit été nommé Chef des forces destinées à cette expédition. Philippe ayant été assassiné, son fils Alexandre se fit donner le commandement à sa place, & après avoir rassemblé une armée de soldats d'élite, il passa l'Hellespont dès la seconde année du regne de Darius. Ce dernier avoit prévû la marche des Grecs, & il avoit eu soin d'envoyer des troupes de ce côté pour arrêter Alexandre au passage. Ce jeune Monarque arrivé sur les bords du Granique ne fut point éffrayé du nombre des Perses. Malgré les traits qu'ils lançoient contre lui, il traversa cette riviere, en gagna les bords, & tomba aussitôt sur la cavalerie Persane, qui fut mise en déroute. L'infanterie attaquée de tous côtés ne fit pas une longue résistance, & Alexandre remporta une victoire complette.

Cet avantage sembla annoncer à Alexandre les succès les plus heureux. Toute l'Asie mineure plia devant lui, les villes envoyerent d'elles mêmes l'assurer de leur soumission. Les efforts de Memnon, à qui le Roi de Perse avoit donné le gouvernement de toutes les côtes d'Asie, ne servirent qu'à augmenter la gloire des Macédoniens, & Darius sentit alors la nécessité d'opposer de fortes barrieres aux progrès rapides de ses ennemis. Il leva une armée considérable qu'il commanda en personne, & s'avança jusqu'à l'entrée de la Syrie. L'histoire n'a jamais fait mention d'autant de faste & de pompe, que Darius en fit éclater en cette occasion. Il croyoit qu'un si magnifique appareil en imposeroit à Alexandre, mais il se trompoit, & le grand nombre de gens inutiles qui se trouvoient dans son armée, fût en partie cause de sa perte. Quelques représentations que fit à Darius un Macédonien de son parti, nommé Amynthas, ce Prince s'engagea témérairement dans les défilés de Cilicie près d'Issus. Alexandre informé de l'imprudence du Roi de Perse, se hâta d'en profiter, & l'attaqua dans un poste qui n'étoit avantageux que pour les Macédoniens. Alors la trop grande quantité de Perses qui se trouverent comme entassés les uns sur les autres dans un lieu trop étroit, les embarrassa, tandis que les Macédoniens beaucoup moins nombreux eurent assez d'espace pour s'étendre & agir avec facilité. Dès le premier choc ils firent reculer les Perses, & ce succès augmentant l'ardeur des Macédoniens, ils terrasserent plus de cent mille hommes, & en firent quarante mille prisonniers. Darius témoin de cette déroute prit la fuite sur le champ. Les vainqueurs le poursuivirent, & l'ayant joint, le combat se renouvella. Oxathre, frere de Darius le défendit avec beaucoup de valeur, ce qui donna le temps à ce Prince de monter sur le cheval de son Ecuyer, & de se sauver par des chemins inconnus.

Alexandre, maître du champ de bataille, alla prendre possession de la tente de Darius. Quelqu'idée qu'il eût du luxe des Perses, il ne put cacher sa surprise en voyant les riches tapis, les meubles, les ornements, la richesse, la sensualité des tables, & ce nombre infini d'esclaves destinés à servir le Roi. Alexandre passa ensuite à la tente de Sysigambis, mere de Darius, pour laquelle il eut tout le respect & les égards dûs à son rang & à son âge. Statira, femme du Roi de Perse, & ses filles furent traitées avec les mêmes considérations,

considérations, & Alexandre ne voulut pas même les voir une seconde fois, dans la crainte que leur beauté ne lui fît trop d'impression. Ce Prince envoya Parménion à Damas enlever les thrésors de Darius, & s'emparer de la ville. Ce favori trouva d'autant plus de facilité à s'acquitter de cette commission, que le Gouverneur de Damas la lui livra avec tout ce qui y étoit en dépôt. Parmi les Prisonniers de distinction se trouvèrent trois jeunes Princesses, fille du Roi Ocus, la veuve de ce Prince, la fille d'Oxathre, frere de Darius, la femme d'Artabaze ou Artabane, le plus grand Seigneur de la Cour, & son fils Ilionée. On prit encore la femme de Pharnabaze, Amiral de toutes les côtes de la Perse, trois filles de Mentor, la femme & le fils de Memnon, de sorte qu'il n'y eut pas de Maison illustre dans la Perse, qui n'eût part aux malheurs du Roi. Le perfide Gouverneur, qui avoit si lâchement trahi les intérêts de son Maître, ne jouit pas des fruits d'une action si détestable: ses propres gens l'assassinerent, & sa tête fut portée à Darius.

Peu de temps après ce Prince écrivit à Alexandre une lettre remplie de hauteur, & de termes choquants. Alexandre en fut offensé, & lui répondit de la même maniere, offrant de rendre sans rançon, la mere, la femme & les enfants du Roi, pourvû qu'il se présentât en suppliant, & qu'il lui parlât comme à son Souverain. Darius à son tour fut irrité de cette lettre, & se prépara à marcher contre Alexandre, pendant que ce dernier se rendoit maître de la Syrie, de la Phénicie, de la Palestine & de l'Egypte. Tant de conquêtes faites avec rapidité étonnerent Darius, qui écrivit une seconde fois à son ennemi. Cette lettre étoit moins fiere que la premiere: Darius offroit une somme considérable pour la rançon des Princesses captives, & promettoit de donner en mariage à Alexandre sa fille Statira, & tout le Pays qu'il venoit de conquérir jusqu'à l'Euphrate. Le reste de la lettre sembloit menacer les Macédoniens de l'inconstance de la fortune, & leur faisoit voir de grandes difficultés pour assujettir la Perse. Parménion qui fut présent à la lecture des offres de Darius, dit qu'il les accepteroit s'il étoit Alexandre, *& moi aussi*, repliqua ce Prince, *si j'étois Parménion*. Ensuite Alexandre répondit au Roi de Perse, qu'il n'étoit pas en droit de disposer de ce qui ne lui appartenoit plus, & qu'une bataille décideroit quel étoit le maître. Darius convaincu de l'inutilité de toutes les propositions de paix qu'il pourroit faire, se prépara à une vigoureuse défense. En conséquence, il leva de nouvelles troupes & campa près du village de Gaugamelle, à une assez grande distance d'Arbelles. Alexandre & les Macédoniens furent d'abord épouvantés de la supériorité des forces de l'armée Persane, & ce premier mouvement de frayeur donna l'avantage aux troupes de Darius, qui mirent en désordre l'aîle gauche des Macédoniens, & s'emparerent du bagage. Cependant Alexandre revenu de sa surprise, rallia ses soldats presque découragés, les ramena à la charge, & s'avança jusqu'au char de Darius. Alors la fortune changea subitement, les Macédoniens firent prendre la fuite à leurs ennemis, & Darius au désespoir, après avoir balancé s'il devoit suivre son armée, ou s'ôter la vie, prit enfin le parti de se retirer à Arbelles. De là il traversa les montagnes de l'Arménie, suivi seulement de quelques-uns de ses parents, & d'un petit nombre de Gardes, & se rendit à Ecbatane en Médie, où il donna rendez-vous à ses troupes dispersées. Pendant

PERSES.

qu'il étoit occupé à faire de nouvelles levées de Soldats, Alexandre se rendoit maître de Babylone, de Suse, & de Persepolis. Cette derniere ville capitale de l'empire des Perses, souffrit beaucoup de la part des Macédoniens, qui en la détruisant vengerent les maux que les Perses avoient faits aux Grecs.

En sortant de Persepolis, Alexandre prit sa route vers Ecbatane. Darius avoit encore une armée de trente mille hommes, en comptant quatre mille Grecs qui lui resterent fidélement attachés. Il avoit outre cela quatre mille frondeurs, & trois mille chevaux, la plupart Bactriens, & commandés par Bessus, Gouverneur de la Bactriane. Le Roi de Perse, sur la nouvelle qu'Alexandre s'avançoit du côté d'Ecbatane, quitta cette ville pour entrer dans la Bactriane; mais changeant presqu'aussitôt de dessein, il se détermina à hazarder une troisiéme bataille, & exhorta ses Officiers à faire éclater dans cette occasion & leur amour pour lui, & leur valeur accoutumée. Pendant qu'il se préparoit à exécuter ce projet, Bessus & un des plus grands Seigneurs de Perse, nommé Narbazane, conspirerent contre lui, & prirent des mesures pour le dépouiller de la Souveraineté. Darius évita les piéges qu'ils lui tendirent à plusieurs fois, & ne douta plus de leur complot. Cette découverte l'affligea, & l'impossibilité où il se trouvoit de punir les coupables, le toucha si vivement, que s'étant laissé tomber à terre, il y resta longtemps à gémir & à se plaindre. Ses Gardes effrayés de le voir en cet état l'abandonnerent, & Bessus & Nabarzane profiterent de ce moment pour se saisir de sa personne. Ils le lierent avec des chaînes d'or, comme s'ils vouloient respecter la qualité de Roi, & le mirent sur un chariot couvert, auquel ils firent prendre le chemin de la Bactriane. Bessus après cette criminelle action fut proclamé Généralissime par la cavalerie des Bactriens, & ceux des Perses, qui étoient restés attachés à Darius, se séparerent de Bessus, & passerent avec les Grecs dans la Parthie.

Alexandre arrivé à Ecbatane, & apprenant que le Roi de Perse en étoit parti il y avoit cinq jours, marcha sur le champ à sa poursuite. La diligence qu'il fit lui donna les moyens d'atteindre les Perses & les Bactriens. Dès qu'il parut, les uns & les autres songerent plutôt à prendre la fuite qu'à se défendre. Bessus s'approcha du chariot où étoit Darius pour le faire monter à cheval & l'emmener avec lui; mais cette infortuné Monarque ayant refusé de lui obéir, Bessus le perça de fleches, & le laissa expirant près d'une fontaine écartée. Le hazard conduisit en ce lieu un Macédonien nommé Polystrate, & ce soldat, qui entendit les plaintes de Darius, s'approcha de lui. Ce Prince demanda à boire, & touché de la maniere avec laquelle le Macédonien lui rendit ce service, il ne put s'empêcher de déplorer son malheureux sort, qui le mettoit dans l'impossibilité de reconnoître un tel bienfait. Lorsqu'il eut bû, il chargea le Macédonien de rendre graces pour lui à Alexandre au sujet des bontés que sa mere, sa femme & ses enfants en avoient éprouvées, & en faisant des vœux pour le succès des armes du Roi de Macédoine, Darius expira dans les bras de Polystrate. Ce Prince mourut dans la cinquantiéme année de son âge, & la sixiéme de son regne. Il étoit d'un caractere doux & pacifique, & son regne fut exempt de ces violences, de ces cruautés & de ces vices qui avoient éclaté pendant la vie de ses prédéceffeurs. Lorfqu'Alexandre vit le corps de Darius, il ne put retenir fes larmes. Il détacha dans l'inftant même fa cotte d'armes, la jetta fur le Roi de Perfe, & l'ayant fait embaumer, & mettre dans un magnifique cercueil, il l'envoya à Syfigambis afin qu'elle le fît enterrer avec les Rois fes prédéceffeurs.

Alexandre, que la mort de Darius rendoit maître de la Perfe, continua dans leurs emplois tous les Officiers de quelque rang qu'ils fuffent. Il diftingua plus particulierement Attabaze, qui avoit toujours été fidelement attaché à Darius, & il traita Oxatre, frere de ce Prince, d'une maniere convenable à fon rang. Alexandre fe démentit en pardonnant à Nabarnaze, un des meurtriers de Darius ; mais à l'égard de Beffus, qui étoit le plus coupable, il le pourfuivit jufques dans la Bactriane, où ce perfide s'étoit fauvé & avoit pris le titre de Roi. Les Macédoniens après une longue & pénible marche entrerent dans la Bactriane, & y firent plufieurs conquêtes. Beffus voulut en vain prendre des mefures pour fe défendre, il fut trahi à fon tour par deux de fes amis, qui le livrerent, chargé de chaînes, à Alexandre. Ce Prince fit couper le nez & les oreilles à Beffus, & l'envoya à Oxatre, frere de Darius, qu'il rendit maître du fort de ce traître. On rapporte diverfement le fupplice que ce Prince fit fubir à Beffus. Suivant Plutarque, on fit courber par force quatre arbres, aufquels on attacha les membres du corps de Beffus ; on les laiffa enfuite reprendre leur état naturel, & par cette violente fecouffe, le corps de ce traître fut mis en pièces. Juftin dit en peu de mots, qu'Alexandre le livra au frere de Darius, pour qu'il fût mis en croix. Après la mort de Beffus, le Roi de Macédoine fe trouva entierement maître de la Perfe & de toutes les Provinces qui en avoient dépendu. Ainfi finit la Monarchie des Perfes fondée par Cyrus, & qui avoit caufé tant d'allarmes aux Grecs.

Depuis le régne de Xercès, cet Empire n'avoit fait que tomber. Les mauvais fuccès des guerres contre les Grecs abbattirent tellement le courage de fes fucceffeurs, qu'ils ne fongerent plus qu'à mener une vie oifive & voluptueufe, au lieu de chercher à reculer les bornes de leurs Etats, ou à fe garantir contre les entreprifes de leurs ennemis. Entierement livrés à l'amour des plaifirs, ils négligerent même le foin du gouvernement, qu'ils abandonnerent à des Miniftres avares, cruels & perfides. Artaxerxe-Longuemain crut qu'il fuffifoit à fes intérêts d'entretenir la divifion parmi les Grecs, afin de les empêcher de paffer en Afie. Xerxès II. & Sogdien deshonorerent le thrône par leurs débauches & leurs cruautés. Darius-Nothus, qui leur fuccéda, fe laffant enfin de fe laiffer conduire par des Eunuques, fouffrit que fa femme gouvernât fous fon nom. Les favoris & les femmes eurent un empire abfolu fous le régne d'Artaxerxe-Mnemon, Prince foible qui n'ofoit s'élever contre les vices qui régnoient à fa Cour. Ochus fut un monftre de cruauté, qui après avoir fait périr toute fa famille, s'abandonna aux voluptés les plus honteufes. L'Eunuque Bagoas, encore plus méchant que lui, fit périr Arsès, qui n'étoit monté qu'en tremblant fur le thrône de fon pere. Il en fut bientôt renverfé par la perfidie de Bagoas, qui le fit mourir, & qui mit à fa place Darius-Codoman. Ce Prince brave, humain, généreux, avoit un efprit irréfolu, peu éclairé, & ne poffédoit aucun des ta-

PERSES.

lents qui auroient pû conjurer l'orage dont il étoit menacé. Il lui auroit d'ailleurs été difficile de réformer en si peu de temps les abus sans nombre qu'il y avoit dans l'Etat, de donner à l'Empire des ressorts capables de le mouvoir. Darius n'avoit donc à opposer à Alexandre que des armées sans courage, sans discipline, & accoutumées à fuir devant les Grecs, & des Généraux corrompus & empressés à profiter des foiblesses du Prince, & des malheurs publics. Les seuls moyens qui restoient à Darius pour arrêter les progrès de son ennemi étoient de répandre de l'argent chez les Grecs, & d'engager dans sa querelle plusieurs Etats auxquels il auroit pû rendre suspecte la puissance du Roi de Macédoine. Ainsi la mort de Darius peut bien être regardée comme l'époque, mais non pas comme l'unique cause de la destruction de la Monarchie des Perses. Cette chûte préparée de loin, fut insensiblement conduite par dégrés.

Mœurs des Perses du temps d'Hérodote, tirés de cet Auteur.

Les Perses n'ont ni Statues, ni Temples, ni Autels; & au contraire ils se moquent de ceux qui en ont; & disent qu'il y a en cela de la folie, parce qu'ils ne croyent pas, comme les Grecs, que les Dieux soient engendrés des hommes. Ils ont coutume de sacrifier à Jupiter sur les plus hautes montagnes, & ils appellent Jupiter toute l'étendue du Ciel. Ils sacrifient au Soleil, à la Lune, à la terre, au feu, à l'eau & aux vents, & n'ont jamais fait de sacrifices qu'à ces sortes de Divinités. Ils ont depuis sacrifié à Venus-Uranie, & ont appris ce sacrifice des Assyriens & des Arabes. Les Assyriens appellent Venus, *Mylitta*, les Arabes, *Alitta*, & les Perses, *Mitra*. Quand les Perses sacrifient aux Dieux dont j'ai parlé, ils ne dressent point d'Autels, n'allument point de feu, ne font point de libations, ne se servent ni de flutes, ni de couronnes de fleurs, ni de farine. Quand quelqu'un veut sacrifier à ses Dieux, il mène la victime en un lieu qui n'est point souillé, &, ayant sur la tête une tiare environnée de mirthe, il invoque le Dieu à qui il a résolu de sacrifier. Il n'est pas permis à celui qui sacrifie de prier particulierement pour lui; mais comme il est compris lui-même dans les prieres des autres Perses, il faut qu'il fasse son sacrifice & sa priere pour tous les Perses en général, & principalement pour le Roi. Quand il a coupé en morceau ce qu'il a destiné pour le sacrifice, & qu'il l'a fait bouillir, il jette dessus d'une herbe la plus tendre & la plus nette qu'il puisse trouver, particulierement du trefle. Après cela le Mage qui est présent entonne un chant appellé Theogonie, que les Perses croyent capable de leur rendre les Dieux propices; & sans le Mage il ne leur est pas permis de sacrifier. Aussitôt celui qui a fait le sacrifice emporte les morceaux de la victime, & en fait ce qu'il lui plaît.

On observe parmi eux de célébrer le jour de la naissance, & on est obligé de mettre sur sa table ce jour-là plus de viandes qu'à l'ordinaire. Les plus riches y font servir des bœufs, des chamaux, des chevaux & des ânes rotis tout entiers. Le jour de la naissance n'est pas funeste aux gros animaux parmi les pauvres; car ils n'en célébrent la fête qu'avec de petites bêtes. Au reste, ils mangent fort peu de viande, & ont beaucoup d'entremets, qui ne sont pas fort délicats. C'est ce qui fait dire aux Perses que les Grecs sortent de table avec leur appétit, parce qu'après la viande on ne leur apporte rien qui mérite qu'on y touche, & que si on leur apportoit quelque chose, ils ne sortiroient pas sitôt de table & continueroient de manger. Mais si les Perses mangent peu de viande, on leur sert beaucoup de vin. Ils déliberent ordinairement des affaires les plus sérieuses après avoir bû, & le lendemain celui chez qui on a mis quelque affaire en délibération leur propose avant que de boire ce qu'on avoit résolu en buvant le jour précédent. Si la résolution qu'on avoit prise leur semble bonne, quand ils sont à jeun, ils la suivent, ou autrement ils la rejettent (1). Ils ont aussi coutume d'examiner ou de conclure quand ils ont bû, les choses qu'ils ont résolues, ou qu'ils ont mises en délibération étant à jeun. Lorsqu'ils rencontrent quelqu'un dans les rues, on juge par leurs actions, s'ils sont de même condition. S'ils sont égaux, ils se baisent tous deux à la bouche; si l'un des deux est un peu inférieur à l'autre, ils se baisent seulement à la joue; mais si l'un est tout-à-fait au-dessous de l'autre par la naissance, celui-ci se prosterne devant le plus noble pour le saluer. Ils honorent particulierement leurs plus proches voisins, & après eux ceux qui les suivent de plus près dans le voisinage; & enfin ils pensent que plus ils sont voisins, plus ils doivent être liés d'amitié; mais ils ne font point de cas de ceux qui sont éloignés d'eux. Ils se croyent d'ailleurs gens de bien, & les plus vaillants hommes du monde; ils pensent que les autres n'ont du courage & de la vertu qu'à proportion qu'ils sont proche d'eux; ce qui est cause qu'ils s'imaginent que ceux qui en sont les plus éloignés sont les plus méchants & les plus lâches de la terre.

Les Perses sont aussi très-curieux des coutumes des Etrangers. Ils portent une veste à la façon des Médes, & s'imaginent qu'elle est plus belle, & qu'elle les pare mieux que la leur; & dans la guerre & dans les combats ils s'arment comme les Egyptiens. Ils ont du goût pour tous les plaisirs dont ils entendent parler. Ils épousent plusieurs filles, & ils ont outre cela beaucoup de concubines. Après le courage & la vertu militaire, il n'y a rien de plus estimable, selon eux, que d'avoir beaucoup d'enfants, & celui qui en a plusieurs en reçoit tous les ans des dons & des récompenses de la main du Roi. Depuis cinq ans jusqu'à vingt, ils n'instruisent leurs enfants qu'à trois choses; à monter à cheval, à tirer de l'arc & à dire la vérité. Avant que d'avoir atteint l'âge de cinq ans, un enfant ne se présente point devant son pere, mais il est toujours nourri parmi des femmes, afin que si l'enfant meurt dans cette premiere nourriture, le pere, qui ne l'a point vu, n'en ressente point de chagrin. Il n'est pas permis au Roi même de faire mourir un homme pour un crime seul, ni à aucun des Perses de traiter rigoureusement ses esclaves pour une seule faute. Il est ordonné à chacun de considérer si les fautes que son domestique a commises sont plus grandes que les services qu'il a rendus, & alors il lui est permis de satisfaire sa colere, & de faire punir son serviteur. Ils soutiennent que personne n'a jamais tué son pere ou sa mere, mais que si cela est quelquefois arrivé, on a reconnu ensuite, après avoir bien examiné la chose, que ceux qu'on croyoit parrici-

(1) Cette coutume se pratiquoit chez les anciens Germains, comme je l'ai dit dans le V. Volume.

PERSES.

des étoient des bâtards ou des enfants supposés ; parce qu'ils croyent fermement, qu'il n'est pas vraisemblable qu'un pere puisse être tué par son enfant.

Il n'est pas permis chez les Perses de dire ce qu'on ne doit pas faire. C'est parmi eux une chose honteuse & infâme que de mentir, & de devoir de l'argent; parce qu'outre les autres raisons, c'est comme une nécessité que celui qui doit soit toujours sujet à mentir. Si quelqu'un d'entr'eux est infecté de la lépre, ou de maux semblables, il ne lui est pas permis d'entrer dans la ville, & d'avoir quelque habitude avec les autres Perses ; parce qu'ils disent que ces maladies sont des marques qu'on a péché contre le Soleil. Ils chassent de leur pays l'Etranger qui en est atteint ; & pour la même raison ils n'y veulent point souffrir de pigeons blancs. Ils ont une grande vénération pour les rivieres, & ils ne veulent pas qu'on y jette aucunes ordures, ni même qu'on y lave ses mains. Ce qu'on rapporte du traitement qu'ils font aux morts, n'est pas bien connu, si ce n'est qu'ils ne les ensevelissent point qu'ils n'ayent été déchirés par les oiseaux & par les chiens ; ce sont les Mages qui observent cette coutume qui se fait à la vûe de tout le monde. Les autres Perses enduisent de cire le corps des morts & les enterrent ensuite. Les Mages sont différents des autres hommes, & principalement des Prêtres Egyptiens ; car les Egyptiens ne tuent aucun animal, excepté ceux que l'on sacrifie aux Dieux, & les Mages tuent indifféremment de leurs propres mains toutes sortes d'animaux, excepté l'homme & le chien. Ils pensent même mériter une récompense, s'ils ont tué beaucoup de fourmis, de serpens, & d'autres animaux, tant reptiles que volatiles.

ARTICLE II.

Histoire des Perses, sous les successeurs d'Alexandre, & sous les Rois Parthes.

LA mort d'Alexandre le Grand mit fin au vaste Empire que ce Prince avoit formé par ses conquêtes, & il fut bientôt partagé entre ses Généraux, qui conduits par les mêmes vûes d'ambition, se firent de sanglantes guerres pour augmenter les Etats dont ils s'étoient rendus Souverains (1). La Perse eut le même sort que les autres Provinces, & après avoir été soumise à Antigonus & à Démétrius son fils, elle passa sous la domination de Lysimaque, qui n'en fut pas longtemps possesseur. Seleucus, vainqueur de ce dernier, jetta les fondements du Royaume de Syrie, dont la Perse devint une dépendance. Elle resta sous la puissance des successeurs de Seleucus, jusqu'au régne de Démétrius Nicator. Mithridate I. Roi des Parthes, ayant fait prisonnier ce Prince, s'empara de la Perse, qui depuis cet événement fut soumise à ses successeurs pendant plusieurs siécles, c'est-à-dire, jusqu'au rétablissement de la Monarchie des Perses par Artasir ou Artaxercès, fondateur de la Dynastie persane des Sassanides.

Mithridate, qui ajouta la Perse à l'Empire des Parthes, étoit le quatriéme Roi depuis que ces peuples avoient secoué le joug des Macédoniens, & qu'ils avoient formé un Royaume à leurs dépens. Arsace (2), fondateur

Perses sous les Rois Parthes.

Fondation du Royaume des Parthes.
ARSACE I.
252.

(1) Voyez dans ce volume l'histoire de ces troubles à l'article de la Macédoine, & à celui du Royaume de Syrie.

(2) Ce Prince étoit, suivant quelques Ecrivains, de la race des Achemenides, & d'autres le font Parthe d'origine. Strabon dit qu'il étoit Roi des Dahes avant la révolte de la Parthie, & George Syncelle prétend qu'il étoit un des principaux Seigneurs de la Bactriane.

Moyse de Khorenne fixe l'époque du commencement des Parthes avec plus de précision que nous ne l'avions. Usserius, Petau & Riccioli, suivis par Bayer, marquent cette époque à l'an 62. des Seleucides, 250 ans avant l'Ere chrétienne; l'Abbé de Longuerüe & Vaillant la mettent à l'an 256. Arrien fait commencer les Parthes sous le regne d'Antiochus le Dieu, mort en 248. Justin fait concourir cette époque avec le Consulat de L. Manlius Vulso, & de C. Attilius Regulus : mais comme ils ont été deux fois Consuls ensemble, sçavoir en 256, & en 250., avant l'Ere chrétienne, on ne peut rien conclure de son récit. Moyse de Khorenne avoit consulté pour l'histoire des Parthes, tant de l'Arménie que de la Perse, la Chronique du Syrien Mar-Ibas, contemporain d'Arsace II. & celle du Persan Rost-Sohoun, nommé Bar-Soumas, depuis sa conversion au Christianisme; ainsi que plusieurs autres ouvrages écrits par des Historiens du pays soumis aux Parthes.

Moyse détermine la date du commencement des Arsacides par deux caracteres assurés, dont l'un est l'onziéme année du régne d'Antiochus le Dieu, petit-fils de Seleucus; l'autre est la soixante-unième année depuis Alexandre, ou l'Ere des Grecs. Il donne trente-un ans de régne à Seleucus; dix-neuf à son fils Antiochus Soter, & dix à Antiochus le Dieu : ce qui fait en tout soixante ans. Si on ôte ces années du mois d'Octobre de l'an 312. avant J. C. la soixante-unième année aura commencé à la fin de l'automne de l'an 252. ainsi la premiere année du regne d'Arsace a dû commencer dans le courant de cette même année 252. L'année Persane commençoit le 29 de Mai. On ne sçait pas quelle forme

PERSES SOUS LES ROIS PARTHES.

de cette nouvelle Monarchie, ne s'étoit révolté contre Antiochus II. furnommé le Dieu, Roi de Syrie, que pour venger l'outrage fait à son frere Tiridate, par Agathocle, Gouverneur de la Parthie pour Antiochus. Réfolu de laver dans le fang de ce Gouverneur l'injure que fon frere avoit reçue, il affembla quelques-uns de fes amis, & avec leur fecours il vint facilement à bout d'exécuter fon deffein. Une action fi hardie obligea Arface à pourvoir à fa fûreté, & en conféquence il fe retira chez les Dahes Parniens, où il fe forma bientôt un parti confidérable. Dès qu'il fe fentit affez fort, il chaffa les Macédoniens de la Province, & s'en rendit maître. Vers le même temps, Theodote, Gouverneur de la Bactriane, prit le titre de Roi de cette Province, & s'y fortifia fi bien, qu'on ne put lui enlever cette conquête. Tous les principaux peuples de l'Orient imiterent l'exemple d'Arface & de Theodote ; de forte qu'Antiochus perdit toutes les Provinces de fon Empire fituées au-delà de l'Euphrate. La guerre opiniâtre que ce Prince faifoit alors à Ptolémée Philadelphe, Roi d'Egypte, lui ôta les moyens d'appaifer une révolte fi générale & fi dangereufe. Plufieurs années s'écoulerent avant que le Roi de Syrie fût en état de marcher contre les rebelles, & lorfque Seleucus-Callinicus, fon fils, prit les armes pour réduire les Provinces qui s'étoient fouftraites à fon obéiffance, il les trouva difpofées à fe défendre. Arface, qui avoit déjà fubjugué l'Hyrcanie, dont il s'étoit rendu Souverain, commandoit une armée nombreufe, compofée de fes propres fujets, & des Bactriens que Théodote lui avoit envoyés. Seleucus beaucoup inférieur en forces ne put réfifter ; fes troupes furent mifes en déroute, & lui-même fut fait prifonnier. Sa captivité, dont Arface adoucit la rigueur

d'année les Parthes employoient, mais il eft probable qu'ils adopterent celle des Perfes. Notre Auteur donne à la Monarchie des Parthes quatre cent foixante-dix-fept ans de durée, fous quatorze Rois. Si de cette durée on ôte les deux cent cinquante-un ans & quelques mois antérieure à l'Ere Chrétienne, on aura l'an 226. de J. C. pour celui du rétabliffement de la Monarchie des Perfes par Artaxerxe, & de l'extinction de l'Empire des Parthes. Moyfe de Khorenne differe avec les Hiftoriens Latins & Grecs, dans le nom des Rois, dans leur nombre, dans la durée de leurs regnes, & même dans des faits importants. *Mém. de l'Acad. Roy. des Belles-Lettres, Tom. XIX. p. 103.*

Les Parthes, Scythes d'origine, avoient été obligés de quitter leur pays par quelque révolution qui ne nous eft pas connue. Ils fixerent leur féjour au Midi de l'Hyrcanie, ayant la Médie à l'Occident. Cette contrée remplie de montagnes arides & de plaines fablonneufes, offroit un terrein ingrat & également incommode par le grand froid & le grand chaud. Cette incommodité ne contribua pas peu à donner aux Parthes un tem-

pérament robufte & capable de fupporter toutes les fatigues de la guerre. Ces peuples refterent inconnus pendant plufieurs fiécles, & pafferent fucceffivement de la domination des Affyriens, à celle des Médes, des Perfes & des Macédoniens. Ils eurent à peine fecoué le joug, qu'ils fe rendirent formidables, & qu'ils donnerent dans le luxe qui regnoit fi fort parmi les Orientaux. Leurs armées confiftoient principalement dans la cavalerie, qui n'étoit compofée en plus grande partie que d'efclaves. Leur maniere de fe battre étoit femblable à celle des Scythes, & ils étoient auffi redoutables dans la fuite que dans l'attaque, car ils avoient l'adreffe de décocher des fléches en fuyant. Le caractere d'efprit que leur donnent les Ecrivains, n'eft pas avantageux. Ils les repréfentent comme une nation fiere, turbulente, fourbe, cruelle, & adonnée à la débauche. Le Roi des Parthes prenoit le titre de *Roi des Rois*, parce que fuivant Strabon, leur Empire étoit divifé en dix-huit Royaumes ou Provinces, dont les Gouverneurs avoient le titre de Rois, & le droit de porter le Diadême fimple.

en

en lui faisant rendre les respects dûs à son rang, ne finit qu'avec sa vie, qu'une chûte de cheval termina au bout de quelques années. Depuis la défaite de Seleucus, Arsace prit le titre de Roi des Parthes, & l'Empire qu'il fonda devint par la suite si puissant, qu'il balança en quelque sorte le pouvoir excessif des Romains dans l'Occident. Plusieurs peuples voisins se rangerent d'eux-mêmes sous sa domination, attirés sans doute par la douceur & l'équité de son gouvernement, & ils le regretterent sincérement, lorsqu'il fut tué dans une bataille contre Ariarathe IV. Roi de Cappadoce.

PERSES SOUS LES ROIS PARTHES.

Tiridate, fils d'Arsace, lui succéda, & prit le même nom, ainsi que tous ses descendants. Ce Prince signala les commencements de son regne par la conquête de la Médie, & il auroit poussé plus loin ce premier succès, si Antiochus le Grand débarrassé alors de la guerre qu'il faisoit au Roi d'Egypte, n'eût marché avec toute son armée contre Arsace. Il le chassa de la Médie & de la Parthie, & le poursuivit jusqu'à Siringe, capitale de l'Hyrcanie, où le Roi Parthe s'étoit retiré avec cent mille hommes de pied & vingt mille chevaux. La situation avantageuse de Siringe, & les fréquentes sorties des soldats d'Arsace fatiguerent les troupes Syriennes, qui engagerent leur Roi à écouter les propositions de paix qu'on lui faisoit. Antiochus désespérant de pouvoir subjuguer les Parthes, se prêta à ce que ses soldats désiroient si ardemment, & il traita avec Arsace. Les principaux articles de cet accord furent: que le Roi Parthe resteroit en possession de la Parthie & de l'Hyrcanie, à condition qu'il aideroit Antiochus à recouvrer les autres Provinces qui s'étoient révoltées.

ARSACE II.

Priapatus, fils d'Arsace II, monta sur le thrône à la mort de son pere, & l'occupa pendant quinze ans. On ignore les événements qui se passerent sous son regne, & on sçait seulement qu'il laissa trois fils; sçavoir, Phraate, Mithridate & Artabane.

PRIAPATUS.

Le premier de ces Princes, qui étoit l'aîné de ses freres, fut couronné par son pere, & aussitôt qu'il se fut affermi sur le thrône, il marcha contre les Mardes, un des plus vaillants peuples de l'Orient, & les vainquit. Cette expédition lui acquit beaucoup de gloire; mais son amour pour ses sujets lui fit encore plus d'honneur. Il en donna une preuve éclatante en désignant pour son successeur son frere Mithridate, dont il connoissoit la sagesse, la valeur & la probité. Phraate par un choix aussi sage fit voir qu'il préféroit l'avantage de son Royaume à celui de ses propres enfants, car il en avoit plusieurs encore fort jeunes. Ce fut sans doute dans la crainte des troubles qui accompagnent quelquefois la minorité des Princes, que Phraate se détermina à revêtir son frere du souverain pouvoir, au préjudice de ses enfants.

PHRAATE.

Mithridate répondit parfaitement aux vûes de son frere, & il étoit à peine en possession de la Couronne, qu'il songea à profiter de toutes les occasions qui s'offriroient d'aggrandir son Royaume. Eucratide, Roi des Bactriens, étoit en guerre depuis quelque temps avec les Princes de la Sogdiane, de la Drangiane & des Indes. Celui des Indes fut vaincu par Eucratide, qui le poursuivit jusques dans son pays, & le rendit tributaire de la Bactriane. Eucratide rentra ensuite dans ses Etats, où son fils l'assassina, & le priva même des honneurs de la sépulture. Un crime si détestable in-

MITHRIDATE.

Tome VI. Bb

PERSES SOUS LES ROIS PARTHES.

disposa les esprits du plus grand nombre des Bactriens, & Mithridate qui en fut informé n'hésita pas à entrer dans un pays déjà affoibli par la guerre précédente. Il défit le jeune Roi parricide, lui enleva la Couronne, & soumit les Bactriens. Les Sogdiens & les Drangiens ne tarderent pas à subir un sort pareil, & Mithridate encouragé par ces conquêtes entra dans la Médie, & la subjugua aussi. Il porta ensuite ses pas dans le pays des Elyméens ou des Perses, l'asservit, & enfin il donna des loix à presque tous les peuples qui étoient entre le Mont Caucase, les Indes & l'Euphrate. Cependant plusieurs de ces peuples se lasserent bientôt de la domination trop dure des Parthes, & ils envoyerent des Ambassadeurs à Démetrius, Roi de Syrie, pour l'engager à se mettre à leur tête. Démetrius ne balança pas à accepter ces offres, & dès qu'il eut passé l'Euphrate, les Perses, les Grecs & les Bactriens se rangerent sous ses enseignes. Mithridate battu plusieurs fois par l'armée de Démetrius, appréhendoit avec raison les suites d'une guerre dont les commencements lui étoient si désavantageux ; & pour arrêter les succès de ses ennemis, il conçut le dessein de se rendre maître de la personne du Roi de Syrie. Afin de parvenir plus facilement au but qu'il se proposoit, le Roi Parthe demanda une entrevûe à Démetrius, & sitôt que ce Prince, qui ne soupçonnoit point de surprise, se fût rendu à l'endroit indiqué, il le fit enlever, & tomba ensuite sur son armée qu'il défit entierement. Mithridate n'ayant plus d'ennemis à craindre continua ses conquêtes, prit Babylone, & recula les bornes de ses Etats jusqu'au Gange. Il ne s'appliqua plus alors qu'à conserver les différentes Provinces qui lui étoient assujetties, & pour prévenir une seconde révolte, il eut soin de s'attacher toutes ces nations par sa douceur & ses bienfaits. Démetrius après avoir été quelque temps à la suite de Mithridate, qui le traita avec beaucoup d'humanité, fût envoyé en Hyrcanie, où il épousa la fille du Roi des Parthes, & où on lui procura tous les amusements propres à lui faire oublier son infortune. Mithridate satisfait de l'étendue de son Empire, songea à y faire regner la paix & l'abondance. Il avoit recueilli avec soin ce qui lui sembloit le meilleur parmi les loix, les mœurs & les usages des peuples chez lesquels il avoit passé, & il en fit des reglements qu'il établit chez les Parthes. Ses vertus & sa modération le firent aimer de ses sujets qui le pleurerent tous à sa mort.

PHRAATE II.

Phraate, fils & successeur de Mithridate, n'eut pas moins d'attention que lui à procurer à Démetrius toutes les douceurs & les plaisirs qu'il put imaginer. Ces bons traitements n'empêcherent pas le Monarque Syrien de sentir vivement le chagrin de sa captivité, & il prit des mesures pour rentrer secretement dans ses Etats. Son évasion fut bientôt découverte, Phraate fit courir après lui, & on le ramena. Le Roi des Parthes se contenta de lui faire quelques reproches, le renvoya en Hyrcanie auprès de sa femme, & le fit garder plus étroitement. Démetrius trouva moyen de s'échapper une seconde fois, il fut encore arrêté sur sa route, & on lui donna pour lors une ville pour prison. Cependant Antiochus Sidetes qui regnoit en Syrie à la place de Démetrius son frere mena contre Phraate une nombreuse armée, sous prétexte de délivrer ce Prince. Plusieurs Princes & peuples de l'Orient se joignirent à Antiochus, & battirent trois fois les Parthes, qui perdirent toutes les conquêtes que Mithridate avoit faites hors de la Parthie. Le faste d'Antiochus, & les dépenses nécessaires pour le soutenir l'engagerent à piller le pays qui venoit de rentrer sous l'obéissance des Syriens. Cette conduite indisposa contre lui les peuples nouvellement soumis; de sorte qu'ils prêterent l'oreille aux sollicitations de Phraate, & au jour & à l'heure que ce Prince leur avoit marqué ils massacrerent tous les Syriens qui étoient en quartiers d'hyver. Antiochus marcha aussitôt au secours de ceux qui étoient le plus proche de lui; mais ses soldats furent entierement défaits, & il périt lui-même (1), soit par la main de ses ennemis, soit de sa propre main, soit d'une autre façon; car les Auteurs ne sont pas d'accord à ce sujet.

Phraate qui ne s'étoit pas attendu à un succès aussi prompt, avoit relâché Démétrius, dans l'idée que son arrivée en Syrie y causeroit des troubles, & obligeroit Antiochus à se retirer. La nouvelle du massacre des Syriens fit sentir au Roi des Parthes qu'il s'étoit trop pressé de mettre Démétrius en liberté. Il voulut réparer cette faute en faisant courir après lui, mais ce Prince avoit fait tant de diligence, qu'il étoit déja entré dans ses Etats avant qu'on pût l'atteindre. Phraate se préparoit à porter ses armes dans la Syrie pour se venger des dégâts qu'Antiochus avoit faits, lorsque les Scythes lui donnerent de l'occupation par la guerre qu'ils lui firent. Le Roi des Parthes les avoit appellés à son secours dans le temps qu'Antiochus ravageoit son Royaume, & ces barbares s'étoient portés volontiers à ce que Phraate désiroit d'eux. Pendant qu'ils étoient occupés à se rassembler, Antiochus fut vaincu; de sorte que les Parthes n'avoient plus besoin de l'aide de leurs voisins quand les Scythes arriverent. Ces peuples qui s'étoient attendus à une récompense la demanderent, & sur le refus qu'on leur fit, ils résolurent de la tirer par force, & se mirent à désoler le pays des Parthes. Phraate assembla promptement une armée, confia le gouvernement de son Royaume à Himere, son ami intime, & marcha à la rencontre des Scythes. Himere étoit né en Hyrcanie; & avoit contracté dès l'enfance une grande amitié avec Phraate. L'abus qu'il fit de la puissance dont le Roi l'avoit revêtu fut cause de la ruine de ce Prince. Himere par une vengeance déplacée exerça de grandes cruautés sur les habitants des villes qui s'étoient déclarées pour Antiochus, & ses pillages continuels aigrirent les esprits, de façon que les peuples se souleverent de nouveau contre la domination des Parthes. Une partie de l'armée de Phraate étoit composée de soldats Grecs, qui avoient été faits prisonniers à la mort d'Antiochus. Ces soldats, & ceux qu'on avoit levés par force dans les hautes Provinces de l'Asie, formerent le complot de punir les Parthes des injustes vexations dont ils les avoient accablés. Dans cette vûe, ils passerent du côté des Scythes au commencement de la premiere bataille, attaquerent ensemble les Parthes, tuerent leur Roi, & acheverent de ruiner leur pays. Les Grecs & les Scythes se retirerent ensuite chacun chez eux; & comme Phraate ne laissoit point d'enfants en état de lui succéder, on donna la Couronne à Artabane son oncle.

(1) Athenée sur la foi d'un ancien Historien, nommé Posidonius d'Apamée, rapporte que Phraate, en contemplant le cadavre de son ennemi, lui reprocha en ces termes sa témérité & son intempérance : Ton vin, Antiochus, & ta trop grande confiance ont hâté ta fin. Tu croyois pouvoir mettre dans une de tes grandes coupes le Royaume des Parthes, & l'avaler.

PERSES SOUS LES ROIS PARTHES.
ARTABANE.

Auſſitôt que ce Prince fut ſur le thrône, il leva de nouvelles troupes pour ſe défendre contre les incurſions des Scythes. Pendant qu'il étoit occupé à ces préparatifs, Tocharis, Prince Scythe, entra dans la Parthie, & y répandit l'épouvante & la conſternation. Artabane attaqua ſes ennemis, & dans le combat qu'il leur livra, il reçut une bleſſure dont il mourut au bout de quelques jours.

PACORE I.

Pacore, fils d'Artabane, monta ſur le thrône à la mort de ſon pere. Inſtruit des grands exploits des Romains, il réſolut de faire alliance avec eux, & dans ce deſſein il envoya des Ambaſſadeurs à Sylla, qui étoit en Cappadoce par ordre du Sénat, pour rétablir Ariobarzane ſur le thrône. Sylla ſe trouva flatté d'être le premier Romain à qui un peuple auſſi belliqueux que l'étoient les Parthes, ſe fût adreſſé pour rechercher l'amitié de la République. Afin de ſoutenir l'honneur de ſa patrie, il affecta un air de grandeur, & quoiqu'il ne fût alors que Préteur, il donna audience aux Parthes dans une ſalle où il n'y avoit que trois ſiéges. Il prit celui du milieu, plaça à ſa droite le Roi Ariobarzane, & donna la gauche à l'Ambaſſadeur de Pacore. Ce dernier ne parut pas y faire attention ; mais le Roi ſon maître en fut indigné, & lui fit trancher la tête à ſon retour pour le punir de ce qu'il avoit négligé ſes droits, & cédé le rang à un Préteur. Néanmoins le Roi Parthe ne laiſſa pas de ménager l'alliance des Romains, & il la renouvella par d'autres Ambaſſadeurs qu'il envoya dans la ſuite à Lucullus.

92.

PHRAATE III.

Phraate III, fils & ſucceſſeur de Pacore, prit ſous ſa protection Tigrane, fils de Tigrane le grand, Roi d'Armenie, & donna ſa fille en mariage à ce jeune Prince. Quelque temps après Phraate qui déſiroit de voir ſa fille ſur le thrône d'Armenie ſe prépara à envahir ce pays, & à détrôner le pere de ſon gendre. Le ſiége étoit déjà devant Artaxate, lorſque l'approche de Pompée fit retirer les Parthes, & Phraate fit partir une Ambaſſade ſolemnelle vers ce Romain pour confirmer de nouveau le traité d'union fait entre Pacore & Sylla, & enſuite avec Lucullus. Phraate de retour dans ſes Etats y fut aſſaſſiné par ſes propres fils, Orode & Mithridate.

ORODE & MITHRIDATE II.

Orode l'aîné de ces Princes s'empara de la Couronne, qui lui fut enlevée preſqu'auſſitôt par ſon frere Mithridate. Ce dernier ne fut pas longtemps ſans faire éclater ſon humeur violente & ſanguinaire. Chaque jour étoit marqué par une ou pluſieurs actions de cruauté ; & les Parthes ſouffrirent beaucoup pendant le cours de ſon regne. Il ſe porta enfin à de telles extrêmités contre ſes propres ſujets, qu'ils ſe révolterent bientôt, & le contraignirent à chercher une retraite dans la Syrie. Orode profita de la fuite de ſon frere, & remonta ſur le thrône. Ses premiers ſoins pour s'y maintenir, furent de lever des troupes afin de ſe précautionner contre les entrepriſes de Mithridate. L'événement fit voir qu'Orode avoit pris de ſages meſures, car ſon frere implora l'aſſiſtance de Gabinius, Gouverneur de la Syrie, & ils prirent enſemble le chemin de la Parthie. Cependant Gabinius eut à peine paſſé l'Euphrate qu'il renonça à ſon premier deſſein, & conſentit moyennant une ſomme d'argent à aller aider Ptolémée Aulete à remonter ſur le thrône d'Egypte. Quoique Mithridate eût perdu un puiſſant appui, en ſe voyant abandonné par Gabinius, il réſolut de lever des troupes, & de faire quelques tentatives pour recouvrer ſa Couronne. En conſéquence il retourtia en Babylonie, & s'empara de Seleucie. Orode l'y assiégea bientôt, le réduisit à se rendre, & maître de sa personne il le fit mourir, sans égard pour les liens du sang.

Orode débarrassé d'un concurrent redoutable comptoit jouir en paix du thrône qu'il occupoit ; mais la guerre qu'il eut à soutenir contre les Romains troubla cette tranquillité. M. Licinius Crassus venoit d'être fait Consul pour la seconde fois, & dans le partage des Provinces avoit obtenu la Syrie & quelques Etats voisins. En vertu de la loi Trébonienne il pouvoit lever des soldats, & porter la guerre où il jugeroit à propos, sans avoir besoin d'y faire consentir le Sénat. Crassus à qui il en avoit coûté de grandes sommes d'argent pour obtenir la Province de Syrie, espéra s'en dédommager en s'enrichissant des dépouilles de la Parthie. Il ne se bornoit pas même à la conquête de ce Royaume, il prétendoit porter ses armes victorieuses au-delà de l'Indus & du Gange. Pour exécuter de si vastes projets, il commença à former les légions qui devoient l'accompagner en Syrie. Quelques Tribuns du peuple désapprouverent hautement une guerre aussi injuste, & représenterent combien il étoit odieux d'aller troubler le repos d'un peuple qui avoit toujours été ami des Romains. Crassus peu ému de ces murmures ne changea point de projet, & après s'être acquitté au Capitole des cérémonies ordinaires, il chercha à sortir de Rome. Ateius, Tribun du peuple, assembla tous ceux qui s'opposoient à l'expédition de la Parthie, & voulut forcer Crassus à rester dans la ville. Ce Romain avoit prévû cette difficulté ; & pour la vaincre, il pria Pompée de l'accompagner jusqu'aux portes de Rome. Pompée étoit aimé du peuple, & sa présence le tint en respect, de sorte que Crassus partit sans opposition. Le seul Ateius devança le Consul, alluma du feu, & lorsqu'il le vit paroître, il brûla quelques parfums, invoqua les Dieux Infernaux, & prononça les plus terribles imprécations contre lui. Crassus n'y fit pas d'attention, ses soldats seuls en furent effrayés, & ce premier sentiment de terreur, qui fut augmenté dans la suite par de prétendus présages malheureux, contribua sans doute au fâcheux succès de cette entreprise. L'armée Romaine s'embarqua à Brindes, & fit voile vers l'Asie. La violence du vent fut cause que la flotte ne gagna qu'avec peine les ports de Galatie (1), & que plusieurs vaisseaux périrent pendant le passage. Crassus en quittant la Galatie se rendit en Syrie, Province qui lui étoit assignée. Il fit aussitôt jetter un pont sur l'Euphrate, & comme les Parthes ne s'attendoient pas à une irruption si subite, il eut d'abord quelqu'avantage. Plusieurs villes en Mésopotamie charmées de secouer le joug des Parthes, se soumirent d'elles-mêmes aux Romains, & Crassus flatté de ces premiers succès en espéra de plus considérables. Cependant au lieu de les pousser plus loin, il se contenta de mettre une gar-

---

(1) Crassus eut à Galatie une entrevûe avec Déjotare, Roi de ce pays, qui quoiqu'avancé en âge faisoit bâtir alors une nouvelle ville. Crassus, frappé de la bizarrerie de l'entreprise, lui dit que c'étoit s'y prendre un peu tard que de choisir la douziéme heure du jour pour commencer à élever une ville. La douziéme heure étoit la derniere du jour chez les Romains. Comme Crassus avoit soixante ans passés & qu'il paroissoit encore plus vieux, Déjotare lui répondit : *Et vous, mon Général, vous ne commencez sûrement pas trop tôt votre expédition contre les Parthes.*

nison dans les Places fortes, & prit ses quartiers dans la Syrie.

Crassus ne s'occupa pendant l'hyver qu'à mettre différentes taxes sur les Syriens, & à piller leurs Temples. Celui de Jerusalem ne fut pas exempt de ses rapines, & il en enleva de grandes richesses. Si d'un côté, Crassus satisfaisoit sa soif insatiable de l'or, de l'autre il s'ôtoit à lui-même les moyens de réussir dans son entreprise, en négligeant de faire observer la discipline militaire, & en ne songeant pas à amasser des munitions de guerre & de bouche. Le Roi des Parthes à qui Crassus avoit laissé le temps de revenir de sa premiere surprise, mit une nombreuse armée sur pied, & quoiqu'il se trouvât alors en état de ne plus craindre les Romains, il leur envoya des Ambassadeurs pour sçavoir quelle cause les engageoit à lui faire la guerre. Les Ambassadeurs arriverent en Syrie au moment que Crassus rassembloit ses troupes, & ils furent introduits auprès de lui. Ils lui dirent que s'il marchoit par ordre du Sénat, le Roi des Parthes ne prétendoit pas l'empêcher d'obéir, & qu'en ce cas la guerre dureroit jusqu'à l'entiere ruine de l'un des deux Empires ; mais que si Crassus, comme on l'en soupçonnoit, étoit entré chez les Parthes de son propre mouvement, Orode vouloit bien lui pardonner la témérité de son entreprise en considération de son âge avancé, & qu'il permettroit aux Romains qui étoient en Mésopotamie de se retirer. Crassus, sans rendre aucunes raisons, répondit simplement qu'il s'expliqueroit quand il seroit à Séleucie. Le chef de l'Ambassade sourit à ces mots, & montrant la paulme de sa main, il dit à Crassus : *Avant que d'être maître de Séleucie, vous verrez croître du poil en cet endroit.* Les Parthes se retirerent ensuite, & allerent rendre compte de leur Ambassade à Orode. Dès le commencement de l'hyver le jeune Crassus avoit amené à son pere mille cavaliers Gaulois, & aussitôt que les Ambassadeurs Parthes eurent quitté Crassus, il résolut de se mettre en marche avec son armée & ces mille Gaulois.

Peu de temps après le départ des Ambassadeurs, quelques soldats Romains, qui s'étoient sauvés des villes de Mésopotamie où ils étoient en garnison, joignirent l'armée de Crassus & y répandirent l'épouvante par le rapport qu'ils firent du nombre, de la puissance & de la valeur de leurs ennemis. Les principaux Officiers & le Questeur Caius Cassius, se trouverent eux-mêmes susceptibles de frayeur, & ils prierent Crassus de suspendre l'exécution de son dessein. Le Général Romain avoit trop de présomption pour déférer à de si sages avis, & il se détermina d'autant mieux à se hâter d'avancer contre les Parthes, qu'il attendoit un renfort qu'Artabaze, Roi d'Arménie, lui avoit promis. Ce Monarque l'étoit venu trouver, & devoit en effet lui fournir des troupes ; mais il fut mécontent de l'accueil que lui fit Crassus. D'ailleurs le refus que fit le Général Romain de passer par l'Arménie, comme Artabaze le lui conseilloit, mit ce Prince dans la nécessité de garder ses soldats pour sa propre défense.

Cependant le Roi des Parthes divisa ses troupes en deux corps, & marcha avec l'un vers les frontieres de l'Arménie, & fit prendre à l'autre la route de la Mésopotamie sous les ordres de Surena (1). Ce Général reprit bientôt les

(1) Ce nom n'est point un nom d'homme, mais de dignité, & marquoit la seconde personne de l'Empire, & comme le Visir du Roi des Parthes. Celui qui étoit alors

villes dont Craſſus s'étoit emparé l'année précédente, & attendit les Romains. Craſſus de ſon côté s'avançoit en diligence, & paſſa l'Euphrate près de la ville de Xeugma. Dans le moment que ſon armée traverſoit le pont, il s'éleva une tempête violente accompagnée d'éclairs & de tonnerres qui remplirent de frayeurs tous les ſoldats. Le vent ſe joignit au tonnerre, & une partie du pont fut détruite, & pluſieurs de ceux qui y étoient tombèrent dans le fleuve & furent noyés (1). Craſſus étant arrivé de l'autre côté de l'Euphrate, Caſſius propoſa de faire ſéjourner l'armée dans quelqu'une des villes qui avoient garniſon Romaine, ou de gagner Séleucie en cotoyant l'Euphrate. Craſſus ſembloit diſpoſé à ſuivre cet avis, lorſqu'Abgare (2), Roi d'Edeſſe, arriva au camp des Romains, & fit changer de ſentiment à leur Général. Comme Abgare avoit ſervi ſous Pompée, il étoit connu dans l'armée, & on le reçut avec joye. Ce Prince néanmoins entretenoit une ſecrette correſpondance avec Suréna, & il étoit envoyé par ce Général pour tromper les Romains & travailler à leur deſtruction. En conſéquence il offrit à Craſſus de le mener à l'ennemi par le chemin le plus court, & il accompagna ſes offres de diſcours ſi flatteurs que Craſſus donna facilement dans le piége qu'on lui tendoit. Le chemin fut d'abord aſſez praticable, mais Abgare engagea bientôt les Romains dans des ſables brûlants & au milieu d'une campagne aride où on ne voyoit ni arbres, ni plantes, ni même le moindre ruiſſeau. Tous les Officiers ſoupçonnerent alors la trahiſon du Roi d'Edeſſe, & ils n'en douterent plus à l'arrivée d'un exprès d'Artabaze, qui dit à Craſſus qu'Orode étoit en Arménie à la tête d'une nombreuſe armée, & que pour cette raiſon Artabaze ne pouvoit fournir aux Romains le ſecours qu'il leur avoit promis. Le même courier avertit Craſſus de la part de ſon maître, de s'approcher toujours des montagnes où la Cavalerie des Parthes ne pouvoit agir avantageuſement. Craſſus rejetta également les avis de ſes propres Officiers, & ceux qu'Artabaze lui faiſoit donner, & il s'opiniâtra à ſuivre aveuglément les conſeils du perfide Abgare. Ce dernier voyant que les Romains n'étoient pas éloignés des Parthes, quitta Craſſus, ſous prétexte d'aller à la découverte, & fut inſtruire Suréna de la réuſſite de ſon entrepriſe. Le Général des Parthes ſe détermina à attaquer les Romains, pendant qu'ils étoient fatigués d'une marche longue & pénible.

Cependant Craſſus rangea ſon armée en bataille, donna le commandement d'une des aîles à Caſſius, celui de l'autre au jeune Craſſus, & ſe plaça au centre. Ils marcherent dans cet ordre, & arriverent ſur le bord d'un ruiſſeau, dont la vûe fit grand plaiſir aux ſoldats qui étoient accablés de cha-

revêtu de cette charge éminente étoit de la plus haute nobleſſe. Le droit de ceindre le diadême ſur le front des Rois dans la cérémonie de leur inauguration, appartenoit à ſa famille, & ſes richeſſes répondoient à ſa naiſſance diſtinguée.

(1) Cette tempête fut encore regardée comme un mauvais préſage par les ſoldats, & comme Craſſus pour les raſſurer leur dit qu'il n'avoit pas deſſein de les ramener par cet endroit, ils parurent plus tranquilles. Il inſiſta & ajouta, *oui, vous pouvez compter ſur ce que je vous dis, aucun de nous ne reviendra par ici.* Le double ſens de ces paroles renouvella la frayeur qui s'étoit emparée des eſprits.

(2) Ce nom commun à tous les Rois d'Edeſſe tire ſon origine de l'Arabe, & ſignifie grand, puiſſant.

PERSES SOUS LES ROIS PARTHES.

leur & de laſſitude. Les plus prudents vouloient que l'armée campât en cet endroit pour laiſſer aux troupes le temps de ſe remettre ; mais le jeune Craſſus & ſes mille Gaulois, emportés par leur valeur, preſſerent le Général Romain de les mener à l'ennemi. Craſſus céda facilement, & après une halte très-courte, il reprit la marche avec précipitation, & ſans s'arrêter juſqu'à ce qu'il découvrît les Parthes. Suréna qui vouloit d'abord inſpirer de la confiance aux Romains, pour leur cauſer enſuite une ſurpriſe plus imprévûe, avoit fait cacher pluſieurs de ſes bataillons derriere les premiers corps avancés, & fit couvrir leurs armes avec des cuirs. Ce ſtratagême eut tout le ſuccès qu'il en avoit attendu ; les Romains ſe flattoient déjà d'une victoire facile, lorſque les Parthes, à un certain ſignal, découvrirent leurs armes & s'étendirent dans le deſſein d'envelopper leurs ennemis. Les Romains, malgré la frayeur ſubite dont ils furent ſaiſis, reçurent ſans s'ébranler les traits que les Parthes tiroient ſur eux. Craſſus voyant que les fleches des Parthes ne s'épuiſoient point, ordonna à ſon fils de prendre treize cents chevaux, cinq cents archers & huit cohortes de ſoldats, & de s'élancer ſur ceux qui l'incommodoient ſi fort. Les Parthes, à l'approche de ce corps, qui étoit l'élite de l'armée, prirent la fuite à leur ordinaire ; de ſorte que le jeune Craſſus ſe crut vainqueur & les pourſuivit avec vivacité. Sitôt que les Parthes le virent éloigné du gros de l'armée, ils tournerent tête ſur le champ, & ſecourus de nouvelles troupes, ils environnerent Craſſus & ceux qui l'avoient accompagné. La valeur des Romains & celle des Gaulois leur devint inutile, les Parthes les attaquoient de loin, & la terre ſe trouva couverte de corps morts. Le jeune Craſſus exhorta les ſiens à aller charger l'ennemi ; mais ils lui firent voir leurs mains attachés à leurs boucliers, & leurs pieds cloués à terre ; ce qui découragea tellement le jeune chef, que bleſſé lui-même à la main, il préſenta le flanc à ſon écuyer, & lui commanda de le percer de ſon épée. Son exemple fut ſuivi par un Sénateur, nommé Cenſorinus, par Megabacchus, Capitaine d'un mérite diſtingué, & par la plûpart de ſes Officiers. Cinq cents ſoldats furent faits priſonniers, & tout le reſte fut taillé en piéces.

Les Parthes, maîtres du corps du jeune Craſſus, lui couperent la tête, la mirent au bout d'une pique, & marcherent du côté de ſon pere. Ce Général avoit d'abord penſé que ſon fils étoit victorieux, & il s'étoit retiré ſur un côteau avec le reſte de ſon armée pour l'attendre. Quelques couriers, dépêchés par le jeune Craſſus vers ſon pere, l'avertirent du péril où il ſe trouvoit, & Craſſus couroit le défendre, lorſque les Parthes arriverent avec de grands cris de joye, & offrirent aux yeux des Romains la tête pâle & ſanglante du fils de leur Général. Ce pere infortuné ſoutint un ſpectacle auſſi triſte avec plus de courage qu'il n'avoit fait paroître juſques-là, & s'écriant que cette perte ne regardoit que lui, il chercha à faire renaître l'eſpérance parmi ſes troupes. Elles n'en étoient plus ſuſceptibles, néanmoins elles ſe défendirent vigoureuſement pendant le reſte du jour, & le coucher du ſoleil força les Parthes à ſe retirer. Ces peuples avoient coutume de ne jamais paſſer la nuit dans le voiſinage de leurs ennemis, parce qu'ils ne fortifioient point leur camp.

Octavius, Lieutenant de Craſſus, & Caſſius s'approcherent du Général Romain

Romain, & s'efforcerent de le consoler. Il étoit couché à terre dans le coin de sa tente, & la douleur dont il étoit pénétré l'empêchant de leur répondre, ils prirent le parti d'assembler les principaux Officiers, & de concerter ensemble sur ce qu'il y avoit à faire. Tous furent d'avis qu'il falloit partir, & aussi-tôt on se mit en devoir d'exécuter cette résolution. Il y avoit déjà une grande partie de l'armée qui étoit sortie du camp, lorsque les blessés & les malades s'apperçurent qu'on alloit les abandonner, & ils poussèrent des cris terribles. Le bruit qu'ils firent effraya ceux qui marchoient à l'avant-garde, de sorte qu'ils retournerent sur leurs pas en ordre de bataille croyant l'ennemi dans leur camp. Egnatius seul à la tête de trois cents Cavaliers poursuivit sa route avec eux, & arriva à minuit devant la ville de Carres. Il appella les sentinelles, les chargea d'aller dire à Coponius, qui commandoit dans la Place, que Crassus avoit donné un grand combat contre les Parthes ; & sans rien ajouter de plus, il continua de marcher vers le pont de Zeugma, & sauva sa troupe par ce moyen. Ce qu'il avoit fait dire à Coponius fut d'une grande utilité à Crassus ; car les différentes allarmes avoient fait perdre un temps considérable, & si le Commandant de Carres ne fût venu à la rencontre des Romains, ils n'auroient pû se rendre dans cette ville. Les Parthes avoient laissé les Romains tranquilles dans leur retraite pendant la nuit ; mais dès que le Soleil fut levé, ils entrerent dans le camp & y égorgerent tous les malades & les blessés. La cavalerie Parthe s'étant répandue dans la plaine trouva un des Lieutenants de Crassus, nommé Vargunteius, qui s'étoit perdu dans l'obscurité de la nuit avec quatre cohortes. Vargunteius gagna promptement une colline, & s'y défendit avec beaucoup de valeur. Tous ses soldats perdirent la vie à l'exception de vingt, qui l'épée à la main se firent jour au travers des Parthes, & arriverent heureusement à Carres, où ils apporterent la nouvelle de la mort de Vargunteius, & de celle de leurs compagnons.

Suréna, qui ne sçavoit si Crassus étoit effectivement dans la ville de Carres, ou s'il étoit passé au-delà, comme le bruit en couroit, le fit demander sous prétexte de vouloir traiter avec lui. Crassus ne demêla pas les motifs qui faisoient agir Suréna, & il répondit qu'il étoit prêt à entrer en accommodement. Alors le Général Parthe ne dissimula plus, & offrit la paix aux Romains, pourvû qu'ils livrassent entre ses mains Crassus & Cassius. Cette proposition fit horreur, & on n'eut plus d'autre parti à prendre que celui de la fuite. Le secret étoit essentiel, si on vouloit sortir de Carres en sûreté, mais Crassus, toujours imprudent, fit confidence de ses desseins à un habitant de Carres, nommé Andromaque, & le choisit même pour guide. Andromaque ne manqua pas d'avertir Suréna du départ des Romains, & comme les Parthes ne se battoient jamais qu'il ne fît jour, il mena l'armée de Crassus par des chemins qui la faisoient tourner seulement aux environs de Carres sans l'en éloigner. Les Romains se trouvant enfin dans des marais, où ils avoient de la boue jusqu'aux genoux, découvrirent la trahison, & Cassius suivi de cinq cents chevaux, rentra promptement dans la ville. Il prit alors des Arabes pour guides, leur ordonna de le conduire en Syrie par une autre route, & y arriva avec le sien sans avoir perdu un seul homme. Un corps de cinq mille hommes commandé par Octavius se détacha de même, & gagna les montagnes appellées Sinnaques, où il fut en sûreté avant le point du jour.

> PERSES SOUS LES ROIS PARTHES.

Craſſus ne s'apperçut de la mauvaiſe foi d'Andromaque, qu'au moment qu'il vit les ennemis proche de lui. Cette vûe ſembla augmenter la valeur des Romains, qui, malgré les efforts des Parthes, vinrent à bout d'arriver à une petite colline éloignée de douze ſtades de celle qu'Octavius occupoit. Ce dernier n'héſita point à aller au ſecours de ſon Général, & ſes cinq mille hommes ayant imité ſon exemple, ils repouſſerent les Parthes. Suréna qui ſentit la difficulté de forcer les Romains dans le poſte dont ils s'étoient emparés, eut encore une fois recours à la ruſe. Il fit ſous main publier parmi les ſoldats, que le Roi des Parthes déſiroit faire la paix avec les Romains ; & pour confirmer ces diſcours, il s'avança avec ſes principaux Officiers, & ſans armes vers le côteau où étoit Craſſus, l'invitant à venir parler d'accommodement. Cette conduite n'étoit fondée ſur aucune raiſon, & elle parut ſuſpecte au Général Romain, qui refuſa d'écouter toute propoſition. Les ſoldats Romains firent alors éclater leurs murmures, & reprocherent à Craſſus, qu'il les faiſoit combattre ſans aucune conſidération, tandis qu'il craignoit d'approcher des ennemis déſarmés. Craſſus, ſenſible aux injures dont on l'accabloit, prit généreuſement le parti d'aller à une mort certaine, & en partant il dit aux principaux Officiers : *Vous voyez le traitement injuſte & violent que j'endure ; mais de grace, quand vous ſerez en lieu de ſûreté, dites partout, pour l'honneur de Rome, notre mere commune, que Craſſus a péri trompé par les ennemis, & non pas livré par ſes ſoldats.* Octavius & quelques Romains voulurent accompagner leur Général, qui renvoya ſes Licteurs. Suréna s'étant avancé à leur rencontre témoigna de la ſurpriſe en voyant Craſſus à pied, & lui voulut faire donner un cheval. Craſſus le refuſa, & dit que l'uſage de ſa nation étoit de ſe rendre ainſi à une entrevûe. Le Général des Parthes le força néanmoins à accepter un cheval magnifiquement enharnaché, ſous prétexte que le Roi lui en faiſoit préſent, & qu'il ſerviroit à le conduire ſur les bords de l'Euphrate, où on devoit ſigner les articles du traité. Quelques Ecuyers du Roi prirent alors Craſſus par le milieu du corps, le mirent ſur le cheval, & frapperent cet animal pour le faire marcher plus promptement. Octavius pénétrant aiſément que le deſſein de Suréna étoit de prendre Craſſus vivant, ſaiſit la bride du cheval & s'efforça de le faire reculer, pendant que Petronius & les autres Romains cherchoient à écarter les Parthes. L'opiniâtreté de ces derniers irrita Octavius, qui tira ſon épée & tua le Domeſtique d'un Officier. Celui-ci, d'un coup de lance qu'il donna par derriere à Octavius, l'étendit mort ſur la place. Petronius fut jetté à bas de ſon cheval, & Craſſus lui-même fut tué en ſe défendant avec beaucoup de courage. On ignore s'il reçut le coup mortel de la main d'un Parthe, ou de celle d'un Romain ; parce que les Auteurs ne ſont pas d'accord là-deſſus. Quoiqu'il en ſoit, on lui coupa la tête & la main droite, qu'on envoya à Orode, & ſon corps privé de ſépulture, fut laiſſé en proye aux bêtes ſauvages.

> Mort de Craſſus. 53.

Une partie de ceux qui étoient avec Craſſus fut tuée, & l'autre ſe retira en diligence vers la colline où étoit le reſte de l'armée. Les Parthes les pourſuivirent, & n'eurent pas de peine à défaire des troupes qui ſe trouvoient fans chefs. Les Romains perdirent trente mille hommes dans cette expédition, fçavoir vingt mille de tués & dix mille faits prifonniers. Suréna après avoir entierement défait l'armée Romaine, en fit tranfporter les étendards à Séleucie, où il fe rendit lui même. Il y avoit parmi les Prifonniers un Romain nommé Paccianus, qui avoit beaucoup de reffemblance avec Craffus. Cette conformité fit naître dans l'efprit de Suréna l'idée de publier que Craffus étoit vivant, & qu'il le donneroit en fpectacle aux habitants de Séleucie. En conféquence il fit donner à Paccianus un habit Parthe, & le fit entrer dans la ville, monté fur un fuperbe cheval à la tête de l'armée & précédé de douze Licteurs. Des gardes étoient autour de lui affis fur des chameaux, & ayant des bourfes vuides pendues à la ceinture. Pour trophées on portoit au bout des lances les têtes fanglantes de plufieurs foldats Romains. La marche étoit fermée par des courtifannes & des muficiennes qui chantoient des railleries & des traits piquants fur la lâcheté & la molleffe de Craffus.

Lorfque la bataille de Carres (1) fut donnée, Orode étoit en Arménie, & venoit de conclure la paix avec Artabaze, qui donna une de fes filles en mariage à Pacore, fils du Roi des Parthes. Pendant qu'on étoit occupé des réjouiffances des nôces, l'Officier Parthe chargé de la tête de Craffus arriva, & la préfenta à Orode. Ce Prince fe fit raconter toutes les circonftances de la défaite de fes ennemis, & ordonna, fuivant quelques Auteurs, qu'on verfât de l'or fondu dans la bouche de Craffus, pour infulter à fon avidité infatiable. Orode loin de fentir l'obligation qu'il avoit à Suréna, devint jaloux de fa gloire, & dans l'appréhenfion que ce Général ne fe prévalût de l'autorité qu'il avoit fur les troupes, il le fit mourir peu de mois après la défaite de Craffus. Il donna enfuite le commandement de l'armée à fon fils Pacore, avec ordre de marcher en Syrie, que les Parthes croyoient fans défenfe. Cependant Caffius avoit formé une armée des débris de celle de Craffus, & à la tête de cinq cents chevaux & de quelques troupes levées en Afie, il repouffa vigoureufement les Parthes, qui furent contraints de repaffer l'Euphrate. L'hyver fe paffa en préparatifs de part & d'autre, & dès le commencement du printemps les Parthes fous la conduite d'un Général habile nommé Orface, rentrèrent dans la Syrie, & fe rendirent maîtres de tout le pays fitué entre l'Euphrate & la ville d'Antioche. Pacore étoit toujours à la tête de l'armée, mais encore trop jeune pour commander lui-même, on lui avoit donné Orface qui difpofoit de tout. Ce Général mit le fiége devant Antioche, où Caffius hors d'état de tenir la campagne s'étoit renfermé. Dans le temps qu'il fe défendoit avec courage, Ciceron à qui la Province de Cilicie avoit été affignée, fut informé par Antiochus, Roi de Comagene, de la fituation où Caffius fe trouvoit. Il fçut d'ailleurs que le Roi d'Arménie étoit fur le point d'attaquer la Cappadoce, & pour s'oppofer tout à la fois à l'invafion projettée, & être à portée de dégager Caffius, il mena des troupes du côté de l'Arménie, & envoya un autre Corps d'armée vers le Mont-Arnanus. Ce Corps furprit la cavalerie Parthe, qui étoit entrée dans la Cilicie, & la tailla en piéces.

(1) On lui a donné ce nom, parce que cette action fe paffa près de la ville de Carres.

Perses sous les Rois Parthes.

Cette défaite, & la nouvelle de l'approche de Ciceron pour faire lever le siége d'Antioche, animerent Cassius & les siens à résister courageusement. Les Parthes fatigués de la défense opiniâtre des Romains désespérerent d'emporter la Place, & se retirerent à dessein d'aller camper devant Antioche. Cassius informé de leur route leur dressa une embuscade, où ils donnerent, & qui leur coûta Orsace lui-même & un grand nombre de soldats. Pacore fit repasser l'Euphrate à ceux qui purent échapper, & ayant assemblé de nouvelles forces, il les mit en quartiers d'hyver dans la Cyrrhestique, Province septentrionale de Syrie. La premiere action de Pacore en ouvrant la campagne fut d'assiéger de nouveau Antioche. Cassius qui avoit défendu cette ville, en étoit sorti après l'avoir remise à Calpurnius Bibulus, chargé du gouvernement de la Syrie. Bibulus exactement renfermé dans Antioche, laissa les Parthes construire toutes leurs machines, sans faire une seule sortie. Il ne voulut pas même informer Ciceron du danger où il se trouvoit, de peur de partager avec quelqu'un la gloire de chasser les Parthes. Néanmoins ses Lieutenants écrivirent à Ciceron & à Thermus, Préteur d'Asie, pour leur demander du secours ; mais avant qu'il fût en chemin, Bibulus avoit sçu par différentes intrigues engager un Seigneur Parthe nommé Ordonapante à faire proclamer Pacore Roi de sa nation. Ordonapante s'étoit porté d'autant plus volontiers à cette rébellion, qu'il étoit mécontent d'Orode, & que c'étoit une occasion de se venger. Orode pour étouffer la révolte dès sa naissance fut obligé de rappeller son armée de Syrie, & Antioche étoit dégagée lorsque ceux que Ciceron & Thermus avoient envoyés arriverent ; & depuis ce temps jusqu'à celui de la guerre civile entre César & Pompée, les Parthes n'eurent rien à démêler avec les Romains.

Pendant les troubles & les divisions qui regnoient dans Rome entre les partisans de César & ceux de Pompée, ce dernier implora l'assistance des Parthes. Orode promit un puissant secours si on vouloit lui céder la Syrie, & Pompée rejetta cette proposition. Le Roi Parthe irrité du refus de Pompée, ne voulut point lui donner une retraite dans ses Etats après la journée de Pharsale, & il fit même charger de fers Lucius Hirtius, qui la demandoit. Quelqu'avantage que César tirât de ce procédé, il ne laissa pas de concevoir le dessein d'en tirer vengeance, & d'envahir la Parthie. Les Romains consentirent volontiers à entrer dans les projets de César, & on fit tous les préparatifs nécessaires ; mais quelques jours avant que César se mît en chemin pour cette expédition, il fut assassiné, & les Parthes se virent délivrés d'une guerre qui leur seroit peut-être devenue fatale. Les meurtres qui suivirent la mort de César, & les différents partis qui se formerent dans Rome, empêcherent qu'on ne songeât à la guerre contre les Parthes, & ce ne fut qu'après cette alliance célebre, connue sous le nom du second Triumvirat, qu'Antoine passa en Syrie pour soumettre à son autorité, & à celle de ses deux collegues, Octave & Lepide, ceux qui s'étoient livrés à Cassius. Les taxes excessives dont Marc-Antoine accabla la Syrie, forcerent les habitants à prendre les armes, & à appeller les Parthes à leur secours. Ceux-ci ravis d'une occasion si favorable de se venger des Romains, assemblerent une puissante armée, sous les ordres de Pacore

& de Labienus (1), Général Romain du parti de Pompée, & passerent l'Euphrate.

A peine furent-ils arrivés en Syrie, qu'ils assiégerent Apamée. Cette ville résista d'abord avec tant de force, que Labienus s'appercevant que les Parthes commençoient à se rebuter, ne voulut pas attendre qu'ils fussent entierement découragés, & il fit lever le siége. Il divisa son armée en plusieurs détachements, & trouva moyen d'attirer dans son parti le reste des troupes de Cassius & de Brutus, qui n'avoient pu se dispenser de se rendre à Antoine après la défaite & la mort de leurs chefs. Saxa, Gouverneur de la Province, soutint avec beaucoup de valeur, malgré cette désertion, la bataille qu'on lui livra; mais le petit nombre de ses soldats fut bientôt mis en déroute par la cavalerie des Parthes, & il se retira avec peine dans la ville d'Antioche. Labienus l'y poursuivit, & assiégea cette Place, de laquelle Saxa sortit à la hâte de peur d'être livré à ses ennemis par les habitants qu'il voyoit prêts à se rendre. Il se réfugia dans les montagnes de Cilicie avec ceux qui lui étoient restés fideles, & résolut de se défendre jusqu'au dernier moment de sa vie. Labienus l'enferma dans les défilés où il étoit posté, défit sa petite troupe, & le tua lui-même. La nouvelle de sa mort ôta toute espérance aux habitants d'Apamée, & ils consentirent à capituler avec les Parthes. Pacore reçut leurs soumissions, entra ensuite dans la Syrie, & la réduisit sous son obéissance. Ce jeune Prince poussa plus loin ses conquêtes; il se rendit maître de la Phénicie, à l'exception de Tyr, dont il ne put s'emparer, & pénétra jusques dans la Judée. Pendant qu'il remportoit successivement de si grands avantages, Labienus n'avoit pas moins de bonheur. Il subjugua presque toute l'Asie mineure, pillant & ravageant les Temples & les villes, & faisant la guerre plutôt en brigand qu'en vainqueur généreux.

Antoine informé des conquêtes rapides de ses ennemis, chargea Ventidius de marcher contre Labienus, & de le punir de s'être déclaré pour les Parthes. Ventidius leva promptement une armée, & parut en Asie dans le temps qu'on ignoroit même qu'il s'y préparât. Labienus surpris & effrayé de l'arrivée subite de Ventidius, se retira à mesure que ce dernier avançoit & gagna le Mont-Taurus, où il se fortifia. Le Lieutenant d'Antoine joignit bientôt Labienus & se disposa à le forcer dans ses retranchements. Cependant Pacore averti de la situation où se trouvoit un ami si utile aux Parthes, lui envoya l'élite de ses troupes. Les Parthes qui alloient au secours de Labienus voyant Ventidius campé sur le sommet d'une montagne où il ne faisoit aucun mouvement, crurent que la frayeur étoit cause de cette inaction, & ils l'attaquerent sans attendre Labienus. L'armée de Ventidius, dont les Parthes n'avoient découvert qu'une partie, se rassembla dès que

---

(1) Ce Général étoit fils de Titus Labienus, qui avoit été Lieutenant de César, dans les Gaules, & un de ses principaux favoris; mais s'étant déclaré dans la suite pour Pompée, la haine succéda à ces liaisons d'amitié. T. Labienus fut tué à la bataille de Munda, & son fils pensant de même que lui, fut envoyé par Brutus & par Cassius, un peu avant la bataille de Philippe, pour demander du secours au Roi des Parthes. Il étoit occupé à remplir cette commission lorsque la bataille se donna, & la défaite totale de ceux de son parti l'obligea à rester chez les Parthes, où il fut chargé de commander leur armée sous Pacore.

les ennemis parurent, & les chargea avec tant d'ordre & de vigueur, qu'ils furent défaits & mis en fuite. Les Romains les poursuivirent sans relâche, & en tuerent encore un grand nombre, de sorte que Labienus n'eut plus d'autre ressource que de se déguiser pour se sauver. Il se cacha quelque temps en Cilicie, tantôt dans un lieu, tantôt dans un autre, & fut enfin découvert & mis à mort par Demetrius Gouverneur de Cypre.

Les Parthes qui se trouverent sans chef à la mort de Labienus ne furent plus en état de faire aucune entreprise, & Ventidius profita de leur découragement pour faire rentrer la Cilicie dans l'obéissance dont elle s'étoit écartée. Tandis qu'il travailloit à rétablir le bon ordre & la tranquillité, il fit partir Popedius Silon vers le mont Amanus qui séparoit la Cilicie d'avec la Syrie. Silon ne put venir à bout de chasser les Parthes d'un fort qu'ils occupoient en cet endroit, & il étoit en danger d'y périr avec sa cavalerie, lorsque Ventidius arriva à son secours. Le renfort qu'il amenoit fit changer les choses de face, les Parthes furent battus, & Pharnapas ou Phraate, qui les commandoit, perdit la vie dans le combat. Ventidius, sans laisser à ses ennemis le temps de se remettre de leur surprise, pénétra dans la Syrie & la reprit sans obstacle. Pacore avoit repassé l'Euphrate avec ses troupes, mais il ne s'éloigna pas beaucoup de ce fleuve, & il s'occupa pendant l'hyver à de nouveaux préparatifs contre les Romains. Vers le commencement du printemps Ventidius, informé que les Parthes s'avançoient vers l'Euphrate sous la conduite de Pacore, songea à retarder leur marche par quelque stratagême. Les troupes Romaines étoient dispersées en différents quartiers, & si les Parthes eussent passé l'Euphrate au pont de Zeugma, Ventidius n'auroit pas été en état de les recevoir. Pour avoir le temps de rassembler toute son armée, il feignit d'avoir une confiance aveugle dans un petit Prince d'Orient qui étoit dans son camp sous le nom d'Allié, & qui entretenoit une secrette correspondance avec les Parthes. Ventidius n'ignoroit pas cette derniere circonstance, & paroissant inaccessible aux moindres soupçons, il lui fit confidence de l'embarras où le mettoient des avis qu'il avoit reçus touchant la marche des Parthes. Ces peuples, à ce qu'il disoit, ne vouloient point passer l'Euphrate au Zeugma, comme à l'ordinaire, mais comptoient traverser ce fleuve beaucoup au-dessous. Cette résolution, ajoutoit Ventidius, étoit tout ce qui pouvoit lui arriver de plus funeste, parce que le pays du côté de Zeugma étoit plein de montagne où la cavalerie Parthe ne pouvoit agir; au lieu que par l'endroit que Pacore avoit choisi, on entroit dans les plaines où les Parthes se battoient toujours avec avantage. Sa confidence eut tout le succès qu'il en avoit espéré; le Prince à qui il l'avoit faite ne manqua pas d'instruire sous main les Parthes de la route qu'ils devoient prendre, & Pacore n'hésita point à quitter celle de Zeugma, & à gagner l'endroit que Ventidius sembloit appréhender. Le temps qui se passa à préparer des bateaux pour faire un pont sur lequel l'armée devoit passer, fit gagner quarante jours à Ventidius, & lui fournit les moyens de rassembler ses troupes.

Lorsque les Parthes parurent au bord de l'Euphrate, les Romains renfermés dans leur camp les laisserent traverser tranquillement le fleuve. Pacore persuadé que la frayeur avoit déjà vaincu ses ennemis, les attaqua, quoiqu'ils fuffent poftés fur une éminence. Ventidius les y attendoit, & faifant fortir fes foldats du camp, les Parthes furent bientôt mis en défordre. Le lieu étoit avantageux aux Romains, qui firent un fi grand carnage des Parthes, que Pacore lui-même, malgré toute fa valeur, fut tué dans le combat. Sa mort acheva de mettre le trouble & la confufion parmi les fiens, qui tâcherent inutilement de gagner le pont pour retourner dans leur pays. Les Romains en taillerent en piéces le plus grand nombre : le refte fe fauva dans la Comagene, & les Romains en cette occafion remporterent une victoire complette. Les Hiftoriens ont remarqué que cette bataille, qui vengea en quelque forte la défaite de Craffus, fe donna le même jour que la bataille de Carres, qui avoit été engagée quatorze ans auparavant. Ventidius fit porter la tête de Pacore dans toutes les villes de Syrie, dont la fidélité lui étoit encore fufpecte, & par ce trifte fpectacle, il les força de lui rendre hommage. Orode, moins touché de la défaite de fon armée que de la mort d'un fils qui méritoit toute fa tendreffe, perdit d'abord la parole & ne voulut prendre aucune nourriture pendant quelques jours. Il ne recouvra la parole que pour appeller fans ceffe fon cher fils Pacore. Quelquefois il lui parloit comme s'il eût été préfent, & en fortant de ces illufions, il retomboit dans fon premier défefpoir, & vouloit attenter à fa propre vie.

La douleur d'Orode étoit fondée. Pacore avoit poffédé toutes les qualités, & les vertus qui font honneur aux Princes, & le Royaume perdit en lui le plus digne fujet que la maifon des Arfacides eût encore produit. Si Ventidius eût voulu profiter de la terreur où la mort de Pacore avoit plongé fes fujets, il auroit pû les chaffer de la Méfopotamie & de la Babylonie; mais Antoine fembloit fe réferver cette gloire, & Ventidius fe contenta de fubjuguer les Places de Syrie & de Phénicie, qui s'étoient fouftraites à l'obéiffance des Romains. Il étoit entré dans la Comagene, pour punir Antiochus, Roi de ce pays, d'avoir pris le parti des Parthes, lorfqu'Antoine arriva, il prit le commandement de l'armée Romaine, & envoya Ventidius à Rome y demander les honneurs du triomphe.

Cependant Orode, un peu remis du chagrin cruel que lui avoit caufé la mort de fon fils, nomma Phraate, l'aîné de ceux qui reftoient, pour être fon fucceffeur à la couronne, & partagea l'autorité fouveraine avec lui. Le choix d'Orode ne pouvoit tomber fur un fujet qui le méritât moins, & Phraate ne fut pas longtemps fans faire éclater fon injuftice & fa cruauté. Il fit tuer tous les enfants que fon pere avoit eus d'une fille d'Antiochus Eufebe, Roi de Syrie, & comme Orode blâmoit une action fi fanguinaire, ce fils dénaturé lui fit prendre du poifon, au lieu d'une médecine que les Médecins avoient ordonnée. Orode étoit hydropique, & la boiffon qu'il avoit prife, loin de lui caufer la mort, comme fon fils s'en flattoit, lui rendit la fanté. Phraate, défefpéré d'un événement qu'il attendoit fi peu, eut la barbarie de faire étouffer Orode dans fon lit, & fit mourir enfuite le refte de fes freres au nombre de trente. Phraate fentoit lui-même combien il devoit infpirer d'horreur à fes fujets, & dans la crainte de quelque révolution, & qu'on ne mît fon fils fur le thrône, il l'immola auffi à fa propre fûreté. Cette inhumaine précaution ne le raffura pas encore; les Sei-

Perses sous les Rois Parthes.

Phraate

Mort d'Orode.

gneurs de fa Cour lui donnerent bientôt de l'ombrage, & périrent dans les supplices, ou furent envoyés en exil. Ceux qu'il avoit épargnés appréhenderent d'éprouver un sort semblable, & pour l'éviter ils se réfugierent en Syrie. De ce nombre étoit un Seigneur de la premiere distinction, nommé Monesès, qui offrit ses services à Antoine, & l'engagea à faire la guerre à Phraate. Antoine qui, par le moyen de Publius Canidius, se voyoit maître de l'Arménie, de l'Iberie & de l'Albanie, se détermina aisément à une expédition qu'il désiroit depuis longtemps. Il étoit prêt à se mettre en marche, lorsque Phraate, qui craignoit que Monesès ne donnât d'excellents avis aux Romains, l'envoya prier de revenir à la Cour, & lui fit promettre le commandement de son armée. Monesès, satisfait des offres que les députés de Phraate lui faisoient, en parla à Antoine, & demanda à se retirer. Quelque dépit que ressentît Antoine, il ne voulut pas s'opposer au départ de Monesès, & le fit accompagner par des Ambassadeurs chargés de négocier un traité de paix avec Phraate.

Antoine ne comptoit pas que le Roi des Parthes acceptât la paix qu'il lui proposoit, mais il espéroit que pendant les négociations, il se tiendroit moins sur ses gardes, & que les Romains en pourroient profiter pour se jetter dans la Mésopotamie. En conséquence, il se rendit à grandes journées au Zeugma de l'Euphrate, à dessein de traverser ce fleuve. Il vit alors combien il s'étoit trompé dans son attente; car ce passage étoit si bien gardé, qu'il n'osa entreprendre de forcer les Parthes, & qu'il jugea à propos de prendre sur la gauche pour se rendre en Arménie, où Artabaze, Souverain de ce pays, lui conseilla de passer. Antoine donna ordre à ses troupes & à celles des Rois ses Alliés de le joindre en Arménie, & aussitôt qu'il eut rassemblé toutes ses forces, il prit le chemin de la Médie, sous la conduite d'Attabaze. Ce Prince, ami secret du Roi des Parthes, trahit les Romains, & au lieu de les conduire par le droit chemin, il les mena au travers des rochers & des montagnes, & leur fit faire une route beaucoup plus longue & plus fatigante qu'elle n'auroit dû l'être. Antoine, ennuyé d'être absent de Cléopâtre, & croyant accélérer son retour auprès de cette Princesse, confia à Statianus, un de ses Lieutenants, toutes les machines nécessaires pour l'attaque des villes, & dix mille hommes, avec ordre de le suivre le plus promptement qu'il seroit possible. Pour lui, il prit les devants avec le reste de son armée, & sans laisser reposer ses soldats, il entreprit le siége de Phraata ou Praaspa, capitale de l'Atropathène (1). Cette ville qui étoit bien fortifiée, fit sentir à Antoine la faute qu'il avoit faite de laisser en route ses machines, & il les attendoit impatiemment, lorsqu'il apprit que Statianus étoit attaqué par les ennemis. En effet Phraate, qui à la tête des Parthes & des Medes s'étoit avancé pour secourir Phraata,

---

(1) Cette Province tiroit son nom d'un homme appellé Atropate, qui avoit empêché qu'elle ne tombât sous la domination des Macédoniens. Le peuple par reconnoissance lui donna tous les appanages de Souverain, & ses successeurs s'allierent par le mariage avec les Couronnes d'Arménie, de Syrie & de Parthie. Le Royaume d'Atropathene subsista pendant plusieurs siécles, & Praaspa, capitale de ce pays & le séjour ordinaire de ses Souverains, étoit la ville la mieux fortifiée du Royaume. Usserius & Cellarius croyent que cette ville est la même que celle que Strabon nomme *Vera*,

s'étoit

s'étoit apperçu que les Romains n'avoient point leurs machines de guerre, & averti que Statianus les amenoit, il envoya contre lui l'élite de sa cavalerie. Statianus fut attaqué avant que d'avoir le temps de ranger ses dix mille hommes en bataille, & quelque valeur qu'il montrât en cette occasion, il fut entierement défait. Polémon, Roi de Pont, se trouva parmi les prisonniers, & tout le bagage tomba au pouvoir des Parthes qui en brûlerent une partie.

PERSES SOUS LES ROIS PARTHES.

Antoine, informé du danger où se trouvoit son Lieutenant, marcha sur le champ à son secours ; mais quoiqu'il fît une grande diligence, il arriva trop tard, & ne put sauver un seul Romain. Cependant comme il n'apperçut point d'ennemis, il crut qu'ils avoient pris la fuite à son approche, & il retourna continuer le siége de Phraata. Tous ses efforts, pour se rendre maître de cette Place, furent inutiles : les assiégés par leurs fréquentes sorties, lui faisoient perdre beaucoup de monde, & les Parthes tailloient en piéces les partis qu'il envoyoit au fourrage. Fatigué de toutes ces pertes, il chercha à engager les Parthes dans une action générale. Il y réussit deux fois, & dans la derniere action les Romains se battirent avec tant d'ordre & tant de courage, qu'il crut avoir remporté une victoire complette. Néanmoins le nombre des morts du côté des Parthes étoit si inférieur à celui des Romains qui avoient été tués, qu'Antoine résolut de lever le siége de Phraata, & de gagner les frontieres de l'Arménie. Ce projet étoit plus facile à concevoir qu'à exécuter ; on avoit beaucoup de chemin à faire dans le pays ennemi, & l'armée manquoit de vivres & de fourrages. Antoine pour remédier à ces deux inconvéniens envoya des Ambassadeurs à Phraate lui offrir la paix, s'il vouloit rendre aux Romains les étendards & les prisonniers que les Parthes avoient pris à la journée de Carres. Phraate assis sur un thrône couvert de lames d'or, écouta les propositions des Ambassadeurs, & après leur avoir fait divers reproches, il leur dit, qu'il accordoit seulement à Antoine la permission de se retirer, pourvû qu'il le fît sans délai.

Antoine, qu'une réponse si fiere mortifioit sensiblement, se vit forcé de dissimuler son ressentiment, & de profiter de la promesse qu'on lui faisoit de ne le point inquietter dans sa retraite. Il avoit dans son armée un homme du pays des Mardes (1), qui avoit donné différentes preuves de son attachement pour les Romains, & qui connoissoit parfaitement le pays qu'il y avoit à traverser avant que d'arriver en Arménie. Cet homme s'offrit pour guide à Antoine, & en lui nommant les lieux par lesquels il comptoit le faire passer, il le dissuada de prendre les chemins qu'Artabaze lui avoit fait parcourir. Antoine assembla ses principaux Officiers pour délibérer sur le parti qu'on devoit prendre, & enfin on fut d'avis de se laisser conduire par le soldat Marde. Il y avoit déjà trois jours que les Romains étoient en marche, & ils étoient persuadés de la fidélité de Phraate à tenir sa parole, lorsqu'ils s'apperçurent de la mauvaise foi de ce Prince, en voyant paroître les Parthes en grand nombre, qui cherchoient à les envelopper. Antoine rangea aussitôt son armée en bataille, & les Parthes furent repoussés par l'infanterie légere & par la cavalerie des Gaulois. Les Romains auroient

(1) On compte quatre Royaumes de l'Asie où il y avoit des Mardes, sçavoir, l'Arménie, l'Elymaïde, la Margiane, & la Médie.

PERSES SOUS LES ROIS PARTHES.

sans doute continué leur marche sans être attaqués de nouveau, si l'imprudente témérité d'un Officier, nommé Fabius Gallus, n'eût fait périr beaucoup de soldats, & n'eût par ce moyen augmenté l'audace des Parthes, dont l'ardeur sembloit se ralentir. Gallus, homme hardi & entreprenant, avoit demandé à Antoine la permission de se détacher du corps de l'armée avec quelques troupes, promettant de battre les Parthes au point qu'ils n'oseroient plus paroître. Antoine eut la foiblesse de consentir à ce que Gallus vouloit, & ce Romain étant tombé avec violence sur les Parthes, les enfonça & les mis en fuite. Si Gallus s'en étoit tenu à cet avantage, il n'auroit mérité aucun blâme; mais il se laissa emporter à son ardeur, & malgré les remontrances de ses amis, il s'opiniâtra à poursuivre les Parthes. Ces derniers le laisserent approcher, & dès qu'ils le virent éloigné du corps de l'armée, ils tournerent bride & se jetterent sur lui de tous côtés. Gallus sentit alors son imprudence, & demanda du secours. Ceux qu'on lui envoya successivement, trop foibles pour le dégager, furent taillés en pièces, & Antoine eut beaucoup de peine à rassurer le reste de son armée, & à empêcher les Parthes de la mettre en fuite. Les Romains eurent dans cette journée, trois mille morts & cinq mille blessés, & Gallus lui-même percé de quatre fleches, mourut au bout de quelques jours.

Antoine visita les blessés avec bonté, les consola, les encouragea, & enfin après des travaux infinis, il arriva sur les bords de l'Araxe. Les Romains furent vingt-un jours à gagner l'Arménie, & pendant leur marche ils furent chargés jusqu'à dix-huit fois par les Parthes. Ils coururent risque plusieurs fois d'être entierement défaits, & ils n'éviterent le péril que par les avis salutaires que Monéses leur fit donner deux fois. La disette de vivres fit aussi beaucoup souffrir l'armée Romaine, & tant de peines causerent un tel découragement à Antoine, qu'il chargea un de ses affranchis de lui donner la mort. Cependant averti qu'il approchoit de l'Araxe, il renonça à ce funeste dessein, & poursuivit sa route jusqu'à ce fleuve. Lorsque les Romains l'eurent traversé, ils baiserent la terre & verserent des larmes de joye de se voir délivrés de tous les dangers auxquels ils avoient été tant de fois exposés. Antoine, en faisant la revûe de ses troupes, vit qu'il avoit perdu vingt mille fantassins & quatre mille hommes de cavalerie, dont la moitié avoit péri par les maladies & la fatigue. Il sembloit naturel de laisser reposer les Romains en Arménie pendant tout l'hyver; mais Antoine impatient de rejoindre Cléopâtre, ne voulut point s'arrêter, & comme le pays étoit déja couvert de neige, huit mille soldats périrent de froid avant que d'arriver en Syrie. Les pertes qu'Antoine avoit faites ne l'empêcherent pas de se vanter de son expédition contre les Parthes, & de vouloir passer pour vainqueur.

35.

Peu de temps après son arrivée en Egypte, il reçut une Ambassade que le Roi de Médie lui envoyoit pour le solliciter de retourner en Orient. Ce Prince s'étoit brouillé avec Phraate, parce que ce Monarque ne vouloit point faire part aux Medes du butin enlevé aux Romains. Antoine ravi de ce différend n'hésita point à accepter l'offre du Roi de Médie, & en conséquence il entra dans la Syrie, afin d'y faire ses préparatifs pour une seconde campagne. Il apprit d'ailleurs que le Royaume des Parthes étoit rempli de troubles &

de séditions occasionnés par la tyrannie & la cruauté de Phraate, & il ne doutoit pas du succès de ses armes. Néanmoins pour se venger de la perfidie d'Artabaze, & ôter aux Parthes un allié qui pouvoit leur être utile, il résolut de se rendre maître de la personne du Roi d'Arménie. Dans cette vûe il l'invita à plusieurs reprises de le venir trouver, & parut même souhaiter le mariage de la fille de ce Monarque avec le jeune Alexandre, fils de Cléopâtre. Artabaze découvrit facilement le piége qu'on lui tendoit, & sous différents prétextes il chercha à se dispenser d'aller trouver Antoine. Cependant l'approche des Romains le força à se déterminer, & il résolut d'essayer si une confiance apparente engageroit Antoine à agir généreusement avec lui. Il se repentit bientôt de la démarche qu'il avoit faite ; car il fut arrêté, & on lui fit entendre qu'il n'obtiendroit sa liberté qu'en livrant aux Romains les thrésors qu'il faisoit garder dans plusieurs châteaux. Artabaze consentit à faire ce qu'on exigeoit, & conduit devant les châteaux où son or étoit renfermé, il ordonna qu'on en ouvrît les portes. Les Seigneurs Arméniens ne jugerent pas à propos d'obéir à un commandement forcé, & chagrins de voir leur Roi en captivité, ils élurent Artaxias son fils aîné pour le remplacer. A l'égard d'Artabaze on lui mit des chaînes d'argent ; parce qu'il ne convenoit pas, disoit-on, qu'un Roi fût dans les fers. Antoine porta ensuite la guerre dans l'Arménie, & Artaxias nouvellement monté sur le thrône ne se trouva pas en état de résister à des ennemis beaucoup supérieurs en force. Il se retira chez les Parthes, & Antoine maître de l'Arménie crut devoir y borner ses exploits pour cette année, & il retourna en Egypte faire hommage de cette victoire à Cléopâtre.

L'année suivante étoit marquée pour la conquête du pays des Parthes, & Antoine pressé par le Roi de Médie, devoit se joindre à ce Prince, & pousser vigoureusement la guerre contre Phraate. La Reine d'Egypte qui craignoit de perdre l'empire qu'elle avoit sur Antoine lorsqu'il seroit éloigné, feignit de ne pouvoir vivre loin de lui, & par ce stratagême elle le retint près d'elle, & fut cause qu'il se contenta seulement d'envoyer un secours au Roi des Medes, pour attaquer l'Empire des Parthes. La rupture qui arriva dans le même temps entre les deux Triumvirs, & les préparatifs de guerre qui se faisoient des deux côtés, obligerent Antoine à demander des troupes au Roi de Médie. Ce Prince avoit remporté d'abord sur les Parthes & sur Artaxias un avantage assez considérable ; mais Antoine lui ayant ôté les Romains, qui faisoient partie de son armée, & ne lui renvoyant point les Medes, ce Prince fut vaincu & fait prisonnier. Phraate subjugua ensuite toute la Médie & l'Arménie, & remit Artaxias sur le thrône, dont Antoine l'avoit privé.

Phraate enflé d'une victoire qui rétablissoit la paix dans ses Etats, fit éclater de nouveau sa cruauté contre ses sujets. Sa conduite devint bientôt insupportable, & les principaux Seigneurs de sa Cour se révolterent, & le forcerent à descendre du thrône, & à sortir du Royaume. Tiridate chef de la rébellion fut reconnu Roi des Parthes, mais dès l'année suivante il fut battu par Phraate, qui avoit trouvé moyen d'assembler une nombreuse armée. Tiridate vaincu fut contraint de céder une couronne qu'il avoit usurpée, & se réfugia en Syrie, pour éviter les supplices que Phraate lui destinoit.

PERSES SOUS LES ROIS PARTHES.

30.

Octavius César après la bataille d'Actium passa en Syrie ; Tiridate y étoit alors, & il implora le secours des Romains contre Phraate. Ce Prince de son côté envoya des Ambassadeurs à Octavius, pour le prier de l'aider à se maintenir sur le thrône de ses Ancêtres. Octavius dans le dessein d'entretenir des divisions intestines, qui ne pouvoient qu'affoiblir un Empire formidable, & presque toujours funeste aux Romains, ne se déclara pour aucun parti. Il fit un accueil favorable aux Ambassadeurs de Phraate, & leur promit d'avoir égard à leurs demandes lorsqu'il auroit terminé la guerre d'Egypte. Tiridate ne fut pas moins bien traité ; Octavius lui permit de rester en Syrie jusqu'à ce qu'il fût en état de rentrer dans le pays des Parthes, & il accepta de lui un fils de Phraate qui étoit tombé en son pouvoir.

23.

Au bout de quelques années le parti de Tiridate devint assez fort pour reprendre les armes, & inquietter le Roi des Parthes. Cependant comme Tiridate s'étoit rendu à Rome, où il s'efforçoit de faire valoir ses prétentions, Phraate fit partir des Ambassadeurs pour détruire les raisons qu'il alléguerait, & pour demander qu'on leur livrât ce même Tiridate ; & qu'on leur rendît le fils de Phraate. Auguste agit en cette occasion comme il avoit déja fait, c'est-à-dire qu'il lui donna également des marques de bienveillance aux Ambassadeurs Parthes & à Tiridate. Il refusa de livrer ce dernier à Phraate, mais il relâcha son fils, à condition qu'on renverroit à Rome les prisonniers, & les étendards enlevés à Crassus & à Antoine. Rome servit d'asyle à Tiridate, qui y passa tranquillement ses jours.

20.

Phraate satisfait d'avoir son fils dans ses Etats, ne se pressa pas de satisfaire les Romains sur les conditions qu'on lui avoit imposées. Enfin au bout de trois ans il apprit que l'Arménie s'étoit soumise à Auguste, & qu'il étoit lui-même en Syrie. Alors la crainte d'une guerre dangereuse surmonta sa répugnance, & il rendit la liberté aux Romains, les renvoya avec leurs enseignes, & les fit accompagner par des Ambassadeurs chargés de faire un traité de paix durable & solide. Les Parthes accorderent à Auguste tout ce qu'il voulut exiger d'eux, & Phraate, pour garants de sa fidélité, donna quatre de ses fils, sçavoir Saraspade, Cerospade, Phraate & Vonone. Le Roi des Parthes avoit livré ses fils avec d'autant moins de peine, qu'il appréhendoit d'en être détrôné, & que Thermuze sa femme entretenoit habilement ses inquiétudes. Thermuze étoit originaire d'Italie, & elle avoit été envoyée en présent par Auguste à Phraate. Ce Monarque frappé de sa beauté la mit d'abord au rang de ses concubines ; mais à peine lui eut-elle donné un fils, qu'il l'épousa. Thermuze parée du titre de Reine, s'appliqua de plus en plus à s'assurer le cœur de son époux, & à se rendre maîtresse de son esprit. Elle y réussit, & dans l'idée de faire tomber la couronne à son fils Phraatice, elle fit entendre à Phraate qu'il étoit essentiel d'éloigner ses autres enfants. Phraate entra facilement dans ses raisons, & ses quatre fils furent conduits à Rome, pendant que Phraatice fut élevé à la Cour de son pere & nommé son successeur. Le Roi des Parthes en faisant partir ses enfants croyoit pourvoir à sa sûreté ; néanmoins il arriva tout le contraire de ce qu'il espéroit. Phraatice, impatient de regner, fit empoisonner son pere par les conseils de Thermuze, & monta ainsi sur le thrône par un crime détestable, & trop ordinaire aux Princes de sa nation. Il ne jouit pas longtemps

PHRAATICE.
1. an. de J. C.

du fruit de son parricide ; l'horreur qu'il causa à ses sujets les porta à se révolter, & avant qu'il fût affermi dans sa nouvelle puissance ; il fut chassé du Royaume, & mourut peu de temps après.

Orode, Prince du sang des Arsacides, mais d'une autre branche que Phraate, fut choisi par les Grands pour remplir la place de Phraatice. Ce nouveau Roi, sans considérer que ceux qui l'avoient mis sur le thrône pouvoient l'en faire descendre, ne crut pas devoir cacher quel étoit son caractere. Ses hauteurs, ses violences, & ses injustices indisposerent contre lui ses plus zélés partisans, & enfin plusieurs Seigneurs Parthes l'assassinerent dans un festin.

Les Parthes députerent aussitôt à Rome des Ambassadeurs, pour demander un des fils de Phraate, à qui ils vouloient donner la couronne de son pere. Auguste jugea Vonone le plus digne de régner, & ce Prince arrivé dans ses Etats y fut reçu avec de grandes démonstrations de joye. Cependant les Parthes, dont les mœurs étoient rudes & grossieres, se dégouterent bientôt de lui. Sa douceur & son affabilité leur parurent une foiblesse, & la magnificence de sa maison & de sa table le fit regarder comme l'esclave des Romains, & par conséquent trop méprisable pour les gouverner. Des préjugés aussi ridicules engagerent les Seigneurs de la Cour à offrir la couronne à Artaban, Roi des Medes, qui étoit de la famille des Arsacides du côté maternel. Artaban ne rejetta pas des propositions aussi avantageuses, & il se mit en marche pour se mettre en possession du thrône des Parthes. Vonone, en faveur duquel le peuple s'étoit déclaré, alla à la rencontre d'Artaban ; le défit & le poursuivit jusques dans les montagnes de la Médie. Artaban leva de nouvelles forces, & dans une seconde bataille il vainquit Vonone qui, obligé de fuir à son tour, se réfugia en Arménie, où il fut d'abord reçu généreusement par les Seigneurs de ce pays. Artaban informé de la retraite de son ennemi, menaça d'envahir l'Arménie ; ce qui contraignit Vonone, qui avoit inutilement imploré le secours de Tibere, de passer en Syrie & de se remettre entre les mains de Creticus Silanus, Gouverneur de cette Province. Silanus lui permit de vivre à Antioche & d'y porter le titre de Roi, & Germanicus dans la suite lui assigna pour séjour la ville de Pompeiopolis en Cilicie.

Artaban, débarrassé des inquiétudes que lui causoit Vonone, nomma son fils Orode Roi d'Arménie, & s'occupa à affermir son autorité. Cependant Germanicus, fils de Tibere, chassa du thrône d'Arménie le jeune Orode, qui y étoit monté sans l'agrément des Romains, &, suivant les désirs du peuple, il donna la couronne au fils de Polémon, Roi de Pont, & le nomma Artaxias. La prompte victoire de Germanicus effraya Artaban, qui lui envoya en diligence une ambassade solemnelle. Les Romains consentirent à renouveller les traités d'alliance avec les Parthes, & Artaban les observa fidelement pendant plusieurs années. Quelques victoires qu'il remporta sur ses voisins, la mort de Germanicus, & diverses autres circonstances firent tout-à-coup changer Artaban à l'égard des Romains. La nouvelle de la mort d'Artaxias, lui donna l'idée d'entrer de nouveau dans l'Arménie, & d'y faire regner Arsace, son fils aîné. Il réussit dans cette entreprise, & fier de ses succès, il envoya en Syrie & en Cilicie demander

PERSES SOUS LES ROIS PARTHES.

ORODE II.
2.

VONONE.
4.

ARTABAN.
16.

35.

les thréfors que Vonone y avoit emportés. Il étendoit plus loin fes prétentions, & fit déclarer qu'en qualité de Roi des Parthes, il devoit fuccéder aux
conquêtes de Cyrus & d'Alexandre, & par conféquent avoir en fa poffeffion
toutes les Provinces de l'Afie. Ses demandes étoient accompagnées de menaces, & il fe jetta même fur la Cappadoce, où il fit quelques ravages
pour intimider les peuples.

Tibere, voulant abaiffer l'orgueil d'Artaban & fatisfaire en même temps
les fujets de ce Prince, qui fe plaignoient de fes cruautés, fit partir Phraate,
frere de Vonone, & l'encouragea à aller s'emparer du thrône de fon pere.
Ce Prince n'eut pas le temps de remplir les intentions de l'Empereur, car
il mourut fubitement avant même que d'avoir paffé l'Euphrate. Tibere informé de la mort de Phraate, envoya à fa place Tiridate, qui étoit de la
même famille, & engagea Pharafmane, Roi d'Ibérie, & fon frere Mithridate, à faire une invafion dans l'Arménie, afin de faire diverfion & d'y attirer Artaban. Pharafmane & Mithridate firent ce que l'Empereur défiroit.
Ils fe rendirent maîtres d'Artaxate, capitale du Royaume, & ayant gagné,
à force d'argent, ceux qui fervoient Arface, ces malheureux affaffinerent
leur Roi. Artaban n'eut pas plutôt appris ces fâcheufes nouvelles, qu'il confia une nombreufe armée à fon fils Orode, afin d'arrêter les ennemis,
& de venger la mort de fon frere. Pharafmane, qui avoit renforcé fes
troupes par des levées d'Albaniens & de Sarmates, alla camper devant
Orode, & lui préfenta plufieurs fois la bataille. Les Parthes qu'Orode commandoit, le forcerent d'en venir aux mains, mais ils furent battus, & le
bruit qui courut de la mort de leur Prince, acheva de les mettre en défordre, de forte que Pharafmane fe vit maître du champ de bataille.

Artaban au défefpoir de cette défaite, réfolut d'aller avec toutes les forces de fon Royaume en tirer vengeance. Dans le temps qu'il étoit le plus
occupé à raffembler des troupes, il apprit que Vitellius s'avançoit vers l'Euphrate à la tête des légions Romaines. Il fentit alors la néceffité de fonger
à défendre fes Etats, préférablement à ce qu'il vouloit faire en Arménie, &
renonçant à fes premiers deffeins, il mena fon armée du côté de la Méfopotamie. L'hyver força Vitellius à demeurer fur les bords de l'Euphrate, mais
pendant qu'il paroiffoit tranquille, fes émiffaires envoyés en différents endroits
du Royaume, fomentoient une rébellion générale, & plufieurs Seigneurs
exilés de la Cour firent folliciter ceux qui approchoient du Roi, à le faire
mourir par le fer ou par le poifon. Quelqu'un avertit Artaban du danger
où il étoit, & ce Prince ne voyant d'autre reffource que celle de la fuite,
fe retira fecretement dans l'Hyrcanie, où pour être mieux caché il mena
une vie fort obfcure. Vitellius ne fut pas plutôt inftruit de fa retraite qu'il
traverfa l'Euphrate avec Tiridate, & fit proclamer celui-ci Roi des Parthes.
Tous les principaux chefs de la révolte, entre autres Ornofpade, Sinnace, &
Abdagéfe vinrent offrir leurs fervices au nouveau Roi, à qui ils prêterent
ferment de fidélité.

Vitellius, voyant les chofes heureufement difpofées en faveur de Tiridate, prit congé de lui & de fes fujets, & ramena les troupes Romaines
en Syrie. Tiridate fe fignala d'abord par quelques actions de valeur qui donnerent les plus heureufes efpérances, & qui lui gagnerent le cœur de fes

sujets. Malheureusement il ne se conduisit que par les conseils d'Abdagese, & la faveur dont jouissoit ce courtisan causa de la jalousie aux autres Seigneurs. Phraate & Hieron, l'un & l'autre en grande considération parmi les Parthes, résolurent d'abaisser la puissance trop étendue d'Abdagese, & dans cette vûe ils cherchèrent à découvrir l'endroit où Artaban se tenoit caché. Leurs recherches ne furent pas infructueuses, ils trouvèrent ce Prince dans le fond de l'Hyrcanie, & l'invitèrent à se remettre en possession du thrône qu'il avoit abandonné. Artaban, après quelques difficultés, se rendit à leurs prieres, & au moyen du secours des Scythes, des Dahés, & des Saces, il traversa sans obstacle tout son Royaume. Arrivé près de Séleucie, où Tiridate étoit campé, il résolut de lui livrer bataille. Ce jeune Prince épouvanté à l'approche de son ennemi hésita s'il hazarderoit le combat, & se détermina enfin à prendre le chemin de la Syrie. Cette démarche lui attira le mépris de ses soldats, qui passèrent dans l'armée d'Artaban, & Tiridate arriva en Syrie avec un très-petit nombre des siens.

Artaban, que la fuite de son rival rendit paisible possesseur de la couronne, songea à se venger des Romains qui avoient élevé Tiridate sur le thrône. Pour cet effet, il se jetta sur l'Arménie, dont il ravagea plusieurs contrées. Il comptoit entrer ensuite dans la Syrie, lorsque la nouvelle de la mort de Tibère lui fit changer de dessein. Le grand âge de Tibère avoit enhardi Artaban à ce qu'il avoit fait, mais Caius Caligula, successeur de cet Empereur, étoit jeune, actif & entreprenant, & le Roi des Parthes craignit avec raison un pareil ennemi. En conséquence il employa toutes sortes de moyens pour gagner ses bonnes grâces, & il consentit à signer un traité dont les articles dressés par les Romains eux-mêmes, étoient tous à leur avantage. Tranquille du côté des Romains, Artaban tourna sa fureur contre ses propres sujets. Il ne pouvoit oublier les chagrins que la dernière conjuration lui avoit causés, & il immoloit chaque jour quelque nouvelle victime à son ressentiment. Cette conduite indisposa de nouveau contre lui les peuples, on attenta plusieurs fois à sa vie, & il fut obligé de chercher un asyle à la Cour d'Izate, Roi d'Adiabene. Izate lui fit un accueil favorable, lui rendit les honneurs dûs à son rang, & négocia si heureusement avec les Seigneurs Parthes, qu'ils consentirent à rappeller leur Roi. Celui qu'on lui avoit donné pour successeur lui remit volontiers le sceptre, & Artaban n'oublia jamais cette action, qu'il récompensa par de grands honneurs. Le reste du regne d'Artaban ne fut pas de longue durée, car il mourut peu de temps après ce dernier rétablissement, laissant pour successeur Gotarze, l'un de ses fils.

Gotarze, aussi cruel que son père, fit mourir Artaban (1), l'un de ses frères, avec la femme & le fils de ce Prince. Un regne qui commençoit par des actions aussi sanguinaires, en fit appréhender les suites, & afin de les prévenir, les Seigneurs Parthes prirent des mesures pour offrir la couronne à Bardane, frère de Gotarze. Bardane étoit alors éloigné (2), mais il fit

PERSES SOUS LES ROIS PARTHES.

Artaban rétabli.
36.

GOTARZE
47.

(1) Josephe, trompé peut-être par la ressemblance des noms, croit que l'Artaban que Gotarze fit mourir étoit son père; mais Tacite qui dit que Gotarze ôta la vie à son frere Artaban, me fait penser, que le Roi Artaban pouvoit avoir un fils qui s'appellât comme lui.

(2) Tacite ne fait point mention de l'en-

tant de diligence, qu'il surprit son frere, & le contraignit à prendre la fuite. Le vainqueur parcourut ensuite tout l'Empire des Parthes, qui se soumit à lui. La seule ville de Séleucie fit une longue & vigoureuse résistance ; de sorte qu'elle donna beaucoup d'occupation à Bardane. Pendant que le désir de se rendre maître de cette ville, lui faisoit perdre un temps qu'il auroit pû employer à affermir sa puissance, Gotarze assembloit une nombreuse armée, & marcha bientôt contre son frere. Bardane leva le siége de Séleucie, & conduisit ses troupes contre Gotarze dans le dessein de l'attaquer. Ils étoient prêts à en venir aux mains, lorsque Gotarze, informé qu'il se tramoit des trahisons dans son parti & dans celui de son ennemi, l'en fit avertir sur le champ. Cette démarche occasionna une entrevûe qui se termina par un accommodement. Les deux freres le confirmerent par serment au pied d'un autel qui fut dressé entre les deux camps : on convint que Bardane demeureroit en possession de la couronne, & Gotarze, pour ne donner aucun soupçon, se retira dans les forêts de l'Hyrcanie.

Bardane, n'ayant plus de rival à combattre, alla remettre le siége devant Séleucie, dont les habitants se rendirent enfin volontairement. Il fit ensuite quelques préparatifs, & forma le projet de recouvrer l'Arménie. Vibius Marsus, ou suivant Josephe, Cassius Longinus, Gouverneur de Syrie, le fit menacer de lui déclarer la guerre, s'il faisoit le moindre mouvement de ce côté, & Bardane, qui vouloit ménager les Romains, renonça à son entreprise. Cependant Gotarze, chagrin d'avoir cédé si facilement un thrône où la Noblesse l'appelloit, leva de nouvelles forces & s'avança jusqu'à la riviere de Charinda où Bardane vint à sa rencontre & le défit entierement. Le vainqueur ne se contenta pas de cet avantage, & réduisit sous son obéissance des peuples qui n'avoient jamais reçu la loi des Parthes. Il auroit voulu pousser plus loin ses conquêtes, mais ses troupes refuserent de le suivre, & après avoir érigé des monuments de ses victoires sur les bords du fleuve Gindes, il s'en retourna au milieu de ses Etats. Ses succès le rendirent fier, insolent, & lui firent concevoir les projets les plus ambitieux. Il fit proposer au Roi Izate de se joindre à lui pour déclarer la guerre aux Romains. Izate refusa d'entrer dans un complot aussi dangereux, & fit voir à Bardane la témérité & l'injustice de cette entreprise. Le Roi des Parthes irrité de la réponse d'Izate, oublia qu'il lui devoit sa couronne, & se prépara à porter la guerre dans l'Abdiabène. Une ingratitude si marquée fournit à ses sujets, qui étoient las de ses cruautés, le prétexte de conspirer contre lui, & il fut assassiné dans une partie de chasse.

La mort de Bardane renouvella les troubles dont le Royaume avoit été agité à son avénement à la couronne. Comme il ne laissoit point d'enfants, les Chefs de la nation songerent à se choisir un Roi. Les uns étoient portés pour Meherdate, fils de Vonone, qui étoit alors en ôtage à Rome, & les autres demandoient Gotarze. Le choix de ces derniers prévalut, & Gotarze monta sur le thrône qu'il avoit déja occupé. Il auroit dû par une conduite douce & modérée effacer les impressions qu'il avoit laissées de ses violences;

droit où ce Prince étoit ; il se contente de dire qu'il fit cent cinquante lieues en deux jours, ce qui est absolument impossible. Ainsi

Il y a une exageration, ou une faute considérable dans le texte de Tacite,

mais

mais il sembla s'attacher uniquement à se faire redouter, & le parti de Meherdate se fortifiant chaque jour, les Parthes envoyerent à Rome demander ce Prince. Claude accorda volontiers aux députés ce qu'ils souhaitoient, & après avoir fait quelques exhortations à Meherdate, il le fit partir avec les Ambassadeurs. Il écrivit aussi à Caius Cassius, Gouverneur de Syrie, pour lui donner ordre d'accompagner le jeune Prince, jusqu'à l'Euphrate, Cassius observa ponctuellement tout ce qui lui étoit prescrit, & s'étant rendu à Zeugma sur l'Euphrate, il remit Meherdate à Abgare, Roi d'Edesse, & aux Seigneurs Parthes, qui étoient dans les intérêts de ce Prince. Meherdate, que Cassius avoit averti de faire diligence, négligea des conseils si salutaires, & donnant toute sa confiance à Abgare qui le trahissoit, il céda à ses invitations, & passa quelques jours à Edesse dans les fêtes & les plaisirs. Cependant Carrhènes, chef des mécontents, pressoit vivement Meherdate de se rendre dans le pays des Parthes, où les rebelles assemblés en grand nombre l'attendoient pour agir. Abgare par une suite de perfidie, engagea Meherdate dans les montagnes d'Arménie, où la rigueur du froid l'empêchoit d'avancer aussi promptement qu'il étoit nécessaire. Carrhènes le joignit enfin dans la plaine, entra avec lui dans l'Adiabene, d'où ils prirent le chemin de Ninive. Ils se rendirent maîtres de cette Place & du château d'Arbelles, célebre dans l'histoire par l'avantage signalé qu'Alexandre y remporta sur Darius.

Gotarze, malgré le petit nombre de ceux qui lui étoient restés fidéles, gagna les bords de la riviere de Corma, où il se retrancha. Meherdate dont le camp n'étoit pas beaucoup éloigné, faisoit tous ses efforts pour engager son rival à une bataille. Gotarze l'évita toujours avec soin, & fit agir seulement ses émissaires, qui trouverent moyen de débaucher une grande partie de ceux qui avoient embrassé les intérêts de Meherdate. Izate, Roi de l'Adiabene, & Abgare furent de ce nombre, & leur désertion affoiblit beaucoup le parti de Meherdate. Ce jeune Prince, qui appréhendoit que toutes ses troupes ne l'abandonnassent ainsi peu à peu, jugea à propos de risquer une bataille. Gotarze dont les forces étoient considérablement augmentées ne refusa plus d'en venir aux mains, & les deux armées se battirent avec une égale ardeur. La victoire balança longtemps & ne se décida en faveur de Gotarze que lorsque Carrhènes, emporté trop loin par sa valeur, fut pris par ses ennemis. Meherdate privé, par la mort de Carrhènes, du seul appui qui le soutenoit encore, fut contraint de se rendre prisonnier. Gotarze, maître de la personne de son rival, ne lui ôta pas la vie; mais il le traita avec ignominie, & lui fit couper les oreilles. Le Roi des Parthes ne jouit pas longtemps du plaisir d'avoir humilié son ennemi, il fut bientôt après attaqué d'une maladie, qui déclarée mortelle dès les premiers jours, fit soupçonner qu'il avoit été empoisonné.

Vonone, Gouverneur de la Médie, lui succéda. Le regne de ce Prince fut de peu de durée, & se passa sans aucun évenement remarquable.

A sa mort, la couronne des Parthes passa à Vologèse, son fils, suivant Tacite; & fils de Gotarze, si on en croit Josephe. Ce Prince, pour éviter toute concurrence avec ses deux freres Pacore & Tiridate, donna au premier le Royaume des Médes, & au second celui d'Arménie. Pacore prit tranquillement possession de la couronne de Médie ; mais Tiridate trouva de grandes difficultés à se faire reconnoître en Arménie. Vologèse lui fournit tous les secours dont il avoit besoin, & ce Prince vint à bout de chasser Rhadamiste qui avoit usurpé cette couronne, & il s'en mit en possession. La rigueur de l'hyver, & une maladie épidémique causée par la disette de vivres, forcerent les Parthes à retourner dans leur pays. Domitius Corbulon, instruit de cet événement, en profita, & étant entré en Arménie, il obligea Tiridate d'en sortir, & mit la couronne sur la tête de Tigrane le Cappadocien. Vologèse apprit avec chagrin les prompts succès des Romains & résolu d'en tirer vengeance, il chargea Monesès un de ses Généraux de recouvrer l'Arménie. Pour faciliter cette conquête, & occuper les Romains de différents côtés, Vologèse fit la paix avec les Hyrcaniens qui s'étoient révoltés, & ayant mis sur pied une puissante armée, il se prépara à porter la guerre en Syrie. Corbulon, qui étoit informé de toutes les mesures que prenoit le Roi des Parthes, envoya promptement du secours à Tigrane, & posta le reste de ses légions le long de l'Euphrate. Il fit construire des forts devant toutes les fontaines, afin que les Parthes manquassent absolument d'eau dans ce pays aride & sablonneux. Pendant qu'il prenoit toutes ces précautions, Monesès faisoit diligence du côté de l'Arménie, qu'il espéroit trouver sans défense. Son attente fut trompée : Tigrane se tenoit sur ses gardes, & les Parthes assiégerent sans succès la ville de Tigranocerte. Monesès obligé de se retirer ravagea tout le pays qui se trouva sur son passage. Cependant Corbulon envoya faire des reproches à Vologèse, au sujet des hostilités qu'il commettoit dans une Province Romaine, & il fit entendre à ce Prince, que s'il ne renonçoit pas à ses desseins sur l'Arménie, les traités faits entre les Parthes & les Romains seroient rompus. Vologèse, soit pour gagner du temps, soit pour d'autres raisons, prit le parti de la modération, & répondit, qu'il alloit envoyer à Rome demander le Royaume d'Arménie à Néron, & renouveller l'ancienne alliance avec les Romains. Il dépêcha aussitôt quelques couriers vers Monesès, qui lui porterent les ordres de cesser toute entreprise contre l'Arménie, & il se retira lui-même avec son armée au cœur de ses Etats.

Les Ambassadeurs que le Roi des Parthes avoit fait partir pour Rome furent bien reçus de Néron, mais cet Empereur ne voulut point renouveller l'alliance avec les Parthes, s'ils ne consentoient à abandonner leurs prétentions sur la couronne d'Arménie. Vologèse irrité d'une condition aussi dure rassembla aussitôt son armée, & marcha du côté de la Syrie. Les obstacles qui s'opposerent à son entrée dans cette Province, lui firent changer de résolution, & il tourna tous ses efforts contre l'Arménie, où il remporta de grands avantages. Ces succès ne l'empêcherent point de ménager l'amitié des Romains, & persuadé que Tiridate ne pourroit conserver longtemps la couronne d'Arménie si Néron ne lui en confirmoit la possession, il permit à son frere de faire un voyage à Rome. Tiridate arrivé dans cette ville y fut traité avec de grands honneurs ; on le reconnut Roi d'Arménie, & par ce moyen l'alliance des Parthes & des Romains fut renouvellée, & la paix se trouva rétablie entre les deux Empires. Depuis ce temps jusqu'au regne de Vespasien, on ignore les différents événements arrivés dans le Royaume des Parthes.

Vespasien, après avoir terminé la guerre contre les Juifs, entra dans la Mésopotamie, & inspira une telle frayeur à Vologèse, que ce Prince sur la nouvelle que Tite s'avançoit vers le Zeugma, lui envoya des présents considérables, & lui fit faire des félicitations au sujet des victoires qu'il venoit de remporter dans la Judée. Tite fit un accueil favorable aux Ambassadeurs Parthes, accepta ce qu'ils lui offroient de la part de leur Souverain, & les fit traiter avec beaucoup de magnificence. Les anciens Traités furent confirmés de nouveau, & les Ambassadeurs s'en retournerent satisfaits de la générosité de Tite. Vologèse tranquille du côté des Romains eut le chagrin d'apprendre que ses deux freres avoient été successivement chassés du thrône par les Alains, auxquels le Roi d'Hyrcanie avoit fourni de puissants secours. Tacite & Josephe ne font plus mention de l'histoire des Parthes jusqu'au commencement du second siécle ; ce qui est cause que pour faire une suite de Rois Parthes jusqu'à Chosroès, connu par les guerres que lui fit Trajan, on est obligé de recueillir quelques traits rapportés sans dessein par différents Auteurs (1). Voici comme ils s'expliquent à ce sujet.

PERSES SOUS LES ROIS PARTHES.

A la mort de Vologèse, Artabane son fils lui succéda, & ce Prince, si on en croit Zonare, prit hautement le parti d'un imposteur qui vouloit se faire passer pour Néron. On ignore les suites de cette affaire. Ce qu'il y a de constant, c'est que les Romains occupés ailleurs ne firent point la guerre aux Parthes. Artabane forma ensuite le projet d'envahir l'Arménie ; mais il mourut avant que de l'exécuter, & il laissa la couronne à son fils Pacore. Les actions de ce Prince ont resté dans l'obscurité, on sçait seulement qu'il contracta une alliance avec Décebale, Roi des Daces, & que les Parthes tout le temps de son regne furent étroitement unis aux Romains.

ARTABANE.

PACORE.

Chosroès, frere & successeur de Pacore, monta sur le thrône quelque temps après que Trajan parvint à l'Empire. Ce Prince qui aimoit la guerre, & qui n'avoit plus d'occasion de la faire en Occident, songea à la porter chez les Parthes. Chosroès regnoit alors, & il avoit donné le Royaume d'Arménie à Exedare. Cette investiture étoit contraire aux droits de l'Empire Romain, & sous prétexte que Chosroès avoit porté atteinte aux traités, Trajan résolut d'en tirer raison. Néanmoins il commença par faire des plaintes à Chosroès sur sa conduite, & le peu d'égards qu'il témoignoit pour les Romains. Le Roi des Parthes fit une réponse fiere, qui favorisa le desir que Trajan avoit de s'emparer de l'Arménie, & d'en faire une Province de l'Empire. Il fit les préparatifs nécessaires pour cette expédition, & marcha bientôt à la tête de son armée. Chosroès sentit alors l'imprudence qu'il avoit faite, & croyant la réparer, il envoya une Ambassade à l'Empereur Romain. Il étoit à Athènes au moment que les Parthes lui apporterent des présents, & lui demanderent son amitié. Ils lui apprirent qu'Exedare avoit été déposé par Chosroès, & que ce Prince prioit l'Empereur d'accorder à Parthamasiris son frere l'investiture du Royaume d'Arménie. Trajan répondit aux Ambassadeurs, que le repentir de Chosroès venoit trop tard, & sans vouloir rien écouter davantage, il s'avança en diligence vers l'Arménie, qu'il subjugua, & réduisit en Province Romaine, comme il en avoit eu le dessein. Parthamasiris à qui Trajan avoit laissé la liberté de se retirer,

CHOSROE'S.

(1) Xiphilin. in Othone. Suidas, voce Ονητῶν. Plin. Epist. L. X.

E e ij

n'en profita pas. Chagrin de la perte de fa couronne, il tenta de livrer une bataille aux Romains, & fut tué en combattant.

L'année fuivante les Romains entrerent en campagne de bonne heure, & malgré la vigoureufe réfiftance des Parthes, ils pafferent le Tygre fur un pont de batteaux. Auffitôt que Trajan eut gagné l'autre bord du fleuve, il prit le chemin de l'Affyrie, & fe rendit maître de la ville d'Arbelles. La terreur s'étoit emparée des Parthes, & ils fuyoient les Romains, qui foumirent avec une rapidité furprenante une grande étendue de pays. La Babylonie, Province de Babylone, fe rendit d'elle-même, & la capitale fut prife d'affaut. Trajan maître des deux plus riches Provinces de l'Empire des Parthes, fçavoir, la Chaldée & l'Affyrie, fe préfenta devant Ctefiphon, capitale de la Monarchie des Parthes, & la réduifit fous fon obéiffance. Un defir ardent de voir le grand Ocean, jufqu'alors inconnu aux Romains, fit entreprendre ce voyage à l'Empereur. Son abfence enhardit Chofroès à mener quelques troupes dans la Méfopotamie à deffein de couper toute communication entre l'armée Romaine & la Syrie.

Plufieurs villes de cette Province inftruites de l'arrivée de Chofroès, chafferent les garnifons Romaines, & ouvrirent leurs portes au Roi des Parthes. Trajan fut bientôt informé de cette révolution, & afin d'empêcher qu'elle ne devînt générale, il envoya en Méfopotamie Lucius & Maxime deux de fes Généraux, pour contenir dans le devoir les villes qui ne s'étoient point foumifes à Chofroès. Maxime dans une rencontre qu'il eut avec les Parthes, fut tué, & fon armée fut mife en déroute. Lucius plus heureux remporta divers avantages, & reprit les villes de Nifibe & de Séleucie. Chofroès hors d'état de faire tête à fes ennemis, fut obligé de chercher une retraite dans le pays des Hyrcaniens; & Trajan fongea à donner aux Parthes un Roi qui fut attaché aux Romains. Dans cette vûe il fit affembler à Ctefiphon les principaux de la nation Parthe, & après s'y être rendu lui-même, il mit la couronne fur la tête de Parthamafpatès, qui, felon quelques-uns, étoit de la famille Royale.

Les Parthes fe lafferent bientôt de la dépendance où ils fe trouvoient, & la mort de Trajan arrivée peu de temps après fon expédition, les ayant délivrés de la crainte qu'il leur infpiroit, ils chafferent Parthamafpatès, & rappellerent Chofroès. Adrien, fucceffeur de Trajan, loin de s'oppofer au rétabliffement de Chofroès, lui abandonna les Provinces au-delà de l'Euphrate, & retira de Méfopotamie, de l'Affyrie & de l'Arménie toutes les garnifons Romaines qui y avoient été placées. On ignore ce que Parthamafpatès devint; quelques-uns croyent qu'Adrien pour le confoler du Royaume qu'il perdoit, lui donna un petit Etat à gouverner, mais on ne fpécifie point quel il étoit. Quoi qu'il en foit, il ne remonta point fur le thrône des Parthes, & l'Empereur Romain qui vouloit fe concilier l'amitié de ces peuples, renvoya fans exiger de rançon tous leurs prifonniers que Trajan avoit faits, & parmi lefquels fe trouvoit la fille de Chofroès. Cette générofité toucha le Roi des Parthes, qui en fut reconnoiffant le refte de fa vie, & donna en toutes occafions aux Romains des marques d'un fincere attachement.

A la mort de Chofroès, Vologèfe, fon fils aîné, lui fuccéda. Ce Prince dès les commencements de son regne fut obligé de mettre une armée sur pied pour chasser les Scythes de la Médie, où ils avoient fait une irruption. Vologèse ne pouvant avec ses troupes forcer les Scythes à sortir du pays qu'ils ravageoient avec une espece de fureur, les y engagea par de riches présents, & ils consentirent à abandonner la Médie. Vologèse jouit quelque temps de la tranquillité que la retraite des Scythes lui procura, & ce ne fut qu'au bout de plusieurs années qu'il songea à rentrer en possession de l'Arménie. Les Romains depuis Trajan s'étoient attribué le droit de nommer les Rois de ce pays, & Soeme y regnoit alors sous leur autorité. L'âge avancé d'Antonin Pie, & les troubles qui s'éleverent dans l'Arménie, fournirent au Roi des Parthes l'occasion de faire revivre les prétentions de ses prédecesseurs sur cette couronne. En conséquence il envoya contre les Arméniens Osroès à la tête d'une armée nombreuse, & prit de son côté le chemin de la Syrie, où il avoit dessein de faire une irruption. Séverien voulut en vain s'opposer aux entreprises d'Osroès; il fut investi par les Parthes, & perdit la vie avec toutes les troupes qu'il avoit amenées. Dans le même temps Vologèse arrivé en Syrie, mit en fuite Atidius Cornelius, Gouverneur de cette Province. Marc Aurele qui avoit succédé à Antonin Pie, & qui s'étoit associé Verus, chargea ce dernier de porter la guerre chez les Parthes. Verus partit, mais il s'arrêta à Antioche, où il se livra aux plaisirs & à la débauche; pendant que Statius Priscus, Avidius Cassius & Martius Verus ses Lieutenants, marcherent contre les Parthes. Statius Priscus & Martius Verus entrerent dans l'Arménie avec une armée, prirent Artaxate, chasserent leurs ennemis de ce Royaume, & y rétablirent Soeme. Avidius Cassius de son côté étant entré dans les terres des Parthes mêmes, battit plusieurs fois Vologèse, & conquit dans l'espace de quatre ans tout ce que Trajan avoit déja subjugué. Les villes de Séleucie, de Ctesiphon & de Babylone furent pillées & brûlées, & Avidius Cassius ne quitta le pays des Parthes qu'après y avoir porté l'effroi & la désolation. La joye que les Romains ressentirent des avantages qu'ils avoient eus fut de courte durée. La maladie se mit dans les troupes, & les légions victorieuses se trouverent considérablement diminuées, avant même que d'être arrivées en Syrie (1). Verus malgré le peu de part qu'il parut avoir à cette guerre, ne laissa pas que d'être décoré des titres de *Parthicus* & d'*Arménicus*, & en s'en retournant en Italie il joignit Cassius, & l'emmena avec lui. La peste que les troupes Romaines avoient prise dans le pays des Parthes se communiqua à toutes les villes de leur passage. L'Italie, Rome & les Gaules en furent infestées, & ce fléau causa un sensible chagrin à Marc Aurele, qui n'épargna ni soins, ni dépenses pour apporter quelque soulagement à un mal si terrible.

Après la mort de Verus, & la révolte de Cassius, Marc Aurele fit un voyage en Syrie, pour régler les affaires de cette Province. Vologèse à qui l'approche de l'Empereur donnoit de l'inquiétude, lui envoya des Ambassa-

(1) On ignore de quelle maniere cette guerre fut terminée, & s'il y eut quelque traité conclu entre les Romains & les Parthes. M. Crévier dans son histoire des Empereurs rapporte les conjectures de M. de Tillemont, qui pense que les Parthes céderent aux Romains la Mésopotomie, & qu'au moyen de cet accord ils jouirent de la paix pendant trente ans.

Perses sous les Rois Parthes.

deurs chargés de renouveller les traités. Marc Aurèle fit un accueil favorable aux Parthes, & accepta volontiers leurs propositions. Le retour des Ambassadeurs tranquillisa Vologèse, qui goûta encore quelque temps les douceurs de la paix, & à sa mort qui fut causée par une maladie, & non par le crime de ses sujets, comme l'avance un Ecrivain (1), Vologèse III lui succéda.

Vologese III.

Les commencements du regne de ce Prince furent tranquilles, mais malheureusement pour lui il prit le parti de Niger contre l'Empereur Sévere, & s'attira par cette conduite l'indignation de ce dernier. Niger n'eut pas plutôt perdu la vie que Sévere songea à se venger de tous ceux qui s'étoient déclarés en la faveur de ce Prince, & marcha vers le pays des Parthes. Il s'empara de Babylone & de Séleucie, qui ne firent aucune résistance, & il s'avança jusqu'à Ctesiphon où Vologèse s'étoit enfermé avec ses troupes. Les Romains souffrirent beaucoup de la disette des vivres pendant le siége de cette Place, qui malgré la vigoureuse résistance des Parthes fut prise d'assaut.

198.

Les thréfors du Roi, sa femme & ses enfants tomberent au pouvoir des Romains ; à l'égard de Vologèse il eut le bonheur de se sauver. Cependant les incommodités que les Romains avoient à endurer dans un pays dont le climat leur étoit étranger, les contraignirent à se retirer, & ils prirent le chemin de l'Arménie. Le Roi qui régnoit alors s'appelloit aussi Vologèse, & faisoit éclater de grandes vertus. Son amour pour la tranquillité de ses sujets l'engagea à faire un accord avec ses ennemis, & Sévere s'étant prêté de son côté accorda la paix aux Arméniens, moyennant l'argent & les ôtages que Vologèse lui donna. Aussitôt que les troupes Romaines furent éloignées du pays des Parthes, Vologèse, à l'exception de la Mésopotamie, recouvra tout ce qu'on lui avoit enlevé. Ce Prince se maintint dans ses possessions sans être troublé par les Romains, & il vécut encore plusieurs années.

Artabane.

216.

Les deux fils qu'il avoit laissés, sçavoir, Vologèse & Artabane, se firent chacun un puissant parti, & se disputerent la couronne. Caracalla parvenu à l'Empire, & jaloux de porter le surnom de Parthique, résolut de profiter des troubles qui affoiblissoient l'Empire des Parthes. Le prétexte dont il se servit pour envahir ce pays avec une apparence de justice, fut la désertion de Tiridate & d'Antiochus, qui avoient trouvé un asyle auprès du Roi des Parthes, après avoir fait quelque entreprise contre l'Empereur Romain. En conséquence Caracalla demanda ces deux transfuges avec une hauteur & des menaces les plus insultantes. Artabane qui venoit de vaincre son frere, ou du moins qui se trouvoit beaucoup plus fort, crut devoir se charger de répondre aux Romains. Il auroit sans doute rendu injure pour injure, mais il n'étoit pas encore en état de le faire. Il prit donc la voye de la douceur, & fit remettre entre les mains de Caracalla les deux hommes qu'il désiroit avoir en sa puissance. Une conduite si modérée ne répondoit pas à l'attente de l'Empereur Romain, qui vouloit à quelque prix que ce fût avoir le droit d'envahir le Royaume des Parthes. Afin de parvenir plus sûrement au but qu'il se proposoit, il projetta de faire demander en mariage la fille d'Artabane, s'imaginant que s'il obtenoit cette Princesse il pourroit faire valoir

(1) Constantin Manassès, qui donne le nom de Belegèse, au Roi Vologèse II.

sa qualité de gendre pour succéder au Roi des Parthes, & que si au contraire on rejettoit sa demande il se trouveroit autorisé à venger par les armes un pareil affront. L'esprit rempli de ce dessein, il fit partir des Ambassadeurs, qui arrivés dans la Parthie exposerent à Artabane le sujet de leur commission, & lui firent de la part de leur maître les offres les plus avantageuses. Soit qu'Artabane eût quelque soupçon des vûes ambitieuses de Caracalla, il refusa de lui donner sa fille ; mais son refus paroissoit fondé sur des raisons de politique, & ne pouvoit en aucune façon choquer les Romains. Caracalla ne se rebuta pas, il envoya une seconde Ambassade, & le Roi des Parthes, malgré sa répugnance, fut obligé de céder aux importunités de l'Empereur, & aux pressantes sollicitations de ses sujets, qui espéroient que cette alliance leur procureroit une paix solide & durable.

On fit des préparatifs pour rendre la fête des nôces plus magnifique, & Caracalla qui étoit alors en Syrie passa l'Euphrate, sous prétexte de faire honneur à la Princesse qu'il alloit épouser. Artabane averti de l'arrivée des Romains, alla à leur rencontre accompagné de la Noblesse & de l'élite de ses troupes, mais les uns & les autres étoient désarmés. Lorsque les Parthes magnifiquement habillés furent à une petite distance des Romains, ils mirent pied à terre, & s'avancerent avec confiance de leur côté. Dans le temps qu'ils témoignoient la joye à laquelle ils se livroient entierement, le perfide Caracalla donna un signal, & ses troupes se jetterent sur les Parthes, & en massacrerent un grand nombre. Artabane eut beaucoup de peine à éviter le danger, & il ne dut son salut qu'au zele de ses gardes qui l'environnerent, & lui fournirent assez tôt un cheval pour fuir les Romains. M. Crevier dans son histoire des Empereurs, adopte le sentiment de M. de Tillemont, qui sur le témoignage de Dion, assure que le Roi des Parthes refusa constamment l'alliance que l'Empereur Romain lui proposoit. Quoi qu'il en soit, il est constant que Caracalla entra sur les terres des Parthes au moment qu'on ne l'attendoit pas, & que cet Empereur ravagea les campagnes & les villes sans que personne lui résistât. Il prit de même la ville d'Arbelles, fit ouvrir les tombeaux des Arsacides, & jetter leurs cendres au vent. Après une expédition aussi honteuse, Caracalla se vanta d'avoir subjugué les Parthes, & prit le titre de *Parthique*.

Cependant Artabane retiré sur les montagnes au-delà du Tygre, rassembla des troupes en diligence dans le dessein de se mettre en campagne l'année suivante. Caracalla informé des préparatifs des Parthes se disposoit à marcher de nouveau contre eux, lorsqu'il fut assassiné par un de ses Officiers. Macrin, qui succéda à Caracalla, se mit à la tête des légions Romaines, & s'avança pour combattre Artabane. L'armée nombreuse que ce Prince commandoit effraya Macrin, qui crut devoir chercher à faire la paix avec lui. En conséquence, il renvoya les prisonniers Parthes que les Romains avoient faits l'année précédente, & fit offrir la paix à des conditions avantageuses. Artabane étoit trop offensé pour céder si facilement, &, s'il ne rejetta pas les propositions des Romains, il ajouta des demandes si exorbitantes, que ces derniers furent obligés de rompre les négociations. Il exigeoit entre autres choses que les Romains rétablissent les forts qu'ils avoient ruinés dans son pays, & les villes qui avoient été saccagées ; que

PERSES SOUS LES ROIS PARTHES.

la Méfopotamie lui fût rendue ; qu'on le dédommageât des pertes que le Royaume avoit fouffertes, & qu'on réparât les fépulchres des Rois fes ancêtres. Macrin ne pouvant accepter des conditions auffi dures, fe vit dans la néceffité de recourir aux armes. La bataille fut livrée près de Nifibe, & la nuit feule fépara les combattants. L'action recommença le lendemain avec une égale ardeur, & les Parthes eurent l'avantage de leur côté. Néanmoins les Romains n'étoient pas totalement abbattus, & on comptoit fur une troifiéme bataille, qui eut indubitablement été livrée, fi Macrin n'eût de nouveau fait demander la paix. Artabane qui s'appercevoit que fes troupes s'ennuyoient de la guerre, & défiroient revoir leur pays, fe prêta plus volontiers à un accommodement, & moyennant une grande fomme d'argent, Macrin obtint la paix.

Artabane en vertu de ce traité retourna paifiblement dans fes Etats, où il s'appliqua à réparer les défordres que la guerre y avoit caufés. Les Romains en différentes occafions avoient détruit les meilleurs troupes du Roi des Parthes, & ce Prince ne pouvoit de longtemps trouver moyen de rétablir fes forces militaires. Un Perfe, nommé Artaxare ou Artaxercès, homme brave & entreprenant, profita de la circonftance. Il engagea fes compatriotes à fe révolter, & à faire leurs efforts pour recouvrer une fouveraineté qui leur avoit été enlevée par les Parthes, autrefois leurs fujets. Les Perfes entrerent avec joye dans les projets d'Artaxercès, prirent les armes, & marcherent fous fon commandement. Artabane, informé de cette rébellion, fe mit à la tête de fes troupes, & fe hâta d'aller à la rencontre d'Artaxercès. Les deux armées ne furent pas plutôt en préfence qu'elles livrerent la bataille, & après des prodiges de valeur des deux côtés, la victoire fe déclara en faveur des Perfes. Artabane, qui s'étoit battu comme un fimple foldat, tomba au pouvoir de fes ennemis, & fut mis à mort par les ordres du chef des rebelles. A l'égard de l'armée Parthe, elle fut entierement défaite, & la nation privée de fon Roi & de foldats, fut contrainte de fe foumettre au vainqueur, & de reconnoître pour Souverain un peuple qui lui avoit été affujetti l'efpace de quatre cent foixante & quinze ans. Telle fut la fin de l'Empire des Parthes, qui retourna au pouvoir des Perfes, comme il y avoit été avant Arface I. Néanmoins la race des Arfacides ne fut pas éteinte en la perfonne d'Artabane, dernier Roi des Parthes, & elle continua de régner en Arménie encore quelque temps, comme on le verra dans l'hiftoire de ce pays.

ARTICLE

ARTICLE III.

Histoire des Perses, depuis le rétablissement de la Monarchie, jusqu'à la conquête des Arabes.

AGATHIAS rapporte qu'Artaxare, qui rétablit l'Empire des Perses, étoit d'une origine fort obscure, & qu'il ne devoit sa naissance qu'à un commerce illicite, que sa mere, femme d'un Cordonnier, avoit eu avec un Officier. Ce Militaire, pour satisfaire la passion que la beauté de la cordonniere lui avoit inspirée, feignit que l'étude qu'il avoit faite de l'Astrologie Judiciaire, lui apprenoit que l'enfant qui naîtroit de cette femme & d'un étranger parviendroit aux plus grands honneurs, & seroit le chef d'une puissante famille. Le mari séduit par une espérance si flatteuse, consentit à céder sa femme à l'Officier, qui se nommoit Sassan. Artaxare fut le fruit de cette ruse, & on l'éleva conformément à l'idée qu'on avoit de sa grandeur future. C'est ainsi que les Perses racontoient eux-mêmes l'origine du restaurateur de leur Monarchie. On sçait que tous les peuples se plaisoient à trouver du merveilleux dans la naissance de leurs Chefs. Quoiqu'il en soit, il paroît qu'Artaxare étoit un simple particulier, qui s'étoit élevé au premier grade par sa valeur & par son mérite. On vient de voir de quelle maniere il abbattit la puissance des Parthes, & comment il délivra les Perses de la servitude, où ils gémissoient depuis plusieurs siécles (1).

Ce Prince fut à peine sur le thrône, qu'il prétendit faire rentrer sous la domination des Perses tous les Pays qui avoient été soumis à Cyrus. Après avoir fait tous les préparatifs nécessaires pour une entreprise de cette importance, il ordonna aux Gouverneurs Romains de l'Asie mineure de lui céder promptement toutes ces Provinces. Alexandre Sévere, qui occupoit alors le thrône de l'Empire ; & qui, à cause de sa jeunesse, ne regnoit que sous la tutelle de sa mere, auroit désiré éviter une guerre, qui pouvoit devenir funeste. Les remontrances mêlées de menaces qu'il fit faire au Roi de Perse ; loin d'ébranler ce Monarque, ne servirent qu'à l'irriter d'avantage. A la tête d'une puissante armée, il attaqua brusquement tous les postes que les Romains avoient sur l'Euphrate, & réduisit sous sa puissance une partie considérable des Provinces voisines. Cette invasion mit l'Empereur dans la nécessité de marcher contre les Perses, pour tâcher d'arrêter leurs progrès. Artaxare, informé qu'Alexandre s'avançoit, leva le siége d'Antioche, qu'il faisoit alors, & envoya à l'Empereur quatre cents hommes superbement habillés, & qui étoient d'une taille & d'une force extraordinaires. Ces espéces d'Ambassadeurs étoient chargés de déclarer à Ale-

---

(1) Dion, Hérodien, Procope & Agathias rapportent cet évenement à la quatriéme année de Sévere Alexandre, laquelle commença au mois de Mars, & finit en 226. Le canon de Saint Hippolyte gravé sur une chaire de marbre, dit que dans la premiere année de Sévere Alexandre, le 13 d'Avril se trouva un samedi, ce qui ne peut convenir qu'à l'an 222. de J. C.

xandre, qu'Artaxare prétendoit que les Romains évacuassent la Syrie & toute l'Asie mineure, & qu'ils rendissent aux Perses les pays situés en deçà de la Mer Egée & du Pont, comme ayant appartenu autrefois à l'Empire des Perses (1). Alexandre ne daigna faire aucune réponse à de telles propositions, & s'avançant dans la Mésopotamie, il reprit toute cette Province, dont le Roi de Perse s'étoit emparé. Artaxare ne resta pas dans l'inaction, & il marcha contre les Romains à dessein de leur livrer bataille. Les Romains furent vainqueurs, suivant Lampride, & Alexandre, obligé de retourner à Rome après cette glorieuse expédition, y reçut les titres de Persique & de Parthique. Hérodien prétend que les troupes Romaines, partagées en trois corps pour agir de trois côtés différents, furent entierement défaites. Quelque fut le succès de cette guerre, il paroît qu'Artaxare conserva tranquillement le thrône, qu'il occupa pendant douze ou quinze ans.

Sapor, son fils & son successeur, voulut signaler les commencements de son regne, en déclarant la guerre aux Romains. Il y fut excité par Cyriade, fils d'un des principaux Officiers de l'armée Romaine. Ce jeune homme après avoir enlevé tout ce qu'il put à son pere, se retira dans la Perse; où il ne songea d'abord qu'à vivre dans les plaisirs & dans le luxe. Lorsqu'il eut consommé tout son bien, il chercha les moyens d'en acquérir de nouveaux en faisant des courses sur les terres soumises aux Romains. Il se mit à la tête d'un grand nombre de déserteurs que l'amour du butin avoit attirés auprès de lui. Ce fut alors qu'il engagea Sapor, Prince avide de gloire, à attaquer les Romains. La prise d'Antioche & de Césarée fut bientôt la suite de cette expédition, & les succès des Perses auroient été plus rapides, si l'Empereur Gordien ne s'y fût promptement opposé. L'arrivée de ce Prince en Orient allarma les Perses, & les obligea à se retirer dans leurs propres Etats. Tout ce que les ennemis avoient enlevé rentra sous la domination Romaine, & le jeune Empereur se proposoit d'attaquer les Perses jusques dans leur pays, lorsqu'il fut tué par les ordres de Philippe, Préfet du Prétoire. Ce traître, ne songeant alors qu'à jouir du fruit de son crime, se hâta de faire la paix avec Sapor, & de prendre le chemin de l'Italie, pour faire confirmer par le Sénat le titre d'Empereur, que les troupes qu'il commandoit lui avoient déjà donné.

Aussitôt que les Romains se furent retirés, Sapor rentra sur leurs terres,

---

(1) Hérodien & Lampride rapportent diversement les évenements de cette guerre; M. de Tillemont & M. Crévier adoptent le récit de Lampride, en donnant des raisons solides qui déterminent à ajouter plus de foi à ce dernier qu'à Hérodien. On remarque en effet dans celui-ci des choses qui ne sont pas dans la vraisemblance. Il accuse l'Empereur d'avoir violé le droit des gens dans la personne des Ambassadeurs du Roi de Perse, & d'un autre côté, il nous représente Alexandre Sévere comme un Prince lâche & timide. Si l'Empereur eut été tel qu'il nous le peint, il auroit pû se dispenser de faire la guerre par lui-même, & il en auroit confié le soin à ses Lieutenants. La prudence lui avoit fait connoître les inconvénients de faire la guerre dans un pays si éloigné; & par cette raison il étoit naturel qu'il cherchât à l'éviter. La présomption d'Artaxare le mettant dans la nécessité de prendre les armes, il ne balance plus à se mettre à la tête de ses troupes, & va à la rencontre de son ennemi. Une telle démarche fait clairement voir qu'Alexandre ne manquoit point de courage, & par conséquent le peu de confiance qu'on doit avoir au récit d'Hérodien.

& les troubles dont l'Empire étoit agité empêcherent les Empereurs de songer aux affaires de l'Orient. Le Roi de Perse profitant des divisions intestines des Romains, faisoit tous les jours sur eux de nouvelles conquêtes. Il avoit entrepris le siége d'Edesse, lorsque Valérien, qui étoit monté sur le thrône Impérial, marcha au secours de cette Place, qui se défendoit vaillamment. La défaite de l'armée Romaine mit l'Empereur dans la nécessité de demander la paix, & Sapor eut la lâcheté de faire enlever ce Prince qui s'étoit rendu avec trop peu de précaution dans l'endroit indiqué, pour y conclure le traité. Cet événement acheva de ruiner les affaires des Romains dans l'Orient, où Sapor eut de continuels avantages. La dureté avec laquelle il traita les peuples qu'il soumettoit, les souleva bientôt contre lui. Ils mirent d'abord à leur tête un nommé Calliste, mais commandé dans la suite par Odénat, Prince de Palmire, ils défirent plusieurs fois les Perses; & les poursuivirent jusques dans leurs Etats.

On assure que Sapor en se retirant eut l'inhumanité de faire combler le creux des chemins avec les corps vivants des prisonniers qu'il avoit faits. Il ne traita pas avec moins de rigueur l'Empereur Valérien à qui il fit toutes sortes d'outrages. Il le traînoit à sa suite chargé de chaînes, & en même temps revêtu de la pourpre Impériale. Il se servoit aussi de son corps comme d'un marchepied, lorsqu'il vouloit monter à cheval. Valérien languit plusieurs années dans un si horrible esclavage; & lorsqu'il fut mort, le Roi de Perse ordonna que son corps fût écorché, qu'on teignît sa peau en rouge, qu'on la garnît en dedans de paille pour y conserver la forme humaine; & qu'en cet état il fût suspendu dans un Temple, comme un monument de la honte des Romains.

Cependant Odénat continuoit de faire des incursions sur les terres de Perse, & il s'étoit même avancé jusqu'au bord du Tigre. Après sa mort, Zénobie, sa femme, ne cessa de faire la guerre aux Perses, sur lesquels elle remporta divers avantages. Cette Princesse fut faite prisonniere par l'Empereur Aurélien, dans le temps qu'il vengea sur les Perses l'honneur des Romains. Sapor, vaincu d'un côté, étendit cependant les bornes de son Empire aux dépens des peuples barbares ses voisins. On lit dans Abul-Pharage, qu'Aurélien fit sa paix avec Sapor, & qu'il lui donna sa fille en mariage.

Sapor eut pour successeur Hormisdas, son fils, qui n'eut aucune guerre à soutenir avec les Romains, & qui ne voulut point entrer dans le complot que les Palmiréniens avoient fait, pour enlever la couronne à l'Empereur Aurélien.

Hormisdas ne regna qu'un an & dix jours, & on lui donna pour successeur Varane. Ce Prince, qui occupa le thrône pendant trois ans, vécut tranquillement avec les Romains. On ignore les actions de ce Monarque.

Varane, devenu maître du thrône de Perse par la mort du dernier Roi, forma le dessein de s'emparer de quelques Provinces Romaines; mais à peine fut-il informé que l'Empereur Probus s'avançoit dans l'Orient, qu'il lui envoya des Ambassadeurs chargés de présents. L'Empereur reçut d'abord avec la derniere hauteur les Ministres de Perse, mais s'étant ensuite laissé adoucir, il accorda la paix qu'on lui demandoit. Tant que les armées Ro-

PERSES SASSANIDES.

260.

HORMISDAS.
273.

VARANE I.
274.

VARANE II.
277.

PERSES SASSANIDES.

maines resterent en Orient, les Perses se tinrent tranquilles & n'oserent rien entreprendre. Varane méditoit cependant toujours quelques nouveaux projets, & il attendoit des circonstances favorables pour les exécuter. Le retour des troupes Romaines en Italie, après la mort de l'Empereur Numérien, sembloit favoriser les desseins de Varane. Ce Prince profita en effet de l'éloignement des ennemis, pour fortifier ses frontieres. Dioclétien, informé des préparatifs que faisoit le Roi de Perse, passa promptement en Asie, & marcha vers l'Arménie avec une nombreuse armée. La présence des Romains arrêta les projets de Varane, qui étant mort peu de temps après, laissa la couronne à son fils, nommé aussi Varane.

VARANE III.
294.

Le regne de ce Prince ne fut que de quatre mois, & n'offre par conséquent aucun évenement considérable. Les Historiens désignent ce Monarque par le titre de *Segansaa*. Agathias nous en apprend la raison. C'étoit, dit-il, la coutume des Rois de Perse d'incorporer les peuples vaincus avec leurs sujets, non pas en les transplantant d'un côté ou d'un autre, mais en leur permettant de vivre comme auparavant, selon leurs propres loix. On ajoutoit au titre des Monarques de Perse, celui de Prince du pays qu'on avoit subjugué. Varane II. peu de temps avant sa mort avoit vaincu les Segestains, & ce fut pour cette raison que son fils se fit appeller Segansaa, c'est-à-dire, Roi des Segestains.

NARSÈS.
294.
296.

Narsès, son successeur, en montant sur le thrône des Perses, avoit pris la résolution de rendre à l'Empire tout son ancien éclat. A la tête d'une puissante armée il entra dans la Mésopotamie, & se rendit maître de la plus grande partie de cette Province. Dioclétien chargea Galèrius, qu'il avoit fait César, de s'opposer aux progrès de Narsès. Ce Monarque, battu deux fois par les Romains, se vit forcé de se retirer jusques dans le centre de ses Etats, mais ayant trouvé une occasion favorable d'attaquer ses ennemis, il remporta sur eux une victoire complette. Galerius qui ne s'étoit sauvé qu'avec beaucoup de difficulté, eut de la peine à obtenir une nouvelle armée, pour continuer la guerre contre les Perses. Résolu de laver dans le sang des ennemis la honte de sa défaite, il mit tout en usage pour obtenir la victoire qu'il méditoit. Réunissant la prudence à la valeur, il vint à bout de tailler en piéces l'armée de Narsès qui, blessé dans l'action, fut contraint de se retirer dans les montagnes avec un très-petit nombre de troupes. L'abbattement où se trouverent les Perses après cette défaite, mit le Roi dans la nécessité de demander la paix aux Romains. Il ne put l'obtenir qu'en cédant cinq Provinces, mais on refusa de lui rendre ses sœurs, ses concubines qui avoient été faites prisonnieres, & qui servirent d'ornement au triomphe de Galérius. Cet évenement fut si sensible à Narsès, qu'il en mourut de chagrin.

MISDATE, ou HORMISDAS II.
301.

Le thrône fut alors occupé par Misdate, qui est aussi nommé Hormisdas. Son regne, qui fut de sept ans & sept mois, n'offre rien de remarquable, & il y a apparence, qu'il consentit à observer le traité que les Romains avoient fait avec son prédécesseur. Misdate fut longtemps sans avoir d'enfants, & comme il étoit d'une santé extrêmement foible, on craignoit qu'il ne mourût sans laisser de successeurs. Pour prévenir les troubles que sa mort pouvoit occasionner, les Grands du Royaume s'étoient déjà assembles, & avoient pris les mesures qui leur avoient paru les plus convenables. La Reine étant devenue enceinte, & les Mages ayant assuré qu'elle seroit mere d'un Prince, les Grands du Royaume convinrent tous de lui prêter serment de fidélité avant qu'il vît le jour. La Reine accoucha en effet d'un Prince, qui fut nommé Sapor II. (1).

Lorsqu'il fut parvenu à l'âge où il pouvoit regner seul, il fit bientôt connoître la grandeur de son courage. Animé du désir de réunir sous son obéissance toutes les Provinces qui avoient autrefois appartenu à la Perse, il prit des mesures plus sages que ses prédécesseurs. Il commença par discipliner ses troupes, & pour faire fleurir en même temps ses Etats, dont il recula les bornes du côté de l'Orient & du Nord, il favorisa le commerce & les Arts. On prétend que les Mages le porterent à persécuter les Chrétiens qui étoient dans ses Etats. Le dessein qu'il conservoit toujours d'attaquer les Romains ne l'empêcha pas d'envoyer une Ambassade à Constantin pour renouveller le traité de paix. L'Empereur profita de cette occasion pour lui écrire en faveur des Chrétiens, & il paroît que la lettre de Constantin eut quelque effet; car depuis ce temps-là les Chrétiens furent traités avec moins de rigueur.

Sapor se croyant en état d'exécuter le projet qu'il méditoit depuis longtemps, envoya à Constantin un manifeste, par lequel il réclamoit tous les pays qui avoient autrefois appartenu à la Perse, jusqu'au fleuve Strymon. Constantin qui étoit résolu de ne démembrer aucune Province de l'Empire, se disposa à faire la guerre aux Perses, & voulut lui-même commander l'armée qu'il avoit assemblée, mais la mort l'empêcha d'exécuter son dessein. Sapor ne manqua pas de profiter d'une circonstance si avantageuse pour enlever aux Romains une partie des Provinces qui avoient autrefois reconnu les loix de la Perse. La guerre que cette entreprise lui occasionna avec les Romains fut longue & sanglante, & les succès en furent entierement variés. Les deux partis las de la guerre se mirent sur la défensive; & se contenterent de garnir les Provinces limitrophes de leurs Etats. Sapor tourna alors ses armes contre les autres peuples de l'Asie, & cette expédition fut plus avantageuse pour lui que celle qu'il avoit entreprise contre les Romains. Cependant ses Généraux avoient eu quelques conférences au sujet de la paix avec les Officiers de l'armée Romaine. Sapor fit voir qu'il n'étoit point éloigné d'entrer en accommodement, & il demanda qu'on lui abandonnât la Mésopotamie & l'Arménie. L'Empereur rejetta cette proposition, & en conséquence les négociations furent rompues.

Quelque temps après un des principaux Officiers de l'armée Romaine, nommé Antonin, abandonna le service de l'Empereur pour quelque sujet de mécontentement, & se retira à la Cour de Sapor, qu'il instruisit de la situation des Romains. Le Roi de Perse profitant des avis d'Antonin, recommença la guerre, & après s'être rendu maître d'Amide, il entra dans la Mésopotamie, où il s'empara de Singara, qu'il détruisit, & de Bezabda qu'il fit fortifier. L'Empereur Constance après avoir fait d'inutiles efforts

(1) Tel est le sentiment d'Agathias, qui n'est cependant pas conforme à celui de tous les Auteurs. Plusieurs ne connoissent point Sapor pour un enfant posthume, & disent même que son pere a eu soin de son éducation.

Perses Sassanides.

pour rentrer en poſſeſſion de cette Place, alla prendre ſes quartiers d'hyver en Syrie. Dès le commencement du printemps ſuivant, les deux partis entrerent en campagne avec de nombreuſes armées, mais dans le temps qu'on s'attendoit à de grandes actions de part & d'autre, Sapor mit de fortes garniſons dans les Places frontieres de ſes Etats, & ſe retira au-dedans de ſon Royaume avec le reſte de ſes troupes. Conſtance croyant n'avoir plus rien à redouter des Perſes, prit la réſolution d'employer ſes forces contre Julien, qui avoit pris le titre d'Auguſte. Conſtance fut attaqué en chemin d'une maladie dont il mourut.

Julien reconnu pour ſon ſucceſſeur, voulut ſignaler les commencements de ſon regne par quelque action d'éclat contre les Perſes. Conduit dans cette expédition par un Seigneur Perſan nommé Hormiſdas, il dirigea ſi bien ſes opérations militaires, qu'il ſe rendit maître de pluſieurs Places fortes. Le ſiége de Cteſiphon apprit aux Romains à connoître la puiſſance de l'ennemi. La ville défendue par une forte garniſon, fit une ſi vigoureuſe réſiſtance, que les Romains prirent le parti de ſe retirer. Le pays qui ſe trouvoit également ravagé par les deux partis, n'offrit bientôt plus que des lieux ſecs & arides, où il étoit impoſſible de trouver la moindre ſubſiſtance. Julien avoit ſur le Tigre une flotte chargée de toutes ſortes de proviſions, de maniere que ſon armée ne ſouffroit aucunement de la diſette des vivres. Le conſeil d'un Seigneur Perſan, qui s'étoit donné pour transfuge, rendit inutile l'abondance que l'Empereur auroit pû procurer pendant longtemps à ſon armée. Il vint à bout de lui perſuader de brûler ſa flotte, & de faire une marche de trois ou quatre jours dans un pays ouvert & fertile, promettant de lui ſervir de guide. Julien donna dans le piége malgré les ſages avis de ſes Officiers, & il ne reconnut la trahiſon que lorſque ſa flotte fut entierement conſumée. Une telle découverte auroit dû l'engager à réparer la faute qu'il venoit de faire, mais il en commit au contraire une ſeconde, en s'engageant dans un pays qu'il ne connoiſſoit pas. Après quelques jours d'une marche facile, & pendant laquelle il n'avoit rencontré aucun ennemi, il ſe vit tout d'un coup attaqué par l'armée de Sapor. Ce fut dans cette occaſion qu'il reçut un coup de fleche dont il mourut. Sapor inſtruit de la mort de Julien envoya des députés à l'Empereur Jovien ſon ſucceſſeur. Par le traité de paix qui fut conclu entre ces deux Princes, les cinq Provinces qui avoient ſi longtemps fait le ſujet de la guerre, furent enfin cédées aux Perſes avec la forterſſe de Niſibe. Sapor fournit alors des vivres aux Romains, & leur permit de ſe retirer. La plus grande partie des troupes qui avoient ſuivi Julien dans cette expédition, étoit périe, & le reſte auroit eu le même ſort ſans le traité que Jovien ſe crut obligé de faire avec les Perſes.

Sapor débarraſſé de la guerre contre les Romains par un traité ſi avantageux, tourna ſes armes du côté de la Tartarie & des Indes. Auſſitôt après la mort de Jovien, il entra dans l'Arménie, où il fit mourir Arſace, Roi du pays, qui avoit pris les intérêts des Romains. Il transféra le Siége de ſon Empire à Cteſiphon, & reſta toujours armé, comme ayant toujours deſſein de profiter des circonſtances pour s'aggrandir aux dépens des Romains. Il ne paroît cependant pas qu'il ait rien fait de conſidérable depuis ce temps juſqu'à sa mort arrivée vers les commencements du règne de l'Empereur Gratien.

Les sentiments sont partagés sur l'origine d'Artaxerce, successeur de Sapor. Les uns prétendent qu'il étoit fils de ce Prince, & d'autres le regardent comme son frere, mais les moyens que les uns & les autres employent pour soutenir leurs systêmes ne paroissent pas bien solides : il paroit même plus naturel de croire qu'il n'étoit que simple parent du feu Roi. Ce Prince regna tranquillement pendant quatre ans, & c'est tout ce que nous sçavons de lui.

Nous ne sommes pas mieux instruits sur ce qui regarde Sapor, son fils, qui occupa le thrône pendant cinq ans.

Il laissa la Couronne à Varane, son fils, qui est aussi connu sous le nom de Kermasaa. Les historiens Grecs gardent un profond silence sur ce qui se passa sous son régne, qui fut de onze ans.

Le Royaume de Perse fut alors gouverné par Isdigerte, qui fut un des plus grands Monarques de son siécle. Arcadius, Empereur d'Orient, soit par politique, soit à cause des liaisons d'amitié qui étoient entre lui & ce Prince, le nomma par son testament protecteur de son fils Théodose II (1). Isdigerte favorisa beaucoup le Christianisme, & fit même punir les Mages, qui avoient employés divers stratagêmes pour porter le Roi de Perse à chasser les Chrétiens de ses Etats.

Après la mort d'Isdigerte, Varane son fils fut reconnu pour Souverain de la Perse. Ce Prince au commencement de son regne se vit dans la nécessité de persécuter les Chrétiens. Un Evêque par un transport de zele pour la Religion Chrétienne, réduisit en cendres un temple des Perses. Les Mages souleverent aussitôt le peuple, qui demanda la mort du Prélat. Varane craignant les suites de cette révolte, prit le parti d'accorder ce qu'on lui demandoit, & les Chrétiens furent poursuivis de tous côtés. Peu de temps après la guerre s'alluma entre les Perses & les Romains. Deux motifs occasionnerent une rupture entre les deux peuples. On étoit mécontent à Constantinople de la sévérité avec laquelle on traitoit les Chrétiens, & d'ailleurs Varane refusoit de rendre un certain nombre d'ouvriers que Théodose II avoit prêtés à Isdigerte, pour travailler aux mines d'or & d'argent. Le Roi de Perse, menacé d'une prochaine invasion de la part des Romains, envoya sur les frontieres Narsès, son Général; mais pendant que celui-ci étoit occupé à rassembler ses troupes, les Romains avoient traversé l'Arménie, & ravageoient Azazene, Province de Perse. Narsès marcha aussitôt de ce côté-là, afin d'arrêter les progrès des Romains, mais il fut battu. L'habileté avec laquelle il fit sa retraite, sauva la plus grande partie de ses troupes, & il les conduisit dans la Mésopotamie, Province qui dépendoit de l'Empire d'Orient. Varane mit alors dans son parti les Sarrazins, & les engagea à attaquer la Syrie. L'arrivée de ces barbares dans cette Province inspira une telle frayeur aux habitants, qu'ils prirent la fuite de tous côtés. Revenus de leur surprise, ils se joignirent à l'armée Romaine, & taillerent en pié-

PERSES SASSANIDES.
ARTAXERCE.
380.

SAPOR III.
385.

VARANE IV.
390.

ISDIGERTE
401.

VARANE V.
421.

(1) Ce fait est rapporté par Procope, & révoqué en doute par Agathias. Ce qu'il y a de certain, c'est que le Roi de Perse ne fit aucune entreprise contre l'Empire de Constantinople.

PERSES SASSANIDES.

ces la plus grande partie des Sarrazins. Cette défaite & la nouvelle du siége de Nifibe déterminerent Varane à raſſembler toutes les forces de ſon Empire, & à marcher en perſonne au ſecours de Nifibe. Les Romains informés de ſa marche leverent promptement le ſiége, & ſe retirerent même en déſordre. Le Roi de Perſe, au lieu de pourſuivre ſes ennemis, & de profiter de la terreur que ſon approche leur avoit inſpirée, reprit le chemin de ſa capitale, & chargea ſes Généraux du ſoin de continuer la guerre. Les Romains, reprenant alors courage, attaquerent les Perſes & remporterent ſur eux une victoire complette. Ils eurent un pareil avantage contre les Sarrazins, qui fut ſuivi d'une nouvelle défaite des Perſes. Tant de ſuccès ruinoient cependant les armées Romaines, qu'il n'étoit pas facile de recruter. Théodoſe ſe détermina donc à entrer en accommodement avec ſon ennemi, qui de ſon côté déſiroit la fin de la guerre. Une des principales conditions du traité fut qu'on ceſſeroit la perſécution contre les Chrétiens. Un autre événement contribua beaucoup à rétablir la Religion Chrétienne dans ce pays. Les Romains avoient envoyé dans la ville d'Amide ſept mille Perſes qu'ils avoient faits priſonniers, lorſqu'ils avoient ravagé la ville d'Azazene. L'extrême miſere où ils étoient réduits toucha ſenſiblement Acaſe, Evêque de cet endroit. Il engagea le Clergé à vendre tous les vaſes ſacrés d'or & d'argent pour ſoulager ces malheureux. Lorſque la paix fut faite & qu'ils eurent permiſſion de retourner dans leur Pays, l'Evêque leur fit diſtribuer encore une ſomme d'argent pour les frais de leur voyage. Cette belle action ſaiſit d'admiration le Roi de Perſe ; il fit venir Acaſe dans ſa capitale, & accorda de grands priviléges aux Chrétiens. Le reſte du regne de ce Prince fut tranquille, & Varane après avoir porté la couronne pendant vingt ans, mourut aimé & reſpecté de ſes ſujets.

VARANE VI.
442.

Varane VI. ou Iſdigerte, comme il eſt appellé par quelques Auteurs, monta alors ſur le thrône qu'il occupa pendant dix-ſept ans. C'eſt tout ce que nous ſçavons au ſujet de ce Prince.

PEROSE.
458.

Il eut pour ſucceſſeur Peroſe, ſon fils. Ce Prince eut pluſieurs guerres à ſoutenir contre les Huns, qui habitoient le Nord de la Perſe. Ces barbares, joignant les ruſes à la force, eurent toujours l'avantage ſur les Perſes. Peroſe, qui s'étoit imaginé avoir pris toutes les meſures néceſſaires pour rendre leurs ſtratagêmes inutiles, oſa les attaquer encore, mais il perdit en même temps la bataille & la vie.

VALENS.
482.

Les Perſes choiſirent alors pour Souverain, ſon frere, nommé Obalas ou Valens, parce qu'ils n'oſoient pas confier les rênes du gouvernement à Cavadès, que Peroſe, ſon pere, avoit cependant nommé Régent du Royaume, lorſqu'il marcha pour la derniere fois contre les Huns. Valens avoit toutes ſortes de bonnes qualités, mais comme il ne poſſédoit aucune de celles qui font les Héros, il laiſſa gémir la Perſe pendant quatre ans ſous l'eſpéce d'eſclavage où elle étoit réduite par le tribut que les Huns lui avoient impoſé.

CAVADES.
486.

Ce Prince, étant mort après quatre ans de regne, eut pour ſucceſſeur Cavadès ou Cabadès, ſon neveu. Excité par l'envie d'acquérir de la gloire, & de rendre à la Perſe ſon ancien éclat, il attaqua les Huns, & les avantages continuels qu'il remporta ſur eux les forcerent à reſter tranquilles. La

grandeur

grandeur de ses exploits lui auroit attiré l'admiration & l'amour de ses sujets, s'il ne les eût pas traités avec autant de rigueur que ses propres ennemis. Sa tyrannie révolta si fort les Seigneurs Persans, qu'ils se rendirent maîtres de sa personne, & le renfermerent dans une étroite prison.

On mit en sa place Zambade, que quelques Auteurs appellent Blasès ou Lamasès. Les uns le font passer pour le fils de Perose, & d'autres pour son frere. Zambade signala les commencements de son régne, par chercher les moyens de rendre ses peuples heureux, & de remédier aux maux que son prédécesseur avoit causés.

Pendant que Zambade étoit occupé de soins si glorieux, la femme de Cavadès travailloit à lui procurer sa liberté. Elle avoit eu la permission de porter à son mari tout ce dont il avoit besoin ; mais on lui avoit refusé de le voir. Comme elle s'étoit apperçue que l'Officier à qui on avoit confié la garde du château étoit épris de ses charmes, elle profita de cet avantage pour obtenir la grace d'écrire à son mari, & alors elle l'informa des moyens qu'elle étoit résolue de prendre, pour lui faciliter son évasion. Elle vint enfin à bout de s'introduire auprès de lui, & l'ayant revêtu de ses habits, elle prit les siens & resta en sa place. Elle feignit alors d'être malade & demeura longtemps au lit, afin de donner à Cavadès la facilité de sortir de la Perse sans être poursuivi. On ne sçait pas au juste ce qui arriva à cette Princesse, lorsqu'on eut découvert que Cavadès s'étoit sauvé. Les Historiens semblent insinuer qu'on la traita avec beaucoup de rigueur.

Cependant Cavadès s'étoit rendu chez les Huns, que les Ecrivains Grecs nomment Euthalites, & le Roi de ces peuples lui avoit fait un accueil des plus favorables. Après lui avoir donné sa fille en mariage, il lui confia une armée, par le moyen de laquelle il remonta sur le thrône. Il se vengea alors de tous ceux qui lui avoient été contraires, & récompensa celui qui lui avoit aidé à sortir du pays, après que sa femme lui eut procuré la liberté. Le Roi des Huns son beau-pere, le pressa peu de temps après son rétablissement, de lui rendre les sommes considérables qu'il lui avoit prêtées. Cavadès, ne voulant pas se brouiller avec ce Prince, voulut engager l'Empereur Anastase à lui prêter l'argent dont il avoit besoin, pour satisfaire son créancier. Le refus de l'Empereur chagrina beaucoup Cavadès, & le porta à lui déclarer la guerre. Il entra tout d'un coup dans l'Arménie, d'où il tira un immense butin. La ville d'Amide se défendit néanmoins longtemps, mais à la fin les Perses trouverent moyen de s'en rendre maîtres par surprise. Anastase instruit de cette subite irruption, rassembla promptement une armée, & la fit marcher vers l'Arménie. Le Roi de Perse alla au devant des Romains, & prit si bien ses mesures, qu'il battit séparément plusieurs corps de leurs troupes. Tout succédoit à Cavadès du côté de l'Occident, lorsqu'il se vit attaquer par un corps de Huns, qui étoit entré dans les Provinces orientales de ses Etats. Cette diversion favorable aux Romains leur facilita les moyens de reprendre Amide, & d'obliger le Roi de Perse à faire une tréve pour sept ans. Cavadès ne songea plus alors qu'à repousser les Huns, sur lesquels il remporta divers avantages.

La paix, qui avoit subsisté entre les Perses & les Romains pendant les dernieres années du régne d'Anastase, & pendant que Justin, son successeur,

Tome VI. Gg

PERSES SASSANIDES.

ZAMBADE.
497.

Rétablissement de Cavadès.
501.

PERSES SASSANIDES.

529.

avoit occupé le thrône, fut interrompue sous le règne de Justinien. Ce Prince, qui vouloit se mettre à l'abri des invasions des Perses, fit réparer avec soin les anciennes forteresses qui étoient sur les frontieres, & en fit bâtir de nouvelles, surtout dans la Mésopotamie. Cavadès, mécontent de cette entreprise, fit enlever les ouvriers & démolir les forteresses. Cette démarche fut le signal d'une nouvelle guerre, dans laquelle les Romains eurent les plus grands avantages, qui furent suivis de la paix.

Cavadès, qui sentoit que sa fin étoit proche, songea à se donner un successeur. Il avoit trois fils, sçavoir, Caose, Zamès & Chosroès. L'aîné de ces Princes avoit beaucoup de mérite, mais son pere le haïssoit à cause de sa grande liaison avec les Manichéens, qui avoient voulu le placer sur le thrône du vivant même de Cavadès. Ces raisons avoient porté le Roi à prendre des mesures pour priver Caose de la couronne. Zamès étoit borgne, & par conséquent inhabile à succéder à son pere. Cavadès étoit donc résolu d'engager les Seigneurs de ses Etats à reconnoître Chosroès pour leur Souverain. Il avoit voulu faire adopter ce jeune Prince par l'Empereur Justin, mais ce projet n'avoit pas eu son exécution. Cavadès voyant donc qu'il n'avoit pas encore longtemps à vivre, remit son testament entre les mains de Mébode, son Ministre & son confident, & le conjura de mettre tout en usage pour faire régner Chosroès.

CHOSROE'S.

532.

Cavadès étant mort quelque temps après, Caose, son fils aîné, se mit en disposition de s'emparer de la Royauté. Mébode s'y opposa fortement, en lui représentant qu'il auroit de la peine à se faire obéir par ses sujets, s'il n'étoit auparavant reconnu Souverain de la Perse dans une assemblée des Grands du Royaume, qui pouvoient décider de son droit. Caose vaincu par ces raisons, attendit la décision de l'assemblée ; mais elle ne lui fut pas favorable ; car aussitôt que les Seigneurs eurent entendu la lecture du testament de Cavadès, qui nommoit pour son successeur Chosroès le dernier de ses fils, ils lui mirent la couronne sur la tête à l'exclusion de ses freres aînés.

Chosroès étoit à peine sur le thrône, qu'il reçut une célébre ambassade de la part de l'Empereur Justinien, qui étoit bien aise de confirmer avec ce Prince le dernier traité de paix fait entre la Perse & l'Empire de Constantinople. Comme la négociation traînoit en longueur, parce que Chosroès vouloit faire une paix durable, Le Roi de Perse la fit promptement terminer, en paroissant sur les frontieres de l'Empire avec une armée formidable.

Chosroès, aussi cruel à ses sujets que son pere, se vit bientôt exposé aux mêmes malheurs. Les Grands oubliant leur devoir prirent la résolution de le faire descendre du thrône, & mirent la couronne sur la tête de Cavadès, fils de Zamès, que la privation d'un œil excluoit du thrône, suivant les Loix du pays. Le pere de ce Prince, qui étoit encore enfant, fut nommé son Tuteur & Régent du Royaume. Chosroès, qui avoit des espions de tous côtés, ne tarda pas à être informé de tous les projets des Rebelles ; mais il ne leur donna pas le temps de les exécuter. Il fit arrêter les auteurs de la conjuration, ainsi que leurs complices, & les fit tous mourir. Le jeune Cavadès sauvé par le zéle d'un Seigneur qui avoit été chargé de son éducation, se retira à Constantinople, où Justinien le reçut d'une maniere digne de sa naissance. Chosroès, informé que ce Seigneur l'avoit soustrait à sa vengeance, le fit mourir secrettement dans un château, où il l'avoit fait enfermer.

Le Roi de Perse n'observa le traité de paix qu'il avoit signé avec les Romains, qu'autant que ses intérêts l'engagerent à rester tranquille. Lorsqu'il se vit affermi sur le thrône & délivré de ses ennemis domestiques, il profita des moindres circonstances pour déclarer la guerre à Justinien, dont la puissance lui causoit de l'ombrage. Les secours que lui demanderent les Goths & les Princes d'Arménie, furent les motifs spécieux qui porterent Chosroès à prendre les armes contre les Romains. Il se jetta d'abord sur la Syrie & la Cilicie, où il se rendit en peu de temps maître de presque toutes les Places. Justinien, allarmé des progrès du Roi de Perse, lui envoya des Ambassadeurs pour lui proposer un accommodement. On rapporte que Chosroès, qui avoit écouté avec beaucoup d'attention les discours des Ministres de l'Empereur, leur répondit les larmes aux yeux, fit une description des plus pathétiques des horreurs de la guerre, protesta que c'étoit malgré lui qu'il l'avoit entreprise, & conclut enfin, qu'il étoit prêt à se retirer dans ses Etats, si Justinien consentoit à lui donner une somme considérable, & à lui payer un tribut annuel. Comme il s'apperçut que les Romains n'étoient pas disposés à accepter de telles conditions, il fit mettre le feu à la ville d'Antioche, qui étoit alors à son pouvoir. L'Empereur, pour mettre fin à une guerre si dangereuse, se détermina à faire le traité que Chosroès avoit proposé.

Ce Prince, qui avoit considérablement augmenté son thrésor par les immenses richesses qu'il avoit enlevées des différentes villes dont il s'étoit rendu maître, ne put se résoudre à rester tranquille malgré la paix qu'il avoit conclue. Il continua donc à prendre des villes, & à leur faire payer de violentes contributions, car il ne songeoit point à garder aucune de ses conquêtes, & son but n'étoit que d'en tirer de l'argent. Chosroès, satisfait enfin des riches butins qu'il avoit faits, se retira dans ses Etats, & parut disposé à vivre sincerement en paix avec les Romains.

Justinien n'étoit plus alors dans des sentiments aussi pacifiques. Irrité de la mauvaise foi de Chosroès, qui avoit toujours agi hostilement malgré les traités qu'on avoit faits avec lui, résolut de se venger de ce Prince. Il chargea Belisaire d'attaquer les Perses, & de les faire repentir, s'il étoit possible, des fréquentes incursions qu'ils avoient souvent faites sur les terres de l'Empire. De si beaux projets eurent une malheureuse suite, & la fortune, qui sembloit se plaire à favoriser Chosroès, ne l'abandonna pas en cette occasion. Les habitants de la Colchide, qui avant le regne de Justinien portoient déjà le nom de Lazes ou Laziens, s'étoient mis depuis longtemps sous la protection des Romains. Leurs Princes convaincus qu'ils ne pouvoient éviter d'être subjugués par les Perses ou par les Empereurs de Constantinople, aimerent mieux se soumettre d'eux-mêmes à ces derniers, que d'attendre qu'ils y fussent contraints. Par le traité qu'ils firent avec les Romains, ils conserverent leur liberté, ne payerent aucune taxe à l'Empire, & furent gouvernés selon leurs loix & coutumes par des Princes de

PERSES
SASSANIDES.

leur nation. La Souveraineté de leur pays étoit élective, & lorsque leur Prince étoit mort, ils étoient obligés de faire confirmer par l'Empereur le choix qu'ils avoient fait de celui qui devoit lui succéder. C'étoit la seule marque de leur dépendance de l'Empire. Depuis cet accord ils étoient toujours restés fidelement attachés aux Romains, & ils n'auroient jamais songé à se jetter dans le parti des Perses, si les démarches de Justinien ne les y eussent portés.

Ce Prince, voulant s'assurer d'un pays dont la perte exposoit Constantinople à être insultée par les Perses, fit bâtir sur les bords du Pont-Euxin dans le pays des Laziens une forte Place avec une bonne Citadelle. L'Empereur se flattoit par ce moyen d'arrêter les Perses lorsqu'ils s'avanceroient de ce côté-là, & d'empêcher les Laziens de se révolter, lorsqu'ils auroient dessein de le faire. Ces peuples flattés d'abord de voir s'élever dans leur pays une belle ville, reconnurent bientôt qu'on menaçoit leur liberté. Pour se mettre à l'abri des entreprises des Romains, ils envoyerent des députés à Chosroès, & le prierent de les prendre sous sa protection. Le Roi de Perse ne négligea pas une circonstance si favorable à ses projets, & promit de marcher promptement au secours des Laziens ; mais comme il vouloit surprendre les Romains, il publia que les Huns se disposoient à faire une irruption dans ses Etats. Feignant alors d'être obligé de prendre des précautions contre un ennemi aussi redoutable, il assembla une puissante armée, qu'il affecta de conduire d'abord contre ces Barbares, il changea ensuite tout-à-coup sa route, s'ouvrit un chemin au travers d'une forêt qui jusqu'alors avoit été impénétrable, & entra dans la Colchide, où il fut joint par les peuples qui l'avoient appellé à leur secours. Chosroès assiégea aussitôt la nouvelle ville que Justinien avoit fait bâtir, & à laquelle il avoit donné le nom de *Petrée*. La garnison Romaine se défendit longtemps, mais craignant enfin de tomber entre les mains des Perses, elle se retira par mer, & abandonna toutes les richesses dont la Place étoit remplie.

Cependant Belisaire avoit attaqué Nisibe, mais sans succès. Rebuté de la vigoureuse résistance du Gouverneur de la Place, il avoit levé le siége & s'étoit avancé dans la Perse, où ne rencontrant aucune troupes il avoit fait quelques conquêtes. Chosroès averti que les Romains étoient entrés dans l'intérieur de ses Etats, abandonna les frontieres de l'Empire après les avoir ravagées & en avoir tiré de fortes contributions, & marcha à la rencontre de l'ennemi. Belisaire ne jugea pas à propos de l'attendre, & se retira en diligence sur les terres de l'Empire. Comme la saison étoit déjà fort avancée, Chosroès remit au printemps suivant à se venger des Romains. Il commença la campagne par ravager la Comagene, & marcha ensuite vers la Palestine, dans le dessein d'aller piller Jerusalem. Belisaire à la tête d'une nombreuse armée, empêcha le Roi de Perse d'exécuter ses projets. Chosroès ne pouvant venir à bout de ses desseins eut recours aux négociations. La peste qui avoit fait de grands ravages en Egypte, & qui étoit de-là passée en Asie, & principalement dans les Provinces méridionales dépendantes des Romains, fut encore un des motifs qui obligerent ce Prince à sortir de l'Assyrie, & à marcher vers le Nord. Les Romains qui s'étoient flatés que le Roi de Perse resteroit tranquille, apprirent avec surprise qu'il étoit prêt à entrer en Arménie. Justinien envoya alors une ambassade à Chosroès, pour l'engager à la paix, mais il eut en même temps soin de faire assembler sur les frontieres de l'Arménie une puissante armée dont il donna le commandement à Narsès. Ce Général, en voulant se rendre maître de la ville d'Anglon, fut battu par les Perses, qui s'étoient avancés pour défendre cette Place. Chosroès, malgré cet avantage, abandonna la résolution qu'il avoit prise d'entrer en Arménie, & s'étant porté d'un autre côté, il alla attaquer Edesse. Obligé de lever le siége après avoir perdu une partie de ses troupes, il consentit à faire la paix.

Elle ne fut pas de longue durée, & la guerre recommença bientôt. Les Laziens se repentant d'avoir quitté le parti des Romains, qui leur fournissoient le bled, le sel & le vin, & qu'ils ne pouvoient tirer qu'avec difficulté de la Perse, paroissoient disposés à retourner sous la protection Romaine. Chosroès, qui soupçonnoit leur dessein, ou qui en étoit peut-être instruit, résolut de transporter ces peuples dans le cœur de son Royaume, & d'envoyer une Colonie de Perses dans la Colchide. Les préparatifs qu'il fut obligé de faire pour l'exécution de ce projet, causerent de l'ombrage à Gubase, Roi des Laziens. Ce Prince eut aussitôt recours à l'Empereur, qui lui accorda facilement le secours qu'il lui demandoit, Pettée, défendue par une garnison Persane, fut bientôt assiégée par les Romains & les Laziens. Mermeroès, chargé par le Roi de Perse de secourir cette Place, vint à bout de traverser des défilés qui paroissoient d'un difficile accès, & jetta des troupes dans la ville. Cet habile Général fut toujours redoutable aux ennemis, & conserva jusqu'à sa mort les avantages qu'il avoit d'abord eus sur eux. Il étoit, selon Procope, le plus grand Général de son siécle, ayant une connoissance profonde de l'art militaire. Il mourut comblé de gloire dans un âge avancé, après avoir perdu longtemps auparavant l'usage de ses membres. Réduit à se faire porter partout en litiere, il étoit encore redoutable aux Romains, qui ne se crurent jamais en sûreté, tant qu'ils le virent à la tête de leurs ennemis. Nachoragan, son successeur, homme vain & présomptueux, ruina les affaires des Perses par sa mauvaise conduite. Chosroès, irrité contre ce Général, le fit écorcher vif. Comme il s'apperçut qu'il ne pouvoit plus soutenir la guerre avec honneur dans ce pays-là, il conclut avec Justinien un traité, par lequel il fut dit que chacun garderoit ce qu'il possédoit alors dans la Colchide; & ce fut ainsi que les Laziens perdirent leur liberté (1).

Justin II. étant monté sur le thrône de Constantinople après la mort de Justinien, profita du mécontentement des peuples de la grande Arménie, sujets du Roi de Perse, pour les engager à se soumettre aux Romains. Après les avoir excités à massacrer tous les Perses qui étoient dans le pays, il les reconnut pour ses Alliés, & envoya un de ses Généraux faire le siége de Nisibe. Chosroès se mit aussitôt à la tête de ses troupes, envoya des détachements de tous côtés, ravagea par ce moyen les Provinces Romaines, se rendit maître de toutes les grandes villes de la Syrie & de la Mésopota-

(1) On peut voir les détails de cette guerre dans Procope & dans Agathias. Voyez aussi Evagrius dans son histoire ecclésiastique, & Théophylacte pour les autres guerres de Perse, sous le regne de Justin & de son successeur.

mie, prit celle de Dara, & y laissa une forte garnison. L'Impératrice Sophie, femme de Justin, allarmée des progrès du Roi des Perses, envoya une ambassade à Chosroès, pour le prier de cesser les hostilités. Chosroès se laissa toucher par les représentations de l'Impératrice, & accorda pour trois ans une treve, dans laquelle l'Arménie ne fut point comprise.

Justin étant mort pendant cet intervalle, Tibere, son successeur, employa les moyens les plus prompts & les plus efficaces, pour remettre les troupes Romaines sur un meilleur pied, qu'il ne les trouvoit à son avenement au thrône. Chosroès, qui ignoroit ces choses, crut qu'il pourroit attaquer les Provinces Romaines aussi impunément qu'il avoit fait jusqu'alors. Il entra pour cet effet en Arménie, à dessein de pénétrer jusqu'en Cappadoce, & de se rendre maître de Césarée. L'Empereur lui envoya aussitôt des Ambassadeurs pour le porter à la paix ; mais il eut soin en même temps de rassembler toutes ses forces, & de les faire marcher en avant. Le Roi de Perse, informé que les ennemis s'approchoient, & qu'ils se disposoient à lui livrer bataille, refusa d'écouter les Ambassadeurs Romains, & se hâta d'aller à la rencontre des ennemis, persuadé qu'il marchoit à une victoire certaine. Ces idées flatteuses s'évanouirent bientôt, lorsqu'il apperçut leur cavalerie nombreuse & dans un bon ordre. Il poussa alors un profond soupir, & prévit quel seroit le succès du combat. Il fit ce qu'il put pour l'éviter, mais l'action s'engagea dans le temps qu'il songeoit à mettre ses troupes en sûreté, où à leur faire prendre un poste avantageux. La valeur des Perses leur devint inutile dans cette journée, & ils furent contraints d'abandonner le champ de bataille couvert de morts & de blessés des deux partis. La nuit favorisa la retraite des Perses, & sauva le reste de l'armée de Chosroès. Les thrésors de ce Prince devinrent la proye du vainqueur, qui se rendit aussi maître du feu sacré des Perses. Chosroès, informé que les Romains s'étoient partagés en deux corps, en surprit un au milieu de la nuit & le tailla en piéces, & voulut ensuite traverser l'Euphrate pour prendre des quartiers d'hyver dans ses propres Etats. Le Général Romain le poursuivit avec tant de diligence, qu'il eut beaucoup de peine à se sauver, & une partie des troupes qui l'accompagnoient, se noyerent dans le fleuve. Les Romains après de si grands avantages entrerent dans les Provinces de la Perse, & y resterent pendant l'hyver ; ce qui ne leur étoit point encore arrivé.

Depuis cet événement, Chosroès tomba dans une espéce de langueur, qui le conduisit insensiblement au tombeau. Avant que de mourir, il conclut un traité de paix avec les Romains. Agathias attaque dans ses écrits la réputation de ce Prince, & s'éleve fortement contre ceux qui lui donnent des louanges. Procope, qui connoissoit mieux ce Monarque, en parle bien plus avantageusement, & nous le représente comme un grand Prince, sage, mais ambitieux. Agathias, au contraire, en fait un homme vain & heureux ; il lui rend cependant justice sur ses vertus militaires. *Il n'est gueres possible*, dit cet Ecrivain, *de mieux concevoir un projet, ni de l'exécuter avec plus de promptitude que faisoit Chosroès, même dans un âge avancé ; ce Prince ayant été aussi vif dans sa derniere campagne que dans la premiere.* On prétend qu'Agathias étoit jaloux de ce que le Roi de Perse avoit la réputation d'être philosophe & homme de Lettres. Les Auteurs eccléfiastiques n'ont pas été favorables à ce Prince.

Hormifdas, fils & fucceffeur de Chofroès, n'avoit ni l'habileté, ni le bonheur de fon pere. Fier, cruel & opiniâtre, il ne fe fervit de fa puiffance que pour verfer le fang de fes fujets, fur le prétexte frivole qu'ils ne lui étoient point attachés. Sa hauteur le porta à faire une mauvaife réception aux Ambaffadeurs de l'Empereur, & il eut affez de témérité pour vouloir exiger des Romains, qu'ils lui payaffent un tribut. Une demande auffi ridicule occafionna bientôt une nouvelle guerre entre les deux nations. Il ne fe paffa rien de confidérable au commencement ; mais l'arrivée de Philippicus, Général de l'Empereur Maurice, obligea les Perfes à fe retirer dans les montagnes. Le refte de cette guerre fut une fuite de fuccès pour les Romains, & les Perfes ne remporterent fur eux que de foibles avantages.

Pendant que ces derniers étoient occupés contre les Romains, ils avoient en même temps affaire aux Turcs. Les Perfes, fous la conduite de Varame, avoient battu plufieurs fois ces barbares, & ce Général croyant n'avoir plus rien à craindre d'eux, paffa l'Araxe pour arrêter les progrès des Romains. Varame, qui les commandoit, attaqua les Perfes & ruina la meilleure partie de leur cavalerie. Ce nouveau malheur caufa tant de peine à Hormifdas, qu'il envoya un habit de femme à Varame, & qu'il menaça de faire décimer les troupes qui avoient combattu fous fes ordres. Varame, indigné d'un tel traitement, fit foulever les troupes qu'il commandoit. Le nombre des mécontens augmenta bientôt, & Hormifdas fe vit dans la néceffité de fe fauver à Ctéfiphon. Toutes les villes fe révolterent alors, & au milieu de ces troubles, les Seigneurs retirerent des prifons leurs parents, que le Roi y avoit fait mettre. Bindoès, qui étoit du Sang Royal, & qu'Hormifdas avoit fait charger de fers pour quelques fautes de peu de conféquence, ne fut pas plutôt en liberté, qu'il fe mit à la tête des Rebelles, avec lefquels il fe rendit où le Roi s'étoit retiré. Lorfqu'il fut en préfence de ce Prince, il eut la hardieffe de lui enlever le diademe, & d'ordonner qu'on le conduifît en prifon. Hormifdas demanda alors qu'on affemblât toute la Nobleffe, afin qu'il pût plaider fa caufe devant elle. Sa demande lui fut accordée, & Hormifdas fit un long difcours pour émouvoir fes auditeurs. Il les engagea à ne point donner la couronne à Chofroès, fon fils aîné, dont il découvrit les mauvaifes qualités. Bindoès exhorta alors la Nobleffe à avoir plus d'égard à fa propre fûreté qu'aux paroles du Roi. Ce fentiment prévalut, & l'Affemblée, après avoir condamné à la mort la mere d'Hormifdas & un de fes fils, ordonna qu'on pafferoit un fer ardent devant les yeux du Roi, afin de le priver de la vûe & du thrône. Tel fut le fort du cruel Hormifdas, qui avoit porté la couronne pendant l'efpace de vingt-un ans.

Les Perfes reconnurent enfuite pour leur Souverain fon fils Chofroès. Ce Prince traita d'abord fon pere avec beaucoup de douceur, & chercha les moyens de lui rendre fon état moins trifte ; mais fatigué par les menaces & les reproches continuels de ce Monarque infortuné, il eut la barbarie de le faire mourir. Délivré de l'inquiétude que fon pere lui caufoit, il invita

PERSES SASSANIDES.
HORMISDAS II.

582.

CHOSROES II.
589.

Perses Sassanides. Varame à lui rendre hommage, avec promesse de l'élever à la premiere charge de l'Etat. Ce chef des rebelles qui avoit donné occasion à la déposition d'Hormisdas, loin de se soumettre à Chosroès, lui écrivit au contraire une lettre insultante, à la tête de laquelle parmi plusieurs autres titres, il prenoit ceux de *Conquérant glorieux*, & de *fleau des Tyrans*. Il ordonnoit dans cette lettre à Chosroès de mettre bas la Couronne, & de lui rendre ses respects, s'engageant à cette condition à lui donner un Gouvernement. Chosroès justement irrité d'une telle hardiesse prit le parti d'employer la voye des armes pour le soumettre. La fortune se déclara pour Varame, & Chosroès s'étant apperçu que le rebelle avoit quelque intelligence avec ses sujets, fit mourir quelques Seigneurs de sa Cour. Cette conduite lui fit un grand nombre d'ennemis; & il ne fut pas longtemps à connoître qu'on avoit dessein de le traiter avec la même rigueur que son pere. Effrayé du malheur qui le menaçoit, il se sauva secrettement avec trente personnes, & alla chercher un asyle chez les Romains. Varame profita de la retraite de son ennemi, se rendit maître d'une grande partie de la Perse, & fit mettre en prison Bindoès, & tous ceux qui étoient attachés à la famille Royale. Il traita avec douceur le reste du peuple, afin de gagner son affection; cependant il n'osa prendre le titre de Roi. Il ne put longtemps se dissimuler que les Grands de l'Etat ne lui obéissoient qu'avec peine, & qu'ils ne tarderoient pas à se soulever. En effet, ils trouverent moyen de rendre la liberté à Bindoès, & de le charger de l'exécution du complot qu'ils avoient formé contre l'usurpateur. Varame fut en conséquence attaqué dans son palais; mais il s'y défendit avec tant de valeur, que les conjurés furent défaits. Bindoès, & quelques-uns de ses amis furent assez heureux pour se sauver dans la Médie, où ils leverent des troupes à dessein de faire remonter Chosroès sur le thrône.

Varame voulut alors mettre dans son parti l'Empereur Maurice, mais ce Monarque avoit déjà fait un traité avec Chosroès, & avoit donné ordre aux Gouverneurs des Provinces voisines de la Perse de lui fournir tous les secours nécessaires pour le faire monter sur le thrône. Les Perses voyant que leur Prince étoit soutenu par les Romains, se déclarerent en sa faveur, & le parti de Varame, qui se trouvoit par ce moyen affoibli, le fut encore bien davantage par les victoires que les troupes de Chosroès remporterent sur celles de l'usurpateur. Chosroès s'étant rendu maître de la ville de Dara, qui avoit été autrefois le boulevard de l'Empire Romain de ce côté-là, remit cette Place à l'Empereur Maurice; qui lui fit présent d'une tiare garnie de pierreries. Enfin le Roi de Perse vint à bout d'abattre entierement la faction des rebelles, & Varame se vit forcé de chercher une retraite chez un Prince voisin, qui le fit empoisonner dans la crainte d'attirer les Perses dans ses Etats.

Les malheurs dont Chosroès avoit été accablé devoient sans doute l'engager à mener une conduite différente de celle qu'il avoit eue jusqu'alors, mais cruel & ingrat par caractere, il tourmenta bientôt ses sujets, & attaqua les Romains à qui il avoit tant d'obligations. Les invasions que les Sarrasins faisoient sur les terres de la Perse furent le prétexte dont il se servit pour se brouiller avec les Romains. Il prétendit que les Gouverneurs

Romains

Romains qui commandoient sur les frontieres favorisoient secrettement ces barbares, & leur facilitoient les moyens d'incommoder les Perses. Maurice, dont les affaires étoient en mauvais état, envoya des Ambassadeurs à Chosroës pour le porter à la paix. Le Roi de Perse les reçut froidement, & différa longtemps de leur donner audience. Il la leur accorda enfin, & un d'entre eux rappella avec tant d'adresse les services importants qu'il avoit reçus de l'Empereur, qu'il se laissa toucher, & consentit à rester tranquille. Le meurtre de Maurice assassiné par Phocas fut un nouveau motif spécieux pour porter la guerre dans l'Empire Romain. A titre de vengeur de la mort de Maurice, Chosroès s'empara des plus belles Provinces qui composoient l'Empire de Constantinople. Il se rendit maître en effet pendant l'espace de quelques années de la ville de Dara, de la Mésopotamie, de la Syrie, d'une partie de la Phénicie, de l'Arménie, de la Cappadoce, de la Galatie, de la Paphlagonie & de la Judée. Il fit un ravage épouvantable dans toutes ces Provinces, brûla les villes, & passa les habitants au fil de l'épée. Animé par tant de succès, il entreprit la conquête de l'Egypte, & vint à bout de soumettre ce pays. Il tourna une seconde fois les armes contre l'Empire de Constantinople, qui obéissoit alors à Heraclius. Cet Empereur qui étoit occupé en Europe par différents peuples barbares avoit fait tout ce qu'il avoit pû pour engager Chosroès à mettre bas les armes. Ses tentatives se trouvant infructueuses, il fit la paix avec ces ennemis de l'Europe à quelque prix que ce fût, & porta toutes ses forces contre les Perses.

Les choses changerent alors de face. Deux victoires consécutives remportées par Heraclius, mirent Chosroès dans la nécessité d'épuiser ses Provinces d'hommes en état de porter les armes. Cette nouvelle armée levée à la hâte fut encore défaite par les Romains, qui profiterent de leurs avantages pour rentrer en possession des Provinces que l'ennemi leur avoit enlevées. Tant de revers sembloient annoncer au Roi de Perse que la fortune qui étoit lasse de le favoriser, alloit l'accabler des plus grands malheurs. La facilité avec laquelle il ajouta foi à une calomnie inventée contre un de ses Généraux fut la cause de sa perte. Cet Officier étoit accusé d'avoir une correspondance secrette avec les Romains, & le Roi sans examiner une affaire de cette importance, envoya ordre de le faire mourir. La personne chargée de la lettre de l'Empereur fut arrêtée par les Romains, qui firent sçavoir au Général Persan le sort qui l'attendoit. On avoit ajouté à dessein que le Roi condamnoit aussi à mort quatre cents autres Officiers. Cette nouvelle excita d'abord les murmures de toute l'armée, & engagea un des chefs à se retirer avec une partie des troupes dans le camp des Romains. Chosroès affoibli par les fatigues & les chagrins, songea à se donner un successeur, & voulut faire passer sa Couronne sur la tête de Merdasas, le plus jeune de ses fils. Siroès, qui étoit l'aîné, ne vit pas sans chagrin que son pere le privoit du thrône. Il se ligua avec les Persans, qui étoient dans l'armée Romaine, & l'Empereur pour causer un nouveau chagrin au Roi de Perse, rendit la liberté aux prisonniers Persans, à condition qu'ils prendroient les armes en faveur de Siroès, & que ce Prince se révolteroit contre son pere. Chosroès s'étoit tellement rendu odieux par sa tyrannie qu'il

Tome VI. H h

PERSES SASSANIDES.

SIROE'S.

626.

fut tout d'un coup abandonné de tout le monde, & que ses propres soldats le mirent en prison.

Siroès devenu Souverain de la Perse par la déposition de son pere, le traita avec toute la dureté possible, en le faisant charger de chaînes, & en l'enfermant dans un cachot, où il étoit exposé aux insultes de ses ennemis. On ne lui donnoit pour toute nourriture que du pain & de l'eau, & on eut l'inhumanité d'égorger tous ses enfants en sa présence. Siroès le fit ensuite percer de traits, & ordonna qu'on le laissât mourir de ses blessures. Ce fils dénaturé ne porta pas longtemps la Couronne, étant mort au bout d'un an de regne.

ARDHESIR.

627.

On lui donna pour successeur Ardhesir son fils, qui n'avoit alors que sept ans. Il n'occupa le thrône que sept mois, & fut assassiné par Sarbarazas ou Sarbaras, Général de l'armée de Siroès.

SARBARAS, & BORNARIM.

628.

Sarbaras n'avoit commis un crime si odieux, que pour s'emparer de la souveraine autorité, qu'il ne put conserver, pour quelque temps, qu'en faisant répandre le sang de ceux qui lui étoient opposés. Il s'éleva cependant une faction, qui donna le titre de Roi à Bornarim, Prince de la famille Royale. Il ne posséda cette ombre d'autorité que six ou sept mois, & il la perdit avec la vie. Sarbaras, délivré de ce compétiteur, ne regna pas plus tranquillement, & la sœur d'Ardhesir lui suscita bientôt de nouveaux troubles. Tout le Royaume fut en mouvement, & les principaux Seigneurs mirent sur le thrône le neveu de Siroès, fils du seul de ses freres qui eut échappé à sa fureur lorsqu'il fit mourir son propre pere. Sarbaras fut mis à mort par l'ordre des mêmes Seigneurs qui lui avoient enlevé la couronne.

HORMISDAS, ou ISDIGERTE.

630.

Isdigerté devint maître de la Perse, tant par le choix du peuple, que par le droit de sa naissance. Les fréquentes irruptions des Sarrazins troublerent son regne; & après avoir longtemps défendu ses Etats contre ces Barbares, il fut obligé de les abandonner, & de vivre dans une Province reculée de son Empire, où il mourut vers l'an 640. ou 642. ou 652. de J. C. Plusieurs Auteurs prétendent qu'il fut tué en défendant ses Etats.

Les Sarrazins, ou plutôt les Arabes, partagerent entr'eux les terres dont ils avoient fait la conquête, & depuis cet evenement, la Perse fut soumise aux Sectateurs de Mahomet. Les Caliphes conserverent ce pays jusqu'à Thaher, qui sous le regne du Caliphe Almamon fonda la Dynastie des Thaheriens. Elle fut chassée par celle des Soffariens, qui fut à son tour détruite par la Dynastie des Samanides. La Perse tomba ensuite sous celle des Gaznevidés, qui fut remplacée par celle des Gaurides. Celle-ci fit place à la Dynastie des Khovaresmiens, qui furent contraints de céder le pays aux Genghiskhaniens. Tamerlan, ou Timurbeg, ou Timurlenck chassa les Khovaresmiens, & établit dans la Perse la Dynastie des Timurides. Abousaïd, arriere petit-fils de Tamerlan, fut défait par Hassan-Beg, ou Ussum-Cassan, de la Dynastie du Mouton-Blanc. Ses descendants regnerent dans la Perse jusqu'à Ismaël-Sophi, fondateur de la Dynastie des Sophis, qui ont occupé le thrône de Perse jusqu'à Schah-Hussein, qui monta sur le thrône en 1694. Les Aghuans, peuple Tartare, que Tamerlan avoit transporté dans le Candahar, se souleverent sous le regne de ce Prince. Myrr-Weys fut le chef de cette révolution, mais il se contenta de délivrer ses compatriotes de la domination Persane, sans songer à rien entreprendre davantage contre le Roi. Cette révolution arriva en 1710. Mirr-Maghmud, son fils, alla attaquer le Sophis jusques dans sa capitale, & obligea ce Prince de lui céder la couronne : cet évenement est de l'an 1722. Les Aghuans furent enfin chassés de la Perse par Nadir-Kouli connu sous le nom de Thamas-Kouli-Khan, qui avoit pris les intérêts de la famille Royale. Ce Général de l'armée des Perses vint à bout de monter sur le trône en 1736. après la mort de Schah-Abas III. Tel est le précis des principales révolutions arrivées dans la Perse, depuis la conquête de ce pays par les Arabes jusqu'à nos jours. Ces évenements feront le sujet de plusieurs articles du volume suivant. J'en ai placé ici les principales époques, afin que le Lecteur vît d'un coup d'œil les différents Etats de la Perse, depuis Cyrus, jusqu'à la mort de Thamas-Kouli-Khan.

ARTICLE IV.

Histoire des Perses Sassanides, suivant les Ecrivains Orientaux.

LA grande différence qui se trouve entre les Historiens Grecs & les Ecrivains orientaux, au sujet de l'histoire des Perses de la Dynastie des Sassanides, m'oblige à donner une seconde fois cette histoire suivant ces derniers. Je pense que le Lecteur ne sera pas fâché de juger par lui-même de cette différence, & qu'il pourra en tirer quelque profit, ou du moins s'en amuser. Je n'ai pas voulu donner d'après ces mêmes Auteurs l'histoire des Perses depuis Cyrus jusqu'à Alexandre le Grand, parce qu'elle est trop remplie de choses qui sentent le Roman. D'ailleurs on sçait que les Ecrivains Arabes étoient peu instruits de ce qui s'étoit passé avant Mahomet. On voit cependant dans l'histoire de ces premiers Perses, des traits semblables à ceux qu'on lit dans les Auteurs Grecs, & on y reconnoît les noms des Rois de ce Pays.

Sassan, frere d'une Reine de Perse, n'osant se flatter de succéder à la couronne, & craignant pour sa propre vie, prit le parti de voyager. Il passa ainsi plusieurs années dans différents Pays, & mourut hors de sa patrie. Un de ses enfants se rendit secrettement dans la Perse, & se mit au service de Babec, Gouverneur d'une Province, pour Ardavan ou Artabane, dernier Roi des Parthes. Babec distingua bientôt ce jeune homme, & enchanté du mérite qu'il découvroit en lui, il résolut de se l'attacher plus étroitement, & en conséquence lui fit épouser sa fille. De ce mariage naquit Ardshir ou Ardschir, qui prit le surnom de Babegan, en reconnoissance des obligations qu'il avoit à la famille de sa mere. Ardshir répondit si parfaitement aux soins que son pere & son grand pere prirent de son éducation, qu'il devint célébre dans sa Province, quoiqu'il fût encore fort jeune. Sa réputation parvint à la Cour d'Ardavan, qui l'attira près de sa personne, & lui témoigna beaucoup d'affection. Le jeune Ardshir montroit tant d'adresse à manier un cheval, & à tirer de l'arc, qu'on en parla au Roi avec de grands éloges. Le Monarque, curieux de voir s'il l'emportoit à cet égard sur ses fils, le suivit à la chasse. Cet examen, loin de satisfaire Ardavan, lui causa une violente jalousie, & lui fit concevoir le dessein d'éloigner Ardshir de sa Cour. Dans cette vûe, il le chargea du commandement des troupes d'une Province éloignée, où il resta jusqu'à la mort de Babec. Ardshir espérant alors obtenir le Gouvernement de son grand pere, alla lui-même le demander au Roi; mais ce Monarque en avoit déja disposé en faveur de l'aîné de ses fils.

Le chagrin qu'Ardshir ressentit d'être privé d'une place qu'il désiroit, ne l'empêcha pas de rester quelque temps auprès du Roi. Il y étoit encore lorsqu'Ardavan fit un songe qui l'inquietta, parce que, suivant l'interprétation des Devins, il présageoit qu'un fugitif de sa Cour lui ôteroit la coutonne & la vie. Une femme du Serrail du Roi avoit de l'inclination pour Ardshir, & sa tendresse augmentant ses craintes, elle fit dire à celui qu'elle aimoit, de fuir en diligence, afin de se mettre à couvert de l'effet des soupçons qu'on pourroit former contre lui. Cette fuite n'étoit propre qu'à fortifier les appréhensions du Roi ; mais Ardshir crut que c'étoit le parti le plus sûr, & il se retira dans la Perse, qui étoit le Gouvernement de son ayeul & le lieu de sa naissance. Les Nobles de cette Province le reçurent avec joye, & lui offrirent leurs services. L'ambition d'Ardshir fut flattée par la maniere dont on l'accueillit, & il se détermina à profiter de la bonne volonté qu'on lui témoignoit. Il dépeignit si bien les avantages que les Perses retireroient d'une révolution, que tous ceux qui se trouverent présents à ses discours ne balancerent pas à entrer dans ses intérêts, & à lui jurer un attachement inviolable. Le parti d'Ardshir s'augmenta de jour en jour, & lorsque le fils d'Ardavan voulut faire rentrer les rebelles dans le devoir, ces derniers avoient déjà sur pied une armée nombreuse. Ils livrerent plusieurs combats, & enfin le Prince fut tué dans une bataille, & ses troupes furent entierement défaites. Ardavan éprouva le même sort & son Empire devint la proye d'Ardshir, qui prit sur le champ le titre de *Roi des Rois.*

Ce Prince, élevé sur le thrône d'un consentement unanime, sçut allier avec tant d'art la sévérité & la douceur, qu'il se fit en même temps craindre & aimer de ses nouveaux sujets. Il épargna toute la famille d'Ardavan, & épousa même la fille de ce Monarque, avec laquelle il auroit sans doute bien vêcu, s'il n'eût découvert qu'elle vouloit l'empoisonner. Sa modération céda au ressentiment en cette occasion, & il donna ordre à son premier Ministre de faire mourir la Reine. Le Ministre fit part à cette Princesse du sujet de sa commission, mais comme elle lui déclara qu'elle étoit grosse, il crut devoir lui conserver la vie. Il ne jugea pas à propos néanmoins d'en informer le Roi, & il fournit à la Reine une retraite sûre, où elle accoucha d'un fils. Cet enfant fut élevé avec de grands soins, & lorsque le Ministre vit que le jeune Prince, à qui il avoit donné le nom de Schabour, se montroit digne de sa naissance, il le présenta à Ardshir, & lui déclara ce qu'il avoit tenu secret depuis si longtemps. Le Roi donna beaucoup de louanges à la prudence de son Visir, accorda toute sa tendresse au jeune Schabour, le reconnut pour son fils & son héritier, & s'appliqua à l'instruire dans l'art de regner.

Tous les Historiens Orientaux sont d'un même sentiment sur la valeur & le mérite distingué d'Ardshir. Il fut à peine affermi sur le thrône, qu'il forma le projet de recouvrer tous les Pays qui avoient appartenu aux Rois ses prédécesseurs. Il y réussit en partie, fit bâtir plusieurs villes en divers endroits dont la situation étoit favorable, & fortifia les Places qui se trouvoient sur les frontieres. De retour dans ses Etats, il y établit des loix & des réglements sages & faciles à observer, il diminua le nombre des peines capitales, & composa même un livre rempli de maximes, dont la pratique étoit nécessaire aux grands comme aux petits. Nouschirvan, le plus sage des successeurs d'Ardshir, avoit pour cet ouvrage une si grande estime, qu'il obligea chaque famille de son Royaume d'en avoir une copie. Les

PERSES SASSANIDES. vertus; la douceur & le succès des armes d'Ardshir, le rendirent cher à ses sujets, & lorsque ce Prince mourut après un regne de quatorze ans, il fut universellement regretté.

SCHABOUR. On mit aussitôt la Couronne sur la tête de Schabour, Shah-pour, ou Sapor, comme l'appellent les Grecs. Ce Prince à qui les soins & la prévoyance du Ministre avoient conservé la vie, ainsi qu'on l'a vû plus haut, étoit si jeune lorsqu'il monta sur le thrône, que les principaux de l'Etat fongerent à lui nommer un tuteur. Leur choix tomba sur l'oncle maternel du jeune Roi, qui s'acquitta de cette charge avec une prudence & une intégrité dont on voit peu d'exemples. Il refusa constamment de s'emparer du thrône, & remit la souveraine puissance entre les mains de son neveu, dès que ce Prince fut capable de gouverner par lui-même. Schabour fut reconnoissant des services que son oncle lui avoit rendus, & il lui confia la suprême autorité toutes les fois qu'il fut contraint de s'éloigner de la capitale pour quelques raisons que ce fût. Les Historiens Orientaux font de Schabour un Prince magnifique, qui orna son pays d'un grand nombre de belles villes, & de superbes bâtimens. Les auteurs Grecs gardent le silence à ce sujet, & se contentent de parler des vices de ce Prince, & de l'ordre cruel qu'il donna d'écorcher vif ou mort l'Empereur Valerien. Les Ecrivains Orientaux se taisent à leur tour sur les défauts de Schabour, & Mirkhond est le seul qui donne quelque détail de sa mort. Si l'on en croit cet Historien, quelques courtisans entrerent la nuit pendant un orage dans la tente de leur Souverain, & craignant qu'il ne les fît punir de plusieurs injustices qu'ils avoient commises, ils le tuerent avec tous ceux qui se trouverent auprès de lui. Les assassins mirent ensuite le feu à la tente, & se retirerent en silence. Le feu éclata bientôt, & le bruit courut que Schabour avoit été tué d'un coup de foudre. Les Auteurs sont peu d'accord sur la durée du regne de ce Prince, & suivant l'opinion la plus commune, il occupa le thrône l'espace de trente-un ans.

HORMOUZ. Hormouz, ou Hormisdas, fils & successeur de Schabour, se fit remarquer par son amour pour la paix & par sa générosité. Il donna des preuves de son désintéressement, en refusant d'acheter une grande quantité de beaux diamans, dont le Gouverneur d'une de ses Provinces le pressoit de faire l'acquisition, parce qu'il y avoit à gagner sur ce marché une somme considérable. Le Roi rejetta avec mépris de semblables propositions; & peu tenté du gain, il répondit : *Si je deviens Marchand, qui fera le métier de Roi ? Où que deviendront les Négocians de mon Royaume, si j'employe mes thrésors à leur enlever les marchés les plus avantageux ?* Une grandeur d'ame si bien placée lui attira le respect & l'admiration de ses sujets, qui jouirent sous son regne des douceurs de la paix. Malheureusement ce Prince mourut un an & quelques mois après son avénement au thrône. Il avoit fait bâtir avant sa mort un château sur les bords de la Province de Susiane, & en avoit fait présent à Manès, ou Mani, pour lequel il avoit beaucoup d'estime. Manès étoit Perse d'origine, Peintre de profession, & grand Mathématicien. Ses sentimens sur la Religion étoient dangereux, & Schabour sous le regne duquel Manès commença à se faire connoître, voulut s'assurer de sa personne. Manès se sauva dans le Turquestan, & s'y fit un grand nombre de disciples. Il se cachoit souvent un certain espace de temps, & publioit ensuite qu'il avoit passé dans le ciel, les jours, ou les mois qu'on avoit été sans le voir. Lorsqu'il apprit qu'Hormouz étoit monté sur le throne, & qu'il aimoit les sciences, il se rendit auprès de lui. Le Roi ne tarda pas à lui accorder ses bonnes graces, & à lui faire bâtir un château, dans lequel il pût être à couvert des entreprises de ses ennemis.

<small>PERSES SASSANIDES.</small>

Baharam, ou suivant les Grecs, Varane, Vatharane, & Vararane, fils d'Hormouz, lui succéda. Il n'eut pas pour Manès la même vénération que son pere avoit fait éclater, & dans la crainte que cet homme ne répandît sa Religion dans ses Etats, il songea à lui ôter la vie. Cependant il ne voulut pas d'abord se déclarer ouvertement, & afin d'attirer Manès hors du château qu'il occupoit, il feignit d'avoir un grand respect pour sa doctrine, & l'invita à se rendre à la Cour, où il auroit une conférence avec les Mages. Manès séduit par sa vanité donna facilement dans le piége, & se disposa à obéir au Roi. A peine fut-il arrivé qu'on l'arrêta, & il fut écorché vif par les ordres de Baharam. Ce Monarque pour effrayer les disciples de Manès, fit emplir sa peau de paille, & la fit placer au haut d'une montagne avec une bonne garde. Cette précaution lui réussit, tous ceux qui avoient embrassé les sentimens de Manès quitterent la Perse en diligence, & se retirerent dans les Indes, & même à la Chine. On ne sçait rien autre chose des actions de Baharam, qui après un regne de trois ans & trois mois fut assassiné dans une sédition par un de ses parens.

<small>BAHARAM I.</small>

Baharam, son fils, ou fils adoptif, si l'on en croit quelques Historiens, monta sur le throne à la mort de son pere. Ce Prince, dont l'humeur fiere & cruelle lui fit donner le surnom d'injuste, ne se fit pas d'abord aimer de ses sujets comme ses prédécesseurs. La Noblesse même prit des mesures pour se défaire d'un tel Souverain, & elle eût peut-être accompli ce dessein, si les Mages ne se fussent chargés de faire rentrer le Roi en lui-même. Ils s'acquitterent de leur promesse avec tant de zele & d'activité, que Baharam changea entierement de conduite, & devint un des meilleurs Monarques qui eussent regné sur la Perse. Un Historien Chrétien prétend que Baharam vainquit les Romains, fit prisonnier le fils de l'Empereur Galien, & fit ensuite mourir ce jeune Prince. Les Ecrivains Orientaux gardent le silence sur cet événement, & ils s'accordent seulement avec d'autres Auteurs au sujet de la durée du regne de Baharam II. qu'ils font de dix-sept ans.

<small>BAHARAM II.</small>

La Couronne fut déférée à Baharam III. qui pendant la vie du Roi son pere avoit été Gouverneur de la Province de Ségestan, & il a été pour cette raison nommé Ségansaa par les Historiens Grecs. Il ne se passa sans doute rien de remarquable sous le regne de ce Prince, car des Auteurs Grecs & Orientaux se taisent également à cet égard.

<small>BAHARAM III.</small>

Narsi, fils de Baharam II. & par conséquent frere du dernier Roi, lui succéda au throne. Il s'occupa uniquement du bonheur des peuples qui étoient soumis à sa puissance, & il mérita à juste titre leur affection. Une guerre qu'il entreprit témérairement contre les Romains, dont les armées étoient commandées par d'habiles Généraux, lui coûta toutes ses Provinces frontieres. Mortifié des pertes qu'il avoit essuyées, Narsi tomba dans un noir chagrin, qui l'emporta après un regne de neuf ans.

<small>NARSI.</small>

PERSES SASSANIDES.

HORMOUZ II.

Il laissa la Couronne à son fils Hormouz, ou Hormisdas II. Les Historiens Orientaux font le plus magnifique éloge de ce Prince, qui, selon eux, veilla avec soin sur la maniere d'administrer la justice, établit un Tribunal où il assistoit lui-même fort souvent, & fit plusieurs loix pour encourager le commerce. Il fit bâtir plusieurs villes qu'il fortifia, & il recula considérablement les frontieres de ses Etats. Ce Prince ne fut sur le throne que l'espace de neuf ans, & il mourut laissant sa femme grosse.

SCHABOUR II.

Les principaux Seigneurs du Royaume ayant promis de reconnoître pour Souverain l'enfant dont la Reine étoit enceinte, lui donnerent le nom de Schabour à sa naissance, & lui prêterent serment de fidélité. Pendant la minorité de ce Prince, les Arabes, sous le commandement de leur Roi Thaïr, firent plusieurs incursions dans la Perse, ravagerent une bonne partie du pays, & emmenerent en captivité une tante paternelle de Schabour. Ce jeune Monarque ne fut pas plutôt en état de porter les armes, qu'il songea à tirer vengeance des injustes invasions des Arabes. En conséquence, il se mit à la tête d'un corps de troupes choisies, & marcha contre Thaïr, qu'il surprit dans une de ses Provinces frontieres. Le Roi Arabe eut à peine le temps de s'enfermer dans une Place forte, défendue par une nombreuse garnison. Schabour l'y assiégea aussitôt, & le pressa vivement. L'heureuse situation de la ville, & le courage avec lequel elle étoit défendue, auroient probablement obligé les Perses à se retirer, si la sœur, ou la fille de Thaïr ne leur eût fourni les moyens de s'en emparer. Cette Princesse étoit devenue amoureuse de Schabour, & sans égards pour ceux à qui les liens du sang devoient l'attacher, elle les livra impitoyablement entre les mains du Roi de Perse. On ignore quelle fut la récompense de cette perfidie; les Historiens rapportent seulement que Schabour fit passer au fil de l'épée le Roi des Arabes, & tous ceux qui étoient avec lui. Il entra ensuite dans la Province de Yemen, dont Thaïr avoit été souverain, y fit mourir un grand nombre d'Arabes, & ordonna qu'on cassât l'épaule à tous ceux qui étoient en état de porter les armes. Cette action, suivant les Historiens Orientaux, lui valut le surnom de *Dhoulactaf*. Les Auteurs Arabes rapportent différemment la conduite que tint Schabour à l'égard de leur nation. Il la traita d'abord, selon eux, avec beaucoup de dureté, parce que ses Astrologues lui avoient appris qu'un Arabe renverseroit un jour la Monarchie des Perses. Malek-ben-Nasser, un des ancêtres de Mahomet, fut député par les Arabes pour adoucir l'esprit de Schabour. Ce Prince touché des discours de Malek changea de sentiment; & d'ennemi des Arabes, il devint leur protecteur, ce qui lui fit donner le surnom de *Dhoulacnaf*.

Schabour fut presque toujours en guerre avec les Romains, & ce ne fut que sous le regne de Constantin le Grand, qu'il n'osa rien entreprendre de considérable contre eux. Les Ecrivains Orientaux racontent seuls que ce Monarque curieux de s'instruire par lui-même de l'état où se trouvoit l'Empire Romain, alla à Constantinople, sous le nom d'Ambassadeur de Perse. Les Romains soupçonnerent la vérité, le mirent en prison, & entrerent dans les Provinces de la Perse. Schabour avoit trouvé moyen de plaire à une Dame de la Cour, qui le fit sortir de l'endroit où il étoit détenu, & se sauva avec lui. Après avoir évité divers périls, ils arriverent à un petit hermitage

hermitage en Médie, & le chef des Religieux de cet endroit se chargea d'aller partout où il seroit nécessaire, apprendre l'arrivée de Schabour, & porter les ordres de ce Prince. Le zele & la diligence avec lesquels le Religieux s'acquitta de sa commission, mirent bientôt Schabour en état d'attaquer & de défaire les Romains. Ce Monarque bâtit ensuite la ville de Casvins ou Casbin, malgré les oppositions que les Déilémites voulurent faire. Ces peuples, que les présents de Schabour avoient engagés à rester tranquilles pendant quelque temps, recommencerent les hostilités lorsque Casbin fut achevé. Les Perses étoient alors en paix avec les Romains & avec les Arabes ; de sorte qu'ils n'eurent pas de peine à vaincre les Déilémites, & Schabour ajouta à son Empire la Province de Déilem, qui étoit un Royaume indépendant, & qui ne redevint tel qu'après que les Arabes se furent rendus maîtres de la Perse. Le commerce fut encouragé, les terres se trouverent améliorées, & plusieurs nouvelles villes furent bâties sous le regne de Schabour, qui occupa le thrône l'espace de soixante & douze ans.

PERSES SASSANIDES.

Ardschir, oncle, cousin ou frere maternel du feu Roi ; car les Auteurs sont peu d'accord à ce sujet, prit d'abord les rênes du gouvernement en qualité de tuteur de Schabour III. fils de Schabour II. Les Nobles craignant d'éprouver les maux qui avoient affligé l'Empire pendant la minorité du dernier Roi, forcerent Ardschir à accepter la couronne. D'ailleurs ce Prince, qui par sa naissance & son mérite personnel étoit digne de cet honneur, s'engagea à exclure du thrône ses propres enfants, & à le laisser au fils de Schabour II. En effet, à sa mort qui arriva au bout de douze ans de regne, les Grands du Royaume mirent la couronne sur la tête de Schabour III.

ARDSCHIR II.

Ce Prince regna cinq ans & quatre mois sur la Perse. Son amour pour la paix lui fit éviter avec soin toutes les occasions de faire la guerre, & il vécut dans une parfaite intelligence avec Théodose le Grand, dont il étoit contemporain.

SCHABOUR III.

Baharam, fils & successeur de Schabour, suivit exactement l'exemple de son pere, & fit regner la paix & l'abondance dans ses Etats. Les richesses que ses sujets amasserent sous son gouvernement les rendirent insolents, & un jour qu'ils s'étoient assemblés en tumulte, le Roi étant allé leur reprocher leur ingratitude, on lui tira une fleche par derriere, & il mourut dans l'instant de la blessure qu'il reçut. Ce Prince n'avoit été que onze ans sur le thrône, & porta le titre de *Kerman-Schah*, à cause que son pere l'avoit fait Gouverneur de la Province de Kerman. Les Historiens Grecs font de ce titre un surnom & l'appellent *Cermansaa*.

BAHARAM IV.

Jezdegerd succéda aussitôt à son pere Baharam. Son humeur cruelle, avare & soupçonneuse causa la mort de plusieurs de ses sujets, qui furent d'autant plus surpris de sa conduite, qu'il avoit montré beaucoup de douceur & d'humanité, tant que son pere avoit vécu. Ce Prince, chagrin de ne pouvoir élever d'enfants, consulta tous les Médecins du Pays & plusieurs voyageurs, pour sçavoir en quel lieu on respiroit l'air le plus convenable à la santé. Chacun ayant parlé avantageusement du climat de la Province de Hirah, Jezdegerd se détermina à y envoyer le premier enfant qui lui naîtroit. Il ne fut pas longtemps à se trouver dans le cas d'exécuter ce projet, car la Reine mit au monde un fils. Alors le Roi de Perse fit venir à sa Cour

JEZDEGERD

PERSES SASSANIDES.

Nooman, Prince Arabe, possesseur de la petite Souveraineté, dont Hirah étoit la capitale, & lui remit entre les mains le jeune Baharam qui venoit de voir le jour. Nooman reçut avec respect le dépôt qui lui étoit confié, & promit à Jezdegerd d'employer tous ses soins à l'éducation du jeune Prince, & de le faire instruire dans les exercices propres à rendre le corps plus sain & plus robuste. La cruauté de Jezdegerd, qui avoit été comme suspendue par ses inquiétudes domestiques, éclata de nouveau, dès qu'il eut l'esprit tranquille touchant la conservation de son fils. Il regna ainsi pendant vingt-un ans; & un jour qu'il examinoit un cheval de grand prix, cet animal lui donna un coup de pied dans l'estomach, qui le tua sur le champ. Les Mages distinguent ce Prince par le surnom d'*Al-Athim*, mais on soupçonne ces Ecrivains de ne l'avoir dépeint avec des couleurs si noires, que parce qu'il favorisoit les Chrétiens. Quoiqu'il en soit, la haine qu'on avoit conçue contre lui, tomba sur son fils: Ce jeune Prince, qui étoit encore à Hirah, fut exclus du thrône, & les Seigneurs y firent monter un d'entr'eux, nommé Kersa.

KIRSA.

Ce dernier, recommandable par ses rares qualités, n'eut pas de peine à se faire reconnoître Souverain par la plûpart des Provinces de la Perse. Cependant Baharam, surnommé *Gour* ou *Jur*, parce qu'il aimoit la chasse des ânes sauvages, étoit devenu un Prince accompli. Nooman, fidéle à s'acquitter des promesses qu'il avoit faites à Jezdegerd, s'étoit appliqué à faire apprendre au jeune Baharam toutes les sciences & tous les exercices convenables à un homme qui devoit monter sur le thrône. Le Prince de son côté avoit d'heureuses dispositions, & il sçut profiter de l'éducation qu'on lui donna. La nouvelle de la mort de son pere, & celle de l'élection de Kersa lui causerent beaucoup de surprise, & autorisé par les droits incontestables qu'il avoit sur la couronne de Perse, il résolut de les faire valoir. Dans cette vûe, il pria Hendu, à qui Nooman avoit remis son autorité, de lui aider à se mettre en possession d'un thrône qui lui étoit dû. Hendu, convaincu de la justice des prétentions de Baharam, engagea quelques autres Princes Arabes à fournir des troupes, & il l'accompagna avec un Corps de quarante mille hommes. La Noblesse Persane s'opiniâtra à maintenir le Monarque qu'elle s'étoit choisi, & elle leva une armée nombreuse pour l'opposer à celle de Baharam. On marcha avec tant d'ardeur de part & d'autre, que les deux armées se trouverent bientôt à une petite distance, & il y avoit lieu de s'attendre à une bataille, lorsque Baharam imagina un expédient pour ménager la vie de ses soldats & de ceux de son ennemi. Cet expédient étoit de placer la couronne Royale entre deux Lions affamés, & de ne la déférer qu'à celui des deux compétiteurs qui auroit la hardiesse & le courage de l'enlever. Ce que Baharam proposoit fut accepté par la Noblesse Persane, & le jour destiné pour l'exécution de ce projet, on mit la couronne entre les deux Lions. Alors Baharam s'adressant à son rival l'invita à se saisir de cette couronne; mais Kesra, peut-être effrayé, répondit, que maître de la souveraine puissance, il n'avoit pas besoin de risquer sa vie pour ne rien obtenir de plus; qu'à l'égard de Baharam qui n'avoit que des prétentions, il pouvoit faire ce qu'il lui plairoit. Baharam s'attendoit à cette réponse, & il se jetta à l'instant même sur les Lions qu'il vint à bout de tuer.

Il prit enfuite la couronne, la mit fur fa tête, & fe préfenta devant les Seigneurs de Perfe affemblés en cet endroit. Kefra, pénétré d'admiration & d'eftime, montra l'exemple à la Nobleffe, rendit hommage le premier à Baharam & le reconnut pour fon Souverain. Les Grands lui prêterent auffi-tôt ferment de fidélité, & Baharam, en poffeffion du trône, renvoya Hendu & fes confédérés, après leur avoir fait de grands préfents.

La trop grande douceur avec laquelle Baharam traita fes fujets dégénéra en molleffe, & on négligea infenfiblement la difcipline militaire pour fe livrer aux plaifirs & aux amufements. Le Khakhan (1), inftruit de l'état dangereux où les Perfes fe trouvoient, profita de l'occafion, & fans avoir déclaré la guerre, il entra dans leur Pays à la tête d'une nombreufe armée, & porta en tous lieux le ravage & la défolation. Baharam, hors d'état de réfifter à un ennemi fi terrible, fe retira dans les montagnes avec un Corps de mille chevaux, laiffant le gouvernement entre les mains de fon frere Narfi. Les Perfes, croyant que leur Monarque renonçoit à fon autorité, implorerent la clémence du Khakhan, & fe foumirent à lui. Ce dernier avoit fait pourfuivre Baharam, & informé qu'il étoit entré bien avant dans l'Arménie, il fut perfuadé qu'il n'en avoit rien à craindre. Néanmoins le Roi fugitif avoit levé une armée, & après avoir cottoyé la Mer Cafpienne, il traverfa le Turqueftan avec une promptitude étonnante, & arriva dans la Perfe au moment qu'on s'y attendoit le moins. Le Khakhan, qui n'avoit aucune inquiétude à cet égard, avoit difperfé fes troupes, de forte que Baharam n'eut pas de peine à pénétrer, à la faveur de la nuit, jufqu'à la tente de ce Monarque, à qui il enleva la tête d'un coup de fabre. Les foldats du Khakhan, épouvantés en apprenant la nouvelle de fa mort, fe mirent à fuir en défordre, & vivement pourfuivis, il n'y en eut qu'un petit nombre qui put fe fauver. Une victoire fi peu attendue fit beaucoup d'honneur à Baharam, qui fut regardé de fes fujets comme un héros & un libérateur.

La défaite des Turcs & la tranquillité rétablie dans la Perfe fournirent à Baharam les moyens de fatisfaire le defir qu'il avoit de voyager. Il confia l'autorité fouveraine à fon frere Narfi, & partit à deffein de parcourir divers pays. Pendant qu'il étoit à la Cour d'un Prince Indien, il tua un Eléphant fauvage qui faifoit de grands dégâts dans le pays. Le Roi, qui ignoroit la qualité de Baharam, fut fi enchanté de fa valeur, qu'il lui donna le commandement de fes armées. Baharam répondit aux efpérances du Roi Indien, & le délivra de fes ennemis. Des fervices auffi importants méritoient une magnifique récompenfe, & le Roi lui conféra la charge de premier Vifir, & lui donna fa fille en mariage. Cependant la faveur dont jouiffoit Baharam excita la jaloufie des courtifans, & ce Prince s'étant apperçu que le Roi lui-même fe refroidiffoit à fon égard, prit le parti de s'en retourner dans fes Etats. Avant fon départ, il crut devoir informer fon beau-pere du rang qu'il tenoit, & comme il vit que la crainte s'emparoit de l'efprit de ce Prince, il le raffura, & promit de lui rendre plufieurs Places qui avoient été démembrées de fes Etats. Baharam & la Princeffe fa femme, prirent enfuite le chemin de la Perfe, & ils furent reçus de leurs fujets avec de grandes démonftrations de joye. Ce Monarque, déterminé à s'appliquer uniquement

(1) Khakhan, eft le nom que les Orientaux donnent au Souverain du Turqueftan.

PERSES SASSANIDES.

des affaires intérieures de son Royaume, chargea son frere Narsi du commandement des troupes qu'il envoya dans le Rumestan (1). Les Perses étant entrés sans résistance dans ce pays, Baharam sentit réveiller son humeur guerriere, & entreprit en personne une expédition contre les Arabes. Il fit la conquête du Royaume de Yemen, & satisfait de cet avantage, il passa le reste de sa vie dans une profonde paix. Les Historiens, quoique d'accord sur la maniere dont ce Prince mourut, racontent différemment l'occasion de sa mort. Les uns disent qu'étant un jour à la chasse, son cheval s'emporta & tomba dans une fosse, où Baharam fut étouffé avant qu'on pût le secourir; d'autres assurent que cet accident arriva à ce Monarque dans le temps qu'il poursuivoit l'armée d'un Prince voisin avec qui il étoit en guerre. Ce qu'il y a de certain, c'est que son corps ne fut jamais retrouvé; & qu'il finit ses jours après un regne de vingt-trois ans (2).

JEZDEGERD II.

La jeunesse de Jezdegerd II. fils de Baharam Gour, ne l'empêcha pas de prendre les rênes du gouvernement, & de se distinguer par sa sagesse & son activité. Il eut pour son oncle Narsi, à qui il étoit redevable de son éducation, tout le respect & toute la reconnoissance qu'il méritoit. Il le plaça à la tête de tous les Conseils, & par ses avis il remit en vigueur plusieurs loix que ses prédécesseurs avoient faites, & en établit de nouvelles, lorsque la nécessité l'exigea. L'exactitude avec laquelle il payoit ses troupes, & la douceur qu'il leur témoignoit, lui concilierent leur affection & lui firent donner le surnom de *Sipahdost*. D'ailleurs il fit observer exactement la discipline militaire, & on obéissoit avec ponctualité à tous ses ordres. Dans son expédition contre les Grecs, la seule dont les Historiens fassent mention, il entra sur leur territoire à dessein de les punir de leur infraction aux traités faits avec les Perses. Loin de chercher à ruiner un Pays ennemi, Jezdegerd défendit à ses troupes d'y faire le moindre dégât, & sa modération fit plus d'effet, qu'auroit pû faire la force de ses armes. L'Empereur Grec, informé de la conduite du Roi de Perse, craignit que ses sujets ne s'en formassent une idée trop favorable, & pour l'engager à sortir de ses Etats, il lui envoya dire qu'il acceptoit les conditions qu'il avoit refusées, & qu'il consentoit à payer les arrérages du tribut imposé. Jezdegerd, content de la soumission de son ennemi, retourna dans ses Etats. La douceur & la justice qu'il avoit fait éclater en cette occasion, lui acquirent plus de gloire, que ses prédécesseurs n'en avoient mérité par toutes leurs conquêtes. Ce Prince mourut subitement au bout d'un regne de dix-huit ans, & fut sincérement regretté de tous ses sujets. Il laissoit deux fils, dont l'aîné s'appelloit Ferouz, & le cadet Hormouz. Ce dernier avoit toujours été tendrement aimé de son pere, qui résolut de le nommer son successeur. Ferouz soupçonnant ce projet, prit des mesures pour le déconcerter; mais le respect qu'il avoit pour son pere, l'obligea à accepter le gouvernement de Nimrouz, & à aller y résider. Il y étoit lorsque Jezdegerd mourut, & Hormouz profita de l'absence de son frere, & se fit reconnoître Roi de Perse.

HORMOUZ III.

Ce Prince revêtu de la souveraine puissance, n'en fut pas longtemps

(1) Les Perses donnoient ce nom aux Etats de l'Empereur Grec.
(2) L'histoire de ce Prince a quelque chose de romanesque, & ressemble un peu à celle des Chevaliers errants.

possesseur, car son frere Ferouz, avec le secours des Haiathélites (1), & de plusieurs Perses mécontents, lui enleva la couronne, & le fit lui-même prisonnier.

Le premier acte d'autorité par lequel Ferouz signala les commencements de son regne, fut de faire couper la tête à Hormouz, & à trois de ses principaux Conseillers. Une précaution si cruelle annonçoit un caractere de sévérité que la conduite de Ferouz ne démentit point. Ce Prince méconnoissant des services que lui avoit rendu le Roi des Haiathélites, projetta d'envahir son pays. Quelques Auteurs Perses assurent que les sujets de ce Prince commencerent les hostilités; mais il n'y a aucune apparence que cela puisse être, parce que les Perses étoient plus puissants que les Haiathélites. Quoi qu'il en soit, Ferouz se mit en chemin à la tête d'une nombreuse armée. Le Roi des Haiathélites surpris à la nouvelle de l'approche des Perses, tomba dans un grand abbattement. Un Officier de ses troupes, ou suivant d'autres, son grand Visir, le consola, & lui promit de le délivrer de ses ennemis s'il vouloit avoir confiance en lui, & suivre ses conseils. Cet Haiathélite, au rapport de quelques-uns, avoit perdu une main par accident; d'autres assurent que sitôt qu'il eut quitté le Roi il se coupa le nés, les oreilles, une main & un pied, & dans cet état se fit placer à l'entrée d'un bois, par lequel l'armée des Perses devoit passer. Quelques soldats l'ayant apperçu le porterent à Ferouz, & ce Prince lui demanda qui l'avoit ainsi mutilé? L'artificieux Haiathélite répondit que son Roi l'avoit traité de cette maniere pour le punir de lui avoir dit qu'il ne devoit pas entreprendre la guerre contre les Perses. Ferouz parut touché du triste état de cet homme, & celui-ci feignant d'être transporté de fureur contre son Roi, offrit de conduire les Perses par une route qui leur fourniroit les moyens de surprendre & de défaire leurs ennemis. Ferouz donna dans le piége, se laissa conduire aveuglément, & après avoir marché pendant plusieurs jours, tantôt dans les bois, tantôt dans des déserts, il se trouva enfin sans vivres, & à la tête d'une armée accablée de fatigue. Les Haiathélites paroissant alors en grand nombre, Ferouz n'eut plus d'autre ressource, que celle de tout attendre de la clémence d'un Roi qu'il avoit offensé, & il se rendit à lui avec toute son armée. Le Roi Haiathélite trop généreux pour accabler un ennemi qui se remettoit entre ses mains, se contenta de faire promettre à Ferouz de ne jamais attaquer ses Etats, & il lui permit ensuite de retourner avec les siens dans la Perse.

Cependant Ferouz au désespoir de l'affront qu'il prétendoit avoir reçu, fut à peine arrivé dans son Royaume, qu'il leva une armée à dessein d'attaquer une seconde fois les Haiathélites. Il choisit Saouk, Prince descendu des anciens Rois de Perse, pour gouverner le pays en son absence, & il s'avança vers le pays ennemi avec une vitesse incroyable. Comme on a vû les détails de cette expédition, dans l'histoire de la vie de ce même Prince, sous le nom de Perose, je dirai ici seulement qu'il périt avec son armée par un nouveau stratagême, & que les Haiathélites n'eurent plus rien à redouter de la part des Perses. Les Auteurs Orientaux prétendent que Saouk,

(1) Les Historiens Grecs appellent Nephtalites, les Haiathélites, & le Traducteur de Mirkhond les désigne par le nom d'Euthalites.

INTRODUCTION A L'HISTOIRE

PERSES SASSANIDES.

Régent du Royaume, n'eut pas plutôt appris la défaite des Perses & la mort de Ferouz, qu'il envoya demander la paix au Roi des Haiathélites, en le faisant assurer que les Perses n'avoient pris les armes contre lui que par les ordres absolus de leur Souverain. Saouk obtint facilement ce qu'il désiroit; le Roi Haiathélite sage & équitable rendit sans rançon tous les prisonniers qui avoient été faits. Ferouz avoient regné trente ans, suivant quelques Auteurs, & vingt-sept seulement, selon d'autres, & il laissoit deux fils; sçavoir, Balasch & Cobad.

BALASCH.

Balasch, fils & non pas frere de Ferouz, comme le disent les Historiens Grecs, monta sur le thrône de Perse après la mort de son pere. Tous ses sujets firent éclater leur joye à son avénement à la couronne; Cobad seul en parut mécontent, & se retira dans le Turquestan avec le fils de Saouk, à qui il donnoit toute sa confiance. Il y a apparence que Balasch ne voulut ni faire poursuivre son frere, ni rien entreprendre contre lui, car il n'en est fait mention nulle part. Cobad épousa la fille de son ami (1), & en eut un fils. Sans doute que la naissance de cet enfant excita son ambition naturelle, puisque depuis ce moment il fit plusieurs démarches pour obtenir des secours contre son frere. Cobad étoit encore occupé à se préparer à cette expédition, lorsqu'il apprit la mort subite de Balasch, & la disposition favorable où étoient les Perses à son égard. Ravi d'un changement de fortune si peu attendu, Cobad partit sur le champ avec son beau-pere, sa femme & son fils. Quelques Historiens donnent quatorze ans de regne à Balasch; d'autres assurent qu'il excéda à peine quatre ans.

COBAD.

Cobad arrivé dans la Perse, y fut reçu avec joye, & on découvrit en lui des qualités qui lui attirerent d'abord l'affection de ses sujets. Cependant la maniere dont il se défit de Saouk, grand pere de sa femme, devoit détruire les idées avantageuses qu'on s'étoit formé de lui. Saouk, sous les regnes précédents, avoit joui d'une autorité fort étendue, & Cobad qui vouloit la restreindre, & n'osoit le faire ouvertement, engagea Schabour, soldat de fortune, à tuer Saouk. Schabour remplit exactement les vûes du Roi, & on ne soupçonna pas ce Prince de la mort de l'infortuné Saouk. Il y avoit déjà dix ans que Cobad étoit sur le thrône, lorsqu'il parut dans ses Etats un imposteur nommé Mazdek. Cet homme voulut se faire passer pour prophete, & prêchoit une nouvelle Religion, qu'il prétendoit être beaucoup plus épurée que celles qui avoient été connues jusqu'alors. Les loix principales de cette Religion tendoient à établir la communauté des biens & des femmes, & Cobad, dont les passions étoient flattées par ces reglements, protégea Mazdek & l'invita à se rendre à sa Cour. Mazdek obéit au Roi, qui fit aussitôt publier un décret, par lequel les Nobles se voyoient tout à la fois enlever leurs richesses, leurs femmes & leurs filles. Les Grecs font mention de ce décret, & lui attribuent la haine que les Perses conçurent contre leur Monarque; mais les Nobles seuls s'en plaignirent, & le reste du peuple, qui comptoit partager les thrésors des riches, témoigna à Cobad un inviolable attachement. Ce Prince eût sans doute été à l'abri des entreprises des Grands contre lui, s'il n'eût pas eu l'imprudence d'épouser sa propre

(1) Mirkhond est le seul qui parle de ce mariage, les autres Historiens n'en font aucune mention.

sœur, avec la permission de Mazdek. Les Seigneurs profiterent de cette fausse démarche pour faire changer de sentiment au peuple, à qui on fit entendre que le Roi n'étoit plus retenu par aucun frein. Ces discours eurent l'effet qu'on en avoit attendu, & les Nobles, persuadés que le peuple verroit tranquillement la déposition de Cobad, se rendirent en grand nombre à la Cour, se saisirent de la personne du Roi & l'enfermerent dans une étroite prison. Ils n'oserent néanmoins lui nommer un successeur, & ils se contenterent de choisir pour Régent du Royaume, un homme sage & prudent appellé Giamasp. Mazdek, informé assez-tôt de la détention du Roi, abandonna promptement la Cour & se retira à la campagne, où le grand nombre des disciples qu'il s'étoit faits le mirent à couvert des poursuites des Seigneurs Perses.

La maniere dont les Auteurs Orientaux racontent l'évasion de Cobad, est si semblable au récit que les Grecs en font, que comme on l'a déjà vû dans la vie de Cavadès, je n'en dirai rien ici. Les Historiens Orientaux prétendent que le Roi des Haiathélites fut longtemps sans vouloir fournir à Cobad les secours nécessaires pour remonter sur le throne, & que ce ne fut qu'après beaucoup d'importunités qu'il consentit à envoyer sur les frontieres de la Perse un Corps de troupes chargé seulement d'examiner ce qu'on pensoit au sujet de Cobad. Le rapport des Haiathélites étant favorable à ce Prince, il partit sur le champ, & alla se montrer à ses sujets. Sa présence causa une joie universelle dans ses Etats, & Giamasp parut lui remettre avec plaisir les rênes du gouvernement. Cobad eût toujours beaucoup de considération pour Giamasp, & on assure que depuis son rétablissement il changea entierement de conduite. On croit néanmoins qu'il ne renonça pas à la secte de Mazdek, mais il n'osa la professer publiquement. Les Historiens sont peu d'accord sur la durée du regne de ce Prince. Suivant l'opinion la plus vraisemblable, il occupa le throne l'espace de quarante-trois ans, en comptant le temps qu'il fut enfermé; & il mourut aimé de ses sujets, & respecté de ses voisins. On ne peut disconvenir que ce Prince n'eût des qualités recommandables; mais ses vices les contrebalancerent continuellement. Il paroît qu'il fut peu scrupuleux en fait de Religion, & s'il affecta du zéle pour la secte de Mazdek, ce ne fut que par avarice, & pour être en droit d'épouser sa sœur qu'il aimoit avec passion.

Khosrou ou Chosroès, connu dans l'Orient sous le nom de Nouschirvan, monta sur le throne de la Perse après la mort de Cobad, son pere. Ce Prince, de l'aveu de tous les Historiens Orientaux, fut le plus grand Monarque qui ait gouverné la Perse. Le premier acte qu'il fit de son autorité fut de faire arrêter l'imposteur Mazdek & de le condamner à la mort, après lui avoir fait les plus grands reproches. Le desir qu'il avoit qu'on rendit exactement la justice à ses sujets, l'engagea à partager son Empire en quatre Vizirats: le premier étoit composé des Provinces frontieres de la Tartarie & des Indes; le second comprenoit la Parthie, l'Arménie & toutes les Provinces situées le long de la Mer Caspienne; le troisiéme contenoit la Perse propre, & toutes les Provinces situées entre ce Pays & le Golfe Persique; enfin le quatriéme étoit formé par la Mésopotamie, la Chaldée & les Pays enlevés tant aux Arabes qu'aux Empereurs Grecs. A la tête de chacun de ces Vizirats étoit

PERSES SASSANIDES.

un Gouverneur de la famille Royale, dont les jugements dans tous les cas ordinaires étoient sans appel ; mais lorsqu'il s'agissoit de cas extraordinaires ou de peines capitales, les Sentences devoient être ratifiées par la Cour.

Après avoir ainsi reglé la Police de ses Etats, il songea à en reculer les bornes & à augmenter le nombre de ses sujets. Il fit pour cet effet la guerre dans le Rumeltan, ou le Pays de Roum, c'est-à-dire, dans les Provinces dépendantes de l'Empereur de Constantinople, & transporta dans la Province d'Irak les habitants de la ville d'Antioche, & leur donna pour demeure Mahouza, dont il changea le nom en celui d'Antioche. Elle ne conserva ce nom que jusqu'à la mort de Nouschirvan. Cette expédition fut suivie de celle qu'il fit contre les Haiathélites, qui s'étoient emparés de quelques Pays appartenants à la Perse. Nouschirvan employa d'abord les voyes de la négociation, mais ce moyen ayant été infructueux, il eut recours à la force. Les Haiathélites se repentirent bientôt d'avoir attaqué un Prince tel que Nouschirvan, mais la rapidité des succès de ce Prince lui attira de nouveaux ennemis. On redouta la puissance de ce Monarque, & ses voisins penserent qu'il étoit de leur intérêt de l'abbattre. Le Khakhan, informé que le Roi de Perse étoit avec toutes ses troupes sur les frontieres des Indes, entra tout d'un coup dans la Perse, & pénétra sans résistance jusques dans le centre du Royaume. Nouschirvan ne jugea pas à propos d'abandonner le Pays où il étoit, & se contenta d'envoyer son fils Hormouz avec une partie de ses troupes. Hormouz, élevé dès son enfance dans le métier de la guerre, se comporta avec tant de prudence, qu'avec une armée plus foible que celle de son ennemi, il vint à bout de le forcer de se retirer. Nouschirvan attaqua alors le Khakhan jusques dans ses propres Etats, & le contraignit d'accepter la paix aux conditions qu'il voulut lui imposer. Le mariage de la fille du Khakhan avec le Roi de Perse, servit encore à rendre plus solide le traité qu'ils avoient fait entre eux. Nouschirvan étoit alors dans la douzieme année de son regne.

Ce Prince, débarrassé de la guerre, exécuta deux projets qu'il avoit formés depuis longtemps. Il fit venir des Indes un livre intitulé, *Homaioun Nameh*, c'est-à-dire, *le Livre Royal*, ouvrage du célebre Pilpai, qui contenoit un grand nombre de paraboles relatives au gouvernement des peuples. Il fit faire ensuite une grande quantité de copies d'un ouvrage du Roi Ardschir, qui contenoit des instructions pour ses sujets de quelque rang qu'ils fussent, & il obligea chaque famille d'en avoir une.

Pendant qu'il regnoit ainsi tranquillement sur ses peuples, il eut le chagrin de se voir obligé de prendre les armes contre son propre fils, qui s'étoit révolté contre lui. Il avoit eu ce fils, nommé Nouschizad, d'une Chrétienne qu'il avoit fait prisonniere dans une de ses expéditions contre l'Empereur de Constantinople. Ce jeune Prince, élevé par sa mere dans le Christianisme, persista dans cette Religion, malgré les menaces & les promesses de son pere. Nouschirvan appréhendant que le zéle que son fils témoignoit pour les Chrétiens n'eût des suites dangereuses, en excitant des disputes de Religion parmi ses sujets le fit enfermer, mais il eut soin en même temps d'adoucir la rigueur de sa prison. Nouschizad trouva moyen de s'échapper pendant que son pere étoit allé visiter

les

les frontieres du côté des Indes, où il tomba dangereusement malade. Tous les (1) Chrétiens se joignirent aussitôt à lui, & formerent une armée en état de faire quelques entreprises. Noufchirvan ne voulut pas d'abord employer la violence, persuadé que son fils rentreroit dans le devoir, mais lorsqu'il s'apperçut que la rébellion devenoit plus considérable, il commanda à Ram-Berzin, un de ses Généraux, de marcher contre les rebelles. Voici les instructions qu'il lui donna. » J'apprends que mon fils a non seulement pris
» les armes, mais qu'il s'est aussi mis en possession de mes thrésors; qu'il
» a fait ouvrir les prisons, & qu'avec mon argent il a engagé dans son
» parti plusieurs de mes Officiers. Je vous ordonne donc de faire toute
» la diligence possible pour le joindre, mais ayez soin de n'attaquer ni
» lui, ni ceux de mes sujets qui sont avec lui, qu'après les avoir exhortés
» à mettre bas les armes. Je compte que Nouschizad aura égard à cette
» remontrance; qu'il fera ramener dans les prisons ceux qu'il en a tirés;
» qu'il punira de mort les Officiers qui se sont déclarés pour lui, & qu'il
» licenciera son armée. S'il rejette quelques-uns de ces articles, employez
» la force, quand même ce seroit aux dépens de sa vie. Que si le Prince
» tombe vif entre vos mains, ne lui faites essuyer aucun traitement indigne
» de lui, ni même aucun reproche; je ne serai que trop vengé par ses re-
» mords. « Ram-Berzin exécuta promptement les ordres qu'il avoit reçus, & le Prince ayant refusé d'écouter aucune proposition, les deux armées en vinrent aux mains. Les rebelles furent défaits, & Nouschizad reçut dans le combat une blessure mortelle. Comme il se sentoit prêt à mourir, il engagea ceux qui étoient autour de lui de prier la Reine de faire en sorte que son corps fût enterré parmi les Chrétiens. Il eût été plus avantageux pour ce Prince, dans ce moment fatal, de se repentir sincerement de son crime, que de s'inquietter de la sépulture de son corps.

Cet évenement qui causa tant de peine au Roi, fut suivi d'expéditions plus glorieuses. Il soumit les Indiens, & les força de lui payer un tribut annuel. Il passa ensuite en Arabie, fit la guerre aux Tyrans qui désoloient le pays, les dépouilla de leur puissance, & la rendit à ceux qui en avoient été privés par ces usurpateurs. Il fit enfin tant d'autres actes de justice & de bonté, que les Arabes lui donnerent le surnom de *Juste*. L'Imposteur Mahomet tiroit gloire d'être né sous le regne de ce Monarque. Profitant du loisir que la paix lui laissoit, il s'occupa à embellir Madain ou Cresiphon capitale de ses Etats, & y fit bâtir un Palais qui a passé pour une des merveilles de l'Orient. On l'appelloit Thak Khosrou, c'est-à-dire, le Dôme de Chosroès. Le Khaliphe Almansor qui avoit dessein d'employer les matériaux de ce superbe édifice pour orner la Citadelle de Bagdat, fut obligé de renoncer à son entreprise qui exigeoit trop de temps & trop de dépense. Ainsi la plus grande partie de cet édifice est restée sur pied. Un Poëte Persan

---

(1) On s'apperçoit aisément que ces Chrétiens étoient mal instruits, car ils auroient sçu, qu'il n'y a aucun prétexte de Religion qui puisse faire prendre les armes à des sujets contre leur légitime Souverain. La Doctrine de J. C. a pour fondement la charité, la douceur, la soumission, & la résignation aux ordres de la Providence; par conséquent le fanatisme est entierement contraire aux principes de la Religion Chrétienne.

PERSES SASSANIDES.

a composé à cette occasion un Distique dont le sens étoit : *Tes ouvrages, ô Chosroès, bravent, comme toi, les injures du temps, & participent à cette immortalité que tu t'es acquise.*

Chosroès fit encore un autre ouvrage plus considérable, qui étoit le mur de Jagouge ou Magouge. C'étoit un rempart haut & épais qui commençoit à Derbent, & qui alloit d'une montagne à l'autre, pour fermer l'entrée de la Perse aux Nations Septentrionales. Alexandre le Grand avoit formé le projet de cet ouvrage, qui fut même commencé par son ordre, suivant quelques Auteurs. On y travailla dans la suite; mais il ne fut achevé que sous le regne de Nouschirvan.

Ce Prince qui avoit toujours réussi dans les fréquentes guerres qu'il avoit entreprises contre les Empereurs de Constantinople, succomba enfin dans la derniere qu'il eut avec cette Cour. Flatté des premiers avantages qu'il remporta, il eût l'imprudence de s'avancer trop loin, & se trouva dans la nécessité de passer l'Euphrate sur le dos de son Eléphant. Il songea alors à faire la paix, & il eut la satisfaction avant que de mourir, de conclure un accommodement avec l'Empereur. Agé de plus de quatre-vingts ans, & affoibli par les grandes fatigues qu'il avoit supportées, il ne douta plus qu'il ne fût arrivé au dernier terme de sa vie. Il songea à régler sa succession, & engagea les Grands de l'Etat à mettre sa Couronne sur la tête de son fils Hormouz, à qui il donna d'excellentes instructions dont il ne profita pas.

Nouschirvan avoit reculé les bornes de la Perse bien plus loin que ses prédécesseurs. La ville & la contrée de Farganab situées le long du fleuve Jaxarte, servoient de limites à la Perse de ce côté-là. L'Indus séparoit cette même Monarchie des Provinces qui appartenoient aux Princes Indiens indépendants. Nouschirvan étoit Souverain de l'Arabie jusques aux frontieres de l'Egypte, & en Syrie il avoit poussé ses conquêtes jusqu'à la mer.

Khondemir termine l'histoire de ce Prince par cet éloge. » Tous les » Princes qui naîtront à l'avenir doivent prendre pour régle de leur con- » duite celle de Nouschirvan ; puisqu'il possédoit dans un dégré le plus » éminent, les qualités qui rendent un particulier aimable, & les vertus » qui ajoutent du lustre au diadême. Son équité à toute épreuve, & sa li- » béralité qui n'avoit d'autres bornes que celles qui lui étoient assignées » par la raison, l'ont rendu célebre pendant sa vie, & ont transmis son » nom à la postérité. « Sa Cour étoit l'asyle du mérite malheureux. Il assistoit regulierement avec ses Ministres d'Etat dans des assemblées établies par son ordre, pour l'avancement des sciences utiles. Il entendoit la Méchanique aussi bien que ceux qui en faisoient une profession particuliere. Quoique sa conversation fût toujours sérieuse, il ne trouvoit cependant pas mauvais que ceux qui l'environnoient témoignassent de la gayeté, & hasardassent quelques plaisanteries. Au milieu de ses plus éclatantes prospérités, il faisoit paroître une admirable égalité d'esprit. Un jour un Courier s'écria en l'abordant : *Dieu est juste, Dieu est juste! L'implacable ennemi de notre Roi vient d'être enlevé par la mort.... A Dieu ne plaise,* répondit Nouschirvan avec une tranquillité merveilleuse, *que je me réjouisse de la mort de mon ennemi ; il n'y a rien de plus ridicule pour des mortels, que de se réjouir à la vûe d'un exemple de mortalité.* Un jour, comme il étoit à la chasse & qu'il avoit envie de manger un plat de Gibier, quelques-uns de ses gens allerent à un village voisin, & y prirent la quantité de sel dont ils avoient besoin. Le Roi qui soupçonnoit qu'on n'avoit pas donné le prix que ce sel valoit, ordonna qu'il fût payé sur le champ. Se tournant ensuite vers son Visir : *L'affaire*, dit-il, *est peu importante en elle-même ; mais elle l'est beaucoup par rapport à moi. Un Roi doit toujours être juste, parce qu'il sert d'exemple à ses sujets. S'il m'est impossible de faire observer les loix de la justice à mon peuple dans les plus petites choses, je puis du moins lui faire voir qu'il est possible de les observer.* On prétend qu'il fit mettre sur son Diadême l'inscription suivante : *La vie la plus longue & le regne le plus glorieux passent comme un songe ; & nos successeurs nous pressent de partir. C'est de mon pere que je tiens ce Diadême, qui servira bientôt d'ornement à quelque autre.*

PERSES.
SASSANIDES.

Le successeur d'un si grand Monarque fut un monstre de cruauté, & un Prince uniquement occupé de ses plaisirs. Nouschirvan son pere, qui avoit de bonheur étudié le caractere d'Hormouz, son fils, avoit tâché de le corriger en lui donnant une bonne éducation. Il en avoit confié le soin au célébre Buzurge-Mihir, l'homme le plus sage qu'il y eut en Perse (1). Ce grand homme vint à bout d'inspirer à Hormouz des sentimens de vertu, & tant que ce Prince fut conduit par Buzurge-Mihir, il se fit admirer & estimer de tous ceux qui le connoissoient. Le respect qu'il avoit pour son Gouverneur alloit au point, qu'il ne vouloit pas porter les ornemens de la Royauté en sa présence. Il avouoit qu'il lui avoit plus d'obligation qu'à

HORMOUZ IV.

---

(1) Le caractere de cet homme a été si célébré par les Historiens Orientaux, qu'il paroît à propos d'en rapporter quelques traits. Il voyoit avec chagrin qu'Hormouz, dont l'éducation lui étoit confiée, passoit la plus grande partie de la nuit à se réjouir, & donnoit les matinées entieres au sommeil. Pour l'en corriger il lui faisoit souvent l'éloge de la diligence. Le Prince, fatigué de ces remontrances, ordonna un jour à ses gens de le surprendre le matin, lorsqu'il sortiroit de chez lui, & de le voler. Cet ordre fut exécuté ponctuellement, & Buzurge-Mihir se rendit chez le Prince dans l'état où il étoit. Hormouz lui dit aussitôt : *Si vous aviez été moins diligent, vous n'auriez pas été volé. Vous vous trompez, Seigneur*, répondit le Gouverneur, *les voleurs ont été heureux, parce qu'ils ont été plus diligents que moi.* Il ajouta à la réponse cette instruction : *La vigilance est le miroir de la lumiere céleste, le flambeau des sciences, le thrésor de la vertu & de la joye, & la clef des portes de la victoire. Levez-vous donc, afin que le Soleil du bonheur se leve sur votre tête, & que le vent excité par la fraîcheur du matin, fasse couler dans votre ame la pluye des graces du Ciel, & des vertus de la Terre.*

Un jour Buzurge-Mihir se trouvant à une conférence qui se tenoit entre des Philosophes Grecs & Indiens, en présence du Roi Nouschirvan, ce Monarque proposa la question suivante : *Quelle est la situation la plus fâcheuse ?* Un Philosophe Grec répondit, que c'étoit la vieillesse jointe à la pauvreté. Un sage Indien fut d'avis que c'étoit un extrême abbattement d'esprit, accompagné de violentes douleurs. Buzurge-Mihir décida que le plus malheureux de tous les hommes *étoit celui qui se trouvoit proche du terme de sa vie sans avoir pratiqué la vertu.* Nouschirvan fut un peu étonné de ce qu'il gardoit le silence dans un Conseil qu'il tenoit, & où ses Ministres avoient tous donné leurs avis. *Les Conseillers d'Etat*, répondit-il au Roi, *doivent ressembler aux Médecins, qui ne donnent leurs remedes qu'à ceux qui en ont besoin.* Une louange si fine ne pouvoit gueres manquer de plaire. Buzurge-Mihir étoit Chrétien dans le fond du cœur, & les soupçons que le cruel Khosrou-Parviz en eut, furent cause qu'il le fit mourir dans un âge très-avancé.

son pere. *La vie*, difoit-il, *& la Monarchie des Perfes que j'ai reçues de Noufchirvan, ne me resteront qu'un petit nombre d'années ; mais la réputation que j'espere acquérir en suivant les conseils de Buzurge-Mihir, subsistera pendant plusieurs siécles.* Il eût été à fouhaiter pour Hormouz, que les infirmités & la vieilleffe n'euffent pas forcé ce Seigneur d'abandonner le jeune Roi la quatriéme année de fon regne. Les jeunes Courtifans s'emparerent alors de l'efprit d'Hormouz, & corrompirent biêntôt un cœur où fe trouvoit le germe de tous les vices, que Buzurge avoit tâché d'étouffer par fes fages inftructions. Les anciens Confeillers d'Etat n'eurent plus de crédit auprès du Roi, qui caffa le plus grand nombre des Juges que fon pere avoit établis dans fes Etats. Irrité des remontrances qu'on lui fit à ce fujet, il punit ceux qui avoient eu la hardieffe de lui repréfenter les fuites funeftes d'une telle action. Il voulut être le feul Juge de fon peuple, & porta en conféquence tous les jours la tiare, que fes prédéceffeurs ne mettoient que lorfqu'ils adminiftroient la juftice.

Une conduite fi irreguliere aliena l'efprit de fes fujets, & Hormouz qui ne pouvoit l'ignorer, immola des milliers d'hommes à de fimples foupçons. Les Provinces fituées du côté de l'Arabie & des Indes fecouerent alors le joug des Perfes, & le Khakhan fçut profiter d'une circonftance fi favorable à fes deffeins pour entrer dans la Perfe avec une nombreufe armée. Hormouz dans une conjoncture fi embarraffante confulta les Grands de l'Etat, mais il ne fuivit que le confeil d'un vieillard, qui contrefaifant l'Aftrologue, fit entendre au Roi qu'il devoit donner le commandement de fes troupes à Baharam Tchoubin, Gouverneur de Médie. Ce Général en acceptant l'emploi dont Hormouz vouloit le charger, ne demanda que douze mille hommes pour marcher contre les Tartares. Avec une troupe auffi foible il furprit les ennemis qui n'étoient pas fur leurs gardes, les tailla en piéces, tua le Khakhan, & fit prifonnier fon fils. Une victoire auffi éclatante fut caufe de la difgrace de Baharam. Les Courtifans qui appréhendoient que ce Général ne gagnât la confiance d'Hormouz, le repréfenterent comme un homme ambitieux & entreprenant. Le Roi qui étoit naturellement foupçonneux & fufceptible de toutes les impreffions qu'on vouloit lui faire prendre, conçut une baffe jaloufie contre Baharam. Au lieu d'une robe d'honneur qu'il étoit d'ufage de lui envoyer en pareille circonftance, il lui fit remettre de fa part une robe & des ajuftements de femme. Le Général irrité d'un tel préfent, le montra aux foldats, & les excita à la révolte.

Afin de mieux réuffir dans cette entreprife, & attirer tous les Perfes dans fon parti, il offrit la Couronne à Khofrou Parviz, fils d'Hormouz. Ce jeune Prince oubliant alors tous fes devoirs, accepta les propofitions de Baharam, & fe mit à la tête des rebelles. La révolution devint tout d'un coup fi grande, que le Roi tomba vif entre les mains de fes ennemis, qui lui firent perdre l'ufage de fes yeux. Khofrou s'étant rendu peu de temps après dans la capitale où étoit fon pere, déclara folemnellement que c'étoit à fon infçu, & contre fes intentions, qu'on l'avoit traité avec tant de cruauté, & promit de le venger auffitôt qu'il feroit affermi fur le thrône.

Cependant Baharam qui n'avoit d'abord mis la Couronne sur la tête de Khosrou, que pour exécuter plus facilement son projet, engagea ensuite les Perses à se soulever contre lui sous prétexte qu'il étoit d'un caractere à agir plutôt en Tyran qu'en Roi. Khosrou à cette nouvelle marcha contre les confédérés; & leur livra bataille. Son armée fut taillée en piéces, & la fuite fut la seule ressource qui lui resta pour se sauver. Il s'étoit enfermé dans Madain, lorsque son pere lui conseilla d'aller chercher un asyle à la Cour de Constantinople. Il étoit à peine parti pour se rendre auprès de l'Empereur Grec, que ses oncles firent étrangler Hormouz, qui avoit regné environ quatorze ans. {.right PERSES SASSANIDES.}

Aussitôt que Baharam eut appris l'évasion de Khosrou, il le fit poursuivre par un détachement qui l'auroit atteint sans le stratagême d'un des Officiers de Khosrou, qui se trouvoit avec quelques soldats dans un Monastere, devant lequel les troupes de Baharam devoient passer. Lorsqu'il les apperçut de loin, il parut aux fenêtres avec des ornements Royaux, & leur fit accroire par ce moyen que Khosrou étoit dans cet endroit; mais il eut soin de se retirer lorsqu'il vit qu'ils étoient prêts à investir le Monastere. Il reparut ensuite avec ses propres habits, leur fit sçavoir que Khosrou consentoit à se rendre, & qu'il demandoit en grace qu'on lui laissa passer tranquillement la nuit dans cet endroit. L'Officier de Baharam y consentit, mais il fut fort étonné lorsqu'on lui déclara le lendemain matin que Khosrou n'avoit jamais séjourné dans ce lieu. Baharam à qui on conduisit ce fidele sujet qui avoit sauvé son maître, n'osa le faire mourir, car il affectoit d'imiter la douceur & la clémence de Nouschirvan. Baharam fut pendant quelque temps tranquille, & la Noblesse & le peuple paroissoient lui être affectionnés. La protection que l'Empereur Grec accorda à Khosrou, fit changer les choses de face, & les Perses attachés à la famille Royale, se déclarèrent en sa faveur aussitôt qu'ils le virent à la tête de l'armée que l'Empereur lui avoit fournie. Baharam disputa la Couronne le plus longtemps qu'il lui fut possible, mais ayant enfin perdu toutes ses troupes il se retira à la Cour du Khakhan, qui lui donna de l'emploi dans ses armées. Le Prince Tartare le fit dans la suite empoisonner à la sollicitation du Roi de Perse, qui ne se croyoit pas en sûreté tant que Baharam seroit en vie. {.right BAHARAM TCHOUBIN.}

Khosrou tranquille possesseur du thrône fit de rapides conquêtes dans la Judée, l'Arabie, l'Egypte, & réduisit sous sa puissance plusieurs Isles de la Méditerranée. L'insatiable cupidité d'amasser des thrésors lui fit commettre les plus grands crimes, & fut cause que ses sujets qui ne pouvoient plus supporter sa tyrannie, le déposerent, & mirent en sa place Khobad Schitouïeh son fils aîné. {.right KHOSROU II.}

Khobad Schirouïeh, que les Grecs appellent Siroès, commença son regne par un patricide. Persuadé qu'il ne seroit paisible possesseur du thrône que par la mort de son pere, il chargea d'une si horrible action Mihir Hormouz, dont le pere avoit été mis à mort par les ordres de Khosrou. Aussitôt que le Roi prisonnier vit entrer Mihir, il lui lança un regard terrible, & lui dit ces mots: *J'ai fait tuer ton pere, & je tiens pour bâtard celui qui n'ôte pas la vie au meurtrier de son pere quand la chose est en son pouvoir.* Mihir excité de nouveau par ce discours lui plongea son poignard dans le {.right KHOBAD-SCHIROUIEH.}

marginalia: PERSES SASSANIDES.

cœur, & alla rendre compte à Khobad de ce qui s'étoit passé, mais il eut l'imprudence de répéter les paroles que Khosrou lui avoit dites. Khobad parut d'abord ne faire aucune attention au récit de Mihir, & il lui permit de se retirer. Quelques jours après il le fit paroître devant lui, & lui ayant répété ce que son pere lui avoit dit avant que de mourir, il ajouta : *Vous voyez combien il est juste que je vous fasse périr*, & aussitôt il ordonna qu'il fût privé du jour. Ce Prince qui ne croyoit affermir son thrône que par le sang de sa famille, fit massacrer tous ses freres. Il en avoit dix-huit; mais le dernier nommé Scheheriar eut le bonheur d'échapper à sa cruauté. A l'égard de ses deux sœurs, il les traita toujours avec bonté, quoiqu'elles ne cessassent de lui remettre devant les yeux l'irrégularité de sa conduite. Ces reproches lui causerent une mélancolie qui affoiblit insensiblement sa santé, & le conduisit au tombeau, après un regne de six ou huit mois.

marginalia: ARDSCHIR III.

Ardschir, son fils, qui n'avoit qu'environ sept ans, fut déclaré son successeur. Ses sœurs & les Grands du Royaume, qui espéroient que la minorité de ce Prince seroit tranquille, avoient dessein d'employer ce temps à rétablir les affaires de l'Etat, qui étoient en mauvais ordre. Pendant qu'ils se flattoient de si douces espérances, Scheheriar, son oncle, formoit le projet de s'emparer de la Couronne. A la tête d'une puissante armée, il s'empara de la capitale, & après avoir fait périr son neveu, il se mit en possession du thrône.

marginalia: SCHEHERIAR.

Les troupes qui avoient favorisé cette révolution exigerent des récompenses si fortes, que Scheheriar pour les satisfaire tourmentoit ses sujets pour en tirer de l'argent. La crainte que l'armée inspiroit empêcha les peuples de se soulever, & on se contentoit de gémir sans oser chercher un remede à tant de maux. Une des Princesses de Perse nommée Touran-Dockt, employa un violent moyen pour délivrer les Perses du triste état où ils étoient réduits. Assurée de la faveur du peuple, elle fit assassiner le Roi par trois freres qu'elle avoit engagés à commettre un crime si odieux, en leur tenant les discours les plus séduisants.

marginalia: TOURAN-DOCKT.

Comme il ne restoit aucun enfant mâle de la famille Royale, on mit la couronne sur la tête de Touran-Dockt, que les Perses regardoient comme leur libératrice. Cette Princesse fit premier Ministre & Général de ses armées Ferokhzad, l'aîné des trois freres qui avoit tué le Roi. La Perse reprit alors son ancien éclat; car pendant que Fetokhzad remportoit de grands avantages sur les Arabes, qui s'étoient jettés sur les terres de la Perse, la Reine s'attiroit l'estime & l'amour de ses peuples, par le bon ordre qu'elle faisoit regner dans ses Etats. Après avoir inutilement employé la douceur pour empêcher les Grands de tyranniser le peuple, elle usa de sévérité à leur égard. Un regne si glorieux ne fut pas de longue durée, & une prompte & violente maladie priva les Perses d'une Souveraine qui ne travailloit qu'à les rendre heureux, & à les faire triompher de leurs ennemis. On soupçonna qu'elle avoit été empoisonnée. Les Grands de l'Etat, assemblés pour lui donner un successeur, placerent sur le thrône Gihan-Schedah, Prince du sang Royal. Dans le temps qu'on faisoit les cérémonies du couronnement, il se plaignit que le sceptre étoit trop lourd, & qu'il ne vouloit pas le porter; on crut d'abord que ces paroles étoient dictées par la modestie, mais on s'apperçut bientôt qu'elles étoient l'effet de la stupidité. On le déposa, & on mit en sa place Azurmi-Dokht, la plus jeune fille de Khosrou, qui avoit autant de mérite que sa sœur, mais qui étoit plus belle. Ferok-Hormouz, Gouverneur du Khorassan, conçut le desir d'épouser cette Princesse, & se rendit pour cet effet dans la capitale. Les propositions qu'il eut la hardiesse de faire, ayant été rejettées, il eut l'audace de menacer la Reine, & même de lui vouloir faire violence. Azurmi le fit arrêter, & ordonna qu'il fût mis à mort. Le fils de ce Gouverneur n'eut pas plutôt appris la mort de son pere, qu'il prit la résolution de la venger. A la tête d'une armée qu'il avoit rassemblée dans sa Province, il marcha vers la capitale, se rendit maître de la ville, & fit poignarder la Reine qui étoit tombée entre ses mains. Il s'apperçut bientôt de l'horreur qu'il avoit inspirée aux Perses par un crime si odieux, & se retira en diligence dans le Khorassan.

PERSES SASSANIDES.

AZURMI-DOKHT.

Ferokhzad, un des petits-fils de Khosrou, qui avoit échappé au massacre général de sa famille, fut tiré de la retraite où on l'élevoit, pour être placé sur le thrône. Il n'eut pas le temps de faire connoître, s'il avoit des talens pour regner ou non, car il fut empoisonné par un de ses esclaves un mois après son avénement à la Couronne. On ignore le motif qui porta ce scélérat à attenter à la vie de son Souverain.

FEROKHZAD.

Le dernier des Rois de Perse de la Dynastie des Sassanides fut Jezdegerd, sur l'origine duquel les Historiens sont en contradiction. Il paroît cependant qu'il étoit petit-fils de Khosrou-Parviz. Le regne de ce Prince fut une suite continuelle de guerres, & il se vit en même temps attaqué par les Turcs & par les Arabes. La valeur de ses troupes commandées par Ferokhzad, ancien Général de Touran-Dokht, rendit souvent inutiles les efforts de tant d'ennemis. La bataille qui se donna près de Cadessia contre les Arabes, & qui dura trois jours & trois nuits, fit tomber les Perses sous la puissance des Mahométans. Jezdegerd ne put conserver que le Kerman & le Segestan. Les Turcs lui enleverent encore ces Provinces par la perfidie de ses Gouverneurs, qui s'étoient ligués avec les Barbares. Jezdegerd qui avoit encore une armée, marcha contre les rebelles & les Turcs, & leur livra bataille. La défaite de ses troupes l'obligea de prendre la fuite, mais comme il se disposoit à passer une riviere, il fut arrêté & mis à mort par ceux qui le poursuivoient.

JEZDEGERD III.

Le sentiment le plus général est, que la famille des Sassanides prit fin en la personne de ce Prince. On trouve cependant dans plusieurs Auteurs, qu'il laissa un fils & une fille. Le premier, nommé Firouz, resta maître d'une petite Principauté, & eut une fille nommée Mah-Afrid, qui épousa Valid, le fils du Khaliphe Abdalmalek, auquel elle donna un fils, nommé Jezide, qui devenu Khaliphe, fut en conséquence Souverain de la Perse.

Les Chronologistes ne sont pas d'accord sur le temps où commence l'Ere de Jezdegerd. Plusieurs d'entr'eux, suivant les Auteurs d'une Histoire universelle imprimée à Londres, se sont grossierement trompés sur ce sujet. Le Docteur Hyde marque à cette occasion son étonnement, de ce que le P. Petau n'ait donné que trois ans de regne à Jezdegerd, au lieu qu'il est démontré qu'il mourut vers la vingtiéme année de son régne. Il ne s'agit pas, comme plusieurs Ecrivains le disent, de sçavoir s'il faut rapporter

264 INTRODUCTION A L'HISTOIRE, &c.

PERSES SASSANIDES.
.e commencement de cette Ere à l'avenement au thrône de Jezdegerd, mais à quelle date les meilleurs Ecrivains Orientaux ont coutume de la placer. Ces Ecrivains fixent le commencement de l'Ere dont il s'agit au seize de Juin de l'onzième année de l'Hegire, qui répond à l'an 632. de J. C. Or il est certain que cette date ne répond point à la mort de Jezdegerd, mais à son avenement au thrône. Au reste les Ecrivains Orientaux ont choisi ce dernier évenement préférablement à l'autre, parce que Jezdegerd fut placé sur le thrône de Perse, après avoir toujours vécu en simple particulier. Les Arabes prétendent que ce choix se fit du consentement de leur Khaliphe, qui regardant ce Prince comme son tributaire, compta depuis ce temps-là le Royaume de Perse parmi ses Etats, & n'en regarda pas la réduction comme une conquête, mais comme la réunion d'une Province rebelle.

Fin de l'Histoire des Perses.

INTRODUCTION
A L'HISTOIRE
UNIVERSELLE.

CHAPITRE SIXIEME.

Histoire de la Grece.

A CONSIDERER le grand nombre d'écrits qu'on a faits sur l'origine & sur l'histoire des Grecs, on seroit tenté de croire que la matiere est parfaitement éclaircie ; cependant presque toutes les difficultés subsistent encore dans leur entier. La plûpart des Auteurs modernes n'ont fait que répéter ce que les anciens avoient dit ; & ont entassé, souvent sans choix, passages sur passages. Si quelques-uns ont entrepris de former des systêmes, prévenus d'avance en faveur d'une opinion particuliere, ils ont été plus ardents à l'établir, que soigneux d'en examiner les fondements. Plusieurs, confondant les originaires du Pays de la Grece avec trois ou quatre Colonies peu nombreuses, qui les ont policés, font venir d'Egypte ou de Phénicie, ceux qui ont habité les premiers la Grece. Quelques-uns les tirent de la Phrygie, où

LES GRECS.
AVANT-PROPOS.

Tome VI.   Ll

LES GRECS.

de l'Afie mineure : d'autres en ont fait des Celtes, des Germains, des Suédois, des Livoniens, des Hongrois.

Dans la vûe d'Affocier à la célébrité de la nation Grecque, leur propre nation, ils ont cherché dans l'Hébreu, dans le Hongrois, dans l'Allemand, dans le Breton, l'origine du nom de la plûpart des peuples, des villes, des Héros de l'ancienne Grece ; comme fi les premiers Grecs n'avoient point eu de langue particuliere. Si nous confultons ces Critiques fur ce qu'on doit penfer de l'ancienne hiftoire de ce peuple, pofant tous pour principe, que les fables ont eu un fondement hiftorique, ils nous répondent, les uns, que les plus abfurdes fictions des Poëtes font des évenements imaginés d'après ceux qu'on lit dans la Genefe ; les autres, qu'il faut reconnoître dans ces fictions des faits antérieurs à l'arrivée des Colonies orientales : faits véritables pour le fond, mais altérés par le merveilleux, dont la fuperftition & la Poëfie les ont chargés d'âge en âge.

Les partifans de ce dernier fyftême, aujourd'hui prefque général, ne font pas réflexion qu'ils donnent aux Dieux, regardés comme les anciens Rois de la Grece, des villes, des Palais, des flotes, des armées nombreufes, dans un temps où, de l'aveu des meilleurs Ecrivains de l'antiquité, la Grece étoit habitée par des Sauvages difperfés dans les forêts, fuyant à la rencontre les uns des autres, ignorant les arts les plus néceffaires, ayant pour toute retraite le creux des arbres ou des rochers, pour toute nourriture le gland & les fruits que la terre produit d'elle-même. A cette obfervation, feule capable de renverfer ce fyftême, il s'en préfente une feconde, de laquelle il réfulte que l'hiftoire des Grecs ne peut remonter qu'à l'arrivée des Colonies Egyptiennes, & conféquemment que tout ce qu'on a débité de fingulier fur les temps antérieurs, eft imaginé après coup : c'eft que la tradition verbale, feule, & deftituée de l'Ecriture, ou de quelque autre moyen équivalent, eft infuffifante pour conferver le fouvenir des faits éloignés, & ne peut remonter au-delà d'un petit nombre de générations.

Ce n'eft donc qu'à l'arrivée des Colonies étrangeres dans la Grece, qu'on peut raifonnablement commencer l'hiftoire de ce Pays. Ces premiers temps ne nous offrent encore que des ténebres, qu'il n'eft pas facile de diffiper entierement. Pour diminuer un peu cette obfcurité, il ne fuffit pas de connoître tous les monuments de l'ancienne hiftoire, de recueillir avec foin les paffages de différents Auteurs, il faut fçavoir les comparer, les envifager fous toutes leurs faces, les combiner entr'eux, démêler un petit nombre de vérités confondues dans une foule de menfonges, & les en tirer, pour en former un tout. Telles font les réflexions de feu M. Freret, fur l'hiftoire des Grecs. Ce que je vais dire, touchant l'origine de ces peuples, fera extrait d'un manufcrit de ce fçavant Académicien, ainfi que la Topographie de la Grece, qui eft un morceau tout neuf, & qui n'a point encore vû le jour. Cette partie effentielle à l'Hiftoire eft développée d'une maniere beaucoup plus claire qu'on ne l'avoit fait jufqu'alors, & les Sçavants même pourront en tirer quelque utilité (1).

(1) La Carte, qu'on a placée au commencement de ce Chapitre, n'a pû être compofée | fur la defcription de la Grece faite par M. Freret, pour des raifons particulieres. Elle eft

Ce Chapitre, entierement destiné à l'histoire Grecque, sera divisé en différents articles, & pour ne rien laisser à désirer sur ce qui peut regarder les Grecs, je donnerai dans un de ces articles leur Mythologie, & tout ce qui peut avoir rapport à leur Religion. J'aurai soin de recueillir à ce sujet, tout ce qui se trouvera dans les Mémoires de l'Académie Royale des Belles-Lettres. M. de la Barre & M. Freret seront mes principaux guides. En conséquence j'abandonnerai souvent le système de M. l'Abbé Banier, & je ne ferai aucun usage de celui de M. Pluche, comme entierement faux dans tous ses points. Je diviserai l'histoire Grecque en particuliere & en générale; ainsi je donnerai d'abord l'histoire particuliere des divers Etats de la Grece, en me renfermant dans ce qui sera propre à chacun d'eux. Je reprendrai ensuite l'histoire générale de la nation, jusqu'au temps où elle est tombée sous la puissance Romaine.

ARTICLE PREMIER.

TOPOGRAPHIE DE LA GRECE.

LA Grece, qui termine l'Europe à son extrémité orientale, est d'une figure très-irréguliere. Ce continent pousse plusieurs bras ou péninsules, qui s'avancent dans la Mer, & qui enferment des Golphes, dont quelqu'uns entrent assez avant dans les terres. Le terrein est coupé dans l'intérieur par plusieurs chaînes de montagnes, qui laissent entr'elles des vallées & même des plaines fertiles, quelquefois d'une étendue assez considérable. C'est cette disposition du terrein de la Grece, qui a occasionné & maintenu la division de la nation Grecque, en un très-grand nombre de petits Etats indépendants les uns des autres.

La grande chaîne de montagnes, qui se détache des Alpes dans l'Istrie & dans la Carniole, & qui, après avoir suivi quelque temps la côte de la Mer Adriatique jusqu'au Nord de Dynachium, en descendant au Sud-Est, tourne en cet endroit vers le Levant, & continue sous différents noms jusqu'au Pont Euxin, où elle forme en finissant le cap du Mont Hœmus; cette montagne est proprement ce qui borne la Grece vers le Nord, en prenant ce Pays dans sa plus grande étendue. Cette chaîne de montagnes reçoit au Nord de la Grece les différents noms de *Boras*, de *Scordus*, d'*Orbelus*, de *Rhodope*, & d'*Hœmus*. Plusieurs bras qui s'en détachent, & qui s'avancent en général vers le Midi, forment les langues de terres, les presqu'isles & les caps. Les vallées & les plaines, séparées par ces différents bras, portoient le nom des peuples qui les habitoient, & ces noms étoient presque toujours des espéces de sobriquets, par lesquels on avoit désigné ces peuples lorsqu'ils commençoient à se réunir & à former des sociétés.

seulement la copie de celle que M. Guillaume de l'Isle avoit faite, pour mettre à la tête de la traduction des harangues de Démosthène, par feu M. de Tourreil. Elle est fort estimée.

268 INTRODUCTION A L'HISTOIRE

LES GRECS.
Macédoine.

La partie la plus septentrionale de la Grece porta longtemps les différents noms de *Dardania*, de *Pæonia*, de *Mygdonia*, de *Pietia*, d'*Œmathia*, &c. à cause qu'elle étoit habitée par divers petits peuples indépendants les uns des autres. Mais tous ces peuples ayant été peu à peu soumis par le Roi du canton, nommé *Makelia*, *Makednon*, ou *Macedonia* (1), ce dernier nom devint la dénomination générale de ce Pays.

Ces différents peuples avoient une langue ou une dialecte commune, & convenoient dans la forme de leur habillement, ainsi que dans une façon particuliere de couper leurs cheveux. Cette conformité se trouvoit entre tous les peuples qui habitoient depuis le Strymon & les frontieres de la Thrace, jusqu'à la Mer Adriatique.

Pays des Thraces.

A l'Orient de la Macédoine étoit le Pays des Thraces, qui s'étendoit jusqu'au Pont Euxin. Il avoit au Nord des montagnes qui le séparoient des Getes & des Mysiens. Ces peuples, qui s'étendoient non seulement jusqu'au Danube, mais même au Nord de ce même fleuve, parloient une langue semblable à celle des Thraces, & on les comprenoit quelquefois sous le même nom.

Ces Thraces, soit par leur férocité, soit par la grossiereté de leurs mœurs, différoient beaucoup des autres Grecs. Ils occupoient une partie de la Macédoine. Ils se répandirent ensuite dans la Thessalie, pénétrerent jusques dans la Bœotie & dans l'Attique. La Thrace des temps héroiques, c'est-à-dire sous Terée, Procné & Philomele, n'est pas la Thrace septentrionale, mais celle de la Dolide & des vallons du Parnasse.

Thessalie.

Au Midi de la Macédoine, on trouve la Thessalie, Pays de plaines, bordé au Nord par le Mont Olympe qui s'avance jusqu'à la Mer, & forme à l'embouchure du Penée la fameuse vallée de Tempé. Au Midi & au Couchant de la Thessalie est la chaîne du Mont Pindus, qui se termine vers l'Orient sur le bord de la Mer. Il prend en cet endroit le nom d'Œta, & forme le défilé des Thermopyles. Le fleuve Penée & les rivieres qu'il reçoit, arrosent la Thessalie & la rendent très-fertile. C'est de ce Pays, qui a toujours été très-peuplé, que sont sorties les plus puissantes nations de la Grece, telles que les Achéens, les Æoliens, les Doriens, les Hellenes : mais comme ces habitants n'ont jamais formé un seul corps, & qu'ils ont toujours été divisés en un certain nombre de petites Cités, ils n'ont joué qu'un rôle très-subalterne. Ce Pays n'avoit point de nom général dans les premiers temps : celui de Thessalie, qu'il a reçu dans la suite, étoit celui d'une peuplade des Thesprotes d'Epire, qui vinrent s'y établir soixante ans après la guerre de Troye. Ils occuperent le Pays abandonné par les Æoliens, qui passerent dans l'Asie avec les fils d'Oreste. Les noms de Thessalie & d'Æmonie, employés par les Poëtes modernes, ne se trouvent ni dans Homere, ni dans Hesiode. Hérodote observe que ce fut pour se garantir des courses des Thesprotes Thessaliens, que ceux de la Phocide fermerent d'une muraille le détroit des Thermopyles, n'y laissant qu'un passage étroit qui se fermoit avec une porte. Ceux du Pays nommoient ce défilé

---

(1) Μακέδνον signifioit un Pays haut élevé. La Macédoine, proprement dite, étoit dans la chaîne du Mont Olympe, regardé comme la plus haute montagne de toute la Grece. Herod. I. 56. Strab. VIII. 327.

Pyles, (les portes), & les autres, Grecs, *Thermopyles*, (les portes des eaux chaudes.)

La côte orientale de la Theſſalie, du côté de la Mer Egée, eſt ſéparée du milieu du Pays par une chaîne de montagnes, qui s'étendent depuis l'Olympe juſqu'au Mont Œta, ſous les noms de Pelion, d'Oſſa & d'Othris. Une autre chaîne de montagnes, qui joint le Pinde avec l'Olympe, borne la Theſſalie à l'Occident, & en fait une eſpece de baſſin dont les eaux n'ont d'écoulement que par l'embouchure du Penée. La tradition aſſuroit que dans les premiers temps, avant qu'on eût nettoyé & élargi le canal de Penée, la plus grande partie de ce Pays avoit été inondée. Lorſque Xercès entra dans la Grece par les gorges de l'Olympe, il dit, au rapport d'Hérodote, en voyant la ſituation du terrein de la Theſſalie, que les Theſſaliens avoient agi prudemment en ſe ſoumettant à lui, parce qu'il ne lui auroit pas été difficile d'inonder leurs terres, en comblant le canal du Pays.

Le Mont Pindus, qui borne la Theſſalie au Couchant & au Midi, eſt une branche de la grande montagne qui termine la Grece au Nord. Cette branche, après avoir enveloppé la Macédoine ſous le nom de *Boras* (1), & ſéparé la Pœonie de la Dardanie, s'avance juſqu'au Golphe Adriatique, où elle ſépare l'Illyrie de l'Epire, ſous le nom de Cap des foudres ou d'Acroceraunius. La Dardanie ſituée au Nord, & dans les vallées du Boras, eſt le pays des Hyperboréens.

Le Pindus qui ſe joint au Boras, auprès des Monts Acroceraniens, ſépare la Theſſalie de l'Epire, & pouſſe vers le Sud-Oueſt pluſieurs bras, qui forment diverſes vallées occupées par pluſieurs petits peuples. Ces vallées deſcendent juſqu'à la Mer, & ſont ce qu'on appelloit l'Epire, ou le Continent par oppoſition aux Iſles de Corcyre, de Cephalonie, de Dulichium, &c. Homere employe le nom d'Epire pour déſigner tous les pays ſitués au delà du fleuve Œonus, ce qui comprend une partie de l'Ætolie, & toute l'Acarnanie. Dans la ſuite on a reſtraint ce nom aux pays bornés au Midi par le Golphe d'Ambracia. L'Ætolie avoit reçu ce nom, parce que c'étoit un pays rempli de forêt. Les peuples étoient appellés Curetes, parce qu'ils ne portoient point de cheveux ſur le devant de la tête; biens différents des Acarnaniens qui conſervoient leur chevelure.

Theopompe comptoit juſqu'à quatorze peuples différents dans l'Epire. Les plus célébres de tous étoient les Chaoniens, les Moloſſes & les Theſprotes, quoique ce Canton fût proprement celui des Moloſſes ou Molottes. Strabon obſerve que Pindare & les Tragiques s'exprimoient comme Hérodote : ce qui feroit penſer que le nom de Theſprotes étoit une dénomination générale. Homere donne le nom de Perrhabie au Canton de Dodone. Les habitants de cet endroit étoient les mêmes que les Centaures de la fable, qui ayant été chaſſés des plaines de la Theſſalie, après qu'elles eurent été deſſechées, ſe partagerent en deux peuplades, dont l'une ſe retira au Nord du Penée, ſur le Mont Olympe, & l'autre ſur le Pindus,

---

(1) C'eſt au-delà de ce Mont qu'habitoient les Hyperboréens, ſi connus dans l'antiquité, par les offrandes qu'ils envoyoient à Délos; & ce n'eſt point au-delà de la Ruſſie, comme quelques-uns l'ont prétendu.

d'où elle pénétra en Epire. Les Perrhœbes de Thessalie mêlés avec les Lapythes, étoient ceux qu'on nommoit *Pelasgiota*.

A l'extrémité Orientale de la chaîne du Pindus, il s'en détache deux autres branches, dont la plus considérable s'avançant au Midi jusqu'au Golphe de Corinthe, sous le nom de Parnasse, jette à droite & à gauche quelques autres bras. Le Parnasse est un amas de plusieurs montagnes posées les unes sur les autres, qui forment plusieurs vallées occupées par des peuples ou Cités différentes. Les Doriens habitoient le sommet du Parnasse & du Pinde. C'étoit un petit peuple composé de trois ou quatre Bourgades, qui étoit demeuré en cet endroit, lorsque le reste des Doriens avoit quitté la Thessalie pour passer dans le Peloponese avec les Héraclides. Les Phocéens, ou peuples de la Phocide occupoient les vallées & le pied du Parnasse. L'Oracle de Delphes étoit dans leur pays. Les Locriens partagés en trois Cités séparées, étoient à l'Orient & à l'Occident du Parnasse. Les Locriens occidentaux, voisins de l'Ætolie, avoient porté d'abord le nom de Leleges, & c'étoit de leur pays que la Tradition faisoit sortir les Hellenes, sujets de Deucalion.

Au-dessous de Delphes, la chaîne du Parnasse prenoit les noms de *Cyrphis*, d'*Helicon*, de *Cytheron* & de *Geranos*. Sous celui-ci elle formoit l'Isthme, qui attache le Peloponese au reste de la Grece. Au pied du Geranos est une espéce de vallée qui s'étend d'une mer à l'autre, & dont le sol est si peu élevé au-dessus du niveau de la mer, qu'on a plusieurs fois entrepris d'y creuser un canal.

A l'Orient de l'Helicon est la Bœotie. C'est une plaine très-unie & très-basse, qui est enfermée des trois autres côtés par d'autres chaînes de montagnes. Au Midi est celle du *Parnès*, au Nord celle du *Cnemis*; à l'Orient le *Ptoos* joint le *Cnemis* au *Parnès*, & regne tout le long de la côte. Ainsi la *Bœotie* est un véritable bassin, au fond duquel se rassemblent toutes les eaux de ces montagnes. Elles y forment le Lac Copaïs, qui n'a aucune issue apparente à la mer, & qui a dû causer de fréquentes inondations dans le pays. On a creusé un canal dans le roc pour donner une décharge au Copaïs dans le Lac Hylica, mais ce canal est de peu d'utilité.

Wheler, sçavant Anglois, qui a examiné & décrit la Bœotie avec une très-grande exactitude, observe qu'il y a sous le Mont *Ptoos* plusieurs conduits souterrains par où le Lac se décharge dans la mer. Il en a compté plus de cinquante. Ces conduits ont des regards ou des puits taillés dans le roc sur le sommet de la montagne, qui servoient à les nettoyer.

Strabon, qui parle de ces canaux souterrains, quoique d'une façon très-peu détaillée, semble les attribuer à des tremblements de terre; mais si cet ouvrage a été ébauché par la Nature, il faut que l'Art l'ait extrêmement perfectionné. Il ajoute qu'Alexandre le Grand avoit chargé un homme de *Chalcis* d'élargir & de nettoyer ces canaux, dont plusieurs s'étoient comblés. Quoique l'ouvrage n'eût pas été porté à sa perfection, on avoit déjà desseché une partie de la plaine; mais une révolte des Bœotiens obligea de l'abandonner. On lit dans Stephanus au mot *Athenæ*, qu'après que Crates eut saigné le Lac Copaïs, on vit reparoître les ruines de l'ancienne *Orchomene*, qui avoit été détruite par une inondation. Ce Crates est selon les apparences l'homme de *Chalcis*, qu'Alexandre avoit chargé de ce travail. La Bœotie avoit d'abord été occupée par des nations Sauvages. La Colonie Phénicienne de Cadmus y porta les Arts, & bâtit la ville de *Thebes*. Mais les divisions continuelles qui regnerent parmi les descendants de Cadmus les empêcherent de soumettre toute la Bœotie. Les Sauvages policés & instruits par le commerce avec les Thébains, se réunirent, & fonderent la ville d'*Orchomene*, qui devint bientôt assez puissante pour contraindre les Thébains à payer un tribut ; mais quelque temps après Hercule abbattit la puissance des Orchoméniens. La ville de Thebes ayant été prise & ruinée par les Argiens, alliés des petits-fils d'Œdipe dans la guerre des Epigones, les Thébains qui parurent échapper se retirerent dans la Thessalie, d'où ils ne revinrent qu'au bout de cent ans, c'est-à-dire, soixante ans après la prise de Troye. Ainsi la ville de Thebes fut déserte pendant un siécle. Les Pelasges & les Thraces ou Montagnards de l'Helicon, & de la Dolide s'étoient emparés de la Bœotie. Les Thébains accompagnés d'une partie des Æoliens les en chasserent après une guerre de plusieurs années. Depuis ce temps-là les Bœotiens furent regardés comme Æoliens : leur langue étoit une ancienne Dialecte de la langue Æolienne, & moins éloignée du Dorien que la Dialecte des Æoliens de l'Asie mineure & de l'Elide.

On a vû que la Bœotie étoit fermée au Midi par la chaîne du Parnés. Cette chaîne qui se détache du Mont Cytheron s'étend vers l'Orient jusqu'à la mer, & borne l'Attique vers le Nord. Ce pays avoit été nommé longtemps *Ionie*, de même que l'Egyalée, ou que l'Achaye du Peloponese. Mais dans la suite le nom d'Ionie fut restraint à l'Attique. Sous Thesée on avoit élevé une colonne dans l'Isthme, sur laquelle étoit gravé d'un côté le nom d'Ionie, & sur l'autre celui d'Isle de Pelops ou de Peloponese. Cette colonne fut renversée par les Doriens, lorsqu'ils s'emparerent de la Megaride, petit Canton séparé de l'Attique par un bras du Parnés, qui descend au Midi. Les Athéniens qui se faisoient une peine de se dire Ioniens, aimerent mieux donner à leur pays le nom d'Attique, qui signifioit seulement la côte, le rivage de la mer.

Le Peloponese étoit attaché au reste de la Grece par un Isthme de quarante stades, ou d'environ cinq milles Romains. Pour se former une idée juste de cette Péninsule, il faut la considérer comme une vaste montagne dont le sommet forme un plateau très étendue, & qui poussant cinq bras qui s'avancent dans la Mer, enferme plusieurs Golphes, dont quelques-uns sont assez considérables. Le plateau qui est au sommet, est encore entrecoupé par des montagnes qui le partagent en différentes plaines. Ce plateau étoit occupé par les Arcadiens, qui s'étendoient principalement du côté de l'Occident, où la pente de la montagne est beaucoup plus douce.

Du côté du Nord, la montagne s'avance jusqu'au Golphe de Corinthe, où elle se termine comme en divers rangs de terrasses élevées les unes au-dessus des autres, & dont la plus basse laisse entre elle & la Mer une plaine qui a presque par tout très peu de largeur ; mais qui regne depuis l'Isthme jusqu'au cap Araxus, & jusqu'au détroit qui sépare l'Ætolie & le Peloponese, par lequel on entre dans le Golphe de Corinthe.

Ce côté septentrional de la montagne nommée d'abord *Ionie-Egialée*, ou

Péloponèse.

LES GRECS.

maritime, a pris dans la suite le nom d'Achaïe, lorsque les Achéens de l'Argolide & de la Laconie allerent y chercher une retraite au temps de l'invasion des Doriens Héraclides. Une partie des anciens Ioniens se retira dans l'Attique, d'où ils passerent dans l'Asie mineure. Ils donnerent le nom d'Ionie au Pays qu'ils occupoient & le partagerent en douze Cités ou cantons différents, de même que l'avoit été l'*Ionie-Egyalée*. Les Achéens conserverent cette ancienne division ; mais ils établirent l'usage de la Dialecte Æolienne qu'ils parloient, & firent oublier aux anciens Ioniens, avec lesquels ils se confondirent, la Dialecte Ionienne, que ceux d'Asie garderent toujours. Ils conserverent longtemps des Rois issus de la famille d'Oreste, mais dont les droits se bornoient à quelques distinctions honorifiques. Un Conseil supérieur formé des Députés des douze cantons avoit toute l'autorité. Le Gouvernement étoit sage ; & ce ne fut qu'assez tard sous les successeurs d'Alexandre, qu'ils prirent part aux affaires générales de la Grece. Leur situation les mettoit à couvert des entreprises de leurs voisins, & leur modération les portoit à se contenter du Pays qu'ils occupoient. Les Arcadiens, les seuls de qui ils eussent quelque chose à craindre, étoient à peu près dans les mêmes principes, & ne songeoient qu'à se maintenir contre l'ambition des Argiens & des Spartiates.

Sicyon.

Sicyon, qui avoit été autrefois la plus considérable des villes de l'Egialée, & qui, sous les enfans d'Inachus & de Phoronée, avoit été la rivale d'Argos, étoit séparée de l'Achaïe. Elle étoit devenue une ville Dorienne, alliée & quelquefois sujette de celle d'Argos. Elle conserva ses Rois particuliers longtemps après le retour des Heraclides. Ces Rois descendoient de Festus, fils d'Hercule. Lorsque cette famille fut éteinte, Sicyon fut soumise à plusieurs Tyrans, qui s'emparerent aisément du pouvoir souverain.

Elide.

La côte du Péloponese tourne tout à fait au Sud au-delà du cap Araxus, qui termine l'Achaïe. Le flanc occidental de la montagne se partage en trois vallées, qui viennent aboutir à la Mer, & qui étoient toutes trois habitées par les Eléens. Ces peuples ne furent point soumis par les Héraclides, mais ils leur accorderent le passage sur leurs terres. Les Héraclides furent conduits dans le Péloponese par Oxylus, qui amena avec lui un grand nombre d'Ætoliens. Comme il étoit d'une famille originaire de l'Elide, il obtint que ses compatriotes jouiroient tranquillement de leur Pays. Les Eléens parloient l'Æolien le plus pur, parce qu'ils n'avoient jamais été mêlés avec des Colonies étrangeres. Les Arcadiens étoient dans le même cas, & avoient conservé l'ancienne Langue.

L'Elide, en prenant ce nom dans sa plus grande étendue, occupoit plus de douze cents stades, ou de cent cinquante milles Romains de côtes, mesurés de cap en cap. Les Eléens étoient divisés en trois corps, qui occupoient les trois vallées voisines de la Mer. Au Nord étoit l'Elide proprement dite, où couloit le Pénée, fleuve de même nom que celui de Thessalie, mais beaucoup moins considérable. Ces Eléens habitoient des villages séparés, & ne se réunirent dans la ville d'Elis, que vers le temps de la guerre des Perses. Au Midi du vallon où coule le Pénée étoit une autre vallée beaucoup plus large, arrosée par l'Alphée & par plusieurs rivieres dont ce fleuve reçoit les eaux. L'Alphée, qui est le plus considérable des

fleuves

DE L'UNIVERS. Liv. VI. Ch. VI.

fleuves du Péloponese, prend fa source sur le plus haut du plateau, & coule longtemps sur les terres des Arcadiens. A quatre-vingts stades de son embouchure étoit la ville de Pise, & le célebre Temple d'Olympie. La troisiéme vallée, qui n'étoit arrosée par aucune riviere considérable, portoit le nom de Triphilie : c'étoit-là qu'étoit la ville de Pylos, & l'ancien Royaume de Nestor.

LES GRECS.

Au-delà de l'Elide étoit la Messenie, vallée étendue & fertile, enfermée par deux bras qui s'avancent au Midi, &, vont se terminer au cap *Acritas* & au cap *Tenare*. Près du premier étoient les villes de *Methone* & de *Cerone*, aujourd'hui *Modon* & *Cerox*. Ces deux caps forment un golphe assez profond, qui contient plusieurs ports. La Messenie, qui fut la premiere conquête des *Héraclides*, leur fut enlevée dans la suite par les Lacédémoniens ; mais Epaminondas ayant rendu la Messenie à ses anciens habitants, les Lacédémoniens furent obligés de renoncer à l'Empire de la Grèce.

Messenie.

Au-delà du *Tenare* vers l'Orient, étoit un autre golphe formé par ce cap & par celui de Malée. Ce golphe aboutit à un vallon où coule l'*Eurotas*, sur lequel est située Lacédémone. Ce vallon qui remonte jusqu'au Plateau, est ce qu'on nomme la Laconie, proprement dite. La montagne qui sépare le Pays de la *Messenie*, & qui finit au cap *Tenare*, est très-rude & presque partout impraticable : c'est à présent la retraite des Maïnotes. La montagne qui forme le cap Malée, a une pente assez douce du côté de la Laconie, où elle est coupée par plusieurs vallons fertiles. Mais du côté de l'Orient & du golphe d'Argos, elle est extrêmement escarpée. *Minoa* & *Epidaurus-Limera*, (aujourd'hui *Menembasia* ou *Lapolie de Malvasia*,) sont presque les seuls ports de cette côte.

On a vû plus haut que l'Isthme du *Péloponese* est une espece de vallée ou de plaine qui a peu d'élévation sur le niveau de la mer. Au-delà de cette plaine, en avançant dans le *Péloponese*, le terrein se releve considérablement, & forme une espèce de pic ou de butte isolée de tous les côtés. Sur le sommet étoit l'*Acrocohinthe*. Au pied de la montagne, du côté du Nord se voyoit la ville de *Corinthe* avec ses deux ports sur les deux Mers. Du pied de la montagne, qui a trois stades (1) de hauteur perpendiculaire, sur trente stades de pente, se détachent du côté du Levant & du Couchant deux chaînes de montagnes médiocres. L'une va joindre le corps de la grande montagne dont l'Arcadie occupe le sommet ; & l'autre, s'étendant entre le Midi & l'Orient, sépare le golphe d'Argos de celui d'Athènes ou du golphe Saronique. Cette chaîne qui est assez élevée, se termine de tous les côtés à la Mer, & forme plusieurs caps & langues de terre, qui laissent entr'elles plusieurs ports & plusieurs bayes. Il y a un grand nombre d'Isles près de ces caps, & quelques-unes sont assez étendues pour avoir formé de petites Cités. Les villes d'*Epidaure* & de *Trezene* sont sur le golphe Saronique. A l'extrémité méridionale, du côté de la Mer Egée, étoit la ville d'*Hermioné*, celle d'*Asine* & de *Nauplia* étoient sur le golphe d'Argos.

Entre les deux chaînes de montagnes & au Nord du fond du golphe est une plaine de peu d'étendue, mais fertile & enfermée de tous côtés par des

(1) Deux cent quarante-quatre toises.

Tome *VI*.   M m

LES GRECS.

montagnes. C'étoit-là qu'étoient les villes d'*Argos*, de *Mycene*, de *Tirino*, &c. Cette plaine communique au Nord & au Nord-Ouest avec celles de *Sicyon*, & de *Phlius*, par des vallons fertiles & faciles à traverser. Du côté du Couchant il y a encore quelques petites plaines & des vallons qui conduisent en Arcadie.

ARTICLE II.

MYTHOLOGIE GRECQUE (1).

REFLEXIONS PRELIMINAIRES.

IL n'y a point de matiere sur laquelle on ait formé plus de systêmes que sur les Divinités adorées par les Grecs. Chacun de ces systêmes imaginés par des gens d'esprit du premier ordre, ont eu leurs partisans ; mais après un examen réfléchi de ces différentes opinions, on s'apperçoit que leurs Auteurs n'ont point encore atteint le véritable but, & qu'ils s'en sont beaucoup écartés. Feu M. de la Barre avoit entrepris de donner une nouvelle explication des fables ; mais la mort ne lui a pas permis d'exécuter entierement son projet, & nous n'avons qu'une partie de son travail inséré dans les Mémoires de l'Académie des Belles-Lettres ; de sorte qu'on ne peut pas découvrir entierement quels étoient ses sentimens sur ce sujet. Je ferai cependant usage de ces différens morceaux. Feu M. Freret a aussi traité quelques points de la Mythologie, & les explications qu'il en donne, pourront faire naître de nouvelles idées sur un objet qui a déjà occupé tant de Sçavans. Je ne rapporterai point les systêmes de M. l'Abbé Banier, ni de M. Pluche, parce que ces Livres sont entre les mains de tout le monde. On s'appercevra aisément que les explications que je vais proposer sont bien différentes de celles de ces deux Sçavans, & qu'elles tendent même à les détruire. Avant que d'entrer en matiere, je vais présenter les vûes générales sur la nature de la Religion des Grecs, & je me servirai pour cet effet du beau morceau qui se trouve à la tête de quelques recherches pour servir à l'histoire des Cyclopes, des Dactyles, &c. par M. Freret. (2)

Idée qu'on doit se former de la Mythologie des Grecs.

L'étude de la Mythologie Grecque, & la connoissance au moins super-

(1) Il paroissoit naturel de parler de l'origine des Grecs, avant que de donner l'histoire de leur Religion, mais j'ai cru devoir renverser cet ordre, afin de ne point couper le récit des révolutions arrivées dans la Grece. Les avantages qu'on retire de la connoissance de la Mythologie, m'ont engagé à traiter un peu au long cette matiere, & par cette même raison, je pense que cet article ne sera point déplacé dans une *Introduction à l'Histoire Universelle*. Je n'exposerai point ici quels sont ces avantages ; tout le monde les connoît, & le grand nombre de Livres qu'on a faits sur ce sujet, démontre évidemment l'utilité de cette étude.

(2) Ce morceau est de M. de Bougainville, alors Secrétaire perpétuel de l'Académie des Belles-Lettres, & chargé en cette qualité de faire ce qu'on appelle la partie historique dans les Mémoires de l'Académie. Je me sers de ses propres paroles, cette piéce ne pouvant supporter un extrait. Voyez les Mémoires de l'Académie des Belles-Lettres, Tom. XXIII. dans la partie historique, pag. 17.

ficielle de ces fictions fans nombre, qu'on regarde comme l'hiftoire des temps héroïques, font néceffaires aux Poëtes, aux Peintres, & généralement à tous ceux dont l'objet eft d'embellir la nature, & de plaire à l'imagination. La fable eft le patrimoine des arts; c'eft une fource inépuifable d'idées ingénieufes, d'images riantes, de fujets intéreffants, d'allégories, d'emblêmes, dont l'ufage plus ou moins heureux dépend du goût & du génie. Tout agit, tout refpire dans ce monde enchanté, où les Etres intellectuels ont des corps, où les Etres matériels font animés, où les campagnes, les forêts, les fleuves, les éléments ont leurs Divinités particulieres. Perfonnages chimériques; mais le rôle qu'ils jouent dans les ouvrages des anciens Poëtes, & les fréquentes allufions des Poëtes modernes, les ont prefque réalifés pour nous. Nos yeux y font familiarifés au point que nous avons peine à les regarder comme des Etres imaginaires. On fe perfuade que leur hiftoire eft le tableau défiguré des évenements du premier âge : on veut y trouver une fuite, une liaifon, une vraifemblance qu'elle n'a pas. La critique étoit faire affez de dépouiller les faits de cette efpéce d'un merveilleux fouvent abfurde, & d'en facrifier le détail pour en conferver le fond. Il lui fuffit d'avoir réduit les Dieux au fimple rang de Héros, & les Héros au rang des hommes, pour fe croire en droit de défendre leur exiftence, quoiqu'il foit aifé de prouver que de tous les Dieux du Paganifme, Hercule, Caftor & Pollux font les feuls qui ayent été véritablement des hommes. Evhemere (1), Auteur de cette hypothefe, qui fappoit les fondements de la Religion populaire en paroiffant l'expliquer, eut dans l'antiquité même un grand nombre de partifans, & la foule des modernes s'eft rangée de fon avis. Prefque tous nos Mythologiftes, peu d'accord entr'eux à l'égard des explications de détail, fe réuniffent en faveur d'un principe que la plûpart fuppofent comme inconteftable. C'eft le point commun d'où ils partent; & leurs fyftêmes, malgré les contrariétés qui les diftinguent, font tous des édifices conftruits fur la même bafe, avec les mêmes matériaux, combinés différemment. Partout on voit dominer l'Evhemérifme, commenté d'une maniere plus ou moins plaufible.

Il faut avouer que cette réduction du merveilleux au naturel eft une des clefs de la Mythologie Grecque, mais cette clef n'eft ni la feule, ni la plus importante. Les Grecs, dit Strabon, étoient dans l'ufage de propofer fous l'enveloppe des fables & des allégories, les idées qu'ils avoient, non-feulement fur la Phyfique, & fur les autres objets relatifs à la nature & à la Philofophie, mais encore fur les faits de leur ancienne hiftoire.

Ce paffage indique une différence effentielle entre les diverfes efpéces de fictions, qui formoient le corps de la fable. *Il en réfulte que les unes avoient rapport à la Phyfique générale ; que les autres exprimoient des idées Métaphyfiques par des images fenfibles ; que plufieurs enfin confervoient quelques traces des premieres traditions.* Celles de cette troifiéme claffe étoient

(1) On ignore quelle étoit la véritable patrie de ce Poëte Grec, mais on fçait qu'il vivoit fous Caffandre, Roi de Macédoine, qui étoit monté fur le thrône environ trois cents ans avant J. C. Evhemere fut traité d'impie, ou plûtôt d'Athée, parce qu'il avoit ofé publier, que les Dieux honorés par les Grecs, avoient été autrefois des hommes, & que dans fes voyages il avoit trouvé le tombeau de Jupiter.

LES GRECS.

les seules historiques ; & ce sont les seules qu'il soit permis à la saine critique de lier avec les faits connus des temps postérieurs. Elle peut & doit y rétablir l'ordre, y chercher un enchaînement conforme à ce que nous sçavons de certain ou de vraisemblable sur l'origine & le mélange des peuples, en dégager le fond des circonstances étrangeres qui l'ont dénaturé d'âge en âge, l'envisager en un mot comme une introduction à l'histoire de l'antiquité.

Les fictions de cette classe ont un caractere propre qui les distingue de celles dont le fond est Mystagogiste ou Philosophique. Ces dernieres, assemblage confus de merveilles & d'absurdités, doivent être reléguées dans le cahos d'où l'esprit de systême a prétendu vainement les tirer. Elles peuvent de-là fournir aux Poëtes des images & des allégories. D'ailleurs, le spectacle qu'elles offrent à nos réflexions, tout étrange qu'il est, nous instruit par sa bisarrerie même. On y suit la marche de l'esprit humain ; on y découvre la trempe du génie national des Grecs. Ils eurent l'art d'imaginer ; le talent de peindre & le bonheur de sentir ; mais par un amour déréglé d'eux-mêmes & du merveilleux, ils abuserent de ces heureux dons de la nature. Vains, légers, voluptueux & crédules, ils adopterent aux dépens des mœurs & de la raison, tout ce qui pouvoit autoriser la licence, flatter l'orgueil & donner carriere aux spéculations Métaphysiques. La nature du Polytheisme, tolerant par essence, permettoit l'introduction des cultes étrangers, & bientôt ces cultes naturalisés dans la Grece s'incorporoient aux rits anciens. Les dogmes & les usages confondus ensemble, formoient un tout, dont les parties originairement peu d'accord entre elles, n'étoient parvenues à se concilier qu'à force d'explication & de changements faits de part & d'autre. Les combinaisons par tout arbitraires & susceptibles de variétés sans nombre se diversifioient, se multiplioient à l'infini suivant les lieux, les circonstances & les intérêts. Les révolutions successivement arrivées dans les différentes contrées de la Grece, le mélange de ses habitants, la diversité de leur origine, leur commerce avec les nations étrangeres, l'ignorance du peuple, le fanatisme & la fourberie des Prêtres, la subtilité des Métaphysiciens, le caprice des Poëtes, les méprises des étymologistes, l'hyperbole si familiere aux enthousiastes de toute espéce, la singularité des cérémonies, le secret des mysteres, l'illusion des prestiges, tout influoit à l'envi sur le fond, sur la forme, sur toutes les branches de la Mythologie. C'étoit un champ vague, mais immense & fertile, ouvert indifféremment à tous, que chacun s'approprioit, où chacun prenoit à son gré l'essor, sans subordination, sans concert, sans cette intelligence mutuelle qui produit l'uniformité. Chaque pays, chaque territoire avoit ses Dieux, ses erreurs, ses pratiques religieuses, comme ses loix & ses coutumes. La même Divinité changeoit de nom, d'attributs, de fonctions en changeant de temple; elle perdoit dans une ville ce qu'elle avoit usurpé dans une autre. Tant d'opinions diverses en circulant de lieux en lieux, en se perpétuant de siécles en siécles, s'entrechoquoient, se mêloient, se séparoient ensuite pour se rejoindre plus loin ; & tantôt alliées, tantôt contraires, elles s'arrangeoient réciproquement de mille & mille façons différentes : comme la multitude des atômes épars dans le vuide se distribue, suivant Epicure,

DE L'UNIVERS. LIV. VI. CH. VI.

en corps de toute espéce, composés, organisés, détruits par le hasard.

LES GRECS.

Ce tableau, dont il seroit aisé de justifier chaque trait par une multitude d'exemples, suffit pour montrer qu'on ne doit pas, à beaucoup près, traiter la Mythologie comme l'Histoire ; que prétendre y trouver par-tout des faits, & des faits liés ensemble, & revêtus de circonstances vraisemblables, ce seroit substituer un nouveau système historique à celui que nous ont transmis, sur le premier âge de la Grece, des Ecrivains tels qu'Hérodote & Thucydide, témoins plus croyables, lorsqu'ils déposent des antiquités de leur nation, que des Mythologues modernes à leur égard, compilateurs sans critique & sans goût, ou même que des Poëtes, dont le privilége est de feindre sans avoir l'intention de tromper.

La fable n'est point un tout composé de parties correspondantes : c'est un corps uniforme, irrégulier, mais agréable dans les détails ; c'est le mélange confus des songes de l'imagination, des rêves de la Philosophie, & des débris de l'ancienne histoire. L'analyse en est impossible : du moins ne parviendra-t-on jamais à une décomposition assez sçavante pour être en état de démêler l'origine de chaque fiction, moins encore celle de tous les détails dont chaque fiction est l'assemblage. La Théogonie d'Hésiode & d'Homere est le fond sur lequel ont travaillé depuis tous les Théologiens du Paganisme, c'est-à-dire, les Prêtres, les Poëtes & les Philosophes. Mais à force de surcharger ce fond, & de le défigurer même en l'embellissant, ils l'ont rendu méconnoissable ; & faute de monuments, nous ne pouvons déterminer avec précision ce que la fable doit à tel ou tel Poëte en particulier, ce qui en appartient à tel ou tel peuple, à telle ou telle époque.

Le système de la Religion a changé plusieurs fois dans la Grece (1). Le culte des anciennes Divinités y fut comme aboli pour faire place à celui des nouveaux Dieux, qui se remplaçoient à l'insçu d'eux-mêmes, & de leurs adorateurs, par des échanges & des usurpations réciproques. L'histoire de ces changements, présentée sous des allégories, & chargée de circonstances poëtiques, prit insensiblement la forme d'une histoire des Dieux eux-mê-

Différents changements dans la Religion des Grecs.

---

(1) Hésiode, dans sa Théogonie, nous donne l'idée des trois Religions de la Grece. Le Ciel est le Souverain de l'Univers dans la premiere, Saturne en est le maître dans la seconde, & Jupiter prend leur place dans la troisiéme. Les trois régnes, ou les trois Religions se trouvent distinctement marquées dans la Tragédie de Prométhée, du Poëte Eschyle. » Lorsque la discorde se fut mise » entre les Dieux, dit Prométhée, les uns » voulant déthrôner Saturne, & les autres » ne voulant pas que Jupiter régnât sur eux, » je m'empressai de donner de bons avis » aux Titans, enfants du Ciel & de la Ter- » re, mais ils ne voulurent point les suivre. » Je prévis ce qui alloit arriver, & je me » soumis volontairement à Jupiter, qui par » mes conseils vint à bout de renfermer dans » le Tartare le vieux Saturne & ses alliés. »

Dans un autre endroit de la même Tragédie, Prométhée adresse ainsi la parole à Mercure. » Vous croyez, vous autres nou- » veaux Dieux, que le Palais où vous fai- » tes maintenant votre séjour est exempt de » chagrin, tandis que j'en ai vû chasser deux » Souverains, &c. « Rien ne prouve si clairement qu'il y eut dans la Grece deux Religions avant celle de Jupiter, mais qu'elles y subsisterent quelque temps ensemble, & que ce fut le culte de Jupiter, & des Dieux qu'on reçut avec lui, qui abolit l'une & l'autre ; car les Dieux qui veulent déthrôner Saturne, pour faire régner Jupiter à sa place, sont sans contredit les nouveaux Dieux, & ceux qui sont également opposés à Saturne & à Jupiter, ne sçauroient être que les Dieux de la premiere Religion. *M. de la Barre.*

mes, considérés comme des rois ou comme des personnages réels qui se seroient enlevés tour à tour l'Empire de l'Univers. Telle est l'idée que nous donne la Théogonie d'Héfiode, le plus ancien monument de la tradition religieuse des Grecs, & qui fut, avec les poëmes d'Homere, la source de toutes leurs opinions théologiques; du moins, c'est ainsi que l'envisageoit Hérodote, qui nous assure que les ouvrages attribués à des Poëtes plus anciens qu'Homere & Héfiode, ont été composés dans des siécles postérieurs.

Cet Historien établit un principe qui peut donner le dénouement d'une partie des difficultés qu'on rencontre dans l'histoire de la Religion Grecque. C'est que le culte des différentes Divinités ne s'étant pas établi dans un seul & même temps chez les Grecs, on a pris dans la suite les diverses époques de ces établissements successifs pour celles de la naissance des Divinités mêmes. Il est vrai qu'Hérodote attribue cette opinion aux Prêtres Egyptiens ; mais c'est un tour qu'il étoit obligé de garder avec ceux pour lesquels il écrivoit. On ne peut douter qu'il n'adoptât lui-même le sentiment des Prêtres qu'il faisoit parler ; car il ne néglige rien pour l'établir, & surtout il s'attache à faire valoir une preuve qui paroît décisive.

Les Grecs, dit-il, en substance, adorent trois Divinités, dont le culte leur est venu d'Egypte ; Bacchus, qui est le même qu'Osiris, Hercule & Pan. De la naissance de Bacchus au temps où j'écris, on compte mille soixante ans ; de celle d'Hercule neuf cents ans ; & seulement huit cents de celle de Pan, qu'on place au temps de la guerre de Troye. Mais en Egypte on donne des époques toutes différentes à ces trois Divinités. Pan est le plus ancien, & ce fut un des huit Dieux qui regnerent d'abord sur l'Egypte. Hercule étoit un des douze qui succéderent aux huit de la premiere classe, & il avoit précédé le regne d'Amasis de dix-sept mille ans. Bacchus ou Osiris étoit un des Dieux de la troisiéme classe, qui regnerent après ceux de la seconde ; on le supposoit antérieur de quinze mille ans au regne d'Amasis. Comment est-il arrivé, disoient les Prêtres d'Egypte, que de ces trois Divinités dont nous avons transmis le culte aux Grecs, & que nous adorions longtemps avant eux, celle qu'ils regardent comme la plus ancienne, soit la plus moderne pour nous ? Quelle autre raison donner de ce changement, si ce n'est que les Grecs l'ont reçue avant les autres ; qu'ils ont rapporté le temps de la naissance de ces Dieux à celui de leur introduction dans la Grece, & disposé leur généalogie relativement à l'ordre dans lequel ils commencerent à les connoître.

Si l'on suppose avec Hérodote & les Prêtres Egyptiens, que dans le système de la religion Grecque la naissance des différentes Divinités n'est que l'établissement de leur culte dans la Grece ; on pourra dire, avec beaucoup de probabilité, que la légende de ces Dieux est en grande partie l'histoire défigurée de leur établissement, & la peinture allégorique des obstacles que leurs Ministres éprouverent d'abord. C'est ainsi qu'on expliquera les combats d'Apollon contre Python, que plusieurs anciens ont dit n'être pas un serpent, mais un Prêtre de Thémis ou de la terre, ou même de Saturne, qui fut tué lorsqu'Apollon s'empara de Pytho ou de Delphes. La cérémonie qui retraçoit ces combats, ce meurtre, & l'expiation à laquelle le meurtrier avoit eu recours, s'explique dans la même hypothese, qui n'est pas moins propre à rendre raison des combats de Bacchus contre Lycurgue, ainsi que de ses guerres avec Persée.

La religion Grecque se réduit à trois points. On y découvre 1°. un fond Théologique relatif à une cosmogonie religieuse (1), qui sous de bisarres allégories, renfermoit une espéce de systême sur l'origine du monde, sur la matiere, enfin sur les différents ordres d'intelligence qui avoient donné l'être ou la forme à l'Univers : systême emprunté de l'Egypte ou de la Phénicie, mais défiguré par les additions des Poëtes Grecs. 2°. On y voit l'histoire de l'établissement des Dieux étrangers dans la Grece ; histoire traduite en fables, dont les Auteurs prétendirent apparemment représenter en style figuré les facilités & les obstacles qu'avoient rencontrés les Ministres des nouveaux Dieux ; & donner leurs fictions pour des aventures arrivées aux Dieux mêmes. 3°. Enfin on y retrouve une description allégorique des arts & des usages utiles portés dans la Grece par les Ministres & les propagateurs de ces nouveaux cultes, & qui se trouvoient en quelque façon liés avec ces cultes mêmes. Tels étoient l'art de fondre & de travailler les métaux, de tisser les étoffes, de former & de nourrir les troupeaux, de semer les grains, de cultiver & de provigner l'olivier, de tailler la vigne, & de faire du vin.

On doit ramener à ces trois points tout ce qui se passoit dans les différents mysteres, particuliers à certains temples fameux, où l'ancienne Religion avoit, à l'abri du secret, préservé sa simplicité primitive du mélange contagieux des idées populaires. Il faut aussi y rapporter tous les détails qui se lisent dans les anciens Poëtes ; & par ce nom d'anciens, on ne désigne ici que les Peres de la Poésie : car ceux qui sont venus depuis ont ajouté beaucoup de fables qu'on ne peut lier ni avec la tradition primordiale, ni avec les dogmes fondamentaux.

Strabon remarque que les allégories imaginées dans différents pays, sur l'histoire de chaque Divinité, avoient un objet à peu près le même partout ; mais qu'elles varioient tellement dans les détails, qu'elles sembloient au premier coup d'œil se contredire. Il ajoute que cette raison rend impossible l'explication de tant d'énigmes, & que le plus souvent on doit se contenter d'en rapprocher les différents détails, sans prétendre les concilier. N'espérons donc pas lier entre elles tant de parties hétérogènes, bornons nous à les comparer, pour sçavoir uniquement en quoi elles s'accordent, en quoi elles différent.

Plus on avance dans l'étude de la Mythologie, plus on trouve d'occasions

---

(1) La Cosmogonie d'Hésiode avoit tellement accoutumé les Grecs à ne point penser à l'existence d'un premier principe intelligent, distingué de l'Univers sensible, que quand Anaxagore publia son systême, dans lequel il supposoit que *Noûs*, ou l'*Intelligence* étoit la cause du mouvement & de l'arrangement organique de la matiere, on en fut frappé comme d'un dogme singulier. Anaxagore n'étoit cependant pas le premier des Grecs qui eût établi cette Doctrine; Elle faisoit la base du Pythagorisme ; mais quoiqu'elle fût une suite nécessaire du systême de Thalès, on ne l'avoit pas encore proposée d'une façon aussi développée. Anaxagore fut accusé d'impiété à Athènes, & condamné en conséquence. *M. Freret.*

de vérifier cette remarque. Rien n'est en effet moins systématique que la religion des Grecs. C'étoit un alliage de diverses religions transplantées dans la Grèce par des colonies venues de la Phénicie, de la Phrygie, de l'Egypte & des autres parties de l'Afrique. Ces colonies étoient composées de marchands, de pirates, de matelots & de soldats, qui n'avoient eux-mêmes que des idées fausses & confuses de la religion de leur pays, & qui les altérerent encore par leur mélange avec les Sauvages de la Grece.

Les cultes qu'ils établirent ne furent pendant long-temps confiés qu'à la tradition seule, dont les Prêtres conservoient le dépôt. Ces Prêtres ne formoient point un corps : il y a plus, on ne voit nulle liaison entre les Ministres des différents temples de la même Divinité. Anciennement on n'avoit rien d'écrit sur la Religion, si ce n'est peut-être quelques hymnes attribués à Orphée (1), à Musée, à Pamphos, à Olen, aux Lycomides : encore ces cantiques étoient-ils supposés. Ceux qui couroient sous le nom de ces anciens Poëtes avoient été fabriqués longtemps après eux; & s'il en faut croire Hérodote, la date en est postérieure à celle des Poëmes d'Homere & d'Hésiode.

Depuis ces deux Auteurs, la tradition, pour ainsi dire fixée dans leurs écrits, devoit dès-lors être un peu moins variable ; & la nation Grecque ayant pris la forme d'un Corps politique, tenoit des assemblées générales, dont la Religion fut toujours un des principaux objets. Cependant malgré ces deux raisons, qui concouroient à la rendre plus stable, on voit que l'ancien système essuya des changements considérables, soit par l'introduction

(1) Il y a de grandes contestations parmi les Sçavants au sujet de l'existence d'Orphée, & du temps où il a vécu. Plusieurs l'ont regardé comme un personnage chimérique, mais en supposant qu'il ait réellement existé, il ne pouvoit pas être éloigné du temps de la guerre de Troye, puisqu'on le met au nombre des Argonautes. On sçait que Castor & Pollux étoient parmi les Héros qui allerent à la conquête de la Toison d'or. Hélene, leur sœur, est étonnée de ne les point voir dans l'armée des Grecs, qui fait le siége de Troye ; comme on le lit dans le Livre troisième de l'Iliade Vers 237. mais les autorités qui placent Orphée parmi les Argonautes, sont beaucoup suspectes, & se trouvent être démenties par le témoignage de Phérécide, Auteur d'un Poëme, sur l'expédition de Jason. Il met à la place d'Orphée, qu'il ne nomme nulle part, Philammon de Delphe, pere de Thamyris. La Doctrine de la Religion, qu'on a débitée sous son nom, n'a été enseignée ni dans la Grece, ni ailleurs, avant la guerre de Troye, & il est facile de prouver qu'elle est de beaucoup postérieure à Hésiode & à Homere. Les nouveaux Pythagoriciens ont prétendu, sans pouvoir en donner des preuves, que toute la Théologie des Grecs venoit de la Mystagogie Orphique, & que Pythagore l'avoit apprise d'Aglaopheme. On sçait cependant que la Doctrine de Pythagore ne s'étendit pas par toute la Grece, & qu'elle n'eut qu'un petit nombre de sectateurs. Pythagore voulut fonder un système de Religion qui convint à la nation Grecque, mais comme il affectoit une obscurité, dont il avoit peut-être besoin, sa Doctrine fut saisie différemment par ses disciples ; ce qui forma dans la suite différentes sectes de Philosophes. Une d'entr'elles prit le nom d'Orphique, qui fut aussi appellée Bacchique. Ce dernier nom lui fut donné lorsque ses sectateurs entreprirent de faire regarder Bacchus comme le plus grand des Dieux. Platon, dans le second Livre de sa République, se plaint du grand nombre de Devins & de Charlatans, qui portoient avec eux de prétendus Livres d'Orphée & de Musée, dont ils se servoient pour engager les personnes crédules à célébrer certaines fêtes, à embrasser certaines pratiques de Religion, & qui venoient à bout de les faire recevoir non seulement par des particuliers, mais par des villes entieres. M. de la Barre,

de plusieurs cultes nouveaux, soit par l'altération de quelque dogme ancien. Jugeons par cet exemple des révolutions arrivées avant Homere, avant Hésiode & leurs contemporains, dans des siécles où rien ne pouvoit empêcher des Prêtres ignorants, intéressés ou fanatiques, de repaître à leur gré la superstition d'une populace grossiere, & plus ignorante qu'eux.

Hérodote nous apprend que les Pélasges, c'est-à-dire, les premiers habitants de la Grece, n'ont connu le Polythéisme que depuis l'arrivée des Colonies Orientales. Les Egyptiens leur apprirent à distinguer les Divinités par des noms, des figures & des attributs différents. Les cultes étrangers ne furent admis que successivement, quelques-uns assez tard, comme celui de Bacchus.

Les Grecs ne furent jamais sans un système religieux (1). Lorsqu'ils étoient encore sauvages, & avant leur mélange avec les Colonies Orientales, ils reconnoissoient des Dieux Auteurs de l'arrangement des parties de l'Univers, & qui veilloient pour en maintenir l'ordre. Ils ne les distinguoient par aucun nom, ni par aucun titre : ils les invoquoient tous ensemble, & leur présentoient indistinctement toutes sortes d'offrandes. Cette Religion subsista assez longtemps; mais enfin le mélange des Pélasges avec les Colonies Orientales en altéra la simplicité, & introduisit l'usage de partager l'administration de l'Univers entre des Divinités distinguées par leurs noms, par leurs attributs, & par les différents rits observés dans leur culte. Le plus grand nombre des nouveaux Dieux venoit des Colonies Egyptiennes (2), d'Inachus, de Cecrops, & de Danaüs; mais il y en avoit

(1) Les réflexions suivantes se trouvent à la tête d'un Mémoire sur le culte de Bacchus, par M. Freret. Mémoires de l'Académie des Belles-Lettres, Tome XXIII, page 244.

(2) Il y avoit en Egypte trois classes, ou plutôt trois générations de Dieux : on comptoit huit Dieux dans la premiere classe; dans la seconde, il y en avoit douze, qui passoient pour être les descendants des huit; & dans la troisiéme, qui comprenoit plus d'une génération, puisque Isis & Osiris y étoient avec Agros leur fils, & Bubastis leur fille, on mit tous les autres Dieux qui descendoient des seconds. On pourroit croire que le Scholiaste d'Apollonius a indiqué la nature des Dieux des deux premieres classes, lorsqu'il a dit que les anciens Egyptiens regardoient les Planettes comme autant de Souverains, dont les douze signes du Zodiaque étoient les Conseillers. Cette idée a été adoptée par l'Auteur de l'*Epinomis*, ouvrage faussement attribué à Platon, mais qui est d'un de ses Disciples. Ce dernier remarque, que les Egyptiens & les Syriens furent les premiers qui observerent le mouvement des Planettes. Ils y joignirent un huitiéme Dieu, qui est le Monde supérieur, & qui embrasse tous les autres. Le tabernacle de Moloch, Dieu des Ammonites, étoit partagé en sept chambres par rapport au nombre des Planettes. On offroit dans la premiere de la fleur de froment, dans la seconde, on sacrifioit une tourterelle, dans la troisiéme une brebis, dans la quatriéme un belier, dans la cinquiéme, un veau, dans la sixiéme un bœuf, & dans la septiéme un homme. Chacune des grandes villes de l'Egypte n'avoit, dans les premiers temps, qu'une seule Divinité qui lui étoit propre, & qu'elle représentoit sous une figure plus ou moins bisarre, mais sans doute allégorique; c'est-à-dire, qu'elle exprimoit les attributs de la Divinité. Les animaux, que les Egyptiens parurent adorer, n'étoient que le symbole de la Divinité à laquelle l'animal étoit consacré par des raisons mystiques; & qui ne se dévoiloient qu'aux Initiés. Il y a lieu de croire que la Religion Egyptienne ne commença à prendre une forme systématique, qu'après que toute l'Egypte eut été réunie en un seul Royaume. Les Prêtres Egyptiens déclarerent à Hérodote qu'il n'y avoit point de génération des Dieux aux hommes; qu'ils avoient eu de grands Rois, mais qu'ils ne les con-

LES GRECS.

que les Pélasges avoient imaginés, ou qu'ils avoient empruntés d'un autre Pays. Hérodote nous apprend que le culte de Neptune ou *Poséidon*, inconnu aux Egyptiens, venoit de Libye, où il avoit été très-honoré de tout temps : ce qui a d'autant plus de probabilité, que ce Dieu étoit particulierement adoré par ceux qui avoient soin de nourrir & de dresser des chevaux. Cet animal étranger dans la Grece, où il a toujours été assez rare, y avoit été transporté d'Afrique.

Hérodote met Junon au rang des Divinités d'origine Pélasgique, de même que les anciens Dioscures, ou fils de Jupiter, honorés à Athènes ; Vesta, Thémis, les Graces, les Néréïdes, & quelques anciens Héros dont le culte étoit Pélasgique, & absolument inconnus aux Egyptiens. A l'égard de Junon ou *Hera* ; comme le centre de son culte étoit établi dans la ville d'Argos, où elle avoit un Temple avec des Prêtresses, dont le Sacerdoce servit à régler la chronologie de l'ancienne Histoire, on pourroit la regarder comme une Divinité étrangere venue d'Orient, & elle seroit en ce cas la même que l'Astarté, ou la Balthis de Phénicie, & que la Reine du Ciel, ou la Déesse céleste de Carthage, que les Romains reconnoissoient pour être la Junon Reine, ou la Junon d'Argos.

M. Freret suppose, contre la méthode de presque tous les Mythologistes modernes, que les noms donnés par les Grecs aux Dieux qu'ils adoroient, avoient tous une origine Grecque, quoique le culte de ces mêmes Dieux eût été emprunté des Etrangers. (1). Il est certain que ces noms & ces surnoms, comme les nomme Hérodote, devoient exprimer leurs attributs, & cela dans une Langue que les Pélasges pussent entendre : Or ces Pélasges ne parloient ni Phénicien ni Egyptien. Nous pouvons juger par quelques exemples de la conduite qu'on tenoit au sujet de celles de ces Divinités étrangeres, dont nous connoissons les noms Orientaux. Il n'est pas douteux que le *Chronos* des Grecs, & le Saturne des Latins, ne fût la principale Divinité des Phéniciens & des Carthaginois, qui la nommoient *Ilos* ou *Belos*, noms qui n'ont aucun rapport à ceux que lui donnoient les Grecs & les Latins. Si ces noms Grecs & Romains étoient ceux sous les-

---

fondoient point avec les Dieux, & qu'aucun homme parmi eux n'avoit pas même joui des honneurs héroïques. Ce témoignage seul devroit suffire, pour prouver que les anciens Dieux ne furent point des hommes déifiés par les Egyptiens, & on peut dire la même chose des premieres Divinités Grecques, puisqu'elles venoient toutes de l'Egypte. M. de la Barre.

La Colonie d'Inachus apporta dans la Grece le culte de Neptune ; & il faisoit sous ce Prince la principale Divinité d'Argos. Hérodote dit cependant, que Neptune étoit une Divinité originaire de la Lybie, mais inconnue aux Egyptiens. Les Colonies des Pasteurs Egyptiens établirent dans la Grece & dans les Isles de Crete, de Rhodes & de Chypre, le culte de Saturne. Ce-

lui de Jupiter paroit avoir été introduit par Cécrops, qui fit aussi reconnoître la Divinité de Minerve. Les filles de Danaüs apprirent aux habitants du Péloponese à célébrer les fêtes de Cérès, & la Colonie de Cadmus fit recevoir dans la Béotie le culte de Bacchus. M. Freret.

(1) Les Grecs, en adoptant les Divinités Egyptiennes, leur donnerent des noms pris dans leur propre langue, mais qui étoient sans doute analogues à l'idée qu'on leur donnoit du Dieu qui leur étoit présenté. La Langue Grecque étoit dès le siécle de Platon, si différente de ce qu'elle avoit été autrefois, que ce Philosophe n'a pû nous donner une juste explication des noms de chaque Divinité ancienne. M. de la Barre.

quels les Colonies Phéniciennes adoroient Saturne, d'où étoit-il arrivé que ces Colonies euſſent quitté l'ancien nom pour lui en donner un nouveau? Une ſeconde réflexion, c'eſt que preſque tous les Dieux de la Grece venoient de l'Egypte, comme Hérodote s'en étoit aſſuré par les recherches les plus exactes. Si les noms de ces Dieux n'étoient pas Grecs, ils devoient être Egyptiens & non Phéniciens: mais nos Mythologiſtes n'avoient pas la plus légere teinture du Cophte, ou Langue Egyptienne; ils ſçavoient de l'Hébreu, du Syriaque & de l'Arabe, & ils en ont voulu faire uſage. En conſéquence ils ont tâché de faire dériver de ces Langues tous les noms des Divinités adorées dans la Grece, ceux mêmes qui étoient purement Grecs, ſans s'embarraſſer ſi les Phéniciens, qui navigeoient pour leur commerce dans les Iſles de la Mer Egée, & qui y avoient quelques comptoirs, ont fait d'autres établiſſements dans les terres, que celui de Thébes qui étoit peu conſidérable. Le Phénicien y fut tellement étouffé par la Langue des Sauvages Grecs de la Béotie, que Bochart, malgré toute ſa ſagacité étymologique, y a beaucoup moins trouvé de mots Phéniciens, qu'il n'a cru en découvrir dans la Langue des anciens Gaulois, chez qui les Phéniciens n'ont jamais pénétré.

LES GRECS.

La Théogonie d'Héſiode contient l'hiſtoire de la Religion Grecque rapportée ſous un ordre généalogique. En y appliquant le principe d'Hérodote, qui eſt que les Pélaſges ne connurent le Polythéiſme que depuis l'arrivée des Colonies Orientales, on y découvrira la ſuite des révolutions qu'eſſuya cette Religion, & l'ordre dans lequel s'introduiſirent les cultes dont elle devint d'aſſemblage. Il y avoit trois regnes des Dieux abſolument diſtingués, celui d'Ouranos ou du Ciel, celui de Chronos ou Saturne ſon fils, & celui de Jupiter, fils de Chronos, qui enchaîne ſon pere, le bannit du Ciel & le relegue dans la nuit du Tartare. Cette idée des trois regnes ſucceſſifs eſt développée dans les *Euménides* & dans le *Prométhée* d'Eſchyle. Apollonius & Lycophron y font des alluſions frappantes, l'un dans ſes Argonautiques, & l'autre dans ſa *Caſſandre*. Seulement ils donnent les noms d'*Ophion* & d'*Eurynome* aux Divinités qu'Héſiode appelle le Ciel & la Terre; mais *Ophion* & *Eurynome* ne ſont que des Epithetes.

Comme le propre des fables eſt de ſe charger de nouvelles circonſtances en s'éloignant de leur ſource, Proclus nous apprend que les Orphiques comptoient un plus grand nombre de regnes. Selon eux, le premier étoit celui de Phanès, auquel avoit ſuccédé la Nuit. Après elle regna Ouranos ou le Ciel, qui fut déthrôné par Saturne, à ſon tour chaſſé par Jupiter. Le ſixiéme regne devoit être celui de Bacchus. Ce dernier étoit déſigné par les Orphiques ſous le nom de Phanès. Ainſi le ſixiéme regne n'étoit qu'un rétabliſſement de l'ancien empire de Phanès ſur l'Univers. Ils annonçoient ce retour aux Initiés; mais c'étoit un de ces dogmes myſtérieux qu'il n'étoit pas permis de révéler aux profanes.

La confuſion qui regne dans les idées que les Mythologiſtes ſe forment de ces différentes eſpeces de perſonnages, en réuniſſant avec plus d'érudition que de méthode tous les détails épars à leur ſujet dans les anciens, plus ou moins d'accord entre eux, ſelon le rapport ou la contrariété des traditions qu'ils ſuivoient, prouve la néceſſité de diſtinguer dans l'analyſe des fables, les temps, les lieux & les Auteurs.

N n ij

LES GRECS.

En rapprochant, en comparant entre elles les anciennes traditions de la Grece, on découvre l'origine des arts, avec la naiſſance & l'éducation des différentes Divinités, c'eſt-à-dire, avec l'établiſſement de leurs autels. Il faut obſerver de plus, que les nourriciers des Dieux ont preſque toujours été regardés comme les propagateurs de leur culte, & comme les inventeurs des arts, dont la connoiſſance a dû précéder ou du moins accompagner la formation des premieres ſociétés. La liaiſon réciproque de ces objets prouve que l'idolâtrie & les arts ont dans la Grece les mêmes époques & les mêmes auteurs. Les arts, même groſſiers, devoient étonner des Sauvages ; ainſi les premiers Grecs, ignorants & barbares, ont dû prendre pour des hommes merveilleux ceux qui leur en ont tranſmis la connoiſſance & la pratique. Ils les ont regardés comme les inventeurs de tous les genres, & les pilotes, les ſoldats, les marchands qui compoſoient les premieres Colonies débarquées en Grece, ont été transformés à leurs yeux en hommes de génie. La reconnoiſſance ou la flatterie érigea bientôt pluſieurs d'entr'eux en Héros, & les Dieux dont ils répandirent le culte partout où ils ſemerent les arts, furent conſidérés comme bienfaiteurs du Pays. Les habitants, par une mépriſe que la ſuperſtition & le temps conſacrerent, leur attribuerent l'origine de ces arts établis en même temps que leurs autels. Cérès devint l'inventrice & la Déeſſe de l'agriculture, parce que le même vaiſſeau qui porta ſon culte dans l'Attique, y porta du bled & des laboureurs. Ainſi furent traités Minerve, Jupiter, Bacchus, Neptune, & les autres Divinités originairement étrangeres à la nation Grecque.

Les découvertes & l'établiſſement des différents cultes ſe ſuivent dans un ordre chronologique, qui s'éloigne peu de celui dans lequel les Colonies Orientales allerent s'établir en Grece, & de la date que l'hiſtoire de ces Colonies, conduite d'âge en âge, juſqu'à la guerre de Troye, nous oblige de donner à leur fondation. Cet accord des traditions entr'elles pour le fond du récit, malgré les variétés du détail, autoriſe à leur croire un fondement hiſtorique qu'on démêle en adoptant les hypotheſes d'Hérodote & de Strabon. Si l'on ajoute que les époques du paſſage des Colonies dans la Grece ſe rapportent à celles de l'invaſion de l'Egypte par les Paſteurs, de leur expulſion par Séſoſtris, & des expéditions de ce Prince dans l'Aſie mineure & dans la Thrace, on reconnoîtra que la chronologie de ces temps héroïques & même fabuleux a, dans les faits eſſentiels, un certain degré de certitude, que n'a pas à beaucoup près l'ancienne Hiſtoire de la plupart des autres nations (1).

Il s'enſuit de toutes ces réflexions, que les anciens Pélaſges avoient une Religion dans laquelle ils ne diſtinguoient point les Dieux, & qu'ils n'avoient point de culte particulier pour chaque Divinité ; Que les premiers Dieux qu'ils adorerent dans la ſuite leur furent apportés par les Colonies Egyptiennes ; Que le culte de ces Dieux Egyptiens, introduit par des aventuriers peu inſtruits des dogmes de leur Religion, fut pour ainſi dire dénaturé en arrivant dans la Grece ; Que par ce moyen les Divinités changerent d'ordre, & que celles qui étoient les premieres en Egypte n'eurent que

(1) Mémoires de l'Académie des Belles-Lettres, Tom. XXIII, dans la Partie hiſtorique, pag. 42. & ſuiv.

DE L'UNIVERS. Liv. VI. Ch. VI. 285

le dernier rang dans la Grece, ce qui provenoit du temps où elles avoient été reçues par les Pélasges ; Que les combats que différents Dieux eurent ensemble, ne sont que les allégories des obstacles que leurs prêtres trouverent à établir leur culte ; Que le premier système religieux est dû à Hésiode & à Homere, qui ont rassemblé séparément & sans se les communiquer, les idées qu'on en avoit alors, & que la Religion des Grecs étoit telle de leur temps ; Que si l'on trouve dans plusieurs écrits des Poëtes d'autres Divinités, & d'autres systêmes différents, c'est qu'ils ont été imaginés depuis, & que par conséquent la Religion des Grecs a eu des variations sans nombre, tant dans le systême religieux, que dans le culte des Divinités ; Que les écrits qu'on attribue à Orphée & à d'autres, sont de beaucoup postérieurs aux poëmes d'Hésiode & d'Homere ; Que l'opinion d'Evhémere, qui a enseigné que les anciens Dieux de la Grece étoient des Héros, est insoutenable ; Que c'est une erreur des plus grossieres que de chercher de la ressemblance entre l'Ecriture Sainte & les fictions des Grecs, qui n'avoient alors aucune connoissance des Livres Juifs ; enfin, qu'il faut distinguer dans la fable trois points essentiels. 1°. Un fond théologique relatif à une Cosmogonie religieuse, qui sous de bizarres allégories renfermoit une espéce de système sur l'origine du Monde, sur la matiere, sur les différents ordres d'intelligences, qui avoient donné l'ordre & la forme à l'Univers : systême emprunté de l'Egypte ou de la Phénicie, mais défiguré par les additions des Poëtes Grecs. 2°. L'histoire de l'établissement des Dieux étrangers dans la Grece. 3°. Une description allégorique des arts & des usages utiles portés dans la Grece par les ministres de ces nouveaux cultes (1).

LES GRECS.

PRÉCIS DE LA THEOGONIE D'HÉSIODE.

I. Le Cahos fut avant toutes choses ; ensuite la Terre, solide marche-pied des immortels qui habitent les cimes de l'Olympe ; avec elle le ténébreux Tartare ; & l'Amour, ce Dieu charmant, qui s'insinuant dans les cœurs & dans les esprits des Dieux & des hommes, s'en rend le maître, & y exerce un empire absolu. Du Cahos vinrent l'Erébe & la Nuit ; de ceux-ci l'Ether & le Jour.

Premiers Etres.

II. La Nuit enfanta d'elle-même l'odieux Destin, la Parque noire, la Mort, le Sommeil, la troupe des Songes, Momus, la Misere & les Hesperides, gardiennes des pommes d'or, & des arbres qui portent ces beaux fruits au-delà de l'Ocean. Elle devint mere des impitoyables Parques, qui, à la naissance des hommes, leur distribuent les biens & les maux, & qui poursuivant les délits des Dieux & des hommes, ne s'appaisent jamais qu'après en avoir tiré vengeance. Elle donna la naissance à Némésis, Déesse terrible aux mortels. Enfin elle enfanta la Fraude, la *Concupiscence* (2), la triste

Famille de la Nuit.

---

(1) Voyez les réflexions de M. de la Barre sur le même sujet, dans les Tomes XVI & XVIII des Mémoires de l'Académie des Belles-Lettres.

(2) M. de la Barre n'a pas trouvé d'autre expression dans notre langue, pour rendre le mot Φιλότης, par lequel le Poëte a voulu marquer l'abus du penchant que les deux sexes ont l'un pour l'autre. Hygin a rendu ce mot en latin par celui d'*incontinentia*.

LES GRECS. Vieilleſſe & la Diſcorde opiniâtre, de laquelle vinrent le douloureux & inutile Travail, Léthé ou l'Oubli, la Peſte, les Chagrins, les Combats, les Meurtres, les Equivoques, le Mépris des loix & le Serment, qui eſt ſi funeſte aux mortels quand ils ſe parjurent volontairement.

Famille de la Terre & du Ciel. III. La Terre ſeule enfanta le Ciel égal à elle-même, pour la couvrir de toutes parts, & devenir le ſéjour des Dieux, les Montagnes, agréables demeures des Nymphes, & le Pont; (c'eſt ce que nous appellons la Mer, qui eſt Dieu dans la Langue Grecque, & qui ſeroit Déeſſe dans la nôtre.)

La Terre s'allia enſuite avec le Ciel & avec le Pont : elle eut du Ciel un grand nombre d'enfants.

1. L'Ocean & Téthys, de qui naquirent Dioné, Métis, pluſieurs autres filles, dont Styx fut la plus illuſtre, les Rivieres & les Fontaines.

2. Cæus & Phébé, de qui vinrent Latone & Aſterie.

3. Hyperion & Théïa, dont l'alliance produiſit le Soleil, la Lune & l'Aurore.

4. Japet; qui de Clymene, l'une des filles de l'Ocean, eut Atlas, Ménætius, Prométhée & Epimethée.

5. Creios qui épouſa Eurybie, fille de la Terre & du Pont, & en eut trois fils; ſçavoir, Aſtræus, mari de l'Aurore, & pere des Vents bienfaiſants, de l'Etoile du matin & des Aſtres, dont le Ciel eſt couronné, c'eſt-à-dire, des Signes du Zodiaque ; Pallas, qui s'allia avec Styx, de qui naquirent l'Honneur, la Victoire, la Force & la Violence, qui ſont toujours en la compagnie de Jupiter ; & Perſés, qu'Aſterie rendit pere d'Hecate.

De l'alliance du Ciel & de la Terre naquirent auſſi Rhéa, Thémis & Mnimoſyne. Saturne vint après tous ceux que j'ai nommés ; & la terre eut encore après lui les Cyclopes & les Hécatonchires.

Les Cyclopes furent appellés Brontes, Stéropes & Argés ; ils n'avoient qu'un œil au milieu du front ; du reſte ils étoient ſemblables aux autres Immortels. Pour les Hécatonchires, Cottus, Briarée & Gygés, ils avoient chacun cinquante têtes & cent bras : le Ciel n'en put ſupporter la vûe ; & à meſure qu'ils naquirent, il les cacha dans les ſombres demeures de la Terre, & les chargea de chaînes.

Autres enfants du Ciel & de la Terre. IV. La Terre indignée de les voir traiter ainſi, forgea une faulx d'acier, & propoſa à ſes autres enfants de la venger ; mais Saturne fut le ſeul qui oſa l'entreprendre : auſſi avoit-il toujours haï ſon pere. Il le ſurprit pendant la nuit, & le bleſſa. La Terre reçut dans ſon ſein une partie du ſang qui coula de la playe ; & de-là naquirent les Géants, les Furies & les Nymphes Mélies : le reſte fut jetté avec la faulx dans la Mer voiſine de l'Epire; & dans l'écume qui s'y éleva ſe forma Venus, cette immortelle Beauté, que les flots conduiſirent vers l'Iſle de Cythere, puis en Chypre, où elle deſcendit. Les fleurs y naquirent ſous ſes pieds légers : elle alla prendre ſéance dans l'aſſemblée des Dieux ; ayant l'Amour & le beau Deſir à ſa ſuite ; & dès l'inſtant de ſa naiſſance elle eut en partage les Ris, les Jeux, les tendres Converſations, les Fraudes galantes, les Careſſes & les Plaiſirs.

Famille de Saturne. V. Le Ciel ainſi privé de la Souveraineté, fit des reproches à tous ſes enfants : il les appella Titans ; à cauſe qu'ils avoient approuvé inconſidérément la vengeance que la Terre avoit exercée ſur lui, & leur prédit qu'ils s'en repentiroient un jour. Saturne lui succéda : il épousa Rhéa sa sœur, & en eut Vesta, Cerès, Junon, l'implacable Pluton, dont le sombre empire est sous la Terre, le bruyant Neptune & le sage Jupiter, le pere des Dieux & des hommes, qui de son tonnerre ébranle la Terre quand il lui plaît. Il les dévoroit tous au moment de leur naissance ; parce que le Ciel & la Terre lui avoient prédit qu'il seroit déthrôné par un de ses enfants. Mais Rhéa étant grosse de Jupiter, consulta ses parents sur la destinée de cet enfant, & par leur conseil alla accoucher de nuit à Lyctus dans l'Isle de Crete. Elle y cacha Jupiter dans un antre du Mont Argéen, & présenta ensuite une pierre emmaillotée à Saturne, qui la dévora sans regarder ce que c'étoit. Un an après, s'étant laissé surprendre par la Terre, Saturne rendit tous ses enfants, en commençant par la pierre qu'il avoit dévorée la derniere, & que Jupiter fixa à Pytho, sous les cimes du Mont-Parnasse, monument à jamais remarquable, & que les mortels ne voyent qu'avec admiration.

LES GRECS.

VI. Jupiter ayant vaincu Saturne, entra en possession de la Souveraineté du Ciel : mais de tous ses oncles paternels, il n'y eut d'abord que les Cyclopes qui se soumirent à lui : ceux-ci lui firent présent du tonnerre & de la foudre. Les autres lui ayant déclaré la guerre, il publia une amnistie en faveur de ceux d'entre eux ou de leurs enfants qui le reconnoîtroient : il promit de leur confirmer les honneurs & les prérogatives dont ils avoient joui auparavant, & s'engagea même à en accorder de nouveaux, autant qu'il le pourroit avec justice, à ceux qui n'en avoient point encore. Styx vint le joindre la premiere, & lui amena ses enfants ; dont il se fit toujours accompagner dans la suite : d'autres suivirent son exemple ; mais cette désertion n'empêcha pas les Titans de lui résister pendant dix années entieres. Enfin les Hécatonchires, que Jupiter, par le conseil de la Terre, avoit remis en liberté, combattirent avec une vivacité que les Titans ne purent soutenir, & les couvrant à chaque instant de trois cents pierres qui partoient à la fois de leurs mains, ils les pousserent de proche en proche jusqu'au fond du Tartare, & les y enfermerent dans un cachot d'airain : la nuit se répandit trois fois à l'entour ; & Jupiter en confia la garde aux Hécatonchires.

Guerre des Titans.

» Les racines de la terre & de la mer ont crû autour de cette affreuse
» demeure. Près de là est le Palais de la Nuit, devant lequel Atlas, fils
» de Japet, soutient le Ciel avec sa tête & ses mains. Là se rencontrent
» le Jour & la Nuit : (1) la premiere entre quand la seconde sort ; elles par-
» courent la Terre tour à tour ; l'une pour y apporter la lumiere, & l'autre
» ayant dans ses mains le Sommeil, qui fait près d'elle son séjour avec la
» Mort, sa sœur. Près delà encore est le Palais de Pluton, &c.

VII. Outre l'alliance du Ciel, la Terre en prit une autre avec le Pont, dont elle eut plusieurs enfants. Nerée est le premier de tous ; vieillard vénérable & ennemi du mensonge, qu'on appelle Vieux à cause de sa douceur, & parce qu'il aime la justice. Il épousa Doris fille de l'Océan, qui le rendit pere de la belle Hippothoé, d'Hipponoé aux bras de roses, de Cymodoché, qui avec Cymatoleghe & Amphitrite ses sœurs, appaise aisément les flots irrités, & (pour abréger) de cinquante filles, dont les noms pour la plûpart marquent les affections ou la disposition de la mer ; sou-

Famille de la Terre & du Pont.

(1) Les Grecs font le mot *jour* du féminin.

vent agitée, quelquefois tranquille, éloignée des côtes, les environnant, renfermée dans des Golfes, se brisant contre des promontoires, formant des ports ou des rades, &c.

Le second fils de la Terre & du Pont fut Thaumas, qui épousa aussi une fille de l'Océan nommée Electre, dont il eut Iris & les Harpies, Aëllo & Ocypète, qui occupent l'air, & dont la vitesse égale celle des oiseaux & des vents.

Eurybie fut le troisiéme fruit de cette alliance, d'où vinrent aussi Phorcys & Ceto, qui se marierent ensemble, & qui donnerent la naissance aux Graies ou Vieilles, & aux Gorgones. Les Graies s'appellerent Pephrédo & Enyo, & on les surnomma *Vieilles*, parce qu'elles vinrent au monde avec des cheveux blancs. Il y eut trois Gorgones, Sthéno, Euryale & Méduse. Les deux premieres ne sont sujettes ni à la vieillesse, ni à la mort; mais la derniere étoit mortelle : elle demeuroit avec ses sœurs au-delà de l'Océan, près des Hespérides ; Neptune obtint ses faveurs dans une riante prairie. Lorsque Persée lui coupa la tête, il en sortit le grand Chrysaor & le Cheval Pegase. Celui-ci qu'on nomma *Pegase*, parce qu'il étoit né proche des sources de l'Océan, s'envola aussitôt, & quittant la terre il monta aux Cieux, où il porte le tonnerre & les foudres de Jupiter. Chrisaor, qui prit son nom de l'épée d'or qu'il tenoit au moment de sa naissance, s'allia avec Callirhoé, fille de l'Océan, de qui il eut Geryon, qu'Hercule tua dans l'Isle d'Erythie.

Ceto enfanta un autre monstre qui ne ressembloit ni aux hommes ni aux Dieux, la divine Echidna, belle nymphe de la moitié du corps, & de l'autre moitié horrible serpent : elle reçut la naissance dans une profonde caverne ; & les Dieux lui assignerent une demeure souterraine dans le Pays des Arimes, où elle jouit de l'immortalité. Là elle s'allia avec Typhon, vent terrible & furieux, & devint mere, 1°. d'Orthos, le chien de Géryon qu'Hercule tua ; 2°. du cruel chien de Pluton, Cerbere aux cinquante têtes ; 3°. de l'Hydre de Lerne, que Junon nourrit pour l'opposer à Hercule, qui étant accompagné d'Iolaüs, & aidé des conseils de Minerve, la tua avec le fer ; 4°. de la Chimere, que Bellérophon vainquit avec Pégase, monstre remarquable par sa grandeur, sa vitesse, & ses trois têtes de chevre, de lion & de serpent, d'où sortoit un feu ardent. Echidna s'étant alliée aussi avec Orthos, le premier de ses enfants, en eut le funeste Sphinx, & le Lion de Nemée, qu'Hercule vainquit.

Enfin Ceto eut encore de Phorcys un redoutable serpent, qui garde les pommes d'or aux sombres extrêmités de la terre.

VIII. La Terre rechercha aussi l'alliance du Tartare, & de-là vint Typhœe, monstre à cent têtes de serpent. Ses langues étoient noires : un feu ardent partoit de tous ses yeux ; & de toutes ses bouches sortoient des sons ineffables, tantôt intelligibles pour les Dieux, & tantôt semblables aux mugissements des taureaux, ou aux rugissements des lions, qu'une autrefois on auroit pris pour le bruit d'une troupe de chiens qui aboyent, & qui faisoient souvent retentir les montagnes de sifflements effrayants. Il seroit devenu le souverain des Dieux & des hommes, si Jupiter ne l'eût prévenu. Armé de son tonnerre, ce Dieu fait retentir la terre & les cieux : la mer s'agite ; &

ſes flots ſe pouſſant impétueuſement les uns les autres, viennent ſe briſer contre les côtés : la Terre gémit : le Ciel s'enflamme : Pluton eſt effrayé dans les enfers ; & le bruit des carreaux de Jupiter va porter la terreur juſques ſous le Tartare, dans la ténébreuſe demeure des Titans. Il s'élance de l'Olympe, & brûle toutes les têtes du monſtre, qui tombe ſous ſes coups redoublés : le feu dont elles ſont embraſées ſe communique à la terre, qui fond comme l'étain dans les fourneaux ; il le précipite enfin dans le Tartare. De Typhœe ſont venus les Vents nuiſibles aux mortels, & différents de Notus, de Borée & de Zéphyr. L'origine de ceux-ci eſt divine ; & leur utilité répond à l'excellence de cette origine ; mais les autres ſoufflant ſur la face de la mer, y font périr navires & Nautoniers ; rien ne peut garantir de leur rage ceux qui ont le malheur d'en être ſurpris. Ils ſe répandent avec une égale fureur ſur la terre, où ils corrompent les ouvrages des hommes ; & leurs tourbillons impétueux gâtent, renverſent & détruiſent tout.

LES GRECS.

IX. Typhœe ne naquit qu'après la défaite des Titans : tous les Dieux avoient déja déféré la ſouveraineté à Jupiter, par le conſeil de la Terre ; & Jupiter leur avoit auſſi diſtribué à tous, les honneurs dont ils ont joui depuis.

Famille de Jupiter.

Jupiter prit diverſes alliances, & premierement avec Métis, la plus ſçavante des Dieux & des hommes ; mais le Ciel & la Terre l'ayant avertie que d'elle naîtroient deux enfants, dont l'un deviendroit un jour le Roi des Dieux & des hommes ; il la ſéduiſit par des diſcours flatteurs, & la renferma en lui-même lorſqu'elle étoit déja groſſe de Minerve ; afin qu'étant pleinement en ſon pouvoir, elle lui déclarât le bien & le mal.

Il épouſa enſuite la brillante Thémis, qui enfanta les Heures, Eunomie, Diké & la floriſſante Eirené, qui conduiſent à maturité les ouvrages des hommes ; & les Parques, auxquelles Jupiter accorda de grandes prérogatives, Clotho, Lacheſis & Atropos, qui à la naiſſance des mortels leur diſtribuent les biens & les maux.

Eurynomé, fille de l'Ocean, le rendit pere des trois Graces, Aglaïé, Euphroſine & Thalie, des yeux deſquelles l'amour coule, & ſe répand ſur tout ce qu'elles regardent.

Il eut encore de Cerès, dont il recherchea les faveurs, la blonde Proſerpine, que Pluton enleva à ſa mere, & obtint enſuite de Jupiter.

Ayant aimé depuis Mnémoſyne, par elle il devint pere des neuf Muſes.

Latone lui donna les deux plus aimables habitants des Cieux, Apollon & Diane.

Enfin, il épouſa Junon, & d'elle naquirent Hebé, Mars & Ilithye.

Alors il fit ſortir de ſa tête la Déeſſe aux yeux vifs, la redoutable & guerriere Minerve : & en même temps il devint pere de Vulcain ; mais Junon en accouchant de lui fut agitée de coleré contre ſon mari, avec qui elle ſe brouilla.

Outre ces femmes légitimes, Jupiter eût trois maîtreſſes, de qui naquirent deux Dieux, & un demi-Dieu : Maïa l'Atlantide, qui fut mere de Mercure, le Hérault des Dieux : Sémélé, fille de Cadmus, mais élevée au rang des Dieux avec Bacchus, ſon fils, qui naquit immortel ; & Alcmene, qui enfanta Hercule.

Tome VI. Oo

LES GRECS.
Alliances des autres Dieux.

X. Les autres Dieux prirent aussi des alliances : Pluton épousa Proserpine, comme on a vû ; & Neptune épousa Amphitrite, de qui naquit le grand Triton, qui habite un Palais d'or au fond de la mer, proche de ses parents.

Du mariage de Mars & de Venus, naquirent la Crainte & la Frayeur, qui dans la guerre troublent & mettent en déroute les phalanges, avec Harmonie que le fier Cadmus épousa.

Vulcain s'allia avec Aglaïe, la plus jeune des Graces.

Le blond Bacchus épousa Ariadne, fille de Minos, à laquelle Jupiter accorda l'immortalité.

Enfin, Hercule ayant consommé ses travaux, s'allia dans l'Olympe avec Hebé : heureux d'avoir achevé un grand ouvrage entre les Immortels, avec lesquels il vit exempt de tous maux & de la vieillesse.

Alliances des Déesses.

XI. Outre ces généalogies de Dieux & de Déesses, qui sont les principales, il y en a à leur suite quelques autres que je crois devoir rapporter aussi. Le Poëte nous y apprend que le Soleil eut de Perséis, une des filles de l'Ocean, Æétès. Circé, dit-il ensuite, ayant accordé ses faveurs à Ulysse, devint mere d'Agrius & de Latinus, qui regnerent en des pays éloignés sur tous les Tyrrhéniens : pour Æétès, il s'allia avec Idie, autre fille de l'Ocean, & de ce mariage naquit Médée, que par la volonté des Dieux Jason enleva, après avoir consommé les travaux que l'injuste Pelias lui avoit imposés. Ce Héros étant de retour à Iolcos, épousa la Princesse qu'il avoit enlevée, & en eut Médus, que Chiron, fils de Phyllira, éleva dans les montagnes.

Deux autres filles de l'Ocean ne dédaignerent pas la compagnie des mortels : de Callirhoé, marié au fier Chrysaor, naquit Geryon, qu'Hercule tua dans l'Isle d'Erythie, pour un troupeau de bêtes à cornes : & de la divine Calypso, Ulysse eut Nausithoüs & Nausinoüs.

Phocus fut le fruit des amours de Psamathé, l'une des Néréides, & d'Eaque, & Thétis, autre Néréide, ayant été mariée à Pelée, enfanta le courageux & redoutable Achille.

Cérès accorda ses faveurs à Jasius dans l'Isle fertile de Crète, & dans un champ labouré trois fois : & de-là naquit le bon Plutus, qui se promene sur la terre, & sur les vastes plaines de la mer, & qui donne le bonheur avec les richesses à quiconque se rencontre sous sa main.

Harmonie, fille de Venus, fut mariée à Cadmus, qu'elle rendit pere d'Ino, de Semélé, d'Agavé, d'Autonoé, qui épousa Aristée le chevelu, & de Polydore dans la belle ville de Thèbes.

L'Aurore s'étant livrée à Titon, devint mere de Memnon, Roi des Ethiopiens, & du Prince Emathion : elle en usa de même avec Cephale, à qui elle donna un fils illustre, Phaéton semblable aux Dieux, que Venus enleva encore jeune, & dont elle fit un Démon, à qui elle confia la garde de ses temples pendant la nuit.

Venus elle-même ayant prodigué ses faveurs au Héros Anchise, dans les agréables bosquets du Mont Ida, donna la naissance à Enée.

Voilà ce qu'il y a d'important dans la Théogonie d'Hésiode.

DIFFÉRENTES IDÉES DES ANCIENS, SUR LA FORMATION DE L'UNIVERS.

LES GRECS.

Presque tous les Mythologues modernes partagent en quatre classes les Dieux de la Grece, sçavoir, en Divinités célestes, en Divinités de la mer, en Divinités infernales, & en Divinités terrestres. Cette distribution paroît entierement contraire à l'ancien système religieux des Grecs, & le renverse même totalement. L'ordre qu'Hésiode y a donné, semble beaucoup plus naturel, puisqu'il fait connoître par ce moyen l'établissement successif de toutes ces Divinités originairement étrangeres à la Grece. Je me propose de suivre le même plan, en faisant l'histoire de chaque Divinité. Les Grecs, en recevant un nouveau Dieu, se sont permis de lui faire sa légende, mais cette légende s'est trouvée dans la suite beaucoup surchargée, à cause des fréquentes mutations arrivées dans la Religion; ainsi on ne doit point être surpris de trouver l'histoire d'un même Dieu rapportée de tant de diverses façons; ajoutons que les Poëtes, en s'abandonnant à leur enthousiasme, ont achevé de défigurer ces légendes. Je m'attacherai donc à rassembler tout ce qui a été écrit sur chacun de ces Dieux, & après avoir parlé de ceux dont Hésiode fait mention, je décrirai ce qui regarde les autres Divinités qui ont été connues depuis ce Poëte.

Le début d'Hésiode dans sa Théogonie indique assez, qu'en personnifiant le Cahos, la Terre, le Tartare, l'Amour, l'Ether, la Nuit & le Jour, il a eu dessein de donner l'histoire allégorique de la Nature, suivant les idées qu'on en avoit de son temps; idées absurdes, puisqu'on n'avoit pas encore songé à établir un premier Principe. Le système Egyptien étoit mieux raisonné; mais, comme je l'ai déja dit, les Grecs ne reçurent point la Religion Egyptienne dans son entier, ni dans l'ordre où elle étoit établie. Voici quel étoit en général le système Egyptien.

Système Egyptien.

Les Peuples de l'Egypte croyoient que l'Univers sensible étoit une production éternelle de la volonté du décret de l'Etre suprême, & que cet Univers étant composé de matiere, il étoit sujet par la nécessité de sa nature, à des révolutions & à des altérations continuelles. Les regnes des Dieux, dont parloit la Chronique sacrée des Egyptiens, avoient rapport à la succession des Mondes, & comme les regnes d'Osiris, d'Isis & d'Orus avoient précédé immédiatement le commencement de la génération des hommes, qui peuplent aujourd'hui la terre, il est visible que l'histoire de ces Divinités comprenoit une exposition allégorique de ce que les Philosophes avoient imaginé, pour rendre raison de la destruction de l'ancien Monde, & de la réproduction du Monde actuel.

Au-dessus de cet Univers sensible, il y en avoit un autre purement intelligible, qui est le Monde des Esprits, l'assemblage d'un nombre infini de différents ordres d'Intelligences subordonnées & liées les unes aux autres, qui formoient une espéce de chaîne, par laquelle on pouvoit s'élever vers le Dieu suprême.

Ce Dieu suprême, antérieur à tous les Etres produits, est le Dieu unique, le Dieu UN. Rien de tout ce qui est intelligible, rien même d'intellectuel, ne se mêle à lui, parce qu'il ne reçoit rien de tout ce qui n'est pas lui.

Le second Dieu étoit le Principe par excellence, le Dieu des Dieux, l'unité sortie de l'unité, la premiere essence, la source & le pere de toute essence & de toute propriété ; le premier intellectuel ou la premiere Intelligence, supérieur même au Principe intelligible. C'est le Dieu CNEPH, placé au dessous de l'indivisible & de la suprême unité.

Au dessous de ce premier intelligible contenu dans le sein de Cneph, sont les Principes qui ont dirigé la production des Etres visibles ; l'esprit *Démiurgique* ou Créateur, qui préside à la vérité & à la sagesse de ces Etres, c'est-à-dire, qui maintient parmi eux la vérité & la sagesse ; ou la réalité & l'ordre.

Cet esprit Demiurgique est AMOUN, lorsqu'il manifeste au dehors la force inconnue des rapports secrets par la production & la génération des Etres. Comme Principe de l'organisation & de l'arrangement convenable, pour rendre actifs & vivants certains Etres, il est nommé PHTHA, ou *celui qui développe*. Ce nom marquoit qu'il agissoit avec art, & qu'il est une cause intelligente. Comme bienfaisant, c'est-à-dire, lorsqu'il est la source du plaisir que nous éprouvons ; soit par la jouissance, soit même par la seule considération des Etres particuliers, & par la vûe de l'ordre convenable dans lequel ils sont disposés, on le nomme OSIRIS, & OMPHIS, selon Jamblique. Plutarque pense que le nom d'*Osiris*, signifie proprement le principe actif de la production des Etres ; l'ame du Monde, ou même la forme substantielle de l'Univers. OS-IRI, dans la langue Cophte, signifie *le Seigneur fabricateur*. A l'égard du mot *Omphis*, Plutarque le rend par celui de *Bienfaisant*. Suivant Hermès traduit par Apulée, l'Esprit Demiurgique n'est pas l'ame du Monde, mais celui qui a fait le Monde & son ame.

Isis est la matiere premiere, selon Plutarque. I-SI, dans la langue Cophte, signifie le *Réceptacle commun* ; mais si, selon Apulée, *Isis* est le Monde, *Isis* n'est donc pas une Divinité.

De l'union d'Osiris & d'Isis, c'est-à-dire, du principe producteur avec la matiere, est sorti le Monde composé d'esprit & de matiere qui a une ame. Celle-ci étant dans un mouvement continuel, remplit tous les Etres, & en se mêlant avec eux, elle les anime tous.

Le Monde, ou plutôt l'Intelligence qui l'anime, est le second Dieu, le Dieu visible & sensible ; car le principe Demiurgique, étoit le premier Dieu sensible, mais non visible. Jamblique donne à ce second Dieu le nom d'ORUS, ou de Roi. Il est nommé l'image & le fils de *Demiurgos*, le second Dieu immortel & toujours vivant, mais non éternel, puisqu'il est produit à chaque instant, & qu'il est dans un état perpétuel de changement & de passage.

Timée de Lorres, Philosophe Pythagoricien, nomme le Monde sensible, fils unique du Dieu suprême, du Principe très-bon ; l'idée ou la forme éternelle, & l'exemplaire de tous les Etres produits & sujets au changement. Ce modele, cette forme s'est jointe avec la matiere que Dieu a produite en la poussant hors de lui-même, & de l'union de ces deux choses, que Timée regarde comme le pere & la mere, eft né le Monde fenfible, doué d'ame & d'intelligence.

Les Grecs.

Outre les deux premiers Principes, Ofiris & Ifis, il y en a un troifiéme, Seth, Bethon ou Smu, que les Grecs appellent *Typhon*. Ces noms Egyptiens, dit Plutarque, marquent la deftruction, la violence, la corruption, la réfiftance au bien & à l'ordre.

Typhon époufa fa fœur Nephthé. Son nom fignifie, fuivant Plutarque, *la fin, la deftruction, la mort*.

Nephthé pour furprendre Ofiris, qu'elle aimoit, prit la figure d'Ifis, & devint mere d'Anubis.

Typhon s'en vengea en tuant Ofiris, dont il mit le corps en piéces, & fit le même traitement à Orus. Voilà, dit-on, le Cahos.

Ifis chercha les membres d'Ofiris, mais elle ne trouva pas le principe de la génération, car les poiffons du Nil l'avoient dévoré. Elle ne put alors produire qu'Harpocrates, un Etre monftrueux & à demi-mort; image des productions informes de la Nature dans l'état du Cahos.

Ofiris revint des Enfers, rendit la vie à Orus, & lui donna des armes pour combattre Typhon, qui fut vaincu & enchaîné. Ifis trouva moyen de lui rendre la liberté; de forte qu'il fe cacha dans l'Univers, dont il ne ceffe de troubler l'ordre & l'harmonie.

Orus punit Ifis en lui ôtant le Diadême de Lotos, dont Ofiris l'avoit ornée; mais Anubis, qu'Ifis avoit adopté, lui donna un Diadême formé d'une tête de bœuf.

Telle étoit en général l'idée des premiers Egyptiens fur la formation de l'Univers, ce qui compofoit en même temps leur fyftême religieux.

Ovide au commencement des fes Métamorphofes décrit ainfi le Cahos:

Avant qu'il y eût une mer & une terre, avant qu'il y eût un Ciel qui enveloppât le monde, la Nature n'avoit qu'une feule face par tout l'Univers. C'étoit une maffe confufe & groffiere, qui fut appellée Cahos ou Confufion; c'étoit un mélange qui ne pouvoit rien produire, & qui contenoit cependant l'origine de toutes chofes. Il n'y avoit point encore de Soleil, qui donnât la lumiere au Monde, & l'on ne voyoit point de Lune, qui fe renouvellât de temps en temps. La terre foutenue fur elle-même, & balancée par fon propre poids, n'étoit pas encore fufpendue au milieu de l'air qui l'environne, & la Mer n'étendoit pas fes bras autour de ce vafte corps. Partout où il y avoit de la terre, il y avoit de l'air & de l'eau. Ainfi la terre n'avoit point de folidité; l'eau n'avoit point de mouvement; l'air n'étoit point éclairé; enfin il n'y avoit rien dans l'Univers qui pût fe glorifier d'avoir une forme. Une chofe étoit par tout l'obftacle de l'autre, parce qu'en un même corps le chaud combattoit contre le froid; le fec faifoit la guerre à l'humide; les chofes les plus molles s'armoient contre les plus dures, & ce qui eft le plus léger étoit toujours en difpute avec ce qui eft le plus pefant.

Avant que de terminer cet article, je crois devoir donner le précis du fragment d'un ouvrage attribué à Sanchoniaton (1) fur cette matière.

Fragment de Sanchoniaton.

(1) Voyez les réflexions de M. de la Barre au fujet de ce fragment, Tom. XVI. | de l'Académie des Belles-Lettres, pag. 32. & fuiv.

Ce fragment peut être partagé en trois articles, dont le premier renferme la Cosmogonie, c'est-à-dire, l'histoire de la maniere dont on prétend que le Monde s'est formé. On y établit d'abord un Cahos éternel & infini, ou autrement l'esprit d'un air ténébreux ; qui étant devenu amoureux de ses propres principes, les mêla ensemble, sans sçavoir pourtant ce qu'il faisoit, les altéra par ce mélange, & occasionna ainsi la génération des Etres. Les premiers de tous furent des animaux qui, après avoir été dénués de sentiment, eurent l'intelligence en partage. Le Soleil, la Lune & tous les Astres sortirent aussi de la matiere : le feu éclatant qu'ils jetterent enflamma la terre & la mer ; ce qui produisit les vents, les nuages, les pluyes orageuses ; & du mélange de ces météores vinrent les tonnerres & les éclairs. Quand ils se firent entendre, les animaux, dont on vient de parler, sortirent de l'assoupissement où ils avoient été jusqu'alors ; ils commencerent à se mouvoir, mâles & femelles ; ils se répandirent sur la terre & dans la mer ; & d'eux descendirent les hommes, qui les premiers consacrerent les productions de la terre, qui crurent qu'il y avoit des Dieux, & qui adorerent les choses dont eux & leurs ancêtres tiroient leur origine. Voilà le précis du premier article.

Dans le second, l'Auteur a dessein de tracer l'histoire des premiers siécles ; & dans cette vûe, il ne donne pas une suite de génération, comme Cumberland, & après lui M. Fourmont l'ont crû ; mais après avoir nommé les premiers hommes, il fait l'énumération de ceux dont il prétend que l'histoire étoit remarquable par la découverte des arts, ou par quelque autre circonstance ; & fait profession de suivre dans cette énumération, l'ordre des temps où ils ont vécu. Les premiers hommes, selon lui, furent Eon & Protogone ; le vent Colpias & Baau, ou la nuit leur donnerent la naissance ; & l'un d'eux, Eon, apprit à l'autre à se nourrir des fruits des arbres, ce qu'on applique à Eve, mais sans fondement ; l'Auteur n'ayant voulu dire autre chose, sinon que les fruits des arbres furent les premiers aliments de nos ancêtres. D'eux vinrent Ghénos & Ghénéa, qui habiterent dans la Phénicie, & que d'excessives chaleurs obligerent à élever leurs mains vers le Soleil, qu'ils regardoient comme l'unique Seigneur du Ciel.

De Ghénos, d'Eon & de Protogone vinrent d'autres hommes mortels comme eux, à qui on donna des noms qui signifioient lumiere, feu & flamme ; parce qu'ils apprirent à tirer le feu du bois, en frottant deux morceaux de bois l'un contre l'autre. Après ceux-ci, il en vint d'autres, d'une hauteur prodigieuse, qui donnerent leurs noms aux montagnes, entre autres au Mont Casius, au Liban, à l'Antiliban, au Brathi ; & après eux parurent Memrumus & Hypsuranius. Celui-ci fonda la ville de Tyr, & s'avisa de faire des huttes de roseaux, de joncs & d'écorce de papiers joints ensemble. Il eut un frere nommé Usoüs, qui ne se distingua pas moins que lui : car il fut le premier qui sçut se couvrir des peaux des bêtes qu'il prenoit à la chasse ; d'ailleurs, le feu s'étant mis dans les bois aux environs de Tyr, il imagina, pour se sauver, d'abattre un arbre, d'en couper les branches, & de se mettre en mer sur le tronc, qui lui servit de vaisseau ; après quoi il éleva deux colonnes en l'honneur du feu & du vent, &c.

Je crois que cela n'a point trop l'air d'une Généalogie suivie ; la suite l'a encore moins : car voici comment continue l'Auteur. *Longtemps après la génération d'Hypsuranius*, naquirent Agreus & Halieus, qui inventerent la chasse & la pêche, (il avoit déjà oublié ce qu'il venoit de dire au sujet d'Usoüs ;) & d'eux vinrent deux freres, qui découvrirent le fer & l'art de le mettre en œuvre. L'un d'eux nommé Chrysor, & qui n'est autre que Vulcain, fut aussi le premier qui apprit à bien parler ; c'est de lui que viennent les enchantements & l'art de la divination : on lui a encore obligation de l'hameçon, de l'appât, de la ligne, des radeaux, sur lesquels il navigea le premier ; aussi le revera-t-on comme un Dieu après sa mort.

De cette race, (ce sont les expressions de l'Auteur) vinrent deux autres hommes, qui apprirent à faire la brique, & à faire des toits ; & de ceux-ci deux autres encore, qui rendirent les maisons plus commodes, par les caves qu'ils y firent pratiquer, & par les cours & les enceintes qu'ils y joignirent. L'un d'eux, Agrueros, est le plus grand des Dieux dans l'idée des habitants de Byblos : & de lui descendent les chasseurs ou Titans ; comme les Agrotes, c'est-à-dire apparemment les Laboureurs, descendent de son frere Agros. Hamynus & Magus vinrent ensuite, & montrérent à former des bourgades & à rassembler des troupeaux : après eux, Misor & Sydyc découvrirent l'usage du sel. De Misor vint Taaut, qui inventa l'art de l'écriture ; & de Sydyc, les Dioscures, ou Cabires, ou Coribantes, ou Samothraces, qui s'aviserent les premiers de construire un vaisseau : ce qu'on applique encore aux fils de Noé, contre l'intention de l'Auteur, qui s'explique plus bas, comme on va le voir. Enfin il vint des hommes qui découvrirent l'usage des simples, la maniere de guérir des morsures des animaux, & les enchantements.

Je sens combien ce détail est ennuyeux : mais en le supprimant, je n'aurois pas prouvé la fausseté de l'idée qu'on a voulu nous donner de cette partie du fragment ; car on a cru y découvrir comme un arbre généalogique, & l'on voit maintenant qu'il n'en est rien. Sans parler des autres, il est évident que suivant l'Auteur, Agreus & Halieus sont bien éloignés de descendre immédiatement d'Hypsuranius, ou de quelqu'un de ses freres ; qu'il y a quelque intervalle entre les inventeurs du fer, & les inventeurs de la brique ; & qu'Hamynus & Magus ne sont fils ni d'Agros ni d'Agrueros, à qui on donne d'autres descendants. Je suis obligé d'entrer encore dans quelque détail pour exposer le troisiéme article, qui renferme l'histoire de plusieurs personnes, que l'Auteur suppose avoir vécu dans le cours de cinq ou six générations, & dont il a déjà nommé quelques-uns.

Elion ou Hypsistos, & une femme nommée Beruth, font la premiere génération : ils habitoient, dit l'Auteur, aux environs de Byblos ; & Hypsistos ayant été tué par les bêtes féroces, on l'honora comme un Dieu après sa mort.

Il laissa un fils & une fille, Uranos & Ghé que son frere épousa, mais à qui il donna bien des sujets de jalousie, qui produisirent une séparation ; ce qui ne les empêcha cependant pas d'avoir de temps en temps des enfants, qu'Uranos tâchoit de faire périr aussitôt après leur naissance.

Les enfants qui naquirent de cette alliance, furent Chronos, Atlas, Astarté, Rhéa & Dioné. Chronos, devenu grand, entreprit de venger sa mere ;

& il en vint à bout avec l'aide de ce Taaut ou Mercure, dont il est parlé plus haut, & qu'il choisit pour son secrétaire : dans une victoire qu'il remporta sur son pere, il prit une de ses concubines qui étoit grosse, & la maria à Dagon, chez qui elle accoucha quelque temps après d'un enfant mâle, qu'on nomma Jupiter Démarûs, & qui fut pere de Melicarte ou d'Hercule. Ce Dagon est celui qui découvrit le bled & la charrue, d'où vient qu'on le nomma Jupiter Laboureur.

Chronos se maria aussi, on ne dit pas à qui, & il eut deux filles, Proserpine & Minerve, avec un fils nommé Sadid ; mais après qu'il eut chassé son pere, ayant conçu quelques soupçons, il tua son fils de sa propre main, coupa la tête à Proserpine, & par le conseil de Mercure, enterra Atlas tout vif. Ce fut vers ce temps-là que quelques descendants des Dioscures ou Cabires, ces fils de Sydyc, inventeurs du sel, s'aviserent de construire des vaisseaux, se mirent en mer, & allerent élever un Temple sur le Mont Casius. Cet endroit est remarquable ; parce qu'il sert à expliquer ce qu'on a vû plus haut, & qu'on a appliqué mal à propos aux enfants de Noé : il peut d'ailleurs aider à connoître la nature de ce fragment.

Quelque temps après, continue l'Auteur, Uranos envoya à la Cour de son fils, Astarté, Rhéa & Dioné pour le tuer : mais elles ne jugerent pas à propos de servir la colere de leur pere ; & Chronos, quoiqu'elles fussent ses sœurs, les épousa toutes trois : il gagna aussi Heimarméné & Hora, qu'Uranos avoit envoyées avec une armée contre lui. Enfin Uranos n'ayant cessé d'exciter des troubles pendant trente-deux ans, Chronos trouva moyen de se saisir de lui, le fit mourir en le mutilant, & le mit ensuite au nombre des Dieux.

Il y avoit alors une autre homme nommé Pontus, fils de Nerée, & pere de Sidon & de Neptune : il eut des démêlés avec Uranos, & Démarûs ; & l'histoire de ces démêlés est imparfaite. Il paroît néanmoins que l'Auteur a voulu dire, que Démarûs ayant été obligé de céder, fit vœu de faire un sacrifice de son ennemi, s'il le pouvoit prendre ; qu'il le prit, le sacrifia, & que ses reliques furent consacrées dans la ville de Beryte.

Quoiqu'il en soit, Chronos eut des différentes femmes qu'il épousa, un assez grand nombre d'enfants. D'Astarté il eut sept filles, nommées en commun Titanides ou Dianes, & deux fils, le Désir & l'Amour, qui naquirent longtemps après leurs sœurs. Il eut sept enfants de Rhéa, & l'un d'eux étant mort en naissant, on en fit un Dieu sous le nom de Mouth, qui signifie la mort ; c'est lui qu'on appelle Pluton. Quelque temps avant sa naissance, y ayant eu une maladie contagieuse, Chronos, qui n'avoit alors qu'un seul enfant mâle, l'avoit consacré à Uranos, par la cérémonie de la circoncision, à laquelle il assujettit tous ceux qui dépendoient de lui. Dioné ne lui donna que des filles ; mais il eut de quelque autre femme trois fils, Chronos II. Jupiter Belus & Apollon.

L'une des Titanides, fille de Chronos & d'Astarté, fut mariée à ce Sydyc, dont il a été fait mention plus haut ; & huit enfants mâles furent les fruits de cette alliance ; les sept premiers eurent le nom de Cabires en commun, & le huitieme est Esculape.

Chronos, paisible possesseur du Royaume, en abandonna la jouissance à Astarté,

DE L'UNIVERS. Liv. VI. Ch. VI.

Aftarté, à Démarûs, qui avoit cependant été ligué avec Uranos, & à Adod, dont on ne trouve ici que le nom. Il parcourut enfuite l'Univers, donna l'Attique à Minerve, l'Egypte à Taaut ou Mercure, la ville de Byblos à Dioné, & celle de Beryte à Neptune, aux Cabires, & à quelques autres. Voilà les principaux évenements que renferme le troifiéme article; & l'on n'a pas befoin de faire de profondes réflexions, pour fçavoir ce qu'on doit penfer de toutes ces chofes.

Quelques anciens, fuivis par Apollonius & Lycophron, ont déféré la Souveraineté de l'Univers à un nouvel Etre qu'ils ont nommé Ophion. Ils difoient que cet Ophion avoit d'abord regné avec Eurynomé fa femme, qui étoit une des filles de l'Océan; mais ils convenoient que Saturne & Rhéa avoient chaffé ces deux prétendues Divinités, & que Jupiter avoit regné après Saturne (1).

Les Grecs.

Autre fyftême.

LE TARTARE.

Héfiode nous donne la defcription du Tartare dans le récit qu'il fait de la victoire remportée par Jupiter & les autres Dieux, fur les Titans qui y furent précipités, & chargés de fers. Ces fiers Immortels, ajouté le Poëte, furent renfermés dans un lieu auffi éloigné de la terre, que la terre l'eft du Ciel; car fi on jettoit des cieux une maffe d'airain, elle parcourroit en neuf jours & en autant de nuits leurs efpaces immenfes, & ne tomberoit fur la terre que le dixieme jour: de même, fi de deffus la terre on la jettoit dans le Tartare, elle n'y arriveroit qu'au bout de dix jours. Ce lieu eft environné d'un mur d'airain: la nuit eft répandu trois fois à l'entour, & les racines de la terre & de la mer font pardeffus. Là, fous d'épaiffes ténebres font cachés les Dieux Titans par la volonté de Jupiter, qui les retient dans cette affreufe demeure, dont ils ne peuvent jamais fortir. Au mur dont ils font comme enveloppés, Neptune a ajouté des portes d'airain. Près de ce mur font poftés Gygès, Cottus & le magnanime Briarée, fideles gardes de Jupiter. Là fe réuniffent les fources & les extrémités de la terre, du Tartare, de la Mer & du Ciel: fources & extrémités effrayantes pour les Dieux mêmes. Quiconque auroit paffé les portes de ce gouffre immenfe, roulé çà & là par l'impétuofité des vents, à peine en atteindroit-il le feuil au bout d'une année entiere. Auprès d'eux eft le Palais terrible de la Nuit, toujours environné d'épais nuages. Atlas, fils de Japet, fe tient de bout vis-à-vis, & foutient le Ciel avec fa tête & fes mains infatigables, dans le lieu où le Jour & la Nuit venant à la rencontre l'un de l'autre fe parlent: l'un entre dans le Palais, l'autre en fort auffitôt, car la même demeure ne les réunit jamais, & lorfque l'un d'eux y eft retiré, il attend pour en fortir le retour de l'autre. Ces deux Divinités parcourent ainfi la Terre tour à tour: le Jour pour apporter la lumiere à fes habitants, & la Nuit pour leur procurer le Sommeil frere de la Mort.

On voit auffi dans cet endroit les Palais des deux enfants de la Nuit, du

---

(1) Comme mon but n'eft que de rapporter les fentiments des Mythologues fur la formation de l'Univers, on ne doit point s'attendre que je faffe ici mention des fyftêmes des différents Philofophes Grecs fur la même matiere.

Tome VI. Pp

LES GRECS. Sommeil & de la Mort : ces Dieux terribles que le Soleil ne voit jamais, soit qu'il monte au Ciel, soit qu'il en defcende. Le Sommeil favorable aux hommes, fe répand avec douceur fur la terre, & fur les vaftes plaines de la mer, mais la Mort au cœur de fer, & toujours impitoyable, faifit tous les hommes qu'elle rencontre, & eft ennemie des Dieux mêmes. On y trouve encore le Palais tumultueux du fort Pluton & de la redoutable Proferpine. Un chien terrible en garde l'entrée, chien cruel & rempli de fraude, qui par le mouvement de fa queue & de fes oreilles, flatte ceux qui entrent, mais les arrête lorfqu'ils veulent fortir. Enfin Styx, fille aînée de l'Océan & de Téthys, Déeffe redoutée des Immortels mêmes, habite cet endroit dans un Palais couvert de rochers, & foutenu de colonnes d'argent.

Explication de cette Fable. On voit par cette defcription quelles étoient les idées Géographiques des Grecs du temps d'Héfiode. Ces peuples ne connoiffant rien vers l'Occident au-delà du Mont Atlas en Afrique, & au-delà de l'Efpagne, cette extrémité du Monde connu paffa dans leur efprit pour être une extrémité réelle du ciel & de la terre. Ils ne penferent pas mieux au fujet de l'Océan, parce que ceux qui après avoir paffé le détroit de Gibraltar, s'étoient hafardés à cingler en pleine mer, ou qui y avoient été portés par les vents, en avoient infpiré de la frayeur aux autres. On crut que le nom d'*Océan* ne convenoit qu'à la mer qui environnoit les terres. On regarda la même mer à quelque éloignement comme un gouffre immenfe; & une idée confufe qu'en traverfant ce prétendu gouffre on aborderoit à d'autres terres, donna occafion de dire que peut-être on en atteindroit le feuil, après une dangereufe navigation d'une année entiere.

Les Ecrivains poftérieurs ont confondu le Tartare, l'Erebe & les Enfers, & cette confufion à laquelle on eft accoutumé, a été jufqu'alors un obftacle à l'intelligence des anciennes fables. Je parlerai ailleurs des Enfers poëtiques, fuivant les dernieres idées qu'on en avoit.

L'AMOUR.

On croyoit encore du temps de Platon, que l'Amour étoit un des plus anciens Dieux, puifque ce Philofophe fait dire par un des interlocuteurs de fon *banquet*, que ce Dieu n'avoit point de parents, & qu'aucun Poëte ne lui en donnoit. Cependant avant Platon, fi on ajoute foi à quelques Auteurs, Sapho avoit écrit que l'Amour étoit fils du Ciel & de la Terre. Simonides l'avoit fait naître de Mars & de Venus; Acufilaus, de l'Ether & de la Nuit, & Alcée de la Contention & du Zéphyre. Il paroît furprenant que Platon n'ait eu aucune connoiffance des Généalogies qu'Héfiode nous a données. Ariftophane dit qu'il n'y avoit d'abord que le Cahos, le noir Erebe & le vafte Tartare : la Terre n'exiftoit point encore non plus que l'Air ni le Ciel : dans le fein immenfe de l'Erebe, la Nuit aux aîles noires produifit un œuf qu'elle avoit conçu d'elle-même, & de cet œuf eft éclos le défirable Amour, fur les épaules duquel on voit briller des aîles d'or.

Dans un ouvrage attribué à Orphée, il eft dit que l'Amour eft de deux natures; qu'il fe promene dans l'Ether; qu'il eft né d'un œuf, & qu'il a donné la naiffance aux Dieux & aux hommes. Ailleurs on lit que l'Amour étoit fils de Saturne, & dans un autre endroit le Poëte s'explique d'une manière plus embrouillée. *Nous chantons*, dit-il, *la Race à plusieurs noms de Venus, & la grande source royale d'où sont sortis tous les Amours.* C'est-à-dire, qu'il regarde Venus comme la mere des Amours. Cette opinion est enfin devenue plus commune.

Ciceron dans le livre de *la Nature des Dieux*, comptoit trois Amours. Le premier né de Mercure & de la premiere Diane ; le second né aussi de Mercure & de Venus ; & le troisiéme, nommé Antéros, fils de la troisiéme Venus & de Mars. A juger de ces Amours par les parents qu'on leur donne, & que Ciceron désigne ailleurs plus clairement, on reconnoît que le premier est l'amour céleste ; car le premier Mercure avoit pour pere le Ciel, & le Jour pour mere (1), & la premiere Diane étoit fille de Jupiter, à qui l'Ether avoit donné la naissance. Le second né du même Mercure, & de la Venus qui étoit sortie de l'écume de la mer, ne peut être que l'Amour vulgaire ; & le troisiéme qui a reçu l'être de Mars & de Venus, deux Divinités de caracteres opposés, est, si on peut parler ainsi, le contre-Amour.

Ces trois Amours n'ont point été connus de l'Antiquité. Les Anciens ne pensoient qu'à un Amour répandu dans toute la Nature pour lui donner la fécondité : Amour qui contribua à former tous les Etres, qui établit entre eux une sorte d'alliance pour leur conservation mutuelle, qui perpétue tout ce qui a vie, & qui est sujet à la caducité & à la mort. Tel est l'Amour dont Hésiode a parlé ; mais tout changea dans la suite. Platon en faisant réflexion à la conduite & aux sentiments des hommes en prit occasion d'imaginer plusieurs Amours, & plusieurs Venus. C'est ainsi qu'insensiblement on multiplia les Divinités, & que les anciens systêmes de la Religion furent défigurés. Ce même Philosophe avoit encore inventé une fable au sujet de l'Amour consideré comme passion. Voici comment il s'exprime:

Le jour que Venus vint au monde les Immortels célébrerent sa naissance par un banquet solemnel. Tous les Dieux s'y trouverent, ainsi que le Dieu des richesses (2). La Pauvreté se tenoit à la porte pendant le repas, en attendant qu'on se levât de table, afin de profiter des restes. Il arriva que le Dieu des richesses ayant trop bû de Nectar, boisson faite pour les Dieux, alla se coucher dans le jardin de Jupiter, & s'y endormit. La Pauvreté profitant de la circonstance, engagea le Dieu à s'allier avec elle, & c'est de cette alliance qu'est venu l'Amour. Ce petit Dieu s'est toujours attaché depuis à la suite de Venus, & parce qu'ils sont nés le même jour, ils s'aiment réciproquement l'un & l'autre.

Le Cahos renfermoit toutes les substances, & à le considérer dans sa totalité, ce n'étoit ni esprit, ni matiere, ni forme substantielle, mais c'étoit l'assemblage confus de tous les Etres, qui ayant d'abord existé ensemble se sont successivement développés & séparés les uns des autres pour former l'arrangement de l'Univers dans l'ordre corporel & spirituel. L'existence de la Terre & de l'Amour fait cesser le Cahos dans Hésiode, & sont les deux principes de toute chose. La Terre est toute la matiere, car c'est elle, qui

---

(1) On a dit plus haut que le mot *Jour* étoit féminin en Grec.

(2) C'est Porus, Dieu de l'abondance. Cette Divinité est de l'invention de Platon.

suivant le même Poëte, produit le Ciel, la mer & les montagnes. Ce qui signifie que la matiere en se séparant donne la naissance à plusieurs Etres matériels, qui deviennent la demeure des Immortels, parce que ces différentes parties sont les domiciles d'autant de Dieux. Ce développement ne peut se faire que par une puissance motrice, & cette puissance est l'Amour qui opere ce développement, & qui se dégage à mesure que ses progrès augmentent. C'est une sorte de fermentation, qui foible dans ses commencements, acquiert de nouvelles forces, & vient enfin à bout de perfectionner la matiere. Celle-ci ne produit d'abord que des Intelligences sombres, telles que sont les enfants de la Nuit ; mais après que la lumiere a commencé à éclairer le Monde, l'Amour d'Ocean & de Théris fait éclore d'autres Intelligences, qui, selon l'expression d'Hésiode, contribuent à élever les hommes ; & les Amours de Jupiter en produisant les Heures, les Graces, Minerve, &c. achevent de conduire à sa perfection l'Esprit ou l'Amour, qui a donné le mouvement à la matiere.

L'ETHER.

L'Ether n'est autre chose dans Hésiode que la lumiere, qui fut séparée des ténebres. Cette séparation devant se faire dans le Poëte par la voye de la génération, il profita de la commodité de la Langue Grecque, pour exprimer les ténebres par deux mots de différents genres, & il en fit deux Etres de sexe différent. L'Erebe & la Nuit produisirent, selon lui, l'Ether ; il allia ensuite l'Ether avec le Jour ; mais il ne donna point d'enfants à ces derniers. Les Poëtes qui vinrent dans la suite leur en donnerent, & Cicéron, après quelques Généalogistes, dit que l'Ether & le Jour étoient le pere & la mere du Ciel. Il fait aussi mention d'un Jupiter né de l'Ether, & d'un autre personnage, tous deux nés en Arcadie. Il parle encore d'un premier Mercure, qui avoit pour parents le Ciel & le Jour.

LA NUIT ET SA FAMILLE.

La Nuit, selon Hésiode, enfanta d'elle-même le Destin, la Parque, la Mort, le Sommeil, les Songes, Momus, la Misere, les Hespérides, Némésis, la Fraude, la triste Vieillesse, la Discorde. Cette derniere produisit le Travail, l'Oubli, la Peste, les Chagrins, les Combats, les Meurtres, les Equivoques, le Mépris des Loix & le Parjure. Il n'y a rien à dire sur la plupart des enfants de la Nuit, & je ne m'arrêterai que sur le Sommeil, les Songes, Momus, les Hespérides & Némésis. Je réserve les Parques pour l'article de Jupiter.

LE SOMMEIL, ET LES SONGES.

Homere, d'accord avec Hésiode, dit que le Sommeil est frere de la Mort : il lui attribue le même pouvoir sur les Dieux que celui qu'il a sur les hommes. Quelques Anciens ont voulu que les Songes fussent plutôt enfants du Sommeil que de la Nuit. Ovide fait ainsi la description du Sommeil & des Songes.

Il y a auprès du Pays des Cimmériens une caverne profonde sous une grande montagne ; c'est-là que le Sommeil a fixé son séjour, & qu'il a bâti son Palais. Jamais les rayons du Soleil n'ont pénétré dans cet endroit, où il s'éleve continuellement des nuages qui forment un épais brouillard, de sorte qu'on ne peut distinguer s'il fait jour ou s'il est nuit. Le coq n'y appelle jamais l'Aurore ; il n'y a point de chiens importuns, & les oyes encore plus vigilantes que les chiens ne rompent jamais le silence. Enfin il n'y a aucun animal qui trouble la tranquillité d'un lieu si paisible. Les arbres n'y sont point agités par le vent, & l'Echo même n'y a point de voix ; il n'y a que le Repos qui y habite avec le Sommeil. Il sort cependant du pied d'un rocher un ruisseau du fleuve d'Oubli, mais comme il coule sur de petits cailloux, il forme un murmure qui a la force d'endormir les plus fâcheuses inquiétudes. On voit à l'entrée de cet antre une grande quantité de pavots fleuris, & plusieurs autres herbes, dont la Nuit tire le suc pour le répandre par toute la terre, afin d'assoupir les mortels & les bêtes. Il n'y a point de portes à ce palais, de peur qu'elles ne fassent du bruit lorsqu'on voudroit les ouvrir. On voit au milieu de cet antre un lit d'ébene, environné de rideaux bruns, & c'est-là où le Dieu repose. Les Songes, qui se revêtissent de diverses formes, sont couchés par terre autour de lui. Ils sont en aussi grand nombre, que les épics qu'on voit dans les plaines, que les feuilles dans les forêts, & que les grains de sable sur le rivage de la mer. Parmi tous ces Songes il n'y en a point qui imitent mieux que Morphée, la démarche, le visage & la voix de ceux qu'il veut représenter. Il y ajoute les habits qu'ils ont coutume de porter, & employe les mêmes paroles qu'ils ont coutume de prononcer, enfin il ne prend que la figure des hommes. Il y en a un autre qui se métamorphose à sa volonté, & qui prend quelquefois la forme d'une bête. Les Dieux l'appellent *Icela*, & les hommes, *Phobetor*. Il y en a encore un troisiéme qu'on appelle *Phantase*, qui se transforme en terre, en rocher, en riviere, & généralement en tous les Etres qui n'ont point d'ame. Ces trois Songes ne se présentent ordinairement qu'aux Rois, aux Princes & aux Capitaines, car les autres sont faits pour le reste des hommes.

MOMUS.

Momus étoit regardé comme le Critique éternel des Dieux. Son unique emploi étoit d'observer ce qu'il y avoit de répréhensible dans leur conduite, & de leur en faire des reproches ; c'étoit en un mot, la Raillerie personnifiée, Divinité odieuse, qui ne méritoit pas d'autre mere que la Nuit.

LES HESPERIDES.

On a imaginé sur les Hespérides un si grand nombre de fictions, qu'on auroit volontiers de la peine à reconnoître celles dont Hésiode a voulu parler, si on ne revenoit pas au principe que j'ai établi dans le commencement de cet ouvrage, je veux dire, si on ne faisoit pas réflexion que toutes les fables reçues & reconnues du temps d'Hésiode ont été défigurées par les Poëtes de beaucoup postérieurs à ce Mythologiste. Je vais rapporter toutes les différentes histoires publiées au sujet des Hespérides, sur lesquelles M. l'Abbé Massieu a fait un long & sçavant Mémoire (1). Je finirai cet article par les réflexions de M. de la Barre, qui me paroissent plus raisonnables que toutes les interprétations forcées qu'on a données de cette fable jusqu'à présent.

Paléphate, Auteur très-ancien, après avoir assuré que ce qu'il va dire des Hespérides est véritable, s'exprime ainsi. Hespérus étoit un riche Milésien, qui alla s'établir dans la Carie. Il eut deux filles nommées Hespérides, qui avoient de nombreux troupeaux de brebis, qu'on appelloit brebis d'or, à cause de leur beauté. Elles en avoient confié la garde à un Berger nommé Dracon ; mais Hercule passant par le pays qu'elles habitoient enleva le Berger & les troupeaux. Agrœtas, autre Historien, raconte cette histoire de la même maniere. Plusieurs autres Ecrivains changent le Berger des Hespérides en Jardinier, & leurs troupeaux en fruits. Ces fruits, disent-ils ont été appellés pommes d'or, soit parce qu'ils rapportoient beaucoup de profit, soit qu'effectivement ils approchoient de la couleur de l'or.

Diodore de Sicile dit, que le mot Grec qu'on traduit par celui de brebis, signifie aussi des pommes. Voici ce qu'il nous apprend des Hespérides. Hespérus & Atlas étoient deux freres qui possédoient de grandes richesses dans la partie la plus occidentale de l'Afrique. Hespérus eut une fille appellée Hespéris, qui donna son nom à toute la contrée. Elle épousa son oncle Atlas, & de ce mariage sortirent sept filles, qu'on appelle tantôt Hespérides, du nom de leur mere & de leur ayeul maternel, & tantôt Altantides, du nom de leur pere. Elles gardoient avec beaucoup de soin des troupeaux ou des fruits dont elles tiroient de grands revenus. Comme elles étoient très-belles & plus sages encore, leur mérite fit beaucoup de bruit dans le Monde. Busiris, Roi d'Egypte, devint amoureux d'elles sur leur réputation, & en jugeant bien que sur la sienne il ne réussiroit pas par une recherche réguliere, il envoya des Pirates pour les enlever. Ils épierent le moment où elles se réjouissoient entr'elles dans un jardin, & ils exécuterent l'ordre du Tyran. Hercule, qui revenoit de quelques-unes de ses expéditions, les rencontra sur un rivage où elles étoient descendues. Instruit par les Hespérides des ordres de Busiris, il attaqua les Corsaires, les tailla en piéces, mit les jeunes captives en liberté, & les ramena chez leur pere. Atlas, pour marquer sa reconnoissance à Hercule, lui fit présent des troupeaux ou des fruits qui faisoient ses richesses. Il voulut encore l'initier dans les principes de l'Astronomie : ce qui a donné lieu au Poëte de feindre qu'il portoit le ciel sur ses épaules. Il fit présent d'une Sphere à Hercule, & c'est delà que les Poëtes ont pris encore occasion d'imaginer que ce Héros avoit relevé Atlas dans le pénible emploi de soutenir le Monde. Hercule retourna ensuite dans la Grece, & y porta les présents dont son hôte l'avoit comblé.

Pline le naturaliste adopte le sentiment de ceux qui donnent des fruits & non pas des troupeaux aux Hespérides, mais il ne sçait où il doit placer

---

(1) Mémoire de l'Académie des Belles-Lettres, Tom. III. pag. 28. dans la partie des Mémoires.

leurs jardins, & tantôt il les met à Bérénice, ville de Libye, & tantôt à Lixe, ville de Mauritanie.

Tels sont les récits qu'on trouve dans les Historiens; voyons maintenant de quelle maniere les Poëtes s'expriment en parlant des Hespérides.

Le lieu que ces Nymphes habitoient, étoit un jardin magnifique & délicieux: l'or y brilloit de toute part, les branches, les feuilles & les fruits des arbres étoient de ce même métal. Un horrible Dragon à cent têtes, & qui poussoit tout à la fois cent différentes sortes de sifflements, étoit le gardien de tant de richesses. Les pommes sur lesquelles il tenoit sans cesse les yeux ouverts, avoient une vertu surprenante. En même temps qu'elles charmoient les yeux, elles faisoient sur les cœurs des impressions dont il étoit impossible de se défendre. Lorsque Jupiter épousa Junon, elle lui porta de ces pommes en mariage, & ne crut pas pouvoir lui payer sa dot en plus belle monnoye. Ce fut avec une de ces pommes que la Déesse de la Discorde mit la division entre Junon, Venus, & Pallas, & jetta le trouble dans tout l'Olympe. Ce fut avec ces mêmes pommes qu'Hippomene sçut adoucir la fiere Atalante, & la rendre sensible à son tour. Elle ne put les voir sans en être frappée, & sans éprouver aussitôt la violence du plus grand amour. Les Nymphes de ce jardin enchanté étoient d'ailleurs agréables par la douceur de leur voix. Elles aimoient à prendre toutes sortes de figures, & à étonner les yeux des spectateurs par des métamorphoses soudaines. Les Argonautes, dit Apollonius, pressés de la soif, arriverent chez les Hespérides, & les conjurerent de leur montrer quelque source d'eau, les Nymphes au lieu de leur répondre se changerent tout à coup en poussiere & en terre. Ce prodige ne déconcerta point les Héros, ils redoublerent leurs prieres, mais ces mêmes Nymphes se transformerent aussitôt en arbres. Hespera devint un Peuplier, Erytheïs un Ormeau, Eglé se changea en Saule. Les Poëtes ont donné un Temple à ces Nymphes, qu'ils ont divinisées; ils y ont joint une Prêtresse redoutable par l'empire souverain qu'elle exerce sur toute la Nature. C'est elle qui garde les rameaux sacrés, & qui nourrit le Dragon de miel & de pavots. Elle commande aux noirs Chagrins, & sçait à son gré les envoyer dans les cœurs, ou les en chasser. Elle arrête le cours des fleuves, elle force les Astres à retourner en arriere, & les morts à sortir de leurs tombeaux. On entend la terre mugir sous ses pieds, & à son ordre on voit les ormeaux descendre des montagnes.

La Nuit est la mere des Hespérides, selon Hésiode, mais elles sont filles de Phorcus & de Ceto, Divinité marine, suivant Cherecrate. Quant à leur nombre, l'opinion commune est qu'elles n'étoient que trois, Eglé, Aréthuse & Hespéréthuse. Plusieurs Poëtes en ajoutent une quatriéme, qui est Hespéra, d'autres une cinquiéme, qui est Erytheïs, enfin une sixiéme nommée Vesta. Le Dragon qui gardoit le jardin, étoit fils de la Terre, selon Pisandre; de Typhon & d'Echidne, suivant Phérécyde. Les Poëtes ne sont pas plus d'accord que les Historiens sur l'endroit où étoit placé un jardin si célebre. La plûpart de ces premiers le place en deçà de l'Ocean vers le Mont Atlas, mais Hésiode l'avoit transporté au-delà de l'Ocean, & quelques-uns à son exemple le mettoient dans les Canaries ou Isles fortunées, d'autres dans les Isles du Cap Verd. D'autres enfin l'éloignent encore davantage.

LES GRECS.

Ces mêmes Poëtes ne font pas plus d'accord sur la maniere dont Hercule s'empara de ces fruits merveilleux. Plusieurs croyent qu'il les enleva de force, & qu'il tua le Dragon qui les gardoit. Apollonius nous fait à cette occasion un tableau du monstre expirant. Le Dragon, dit-il, percé des traits d'Hercule, est étendu au pied de l'arbre : l'extrémité de sa queue remue encore, mais le reste de son corps est sans mouvement & sans vie. Les mouches s'assemblent par troupes sur le noir cadavre, & sucent le sang qui coule des playes, & le fiel amer de l'Hydre de Lerne dont les fléches sont teintes. Les Hespérides désolées à ce triste spectacle, se couvrent le visage de leurs mains, & poussent des cris lamentables. D'autres Poëtes soutiennent qu'Hercule n'employa point la violence, & qu'il reçut les pommes d'or des mains d'Atlas de la pure volonté de ce dernier. Phérécyde rapporte cet évenement d'une maniere qui ne fait honneur ni à l'un ni à l'autre. Hercule, dit-il, eut recours à Atlas, & le conjura d'aller dans le jardin des Hespérides lui cueillir trois pommes d'or qu'il devoit porter à Eurysthée, en conséquence des ordres qu'il en avoit reçus. Atlas y consentit à condition qu'Hercule porteroit pendant ce temps le ciel sur ses épaules. Atlas de retour du jardin ne voulut plus reprendre le fardeau qu'il avoit quitté, mais Hercule employant la ruse à son tour, feignit de consentir à supporter encore longtemps un tel fardeau, pourvû qu'Atlas le reprît pour un instant, tandis qu'il feroit de sa peau de Lion un coussin pour mettre sur sa tête. Atlas accorda facilement la demande d'Hercule, mais celui-ci ne fut pas plutôt soulagé qu'il se sauva en diligence avec les pommes. Ovide dans ses métamorphoses dit qu'il y avoit longtemps qu'Atlas étoit changé en montagne, quand Hercule alla enlever les fruits du jardin des Hespérides.

En faisant attention qu'Hésiode place le jardin des Hespérides au-delà de l'Ocean, on doit se souvenir de ce qui a été dit plus haut ; je veux dire que le Poëte en parlant de l'Ocean, n'entendoit pas cette vaste étendue de mer qui environne le Continent, mais seulement la mer qui avoisine les terres, puisqu'il supposoit qu'un peu plus loin ce n'étoit qu'un gouffre immense. En mettant les Hespérides au-delà de l'Ocean, il a voulu dire que l'Ocean les séparoit du Continent. Comme il nous les donne pour des Immortels, on s'apperçoit aisément qu'il avoit dessein de parler des Isles. Leur situation vis-à-vis le Mont Atlas nous détermine à croire que le Poëte a voulu parler des Canaries. Les Hespérides ne sont filles de la Nuit, que parce qu'elles sont situées dans cette partie du Monde, ou la Nuit, selon Hésiode, à son Palais, & fait sa demeure. Le Serpent ou Dragon qu'Hésiode met au nombre des Immortels en faisant l'énumération des enfants de Phorcus ou de Phorcys & de Ceto, *occupe de grandes frontieres aux sombres extrémités de la Terre, & garde les pommes d'or.* L'origine de ce Dragon, la place qu'il occupe, la situation des Isles dont il défend l'approche, tout concourt à faire reconnoître le détroit de Gibraltar, passage dangereux du temps d'Hésiode pour les Grecs qui n'étoient pas encore bien au fait de la navigation. On pourroit même dire qu'ils ne connoissoient les Canaries que sur le rapport des Phéniciens. Les fruits qu'Hercule rapporte dans la Grèce ne peuvent être que des Coignassiers, des Orangers ou des Citroniers. On lit dans Apollodore qu'Eurysthée ayant reçu les pommes d'or des mains d'Hercule d'Hercule, les lui rendit. Le Héros en fit alors préfent à Minerve, mais cette Déeffe les rapporta dans le pays d'où elles étoient venues, parce qu'il n'étoit pas permis de les garder ailleurs. Cela veut dire fans doute qu'on n'avoit pas pû élever dans la Grece les plants d'arbres qu'Hercule y avoit apportés, en fuppofant que ce Héros eût fait le voyage des Canaries. Comme on ne convient pas de fon unité, & qu'au contraire on prétend qu'il y a eu plufieurs Héros de ce nom, un d'entr'eux auroit pû vivre dans le fiécle où la navigation étoit plus perfectionnée dans la Grece. On voit d'ailleurs que la fable d'Hercule, qui enleve des pommes d'or du jardin des Hefpérides, eft poftérieure à Héfiode, & par conféquent elle eft l'effet de l'imagination de quelques Poëtes; ainfi il feroit inutile d'en chercher la véritable explication.

NÉMÉSIS.

Il paroît qu'on avoit confervé depuis Héfiode l'idée qu'il avoit donnée de Néméfis, en la qualifiant de Déeffe terrible aux mortels. Un Poëte cité par Suidas dit, que cette Divinité fe plaifoit à faire baiffer les têtes orgueilleufes, & à fe venger très-févérement de ceux qui l'avoient irritée. Elle étoit chargée d'obferver ceux qui manquoient de modération dans la profpérité, ceux que la beauté, la force du corps ou les talents rendoient trop fiers, & ceux qui manquoient de foumiffion pour les perfonnes qui avoient droits d'en exiger d'eux, afin de proportionner le châtiment aux fautes. Platon, qui la qualifie de Miniftre ou d'Envoyée de la Juftice, dit qu'elle a une infpection particuliere fur les offenfes faites aux peres par leurs enfants. Elle ne pardonne rien à ceux-ci, dit-il, pas même ces paroles légeres que la vivacité & l'imprudence de l'âge laiffent quelquefois échapper, lorfqu'ils fe croyent repris injuftement, parce qu'un pere eft toujours en droit de fe montrer offenfé, quand il lui femble que fes enfants ont manqué à quelqu'un de leurs devoirs à fon égard. Les Athéniens, après la bataille de Marathon, ordonnerent à Phidias de faire une ftatue de Néméfis, à qui ils attribuoient la victoire qu'ils avoient remportée fur les Perfes. Paufanias eft embarraffé lorfqu'il veut donner l'explication des figures humaines repréfentées par le Sculpteur fur un vafe que la Déeffe tenoit en fa main. Il n'avoit pas fans doute fait attention que c'étoient des Indiens. Cette nation paffoit alors chez les Grecs pour être les derniers peuples de l'Afie, & Phidias en les repréfentant fur le vafe qui étoit entre les mains de Néméfis, avoit voulu leur faire entendre que les Athéniens feuls, avec le fecours de la Déeffe, avoient remporté la victoire fur les forces conjurées de toute l'Afie.

On donnoit auffi à cette Divinité le nom d'Adraftie, & Achilles Tatius prétend qu'elle étoit originaire d'Egypte, & que la Planette de Saturne étoit auffi appellée l'Aftre ou l'Etoile de Néméfis. Le témoignage de cet Ecrivain, qui d'ailleurs n'eft pas fort croyable, eft cependant ici d'un certain poids, parce qu'il fe trouve appuyé de celui d'Ammien Marcellin. Ce dernier affure que felon les anciens Théologiens, Néméfis étoit une Divinité élevée dans les cieux, qui regardoit du haut d'une éternité cachée tout ce qui fe paffoit fur la terre. Ajoutons que chez les Romains, qui avoient reçu des Grecs la plupart de leurs Divinités, il y avoit une Déesse associée à Saturne. Le nom de *Lua*, qu'elle portoit, & qui signifie celle qui fait expier les fautes, s'accorde aisément avec celui de Néméfis. Cette Déesse passe, selon quelques-uns pour être la mere d'Hélene ; ce qui signifie seulement que la grande beauté de cette Princesse fut pour elle une occasion de chagrins continuels, & la cause des grands malheurs qui arriverent aux Grecs & aux Troyens. On représentoit Némésis armée de flambeaux & de serpents, & sur la tête une couronne rehaussée d'une corne de cerf. Elle étoit boiteuse pour marquer que le châtiment ne suit pas toujours la peine.

LA MORT.

Cette fille de la Nuit fut élevée par sa mere, & est regardée comme la plus dure & la plus implacable de toutes les Divinités. C'est pour cette raison qu'on ne lui a jamais élevé de Temple, ni fait de sacrifice. Les sept Sages l'ont nommée la Nuit éternelle, le seul Havre du repos, & l'ont beaucoup louée, parce qu'elle nous délivroit de toutes peines & maladies. Horace lui donne une robe noire semée d'étoiles obscures, & des aîles noires.

LA DISCORDE.

On honoroit cette Divinité, plutôt pour l'engager à ne faire aucun mal, que pour en espérer quelque bien. Les uns la représentoient comme une femme qui marchoit la tête levée, qui avoit les lévres noires & les yeux rouges, & qui portoit dans son sein un couteau. Les autres lui donnoient des cheveux hérissés en forme de serpents, une torche dans une main, & dans l'autre trois écriteaux où on lisoit, *Procès, Guerre & confusion ;* Homere dit qu'elle avoit la tête dans les cieux & les pieds sur la terre. Jupiter la chassa du ciel à cause des disputes qu'elle y occasionnoit continuellement. Cette Déesse irritée de ce qu'elle n'avoit pas été invitée aux noces de Téthys & de Pélée, jetta la pomme d'or qui éleva un différend entre Junon, Pallas & Vénus, & qui causa la ruine de Troye.

FAMILLE DE LA TERRE ET DU CIEL.

Hésiode nous apprend, que la Terre seule enfanta le Ciel égal à elle-même, les Montagnes & le Pont, c'est-à-dire la Mer. La Terre dont le Poëte veut parler n'est autre chose que la Nature qui enfanta le Ciel, en fournissant une partie d'elle-même pour le former. Ils se trouverent égaux l'un à l'autre, continue le Poëte ; & par cette supposition absurde, il fait voir que lui & les Grecs de son temps avoient les idées les plus fausses de la disposition générale du Monde, & de l'étendue de ses parties. Ils s'imaginoient que le ciel ne couvroit que les terres dont ils avoient connoissance, & qu'il y avoit au-dessous une profondeur égale à celle du ciel ; & qui étoit un lieu de ténebres & d'horreur. Ils donnoient à cet endroit le nom de Tartare, comme je l'ai dit plus haut. Le Pont qui est aussi produit par la Terre, n'est autre chose que la séparation de la terre & des eaux confondues enfemble dans le Cahos. Après ces productions différentes, le Poëte abandonne l'hiftoire de la Nature, & paffe à la defcription allégorique des deux premieres Religions de la Grece qui y fubfiftoient avant que les Peuples de ce Pays euffent admis le culte de Jupiter, & celui d'un grand nombre de Divinités étrangeres. C'eft pour cela qu'il repréfente le Ciel & la Terre comme les deux premiers Souverains du Monde, & qu'il leur donne un grand nombre d'enfants. Ils n'ont tous que des noms d'honneur, à l'exception du dernier, qui doit régner après fes parents. Les enfants du Ciel & de la Terre, qu'on ne peut prendre pour des Etres naturels, font les Dieux fans noms dont Hérodote a parlé, & que les Pélafges honoroient tous enfemble, comme on l'a vû ailleurs. Ces Divinités n'étoient ni le Soleil, ni la Lune, ni les Planettes, ni les Aftres, mais des Etres fpirituels qui paffoient pour gouverner toutes ces chofes. Ce fyftème fimple & naturel fera encore plus clairement expofé dans l'hiftoire de Saturne & de Jupiter.

Le Poëte allie enfuite le Ciel avec la Terre, qui l'a enfanté. Cette alliance n'étoit point néceffaire pour la production des Etres qu'Héfiode en fait fortir, mais il vouloit feulement joindre à l'hiftoire de la création du Monde celle de la Religion Grecque, & donner allégoriquement l'hiftoire des divers établiffements de chaque Divinité. Il eft facile de le démontrer en raffemblant d'une maniere précife les principaux points de la Théogonie. 1°. Héfiode en affurant que le Ciel & la Terre furent enfemble les premiers Souverains du Monde, veut dire que toute la Nature qu'ils renferment devint l'objet du culte des hommes. 2°. Il leur attribue un Oracle commun, qui apprend à Saturne qu'il fera détrôné par un de fes enfants. Rhea avoit confulté ce même Oracle fur les deftinées de Jupiter. On reconnoît ici aifément celui de Dodone, qui avoit permis aux Grecs de recevoir le culte des Divinités apportées d'Egypte. 3°. Héfiode donne des enfants au Ciel & à la Terre avec des noms qui conviennent à des Natures excellentes, mais qui ne fpécifient rien, & qu'on ne peut regarder comme propres à aucun Etre réel & fubfiftant. Ce font, felon toute apparence, les Dieux inconnus adorés par les Pelafges. 4°. Le Poëte feint que Saturne ayant rendu une pierre qu'il avoit dévorée un an auparavant, Jupiter la fixa à Pitho. Il vouloit par-là marquer la naiffance de l'Oracle de Delphes. 5°. Enfin ce n'eft plus l'Oracle du Ciel & de la Terre, mais celui de la Terre feule qui eft confulté dans la fuite. C'eft par le confeil de la Terre que le temps s'approchait où les Titans devoient être précipités dans le Tartare; Jupiter a recours aux Hécatonchires pour achever de les vaincre, & après leur entiere défaite, c'eft la Terre qui ordonne que tous les Dieux céderont la Souveraineté à Jupiter. Or ce confeil de la Terre, cet ordre qu'elle donne, font encore deux évenements qui appartiennent à l'hiftoire de la Religion. Le temps de l'arrivée de Cécrops étant celui de la délivrance des Hécatonchires, on ne peut s'empêcher de reconnoître ici l'Oracle de Delphes devenu célebre en très peu de temps, & qui décida qu'on admettroit le culte de Jupiter, avec les cérémonies dont Cécrops avoit donné la connoiffance, préférablement à celles qui étoient en ufage dans l'Ifle de Crète. Comme l'hiftoire nous apprend que dans la fuite il y eut des conteftations au fujet

LES GRECS. du rang des Divinités, le Poëte a foin de faire mention d'une autre décifion du même Oracle de Delphes, qui ordonnoit qu'à quelque Divinité qu'on eût déféré la primauté dans une ville, elle n'en jouiroit qu'après Jupiter, qui feroit regardé par-tout comme le Souverain des Dieux. Il faut remarquer que cette décifion étoit néceffaire pour maintenir le culte de Jupiter dans quelques villes. Argos, Athènes & d'autres le négligeoient, depuis qu'elles s'étoient mifes fous la protection de Junon, de Minerve & de Neptune. Homere en a pris occafion de feindre que ces trois Divinités voulurent enchaîner Jupiter. Téthys vint à fon fecours, & lui amena celui des Hécatonchires, que les Dieux nomment Briarée, & à qui les hommes donnent le nom d'Egeon. Neptune & fes complices n'oferent alors exécuter leur projet. Il n'eft pas difficile de dévoiler l'énigme de cette Fable. Le Poëte veut dire en cet endroit, que malgré les efforts des Prêtres de Junon, de Neptune & des autres, on conferva à Jupiter le rang que les étrangers lui avoient affigné.

L'OCEAN.

La Terre devenue femme du Ciel fut d'abord mere de l'Océan. Sous ce nom nous comprenons la vafte étendue de mer qui environne le Continent des deux Mondes. Héfiode n'en avoit pas la même idée, & ce Poëte la regardoit fouvent comme celle qui borde feulement les Terres. Il diftingue trois fortes de Mer : la premiere nommée Pont, & que la Terre avoit enfantée d'elle-même, eft la Mer confidérée dans toute fa totalité. A l'égard des deux autres qu'il nomme Nerée & Phorcys, il les fait fortir de l'alliance de la Terre & du Pont. Nerée eft la mere de Grece, & Phorcys eft tout le refte de la Méditerranée : ce qu'on reconnoît à fes enfants ; car Echidna habite à l'extrémité Orientale de cette Mer, & le Serpent ou Dragon occupe l'autre extrémité avec les Gorgones. Or il réfulte de-là qu'on ne fçauroit prendre l'Océan pour la Mer primitive, car cette qualité eft réfervée au Pont. De cette conféquence on en peut tirer une autre ; fçavoir, que fi le Poëte fait fortir tous les Fleuves & les Fontaines de l'Océan & de Téthys, ce n'eft pas en le confidérant comme une Mer particuliere.

Platon, & Ciceron après lui, s'expriment ainfi au fujet de la Généalogie des Dieux. *Du Ciel & de la Terre fortirent l'Océan & Téthys. Ceux-ci donnerent la naiffance à Phorcys, à Saturne, à Rhea & aux autres. De Saturne & de Rhea vinrent Jupiter, Junon, & tout ce que nous leur connoiffons de freres & de fœurs.* Homere admettoit cette Généalogie, puifqu'il fait dire par Junon même, que l'Océan & Téthys font le pere & la mere de tous les Dieux. Ce feroit faire injure à l'efprit humain que de croire qu'on ait pû en aucun temps s'imaginer qu'après la formation du Ciel & de la Terre, la Mer ait produit enfuite tout ce qui en fait l'ornement & la beauté. Les anciens Grecs ne penfoient pas fi ridiculement ; mais comme tout chez eux étoit affujetti à l'idée de génération, & de flux, fi on ofe le dire, ils crurent que pour la production de tout ce que renferment le Ciel & la Terre, il falloit fuppofer qu'il en étoit forti deux Principes de générations, l'un actif & l'autre paffif. De ces deux Principes ils firent tout émaner, foit immédiatement, foit par de nouvelles générations. Ainfi Dioné, Métis &

plusieurs autres, dans le nombre desquelles on ne peut se dispenser de reconnoître des qualités de l'esprit prise pour autant d'intelligences subsistantes, naquirent de l'Océan & de Téthys. Les anciens n'ayant que des idées confuses de l'esprit, faisoient naître les substances spirituelles de la même maniere que les corps. Mais Saturne la plus élevée des Planettes, avec Rhea autre Principe passif de génération ou de flux, commença la production des corps qui parcourent les vastes deserts des Cieux, en donnant la naissance à Jupiter de qui vinrent les autres Planettes, avec le Soleil. Phorcys produisit aussi toutes les Mers, avec tout ce qui y a rapport. Telles étoient les idées des Auteurs de la Généalogie des Dieux que Platon nous a transmise.

Une pareille Généalogie ne convenoit point au dessein qu'Hésiode avoit de joindre l'histoire de l'origine du Monde avec celle de la Religion des Grecs. Il n'auroit pas pû suivre son projet, qui étoit de marquer l'ancienneté du culte de chaque Divinité ; & ce grand nombre de freres & de sœurs donnés à un même Dieu, ne désigne autre chose, sinon que leur culte fut établi presque en même temps. Le Poëte crut donc devoir accorder à l'Ocean le droit d'aînesse sur les freres qu'il étoit obligé de lui prêter, & il lui fit produire tout ce qui ne devoit pas nécessairement avoir un autre pere.

On a vû dans la Théogonie section III. quels furent les enfants de l'Océan & de Téthys. De cette nombreuse famille je ne ferai mention que des personnages sur lesquels on trouve quelque chose dans les Poëtes. Hésiode, après avoir parlé des Fleuves qu'il regarde comme les premiers enfants de l'Océan, passe aux filles, & nomme les aînées, qui avec Apollon, dit-il, & avec les Fleuves nourrissent & élevent les hommes. Le Scholiaste d'Hésiode observe à cette occasion qu'il étoit d'usage d'offrir la coupe de ses cheveux à Apollon, & à la riviere voisine du lieu de sa demeure, quand on entroit dans l'adolescence. Cette remarque, juste en elle-même, ne contribue gueres à faire entendre Hésiode, car les filles aînées de l'Océan qu'il nomme, & qui partagent selon lui avec Apollon & les Fleuves le soin de nourrir & d'élever les hommes, ne sont point des lacs ou des marais, comme cet interprete se l'imagine. Il est assez difficile de déterminer la signification d'une partie de leurs noms ; mais on ne sçauroit se méprendre à l'égard de Pitho, Déesse de la Persuasion ; de Métis, qui est la Sagesse même ; d'Uranie, l'Intelligence des choses célestes ; d'Idyia, la Science, sans doute des Arts ; d'Eurynomé, la mere des Graces, qui est le Principe passif des agréments répandus dans le Monde ; de Doris, femme de Nérée, qui n'est autre chose que les présents que la Mer Egée faisoit aux habitants de la Grece, &c. Quand même on se tromperoit sur l'interprétation de quelques-uns de ces noms, du moins seroit-on sûr de ne pas s'éloigner autant de la vérité, que si on faisoit l'application de ces mêmes noms aux lacs, aux fontaines, ou à tels autres amas d'eau que ce pût être.

On ne prétend pas dire pour cela, qu'il n'y ait dans la famille de l'Océan aucun nom qui ait du rapport aux eaux. On en trouve au contraire plusieurs ; mais il est évident que ces noms ne conviennent qu'à des Etres d'imagination, à des qualités regardées comme subsistantes. On peut donner pour exemple les noms de quelques autres filles de l'Océan. Mélobosis fournit à la terre une fraîcheur propre à faire pousser l'herbe pour la pâture des moutons ; Pléxaure, eſt une vertu qui agite & éleve les vapeurs ; Galaxauré, eſt une autre vertu qui les condenſe ; Prumno & Hippo, ſont des qualités qui rendent les eaux propres à porter de grands & petits bâtimens ; Ocyrhoé rend leur cours rapide ; Amphiro les répand autour des Iſles, & Callirhoé leur donne de la beauté. La Fortune eſt auſſi de cette famille, avec Styx qui eſt en même temps quelque choſe de réel & d'allégorique. Le Poëte ayant ainſi fait l'énumération des filles aînées de l'Océan & de Téthys, ajoute qu'il y en avoit trois mille autres diſperſées ſur la terre & dans les lieux ſouterrains qu'elles habitent. Héſiode parle ici des fontaines. Homere donnoit une plus grande idée de l'Océan ; & il ſuppoſoit que le Principe de génération, d'émanation ; de flux ; auquel on donnoit le nom d'Océan, étoit répandu dans le ſein de la terre, comme par-tout ailleurs. Ainſi Héſiode ayant les mêmes idées, on ne doit pas être ſurpris qu'il ait fait ſortir de l'Océan des êtres purement ſpirituels ; tels que ſont l'Intelligence, le Diſcernement, la Sageſſe, &c. en même temps que les autres choſes néceſſaires à la vie des hommes.

Platon obſerve à ce ſujet, que les anciens voulant cacher leurs connoiſſances au commun des hommes, dirent que l'Océan & Téthys étoient le Principe des choſes. Les Modernes, pour expliquer cette idée, ajoutoient que toutes choſes étoient en mouvement, & que rien ne demeuroit en même état ; ce qui répond au flux & reflux de l'Océan. Platon répete ailleurs cette obſervation, & fait ainſi parler Socrate. » Il me ſemble qu'Héraclite
» n'a fait qu'expoſer clairement ce qu'Homere avoit aſſuré avant lui d'une
» maniere énigmatique. Ce Philoſophe prétend que tout coule & que rien
» ne demeure. En comparant ce cours des choſes à celui d'une riviere, il
» obſerve qu'on ne pourroit ſe baigner deux fois dans la même eau. Or
» ceux qui donnent aux Dieux pour premiers parens Chronos, ou Saturne,
» & Rhea, vous paroiſſent-ils s'éloigner d'Héraclite, & croyez-vous qu'ils
» ſe ſoient déterminés par hazard & ſans réflexion pour deux noms qui mar-
» quent *l'écoulement & le flux*? Il en eſt d'eux comme d'Homere, qui
» fait venir les Dieux de l'Océan & de Téthys ; en quoi Héſiode s'accorde
» avec lui, ſi je ne me trompe (1), auſſi-bien qu'Orphée, qui dit quelque
» part, que l'Océan fut le premier qui ſe maria, & qu'il épouſa Téthys,
» ſa propre ſœur. Ils conviennent tous avec Héraclite, & tous ont voulu
» inſinuer la même choſe. »

LA FORTUNE.

La Fortune eſt une des filles de l'Océan, & Pauſanias le lui donne pour pere. Les Anciens ne ſe ſont jamais accordés à ſon ſujet. *O Jupiter*, dit un Auteur dans l'*Hécube* d'Euripide, *dois-je penſer que vous voyez ce qui ſe paſſe parmi nous, où vaut-il mieux croire qu'il n'y a point de Dieux, & que la Fortune ſeule gouverne les choſes d'ici bas*? Dans ces vers impies, la

---

(1) Socrate, ou plutôt Platon, affecte encore dans un autre endroit de ce Dialogue, de ne ſe pas bien ſouvenir de ce qu'Héſiode a écrit ; il le cite cependant fort exactement. Ici il ſe méprend à deſſein, à cauſe que la différence qu'on peut remarquer entre Héſiode & Homere n'eſt rien par rapport à ce qu'il ſe propoſoit d'établir.

Fortune n'eſt autre choſe qu'un aveugle hazard, qu'on ſembleroit vouloir mettre à la place de la Sageſſe divine. Pluſieurs l'y mettoient en effet, & pour eux la Fortune n'étoit que le cours des événemens. D'autres lui accordoient les honneurs divins, mais les ſuperſtitieux auſſi-bien que les impies croyoient qu'on pouvoit ſans conſéquence en dire toute ſorte de mal, & la traiter d'aveugle, de capricieuſe, d'injuſte, ſans craindre ſon reſſentiment. Quelques-uns de ceux qui marquoient ſi peu de reſpect pour elle lui donnoient un pouvoir abſolu dans le Monde ; d'autres s'imaginoient que ſa puiſſance étoit très-grande, mais que celle des Dieux l'étoit encore davantage. Ainſi Platon, ſous le nom d'un Athénien qu'il fait parler, aſſure que Dieu principalement, & avec Dieu la Fortune & l'Occaſion gouvernent les choſes humaines. Les plus Anciens en penſoient autrement, & l'idée qu'ils en avoient étoit plus ſupportable, car ils appelloient Fortune un Etre métaphyſique ſubordonné à Jupiter, dont il tenoit ſa puiſſance. Cet Etre favoriſoit les entrepriſes des hommes, & les faiſoit proſpérer. Héſiode nous le fait entendre, lorſqu'il met la Fortune au nombre des filles de l'Océan, à qui Jupiter a confié le ſoin de nourrir & d'élever les hommes. Homere n'a jamais parlé de cette Divinité, qu'Orphée a fait naître du ſang. On ne peut découvrir la raiſon de cette origine.

STYX.

Pour examiner ce que l'on doit penſer du Styx, autre fille de l'Océan, il eſt néceſſaire de recueillir tout ce qu'en ont dit Héſiode & Homere. On lit dans le premier, que de Créos & d'Eurybie, fille du Pont, naquirent trois enfans mâles, ſçavoir, le grand Aſtræus, Pallas & Perſès, qui ſurpaſſoit ſes freres par l'étendue de ſes connoiſſances. Aſtræus épouſa l'Aurore, & Pallas s'allia avec Styx qui le rendit pere de l'Honneur, de la Victoire, de la Force & de la Violence : » Illuſtres enfans qui n'ont point de de-
» meures ſéparées de celle de Jupiter, & qui ne vont jamais qu'où ce Dieu
» les conduit. L'incorruptible Styx leur procura cet avantage dans ce jour
» célebre, où le Dieu qui lance le tonnerre convoqua dans l'Olympe tous
» les Dieux immortels. Il dit que ceux d'entr'eux qui ſe joindroient à lui
» pour combattre les Titans, ſeroient maintenus dans toutes les préroga-
» tives dont ils avoient joui, & qu'il en accorderoit de nouvelles, autant
» qu'il le pourroit avec juſtice, à ceux qui n'en avoient point eu ſous le
» regne de Saturne. Styx, par l'avis de ſon pere, ſe rendit la premiere
» dans l'Olympe avec ſes enfans, & Jupiter lui en marqua ſa reconnoiſ-
» ſance, en lui accordant des diſtinctions particulieres, car il ordonna que
» les Dieux feroient leur ſerment ſur ſon nom.

Héſiode dans un autre endroit, après avoir parlé du ſéjour affreux des Titans, continue ainſi. » Enfin là & ſéparément des Dieux, fait ſon ſéjour
» dans un Palais couvert de rochers, & ſoutenu vers le Ciel de colonnes
» d'argent, une Déeſſe redoutée des Immortels mêmes, Styx, fille aînée
» de l'Océan & de Téthys. Quand il s'éleve des conteſtations entre les
» Dieux, & que quelqu'un d'entr'eux vient à mentir, alors Jupiter en-
» voye Iris aux pieds légers ſur les vaſtes plaines de la Mer, & lui ordonne

» d'aller au loin prendre dans un vase d'or de cette eau renommée & froide,
» qui coule d'un rocher élevé, & sur laquelle se font les grands sermens
» des Dieux. Dans la nuit obscure, sous la terre spacieuse, une corne de
» l'Océan forme un fleuve sacré qui se partage en dix branches, par neuf
» desquels il se jette dans la mer, après avoir roulé impétueusement ses
» eaux argentines sur la terre ; la dixiéme qui coule d'un rocher, est celle
» qui est dangereuse aux Dieux : si quelqu'un d'eux se parjure en versant
» l'eau du vase qu'Iris lui a présenté, il tombe dans un assoupissement qui
» ne lui laisse ni respiration ni mouvement pendant une année entiere ;
» ensuite il vit neuf autres années séparé des Dieux, & ce n'est qu'a-
» près ce temps qu'il rentre dans leur assemblée, & dans la jouissance de
» ses droits. Telle est l'eau de Styx, par laquelle jurent les Dieux ; elle
» coule en des lieux arides, & là sont rangées de suite les sources & les
» extrémités de la Terre obscure, du ténébreux Tartare, de la Mer & du
» Ciel (1).

Homere fait mention en plus d'un endroit de ce sermentdes Dieux par le Styx, mais le plus remarquable de tous est celui où Junon jure de donner Pasithée, l'une des Graces, en mariage au Sommeil : elle prend la Terre d'une main, la Mer de l'autre, & nommant tous les Dieux qui demeurent sous le Tartare près de Saturne, & que l'on appelle Titans, elle les prend à témoins de sa promesse. Ailleurs, pour dire que sans le secours de Minerve, Hercule ne seroit pas revenu des enfers, il dit que sans elle il ne se seroit jamais dégagé des eaux profondes de Styx : & dans la description du voyage d'Ulysse aux enfers, il parle encore du Styx comme d'une mer, ou de quelque chose de semblable, peu éloignée du séjour des morts. Ulysse demande à Circé la permission de retourner en sa patrie. » Vous le pouvez faire, lui dit-elle, je ne vous retiens plus ; mais il faut
» que vous descendiez auparavant dans la demeure de Pluton, pour con-
» sulter l'ame de Tiresias, ce Devin aveugle de corps, mais clairvoyant
» d'esprit, à qui, tout mort qu'il est, Proserpine a donné de l'intelligen-
» ce. » Ulysse se désespere & souhaite la mort ; mais Circé le rassure ; en lui apprenant qu'il n'a pas besoin de Pilote pour faire ce voyage : » Vous
» laisserez aller votre vaisseau, lui dit-elle, au gré du vent de Nord-Est,
» qui vous conduira jusqu'à l'Océan ; quand vous l'aurez passé, vous trou-
» verez une côte courte & les bois de Proserpine ; vous y jetterez l'ancre
» & vous descendrez aux enfers : là dans l'Achéron se jettent le Pyriphlé-
» geton & le Cocyte, qui est une branche du Styx. » Ulysse part avec un bon vent de Nord-Est, il entre à la fin du jour dans l'Océan, & aborde dans le Pays des Cimmeriens.

Il n'y a rien dans tout ceci de bien difficile à expliquer, si l'on en croit Vossius, que les autres Modernes n'ont fait que copier. Proche de Nonacris, ville d'Arcadie, on trouve, dit-il, une source d'eau extrêmement froide, à laquelle on a donné le nom de Styx. Son eau est mortelle, & elle casse tous les vases d'os, de pierre, de fer dont on se sert pour la puiser ; on n'en

---

(1) Diodore de Sicile, à la fin du onziéme Livre, parle des eaux bouillantes de Sicile, qui étoient consacrées aux Dieux Palices, & sur lesquelles on alloit faire les sermens.

peut

peut conserver que dans la corne de cheval, de mulet, ou d'âne des In- LES GRECS.
des. Il cite ses garants, & prétend que de-là on a pris occasion de feindre
qu'il y avoit dans les enfers une riviere nommée Styx. Mais, ajoute-t-il,
Homere a fait bien moins d'attention à cette source empoisonnée, qu'à
d'autres sources d'eaux chaudes dans la Campanie, proche des Lacs Lucrin
& Averne : C'est-là qu'il a placé les Cimmériens, & il y a pris l'idée du
Styx, de l'Acheron & des autres fleuves des enfers.

Pour le prouver, il observe d'abord, qu'Ulysse étant parti du Cap Circéen dans le Latium, aborda le même jour au Pays des Cimmériens, d'où
il descendit aux enfers. De plus, continue-t-il, Lycophron place de suite
le tombeau du Pilote qui a donné son nom à Bayes, demeure des Cimmériens, l'Achéron, sujet aux tempêtes, le Pyriphlégéton, proche d'une montagne qui s'éleve vers les cieux, & d'où sortent toutes les rivieres & toutes les sources de l'Ausonie, le Lac Averne, le Cocyte, qui est comme ab-
sorbé par les ténebres, & la noire Styx, où le Terme a fixé, pour ainsi dire,
le siége des sermens des Dieux. Enfin Strabon, Pline & d'autres anciens
en grand nombre, assurent que les Cimmériens, dont Homere a parlé,
demeuroient dans les environs de l'Averne.

Tels sont les raisonnemens de Vossius ; mais toutes les citations qu'il
accumule ne servent qu'à faire connoître davantage, que la plupart des anciens Auteurs qui ont fait profession d'en expliquer de plus anciens qu'eux,
les avoient étudiés très-superficiellement. Il falloit en effet, qu'ils se sou-
vinssent à peine de ce qu'ils avoient lû touchant les Cimmériens dans
Homere, pour s'imaginer qu'il les eût placés en quelque endroit que ce
pût être de l'Italie ; car il y a dans sa narration deux circonstances qui montrent qu'il n'a jamais eu cette pensée : l'une que du mont Circelle, Ulysse
se rendit aux confins de l'Océan, où il entra le soir ; & l'autre que son vaisseau y fut poussé par un bon vent du Nord-Est. Un pareil vent devoit le
conduire au détroit de Gibraltar, au lieu qu'il lui auroit fallu un vent
d'Ouest pour gagner la côte où l'on suppose qu'il aborda. D'ailleurs, c'est
la même Mer qui bat cette côte & le cap Circéen, rien ne pouvoit porter
à en faire deux Mers différentes ; & si le nom d'Océan ne lui convenoit
point en général, il ne lui convenoit sûrement pas en aucune maniere.

Plusieurs ont observé que dans l'Epire il y avoit deux rivieres appellées
Cocyte & Achéron, mais comme on n'y trouve ni le Pyriphlégéton, ni le
Styx, il est évident que la disposition d'un canton de l'Epire n'a pû servir
de modele aux Poëtes, pour peindre leurs enfers. Il en est de même à plus
forte raison de la contrée d'Italie, dont on vient de parler, puisqu'on n'y
trouve pas même une riviere, & on a lieu de s'étonner que Strabon, qui
la décrit assez bien, & qui déclare que tout ce qu'on en disoit avoit été
imaginé à plaisir, ait pû y placer l'enfer & les Cimmériens d'un Poëte
dont il vante partout l'exactitude & la précision dans les descriptions géographiques.

Mais pourquoi chercher sur la terre les fleuves qu'Homere a mis dans
les enfers ; falloit-il faire un si grand effort d'imagination pour les inventer ? En s'amusant à ces vaines recherches, on s'est égaré, & on a perdu de
vûe le Pays des Cimmériens du Poëte : ils demeuroient sans doute aux en-

LES GRECS.

virons de Gibraltar; & felon toutes les apparences dans la baye, qui a pris le nom de cette ville. Au retour des enfers, Ulyffe remonte fur fon vaiffeau; il navige d'abord dans le fleuve de l'Océan, mais bientôt il en fort, & étant entré dans la large Mer, il arrive au féjour de Circé : voilà le détroit bien diftingué de la Mer Méditerranée : fi Ulyffe y arrive en un jour, felon Homere, & s'il en revient en auffi peu de temps, cela ne fignifie autre chofe, finon que fa navigation fut très-heureufe, & qu'il eut toujours le vent en poupe.

Après cela, il n'eft pas difficile de découvrir la fituation de fon enfer. Ulyffe arrivé dans le lieu du débarquement, met fon vaiffeau en fûreté, puis il marche avec fes compagnons le long du détroit vers l'Occident, jufqu'à l'extrémité de la Baye où il eft entré. Là il fait des facrifices aux morts, & dans un moment il fe voit entouré d'une foule d'Ombres. La premiere qui fe préfente à lui eft celle d'Elpénor, l'un de fes compagnons à qui on n'avoit point encore donné la fépulture. Cette circonftance montre que le refte ne s'eft pas paffé dans l'enfer, mais à fes avenues feulement (1), car Ulyffe ne fortit point de l'endroit où l'Ombre d'Elpenor vint fe préfenter à lui. On peut donc affurer qu'Homere place l'enfer au-delà des extrémités de la Terre, & que comme la plupart des autres, il eft fur ce point parfaitement d'accord avec Héfiode.

On ne fçauroit déterminer avec la même certitude la pofition de ce que ces deux Poëtes ont nommé Styx ; Homere ne s'eft point expliqué là-deffus, & ce qu'Héfiode en a dit eft très-obfcur. Cependant lorfqu'il affure qu'il fait fa demeure féparément des Dieux, dans un Palais couvert de rochers, ne femble-t-il pas qu'il veuille parler de quelque Ifle de l'Océan, fort éloignée de la terre ferme? Il paroit que la defcription qu'il en fait pourroit convenir à l'Ifle de Tercere, ou à celle de Pic. Les feux fouterrains de la premiere, fes fources d'eaux chaudes, la qualité de l'air qui y ronge le fer & les pierres, fes rochers à pointes de diamant, & furtout fes deux montagnes avancées dans la Mer, & fi hautes que dans un beau temps on les apperçoit de quinze lieues : tout cela rapporté par des Navigateurs qui y avoient été jettés par une tempête, & qui n'y avoient point trouvé d'habitants, a bien pû donner occafion d'imaginer le Palais de Styx : cependant ne pourroit-on pas mieux le placer dans l'Ifle de Pic? Là, comme tout le monde fçait, eft une montagne extraordinairement haute, toute pleine de cavernes, & qui de temps en temps jette des flammes comme le mont Véfuve : du pied de cette montagne fort une riviere, dont l'eau eft ordinairement douce, mais il lui arrive quelquefois de pouffer des eaux chaudes mêlées de pierres ardentes, que l'on voit avec effroi rouler dans la Mer, & un peu plus loin eft une petite montagne. Si la fource de cette riviere n'eft pas celle qu'Héfiode a décrite, du moins lui reffemble-t-elle beaucoup, & celle qu'il a décrite doit fe trouver quelque part dans ces Mers.

Tout ce qui regarde la Topographie de Styx, eft ce qu'il y a de moins important dans fon hiftoire. Par fon eau fe font les fermens des Dieux ; on la peint avec des couleurs affreufes, & on lui donne une très-belle fa-

(1) Il falloit être inhumé pour entrer en enfer après la mort.

mille; voilà ce qui devroit attirer l'attention : cependant on n'a pas même
entrepris de l'expliquer ; je vais tâcher de le faire en suivant M. de la Barre.

M. l'Abbé Fourmont (1) a vû cette source d'Arcadie, dont il a été fait
mention après Vossius, & la description qu'il en a faite ne nous permet pas
de douter que son nom de Styx ne marque l'horreur (2) dont on étoit saisi
en la voyant. La Religion consacra cette source, & on y conduisoit les personnes dont on vouloit s'assurer pour leur faire faire les sermens les plus
solemnels. C'est ainsi que Cléomenes, Roi de Sparte, qui s'étoit absenté
de sa patrie, tâcha d'engager les Arcadiens à s'unir avec lui par un serment
sur le Styx ; ce qui effraya les Lacédémoniens qui se presserent de le rappeller. Pour rendre cette source plus respectable, on feignit que les Dieux
mêmes faisoient leurs sermens sur son eau, & l'on ajouta que neuf autres
sources avoient la même origine qu'elle, à cause qu'il étoit d'usage en divers endroits d'aller jurer au bord de certaines fontaines. Dans Hésiode le
nombre dix marque indéfiniment un grand nombre. Or il étoit naturel
de donner à l'origine commune de ces fontaines consacrées au serment, le
nom de celle qui étoit la plus célebre dans la Grece, & l'on ne pouvoit
gueres se dispenser de lui en attribuer aussi les qualités ; voilà pourquoi l'on
en fit un fleuve, ou quelque autre amas d'eaux proche de l'Enfer, & ce fut
pour cette raison que l'on s'attacha à en donner une idée si effrayante. Mais
comme par cette fiction le Styx infernal n'auroit eu de ressemblance avec le
Styx d'Arcadie que par rapport aux qualités naturelles, sans égard à ce que
la Religion en avoit fait, on ne s'en tint pas-là, & l'on voulut que Styx,
c'est-à-dire, la Déesse qui demeuroit à la source du Styx infernal, fût une
Vertu, une Puissance qui présidoit à la Religion des sermens.

En parlant en général des filles aînées de l'Océan, on a vû qu'on devoit
les considérer toutes comme des vertus ou des qualités qui contribuent au
bonheur des hommes, & on a dû y remarquer entre autres la Sagesse, l'Intelligence, le Jugement & la Science ; mais on n'y a point vû la Vérité,
quoiqu'elle ne nous soit pas moins nécessaire : ne seroit-il pas permis de penser qu'il ne faut pas l'aller chercher plus loin, & que c'est l'incorruptible
Styx, qui est en même temps l'aînée, selon Hésiode, & la plus illustre de
cette famille ? Les qualités de ses sœurs, le rang qu'elle tient parmi elles,
& l'usage des fontaines émanées de celle où elle faisoit son séjour ; tout cela
induit à croire qu'on peut la prendre pour l'austere Vérité, l'irréconciliable
ennemie du mensonge & du parjure. Sa sévérité même est utile aux hommes, parce qu'elle les empêche de commettre des crimes qui leur attire-
roient de rigoureux châtiments. Cette puissante Déesse est mere de l'Honneur, de la Victoire, de la Force & de la Vertu. Elle va la premiere se
joindre à Jupiter, & elle affermit son trône en lui donnant ses enfants.
Rien de plus juste ni de plus noble que ces images : on est frappé de leurs
beautés, dès que Styx est reconnue pour ce qu'elle est ; auparavant elles ne
paroissoient pas supportables.

---

(1) Histoire de l'Académie des Belles-Lettres, Tom. VII. | (2) Du verbe Στυγέω, j'ai horreur.

LE SOLEIL.

Hypérion, fils du Ciel & de la Terre, s'allia, dit Héfiode, avec Theia qui étoit sa sœur, & de cette alliance sortirent le Soleil, la Lune & l'Aurore. Ciceron dans son livre de la *nature des Dieux*, rapporte qu'il y a eu jusqu'à cinq hommes qui ont été honorés, comme Dieux sous le nom du Soleil. Le premier, dit-il, est fils de Jupiter & petit-fils de l'Ether. Hypérion est le pere du second, & Vulcain du troisieme. Il y en a un autre, dont Achanto accoucha à ce qu'on dit dans l'Isle de Rhodes, & qui est l'ayeul de Jalyse, de Camire & de Linde : le cinquieme est celui qu'on dit être le pere d'Eétès & de Circé dans la Colchide.

Si l'on examine avec attention le passage de l'Orateur Romain, on s'appercevra aisément des erreurs qui s'y rencontrent. Dire que le Soleil est sorti de Jupiter, fils de l'Ether, & lui donner pour pere Hypérion, fils du Ciel, ce n'est pas à la vérité employer la même allégorie, mais c'est toujours parler du même Soleil, & c'est se méprendre faute d'attention. Il est également certain que le fils de Vulcain & de Minerve est le Soleil qui nous éclaire. On prétendoit que ses parents étoient en Egypte, parce qu'on y regardoit Minerve comme la partie la plus élevée des Cieux, & Vulcain comme le feu qui y étoit répandu. A l'égard du pere d'Eétès, Ciceron ne se souvenoit pas sans doute d'avoir lû dans Héfiode, qu'il étoit le fils d'Hypérion. La situation de la Colchide à l'Orient d'Eté, par rapport à la Grece, donna occasion de dire qu'un des Rois de ce Pays, dont on ne connoissoit pas les parents, étoit fils du Soleil. Strabon nous apprend comment nous devons entendre ce que Cicéron rapporte du fils d'Achanto. Les Telchines sont, dit-il, les premiers habitants connus de l'Isle de Rhodes. On prétend que les Héliades allerent s'y établir ensuite, & qu'un d'entre eux, nommé Cercaphe, eut de Cydippe trois fils, qui donnerent leurs noms aux villes de Linde, de Jalyse & de Camire. Ces Héliades peuvent être des étrangers venus de l'Orient, ou bien on a donné ce nom à ceux qui introduisirent dans l'Isle le culte du Soleil. On sçait qu'il y étoit célebre. On lit dans une fable, dont Pindare a fait mention, que l'Isle de Rhodes étoit fille du Soleil & de Vénus. On a sans doute imaginé cette fiction, à cause des agréments du Pays, ou parce qu'il est avantageusement exposé au Soleil levant. Eschyle, dans une de ses piéces, donne au Soleil la qualité d'Oiseau de Jupiter.

Ovide fait ainsi la description du Palais du Soleil. Ce Palais élevé sur des colonnes magnifiques, étoit tout brillant de l'or qu'on y voyoit de tous côtés ; les rubis & les diamans y jettoient une lumiere qui ressembloit à celle de la flamme, il étoit couvert d'yvoire, & les portes en étoient d'argent ; mais la beauté de l'ouvrage surpassoit encore la matiere dont ce superbe édifice étoit orné. Les mers qui environnent la terre, y avoient été gravées par la main sçavante de Vulcain. On y voyoit le globe terrestre & le ciel qui l'enveloppe. On admiroit sur l'eau les Divinités de la Mer, Triton, qui tient un cornet dans sa main, le changeant Prothée, & le puissant Egéon, qui embrasse facilement les plus monstrueuses baleines. Là paroissoient aussi Doris & ses filles, dont une partie sembloit nager. Quelques-unes étoient assises sur un rocher, où elles faisoient sécher leurs cheveux, & d'autres se faisoient porter sur le dos de quelques poissons. Leur visage étoit différent, mais on y démêloit plusieurs traits qui les faisoient reconnoître pour sœurs. On avoit encore représenté dans ce Palais la terre avec les hommes & les villes qu'elle porte ; les bêtes qui s'y promenent, & les forêts qui la couronnent. On y remarquoit les fleuves & toutes leurs Nymphes, de même que les Divinités des bois & des campagnes. Au-dessus de toutes ces choses étoient placés la brillante image du Soleil & les douze signes du Zodiaque, six à la droite & six à la gauche. Le Soleil vêtu d'une robe d'or étoit assis au milieu du Palais sur un thrône enrichi d'émeraudes. Il étoit environné des Jours, des Mois, des Années, des Siécles, des Heures qui étoient également éloignés les uns des autres. On y voyoit le Printemps comme un jeune homme demi-nud, la tête couronnée de fleurs, mais l'Eté s'y montroit tout nud, & les mains pleines d'épics. L'Automne y paroissoit foulant au pied la vendange, & l'Hiver chargé de glaçons y faisoit voir ses cheveux blancs & hérissés par le froid.

LES GRECS.

Le char du Soleil étoit encore l'ouvrage de Vulcain. L'essieu, le timon, & le tour des roues étoient d'or, mais les rayes étoient d'argent. Le char étoit d'ailleurs orné de toutes les espéces de pierres précieuses, qui sembloient rendre mille autres Soleils par l'image de celui qu'elles recevoient. Le Soleil avoit quatre chevaux qui sont nommés par les Poëtes, Pyroïs, Eoüs, Æthon & Phlegon. Ces quatre noms signifient *Feu, Oriental, Brillant, Brûlant*. On les nourrissoit d'Ambroisie, & leurs hennissements étoient des torrents de flammes; les Heures étoient chargées de les atteler au char du Soleil. Téthys les recevoit tous les soirs dans ses eaux, d'où ils sortoient les matins aussitôt que l'Aurore avec ses doigts de roses avoit ouvert les portes de l'Orient.

Les Anciens, qui n'avoient point connoissance du nouveau Monde, c'est-à-dire de l'Amérique, s'imaginoient que le Soleil, en quittant notre hémisphere, n'alloit éclairer que les eaux, & c'est pour cette raison qu'ils ont feint que cet Astre alloit se délasser tous les soirs dans le Palais de Téthys. Ceux qui n'avoient pas une idée de la sphéricité de l'Univers, supposoient que chaque jour il se rassembloit à l'Orient de nouveaux feux qui parcouroient notre hémisphere, ou qui formoient le Soleil. Cet Astre, dit un Ancien, supporte pendant le jour un pénible travail, & jamais ni lui ni ses chevaux ne se reposent. Un magnifique lit d'or le reçoit à la fin du jour, & pendant qu'il s'abandonne au sommeil, les flots le portent légerement sur la surface des eaux, de la contrée des Hespérides au pays des Ethiopiens. Là se trouvent à l'arrivée de l'Aurore un nouveau char & des chevaux frais. Le fils d'Hypérion monte sur son char & recommence sa course.

Parmi le grand nombre d'enfants qu'on donne au Soleil, Phaéton est le plus connu dans la Mythologie. Ce jeune homme, fils du Soleil & de Climene, femme de Mérops, Roi d'Ethiopie, ne cessoit de se vanter de son origine, & de mépriser Epaphus, fils de Jupiter & d'Io. Ce dernier ne pouvant supporter l'orgueil de Phaéton, lui soutint un jour que sa mere le trompoit. Phaéton, offensé des reproches d'Epaphus, s'en plaignit à Climene, qui, pour lui confirmer ce qu'elle lui avoit dit tant de fois, lui en-

Histoire de Phaéton.

LES GRECS. seigna le moyen de monter au Palais de son pere. Le Soleil après l'avoir reconnu pour son fils, jura par le Styx de lui accorder tout ce qu'il desireroit. Phaéton eut l'imprudence de lui demander la grace de conduire son char pendant un jour seulement. Le Soleil, qui sçavoit que les forces de son fils ne répondoient pas à son ambition, fit tout ce qu'il put pour engager ce jeune téméraire à renoncer à un projet si funeste. Phaéton, incapable de goûter les sages avis de son pere, persista dans sa demande, & se vit enfin possesseur de ce qu'il avoit tant souhaité. Les chevaux eurent à peine commencé leur carriere, qu'ils s'apperçurent bientôt de la foiblesse de la main qui les guidoit. Emportés par leur violence naturelle, ils s'écartent de la route ordinaire, & vont éclairer les parties du Ciel qui n'avoient jamais vu le Soleil que dans l'éloignement. Phaéton, qui ne sçait ni où il est, ni où il doit aller, se laisse emporter par l'impétuosité de ses chevaux. Il tient cependant encore les rênes, mais effrayé tout à coup par les monstres horribles qu'il rencontre sur son chemin, il lâche la bride & s'abandonne à la fortune. Il voudroit alors n'avoir jamais été reconnu pour le fils du Soleil, & il se repent, mais trop tard, de la demande qu'il a faite.

Les chevaux, qui n'étoient plus retenus, s'élevent tantôt au-dessus du chemin qu'ils avoient coutume de parcourir, & tantôt s'abaissent beaucoup plus bas que la Lune. Tout fut bientôt embrasé, & la terre privée de sa verdure n'offrit plus que des campagnes couvertes de monceaux de cendres. Les lacs & les petites rivieres se dessécherent, & les eaux de la mer parurent bouillir en plusieurs endroits. La Déesse de la Terre s'addressa alors au maître des Dieux & des hommes, & implora son secours. Jupiter, après avoir assemblé les Immortels, & leur avoir représenté le danger où l'Univers se trouvoit, s'arma de la foudre, & en frappa le fils du Soleil. Le char fut brisé, & les chevaux ayant rompu leur frein se disperserent de côté & d'autres. Phaéton tomba dans l'Erydan, & les Nymphes de ce fleuve lui éleverent un tombeau sur le rivage. Phaetus, Lampetie & Phebé, ses sœurs, resterent quatre mois à le pleurer auprès de son tombeau, & au bout de ce temps elle furent changées en peupliers.

Cette fable n'est pas ancienne, car Hésiode & Homere ne l'avoient point connuë. Le premier donne le nom de Phaéton au fils de l'Aurore & de Céphale, le second le donne à un des chevaux de l'Aurore, mais plus ordinairement au Soleil lui-même. On s'apperçoit aisément que le fond de cette fable a été inventée en Egypte. Le mariage de Climene en Ethiopie, le séjour qu'y fait son fils auprès d'elle, & la dispute de ce jeune téméraire avec Epaphus, font au moins des probabilités que cette fiction est purement Egyptienne. Diodore de Sicile nous rapporte la maniere dont les Egyptiens la racontoient eux-mêmes. Le Ciel eut quarante-cinq enfans de différentes femmes, entr'autres dix-sept de Titée, du nom de laquelle on les surnomma Titans. Cette Princesse parut mériter les honneurs divins après sa mort, & on la nomma la Terre. Rhea, l'aînée de ses filles, lui succéda, & s'étant alliée avec Hypérion son frere, elle en eut deux enfans qu'on nomma le Soleil & la Lune, à cause de leur beauté. L'ambition troubla le bonheur de cette famille : les Titans, que la naissance du Soleil éloignoit de la succession au thrône, prirent la résolution d'égorger Hypérion & de noyer son fils dans le Pô : ce qu'ils vinrent à bout d'exécuter. La Lune au désespoir de la mort de son frere se précipita dans la mer. Quelque temps après ces deux enfants furent mis au nombre des Dieux.

Cette fiction doit être de beaucoup postérieure au siécle d'Hérodote, puisque les Egyptiens du temps de cet Ecrivain étoient encore fort éloignés de penser que sous le nom d'un Dieu on pût honorer la mémoire de quelque homme que ce fût. On s'apperçoit aisément qu'on prit occasion de cette histoire pour imaginer une nouvelle Fable, dans laquelle on fit périr le fils du Soleil à la place du Soleil même. On ne sçait qui a pû donner lieu à l'histoire de l'embrasement causé par Phaéton. Toutes les explications qu'on en a données jusqu'à présent n'ont rien de satisfaisant, & il est plus naturel d'avouer qu'il n'est pas possible d'en découvrir l'origine. Ceux qui croyent y trouver l'incendie de Sodome, de Gomorrhe & de Segor, ne font point attention que les Grecs n'avoient jamais eu connoissance de cet événement, & que d'ailleurs ils n'entretenoient aucun commerce avec la Nation Judaïque.

LA LUNE.

La Lune est, selon Hésiode, la sœur du Soleil, & sa fille, suivant Euripide. Ce Poëte a voulu sans doute insinuer par-là que la lumière de la Lune est émanée de celle du Soleil: c'étoit une vérité reconnue des Pythagoriciens. Hésiode ne l'ignoroit sûrement pas non plus qu'Homere, mais il pensoit avec raison que le Soleil & la Lune avoient été formés le même jour. Cette Déesse avoit un char tiré par deux chevaux blancs & noirs. Ses habits étoient brillants, & Homere dit qu'elle les lavoit dans l'Océan avant que de les prendre. On lui mettoit aussi des fléches dans la main, pour signifier qu'elle avoit des rayons. Il est dit dans un Auteur, que Drosos est fils de la Lune & de l'Air, & qu'Ersé est fille de Jupiter & de la Lune. Sous l'un & l'autre nom, le Poëte a parlé de la rosée, & Jupiter, pere d'Ersé, est le même que l'Air, pere de Drosos. On dit que la Lune fut éprise d'amour pour un berger nommé Endymion, qu'un sommeil éternel retenoit sur une montagne de Carie. Comme il y a eu plusieurs Endymions dans la Grece, & que quelques-uns d'entr'eux eurent des enfants, les Grecs ont donné à la Lune toute la postérité des Endymions. Ceux qui ont inventé cette fable ont voulu dire, qu'il y avoit dans la Carie, contrée de l'Asie mineure, une montagne tellement isolée, que la Lune en éclairoit toujours quelque partie pendant la nuit. Strabon rapporte qu'on y voyoit le tombeau d'un homme nommé Endymion. Ainsi il n'est pas difficile d'expliquer cette fable. Virgile dit dans ses Géorgiques, que Pan, Dieu des bergers en Arcadie, s'étant transformé en bélier, charma la Lune par la blancheur de sa toison, & trouva moyen de l'attirer dans les bois. Les Mythologues modernes ont confondu la Lune avec Diane. Je parlerai ailleurs de cette derniere.

L'AURORE.

Homere donne à l'Aurore des doigts de roses, un throne d'or & deux chevaux qu'il nomme Lampus & Phaéton, & ces chevaux sont blancs, si l'on en croit Théocrite. Lycophron a mieux aimé la représenter montée sur le cheval Pégase. Virgile la peint de couleur de safran, ayant à son char deux chevaux de couleur de rose. Dans un autre endroit, il lui donne quatre chevaux semblables avec un char Etheré.

Hésiode, qui lui donne pour mari Astræus, fait naître d'elle les vents Argeste, Zéphire, Notus & Borée, c'est-à-dire, les vents de Nord-Ouest, d'Ouest, de Sud & de Nord-Est. Il lui donne encore pour enfants l'Etoile du matin, & les douze signes du Zodiaque, que le Poëte regarde comme une magnifique couronne du ciel.

Les Poëtes ont imaginé que l'Aurore avoit choisi trois autres maris parmi les Mortels. Le premier est Tithon, qui la rendit mere de Memnon, Roi d'Ethiopie, & du Prince Emathion. Ce trait n'étoit pas ignoré d'Homere, qui représente l'Aurore sortant des bras de Tithon pour annoncer le retour du Soleil. On lit dans un endroit de l'Iliade, où il est parlé de la famille de Priam, que ce Prince avoit un frere nommé Tithon, & tous les Poëtes postérieurs à Homere ont regardé le mari de l'Aurore comme le frere du Roi de Troye. L'Aurore qui craignoit de perdre cet époux chéri, obtint de Jupiter que jamais la Parque ne trancheroit le fil de ses jours; mais elle oublia en même temps de demander pour lui qu'il ne seroit point sujet aux infirmités de la vieillesse. Tithon accablé d'années, commença à s'ennuyer de la vie, & demanda à être changé en Cigale. On prétend que cet insecte se nourrit de la rosée du ciel.

La mort de Memnon tué au siége de Troye par Achille, causa une sensible douleur à l'Aurore. *Cette couleur de rose dont elle peint le Ciel, en perdit tout son éclat, & pâlit en même temps.* Pour soulager en quelque sorte sa peine elle demanda à Jupiter qu'il fît paroître quelque prodige lorsqu'on brûleroit le corps de son fils. Le pere des Dieux & des hommes lui accorda sa demande, & il sortit du bucher de Memnon des oiseaux, qui se partageant en deux bandes se livrerent un rude combat, & arroserent de leur sang les cendres de ce Héros. Cependant l'Aurore ne pouvant se consoler, verse continuellement des pleurs qui forment la rosée. C'est ainsi que l'histoire du siége de Troye s'est trouvée chargée d'évenements inconnus à Homere à la faveur de l'équivoque du nom de Tithon.

L'Aurore éprise de la beauté de Céphale, l'enleva dans son Palais. Ce Prince ne pouvant oublier Procris sa femme, ne cessoit de conjurer l'Aurore de lui rendre sa liberté. La Déesse ennuyée des plaintes continuelles de Céphale lui permit de se retirer, mais par un mouvement de dépit, elle lui annonça qu'il se repentiroit bientôt de l'avoir abandonnée. Céphale sentit alors la jalousie s'introduire dans son cœur, & demanda à l'Aurore qu'il lui fût possible de changer la forme de son visage. L'Aurore lui accorda volontiers ce qu'il désiroit, & Céphale assuré de n'être point reconnu, se présenta devant sa femme en qualité d'étranger, & fit tout ce qu'il put pour ébranler sa vertu. Procris après avoir longtemps résisté, parut se rendre aux pressantes sollicitations de l'étranger. Céphale reprit alors son véritable visage, & fit de sanglants reproches à sa femme. Procris ne pouvant les supporter, se sauva dans les bois, & s'exerça à la chasse. Céphale qui aimoit toujours sa femme, alla la chercher, & lui persuada de retourner chez lui. Procris
fit

fit présent à son époux d'un chien & d'un dard que Diane lui avoit donnés. Le chien couroit avec tant de vitesse qu'il arrêtoit les bêtes les plus légeres. Le dard avoit la vertu de frapper où l'on vouloit, & de retourner dans la main de celui qui l'avoit lancé. La chasse étoit le plus grand amusement de Céphale, & ce Prince avoit coutume de prendre ce plaisir tous les matins. Procris devenue jalouse de son mari, craignit qu'il ne profitât de cette occasion pour se livrer à de nouvelles amours. Elle le suivit un matin, & se cacha dans un buisson fort épais. Céphale après avoir beaucoup chassé, se reposa au bord d'une fontaine, & invita l'aimable fraîcheur à venir le soulager. Procris qui entendoit ce discours, s'imagina qu'il appelloit quelque Nymphe, & cette idée lui arracha un soupir, & l'obligea à faire quelque mouvement pour examiner ce qui arriveroit. Céphale entendit le bruit, & persuadé que quelque bête sauvage étoit cachée dans ce buisson, lança son dard, qui alla percer le sein de sa femme. Elle fit un grand cri qui attira bientôt son mari. Quelle fut la situation de Céphale lorsqu'il apperçut sa femme baignée dans son sang & prête à expirer de la blessure qu'il lui avoit faite lui-même. Il voulut en vain la rappeller à la vie, mais toutes ses tentatives furent inutiles. L'infortunée Procris expira à l'instant, & laissa son époux plongé dans la plus amere douleur.

L'Aurore enleva encore le grand Orion, & l'emporta à Délos. Apollon mécontent de la conduite de l'Aurore, résolut de la punir. Il profita d'une occasion qui se présenta d'exécuter son dessein. Un jour que le grand Orion marchoit au fond de la Mer, & que sa tête seule paroissoit au-dessus de l'eau, il feignit d'ignorer ce que c'étoit, & fit gageure avec l'Aurore qu'elle ne pourroit atteindre avec une fléche ce qui étoit sur la surface de la mer. L'Aurore qui ne reconnoissoit point Orion, décocha une fléche, & lui perça la tête. On rapporte sa mort d'une maniere différente, mais j'en parlerai dans l'histoire d'Orion. L'Aurore touchée de la perte de son amant, obtint de Jupiter qu'il seroit mis au nombre des Astres.

JAPET.

Japet, fils du Ciel & de la Terre, épousa Aymène, fille de l'Océan, & en eut quatre fils ; sçavoir, Atlas, Ménœce, Prométhée & Epiméthée. Japet qui étoit demeuré dans la confédération des Titans contre Jupiter, fut précipité dans le Tartare par les Hécatonchires, selon Homere. Ce Poëte dit dans son Iliade que Japet & Saturne sont assis aux extrémités de la terre & de la mer ; qu'ils sont environnés du Tartare, & privés pour jamais de la clarté du Soleil, & de l'haleine des Vents. Jupiter foudroya Ménœce, qui l'avoit irrité par son audace, & ce Dieu contraignit Atlas de se charger du poids énorme des cieux. Les deux autres fils de Japet, Prométhée & Epiméthée, eurent des caracteres opposés. Le premier fut adroit, fin & prévoyant, & le second eut l'imprudence en partage.

ATLAS.

Il paroît naturel de croire que les Grecs ont imaginé la Fable d'Atlas à l'occasion d'une montagne de ce nom en Mauritanie, qui a plusieurs cimes très hautes, & qui s'étend jusqu'à l'Océan. Ces peuples ne connoissoient rien au-delà vers l'Occident du temps d'Hésiode, & comme ils croyoient que le Soleil se couchoit en cet endroit, ils feignirent qu'Atlas soutenoit le ciel, vis-à-vis du lieu où le Jour & la Nuit se rencontroient. Comme on lui avoit donné un pere & une mere, il ne coutoit pas plus de lui donner des enfants. Il eut treize ou quatorze filles & un fils. Jupiter voulant garantir les sept premieres des insultes d'Orion, les métamorphosa en étoiles, & en forma la Constellation des Pleïades, ainsi nommées à cause qu'elles paroissent au col du Taureau, un des Signes célestes du Printemps. Les sept autres moururent à force de pleurer la mort de leur frere Hyas, qui avoit été tué par un serpent. Elles furent aussi changées en sept étoiles qu'on nomme Hyades, c'est-à-dire, pluvieuses, parce qu'il y a ordinairement des pluyes à leur lever & à leur coucher.

Pour entendre la Fable des Pleïades il suffit de sçavoir qu'auprès de leur Constellation on voit toujours l'Etoile d'Orion. Les Pleïades & les Hyades ont passé pour filles d'Atlas, à cause qu'elles sont placées perpendiculairement sur le Mont Atlas. Les premieres qui sont plus à l'Orient que les autres, ont passé pour les aînées. Tous les Poëtes ne sont point d'accord sur l'origine des dernieres. Selon les uns, ce sont des Nymphes de Nisa en Arabie, c'est-à-dire, dans la Syrie voisine de l'Egypte, ou des Nymphes de Dodone. Selon les autres elles sont filles d'Erechthée, Roi d'Athènes, ou de Cadmus, ou de Béotie; qui les eut de son mariage avec Hyas. Jupiter leur avoit confié Bacchus dans son enfance, mais Lycurgue ennemi de ce Dieu les ayant poursuivies jusqu'à la Mer; Jupiter les métamorphosa en étoiles. Cette Fable peut signifier que les pluyes qui gonflent le raisin sont comme les nourritures de Bacchus dans l'enfance. Cette fiction a été imaginée depuis Homere, qui fait élever le Dieu du vin par d'autres Nymphes.

On lit dans Ovide qu'Atlas étoit un Roi de Mauritanie, dont les Etats étoient situés à l'extrémité de la terre, & sur les bords de la mer, & qu'outre les richesses immenses dont il étoit possesseur, il avoit un célebre jardin, qui produisoit des fruits d'or (1). Thémis lui avoit prédit qu'un fils de Jupiter s'en rendroit un jour maître. Atlas, pour empêcher l'effet de cette prédiction, fit entourer son jardin de hautes & fortes murailles, & en donna la garde à un horrible dragon. Persée, fils de Jupiter & de Danaé, après avoir coupé la tête à Méduse, arriva un soir chez Atlas, & le pria, de la part de Jupiter son pere, de lui accorder l'hospitalité pour une nuit seulement. Atlas, craignant alors l'effet de la prédiction de Thémis, rejetta la demande de Persée. Celui-ci, irrité d'un tel refus, présenta la tête de Méduse à Atlas, qui fut aussitôt changé en montagne. Plusieurs Auteurs ont prétendu qu'Atlas étoit un célebre Astronome, & que pour cette raison, on avoit imaginé qu'il portoit le ciel, mais il est prouvé qu'Atlas n'a jamais existé, & par conséquent l'explication qu'on donne de sa fable tombe d'elle-même.

La conjecture d'Aristote, qui dit qu'Atlas est l'axe autour duquel le ciel

(1) Voyez ci-devant l'article des Hespérides.

tourne, est un exemple de la liberté que les Philosophes ont prise de faire signifier aux fables tout ce qu'ils ont voulu. Homere donne à Atlas une fille nommée Calypso. Apollodore en fait une Néréide, & Hésiode la met au nombre des filles de l'Océan.

PROMETHÉE, EPIMETHÉE ET PANDORE.

Hésiode nous apprend qu'il y eut un jour une grande contestation entre les Dieux & les hommes. Prométhée, dans cette circonstance, égorgea un bœuf, & pour tromper Jupiter, il mit d'un côté les chairs & les intestins avec la meilleure graisse, & les couvrit de la peau du bœuf. De l'autre côté il ne mit que des os décharnés, qu'il couvrit d'un peu de graisse blanche. Il dit ensuite à Jupiter de choisir la part qui lui conviendroit. Le Dieu reconnut l'artifice de Prométhée, & pour avoir un juste motif de sévir contre les hommes, il affecta de se méprendre, & choisit la plus mauvaise part. Depuis ce temps les mortels offrent aux Dieux les os dégarnis de chairs, & les brûlent sur leurs Autels. *Fils de Japet*, dit Jupiter irrité, *vous êtes toujours plein d'artifice*. Dès lors ce Dieu cessa de donner le feu aux hommes, mais Prométhée en ayant dérobé, l'apporta sur la terre, dans le creux d'une férule, qui est une sorte de plante. Jupiter, indigné de nouveau contre Prométhée, ordonna à Vulcain de former une statue de terre pétrie, & de lui donner la ressemblance d'une Vierge, dont la modeste beauté inspireroit le respect & l'amour à tous ceux qui la verroient. Vulcain exécuta l'ordre de Jupiter, & lorsque la statue fut finie, Minerve la revêtit d'une robe, & lui donna une ceinture d'une blancheur éblouissante. Elle lui couvrit la tête d'une coëffure formée des plus belles fleurs, & mit sur le tout une couronne d'or faite par Vulcain. Cette figure étoit faite avec tant d'art, qu'elle sembloit être animée. Jupiter la fit apporter dans l'assemblée des Dieux & des hommes, & elle ne fut vûe qu'avec des transports d'admiration. Les Dieux avouerent tous que rien ne pourroit garantir les mortels de ses funestes attraits ; & d'elle en effet tire son origine l'espece des femmes ; » espece fatale aux hommes, avec qui elles vivent, & dont elles
» sont les compagnes, non dans la pauvreté, dans les travaux, mais dans
» le luxe & les plaisirs ; semblables aux paresseux & inutiles frêlons, que
» les industrieuses abeilles nourrissent des fruits d'un travail qui les a oc-
» cupées tout le jour. Telle est la nature de ce mal qu'on ne sçauroit l'évi-
» ter ; car si quelqu'un parvient à la triste vieillesse après avoir fui le ma-
» riage & les soins embarrassants d'une femme, manquant alors du secours
» d'une compagne qui s'intéresse à sa conservation dans ce déclin de l'âge,
» sa vie lui est à charge, & il a regret de laisser ses biens à des parents
» souvent éloignés. Si l'on épouse une femme sage & prudente, le bien
» se trouve mêlé avec le mal dans une telle alliance ; mais pour ceux qui
» ont des femmes vicieuses, leur cœur est sans cesse dans la douleur, &
» leur esprit est tourmenté sans relâche. On ne peut se soustraire au decret
» de Jupiter, ni empêcher l'effet de ses résolutions. (1).

(1) On voit bien qu'Hésiode, dont ceci est tiré, ou n'aimoit pas les femmes, ou les connoissoit mal ; car autrement il leur auroit rendu plus de justice.

Hésiode, dans son ouvrage intitulé, *les Oeuvres & les jours*, raconte différemment la fable de Pandore. Jupiter, dit-il, pour se venger du vol de Prométhée, prit la résolution d'envoyer aux hommes un mal qu'ils aimassent, & auquel ils fussent inséparablement attachés. Il employa pour cet effet le ministere de plusieurs Dieux. Vulcain forma avec de la terre & de l'eau une femme semblable aux Déesses ; Minerve lui fournit des habits, & lui apprit les arts qui conviennent à son sexe ; Vénus répandit l'agrément autour de sa tête, avec le desir inquiet & les soins fatigants ; les Graces & Pitho, Déesse de la Persuasion, ornerent sa gorge de colliers d'or, les Heures lui mirent sur la tête des couronnes formées de fleurs ; Mercure lui donna la parole avec l'art des mensonges, & celui d'engager les cœurs par des discours insinuants & pleins de ruse ; enfin tous les Dieux lui firent des présents pour le malheur des hommes. Elle fut nommée Pandore, & ce nom, qui est Grec, signifie *tout don*.

Le Souverain des Dieux ordonna alors à Mercure de la présenter à Epiméthée, qui, oubliant la défense que son frere lui avoit faite de recevoir aucun présent de Jupiter, se laissa surprendre par les charmes de Pandore. Cette fatale Beauté ouvrit alors le vase qu'elle tenoit dans ses mains, & dans lequel étoient renfermés tous les maux de la Nature. Ils se répandirent aussitôt sur la face de la terre, & il ne resta plus que l'espérance, qui se seroit également envolée, si Pandore ne se fût pressée de recouvrir le vase.

Jupiter, n'étant pas encore satisfait de cette vengeance, fit attacher Prométhée à une colonne par le milieu du corps, & commanda à une Aigle de lui ronger le foye chaque jour. Afin que son supplice fût éternel, la partie endommagée renaissoit chaque nuit ; mais enfin Hercule délivra Prométhée d'un châtiment si rigoureux, & Jupiter consentit à lui pardonner.

Apollodore dit, que Prométhée forma les hommes avec de l'eau & de la terre, & qu'il leur apporta le feu à l'insçu de Jupiter, qui, pour s'en venger, le fit attacher par Vulcain sur le mont Caucase. Les Auteurs plus anciens qu'Apollodore n'avoient point écrit que Prométhée eût formé l'homme ; mais il paroît qu'ils le regardoient comme un médiateur entre les Dieux & les hommes, & comme celui qui avoit soin de préserver ces derniers des maux qu'ils avoient à craindre de la part des Dieux.

La fable de Prométhée, & tout ce qui y a rapport, est une suite d'allégories, qui peuvent servir à l'histoire du culte religieux établi chez les Grecs par les Etrangers. Pour découvrir ces allégories, il paroît qu'il seroit nécessaire d'y joindre celle des différents âges des hommes, dont on voit la description dans *les Oeuvres & les Jours* d'Hésiode.

Le premier âge fut d'or. Pendant que Saturne regnoit dans le Ciel, les Immortels formerent des hommes qui menerent sur la terre une vie semblable à celle des Dieux. Exempts de travaux & de douleurs, la triste vieillesse ne s'approchoit point d'eux : ils étoient toujours semblables à eux-mêmes, & jouissoient dans un doux repos des fruits que la terre s'empressoit de produire pour leur usage. Un tranquille sommeil terminoit une vie passée dans des festins continuels, & cette heureuse mort en faisoit autant de Rois. Ce sont eux qu'on nomme Démons. Ils sont toujours sur la terre, mais enveloppés de nuages qui les cachent à nos yeux. Ils y observent nos bonnes & nos mauvaises actions, veillent à notre conservation, & se plaisent à nous distribuer les biens.

L'Age d'argent succéda au premier, & lui fut très-inférieur. Les hommes, que les Dieux formerent alors, n'avoient ni la beauté du corps, ni l'intelligence de ceux qui les avoient précédés. Ils vivoient quelques siécles auprès de leur mere dans l'ignorance & dans la paresse, avant que d'atteindre la vigueur de l'âge, mais lorsqu'ils y étoient parvenus, leur mauvaise conduite abrégoit leur vie. Ils ne pouvoient vivre en paix entr'eux, refusoient d'honorer les Dieux, & de leur offrir des sacrifices. Jupiter irrité de leur impiété, les cacha enfin sous la terre. On les appelle les heureux habitants des lieux souterrains, & leur mémoire est honorée par les hommes.

Jupiter forma ensuite une troisiéme race d'hommes entierement différents de ceux de l'âge d'argent ; race de frêne, redoutables par leur force, n'aimant que les combats & les exercices de Mars ; & ayant le cœur aussi dur que le diamant. Cet âge fut appellé l'âge d'airain, parce que leurs armes étoient faites de ce métal, & qu'ils en faisoient toutes sortes d'ouvrages. Ils périrent par leurs propres mains, & descendirent sans gloire dans la froide demeure de Pluton. Tout terribles qu'ils étoient, la noire mort s'empara d'eux, & les priva de la lumiere du Soleil.

Quand la terre les eut cachés comme leurs prédécesseurs, le fils de Saturne fit naître une race divine d'hommes excellents. La premiere génération fut de demi-Dieux, & ceux qui vinrent après eux eurent le rang de Héros. La guerre en fit disparoître une partie devant les murs de Thébes, où ils combattoient pour les troupeaux ou les richesses d'Œdipe ; les autres ayant passé les mers pour la belle Hélene, la mort les saisit devant Troye & les enleva. Jupiter leur a accordé une demeure séparée des hommes à l'extrémité de la terre. Heureux habitants des Isles fortunées, ils y jouissent d'un parfait repos, & la terre féconde y produit trois fois l'an en leur faveur des fruits délicieux.

Ne pourroit-on pas dire, qu'il y a un rapport au moins général entre l'allégorie des différents âges, & la fable de Prométhée, qui donna le feu aux hommes, & celle d'Epiméthée, qui épousa la premiere femme. Le Poëte suppose que les hommes qui avoient vécu avant ces deux personnages, étoient d'une autre race que ceux qui vécurent sous le regne de Jupiter. Il ne donne point de femmes aux premiers ; il les fait vivre sans maladies, & il ne les fait mourir que pour changer une condition heureuse contre une autre aussi heureuse, mais plus noble. On sçait qu'il faut placer Prométhée au temps où Cécrops fit recevoir le culte de Jupiter dans la Grece. Il s'ensuit de ces réflexions, qu'il ne faut pas séparer ces deux allégories, si on veut les expliquer avec succès. Japet & ses enfants ne sont point des hommes ; ils ont la même origine que les Titans, & comme eux ils jouissent de l'immortalité. Ils sont donc aussi comme eux des Etres allégoriques. On pourroit donc les regarder comme les symboles des Pélasges, tels qu'ils étoient sous l'empire du Ciel, ou sous la premiere religion. Japet, en ce cas, représentera ces peuples dans les premiers temps, au lieu que Prométhée avec ses freres les désigneront dans le temps où ils abandonnerent l'ancien culte pour s'attacher au nouveau. L'immortalité qu'on accorde à tous les habitants d'un pays, suppose sans doute, qu'il y a lieu de croire qu'il sera toujours habité. Menœce, fils de Japet, est l'image des peuples qui rejetterent le culte de Jupiter, & Atlas repréfente ceux qui l'admirent avec peine ; au lieu que Promethée doit être pris pour ceux qui le reçurent volontiers, & chez lefquels fe forma le fyftême de la Religion.

L'artifice, auquel Promethée a recours pour tromper Jupiter, démontre aſſez clairement qu'il s'agit en cet endroit de l'établiſſement des facrifices pour les nouveaux Dieux. En Egypte & ailleurs on brûloit une partie confidé-rable de la victime ; les Grecs au contraire, qui ne croyoient pas devoir imiter les Egyptiens, réferverent de la victime les viandes, les inteſtins, la peau & tout ce qui étoit propre à les nourrir ou à d'autres ufages, & ne donnerent aux Dieux que ce qui étoit inutile aux hommes. Héfiode aſ-fure que de fon temps on ne brûloit fur les Autels que les os décharnés, & la plus mauvaife graiſſe. Ainſi ce que fait Promethée, n'eſt autre chofe que le fymbole de ce que firent les Grecs en admettant le culte de Jupiter.

Leur épargne comparée avec la profuſion des autres peuples dans les fa-crifices, pouvoit donner une idée peu avantageufe de leur Religion, & delà vint fans doute la fiction qui en rapporte l'origine à un mauvais arti-fice. Il falloit que cette rufe fût punie, & c'eſt pour cette raifon que Ju-piter refufe le feu aux mortels, mais Promethée leur en apporte qu'il a dérobé dans le ciel.

On trouve à ce fujet une Fable ingénieufe dans Platon. Il dit que le temps marqué pour la génération des animaux étant venu, les Dieux les formerent au-dedans de la terre, avec de la terre & du feu. Avant que de leur faire voir le jour, ils chargerent Promethée & Epiméthée de leur dif-tribuer les qualités convenables. Ce dernier pria fon frere de lui laiſſer le foin de cette diſtribution, mais ayant commencé par les animaux, il leur donna tout, & ne réferva rien pour l'homme, qui fe trouva nud, fans armes, & dépourvû de toutes les chofes néceſſaires à fa conſervation. Pro-methée pour réparer cette faute, entra dans le Palais de Minerve & de Vul-cain, & déroba le fecret des Arts auxquels ces Divinités fe plaifoient, & enleva en même temps le feu fans lequel on n'auroit pas pû mettre en ufage la plûpart des Arts.

Dans la fable que Platon nous préfente, Promethée eſt le fymbole de la prévoyance, qui inventa les Arts fi néceſſaires aux hommes. Ce Prome-thée n'eſt pas tout-à-fait le même que celui d'Héfiode. Ce dernier fait pour les Grecs ce que le Promethée de Platon a fait pour tous les hommes. C'eſt-à-dire, que quand on admit le culte de Jupiter, on commença à connoî-tre plufieurs Arts qui avoient été jufques-là ignorés dans la Grece. L'ufage qu'on en fit, produifit de fi grands changements, que les Grecs parurent en effet être des hommes différents de ceux qui les avoient précédés. Les Poë-tes toujours hyperboliques ont exprimé cet événement, en difant qu'il avoit paru une nouvelle race d'hommes. Les Grecs qui fçavoient peu de chofes des antiquités de leur nation, voulurent profiter de cette ignorance même pour donner une grande idée de leurs ancêtres ; & ce qu'ils ont hafardé nous conduit fûrement à l'intelligence de ce qu'ils ont dit allégoriquement des temps poftérieurs. Ils repréfenterent leurs premiers peres comme jouïſsant des vrais biens sur la terre, de la santé, de l'abondance & de la paix. Ils firent durer ce bonheur autant qu'ils purent, & jusqu'à l'arrivée de Cecrops, où l'on commença à conserver la mémoire des évenements. Comme il falloit enfin donner entrée aux maux dans le Monde, & se rapprocher de la vérité, on fit de nouveaux hommes de ceux qui vivoient alors dans la Grece. On imagina une contestation entre eux & les Dieux, dont la suite fut l'invention des Arts, par lesquels ils suppléerent à ce que les Dieux leur avoient refusé. Ne seroit-il pas permis de hasarder ici une autre explication du différend survenu entre les Immortels & les hommes. Ne pourroit-on pas dire qu'il s'agissoit de la difficulté que les Grecs firent d'adopter le culte de Jupiter, & que ceux qui l'apporterent ayant intention en même temps d'introduire quelques Arts utiles, refuserent d'en donner la connoissance à ceux qui ne voulurent point rendre hommage à Jupiter. Quelqu'un cependant aura trouvé moyen de dérober le secret qu'on vouloit cacher, & on en fit Prométhée ; qui, à la lettre, signifie *celui qui prévoit les choses*. Epiméthée au contraire veut dire *celui qui n'y pense que quand elles sont arrivées*.

LES GRECS.

A l'égard des deux manieres dont Hésiode rapporte la fable de Pandore, il faut observer que ce Poëte est bien plus précis dans sa Théogonie que dans son ouvrage *des Oeuvres & des Jours*. Rien ne gênant son imagination dans ce dernier Poëme, il se permit de faire contribuer plusieurs Divinités à former la premiere femme. Au lieu que dans sa Théogonie, Poëme destiné à transmettre à la postérité une histoire exacte de la Religion sous le voile des Fables, il laisse tout faire à Vulcain & à Minerve, & ne dit pas un mot en cet endroit de Mercure, non plus que dans celui où il parle du supplice de Prométhée, parce qu'en effet Mercure n'étoit pas né, c'est-à-dire, que les Grecs ne le connoissoient point encore au temps où se rapportent la naissance de Pandore, & la punition de Prométhée. Ce temps & celui qui suivit jusqu'au temps héroïque, comprennent les âges d'argent & d'airain. Le refus d'honorer les Dieux, & de leur offrir des sacrifices, l'ignorance & la paresse caractérisent l'âge d'argent. Ce qui veut dire que le culte des nouveaux Dieux fit d'abord très-peu de progrès, & qu'il n'y eut rien de remarquable dans les évenements de ce siécle. Les choses changerent un peu dans la suite par rapport à la Religion. C'est probablement où commence l'âge d'airain ; mais ce ne fut de tous côtés que guerres & dissensions entre les peuples voisins, sans qu'on vît aucun homme se distinguer par ses talents ou par sa valeur. Enfin parurent les demi-Dieux & les Héros, qui font le quattriéme âge. Celui-ci fut suivi de l'âge de fer, comme le dit Hésiode. On ne reconnoît point dans Ovide l'allégorie des différents âges, parce qu'on n'en voit point le rapport avec les autres fables. Il supprima l'âge héroïque, qui étoit aussi inutile dans son plan qu'essentiel dans celui des anciens, dont il empruntoit une partie des matériaux de son ouvrage. Virgile prit encore plus de liberté qu'Ovide, car celui-ci faisoit finir l'âge d'or avec le regne de Saturne dans les cieux, au lieu que Virgile suppose qu'il ne commença qu'après que Jupiter se fût emparé de la souveraineté. Saturne, dit-il, chassé de l'Olympe, & fuyant les armes de Jupiter, alla se cacher en Italie, dont il rassembla les habitans, auparavant sauvages, & dispersés dans les montagnes. Il leur prescrivit des loix, & la douceur de son regne fit donner le nom d'âge d'or à cet heureux temps.

J'ai dit plus haut que Promethée attaché à une colonne par Jupiter, fut enfin délivré par Hercule. Ces chaînes du Titan pourroient être regardées comme l'image de l'état de la Religion, qui ne faisoit pas de grands progrès au milieu des guerres que les différents peuples de la Grece se faisoient entre eux. Elle prit une nouvelle force quand Hercule qui y avoit été élevé entreprit de la faire recevoir dans toutes les contrées de la Grece, où il porta ses armes victorieuses. Ce Héros, adorateur zélé de Jupiter, le fit adorer par tous ceux qu'il soumit. Il est fait mention dans les Auteurs des autels qu'il éleva à cette Divinité, ainsi que de l'autel des douze Dieux qu'il érigea dans le lieu même où il établit pour toute la Grece les Jeux Olympiques, afin que ceux qui y assisteroient fussent obligés de reconnoître Jupiter & les autres Dieux. La propagation de la Religion qu'il fit recevoir dans toute la Grece, est sans doute le grand ouvrage qu'il acheva entre les Immortels, selon Hésiode, & qui lui valut une place parmi eux. La délivrance de Promethée par ce Héros, n'est donc que la levée des obstacles qui empêchoient la Religion de s'étendre dans la Grece.

Apollodore dit qu'Hercule ayant délivré ce Titan, le présenta à Jupiter, & demanda qu'il devînt immortel; ce qui lui fut accordé. Ceux qui inventerent cette fable vouloient faire entendre qu'Hercule avoit assuré l'état de la Religion & lui avoit procuré l'immortalité, en la faisant recevoir par toute la Grece. La fable de la guerre des Géants le prouve d'une maniere qui ne souffre point de replique, comme on le verra dans l'histoire de Jupiter.

Avant que de terminer cet article, il est important de rassembler les divers changements qui ont été faits dans la suite au sujet de la famille de Japet. Hésiode lui avoit donné une femme nommée Climene, mais les Ecrivains postérieurs à ce Poëte prétendent que Japet fit alliance avec Asie. Ce changement, qui est peu de chose, fait cependant perdre de vûe une allégorie qui recele une Religion propre à la Grece, & qui ne ressemble en rien à celle des autres peuples connus. Virgile a fait un changement plus considerable dans ses Géorgiques. Il conseille superstitieusement aux Laboureurs de ne rien faire le cinquieme jour de la lune. En ce jour, dit-il, naquirent le pâle Orcus & les Euménides, & par un abominable enfantement la Terre mit au jour Cœus, Japet, le redoutable Typhée & les freres conjurés contre le Ciel.

Ce qu'on a changé dans la fable de Promethée est encore d'une plus grande importance, & fournira un plus grand nombre d'observations. Ovide a douté s'il devoit lui attribuer la formation de l'homme, mais plusieurs autres Poëtes n'ont pas été si réservés, parmi lesquels il faut compter Apollodore. Les habitants de Panope dans la Phocide montroient de grosses roches qu'ils vouloient faire passer pour les restes de la terre que Promethée avoit destinée à former des hommes. D'autres ajoutoient qu'il avoit été contraint de prendre de tous côtés quelques parcelles pour joindre à la terre, qui en sortant de ses mains devoit tenir le premier rang parmi les créatures. Il emprunta entr'autres la violence du Lion, dit Horace, & la plaça

dans

dans notre eſtomac. Orphée dans ſes hymnes le confond avec Saturne, & lui donne Rhéa pour femme. Eſchyle dit que ce fut par ſon conſeil que Jupiter enferma Saturne dans le Tartare.

Le même Poëte attribue à Prométhée l'invention de tous les arts, & le fait parler ainſi. » Avant moi les hommes avoient des yeux, & ne voyoient
» pas, ils avoient des oreilles & n'entendoient pas ; ſemblables aux ſon-
» ges, ils brouilloient tout, & ne ſçavoient ni conſtruire des maiſons, ni
» façonner le bois pour leur uſage, mais demeuroient comme enterrés
» dans des antres obſcurs & inacceſſibles aux rayons du Soleil, comme
» les fourmis. Il n'y avoit pour eux aucun ſigne certain ni de l'hyver, ni
» du printemps fleuri, ni de la fertile ſaiſon de l'Eté (1), juſqu'à ce que
» je leur euſſe donné l'utile connoiſſance du lever & du coucher des Aſ-
» tres. Ils m'ont obligation d'une infinité d'autres découvertes. C'eſt moi
» qui leur ai appris à ranger les lettres, à les combiner, & par-là j'ai pour
» ainſi dire augmenté leur mémoire. J'ai contraint les bœufs à recevoir le
» joug, & à partager les travaux avec les hommes ; & pour la gloire des
» perſonnes riches, j'ai le premier attelé des chevaux à un char. On ne
» reconnoiſſoit point avant moi ces voitures remarquables par leurs ailes
» de lin ſur leſquelles on traverſe les mers, & c'eſt moi qui les ai don-
» nées aux hommes . . . . C'eſt moi qui ai inventé le mélange ſalutaire
» des choſes que la Médecine employe pour rendre la ſanté aux mortels.
» Je leur ai montré les différentes manieres de prédire l'avenir en inter-
» prétant les ſonges, en découvrant le ſens que renferment les ſons for-
» tuits qu'on entend, & quelles peuvent être les ſuites des rencontres dues
» au hazard. J'ai démêlé les qualités des oiſeaux, ceux qui nous ſont fa-
» vorables ou contraires, les inimitiés qui regnent entr'eux, les affections
» des uns pour les autres & leurs aſſemblées. J'ai fait voir dans les ani-
» maux les inteſtins & les couleurs agréables aux Dieux. J'ai fait un art de
» l'inſpection des entrailles, & j'ai appris à obſerver dans le feu, qui con-
» ſumoit les reſtes des victimes, des ſignes & des préſages, qu'on ne pen-
» ſoit pas qui y fuſſent. A l'égard des richeſſes ſi avantageuſes aux mor-
» tels, & que la terre recéloit dans ſon ſein, tels que l'airain, le fer,
» l'or & l'argent, perſonne ne pourroit ſe vanter de les avoir découvertes
» avant moi, & pour tout dire en un mot, les hommes ont obligation à
» Prométhée de tous les arts dont ils ont la connoiſſance. »

Les Athéniens, en entendant ces beaux vers, n'étoient point embarraſſés du ſens qu'ils devoient leur donner. Ils ſçavoient que la découverte d'une partie de ces choſes étoit poſtérieure au temps où Prométhée auroit vécu, s'il eût été un homme, & que l'art d'atteler les chevaux leur avoit été enſeigné par un de leurs Rois, à qui pour cette raiſon on avoit aſſigné une place dans le ciel, & dont on avoit fait la conſtellation du Cocher. Ainſi ils ne pouvoient regarder Prométhée que comme le ſymbole, ou d'une prévoyance générale de tous les hommes, comme l'entendoit Platon, ou de la prévoyance particuliere des Grecs, que Prométhée repréſentoit, comme il a été dit plus haut.

---

(1) Au temps d'Eſchyle, les Grecs partageoient toute l'année en trois ſaiſons, & regardoient l'Automne comme la fin de l'Eté.

LES GRECS.

Examinons maintenant ce qui a été ajouté à la fable du feu dérobé par ce Titan. Eschyle en a aussi fait mention. L'opinion qui attribuoit la découverte du feu à Promethée n'étoit pas si générale que quelques-uns n'en fissent honneur à Phoronée, premier ou second Roi d'Argos. Il y avoit dans cette ville, dit Pausanias, un temple d'Apollon Lycien, où l'on voyoit une statue de Phoronée qui allumoit du feu. Son ancienneté pouvoit y avoir donné lieu : on ne sçavoit rien de l'histoire de l'ancienne Grece avant son regne ; il en avoit été un des premiers habitants, & le feu a toujours été nécessaire.

Au reste, à l'exception des Argiens, tous les Grecs admettoient la fable de Promethée. Sophocle en prit occasion de l'appeller le Dieu porte-feu. Un des interpretes de ce Poëte observe qu'Apollodore a écrit que ce Titan partageoit les honneurs de l'Académie avec Minerve & Vulcain ; qu'il avoit une chapelle dans l'enceinte du temple de la Déesse, & que près de l'entrée de ce temple on le voyoit représenté sur un pied d'estal avec Vulcain. L'interprete ajoute qu'un autre ancien assuroit que Promethée avoit l'air plus âgé que Vulcain ; qu'il tenoit un sceptre à la main, & qu'on avoit placé entre eux d'eux sur le même pied d'estal un autel qui leur étoit commun.

Pausanias augmente encore cette histoire, & rapporte qu'au sujet de la découverte du feu on faisoit une course de flambeaux en l'honneur de Promethée, où il y avoit un prix pour celui dont le flambeau ne s'éteignoit pas. Cet Auteur ignoroit apparemment ce qui concernoit l'institution de cette course. Elle n'eut lieu qu'au temps de Socrate ; & Platon suppose que la premiere fois qu'on la fit, Adimante en parla à ce sagé, qui eut beaucoup de peine à entendre de quoi il s'agissoit. Platon ajoute qu'on la fit en l'honneur de Minerve, & non pas pour Promethée. C'étoit une imitation des illuminations par lesquelles on honoroit cette Déesse en Egypte, comme on le voit dans Hérodote.

Nicandre rapporte que les hommes eux-mêmes informerent Jupiter du vol de Promethée, & que Jupiter leur accorda en récompense la Jeunesse perpétuelle. Ils la chargerent sur le dos d'un âne, mais ce stupide animal s'étant arrêté à un ruisseau pour se désalterer, y trouva un serpent, qui ne le laissa boire qu'après l'avoir obligé à lui abandonner ce qu'il portoit. De-là vient que la jeunesse du serpent se renouvelle, au lieu que les hommes ne peuvent la recouvrer quand ils l'ont une fois perdue. On voit que c'est une altération de l'allégorie de l'âge d'or.

On n'a pas fait de moindres changements sur le supplice de Promethée, & les explications qu'on en donne sont plus absurdes les unes que les autres. Par un renversement inexcusable de Chronologie, on a chargé Mercure de l'attacher sur le Mont Caucase ; cependant il y a lieu de croire que les Grecs ne connoissoient point cette montagne au temps d'Homere, qui n'en fait jamais mention. Le premier Poëte postérieur à Hésiode & à Homere qui hasarda cette fiction, n'eut sans doute d'autre vûe que d'augmenter l'horreur du supplice par celle du lieu où Promethée le souffroit. On prétendit dans la suite que ce Titan fut ainsi puni pour avoir attenté à l'honneur de Minerve. Mais cette fable ne pouvoit avoir aucun fondement, puisque les habitants de ces montagnes ne reconnoissoient ni cette Déesse, ni Jupiter, au lieu qu'ils rendoient de grands honneurs à Hercule. Ce qu'on lit dans Hérodote ne paroît pas plus juste, lorsqu'il dit que Prométhée, Roi des Scythes, fut mis dans les fers par ses propres sujets, à cause que les fréquents débordements d'une de leurs rivieres nommée *Aigle*, ne lui permettoient pas de pourvoir à leurs besoins, & qu'Hercule s'étant rendu dans ce pays remédia aux innondations par le moyen des digues, & délivra Prométhée. D'autres Auteurs ont prétendu que l'Aigle qui dévoroit le foye de Prométhée, n'étoit autre chose que le Nil ; mais toutes ces fictions ne sont pas difficiles à réfuter, & on sent aisément qu'elles ne peuvent s'accorder avec la premiere fable qu'on lit dans Hésiode.

A l'égard de la délivrance de Prométhée, quelques-uns ont écrit qu'elle étoit la récompense d'un service signalé qu'il avoit rendu à Jupiter, l'ayant averti de ne se point allier avec Téthys, parce que le fils qui naîtroit d'elle, seroit plus grand que son pere. Cette fiction n'étoit point connue des anciens, car elle ne peut se lier avec ce qu'Hésiode en a dit, & peut-être ne l'a-t-on imaginée que parce qu'on a confondu Téthys avec Métis. On y a ajouté cette circonstance, que Jupiter en délivrant Prométhée voulut qu'il conservât des marques de son supplice, & qu'il lui ordonna de porter au doigt une petite chaîne de fer avec une pierre enchâssée dedans, & c'est de là, dit-on, que l'origine des bagues est venue.

HÉCATE.

Le nom d'Hécate ne se trouve point dans Homere, mais Hésiode en donne une grande idée. Elle étoit fille unique de Persés & d'Astérie. Après la défaite des Titans, du nombre desquels étoit son pere, Jupiter la maintint dans tous les honneurs dont elle avoit joui jusqu'alors. « Elle préside à
» l'éducation de tous les hommes, l'honneur & le bon succès accompa-
» gnent toujours ceux qui l'invoquent dans les sacrifices, & dont elle re-
» çoit favorablement les vœux. Elle distribue les richesses à qui il lui plaît :
» son pouvoir s'étend dans le ciel, sur la terre, sur la mer, & au-delà de
» toutes ces choses : dans les assemblées des peuples, dans les combats son
» secours tout-puissant assure de l'honneur & de la victoire : ceux qu'elle
» favorise remportent les prix dans les jeux publics. On l'invoque avec
» Neptune dans les voyages qu'on fait à cheval, ou sur mer. Les chasseurs
» ont besoin de son aide, & c'est elle qui rend leur chasse heureuse ou
» malheureuse. Enfin elle préside aux troupeaux avec Mercure, & leur don-
» ne la fécondité, ou en diminue le nombre à son gré. «

Un autre ancien nous apprend qu'on représentoit Hécate à trois têtes ; sçavoir, de cheval, d'homme & de chien, qui désignoient sans doute la force, l'intelligence ou la sagesse, & la fidélité réunies en elle.

Pour découvrir ce qu'on doit penser d'Hécate, il faut joindre trois choses ensemble, sa naissance, ses qualités, & les égards que Jupiter eut pour elle. A tous ces traits on reconnoîtra une Divinité purement allégorique, ou si l'on veut qui ne se rapporte à aucun Etre visible ou particulier. C'est *une puissance d'une étendue immense*. Sa naissance n'est pas de la premiere antiquité, & il est probable que son culte fut renfermé dans les bornes de quelque canton de la Béotie ; mais autant qu'on en peut juger, elle fut la seule Divinité de ceux qui s'imaginerent de la créer ; car des hommes grossiers avoient-ils d'autres biens à demander que ceux qu'on croyoit être en son pouvoir. Quand on connut Jupiter & les autres Dieux qui prirent la place des Divinités antérieures, le culte d'Hécate se maintint dans les lieux où il avoit été établi, & il y subsistoit encore du temps d'Hésiode ; c'est ce qui lui a fait dire que Jupiter conserva à Hécate les honneurs dont elle avoit joui ayant qu'il eût vaincu les Titans.

La maniere de l'honorer se ressentoit de la grossiere simplicité de ses premiers adorateurs. On se rendoit pendant la nuit dans les places où aboutissoient trois chemins pour y pousser des cris confus. Dans Athènes on laissoit aux pauvres le soin d'entretenir cette espéce singuliere de culte pour lequel on n'avoit pas besoin de Prêtres. Leurs vœux étoient toujours exaucés d'avance, car ils trouvoient dans ces places des viandes que les personnes riches y avoient fait porter le soir. Cette cérémonie se pratiquoit tous les mois au temps de la nouvelle Lune. Hécate perdit dans la suite les honneurs qu'on lui rendoit, & on les transfera à la Lune, ou plutôt on s'imagina que le nom d'Hécate n'étoit point celui d'une Divinité particuliere, mais seulement un des noms de la Lune, à laquelle on rapporta tout le culte qui s'étoit rendu à Hécate. D'où il arriva que les uns la dirent fille de Latone, d'autres de Cerès. Quelques-uns la regardant simplement comme la Lune, sans égard aux fictions reçues, voulurent qu'elle fût fille de la Nuit ou du Tartare, peut-être à cause que la Lune étoit invoquée sous le nom d'Hécate par ceux qui se mêloient de la prétendue magie. On a aussi confondu cette Déesse avec Proserpine.

RHÉA ET CYBELE.

Rhéa, fille du Ciel & de la Terre, sœur & femme de Saturne, n'avoit pas un grand nombre d'adorateurs parmi les Grecs. On ne trouve aucune fête établie en son honneur : elle avoit peu de temples, & ces temples étoient peu fréquentés. On les nommoit *Métroa*. Celui d'Athènes le plus considérable de tous servoit de dépôt pour les loix, & pour les actes passés entre les particuliers. Pausanias en marque la situation, mais il ne parle ni d'autels, ni de statues, ni de sacrifices. Les anciens font encore mention de quatre autres temples de Rhéa semblables à celui d'Athènes. Le premier à Olympie, le second à Corinthe, le troisiéme aux environs de Gytium dans le Péloponnese, & le quatriéme à Sparte. Il n'est cependant pas certain que ces temples fussent dédiés à Rhéa, quoiqu'ils portassent le nom de *Déesse mere*, car ce nom n'étoit pas particulier à Rhéa, & on le donnoit aussi à la Terre & à Cybele. Il en étoit de Rhéa comme de la Terre & de quelques autres Divinités anciennes. Les Grecs ne les avoient pas absolument dégradées, comme Saturne & les Titans ; ils en parloient avec respect ; ils laissoient subsister leurs autels, mais ils négligeoient leur culte. La superstition s'étoit tournée sans réserve du côté des Dieux, qui appartenoient plus particulierement à la nouvelle Religion, c'est-à-dire, à celle de Jupiter, tels que Junon, Minerve, Cerès, Diane, &c.

Le culte de Rhéa ne s'étoit guéres conservé que dans la Phrygie occidentale ou Troyenne ; mais il paroît avoir été mêlé dans ce Pays à celui de Cybele, qui étoit une Divinité toute différente, quoique la plûpart des Mythologistes anciens & modernes les ayent confondues l'une avec l'autre, par la raison qu'elles portoient toutes deux le même nom de mere des Dieux. Un des hymnes attribués communément à Homere, s'adresse à la mere des Dieux, mais on ne lui donne pas le nom de Rhéa. Elle n'est ni la femme de Saturne, ni la mere de Jupiter, & le Poëte lui accorde tous les attributs qui caractérisent Cybele dans la fable & sur les monuments, tels que les tambours, les Lions, &c. Dans un autre hymne en l'honneur de la Terre, prise souvent pour Cybele, on décore aussi cette ancienne Déesse du titre de mere des Dieux. Mais on la dit femme du Ciel, & dès lors elle a pour fils Saturne, les Titans & Rhéa. Dans ce système, Cybele & Rhéa sont distinctes ; mais l'une étant fille de l'autre, on dut aisément les confondre. D'ailleurs, la plûpart de ces hymnes qu'on publioit sous le nom d'Homere & d'Orphée, sont pleins d'idées contradictoires. C'est une preuve évidente du mélange des traditions, & de l'emploi que les Poëtes en faisoient ; sans se donner la peine de les décomposer, suivant les régles de la critique. La fable de Cybele est racontée avec des variétés considérables, mais rien de ce qu'on en rapporte ne convient avec l'histoire de Rhéa, fille du Ciel & de la Terre. Strabon applique à la célébration des mystères de Phrygie la formule que Démosthène accusoit Eschyne d'avoir chantée dans les rues d'Athènes. Elle est composée des mots dont nos Mythologistes ont cherché l'origine dans les Langues orientales ; mais pour la trouver ils n'avoient pas besoin de sortir de la Grece (1).

Agdestis étoit le véritable nom de Rhéa, suivant le même Strabon, qui ajoûte que souvent on la désignoit par le nom des lieux dans lesquels elle étoit singulierement honorée. De-là viennent les surnoms d'Idéenne, de Sipylene, de Dindymene, de Pessinontienne, qu'elle portoit. On les donnoit aussi à Cybele, depuis qu'elle fut confondue avec Rhéa. Les traditions Phrygiennes ne paroissent pas avoir été reçues dans la Grece. Le Poëte Hermesianax, cité par Pausanias, se contentoit de dire, que le culte de la mere des Dieux devoit son institution au jeune Atys, devenu si cher à

---

(1) Voici cette formule avec l'explication que M. Freret croit en pouvoir hazarder. *Euoi saboi, hues attes, attes hues*. Tous ces mots sont originairement Grecs.
Euoi, formé de celui de ευ, étoit une espece de formule de bénédiction, suivant un Ancien cité par Harpocration, équivalent au mot ευ σοι, *bene tibi sit*, & delà venoit le verbe ευαζειν, de-même que le titre d'Ευας, donné à Bacchus, & celui de Ευαλωσια, donné à Cérès. *Saboi*, étoit le titre des Initiés ou des Mystes de *Sabazius* ; & ce nom de même que celui qu'on donnoit au Dieu, n'étoit probablement qu'une épithete formée de la racine *sebas*, d'où le Grec commun avoit dérivé *sebastos*, vénérable, adorable. On doit se souvenir qu'il s'agit ici d'une formule Thracienne, & par conséquent dans un Dialecte très-ancien & très-grossier de la Langue Greque. Hésychius rend le nom de *Sabazein* par celui d'*Euazein*. Pour le mot *Attes*, nous sçavons que le mot *Atta*, Synonyme de *Pappa*, étoit un terme de respect que les jeunes gens employoient en parlant à des hommes plus âgés qu'eux. Ainsi cette formule, qui étoit sans doute le commencement d'un cantique, se pouvoit traduire ainsi : *Quod faustum sit Mystis, Sabazie pater, pater Sabazie*, &c. Mémoires de l'Académie des Belles-Lettres, dans la Partie historique. Volume XXIII. pag. 46.

LES GRECS.

la Déesse. On lit dans le traité d'Isis & d'Osiris par Plutarque, que Rhéa, ayant trouvé le moyen de s'approcher secrettement de Saturne, devint féconde, mais que le Soleil ayant découvert ce myſtére, la condamna à garder ſon fruit dans ſon ſein, ſans pouvoir s'en délivrer dans aucun jour de l'année. Mercure, qui aimoit cette Déeſſe, engagea Diane ou la Lune à jouer aux dés avec lui ; & lui ayant gagné à différentes fois une portion, quoique médiocre, de chaque jour, il en forma cinq nouveaux qu'il ajouta aux trois cent ſoixante dont l'année étoit alors compoſée. Par ce moyen Rhéa accoucha dans cinq jours de cinq enfants, ſçavoir, d'Oſiris, d'Orus, de Typhon, d'Iſis & de Nephté. Il paroît que cette fiction avoit été imaginée pour faire alluſion aux cinq jours que les Egyptiens ajouterent à leur année. Rhéa fut mere de Veſta, de Cérès, de Junon, de Pluton, de Neptune & de Jupiter.

Cybele.

Quoique Cybele ait été mal-à-propos confondue avec Rhéa, & que cette Divinité ne ſe trouve point dans Héſiode, dont je ſuis les Généalogies, je crois devoir en faire ici mention, & raſſembler tout ce qui a été dit ſur cette Déeſſe. Timothée, cité par Arnobe, rapporte ainſi ſon origine. Tous les hommes, dit-il, furent produits de cailloux ramaſſés ſous une énorme roche nommée *Agdé*, dans le voiſinage de Peſſinonte. Cybele, qui fut produite de la même maniere, avoit tant d'attraits que Jupiter ne put ſe défendre de l'aimer: La Déeſſe, qui haïſſoit Jupiter, trouva moyen de l'éviter, mais la roche, que ce Dieu avoit embraſſée au lieu de Cybele, produiſit quelque temps après un homme d'une force étonnante, qui fut nommé Agdeſte, Bacchus, avec lequel il eut quelque démêlé, le ſurprit pendant qu'il dormoit, & lui fit une bleſſure. Du ſang qui coula de cette playe provint un Grenadier. L'attouchement d'un de ces fruits fut cauſe que Nana, fille du fleuve Sangare, devint mere d'Atys. Le jeune enfant fut à peine né qu'on l'expoſa dans les bois, mais des bergers qui le trouverent, le nourrirent de lait de chevre, & lorſqu'il fut devenu grand, il s'occupa à faire paître les troupeaux. Cybele ne put être inſenſible à la beauté de ce jeune homme, & elle fit tout ce qu'elle put pour s'en faire aimer. Midas, Roi de Peſſinonte, voulant le mettre à l'abri des pourſuites de la Déeſſe, prit la réſolution de lui donner ſa fille en mariage, & le fit venir dans la ville dont on ferma les portes par ſon ordre. Cybéle inſtruite de ce qui ſe paſſoit, ſe rendit à Peſſinonte, en ſouleva les portes avec ſa tête, & ſe préſenta bientôt dans le Palais où la cérémonie des nôces ſe faiſoit. Atys, troublé à la vûe de la Déeſſe, prit auſſitôt la fuite, & ſe ſauva ſur un Pin. Cybele l'y pourſuivit, & Atys ne pouvant plus l'éviter, ſe fit une bleſſure dont il mourut peu de temps après. Cet événement cauſa une douleur bien ſenſible à la Déeſſe, & pour ſe conſoler, ordonna que tous les ans on célébreroit une fête en ſon honneur. On lit ailleurs que Jupiter, qui aimoit beaucoup Cybele, conçut tant de jalouſie contre Atys, qu'il le fit tuer par un Sanglier. Cybèle, déſeſpérée de ſa mort, mais ne pouvant le faire revivre, cacha ſon corps dans l'antre ſacré du Mont Agdé, l'y rendit incorruptible, & voulut que tous les ans une fête ſolemnelle retraçât le ſouvenir de cet événement. Il paroît que cette fable avoit été formée ſur celle d'Adonis, comme celle d'Adonis ſur la fiction du meurtre d'Oſiris, époux d'Isis. Pour la conformité plus parfaite, on terminoit le deuil par un jour de réjouissance. Cette fête, connue sous le nom d'*Hilaria*, tomboit à Rome au lendemain de l'Equinoxe. Damascius, dans la vie d'Isidore, rapportoit que celui-ci eut une vision dans laquelle Atys lui ordonna de célébrer ces fêtes, qui étoient une image de son retour à la vie. Racontant ailleurs la fable d'Atys & de Cybele sous les noms de Sydik & d'Astronoë, mais avec quelque différence dans les détails, il suppose que Cybele ranima le corps d'Atys, comme Venus avoit rendu celui d'Adonis à la vie. On raconte encore d'une autre manière la fable d'Atys, que quelques-uns font Prêtre de Cybele. En cette qualité il avoit fait vœu de ne jamais se marier, mais épris de la beauté de la Nymphe Sangaride, il se détermina à l'épouser. Peu de temps après il reconnut sa faute, & agité par les fureurs que la Déesse lui avoit inspirées pour se venger de lui, il se blessa à coups de couteaux. Cybele eut enfin pitié de lui, & le changea en Pin. Depuis ce temps, ceux qui entroient au service de la Déesse, étoient obligés de se faire les mêmes blessures.

On avoit joint à la tradition générale de Phrygie, la tradition particuliere de la ville de Célenes, & l'on disoit que Marsyas touché de l'état où il voyoit Cybele, qui ne pouvoit oublier Atys, la conduisit à Apollon pour être guerie de son amour. Ce fut dans cette entrevûe avec le Dieu qu'il osa le défier à qui joueroit le mieux de la flute. Marsyas vaincu fut écorché tout vif par les ordres d'Apollon. Ce Dieu au lieu de guérir la passion de Cybele, en prit à son tour pour cette Déesse, & il s'en alla avec elle dans le pays des Hyperboréens. Ces fables n'appartiennent point à l'histoire de la Religion des Grecs, & par conséquent il n'est pas aisé d'en trouver l'allégorie. Tout ce qu'on peut dire est qu'il est vraisemblable que Cybele étoit regardée chez les Phrygiens comme la Déesse de la Terre. Les principales Divinités de ces peuples étoient le Soleil & la Terre, & on en trouve une preuve dans Homere. Ménélas prêt à se battre avec Pâris, demande que les offres qu'Hector avoit faites aux Grecs, soient assurées par un traité solemnel. *Afin de conclure ce traité*, dit-il aux Troyens, *apportez un agneau blanc & une brebis noire, que vous sacrifierez à la Terre & au Soleil, & de notre côté nous ferons un sacrifice à Jupiter*. Comme ce fut un Hérault Idéen qui amena la victime de la part des Troyens, il y a tout lieu de croire que le sacrifice fut fait en l'honneur de Cybele & d'Atys.

On représentoit Cybele avec une couronne de tours sur la tête : elle tenoit d'une main des épics & du millet, & de l'autre main un tambour. Son char étoit traîné par quatre Lions, & lorsqu'on la représentoit assise, ces animaux étoient à ses côtés ou à ses pieds. Atys avoit un bonnet Phrygien & une double ceinture sur sa robe. Ses attributs étoient des flûtes & des attabales, sorte d'instrument qu'il tenoit d'une main, & il portoit dans l'autre une houlette ou une crosse. On mettoit ordinairement auprès de sa statue un pin, parce que dans un des jours de sa fête on en plaçoit un dans le sanctuaire de Cybele, & les branches en étoient ornées de couronnes de violette. On attachoit au tronc de cet arbre une statue d'Atys couverte de laine, sans doute pour renouveller la mémoire de ce que Cybele avoit fait dans l'espérance de le rappeller à la vie.

LES GRECS. La fête se célebroit à l'Equinoxe du Printemps, & duroit six jours, pendant lesquels le pain étoit interdit aux Prêtres. On coupoit ensuite l'arbre consacré à la Déesse, & on l'apportoit dans le temple. C'étoit l'occupation du premier jour. Le second, les Prêtres faisoient une course en secouant violemment la tête, & tout le corps au son des instruments. Il y avoit le jour suivant une autre course où ils se déchiquetoient les bras. Ce même jour on recevoit les nouveaux Prêtres en leur faisant les mêmes blessures qu'Atys s'étoit faites à lui-même. Le quatrieme passoit pour un jour de joye ; les nouveaux Initiés dans les mysteres de Cybele offroient alors leurs blessures à Atys. On se reposoit le cinquieme jour, & le dernier on alloit laver le char, avec les statues de Cybele & d'Atys dans une riviere. Tel étoit le culte d'une Déesse dont Hésiode & Homere n'ont rien dit, & qui du temps d'Hérodote étoit encore regardée comme une Divinité propre à l'Asie mineure ; ce qui démontre clairement qu'on a eu tort de confondre Rhéa avec Cybele, & que ce sont deux Divinités entierement distinctes.

On ne la connut à Rome que fort tard (1), & quand elle y fut reçue on ordonna qu'elle n'auroit pour Ministres que des Phrygiens & des Phrygiennes. Ainsi on n'auroit pas dû la prendre pour une Déesse dont le culte étoit anciennement établi sous le nom d'Ops, & à laquelle les Dames Romaines assises, & touchant la terre d'une main, offroient des vœux en différentes saisons de l'année ; sçavoir, aux mois d'Août & de Décembre. Cette Déesse qui sans doute étoit la Terre, avoit un temple auprès de celui de Saturne, dont le culte, de même que celui d'Ops, avoit été introduit par les Sabins. On gardoit dans le Temple de cette Divinité les deniers publics, qui devoient être employés aux dépenses ordinaires. Les Dames y prioient en la compagnie des Vestales, & du Prêtre, qui ne devoient point porter de voile ce jour-là. Il n'y entroit point d'autres hommes. Rien de moins ressemblant à ce qui se pratiquoit en l'honneur de Cybele ; mais les Poëtes se sont permis de tout brouiller, & nos Mythologistes modernes ne se sont pas donné la peine d'examiner les différences réelles qui se trouvoient entre ces Divinités.

On a encore confondu Cybele avec LA BONNE DÉESSE, Divinité propre de la ville de Rome. Elle étoit d'autant mieux distinguée de celle de Phrygie, qu'on vantoit beaucoup sa chasteté. Les Vestales, qui étoient chargées de son culte, se rendoient le premier de Mai dans la maison du Grand Prêtre, du Consul ou du Préteur de la ville, pour offrir à la Déesse, pendant la nuit, du vin sous le nom de lait, des Chiens & une Truye pleine. Elles faisoient ce sacrifice pour tout le peuple, & n'avoient avec elles que la Dame du logis, ou quelqu'autre Dame d'une vertu reconnue. On ne souffroit point d'hommes dans toutes la maison, & l'on en bannissoit le myrthe, à cause qu'il étoit consacré à Vénus. Il falloit garder le secret sur ce qui se passoit pendant cette nuit.

---

(1) Voyez la dissertation de M. Falconet sur la pierre de la Mere des Dieux, Tome XXIII. des Mém. de l'Académie des Belles-Lettres, page 213. dans la Partie des Mémoires. On y apprendra que le Simulacre de la Déesse apporté de Phrygie, n'étoit qu'une petite pierre fort légere, qu'on enchassa par la suite dans la Statue qu'on fit de Cybele.

Dans la suite on inventa une fable ridicule à l'occasion de cette fête. On dit qu'on y donnoit le nom de Lait au vin, & qu'on n'y souffroit point de myrrhe, parce que *la Bonne Déesse* avoit eu le fouet de son mari avec des brins de myrrhe, pour avoir vuidé un pot de vin en cachette. *La Bonne Déesse* étoit aussi nommée *Grande-Mere*.

LES DACTYLES, LES CURETES, LES CORYBANTES.

Presque tous les Mythologistes ont confondu, faute d'examen, les Dactyles, les Curetes & les Corybantes, & ont donné indifféremment ces trois noms aux Ministres de Rhéa, ou de Cybele. Les explications qu'ils donnent de ces noms ne sont pas plus justes. En profitant des recherches de M. Freret (1), je ferai connoître la différence réelle qu'il y a entre les Dactyles, les Curetes & les Corybantes.

Hésiode & Homere ne parlent point des Dactyles, du moins sous ce nom, mais il en est fait mention dans plusieurs Ecrivains postérieurs à ces deux Poëtes. On doit considérer les Dactyles sous différents points de vûe. 1°. Comme les Inventeurs de l'art de forger le fer, & de travailler les métaux, par rapport à la Grece, car cet art étoit beaucoup plus ancien dans l'Orient. 2°. Comme des especes de Médecins & d'Enchanteurs, qui joignoient à l'application des remedes naturels, certaines formules ausquelles on attribuoit la vertu de charmer les douleurs & même de les dissiper. 3°. Comme ceux qui établirent dans la Grece le nouveau culte de Jupiter. 4°. Enfin, comme les Nourriciers & les Gardiens de ce Dieu, & les Génies attachés au service de Rhéa, qualités qu'on leur donne en les confondant avec les Curetes & les Corybantes.

Ces Dactyles, considérés comme les Inventeurs de l'art de forger, sont de la plus haute antiquité Grecque, & l'époque de cette découverte est du troisième siécle avant la prise de Troye. La Chronique de Thrasylle la place soixante-treize ans après la prise de Troye. Le marbre de Paros en fait aussi mention, mais la date s'en trouve effacée. On voit seulement qu'elle étoit entre celle que donne le marbre à l'établissement des deux cultes de Cybele & de Cérès; le premier dans la Phrygie, le second dans l'Attique. Eusebe, dans sa Chronique, suppose la découverte dont il est ici question plus récente de trente ans, que n'a fait Thrasylle. Par une suite de révolutions arrivées dans l'Orient depuis l'expédition de Sésostris dans l'Asie mineure & dans la Thrace, l'art de travailler les métaux fut connu dans la Phrygie, d'où il passa en Grece. Les Dactyles, qui l'y porterent étoient Phrygiens, suivant l'opinion la plus commune & la plus ancienne. Quelques Auteurs les faisoient cependant venir de Crete, mais c'étoit en supposant qu'ils avoient passé de la Phrygie dans cette Isle. La méprise de ceux qui s'éloignent en ce point du sentiment ordinaire, venoit d'une équivoque causée par le surnom donné communément aux Dactyles. On les appelloit Idéens ; or le nom d'Ida étoit commun à deux montagnes situées, l'une en Crete, l'autre en Phrygie.

On trouve dans le fragment de la Phoronide trois Dactyles, qui sont

(1) Mémoires de l'Académie des Belles-Lettres, Tome XXIII. pag. 30. dans la Partie historique.

LES GRECS. Kelmis, Damnameneus & Acmon. Le Poëte, qui les regarde comme Ministres d'Adraſtie ou de Cybele, prétend qu'ils découvrirent le fer dans les vallées du Mont Ida, & qu'après avoir été inſtruits par Vulcain, ils apprirent aux hommes à travailler ce métal par le ſecours du feu. Les noms que leur donne l'Auteur de la Phoronide, ne ſont que des épithetes relatives aux différentes pratiques de leur art : c'eſt, ſuivant la traduction littérale, le *Fondeur*, le *Forgeur*, & le *Coupeur*. A ces trois Dactyles, Strabon en joint un quatrieme qu'il nomme Hercule. Sophocle, ſelon lui, en comptoit cinq, & leur attribuoit pluſieurs découvertes utiles. Ce nombre de cinq, ſuivant le même Poëte, leur fit donner le nom de Dactyles ou de Doigts (1), & Cicéron en parlant d'eux, les déſigne par ce dernier nom. Le Scholiaſte d'Apollonius nous apprend que d'autres en comptoient onze, ſix mâles & cinq femelles, diſtingués par les noms de la droite & de la gauche. Phérécide en comptoit cinquante-deux, vingt de la droite & trente-deux de la gauche. Il les nomme Enchanteurs, Médecins, & Ouvriers en fer. Il paroit que cet Auteur les diſtinguoit en deux claſſes. Le titre d'Enchanteur ne convenoit proprement qu'à ceux de la gauche, eſpece malfaiſante & ennemie des hommes. Ceux de la droite n'employoient leurs connoiſſances & leur pouvoir qu'à détruire le mal que les autres faiſoient. Quelques autres Auteurs comptoient juſqu'à cent Dactyles, & les ſuppoſoient originaires de Crete.

Pauſanias, qui compte cinq Dactyles, ainſi que Strabon, les appelle Hercule, Epimedes, Idas ou Aceſidas, Pœonius & Jaſius. Ces noms ne ſont point relatifs aux arts métalliques, mais à la Médecine. Suivant le même Pauſanias, Hercule, Dactyle, ſurnommé l'Idéen, n'eſt pas le fils d'Alcmene, ou celui qui naquit à Thébes, mais un ancien Héros, honoré à Olympie ſous le nom de Paraſtates, ou d'Aſſistant avec les Dactyles ſes freres, & dont le culte fut établi par Clymenus, un de ſes deſcendants. Le

(1) Le nom que les Dactyles ont porté ne peut pas leur avoir été donné dans le ſens du mot δάκτυλος, *doigt*, & on doit en chercher une autre étymologie. Peut-être venoit-il du verbe δείκω ou δείκνυμι, *montrer*, *indiquer*, *faire connoître* ; d'où s'étoit formé entr'autres dérivés δείκηλον, *image*, *repréſentation*. En ce cas, le nom des Dactyles auroit rapport aux différents arts dans leſquels ils initierent les Pélaſges. Steſimbrote de Thaſos, Auteur preſque contemporain de Cimon & de Periclès, donnoit une autre origine à ce nom. Il le tiroit de la prépoſition Διά, ſuivie de l'article τὸ & de ῥύω, infinitif du verbe ῥύομαι ou ῥύω, *je garde*, *je défends*. Ce ſeroit alors une alluſion à la qualité de gardiens de Jupiter & de Rhéa, que leur attribuoit la fable. Le nom de Dactyle pris dans ce ſens aura dès lors celui que portoient en Phrygie les Miniſtres de ces deux Divinités ; & par une ſeconde conſéquence, il en faudra chercher l'origine dans la Langue des Phrygiens. Elle ne ſubſiſte plus, mais l'Arménien en eſt un Dialecte, & comme cette derniere Langue eſt fixée depuis le commencement du cinquieme ſiécle de l'Ere Chrétienne, par la traduction de la Bible, & par d'autres ouvrages, M. Freret penche à croire qu'il eſt permis d'y chercher les racines des mots originairement Phrygiens. Or la Grammaire de Schrœder, & le Dictionnaire de Rivola apprennent que dans l'Arménien ancien ou littéral, *Daiac*, ſignifie *Tuteur*, *Curateur*, *Nourrice*, & que du mot *Di*, *nourriture*, ſe forme le verbe *Dil*, *nourrir*. De ces deux mots réunis on fera *Daiaftil*, celui qui nourrit, qui éleve un enfant ; mot ſi reſſemblant au mot *Dactyle*, qu'il eſt probable que Steſimbrote l'avoit en vûe dans l'étymologie qu'on vient de rapporter d'après lui.

fils d'Alcmène ne vint au monde que plus d'un siécle après Clyménus (1). Ephorus, qui prétendoit que les Dactyles étoient passés de la Phrygie dans l'Isle de Crete, & de-là dans la Grece, les regardoit comme les Instituteurs des premiers mysteres religieux dans ce Pays, & comme des Charlatans.

Suivant Pausanias les Dactyles Idéens rapporterent dans la Grece le culte de Jupiter, nommé Zeus ou Dios, & l'établirent à Olympie. Le culte de la Terre & celui de Saturne y étoient déjà établis, & ils les laisserent subsister. Ils construisirent en l'honneur de Jupiter un autel également singulier par la forme & par la matiere. Cet autel avoit vingt-deux pieds d'élévation sur trente-deux pieds de tout. Il étoit enfermé par une balustrade de cent vingt-cinq pieds de circuit qui bornoit le terrein sacré, terrein placé sur une espéce de butte où l'on arrivoit par un escalier de pierre. L'autel & les deux rampes qui servoient à y monter n'étoient composés que des cendres du foyer sur lequel on entretenoit dans le prytanée d'Olympie un feu perpétuel. On n'y bruloit que du peuplier blanc : les cendres se délayoient avec de l'eau du fleuve Alphée, dont la vertu particuliere donnoit de la consistance à cette espece de mortier ; du moins le croyoit-on encore du temps de Plutarque, où cette pratique superstitieuse continuoit d'être en vogue. Mais comme l'ardeur du soleil & le feu des sacrifices devoient desfecher cet autel, & le réduire insensiblement en poussiere, on le réparoit tous les ans le dix-neuf du mois Elaphius, dans lequel tomboit toujours l'équinoxe du Printemps, & qui étoit le dernier mois de l'année Olympique. C'étoit au-dehors de la balustrade qu'on égorgeoit les victimes ; & les deux rampes servoient à porter sur l'autel la portion qui en revenoit aux Dieux. Ces rampes devoient être fort roides, n'ayant gueres que douze pieds de pente sur vingt-deux d'élévation. On voyoit encore à Olympie d'autres autels semblables à celui qu'on vient de décrire. La Terre avoit le plus ancien de tous : c'étoit selon toute apparence l'ouvrage des premiers habitants de ce pays ; & ce fut sans doute, pour se conformer aux rits Pélasgiques, que les Dactyles construisirent aussi leur autel avec un simple mortier de cendres. C'est à eux que devoit son origine l'oracle de Jupiter établi à Olympie, & dont l'intendance fut confiée aux descendants d'Iamus.

Il n'est plus parlé des Dactyles depuis la conquête de l'Elide par Endymion. Ce Prince descendant de Deucalion, amena des Hellenes à Olympie, & partout où les Hellenes s'établissoient le nom des anciens habitants disparoissoit bientôt.

Le nom de *Curetes* ou *Couretes* se trouve pris dans trois significations différentes. 1°. Homere désigne ainsi un peuple voisin de Calydon : ce sont les Etoliens, situés à l'Orient du fleuve Acheloüs (2). 2°. Le nom de

marginalia: LES GRECS. — Curetes & Corybantes.

(1) Clyménus regnoit à Olympie. Il fut vaincu par Endymion, le douzieme des Ancêtres d'Oxylus, qui ramena les Héraclides dans le Péloponnese. Ces douze générations étoient marquées sur une inscription que Strabon, Livre X. pag. 463. rapporte d'après Ephorus, qui l'avoit vûe à Elis. Le retour des Héraclides étant postérieur de quatre-vingts ans à la guerre de Troye, le regne de Clyménus a dû précéder cette guerre d'environ deux cent soixante ans, & dès lors il est de quarante ans moins ancien que l'établissement des forges du Mont Ida.

(2) Ce nom, suivant Archemachus, étoit relatif à leur chevelure. On le donnoit à des hommes qui portoient leurs cheveux

LES GRECS.

Curetes prit dans le sens le plus simple, désigne seulement des hommes dans la fleur de l'âge. Strabon a montré qu'Homere l'employoit souvent en ce sens dans l'Iliade. 3.º. Enfin, & c'est l'usage le plus fréquent de ce mot, on nomma Curetes les Ministres des mysteres de Jupiter dans l'Isle de Crete, & de ceux de Rhéa, ou plutôt de Cybele dans la Phrygie. C'est sous cette derniere acception qu'ils se trouvent assez souvent confondus avec les Corybantes, quoiqu'ils ayent été des personnages réellement distincts. Les Curetes étoient les Prêtres de Jupiter, & les Corybantes, ceux de Rhéa, ou de Cybele. Les Curetes étoient, dit Strabon, les inventeurs de la danse armée, & on les nommoit ainsi, parce que c'étoient les plus jeunes d'entre les Prêtres qu'on chargeoit de cette fonction dans les pompes & les marches religieuses des fêtes de Jupiter & de Rhéa. La danse des Corybantes étoit accompagnée de mouvements presque convulsifs de tout le corps, & sur-tout de la tête. Strabon les compare à des forcenés qui sont agités par des transports de frénésie. Les Romains qui toléroient ces Corybantes introduits à Rome avec le culte de Cybele, deux cent cinq ans avant l'Ere Chrétienne, leur donnoient le nom de *Galli*, & à leur chef celui d'*Archigallus*. (1). Diodore suppose que ce furent les Curetes qui apprirent aux Crétois à rassembler en troupeaux les brebis & les chevres sauvages errantes dans la campagne, à construire des ruches, à élever des abeilles domestiques, & à leur enlever le miel & la cire sans en détruire ou même en disperser les essains. Il leur attribue encore l'art de fondre & de travailler les métaux; mais ni cet Auteur, ni aucun autre ne les suppose initiés dans la connoissance de la Médecine.

THEMIS.

Thémis ou l'Equité, fille du Ciel & de la Terre, fut la seconde femme de Jupiter, & devint mere des trois HEURES; Eunomie, *la bonne foi*,

courts & rasés sur le devant de la tête. A l'Occident de l'Achelous habitoient les Acarnaniens, ainsi nommés, parce qu'ils laissoient croître leurs cheveux.

(1) Quelques étymologistes ont prétendu que ces Prêtres fanatiques de Cybele avoient tiré leur nom du fleuve Gallus, qui passe auprès de Pessinonte; d'autres croyent qu'ils le donnerent eux-mêmes à ce fleuve. Suivant M. Freret, il est plus naturel de le prendre pour le nom Phrygien, sous lequel on les connut à Rome. En supposant, ce qu'il a prouvé dans l'article précédent que l'Arménien & le Phrygien étoient la même. Langue; il retrouve dans le mot *Gallus*, celui de *Gallouts*, *torquens se*, dérivé de *Ghèloul*, *volvere*, *tordre*. Dès lors ce nom, comme celui de Corybas, sera relatif aux danses furieuses, qui faisoient partie du culte de Cybele. Nous avons vû de même que le nom des Dactyles, tiré des deux mots Ar-

méniens *Dayaktil*, signifioit les Nourriciers de Jupiter, emploi que la fable donne aux Dactyles Idéens.

Denys d'Halicarnasse observe Liv. II. que le culte de Cybele fut toujours abandonné dans Rome à des Phrygiens & à des Phrygiennes. On jugea sans doute, que l'enthousiasme indécent auquel les Ministres de cette Divinité se livroient pour l'honorer, & le sacrifice qu'elle exigeoit d'eux, auroient dégradé des Citoyens Romains. Les noms Romains donnés sur des inscriptions à l'Archigalle ne doivent pas nous arrêter, parce que ces inscriptions sont d'un temps où des esclaves mêmes portoient souvent de ces noms. Tant que duroit la fête de Cybele, ses Prêtres avoient la permission de quêter dans Rome. Cicéron, qui rapporte cet usage dans son second Livre des Loix, ajoute qu'il n'est propre qu'à ruiner les familles, & à répandre la superstition.

Diké, *la justice*, & Eirené, *la paix*. Thémis eut encore les trois Parques (1). Ce sont les Heures, dit Hésiode, qui conduisent à maturité les ouvrages des hommes. Il ne faut pas confondre celles-ci avec d'autres qu'on disoit filles du Temps, & qu'on plaçoit aux portes du ciel. On doit aussi distinguer des unes & des autres les Heures qui présidoient à la jeunesse, & qu'on donnoit quelquefois pour compagnes à Venus, de même que celles dont Apollon étoit le conducteur. Ces dernieres étoient au nombre de quatre, & désignoient sans doute les quatre saisons. Les compagnes de Venus sont les Graces, suivant toute apparence, & les filles du Temps sont tout à la fois, les Heures, mesure du temps & les Occasions. Les noms Grecs qu'elles portent toutes, désignent clairement leurs fonctions particulieres.

Au lieu d'Eunomie ou de Diké, quelques Poëtes donnent à Thémis une autre fille nommée Astrée, qui habita la terre pendant l'âge d'or ; mais indignée des crimes des hommes, qui succéderent à ceux de l'âge d'or, elle s'envola aux cieux où elle prit place entre les signes du Zodiaque. C'est elle qu'on nomme la Vierge. Pausanias fait mention d'un temple & d'un oracle que Thémis avoit sur le Mont Parnasse. Elle partageoit cet Oracle avec la Déesse de la Terre, & le céda ensuite à Apollon. Thémis avoit un autre temple dans la citadelle d'Athènes.

LES CYCLOPES.

Le nom de *Cyclopes* a eu diverses acceptions dans plusieurs Poëtes. Hésiode dit que les Cyclopes étoient fils du Ciel & de la Terre ; qu'ils étoient semblables aux Immortels ; & qu'ils n'avoient qu'un œil rond & placé au milieu du front. Il les nomme Argès, Brontès, & Steropès, c'est-à-dire, l'*Eclair*, le *Tonnerre*, & la *Foudre*. Ce furent eux, ajoute le Poëte, qui fournirent à Jupiter les armes avec lesquelles il détrôna Saturne, & vainquit les Titans.

Suivant Homere, les Cyclopes sont des Geants Antropophages ou Mangeurs d'hommes. Ils étoient établis dans la Sicile, & s'occupoient uniquement de la vie pastorale, n'ayant la connoissance ni des loix de la société, ni des arts les plus nécessaires. Polypheme, fils de Neptune, est leur chef, & porte le même nom qu'un des Héros de l'Iliade. Ces deux espèces de Cyclopes n'ont rien de ressemblant : ceux d'Hésiode sont des Etres allégoriques des Météores personnifiés, & ceux d'Homere sont des personnages poëtiques, c'est-à-dire, de pure imagination.

On en connoît une troisieme espéce, dont le souvenir s'étoit conservé dans l'Argolide, & qui avoient un temple & des sacrifices à Corinthe. Ce sont les Cyclopes auxquels une ancienne tradition, rapportée par Strabon, attribuoit la construction des forteresses de Tyrinthe & de Nauplia, bâties par Acrisius ayeul de Persée.

Callimaque, & les Poëtes postérieurs, comme Virgile & Ovide, ont imaginé une quatrieme espece de Cyclopes, dont ils font des Forgerons, qui travaillent dans l'Isle de Lipare. Callimaque les nomme de même que

(1) Il y a ici une contradiction dans Hésiode même, qui d'abord avoit fait ces Divinités filles de la Nuit, & qui ensuite leur donne pour mère Thémis.

ceux d'Héfiode, mais Virgile appelle le troifieme Pyracmon.

Euripide dans fon *Alcefte*, fait tuer les Cyclopes par Apollon pour avoir forgé la Foudre, dont Jupiter frappa fon fils Efculape, qui avoit rappellé à la vie l'infortuné Hippolite, fils de Thefée. Les Cyclopes d'Euripide font ceux d'Héfiode, fils du Ciel & de la Terre, mais le Poëte tragique avoit oublié qu'ils étoient immortels. Par cette raifon, fon Scholiafte obferve, que, felon Pherecyde, Apollon ne tua pas les Cyclopes, mais leurs enfants.

Les Cyclopes, Forgerons & donnés à Vulcain, étoient une fiction nouvelle, imaginée depuis Homere. Le Vulcain de l'Iliade à fa forge dans le ciel, & il n'y eft fervi que par des Statues d'or, qui font l'ouvrage de fon induftrie.

Les Cyclopes de Callimaque font probablement ceux qui portent le nom de Cabires, fur plufieurs médailles où nous les voyons repréfentés avec des attributs relatifs à l'art de forger. L'Ifle de Lemnos étoit confacrée à Vulcain : il y avoit des temples, & une ville portoit fon nom ; mais nous ne voyons pas que les anciens Poëtes lui ayent donné un attelier (1).

SATURNE.

Saturne ou Chronos étoit, comme on l'a vû plus haut, fils du Ciel & de la Terre. Celle-ci indignée de ce que le Ciel avoit caché dans les fombres demeures de la terre les Hécatonchires, parce qu'ils étoient trop hideux, produifit une faulx d'acier, & propofa à fes enfants de la venger. Saturne fut le feul qui ofa porter la main fur fon pere. Il le bleffa avec cette arme, & l'ayant ainfi vaincu, il s'empara de la fouveraineté de l'Univers. Il époufa enfuite Rhéa fa fœur, dont il eut Vefta, Cérès, Junon, Pluton, Neptune & Jupiter. Il les dévoroit tous au moment de leur naiffance, parce que le Ciel & la Terre lui avoient prédit qu'il feroit un jour déthrôné par un de fes enfans. Rhéa, pour fauver le petit Jupiter dont elle étoit enceinte, alla accoucher de nuit à Lyctus dans l'Ifle de Crete, & cacha l'enfant dans un antre du mont Argéen. Elle préfenta enfuite une pierre emmaillotée à Saturne, qui la dévora auffitôt. La Terre fâchée contre fon fils, le furprit un jour, & lui fit rendre tous les enfants & la pierre qu'il avoit dévorés. Jupiter plaça cette pierre à Pytho, fous les cimes du Mont Parnaffe.

C'eft ainfi qu'Héfiode rapporte la fable de Saturne ; & tout ce que les autres Poëtes ont imaginé depuis, ne peut fe lier avec l'hiftoire allégorique de la Religion Grecque, & par conféquent doit être regardé comme l'effet de l'imagination. La révolte de Saturne & le traitement qu'il fait à fon pere, ne font autre chofe que l'hiftoire d'une révolution arrivée dans le culte religieux. Pour dépouiller le Ciel de la Souveraineté, il fallut lui ôter fa force, & comme l'imagination feule avoit produit les enfants du Ciel, on ne put fe difpenfer de faire rentrer dans le néant ceux d'entr'eux dont les autels étoient abandonnés. Le culte de Saturne étant devenu le plus célebre, il ne fut pas difficile de feindre que lui feul s'étoit chargé de priver fon pere de l'Empire du Monde. Ainfi tout indique ici naturel-

(1) Mémoires de l'Académie des Belles-Lettres, Tom. XXIII. pag. 27. dans la Partie hiftorique.

lement une nouvelle Religion, qui subsista jusqu'à Jupiter.

On a donné diverses explications du traitement que Saturne faisoit à ses enfants. Les uns, qui ont regardé ce Dieu comme l'emblême du temps, ont cru y voir le symbole de l'action du temps sur les choses humaines; les autres ont cru qu'on avoit imaginé cette allégorie pour faire allusion aux petits enfants qu'on lui offroit en sacrifice. Il paroît cependant qu'on en peut donner une explication d'autant plus naturelle, qu'elle sera conforme au système de la Théogonie d'Héfiode. Le culte de Jupiter prévalut sur celui de tous ses freres & sœurs, quoiqu'il fût le plus jeune de tous. Pour sauver cette espece d'usurpation, & lui donner un droit d'aînesse, il a fallu imaginer que ses freres avoient perdu la vie pendant quelque temps, au lieu que Jupiter l'avoit toujours conservée, & par ce moyen étoit devenu en quelque sorte leur aîné.

A l'égard de la pierre dévorée par Saturne, & placée par Jupiter sous les cimes du mont Parnasse, on reconnoît aisément que le Poëte a voulu parler de l'établissement de l'Oracle de Delphes.

Hérodote nous apprend que le culte de Saturne, qui avoit été apporté d'Egypte dans la Grece, ne s'établit pas sans opposition, & qu'il n'y fut reçu qu'après que l'Oracle de Dodone eut déclaré qu'on pouvoit admettre les Dieux étrangers. Ce passage est une nouvelle preuve que la révolte de Saturne contre son pere, ne peut signifier que la levée des obstacles qui s'opposoient à l'établissement de son culte, & l'abolition de la premiere Religion.

Le culte de Saturne ne subsista pas longtemps dans la Grece, & à peine ce Dieu y conserva-t-il quelques vieux autels, sur lesquels il ne paroît pas même qu'on lui eût offert des sacrifices. Il n'y avoit qu'à Olympie, où on trouvoit encore quelques vestiges de son culte. Auprès du Stade étoit une colline qui portoit son nom, & sur laquelle des Prêtres alloient lui sacrifier tous les ans, le jour de l'Equinoxe, dans le mois Elaphius. Il est encore fait mention d'une chapelle de Saturne renfermée dans l'enceinte du Temple de Jupiter Olympien à Athènes, & des fêtes qu'on y célébroit. Les victimes qu'on immoloit à Saturne étoient de jeunes enfants, & cette pratique barbare étoit si en usage chez les Carthaginois, qu'il n'étoit pas permis aux parents de donner la moindre marque de tristesse pendant cet horrible sacrifice.

Le culte de ce Dieu fut transporté dans la suite en Italie, & fut adopté par les Romains. Ces peuples, qui n'admettoient point de généalogies des Dieux, ni les fables Grecques telles qu'elles étoient, honorèrent ce Dieu comme le maître du temps, comme le pere de l'âge d'or, de la vérité & de la bonne foi. On gardoit le thrésor de l'épargne dans son Temple; on y déposoit les contrats, & les Ambassadeurs étrangers devoient s'y rendre pour donner leurs noms au Garde du thrésor avant que d'avoir audience. Sa Statue étoit entourée de chaînes de laine, qu'on lui ôtoit aux Saturnales. On vouloit marquer par-là que l'autorité devoit être douce, afin de rendre supportable l'inégalité des conditions qui disparoissoit pendant cette fête. Le passage du culte de ce Dieu en Italie, a fait imaginer qu'il s'y étoit sauvé, après avoir été chassé du ciel par Jupiter. Cette fable est mo-

LES GRECS.

Saturnales.

derne, puisqu'Héfiode précipite Saturne dans le fond du Tartare; en quoi il eſt ſuivi par le plus grand nombre des Poëtes.

On célebroit à Rome une fête en l'honneur de Saturne, & pendant ce temps, la puiſſance des Maîtres ſur leurs eſclaves étoient ſuſpendue ; ils mangeoient enſemble ; les eſclaves avoient la liberté de dire & de faire tout ce qui leur plaiſoit ; leurs Maîtres ſe faiſoient un plaiſir de changer d'état & d'habits avec eux.

Il y avoit en Theſſalie une fête fort ancienne, & qui avoit beaucoup de rapport avec les Saturnales des Romains. Pendant que les Pélaſges faiſoient un ſacrifice à Jupiter, un Etranger nommé Pelorus, leur annonça qu'un tremblement de terre avoit entr'ouvert les montagnes voiſines ; que les eaux d'un grand marais nommé Tempé, s'étoient écoulées dans le fleuve Penée, & avoient découvert une grande & belle plaine. Le récit de cette nouvelle les engagea à inviter l'Etranger à manger avec eux, & à permettre à leurs eſclaves de prendre part à leur joye. Cette plaine eſt la délicieuſe vallée de Tempé. Ils continuerent d'offrir tous les ans le même ſacrifice à Jupiter, ſurnommé Pelorien, & renouvellerent la cérémonie de donner à manger à des Etrangers & à leurs eſclaves, auſquels ils accordoient toutes ſortes de libertés.

Les Saturnales à Rome étoient des jours de réjouïſſance, & ſe paſſoient en feſtins. Les Romains quittoient la Toge, & paroiſſoient en habits de table. Ils s'envoyoient mutuellement des préſents ; les jeux de haſard, défendus en un autre temps, étoient alors permis : le Sénat vaquoit, les affaires du Barreau ceſſoient, les écoles étoient fermées. Il paroiſſoit de mauvais augure de commencer la guerre, & de punir les criminels pendant ce temps uniquement conſacré au plaiſir. Les enfants annonçoient cette fête en courant dès la veille dans les rues, & en criant *Io Saturnalia*.

Elle n'étoit originairement qu'une ſolemnité populaire ; elle devint une fête légitime, lorſqu'elle eut été inſtituée par Tullus Hoſtilius, ou par Tarquin le Superbe. La célébration en fut diſcontinuée dans la ſuite, & rétablie par autorité publique pendant la ſeconde guerre contre les Carthaginois. Les Saturnales commencerent d'abord le 17 Décembre, ſuivant l'année de Numa, & ne duroient alors qu'un jour. Jules Céſar, en réformant le Calendrier ajouta deux jours à ce mois, qui furent inſérés avant les Saturnales & compris dans cette fête. Auguſte approuva cette augmentation par un Edit, & y ajouta enſuite un quatrième jour. Caligula y fit l'addition d'un cinquieme, appellé *Juvenalia*. Dans ces cinq jours étoit compris celui qui étoit particulierement deſtiné au culte de Rhéa, & il étoit appellé *Opolia*. On célebroit enſuite pendant deux jours en l'honneur de Pluton, la fête nommée *Sigillaria*, à cauſe des petites figures qu'on lui offroit. C'étoit une des dépendances des Saturnales ; de maniere qu'elles s'étendoient juſqu'à ſept jours, ſuivant Martial.

Quand on ſacrifioit à Saturne, on avoit la tête découverte ; ce qui fait voir qu'on le regardoit comme un Dieu infernal ; car on avoit toûjours la tête couverte, lorſqu'on offroit des ſacrifices aux Dieux céleſtes.

Saturne étoit ordinairement repréſenté comme un vieillard ayant une grande barbe, la tête nue, une faulx à la main, & des aîles ſur le dos.

Ceux

DE L'UNIVERS. Liv. VI. Ch. VI.

LES GRECS.
Janus.

Ceux qui prétendoient que Saturne s'étoit retiré en Italie, disoient que ce Dieu y avoit été reçu par Janus, Roi du Pays, dont ils ont aussi fait une Divinité. Ils le représenterent avec deux visages, un par devant & l'autre par derriere. On a voulu expliquer ce symbole par la prudence & la mémoire de ce Prince, en disant que le visage de devant désignoit sa prévoyance, & que celui de derriere signifioit qu'il se souvenoit des choses passées pour en faire son profit. Comme il est pris pour le Dieu qui préside à l'année, & qu'il a plu aux Anciens de lui en attribuer l'arrangement, il est plus simple de penser, que ces deux visages indiquent les deux équinoxes, celui du printemps & celui d'automne (1). C'est pour cette raison que plusieurs lui donnent quatre visages, qui sont les symboles des quatre saisons. Ses doigts étoient disposés de telle sorte, qu'ils donnoient en chiffre le nombre des jours de l'année. Il avoit à Rome, dans les différents quartiers de la ville douze autels & un Temple, dans lequel on entroit par deux portes. Ce Temple devoit être toujours ouvert pendant la guerre, & fermé pendant la paix. La Statue de la Discorde étoit à l'entrée de ce Temple. On célebroit sa fête le premier jour de l'an, & on ne lui offroit que de la farine, ou des gâteaux & du vin. Quelques Poëtes ont imaginé qu'il étoit fils d'Apollon & de Creuse, fille d'Erecthée, Roi d'Athènes, & il fonda, selon eux, une ville, qui de son nom fut appellée Janicule. D'autres paroissent l'avoir confondu avec le Soleil. On le représentoit, tenant d'une main une clef, & de l'autre une baguette. Il paroît que les Romains avoient différentes idées de ce Dieu, & que chaque Poëte lui donna les attributs que lui fournissoit son imagination. Ovide dans le premier Livre de ses Fastes, le fait ainsi parler.

» Les Anciens, dit-il, m'appelloient Chaos; jugez combien je suis vieux.
» Lorsque les quatre éléments, qui jusqu'alors avoient été confondus, fu-
» rent séparés, & que chacun eut pris sa place, aussitôt d'une masse informe
» que j'étois, je pris la figure d'un Dieu. J'ai encore quelque reste de mon
» ancienne confusion; car on voit en ma personne la même chose par
» devant que par derriere. Apprenez la raison de ce double visage, afin
» que vous connoissiez ma puissance & mon emploi. J'exerce mon em-
» pire sur tout ce que vous voyez, sur le ciel & sur l'air, sur la mer,
» comme sur la terre; tout s'ouvre ou se ferme quand je veux. C'est moi
» seul qui garde la vaste étendue de l'Univers, & j'ai seul le pouvoir de faire
» tourner le monde sur ses deux Pôles. Lorsqu'il me plaît de donner la paix,
» & de la faire sortir de mon Temple, à l'instant elle va se répandre en
» tout lieu. Mais si je n'en ferme les portes, la guerre s'allumera partout
» & la terre sera inondée de sang. Je préside aux portes du ciel, & je
» les garde de concert avec les Heures, qui s'écoulent lentement. Le Jour
» & Jupiter même, qui en est l'Auteur, ne vont & ne reviennent que

---

(1) On pourroit encore dire qu'ils signifient le Jour & la Nuit; c'est ce qu'on peut soupçonner d'après la description qu'Ovide en fait dans ses Fastes, où il dit que ses deux visages regardent continuellement l'Orient & l'Occident. Je donnerai ci-après cette description.

Tome VI.

LES GRECS.

» par mon moyen ; c'eſt de-là qu'on m'appelle Janus . . . . . Voici la rai-
» ſon pour laquelle j'ai deux viſages. Toute porte à deux faces, l'une au
» dehors, l'autre au dedans. La premiere regarde le peuple, la ſeconde,
» l'entrée de la maiſon ; & comme celui qui garde la porte voit ceux qui
» entrent & qui ſortent, de même moi qui ſuis le portier du Ciel, j'ob-
» ſerve en même temps l'Orient & l'Occident, & j'ai le pouvoir de le
» faire des deux côtés à la fois, ſans faire aucun mouvement, de crainte
» de perdre le temps en tournant la tête, ou qu'il n'échappe quelque
» choſe à ma vûe . . . . Mais pourquoi, lui demande le Poëte, ferme-t-on
» votre Temple en temps de paix, & qu'on l'ouvre en temps de guerre?
» J'ouvre les portes de mon Temple en temps de guerre, répond le Dieu,
» pour le retour des Soldats Romains, quand ils ſont une fois partis pour
» la guerre : & je le ferme en temps de paix, afin que la paix y étant
» une fois rentrée, elle n'en ſorte plus . . . . Enfin pourquoi, avant que de
» faire des ſacrifices aux Dieux, ou de leur adreſſer ſes prieres, faut-il
» que ce ſoit par vous, ô Janus, que l'on commence ? C'eſt afin, dit-il,
» que comme je garde les portes du Ciel, vous puiſſiez, par mon moyen,
» trouver un accès favorable auprès des Dieux à qui vous vous adreſſez. «

Cette deſcription, & celle qu'on trouve dans Macrobe, font voir que Janus n'étoit qu'un Etre allégorique, dont la fable a été tellement chargée par la ſuite des temps, qu'on a peine à reconnoître, quelle étoit la premiere idée que les habitans du Latium avoient de Janus. On voit en général, que c'étoit le ſymbole de l'année ou peut-être même du temps; mais c'eſt trop s'arrêter ſur une fable qui n'eſt point Grecque.

JUPITER.

L'hiſtoire de Jupiter eſt celle de la troiſieme Religion chez les Grecs, comme je l'ai déjà dit plus haut. On a vû que Rhéa ſa mere pour le dérober à la cruauté de ſon pere, l'avoit mis au monde dans l'Iſle de Crete où elle le fit élever en ſecret. Jupiter devenu grand déclara la guerre à Saturne, le vainquit, & après lui avoir fait ſubir le même traitement qu'il avoit fait au Ciel, il le précipita dans le Tartare. De tous les oncles paternels de Jupiter, il n'y eut d'abord que les Cyclopes qui ſe ſoumirent à lui. Ils lui firent préſent du tonnerre & de la foudre. Les autres lui déclarerent la guerre, mais Jupiter pour tâcher de les gagner, publia une Amniſtie en faveur de ceux d'entre eux qui le reconnoîtroient : il promit de leur confirmer les honneurs & les prérogatives dont ils avoient joui auparavant, & s'engagea même à en accorder de nouveaux à ceux qui n'en avoient point encore. Styx ſe ſoumit la premiere, & lui amena ſes enfants. Pluſieurs ſuivirent ſon exemple, mais cette déſertion n'empêcha pas les Titans (1) de lui réſiſter pendant dix années entieres. La Terre conſeilla alors à Jupiter de délivrer les Hécatonchires, & ceux-ci ne furent pas plutôt remis en liberté, qu'ils attaquerent avec fureur les Titans, & les pouſſerent de proche en pro-

---

(1) On ſe ſouvient que le Ciel donna ce nom à tous ſes enfants, lors de la révolte de Saturne. Ce nom ſignifie *imprudent*, *inconſidéré*.

che jufqu'au fond du Tartare. Ces Hécatonchires nommés Cottus, Briarée & Gygès avoient chacun cinquante têtes, & cent bras.

LES GRECS.

Jupiter devenu le fouverain du Monde prit diverfes alliances, & époufa d'abord Métis, qu'il renferma au-dedans de lui-même lorfqu'elle étoit déjà groffe de Minerve. Il époufa enfuite Thémis, dont il eut les Heures & les Parques ; Eurynomé, fille de l'Océan, qui le rendit pere des trois Graces ; Cerès, mere de Proferpine ; Mnemofyne, qui produifit les neuf Mufes ; Latone, qui donna le jour à Apollon & à Diane ; enfin Junon ; de laquelle naquirent Hébé, Mars & Ilithye. Il fit alors fortir de la tête la redoutable Minerve, & devint en même temps pere de Vulcain, dont Junon accoucha. Jupiter eut de plus trois maîtreffes ; fçavoir, Maïa, l'Atlantide, qui fut mere de Mercure ; Semelé, fille de Cadmus, qui enfanta Bacchus, & Alcmene, mere d'Hercule. Telle eft la fable de Jupiter rapportée par Héfiode, mais qui changea bien dans la fuite par les additions que les Poëtes y firent. Je parlerai de ces augmentations après avoir examiné d'après M. de la Barre l'allégorie qui eft renfermée dans ce qu'Héfiode nous rapporte de Jupiter.

Héfiode avant que de paffer à l'hiftoire de la troifieme Religion, avoit préparé cette révolution par le récit de quelques évenements qui pouvoient la produire. Le Ciel eft déthrôné, parce que la Terre eft irritée du traitement qu'il a fait à plufieurs de fes enfants. Le reffentiment de la Déeffe eft jufte, cependant Saturne ne devoit pas fervir fa vengeance. Il ne le fit, dit le Poëte, que parce qu'il avoit toujours haï fon pere. On a imaginé cette haine pour expliquer le tort que le culte de Saturne fit à celui des premiers Dieux de la Grece, lorfque le fien fut introduit dans quelques villes de ce pays. On ne voulut pas donner la même idée de l'avénement de Jupiter au thrône. Comme il ne devoit y avoir rien que de jufte dans la conduite d'un Dieu à qui on donnoit la Sageffe en partage, & la Juftice pour compagne, il falloit préparer d'une autre maniere la nouvelle révolution. Cette idée détermina le Poëte à repréfenter Saturne comme un mauvais pere qui dévore tous fes enfants, & à imaginer que Rhéa éleve en cachette le petit Jupiter. La Terre irritée de tout ce qu'elle voit, ne peut fouffrir que Saturne regne plus longtemps : elle le furprend & le livre à Jupiter, qui en l'obligeant à rendre les enfants qu'il avoit engloutis, leur donne comme une feconde naiffance, & devient ainfi leur aîné. Ce n'eft pas lui qui déthrône Saturne, c'eft la Terre, & lorfque Saturne eft déthrôné, la fouveraine puiffance appartient de droit à Jupiter. On imagina que Neptune & Pluton étoient les freres de ce Dieu, parce qu'ils partagerent l'Empire du Monde avec lui.

Ce n'étoit pas affez d'avoir déthrôné Saturne, qui n'avoit regné que fur une partie de la Grece, conjointement avec les anciens Dieux, il fallut encore que l'imagination qui avoit produit les Titans, les fit enfin difparoître. Héfiode le fait ici en ménageant toujours l'honneur de Jupiter ; car fi ce Dieu traite les Titans avec rigueur, ce n'eft que parce qu'ils lui ont déclaré la guerre, & qu'ils ont rejetté les offres qu'il leur a faites. Cette guerre qui dura neuf ans entiers fait voir que l'ancienne Religion fe maintint encore longtemps en divers cantons de la Grece, & que ce ne fut qu'avec beaucoup de peine qu'on vint à bout d'introduire la nouvelle.

LES GRECS.

Les Titans n'y paroiffent plus ; ils font renfermés dans le Tartare, parce qu'il ne refta plus de Dieux fans nom, c'eft-à-dire, ceux de la premiere Religion ; mais on en conferva un très-grand nombre de la feconde, ce qui eft défigné par les Dieux, qui abandonnerent les Titans pour prendre le parti de Jupiter, après que ce Dieu eut promis de les maintenir dans la jouiffance de leurs anciennes prérogatives. Ce n'eft point au hafard & fans choix qu'Héfiode a nommé les Divinités de la troifiéme Religion, & qu'il leur a fixé un rang. Ces Divinités de la famille de Jupiter font de deux efpéces. Les unes font allégoriques, & ce font des Facultés, des Intelligences : les autres font des Etres fubfiftants. Comme l'efprit eft plus noble que le corps, il étoit naturel de donner le droit d'aîneffe à celles qui ont plus de rapport à l'efprit. Auffi la Généalogie que fait Héfiode nous préfente-t-elle d'abord une fuite de Divinités purement allégoriques. Les Heures qui font les premieres de toutes, font auffi les plus nobles, puifqu'on les fait préfider à la juftice. Les Graces qui viennent après elles, embelliffent tout, & donnent à l'efprit les qualités qui le font aimer. Après les Graces naît Proferpine, qui avec Cerès fa mere a beaucoup de rapport à la juftice, tant pour ce qui concerne la culture des terres, comme on en peut juger par les Thefmophories, que par rapport à fon autorité dans les enfers. Après Proferpine la fable fait naître les Mufes, qui ne peuvent plaire qu'à la fuite de leurs aînées. Telles font les Divinités que le Poëte fait paroître avant le Soleil & la Lune, qu'il nomme Apollon & Diane, & qui font, dit-il, les plus aimables habitants des Cieux. Ces deux Divinités ne portoient point ces noms avant Jupiter ; leur culte étoit fimple, mais on y en fubftitua un autre qui fut introduit par les Etrangers. Leurs fables, ainfi que celles des autres Divinités, furent chargées dans la fuite de nouvelles fictions inconnues aux premiers Poëtes. Après Apollon & Diane, qui font deux Etres fubfiftants, Mars voit le jour avec Hebé & Ilithye, Divinités allégoriques, mais fans aucun rapport à l'efprit.

Il paroiffoit naturel de faire naître Minerve avant tous ces Etres, puifqu'il n'y a ni paix ni juftice où la fageffe ne fe trouve point, & qu'elle feule donne le mérite aux agrements & aux plaifirs qui font toujours dangereux fans elle. Mais quoi qu'on l'eût connue prefque en même temps que Jupiter, l'époque de l'établiffement de fon culte tel qu'il fubfifta pendant plufieurs fiécles, parut trop célebre pour ne la pas regarder comme l'époque de fa naiffance. On ne la fit naître qu'affez tard, mais pour conferver fon hiftoire en entier, on voulut qu'elle fût la fille aînée de Jupiter, à compter du temps de fa conception.

Vulcain naît après Minerve, felon Héfiode, qui fait enfuite paroître Triton fils de Neptune & d'Amphitrite. Alors Mars époufe Venus, & de cette alliance naiffent la Crainte & la Frayeur avec Harmonie, qui eft mariée à Cadmus. Mercure, Bacchus, Hercule, paroiffent fucceffivement : pendant la vie du dernier, Vulcain époufe Aglaïe, & Bacchus s'allie avec Ariadne ; enfin Hercule meurt comblé de gloire.

Il étoit naturel de ne point féparer Vulcain de Minerve, puifque ces deux Divinités étoient mariées enfemble en Egypte, d'où on les avoit reques. Dans la Grece où Minerve devint Vierge, on voulut toujours qu'elle conservât des liaisons avec le mari dont on la privoit, puisqu'on lui donna des autels communs & des fêtes communes avec lui. Platon suppose par cette raison qu'ils habitoient le même Palais, dans lequel ils s'exerçoient à perfectionner les arts. D'ailleurs il paroît que le culte de Vulcain ne fut solidement établi dans la Grece, que plusieurs années après qu'on l'eût admis dans ce Pays. C'est ce qu'Homere semble insinuer, lorsqu'il dit que Vulcain ne prit séance dans l'assemblée des Dieux que dix ans après qu'il fut né, & que jusques là il fut caché par Téthys & Eurynomé. Triton paroît immédiatement après Minerve & Vulcain, parce que le nouveau culte de Minerve fut une suite de la connoissance qu'on eut de la maniere dont on l'honoroit dans la Libye aux environs du Lac Triton, & que Neptune, dont on n'avoit pas encore entendu parler, fut en même temps connu. Hérodote le dit en termes assez clairs. La Colonie Phénicienne, qui remplit de troubles une partie considérable de la Grece, où elle apporta les instruments de Musique, donna lieu à la fiction du mariage de Venus avec Mars, & de la naissance d'une aimable fille, & de deux autres enfants dignes de leur pere. On est informé alors du culte de Mercure chez les Atlantes, on adopte ce culte, & celui de Bacchus est établi peu de temps après par les soins de Melampus. Hercule naît après un assez long intervalle de temps: lorsqu'il s'est déjà rendu célebre, la descente de Jason dans l'Isle de Lemnos, fait connoître aux Grecs l'art de travailler le fer, jusques là réservé aux Etrangers, & voilà le mariage de Vulcain avec Aglaïe. Le récit abregé de toutes ces choses, fait assez connoître que le but d'Hésiode n'étoit que de donner l'histoire allégorique de l'établissement des Dieux étrangers dans la Grece. Ainsi, pour bien expliquer les fables, il faut remonter à leur source, c'est-à-dire, au temps d'Hésiode & d'Homere. Ceux qui jusqu'à présent nous en ont donné tant d'interprétations différentes, se sont également égarés, parce qu'ils n'ont voulu chercher la solution de l'énigme, qu'après avoir rassemblé tout ce qu'on avoit imaginé sur chaque Dieu.

Tous les Mythologistes se sont accordés à regarder l'Isle de Crete comme le berceau de Jupiter, & toute l'antiquité a été persuadé, que les Crétois étoient les premiers des Grecs qui l'eussent connu. Ces Insulaires en prirent occasion de feindre que Jupiter avoit été un de leurs Rois, & de tromper les Etrangers en leur montrant un tombeau, qu'ils disoient être celui de ce Dieu. La vraisemblance n'étoit pas ménagée dans un mensonge si absurde, car on disoit que le Jupiter dont on conservoit le tombeau étoit le pere de Minos I. Ce Prince ne vint cependant au monde que très-long-temps après que la Grece eut reçu Jupiter, & la plûpart des autres Divinités. Cette erreur fut adoptée sans peine, parce qu'elle se trouvoit jointe avec cette vérité généralement reconnue, que les Crétois avoient honoré Jupiter avant les Grecs du Continent. Ceux qui vouloient que les anciens Dieux eussent été des hommes, crurent affermir leur systême par une fiction si ridicule. Il paroît que Cécrops, qui étoit Egyptien, fit recevoir à Athènes le culte de Jupiter, & que ce fut Hercule qui força tous les peuples de la Grece à le reconnoître, comme je l'ai dit dans la fable de Promethée.

LES GRECS.

Celle de la guerre des Géants en est une forte preuve. Héfiode n'a point fait mention de cette fable, mais elle ne lui étoit point inconnue, puisqu'il passe de la naissance des Géants, qui naquirent du sang que Saturne fit verser, au Ciel son pere. Apollodore dit qu'ils étoient fils du Ciel & de la Terre, qui les avoient conçus pour se venger de Jupiter, à cause de la maniere dont il avoit traité les Titans. Cet Auteur, en rapportant ce trait, n'avoit pas fait attention qu'il avoit reconnu dans un autre endroit, que le Ciel ne pouvoit plus avoir d'enfants dès le régne même de Saturne ; mais on voit du moins qu'il a voulu copier Héfiode. Apollodore dépeint ainsi les Géants. Ils étoient d'une grandeur énorme, & leur force étoit proportionnée à la hauteur de leur taille. On ne pouvoit soutenir leur aspect, des cheveux longs & touffus, une barbe épaisse qui leur descendoit sur le sein, inspiroient de l'horreur, & au lieu de doigts, ils avoient aux pieds des serpents. Ils lançoient au ciel des rochers, des arbres enflammés. Ils avoient pour chefs Porphyrion & Halcyoné, qui étoient assurés de l'immortalité, en combattant sur la Terre d'où ils étoient sortis. Les Dieux informés qu'il leur seroit impossible de vaincre les Géants sans le secours d'un mortel, déliberérent entr'eux pour sçavoir sur lequel d'entre les hommes ils devoient jetter les yeux. Jupiter, par le conseil de Minerve, choisit Hercule. Ce Héros attaqua d'abord Halcyoné, & le perça d'une de ses fléches, mais le voyant reprendre de nouvelles forces sur la terre, où il étoit né, il le transporta ailleurs, suivant l'avis qu'il reçut de Minerve, & vint enfin à bout de le vaincre. Tous les Dieux combattirent chacun de leur côté, Jupiter armé de son tonnerre, Apollon & Diane avec des fléches, Bacchus avec son Thyrse, Vulcain avec des masses de fer rouge, les Parques avec des massues, &c. Les Géants furent enfin renversés, mais ils ne moururent qu'après avoir été percés par les fléches d'Hercule. Cette fable désigne assez clairement que le fils d'Alcmene employa la force, pour obliger plusieurs villes de la Grece à recevoir le culte de Jupiter & celui des autres Dieux, qui furent reconnus avec lui. Ainsi la Religion fut solidement affermie, & ne parut plus craindre de révolution, comme elle en avoit été menacée jusqu'alors. C'est ce qu'on doit entendre par l'enfant mâle dont Métis devoit accoucher, & qui devoit être plus grand que son pere.

Passons maintenant aux autres fables qu'on a imaginées dans la suite sur Jupiter, & dont il n'est pas aussi facile de donner l'explication.

Jupiter né dans l'Isle de Crete fut élévé par les Curetes, & des Nymphes nommées Mélisses. Amalthée est le nom de la Chevre qui lui fournit du lait. Etant devenu plus grand, il rompit la corne de cette Chevre, & en forma la corne d'abondance. Les Curetes armés de piques & de boucliers, avoient imaginé une danse violente, pendant laquelle ils frappoient sur leurs boucliers, afin que Saturne n'entendît point les cris de l'enfant. Jupiter devenu le souverain du Monde par l'expulsion de Saturne, partagea l'Univers avec ses deux freres Neptune & Pluton. Il se réserva pour lui le ciel & la terre, donna l'Empire des mers à Neptune, & celui des enfers à Pluton. L'amour qu'il eût pour les femmes de la terre, lui fit prendre plusieurs formes, afin de les mieux tromper. C'est ainsi qu'il abusa de la crédulité de Léda, femme de Tyndare, en prenant la figure d'un Cygne. Jupiter qui l'avoit trouvée sur les bords de l'Eurotas, fleuve de Laconie, où elle se baignoit, commanda à Vénus de se métamorphoser en Aigle, qui feroit semblant de le poursuivre, pendant qu'il seroit sous la forme d'un Cygne. Feignant alors de craindre les serres de l'Aigle, il alla se jetter dans les bras de Léda. Cette Princesse accoucha dans la suite de deux œufs. Dans le premier étoit Castor & Pollux, & dans le second Hélène & Clytemnestre. Je parlerai de ces personnages dans l'article des Héros.

Europe, fille d'Agenor, Roi de Phénicie, attira aussi les regards de Jupiter, qui la voyant un jour jouer sur les bords de la mer avec ses compagnes se métamorphosa en un taureau d'une blancheur éclatante. Son front n'avoit rien de menaçant, ni ses yeux rien de redoutable ; il étoit caressant & doux. Europe ayant admiré sa beauté fut bien plus étonnée quand elle le vit si apprivoisé qu'il mangeoit des fleurs dans sa main. Devenue plus hardie par cette tentative, elle osa monter sur son dos. Jupiter ainsi chargé de l'objet de ses desirs entra dans la mer, & s'éloigna bientôt du rivage. Europe regarde avec effroi la terre qu'elle a quittée, & tient d'une main tremblante les cornes du taureau, & de l'autre tâche de se tenir ferme sur son dos. La mer devint tranquille, dit Lucien, les Cupidons qui voloient tout autour avec des flambeaux, chantoient l'hymenée ; les Néreïdes montées sur des Dauphins donnoient des marques de réjouissances, & les Tritons dansoient autour de ces Nymphes. Europe fut ainsi transportée de la côte de Phénicie dans l'Isle de Crete, où elle devint mere de Minos & de Rhadamante.

Jupiter emprunta la figure de Diane pour surprendre Calyston une des Nymphes de cette Déesse. Diane s'étant apperçue de cette intrigue la chassa de sa compagnie. Quelque temps après, elle mit au monde un fils qui fut nommé Arcas. Junon, jalouse de la tendresse que son mari avoit pour Calyston, s'en vengea sur cette Nymphe, en la métamorphosant en Ourse. Cependant Arcas, qui étoit devenu grand, étoit continuellement dans les bois, & s'occupoit à la chasse. Un jour il rencontra sa mere qu'il ne reconnoissoit plus, & comme il s'apperçut qu'elle le fixoit, il eut peur & voulut lui décocher une fléche. Jupiter, pour empêcher qu'il ne commît un parricide, l'enleva aussitôt avec sa mere dans le Ciel, & en forma les deux constellations, qui sont la grande & la petite Ourse placées au Pôle du Nord. On le nomme pour cette raison Pôle Arctique : Arctos en Grec signifie Ourse.

Jupiter se changea encore en pluye d'or pour surprendre Danaé, fille d'Acrisius, Roi d'Argos, que ce Prince avoit fait enfermer dans une tour d'airain, parce que l'Oracle lui avoit prédit qu'il périroit de la main du fils qui naîtroit de sa fille. Ses précautions n'empêcherent pas que Danaé ne mît au monde un fils qui fut nommé Persée. J'en parlerai dans l'article des Héros.

Le maître des Dieux n'employa pas toujours les métamorphoses pour gagner le cœur des mortelles. Il se fit aimer sous sa propre figure de la Nymphe Io, fille du fleuve Inachus. Comme elle vouloit prendre la fuite à la vûe de ce Dieu, elle se trouva tout d'un coup enveloppée d'un épais brouillard, qui la força de s'arrêter. Junon, étonnée de voir un brouillard qui ne paroiſſoit point naturel, ſoupçonna que Jupiter l'avoit produit à deſſein. Elle deſcendit auſſitôt du ciel & diſſipa cette vapeur. Jupiter, qui s'étoit apperçu de l'arrivée de ſa femme, changea auſſitôt Io en vache. Junon, & il la trouva fort belle, interrogea ſon mari ſur l'origine de cet animal, qui lui répondit que la terre venoit de le produire. Junon feignit d'ajouter foi aux diſcours de Jupiter, & l'engagea à lui faire préſent de cette vache. Une telle demande embarraſſa beaucoup le Dieu, mais de peur d'augmenter les ſoupçons de ſa femme, il la lui abandonna, quoiqu'à regret. Junon la donna auſſitôt à garder à un homme nommé Argus, qui avoit cent yeux. Lorſqu'il vouloit ſe repoſer, cinquante ſe fermoient, & les cinquante autres reſtoient ouverts. Io ainſi gardée ne pouvoit échapper, & quand elle l'auroit pû, ſa figure de vache ne lui permettoit plus que d'habiter dans les étables & dans les prairies. Un jour qu'elle paiſſoit ſur les bords du fleuve Inachus, dont ſon pere étoit le Dieu, elle écrivit ſur le ſable ſon nom, & le ſujet de ſon infortune. Inachus ſe jetta auſſitôt à ſon col, & lui fit les plus tendres careſſes. Argus, qui s'en apperçut, eut la cruauté de la retirer de cet endroit. Cependant Jupiter qui ſouffroit beaucoup de voir Io ainſi maltraitée, chargea Mercure de faire mourir Argus. Le meſſager des Dieux, ayant pris la forme d'un payſan, s'approcha d'Argus en jouant d'une flute faite de roſeaux. Celui-ci prit plaiſir à l'entendre, & comme il ne connoiſſoit pas encore cet inſtrument qui étoit alors nouveau, il demanda à Mercure quel en étoit l'inventeur. Ce Dieu lui raconta que Pan épris des charmes de Syrinx, fille du fleuve Ladon, avoit inutilement voulu s'en faire aimer. Cette Nymphe, pour éviter ſes pourſuites, avoit prié ſes ſœurs de la ſecourir : ſa priere fut exaucée, & Pan, croyant embraſſer Syrinx, n'embraſſa que des roſeaux. Les ſoupirs qu'un tel évenement lui arracherent, agiterent ces roſeaux, & leur firent rendre un ſon agréable. Pan en coupa quelques-uns & en forma une flûte. Mercure n'avoit pas encore achevé ſon hiſtoire, que le ſommeil s'étoit déjà emparé d'une partie des yeux d'Argus. Mercure toucha auſſitôt les autres de ſa baguette, qui avoit la vertu d'endormir, & lui coupa la tête. Junon le métamorphoſa en Paon, & attacha à la queue de cet oiſeau tous les yeux de ſon fidele ſerviteur. Pour ſe venger d'Io, elle chargea une furie de la tourmenter, & la Nymphe ſe mit alors à courir par toute la terre. Elle arriva enfin ſur les bords du Nil, où elle ſe laiſſa tomber accablée de fatigue. Réduite au déſeſpoir, elle pria Jupiter de la faire mourir. Ce Dieu alla trouver Junon, & après avoir juré par le Styx qu'il n'auroit plus aucune liaiſon avec Io, il conjura ſa femme de ceſſer de tourmenter cette Nymphe. Junon y conſentit enfin, & Io ayant repris ſa forme naturelle, fut adorée chez les Egyptiens, ſous le nom d'Iſis. Elle fut mere d'Epaphus, qui eut avec Phaéton une diſpute, dont j'ai fait mention dans l'hiſtoire de ce dernier.

Jupiter aima encore Niobé, fille de Phoronée, dont il eut Pélaſgus. Il ne faut pas confondre cette Niobé, avec une autre du même nom, fille de Tantale.

Je paſſe ſous ſilence toutes les autres aventures que Jupiter eut ſur la terre, & qui fourniſſent peu d'évenemens intéreſſants. Je réſerve pour l'article des Héros la naiſſance d'Hercule, qui fut le fruit du ſtratagême dont il se servit pour tromper Alcmene, femme d'Amphitrion, Roi de Thebes. Je crois devoir cependant parler de ses amours avec Egine, parce qu'elles me fournissent occasion de rapporter la fable des Mirmidons.

LES GRECS.

Egine, fille du fleuve Asope, fut aimée de Jupiter, & devint mere d'Eaque. Le Dieu pour dérober cette Nymphe à la fureur de son pere, la métamorphosa en Isle, dont Eaque devenu grand fut Roi. Junon, qui haïssoit les habitants de cet endroit à cause d'Egine, envoya une peste épouvantable qui les fit tous périr. Ovide dans les Métamorphoses en fait ainsi la description.

Le pays fut d'abord rempli d'un air épais & de chaleurs étouffantes. Le vent du Midi souffla quatre mois entiers, & la corruption de l'air passa jusques dans les fontaines & dans les rivieres. On apperçut dans les campagnes qui n'étoient pas cultivées, un nombre prodigieux de serpens qui infecterent les fleuves de leur venin. Les bêtes furent les premieres frappées de la maladie. Le laboureur s'étonnoit de voir tomber & mourir ses bœufs au milieu de leur travail: les moutons qui sembloient se plaindre au lieu de bêler, ne pouvoient plus se soutenir, la laine leur tomboit du dos, & ils séchoient d'un feu secret qui les dévoroit au dedans. Les chevaux les plus vigoureux ne pouvoient plus s'animer par le son de la trompette, & languissoient sur la litiere. Le Sanglier avoit perdu son ardeur, & ne se souvenoit plus de sa furie. Le Cerf ne trouvoit plus de secours en la légereté de ses jambes, & les Ours étendus sur terre, n'avoient pas la force de se jetter sur les troupeaux. Il n'y avoit partout que de la langueur, on ne voyoit dans les bois, dans les champs & sur les chemins, que des corps ou morts, ou mourants, & l'air étoit infecté de la puanteur qui en sortoit. C'étoit une chose étrange, ni les chiens, ni les corbeaux, ni même les loups n'en vouloient point approcher: ils pourrissoient sur la terre où ils étoient tombés en mourant; l'odeur qui en exhaloit étoit mortelle, & donnoit de nouvelles forces à la maladie commune. Enfin, ce mal infecta les villages & se répandit ensuite dans les villes. D'abord on sentit un feu dans les entrailles; la rougeur qu'on voyoit sur le visage, étoit une marque du feu qui consumoit le dedans, & la langue, qui devenoit seche & rude, s'enfloit d'une façon extraordinaire. On avoit toujours la bouche ouverte pour se rafraîchir en respirant, mais l'air qu'on respiroit achevoit d'infecter le corps. On ne pouvoit demeurer au lit, on se jettoit contre terre pour en tirer quelque fraîcheur, mais la terre qui étoit brûlante augmentoit encore l'ardeur qu'on ressentoit. On étoit de tous côtés abandonné des Médecins, à qui leur science étoit nuisible, parce qu'ils avoient été attaqués les premiers, comme pour ôter l'espérance de toute sorte de secours. En même temps qu'on étoit frappé, on désespéroit de guérir, & l'on ne voyoit la fin de ses maux que dans la mort. Ainsi on s'abandonnoit à ses propres idées, chacun tâchoit de se soulager par les choses dont il s'imaginoit tirer quelque adoucissement; & parce qu'on ne trouvoit rien de salutaire, & que tout étoit inutile; on se jettoit dans les fontaines, dans les puits & dans les rivieres, afin d'étancher sa soif; mais on avoit plutôt perdu la vie que de se désalterer. Comme la plupart étoient foibles, ils mouroient au milieu des eaux dont ils n'avoient pas la force de se retirer; ainsi ils trouvoient la mort, où ils croyoient trou-

Tome VI. Y y

ver le remede. On avoit tant d'horreur pour le lit & pour les maisons, que ceux qui n'étoient pas en état de marcher, se traînoient par terre pour fuir les endroits que l'imagination leur faisoit regarder comme la cause de leurs maux. Enfin les rues, les maisons, les Temples mêmes étoient remplis de cadavres, & on ne se mettoit plus en peine de procurer la sépulture aux morts.

Eaque accablé de douleur de voir périr ainsi son peuple, implora l'assistance de Jupiter, & désira que le maître des Dieux lui rendît autant de sujets qu'il voyoit de fourmis se promener sur un chêne. Sa priere fut exaucée pendant la nuit, & chaque fourmis prit la figure d'un homme, & l'Isle d'Egine fut bientôt repeuplée. Eaque leur donna le nom de Mirmidons, qui veut dire en Grec fourmis.

On donna dans la suite différents noms à Jupiter, en conséquence de quelques évenements particuliers, & ces divers noms qui n'étoient que des épithetes ont donné occasion à un grand nombre d'Auteurs de croire qu'il y avoit eu plusieurs Jupiters. On lui rendit en conséquence différents cultes, mais il paroît qu'on lui offroit rarement des victimes humaines. Lycaon, Roi d'Arcadie, fut en horreur pour avoir immolé à Jupiter un prisonnier de guerre, & c'est sans doute ce qui a donné sujet de feindre qu'il avoit été changé en loup.

On peignoit ordinairement Jupiter sous la figure d'un homme majestueux, ayant une grande barbe, & étant assis sur un thrône. Il tenoit de la main droite la foudre, & de l'autre une Victoire. La partie supérieure de son corps étoit nue, & la partie inférieure étoit couverte. On voyoit à ses pieds une aigle avec les aîles éployées, qui enlevoit Ganimede. Phidias pour représenter ce Dieu, suivant l'idée qu'il en avoit prise d'Homere, avoit fait une statue d'or & d'ivoire (1), haute de soixante pieds, & d'une grosseur proportionnée. Le Dieu étoit assis sur un thrône, & avoit sur la tête une couronne qui imitoit la feuille d'olivier. De la main droite il tenoit une Victoire, qui étoit aussi d'or & d'ivoire, ornée de bandelettes & couronnée. De la gauche il portoit un sceptre d'une extrême délicatesse, au-dessus duquel étoit posée une aigle. La chaussure & le manteau du Dieu étoient aussi d'or : sur le manteau le statuaire avoit gravé toutes sortes d'animaux, de fleurs, & particulierement des lys. Le thrône du Dieu étoit tout brillant d'or & de pierres précieuses. L'ivoire & l'ébene mêlés ensemble, y formoient une agréable variété. On voyoit aux quatre coins quatre Victoires, qui sembloient se donner la main pour danser, & deux autres qui étoient aux pieds de Jupiter. Le bas du thrône sur le devant étoit orné de Sphinx, qui arrachoient des enfants du sein des Thébaines ; & au-dessous des Sphinx paroissoient Apollon & Diane, qui tuoient à coups de fléches les enfants de Niobé. Entre les pieds du thrône il y avoit quatre traverses. La premiere étoit chargée de huit figures, qui représentoient les anciens jeux Olympiques. Sur les autres traverses on voyoit Hercule avec sa troupe prêt à combattre contre les Amazones. Le nombre de combattants de part & d'autre étoient de vingt-neuf, & Thesée se faisoit remarquer parmi les compagnons d'Hercule. A l'endroit le plus élevé du thrône, au-dessus de la tête

(1) L'Ivoire étoit alors beaucoup plus précieux que le plus beau marbre.

de Jupiter, Phidias avoit placé d'un côté les Graces, & de l'autre les Heures ; les unes & les autres au nombre de trois. Sur la base, qui étoit au-dessous des pieds du Dieu, on voyoit des lions dorés, & le combat de Théfée contre les Amazones. Le piedestal, qui soutenoit toute cette masse, étoit enrichi de divers ornements qui donnoient de l'éclat à la statue. Phidias y avoit gravé sur l'or, d'un côté le Soleil conduisant son char; de l'autre Jupiter & Junon. A côté de Jupiter étoit une des Graces, ensuite Minerve, Vesta, & Vénus qui paroissoit sortir de l'onde, &c.

VESTA.

Il y a peu de choses à dire sur Vesta, fille de Saturne & de Rhéa, & sœur de Jupiter, selon Hésiode. C'est une Divinité mal aisée à définir. Il s'est trouvé des Grecs & des Latins qui l'ont prise pour la Terre, & son nom même leur a paru propre à établir leur opinion, car il signifioit, selon eux, qu'elle se soutient elle-même & par sa propre force. Euripide, qui avoit adopté ce sentiment, l'a représentée assise au milieu de l'Ether. Cependant *Estia*, qui est le nom Grec de cette Déesse, & dont est formé le nom Latin *Vesta*, ne signifie que le *Foyer*. C'est ce qui a fait dire à Ovide, que par Vesta on ne doit entendre qu'une vive flamme, à laquelle Virgile a donné le nom de feu éternel. Cicéron a écrit que sa force se rapporte aux autels & aux foyers publics. Il paroît qu'on pourroit conclure de ceci, que Vesta étoit la Divinité qui présidoit à la Religion, ou la Religion elle-même, comme l'a entendu Virgile. C'est sans doute en ce sens qu'on a imaginé qu'elle nourrissoit Jupiter. En effet, il ne se faisoit point de sacrifice sans feu ; on en allumoit d'abord, & c'étoit le premier acte religieux. Par cette même raison on ajoutoit qu'on commençoit toujours par Vesta. Il sembleroit naturel de croire que le rang qu'on a donné à Vesta, de fille aînée de Saturne, & qui ne parut avec ses frères & sœurs qu'après que Jupiter se fût rendu le Souverain du Monde, a quelque rapport à une vérité historique, c'est-à-dire, que les Grecs ne firent usage du feu dans les actes de Religion, que lorsqu'ils reçurent le culte de Jupiter.

Dans les villes de la Grèce, où Vesta étoit particulièrement honorée, des femmes veuves & d'un âge avancé avoient soin d'entretenir une lampe toujours allumée dans le Prytanée, c'est-à-dire, dans la maison de Ville. A Rome, des Vierges étoient chargées de conserver le feu sacré dans le sanctuaire du Temple de Vesta. Ce Temple étoit d'une figure ronde. On choisissoit les Vestales dans les meilleures familles, depuis l'âge de six ans jusqu'à dix. Elles demeuroient trente ans au service de la Déesse : les dix premières années étoient comme une espèce de noviciat; pendant les dix autres, elles étoient occupées aux fonctions religieuses, & enfin elles instruisoient les jeunes Vestales pendant les dix dernières années. Après ce temps elles étoient libres de se marier & de renoncer à la qualité de Vestales. Quand quelqu'une étoit convaincue de s'être mariée en cachette dans le temps qu'elle étoit au service de la Déesse, on l'enterroit toute vive. On faisoit creuser une espèce de caveau dans un endroit de la ville proche de la porte Colline, où après y avoir mis un petit lit, une lampe allumée, un peu de pain & d'eau, du lait & de l'huile, on l'y faifoit defcendre ; enfuite on fermoit l'entrée de ce caveau, qui lui fervoit de fépulture. Celui qui l'avoit époufée étoit fouetté jufqu'à ce qu'il expirât fous les coups. Si elles laiffoient éteindre le feu facré, elles étoient punies par le Grand-Prêtre, qui feul avoit le droit de les châtier. Elles jouiffoient d'ailleurs de grandes prérogatives, & on avoit pour elles un refpect infini. Cet ordre qui avoit été établi par Numa, fut aboli par Théodofe le Grand, & pendant mille ans qu'il fubfifta, il y eut dix-huit Veftales qui furent enterrées vivantes.

Le feu facré ne pouvoit être allumé, dit Plutarque, que par les rayons du Soleil, & on avoit coutume de le renouveller tous les ans au mois de Mars. Ovide dans fes Faftes dit, que Vefta n'avoit point de ftatue, mais il ne faut point prendre ce paffage à la lettre; & il ne fignifie autre chofe, finon, qu'on ne peut repréfenter cette Divinité telle qu'elle eft. On lit dans le livre *de la nature des Dieux*, par Ciceron, qu'il y avoit une ftatue dans le Temple de Vefta. Son habillement étoit celui des Dames Romaines; elle avoit la tête couverte d'un voile, & portoit dans fes mains le Palladium ou Statue de Minerve.

CÉRÈS ET PROSERPINE.

Cérès, fille de Saturne & de Rhéa, fut femme de Jupiter, fon frere, dont elle eut Proferpine. Elle étoit honorée comme la Déeffe des bleds, parce qu'on prétendoit qu'elle avoit appris aux hommes à labourer la terre, & à cultiver le bled. Les Poëtes ont beaucoup exercé leur imagination fur cette Déeffe, que plufieurs Auteurs ont regardée, mal-à-propos, comme une Princeffe qui avoit réellement exifté. Je vais commencer par rapporter la légende de cette Divinité; je pafferai enfuite à l'explication de fes myfteres célébrés à Eleufis, enfin je ferai connoître l'origine de Cérès, & ce qu'on doit penfer de cette Divinité.

Elevement de Proferpine.

Un tremblement de terre, occafionné par les fecouffes redoublées des Géants enfevelis fous les montagnes de Sicile, fit craindre à Pluton qu'il ne fe formât quelque ouverture à la terre, par où la lumiere du foleil pourroit pénétrer jufqu'aux fombres demeures de l'Enfer, & qu'elle n'épouvantât les ombres des morts. Agité de cette inquiétude, il fortit des ténebres de fon Empire, &, porté fur un char traîné par deux chevaux noirs, il examina avec foin les fondements de la Sicile. Venus, qui l'apperçut, appella auffi-tôt fon fils Cupidon, & l'engagea à percer de fes traits le cœur de Pluton, qui jufqu'alors n'avoit point reffenti les effets de l'Amour.

Il y a, dit Ovide, un grand Lac près du Mont Etna, qu'on appelle le Lac de Pergufe, où on ne voit pas moins de cygnes que fur le Caïftre. Il eft environné d'arbres de tous côtés, qui femblent couronner fes eaux, & dont les branches & les feuilles font comme une efpéce de voile qui les défend contre les rayons du Soleil. L'ombre de ces arbres y fait naître, & y conferve une fraîcheur agréable. La terre y eft toujours couverte de fleurs, & le printemps y eft éternel. Pendant que Proferpine fe divertiffoit en ce lieu, qu'elle y cueilloit des lys & des violettes, qu'elle difputoit avec ses compagnes à qui choisiroit de plus belles fleurs, & à qui noueroit mieux un bouquet, elle se trouva tout d'un coup enlevée par Pluton, à qui l'Amour avoit fait une profonde blessure dans le cœur. Proserpine effrayée, appelle à son secours & sa mere & ses compagnes, mais sa mere étoit alors loin d'elle, & ses compagnes ne peuvent résister à un Dieu. Proserpine, qui étoit jeune, ne put être insensible à la perte de ses fleurs & de ses bouquets.

LES GRECS.

Cependant Pluton pressoit ses chevaux, & leur abandonnoit la bride, afin qu'ils fissent plus de diligence. Il étoit déjà parvenu au Lac Cyané, lorsque la Nymphe qui présidoit à ses eaux, fit tous ses efforts pour l'arrêter. Pluton frappa alors la terre de son trident, & se fit un passage jusqu'aux Enfers. Cyané, au désespoir de n'avoir pû sauver Proserpine, se laissa fondre en larmes, & fut convertie en ces mêmes eaux dont elle avoit été la Déesse.

Cérès, informée de l'enlevement de sa fille, mais ignorant le nom de son ravisseur, la chercha inutilement sur la mer & sur la terre. Elle est occupée jour & nuit de ce fatigant travail, & elle ne prend aucun repos. Elle portoit pendant la nuit deux flambeaux qu'elle allumoit sur le Mont Etna, & traversoit ainsi les campagnes. Cérès, accablée de fatigue & tourmentée d'une cruelle soif, alla frapper à la porte d'une chaumiere. Une vieille femme, habitante de ce réduit, lui offrit ce qu'elle avoit, & lui donna une espéce de bouillie qu'elle venoit de faire. Un petit garçon, qui se trouva par hazard, ne put voir l'avidité avec laquelle la Déesse mangeoit cette bouillie, sans se moquer d'elle, & sans lui dire des injures. Cérès, qui étoit de mauvaise humeur, jetta le reste de ce qu'elle tenoit sur le petit garçon, & le métamorphosa en Lezard.

Cérès cherche sa fille, & change Stellio en Lezard.

Cérès, après avoir inutilement parcouru toute la terre, retourna en Sicile & repassa dans tous les endroits où sa fille avoit été. Enfin elle apperçut flotter sa ceinture sur le Lac Cyané. A cette vûe, elle s'arrache les cheveux, maudit la terre de Sicile, rompt toutes les charrues, fait mourir les laboureurs & les bêtes qui servent au labourage, & corrompt tous les grains. La Nymphe Aréthuse leve aussitôt la tête sur la surface de ses eaux, & apprend à Cérès, qu'en fuyant le fleuve Alphée, qui la poursuivoit, elle avoit passé par les Enfers, où elle avoit vû Proserpine qui avoit l'air extrêmement triste.

La Déesse des bleds, saisie d'abord d'étonnement, resta quelque temps immobile en apprenant cette nouvelle; revenant ensuite à elle-même, elle monta dans son char, & alla trouver Jupiter, devant qui elle se présenta les larmes aux yeux, les cheveux négligemment répandus sur ses épaules, & ayant sur le visage toutes les marques de la douleur & de la tristesse. Elle conjura le Maître des Dieux de lui faire rendre sa fille. Jupiter la consola, & promit qu'elle retourneroit au Ciel, pourvû qu'elle n'eût rien mangé dans les Enfers. Proserpine avoit seulement goûté un grain de grenade, & personne ne s'en étoit apperçu qu'Ascalaphe, fils d'une Nymphe infernale. Comme il étoit dans les intérêts de Pluton, il déclara ce qu'il avoit vû, & par ce témoignage, la fille de Cérès se vit privée de l'espoir qu'elle avoit eu de retourner avec sa mere. Elle en conçut tant de

LES GRECS.

dépit, qu'elle métamorphofa Afcalaphe en Hibou, en lui jettant de l'eau du Styx fur le corps. Cependant Jupiter, pour adoucir le chagrin de Cérès & de Proferpine, décida que cette derniere refteroit fix mois dans les enfers, & fix autres mois dans le Ciel.

Les Sirenes.

Pendant que Cérès étoit occupée à chercher fa fille, les Sirenes, filles d'Acheloüs, compagnes de Proferpine, demanderent aux Dieux la grace d'être changées en oifeaux, afin de parcourir les terres & les mers pour apprendre de fes nouvelles. Leurs vœux furent exaucés, & elles conferverent la douceur de leur voix. Les Auteurs varient fur le nombre & fur les noms des Sirenes, ainfi que fur leur hiftoire. Les uns en comptent deux, d'autres quatre, d'autres cinq. On les appelle Parthenope, Leucofie, & Ligie; ou bien Aglaopheme, Thelxiepie, Pifinoé, Ligie. Tous ces noms font allufion à la douceur de leur voix. Hygin raconte, qu'après l'enlevement de Proferpine, Cérès, irritée de ce que les Sirenes n'avoient pas fecouru fa fille, les métamorphofa en oifeaux. L'Oracle leur prédit qu'elles ne vivroient qu'autant de temps qu'elles pourroient arrêter les voyageurs par la beauté de leur voix. Elles chantoient avec tant de mélodie, que les voyageurs s'arrêtant auprès d'elles pour les écouter, oublioient de prendre de la nourriture & périffoient enfuite. Ulyffe, arrivé dans l'endroit qu'elles habitoient, craignit l'effet de leurs charmes; & pour les éviter, il fit boucher avec de la cire les oreilles de fes compagnons, & leur commanda de le lier au mât de fon vaiffeau. Il paffa ainfi fans aucun danger; mais les Sirenes au défefpoir fe précipiterent dans la mer.

Cérès, dont la douleur étoit appaifée, donna ordre à Triptoleme d'aller par toute la terre enfeigner l'agriculture aux hommes. Triptoleme étoit fils de Celeus, Roi d'Eleufis, & ce Prince avoit reçu chez lui la Déeffe fans la connoître, dans le temps qu'elle étoit fi fort affligée de la perte de fa fille. Cérès, étant entrée dans le Palais, embraffa le petit Triptoleme qui étoit dangereufement maladé, & ce baifer lui rendit la vie. Elle fit plus, elle fe chargea de fon éducation, & voulut le rendre immortel en le nourriffant de fon lait, & en le mettant pendant la nuit fous la braife ardente pour le dépouiller de tout ce qu'il avoit de mortel. L'enfant croiffoit d'une maniere extraordinaire, & le pere & la mere en étoient d'une furprife extrême. Ils examinerent de quelle façon leur hôteffe fe conduifoit, & Metanire, fa mere, furprit la Déeffe dans le temps qu'elle alloit mettre l'enfant dans le feu. Cette Princeffe fit un grand cri, & Cérès fe voyant découverte fut contrainte de le priver de l'avantage qu'elle lui préparoit. Il fera donc mortel, dit-elle, puifque le deftin l'ordonne; mais il fera le premier d'entr'eux qui labourera la terre, qui la femera, & qui recueillera le plus doux de fes fruits. Alors Cérès fe fit connoître pour ce qu'elle étoit, & fit préfent à Triptoleme d'un char tiré par deux dragons. Elle lui donna du bled, lui apprit l'ufage qu'il devoit en faire, & l'envoya répandre un don fi utile dans toutes les contrées du Monde.

Erefichthon puni par Cérès.

Cérès ne laiffa point impuni l'outrage qu'Erefichthon lui avoit fait en abattant un arbre qui renfermoit le corps d'une de fes Nymphes. Cet arbre d'une groffeur extraordinaire étoit l'objet de la vénération des peuples, & on y attachoit par refpect des guirlandes de fleurs. Les Nymphes des bois & des campagnes alloient danser sous son ombre, & y prendre le frais. Éréfichthon, qui méprisoit tous les Dieux, ne put souffrir le culte qu'on rendoit à un arbre, & ordonna à ses Domestiques de l'abattre. Ceux-ci, n'osant commettre un tel sacrilége, refuserent d'obéir à ses ordres. Éréfichthon, devenu plus furieux par les obstacles qu'il rencontroit, prit lui-même la coignée en prononçant ces paroles impies. *Que cet arbre*, dit-il, *soit chéri de Cérès, ou que Cérès soit elle-même cachée sous ce bois, cela m'est indifférent, & la tête de cet arbre touchera bientôt la terre.* Il frappa alors l'arbre & du premier coup qu'il donna, il en fit sortir un ruisseau de sang. On voulut l'empêcher de continuer, mais il fit voler la tête de celui qui avoit osé lui retenir le bras. La Nymphe qui étoit sous cette écorce lui prédit que Cérès vengeroit sa mort, & que le châtiment suivroit de près la peine. Cet avertissement ne put arrêter l'impie Éréfichthon, & il continua à frapper jusqu'à ce que l'arbre fût tombé. Les Dryades, affligées de cet événement, en porterent la nouvelle à Cérès, & la conjurerent de punir Éréfichthon. Cérès ordonna aussitôt à une de ses Nymphe d'aller trouver la Faim, & de lui commander de souffler son venin dans l'estomach d'Éréfichthon, de sorte que rien ne soit capable de le rassasier.

LES GRECS.

Il y a aux extrémités de la Scythie une terre triste & stérile, où il ne croît ni arbres ni fruits, & où un froid éternel se fait sentir. C'est-là qu'habite la Faim, qui a pour compagnes la Pâleur & le Tremblement. Au milieu de ce desert aride, & qui n'est rempli que de pierres, on voit la Faim qui tâche d'arracher avec ses dents & ses ongles le peu d'herbe qui y paroît. Elle a le poil hérissé, les yeux creux, le visage pâle, les levres seches & bleuâtres, les dents longues & couvertes de rouille. Une peau dure & séche, & au travers de laquelle on voit ses entrailles, couvre des ossements qu'il est possible de compter. La Nymphe de Cérès se hâta de donner à la Faim les ordres qu'elle avoit reçus, & retourna promptement sous un climat plus heureux.

Description de la Faim.

Cependant la Faim ne tarda pas à se rendre chez Éréfichthon qu'elle trouva endormi, & lui inspira une faim si grande, qu'il se réveilla en demandant à manger. Il se fait aussitôt apporter tout ce qu'il imagine pouvoir satisfaire son appétit vorace ; mais plus il mange, plus il ressent les atteintes de la faim. Il eut bientôt consommé tous ses biens, & il ne lui resta plus que sa fille nommée Métra. Privé de toutes ressources, il se détermina à la vendre : mais celle-ci qui avoit honte de rester en esclavage, pria Neptune de lui accorder la vertu de pouvoir se métamorphoser. A l'aide de cette faveur, son pere la vendit plusieurs fois. On reconnut enfin son stratagême. & Éréfichthon n'ayant plus ce secours, fut contraint de se manger soi-même, & périt misérablement.

MYSTERES D'ELEUSIS.

De tous les mysteres du Paganisme, il n'y en a point eu d'aussi célebres, & qui ayent été couverts d'un voile aussi impénétrable que ceux d'Eleusis, petit Bourg situé aux environs d'Athènes. Ces mysteres qui ont occupé l'attention d'un grand nombre de Sçavants, ont occasionné de curieuses differtations, mais de tant d'écrits sur la même matiere, je ne m'arrêterai qu'au mémoire de M. de Bougainville, qui m'a paru le plus satisfaisant, & dans lequel on trouve rassemblé plus de choses curieuses & intéressantes (1). C'est en profitant de ses lumieres & de ses recherches, que je vais parler de l'origine des mysteres célébrés à Eleusis en l'honneur de Cérès, de quelques circonstances de cette fête, & des principaux ministres chargés d'y présider.

Héfychius, Suidas & le Scholiaste de Sophocle reconnoissent pour premier auteur de ces mysteres un certain Eumolpe, originaire de Thrace, & dont les descendants établis à Athènes, ont été pendant une longue suite de siécles en possession de présider à ces fêtes, & d'initier les Candidats. Eumolpe, suivant le Scholiaste, étoit fils du Poëte Musée, petit-fils d'Antiphène, & arriere petit-fils d'un autre Eumolpe. Orphée est l'instituteur de ces mysteres, selon le Scholiaste d'Euripide dans son Alceste, mais une telle opinion ne peut être reçue, puisque le personnage historique, connu sous le nom d'Orphée, contemporain des Argonautes, devoit vivre dans la génération, qui précéda la guerre de Troye : or l'institution des mysteres d'Eleusis est antérieure au voyage des Argonautes de plusieurs générations.

Les Athéniens qui vouloient se faire passer pour les inventeurs de l'Agriculture, publioient que Cérès avoit elle-même établi les cérémonies du culte qu'on lui rendoit à Eleusis, lorsque Céléus, Roi du pays, lui eut offert l'hospitalité. Les Eleusiniens à qui elle avoit appris à cultiver la terre, lui éleverent des Autels en reconnoissance d'un si grand bienfait. Cérès agréa leur hommage, & chargea quatre d'entre eux de présider aux fêtes qu'on devoit faire en son honneur. On lit dans Pausanias le nom de ces premiers Ministres, qui sont Triptolème, Eumolpe, Céléus & Dioclès. Cette tradition établie à Athènes, & presque aussi ancienne que la ville même, étoit d'ailleurs confirmée par le culte qu'on rendoit à Triptolème dans une chapelle Héroïque, bâtie en son honneur à Eleusis, en qualité d'inventeur de l'Agriculture. De plus, toutes les cérémonies qu'on observoit dans cette fête, étoient une imitation de ce que la Déesse avoit fait en parcourant toute la terre pour chercher sa fille. Enfin les campagnes d'Eleusis étoient semées de monuments de cette histoire prétendue. On y voyoit une pierre sur laquelle Cérès s'étoit assise accablée de douleur, & qu'on nommoit *la pierre triste*. Callimaque dans une hymne à cette Déesse parle du puits près duquel elle se reposa. En un mot, tout paroissoit indiquer que cette fête étoit originaire de l'Attique, & les Athéniens en consacroient par-tout le souvenir. Cette opinion si généralement reçue n'en est pas cependant mieux fondée ; & c'est dans l'histoire qu'il faut chercher l'origine d'un pareil établissement.

Diodore de Sicile en fait auteur Erecthée ou Erecthonius quatrieme Roi d'Athènes. Ce Prince venu d'Egypte avec une flotte chargée de bled délivra l'Attique d'une famine alors universelle, & placé sur le throne par la reconnoissance des habitants, leur enseigna le culte de Cérès. Une telle opinion se trouve appuyée par les traits les plus frappants. La Religion Grecque tiroit son origine de celle de l'Egypte, comme on l'a prouvé tant de

(1) Mémoires de l'Académie des Belles-Lettres, Tom. XXI. pag. 83. dans la partie des Mémoires.

fois,

fois, & Lactance nous apprend que les mysteres de Cérès étoient presque semblables à ceux d'Isis. On lit dans Hérodote que la Cérès Attique est la même Divinité que l'Isis Egyptienne. Les Sacerdoces Egyptiens étoient héréditaires dans une seule famille, & on retrouve la même chose dans le Sacerdoce de Cérès, qui est continué dans la famille des Eumolpides. Toutes ces preuves semblent annoncer d'une maniere indubitable que Cérès est la même qu'Isis, & par conséquent que c'est une Divinité Egyptienne. De nouveaux traits historiques appuyeront encore ce systême.

LES GRECS.

Cécrops en s'établissant à la tête d'une troupe d'Egyptiens dans l'Attique, trouva le terrein si sec qu'il n'osa y semer le bled qu'il avoit apporté de son pays. Erecthée conducteur d'une seconde Colonie d'Egyptiens, s'arrêta pareillement dans l'Attique, mais plus entreprenant que son prédécesseur il fit défricher les terres, les ensemença, & apprit aux anciens habitants à recueillir du bled. C'est ainsi que la Religion Egyptienne passa dans la Grece avec l'agriculture.

Cette explication si contraire à la prétention des Athéniens, en la détruisant, laisse entrevoir le rapport de la tradition populaire avec la véritable origine. Tout ce qui arrive à Cérès après l'enlevement de sa fille par Pluton, ressemble, à l'exception des noms, à la fable d'Isis & d'Osiris, au meurtre de ce dernier & d'Orus par Typhon, & à tout ce que fit Isis pour retrouver le corps de son mari : fictions qui cachoient aux yeux du peuple sous les noms de personnages prétendus, les principaux dogmes de la Théogonie Egyptienne, & les mysteres d'une Métaphysique sublime, connue des seuls Prêtres, & de ceux qu'ils daignoient en instruire, ignorée dans la suite de la plûpart des Prêtres mêmes, & dont les différentes branches ou les diverses explications ont produit les systêmes de Pythagore, de Platon, d'Aristote & des Philosophes les plus célebres de l'antiquité.

La fable d'Isis en changeant de pays, a changé en même temps d'objet, & comme le vaisseau qui avoit apporté son culte avoit en même temps fait présent aux Pélasges d'une nourriture qui leur étoit inconnue, ils ne regarderent la nouvelle Divinité que comme celle qui leur avoit appris à cultiver les terres. On oublia le nom d'Isis, ainsi que les aventures allégoriques d'Osiris & de Typhon. On adopta volontiers la fiction de Proserpine, qui passant six mois dans les enfers, & six mois auprès de Cérès, pouvoit être regardée comme le symbole du bled qui est caché dans la terre une partie de l'année, & qui en fait l'ornement & la richesse dans une autre saison. Les Poëtes donnant l'essor à leur imagination, firent bientôt disparoître Erecthée & sa Colonie. Les Grecs qui aimoient beaucoup le merveilleux, adopterent avec ardeur la fiction qui honoroit leur pays de la présence d'une Divinité. On se persuada aisément que la fête d'Eleusis devoit son origine à l'invention de l'agriculture; opinion fausse, mais dont on découvre aisément la source dans la méprise des Auteurs qui ont fait dépendre l'un de l'autre deux établissements d'une égale ancienneté.

Isis, qui avoit déjà été honorée à Athènes sous le nom de Minerve, & qu'on avoit regardée comme la protectrice de l'Olivier, parce que Cécrops en arrivant dans l'Attique y avoit apporté cet arbre, prit enfin le nom de Cérès, & passa pour la Législatrice des Athéniens. Le sens de cette fable

Tome VI. Zz

LES GRECS.

n'eſt pas difficile à développer. Le labourage policea par degrés les anciens habitants de l'Attique : la société se forma; les loix naquirent avec la société dont elles sont les liens & les garants. Il n'est donc plus étonnant de voir presque tous les Auteurs rapporter à la même Divinité l'agriculture & les loix. Triptoleme, regardé comme l'inventeur de l'agriculture, passoit en même-temps pour le Législateur de l'Attique. Trois de ses loix, dont la derniere étoit une défense expresse de faire aucun mal aux animaux, étoient soigneusement conservées dans le Temple d'Eleusis. On peut donc conclure de tout ceci que le culte d'Isis, l'agriculture & les loix qui ont policé les Sauvages de l'Attique, ont la même origine, sont également dûes aux Egyptiens, adorateurs de cette Déesse, habiles dans la culture des terres, depuis longtemps gouvernés par des loix, &c. qui se mêlant avec les originaires du pays, leur apprirent tout ce qu'ils sçavoient. Enfin la loi de Triptoleme qui défend de tuer les animaux, est trop semblable aux coutumes des Egyptiens, pour ne pas servir de nouvelle preuve, que le culte de Cérès étoit originaire de l'Egypte. Le culte d'Isis ne se conserva pas sans altération dans les mysteres de Cérès Eleusine, & on fit même des changemens considérables, tant par l'envie qu'on eut de les rendre plus augustes, que par les fausses explications qu'on donna aux cérémonies.

Grands & petits Mysteres d'Eleusis.

Il y avoit deux sortes de mysteres ; les grands célébrés à Eleusis en l'honneur de Cérès, dans le mois Attique *Broedromion*; & les petits consacrés particulierement à Proserpine. On célebroit ces derniers près d'Athènes sur les bord de l'Ilissus, dans le mois *Antesphorion*. Ils étoient moins anciens que les premiers, & quelques Auteurs soutiennent qu'ils furent établis en faveur d'Hercule. Quoiqu'il en soit, il paroît constant qu'ils furent institués pour les Etrangers, exclus dans les premiers temps de la participation aux mysteres d'Eleusis ; réservés pour lors aux seuls Citoyens. Dans la suite on accorda indifféremment à tous les Grecs l'entrée aux grands mysteres, & bientôt après on y admit les Romains, vainqueurs de la Grece. Enfin le Temple d'Eleusis fut ouvert à tous les peuples.

Les petits mysteres, qui dans leur origine n'avoient été établis que pour les Etrangers, servirent dans la suite comme de préparations aux grands mysteres, dont ils étoient l'image. Ils étoient précédés de vœux, de sacrifices, de purifications & d'abstinence de toute espece. Après ces préliminaires, les Candidats étoient admis, c'est-à-dire qu'on leur faisoit entrevoir de loin les cérémonies auxquelles ils se destinoient, & qu'on jettoit dans leur esprit les semences de la Doctrine qui faisoient la base des grands mysteres. Lorsqu'ils étoient admis à ces derniers, il ne leur restoit plus alors que la contemplation. L'intervalle étoit au moins d'une année, selon Plutarque, & de cinq suivant Tertullien. Pendant cet intervalle plus ou moins long, les Initiés aux petits mysteres portoient le nom de Novices ; & après ce temps on les admettoit aux grands mysteres. Ils étoient alors nommés *Epoptes* ou *Ephores*, c'est-à-dire, Contemplateurs : c'étoit l'état de perfection. La cérémonie se faisoit pendant la nuit. Ceux qu'on devoit initier s'assembloient près du Temple dans une enceinte assez vaste pour contenir un peuple nombreux, ils portoient des couronnes de myrthe, & se lavoient les mains à l'entrée du portique. Après divers préparatifs, on les instruisoit de tout ce qui avoit rapport aux myſteres. Le principal Miniſtre de la Déeſſe leur faiſoit diverſes intérrogations, auxquelles ils répondoient par une formule uſitée en pareil cas. Après cette réponſe, on les faiſoit paſſer rapidement par des alternatives continuelles de lumiere & de ténébres : ils appercevoient une multitude confuſe d'objets divers : pluſieurs voix ſe faiſoient entendre : enfin on terminoit la cérémonie en expoſant à leurs yeux l'objet de leur attente, & ils ſe retiroient au milieu des acclamations des aſſiſtants. Les Initiés ne quittoient jamais la robe dans laquelle ils avoient reçu cette honneur, à moins qu'elle ne fût entierement uſée : alors ils la conſacroient à Cérès & à Proſerpine.

LES GRECS.

Quatre Miniſtres préſidoient à cette fête. Le premier d'entr'eux, toujours choiſi dans la famille des Eumolpides, portoit le nom d'*Hierophante*. Sa principale fonction étoit d'initier aux myſteres, comme ſon nom le déſignoit, & de marcher à la tête des Initiés dans l'eſpece de proceſſion ſolemnelle qui ſuivoit cette cérémonie. Il repréſentoit le Créateur de l'Univers, dont il eſt ſi ſouvent parlé dans les ouvrages des Myſtiques Platoniciens. Son front étoit ceint du diadême, & ſa chevelure avoit la forme d'une couronne. Cette dignité étoit à vie, & l'Hierophante ne pouvoit ſe marier. Ces Miniſtres pouvoient ſans doute avoir été mariés avant leur élection, & ſelon toute apparence on ne les choiſiſſoit pas à la fleur de leur âge, ainſi la famille d'Eumolpe a pu ſe multiplier, malgré le célibat de l'Hierophante.

Miniſtres des fêtes d'Eleuſis.

Après cette dignité, les deux plus conſidérables étoient celles du *Lampadophore* ou *Porte-flambeau*, & de l'*Hieroceryce*, ou *Hérault ſacré*. Le *Dadouque* ou Chef des Lampadophores portoit le flambeau ſacré. C'eſt à lui qu'appartenoit le ſoin de purifier les Adeptes avant l'initiation ; cérémonie dont un des préliminaires étoit de couvrir le ſol du Temple avec la peau des victimes immolées à Jupiter. On craignoit que ſans cette précaution le Temple ne fût profané par les pas de quelques Aſſiſtants ſouillés de crimes, s'il s'en trouvoit quelqu'un dans le nombre. Le Dadouque marchoit à la tête des Lampadophores, la cinquieme nuit de la fête ſolemnelle. Le lendemain les fonctions de ce Miniſtre étoient les mêmes dans le tranſport pompeux d'Iacchus à Eleuſis. Les ornements portés par le Dadouque étoient magnifiques : image vivante du Soleil, on le décoroit de tous les attributs ſous leſquels cet Aſtre eſt repréſenté. Il avoit auſſi le droit de ceindre le diadême, non ſeulement lorſqu'il étoit en fonction, mais dans des circonſtances qui n'avoient nul rapport à ſon miniſtere. La dignité du Dadouque étoit perpétuelle, comme celle de l'Hierophante, mais elle n'exigeoit pas comme elle le célibat.

La fonction de l'Hieroceryce étoit d'écarter les Prophanes ; d'avertir les Initiés de ne prononcer que des paroles convenables à l'objet de la cérémonie, ou de garder un ſilence reſpectueux ; de réciter avant eux les formules de l'initiation. Ce Miniſtre repréſentoit Mercure, dont il avoit le caducée & tout l'appareil que les Poëtes donnent à ce Dieu. Ce Sacerdoce étoit auſſi perpétuel comme les précédents, & appartenoit à une même famille, ainſi que la dignité de Dadouque. Cette famille étoit celle de Ceryces, deſcendue de Ceryx, dernier fils d'Eumolpe. Elle avoit un droit qui lui étoit particulierement attaché ; c'étoit de fournir tous les ans deux parasites au Temple d'Apollon à Délos. Ces parasites avoient un tiers de certaines victimes. Leur fonction étoit de recueillir les bleds qui appartenoient aux Dieux, & de les déposer dans le bâtiment public destiné à cet usage.

Le quatrieme Ministre de Cérès se nommoit l'*Assistant de l'Autel*. Ses fonctions ne nous sont pas bien connues. On sçait seulement qu'il avoit un habillement allégorique, qui représentoit la Lune.

L'Archonte Roi, étoit le Surintendant de la fête d'Eleusis, & il avoit pour Adjoint quatre Administrateurs nommés par le peuple. On choisissoit toujours les deux premiers dans les familles sacerdotales ; les deux autres étoient indifféremment tirés du reste des Citoyens.

Outre les quatre principaux Ministres, dont on a parlé, il y en avoit encore un grand nombre de subalternes distribués en plusieurs classes, subordonnées chacune à l'un des quatre premiers, & toutes ensemble à l'Hierophante. Il y avoit aussi des Prêtresses, & outre la Reine des sacrifices, qui présidoit aux cérémonies les plus mystérieuses, il est encore fait mention d'une Prêtresse dont le ministere particulier regardoit l'initiation, & qui tenoit un rang distingué dans le Temple d'Eleusis. Elle étoit toujours tirée de la famille de Philides.

Les Ministres de Cérès jouissoient de grandes prérogatives. Premierement, quand on vouloit obtenir une grace, on la demandoit au nom des Prêtres d'Eleusis, comme au nom des Divinités mêmes de ce Temple. Secondement il étoit défendu de prononcer leur nom sous des peines très-graves. Dès l'instant de leur consécration à Cérès, ils n'en avoient plus d'autre que celui de leurs fonctions. Cette coutume superstitieuse s'étendoit jusqu'à la Déesse même qu'on adoroit à Eleusis, sous un nom mystérieux. Tout étoit mystere dans ce Temple. Troisiémement, ils étoient les seuls à qui la vûe de certains objets cachés dans l'intérieur du sanctuaire, fût réservée. Quatriemement enfin, quoique les Prêtres ne fussent point Juges en matiere de Religion, les Eumolpides formoient cependant une espece de Tribunal devant lequel on portoit les affaires de moindre importance, qui intéressoient le culte de leur Divinité. L'intérieur du Temple leur étoit soumis. Ils avoient seuls droit d'interpréter certaines loix religieuses, dont ils étoient dépositaires. On ignoroit quel en étoit l'Auteur, & elles étoient plus anciennes que Solon.

Les Ministres d'Eleusis avoient seuls le droit de se nourrir des poissons de deux petites rivieres qui arrosoient ce territoire. Elles étoient toutes deux consacrées à Cérès & à Proserpine. La faute la plus légere contre les loix du Temple, étoit regardée comme un crime, & on punissoit avec rigueur le Ministre qui l'avoit commise.

Les grands mysteres se célébroient tous les ans, & pendant les neuf jours que duroit la fête de Cérès, on ne pouvoit arrêter personne pour quelque raison que ce fût. On fermoit les Tribunaux ; les affaires étoient suspendues : on ne s'occupoit que de la solemnité. On punissoit de mort sur le champ, celui qui osoit présenter une requête dans le Temple d'Eleusis. Les femmes, même celles du premier rang, ne pouvoient se faire mener au Temple dans des chariots & on les condamnoit à une amende considérable, si elles avoient la hardiesse de contrevenir à cette loi.

L'initiation à ces mysteres étoit tellement regardée comme une chose essentielle, que tout le monde vouloit y avoir part. Les Athéniens faisoient initier leurs enfants dès le berceau, & on regardoit comme un sacrilége la négligence de s'y faire recevoir. Les personnes de tout âge, de tout sexe, de tout état y étoient admises, pourvû qu'elles n'eussent aucun crime à se reprocher. On excluoit avec rigueur les homicides, même involontaires, les enchanteurs, les scélérats, les impies, & surtout les Epicuriens. Le Hérault sacré leur ordonnoit à haute voix de sortir. Neron respecta cet ordre & n'osa prendre part à ces mysteres. Atticus, Auguste, Adrien, Marc-Aurele, Gallien, se firent initier dans les mysteres d'Eleusis. Claude entreprit inutilement de les faire transporter à Rome.

On faisoit envisager aux Initiés une félicité sans borne ; les Déesses auxquelles ils s'étoient consacrés devenoient leur appui, souvent même les inspiroient à propos. Tout leur réussissoit pendant la vie : après la mort ils étoient assurés des premieres places dans les Champs Elisées, tandis que la troupe impure des prophanes devoit gémir dans la nuit du Tartare.

Réveler le secret ou l'entendre étoient deux crimes égaux & dignes de mort ; l'histoire fournit plusieurs exemples de personnes privées de la vie, pour avoir dévoilé quelques mysteres, ou s'être introduites dans le Temple sans être Initiées. Un silence qu'il étoit si dangereux de rompre à couvert de voiles presque impénétrables, l'intérieur des mysteres. Cicéron est celui de tous les Auteurs qui en parle le plus clairement. Il dit en général dans son Livre de la Nature des Dieux, que *ces mysteres ramenés à leur véritable sens, nous instruisent plutôt de la nature des choses que de celle des Dieux.* Il résulte de ce passage, que les objets de ce culte, divinisés dans des temps postérieurs, n'étoient que des emblèmes qui présentoient originairement sous une image sensible, quelques points de la Théogonie Egyptienne, relatifs à la formation de l'Univers, & des Êtres qui le peuplent. On pourroit appuyer cette opinion par un trait de l'histoire de Julien. Ce Prince instruit des principes du Platonisme moderne par les plus habiles Philosophes de son siecle, alla chercher de nouvelles lumieres chez l'Hierophante d'Eleusis. On sçait que le nouveau Platonisme n'étoit autre chose que l'ancien systême Egyptien. Les Platoniciens modernes tâchoient de le faire revivre tel qu'il fut dans l'origine, & dégagé de ce culte grossier & monstrueux, dont l'avoient chargé l'ignorance & la superstition. Il y auroit donc lieu de croire qu'on en avoit conservé à Eleusis quelques dogmes, défigurés sans doute par les emblêmes qui les représentoient, dont le peuple des Initiés n'avoit pas l'intelligence, mais que les Ministres seuls pouvoient aisément reconnoître. (1).

Cette fête, comme je l'ai déjà dit, duroit neuf jours. Les trois premiers étoient employés à diverses cérémonies, & à offrir des sacrifices à Cérès & à sa fille. Le quatrieme vers le soir on faisoit la procession de la Corbeille, qui étoit portée sur un char traîné lentement par des bœufs, & suivi d'une grande troupe de femmes Athéniennes. Elles avoient toutes des Corbeilles mystérieuses remplies de diverses choses qu'on tenoit fort cachées ; &

LES GRECS.

Cérémonies observées aux fêtes d'Eleusis.

(1) Tel est le précis du Mémoire de M. de Bougainville. Je me suis trouvé quelque- | fois obligé d'en copier quelques morceaux.

LES GRECS. couvertes d'un voile de pourpre. Cette cérémonie repréſentoit la Corbeille où Proſerpine avoit mis ſes fleurs lorſqu'elle fut enlevée par Pluton. Le cinquiéme jour étoit appellé le jour des flambeaux, parce que la nuit de ce jour les hommes & les femmes en portoient pour imiter l'action de Cérès, qui avoit allumé ſur le Mont-Etna ſon flambeau pour s'éclairer au milieu des ténebres. Le ſixiéme jour étoit le plus célebre de tous. Il s'appelloit Iacchus ; c'eſt le même que Bacchus. On portoit ſa ſtatue en grande pompe. Le Dieu étoit couronné de Myrthe, & tenoit à la main un flambeau. La proceſſion partoit du Céramique, paſſoit à travers les places de la ville, & continuoit ſa marche juſqu'à Eleuſis. Le chemin qui y conduiſoit s'appelloit *la voye ſacrée*. On paſſoit la riviere de Céphiſe ſur un pont. Cette proceſſion étoit très-nombreuſe, & il s'y trouvoit ordinairement juſqu'à trente mille perſonnes. Strabon dit que le Temple où la proceſſion ſe rendoit, avoit l'étendue des théâtres. Pendant cette marche on faiſoit retentir l'air du ſon de divers inſtrumens. On chantoit des hymnes en l'honneur de la Déeſſe, & ce chant étoit accompagné de danſes & de marques de joye. Le ſeptieme jour étoit conſacré par les jeux & les combats Gymniques. La récompenſe du vainqueur étoit une meſure d'orge. Les deux jours ſuivants étoient deſtinés à certaines cérémonies particulieres, mais peu importantes.

Le Temple de Cérès étoit un des plus riches de la Grece. Les guerres les plus ſanglantes avoient toujours reſpecté le Temple d'Eleuſis, & la célébration des myſteres ne fut interrompue qu'une ſeule fois : ce fut à l'occaſion de la ruine de Thèbes. Xerxès, l'ennemi déclaré des Dieux, & le deſtructeur de leurs Temples, épargna celui de Cérès. Enfin, tous les ennemis d'Athènes, à l'exception de Philippe, pere de Perſée, Roi de Macédoine, eurent toujours la même vénération pour cette Déeſſe & pour ſon culte. Les Grecs étoient perſuadés qu'elle avoit combattu pour eux à Salamine ; ils attribuoient au voiſinage de deux de ſes Temples les victoires de Mycale & de Platée. L'Empereur Valentinien, quoique Chrétien zélé, toléra ces myſteres ; mais ils furent détruits ſous l'Empire de Théodoſe le Grand, après avoir ſubſiſté dix-huit ſiécles ou environ, ſuivant le calcul des Marbres d'Arondel, qui fixent l'époque de leur établiſſement à l'an 1408. avant l'Ere Chrétienne.

JUNON.

Junon, fille de Saturne & de Rhéa, étoit ſœur & épouſe de Jupiter, ſuivant Héſiode. La fable de cette Déeſſe, ſimple dans ſon origine, fut ſurchargée dans la ſuite par l'imagination des Poëtes. Ce n'étoit point une Divinité Egyptienne, mais il paroît que ſon culte fut apporté dans la Grece par des Phéniciens. Phoronée, ſucceſſeur d'Inachus, mit Argos ſous la protection de Junon, & lui bâtit un Temple, dont le Sacerdoce fut confié à des femmes. Les Romains qui reçurent ſon culte des Grecs, & qui lui donnoient le ſurnom de *Reine*, croyoient qu'elle étoit la même que la *Déeſſe céleſte* de Carthage, c'eſt-à-dire, qu'*Aſtarté*, adorée à Tyr & à Sidon, & nommée dans Jérémie la *Reine des Cieux*. Elle eſt auſſi nommée *Baaltis* dans l'Ecriture. On sçait que la Colonie d'Argos étoit mêlée de Philiſtins & d'Arabes. Les Grecs donnerent à cette Déeſſe le nom d'*Era* ou *Eré*, que Platon ſuppoſe être le féminin d'*Eros*, & ſignifies *aimable*. Elle portoit encore le nom de *Zano*, d'où les Romains avoient formé celui de *Juno*. Criaſus qui regna à Argos après la mort d'Apis, établit les Prêtreſſes de Junon, & conſacra au culte de cette Déeſſe ſa fille Callithia ou Callithoé. La ſucceſſion de ces Prêtreſſes ſervit à fixer la date des anciens évenements, & à regler la Chronologie. Les plus anciens Hiſtoriens avoient compté par le Sacerdoce des Prêtreſſes d'Argos, & cet uſage étoit encore reçu du temps de Thucidyde qui s'y étoit conformé.

Raſſemblons maintenant ce que les Poëtes ont imaginé ſur cette Déeſſe. Junon, ſuivant Homere, fut nourrie par l'Océan & par Téthys ſa femme, ſelon d'autres par Eubæa, Porſymna & Acrea, filles du Fleuve Aſterion. D'autres enfin veulent que les Heures furent ſes nourrices. Jupiter, ſous la figure d'un Coucou, voulut la tromper; enſuite il l'épouſa dans les formes, & Diodore raconte que les noces ſe firent ſur le territoire des Gnoſſiens, près du Fleuve Théréne, où l'on voyoit de ſon temps un Temple entretenu par les Prêtres du pays. Jupiter pour rendre cette fête plus auguſte, ordonna à Mercure d'y inviter tous les Dieux. La Nymphe Cheloné fut la ſeule qui refuſa de s'y rendre. Mercure pour la punir la changea en tortue. Jupiter & Junon ne vécurent pas longtemps en bonne intelligence. On prétend que Junon n'avoit pas l'humeur aiſée, & Jupiter de ſon côté lui donnoit de fréquents ſujets de ſe plaindre de lui par les liaiſons qu'il entretenoit avec les mortelles. Jupiter fut un jour ſi en colere contre ſa femme, qu'il la ſuſpendit entre le ciel & la terre, & lui attacha une enclume aux pieds. On reproche à cette Déeſſe d'avoir manqué quelquefois à la fidélité qu'elle devoit à ſon mari. Elle fut mere d'Hebé, de Mars, d'Ilythie & de Vulcain, ſuivant Héſiode.

Junon étoit regardée comme la Déeſſe des Royaumes, des Empires & des richeſſes, & elle offrit toutes ces choſes à Páris, pour l'engager à décider en ſa faveur, & lui adjuger la pomme d'or. Elle préſidoit auſſi aux mariages & aux accouchements. En cette derniere qualité, elle étoit nommée Lucine. Le culte de Junon s'étoit répandu dans l'Europe, l'Aſie & l'Afrique, & elle avoit des Temples de tous côtés, mais elle étoit principalement honorée à Argos, à Samos & à Carthage. Pauſanias a fait ainſi la deſcription du Temple qu'elle avoit à Argos.

L'édifice eſt ſoutenu par des colonnes ſur leſquelles on a repréſenté divers traits de la Fable & de l'Hiſtoire, tels que la naiſſance de Jupiter, le combat des Dieux contre les Géants, la guerre de Troye & la priſe de cette ville. Devant la porte du Temple il y a pluſieurs ſtatues, ſoit de femmes qui ont été honorées du Sacerdoce de Junon, ſoit de Héros, parmi leſquels on remarque ſurtout Oreſte. Dans le veſtibule on voit à gauche les Graces qui ſont des ſtatues d'un goût antique; à droite eſt le lit de Junon & le bouclier que Ménélas arracha à Euphorbe pendant la guerre de Troye : le bouclier eſt un préſent fait à la Déeſſe. En entrant dans le Temple on voit ſur un thrône la ſtatue de Junon d'une grandeur extraordinaire. Elle eſt d'or & d'ivoire. C'eſt l'ouvrage de Polyclete. La Déeſſe a ſur la tête une couronne au-deſſus de laquelle ſont les Heures & les Graces. Junon tient d'une main une grenade (1), & de l'autre un ſceptre, au-deſſus duquel eſt un Coucou. On voit auprès de Junon la jeune Hébé, dont la ſtatue eſt auſſi d'or & d'ivoire. Il y a auprès d'elle une colonne ſur laquelle eſt poſée une autre ſtatue de Junon, qui eſt fort ancienne; mais la plus ancienne de toutes, & qu'on voit dans cet endroit, eſt une qui eſt faite de poirier ſauvage. Elle eſt de grandeur médiocre, & la Déeſſe eſt repréſentée aſſiſe.

Les Eléens avoient choiſi ſeize Dames, pour broder un voile qui étoit offert à Junon tous les cinq ans. Ces mêmes Dames faiſoient auſſi célébrer des jeux en l'honneur de la Déeſſe. Ils conſiſtoient à voir des filles ſe diſputer le prix de la courſe. On les diſtribuoit en trois claſſes: la premiere étoit compoſée des plus jeunes; la ſeconde, de celles d'un âge au-deſſus; la troiſiéme, des plus âgées. Il y avoit un prix pour chaque claſſe. Quand elles couroient, leurs cheveux étoient flottants, la tunique étoit abaiſſée juſqu'au-deſſous des genoux, & l'épaule droite étoit nue. Elles faiſoient auſſi preuve de leur légereté dans le ſtade d'Olympie, mais alors la carriere étoit abrégée de la ſixiéme partie. Les victorieuſes remportoient une couronne d'olivier, & recevoient une portion de la geniſſe qui avoit été immolée à Junon. Il étoit permis de mettre leurs portraits pour éterniſer leur nom & leur gloire. Les ſeize Dames préſidoient à ces jeux avec un pareil nombre d'Aſſociées qui jugeoient avec elles. Les Eléens prétendoient que cette inſtitution étoit fort ancienne, & ils l'attribuoient à Hippodamie, qui voulant remercier Junon du bonheur qu'elle avoit eu d'épouſer Pelops, choiſit ſeize de ſes compagnes, & de concert avec elles, inſtitua ces jeux en l'honneur de la Déeſſe. Ils diſoient que Chloris, fille d'Amphion, étoit la premiere qui avoit remporté le prix.

On donne encore une autre origine à ce nombre de ſeize Dames établies pour être juges dans ces jeux. Démophon, Tyran de Piſe, fit beaucoup de maux aux Eléens. Après ſa mort, comme les habitants de Piſe n'avoient pas été les complices de ſa méchanceté, les Eléens voulurent bien s'en rapporter à eux du dédommagement qu'ils demandoient. Il y avoit alors ſeize villes dans toute l'Elide. Les deux peuples pour terminer leurs différends à l'amiable, convinrent de choiſir dans chaque ville une femme reſpectable par ſon âge, par ſa naiſſance & par ſa vertu. Après qu'elles eurent été choiſies, elles régleren par leur prudence les prétentions des Eléens, & rétablirent la bonne intelligence entre les deux peuples. Dans la ſuite on leur confia la direction des jeux qui ſe célébroient en l'honneur de Junon, & le ſoin de faire le voile de la Déeſſe. Elles étoient auſſi chargées de l'entretien de deux chœurs de muſique, dont l'un étoit nommé le chœur de Phyſcoa, & l'autre le chœur d'Hippodamie.

Dans le Temple des Eléens, Junon étoit repréſentée aſſiſe ſur un thrône; on voyoit auprès d'elle Jupiter debout, ayant un caſque ſur la tête & de la barbe au menton. Le thrône & les ſtatues étoient fort groſſieres. On avoit auſſi placé dans ce Temple, les Heures & Thémis leur mere. Ces Divinités étoient pareillement aſſiſes ſur des thrônes. Il y avoit outre cela un grand nombre d'autres ſtatues.

(1) Pauſanias en cet endroit dit, que la Grénade eſt un myſtere qu'il paſſe ſous ſilence.

HEBE',

HEBE.

Hébé, fille de Junon & de Jupiter, & Déesse de la Jeunesse, étoit chargée de verser le nectar aux Dieux. Hercule admis en la compagnie des Immortels la reçut pour femme des mains de Jupiter, qui lui assura une perpétuelle jeunesse par cette aimable alliance: Les Phliasiens rendoient de grands honneurs à cette Déesse, dont le Temple étoit un asyle inviolable pour les malheureux qui s'y refugioient. En sortant de ce Temple, ils pendoient leurs chaînes aux branches des arbres qui environnoient l'édifice. Les Phliasiens célébroient tous les ans pendant plusieurs jours la fête d'Hebé, & ils nommoient cette fête *le jour du Lierre*, sans doute parce qu'ils en formoient des guirlandes, dont ils ornoient le Temple. Ils n'avoient aucune statue de cette Divinité.

MARS.

Homere nous représente Mars, comme un Dieu furieux, insensé, qui ne suit que ses caprices, & qui étoit haï de Jupiter son pere. Il le fait aussi connoître pour le Dieu des combats. Irrité de la mort de son fils Ascalaphe, qui commandoit les Béotiens au siége de Troye, il veut s'en venger contre les Grecs, malgré la défense de Jupiter, qui ne vouloit point alors qu'aucun des Dieux prît parti dans cette guerre. Dans sa colere il ordonne à la Fureur & à la Fuite d'atteler son char, & prend ses armes éclatantes. Minerve s'oppose à son départ, & l'empêche d'exécuter son dessein. La Déesse persuadée qu'il restera tranquille sur la parole qu'il lui en a donnée, le laisse enfin & se retire. Mars profite de l'absence de la Déesse, & paroît bientôt au milieu des Troyens dont il embrasse les intérêts. Minerve excite alors le courage de Diomede le plus vaillant des Grecs, & guidant elle-même ses coups, elle lui fait percer le sein du Dieu des combats. Mars ne peut soutenir cette blessure, sans jetter un cri qui fit retentir les montagnes de la Thrace. Il abandonne le champ de bataille, & va porter ses plaintes à Jupiter, dont il reçoit de fortes réprimandes. Peon, le Médecin des Dieux, panse sa playe, & la guérit sur le champ.

Cette aventure n'est pas la seule qui fit de la peine à ce Dieu. Il avoit déjà été mis dans les fers par Otus & Ephialtes. Ces deux freres, arriere petits-fils d'Eole, croissoient chaque année d'une toise en hauteur, & d'une coudée en largeur. Cette grandeur extraordinaire les rendit assez téméraires pour tenter à l'âge de neuf ans de déclarer la guerre aux Dieux. Le premier vouloit épouser Junon, & le second désiroit avoir Diane pour femme. Ils entreprirent pour cet effet d'escalader le Ciel, & mirent montagnes sur montagnes. Mars, qui avoit osé combattre contre eux, fut vaincu & chargé de fers, dont il fut débarrassé par l'adresse de Mercure. Ces deux monstres se percerent de leurs propres fleches, en tirant sur Diane changée en cerf, qui passoit au milieu d'eux.

Mars fut cité en jugement par Neptune, pour avoir tué un fils de ce Dieu qui vouloit épouser sa fille malgré lui. Les douze Dieux assemblés à l'Aréopage pour décider cette querelle, renvoyerent Mars absous.

Hésiode marie ce Dieu avec Venus, & lui donne pour enfants la Crainte, la Frayeur, & Harmonie qui fut mariée à Cadmus. Homere ne pense pas de même, & traite de galanterie la liaison que Mars eut avec Venus, qui selon lui, étoit femme de Vulcain. Ce Dieu, instruit par le Soleil qu'ils se rendoient de fréquentes visites, tendit dans l'appartement de Venus des filets si déliés, qu'on ne pouvoit les appercevoir. Mars & Venus y furent pris, & Vulcain appella à ce spectacle tous les Dieux, qui n'en firent que rire.

Il ne paroît pas que le culte de Mars ait été fort célebre dans la Grece, mais on lui rendoit de grands honneurs en Italie, & surtout à Rome, où il étoit adoré sous le nom de Quirinus. On lui donna aussi une compagne qui étoit Bellone, Déesse du carnage. On voyoit à Rome, devant son Temple, une petite colone pardessus laquelle on jettoit une lance, quand on déclaroit la guerre. Le jour de sa fête, qui arrivoit au mois de Juin, ses Prêtres nommés Saliens couroient par toute la ville & se faisoient des blessures aux bras avec leurs poignards. Ils recevoient dans le creux de la main le sang qui couloit de leurs playes, & le donnoient à ceux qui vouloient participer à leurs mysteres. Virgile rapporte que Bellone conduisoit le char de Mars. L'Enyo, dont Homere fait mention, a beaucoup de rapport avec la Bellone des Latins; mais ce n'est pas dans le Poëte, qu'un personnage poëtique, & Hésiode n'en fait aucune mention. Strabon, parlant d'un Temple d'Enyo, dans la Cappadoce, dit que probablement son culte y avoit été apporté de la Taurique, & Plutarque nous apprend que ce fut dans la Cappadoce que les Romains connurent Bellone.

ILITHYE.

Homere parle de plusieurs Déesses Ilithyes, sans en déterminer le nombre; mais Olen de Lycie dans ses hymnes, qualifie la Déesse Ilithye de belle fileuse, dit qu'elle est plus ancienne que Saturne, & la prend pour la Parque ou le Destin. Elle avoit un Temple dans la ville de Clitore. On a quelquefois confondu cette Divinité avec Diane ou la Lune; & on l'a fait présider aux accouchemens.

VULCAIN.

Le dernier fils de Junon est Vulcain, & ce fut à l'occasion de sa naissance qu'elle se brouilla avec Jupiter. Honteuse de sa difformité, elle le précipita du haut du ciel dans la mer. Téthys & Eurynomé, filles de l'Océan, en prirent soin pendant neuf ans. Il s'occupa pendant ce temps à faire divers petits ouvrages pour les Nymphes de la mer. Vulcain, fâché contre sa mere, inventa une chaise d'or avec un ressort, & la fit porter dans le ciel. Junon, qui ignoroit le piége que son fils lui tendoit, en fit aussitôt usage, & s'y trouva attachée sans pouvoir en sortir. Bacchus usa de stratagême pour engager Vulcain à délivrer sa mere. Il est dit ailleurs, que ce fut Jupiter qui précipita du ciel Vulcain, son fils, qui avoit voulu secourir sa mere contre les emportemens de ce Dieu. Vulcain tomba dans l'Isle de Lemnos, & se cassa une cuisse dont il demeura toujours boiteux. Quelques-uns prétendent qu'il établit ses forges dans cette isle, & qu'il avoit les Cyclopes pour compagnons. Homere place sa forge dans le ciel, & le fait servir par des statues d'or, qu'il avoit faites lui-même, & qui étoient douées d'intelligence. C'est dans cet endroit que Thétys alla le trouver pour l'engager à forger les armes d'Achille. Ce Dieu, dans la guerre de Troye, prit le parti des Grecs, & consuma le fleuve Scamandre, qui s'étoit débordé pour faire périr les Grecs, & surtout Achille. Héfiode fait marier Vulcain à une des Graces nommée Aglaïe, qui est appellée Pafithée, par Homere. D'autres lui donnent Venus pour femme. Ce Dieu étoit chargé de forger les foudres de Jupiter.

Vulcain étoit en Egypte un des plus grands & des premiers Dieux. Il semble qu'on l'y regardoit comme celui, dont l'opération maintenoit l'ordre dans toute la Nature; au lieu que dans la Grece, qui l'emprunta de l'Egypte, il devint un des fils de Jupiter, & n'eut que des fonctions subalternes. Chez les Grecs il eût pour femme Venus, ou l'une des Graces, & chez les Egyptiens, il fut le mari de Minerve.

Vulcain fut reconnu à Athènes en même temps que Minerve, & les Grecs en rompant ce mariage, conferverent toujours quelques liaifons entre ces deux Divinités. Platon les réunissoit dans le même Palais, où elles s'exerçoient à perfectionner les arts. Elles avoient d'ailleurs des Temples communs, & des fêtes communes. Vulcain étoit reconnu à Rome pour le Dieu du feu, & il étoit fans doute le fymbole de cet élément chez les Grecs.

Ciceron reconnoiffoit plufieurs Vulcains. Le premier, felon lui, étoit fils du Ciel, & le fecond du Nil. C'eft ainfi qu'il compte deux Minerves en Egypte, & qu'il donne le Nil pour pere à la feconde. Il nomme encore deux autres Vulcains; un qui est fils de Jupiter, & l'autre de Ménalius, qui regna, dit-il, dans les Ifles Vulcanées, près de la Sicile. L'idée de plufieurs Vulcains ne peut venir que de la diverfité des fables imaginées fur cet être allégorique, & fur divers évenements produits par le feu, qui ont donné matiere aux Poëtes d'exercer leur imagination.

MNEMOSINE ET LES MUSES.

Jupiter devenu l'époux de Mnémofine, qui est la Mémoire, en eut neuf filles, qu'on nomme les Mufes. Héfiode les appelle Clio, Euterpe, Thalie, Melpomene, Terpficore, Erato, Polymnie, Uranie & Calliope. Il ajoute que la derniere eft la plus célebre de toutes, parce qu'elle accompagne les Rois; mais il ne nous apprend point qu'elles font fes fonctions dans cette augufte compagnie. Ceux qui ont diftribué aux Mufes leurs différents départements n'ont eu aucun égard à l'hiftoire, puifqu'ils ont donné la Comédie & la Tragédie à deux d'entre elles, quoique ces deux fpectacles euffent été inventés affez tard, & très longtemps après qu'on eût fixé la Religion. Il n'eft pas difficile de s'appercevoir que ces fonctions n'ont été données aux Mufes que par les Poëtes modernes, & qu'elles avoient d'autres emplois dans la haute antiquité. Uranie ou *la Célefte* préfidoit fans doute à l'Aftronomie; Clio, à l'Hiftoire; Calliope, à l'Eloquence; Thalie, aux folemnités; Terpficore, aux danfes; Melpomene, à la Poëfie Lyrique, ou à la Mufique en général; Erato, aux converfations qui fervent à entretenir l'amitié entre les citoyens; Euterpe, aux jeux qui fervoient de délaffement à l'efprit; & Polymnie, aux inftruments de Mufique. Ces Mufes étoient en la compagnie d'Apollon sur le Mont Parnasse, ou le Mont Helicon; elles avoient aussi sous leur protection les fontaines d'Hippocrene, de Castalie & d'Aganippe. Ces eaux inspiroient, dit-on, les Poëtes. Pausanias rapporte que les fils d'Aloéüs instituerent le culte de trois Muses seulement, qu'ils nommerent Meleté, Mnémé, & Aœdé (1), & que Pierus, Macédonien, en établit le nombre de neuf. Les uns ont prétendu que les Muses étoient restées vierges, d'autres les ont fait marier, & leur ont donné des enfants. Chaque Poëte a suivi en cela ce que son imagination lui a dicté.

On lit dans les Métamorphoses d'Ovide, que Pyrenée, Tyran de la Phocide, voulant surprendre les Muses, reçut le châtiment que méritoit son crime. Les neuf sœurs passoient un jour près de son château, & une pluye violente étant survenue, il les invita à entrer chez lui. Lorsque l'orage fut passé, elles voulurent continuer leur route, mais Pyrenée s'y opposa, & fit fermer toutes les portes. Les Muses se changerent alors en oiseaux, & se frayerent un chemin dans les airs. Pyrenée au lieu de se rendre à un tel prodige fut assez insensé pour vouloir les suivre, mais étant tombé du haut d'une tour, il mourut sur le champ.

Les Muses eurent une autre aventure avec les filles de Pierus, Roi de Macédoine. Celles-ci étoient neuf, & trop persuadées de leur mérite & de leurs talents, elles proposerent aux Muses un défi. On choisit des arbitres, & après que les unes & les autres eurent chanté, le prix fut adjugé aux Muses, qui pour punir l'orgueil des Pierides les métamorphoserent en pies.

Homere dans son Iliade rapporte que Thamyris, célebre joueur de Lyre, ayant défié les Muses au combat, fut vaincu, & perdit en même temps la voix, la vûe, l'esprit, & la facilité de jouer de la Lyre qu'il jetta de désespoir dans un fleuve de Messénie.

LES GRACES.

Les Graces naquirent du mariage de Jupiter avec Eurynomé, fille de l'Océan.

Hésiode dit, que de leurs yeux l'amour coulé & se répand sur tout ce qu'elles regardent. Il les nomme Aglaïe, *Splendeur ou clarté*, Euphrosine, *Joye*; & Thalie, *Solemnité*. On n'en connoissoit que deux à Athènes & à Lacédémone, & elles avoient différents noms dans ces deux villes (2); mais les Poëtes leur ont préféré les Graces d'Orchomene, qui sont les mêmes que celles d'Hésiode. *Les hommes*, leur dit Pindare, *tiennent de vous tous les biens & tous les agréments dont ils jouissent. C'est vous qui leur dispensé la sagesse, la beauté & la gloire.* Il ajoute que les Dieux ne célebrent point de danses ni de repas sans les Graces; qu'elles ont la dispensation de tout ce qui se fait dans le ciel, & qu'assises près d'Apollon, elles honorent sans cesse la majesté du Dieu qui leur a donné la naissance. Les Poëtes, depuis Hésiode, leur ont donné différentes origines, & les font accompagner la Déesse des Amours. On les a aussi mal-à-propos confondues avec les Heures.

(1) Ces trois noms signifient, *la Méditation, la Mémoire & le Chant*.
(2) Elles étoient nommées chez les Athéniens *Auxo* & *Hégémone*: Elles portoient le nom de *Clita* & de *Phaenna*, chez les Lacédémoniens.

Les symboles & les attributs des Graces étoient en grand nombre, & ont souvent varié. On ne représenta d'abord ces Déesses que par de simples pierres, qui n'étoient point taillées, mais on sçait que telles étoient les premieres statues des Dieux. Dans la suite on représenta les Graces sous des figures humaines, habillées de gaze, & quelquefois nues. Pausanias avoue qu'il ne peut marquer l'époque où l'on cessa de leur donner des habits. *Je n'ai pû découvrir, dit-il, quel est le premier Peintre, ou le premier Sculpteur, qui s'avisa de représenter les Graces toutes nues, car anciennement on leur donnoit des voiles.* On les représentoit encore se tenant par la main, comme si elles étoient prêtes à danser. Elles avoient alors un voile sur la tête, qu'elles paroissent laisser flotter au gré des zéphirs. Dans la ville d'Elis on avoit ainsi représenté les trois Graces ; l'une tenoit à la main une rose, l'autre un dé à jouer, & la troisieme une branche de mirthe. On voyoit quelque chose de singulier chez les Anciens ; c'étoient des statues creuses de Satyres, & en les ouvrant, on appercevoit au dedans de petites figures des Graces.

LES GRECS.

On prétend qu'Etéocle, Roi d'Orchomene en Béotie, fut le premier qui rendit un culte aux Graces. On voyoit près de cet endroit une fontaine que son eau pure & salutaire rendoit célebre par tout le Monde. Près de là couloit le fleuve Céphise qui, par la beauté de son canal & de ses bords, ne contribuoit pas peu à embellir un si charmant séjour. On s'imaginoit que les Graces se plaisoient dans ce lieu plus que dans tous les autres endroits du Monde. Les Lacédémoniens soutenoient que Lacédémon, leur Roi, avoit bâti un Temple aux Graces avant Etéocle. Quoiqu'il en soit, elles en avoient encore à Elis, à Delphe, à Pergé, à Perinthe, à Byzance, & en plusieurs autres endroits de la Grece & de la Thrace. Elles en avoient aussi de communs avec d'autres Divinités, & souvent avec les Muses, & l'Amour ou Vénus. Elles avoient aussi leurs places dans les Temples de Mercure. On célebroit plusieurs fêtes en leur honneur dans le cours de l'année, mais le printemps leur étoit principalement consacré. On les appelloit dans les festins, & Horace dit qu'on buvoit trois coups en leur honneur. On juroit aussi par leurs noms. Enfin la Grece étoit pleine de monuments consacrés à ces Déesses, qu'on trouve même sur les médailles. Elles présidoient aux bienfaits & à la reconnoissance, & les habitants de la Chersonese ayant été secourus à propos par les Athéniens, éleverent un autel avec cette Inscription : Autel consacré a celle des Graces, qui préside a la reconnoissance.

LES PARQUES.

Hésiode se contredit lui-même au sujet des Parques. D'abord il leur donne la Nuit pour mere, & ensuite il les fait filles de Jupiter & de Thémis. Cette erreur peut venir de ce qu'on pensoit diversement sur leur origine, ou peut-être de ce que leur culte abandonné avant Jupiter, fût rétabli avec celui de ce Dieu. Le Poëte les nomme Clotho, *la Fileuse*, Lachésis, *qui regle le sort*, & Atropos, *l'Immuable* ou *l'Inflexible*. Il leur attribue deux principales fonctions ; l'une de distribuer le bien & le mal aux hommes, l'autre de pourfuivre les délits des hommes & des Dieux; fans pouvoir être fléchies, jufqu'à ce que le crime foit expié.

Il paroît que dans le fyftême d'Héfiode, qui eft le véritable fyftême de la Religion Grecque, Clotho filoit la vie des hommes, c'eft-à-dire qu'elle en regloit la durée ; qu'Atropos leur envoyoit les maux, & qu'ils recevoient les biens de Lachéfis. Voilà ce qu'elles faifoient dans l'ordre Phyfique, & indépendemment de la bonne ou mauvaife conduite des hommes. Dans l'ordre moral, elles ajoutoient aux évenements inévitables, des maux qui étoient la peine des fautes des Mortels ; & comme elles ne regloient pas feulement ce qui concernoit les hommes, mais tout ce qui fe paffoit dans l'Univers, Héfiode a dit, qu'elles pourfuivoient les délits des Dieux, en prenant pour leurs délits, tout ce qu'on regarde communément comme des défordres dans les évenements naturels. Apollon, ayant demandé aux Parques que le Royaume de Lydie ne fût détruit qu'après la mort de Créfus, ne put obtenir cette grace ; & les Parques lui permirent feulement de différer de trois ans la prife de Sardes. On croyoit que la durée de la vie des hommes étoit déterminée, mais qu'ils pouvoient l'abréger de mille manieres ; ce qui donnoit occafion de dire de quelques-uns, *qu'ils étoient morts avant leur deftinée.* On étoit encore perfuadé qu'on s'attiroit des difgraces par fa faute, mais on les imputoit aux Parques toujours prêtes à punir. Outre cette Doctrine, qui étoit commune, il y en avoit une plus vicieufe, qui étoit de rejetter fur la volonté de Jupiter & des Parques, des fautes qui, de leur nature, étoient inexcufables.

Les Poëtes du moyen âge ont confidérablement altéré la fable des Parques, & l'ont furchargée des chofes les plus étranges. Ils en ont fait trois fœurs filandieres ; l'une tient la quenouille & tire le fil, l'autre le tourne fur un fufeau, & la troifieme le coupe. D'autres Poëtes ont imaginé que l'une avoit l'intendance du paffé, l'autre du préfent, & la derniere de l'avenir. Clotho étoit en poffeffion du préfent ; & par conféquent étoit la plus occupée, puifque le préfent vient à chaque inftant. Enfin on leur a attribué toutes fortes de fonctions ; mais toujours relatives à la vie des hommes. Elles fe trouverent à la naiffance d'Achille & de Méléagre, & reglerent leurs deftinées. Elles ramenerent Proferpine des Enfers, lorfqu'il fut décidé qu'elle pafferoit fix mois de l'année avec fa mere. Elles étoient par conféquent regardées comme les Miniftres de Pluton, & on les plaçoit au pied de fon thrône. Quelques Mythologues veulent qu'elles foient plutôt les Miniftres de Jupiter. On a auffi beaucoup varié fur le nombre. Opis, Adrafté, Némésis, Venus-Uranie, la Fortune, Ilythie, Proferpine ou Junon Stygienne, &c. ont été mifes au rang des Parques.

Le culte de ces Divinités, qu'on regardoit comme malfaifantes & inéxorables, n'étoit pas fort célebre dans la Grece. Paufanias dit, qu'elles avoient quelques Temples & des ftatues en plufieurs endroits. Si l'on en croit Menandre, Auteur très-ancien, on leur immoloit tous les ans des brebis noires, & leurs Prêtres étoient obligés de porter des couronnes de fleurs. On les repréfentoit ordinairement fous la figure de trois femmes accablées de vieilleffe, avec des couronnes faites de floccons de laine blanche, entremêlés de fleurs de Narciffe ; une robe blanche leur couvroit tout le corps, & des rubans de la même couleur nouoient leurs couronnes. L'une tenoit une quenouille, l'autre un fuseau, & la troisième des ciseaux. Selon d'autres Auteurs, elles avoient un habit différent. Clotho, vêtue d'une grande robe de diverses couleurs, portoit sur la tête une couronne de sept étoiles, & tenoit à la main une quenouille, qui paroissoit descendre du ciel. La robe de Lachésis étoit parsemée d'étoiles sans nombre, & avoit auprès d'elle une infinité de fuseaux. Atropos étoit vêtue de noir avec des ciseaux à la main, & à ses pieds un grand nombre de pelotons de fil plus ou moins garnis.

Les Romains admettoient trois Parques d'une autre espèce, qu'ils appelloient *Fata* ou les *Destinées*. *Parca* ou *Morta*, étoit le nom de la premiere; on nommoit la seconde *Nona*, & la troisième *Decima*. Les fonctions des deux dernieres se bornoient à la naissance des enfants; ainsi on pourroit conclure, que la première présidoit à leur conception.]

LATONE, APOLLON ET DIANE.

Le culte du Soleil & de la Lune étoit établi avant la troisième Religion, c'est-à-dire, avant que Jupiter eût été reconnu des Grecs, comme le premier & le plus grand des Dieux. Dans les commencements ce même culte étoit simple, mais comme il prit une nouvelle forme dans la troisième Religion, on imagina que le Soleil & la Lune étoient fils de Jupiter, & on changea en même temps leurs noms. Ils furent appellés Apollon & Diane. La Poësie se plut ensuite à s'exercer sur ces deux Divinités, & à fournir à leur sujet un grand nombre de fables.

Latone leur mere, & femme de Jupiter, étoit connue en Egypte, selon Hérodote, qui assure qu'elle avoit à Buto un Oracle très-ancien, & qu'il appelle le plus véritable de toute l'Egypte; & c'est de ce pays même qu'il raconte la fable de la prétendue Isle flottante, fable que les Grecs ont attribuée dans la suite à l'Isle de Délos, où ils publioient que Latone étoit accouchée. C'est-à-dire, que le culte d'Apollon & de Diane ne put s'établir qu'à Délos, & qu'il fut d'abord rejetté de tous les autres endroits, où l'on tâcha de le faire recevoir. Voici les paroles d'Hérodote. ,, Après le Temple de Latone,
,, ce qui m'a semblé le plus admirable est l'isle de Chemmis, qui est dans
,, ce grand Lac auprès du Temple de Buto. Les Egyptiens disent que c'est
,, une Isle flottante, mais je ne l'ai vûe ni flotter, ni se mouvoir, & je
,, m'étonnai de ce qu'on me disoit qu'elle flottoit. Il y a dans cette Isle
,, un grand Temple d'Apollon, où l'on voit trois rangs d'autels. La raison
,, pour laquelle les Egyptiens disent que cette Isle est flottante, c'est que
,, comme Latone, qui est aujourd'hui au nombre des huit Dieux qu'on a
,, connus les premiers, demeuroit dans la ville de Buto, au même lieu
,, où est son Oracle, elle cacha dans cette Isle, qui ne flottoit pas alors,
,, Apollon par les ordres d'Isis. Typhon, qui le cherchoit, se rendit dans
,, cette Isle, mais il ne put venir à bout de le découvrir. ,,

La légende de Latone en passant chez les Grecs, fut défigurée comme les autres qui étoient venues d'Egypte, & on y fit à plusieurs fois des changements considérables.

Voici ce qu'on trouve au sujet de Typhon dans une Hymne à Apollon attribuée à Homere.

Junon irritée contre Jupiter de la naissance de Vulcain, résolut de ne plus habiter avec son mari. Dans sa fureur elle descend du Ciel, invoque la Terre & les Titans, qui demeurent dans les abîmes du Tartare, & leur demande leur assistance pour produire un chef-d'œuvre, qui fut aussi supérieur à Jupiter en force, & en puissance que Jupiter l'étoit à Saturne. Elle frappe la Terre avec effort. La Terre s'émeut aux violentes secousses qu'elle lui donne: Junon est transportée de joye, elle sent que ses vœux sont accomplis. La Déesse demeure un an entier dans les Temples que les Mortels lui avoient élevés sur la terre. Au bout de ce terme elle produisit un monstre furieux, qui ne ressembloit ni aux Dieux ni aux hommes, le cruel, le terrible Typhon. Elle le donna là a Terre pour être le fléau des Mortels. Apollon entreprit de délivrer les hommes d'un monstre si dangereux, & le tua à coups de fleches. Le Dieu transporté de joye insulta son ennemi en ces termes: *Pourris maintenant, Dragon cruel, & ne fais plus de mal aux Mortels, qui viennent m'immoler des Hécatombes* (1). *Ni Typhée, ni la Chimere n'ont pu te garantir de la mort. L'humidité de la terre & la chaleur du soleil vont mettre ton corps en pourriture.*

Ce Dragon nommé Typhon dans Homere, est appellé *Delphyne* ou *Delphynés*. (Δελφύνη, Δελφύνης,) dans Apollonius de Rhodes, & dans Denys le Géographe. Callimaque nous apprend qu'il avoit sa demeure sur les bords du fleuve Plistus, & que de ses replis il environnoit neuf fois le Mont-Parnasse. Stace a dit qu'il se reploit sept fois autour de Delphes, & que lorsqu'il eut été tué, il occupoit cent arpents de terre en longueur. Exagerations de Poëtes qui sont en droit de feindre. Callimaque, Euripide, Apollodore, Ephore, Pausanias & d'autres Auteurs, nous font entendre qu'Apollon ne tua Typhon, que parce qu'il lui disputoit la possession de l'Oracle de Delphes. Le sentiment de ces Auteurs sert à confirmer ce que j'ai dit au commencement de cet article, que le Typhon ou le Python des Grecs, doit être regardé comme un Prêtre de la Terre ou de Saturne, qui s'étoit opposé au culte d'Apollon.

Cléarque de Soles, disciple d'Aristote, rapporte que Latone étant partie de l'Isle d'Eubée avec ses deux enfants Apollon & Diane, passa auprès de l'antre où se retiroit Python. Le Dragon en sortit aussitôt à dessein de les dévorer, Latone prit Diane entre ses bras, monta sur une pierre, & excita son fils à frapper le monstre. Cette pierre étoit, dit-on, la même que celle qui servoit de base à la Statue de Latone, qu'on voyoit à Delphes du temps de Cléarque. Les Nymphes de l'Antre Corycien, filles du Fleuve Plistus, accoururent en foule pour être témoins de ce combat, & encouragerent le Dieu par mille acclamations.

Ovide raconte le fait d'une maniere différente, mais dont l'idée est à peu près la même. La terre après le déluge étoit remplie de fange, & aussitôt qu'elle eut été réchauffée par les ardeurs du soleil, elle produisit des animaux de toutes sortes d'especes. Mais elle engendra, comme malgré-elle, l'épouvantable Python, l'horreur & l'effroi de la Nature. C'étoit un serpent d'une forme inconnue, & d'une grandeur si prodigieuse qu'il couvroit de son corps une montagne. Apollon qui jusqu'alors ne s'étoit servi de ses fleches

(1) Sacrifice de cent victimes.

fleches que contre les Chevreuils & les Daims, les employa toutes pour percer ce monftre, qui perdit enfin la vie fous les coups redoublés du fils de Latone. En mémoire de cet exploit, le Dieu inftitua les jeux Pythiens.

Macrobe & quelques autres difent, que Junon offenfée de l'amour que Jupiter avoit pour Latone, employa toutes fortes de moyens pour la faire périr. Elle avoit engagé la Terre à lui refufer tout afyle pour faire fes couches, mais Latone s'étant retirée dans l'Ifle de Delos, alors flottante, elle y mit au monde Apollon & Diane. Junon plus furieufe qu'auparavant donna ordre au ferpent Python d'attaquer les deux enfants dans le berceau. Apollon malgré la foibleffe de fon âge, fe défendit avec tant de valeur qu'il terraffa le monftre. Latone en cherchant à éviter les pourfuites de Junon, dit Ovide, arriva dans la Lycie avec fes deux enfants. Excédée de fatigue, & tourmentée par une violente foif, elle voulut fe défalterer en prenant de l'eau d'un étang, au bord duquel elle fe repofoit, mais les payfans s'y oppoferent. Latone fe vengea bientôt de leur inhumanité en les changeant en grenouilles.

Chaque Ecrivain a rapporté diverfement le lieu du combat d'Apollon contre Python, & les circonftances de la mort de ce Serpent. Quelques-uns ont dit que fon corps fut jetté dans la mer, & que les flots l'avoient pouffé fur le rivage des Locriens, qui ont été appellés *Ozoles*, à caufe de la puanteur que ce cadavre exhaloit. D'autres racontent que le combat s'étoit paffé à Delphes; que le monftre ayant été bleffé, prit la fuite par le chemin qu'on appelloit Sacré, & fe fauva jufques dans la vallée de Tempé; qu'Apollon l'y pourfuivit, mais qu'il le trouva mort, & même déjà enterré. Aïx, fils du monftre lui avoit rendu ce devoir. On a ajouté qu'Apollon fut contraint de s'enfuir jufqu'aux extrémités de la Grece pour expier le meurtre de Python, & qu'il fut purifié par Crotopus, Roi d'Argos.

On a cru que c'étoit en mémoire de ce combat que les habitants de Delphes célébroient tous les ans une fête, dont voici la cérémonie. On dreffoit une cabane de feuillage dans la nef du Temple d'Apollon, qui repréfentoit la fombre demeure de Python : on venoit en filence y donner affaut par la porte qu'on appelloit *Dolonie*. On y amenoit enfuite un jeune garçon qui avoit encore fon pere & fa mere. Il mettoit le feu à la cabane avec une torche ardente. On renverfoit alors la cabane, & chacun s'enfuyoit auffitôt par les portes du Temple. Le jeune garçon après cette cérémonie fortoit de la contrée, & après avoir erré en divers lieux où il étoit réduit en fervitude, il arrivoit enfin à la vallée de Tempé, où il étoit purifié avec beaucoup de cérémonies (1).

Pourfuivons la fable d'Apollon. Ce Dieu, fier de fa victoire, ne vouloit pas fouffrir que l'Amour portât comme lui un carquois & des fleches, & voulut les lui brifer. Le fils de Venus, pour fe venger d'Apollon, lui infpira un violent amour pour Daphné, fille du fleuve Penée, & ne mit que de la haine pour les hommes dans le cœur de cette Nymphe. Apollon voulut inutilement fe faire aimer de Daphné, mais plus il veut lui témoigner l'ardeur qu'il reffent pour elle, plus elle le fuit. Le Dieu au défefpoir la pourfuit

(1) Mémoires de l'Académie des Belles-Lettres, T. III. pag. 163. dans la partie des Mémoires.

Bbb

sans relâche, & il étoit prêt à l'arrêter, lorsqu'elle supplia son pere de la sauver. Sa priere fut exaucée, elle fut aussitôt changée en laurier. Apollon prit cet arbre sous sa protection, & voulut que ses feuilles conservassent une verdure perpétuelle.

Ce Dieu fut presque toujours malheureux dans ses amours. Il avoit tendrement aimé une Nymphe, nommée Coronis ; mais sur une accusation frivole, il devint si furieux, qu'il lui donna la mort. Revenu de son emportement, il connut sa faute, & sauva l'enfant dont elle étoit enceinte. Il fut nommé Esculape. On le regarda comme le Dieu de la Médecine, dans laquelle il avoit été instruit par Chiron le Centaure. Jupiter le frappa de la foudre, pour avoir ressuscité Hippolite, déchiré par ses chevaux.

Apollon, aussi volage que Jupiter, ne put être indifférent aux charmes de Clitie, fille de l'Océan ; mais il l'oublia bientôt pour s'abandonner au plaisir d'aimer Leucothoé, fille d'Orchame. Clitie, furieuse contre sa rivale, découvrit toute l'intrigue à Orchame, qui fit enterrer sa fille toute vive. Apollon au désespoir fit sortir de cet endroit l'arbre qui porte l'encens, & changea Clitie en fleur, qu'on nomme Heliotrope ou Tournesol, parce qu'on prétend que cette plante suit toujours le soleil, ce qui n'est pas exactement vrai. Toutes les fleurs en général ont un penchant naturel vers le soleil plus ou moins, selon la force de la tige qui les porte.

La vengeance qu'il exerça contre les Cyclopes qui avoient forgé la foudre dont Esculape fut frappé, irrita tellement Jupiter, qu'il le chassa du ciel. Apollon, réduit au rang des Mortels, se chargea du soin des troupeaux du Roi Admete. Pendant qu'il étoit occupé de cet emploi, il s'amusa à jouer au disque ou palet, avec un jeune homme, nommé Hyacinthe (1). Le palet en rebondissant alla frapper la tête du jeune Hyacinthe, & le tua sur le champ. Apollon au désespoir employa inutilement tous ses secrets pour le rappeller à la vie, mais il n'eut que le pouvoir de le changer en la fleur qui porte son nom. Pour éviter la colere des parents d'Hyacinthe, il fut obligé de se sauver dans la Troade, où il trouva Neptune, qui étoit pareillement exilé du ciel, pour avoir conspiré contre Jupiter. Il se joignit au Dieu de la mer pour bâtir les murailles de Troye, après être convenu avec Laomédon d'une certaine récompense. Mais lorsque l'ouvrage fut achevé, Laomédon refusa de satisfaire ces deux Divinités, qui s'en vengerent, l'un en envoyant la peste dans le pays, & l'autre en faisant déborder les rivieres.

Apollon changea en Cyprès, Cyparisse qu'il aimoit beaucoup. Ce jeune homme ayant tué par mégarde un cerf qu'il avoit élevé lui-même, & qui étoit d'une blancheur éclatante, en conçut tant de dépit qu'il voulut se tuer. Apollon par pitié le métamorphosa en arbre.

Il étoit dangereux d'offenser ce Dieu : on en voit un exemple dans l'histoire de Marsyas. Ce Satyre eut la témérité de prétendre qu'il jouoit aussi bien qu'Apollon : mais ayant été vaincu, il fut écorché vif, & changé en fontaine. Apollon se vengea différemment de Midas, qu'il avoit choisi pour arbitre du défi, que le Dieu Pan lui avoit fait. Offensé que ce Prince eût jugé en faveur de Pan, & qu'il eût décidé que les sons du chalumeau étoient plus agréables que ceux de la lyre, il lui fit venir des oreilles d'âne.

(1) Voyez cet exercice dans l'article des jeux de la Grece.

Il n'épargna pas les enfants de Niobé, qui avoient osé méprifer Latone, & empêcher qu'on ne lui offrît des facrifices. Pour punir l'orgueil de cette Princeffe, il perça de fes fleches les fept filles & les fept garçons qu'elle avoit. Ce Dieu joua auffi un grand rôle dans la guerre de Troye. Il eft regardé comme le chef des Mufes, & le Dieu de la Poëfie. On le prend auffi pour le Dieu de la lumiere; j'en ai parlé plus haut dans l'article du Soleil: je ferai ailleurs mention de fes Oracles. Apollon avoit un grand nombre de furnoms, fous lefquels il étoit honoré. On en trouve cinquante-un dans Paufanias, qui fait en même temps la defcription des Temples qu'on lui avoit élevés, & des diverfes ftatues fous lefquelles il étoit repréfenté.

DIANE.

Cette Déeffe, fille de Latone, & fœur d'Apollon, fe fit gloire de vivre dans le célibat, & fit de la chaffe fa plus grande occupation. Un grand nombre de Nymphes l'accompagnoit dans cet exercice. Elle punit avec trop de rigueur l'infortuné Actéon, qui l'avoit vûe par hazard pendant qu'elle fe baignoit, & le changea en Cerf. Elle avoit auffi plufieurs furnoms, & étoit révérée dans un grand nombre de pays. Les Ephéfiens étoient ceux qui étoient le plus attachés à fon culte, & qui lui avoient bâti le plus beau Temple. Voyez ci-devant l'article de la Lune.

MINERVE.

Héfiode place la naiffance de Minerve après celle de Mars, parce que fon culte ne devint commun dans la Grece qu'après qu'on y eut admis celui de Mars, & des autres Divinités de la troifieme Religion. Minerve étoit néanmoins connu avant ce temps, puifque la Minerve, ou *Athené* d'Athènes, eft la même que *Neith* de Saïs, ville d'Egypte, dont Cécrops étoit originaire. Mais elle fut pendant quelque temps la Divinité propre de la ville, qui a porté fon nom, & les autres villes Grecques ne la connurent qu'après beaucoup d'autres. C'eft pour cette raifon qu'Héfiode fuppofe, que de tous les enfants de Jupiter, elle eft la premiere qui ait été conçue, & l'une des dernieres qui ait vu le jour. Il la fait fortir de la tête de Jupiter, qui avoit renfermé en lui-même Métis, la mere qui devoit la mettre au monde.

Si le Poëte avoit eu égard à fon ancienneté en Egypte, il l'auroit fait naître avant Jupiter même, car elle étoit au nombre des plus anciens Dieux. Il marque fa conception au temps de Cécrops, qui, allant s'établir à Athènes, y fit connoître cette Déeffe, & fa naiffance fous le regne d'Ericthonius, fous lequel fon culte fut répandu par toute la Grece. Ce Prince, qui avoit beaucoup voyagé dans la partie de l'Afrique, arrofée par le fleuve Triton, propofa au retour de fon voyage d'honorer Minerve d'une maniere plus particuliere, & avec des attributs qu'elle n'avoit pas eus jufqu'alors. Ce nouveau culte fut donc comme le moment de fa naiffance.

Hérodote obferve que Minerve & Neptune étoient regardés comme deux grandes Divinités aux environs du fleuve Triton; que les Grecs apprirent dans ce Pays à atteler quatre chevaux à un char, & que dans ce même

LES GRECS. endroit ils apprirent encore à revêtir Minerve de l'Egide. *Les femmes de ce canton*, dit-il, *s'habillent de peaux de chevres tannées, teintes en rouge, & garnies de franges, & les Grecs ont métamorphosé ces franges ou découpures en serpents, pour rendre l'Egide* (1) *de Minerve plus terrible.* Apollodore assure d'un autre côté, que la statue de Minerve, qu'on voyoit dans l'Acropolis, ou citadelle d'Athènes avec l'Egide, y fut placée par Ericthonius, & que ce fut lui qui instirua les Panathénées.

Deux fables, rapportées par Apollodore, servent à appuyer ce qu'Hérodote avance dans son histoire, c'est-à-dire, que Minerve avec son Egide est originaire d'Afrique. Apollodore dit donc, que cette Déesse sortit de la tête de Jupiter sur les bords du fleuve Triton. Les Africains assuroient au contraire qu'elle étoit fille de Neptune, mais qu'ayant eu un différend avec son pere, elle avoit été se présenter à Jupiter, qui l'avoit adoptée. On lit dans un autre endroit que Minerve fut élevée chez Triton, avec Pallas, fille de ce Dieu. Un jour qu'elles s'exerçoient ensemble aux armes, elles eurent une vive dispute, & Jupiter, qui favorisoit Minerve, effraya Pallas en lui présentant son Egide. Minerve, profitant du trouble de son adversaire, la perça de sa lance & la tua. Elle ne fut pas longtemps à se repentir de cette action, & touchée de la perte de sa compagne, elle voulut du moins en conserver l'image. Elle orna sa statue de l'Egide qui l'avoit effrayée, & la plaça par honneur auprès de Jupiter.

Ceux qui imaginerent cette derniere fable, eurent égard à la différence des statues de Minerve. Comme ils sçavoient que les plus anciennes n'avoient point d'Egide, ils voulurent qu'on les distinguât de celles qui en avoient. Ils disoient que les unes représentoient Minerve telle qu'on l'avoit d'abord connue à Athènes, & que les autres ne représentoient qu'une fille Africaine; mais leurs efforts furent inutiles. Tant que le Paganisme subsista, chacun se fit des statues de Minerve suivant son idée, tantôt avec l'Egide, tantôt sans ce bisarre ornement, & soit qu'on la nommât Minerve ou Pallas, on ne reconnut qu'une même Déesse sous ces deux noms.

On inventa encore deux autres fables à l'occasion des mêmes nouveautés. On la fit mere d'Ericthonius, à qui on donnoit en même temps Vulcain pour pere. La Déesse ayant enfermé le jeune enfant dans une boëte, la remit entre les mains des deux filles de Cécrops, & leur défendit de l'ouvrir. La curiosité les porta à enfreindre les ordres de la Déesse, & après qu'elles eurent ouvert la boëte, elles trouverent un enfant avec un serpent autour de lui. On peut aisément expliquer cette fable. La naissance & l'éducation d'Ericthonius désigne son élévation à la Royauté, qui fut occasionné par le culte de Minerve, qu'il fit adopter aux Athéniens, & le serpent signifie celui qu'il avoit donné pour attribut à la Déesse. A l'égard de Vulcain, qu'on lui donne pour pere, on a voulu faire entendre qu'on n'avoit pas encore oublié à Athènes, que ce Dieu étoit le mari de Minerve en Egypte.

(1) On lit dans l'Iliade, que Minerve couvrit ses épaules de la redoutable, de l'invincible & de l'immortelle Egide, de laquelle pendent cent rangs de franges d'or, merveilleusement travaillées, & d'un prix infini. Autour de cette Egide étoient la Terreur, la Querelle, la Force, la Guerre, & au milieu paroissoit la tête de la Gorgone, environnée de serpents.

L'introduction du culte de Neptune dans la Grece, avec l'Egide de Minerve, fit imaginer la seconde fable. On dit qu'il y eut une contestation entre ces deux Divinités au sujet du premier rang qu'elles se disputoient. Neptune, à cette occasion, frappa la terre de son trident, & en fit sortir un cheval, Minerve l'emporta sur lui en faisant paroître un olivier. Il est aisé de conclure de cette fiction, que les Grecs connurent l'usage du cheval en même temps que le culte de Neptune, & que l'olivier fut apporté dans la Grece avec le culte de Minerve. Je crois avoir dit ailleurs que les chevaux étoient extrêmement rares dans la Grece, avant l'arrivée des Colonies Africaines. On préféra sans doute alors l'olivier au cheval, & Minerve en conséquence eut le pas sur Neptune.

Apollodore rapporte, que cette contestation se passa sous le regne de Cecrops, & au lieu du cheval, il substitue une mer; mais il est facile de prouver que cet Auteur s'est mépris, & qu'il est en contradiction avec lui-même. Il nous fournit deux moyens contre lui. Le premier, lorsqu'il dit ailleurs, que ce fut Erichthonius qui plaça Minerve dans l'Acropolis, & le second, lorsqu'il observe que la mer (1) de l'Acropolis fut nommée Erectéide, & que par conséquent on ne la découvrit que sous le regne d'Erichthonius, ou de son petit-fils.

Ciceron distingue cinq sortes de Minerve, mais il est aisé de les réduire à une seule. La Minerve d'Egypte, à qui on avoit donné Vulcain pour mari, & le Soleil pour fils, représentoit sans doute l'Ether, c'est-à-dire, l'air le plus pur & le plus élevé, qui s'étant allié avec le feu, produisit le Soleil, suivant le premier système des Philosophes d'Egypte. Ils croyoient aussi que notre ame étoit de la nature de l'Ether. Ainsi Minerve devoit passer en Egypte pour la Déesse de l'intelligence & de la sagesse. On la représentoit en Afrique, tenant une lance d'une main, & une quenouille de l'autre, pour faire voir qu'elle présidoit également à la guerre & aux arts qu'on pratique pendant la paix. A moins qu'on n'eût voulu désigner par ces symboles, que la sagesse est également le partage de l'homme & de la femme.

Les Athéniens regarderent Minerve comme la Déesse de la sagesse, & pour chercher à embellir l'idée qu'on en avoit, ils reconnurent qu'elle étoit fille de Métis, ou de l'Intelligence; & qu'elle sortit enfin toute armée du cerveau de Jupiter, parce que le cerveau est le thrône de la raison. Les Arcadiens déguiserent cette origine, en faisant naître Minerve d'une Nymphe nommée Coryphé; ce nom signifie le sommet.

En regardant cette Déesse comme la protectrice des arts, il fut naturel de lui attribuer l'invention de l'architecture, de la peinture, de la tapisserie, des instruments mêmes, &c. Peut-être aussi que tous ces arts ayant commencé à prendre naissance dans la Grece avec son culte, on jugea à propos de les lui attribuer. De-là vint l'origine de tant de fables dont les Poëtes chargerent son histoire; & sans considérer qu'ils parloient de la Déesse de la sagesse, ils lui prêterent des sentiments de la plus basse jalousie, contre quelques-uns de ceux qui excellerent dans les arts.

L'histoire d'Arachné ne fait pas en effet honneur à cette Déesse. Arachné étoit fille d'Idmon, qui teignoit des laines dans Céphalon, ville de Lydie.

(1) Ce n'étoit qu'un puits d'eau de source.

Elle s'étoit rendue célebre dans sa Province par la perfection de ses ouvrages, & les Nymphes de la montagne Tmole quittoient bien souvent leurs vignes & leurs délicieux vergers, pour venir admirer la beauté de son travail. Elle travailloit avec tant de grace & d'adresse, qu'on ne pouvoit se lasser de l'admirer. De si grands talents lui inspirerent tant d'orgueil, que loin de reconnoître qu'elle les tenoit de Minerve, elle osa même défier cette Déesse. Minerve, sous la figure d'une vieille se rendit chez elle, & tâcha par ses discours de lui inspirer d'autres sentimens, mais voyant que ses remontrances étoient inutiles, elle se fit connoître à Arachné, qui continua à vouloir disputer d'adresse avec Minerve. La Déesse accepta le défi, & chacune se mit aussitôt à travailler. Minerve, s'étant apperçue que l'ouvrage de sa rivale ne le cédoit point au sien, frappa de sa navette l'orgueilleuse Arachné, qui, de désespoir de se voir maltraitée, se pendit à son plancher. La Déesse la changea aussitôt en araignée.

Minerve est ordinairement représentée le casque en tête, une pique d'une main, & un bouclier de l'autre, avec l'Egide sur la poitrine. Suivant Strabon, elle étoit souvent représentée assise. Cette Déesse avoit aussi un grand nombre de surnoms que diverses circonstances lui avoient fait donner.

MERCURE.

On a tout lieu de croire que Mercure ne fut connu dans la Grece qu'au temps de Cadmus, puisqu'Hésiode place sa naissance immédiatement après le mariage de Cadmus & d'Harmonie, ou Hermione. Ce Poëte a marqué avec tant d'exactitude le temps où l'on reçut les Divinités dont il a été fait mention ci-dessus, qu'il est naturel de penser que la même exactitude se trouve observée à l'égard de Mercure.

Ce Dieu naquit donc peu de temps après l'arrivée de Cadmus dans la Grece; c'est-à-dire, que les Grecs commencerent alors à le connoître, & ce fut, selon les apparences, Cadmus lui-même qui leur en apporta le culte. Comme ce Prince avoit parcouru toute la Méditerranée pour chercher sur ses côtes un établissement solide, il avoit appris dans le pays des Atlantides la maniere dont on y honoroit Mercure, à qui, pour cette raison, on donna pour mere Maïa, une des prétendues filles d'Atlas, qui est une des Pleïades, comme on l'a vu plus haut.

Mercure est celui de tous les Dieux de la Grece à qui on ait attribué un plus grand nombre de fonctions; mais elles ne sont, du moins la plûpart, ou que des dépendances de sa qualité de Ministre ou d'Ambassadeur des Dieux, ou que des talents essentiels à ces qualités. L'éloquence, le don de persuader, de s'insinuer dans les esprits étoient nécessaires à ses fonctions. Pour obtenir ces dons précieux, on se mit sous sa protection: on avoit recours à lui pour conclure heureusement des traités de paix & d'alliance, & il passoit pour présider à toutes les autres affaires de la société civile, où la persuasion étoit nécessaire. Il avoit encore la garde des chemins & celle des troupeaux. On lui attribuoit aussi l'invention de plusieurs instrumens, ainsi que l'art de deviner par le calcul. Enfin c'étoit lui qui détachoit les ames des corps, dont elles devoient sortir, & qui les conduisoit dans le sombre Royaume de Pluton.

On sçait qu'Apollon étoit particulierement le Dieu de l'Eloquence, de la Poësie, de la Musique, & que la garde des troupeaux & celle des chemins lui étoient confiées ; qu'il présidoit au prétendu art de la divination, & que c'étoit lui, avec Diane sa sœur, qui donnoit la mort. D'où l'on peut conclure que Mercure n'avoit toutes les fonctions qu'on lui a attribuées, que comme Ministre ou Lieutenant d'Apollon.

On prit de-là occasion d'inventer une Fable qu'Apollodore nous a conservée. A peine, dit-on, Mercure étoit-il né qu'il alla dans la Pierie détourner les bœufs qu'Apollon y gardoit. Il en tua deux, & fit rôtir leur chair. Lorsqu'il fut arrivé à l'antre de Cyllene en Arcadie, où il avoit reçu la naissance, il trouva à l'entrée une tortue. Après avoir enlevé l'animal, & bien nettoyé son écaille, il tendit dessus les boyaux des bœufs qu'il avoit tués. Ce fut de cette maniere qu'il inventa la lyre, & les autres instruments à corde. Apollon désira ardemment de posséder la lyre, & Mercure lui céda en échange de ses bœufs. Quelque temps après, ce dernier inventa la flute qu'Apollon lui demanda pareillement. Mercure exigea alors qu'Apollon lui fît présent d'une baguette d'or qu'il lui avoit vûe à la main lorsqu'il menoit paître ses troupeaux : il vouloit même qu'il lui fît part de sa science dans l'art de deviner ; mais après bien des contestations, il se contenta de l'art de deviner par le calcul. Son adresse, ajouta-t-on, fut cause que Jupiter le fit son Hérault vers les Dieux de l'enfer.

Horace lui attribue l'invention de la Palestre, c'est-à-dire, des exercices du corps. Il ne se contente pas de dire qu'il détourna les bœufs d'Apollon, il ajoute que dans le temps que ce Dieu employoit les menaces pour tâcher de les lui faire rendre, il lui déroba son carquois. D'autres Auteurs ont dit que Mercure étoit si adroit, qu'au moment de sa naissance il vola le carquois d'Apollon, les tenailles de Vulcain, l'épée de Mars, le trident de Neptune, & le sceptre de Jupiter. Il est visible que par ces fictions on a voulu tourner les Dieux en ridicule.

Mais l'ancienne Fable a un autre objet, & on doit la considérer comme une allégorie qui révele l'origine des Dieux, & les évenements historiques qui ont rapport à leur culte. On y apprend en effet qu'avec la connoissance de Mercure, Cadmus donna aux Grecs celle de la lyre & des instruments à corde. Ce Prince apprit aussi aux Grecs l'usage de rôtir la viande, qu'on se contentoit auparavant de faire cuire dans l'eau. On découvre encore dans la Fable qu'il y avoit une liaison intime entre Apollon & Mercure, & que celui-ci étoit comme le Substitut du premier, puisque c'est d'Apollon que Mercure a reçu l'intendance sur les troupeaux, la divination par le calcul & la baguette avec laquelle il conduit les ames aux enfers.

Cette liaison ne pourroit-elle pas s'expliquer en reconnoissant que Mercure n'est autre chose que la Planete de son nom qui tourne autour du Soleil ? Mercure n'étoit regardé que comme le Lieutenant d'Apollon dans les pays où le Soleil passoit pour être le premier des Dieux, & ce fut en cette qualité qu'il fut reçu des Grecs. Mais comme Jupiter étoit devenu le premier chez ces peuples, ils le firent pere de Mercure, qui conserva toujours ses mêmes emplois. Cette idée seroit fondée sur celles de plusieurs anciens Astrologues. Ils ont prétendu que la Planete de Mercure participoit aux qualités des autres Planetes, dont elle étoit proche ; qu'elle étoit bienfaisante auprès des Planetes de Jupiter & de Venus, & maligne dans le voisinage de Saturne & de Mars. Il est le Ministre des Dieux dit Servius, conformément à la pensée de Virgile, parce qu'il reçoit leurs impressions, & qu'il est soumis à leur puissance. Par cette raison Apulée nomme cette Planete une étoile commune, en même temps qu'il la regarde avec celle de Venus comme les deux compagnes du Soleil.

Quand les Poëtes commencerent à consacrer les vices, Mercure passa pour être le protecteur des filoux, & de ceux qui employoient des artifices nuisibles à la société. Les imaginations de ce genre ne peuvent être regardées que comme des dépravations de la Religion, également contraires à l'intention de ceux qui ont introduit de nouveaux Dieux dans la Grece, & de ceux qui ont inventé les anciennes Fables. Ce fut de cette maniere que Jupiter, qui dans son origine étoit regardé comme un Dieu sage & prudent, passa dans la suite pour avoir tous les vices des mortels. Il en fut de même des autres Divinités.

Les Arcadiens prétendoient que Mercure étoit né parmi eux dans l'antre de Cyllene, & ils lui donnoient pour femme la fille de Choricus, un de leurs Rois : ils ajoûtoient que cette Princesse, nommée *Palestra*, étoit sœur de *Plexippe* & d'*Enete*. Tous ces Etres étant allégoriques, il n'est pas difficile de donner la solution de cette Fable. La prétendue fille de Choricus n'est autre chose que la Palestre, ou exercice du corps, connue en Arcadie sous le regne de Choricus, en même temps que la course des chars, où il falloit pousser vivement les chevaux, & leur lâcher la bride ; ce qui est exprimé par les noms de *Plexippe* & d'*Enete*. La Palestre étoit sous la protection de Mercure, & par cette raison les Poëtes la lui donnerent pour femme. A l'égard de sa naissance, elle doit être regardée comme celle des autres Divinités, c'est-à-dire, qu'un Dieu commence à naître dans un pays, quand on commence à y recevoir son culte.

Lucien dans son dialogue de Mercure & Maïa fait ainsi parler le premier. » Y a-t-il dans le ciel un Dieu plus malheureux que moi, puisque » j'ai tout seul plus d'affaires que tous les autres Dieux ? Il faut que je me » leve dès le point du jour pour nettoyer la salle du festin & celle de l'as- » semblée. Je dois ensuite me trouver au lever de Jupiter pour prendre » ses ordres, & les porter de côté & d'autre. De retour, je sers de maî- » tre d'Hôtel & quelquefois d'Echanson ; du moins fesois-je cette fonction » avant l'arrivée de Ganimede. Mais ce qui m'incommode le plus, c'est » que la nuit même lorsque tout le monde repose, il faut que je conduise » un nombre infini de morts aux enfers, & que j'assiste à leurs juge- » ments, & je suis occupé tout le jour à faire le métier d'Athlete, d'Ora- » teur, &c. «

On représentoit ordinairement Mercure avec des aîles au talon, un petit bonnet sur la tête, & une baguette à la main. Il étoit toujours debout conformément aux fonctions qu'on lui attribuoit. Il avoit aussi quelquefois d'autres symboles.

BACCHUS.

BACCHUS.

Bacchus est suivant Hésiode le dernier fils immortel de Jupiter. Il lui donne pour mere Sémélé, fille de Cadmus, qui fut mise après sa mort au nombre des Dieux. Le Poëte ajoute, que Bacchus épousa Ariadne, fille de Minos, à qui Jupiter accorda l'Immortalité avec une perpétuelle jeunesse. Ce dernier trait est contredit par Homere, qui rapporte qu'Ulysse trouva l'ombre de cette Princesse dans les Enfers. Ce même Prince y rencontra aussi celle d'Hercule à qui Jupiter avoit pareillement accordé l'immortalité. Il semble qu'on pourroit conclure de ceci que les anciens en déifiant un mortel ne le regardoient pas malgré cela comme ayant la même nature que les véritables Dieux, & qu'il restoit toujours quelque chose de l'homme, sujet par conséquent aux loix imposées aux mortels. Ce quelque chose étoit leur ombre qui alloit habiter le séjour ordinaire des morts, tandis que leur ame jouissoit dans le ciel des prérogatives de la Divinité. Le culte qu'on rendoit à ces espéces de Dieux, s'appelloit le culte héroïque, différent de celui par lequel on honoroit les véritables Dieux.

Le culte de Bacchus, Divinité Egyptienne, fut peu célebre dans ses commencements, & eut même beaucoup de peine à s'établir. Hérodote croit que ce fut Cadmus qui l'apporta avec lui dans la Grece, & qui l'établit dans Thèbes, ville dont il étoit le fondateur. Hérodote assure en même temps que ce Dieu n'étoit pas différent de l'Osiris des Egyptiens. C'étoit aussi ce que pensoient les Orphiques, secte dévouée singulierement au culte de Bacchus. Le devin Mélampus (1), fils d'Amythaon, est, suivant le même Historien, celui qui répandit dans la Grece le culte & les mysteres de Bacchus : c'est lui qui en a réglé les cérémonies, semblables en beaucoup de points à celles des fêtes d'Osiris. C'est encore lui qui donna à ce Dieu le nom de *Dionysos*, dont il avoit connu le culte à Thèbes de Béotie.

Il paroît que ce culte fut reçu sans opposition dans l'Attique, sans doute à cause de son origine Egyptienne. Pausanias marque son établissement sous Amphictyon, mais par la seule raison qu'il avoit vû dans un Temple plusieurs petites figures de terre, rangées autour d'une table, & représentant un festin qu'Amphictyon donne aux Dieux, parmi lesquels on reconnoît Bacchus. Malgré les trois grandes fêtes établies en l'honneur de ce Dieu, il y a grande apparence qu'on n'avoit pas pour lui une grande considération à Athènes, comme on en peut juger par la Comédie *des Grenouilles* d'Aristophane, où Bacchus fait le personnage du plus bas comique. Si l'on en croit la tradition, Persée qui regnoit à Mycènes s'opposa fermement

---

(1) Mélampus est un personnage historique, que la généalogie se trouve détaillée dans l'Odyssée. Alcméon & Amphilocus, contemporains des Héros de la guerre de Troye, étoient ses quatriemes descendants. Ainsi la naissance de Mélampus doit remonter vers l'an 166 ou 170, avant la prise de Troye ; ce qui quadre avec la date de l'an 157. avant cet évenement que le fragment de la Chronique d'Apollodore, dans Clément d'Alexandrie, marque pour l'Apothéose de Bacchus, c'est-à-dire, pour la réception de son culte dans toute la Grece, & pour la fin des oppositions que son culte essuya, surtout dans le Péloponnese. *Mémoires de l'Académie des Belles-Lettres*, Tome XXIII. p. 248. dans la partie des *Mémoires*.

à l'établissement de son culte, & marcha à la rencontre du Prêtre de ce Dieu & des Menades. Plusieurs d'entre elles furent tuées, & on montroit encore leurs tombeaux du temps de Pausanias. Des Poëtes postérieurs attribuerent à Bacchus l'aventure arrivée à son Prêtre, & ils publierent que le Dieu étoit mort de ses blessures à Delphes.

Un évenement singulier fit passer le culte de Bacchus dans l'Argolide. Les femmes Argiennes furent attaquées de vapeurs qui les rendoient si furieuses, qu'elles abandonnoient leurs maisons pour courir les champs. Mélampus, alors établi à Pyle, promit de les guérir, si Anaxagore, fils de Mégapente, Roi d'Argos, lui vouloit céder une partie des Etats d'Argos, & consentir que lui & son frere Bias épousassent deux des Princesses du Pays. Anaxagore accepta la proposition, & les femmes se trouvant guéries, Mélampus devint maître d'une partie de l'Argolide, où il fit honorer Bacchus.

On suppose qu'Orphée, personnage chimérique, selon les plus grandes apparences, avoit établi un nouveau culte de Bacchus, & de nouveaux mysteres qu'on nomma Orphiques, & dont les femmes étoient bannies, de même que les hommes étoient exclus de ceux qu'on appelloit Dionysiaques, institués par Mélampus. Euripide, dans ses *Bacchantes*, & Théocrite, dans sa vingt-sixieme Idylle, supposent que les mysteres célébrés par les filles de Cadmus étoient pour les femmes seules, & Plutarque nous apprend que de son temps les Thyades ou Bacchantes formoient un Corps séparé, soumis à une Prêtresse, & dans lequel les hommes n'étoient pas reçus.

On apprend par le plaidoyer de Démosthène contre Néera, que dans la fête des grandes ou anciennes *Bacchanales*, les sacrifices secrets & les mysteres qui se célébroient le douzieme de la seconde lune après le solstice d'hiver, étoient confiés à quatorze femmes nommées *Gerœræ*. Elles étoient choisies par l'Archonte Roi, & elles avoient à leur tête la femme de cet Archonte, à laquelle on donnoit le titre de Reine. Le Temple de Bacchus, où elles s'assembloient, étoit fermé pendant toute l'année, & ne s'ouvroit qu'au jour de la fête. Les femmes seules y entroient, & elles étoient obligées de se préparer à ces fêtes par des purifications, & par une continence de plusieurs jours. On exigeoit d'elles à ce sujet un serment solemnel.

Les petites Bacchanales, qui se faisoient dans les champs, se célébroient tous les ans au mois Posideon, ou dans la lune du solstice d'hiver. Ces mêmes fêtes célébrées dans la ville, arrivoient dans le mois Elaphebolion, ou dans la lune de l'Equinoxe du printemps. Outre ces trois fêtes annuelles, il y en avoit une quatrieme qui revenoit de deux ans en deux ans. Elle se célébroit après les vendanges, & à la fin de l'Automne dans un endroit d'Athènes, nommé les pressoirs. Cette fête avoit été très-simple dans son origine : une branche de vigne, une cruche de vin, un panier de figues, un bouc qui étoit conduit à l'autel pour le sacrifier, en faisoient toute la pompe. Dans la suite, la dépense devint très-considérable, & elle étoit fournie par toutes les Tribus Athéniennes. On y voyoit des chœurs nombreux de Musiciens & de Danseurs qui représentoient des Satyres, des Silenes, des Menades, &c. C'étoit dans cette même fête qu'on donnoit au peuple des piéces tragiques, comiques & satyriques, qui étoient regardées comme faisant partie du culte.

Si les mysteres Orphiques étoient tels que les suppose Conon, & que les femmes en fussent bannies, ils ne ressembloient en rien à ceux de Bacchus, où les femmes seules étoient admises. Il semble que Ciceron a distingué les fêtes Orphiques, des Bacchanales, & de celles qu'on célébroit auprès des pressoirs. Il se glissa bien des désordres dans ces fêtes nocturnes malgré les attentions des Magistrats. Diagondas Thébain fut obligé, pour y remédier, de donner une loi, qui défendoit toutes les assemblées nocturnes.

On ignore, s'il étoit parlé de Bacchus dans les mysteres Phrygiens : on sçait seulement qu'ils avoient beaucoup de rapport avec ceux de Bacchus. On a des preuves que les Egyptiens avoient établi dans la Thrace proprement dite, le culte de cette Divinité, qui étoit appellée *Sabasius*. Il étoit représenté avec des cornes de taureau ; ce qui étoit, disoit-on, le symbole du labourage, dont il étoit l'inventeur. On le faisoit dans cet endroit le fils de Jupiter & de Cérès, ou de Proserpine. Les mysteres de Sabasius différents des Bacchanales, n'étoient que tolérés dans Athènes, & on méprisoit beaucoup ceux qui en étoient les Ministres.

Un trait de la comédie des *Grenouilles* d'Aristophane fait voir, que la statue d'Iacchus portée dans les fêtes d'Eleusis, n'est point celle de Bacchus. Ce Dieu, dans Aristophane, rencontre le chœur des femmes initiées au mystere de Cérès, qui chantent le cantique nommé Iacchus, dans lequel il n'y a rien qui ait le moindre rapport avec Bacchus, & ce Dieu l'écoute tranquillement sans y prendre aucune part. Il y a beaucoup d'apparence, que ce nom d'Iacchus étoit formé d'un verbe Grec, qui signifie crier fort haut. On trouve dans la quarantième des hymnes Orphiques, qu'Antéa ou Cérès termina ses courses & son deuil à Eleusis, où elle apprit la nouvelle de l'union de sa fille Perséphone ou Proserpine avec Pluton, & où elle trouva un jeune enfant qui lui servit de guide pour descendre aux enfers. Cet enfant est Iacchus (1).

Lorsqu'on reçut dans la Grece le culte de Bacchus, le corps de la Religion étoit déja formé, & on avoit distribué les emplois entre les Dieux ; mais les Grecs en connoissant Bacchus, avoient en même temps appris à cultiver & à provigner les vignes, ainsi il étoit naturel de le regarder comme le Dieu Tutélaire des raisins. Toutes les fables qu'on inventa par la suite au sujet de cette Divinité, paroissent faire allusion à la maniere de cultiver la vigne & de faire le vin, qui étoit une chose très-compliquée dans la Grece & dans l'Italie. A l'égard du nom de Dionysos, qui lui fut donné par Mélampus, il ne peut signifier, selon le Dialecte Eolien, que le fils bien aimé de Jupiter. Passons maintenant à l'histoire fabuleuse de ce Dieu, histoire simple d'abord, mais qui reçut plusieurs augmentations, soit par les fictions, dont les Poëtes la voulurent embellir, soit par le mélange des traditions Phrygiennes & Thraciennes que les Prêtres & les dévots de Bacchus adopterent en plusieurs endroits ; mais les plus grands changements se firent par ceux qui composoient la secte des Orphiques, branche de celle des Pythagoriciens, qui avoit adopté plusieurs pratiques Egyptiennes.

Junon, qui cherchoit toujours les moyens de perdre ses rivales, alla, sous

---

(1) M. Freret, dans ses recherches sur le culte de Bacchus, *Mémoires de l'Académie* | *des Belles-Lettres Tom. XXIII. pag. 256.* dans la partie des Mémoires.

une forme empruntée, trouver Semelé, qui portoit dans son sein le petit Bacchus. Pour la faire tomber dans le piége qu'elle lui tendoit, elle lui inspira des soupçons contre le pere de l'enfant dont elle étoit enceinte, en lui faisant entendre que ce ne pouvoit être Jupiter, comme elle le disoit. Vous avez un moyen de vous en convaincre, lui dit-elle, demandez lui qu'il se rende auprès de vous avec le même appareil dont il est accompagné quand il va voir Junon. Semelé, persuadée par ces discours, résolut de mettre en usage l'avis qu'on lui donnoit. Dans la premiere visite que lui rendit Jupiter, elle le fit jurer par le Styx, qu'il lui accorderoit la grace qu'elle avoit dessein de lui demander. Le maître des Dieux jura imprudemment, & alors Semelé le pria de la venir voir avec toute sa majesté. Jupiter frémit à ce discours, mais comme il avoit juré par le Styx, il fut obligé de tenir sa promesse. Après avoir inutilement fait tout ce qui dépendoit de lui pour que Semelé se désistât de sa demande, il prit ses moindres foudres, & tâcha même de les adoucir, mais Semelé, qui étoit mortelle, ne put soutenir tant d'éclat & fut consumée par le tonnerre. Jupiter sauva Bacchus en l'enfermant dans sa cuisse, & il y resta trois mois, pour accomplir le terme marqué pour sa naissance.

Mercure le porta aussitôt à Ino, fille de Cadmus, & femme d'Athamas, pour l'élever comme une fille, afin de tromper Junon par ce déguisement. La Déesse ne tarda pas à découvrir ce qu'on lui cachoit avec tant de soin; elle s'en vengea sur Ino & Athamas, en les rendant furieux. Jupiter fut contraint de métamorphoser Bacchus en Chevreau, pour le dérober aux recherches de sa femme. Mercure le transporta sous cette forme jusqu'à Nyssa en Arabie, où des Nymphes nommées Hyades eurent soin de l'élever.

Bacchus devenu grand se rendit célebre par la découverte de la vigne, mais cette chose le fit reconnoître par Junon, qui lui fit perdre tellement l'usage de la raison qu'il couroit les champs comme un insensé. L'Egypte & la Syrie le virent successivement dans cet état. De cette derniere Province il passa dans l'Asie mineure, où Cybele le purifia & l'initia dans ses mysteres. Il se rendit ensuite dans la Thrace (1). Lycurgue qui regnoit dans ce pays sur les Edons, aux environs du Fleuve Strymon, ne voulut pas l'y recevoir, & l'obligea à se sauver chez Téthys. Il mit en prison les Bacchantes, c'est-à-dire, les femmes de sa suite, & les Satyres qui l'accompagnoient. Toutes ces personnes furent ensuite délivrées par un prodige, & Lycurgue devenu furieux en punition de son impiété, tua Dryas son fils avec sa famille, croyant abattre un cep de vigne, & se coupa lui-même les extrémités du corps. La terre cessa ensuite de produire des fruits, & l'Oracle consulté à ce sujet, déclara qu'elle seroit stérile jusqu'à la mort de Lycurgue, qui vivoit encore malgré les blessures qu'il s'étoit faites.

---

(1) Il ne faut pas perdre de vûe dans l'histoire héroïque de la Grèce, la remarque de Thucydide, qui nous apprend que la Thrace, dont il est fait mention, n'est pas la Thrace Septentrionale, mais le Pays situé entre la Béotie & le Parnasse, qui comprenoit le Cithéron, & l'Hélicon, où il y avoit un canton nommé *Libethroé*, & qui descendoit au Midi jusqu'à Eleusis. *Mémoires de l'Académie des Belles-Lettres*, T. XXIII. p. 249. dans la partie des Mémoires.

Les Edons se déterminerent alors à attacher ce Prince sur la montagne de Pankée, où il fut tué par ses chevaux. Bacchus après avoir parcouru toute la Thrace, se rendit dans les Indes (1), & de-là revint à Thèbes sa patrie, où il contraignit les femmes de quitter leurs maisons pour aller célébrer ses fêtes ou *Orgies* sur le Mont Citheron.

Penthée, fils d'Agavé, sœur de Sémélé, qui étoit alors sur le throne de Thèbes, voulut s'oppofer à ces fêtes, mais sa mere pleine du Dieu qui l'agitoit méconnut son fils, & le prenant pour une bête féroce, lui coupe la gorge avec ses dents. Les deux tantes de ce Prince infortuné lui arracherent les autres membres. Les femmes d'Argos ayant aussi refusé de prendre part au culte de Bacchus, en furent punies sur le champ. Agitées d'une fureur dont elles n'étoient pas maîtresses, elles grimperent au haut des montagnes avec leurs enfants à la mammelle, & les dévorerent ensuite. Des Matelots qui avoient reçu sur leur bord Bacchus qu'ils ne connoissoient pas, avoient résolu de le vendre comme esclave, & au lieu de le conduire à l'Isle de Naxos comme il le désiroit, ils prirent une autre route. Bacchus qui s'apperçut de leur mauvais dessein, changea leurs rames en ceps de vignes, ainsi que les voiles, & les métamorphosa en Dauphins. Bacchus ayant prouvé sa Divinité par tous ces exploits, retira sa mere des Enfers, lui donna le nom de Thyoné, & s'envola aux Cieux avec elle. Telle est la Fable de Bacchus, selon Apollodore, qui a été suivi en grande partie par Ovide dans ses métamorphoses.

Diodore nous a conservé une histoire de Bacchus rapportée dans le livre des Orphiques. Sémélé, fille de Cadmus, étant devenue grosse d'une intrigue obscure, accoucha à sept mois par la frayeur que lui causa le bruit d'un violent orage. L'enfant ne put vivre, & Cadmus pour sauver l'honneur de sa maison, déclara que cet évenement lui avoit été prédit par un Oracle; que l'enfant avoit été conçu d'une maniere surnaturelle, & que sa naissance étoit une Epiphanie ou apparition d'Osiris, qui avoit voulu se montrer aux hommes pour quelques moments. Cadmus, ajoute Diodore, pour se conformer à l'usage de son pays, enferma le corps de l'enfant dans une statue dorée, & en fit une idole pour laquelle il établit un culte.

La cérémonie de cette consécration de l'enfant de Sémélé par Cadmus, que les Orphiques disoient être une coutume de ses ancêtres, est précisément celle qui est décrite dans les Rabbins cités par Selden, au sujet des Theraphim, ou Dieux domestiques des Syriens & des Phéniciens. Il n'y a cependant pas apparence que ces Rabbins connussent les Orphiques.

Diodore rapporte encore qu'Orphée passant à Thèbes adopta la tradition de la famille de Cadmus, & qu'il la fit entrer dans le dogme secret qu'on ne découvroit qu'aux Initiés. Ces Orphiques enseignoient aussi que Phanés, c'est le nom qu'ils donnoient à Bacchus, avoit porté le premier le sceptre de l'univers, & qu'il l'avoit remis à sa fille la Nuit; qu'après elle Ouranus ou le Ciel avoit regné; que Saturne usurpa le throne sur son pere; que Jupiter son

(1) Cette fable n'est guères plus ancienne qu'Alexandre le Grand. D'ailleurs il y avoit près de la Thrace un Pays nommé Sindique ou Indique. Hérodote en fait mention sous ce dernier nom, & il est probable, que c'est de-là qu'Apollodore fait revenir Bacchus à Thèbes.

fils lui avoit ensuite enlevé, mais qu'il seroit un jour obligé de le remettre à Phanès, qui reprendroit l'Empire du monde.

Ces dernieres Fables imaginées après coup ne peuvent empêcher de reconnoître que Bacchus est l'Osiris des Egyptiens, & que par conséquent il n'a pû être un homme, comme quelques-uns l'ont prétendu, & encore moins Noé, dont l'histoire a été défigurée par les Poëtes.

NEPTUNE.

Ce fut la colonie d'Inachus qui établit dans la Grece le culte de Neptune, Divinité originaire de la Libye, suivant Hérodote. Neptune fut la principale Divinité d'Argos, sous le regne d'Inachus. Son culte passa ensuite à Sicyone, alors nommée Telchine, & de-là se répandit dans l'ancienne Ionie, d'où il fut communiqué aux Arcadiens. Sous Phoronée, successeur d'Inachus, le culte de Junon prit le dessus, & Argos fut mise sous sa protection. Neptune perdit dans la suite plusieurs autres villes de la Grece, dont il cessa d'être le Dieu tutelaire, cependant son culte ne fut pas entierement abandonné. On le regarda toujours comme le Dieu qui présidoit à la navigation & à l'équitation. En conséquence les chevaux lui étoient consacrés, parce que les premieres races de ces animaux qui furent amenées dans la Grece, venoient de la Libye où Neptune étoit adoré.

Les Arcadiens qui prétendoient que ce Dieu étoit né dans leur pays, montroient le lieu de sa naissance, qui étoit voisin de Manthinée. C'étoit-là, disoit-on, qu'il avoit été nourri par les Telchines (1), fils de *Zaps*, ou la Mer. Neptune étoit resté le Dieu tutelaire des Ioniens d'Asie, qui tenoient leurs assemblées générales dans son Temple.

Ce Dieu, suivant le systême Grec, étoit fils de Saturne & de Rhéa. Hésiode rapporte qu'il fut dévoré par son pere au moment de sa naissance, mais d'autres Poëtes ont imaginé que sa mere le cacha dans une bergerie, & qu'elle fit accroire à Saturne qu'elle étoit accouchée d'un cheval. D'autres enfin veulent qu'il fut nourri & élevé par sa sœur Junon. Après que Jupiter fut devenu le Souverain de l'Univers, il le partagea, comme j'ai déjà dit, avec ses freres Pluton & Neptune. Celui-ci eut l'intendance de la mer & des eaux en général. On lui donna pour femme Amphitrite qu'il aimoit beaucoup, mais elle ne paroissoit pas faire aucun cas de son amour. Il employa, pour la persuader, l'éloquence d'un Dauphin, qui vint à bout de la faire consentir à ce mariage. Neptune, pour le récompenser, le plaça dans le ciel parmi les étoiles. Il accorda aux autres Dauphins la vîtesse en partage, & un certain instinct qui les porte à aimer les hommes & à les secourir dans les naufrages. Neptune eut un grand nombre d'autres femmes dont il eut plusieurs enfants. Ce Dieu ayant été banni de la compagnie des Immortels, pour avoir conspiré contre Jupiter, aida Laomédon à bâtir les murailles de la ville de Troye, comme on l'a vu dans l'histoire d'Apollon.

Neptune est quelquefois représenté tout nud, avec une grande barbe &

(1) Voyez ci-après l'article de Neptune, où je fais une mention particuliere de ces Telchines.

tenant un trident ou une fourche à trois pointes ; d'autres fois il est légerement habillé. On le voit tantôt assis, tantôt debout sur les flots de la mer, souvent sur un char traîné par des chevaux marins, ou d'autres monstres de la mer. Virgile le dépeint ainsi dans son Enéide. Neptune fait atteler ses chevaux à son char doré, & leur abandonne les rênes. Il semble voler sur la surface des eaux. Sa présence fait applanir les flots & dissiper les nuages. Cent monstres de la mer se rassemblent autour de son char, &c. Homere fait tirer son char par des chevaux aux pieds d'airain.

LES TELCHINES.

On trouve des Telchines dans le Péloponnese sous les premiers descendants d'Inachus, & longtemps avant l'arrivée des Dactyles. On suppose qu'ils habitoient le territoire de Sicyone, anciennement nommée Telchinie, & qu'après une guerre de quarante-sept ans, ils furent chassés du pays par Apis, successeur de Phoronée. On ajoute, que du continent de la Grece, ils passerent en Crete, de-là dans l'isle de Chypre, & de cette isle dans celle de Rhodes, où ils s'établirent enfin. Tous ces voyages sont une fable imaginée par les Critiques du moyen âge, qui, trouvant le nom de Telchines donné à des hommes de différents pays, supposerent qu'ils avoient passé de l'un dans l'autre, sans réfléchir que dans le temps où ils plaçoient ces transmigrations successives, les Grecs n'avoient point de vaisseaux. Ces passages prétendus des Telchines sont antérieurs à Cécrops, à Cadmus, à Danaus, d'environ trois cents ans, selon la Chronologie de Castor, adoptée par Africain & par Eusebe.

Ces Critiques seroient facilement revenus de leurs erreurs, s'ils avoient recherchés l'étymologie du nom de Telchines ou Telghines. Ce mot dérivé du Grec (1) signifie, *soulager, guérir, adoucir la douleur*. Hesychius & Strabon nous apprennent que ce terme devint dans la suite un mot injurieux, & que perdant sa signification primitive, on en fit le synonyme des noms d'enchanteur, de sorcier, d'empoisonneur, &c. On accusoit en effet les Telchines d'avoir la puissance d'exciter des orages, & de jetter des sorts sur les hommes & sur les animaux. Ils se servoient, dit-on, d'un mélange de soufre, avec de l'eau du Styx, pour faire périr les plantes. Leurs partisans, dont le nombre étoit assez considérable, regardoient ces invectives comme l'effet de la jalousie que leurs talents avoient inspirée, & comme une suite de la haine que les Ecrivains d'Argos, dévoués aux successeurs de Phoronée, avoient conçue contre eux.

Selon Diodore, les Telchines étoient fils de la mer (2), & furent chargés de l'éducation de Neptune. Cette origine & cet emploi, qui les supposent des Navigateurs, s'accordent avec la tradition qui leur faisoit habiter successivement les trois isles principales de la mer Egée. Ils passoient pour

---

(1) Θέλγυν: c'est de la même racine que sortoit le nom de τελχινία, donné à Junon par les Ialysiens, & celui de τελχίνιος, qu'Apollon portoit dans quelques Temples.

(2) D'autres leur donnoient pour mere Zaps : mais ce mot dans l'ancien Grec, signifioit la mer, si on en croit Euphorion & le Poëte Denys, cités par Clément d'Alexandrie.

LES GRECS.

être très-habiles dans la Métallurgie, & on prétendoit qu'ils avoient forgé la faulx dont la Terre arma Saturne, & le trident de Neptune. Enfin on leur attribuoit l'art de travailler le fer & l'airain.

Il n'est pas surprenant que les Sauvages de la Grece ayent cru ce qu'on débitoit du prétendu pouvoir magique des Telchines. Cette crédulité regna dans les siécles les plus éclairés d'Athènes & de Rome. Peut-être même ce mélange de soufre avec de l'eau du Styx, réduit au simple, n'est que l'ancienne pratique de purifier les troupeaux avec la fumée du soufre, avant que de les mener aux champs pour la premiere fois avant la fin de l'hiver. Peut-être a-t-il quelque rapport à cet autre usage, non moins ancien, d'arroser ou de frotter les plantes avec des infusions de drogues ou d'herbes ameres, pour les garantir des insectes. Pline le Naturaliste regardoit l'ancienne magie comme une espece de médecine superstitieuse, qui joignoit aux remedes naturels des formules auxquelles on attribuoit de grandes propriétés (1).

PLUTON.

Pluton, fils de Saturne & de Rhéa, & frere de Jupiter, reçut de ce Dieu la souveraineté du Royaume des morts. Hésiode place le Palais de Pluton aux extrémités de la Terre, du Tartare & du Ciel, & alors on n'avoit point des enfers Poëtiques la même idée qu'on eut depuis. Homere paroît d'accord avec Hésiode sur la situation des enfers; car il les indique également aux extrémités de la terre connue des Grecs de son temps. C'est vers le détroit de Gibraltar, qu'il faut chercher le pays des Cimmeriens, dont il parle dans son Odyssée, lorsqu'il fait mention de la descente d'Ulysse aux enfers (1). L'enthousiasme des Poëtes se trouvant trop resserré dans les bornes qu'Hésiode & Homere avoient prescrites, ils donnerent l'essor à leur imagination pour inventer de nouveaux enfers. On y mit pour gardien un chien terrible à trois têtes, & on donna à chaque tête trois rangs de dents. On ajouta quatre fleuves, le Styx, le Phlégéton, le Cocyte & le Lethé. Il fallut aussi des Juges, & Minos, Eaque & Rhadamante eurent cette fonction. Enfin on partagea l'enfer en deux parties; l'une fut nommée les Champs Elyséens, où les ames jouissoient de la véritable félicité, & l'autre fut appellée le Tartare, lieu destiné à punir les ames criminelles. Elles y étoient tourmentées par trois Furies, Tisyphone, Mégere & Alecton, Divinités implacables, & horribles par les serpents qui formoient leur chevelure. On donna par la suite aux enfers les noms d'Erebe, d'Averne, de Tartare, de Ténare, &c. C'est-là où Pluton présidoit avec sa femme Proserpine. J'ai rapporté plus haut le moyen dont il se servit pour obtenir cette Déesse.

Pindare, dans l'Ode adressée à Theron, Roi d'Agrigente, parle ainsi de l'état des ames dans les enfers.

L'homme éclairé des vertus sçait qu'aussitôt après la mort les ames incorrigibles des méchants sont livrées à de cruels supplices; que dans le Royaume de Pluton il est un Juge qui discute les crimes commis dans cet

---

(1) Dissertation de feu M. Freret sur les Telchines, *Mémoires de l'Académie des Belles-Lettres.* Tom. XXIII. pag. 37. dans la *partie historique.*

(2) Voyez ci-dessus ce que j'en ai dit pag. 312. & suiv.

empire

empire terrestre de Jupiter, & qui prononce en dernier reffort avec une inflexible févérité. Les juftes y menent une vie exempte de toutes fortes de peines. Leurs jours n'ont point de nuit, un foleil pur les éclaire fans ceffe ; ils ne font point obligés d'employer la force de leurs bras à troubler la mer & la terre pour fubvenir à leurs befoins. Ceux qui fe font fait un devoir de garder inviolablement leurs fermens, converfent avec les Divinités refpectables de ces demeures fouterraines, & goutent des plaifirs que rien ne trouble ; tandis que ceux qui ont aimé le parjure, fouffrent des tourmens, dont la feule vûe fait horreur. Mais ceux qui, après avoir demeuré jufqu'à trois fois fur la terre (1) & aux enfers, ont fçu dans ces divers états conferver leurs ames toujours pures, comme ils ont marché par la route que Jupiter leur avoit tracée, ils arrivent enfin à l'augufte Palais de Saturne. D'aimables zéphirs, qui s'élevent de la mer, rafraîchiffent cette ifle charmante, féjour éternel des Bienheureux. On y voit de toutes parts briller des fleurs, dont l'éclat le difpute à celui de l'or. Les unes fortent de terre, les autres pendent aux arbres, & les autres croiffent dans les eaux. Ils en font des couronnes & des guirlandes, dont ils parent leurs bras & leurs têtes. Tout fe gouverne par les juftes décrets de Rhadamante, fans ceffe affis fur le Tribunal.

Virgile, qui avoit raffemblé tout ce que les Poëtes avoient dit fur cette matiere, fait une defcription beaucoup plus pompeufe.

Au milieu d'une fombre forêt, & fous d'affreux rochers, eft un antre profond environné des eaux noires d'un lac. De fa large ouverture s'exhalent d'horribles vapeurs, & les oifeaux ne peuvent voler impunément audeffus. De-là vient que les Grecs ont donné le nom d'Averne à ce lac funefte. A l'entrée du gouffre infernal font couchés les Chagrins, les Remords vengeurs. Là réfident les pâles Maladies, la trifte Vieilleffe, la Peur, la Faim, la honteufe Indigence, le Travail, la Mort, le Sommeil & les Joyes funeftes,

A la porte de ce lieu terrible on voit la Guerre meurtriere, les Eumenides couchées fur des lits de fer, & la Difcorde infenfée, dont la chevelure formée de Viperes, eft attachée par des bandelettes teintes de fang. Au milieu eft un grand orme, qui chargé d'un feuillage épais, étend de tous côtés fes bras antiques : c'eft, dit-on, la retraite des vains fonges, qui y réfident fur toutes les feuilles. Là font encore plufieurs autres monftres, tels que les Centaures, les deux Scylles, le Géant Briarée à cent mains, l'Hydre de Lerne, dont les fiflemens font terribles, la Chimere armée de flammes, les Gorgones, les Harpyes & Gérion à trois corps.

Là commence le chemin qui conduit à l'Acheron, gouffre vafte & bourbeux, rapide torrent qui décharge fon limon dans l'étang du Cocyte. Sur ces eaux regne le redoutable Charon, Nocher des Enfers. Son air hideux infpire la terreur ; fa barbe eft blanche & hériffée, fes yeux font vifs & perçans. Couvert d'un fale vêtement noué fur une de fes épaules, il conduit lui-même fa barque noire avec une perche & des voiles, & paffe les morts d'une rive à l'autre. Il eft vieux, mais fa vieilleffe eft verte & vigoureufe. C'eft là qu'on voit accourir en foule les fameux guerriers ; les

(1) Syftême de la Métempfycofe fuivi par Virgile.

époux, les meres, les jeunes gens, &c. Les premiers, arrivés sur le bord du fleuve, tendent les mains & demandent avec empressement de passer à l'autre rive ; mais le sévere Nocher reçoit dans sa barque tantôt les uns, tantôt les autres, & rebute ceux qui n'ont point reçu les honneurs de la sépulture. Car il n'est pas permis à ces ames de passer le fleuve. Toujours errantes elles voltigent sur le rivage, & ce n'est qu'au bout de cent ans qu'elles passent enfin de l'autre côté.

Sur cette rive est l'affreux Cerbere, couché dans son antre, qui de ses trois gueules aboyantes fait retentir le vaste royaume de Pluton. En avançant plus loin, on entend les voix plaintives & les cris aigus des enfants enlevés à la mammelle, qui, commençant à jouir d'une douce lumiere, ont été précipités dans une cruelle nuit. Près de là sont les tristes victimes d'un faux jugement, qui les a condamnés à une mort injuste. C'est dans cet endroit où Minos tient l'urne dans laquelle tous les noms sont renfermés. Il cite les ombres à son tribunal, examine leur vie, & recherche tous leurs crimes. Plus loin sont ceux qui, dégoutés d'une lumiere importune, ont chassé leur ame de leur corps. Ils voudroient pouvoir encore souffrir sur la terre la pauvreté, & essuyer les plus pénibles travaux ; mais les Destins s'y opposent. Le triste & odieux marais du Cocyte, & le Styx qui se replie neuf fois sur lui-même, les tiennent pour toujours emprisonnés sur ces bords.

On découvre ensuite une vaste contrée, qui s'étend de tous côtés, appellée la campagne des Pleurs. Là est un bois de myrthe, coupé par un grand nombre d'allées solitaires, où se promenent tristement ceux que l'impitoyable amour a consumés sur la terre, & fait descendre au tombeau. La mort ne les a point délivrés de leurs soucis.

Sous une roche est une vaste prison, fortifiée de trois enceintes de murailles, & entourée du Phlégéton, torrent impétueux, dont les ondes enflammées entraînent avec fracas les débris des rochers. Une haute tour défend cette affreuse prison, dont la porte large est soutenue par deux colonnes de diamant, que tous les efforts des Mortels, & toute la puissance des Dieux ne pourroient briser. Couverte d'une robe ensanglantée, Tisiphone est assise nuit & jour à la porte de cette prison, où elle veille sans cesse ; prison terrible qui retentit de voix gémissantes, de cruels coups de fouet & d'un bruit affreux de chaînes. Rhadamante préside en ces lieux, où il exerce un pouvoir formidable. C'est lui qui punit les Mortels chargés de crimes, après qu'il les a forcés d'avouer leurs forfaits. Aussitôt que l'arrêt est prononcé, la cruelle Tisiphone, armée d'un fouet vengeur, les frappe impitoyablement, & insulte à leurs douleurs. De la main gauche elle leur présente des horribles serpents, & elle appelle ses barbares sœurs pour la seconder.

On voit dans ce gouffre profond, nommé Tartare, les Géants qui oserent déclarer la guerre aux Dieux ; l'impie Salmonée, qui eut l'audace de vouloir imiter la foudre du maître des Dieux. Armé de feux, ce Prince d'un air triomphant parcouroit sur son char la ville d'Elis, exigeant de ses sujets les mêmes honneurs qu'on rend aux Immortels ; insensé qui, par le vain bruit de ses chevaux & de son pont d'airain sur lequel il faisoit rouler son char, croyoit imiter le bruit du tonnerre. Jupiter le frappa de sa foudre,

& le précipita dans le Tartare. On y voyoit encore Ixion attaché sur une roue, qui se fuit & se suit sans cesse ; Tantale au milieu des tables garnies des mets les plus exquis, qui se dérobent de ses mains lorsqu'il veut les toucher ; Sisyphe, obligé de rouler une pierre au haut d'une montagne, d'où elle retombe aussitôt ; les filles de Danaüs, continuellement occupées à jetter de l'eau dans un vase qui ne peut le conserver, &c.

Au sortir de cet endroit, & après avoir traversé d'épaisses ténebres, on entre dans un séjour délicieux, nommé les Champs Eliséens, demeures fortunées où les ames jouissent d'un bonheur parfait. Là regne un air pur & une douce lumiere qui est répandue sur les campagnes. Les habitants de ces lieux ont leur soleil & leurs astres. Les uns se plaisent aux exercices du corps sur une verte prairie, ou sur le sable au combat de la lutte : ceux-ci s'occupent à danser, d'autres à réciter des vers. Dans un endroit écarté coule le fleuve Lethé ou de l'Oubli ; sur ses bords voltigent continuellement une foule d'ombres de toutes les nations, qui ont passé mille ans dans les Champs Eliséens. Ils boivent de l'eau de ce fleuve, afin d'oublier ce qu'ils ont vu, & alors ils repassent sur la terre, pour y mener une nouvelle vie. Il y a, aux enfers deux portes, appellées les portes du sommeil ; l'un de corne, l'autre d'ivoire. Par celle de corne passent les ombres véritables qui sortent des enfers & paroissent sur la terre. Par celle d'ivoire sortent les vaines illusions & les songes trompeurs.

Plutarque prétend que Pluton étoit le même que Serapis, Divinité Egyptienne. Il paroit que le culte de Pluton ne fut pas fort célebre dans la Grece, puisqu'on ne lui érigea ni Temple, ni autel, sans doute parce qu'on le regardoit comme un Dieu inflexible. On lui offroit cependant des sacrifices, dont la principale cérémonie consistoit à répandre le sang des victimes dans des fosses qu'on creusoit à ce dessein.

FAMILLE DE LA TERRE ET DU PONT.
NERÉE ET LES NERÉIDES.

La Terre s'étant alliée avec le Pont eut plusieurs enfants, dont le premier fut Nerée, c'est-à-dire *le Flux*. On le représentoit comme un aimable vieillard, qui possédoit la tranquillité & la douceur, & qui étoit ennemi déclaré du mensonge. Il avoit le don de connoître l'avenir, & il annonçoit quelquefois aux navigateurs ce qui devoit leur arriver. Il épousa Doris, fille de l'Océan, dont il eut cinquante filles, auxquelles on donna le nom général de Neréides. Les plus célebres furent Amphitrite & Téthys. Les noms de chaque Neréide marquoient les affections, ou la disposition de la mer, d'où il est aisé de conclure que toute cette famille n'étoit que des Etres allégoriques. Amphitrite épousa Neptune, comme je l'ai déjà dit, & Téthys fut mariée à Pélée.

TETHYS ET PELÉE.

Téthys étoit la plus belle des Neréides, & Jupiter, Neptune & Apollon la recherchoient en mariage, mais ils cesserent leurs poursuites, aussitôt qu'ils eurent appris par l'Oracle de Thémis, que l'enfant qui naîtroit de Téthys seroit plus grand que son pere. Ils lui donnerent pour époux Pelée, fils d'Eaque, Roi d'Egine. Téthys, peu satisfaite de l'alliance qu'on lui proposoit, prit diverses formes pour éviter les recherches de Pelée ; mais ce Prince, par sa persévérance vint à bout de la faire consentir à ce mariage. Les noces se firent sur le mont Pelion avec beaucoup de magnificence, & tous les Dieux & Déesses y furent invités à l'exception de la Discorde. Cette Déesse, pour se venger, jetta sur la table une pomme d'or avec cette inscription, A LA PLUS BELLE. Toutes les Déesses céderent leurs prétentions à Junon, à Minerve & à Venus, à qui elle fut donnée en conséquence du jugement de Pâris, fils de Priam, Roi de Troye. Téthys & Pelée eurent plusieurs enfants qui moururent en bas âge, & ils ne conserverent qu'Achille. Sa mere pour le rendre invulnérable l'avoit plongé dans le Styx, mais comme elle le tenoit par le talon, cette partie fut la seule où Achille pût être blessé. Téthys, qui avoit appris par les destins que son fils périroit au siége de Troye, le fit élever sous un habit de fille, mais il fut découvert par Ulysse. Les armes divines qu'elle lui donna alors tomberent au pouvoir d'Hector, lorsque celui-ci eut tué Patrocle, qui s'en étoit couvert. Elle alla trouver Vulcain qui lui en fournit de nouvelles & plus éclatantes. Toutes ces précautions furent inutiles contre la trahison. Pâris, sous prétexte de conclure le mariage de ce Héros avec Polyxène sa sœur, l'attira dans un Temple, & pendant qu'on étoit occupé de la cérémonie, il frappa Achille au talon, & le fit ainsi périr.

Homère nous apprend que Téthys envoya du secours à Jupiter dans le temps que Junon, Neptune, Minerve & d'autres Dieux le vouloient enchaîner. Téthys avoit plusieurs Temples dans la Grece, & surtout à Lacédémone.

THAUMAS ET IRIS.

Thaumas, c'est-à-dire, le *Merveilleux* ou le *Surprenant*, étoit le second fils de la Terre & du Pont. Il épousa aussi une fille de l'Océan nommée Electre, dont il eut Iris & les Harpies.

Iris, est ce que nous appelons l'Arc-en-ciel. Homere lui donne des aîles d'or. Elle étoit la Messagere des Dieux, mais plus particulierement de Junon. Iris alloit par ordre de Jupiter prendre de l'eau du Styx dans une coupe d'or, & la présentoit à celui des Dieux qui avoit blessé la vérité. S'il se parjuroit en la versant, il tomboit dans un assoupissement qui duroit un an entier. Il restoit encore neuf autres années séparé de la compagnie des Immortels. Quelques Poëtes donnent encore à Iris la charge de détacher les ames du corps, sans doute celles des femmes.

LES HARPIES.

Hésiode & Homere reconnoissent deux Harpies, Aello, ou la *Tempête*, & Ocypete, qui signifie *vol rapide*. Leur nom commun vient d'un verbe qui signifie *ravir, enlever*. Et en effet, ces Etres allégoriques qu'on regarde comme les sœurs d'Iris, ne sont autre chose que les tempêtes qui ravagent

& détruisent tout dans les campagnes. Il en est parlé dans l'histoire des Argonautes, où l'on en compte trois. Cette troisiéme est Céléno, c'est-à-dire, *nuage épais*. On dit qu'elles enlevoient les mets de dessus la table de Phinée, Roi de Bithynie, & qu'elles gâtoient toutes les choses auxquelles elles touchoient ; que Zéthès & Calaïs, qui avoient des aîles, leur donnerent la chasse & les poursuivirent jusqu'aux isles Strophades dans la mer Ionienne ; qu'Iris s'y rendit par ordre de Junon, pour défendre aux Argonautes d'inquietter les chiens de cette Déesse, & qu'en même temps elle leur promit que les Harpies laisseroient Phinée en repos.

En prenant Junon pour la Déesse de l'air, Zéthès & Calaïs, fils de Borée, pour le vent du Nord-Est, on comprendra que les Poëtes ont voulu dire, qu'un vent favorable avoit succédé en Bithynie à d'horribles tempêtes. Les Harpies sont renvoyées dans les isles Strophades, parce que ces isles sont sujettes aux orages, comme leur nom le démontre.

Virgile fait ainsi le portrait des Harpies. Jamais le courroux des Dieux ne fit sortir des enfers de plus horribles monstres, ni un fléau plus redoutable. Ces affreux oiseaux ont un visage de fille, que la faim rend toujours pâle, des mains armées de griffes, avec un ventre aussi sale qu'insatiable. Le Poëte leur attribue encore le don de prédire l'avenir, & leur donne de nombreux troupeaux de bœufs & de chevres.

LES GRAIES ET LES GORGONES.

La Terre & le Pont eurent encore Phorcys & Céto, qui se marierent ensemble, quoique frere & sœur ; de cette alliance sortirent les Graïes & les Gorgones. Le nom de Graïes fut donné à Pemphredo & à Enyo, parce qu'elles vinrent au monde avec des cheveux blancs ; *Graïe* signifiant *Vieille*. *Phorcus*, ou Vieillard, sont deux termes synonymes. *Céto* est un nom commun aux monstres marins. *Enyo* signifie *martiale*, *impétueuse*. D'où il s'ensuit, que ces Etres allégoriques sont les tempêtes qui font blanchir la mer. *Pemphredo*, est le nom d'une sorte de guêpe, à qui on l'a donné à cause de son bourdonnement. Il doit par conséquent se prendre ici pour le bruit qui s'éleve du fond de la mer quand elle devient orageuse. Apollodore reconnoît une troisiéme Graïe qu'il nomme *Deino*, c'est-à-dire *la terrible*. Ces explications conduisent à faire connoître ce qu'Hésiode a voulu dire par les *Gorgones*, & ce qu'on en pensoit de son temps. Ce nom commun exprime la *vitesse*, *l'agilité*. En effet, Hésiode leur donne des aîles & des dragons qui pendoient à leur ceinture. Il les appelle Stheno, *force* ; Euryalé, *large mer*, & Méduse, *Reine*. Les deux premieres n'étoient sujettes ni à la vieillesse, ni à la mort, mais la derniere étoit mortelle. Ainsi toute la famille de la Terre & du Pont dans Hésiode, n'est autre chose que les différents changements de la mer, ses propriétés, & ses situations.

Les Ecrivains anciens ont fait de grandes recherches sur les Gorgones qu'ils ont regardées comme des personnages historiques. Ils en ont fait des héroïnes semblables aux Amazones, des animaux sauvages & féroces, des filles économes & laborieuses, des prodiges de beauté, des monstres de laideur, des modeles de sagesse qui ont mérité d'être mises au nombre des femmes illustres, des courtisanes scandaleuses, & enfin des Cavales. Les uns les ont placées dans la Libye, les autres dans les Orcades. Ils n'ont pas été plus d'accord entre eux sur l'étymologie du nom de Gorgone, qu'ils interpretent tantôt par le nom de Minerve, tantôt par celui d'un animal sauvage, enfin par celui de Laboureur.

Les Poëtes à qui cette matiere appartenoit plus naturellement, ont exercé leur imagination sur les Gorgones. On a vu dans la Théogonie d'Héfiode ce que ce Poëte en a dit : voici ce qu'il en rapporte dans son Poëme, intitulé, *le Bouclier d'Hercule*. On y voyoit représenté le belliqueux Persée, fils de l'aimable Danaé. Il ne tenoit pas au bouclier, mais il n'en étoit pas détaché. Merveille incroyable, ce Héros ne portoit sur rien. Il avoit des aîles aux pieds ; un long baudrier passé sur ses épaules, soutenoit à son côté un glaive formidable. Il s'élance plus vîte que la pensée. La tête de l'affreuse Gorgone [Méduse] lui couvroit tout le dos. Elle étoit enfermée dans un sac tissu d'argent, enrichi de crépines d'or. Quant au Héros, il a la tête couverte du casque de Pluton, casque terrible que les plus épaisses ténebres de la nuit entourent. On le voit plein de trouble & d'effroi, qui hâte sa fuite. Les sœurs de la Gorgone, monstres affreux & inaccessibles, monstres dont le nom seul fait trémir, le suivent de près & tâchent de l'atteindre. .... Deux noirs Dragons pendent à leurs ceintures, ils dressent la tête, ils écument ; leur rage éclate par le grincement de leurs dents, & par la férocité de leurs regards.

Homere parle de la Gorgone en quelques endroits de ses Poëmes, mais il ne fait aucun détail à son sujet. *On voyoit au milieu de l'Egide*, dit-il, *la tête de la Gorgone, ce monstre affreux, tête énorme & formidable ; prodige étonnant du pere des Immortels*. Ce qu'il en dit ailleurs se rapporte à ce qu'on vient de lire.

Eschyle dans son *Prométhée*, fait ainsi parler ce Dieu à la Nymphe Io.

Lorsque vous aurez passé le fleuve qui termine la terre, vers le lieu où l'astre du jour commence sa carriere lumineuse, vous traverserez des ondes bruyantes de la mer, & vous arriverez enfin près de Cystine, séjour des Gorgones. C'est-là qu'habitent les trois filles aînées de Phorcus. [Les Graïes.] La blancheur de leurs cheveux égale celle des Cygnes. Un œil & une dent unique leur servent en commun. Jamais le soleil ne les éclaire de ses rayons, jamais le flambeau de la nuit ne leur prête sa lumiere. Près d'elles demeurent leurs trois sœurs les Gorgones. Elles ont des aîles aux épaules, leurs têtes sont hérissées de serpents ; objets d'effroi & d'horreur pour les mortels ; nul homme ne peut les regarder en face qu'il ne perde aussitôt la vie.

Pindare nous apprend que la musique fit une acquisition considérable à la mort de Méduse. Ce fut, dit-il, à cette occasion que Pallas inventa une nouvelle sorte de flute, composée de lames d'airain & de roseaux, susceptible de toutes sortes de sons, & propre à animer les peuples dans les spectacles & dans les combats. Cette Déesse qui secondoit l'entreprise de Persée, fut surprise agréablement d'entendre une sorte de mélodie fort singuliere que produisoient d'une part les gémissements des Gorgones, & de l'autre les sifflements de leurs couleuvres. Elle trouva quelque charme dans le mélange de ces accents lugubres, & pour en retracer l'idée, elle inventa une flûte qui les imitoit, donna cet inſtrument aux hommes, & faiſant alluſion à ce qui en avoit été le premier modele, elle appella les divers ſons qu'on en tiroit, *une harmonie à pluſieurs têtes.*

Ovide eſt de tous les Poëtes celui qui s'eſt le plus étendu ſur les Gorgones, après avoir recueilli tout ce qui étoit épars dans les Poëtes Grecs. Selon lui Méduſe étoit extrêmement belle, & avoit une chevelure admirable. Neptune épris de tant de charmes lui déclara ſa paſſion dans le Temple de Minerve. Cette chaſte Déeſſe ne pouvant ſouffrir qu'on parlât d'amour en ſa préſence, détourna la tête, ſe couvrit les yeux de ſon Egide, & changea en ſerpent les beaux cheveux de la Gorgone. Au pied du Mont Atlas, continue le Poëte, eſt un réduit enfermé de fortes murailles. C'étoit dans cet endroit qu'habitoient deux ſœurs filles de Phorcus, & qui n'avoient qu'un œil pour elles deux. Pendant que l'une le donnoit à l'autre, Perſée avança la main, & le leur enleva adroitement. Il marcha enſuite par de longs détours, à travers des rocs eſcarpés & de noires forêts, & arriva à la demeure des Gorgones. Il avoit rencontré ſur ſon paſſage un nombre infini de figures, ſoit d'hommes, ſoit de bêtes, qui avoient été changés en pierre au ſeul aſpect de Méduſe. Le Héros informé du péril qu'il couroit en regardant la Gorgone, ne la conſidéra que dans ſon bouclier qui lui ſervit de miroir, & comme il s'apperçut qu'elle dormoit ainſi que ſes ſerpents, il ſe hâta de lui couper la tête. Il s'envola auſſitôt dans les airs, tenant à ſa main cette tête fatale ; mais comme il paſſoit par-deſſus les terres de la Libye, il tomba quelques gouttes de ſang, qui produiſirent auſſitôt un grand nombre de ſerpents. Ce fut avec cette même tête que Perſée changea en montagne Atlas, qui avoit refuſé de lui accorder l'hoſpitalité. Quelques branches d'une plante marine ſur leſquelles la tête de Méduſe fut poſée, ſe changerent en corail, évenement qui ſurprit beaucoup les Nymphes de la Mer. Une tête ſi merveilleuſe rendit à Perſée des ſervices encore plus importants. Ce Héros avoit délivré Andromede expoſée pour être dévorée par un monſtre marin, & pour le récompenſer d'une action ſi généreuſe, on lui avoit donné cette Princeſſe en mariage. Phinée à qui elle avoit été promiſe avant ſon malheur, mais qui n'avoit pas eu le courage de la défendre contre le monſtre, voulut faire revivre ſes prétentions lorſqu'il la vit délivrée du péril qu'elle avoit encouru. A la tête d'une troupe de ſoldats, il vint troubler le feſtin des nôces, & le grand nombre de ſes troupes auroit accablé Perſée, ſi ce Prince ne ſe fût ſervi de la tête de Méduſe, qui pétrifia tous ceux qui la regarderent. Phinée eut le même ſort que ſes compagnons, & par ce moyen Perſée ſe vit libre poſſeſſeur d'Andromede.

Telles ſont les Fables dont l'origine ſe trouve dans la Théogonie d'Héſiode. A l'egard de quelques autres Divinités Grecques dont cet Auteur n'a rien dit, on doit les regarder comme poſtérieures à ſon ſiécle. Je vais faire mention de quelques-unes. Comme je n'ai pas prétendu faire une Mythologie complette, je ne parle que des Dieux honorés par les Grecs ; ainſi on ne doit pas s'attendre à trouver l'hiſtoire des Divinités Romaines, inconnues aux Grecs, telles que Vertumnus, Pomone, les Dieux Lares, les Pénates, &c. Je traiterai ailleurs ce qui regarde les Héros divinifés.

EOLE.

Eole, fils de Jupiter, eut l'intendance des Vents. Homere dans son Odiffée rapporte qu'Ulysse étant arrivé chez Eole, en fut très-bien reçu. Ce Dieu lui donna les mauvais vents enfermés dans des Outres, afin qu'ils ne traversassent point sa navigation, & il commanda en même temps aux Zéphyrs de conduire les vaisseaux du Roi d'Itaque. Les compagnons de ce Prince s'imaginant que ces Outres renfermoient quelque chose de précieux, profiterent de son sommeil pour les ouvrir. Les vents qui s'étoient échappés troublerent aussitôt le ciel & la mer, & briserent les vaisseaux d'Ulysse. Virgile fait mention de la puissance d'Eole en ces termes. Dans un antre vaste & profond Eole tient tous les vents enchaînés, tandis que les montagnes qui les renferment retentissent au loin de leurs mugissements. Le Dieu qui les gouverne, assis sûr la plus élevée de ces montagnes, appaise leur furie, & s'oppose à leurs efforts. S'il cessoit un moment de veiller sur eux, le Ciel, la Terre, la Mer, tous les éléments seroient confondus. La sagesse de Jupiter qui a prévû ce danger, les a emprisonnés dans des cavernes obscures, & les a chargés du poids des plus hautes montagnes. Il leur a en même temps donné un Roi qui sçût à propos, & suivant les loix qui lui seroient prescrites, les retenir dans leurs prisons, ou les mettre en liberté.

Il paroît qu'Eole étoit redevable à Junon de ce qu'il avoit son entrée dans l'Olympe. C'est ce qu'on peut conclure du discours que Virgile lui fait tenir à Junon. On donne à ce Dieu douze enfants, six filles & six garçons.

BORÉE.

Ce vent du Nord a été regardé comme un Dieu. Il avoit à Athènes un Autel qui lui étoit dédié, & quand il soufloit avec violence, on lui offroit des sacrifices auxquels on joignoit des jeux, des festins, & des fêtes. Xénophon dit que pendant l'expédition du jeune Cyrus, le vent du Nord incommoda beaucoup l'armée, & qu'il cessa aussitôt qu'on lui eut immolé des victimes. Les Mégalopolitains, suivant Pausanias, lui rendoient tous les ans un culte particulier en reconnoissance du secours qu'il leur avoit donné contre Agis, qui commandoit l'armée des Lacédémoniens. Borée épris des charmes d'Orithye, fille d'Erechthée, s'enveloppa d'un nuage obscur, & enleva cette Princesse, dont il eut deux fils, Calaïs & Zéthes, qui naquirent avec des aîles. On les met au nombre de ceux qui accompagnerent Jason dans son expédition de la Toison d'or.

INO ET MELICERTE.

Pausanias dans son voyage de la Laconie, fait mention d'Ino, femme d'Athamas, honorée chez les Grecs comme une Divinité marine. Elle avoit, dit cet Auteur, un Temple célebre par les Oracles qui s'y rendoient. Ceux qui s'y endormoient recevoient des lumieres sur les choses qui devoient leur arriver, & la Déesse par le moyen des songes, leur apprenoit ce qu'ils avoient envie de sçavoir. Elle étoit honorée sous le nom de Leucothoé, & on lui offroit tous les ans des sacrifices. Les Mégariens disoient que le corps d'Ino ayant été jetté sur leurs côtes, Cléso & Tauropolis, filles de Cléson, fils de Lelex, lui donnerent la sépulture, & se vanterent de lui avoir imposé le nom de Leucothoé.

Ovide rapporte fort au long l'histoire d'Ino.

Junon irritée de la naissance de Bacchus & du culte qu'on lui rendoit, résolut de remplir de troubles la maison de Cadmus, & attaqua particulierement Ino, fille de ce Prince, qui étoit mariée à Athamas. Elle prit pour ministre de sa vengeance Tisiphone, la plus cruelle de toutes les Furies. Cette implacable Divinité obéit promptement aux ordres de Junon. Elle prit en main sa torche funeste, se revêtit d'une robe toute dégoutante de sang, se fit une ceinture avec un serpent, & abandonna aussitôt les Enfers. La Tristesse, l'Horreur, la Crainte, & cette effroyable Manie qui renverse la raison de l'homme, l'accompagnerent dans ce voyage. Dès qu'elle fut à l'entrée du palais d'Athamas, on dit que les portes en tremblerent, qu'elles changerent de couleur, & que le Soleil retira ses regards d'un endroit si funeste. Ino & Athamas épouvantés de ce prodige, veulent sortir du palais; mais Tisiphone les en empêche en étendant ses bras entortillés de viperes. Elle secoue alors sa chevelure, dont les serpents s'étant réveillés avec des sifflements horribles, se répandirent partie sur ses épaules, partie sur son estomac. Tisiphone arracha deux de ces serpents, & d'une main qui répand la peste, elle les lança sur Ino & Athamas. Ils entrerent aussitôt jusques dans le sein de ces miserables, & leur inspirerent tout ce que la fureur & la rage sont capables d'entreprendre; mais il ne parut sur leurs corps aucune blessure, & il n'y eut que l'ame qui ressentit de si funestes coups.

Tisiphone avoit apporté avec elle quelques especes de poisons liquides, comme de l'écume de Cerbere, de la bave de l'Hydre, des troubles, des transports, la rage, l'amour du meurtre. Elle avoit détrempé toutes ces choses avec du sang encore chaud, & les avoit fait bouillir avec une poignée de ciguë. Elle versa sur Athamas & Ino ce violent poison, qui fit bientôt de cruels ravages dans leurs cœurs. Enfin pour achever de leur inspirer les mouvements les plus furieux, elle tourna trois fois autour d'eux le flambeau qu'elle tenoit à sa main.

Athamas ressentit bientôt les effets de la rage que la Furie lui avoit inspirée, & prenant ses enfants pour des lionceaux, il arrache des bras de sa mere Léarque son fils, & lui brise la tête contre la muraille. Ino hors d'elle-même se sauve avec le petit Mélicerte son autre fils, grimpe sur le haut d'un rocher qui s'avançoit dans la mer, & se précipite dans les eaux avec Mélicerte. Neptune, à la priere de Vénus, eut pitié d'eux, & les admit en la compagnie des Dieux marins.

GLAUCUS.

Les Grecs honoroient encore comme une Divinité marine Glaucus, qu

LES GRECS. avoit été, dit-on, autrefois un pêcheur. Plusieurs, dit Pausanias, se persuadent qu'il prédit encore l'avenir, & tous les ans on voit des Etrangers qui passent la mer pour venir le consulter : particularité que Pindare & Eschyle avoient apparemment apprise des Anthédoniens ; car l'un en fait mention dans une de ses Odes, & l'autre la fait servir de fondement à une de ses pieces.

Ovide lui fait ainsi rapporter l'histoire de sa métamorphose.

Je ne suis pas un monstre, dit-il à Scylla, mais un Dieu marin, & je n'ai pas moins de puissance dans la mer que Triton, Prothée & Palémon. Cependant il n'y a pas long-temps que j'étois homme, mais je ne me plaisois qu'auprès des eaux, & je faisois de la pêche tout mon plaisir & mon exercice. Tantôt je tendois des filets pour prendre des poissons, & tantôt assis sur un rocher, je les attaquois avec la ligne. Il y a sur le bord de la mer une agréable prairie, où aucun troupeau n'est venu paître. Jamais les fleurs qui ornent ce charmant séjour n'ont été cueillies pour en faire des bouquets, & jamais la faulx n'y a passé. Je suis le premier qui me suis couché sur l'émail de cette prairie. Un jour que j'avois pris une grande quantité de poissons qui étoient morts, je les étendis sur l'herbe pour les compter ; mais à peine furent-ils posés sur l'herbe qu'ils reprirent vigueur & se jetterent dans la mer. Surpris d'un pareil prodige, je goûtai de cette herbe, & aussitôt il me prit envie de sauter dans la mer ; ce que j'exécutai sur le champ. Neptune me purifia de ce que j'avois de terrestre, & me fit un Dieu de la mer.

ARTICLE III.

DES ORACLES.

LES Oracles du Paganisme ont occasionné un grand nombre d'écrits de la part des Chrétiens. Les Payens opposoient aux Prophéties les Oracles ; mais les Apologistes de la Religion Chrétienne répondoient que les Sages du Paganisme ne croyoient pas aux Oracles, qui étoient toujours obscurs ou ambigus, & pour la plûpart faux & supposés ; que quand il y auroit quelque chose de surnaturel, la conduite de ceux qui les rendoient & la maniere honteuse dont la Pythonisse étoit inspirée, devoient faire croire que les Démons ou Esprits impurs en étoient les auteurs. Le célebre M. de Fontenelle a prétendu dans son Histoire des Oracles, que les Démons n'ont jamais rendu des Oracles : le P. Baltus Jésuite, a écrit contre cet ouvrage. Il me suffit d'observer en général que les Oracles accrédités par la fraude des Prêtres du Paganisme, étoient adoptés par la superstition & par la simplicité des Peuples.

La singularité qu'on a trouvée dans quelques Oracles a fait juger qu'il y avoit quelque chose de surnaturel en eux, & que par conséquent ils ne pouvoient provenir que des Démons. Mais ces Oracles si surprenants, & sur lesquels on a appuyé son système, se trouvent apocryphes, c'est-à-dire, qu'ils n'ont jamais été rendus. L'histoire qui a paru faire le plus d'impression est celle du pilote Thamus. Son vaisseau, dit-on, étant un soir vers de certaines isles de la mer Egée, le vent cessa tout à coup. Toutes les personnes qui étoient sur le vaisseau ne songeoient qu'à se réjouir & à boire, lorsqu'ils furent surpris d'entendre une voix qui venoit des isles, & qui appelloit Thamus. Ce pilote ne jugea à propos de répondre qu'à la troisieme fois, & alors la même voix lui commanda que quand il seroit arrivé à un certain lieu, il criât que le grand Pan étoit mort. Tout le monde fut saisi de frayeur, & Thamus décida qu'il exécuteroit les ordres qu'on venoit de lui donner, si le calme arrêtoit son vaisseau dans l'endroit indiqué. Le vent cessa en effet, lorsque Thamus en fut approché, & aussitôt il se mit à crier de toute sa force que le grand Pan étoit mort. A peine eut-il cessé de parler qu'on entendit de tous côtés des plaintes & des gémissements comme d'un grand nombre de personnes surprises & affligées de cette nouvelle. Tibere qui fut informé d'un évenement si merveilleux, voulut encore en être instruit par Thamus lui-même, & sur sa déposition il assembla tous les sçavants dans la Théologie Payenne, qui déciderent que ce grand Pan étoit le fils de Mercure & de Pénélope.

Si le grand Pan eût été un Démon, les Démons n'avoient-ils d'autres moyens d'annoncer sa mort que par le canal de Thamus? D'ailleurs devoient-ils être assez imprudents pour révéler aux hommes leurs malheurs. Si Dieu les y avoit forcés, comme quelques-uns pourroient dire, Dieu avoit donc dessein de faire connoître aux Payens l'erreur dans laquelle ils étoient. Mais cependant personne ne songea pour cela à abandonner le Paganisme, & il paroît qu'on ne fit pas grand cas de la nouvelle qu'on avoit apprise. Si ce grand Pan étoit J. C. comme on se l'est imaginé dans la suite, les Démons sans doute n'annoncerent aux hommes une mort si salutaire, que parce qu'ils y étoient contraints. Mais qu'en arriva-t-il? Personne ne pensa alors qu'il s'agissoit de la mort du fils de Dieu, & par conséquent on ne tira aucun profit d'un tel prodige. Il s'ensuit donc naturellement que cette histoire fut inventée à dessein. On sçait que quelques Chrétiens des premiers siecles se sont laissés aller à faire en faveur du Christianisme des suppositions assez hardies, que la plus saine partie des Chrétiens ont ensuite désavouées. Ce zele inconsideré a produit un nombre infini de livres apocryphes, auxquels on donnoit des noms d'Auteurs Payens : mais à force de vouloir tirer de ces ouvrages supposés un grand effet pour la Religion, on les a empêchés d'en faire aucun. Ce fut de ces sortes de livres qu'on tira une grande quantité de réponses d'Oracles qui annonçoient eux-mêmes leur destruction occasionnée par la mort du fils de Dieu. On en lit plusieurs dans Eusebe; mais cet Auteur qui avoue dans un endroit qu'il est persuadé que les Démons ne sont point les auteurs des Oracles, soutient

LES GRECS. plus loin le contraire, dans l'opinion qu'il battra plus aisément les sectateurs du Paganisme.

David en parlant des Idoles, dit qu'elles ont une bouche, mais qu'elles ne parlent point. D'ailleurs le Démon n'a pas un pouvoir aussi étendu que celui qu'on lui prête, & l'exemple de Job nous fait voir qu'il ne peut rien sur les hommes sans la permission de Dieu. Ajoutons de plus, que le Démon en répondant aux questions qu'on lui faisoit, & en supposant qu'elles fussent justes, auroit eu le don de prédire l'avenir, don qu'il n'a jamais possédé, & que Dieu même n'a pas accordé aux Anges qui lui sont restés fideles. Nous en avons une preuve dans l'Evangile. Les Apôtres, à qui J. C. venoit d'annoncer la ruine du Temple de Jérusalem, lui demanderent dans quel temps ces choses arriveroient. J. C. leur répondit que les Anges qui voyoient la face de son pere ne le sçavoient pas. Si les esprits bienheureux ne sçavent pas l'avenir, pourquoi les ennemis du très-haut auroient-ils cette prérogative ? Si les Prophetes ont annoncé ce qui devoit arriver dans les siecles futurs, c'est que l'esprit de Dieu même les inspiroit & parloit en eux. Aussi leurs prédictions ont eu leur effet, & nous reconnoissons aujourd'hui la vérité de ce qu'ils annonçoient. L'avenir est couvert d'un voile impénétrable pour toutes les créatures en général ; & Dieu seul s'est réservé le pouvoir de l'annoncer, lorsqu'il le jugeroit à propos. Ainsi les prétendus devins, que la superstition & la sottise des hommes ont rendus célebres, n'étoient & ne sont encore que des fourbes qui abusent de la crédulité des esprits foibles. Le hasard a pu les favoriser quelquefois, & il n'en a pas fallu davantage pour les accréditer.

Les Philosophes Payens étoient persuadés qu'il n'y avoit rien de surnaturel dans les Oracles, & tout ce qui se passoit dans l'endroit où on les rendoit, étoit l'effet de la supercherie des Prêtres. Ils le publioient souvent hautement, & on en trouve plusieurs preuves dans leurs écrits. Un d'entr'eux nommé Enomaüs, dont on trouve quelques fragments dans Eusebe, prenoit plaisir à tourner en ridicule plusieurs réponses de l'Oracle de Delphes, & à faire voir que la Divinité qui y présidoit, se tiroit fort mal des questions qu'on lui faisoit.

On trouve dans l'histoire mille exemples d'Oracles, ou méprisés par ceux qui les recevoient, ou modifiés à leur fantaisie : preuve de la haute idée qu'ils avoient de la solidité de ces réponses. Elles étoient toutes équivoques, & présentoient plusieurs sens, que les dévots avoient toujours coutume d'interpréter en faveur du Dieu qui les avoit dictées. Ces Oracles se laissoient souvent corrompre, & le Dieu qu'on avoit gagné par les présents, donnoit une réponse telle qu'on l'exigeoit.

Le hasard donna naissance aux Oracles, la superstition les accrédita, & la fourberie des Prêtres les fit subsister. Les pays montueux, & par conséquent pleins d'antres & de cavernes, étoient les plus abondants en Oracles. Telle étoit la Béotie, qui anciennement en avoit une très-grande quantité. Remarquez en passant, dit M. de Fontenelle, que les Béotiens étoient en réputation d'être les plus sottes gens du monde ; c'étoit-là un bon pays pour les Oracles, des sots & des cavernes. Un Dieu n'eut pas plutôt un Oracle,

avoient envie de sçavoir. Elle étoit honorée sous le nom de Leucothoé, & on lui offroit tous les ans des sacrifices: Les Mégariens disoient que le corps d'Ino ayant été jetté sur leurs côtes, Cléso & Tauropolis, filles de Cléson, fils de Lelex, lui donnerent sépulture, & se vanterent de lui avoir imposé le nom de Leucothoé.

Ovide rapporte fort au long l'histoire d'Ino.

Junon irritée de la naissance de Bacchus, & du culte, qu'on lui rendoit, résolut de remplir de trouble la maison de Cadmus, & attaqua particulierement Ino, fille de ce Prince, qui étoit mariée à Athamas. Elle prit pour ministre de sa vengeance Tisiphone, la plus cruelle de toutes les Furies. Cette implacable Divinité obéit promptement aux ordres de Junon. Elle prit en main sa torche funeste, se revêtit d'une robe toute dégoutante de sang, se fit une ceinture avec un serpent, & abandonna aussitôt les Enfers. La Tristesse, l'Horreur & la Crainte, & cette effroyable Manie qui renverse la raison de l'homme, l'accompagnerent dans ce voyage. Dès qu'elle fut à l'entrée du Palais d'Athamas, on dit que les portes en tremblerent, qu'elles changerent de couleur, & que le Soleil retira ses regards d'un endroit si funeste. Ino & Athamas épouvantés de ce prodige, veulent sortir du Palais; mais Tisiphone les en empêche en étendant ses bras entortillés de viperes. Elle secoue alors sa chevelure, dont les serpents s'étant réveillés avec des sifflements horribles, se répandirent partie sur ses épaules, partie sur son estomac. Tisiphone arracha deux de ces serpents, & d'une main qui répand la peste, elle les lança sur Ino & Athamas. Ils entrerent aussitôt jusques dans le sein de ces miserables, & leur inspirerent tout ce que la fureur & la rage sont capables d'entreprendre; mais il ne parut sur leurs corps aucunes blessures, & il n'y eut que l'ame qui ressentit de si funestes coups.

Tisiphone avoit apporté avec elle quelques especes de poisons liquides, comme de l'écume de Cerbere, de la bave de l'Hydre, des troubles, des transports, la rage, l'amour du meurtre. Elle avoit détrempé toutes ces choses avec du sang encore chaud, & les avoit fait bouillir avec une poignée de ciguë. Elle versa sur Athamas & Ino ce violent poison, qui fit bientôt de cruels ravages dans leurs cœurs. Enfin pour achever de leur inspirer les mouvements les plus furieux, elle tourna trois fois autour d'eux le flambeau qu'elle tenoit à sa main.

Athamas ressentit bientôt les effets de la rage que la Furie lui avoit inspirée, & prenant ses enfants pour des lionceaux, il arrache des bras de sa mere Léarque son fils, & lui brise la tête contre la muraille. Ino, hors d'elle-même se sauve avec le petit Mélicerte son autre fils, grimpe sur le haut d'un rocher qui s'avançoit dans la mer, & se précipite dans les eaux avec Mélicerte. Neptune à la priere de Vénus, eut pitié d'eux, & les admit en la compagnie des Dieux marins.

GLAUCUS.

Les Grecs honoroient encore comme une Divinité marine Glaucus, qui avoit été, dit-on, autrefois un pêcheur. Plusieurs, dit Pausanias, se persuadent

LES GRECS.

qu'il prédit encore l'avenir, & tous les ans on voit des Etrangers qui passent la mer pour venir le consulter: particularité que Pindare & Eschyle avoient apparemment apprise des Anthédoniens; car l'un en fait mention dans une de ses Odes, & l'autre le fait servir de fondement à une de ses pieces.

Ovide lui fait ainsi rapporter l'histoire de sa métamorphose.

« Je ne suis pas un monstre, dit-il à Scylla, mais un Dieu marin, & je n'ai pas moins de puissance dans la mer que Triton, Prothée & Palémon. Cependant il n'y a pas long-temps que j'étois homme, mais je ne me plaisois qu'auprès des eaux, & je faisois de la pêche tout mon plaisir & mon exercice. Tantôt je tendois des filets pour prendre des poissons; & tantôt assis sur un rocher, je les attaquois avec la ligne. Il y a sur le bord de la mer une agréable prairie, où aucun troupeau n'est venu paître. Jamais les fleurs qui ornent ce charmant séjour n'ont été cueillies pour en faire des bouquets; & jamais la faulx n'y a passé. Je suis le premier qui me suis couché sur l'émail de cette prairie. Un jour que j'avois pris une grande quantité de poissons qui étoient morts, je les étendis sur l'herbe pour les compter; mais à peine furent-ils posés sur l'herbe qu'ils reprirent vigueur & se jetterent dans la mer. Surpris d'un pareil prodige, je goûtai de cette herbe, & aussi-tôt il me prit envie de sauter dans la mer; ce que j'exécutai sur le champ. Neptune me purifia de ce que j'avois de terrestre, & me fit un Dieu de la mer.

ARTICLE III.

DES ORACLES.

LES Oracles du Paganisme ont occasionné un grand nombre d'écrits de la part des Chrétiens. Deux principaux points les ont particulierement occupés, 1°. plusieurs ont prétendu que les Démons avoient eux-mêmes rendu les Oracles; 2°. que ces Oracles avoient cessé à l'avenue du Redempteur des hommes; mais ces opinions fondées sur de faux principes se trouvent facilement renversées, tant par de solides raisonnements, que par des faits les plus authentiques. Le célebre M. de Fontenelle dans son Histoire des Oracles, a prouvé sans réplique que les Démons ne se sont jamais mêlés des Oracles, & il a fait voir que les Oracles subsistoient encore plus de quatre-cents ans après Jesus-Christ. Tout ce qu'il a dit sur cette matiere est appuyé de preuves si fortes, qu'il me semble qu'on ne peut y rien ajouter. C'est à un ouvrage fait avec autant d'érudition que de sagacité que je renvoye le Lecteur, qui seroit persuadé que les Démons auroient eu part aux Oracles, & que l'avenue du Méssie leur a imposé silence; car je ne ferai usage que de quelques-unes des réflexions de cet illustre Académicien.

L'Ecriture sainte, dit M. de Fontenelle, ne nous apprend en aucune maniere que les Oracles ayent été rendus par des Démons, & dès-lors nous sommes en liberté de prendre parti sur cette matiere. La singularité qu'on a trouvée dans quelques Oracles a fait juger qu'il y avoit quelque chose de surnaturel en eux, & que par conséquent ils ne pouvoient provenir que des Démons. Mais ces Oracles si surprenants, & sur lesquels on a appuyé son système, se trouvent absolument apocryphes, c'est-à-dire, qu'ils n'ont jamais été rendus. L'histoire qui a paru faire le plus d'impression est celle du pilote Thamus. Son vaisseau, dit-on, étant un soir vers de certaines isles de la mer Egée, le vent cessa tout à coup. Toutes les personnes qui étoient sur le vaisseau ne songeoient qu'à se réjouir & à boire, lorsqu'ils furent surpris d'entendre une voix qui venoit des isles, & qui appelloit Thamus. Ce pilote ne jugea à propos de répondre qu'à la troisieme fois, & alors la même voix lui commanda que quand il seroit arrivé à un certain lieu, il criât que le grand Pan étoit mort. Tout le monde fut saisi de frayeur, & Thamus décida qu'il exécuteroit les ordres qu'on venoit de lui donner, si le calme arrêtoit son vaisseau dans l'endroit indiqué. Le vent cessa en effet, lorsque Thamus en fut approché, & aussitôt il se mit à crier de toute sa force que le grand Pan étoit mort. A peine eut-il cessé de parler qu'on entendit de tous côtés des plaintes & des gémissements comme d'un grand nombre de personnes surprises & affligées de cette nouvelle. Tibere qui fut informé d'un évenement si merveilleux, voulut encore en être instruit par Thamus lui-même, & sur sa déposition il assembla tous les sçavants dans la Théologie Payenne, qui déciderent que ce grand Pan étoit le fils de Mercure & de Pénélope.

Si le grand Pan eût été un Démon, les Démons n'avoient-ils d'autres moyens d'annoncer sa mort que par le canal de Thamus ? D'ailleurs devoient-ils être assez imprudents pour révéler aux hommes leurs malheurs. Si Dieu les y avoit forcés, comme quelques-uns pourroient dire, Dieu avoit donc dessein de faire connoître aux Payens l'erreur dans laquelle ils étoient. Mais cependant personne ne songea pour cela à abandonner le Paganisme, & il paroît qu'on ne fit pas grand cas de la nouvelle qu'on avoit apprise. Si ce grand Pan étoit J. C. comme on se l'est imaginé dans la suite, les Démons sans doute n'annoncerent aux hommes une mort si salutaire, que parce qu'ils y étoient contraints. Mais qu'en arriva-t-il ? Personne ne pensa alors qu'il s'agissoit de la mort du fils de Dieu, & par conséquent on ne tira aucun profit d'un tel prodige. Il s'ensuit donc naturellement que cette histoire fut inventée à dessein. On sçait que quelques Chrétiens dès les premiers siecles se sont laissés aller à faire en faveur du Christianisme des suppositions assez hardies, que la plus saine partie des Chrétiens ont ensuite désavouées. Ce zele inconsideré a produit un nombre infini de livres apocryphes, auxquels on donnoit des noms d'Auteurs Payens : mais à force de vouloir tirer de ces ouvrages supposés un grand effet pour la religion, on les a empêchés d'en faire aucuns. Ce fut de ces sortes de livres qu'on tira une grande quantité de réponses d'Oracles qui annonçoient eux-mêmes leur destruction occasionnée par la mort du fils de Dieu. On en lit plusieurs dans Eusebe ; mais cet Auteur qui avoue dans un endroit qu'il est persuadé que les Démons ne sont point les auteurs des Oracles, soutient plus loin le contraire, dans l'opinion qu'il battra plus aisément les sectateurs du Paganisme.

On ne trouve cependant rien dans les livres sacrés qui favorise ce sentiment, & David en parlant des Idoles, dit qu'elles ont une bouche, mais qu'elles ne parlent point. D'ailleurs le Démon n'a pas un pouvoir aussi étendu que celui qu'on lui prête, & l'exemple de Job nous fait voir qu'il ne peut rien sur les hommes sans la permission de Dieu. Ajoûtons de plus, que le Démon en répondant aux questions qu'on lui faisoit, & en supposant qu'elles fussent justes, auroit eû le don de prédire l'avenir, don qu'il n'a jamais possedé, & que Dieu même n'a pas accordé aux Anges qui lui sont restés fideles. Nous en avons une preuve dans l'Evangile. Les Apôtres, à qui J. C. venoit d'annoncer la ruine du Temple de Jerusalem, lui demanderent dans quel temps ces choses arriveroient. J. C. leur répondit que les Anges qui voyoient la face de son pere ne le sçavoient pas. Si les esprits bienheureux ne sçavent pas l'avenir, pourquoi les ennemis du très-haut auroient-ils cette prérogative ? Si les Prophetes ont annoncé ce qui devoit arriver dans les siecles futurs, c'est que l'esprit de Dieu même les inspiroit & parloit en eux. Aussi leurs prédictions ont eu leur effet, & nous reconnoissons aujourd'hui la vérité de ce qu'ils annonçoient. L'avenir est couvert d'un voile impénétrable pour toutes les créatures en général, & Dieu seul s'est réservé le pouvoir de l'annoncer, lorsqu'il le jugeroit à propos. Ainsi les prétendus devins, que la superstition & la sottise des hommes ont rendus célebres, n'étoient & ne sont encore que des fourbes qui abusent de la crédulité des esprits foibles. Le hasard a pu les favoriser quelquefois, & il n'en a pas fallu davantage pour les accréditer.

Les Philosophes Payens étoient persuadés qu'il n'y avoit rien de surnaturel dans les Oracles, & tout ce qui se passoit dans l'endroit où on les rendoit, étoit l'effet de la supercherie des Prêtres. Ils le publioient souvent hautement, & on en trouve plusieurs preuves dans leurs écrits. Un d'entr'eux nommé Enomaüs, dont on trouve quelques fragmens dans Eusebe, prenoit plaisir à tourner en ridicule plusieurs réponses de l'Oracle de Delphes, & à faire voir que la Divinité qui y présidoit, se tiroit fort mal des questions qu'on lui faisoit.

On trouve dans l'histoire mille exemples d'Oracles, ou méprisés par ceux qui les recevoient, ou modifiés à leur fantaisie : preuve de la haute idée qu'ils avoient de la solidité de ces réponses. Elles étoient toutes équivoques, & présentoient plusieurs sens, que les dévots avoient toûjours coutume d'interpréter en faveur du Dieu qui les avoit dictées. Ces Oracles se laissoient souvent corrompre, & le Dieu qu'on avoit gagné par les présents, donnoit une réponse telle qu'on l'exigeoit.

Le hasard donna naissance aux Oracles, la superstition les accréditera, & la fourberie des Prêtres les fit subsister. Les pays montueux, & par conséquent pleins d'antres & de cavernes, étoient les plus abondants en Oracles. Telle étoit la Béotie, qui anciennement en avoit une très-grande quantité. Remarquez en passant, dit M. de Fontenelle, que les Béotiens étoient en réputation d'être les plus sottes gens du monde; c'étoit-là un bon pays pour les Oracles, des sots & des cavernes. Un Dieu n'eut pas plutôt un Oracle, que les autres en voulurent avoir auffi, & il s'en établit bientôt de tous côtés. Chaque Prêtre imagina les moyens de les rendre plus refpectables; de forte que les Oracles des differentes Divinités ne fe rendoient pas de la même façon. Avant que de confulter le Dieu, il y avoit un grand nombre de cérémonies; il falloit lui offrir des victimes pour connoître fa volonté, parce qu'il ne lui plaifoit pas de répondre toutes les fois qu'on vouloit l'interroger. Pendant tous ces délais les Prêtres avoient foin de s'informer adroitement, foit par eux, foit pas leurs efpions, des motifs qui obligeoient les perfonnes à confulter l'Oracle. Lorfqu'ils étoient fuffifamment inftruits, & qu'ils avoient préparé la réponfe, le Dieu devenoit plus favorable, & donnoit audience à ceux qui avoient affaire à lui. Ce qui a le plus embarrafsé, ce font les oracles rendus en fonge & fur des billets cachetés. Mais en réfléchiffant fur l'adreffe de nos charlatans, & de nos joueurs de gobelets, on concevra aifément que les Prêtres qui avoient établi ces Oracles fur ce pied-là, fçavoient les moyens de les faire réuffir. Pour accréditer davantage les Oracles, il y avoit quantité de gens gagés qui en publioient de fauffes merveilles; de forte qu'on leur attribuoit des réponfes qu'ils n'avoient jamais faites. Plus elles étoient merveilleufes, plus elles étoient reçues avec avidité par un peuple qui n'aimoit que le furprenant. On fçait que tel étoit le goût des Grecs.

Alexandre d'Abonotique, le plus infigne fourbe de fon fiecle, fe fit regarder comme un homme dans lequel il y avoit quelque chofe de divin. Lucien dit qu'il étoit de belle taille & de bonne mine, qu'il avoit l'œil vif, le tein blanc, la voix claire, un ton doux & affable, l'efprit vif, infinuant, & très-propre à perfuader tout ce qu'il vouloit. Il étoit encore jeune, lorfqu'il fe joignit à un charlatan qui contrefaifoit le magicien, & qui lui apprit tous fes fecrets. Après la mort de ce charlatan, il s'affocia avec un Byzantin, qui avoit une adreffe furprenante. Ces deux fourbes parcoururent une partie de l'Afie mineure pour furprendre les efprits foibles, & enfin ils réfolurent d'établir un Oracle dans la Paphlagonie, parce que ce peuple étoit fort groffier & extrêmement fuperftitieux. Pour y réuffir ils cacherent dans un vieux Temple d'Apollon qui étoit à Chalcedoine des lames de cuivre, fur lefquelles ils avoient écrit qu'Efculape viendroit bientôt avec fon pere établir fa demeure dans la ville d'Abonotique. Ils firent en forte que ces lames fuffent trouvées, & la nouvelle s'en étant répandue par toute la Bithynie & la Galatie, on fe difpofa à recevoir ces Dieux. Les habitants de l'endroit où Alexandre vouloit fonder fon Oracle, fe hâterent de jetter les fondements d'un Temple qu'ils vouloient confacrer à Apollon & à fon fils. Cependant le Byzantin qui rendoit des Oracles à Chalcedoine, y mourut de la morfure d'une vipere. Alexandre refta feul, & rendit lui-même des Oracles. Il nourriffoit deux de ces grands ferpents de Macedoine, qui étoient fi privés, qu'ils fe jouoient avec les enfants fans leur faire de mal. Lorfqu'il vit que les fondements du Temple avançoient, il y defcendit une nuit, & y cacha un œuf d'oye, dans lequel il avoit enfermé un petit ferpent qui ne faifoit que de naître. Le lendemain il fe rendit dans la place publique, & déclara à tout le monde qu'Efculape ne tarderoit pas à paroître. Il chanta alors des hymnes en l'honneur de ce Dieu,

& l'invita à se montrer aux hommes. Il se rendit aussitôt dans l'endroit où il avoit caché l'œuf, & l'ayant retiré en présence de tout le peuple, il l'ouvrit, & annonça qu'Esculape étoit arrivé (1). On vit en effet paroître le petit serpent qui s'entortilla autour de ses doigts, au milieu des acclamations de la multitude. L'imposteur le transporta dans sa maison, & peu de temps après il fit voir en sa place un de ces gros serpents qu'il sçavoit priver, & auquel il avoit ajusté une tête qui avoit une figure humaine. Ce nouveau prodige acheva de convaincre tout le monde, & on se laissa aisément séduire par les discours d'Alexandre, qui déclara que le Dieu rendroit des Oracles dans un certain temps, & qu'il falloit écrire dans un billet cacheté ce qu'on voudroit lui demander. Il s'enferma alors dans le sanctuaire du Temple qui étoit déjà construit, & une grande affluence de monde se rendit bientôt à ce nouvel Oracle. Alexandre rendoit les billets tels qu'on les lui avoit donnés, & cependant on y trouvoit une réponse qu'il faisoit passer pour celle du Dieu. Ce charlatan avoit l'adresse de décacheter les billets sans qu'il y parût, & tout le monde y étoit trompé. Les réponses étoient toujours obscures & ambigues comme celles de tous les Oracles; il n'en étoit pas de même de la recette des remedes qu'il prescrivoit aux malades. Il prenoit environ dix sols pour chaque oracle, ce qui montoit à une somme considerable, puisqu'on prétend qu'il en débitoit près de quatre-vingt mille par an; mais il étoit obligé de partager cet argent avec les différents Officiers du Temple. Sa réputation s'étendit jusqu'à Rome, d'où on l'envoyoit souvent consulter. Alexandre eut même l'honneur d'être admis à la Cour de Marc Aurele vers l'an de J. C. 171. Cet imposteur après avoir trompé une infinité de gens, & avoir prédit qu'il mourroit d'un coup de foudre comme Esculape, périt d'un ulcere à la jambe qui lui gagna le bas ventre: ce fut à l'âge de soixante & dix ans, & non pas de cent cinquante comme il l'avoit annoncé.

Les Prêtres des anciens Oracles n'étoient pas moins fourbes, & moins adroits qu'Alexandre, & leurs impostures parurent à découvert, lorsqu'on abattit les Temples & qu'on renversa les statues des Dieux. On vit alors clairement toutes les machines & les ressorts que les Prêtres faisoient jouer pour tromper le public. On trouve dans Eusebe plusieurs histoires de Prêtres mis à la torture, & qui firent le détail de toutes leurs fourberies. Il en étoit de même de la magie. Beaucoup d'adresse, quelques connoissances physiques vis-à-vis d'un peuple grossier, firent passer pour un homme extraordinaire celui qui possedoit ces talents. Nos célebres Physiciens, & surtout ceux qui ont poussé si loin les expériences de l'Electricité, auroient pû dans des siecles d'ignorance se faire passer pour de grands magiciens. Ajoutons d'ailleurs, que ceux qui étoient regardés comme tels se servoient de certaines drogues, avec lesquelles il leur étoit facile de troubler les sens. Ainsi en examinant de près toutes ces choses, on reconnoîtra aisément qu'il n'y a jamais rien eu de surnaturel dans ce qu'on a nommé magie, & que par conséquent le Démon n'a pas prêté son pouvoir à certains hommes pour en tourmenter d'autres.

(1) On sçait qu'Esculape étoit honoré sous la figure d'un Serpent, & que ce fut sous cette forme qu'on le transporta d'Epidaure à Rome.

Les Payens avoient, outre les Oracles, une autre maniere de chercher à connoître l'avenir, c'est à dire, qu'ils consultoient les sorts. Les sorts étoient le plus souvent des especes de dez, sur lesquels étoient gravés quelques caracteres ou quelques mots dont on alloit chercher l'explication dans des tables faites exprès. Les usages étoient differents sur les sorts : dans quelques Temples on les jettoit soi-même, dans d'autres on les faisoit sortir d'une urne ; d'où est venue cette maniere de parler si ordinaire aux Grecs, *le sort est tombé*. Ce jeu de dez étoit toujours précédé de sacrifices & de beaucoup de cérémonies. On tiroit encore les sorts de quelques Poëtes célebres, comme d'Homere ou d'Euripide ; ce qui se présentoit à l'ouverture du livre étoit l'arrêt du ciel. Les Chrétiens eurent cette même superstition, mais ils les tiroient dans les livres sacrés. S. Gregoire de Tours nous apprend qu'il passoit plusieurs jours dans le jeûne & dans la priere, & qu'il alloit ensuite au tombeau de S. Martin, où il ouvroit un livre de l'Ecriture pour y consulter la volonté de Dieu. Il prenoit pour réponse le premier passage qui s'offroit à ses yeux, & si ce passage n'avoit aucun rapport à ce qu'il désiroit sçavoir, il ouvroit plusieurs autres livres de l'Ecriture, jusqu'à ce qu'il eût rencontré ce qu'il cherchoit. L'Eglise s'opposa tant qu'elle put à cette superstition, mais elle ne vint à bout de la détruire qu'avec le temps.

LES GRECS.

La naissance de la Philosophie fit perdre aux Oracles une partie de leur réputation. Les hommes en s'accoutumant à raisonner ouvrirent enfin les yeux, & profitant des lumieres qu'ils avoient acquises, ils mépriserent les Oracles dont ils avoient connu toute la supercherie. Ce fut la premiere attaque que les Oracles reçurent. Les Romains en réduisant la Grece sous leur domination, firent un tort considerable aux Oracles. La Grece auparavant partagée en divers Etats, se trouvoit agitée de troubles continuels. Il se présentoit tous les jours de nouvelles raisons d'attaquer son voisin ; mais comme on ne vouloit rien entreprendre contre la volonté des Dieux, dans la crainte de mauvais succès, on alloit consulter les Oracles, & ces consultations étoient ordinairement accompagnées de présents considerables. La Grece n'obéissant plus qu'à un même maître, devint tranquille, & alors il n'y eut plus que quelques Particuliers qui eurent recours aux Oracles pour leurs propres affaires. Ce fut ainsi que les Oracles tomberent insensiblement. Mais le Christianisme s'étant enfin solidement établi dans cette contrée, porta le dernier coup aux Oracles & au culte des faux Dieux. Cet évenement n'arriva que quelques siecles après J. C. Il est vrai qu'il y eut des intervalles où les Oracles cesserent par des révolutions arrivées dans le pays où ils étoient ; mais ils se rétablirent ensuite, comme on le peut prouver par divers faits historiques.

Les anciens Oracles se rendirent en vers, parce qu'anciennement c'étoit la seule maniere d'écrire, comme tout le monde sçait : mais cet usage ayant passé, les derniers Oracles ne se rendirent plus qu'en prose. Plusieurs Divinités avoient leurs Oracles ; mais les plus célebres étoient ceux de Dodone, d'Amphiaraüs, de Trophonius, de Claros & de Delphes. Outre ces Oracles, Jupiter en avoit un dans la Libye, Mars dans la Thrace, Mercure à Patras, Vénus à Paphos & en Chypre, Minerve à Mycenes, Diane dans la Colchide, Pan dans l'Arcadie, Esculape à Epidaure & à Rome, Hercule à Athènes & à

Gadès, Sérapis à Alexandrie, &c. Je me contenterai de faire une mention particuliere de ceux de Dodone, d'Amphiaraüs, de Trophonius, de Claros & de Delphes. Je parlerai de celui-ci en dernier lieu, parce qu'il a une liaison intime avec ce qui le suivra. Avant que de traiter ces différents Oracles, je crois devoir dire quelque chose de ceux des morts.

ORACLES RENDUS PAR LES AMES DES MORTS.

L'établissement des Oracles parlants d'Apollon à Delphes, & en plusieurs autres endroits de la Grece, & la difficulté sans doute de faire jouer exactement toutes les machines qu'exigeoit le genre de divination par les ames des morts, ont fait tomber ces sortes d'Oracles qui ont été abandonnés dans la suite à ceux qui se mêloient d'exercer l'art de la *Goëtie*, ou magie noire. Cette espece d'Oracles avoit anciennement subsisté, & on en trouve un grand nombre de preuves dans divers Auteurs. Ce n'est pas qu'on doive ajouter foi aux contés qu'ils nous rapportent, & qui n'ont trouvé de crédit qu'auprès des esprits foibles; mais quelque faux qu'ils soient, ils servent toujours à faire voir qu'on étoit dans l'usage de consulter les ames des morts. Hérodote rapporte l'histoire de l'ombre de Mélisse, femme de Périandre, Roi de Corinthe, qui refusa de répondre à une question qu'on lui fit, jusqu'à ce qu'on eût satisfait à quelques cérémonies funebres qu'elle exigeoit. Ainsi, suivant cet Historien, nous trouvons l'existence d'un Oracle des morts & l'usage de le consulter. Il étoit établi, suivant le même Auteur, dans la Thesprotie sur le bord du fleuve Acheron. Plutarque fournit quatre autres exemples d'un pareil établissement. La Pythie ordonna, dit-il, à Callondas, qui avoit tué le Poëte Archiloque dans une bataille, d'appaiser ses manes irrités. Callondas se rendit au Cap Ténare où étoit un Temple des morts, & là il trouva des Prêtres, dont la fonction étoit d'évoquer & d'appaiser les manes. Archiloque étoit contemporain de Gigès, & antérieur à Périandre de près d'un siecle. Il y avoit un autre Temple pour le même usage à Héraclée, ville de Pont, où l'on montroit une caverne, par laquelle on prétendoit qu'Hercule étoit descendu aux Enfers. Ce fut-là que Pausanias, Roi de Sparte, alla évoquer l'ombre de Cléonice, qu'il avoit tuée par surprise. Ce même Prince étant mort de faim dans le Temple de Minerve, où il s'étoit enfermé pour se dérober à la fureur des Lacédémoniens, on alla en Italie chercher les *Prêtres des Ames*, pour évoquer son ombre & l'appaiser.

Il y a tout lieu de croire que ces évocations ne se faisoient pas sans de grandes cérémonies; & il est probable qu'elles ressembloient à celles que fit Ulysse, lorsqu'il alla consulter l'ombre de Tyrésias. Cet endroit d'Homere est une nouvelle preuve que ces évocations étoient en usage dans le siecle où il vivoit. Au temps d'Hérodote, de Platon, &c. le culte qu'on rendoit aux Héros étoit different du culte d'adoration qu'on rendoit aux Dieux. On honoroit les premiers & on invoquoit les seconds. Le culte établi pour les Héros n'étoit, à proprement parler, qu'un renouvellement des honneurs funebres. On célébroit le bonheur dont ils jouissoient, & la part qu'ils prenoient aux banquets des Immortels; mais on ne leur demandoit rien, parce
qu'ils

qu'ils ne partageoient point avec les Dieux l'administration de l'Univers. Dans la suite on confondit les honneurs divins & les honneurs héroïques.

LES GRECS.

Plutarque nous a conservé dans la vie d'Aristide un détail circonstancié de ce qui s'observoit tous les ans à l'anniversaire du sacrifice funebre institué en l'honneur des Grecs morts à la bataille de Platée. Ce détail fait voir combien les cérémonies qui précedent, dans l'Odyssée, l'évocation des ombres par Ulysse, ressemblent à ce qui se pratiquoit dans les funérailles. Le seizieme du mois nommé Mémacterion par les Athéniens, (c'est la troisieme lune après l'équinoxe d'automne), étoit destiné à cet anniversaire. Dès la pointe du jour, dit Plutarque, la procession se met en marche, précédée par un Trompette qui sonne la charge, & par plusieurs chariots remplis de couronnes & de branches de myrrhe. On voit ensuite un taureau noir qu'accompagnent de jeunes gens de condition libre, portant des cruches pleines de lait & de vin destinés aux libations, ainsi que des phioles d'huile & de parfums. Après eux marche l'Archonte seul, & suivi du reste des citoyens. Cet Archonte, qui dans le reste de l'année ne porte que des habits blancs, & à qui il n'est pas même permis de rien toucher où il entre du fer, paroît ce jour-là revêtu d'une robe de pourpre, ceint d'un baudrier & armé d'une épée. Il porte dans ses mains l'urne sacrée, qu'il a été prendre dans le lieu où l'on dépose les actes publics. C'est dans cet équipage qu'il se rend aux tombeaux. Là, il puise de l'eau dans une fontaine voisine, & en lave les colonnes sépulchrales; il les oint ensuite & les parfume. Les cérémonies achevées, il égorge la victime, en fait couler le sang dans une fosse, & tandis qu'on met la victime sur un bucher construit exprès, il invoque Jupiter & le Mercure infernal, & appellant à haute voix les braves gens qui sont morts pour leur patrie, il les invite à prendre part à ce banquet, & à venir s'y rassasier du sang qu'on vient de répandre. Remplissant ensuite une coupe de vin, il la verse dans la fosse, en même temps qu'on y verse les cruches de lait, en disant : *A la santé des vaillants hommes qui se sont immolés pour la liberté des Grecs.*

Homere dit qu'Ulysse s'étant embarqué dès le matin sur la côte de l'isle de Circé, arriva le soir à l'extrémité du Pont & à l'entrée de l'Océan. Il débarqua dans le pays des Cimmériens, que le soleil n'éclaire jamais, & que la nuit couvre sans cesse de ses aîles ténébreuses; s'étant avancé dans les terres avec les victimes & les offrandes qu'il avoit préparées, il creusa avec son épée, & suivant le conseil de Circé, une fosse large d'une coudée en tout sens, y versa du vin préparé avec du miel, du vin ordinaire & de l'eau; il y répandit ensuite de la farine, & mêla toutes ces choses: après quoi invoquant les Divinités infernales, il promit de leur sacrifier à son retour dans Ithaque, une vache qui n'auroit point encore porté; il promit aussi à Tirésias une brebis noire, la plus belle de ses troupeaux. Alors faisant apporter les victimes préparées, un bélier noir & une brebis noire, il les égorge, & fait couler leur sang dans la fosse. Aussitôt il voit les ombres voltigeantes accourir en foule, & s'empresser pour venir boire le sang; mais il les écarte avec son épée, & ne les laisse approcher qu'après que Tirésias a étanché sa soif, & qu'il lui a prédit le sort qu'il doit éprouver.

Une raison qui feroit croire que les Colonies Orientales ont porté dans la Grece la pratique de l'évocation des morts, c'eſt qu'on la trouve établie dans la Phénicie, & peut-être même dans l'Egypte au temps du paſſage des Colonies de Cadmus & de Danaüs. Nous voyons dans le Deuteronome que cette pratique étoit alors ordinaire chez les Chananéens. » Lorſque vous » ſerez entrés dans le pays que le Seigneur votre Dieu vous donnera, dit ». Moyſe aux Hébreux, gardez-vous d'imiter les abominations du peuple » qui l'habite; qu'il ne ſe trouve parmi vous perſonne......... qui conſulte » les *Oboth*, ou qui interroge les *morts* : toutes ces choſes ſont en abomi- » nation à votre Dieu. « On voit dans le Lévitique qu'il y avoit peine de mort prononcée contre les Devins en général, & en particulier contre ceux qui exerçoient l'eſpece de divination nommée *Ob*, terme ſur lequel les Critiques ſont partagés, & qui paroît ſignifier en général un Devin. Il ſemble cependant que dans la ſuite, la ſignification de ce mot fut reſtreinte à ceux qui évoquoient les ames des morts; car nous voyons dans l'hiſtoire de la Devinereſſe d'Endor, que Saül voulant évoquer l'ombre de Samuel, fait chercher une femme qui devine par l'*Ob*, & que lorſqu'il lui parle, il lui dit, conſultez l'*Ob*, & faites-moi venir Samuel. On voit encore dans Iſaie qu'on appelloit auſſi de ſon temps ceux qui évoquoient les morts : *Lorſqu'on vous dira; conſultez les Oboth & les Devins*, répondez : *Le peuple n'a-t-il pas ſon Dieu? L'abandonnera-t-il pour interroger les morts ſur la deſtinée des vivants?*

Il ne s'agit pas ici d'examiner ſi ce fut effectivement l'ombre de Samuel qui apparut, ou quelque preſtige de la part de la Devinereſſe. Ce cas eſt particulier, & n'a rien de commun avec les autres évocations des morts. Par tout ce qui a été dit ci-deſſus, on voit clairement que les Anciens étoient dans l'uſage de conſulter les morts, & qu'ils étoient perſuadés qu'ils pouvoient rendre des Oracles (1).

ORACLE DE DODONE.

L'origine de cet Oracle, ſuivant la Fable, eſt ainſi rapportée. Jupiter fit préſent à ſa fille Thébé de deux colombes qui avoient le don de la parole. Ces deux colombes s'envolerent un jour de Thebes en Egypte pour aller, l'une en Lybie fonder l'Oracle de Jupiter Ammon, & l'autre en Epire dans la forêt de Dodone où elle s'arrêta, & apprit aux habitants du pays que Jupiter vouloit avoir un Oracle en ce lieu-là. On exécuta les ordres du Dieu, & l'Oracle qui fut établi ne tarda pas à avoir un grand nombre de conſultants. Hérodote en donnant l'hiſtoire de l'établiſſement de l'Oracle de Dodone, en explique la fable de cette maniere : Deux Prêtreſſes de Thebes, dit cet Auteur, furent enlevées par des marchands Phéniciens, qui vendirent l'une d'elles dans la Grece. Cette Prêtreſſe établit ſa demeure dans la forêt de Dodone, & comme elle avoit été Prêtreſſe de Jupiter à Thebes, elle fit conſtruire en l'honneur de ce Dieu une petite chapelle au pied d'un chêne, & y fonda un Oracle qui fut le plus ancien de la Grece.

---

(1) Voyez ſur cette matiere la Diſſertation de M. Freret, dont ceci eſt tiré; Tome XXIII. des Mémoires de l'Académie, page 174. & ſuiv, dans la partie des Mémoires.

Telle est la véritable histoire de l'origine de l'Oracle de Dodone; mais comme le mot grec πηλιαι signifioit également des colombes ou de vieilles femmes, les Grecs amateurs du merveilleux, aimerent mieux publier qu'une colombe avoit déclaré la volonté de Jupiter, plutôt que de dire qu'une Prêtresse de ce Dieu l'avoit annoncée.

LES GRECS.

Dans cette forêt de Dodone se trouvoit une fontaine qui couloit au pied d'un chêne. Le murmure de cette fontaine interpreté par la Prêtresse fut d'abord tout le mystere de l'Oracle. Dans la suite on y ajouta plus d'appareil, & on en augmenta les cérémonies. En conséquence on suspendit en l'air des vases d'airain auprès d'une statue de même métal qui étoit aussi suspendue. Cette statue tenoit à la main un fouet d'airain, auquel plusieurs cordes mobiles étoient attachées; de sorte que le vent venant à ébranler cette figure, lui faisoit frapper les vases d'airain, & ces vases s'entrechoquant les uns les autres rendoient un son qui duroit assez long temps. Sur la durée & les variétés de ce son, on annonçoit l'avenir. Enfin la fable disoit que les chênes de la forêt de Dodone rendoient des Oracles; mais comme on avoit soin de tenir les consultants à une certaine distance, il est aisé de s'imaginer que les Ministres de l'Oracle se tenant cachés dans le creux des chênes, rendoient les réponses qu'on demandoit. L'éloignement de ceux qui interrogeoient l'Oracle, les empêchoit sans doute de s'appercevoir de cette supercherie.

ORACLE D'AMPHIARAUS.

Amphiaraüs, fils d'Apollon & d'Hypermnestre, fut un célebre Devin du temps de la guerre de Thebes. Il se trouva malgré lui à cette guerre, & s'amusant à examiner le vol des oiseaux pour en tirer des augures, il tomba dans un précipice, & perdit la vie. Les Grecs disoient que Jupiter d'un coup de foudre l'avoit précipité lui & son chariot dans les entrailles de la terre. Pausanias raconte que la terre s'entr'ouvrit pour l'engloutir avec le chariot sur lequel il étoit. Amphiaraüs après sa mort fut mis au rang des demi-Dieux, & en reçut les honneurs. Pausanias prétend même qu'il fut regardé comme un Dieu, & que les Oropiens, chez lesquels il étoit mort, lui bâtirent un Temple, où Amphiaraüs rendit par la suite des Oracles. Ceux qui vouloient le consulter immoloient un mouton, en étendoient la peau à terre, & s'endormoient dessus, afin que le Dieu les instruisît en songe de ce qu'ils souhaitoient sçavoir. On croyoit qu'Amphiaraüs avoit aussi plusieurs prophéties écrites en vers; mais Pausanias révoque en doute cette derniere circonstance, & dit seulement qu'Amphiaraüs qui excelloit dans l'art d'interpreter les songes, ne rendoit ses réponses que sur des songes, & que ceux qui venoient le consulter, commençoient par se purifier, qu'ensuite ils sacrifioient à Amphiaraüs & à toutes les Divinités qu'on honoroit dans son Temple.

ORACLE DE TROPHONIUS.

Trophonius & Agamédes, l'un & l'autre fils d'Ergine, Roi d'Orchomene, s'étoient rendus si célebres par leur talent pour l'architecture, que plusieurs

Princes les chargerent de la construction des plus magnifiques édifices. En bâtissant un palais pour Hyriéus, ils ajusterent une pierre avec tant d'art, qu'elle pouvoit facilement s'enlever la nuit, & se remettre sans qu'on pût s'en appercevoir. Trophonius & Agamédes entroient par ce moyen, & alloient voler les thrésors qui étoient enfermés dans un espece de caveau. Hyriéus voyant diminuer son or sans que les serrures ni les cachets de la porte fussent rompus, dressa des piéges autour de ses coffres. Agamédes fut pris à un de ces piéges, & comme son frere craignoit que s'il étoit trouvé en vie, on ne le forçât à découvrir la vérité, il lui coupa la tête & se sauva. L'absence de Trophonius donna lieu de publier que la terre l'avoit englouti au même endroit où étoit son frere. La superstition alla dans la suite jusqu'à le mettre au rang des demi-Dieux & des Héros, & on consulta son Oracle avec des cérémonies fatigantes & mystérieuses. Enfermé d'abord dans une chapelle consacrée au bon Génie, on y restoit quelques jours qui étoient employés à différentes purifications. Le jeûne, l'abstinence de vin & même d'eau chaude étoient des conditions essentielles. On se lavoit souvent dans les eaux du fleuve Hercyna, & il falloit offrir plusieurs sacrifices à Trophonius & à ses fils, à Apollon, à Jupiter & à Junon. Cependant les Aruspices consultoient avec soin les entrailles des victimes pour voir si le Dieu étoit appaisé, & la nuit qu'on devoit consulter l'Oracle, on immoloit un bélier à Agamédes. Ce sacrifice devoit aussi donner d'heureux présages. Après toutes ces cérémonies, celui qui vouloit consulter l'Oracle étoit conduit par les Prêtres au fleuve voisin, où deux jeunes garçons, appellés *Mercures*, c'est-à-dire, Ministres, le frottoient d'huile, lui lavoient tout le corps, & le menoient aux sources du fleuve qui n'étoient gueres éloignées. A l'une de ces sources ils lui faisoient d'abord avaler une certaine quantité de l'eau de Léthé ou d'oubli, & à l'autre il buvoit de l'eau de Mnémosine, afin qu'il pût se ressouvenir de ce qu'il alloit voir & apprendre. Enfin le consultant étoit habillé de lin, & ceint avec des bandelettes. Il avoit une chaussure faite à la maniere du pays, & ainsi revêtu on l'introduisoit dans la caverne de Trophonius.

Cette caverne qui étoit de la figure d'un four, paroissoit taillée de main d'hommes, & se trouvoit au haut d'une montagne dans une enceinte faite de pierres blanches, sur laquelle s'élevoient des obélisques d'airain. En cet endroit s'ouvroit un trou assez étroit, où on ne descendoit point par des degrés, mais par de petites échelles. Quand on y étoit descendu, on voyoit une autre petite caverne, dont l'entrée étoit encore moins large & plus basse que la premiere. Alors on se couchoit à terre, on prenoit dans chaque main de certaines compositions de miel, qu'il ne falloit pas lâcher ; on passoit les pieds dans l'ouverture de la petite caverne, & aussitôt on se sentoit emporté au dedans avec beaucoup de force & de vitesse. C'étoit-là que l'avenir se déclaroit ; mais non pas à tous de la même maniere. Les uns voyoient, les autres entendoient, & on sortoit de l'antre, couché par terre, comme on y étoit entré, c'est-à-dire, les pieds les premiers. On étoit mis aussitôt dans la chaise de Mnémosine, où on étoit interrogé sur ce qu'on avoit vû ou entendu. De-là on passoit dans la chapelle du bon Génie avant qu'on eût, pour ainsi dire, repris ses esprits. On se remettoit peu à peu de sa frayeur, & on se trouvoit insensiblement en son premier état. Pausanias dit qu'il n'y a jamais eu qu'un homme qui soit entré dans l'antre de Trophonius, & qui n'en soit pas sorti. C'étoit un espion que Démétrius y envoya pour voir s'il n'y avoit pas dans ce lieu saint quelque chose qui fût bon à piller. On trouva loin de-là le corps de ce malheureux qui n'avoit point été jetté dehors par l'ouverture sacrée de l'antre.

Voici les réflexions sensées dont M. de Fontenelle, dans son histoire des Oracles, accompagné ce récit. » Quel loisir, dit-il, n'avoient pas les Prê-
» tres pendant tous ces différents sacrifices qu'ils faisoient faire, d'examiner
» si on étoit propre à être envoyé dans l'antre ? Car assurément Trophonius
» choisissoit ses gens, & ne recevoit pas tout le monde. Combien toutes
» ces ablutions, ces expiations, ces voyages nocturnes, & ces passages dans
» des cavernes étroites & obscures remplissoient-ils l'esprit de supersti-
» tion, de frayeur & de crainte ? Combien de machines pouvoient jouer
» dans ces ténebres ? L'histoire de l'espion de Démétrius nous apprend qu'il
» n'y avoit pas de sûreté dans l'antre pour ceux qui n'y apportoient pas de
» bonnes intentions ; & de plus, qu'outre l'ouverture sacrée qui étoit con-
» nue de tout le monde, l'antre en avoit une secrette qui n'étoit connue
» que des Prêtres. Quand on s'y sentoit entraîné par les pieds, on étoit
» sans doute tiré par des cordes, & on n'avoit garde de s'en appercevoir
» en y portant les mains, puisqu'elles étoient embarrassées de ces compo-
» sitions de miel qu'il ne falloit pas quitter. Ces cavernes pouvoient être
» pleines de parfums & d'odeurs qui troubloient le cerveau ; ces eaux de
» Léthé & de Mnémosine pouvoient aussi être préparées pour le même effet.
» Je ne dis rien des spectacles & des bruits dont on pouvoit être épou-
» vanté, & quand on sortoit de-là tout hors de soi, on disoit ce qu'on
» avoit vû ou entendu à des gens qui, profitant de ce désordre, le recueil-
» loient comme il leur plaisoit, y changeoient ce qu'ils vouloient, ou
» enfin en étoient toujours les interpretes. «

ORACLE DE CLAROS.

Tacite, dans le second livre de ses Annales, parle ainsi de l'Oracle de Claros. Ce n'est point une femme qui y rend les Oracles comme à Delphes, mais un homme qu'on choisit dans certaines familles, & qui est presque toujours de Milet. Il suffit de lui dire le nombre & les noms de ceux qui viennent le consulter : il se retire ensuite dans une grotte, & ayant pris de l'eau d'une source qui y est cachée, il vous répond en vers à ce que vous avez dans l'esprit, quoique le plus souvent il soit très-ignorant. Nous pourrions remarquer ici, dit M. de Fontenelle, que les Prêtres confioient à une femme l'Oracle de Delphes, parce qu'il n'étoit question que d'y faire la Démoniaque ; mais comme celui de Claros avoit plus de difficultés, on ne le donnoit qu'à un homme. Nous pourrions remarquer encore, ajoute-t-il, que l'ignorance du Prophete, sur laquelle roule une bonne partie de ce qu'il y a de miraculeux dans l'Oracle, ne pouvoit jamais être bien prouvée ; qu'enfin le Démon de l'Oracle, tout Démon qu'il étoit, ne pouvoit se passer de sçavoir les noms de ceux qui le consultoient.

ORACLE DE DELPHES.

L'Oracle de Delphes est un des plus célebres de la Grece (1). Voici de quelle maniere Diodore de Sicile raconte la découverte de cet Oracle. Des chevres paissoient dans les vallées du Mont Parnasse, & en cherchant de la pâture, elles approcherent par hasard d'une espece de crevasse, dont l'ouverture étoit fort étroite. Elles avancerent la tête pour regarder dedans, & aussitôt, comme si elles eussent été transportées de cette fureur qu'on appelle enthousiasme, elles firent des sauts & des bonds merveilleux, & pousserent des cris extraordinaires. Le pasteur qui les gardoit, surpris de ce prodige, s'approcha lui-même à l'entrée du trou, & baissa la tête pour en voir le fond. Les mêmes mouvements dont les chevres avoient été saisies l'agiterent à son tour, & il parut annoncer l'avenir dans les discours qu'il profera. Le bruit de cette merveille attira bientôt les habitants des environs du Mont Parnasse, & chacun voulut éprouver par soi-même cet enthousiasme, dont les effets étoient si surprenants. Ils approcherent tous de la crevasse & furent tous enthousiasmés. Etonnés d'une chose si étrange, ils crurent y reconnoître une impression divine, & après bien des réflexions, ils conclurent que la Terre qui envoyoit ces vapeurs prophétiques rendoit en cet endroit ses Oracles, Strabon, Pausanias & Plutarque sont d'accord avec Diodore de Sicile sur le récit qu'on vient de lire. Plutarque a même conservé le nom du Pasteur qui gardoit les chevres, & l'appelle Corétas.

Situation de l'Antre prophétique. Si l'on en croit Strabon, le Mont Parnasse situé entre la Phocide & la Locride, servoit de limite à ces deux Provinces, & dépendoit de la premiere, suivant l'opinion la plus commune. En descendant de la montagne du côté qui regardoit le midi, on trouvoit à mi-côte l'antre d'où sortoient les exhalaisons prophétiques. La ville de Delphes, dont je parlerai dans la suite, se forma insensiblement autour de cet antre.

Les Oracles à Delphes n'ont pas toujours été rendus par les mêmes Divinités. On les attribua d'abord à la Terre, à laquelle un Poëte (2) associe Neptune. Ces deux Divinités rendoient leurs réponses tour à tour, avec cette différence que la Terre les rendoit elle-même, & que Neptune se servoit du ministere d'un Prêtre nommé Pyrcon, La Terre transmit la portion d'Oracle qu'elle possedoit à Thémis sa fille, qui la garda assez long-temps, & ne s'en démit qu'en faveur d'Apollon (3). Elle prit de l'amitié pour lui dès le moment qu'il parut au monde, & elle l'enleva des bras de Latone sa mere, afin de le nourrir elle-même de nectar & d'ambroisie. Cette nourriture toute céleste consuma ce qu'il avoit de mortel, & le fit passer en peu de temps de l'état d'enfance à celui d'un âge mur & raisonnable. Le Dieu s'appliqua tout jeune à découvrir l'avenir, & il eut pour maître dans cette

---

(1) M. Hardion, dans une de ses savantes Dissertations sur l'Oracle de Delphes, entreprend de prouver qu'il étoit plus ancien que celui de Dodone, & il appuye ce sentiment, qui n'est pas le plus reçu, sur différentes autorités, comme on le peut voir dans les Mémoires de l'Académie des Belles-Lettres, Tome III. dans la partie des Mémoires, pag. 137. & suiv.

(2) L'Auteur des Vers Eumolpiens cité par Pausanias.

(3) Homere dans son Hymne sur Apollon.

science Pan, fils de Jupiter & de la Nymphe Thymbris. Lorsqu'il fut parfaitement instruit, il se rendit au Mont Parnasse à dessein d'y établir un Oracle. Thémis instruite du projet d'Apollon, & toujours prévenue d'amitié pour lui, crut l'obliger en lui cédant son Oracle, qui avoit déjà beaucoup de réputation. Suivant une autre tradition (1), Apollon employa la force, & s'empara du sanctuaire de l'Oracle après avoir tué un dragon énorme, à qui la Terre avoit confié la garde de l'antre prophétique. La Terre pour tirer vengeance du vol qu'Apollon lui faisoit, entreprit de faire tomber son crédit, & afin d'y réussir plus sûrement, elle résolut d'envoyer aux hommes pendant leur sommeil des songes qui leur fissent voir le passé, le présent & l'avenir, & les missent par conséquent en état de se passer d'Oracles. Apollon outré de cet affront s'en plaignit à Jupiter, qui voulant favoriser ce jeune Dieu, dissipa en un instant tous les phantômes nocturnes employés par Thémis, & rétablit l'Oracle dans son crédit & dans ses honneurs. Ce fut alors que Neptune qui s'étoit toujours réservé la portion qui lui appartenoit, l'échangea avec Apollon pour l'isle de Calaurie, vis-à-vis de Trézene (2). Apollon fut le dernier Prophete de Delphes, & il s'y maintint jusqu'à la cessation de l'Oracle. Ses Temples, par les différents présents que les Rois, les Princes, les Républiques, les Particuliers mêmes y envoyerent, furent bientôt remplis d'immenses richesses.

On ignore si l'on bâtit des Temples à la Terre & à Neptune à Delphes. Thémis en avoit un du temps de Deucalion; mais il fut submergé, ou du moins si fort endommagé par l'effort des eaux, qu'il fallut en élever un autre, lorsqu'Apollon entra en possession de l'Oracle de Delphes. Le premier qui lui fut dédié, fut construit de branches de laurier, apportées de la vallée de Tempé. Après la destruction de ce Temple, les abeilles en édifierent un autre avec leur cire & des plumes d'oiseaux. Le troisieme Temple fut d'airain, & étoit, dit-on, l'ouvrage de Vulcain. On ne sçait de quelle maniere il fut détruit. Les uns disent qu'il fut abîmé par un tremblement de terre; & d'autres qu'il fut consumé par le feu. Le quatrieme Temple, qui n'est que le second, suivant Strabon, fut réellement bâti de pierres par Trophonius & Agamédes, tous deux fils d'Ergine, Roi d'Orchomene, & excellents Architectes. Apollon, au rapport d'Homere, en jetta lui-même les fondements, & lorsque Trophonius & Agamédes eurent achevé cet ouvrage, ils demanderent à Apollon la récompense de leur travail. Le Dieu les remit à huit jours, leur recommandant de se réjouir jusqu'à ce temps, & au bout du terme on les trouva morts dans leur lit. Le Temple qu'ils avoient construit périt par le feu, la premiere année de la cinquante-huitieme Olympiade, sous l'Archontat d'Erxiclide, cinq cent quarante-huit ans avant J. C.

Les Amphictyons qui s'étoient rendus protecteurs de l'Oracle de Delphes, se chargerent du soin d'édifier un nouveau Temple, & firent marché à trois

---

(1) Euripide dans son Iphigénie en Tauride.

(2) M. Hardion pense qu'on peut attribuer ces changements de Divinités à l'adresse des Prêtres, qui s'appercevant que la foi des peuples se refroidissoit, tâcherent de la réveiller, en leur présentant de nouveaux objets. Ajoutons qu'on pourroit aussi regarder ces mêmes changements comme l'effet de la puissance des Prêtres d'un nouveau Dieu, qui chassoient les Ministres d'une Divinité déjà en possession de l'Oracle.

cents talents. (1) avec Spinthare, Architecte Corinthien. Les villes de la Grece devoient fournir cette somme, & les habitants de Delphes furent taxés à en donner la quatrieme partie. Ils firent en conséquence une quête jusques dans les pays étrangers. Amasis, pour lors Roi d'Egypte, accorda mille talents d'alun, & les Grecs établis dans son Royaume en envoyerent vingt mines. Les Alcméonides, famille puissante d'Athènes, se trouvant à Delphes en ce temps-là s'offrirent à conduire l'édifice (2). Ils le firent plus magnifique qu'on ne se l'étoit proposé dans le modele, & entr'autres embellissemens qu'ils ajouterent, ils firent faire un frontispice de marbre de Paros.

Dans les premiers temps de la découverte de l'Oracle, devint Prophete qui voulut. Les habitants du Parnasse n'avoient besoin pour acquérir le don de prophétie, que de respirer la vapeur qui sortoit de l'antre de Delphes. Le Dieu de l'Oracle sembloit inspirer indifféremment toutes sortes de personnes; mais plusieurs de ces phrénétiques, au moment de leur fureur, s'étant précipités dans l'abîme, on chercha à remédier à un accident qui arrivoit trop fréquemment. On dressa sur le trou une machine qui fut appellée trépied, parce qu'elle avoit trois barres, & on décida qu'une femme seroit commise pour monter sur ce trépied, d'où elle recevroit sans aucun danger l'exhalaison prophétique. Cette femme qui tenoit le premier rang entre les Ministres du Dieu, fut nommée Pythie. On la choisit d'abord parmi de jeunes filles encore vierges, à cause de leur pureté, de leur conformité avec Diane, & parce que leur âge tendre faisoit penser qu'elles seroient plus propres à garder les secrets des Oracles. Ce n'étoit pas assez que la Pythie fût vierge, il falloit qu'elle eût l'ame aussi pure que le corps. On vouloit qu'elle fût née légitimement, qu'elle eût été élevée avec simplicité, & que cette derniere qualité parût même jusques dans ses habits. On la prenoit ordinairement dans une maison pauvre, & on exigeoit qu'elle eût mené une vie obscure, & qu'elle ignorât toutes choses; pourvû qu'elle sçût parler & répéter ce que le Dieu lui dictoit, elle en sçavoit assez.

La coutume de choisir les Pythies fort jeunes se conserva jusqu'à ce qu'une d'elles qui étoit d'une grande beauté fût enlevée par un jeune Thessalien nommé Echécrates. Le peuple de Delphes, pour prévenir de pareils attentats, ordonna qu'à l'avenir on ne prendroit pour monter sur le trépied que des femmes au dessus de cinquante ans. Il n'étoit pas facile de trouver à cet âge les mêmes qualités qui se rencontroient dans de jeunes filles, & il fallut nécessairement se relâcher sur bien des choses. On apporta néanmoins tous les soins possibles, dans le choix qu'on fit de ces femmes, & on exigea d'elles

---

(1) Cette somme valoit plus de cinq cents mille livres de notre monnoie.

(2) Une raison d'intérêt porta les Alcméonides à cet acte de religion. Ils avoient été chassés d'Athènes par les Pisistratides, & cherchoient toutes sortes de moyens pour se rétablir dans leur patrie, & pour se venger de leurs ennemis. Ils s'imaginerent que pendant leur séjour à Delphes, ils pourroient engager la Pythie à les seconder dans leur dessein. Ils en vinrent à bout à force d'argent; & elle se prêta tellement à leurs idées, que toutes les fois que quelque Spartiate la consultoit, soit en son nom, soit au nom de la République, elle ne lui promettoit l'assistance de son Dieu, qu'à condition que les Lacédémoniens délivreroient Athènes de ses Tyrans. Elle leur répéta cet ordre tant de fois, qu'ils se déterminerent enfin à faire la guerre aux Pisistratides, quoiqu'ils eussent avec eux les plus fortes liaisons d'amitié & d'hospitalité.

qu'elles

qu'elles fussent habillées comme de jeunes filles, afin de conserver au moins la mémoire de l'ancienne pratique.

Une seule Pythie pouvoit dans les commencements suffire à ceux qui vouloient consulter, parce qu'ils n'étoient pas encore en grand nombre. Dans la suite on en élut une seconde pour monter alternativement avec la premiere sur le trépied, & une troisieme pour remplacer une des deux en cas de maladie, ou de mort. Vers le temps de la décadence de l'Oracle, il n'y eut plus qu'une seule Pythie. La premiere Prophetesse de Delphes s'appelloit Daphné, & fut choisie, selon Pausanias, par la Terre elle-même parmi les Nymphes du Mont Parnasse. La plus célebre de toutes les Pythies nommée Phémonoé, fut la premiere Prêtresse d'Apollon, & prononça la premiere les Oracles en vers hexametres. Il faut prendre garde de confondre la Pythie avec la Sybille de Delphes. Cette derniere est représentée par les Anciens comme une femme errante, qui alloit de contrée en contrée débiter ses prédictions; au lieu que la Pythie toujours originaire de Delphes, ne quittoit plus le Temple dès qu'elle y étoit une fois entrée.

La Pythie n'étoit pas inspirée en tout temps & en toute occasion. Il y avoit auparavant bien des cérémonies à observer, & un grand nombre de précautions à prendre. Dans les premiers temps de l'Oracle, il falloit souvent sacrifier pendant un an entier avant que de se rendre le Dieu propice. Il n'inspiroit alors la Pythie qu'une fois l'année dans le premier mois du printemps. On obtint dans la suite d'Apollon qu'il inspireroit la Pythie une fois le mois. Tous les jours du mois n'étoient pas convenables; il y en avoit qu'on regardoit comme des jours malheureux, où il n'étoit pas permis d'interroger le Dieu de l'Oracle. La Pythie n'eût osé aller au sanctuaire ces jours-là, parce qu'il y alloit, dit-on, de sa vie; quand même elle y eût été contrainte par la violence. Aussi dans ces occasions elle cherchoit toujours à contenter par quelque réponse adroite ceux qui vouloient la forcer à monter sur le trépied. C'est ce qui lui arriva avec Alexandre le Grand, lorsqu'il voulut consulter l'Oracle avant que de passer en Asie. Il étoit à Delphes dans un de ces jours où le sanctuaire étoit fermé, & envoya prier la Pythie de se rendre au Temple. Celle-ci refusa, sous prétexte que la loi le lui défendoit, & Alexandre irrité de sa résistance, alla lui-même la prendre dans sa cellule & l'entraîna vers le Temple. La Pythie alors obligée de céder à Alexandre lui dit comme dans un transport prophétique: *Mon fils, tu es invincible*. Ces mots parurent satisfaire Alexandre, qui s'écria qu'il étoit content de ce qu'il venoit d'entendre, & ne vouloit point d'autre Oracle. Philomelus, qui pilla le Temple de Delphes un peu avant le regne d'Alexandre, eut aussi de la Pythie une réponse ambigue, dont il se contenta. Il s'étoit déjà emparé du Temple, & voulant apprendre de l'Oracle quel seroit le succès de la guerre où il se trouvoit engagé, il ordonna à la Pythie de monter sur le trépied. Cette Prêtresse lui répondit que la loi & l'usage lui défendoient de parler. Philomelus la menaça, & lui dit qu'il la forceroit à lui obéir; mais comme elle lui répondit brusquement, qu'il pouvoit faire tout ce qu'il lui plairoit, il déclara que ces mots étoient tout ce qu'il demandoit, & il publia que le Dieu de l'Oracle lui donnoit la permission de faire tout ce qu'il voudroit.

On ignore si dans chaque mois le jour de l'installation de la Pythie étoit fixe & déterminé, ou si les Prêtres avoient la liberté de le choisir entre ceux qui n'étoient point censés malheureux. On sçait seulement que la Pythie ne pouvoit être inspirée qu'une fois le mois, & que le reste du temps étoit employé à préparer tout ce qui étoit nécessaire pour cette cérémonie. Les sacrifices faisoient la principale partie de la préparation. Il y avoit cinq Sacrificateurs en titre d'office, qui immoloient eux-mêmes les victimes. Ils devoient prendre garde si elles étoient pures, saines, entieres & bien conditionnées, & ils apportoient à cet examen toute l'attention possible. Il falloit que la victime tremblât & frémît dans toutes les parties de son corps, lorsqu'elle recevoit les effusions d'eau ou de vin. Ce n'étoit pas assez qu'elle secouât la tête comme dans les sacrifices ordinaires ; si quelqu'une de ses parties ne se fût pas ressentie de cette palpitation, on n'eût point installé la Pythie sur le trépied, parce qu'il en arrivoit de trop grands accidents (1).

On connoissoit facilement à l'extérieur de la victime si elle avoit les conditions nécessaires pour être immolée, c'est-à-dire, si elle étoit pure & sans tache, si elle étoit grasse & assez rassasiée. Pour juger de ses parties internes on lui présentoit de la nourriture, par exemple, de la farine aux taureaux, & des pois qu'on appelloit ἐρεβίνθους aux sangliers. Si ces animaux ne vouloient pas manger, on les rejettoit sur le champ comme animaux mal sains & immondes. On n'éprouvoit les chevres qu'avec de l'eau froide. Si elles frémissoient pendant qu'on les arrosoit, on les jugeoit dignes d'être offertes en sacrifice. Voilà ce qu'il y avoit d'essentiel dans les sacrifices qui devoient précéder la cérémonie de l'installation. La Pythie de son côté avoit plusieurs choses à observer pour se préparer. Elle commençoit par une abstinence de trois jours ; au bout desquels elle se lavoit dans de l'eau de la fontaine de Castalie les pieds, les mains, & quelquefois tout le corps. Après cette purification extérieure, elle avaloit une certaine quantité d'eau de la même fontaine, & mâchoit quelques feuilles de laurier qu'on avoit cueillies auprès.

Le jour de l'installation, on attendoit l'arrivée d'Apollon, qui manifestoit sa présence en secouant lui-même le laurier qui étoit devant la porte de son Temple. Alors les Grands Prêtres, qu'on appelloit autrement les Prophetes, conduisoient la Pythie au sanctuaire, & la plaçoient sur le trépied. Elle y étoit assise dans la situation la plus commode pour recevoir l'exhalaison prophétique ; & dès qu'elle se sentoit pénétrée de la vapeur divine, on voyoit ses cheveux se dresser sur sa tête. Son regard devenoit farouche ; sa bouche écumoit, & un tremblement subit & violent s'empa-

(1) Plutarque rapporte que dans un sacrifice solemnel qu'on faisoit pour des Etrangers, la victime supporta les premieres effusions sans aucune palpitation. Les Sacrificateurs continuerent de l'arroser, & ne purent exciter dans son corps ce tremblement mystérieux qu'après l'avoir toute baignée d'eau. Lorsqu'on alla prendre la Pythie pour la mener au trépied, elle résista long-temps, & dès les premieres paroles qu'elle proféra, on s'apperçut qu'elle ne pouvoit plus contenir le Dieu qui l'agitoit. Dans la fureur de son transport elle s'élança vers la porte du Temple, & se jetta contre terre. Le Prophete qui s'appelloit Nicandre, & ceux des Sacrificateurs qui étoient présents s'enfuirent effrayés. Ils revinrent quelques moments après, & enleverent la Pythie à demi-morte. On ajoute qu'elle mourut au bout de quelques jours.

roit de tout son corps. Elle vouloit s'arracher aux Prophetes qui la retenoient par force sur le trépied : ses cris, ses hurlements faisoient retentir le Temple, & jettoient une sainte frayeur dans l'ame des assistants. Dans cet état violent elle proferoit par intervalles quelques paroles mal articulées, que les Prophetes recueilloient avec soin, qu'ils arrangeoient ensuite pour leur donner la liaison & la structure qu'il leur falloit. Lorsque la Pythie avoit été un certain temps sur le trépied, les Prophetes la ramenoient dans sa cellule, où elle étoit ordinairement plusieurs jours à se remettre de ses fatigues. Souvent, si l'on en croit Lucain, une prompte mort étoit la suite de son enthousiasme.

Entre les différents Ministres de Delphes, les plus considerables étoient ceux qu'on appelloit Prophetes. Cette dignité étoit affectée aux principaux habitants de Delphes, qu'on élisoit par la voye du sort. Ces Prophetes étoient assis autour du trépied sacré, lors de l'installation de la Pythie, & recueilloient ses paroles & y donnoient le sens convenable. Ils étoient les maîtres de la mener au sanctuaire ou de la tenir renfermée, & ils ne l'installoient sur le trépied que lorsqu'ils étoient contents des sacrifices. C'étoit à eux qu'on adressoit ses demandes, & eux seuls rendoient les réponses. Ils avoient un Chef entr'eux ; mais on ignore si cette dignité s'acquéroit par l'ancienneté, ou si le sort la donnoit. Les Prophetes, suivant Strabon & Plutarque, avoient au dessous d'eux des Poëtes qui mettoient les Oracles en vers. On ne se servoit pas cependant de ces Poëtes dans les commencements de l'Oracle ; car Olen, qui avoit été Prophete, fut en même temps Poëte, & la Pythie Phémonoé avoit rendu elle-même des Oracles en vers sans le secours des Poëtes : d'ailleurs il y a eu des temps où les Oracles ne se rendoient qu'en prose.

Il y avoit au dehors du sanctuaire, sur le perron du Temple, une troupe de femmes rangées en haie, pour empêcher les profanes d'approcher du trépied sacré. Dans le même lieu, c'est-à-dire, vers l'entrée du sanctuaire, étoit toujours un Ministre du Temple. Ses fonctions, comme le rapporte Euripide, étoient assez fatigantes. Il falloit qu'au lever du soleil il balayât le Temple d'Apollon avec des rameaux de laurier cueillis autour de la fontaine de Castalie. Il devoit attacher des couronnes du même laurier sur les portes, sur les murailles du Temple, sur les autels, autour du trépied sacré, & il en distribuoit aux Prophetes, aux Poëtes, aux Sacrificateurs & aux autres Ministres. Il alloit ensuite puiser de l'eau de la fontaine de Castalie dans des vases d'or. Il en remplissoit les vases sacrés qui étoient placés à l'entrée du Temple, & où on étoit obligé de purifier ses mains en entrant. Lorsque toutes ces choses étoient faites, il prenoit un arc & un carquois pour aller donner la chasse aux oiseaux qui se posoient sur les statues dont le Temple étoit environné. Il devoit d'abord faire en sorte qu'ils s'envolassent d'eux-mêmes ; mais s'ils s'opiniâtroient à rester ou à revenir sur le Temple & sur les statues, il falloit qu'il les tuât. La colombe seule étoit privilégiée au point de pouvoir habiter dans le Temple même d'Apollon. Il falloit que le Ministre, dont on vient de voir les fonctions, eût une grande attention à se préserver de tout ce qui auroit pu donner atteinte à la pureté, pendant tout le temps de son ministere. Il y a lieu de croire, malgré le silence des Ecrivains, qu'ils étoient plusieurs Ministres qui servoient tour à tour, & se relayoient les uns les autres.

L'usage des bains étoit nécessaire au Temple de Delphes, & il y avoit des hommes & des femmes préposés pour les préparer, & pour avoir soin que tout s'y passât dans l'ordre.

Il y avoit un Collége de Devins, dont les uns prédisoient l'avenir par le chant, ou par le vol des oiseaux, & les autres l'apprenoient par l'inspection des entrailles des victimes.

Il y avoit cinq Sacrificateurs en chef appellés ὅσιοι; c'est-à-dire, Saints. Ces Ministres étoient perpétuels, & leur dignité passoit à leurs enfants. Outre cela, & il y avoit un grand nombre d'autres Sacrificateurs subalternes, des joueurs d'instruments & des hérauts qui annonçoient les festins publics, où on invitoit souvent tout le peuple de Delphes, des chœurs de jeunes garçons & de jeunes filles pour chanter, & pour danser dans les fêtes d'Apollon.

Les Prêtresses, dont la fonction étoit de garder & d'entretenir le feu sacré qui brûloit jour & nuit dans le Temple d'Apollon, étoient des femmes veuves. Il ne s'agissoit pas d'empêcher seulement le feu sacré de s'éteindre, il falloit avoir une attention continuelle pour entretenir un brasier toujours ardent.

Les derniers Ministres, dont le nom Grec ne peut se rendre parfaitement en françois, étoient tout à la fois guides & interpretes. Leurs fonctions étoient de conduire les Etrangers par toute la ville de Delphes, & de chercher par leurs discours à leur faire supporter sans ennui le séjour qu'ils étoient obligés de faire dans cette ville. Ces Ministres faisoient voir les offrandes que la piété des peuples avoit consacrées à Apollon. Ils apprenoient aux Etrangers, par qui une statue ou un tableau avoit été envoyé, quel en étoit l'ouvrier, le temps de son arrivée à Delphes, & le sujet pour lequel ce présent avoit été fait. Les antiquités de la ville & du Temple dont ils étoient instruits, fournissoient matiere à leurs conversations, & ils trouvoient ainsi moyen de retenir les Etrangers autant de temps qu'ils le vouloient.

ARTICLE IV.

ASSEMBLÉE DES AMPHICTYONS.

LA célébrité de l'Oracle de Delphes attiroit en cet endroit, non-seulement tous les peuples de la Grece, mais les Barbares mêmes qui y abordoient en foule de toutes les Parties du Monde. Comme les uns & les autres y venoient chargés de présents, il étoit nécessaire que quelques personnes d'autorité veillassent à leur conservation. D'ailleurs les différends presque inévitables parmi une si grande affluence d'hommes, que la curiosité ou la dévotion engageoit à faire quelque séjour à Delphes, demandoient qu'on y mît ordre par une exacte & prompte justice. Tels furent les motifs qui engagerent sans doute Amphictyon, Roi d'Athènes, à fonder ce corps célebre, auquel il donna son nom, & dont les membres ne furent d'abord que les Protecteurs de l'Oracle de Delphes, & les gardiens des richesses de ce Temple. Dans la suite le Corps des Amphictyons parvint par degrés à une puissance fort étendue. L'histoire nous apprend, que le premier point de vûe d'Amphictyon, en établissant cette compagnie, avoit été de lier par les nœuds sacrés de l'amitié, les divers peuples de la Grece qui y étoient admis, & de les obliger par cette union, à veiller mutuellement au bonheur & à la tranquillité de leur patrie.

Anaximene, cité par Harpocration, Androtion, cité par Pausanias, & Strabon assurent que les Amphictyons n'ont été ainsi appellés, que parce qu'ils habitoient aux environs de la ville de Delphes. Theopompe, cité par Harpocration, Pausanias & Denys d'Halicarnasse pensent differemment, & croyent qu'Amphictyon, Roi d'Athènes, donna son nom à l'assemblée qu'il institua (1). Ce Prince, que l'amour de la patrie guidoit dans toutes ses actions, sentit la foiblesse des Grecs & la puissance des Barbares leurs voisins, qui pourroient facilement les accabler, quand ils le voudroient. Pour prévenir ce malheur, si on en croit Denys d'Halicarnasse, il songea à fonder le Corps des Amphictyons, & résolut d'obliger un certain nombre de villes de la Grece d'envoyer leurs députés à Delphes, afin de concerter entr'eux ce qui seroit utile au bien commun, & prendre soin du Temple d'Apollon (2). Dans la vûe de rendre cette assemblée solide & permanente, Amphictyon, outre les loix particulieres de chacune de ces villes, en établit de nouvelles qui devoient leur être communes à toutes, & qui pour cette raison furent nommées loix *Amphictyoniques*. L'évenement répondit à ses espérances ; car les Grecs, par cette espece d'alliance, commencerent à se regarder comme freres, & à se défendre mutuellement les uns les autres, ce qui les rendit à leur tour formidables aux Barbares, qui les avoient d'abord épouvantés. Strabon prétend que les Amphictyons furent fondés deux cent trente-neuf ans après le Roi d'Athènes de ce nom, & qu'Acrise, Roi d'Argos, fils d'Abas, établit tout ce qui pouvoit les concerner. Ce Prince, dit-il, désigna les villes qui devoient participer à cette dignité,

---

(1) Feu M. de Valois de l'Académie des Belles-Lettres, dans sa Dissertation sur les Amphictyons, dont je tire ce récit, adopte le sentiment qui tire d'Amphictyon l'étymologie du nom des Amphictyons. Il appuye son opinion, 1°. sur le témoignage des trois Auteurs que j'ai nommés ; 2°. sur l'usage constant de plusieurs siécles ; 3°. sur un des marbres du Comte d'Arondel. On lit sur ce monument, qui a près de deux mille ans d'antiquité, qu'Amphictyon, fils de Deucalion, regna aux Thermopyles, & y assembla les peuples du voisinage, auxquels il donna le nom d'Amphictyons. *Voy. Mém. Vol. III. pag. 195. & suiv.*

(2) Ce fut à l'imitation de cette Assemblée, qu'une armée de jeunes Ioniens partie du territoire d'Athènes, & en possession de la côte maritime d'Asie, dont elle avoit chassé les habitants, y établit des Colonies, bâtit le Temple de Diane à Ephese, & institua la fête appellée *Panionia*, sur le Mont Mycalé, en l'honneur de Neptune Héliconien. Les Doriens ordonnerent de même en Asie une fête nommée *Triopium*, en l'honneur d'Apollon. Ces différents peuples se rassembloient dans ces lieux, en des temps marqués, pour y vaquer aux sacrifices, aux jeux Gymniques & aux foires. Alors s'il étoit survenu quelques différends entre les villes ou entre les particuliers, des Juges préposés pour cela, en prenoient connoissance & les appaisoient.

LES GRECS.

leur accorda le droit de suffrage, aux unes par elles-mêmes, aux autres en commun, & marqua enfin en quoi confisteroient les fonctions des Juges, & jufqu'où s'étendroit leur pouvoir. M. de Valois concilie le fentiment de Strabon avec ceux de Theopompe, de Denys d'Halicarnaffe & de Paufanias, tout oppofé qu'il paroiffe à ceux-ci, & cet Académicien s'explique ainfi : « Quoiqu'Amphictyon, Roi d'Athènes, foit véritablement le fondateur des » Amphictyons, quel inconvénient y auroit-il de croire qu'Acrife, Roi » d'Argos a, par la fuite des temps, étendu leurs privileges ; qu'il a aug- » menté le nombre des villes qui devoient y envoyer leurs Députés ; qu'en » un mot, il a donné une nouvelle forme à cette Compagnie, & que ce » changement l'en a fait regarder depuis comme fondateur. On a vu dans » tous les temps des reftaurateurs qui ont fait perdre de vûe les premiers » fondateurs. Par ce raifonnement, les Amphictyons inftitués ancienne- » ment par le Roi d'Athènes de ce nom, & établi par ce Prince aux Ther- » mopyles, fe trouveront être les mêmes dont Acrife augmenta depuis le » nombre & le pouvoir, & les feuls qui, felon l'exigence des cas, s'affem- » bloient indifféremment ou à Delphes, ou aux Thermopyles. »

Villes qui avoient droit d'Amphictyonie.

Les meilleurs Auteurs nous apprennent, que les villes qui jouiffoient du droit d'Amphictyonie étoient au nombre de douze ; du moins Æschine, Strabon & Paufanias le difent formellement. Les peuples, qui, felon Æschine, compofoient le corps des Amphictyons, étoient les Theffaliens, les Béotiens, les Doriens, les Ioniens, les Perrhæbes, les Magnetes, les Locriens, les Œtéens, les Phthiotes, les Maléens & les Phocéens. (1). Harpocration, d'après Theopompe donne auffi le dénombrement des peuples Amphictyoniques, & il dit que les Ioniens tiennent le premier rang, & font fuivis des Doriens, des Perrhæbes, des Béotiens, des Magnetes, des Achéens, des Phthiotes, des Méliens, des Dolopes, des Æniânes, des Delphiens & des Phocéens. Paufanias, en faifant mention des peuples qui avoient droit d'être admis parmi les Amphictyons, en compte dix, fçavoir, les Ioniens, les Dolopes, les Theffaliens, les Æniânes, les Magnetes, les Maléens, les Phthiotes, les Doriens, les Phocéens & ceux d'entre les Locriens qui habitoient les terres fituées au pied du mont Cnemis, & qui, pour cette raifon, s'appelloient Epicnemidiens. On peut, avec M. de Valois, concilier cette contrariété apparente de plufieurs Auteurs, & il paroît naturel de croire que par fucceffion de temps, un plus grand nombre de villes obtinrent le droit d'Amphictyonie, qui n'avoit d'abord été accordé qu'à quelques-unes. Tous les Grecs mêmes femblent avoir joui de cette prérogative, fi on fait attention à un decret des Amphictyons, rapporté par Demofthène, où cette célebre Compagnie eft appellée *le Tribunal commun de toute la Grece*. Le peu d'éclairciffement que les Anciens ont donné fur le droit de double fuffrage, dont jouiffoit chaque ville Amphictyonique, fait naître deux fentiments différents. La premiere opinion eft que les Députés de chaque ville avoient deux boules, dont l'une fervoit à condamner & l'autre à abfoudre. La feconde, que M. de Valois croit la mieux fondée, eft que dans toutes les affaires qui fe décidoient au Tribunal des Amphic-

(1) M. de Valois penfe que les Copiftes ont oublié un peuple, & que ce peuple pourroit bien être les Dolopes.

tyons chaque ville avoit double suffrage en la personne de ses Députés.

La premiere chose que firent les Députés des peuples Grecs, dès que le siége de leur Jurisdiction eut été établi aux Thermopyles, par le Roi Amphictyon, leur fondateur, fut de s'engager tous mutuellement par un serment solemnel, de concerter entr'eux tout ce qu'ils jugeroient le plus capable de contribuer au bien commun & à la sûreté de la Grece. Æschine nous a conservé la formule de ce serment qui étoit conçu à peu près en ces termes : " Je jure de ne jamais renverser aucune des villes honorées " du droit d'Amphictyonie, & de ne point détourner ses eaux courantes, " ni en temps de paix, ni en temps de guerre. Que si quelque peuple " venoit à faire une pareille entreprise, je m'engage à porter la guerre en " son pays, à raser ses villes, ses bourgs & ses villages, & à le traiter en " toutes choses comme mon plus cruel ennemi. De plus, s'il se trouvoit un " homme assez impie pour dérober quelqu'une des riches offrandes conser- " vées à Delphes dans le Temple d'Apollon, ou pour faciliter à quelqu'au- " tre les moyens de commettre ce crime, soit en lui prêtant aide pour " cela, soit même en ne faisant que le lui conseiller, j'employerai mes " pieds, mes mains, ma voix, en un mot toutes mes forces, pour tirer " vengeance de ce sacrilége. " Pour rendre encore ce serment plus saint & plus authentique, les Amphictyons le terminoient par de fortes imprécations. On en trouve aussi la formule dans Æschine, & voici de quelle manière on la prononçoit : " Que si quelqu'un enfreint ce qui est contenu " dans le serment que je viens de faire, soit que ce quelqu'un se trouve " être un simple particulier, soit même une ville ou un peuple ; que ce " particulier, cette ville ou ce peuple soit regardé comme éxécrable, & " qu'en cette qualité, il éprouve toute la vengeance d'Apollon, de Diane, " de Latone, & de Minerve la prévoyante : Que leur terre ne produise au- " cun fruit : Que leurs femmes, au lieu d'engendrer des enfants ressem- " blants à leurs péres, ne mettent au monde que des monstres, & que les " animaux mêmes, au lieu de petits de leur espéce, n'apportent que des " fétus contre nature : Que ces hommes sacriléges perdent tous leurs pro- " cès. S'ils ont la guerre, qu'ils soient vaincus : Que leurs maisons soient " rasées, & qu'eux & leurs enfants soient passés au fil de l'épée : Que ce " qui aura échappé au fer ne puisse jamais offrir dignement aucun sacrifice " à Apollon, à Diane, à Latone & à Minerve la prévoyante ; & que ces Divi- " nités ayent en horreur & leurs prieres & leurs offrandes. " Au moyen de ce serment solemnel accompagné de tant d'imprécations, les premiers Amphictyons sçurent pourvoir tout à la fois & au bonheur commun de leur patrie, & à la sûreté du Temple de Delphes. Tant que le Corps des Amphictyons subsista, chaque récipiendaire en particulier, à l'exemple de ses prédécesseurs, fut obligé de prêter le même serment à la compagnie le jour de son installation.

Les Députés, que chaque ville Amphictyonique étoit obligé d'envoyer à l'Assemblée, lorsqu'elle étoit convoquée, étoient ordinairement au nombre de deux. L'un s'appelloit *Hieromnemon*, & l'autre *Pylagore*, & leurs fonctions étoient différentes entre elles en beaucoup de choses. Les Hieromnemons étoient comme les Présidents des sacrifices, ou les gardiens des Ar-

LES GRECS.

Serment des Amphictyons, lorsqu'ils étoient reçus.

Noms des Députés des villes Grecques pour l'assemblée des Amphictyons.

LES GRECS.

chives sacrées; & ils étoient particulierement chargés de tout ce qui avoit rapport à la Religion. C'étoit eux qui payoient la dépense & qui prenoient soin des sacrifices qu'on faisoit pour la conservation de toute la Grece en général. Les Pylagores portoient la parole toutes les fois qu'il s'agissoit de haranguer, & sembloient comme Juges nés des affaires civiles & criminelles qui survenoient entre les Particuliers. A l'égard des affaires d'Etat, de la sureté & du bien public, les deux Députés décidoient également, & les suffrages des uns & des autres avoient la même force. Pour ce qui regarde la supériorité qu'un des Députés avoit sur l'autre, la plûpart des Ecrivains ne sont pas d'accord. Hesychius la donne aux Pylagores; mais le plus grand nombre d'Auteurs s'explique à ce sujet d'une maniere à faire penser qu'elle étoit dûe aux Hieromnemons. En effet, dans toutes les Religions la Prêtrise a toujours eu le pas sur tous les autres Ordres, & même sur la plus haute Magistrature. Par cette raison, les Hieromnemons présidents aux sacrifices devoient l'emporter sur les Pylagores. D'ailleurs c'étoit toujours à eux à recueillir les voix, & à prononcer les arrêts. Le nom du Hieromnemon étoit inscrit à la tête des décrets des Amphictyons, & on comptoit les années par les différents Hieromnemons, comme les Romains comptoient les leurs par les divers Consulats. Une autre prérogative dont ils jouissoient, étoit d'avoir seuls le droit de convoquer l'assemblée générale des Amphictyons (1).

Comment ils étoient élus.

On procédoit différemment pour l'élection des Hieromnemons & des Pylagores. Ces derniers étoient élus à la pluralité des voix, & les premiers tiroient au sort. Au reste, on choisissoit presque toujours dans le nombre des Orateurs ceux qu'on destinoit à remplir la place de Pylagores, & cela parce qu'ils étoient chargés de porter la parole toutes les fois qu'il étoit question de haranguer dans l'assemblée des Amphictyons.

Temps des assemblées des Amphictyons.

Les Amphictyons s'assembloient indifféremment, selon les occurrences, tantôt aux Thermopyles, & tantôt à Delphes. Tous les Anciens conviennent que le temps de l'assemblée des Amphictyons étoit fixe & déterminé, & que cela arrivoit régulièrement deux fois par an, sçavoir dans le printemps & dans l'Automne. Les Amphictyons observerent d'abord fort scrupuleusement la coutume de ne s'assembler que dans ces deux saisons de l'année. Cependant ils se relâcherent dans la suite, & ils commencerent à s'assembler dans d'autres temps, lorsque la nécessité le requeroit. On rapporte à ce sujet que dans le temps de Démosthène, les Amphictyons ayant un jour ordonné que les Députés nommés Hieromnemons eussent à s'assembler incessamment aux Thermopyles, ce grand Orateur fit passer un décret à Athènes, par lequel il étoit défendu aux Députés Athéniens, tant celui

---

(1) Cette assemblée générale différoit des assemblées particulieres, en ce que dans ces dernieres, il n'y avoit que les Hieromnemons & les Pylagores qui eussent droit de séance, & que dans les assemblées générales les Amphictyons admettoient parmi eux tous les Grecs qui se trouvoient à Delphes alors, soit pour consulter l'Oracle d'A- pollon, soit pour offrir à ce Dieu des sacrifices. Au reste, il est bon d'observer que ces Grecs, admis dans les Assemblées générales des Amphictyons, n'avoient que le seul honneur d'être présents à ce qui s'y passoit; car ils n'avoient point le droit de suffrage, réservé aux seuls Hiéromnemons & Pylagores.

qu'on

qu'on appelloit Hieromnemon que les Pylagores, de partir d'Athènes pour se rendre à l'assemblée des Amphictyons, soit à Delphes, soit aux Thermopyles, dans d'autres temps que ceux qui étoient reglés de toute ancienneté, c'est-à-dire, dans le printemps & dans l'automne. Cette aversion pour la nouveauté fut cause, comme s'en plaint Æschine, que les Athéniens n'eurent plus aucune part aux affaires de conséquence qui se traitoient par les Amphictyons dans les autres saisons de l'année.

La premiere chose que faisoient les Amphictyons à leur arrivée aux Thermopyles, étoit d'offrir un sacrifice solemnel à Cérès, Divinité tutelaire de ce lieu. Cette Déesse avoit en cet endroit un Temple fameux, bâti au milieu d'une grande plaine près du fleuve Asope. Ce Temple étoit le lieu où les Amphictyons s'assembloient; ce qui avoit fait donner à Cérès le surnom d'Amphictyonide. Si le rendez-vous des Amphictyons étoit à Delphes, les sacrifices se faisoient en l'honneur d'Apollon Pythien, de Diane, de Latone & de Minerve la prévoyante, Divinités tutelaires de la ville de Delphes.

Lorsque les Amphictyons s'assembloient, soit à Delphes, soit aux Thermopyles, ils se tenoient dans l'un ou l'autre de ces lieux des marchés ou foires, & on y célebroit des jeux publics, dont les Amphictyons étoient les Juges nés, & les Agonothetes. Les différents commerces qui se faisoient à ces foires, & les spectacles qui y étoient représentés, attiroient une quantité prodigieuse de peuples de toutes les parties de la Grece, & tout le temps que l'assemblée des Amphictyons duroit, le concours des Grecs étoit le même.

Les différents Députés, qui composoient le Corps des Amphictyons, représentoient les villes qui les envoyoient, de même que l'Ambassadeur d'un Souverain représente son Maître, & ils n'étoient que les dépositaires des ordres de ces mêmes villes. Lorsque le temps de leur députation étoit fini, le Hieromnemon & le Pylagore étoient obligés de venir rendre à leurs concitoyens un compte exact de ce qu'ils avoient fait pendant la tenue de ces Etats généraux de la Grece. On suivoit en cela le même usage qui se pratiquoit à l'égard des autres Ambassadeurs ou Envoyés. Æschine rapporte, qu'ayant été envoyé avec deux autres en qualité de Pylagore, & Diognete seul, en qualité de Hieromnemon, ils allerent tous quatre, à leur retour à Athènes, rendre compte de leur députation, premierement au Sénat & ensuite au peuple. Il ajoute qu'après leur avoir remis des mémoires de ce qui s'étoit passé pendant leur députation, & avoir représenté les décrets qu'ils avoient rendus, le Sénat & le peuple d'Athènes approuverent & ratifierent d'un commun accord tout ce que ses Collegues & lui-même avoient fait.

Les Amphictyons étoient en droit, & jouissoient du pouvoir de juger en dernier ressort les différends qui survenoient entre les villes Amphictyonides. Ils condamnoient à de grosses amendes celles qu'ils trouvoient coupables, & employoient toute la rigueur des Loix pour l'exécution de leurs arrêts. Il est constant que l'autorité dont les Amphictyons étoient revêtus, n'avoit point de bornes, pour ainsi dire, & que leurs décisions & leurs jugements étoient regardés comme des ordres supérieurs auxquels on étoit indispensablement obligé de déférer. Suidas, en donnant la définition du mot

LES GRECS.

Amphictyons, dit que ce sont ceux qui étoient choisis par les villes & par les peuples, pour être les Juges & les arbitres de toutes les affaires de la Grece. On peut voir la preuve de ce que Suidas avance à leur sujet, si l'on veut parcourir les anciens Auteurs. Plutarque seul en fournit trois exemples : le premier dans la vie de Cimon, au sujet des habitants de l'Isle de Scyros, l'une des Cyclades : le second, dans la vie de Thémistocle, au sujet des villes Grecques qui avoient embrassé le parti des Perses ; & le troisiéme, par rapport aux Mégariens, sur la fin de son traité intitulé Αἰτίων Ἑλληνικῶν, ou des *Questions Grecques*.

Au reste, le pouvoir des Amphictyons ne consistoit pas seulement à examiner à fond, & à juger en dernier ressort les causes publiques & particulieres qui étoient portées à leur Tribunal, il s'étendoit encore jusqu'à déclarer la guerre à ceux qui refusoient d'exécuter leurs jugements, ou à ceux qui avoient violé la sainteté du Temple de Delphes par quelque action sacrilége. Démosthène, dans sa harangue pour la *couronne*, appelle ces sortes de guerres, les guerres Amphictyoniques ; mais les autres Auteurs leur donnent plus ordinairement le nom de guerres sacrées, & cela parce qu'elles étoient toujours entreprises par un motif de Religion, & pour venger l'honneur du Dieu offensé, soit par des impies qui osoient s'attaquer à lui-même, soit par des rebelles qui le méprisoient en la personne des Amphictyons ses Ministres, en refusant d'obéir à leurs Jugements.

ARTICLE V.

GUERRES SACRÉES.

Premiere guerre sacrée.

La premiere & la plus juste des guerres sacrées entreprises par l'ordre des Amphictyons, fut celle qu'on fit aux Crisséens. Ces peuples, qui étoient une portion des Phocéens, habitoient le canton de la Phocide le plus voisin du golfe Crisséen. Tout le pays qu'ils occupoient ne contenoit gueres en longueur que sept à huit de nos lieues communes, & n'en avoit quelque quatre ou cinq de largeur. Dans un si petit espace de terre se trouvoient trois villes ; sçavoir, Crissa (1) capitale, dont les habitants, le pays & le golfe empruntoient leur dénomination ; Cirrha (2), port de mer ; & Anticirrha (3). Les campagnes des environs de chacune de ces villes étoient belles & abondantes en paturages. La situation avantageuse du pays des

---

(1) Cette ville, bâtie au fond du golfe Crisséen, à une lieue dans les terres, se trouvoit placée, à la tête du petit État Crisséen, au Nord de la Phocide ; & au Sud-Ouest de Delphes, dont elle n'étoit éloignée que d'environ trois lieues & demie.

(2) Cirrha étoit située au Midi de la Phocide, & directement en face de Sicyone. Elle faisoit toute la richesse des Crisséens,

par le prodigieux concours de Marchands étrangers qui y abordoient.

(3) Cette ville, qui se trouvoit placée sur une langue de terre avançant dans la mer, étoit à l'opposite de Cirrha, & sur la même côte à droite. Elle fut célébre par son grand commerce d'Ellebore, & par la maniere de le préparer.

Crisséens y attira un grand nombre de Négociants de l'Italie & de la Sicile, de sorte que ces peuples ne tarderent pas à amasser des richesses considérables. L'envie de les augmenter leur fit oublier toutes les regles de l'honneur, & après avoir impunément exigé des Marchands des droits excessifs pour les entrées des marchandises qu'ils leur apportoient, ils crurent qu'il n'y avoit point de puissance qui pût leur résister. Dans cette idée ils commirent plusieurs injustices[1], entrerent à main armée sur les terres de leurs voisins, y porterent le fer & le feu, & mirent leurs villes à de grosses contributions. Ils pousserent jusqu'à Delphes, se rendirent maîtres du Temple d'Apollon, & en enleverent toutes les riches offrandes qui y étoient renfermées. De-là passant dans les bois sacrés d'Apollon qui environnoient le Temple de ce Dieu, ils exercerent les plus grandes violences contre ceux que la dévotion y attiroit.

LES GRECS.

Tant de crimes demandoient une vengeance éclatante, & les plaintes réitérées qu'on portoit de toutes parts contre les Crisséens au Tribunal des Amphictyons, engagerent ces Juges à chercher un remede à de si grands désordres. Ils crurent devoir commencer par consulter l'Oracle, & la réponse qu'ils reçurent fut un ordre précis de porter incessamment la guerre chez les Crisséens, de les poursuivre sans relâche, de les réduire à l'esclavage, de ruiner leur pays, de le consacrer à Apollon Pythien, à Diane, à Latone & à Minerve, & de ne jamais souffrir que quelqu'un entreprît à l'avenir de labourer & de cultiver leurs terres. Soumis au commandement d'Apollon, les Amphictyons se hâterent de lever des troupes, & ils choisirent pour Général de cette armée un Thessalien, nommé Euryloque (1), homme d'une grande considération, & qui comptoit Hercule au nombre de ses ancêtres. Aussitôt que l'armée Amphictyonique fut en état de marcher, elle entra sur les terres des Crisséens, commença par désoler le plat pays, & porta le fer & le feu de tous côtés. Les Crisséens, au désespoir de voir ainsi ruiner leur pays, se présenterent en armes devant leurs ennemis à qui ils livrerent une sanglante bataille. Ces derniers, quoique inférieurs en nombre, défirent les Crisséens, & les contraignirent à prendre la fuite. Ce succès encouragea les Amphictyons, qui furent d'avis d'attaquer d'abord Crissa, ville forte & capitale du pays.

Pendant qu'une partie de l'armée Amphictyonique formoit le blocus de Crissa, le reste fut distribué dans les villes voisines, d'où on devoit tirer des troupes fraîches, lorsqu'il seroit nécessaire. Tout ayant été disposé de cette maniere, Euryloque fit faire des attaques vives & fréquentes; mais les Crisséens se défendoient avec vigueur, & souvent dans leurs sorties brusques & inattendues ils avoient l'avantage sur leurs ennemis. Si les Amphictyons, à force

(1) Pausanias, vers la fin de ses Phociques, semble donner le commandement de l'armée des Amphictyons à Clisthène, qui, selon lui, étoit alors le Souverain des Sicyoniens. Cet Historien ajoute plusieurs circonstances, pour appuyer son sentiment; mais M. de Valois réfute cette opinion, qui est contraire à celle de plusieurs Ecrivains dignes de foi. Clisthène servit dans les troupes Amphictyoniques en qualité de chef des Sicyoniens. Comme ces troupes étoient composées de soldats d'élite, & qu'elles contribuerent à terminer heureusement la guerre, le nom de Clisthène devint aussi célebre que celui d'Euryloque, & a fait croire à Pausanias, qu'il étoit le Général de toute l'armée des Amphictyons.

H h h ij

de travaux, venoient à bout d'entamer les murailles de la ville, les Assiégés mettoient un si grand nombre d'ouvriers qu'un pan de mur étoit aussitôt réparé que détruit. Plus de huit années s'écoulerent, avant qu'il y eût rien de décidé. Les Crisséens se flattoient qu'un siége qui traînoit ainsi en longueur rebuteroit les Amphictyons, & en effet ces derniers commençoient à perdre courage, & à croire qu'Apollon s'embarrassoit peu de leur tenir parole ; la peste, qui s'empara du camp des Assiégeants, servit encore à les confirmer dans leur désespoir. Les vivres manquerent bientôt, parce que personne ne vouloit en apporter, & par la même raison, on n'avoit point de remedes pour le soulagement des malades. Le nombre de soldats morts ou mourants effraya ceux qui étoient en santé, & la plupart de ces derniers prirent le parti d'abandonner le camp, pour aller respirer ailleurs un air plus pur & plus sain.

Les Amphictyons & les Généraux de l'armée, affligés de la diminution considérable des troupes, eurent recours à l'unique ressource qui sembloit leur rester. Ils firent de nouveau consulter l'Oracle d'Apollon, & la réponse qui leur parut favorable, leur enjoignoit de presser vivement le siége. Elle leur promettoit un prompt & heureux succès, pourvû qu'ils se hâtassent de faire venir de l'Isle de Cos *le Faon d'une biche avec de l'or*, & cela avant que les Crisséens eussent eu le temps d'exécuter le projet qu'ils avoient formé d'enlever du sanctuaire de Delphes le Trépied sacré ; parce qu'autrement ils ne viendroient jamais à bout de leur entreprise. Sur cette réponse les Amphictyons firent partir quelques-uns d'entr'eux pour l'Isle de Cos. Les Ambassadeurs furent à peine arrivés dans cette Isle, qu'ils exposerent le sujet de leur commission, & rapporterent les propres termes de l'Oracle. Alors un des habitants nommé Nébrus adressa la parole aux Envoyés des Amphictyons, & leur apprit que c'étoit lui que l'Oracle désignoit sans doute, puisque son nom signifioit en Grec le faon d'une biche, & que celui de son second fils Chrysus étoit le nom que la Langue Grecque donnoit à l'or. D'ailleurs il leur dit qu'il étoit Médecin, & que pour répondre à l'honneur que lui faisoit Apollon, il offroit d'équiper à ses dépens une galere de cinquante rames chargés de tous les médicaments & de toutes les provisions de guerre dont on auroit besoin. Les Ambassadeurs charmés du succès de leur voyage presserent Nébrus de leur tenir parole, & ce dernier se prêtant à leur impatience fut bientôt en état de les satisfaire. Il partit, emmena avec lui son fils Chrysus, & le fit accompagner d'un Calydonien, homme de mérite, qu'il lui avoit choisi pour Gouverneur.

La présence de Nébrus, dans le camp des Amphictyons, y fit renaître l'espérance, & ses médicaments ayant rendu la santé aux malades, on ne songea plus qu'à reprendre des forces pour pousser le siége plus vigoureusement que jamais. Les soins de Nébrus ne se bornerent pas au pansement des malades, il voulut examiner lui-même le fort & le foible de la place, & chercher les moyens d'en accélerer la prise. En faisant cet examen, il remarqua que le cheval d'Euryloque frappoit du pied la terre, & se rouloit sur la poussiere toujours dans le même endroit. Cette action réiterée piqua la curiosité de Nébrus ; il fit fouiller la terre, & vit un aqueduc qui conduisoit de l'eau dans Crissa. Cette découverte lui donna l'idée d'empoisonner la source (1) des eaux qui passoient par ce tuyau souterrain, & il exécuta ce projet sans balancer. L'attente de Nébrus fut suivi de l'effet le plus prompt ; les Crisséens, qui ne soupçonnoient pas ce qui s'étoit passé, burent ces eaux avec confiance, & ne tarderent pas à être attaqués d'ulceres que la malignité du venin engendroit dans leurs entrailles. Les douleurs cuisantes que ressentoient les Crisséens, semblerent ralentir leur valeur; cependant ils se défendirent en désespérés lorsque les Amphictyons firent une attaque générale de la ville. Le jeune Chrysus, qui eut la gloire d'escalader le premier la muraille, & de s'emparer d'une tour, y fut mortellement blessé, & tomba sans vie. Il fut sincerement regretté de son pere & des troupes Amphictyoniques, & ces dernieres animées du desir de le venger redoublerent leurs efforts. Elles retournerent à la charge avec tant de fureur, que la ville fut emportée d'assaut, malgré la résistance vigoureuse des Assiégés.

L'armée victorieuse entrée dans Crissa fit main basse sur tous les habitants, sans exception d'âge, de sexe ou de qualité. Les Temples, les maisons, tout généralement fut pillé, saccagé & ensuite réduit en cendres. Ceux des Crisséens qui purent échapper au fer & au feu furent réduits en esclavage, vendus à l'encan & transportés hors de leurs pays.

La prise de Crissa diminuoit beaucoup les forces des Crisséens ; mais il falloit leur enlever Cirrha, pour qu'ils fussent entierement subjugués. Les Amphictyons en étoient tellement persuadés, que dès le commencement du siége de Crissa, ils avoient envoyé une partie de leur armée sous le commandement de Clisthène le Sicyonien, pour enfermer Cirrha. Clisthène équipa une flotte à ses dépens & lui fit croiser la mer de Corinthe, afin de couper les vivres aux Crisséens. Il paroît que le siege de Cirrha fut encore plus long que celui de Crissa, & les Anciens ne nous apprennent que peu de particularités sur ce qui précéda la prise de cette ville. On sçait seulement que l'Oracle de Delphes fut consulté une troisiéme fois touchant la maniere dont on s'y prendroit pour ôter cette derniere ressource aux Crisséens. Le Dieu déclara que les Amphictyons ne prendroient jamais Cirrha, à moins que la mer ne vînt baigner de ses ondes la terre sacrée. Solon, qui étoit alors dans le camp des Amphictyons devant Cirrha, démêla le sens de la réponse obscure que la Pythie avoit faite, & il tira de peine les Généraux en leur conseillant de consacrer à Apollon la ville, & tout le territoire de Cirrha, afin que par ce moyen la mer devînt voisine de la terre sacrée. Un avis aussi important fut suivi avec exactitude, & on ne s'occupa plus ensuite qu'à accélerer la destruction des Crisséens. Solon imagina un stratagême à peu près semblable à celui dont Nébrus s'étoit servi devant Crissa. Il détourna les eaux d'un bras du Plistus, qu'un aqueduc conduisoit à Cirrha ; & après avoir fait creuser une espece de bassin, il y fit entrer ces eaux, dans lesquelles il fit jetter une quantité prodigieuse de racines d'Ellebore. Lorsqu'il jugea que l'eau avoit pris toute la vertu de cette plante

(1) Quelque criminels que fussent les Crisséens, le stratagême de Nébrus étoit condamnable, & tout-à-fait indigne d'un homme d'honneur. C'est la réflexion que fait M. de Valois, & que feront sans doute après lui tous les honnêtes gens qui liront ce point d'histoire.

purgative, il la laissa reprendre le chemin de Cirrha, par les canaux ordinaires. Les Cirrhéens, qui ignoroient apparemment ce qui avoit causé la ruine des Crisséens, burent sans aucune défiance l'eau qui leur étoit rendue. L'effet médicinal de cette eau les fatigua, & les affoiblit si fort qu'ils ne purent repousser leurs ennemis au moment qu'ils livrerent un assaut à la ville. L'armée Amphictyonique sçavoit l'état où devoient se trouver les Cirrhéens, & elle avoit profité de la circonstance pour les attaquer, & rencontrer moins d'obstacles à s'emparer de Cirrha. Cette ville eut le même sort que Crissa, son port même fut démoli & comblé, néanmoins quelque temps après les Amphictyons, qui sentirent l'utilité de ce port pour les peuples qui vouloient consulter l'Oracle, le firent rétablir ; à l'égard de la ville, elle demeura rasée, ainsi que Crissa.

La ruine des deux villes les plus importantes des Crisséens, ne remplissoit pas encore l'étendue des ordres de l'Oracle, il falloit détruire absolument la nation Crisséenne; & Euryloque, informé qu'une partie de ce peuple s'étoit réfugiée dans les bois qui couvrent les hauteurs du mont Cirphis, résolut de l'y exterminer. Il chargea Hippias, Capitaine Thessalien, d'aller avec un nombre suffisant de troupes, s'assurer de tous les défilés de cette montagne, & de forcer par famine les Crisséens à se rendre à la merci du Vainqueur. On ignore le succès de cette expédition ; mais l'habileté d'Hippias fait présumer qu'il réussit. Pendant qu'il s'acquittoit de la commission qu'Euryloque lui avoit donnée, ce Général prit la route de Delphes, pour y aller rendre graces de sa victoire à Apollon. Il fut reçu avec de grandes acclamations, & on lui prodigua les plus grands éloges. Cette premiere guerre sacrée, au rapport de l'Historien Callisthène, dura dix années entieres, & l'ancien Scholiaste Grec de Pindare fixe l'époque de la prise de Cirrha à la seconde année de la quarante-septiéme Olympiade, & par conséquent onze ans après le pillage du Temple de Delphes par les Crisséens. Ce fut à l'occasion de sa victoire, qu'Euryloque institua les diverses sortes de combats Pythiques, qui furent depuis en usage, comme on le peut voir à l'article de ces jeux.

La seconde guerre sacrée, suivant le témoignage de Diodore de Sicile, prit naissance sous l'Archontat de Callistrate à Athènes, c'est-à-dire, la seconde année de la cent sixiéme Olympiade, & voici quel en fut le sujet. Les Phocéens peu effrayés, ou ayant perdu la mémoire du châtiment rigoureux que les Crisséens avoient éprouvé de leurs attentats sur le territoire d'Apollon, oserent, au mépris des Loix, cultiver à leur profit la meilleure partie de la terre sacrée, connue anciennement sous le nom de *territoire Cirrhéen*. Le Tribunal des Amphictyons, auquel on cita les Phocéens, condamna ce peuple à payer à Apollon Delphien une amende de plusieurs talents. La promptitude à obéir auroit en quelque sorte réparé la faute des Phocéens ; mais ils crurent éluder ce jugement, en se plaignant de l'injustice des Amphictyons, & ils refuserent de payer la somme à laquelle ils étoient taxés. Environ dans le même temps, les Lacédémoniens, sur les plaintes que les Thébains avoient portées contr'eux au Sénat des Amphictyons, furent aussi condamnés à payer cinq cents talents, en dédommagement de la prise de Cadméa, citadelle de Thèbes. Les Lacédémoniens ne se pressèrent pas plus que les Phocéens d'exécuter ce qui leur avoit été enjoint; de sorte que les Hieromnemons, après avoir une seconde fois signifié aux Phocéens leur arrêt, engagerent les Amphictyons, à ordonner que leur pays fût consacré au Dieu qu'ils avoient offensé, s'ils ne payoient pas l'amende prescrite. A l'égard des Lacédémoniens, ils furent menacés d'un semblable traitement, s'ils persistoient dans le refus d'obéir.

Le Décret des Amphictyons fut publié, & les Phocéens furent sur le point de voir leur territoire entier consacré à Apollon. Alors Philomelus, le plus qualifié de la nation, & d'ailleurs hardi, persuasif & ambitieux, s'éleva hautement contre le jugement rendu par les Amphictyons. Il en exagera l'injustice, & engagea ses compatriotes à prendre les armes & à le choisir pour chef, leur promettant de les tirer de l'embarras présent, & de les rétablir dans les prérogatives & le titre de protecteurs du Temple & de l'Oracle de Delphes. Les Phocéens, ébranlés par les raisons de Philomelus, lui accorderent volontiers la qualité de leur Généralissime. Celui-ci revêtu de cette dignité se rendit à Sparte en diligence, & dans une entrevûe secrete avec le Roi Archidame, il confia à ce Prince le projet qu'il avoit formé de s'emparer de Delphes, afin de recouvrer le droit de *patronage* de cette ville, & de pouvoir casser & annuller les décrets des Amphictyons. Archidame approuva le plan de Philomelus; mais comme il n'osoit ouvertement aider les Phocéens de tous les secours qu'ils souhaitoient, il promit de leur fournir en secret de l'argent & des soldats. Pour garant de l'exécution de sa promesse, il commença par donner quinze talents que Philomelus ajouta à quinze autres, & avec lesquels il leva un grand nombre de soldats étrangers. Il tira ensuite de l'armée Phocéenne mille hommes d'élite qu'il destina à lui servir de gardes, & à le défendre dans les occasions où il se trouveroit en danger.

Cependant les Amphictyons, qui s'étoient assemblés extraordinairement, s'étoient déterminés à déclarer la guerre aux Phocéens, & en conséquence ils avoient, en vertu du pouvoir souverain dont ils étoient revêtus, ordonné à tous les Grecs de prendre les armes pour défendre la majesté des Dieux. La longueur des préparatifs nécessaires donna à Philomelus, qui avoit fait diligence, le temps de s'approcher de Delphes à la tête d'une forte armée. Quelques habitants de cette ville, connus par le nom de *Thracides*, voulurent s'opposer au passage des Phocéens, mais ils furent tous tués, & leurs biens abandonnés au pillage. Philomelus entré dans Delphes affecta un air de modération, & afin de dissiper la terreur, dont les Delphiens étoient saisis, il fit publier qu'il n'étoit point venu dans l'intention de leur faire aucun mal. La nouvelle de la prise du Temple de Delphes se répandit bientôt de tous côtés, & les Locriens les plus voisins mirent à la hâte des troupes sur pied pour chasser les Phocéens: Le succès ne répondit pas à leur zéle, ils furent battus & obligés de prendre la fuite; ils retournerent chez eux, après avoir perdu la plus grande partie de leurs soldats.

La victoire que les Phocéens venoient de remporter, leur parut d'un heureux présage, & Philomelus eût la hardiesse de faire effacer de dessus les colonnes les décrets des Amphictyons, & de fondre les tables d'airain qui contenoient les condamnations des Phocéens & des Lacédémoniens.

Il fit en même temps courir le bruit, qu'il ne s'étoit rendu maître de Delphes, que pour conserver aux Phocéens une prérogative qui leur avoit été transmise par leurs ancêtres, & que pour annuller des décrets dictés par l'injustice. Si les discours semés par toute la Grece par les ordres de Philomelus, disposerent quelques peuples, tels que les Athéniens, les Lacédémoniens & d'autres, à promettre du secours à ses Ambassadeurs ; les Béotiens, les Locriens, les Thessaliens, & plusieurs autres encore, s'armerent pour tirer vengeance de l'entreprise criminelle des Phocéens. Néanmoins les troupes combinées de ces derniers peuples ne se trouverent rassemblées que la seconde année depuis l'entreprise de Philomelus ; de sorte que ce Général eut le temps de faire environner le Temple de Delphes d'une forte muraille, & d'aller ensuite ravager plusieurs places de la Locride. Chargé d'un butin considérable, Philomelus retourna à Delphes, & feignit de vouloir consulter l'Oracle d'Apollon. En conséquence, il ordonna à la Pythie de monter sur le Trépied sacré, & comme cette Prêtresse refusoit de le satisfaire sous prétexte que le Dieu étoit muet, le Général Phocéen lui fit de grandes menaces pour la contraindre à obéir. La Pythie, indignée d'une telle violence, lui dit en colere, qu'il feroit tout ce qu'il lui plairoit. Philomelus mit cette réponse à profit, & la fit passer pour un Oracle, & commanda qu'elle fût gravée sur une petite table d'airain & exposée en public, afin que personne ne pût ignorer que le Dieu lui permettoit de faire tout ce qu'il jugeroit à propos. Dans le même temps un aigle qui voloit au dessus du Temple y entra tout à coup, & en poursuivant les colombes qu'on y nourrissoit, il en tua quelques-unes. Les Devins & les Augures, gagnés sans doute par Philomelus, publierent qu'un tel prodige annonçoit aux Phocéens la souveraine puissance dans Delphes, & pour rendre la prédiction véritable, Philomelus s'appliqua le reste de l'année aux affaires qui regardoient la guerre.

Dès le commencement de la seconde année, ce Général sentant le besoin qu'il avoit de nouvelles troupes, taxa les plus riches habitants à une somme considérable, afin de fournir à la paye des soldats. La réussite de ce moyen, tout injuste qu'il étoit, le mit en état de composer une armée très-forte pour ces temps-là. Les Locriens, qui s'étoient avancés en armes contre les Phocéens, furent battus une troisiéme fois, & totalement sans ressources, ils firent presser les Thébains de venir au secours du Dieu & au leur. Les Béotiens & plusieurs autres peuples ne devoient pas tarder à se joindre aux Locriens, lorsque Philomelus vit renforcer ses troupes par celles que lui envoyoient les Athéniens & les Lacédémoniens. Ces derniers se porterent d'autant plus volontiers à prendre les intérêts des Phocéens, que l'amende à laquelle ils avoient été d'abord condamnés par les Amphictyons venoit d'être doublée à la sollicitation des Thébains. La difficulté de payer cette somme, & le ressentiment qu'ils conçurent contre ceux qui les avoient jugés avec tant de rigueur, ne leur laissoient plus d'autre parti que celui de prendre les armes, & ils le firent en faveur des Phocéens. Ils comptoient en premier lieu annuller le décret Amphictyonique, & se flattoient de pouvoir ensuite dépouiller les Phocéens mêmes du droit de patronage du Temple, & se l'approprier.

Les

Les choses étoient en cet état, lorsque la nouvelle de l'approche d'une grosse armée de Thébains alarma Philomelus. Les sources, d'où il avoit tiré jusqu'alors de quoi fournir aux frais de la guerre, étant épuisées, il enleva les thrésors & les riches offrandes renfermés dans le Temple, & en état, par ce moyen, de donner une paye plus forte à ses soldats, quantité d'Etrangers s'enrôlerent sous ses ordres. Satisfait d'être à la tête d'une armée nombreuse, Philomelus entra dans le pays des Locriens, qu'il trouva accompagnés des troupes Béotiennes, qui s'étoient jointes à eux. Le combat se livra bientôt, & les Phocéens eurent encore cette fois tout l'avantage. Un Corps d'armée de six mille hommes, composé de Thessaliens & des peuples de leur voisinage, ne furent pas plus heureux ; de sorte que les Phocéens commencerent à se croire invincibles. Cependant les Béotiens arriverent avec treize mille hommes contre les Phocéens, tandis que quinze cents Achéens survinrent au secours de ces Sacriléges. Les uns & les autres camperent en face, les Béotiens d'un côté, & les Achéens de l'autre, dans le camp de Philomelus.

Dans le temps que les deux armées étoient ainsi campées en présence l'une de l'autre, elles s'enleverent réciproquement quelques soldats, qui furent inhumainement mis à mort. Tant que les Phocéens & leurs ennemis resterent en cet endroit, ils ne se firent point d'autre mal ; mais la disette des fourages ayant obligé les uns & les autres à chercher un meilleur canton de la Locride, les deux armées décamperent & se mirent en marche. La nécessité où elles se trouverent de prendre la même route, sans pouvoir s'étendre ni sur la droite ni sur la gauche, les engagea insensiblement dans des bois & dans des sentiers raboteux, difficiles, & par conséquent très-peu propres à la marche d'une armée. Au milieu de ces bois les deux avant-gardes s'avancerent l'une contre l'autre, & commencerent l'escarmouche ; un combat général en fut la suite, & les Béotiens supérieurs en nombre taillerent en piéces presque toute l'avant-garde de l'armée Phocéenne. L'épouvante & la consternation s'emparerent bientôt de l'esprit des Phocéens ; ils ne songerent plus à se défendre & se mirent à fuir en désordre. La difficulté des chemins, & la vive poursuite des victorieux, fit périr un grand nombre de fuyards, tant des Phocéens naturels que de leurs troupes auxiliaires. Philomelus, que cette déroute mettoit au désespoir, faisoit tous les efforts imaginables pour sauver les restes de son armée. Il étoit déjà percé de plusieurs coups & combattoit avec une valeur surprenante, quand au moment qu'il y pensoit le moins, il fut environné & repoussé sur une hauteur fort escarpée. Alors ne voyant plus aucun moyen d'échapper à ses ennemis, & convaincu des tourments qui l'attendoient s'il tomboit vif entre leurs mains, il prit sur le champ son parti, & se précipita du haut d'un rocher. Telle fut la fin de son entreprise sacrilége, dont il comptoit tirer tant de gloire. Onomarchus, son frere & son Collegue, prit aussitôt le commandement en chef, & rassembla avec beaucoup de peine les débris de l'armée Phocéenne. Il rallia les fuyards qui s'étoient dispersés par pelottons, les uns d'un côté, les autres de l'autre, & il en forma un seul Corps, afin d'être en état de se mieux défendre, & de reprendre dans peu le chemin de la Phocide. La victoire remportée sur les Phocéens termina ainsi la seconde année de la seconde guerre sacrée.

Au commencement de la troisiéme année, les Béotiens, qui avoient lieu de croire que les Phocéens étoient entierement abattus par leur derniere défaite, penserent qu'il étoit inutile de tenir davantage une armée en campagne, & ils s'en retournerent dans leur pays avec toutes leurs troupes. Cependant l'armée Phocéenne s'étoit rassemblée dans Delphes, & les Chefs délibérerent sur les moyens de retourner dans la Phocide, ou de continuer la guerre. Les avis furent d'abord partagés; mais le plus grand nombre s'étant déclaré pour la guerre, tous s'y conformerent, & accorderent à Onomarchus le titre & l'autorité de Généralissime. Onomarchus, revêtu de cette dignité, mit en pratique la méthode qui avoit si bien réussi à son frere, c'est-à-dire qu'il promit une forte paye à tous ses soldats. L'appas du gain fit accourir de toutes parts un grand nombre de gens sans aveu, & les Phocéens se trouverent plus puissants qu'ils n'avoient encore été. Un songe qu'Onomarchus eut (1), ou qu'il feignit d'avoir eu, & dont il tira un heureux préfage, donna à ses troupes toute l'ardeur qu'il vouloit leur inspirer; de sorte qu'elles le presserent de les mener à l'ennemi. Leur Chef crut néanmoins devoir modérer leur impatience jusqu'à ce qu'il eût fait fabriquer les armes nécessaires; que l'or & l'argent enlevés du Temple fussent monnoyés, & qu'il s'en fût servi à s'attacher de plus en plus ses Alliés, & à corrompre plusieurs de ceux qui lui étoient contraires. Aussitôt qu'il fut assuré de la réussite de ses projets à ce dernier égard, il commença les hostilités en entrant dans la Locride, surnommée *Epicnemidienne*, & en enlevant d'assaut la ville de *Thronium*, située sur les frontieres des Locriens. Le traitement qui fut fait à cette ville & à ses habitants, que les Phocéens firent esclaves, effraya tellement les peuples d'Amphissa, ville d'Achaïe appartenante aux Locriens, surnommés Ozoles, qu'ils se soumirent à Onomarchus, & lui payerent la somme à laquelle il voulut les taxer.

La Doride devint ensuite la proye des Phocéens; ils entrèrent dans quelques villes de cette Province, les mirent à contribution, & désolerent tout le plat pays; de-là ils s'avancerent dans la Béotie, s'emparerent de la célebre ville d'Orchomene, & se préparoient à faire le siége de Chéronée, lorsqu'une armée de Thébains leur livra bataille. Onomarchus eut tout l'avantage, & satisfait de cette victoire, il reprit le chemin de sa patrie. Quelque temps après, il envoya à Lycophron, Tyran de Phérès, un secours de sept mille hommes commandés par Phayllus. Ce secours fut rencontré par Philippe, Roi de Macédoine, qui battit les Phocéens, & les chassa hors de la Thessalie. Onomarchus méditoit la conquête de ce pays, & il

---

(1) Il lui avoit semblé, qu'il élevoit de ses propres mains une statue colossale de bronze, que les Amphictyons avoient dédiée dans le Temple d'Apollon Delphien, & il publioit que cette vision lui présageoit la gloire qu'il acquerroit pendant son Généralat. Diodore de Sicile interprete ce songe différemment, & il dit qu'il ne signifioit autre chose, sinon que l'amende imposée aux Phocéens seroit, par la faute d'Onomarchus, portée à une somme bien plus considérable qu'elle ne l'avoit d'abord été. M. de Valois remarque, que cette réflexion de Diodore de Sicile étoit faite après coup. D'ailleurs il faudroit que le songe eût été réel, & qu'il fût encore vrai que les songes signifiassent quelque chose.

n'eut pas plutôt appris la défaite de Phayllus son frére, qu'il marcha lui-même avec toute son armée, afin d'aider plus efficacement Lycophron. Philippe voulut en vain s'opposer à l'entreprise d'Onomarchus, il fut défait en deux différents combats, & fut obligé de reprendre à la hâte le chemin de la Macédoine. La présence des Phocéens n'étant plus nécessaire au Tyran de Phérès, Onomarchus retourna dans la Béotie, remporta une victoire sur les Béotiens, & se rendit maître de Cheronée. Pendant qu'il étoit occupé devant cette ville, Philippe avoit levé de nouvelles troupes avec lesquelles il étoit rentré dans la Thessalie. Lycophron vivement pressé fit prier Onomarchus de le tirer du péril où il étoit, lui faisant promettre qu'il l'aideroit par la suite à faire réussir ses projets sur le pays des Thessaliens. Le chef des Phocéens, flatté des promesses de Lycophron, n'hésita pas à l'aller secourir ; mais les Macédoniens, qui s'attendoient à son arrivée, marchérent au devant de lui & présenterent la bataille. Elle fut longue & sanglante, & on se battoit avec une égale ardeur des deux côtés, lorsque la cavalerie Thessalienne, qui tomba tout à coup sur les Phocéens, les fit plier & détermina la victoire en faveur de Philippe. Onomarchus, obligé de fuir vers la mer, perdit encore un grand nombre des siens que les Macédoniens poursuivoient sans relâche. Les Phocéens, dans le trouble où ils étoient, apperçurent une flotte Athénienne qui passoit alors le long des côtes. Ils espérerent se sauver par ce moyen, & jettant leurs armes, ils se mirent à la nâge pour tâcher de gagner les galeres les plus proches. Leurs efforts devinrent inutiles, Onomarchus lui-même, & tous ceux qui étoient avec lui furent submergés par les flots.

Philippe, resté maître du champ de bataille, s'apperçut que le nombre des morts du côté de ses ennemis montoit à six mille hommes, tant de Phocéens naturels, que de leurs troupes auxiliaires. D'ailleurs il leur avoit fait plus de trois mille prisonniers. La nouvelle de la mort d'Onomarchus s'étant répandue, le Roi de Macédoine fit repêcher le corps de ce Général sacrilége, & ordonna qu'il fût pendu. Tous les Phocéens qui s'étoient noyés furent abandonnés à la merci des flots, & les six mille hommes trouvés morts sur le champ de bataille furent jettés à la mer, comme indignes de sépulture. Diodore de Sicile ne dit point ce que Philippe fit des prisonniers, & ce même Ecrivain ne parle non plus du parti que prit après sa défaite le gros de l'armée Phocéenne, qui étoit composé d'environ onze mille hommes. M. de Valois pense que ces troupes reprirent, dans le meilleur ordre qu'elles purent, le chemin de la Phocide. Quoiqu'il en soit, tous les évenements qui se passerent sous le généralat d'Onomarchus arrivérent dans le cours d'une seule année, & cette année fut la troisiéme de la seconde guerre sacrée, & la quatrieme de la cent sixieme Olympiade.

A la mort d'Onomarchus, Phayllus, le troisiéme & le dernier de ses freres, prit le commandement de l'armée Phocéenne, & résolu de continuer la guerre, il passa le reste de l'année à faire ses préparatifs. L'année suivante, c'est-à-dire, la premiere de la cent septieme Olympiade, Phayllus, ayant rassemblé les différents secours qu'il avoit obtenus des Lacédémoniens, des Achéens, des Athéniens, & de plusieurs autres villes de la Grece, entra dans la Béotie, Les habitants de ce pays battirent les

Iii ij

Phocéens en trois différentes rencontres, & les contraignirent à porter leurs pas d'un autre côté. Phayllus, obligé de renoncer à son entreprise sur la Béotie, tourna ses armes contre les Locriens Epicnémidiens. Il prit à force ouverte la plupart de leurs villes ; celle d'Aryca fut la seule qui fit de la résistance. Le Général Phocéen, ne voulant pas perdre son temps devant cette ville, traita secrettement avec quelques traîtres, & y entra pendant la nuit. Il ne jouit pas longtemps du fruit de sa trahison ; car les habitants se révolterent & le forcerent à se retirer avec perte de plus de deux cents hommes. Il alla camper auprès d'une autre ville appellée *Aba* ; mais les Béotiens l'attaquerent la nuit suivante, & taillerent en piéces un grand nombre de Phocéens. Après cette victoire, les Béotiens entrerent dans la Phocide, & y porterent le ravage & la désolation.

Cependant Phayllus avoit profité de leur absence pour reprendre le siége d'Aryca. Il y étoit encore occupé, lorsque les Béotiens, de retour de la Phocide où ils avoient fait un grand butin, voulurent le contraindre à lever le siége. Les Phocéens eurent cette fois tout l'avantage, ils mirent leurs ennemis en fuite, & prirent d'assaut la ville qu'ils pillerent & raserent. Cette action fut la derniere de Phayllus ; il fut attaqué bientôt après d'une maladie qui le conduisit au tombeau. Avant que de mourir, il laissa le commandement de l'armée à son neveu Phalæcus, fils d'Onomarchus, son frere, & à cause de sa grande jeunesse, il lui associa dans le Généralat un de ses intimes amis, nommé Mnaseas.

Peu de temps après la mort de Phayllus, les Béotiens attaquerent dans son camp, & à la faveur de la nuit, le nouveau Général. Il y eut en cette occasion un grand carnage de Phocéens, & Mnaseas y perdit la vie ; sa mort enleva à Phalæcus toute sa force & tout son conseil. En effet cet avantage que remporterent les Béotiens fut immédiatement suivi d'un autre encore plus considerable, & Phalæcus perdit beaucoup des siens. La guerre qui survint dans le Péloponnese entre les Lacédémoniens & les Mégalopolitains, engagea les Thébains à fournir aux derniers un secours de troupes, & fut cause par ce moyen que Phalæcus trouva moins d'obstacles pour s'emparer de la ville de Cheronée. Les Thébains après la treve que leurs Alliés firent avec les Lacédémoniens, reprirent le chemin de la Béotie au nombre de quatre mille hommes de pied & de cinq cents chevaux. A leur arrivée ils trouverent Phalæcus maître de Cheronée, & ils l'en chasserent. Ils entrerent ensuite dans la Phocide, y firent un grand dégât, pillerent plusieurs villes, des maisons de campagnes, & chargés des dépouilles des Phocéens, ils s'en retournerent dans la Béotie.

L'année suivante les Thébains épuisés d'argent envoyerent des Députés à Artaxerxès Ochus, Roi de Perse, pour le prier de les aider d'une petite portion de ses thrésors. Ce Prince écouta favorablement les Thébains, & leur fit distribuer sur le champ trois cents talents d'argent, comme un don qu'il faisoit à leur République. Cette libéralité rétablit un peu les affaires des Thébains ; il n'y eut néanmoins aucune action importante entr'eux & les Phocéens dans le cours de cette année, & pendant les trois suivantes ; du moins le silence de Diodore de Sicile donne-t-il lieu de le présumer.

La seconde année de la cent huitieme Olympiade est plus fertile en évenemens. Les Béotiens firent une nouvelle invasion dans la Phocide, la ravagerent, & défirent les Phocéens dans une bataille. Ces derniers à leur tour battirent les Béotiens comme ils s'en retournoient chez eux. Peu de temps après Phalœcus accusé d'avoir volé les thréfors facrés du Temple de Delphes fut dépouillé de fa dignité, & Dinocrate, Callias & Sophanes nommés tous les trois pour lui fucceder, furent chargés d'informer contre ceux qui avoient eu part à l'action criminelle du Général. Les coupables furent punis, & on s'appliqua de nouveau à continuer la guerre. Cependant les Béotiens qui portoient feuls prefque tout le poids de la guerre, députerent vers le Roi de Macédoine pour implorer fon fecours. Ce Prince afpiroit depuis long-temps à la domination de toute la Grece, & il faifit avidement cette occafion de faire éclater fa religion & la puiffance de fes armes. Il envoya en conféquence un grand nombre de foldats aguerris, & les Béotiens accompagnés de ces troupes fondirent fur les Phocéens, qui étoient occupés à bâtir une citadelle, & les mirent en fuite. Cinq cents hommes s'étant réfugiés dans le Temple d'Apollon *Abéen*, y furent réduits en cendres par un accident affez ordinaire; mais que Diodore de Sicile regarde comme miraculeux. Les Phocéens avoient leurs tentes dreffées le long des murs de ce Temple, & il y avoit dans ces tentes beaucoup de lits compofés d'herbes féches, de paille & d'autres matieres combuftibles. Un foldat imprudent laiffa du feu dans fa tente qui fut bientôt enflammée, ainfi que toutes les autres. La flamme pouffée par le vent gagna le Temple qui fut confumé avec ceux qui s'y étoient renfermés.

La guerre duroit depuis neuf ans, lorfque les Béotiens & les Phocéens affoiblis par les pertes qu'ils avoient faites fongerent à avoir encore recours à leurs Alliés. Les Phocéens reçurent de Lacédémone un renfort de mille hommes, des meilleures troupes de cette ville, & les Béotiens obtinrent de Philippe qu'il s'avanceroit lui-même à la tête de fon armée pour les fecourir. Ce Prince partit en effet de Macédoine & entra dans la Locride, où il rencontra Phalœcus, que les Phocéens avoient apparemment rétabli. Les troupes Theffaliennes & Macédoniennes fe rangerent en bataille auffitôt qu'elles apperçurent les Phocéens, & le combat alloit fe livrer, lorfque Phalœcus fit faire à Philippe des propofitions de paix. Le Roi les accepta, le traité fut conclu & figné de part & d'autre, & entre les conditions, il fut ftipulé que Phalœcus auroit la liberté de fe retirer avec fes troupes étrangeres où bon lui fembleroit. En vertu de cette permiffion Phalœcus & huit mille hommes à fa folde porterent leurs pas dans le Péloponnefe, & les Phocéens hors d'efpérance d'aucun fecours fe virent réduits à fe rendre à difcrétion. De cette maniere Philippe fans avoir perdu un feul homme eut le bonheur de mettre fin à la feconde guerre facrée dans les commencements de la troifiéme année de la cent huitieme Olympiade.

Le Roi de Macédoine, fuivant les maximes de fa politique, ne voulut pas décider lui-même fur le fort des Phocéens, & prétendant que ce jugement n'appartenoit qu'à une affemblée générale des Amphictyons, il tint confeil avec les Béotiens & les Theffaliens qui déciderent comme lui, qu'il falloit convoquer cette affemblée. Les ordres donnés à ce fujet ayant été exécutés, les Amphictyons prononcerent un jugement folemnel qu'ils firent

inscrire sur une table d'airain, & exposer dans le Temple de Delphes. Voici en substance ce que contenoit ce Décret: « Que le corps entier des Amphic-
» tyons avoit jugé à propos d'accorder à Philippe & à ses descendants le droit
» d'Amphictyonie, & celui de deux suffrages, dont les Phocéens avoient
» joüi auparavant, & dont ils étoient déclarés déchus pour toujours: Que
» pour réparation du crime des Phocéens, les murailles de leurs trois prin-
» cipales villes seroient entierement rasées: Que les Phocéens n'auroient plus
» à l'avenir aucune entrée dans le Sénat des Amphictyons, non plus qu'au-
» cune inspection sur le Temple & sur son Oracle: Que dorénavant il ne
» leur seroit plus permis d'avoir dans leurs maisons ni armes, ni chevaux,
» jusqu'à ce qu'ils eussent payé au Dieu la valeur des vols qu'ils lui avoient
» faits: Qu'à l'égard des Phocéens & des autres qui avoient eu quelque
» part au sacrilége, & qui par leur fuite avoient cru pouvoir se dérober à
» la vengeance publique, les Amphictyons les déclaroient tous exécrables,
» & permettoient à toutes personnes quelconques de les tirer impunément
» des lieux les plus sacrés, & de les réduire en esclavage: Que les Amphic-
» tyons vouloient & entendoient que toutes les villes des Phocéens en quel-
» que endroit qu'elles se trouvassent situées, fussent incessamment démolies
» & réduites en villages, lesquels n'auroient au plus que soixante maisons,
» & qu'on laisseroit au moins un stade d'intervalle de l'un à l'autre de
» ces villages: Que le Sénat des Amphictyons par pitié pour les Phocéens
» vouloit bien les laisser en possession de leur domaine, & qu'il leur per-
» mettoit d'en cultiver les terres à leur profit, comme par le passé; mais à
» condition de payer au Dieu un tribut annuel de soixante talents d'argent,
» jusqu'à ce qu'ils eussent entierement satisfait au Dieu, & acquitté la somme
» principale à laquelle montoient les offrandes qui ne se retrouvoient plus
» en nature, quoique inscrites sur les régîtres du Temple, faits quelque
» temps avant leur pillage: Que les Amphictyons accordoient à Philippe,
» conjointement avec les Béotiens & les Thessaliens, le droit de célébrer
» les Jeux Pythiens, droit dont ils dépouilloient les Corinthiens pour avoir
» trempé dans le crime des Phocéens. « Un autre article de ce Décret Amphictyonique portoit expressément: » Que les Amphictyons & Philippe bri-
» seroient les armes, tant des Phocéens que de ceux qui leur avoient prêté
» leur ministere dans cette guerre, & que tous les morceaux de ces armes
» seroient jettés dans un grand feu pour y être consumés: Qu'enfin les che-
» vaux des Phocéens & de leurs Alliés seroient vendus à l'encan, & que
» l'argent qui en proviendroit seroit porté dans les coffres du Temple d'A-
» pollon Delphien. « Le reste du Décret contenoit différents reglements, soit par rapport à la religion, soit par rapport au maintien de la paix & de l'union entre les Grecs. Philippe satisfait du titre d'Amphictyon qui lui avoit été donné, partit pour s'en retourner en Macédoine. Telle fut la fin de la seconde guerre sacrée qui attira à Philippe l'amitié des Grecs, & lui fournit dans la suite les moyens de dominer sur leur pays.

ARTICLE VI.

Des Athletes, des Jeux & des Fêtes générales & particulieres de la Grece.

LE defir de fe rendre propre aux fonctions de la guerre, & de pourvoir à la fûreté commune; le foin de la fanté, & le deffein de la fortifier; l'amour du plaifir, & l'envie de donner des preuves publiques de force & d'adreffe furent trois motifs qui donnerent lieu fans doute à l'invention des différents exercices pour lefquels les Anciens avoient tant de goût. Ces trois objets n'en firent d'abord qu'un feul, & ce ne fut que par fucceffion de temps que chacun s'attacha plus particulierement à l'un qu'à l'autre. Le premier produifit la Gymnaftique militaire; le fecond donna naiffance à la Gymnaftique médicinale; & la Gymnaftique des Athletes, qui eft la plus célebre de toutes, dut fon établiffement au troifieme. Cette derniere étoit une efpece de profeffion deftinée à inftruire dans tous les exercices qui compofoient les jeux publics, les perfonnes que leur inclination & les qualités avantageufes de leur corps en rendoient plus capables. On défignoit cette Gymnaftique par les noms d'Athlétique, parce que les jeunes gens qui s'y attachoient étoient appellés Athletes; de Gymnique, par rapport à la nudité des Athletes, & d'Agoniftique, à caufe des jeux publics qui en étoient le principal objet, & à l'inftitution defquels cette profeffion commença à devenir recommandable.

Lycaon inftitua le premier ces jeux en Arcadie, fuivant Pline; & Hercule fut auteur de ceux qui rendirent Olympie fi fameufe. On avoit coutume de les célebrer pour honorer les funerailles des grands hommes, & les différents exercices qui les compofoient étoient le pugilat, la lutte, le pancrace, la courfe, le difque, &c. Le retour fréquent de ces jeux établis dans les principales villes de la Grece, fut ce qui contribua le plus à mettre en crédit la Gymnaftique des Athletes, & à mériter à ces derniers les applaudiffements du peuple.

Ceux qui fe deftinoient à cette profeffion, fréquentoient dès leur plus tendre jeuneffe les Gymnafes ou Paleftres, qui étoient des efpeces d'Académies entretenues à ce deffein, aux dépens du public. Des Maîtres prépofés exprès fe chargeoient de l'inftruction des jeunes gens, & employoient les moyens les plus efficaces pour leur endurcir le corps aux fatigues des jeux publics. Dans cette vûe, on les affujettiffoit à un genre de vie très-dur & très-fimple, & on ne leur donnoit pour toute nourriture que des figues féches, des noix & du fromage mou. L'ufage de la viande leur fut d'abord interdit; mais dans la fuite on leur permit de manger du bœuf, ou du cochon, dont la chair étoit affaifonnée d'Aneth, & plutôt rôtie que bouillie. Cette fimplicité dans le choix & dans la préparation des aliments, étoit exactement obfervée par les Athletes, lorfqu'ils devoient bientôt entrer en lice pour difputer quelque prix; mais tout le refte du temps ils mangeoient avec

Régime de vie des Athletes.

LES GRECS.

excès, & contractoient par ce moyen une pesanteur d'esprit que plusieurs Auteurs leur reprochent. Les Anciens néanmoins s'accordent tous sur l'éloge qu'ils font de la patience des Athletes à souffrir les peines, les travaux, les injures de l'air, les coups, & toutes les épreuves par lesquelles on les faisoit passer avant que de les admettre aux jeux publics.

Hercule en instituant les Jeux Olympiques, sentit que la nature des exercices dont il s'agissoit dans ces jeux, & la chaleur du climat & de la saison où se faisoient ces sortes d'assemblées, exigeoient que les Athletes quittassent leurs habillements. En conséquence, il leur imposa la loi de paroître nuds sur l'arene, à l'exception d'une espece de ceinture, de tablier ou d'écharpe, dont on attribue l'invention à Palestre, fille de Mercure. Suivant Denys d'Halicarnasse, cette coutume ne dura que jusques à la quinzieme Olympiade : mais si l'on en croit Thucydide, les Athletes ne combattirent totalement nuds que vers les premieres années de la quatre-vingt-septieme Olympiade. Cette nudité n'étoit d'usage que dans certains exercices, tels que la lutte, le pugilat, le pancrace & la course à pied. Il paroît par d'anciens monuments, que dans les exercices du disque & du palet, les Discoboles portoient des tuniques, & qu'on ne se dépouilloit point non plus pour la course des chars & pour l'exercice du javelot. Au reste, Thucydide nous apprend que les Asiatiques refuserent toujours de quitter leurs écharpes ou ceintures dans la lutte & dans le pugilat : exemple que les Romains suivirent scrupuleusement, & ils observoient encore cette coutume du temps de Denys d'Halicarnasse.

Onctions & frictions dont ils faisoient usage.

Lorsque les Athletes se préparoient aux exercices de leur profession, ils faisoient usage d'onctions d'huile, afin de communiquer à toutes les parties de leur corps la souplesse nécessaire, & pour soulager la lassitude qu'ils éprouvoient en sortant d'un combat. Ces onctions étoient ordinairement d'huile seule, mais quelquefois on y mêloit de la cire & de la poussiere, & on en formoit une espece d'onguent. Ces onctions & ces frictions, au rapport de Plutarque, devenoient plus efficaces, si les Athletes opposoient au mouvement de la main qui leur rendoit ce service, toute la force & toute la roideur de leurs muscles, & retenoient même leur haleine. Après s'être ainsi frottés d'huile, les Athletes s'enduisoient quelquefois de la boue qui se trouvoit dans la Palestre. Le plus souvent ils se couvroient de sable & de poussiere, soit en s'y roulant eux-mêmes, soit en se les faisant jetter par quelqu'autre. Le but principal qu'ils se proposoient en observant cette derniere circonstance, étoit de donner sur eux plus de prise à leurs antagonistes. Il n'est pas douteux que les onctions & les frictions ne préparassent le corps des Athletes à soutenir le travail des exercices ; mais comme ces exercices étoient fort violents, & ordinairement de longue haleine, les Athletes en sortant de la Palestre avoient besoin des mêmes secours pour réparer l'épuisement où ils se trouvoient. Pour cet effet, on les frottoit de nouveau, & on les oignoit d'huile. Ils faisoient aussi usage des bains en cette occasion, & se servoient d'instruments propres à se gratter la peau, & à la nettoyer de cette espece d'enduit que formoit le mélange d'huile, de sueur, de sable, de boue & de poussiere dont ils étoient couverts.

Epreuves auxquelles ils étoient soumis.

Entre les différentes épreuves par lesquelles devoit passer un Athlete, celles

celles qui fervoient de préparation aux Jeux publics étoient, fans contredit, les plus pénibles & les plus indifpenfables. Les jeunes gens qui fe préfentoient pour combattre aux Jeux, fe foumettoient à la conduite des maîtres de Paleftre, afin d'obferver fous leur direction pendant dix mois confécutifs, les loix Athlétiques, & fe perfectionner par un travail affidu dans tous les exercices qui devoient mériter aux vainqueurs les prix qu'on leur deftinoit. Cette efpece de noviciat étoit d'une néceffité fi abfolue, qu'il faifoit, felon Paufanias, un des articles du ferment que prêtoient les Athletes avant qu'on les admît aux combats publics & folemnels des Jeux. Ces exercices préliminaires fe paffoient dans les Gymnafes publics en préfence de tous ceux que la curiofité ou d'autres raifons conduifoient à cette forte de fpectacle. Aux approches de la célébration des jeux, on redoubloit les travaux des Athletes qui devoient y paroître, & on les exerçoit dans Elide même pendant trente jours. C'étoit dans ces dernieres épreuves que les Athletes avoient befoin de tout leur courage, & d'une patience inébranlable pour pouvoir fupporter la faim, la foif, la chaleur, enfin toutes les autres fatigues inféparables d'un exercice qui duroit quelquefois depuis le matin jufqu'au foir ; furtout lorfqu'il étoit queftion de fournir la carriere qu'ils appelloient *répétition*, ou *exercice complet*.

LES GRECS.

Après avoir parlé du régime de vie, des travaux & des différentes préparations auxquelles on affujettiffoit les Athletes, je crois devoir donner une idée des Officiers qui préfidoient à leur gouvernement, & qui veilloient à faire obferver exactement les loix Athlétiques. Le premier de tous, & celui qui avoit la furintendance du Gymnafe fe nommoit *Gymnafiarque*. Cet Officier regloit fouverainement tout ce qui concernoit la police du Gymnafe ; il avoit jurifdiction fur les Athletes, & fur tous les jeunes gens qui vouloient apprendre les exercices ; il étoit le difpenfateur des récompenfes & des châtiments ; & pour marque de fon pouvoir fur ce dernier article, il avoit droit de porter une baguette, & d'en faire porter devant lui par des hommes toujours prêts à exécuter fes ordres, lorfqu'il s'agiffoit de punir ceux qui contrevenoient aux loix Athlétiques. Il paroît même que cet Officier exerçoit dans le Gymnafe une efpece de Sacerdoce, & qu'il y prenoit foin des chofes facrées ; car, fuivant plufieurs Auteurs, il pouvoit célébrer des Jeux en fon nom, & à l'occafion qu'il lui plaifoit.

Officiers qui préfidoient à l'inftruction des Athletes.

L'Officier, à qui on donnoit le nom de *Xyftarque*, étoit peu inférieur au Gymnafiarque. M. Burette (1) penfe que le Xyftarque préfidoit aux Jeux & aux exercices, quoique fon autorité ne s'étendît pas fur tout le Gymnafe, mais feulement fur les endroits de cet édifice où s'exerçoient les Athletes, c'eft-à-dire, fur les Xyftes, le Stade, la Paleftre. Cette opinion eft appuyée fur différents paffages d'anciens Ecrivains.

Les autres Officiers du Gymnafe deftinés à l'inftruction des Athletes portoient plufieurs noms. On les appelloit *Epiftata*, *Pædotriba*, *Gymnafta*, *Alipta*, *Iatralipta*. Les anciens Auteurs employent fouvent ces termes dans

---

(1) M. Burette, Membre de l'Académie Royale des Infcriptions & Belles-Lettres, a fait plufieurs fçavantes Differtations fur les Athletes & fur leurs différents exercices, dont j'ai tiré ce que je rapporte ici. Voy. dans la partie des Mémoires de cette Académie, Tome I. page 211. & fuiv. & Tome III. page 228.

Tome VI. K k k

la même fignification. Cependant, fuivant Galien, il y avoit beaucoup de différence entre le Gymnafte & le Pædotribe ; parce que le Gymnafte joignoit à la fcience des exercices, un difcernement exact de toutes leurs propriétés par rapport à la fanté, au lieu que le Pædotribe bornoit fes connoiffances au détail méchanique de ces mêmes exercices, & fes foins à former les bons Athletes. Quoique les mots d'*Alipta* & de *Iatralipta* ne marquent originairement que ceux dont l'emploi dans les Paleftres étoit d'oindre les Athlétes, ils fe prennent auffi pour les maîtres d'exercice, & Ariftote attribue à l'Alipta la direction du régime des Athletes. Au refte, on pouvoit être bon Gymnafte fans avoir jamais été célebre dans les Jeux publics, & au rapport de Galien, il y en avoit un grand nombre qui n'avoient été que de très-médiocres Athletes, & qu'aucune victoire n'avoit illuftrés.

Le fuccès avec lequel les Athletes avoient cultivé les divers exercices du corps dès leur jeuneffe, la diftinction qu'ils s'étoient acquife dans les Gymnafes fur leurs camarades, & l'obfervation fcrupuleufe de toutes les loix du régime Athlétique, ne fuffifoient pas encore pour être admis aux Jeux publics. Ils avoient d'autres difficultés à furmonter par rapport à la naiffance, aux mœurs & à la condition. Les Grecs conferverent fur ces trois articles une délicateffe, dont les Romains crurent pouvoir s'affranchir. Les premiers ne recevoient aucuns Etrangers parmi ceux qui devoient combattre aux Jeux Olympiques de quelque rang qu'ils fuffent. Une naiffance équivoque fermoit aux prétendants l'entrée de la carriere, & fi l'on n'avoit rien à leur reprocher de ce côté, mais qu'ils euffent de mauvaifes mœurs, ils étoient encore exclus. La liberté étoit un titre effentiel à quiconque fe mettoit fur les rangs pour combattre dans les Jeux publics, dont on éloignoit avec foin les efclaves. Néanmoins par la fuite les Grecs fe relâcherent à cet égard, en admettant des Affranchis parmi les Athletes. Il ne falloit pas toujours que les jeunes gens qui fe préfentoient fuffent d'une famille diftinguée; pourvu que leurs parents n'euffent jamais manqué à la probité; la plus vile profeffion n'étoit point un motif d'exclufion.

Ceux qui préfidoient aux Jeux, & qu'on appelloit *Agonothetes, Athlothetes, Hellanodiques*, devoient écrire fur un régiftre le nom & le pays des Athletes qui s'enrolloient, pour ainfi dire, & à l'ouverture des Jeux un Hérault proclamoit publiquement ces noms, faifant un dénombrement exact des Athletes qui devoient paroître dans chaque forte de combat. Les Agonothetes d'ailleurs devoient apporter l'attention la plus fcrupuleufe touchant la naiffance, les mœurs & la condition des Athletes. Ces Juges, au rapport de Philoftrate, commençoient par expofer d'abord aux Athletes qui fe préfentoient les conditions fous lefquelles ils pouvoient être admis, & voici à peu près en quels termes ils leur parloient : *Si votre affiduité aux exercices vous a mérité l'honneur de paroître aux Jeux Olympiques ; fi vous n'avez à vous reprocher aucune lâcheté, ni aucune infâmie, vous pouvez demeurer ici avec confiance : mais que celui d'entre vous qui ne fe fentira pas tel que nous le demandons, fe retire où bon lui femblera.* Après cet avertiffement on faifoit paffer chaque Athlete en revûe, c'eft-à-dire, qu'un Hérault élevant fa main pour impofer filence au peuple, la mettoit enfuite fur la tête de l'Athlete, & le promenant dans toute l'étendue du Stade, il demandoit à haute voix si personne n'accusoit cet Athlete de quelque crime, s'il étoit irreprochable dans ses mœurs, s'il n'étoit ni esclave, ni voleur, &c.

LES GRECS.

A Olympie, on obligeoit outre cela les Athletes à jurer deux choses avant que d'être admis aux Jeux, 1°. qu'ils s'étoient soumis pendant dix mois consécutifs à tous les exercices, & à toutes les épreuves auxquels les engageoit l'institution Athlétique; 2°. qu'ils observeroient très-religieusement toutes les loix prescrites dans chaque sorte de combat, & qu'ils ne feroient rien ni directement, ni indirectement contre l'ordre & la police établis dans les Jeux. On leur faisoit prêter ce serment devant la statue de Jupiter surnommé ὅρκιος à cause de cette cérémonie. Les Hellanodiques pour plus grande précaution, au sujet du second article du serment, faisoient jurer la même chose aux peres des Athletes, lorsqu'ils étoient présents, à leurs freres & même à leurs Gymnastes ou Maîtres d'exercices; c'est-à-dire, que toutes ces personnes s'engageoient solemnellement à n'employer aucuns moyens illicites pour procurer la victoire à ceux auxquels ils devoient naturellement s'intéresser.

Serment qu'on exigeoit d'eux.

Le jour de la célébration des Jeux, tous les Athletes qui devoient y combattre s'assembloient dans un même lieu. Alors un Hérault les faisoit passer en revûe devant le peuple, publiant leurs noms à haute voix, & on travailloit à regler les rangs de ceux qui, dans chaque espece de combat, devoient faire éclater leur force ou leur adresse. Le sort seul en décidoit, & dans les Jeux où plus de deux concurrents pouvoient disputer en même temps le prix proposé, tels que la course à pied, la course des chars, &c. les champions se rangeoient dans l'ordre, suivant lequel on avoit tiré leurs noms. Dans la lutte, le pugilat & le pancrace, où les Athletes ne pouvoient combattre que deux à deux, on apparioit les combattants en les tirant au sort d'une maniere différente. Je crois pouvoir rapporter le détail que Lucien donne de cette cérémonie, dont voici la traduction telle que je l'ai trouvée dans la Dissertation de M. Burette. « On place devant les » Juges une urne d'argent consacrée au Dieu, en l'honneur duquel se cé-» lebrent les Jeux. On met dans cette urne des ballotes de la grosseur d'une » féve, & dont le nombre répond à celui des combattants. Si ce nombre » est pair, on écrit sur deux de ces ballotes la lettre A, sur deux autres » la lettre B, sur deux autres la lettre Γ, & ainsi du reste. Si le nombre est » impair, il y a de nécessité une des lettres employées, qui ne se trouve » inscrite que sur une seule ballote. Ensuite les Athletes s'approchent l'un » après l'autre, & ayant invoqué Jupiter, chacun met la main dans l'urne » & en tire une ballote. Mais un des *Mastigophores* ou *Porte-verges* lui re-» tenant la main l'empêche de regarder la lettre marquée sur cette ballote, » jusqu'à ce que tous les autres ayent tiré chacun la leur. Alors un des Juges » faisant la ronde, examine les ballotes de chacun, & apparie ceux qui ont les » lettres semblables. Si le nombre des Athletes est impair, celui qui a tiré » la lettre unique est mis en réserve pour se battre contre le vainqueur; & » ce n'est pas un médiocre avantage de venir tout frais combattre un anta-» goniste déjà fatigué. «

Maniere de les tirer au sort.

Dès que les Athletes avoient tiré au sort, on les animoit au combat par quelque exhortation vive. Ces exhortations étoient courtes & fort simples

Exhortations qu'on leur faisoit.

K k k ij

444 INTRODUCTION A L'HISTOIRE

LES GRECS.

dans les premiers temps. On y apporta dans la suite plus de cérémonies, & on emprunta quelque secours de l'art Oratoire pour rendre ces difcours plus pathétiques & plus perfuafifs. Après ces exhortations préliminaires, on donnoit le fignal des divers combats, dont l'affemblage formoit ces Jeux fi célebres & fi fréquentés. C'étoit alors que les Athletes entroient en lice, & qu'ils faifoient tous leurs efforts pour mériter les applaudiffements des fpec-

Loix obfervées dans les combats Gymniques.

tateurs, & emporter le prix. Ils n'ofoient cependant pas employer la fraude pour fe procurer la victoire ; car dans l'appréhenfion que les Athletes n'obfervaffent pas à la rigueur le ferment qu'ils avoient prêté, les Agonothetes & les autres Magiftrats avoient foin de prendre garde qu'ils ne fe ferviffent de fraude ou d'artifice dans ces fortes de combats. Il étoit expreffément défendu de tuer volontairement fon adverfaire dans le pugilat ou dans la lutte, & lorfque cet accident arrivoit de propos délibéré, on puniffoit le meurtrier par la privation de la couronne. Le coupable, par la difpofition des loix, ne pouvoit être mis en juftice ; mais le refus qu'on faifoit de lui donner le prix, étoit fon fupplice ; &, fuivant Paufanias, un Athlete nommé Cléomede fut fi fenfible à un affront de cette efpece qu'il en perdit l'efprit. Les reglements Athlétiques défendoient encore aux Athletes qui combattoient à la lutte & au pancrace, de fe mordre les uns les autres, ou de fe porter des coups aux yeux, & de fe frapper les côtés avec l'extrémité des doigts. Néanmoins Philoftrate & quelques autres Auteurs affurent que les Lacédémoniens permettoient l'un & l'autre à leurs Athletes, & qu'à Olympie on fouffroit qu'ils fe ferraffent la gorge prefque jufqu'à s'étrangler. C'étoit de même une fupercherie puniffable dans la courfe, que de tirer en arriere un Athlete par les cheveux, ou autrement, &. en le pouffant de la main à droite ou à gauche pour l'écarter de fa route, ou le jetter par terre.

Punitions de ceux qui n'obfervoient pas les loix Athlétiques.

La féverité avec laquelle on puniffoit ceux qui ofoient enfreindre les loix Athlétiques, retenoit le plus grand nombre des Athletes qui les obfervoient exactement. Les Maftigophores étoient chargés de punir les coupables, & ils les frappoient de verges par l'ordre des Agonothetes, & quelquefois à la priere des fpectateurs. Un Athlete fubiffoit cette peine, s'il prévenoit le fignal ou fon rang pour entrer en lice. Deux champions qui auroient paru vouloir réciproquement s'épargner en combattant avec trop de négligence, méritoient un pareil châtiment. On infligeoit des peines pécuniaires aux Athletes qui cherchoient à corrompre leurs adverfaires par des fommes d'argent ; & ceux que la lâcheté faifoit fuir ; étoient condamnés auffi à une amende. Le produit de cette forte de châtiment fervoit à ériger des ftatues en l'honneur des Dieux.

Quoiqu'il ne paroiffe pas qu'il y eût aucune loi particuliere qui obligeât les Athletes à implorer le fecours des Dieux avant le combat, on peut imaginer, avec quelque vraifemblance, que le defir de vaincre réveilloit en eux des fentiments de piété & de religion. En effet, il y a plufieurs exemples d'Athletes qui ont fait d'ardentes prieres aux Dieux, afin qu'ils les favorifaffent & leur fiffent remporter la victoire. Il n'y avoit point de Divinité déterminée pour cela, & il y a apparence que chacun invoquoit celle qu'il vouloit.

Les récompenfes accordées aux Athletes qui fortoient du combat avec avantage, étoient de plus d'une espece. Les spectateurs pour l'ordinaire les applaudissoient par des acclamations réitérées. On faisoit proclamer par un Hérault le nom des vainqueurs. On leur distribuoit les prix proposés. On les conduisoit en triomphe. On chantoit leurs louanges mises en vers par les Poëtes les plus célebres. On écrivoit leurs noms dans les Archives publiques. On leur accordoit diverses exemptions & plusieurs priviléges considerables. Ils recevoient un salaire aux dépens du public. Ils avoient la préséance dans les Jeux. On leur dressoit des statues. On instruisoit enfin la postérité de leurs différentes victoires par des inscriptions.

LES GRECS.
Récompenses accordées aux vainqueurs.

Les cris poussés par la multitude, pendant tout le temps que duroit le combat entre deux Athletes, n'avoient rien encore de décisif; mais ils servoient à les encourager tous les deux à remporter la victoire. Lorsque le succès n'étoit plus douteux, les spectateurs ne manquoient pas de réunir leurs suffrages en faveur de ceux qui remportoient la victoire, & ils leur prodiguoient les plus grands applaudissements.

Les prix dont les Athletes victorieux étoient récompensés, ont varié suivant les siecles, & les lieux où on célebroit des Jeux publics. Il paroît que dans les premiers temps, les prix des Jeux consistoient en esclaves, en chevaux, en mulets, en bœufs, en vases d'airain avec leurs trépieds, en coupes d'argent, en vêtements, en armes & en argent monnoyé. Si l'on en croit Pindare, cet usage s'est conservé dans plusieurs villes de la Grece, comme à Lacédémone, à Thebes, à Sycione, à Argos, à Tégée, &c. Les Jeux où il n'y avoit que des couronnes à gagner, étoient les plus célebres de la Grece, & ceux qui acquéroient le plus de réputation aux Athletes. Aux Jeux Olympiques les vainqueurs remportoient une couronne d'olivier sauvage; une de pin aux Isthmiques; une d'ache aux Néméens, & aux Pythiens une de laurier. Ces couronnes ont apparemment été différentes par succession de temps; car les anciens Auteurs en parlent diversement, & quelques-uns font mention de couronnes d'or distribuées aux Jeux Olympiques. Pausanias dit que dans ces mêmes Jeux les couronnes destinées aux vainqueurs étoient exposées sur des trépieds d'airain, & même dans la suite sur des tables d'or & d'ivoire, & sur des disques ou bassins qu'on gardoit encore de son temps dans le thrésor d'Olympie. Aux Jeux Isthmiques on changea les couronnes de pin pour celles d'ache sec, auxquelles on renonça pour reprendre les premieres. Au rapport d'Ovide, les premieres couronnes des Jeux Pythiens, étoient de chêne; mais de quelqu'espece que fussent ces couronnes, c'étoit ordinairement l'Agonothete qui les distribuoit. Néanmoins les Athletes victorieux ne les recevoient que de la main d'un Hérault qui les leur mettoit sur la tête, & cette cérémonie se passoit dans l'endroit même où on avoit combattu.

Lorsqu'un Athlete ne trouvoit point d'adversaire qui voulût combattre contre lui, on lui déféroit la couronne comme s'il eût remporté la victoire, & les Grecs disoient de cet Athlete qu'il avoit vaincu *sans poussiere*, c'est-à-dire, qu'il n'avoit point eu de concurrent. On couronnoit aussi quelquefois les Athletes, quoiqu'ils fussent morts dans le combat, ou qu'ils y eussent été vaincus, comme le confirment deux exemples que je vais rapporter; le premier d'un Athlete déclaré vainqueur après sa mort, & l'autre d'un Athlete couronné, quoique vaincu. L'Athlete Arrichion ou Atrachion difputant le prix du pancrace aux Jeux Olympiques, fut faifi à la gorge par fon adverfaire, & étoit fur le point d'être fuffoqué, lorfqu'il attrapa le pied de ce dernier, & lui caffa un des orteils. L'extrême douleur que reffentit celui-ci le força à demander quartier dans l'inftant qu'Arrichion expiroit; & l'Agonothete crut devoir couronner Arrichion, & le faire proclamer vainqueur tout mort qu'il étoit. L'autre exemple eft rapporté par Paufanias, qui nous a confervé la mémoire de cet évenement. L'Athlete Creugas combattant à coups de poing aux Jeux Néméens, convint publiquement avec Damoxene fon adverfaire qu'ils s'avertiroient mutuellement des coups qu'ils devoient fe porter l'un à l'autre. Creugas frappa le premier Damoxene à la tête. Celui-ci peu fidele à la convention qu'il avoit faite, dit à l'autre de lever le bras, & auffitôt fans l'en avertir le frappa dans le flanc au défaut des côtes avec l'extrémité des doigts. La violence du coup & la force des ongles firent pénétrer la main de Damoxene jufques dans le ventre de fon adverfaire, auquel il arracha la vie avec les entrailles. En punition d'un meurtre commis par une fi lâche trahifon, les Argiens exilerent Damoxene, & non contents de couronner Creugas, ils lui érigerent une ftatue, qui étoit encore à Argos dans le Temple d'Apollon Lycéen, du temps de Paufanias. Les couronnes (1) qu'on diftribuoit aux Athletes, dans tous les Jeux de la Grece, étoient toujours accompagnées de palmes qu'ils recevoient & qu'ils portoient de la main droite. Ces palmes, avant le combat, étoient comme les couronnes expofées à la vûe des fpectateurs, dans une efpece d'urne placée fur une table qu'on dreffoit en quelque endroit diftingué, fans doute auprès du lieu où les Agonothetes étoient affis. Au refte, un Athlete pouvoit remporter plufieurs victoires dans les mêmes Jeux, & quelquefois dans un même jour.

La diftribution des prix, des couronnes & des palmes étoit particulierement affectée aux Magiftrats qui préfidoient aux Jeux publics, & ceux qui rempliffoient cette place à Olympie, & qui fe nommoient Hellanodiques, s'appliquoient à obferver les loix de la juftice la plus fcrupuleufe. En conféquence, ils étudioient pendant fix mois les ftatuts Agoniftiques, & pour éviter la tentation de les enfreindre en faveur de quelqu'un, ils n'ouvroient, qu'après les combats, les lettres de recommandation que des Athletes leur apportoient quelquefois. Cette jurifdiction n'étoit pas de longue durée, car elle finiffoit avec les Jeux. Tous les Grecs avoient une opinion très-avantageufe de la juftice des Hellanodiques; cependant lorfqu'il pouvoit arriver dans les Jeux des incidents extraordinaires, où leur jugement pût être en défaut, les Athletes avoient alors la liberté d'en appeller au Sénat d'Olympie qui décidoit fouverainement ces fortes d'affaires Agoniftiques.

Auffitôt que l'Athlete vainqueur avoit reçu la couronne & la palme, & qu'il s'étoit revêtu d'une robe à fleurs, un Hérault précédé d'un Trompette

---

(1) Ces couronnes étoient d'olivier fauvage aux Jeux Olympiques; de laurier aux Jeux Pythiens; d'ache verd aux Néméens, & de pin aux Ifthmiques. Les couronnes néanmoins ne furent pas toujours les mêmes; car aux Jeux Ifthmiques on paffa, des couronnes de pin à celles d'ache fec, qu'on abandonna pour reprendre les premieres. Si l'on en croit Ovide, on employa d'abord les couronnes de chêne aux Jeux Pythiens.

deſtiné à réveiller l'attention de l'aſſemblée, conduiſoit le vainqueur dans tout le Stade, & proclamoit à haute voix le nom & le pays de celui qu'il faiſoit ainſi paſſer en revûe devant le peuple. Les ſpectateurs redoubloient alors leurs applaudiſſements, lui jettoient des fleurs, & lui faiſoient mêmes de petits préſents, qui étoient ordinairement des chapeaux, des ceintures, ou écharpes, & quelquefois de l'argent. Le ſecond triomphe des Athletes étoit plus magnifique & plus glorieux pour eux. Il ſe faiſoit à leur retour dans leur pays, où leurs compatriotes les recevoient avec de grandes acclamations. Chargés des marques de leur victoire, & montés ſur un char à quatre chevaux, ils entroient dans la ville, non par la porte, mais par une breche (1) qu'on faiſoit exprès au rempart. On portoit des flambeaux devant eux, & un nombreux cortége les ſuivoit. La cérémonie de ce triomphe étoit preſque toujours terminée par des feſtins de deux ſortes; les uns qui ſe donnoient aux dépens du Public; les autres aux dépens des Particuliers. Les premiers étoient en uſage à Olympie, où les Athletes victorieux étoient anciennement traités dans le Prytanée, ou la Maiſon de Ville, tant que duroit la célébration des Jeux Olympiques. A l'égard des feſtins dont les Particuliers faiſoient la dépenſe, c'étoient la plûpart du temps les amis du vainqueur qui ſe chargeoient de ce ſoin.

Outre ces honneurs paſſagers, les Athletes en obtenoient de plus ſolides, dont ils jouiſſoient pendant toute leur vie. Ces honneurs conſiſtoient en différents priviléges qu'on leur accordoit, & le plus diſtingué de ces priviléges étoit le droit de préſéance dans les Jeux publics. D'ailleurs, ils étoient nourris aux dépens de leur patrie, le reſte de leurs jours, & on les exemptoit de toute charge & de toute fonction civiles. Il falloit néanmoins pour obtenir ce dernier article avoir été couronné au moins trois fois aux Jeux ſacrés. Les Romains exigerent même dans la ſuite qu'une de ces couronnes eût été remportée à Rome, ou en Grece.

La gloire qu'un Athlete s'étoit acquiſe par ſa victoire ſur ſon antagoniſte, paſſoit juſqu'à la poſtérité la plus reculée au moyen des Archives publiques, des écrits des Poëtes, des ſtatues & des inſcriptions. Dès que les Jeux étoient finis, les Agonothetes, ou d'autres Magiſtrats, avoient ſoin d'inſcrire ſur le régiſtre public, le nom & le pays des Athletes qui avoient remporté les prix, & de marquer l'eſpece de combat, d'où chacun d'eux étoit ſorti vainqueur. Cette coutume étoit ſi bien établie, ſurtout aux Jeux Olympiques, que les Hiſtoriens qui datoient par les Olympiades, oublioient rarement de faire mention de l'Athlete qui avoit vaincu à la courſe (2). Il y avoit dans les Gymnaſes un lieu deſtiné à la garde des Archives Athlétiques, & on apprend par divers paſſages & pluſieurs inſcriptions, que les Empereurs Romains aſſignoient aux Intendants des Jeux, des endroits privilégiés pour y tenir leurs régiſtres Agoniſtiques.

---

(1) Cette breche, ſuivant Plutarque, montroit que les villes où ſe trouvoient des hommes tels que ces Athletes, c'eſt-à-dire, capables de combattre & de vaincre, étoient aſſez fortes, & n'avoient plus beſoin de murailles.

(2) Cette préférence venoit ſans doute de ce qu'à la premiere inſtitution des Jeux Olympiques, la courſe étoit le ſeul exercice dont il fût queſtion. Dans la ſuite les exercices des Jeux furent plus variés; mais à Olympie l'ouverture s'en fit toujours par la courſe.

LES GRECS. Les louanges des Athletes victorieux étoient chez les Grecs un des principaux sujets de la poësie lyrique, comme on peut s'en assurer par la plus grande partie des ouvrages de Simonide, de Pindare, d'Euripide, &c.

Toutes ces précautions pour perpétuer le souvenir des victoires remportées par les Athletes, ne sembloient pas encore suffisantes dans l'esprit des peuples, & ils crurent devoir recourir à l'art des Sculpteurs, pour transmettre aux siecles à venir la figure & les traits de ces mêmes hommes, qu'ils regardoient avec tant d'estime & d'admiration. On érigeoit des statues en l'honneur des Athletes victorieux, surtout des Olympioniques, dans le lieu même où ils avoient été couronnés, quelquefois aussi dans celui de leur naissance, & c'étoit ordinairement la patrie du vainqueur qui faisoit les frais de ces monuments. Ces statues chez les Grecs représentoient les Athletes nuds depuis le temps qu'ils avoient cessé de se couvrir d'une espece d'écharpe ou de ceinture, & on avoit grand soin que ces statues ne fussent pas plus grandes que le naturel. Les Sculpteurs s'appliquoient à leur donner la même attitude & le même geste que les Athletes avoient eu dans le combat dont ils étoient sortis victorieux. On élevoit aussi de ces monuments aux chevaux, à la vîtesse desquels les Athletes étoient redevables de la couronne Agonistique (1).

Les inscriptions qui accompagnoient les statues des Athletes, marquoient leur nom, leur pays, le genre & l'époque de leur victoire, le prix qu'ils avoient remporté, &c. Parmi les statues d'Athletes qui décoroient Olympie, on en trouvoit plusieurs de jeunes enfants (2) qui avoient mérité le prix aux Jeux publics. Suivant Pausanias, on avoit dès la trente-septieme Olympiade, établi des prix pour la course & pour la lutte des enfants Athletes; ce qu'on étendit au pugilat dans la quarante & unieme Olympiade, & au pancrace dans la cent quarante-cinquieme. Les Eléens retrancherent bientôt aux enfants ce dernier combat. Plutarque dit que ces petits champions aux Jeux Olympiques entroient en lice les premiers pour chaque espece de combat, & étoient relevés par des hommes faits.

Les honneurs qu'on rendoient aux Athletes s'étendirent jusqu'à les regarder comme des Héros, & leur offrir en conséquence des sacrifices. On voit dans l'histoire plusieurs exemples de cet excès, qui seroient trop longs pour les rapporter ici.

DU PUGILAT.

Le Pugilat, le plus rude & le plus périlleux de tous les combats Gymniques, fut d'abord cultivé par les Grecs, qui le perfectionnerent au point d'en former un art particulier, & d'y introduire des regles & des finesses, dont on pouvoit s'instruire sous des maîtres. Amycus, Roi de Bebrycie, qui se disoit fils de Neptune & de la Nymphe Mélié, & Epéus qui se rendit célebre au siege de Troye par la construction du cheval de bois, furent,

---

(1.) Pausanias parle d'une statue élevée pour célebrer une Cavale nommée *Aura*, qui avoit sans conducteur procuré la victoire à son maître, après l'avoir jetté par terre.

(2) Les Grecs admettoient les enfants aux combats Athlétiques, depuis l'âge de douze ans jusqu'à celui de seize & dix-sept,

suivant

suivant Platon, les inventeurs du Pugilat. Cet exercice fut succeſſivement admis dans tous les Gymnaſes de la Grèce, ſans excepter ceux des Lacédémoniens avant qu'ils fuſſent aſſervis aux loix de Lycurgue. On le reçut auſſi dans la plûpart des Jeux qui ſe faiſoient pour le ſimple divertiſſement (1), pour honorer les morts (2), ou pour quelque cérémonie religieuſe. Cependant quelle que fût la célébrité de cet exercice Athlétique, il n'eſt entré aux Jeux Olympiques, ſi l'on en croit Pauſanias, que dans la vingt-troiſieme Olympiade.

Il y avoit deux ſortes de Pugilat, ou du moins quelque différence dans la maniere dont les Athletes combattoient. Ils avoient la tête & les poings abſolument nuds dans la premiere, & dans l'autre, ils couvroient leurs poings d'armes offenſives appellées *Ceſtes*, & leur tête d'une eſpece de calotte deſtinée à garantir les temples & les oreilles de la force des coups. Vraiſemblablement on n'employa d'abord au Pugilat que les ſeuls poings, & l'on ne commença à les armer de Ceſtes, que lorſqu'on fit un métier de cet exercice. Cette invention paroît néanmoins fort ancienne, puiſqu'Homere & les deux Poëtes (3) qui ont décrit le Pugilat de Pollux & d'Amycus, donnent des Ceſtes aux Athletes qu'ils veulent célebrer.

Les Ceſtes étoient des eſpeces de gantelets, ou plutôt de mitaines, compoſées de pluſieurs courroies ou bandes de cuir médiocrement larges, entrelacées de maniere qu'elles couvroient exactement le deſſus de la main, de même que les premieres phalanges des doigts. Quelques-unes de ces courroies en ſe croiſant paſſoient deſſous la paulme de la main, & avec quelques autres de celles qui garniſſoient le deſſus, s'attachoient par pluſieurs circonvolutions autour du poignet & de l'avant-bras. Les bandes de cuir qui couvroient la partie ſupérieure de la main étoient quelquefois paralleles entr'elles, & quelquefois croiſées, & diverſement entrelacées les unes dans les autres. On fabriquoit les Ceſtes d'un cuir plus ou moins dur, ſelon l'uſage auquel on les deſtinoit. Tantôt on n'y employoit que de ſimples courroies, tantôt on fortifioit ces courroies par pluſieurs plaques ou boſſettes de cuivre, de fer ou de plomb qui en rendoient la ſuperficie raboteuſe. Ces derniers Ceſtes étoient réſervés pour les Jeux Gymniques; les autres ſervoient aux Athletes qui s'exerçoient dans les Gymnaſes. Les Grecs déſignoient ces ſortes d'armes par quatre noms différents, ſçavoir, *Meilicha*, *Sphæra*, *Imantes* & *Myrmeces*. Les *meiliques* qui étoient les anciens Ceſtes en uſage chez les Grecs, n'étoient qu'un ſimple lacis de courroies très-déliées, qui enveloppant uniquement la main, dans le creux de laquelle on les attachoit, laiſſoient le poignet & les doigts à découvert. Il n'eſt pas facile de déterminer quels étoient les Ceſtes nommés *ſphæræ*; mais différents paſſages d'anciens Ecrivains ont fait conjecturer à M. Burette, que ces ſpheres Athlétiques n'étoient autre choſe que de petits ſacs ou fourreaux qui couvroient les poings de l'Athlete, & qui ſe lioient au tour des poignets. Ce ſçavant Académicien penſe que ces Ceſtes parmi les Athletes n'étoient autre choſe que ce que les

---

(1). Homere dans ſon Odyſſée raconte que le Pugilat étoit du nombre des autres Jeux, dont Alcinoüs, Roi des Phéaciens, donna le ſpectacle à Ulyſſe.

(2) On voit dans l'Iliade d'Homere qu'il fait partie des Jeux funebres célébrés à la mort de Patrocle.

(3) Théocrite & Apollonius de Rhodes.

LES GRECS.

fleurets font aujourd'hui parmi nous, c'est-à-dire, que lorsque les Grecs s'exerçoient entr'eux au Pugilat dans les Gymnases, les spheres leur tenoient lieu de véritables Cestes, qui étoient réservés pour les combats publics, & qui étoient ordinairement renforcés de métal. Les Cestes le plus en usage étoient les *imantes*, qui signifient à la lettre des courroies. Ces Cestes étoient faits de cuir de bœuf non corroyé, mais desséché, & par conséquent très-dur. Les *myrmeces* étoient ainsi appellés, parce qu'on ressentoit dans les parties qui en étoient frappées des picotements semblables à ceux que causent les fourmis. Les armes défensives dont les Athletes se servoient pour le Pugilat, se réduisoient à des calottes à oreilles faites d'airain, afin d'amortir en quelque sorte la violence des coups. A l'égard du terrein sur lequel les Athletes devoient combattre, il étoit toujours sec, plain & uni.

La premiere chose que faisoient les Athletes, lorsqu'ils se trouvoient en présence, étoit de s'affermir sur leurs pieds, d'élever leurs bras à poings fermés à la hauteur de leur tête, de les étendre en avant, en arrondissant le dos & les épaules, & de mettre par cette attitude leur tête à couvert des coups de poing. Comme ils combattoient en plein air, c'étoit un avantage pour l'un des antagonistes que l'autre fût tourné de maniere qu'il eût le soleil en face, & chacun employoit toute son industrie pour se procurer la situation la plus favorable. Ils se mesuroient des yeux réciproquement, & les regards fixement attachés l'un sur l'autre, ils mettoient toute leur attention à découvrir quelqu'endroit foible & moins défendu, par lequel ils pussent attaquer avec succès & porter des coups efficaces. Quelquefois ils en venoient d'abord aux gourmades, & se chargeoient rudement dès l'entrée du Pugilat. Quelquefois ils passoient des heures entieres à se harceler & à se fatiguer mutuellement par l'extension continuelle de leurs bras; chacun frappant l'air de ses poings, & tâchant par cette sorte d'escrime, d'empêcher les approches de son adversaire. Lorsqu'ils se battoient à outrance, ils en vouloient surtout à la tête & au visage, & c'étoient aussi ces parties qu'ils prenoient le plus de soin de garantir, soit en se dérobant aux coups, soit en les parant. D'un autre côté, quelqu'envie qu'ils eussent de pousser à bout leur antagoniste, & de l'étourdir par la violence des coups, ils devoient pour leur propre sûreté, garder en cela quelque ménagement, de crainte qu'en se laissant emporter à l'ardeur de vaincre, & faisant agir dans cette vûe toute la pesanteur & l'impétuosité de leurs poings, la subtilité d'un adversaire qui cherchoit à esquiver, ne leur fît donner du nez en terre. Cet accident arrivoit quelquefois, & tournoit pour l'ordinaire à l'avantage de l'Athlete qui se trouvoit sur ses pieds.

Quelqu'acharnés que fussent les combattants l'un contre l'autre, l'épuisement où les jettoit une trop longue résistance, les réduisoit souvent à la nécessité de faire quelque treve. Ils suspendoient donc de concert le Pugilat pour un peu de temps qu'ils employoient à se remettre de leur fatigue, & à essuyer la sueur dont ils étoient tout trempés. Aussitôt après ils revenoient une seconde fois à la charge, & continuoient à se battre jusqu'à ce que l'un des deux, laissant tomber ses bras de foiblesse & de défaillance, fît connoître qu'il succomboit à la douleur, ou à l'extrême lassitude, & qu'il demandoit quartier. Il y avoit des Athletes qui, pour ôter à un adverſaire l'excès de confiance où l'auroit mis une connoiſſance trop exacte de tous ſes avantages, ſçavoient lui cacher leurs diſgraces, en diſſimulant à propos les plus vives douleurs, & Elien raconte l'hiſtoire d'Eurydamas de Cyrene, qui, en pareille occaſion, ayant eu les dents briſées d'un coup de point n'en fit rien paroître au dehors, mais avala ſes dents avec le ſang qui ſortoit de la playe, & par cette ruſe vainquit celui qui venoit de le bleſſer ſans le ſçavoir, & qui perdit courage peu de temps après un coup qui devoit le rendre victorieux dans cette eſpéce de combat. Les Juges ne pouvoient point décider quel étoit le vainqueur, & il falloit qu'un des Antagoniſtes avouât lui-même ſa défaite, & demandât quartier, ſoit de vive voix, ſoit par quelqu'autre ſignal.

Comme les Athletes ne ſortoient preſque jamais du combat, appellé Pugilat, ſans être eſtropiés & qu'ils y couroient ſouvent riſque de la vie ; cet exercice étoit avec raiſon le moins eſtimé de tous, & il ſemble qu'on devoit avoir beaucoup de mépris pour des hommes aveuglés juſqu'au point de ſacrifier, à l'acquiſition d'une vaine couronne, ce qu'ils avoient de plus cher & de plus précieux. Quelquefois on les voyoit tomber morts, ou mourants ſur l'arene, & pour l'ordinaire ils ſe retiroient le viſage tellement défiguré, qu'ils en étoient preſque méconnoiſſables, & en devenoient difformes le reſte de leurs jours. Les Poëtes eux-mêmes, loin de célebrer les Athletes, vainqueurs au Pugilat, les badinoient ſur leur difformité, & on trouve dans l'Anthologie Grecque pluſieurs épigrammes à ce ſujet. Néanmoins quelque décrié que fût le Pugilat en général, quelques Athletes s'y diſtinguerent d'une maniere à mériter d'avoir de grands Orateurs pour Panégyriſtes.

DE LA LUTTE.

La Lutte, chez les Grecs de même que chez les autres peuples, étoit dans ſes commencements un exercice groſſier, où la peſanteur du corps & la force des muſcles avoient la meilleure part. La Lutte conſidérée dans cette premiere ſimplicité, peut paſſer pour un des plus anciens exercices ; car il y a lieu de croire que les hommes dans tous les temps ont cherché à s'opprimer les uns les autres, ou à ſe venger de quelque injure par les coups. Ils commencerent ſans doute à ſe colleter & à ſe battre à coup de poings, avant que de mettre en œuvre des armes plus offenſives. Telle étoit la Lutte dans les ſiécles héroïques de la Grece. Anthée & Cercyon lui donnerent naiſſance, & Théſée fut le premier, ſuivant Pauſanias, qui joignit l'adreſſe à la force dans cet exercice. Il établit en conſéquence des écoles publiques nommées Paleſtres, où des maîtres enſeignoient aux jeunes gens l'art de lutter avec avantage. Comme la Lutte fit partie des jeux Iſthmiques rétablis par Théſée, & qu'elle fut admiſe (1) dans la plus grande partie de ceux qu'on

(1) Au rapport de Pauſanias, la lutte faiſoit partie des Jeux Olympiques dès le temps de l'Hercule de Thebes ; mais depuis ce Héros, la célébration de ces Jeux fut fort négligée. A leur rétabliſſement par Iphitus, les différentes eſpeces de combats n'y rentrerent que ſucceſſivement, & la lutte n'y fut admiſe que dans la dix-huitiéme Olympiade. Les jeux Pythiens la reçurent dans la quarante-huitieme, & on ignore en quel temps elle s'introduiſit dans les Jeux Néméens.

LES GRECS.

célebroit en Grece & ailleurs, les Athletes n'oublierent rien pour s'y rendre habiles. Le defir de remporter les prix, rendit ingénieux à imaginer de nouvelles rufes & de nouveaux mouvemens, & par ce moyen la Lutte fe perfectionna, & devint un exercice qui faifoit également paroître la force, la bonne grace & l'adreffe des combattans.

Les Grecs pratiquoient dans leurs Gymnafes jufqu'à trois fortes de Lutte, fçavoir, celle où on combattoit de pied ferme, celle où on fe rouloit fur l'arene, & celle où les Athletes n'employoient que l'extrêmité de leurs mains, fans fe prendre au corps comme dans les deux autres efpéces. Dans la premiere forte de Lutte, qu'on peut appeller perpendiculaire, les Athletes étoient ainfi que dans les autres, appareillés deux à deux, & il fe faifoit quelquefois plufieurs Luttes en même temps. A Sparte les perfonnes de différent fexe luttoient les unes contre les autres, & Athenée obferve que la même chofe étoit en ufage dans l'Ifle de Chio. Le but qu'on fe propofoit dans cette forte de Lutte, où on combattoit de pied ferme, étoit de renverfer fon adverfaire, & afin de faire valoir l'adreffe des Lutteurs, on préparoit le terrein fur lequel ils devoient combattre, & on avoit foin qu'il fût gliffant & couvert de boue. Les Athletes employoient toujours la force & la rufe dont ils étoient capables, & cherchoient réciproquement à s'empoigner les bras, à fe tirer en avant, à fe pouffer & à fe renverfer en arriere, à fe donner des contorfions & à s'entrelacer les membres, à fe prendre au collet & à fe ferrer la gorge jufqu'à s'ôter la refpiration, à s'embraffer étroitement & fe fecouer l'un l'autre, à fe plier obliquement & fur les côtés, à fe prendre au corps & s'élever en l'air, à fe heurter du front comme les beliers, & enfin à fe tordre le cou. Parmi les tours de foupleffe & les rufes ordinaires aux Lutteurs, c'étoit un avantage confidérable de fe rendre maître des jambes de fon antagonifte & de lui donner ce qu'on appelle le croc en jambe. Telle étoit la premiere efpece de Lutte qui fe terminoit par la chûte ou le renverfement de l'un des deux adverfaires. La feconde efpece de lutte avoit lieu, s'il arrivoit que l'Athlete terraffé entraînât fon Antagonifte dans fa chûte, foit par adreffe, foit autrement. Alors le combat recommençoit de nouveau, & ils luttoient couchés fur la terre, fe roulant l'un fur l'autre, & s'entrelaçant en mille façons, jufqu'à ce que l'un des deux gagnant le deffus contraignît fon adverfaire à demander quartier & à fe confeffer vaincu. La troifiéme efpece de Lutte dans laquelle les Athletes ne fe fervoient que de l'extrêmité de leurs mains, confiftoit à fe croifer les doigts en fe les ferrant fortement, à fe pouffer en joignant les paulmes des mains, à fe tordre les doigts, les poignets & les autres jointures des bras, fans feconder ces divers efforts par le fecours d'aucun autre membre, & la victoire demeuroit à celui qui obligeoit fon concurrent à la lui céder. Les prix propofés aux Lutteurs dans les jeux publics ne leur étoient accordés qu'à certaines conditions. Il falloit, pour être digne de la palme, combattre trois fois de fuite & terraffer au moins deux fois fon Antagonifte (1).

(1) Pour avoir une idée plus diftincte de la maniere de combattre à la lutte, on peut voir la defcription de celle d'Ajax & d'Ulyffe dans l'Iliade d'Homere, L. 23. v. 708. Celle d'Hercule & d'Acheloüs dans Ovide, vers 31. & fuiv. Celle d'Hercule & d'Anthée dans la Pharfale de Lucain, L. 4. vers 612. Celle de Tydée & d'Agyllée dans la

DU PANCRACE.

Le Pancrace étoit composé de la Lutte & du Pugilat ; de sorte que les Athletes, en combattant, pouvoient employer les secousses & les ruses pratiquées dans toutes les espéces de Lutte, & emprunter le secours de leurs poings, de leurs pieds & même de leurs dents & de leurs ongles. Comme on vient de voir en quoi consistoient la Lutte & le Pugilat, je crois qu'il est inutile de me répéter ici, en faisant le détail de ce qui regarde le Pancrace, & je vais maintenant passer à la Course.

DE LA COURSE.

On voit par les ouvrages des anciens Poëtes, & par différents monuments historiques, que la Course tenoit le premier rang entre tous les exercices que les Athletes cultivoient avec tant soin. Outre l'avantage de sortir de cette espece de combat, sans être exposés à un danger évident, tous les Athletes pouvoient mériter des applaudissements pour leur agilité, & les vaincus, à cet égard, participoient à la gloire du vainqueur. D'ailleurs les variétés que reçut cet exercice, amusoient plus longtemps & plus agréablement les spectateurs. L'ouverture des Jeux Olympiques se faisoit toujours par la Course, qui en fit même d'abord toute sa solemnité. Les spectacles du Cirque, si célebres chez les Romains, ne furent dans leur origine que différentes sortes de courses, auxquelles on joignit ensuite les autres combats Athlétiques à l'exemple des Grecs.

Les courses pratiquées dans les Jeux publics se divisoient en trois especes principales, sçavoir, la course des chars, la course à cheval & la course à pied. Chacune de ces especes avoit aussi ses différences, qui se tiroient non seulement du nombre des combattants & de la longueur de la carriere, mais encore des circonstances particulieres à chaque sorte de course. Dans la premiere, les chars prenoient divers noms, suivant la forme qu'on leur donnoit. Les uns avoient des chevaux pour attelages, les autres n'avoient que des mulets, & ces attelages étoient de deux, de trois, ou de quatre de ces animaux. Dans la course à cheval, tantôt l'Athlete ne conduisoit que celui qu'il montoit, tantôt il en menoit un second à la main, & sautoit alternativement de l'un sur l'autre, avec tant d'adresse & de légéreté, que la course n'en étoit point interrompue. Les Athletes qui couroient à pied étoient nuds pour l'ordinaire, & quelquefois ils étoient armés. Comme la course à pied étoit la plus simple, la plus naturelle & la plus ancienne de toutes, je vais en donner un détail plus circonstancié. Elle étoit admise dans la Gymnastique militaire & dans la médicinale ; 1º. parce qu'on la jugeoit nécessaire aux hommes quand ils vouloient poursuivre ou fuir leurs ennemis ; & 2º. parce qu'on pensoit qu'elle étoit utile pour la conservation ou le rétablissement de la santé. Les différents reglements établis au sujet de la course dans ces deux Gymnastiques étoient, à peu de chose près, les mêmes que ceux qu'on observoit dans la Gymnastique Athlétique ; je ne

---

Thébaïde de Stace, L. 6. v. 847. & enfin celles que plusieurs autres Ecrivains ont décrites.

LES GRECS.

parlerai que de cette derniere, & rapporterai de suite, 1°. quels étoient les lieux destinés aux courses; 2°. le régime, la préparation & l'équipage des coureurs ; 3°. Les loix qu'ils devoient observer entr'eux lorsqu'ils disputoient le prix ; & 4°. enfin., le dénombrement & la description des différentes sortes de course à pied usitées en cette occasion.

Lieux destinés aux courses.

On donnoit en général chez les Grecs, le nom de stade (1) à l'endroit où les Athletes s'exerçoient entre eux à la course, & à celui où ils combattoient pour les prix. Le premier étoit proprement cette partie des Gymnases dans laquelle le peuple s'assembloit pour être spectateur des divers exercices Athlétiques qui s'y pratiquoient tous les jours, sans qu'on s'y proposât d'autre but que l'acquisition d'une plus grande habileté. Ce lieu, suivant la description que Vitruve en fait, étoit disposé de maniere qu'on pouvoit y voir commodément les combats des Athletes. Il étoit beaucoup plus long que large, étoit arrondi par l'une de ses extrêmités, & garni de plusieurs gradins sur lesquels on s'asseyoit. Le stade, pris pour la lice ou pour la cariere où on combattoit pour les prix, étoit ordinairement formé par une levée ou une espéce de terrasse. La longueur du stade varioit suivant les lieux, & celui d'olympie étoit de six cents pieds. Il surpassoit tous les autres stades, composés d'un pareil nombre de pieds, précisément de la quantité dont le pied d'Hercule excédoit celui d'un homme ordinaire ; car le stade olympique n'avoit point eu d'autre mesure que le pied de ce Héros.

Les stades avoient trois différentes parties, qui étoient l'entrée, le milieu & l'extrêmité de la carriere. L'entrée ne fut pas toujours la même, & porta quatre noms, parce qu'elle reçut des changements autant de fois. Le premier nom qu'on lui donna ne désigna autre chose que l'endroit d'où partoient les coureurs. On marqua ensuite cet endroit par une seule ligne, & il prit un nom en conséquence. A cette ligne on substitua, ou on joignit

(1) Le lieu destiné pour les courses de chars s'appelloit Hippodrome, & étoit beaucoup plus spacieux que le stade. Suivant M. de la Barre, qui a fait une dissertation à ce sujet, on choisissoit dans les premiers temps, de grandes plaines pour ces courses. Dans la suite il y eut des places déterminées, & au rapport de plusieurs Ecrivains, les Hippodromes d'Olympie, d'Athènes & sans doute tous les autres, continrent quatre stades en longueur sur un stade de largeur. La barriere de l'Hippodrome d'Olympie avoit quatre cents pieds de long : large à son entrée, elle se rétrécissoit peu à peu vers l'Hippodrome, où elle se terminoit en éperon de navire. On voyoit dans toute sa longueur à droite & à gauche des remises sous lesquelles se rangeoient les chars & les chevaux, chacun dans celle que le sort lui avoit assignée. Ils y demeuroient enfermés par de longues cordes tendues d'un bout à l'autre de la cour, & lorsque ces cordes s'abattoient, les chars en sortant de chaque côté, alloient en deux files occuper leurs places dans la carriere, où ils se rangeoient tous sur une même ligne. La forme de la carriere étoit un quarré long, à l'extrémité duquel étoit la borne placée au milieu de la largeur, qui dans cet endroit se trouvoit beaucoup diminuée. On tournoit plusieurs fois autour de cette borne, & c'étoit en cette occasion que les coureurs montroient le plus d'adresse, parce qu'il y avoit du danger à serrer de trop près la borne, où le char auroit pû se briser, & qu'en cherchant à s'en éloigner, les autres gagnoient un terrein considérable. Aussi a-t-on vu un grand nombre de chars renversés contre la borne, ou accrochés & brisés les uns par les autres. Les Juges & ceux qui présentoient le prix, étoient assis à l'une des extrêmités de la place, à côté de l'endroit où se terminoit la course. L'enceinte de la place étoit fermée par un mur à hauteur d'appui, ou par une simple barricade, le long de laquelle se rangeoient les Spectateurs.

par fucceffion de temps une petite éminence, ou une efpece de gradin, ce qui occafionna encore un nouveau nom. Enfin le quatrieme tira fon origine de la forte de barriere qui fut ajoutée à la ligne & au petit gradin; & qui fut mife pour mettre un frein à la fougue & à l'impatience des coureurs. Cette barriere n'étoit quelquefois qu'une fimple corde tendue fuivant la largeur du ftade. Quelquefois cette barriere étoit de bois, & on l'ouvroit en laiffant tomber la tringle de bois, ou en lâchant la corde qui fermoit l'entrée de la lice, & la chûte de l'une ou de l'autre étoit une efpece de fignal qui avertiffoit les coureurs de partir. Le milieu du ftade étoit remarquable, parce qu'on y plaçoit ordinairement les prix deftinés aux vainqueurs. L'extrêmité du ftade avoit auffi plufieurs noms, les uns qui lui étoient communs avec l'entrée, & les autres qui lui étoient particuliers. Quoique ces derniers fe prennent fouvent l'un pour l'autre, ils ne laiffent pas que d'avoir différentes acceptions.

LES GRECS.

Il y a lieu de croire que les Gymnaftes, ou ceux qui étoient chargés du foin des coureurs, veilloient principalement à éloigner & à prévenir tout ce qui pouvoit diminuer la légereté & la vîteffe de ceux qu'ils exerçoient. Le plus grand obftacle à ces deux qualités eft fans contredit la mauvaife conftitution de la rate, c'eft-à-dire le gonflement & l'endurciffement de cette partie; & les Athletes en étoient fi perfuadés qu'ils mettoient tout en ufage pour éviter les fâcheux inconvéniens où les auroit jettés une rate mal difpofée. Les remedes intérieurs, le fer, le feu, les topiques, rien n'étoit oublié, & les coureurs, foit en vûe du gain qu'ils attendoient de leur légereté à la courfe, foit dans l'efpérance des prix Agoniftiques, aimoient mieux fouffrir les opérations les plus cruelles, que de rifquer de perdre la gloire d'être couronnés. Les Athletes qui devoient courir dans les Jeux publics, ne fe contentoient pas de s'être précautionnés contre les maladies de la rate, en leur oppofant un régime & des remedes convenables, ils avoient foin de fe préparer à ces Jeux, en s'exerçant à la courfe fur un terrein couvert d'un fable fort épais. Le peu de réfiftance que faifoit ce fable, où les pieds des Athletes enfonçoient à chaque pas, contribuoit à leur dénouer les jambes, à rendre ces parties plus agiles, & à les endurcir contre les fatigues d'une courfe laborieufe & de longue haleine. Cet exercice leur faifoit trouver plus de facilité à courir fur un terrein plus ferme & plus uni, tel que celui de la carriere qu'ils devoient fournir pour mériter le prix.

Régime des coureurs.

Lorfqu'il étoit queftion d'entrer en lice, les Athletes avoient recours à une derniere préparation, qui confiftoit à fe faire frotter d'huile par tout le corps. Ces onctions leur étoient utiles par trois raifons; 1°. parce qu'elles rendoient leurs mufcles plus fouples, en augmentant la chaleur de ces parties & en donnant plus de mouvement aux liqueurs; 2°. parce que l'huile bouchant exactement les pores de la peau, fermoit l'entrée au froid extérieur, & par conféquent préfervoit de l'engourdiffement les cuiffes & les jambes, rifque d'autant plus à craindre pour ces Athletes, qu'ils commençoient à courir avant le lever du foleil, & faifoient, fuivant le rapport de Paufanias, l'ouverture des Jeux publiques. 3°. Ces onctions empêchoient la trop grande diffipation des efprits, en tenant les pores moins difpofés à les laiffer échapper, & par-là elles ménageoient aux coureurs le fond néceffaire pour

Leur préparation.

Les Grecs.

leur vigueur & leur agilité. Homere, dans la description qu'il nous a laissée de la course, qui fait partie des Jeux funebres de Patrocle, ne parle point de ces onctions. Virgile, dans son Enéide, garde aussi le silence à ce sujet; mais il ne s'agit dans l'un & l'autre de ces Poëtes, que des Jeux particuliers, où les Athletes couroient habillés, au lieu que dans les Jeux solemnels de la Grece les coureurs étoient nuds, & que les onctions paroissent avoir toujours été l'accompagnement de cette nudité.

Leur équipage.

Les Jeux publics offroient en spectacle deux sortes de coureurs, les uns nuds, les autres armés. La nudité des premiers n'étoit pas totale; car ils portoient aussi certaines ceintures ou écharpes, & garnissoient leurs pieds de chaussures destinées particulierement pour la course. On ne sçait pas précisément quelle étoit la forme de cette chaussure; mais il est vraisemblable que c'étoit une espece de bottine, de guêtre ou de brodequin qui couvroit le pied & une partie de la jambe, sans ôter à l'un & à l'autre la liberté de leurs mouvements. Les Athletes qui couroient armés se nommoient *Hoplitodromes*, & leurs armes étoient au moins le casque, le bouclier & des especes de bottines. Quelquefois l'armure étoit complette, & quoiqu'on eût soin de la rendre légere, elle ne laissoit pas que d'appesantir les coureurs, & de rendre cette sorte de course plus difficile que les autres. Les Hoplitodromes, suivant Pausanias, ne furent admis aux Jeux Olympiques que dans la soixante-cinquième Olympiade & cinq Olympiades après, c'est-à-dire dans la vingt-troisieme Pythiade; ces Athletes eurent entrée aux jeux Pythiques. Pindare fait aussi mention de ces coureurs armés, à l'occasion des Jeux Néméens, ce qui feroit croire que cette espece de course y trouvoit sa place. En entrant dans la carriere les Athletes se rangeoient tous sur la même ligne en quelque nombre qu'ils fussent; cependant ils tiroient au sort la place qu'ils y devoient occuper, & avant qu'on leur donnât le signal pour partir, ils préludoient, pour ainsi dire, par divers mouvements qui réveilloient leur souplesse & leur légereté. Ils se tenoient en haleine par de petits sauts & par de petites incursions, qui étoient comme autant d'essais de l'agilité & de la vitesse de leurs jambes.

Loix prescrites aux coureurs.

Aussitôt que le signal étoit donné, les Athletes partoient, & il ne leur étoit point permis de se procurer la victoire en poussant de la main leurs concurrents, ou en les jettant par terre. Ils ne devoient point non plus les prendre par les cheveux pour les tirer en arriere, & par ce moyen chercher à les devancer plus aisément. Quant aux accidents imprévus, tels qu'une glissade qui renversoit un des coureurs, dont la chûte inopinée faisoit quelquefois tomber celui qui le suivoit immédiatement, les autres pouvoient sans scrupule profiter de l'occasion, & en tirer tout l'avantage qu'elle leur offroit. Afin qu'on puisse se former une idée plus distincte d'une course athlétique, je vais rapporter la description qu'Homere en fait dans son Iliade. « D'abord, dit-il, se présentent Ajax, fils d'Oïlée, le sage Ulysse, & Antiloque, qui en vitesse surpassoit tous les jeunes gens. Ils se rangent sur la même ligne. Achille leur marque le but de leur course qui étoit du double stade. Bientôt le fils d'Oïlée devance tous ses rivaux; mais Ulysse le suit d'aussi près qu'une femme qui devide sa laine, passe son fuseau près de son sein. Il couvre de ses pieds les vestiges du premier avant

que

» que la pouffiere s'en éleve, & fon haleine fe répand autour de la tête
» d'Ajax. Tous les Grecs favorifent par leurs acclamations l'ardeur d'Ulyffe
» pour la victoire. Ils tâchent d'augmenter la rapidité de fa courfe par leurs
» exhortations. Déjà les coureurs avoient prefque fourni leur carriere, lorf-
» qu'Ulyffe adreffe en fon cœur des prieres à Minerve : Déeffe, lui dit-il,
» venez au fecours de mes pieds. Il dit, & Minerve l'exauçant, lui com-
» munique une nouvelle légéreté aux pieds, aux mains & à tous les mem-
» bres. Comme ils font fur le point de gagner le prix, Ajax pouffé par Mi-
» nerve, gliffe en paffant fur un endroit couvert du fumier des taureaux
» qu'Achille avoit immolés à Patrocle, & en tombant, il s'emplit de ce
» fumier le nez & la bouche. Ulyffe le devance & enleve le prix, &c.

LES GRECS.

Il y avoit différentes fortes de courfes à pied en ufage chez les anciens. La Gymnaftique médicinale en reconnoiffoit de trois efpeces, la courfe en avant, la courfe en arriere & celle qui fe faifoit en rond. Les Médecins attribuoient à chacune certaines vertus particulieres, foit pour la confervation de la fanté, foit pour la guérifon de diverfes maladies. Dans la Gymnaftique des Athletes on en comptoit auffi de trois fortes par rapport à la longueur de la carriere, fçavoir, la courfe du Stade, la courfe appellée *Diaule*, & celle qu'on nommoit *Dolique*.

Dans la courfe du ftade, il n'étoit queftion que de parcourir une feule fois l'étendue de cette carriere, à l'extrémité de laquelle le prix attendoit le vainqueur, & les Athletes qui la fourniffoient, s'appelloient ordinairement *Stadiodromes*. Cette courfe, comme la plus fimple de toutes, fut la premiere admife dans les Jeux publics.

De la courfe du ftade.

Il falloit dans la courfe nommée *Diaule*, que les Athletes qu'on appelloit *Diaulodromes* parcouruffent deux fois la longueur du ftade, c'eft-à-dire qu'après avoir atteint le but, ils revinffent à la barriere. Le ftade étoit arrangé pour cette efpece de courfe ; on en partageoit la largeur en deux parties égales, de telle forte qu'il y avoit à l'une des extrémités un efpace vuide, qui laiffoit les Athletes tourner librement autour de la borne, pour gagner la feconde allée de la lice, par où ils regagnoient la barriere. Telle étoit la difpofition du Diaule, non feulement pour la courfe à pied ; mais auffi pour la courfe à cheval & pour celle des chars. La courfe du *Diaule* étoit fort ancienne chez les Grecs, puifqu'Homere, en décrivant les Jeux funebres de Patrocle, parle de deux courfes de cette efpece, l'une de chars & l'autre à pied. Cependant elle ne commença à faire partie des Jeux Olympiques que dans la quatorziéme Olympiade, & pour l'ordinaire les Athletes, qui couroient, étoient armés.

De la courfe nommée *Diaule*.

La courfe nommée Dolique, & inftituée, felon Eufebe, dans la quinziéme Olympiade, étoit la plus longue de toutes les courfes Agoniftiques. Quoique la longueur du *Dolique* furpaffât de beaucoup celle du ftade, il ne laiffoit pas néanmoins que d'être renfermé dans l'enceinte de celui-ci. Il y a donc lieu de croire que cette courfe ne fe mefuroit point par une feule ligne droite, mais qu'elle confiftoit à pouvoir tourner plufieurs fois autour de la borne, & qu'elle étoit compofée de plufieurs *Diaules*. Il n'eft pas facile au refte de déterminer précifément la longueur de cette courfe ; car les anciens Auteurs ne font pas d'accord à ce fujet. Le Scholiafte d'Ariftophane

De la courfe nommée Dolique.

Tome VI, M m m

& Suidas la font de vingt ſtades. Le même Suidas dans un autre endroit, ainſi que Pindare, dit que dans cette eſpece de courſe on tournoit douze fois autour de la borne, ce qui ne pouvoit ſe faire qu'en parcourant vingt-quatre ſtades, par diverſes allées & venues. Enfin d'autres Ecrivains ſont encore entr'eux de différents ſentiments, touchant la longueur du *Dolique*.

Il y avoit auſſi à Olympie une courſe de filles, pendant la fête qui ſe célebroit tous les cinq ans en l'honneur de Junon. Les filles qui devoient courir, étoient diſtribuées en trois claſſes; les plus jeunes couroient les premieres, & les plus âgées après toutes les autres. Ces courſes ſe faiſoient dans le ſtade; mais par rapport à la foibleſſe du ſexe, on bornoit la courſe à cinq cents pieds.

DU DISQUE OU PALET.

L'exercice du diſque ou palet fut, ſans doute, comme les autres, inventé dans la vûe d'augmenter la force & la liberté des mouvements du corps. Pauſanias en fait remonter l'origine (1) au temps de Perſée, fils de Danaé, & il en attribue l'invention à ce jeune Héros. Cet exercice s'introduiſit bientôt par toute la Grece, & il étoit déjà fort connu, lorſqu'on fit le ſiége de Troye, ſi l'on en peut croire Homere qui en fait mention dans ſon Iliade (2) & dans ſon Odyſſée. Les Jeux Olympiques, dans leur premiere inſtitution par Hercule, étoient compoſés de ſix ſortes de combats terminés par celui du palet. Ces Jeux ceſſerent pendant quelques années, comme on l'a vû plus haut, & lorſqu'ils furent rétablis, le palet n'y fut pas admis auſſitôt. Il n'y rentra que dans la dix-huitieme Olympiade, & on ne propoſa aucun prix particulier pour les Athletes qui ne ſignaleroient leur force & leur adreſſe que dans cette ſeule eſpece de combat. Dans les autres grands Jeux de la Grece, ſçavoir, les Pythiques, les Iſthmiques & les Néméens, le diſque ne fut auſſi reçu que comme faiſant partie d'autres exercices.

Le diſque étoit une maſſe très-peſante faite de bois, de pierre, & plus ordinairement de métal, c'eſt-à-dire de fer ou de cuivre. Les Grecs avoient un terme particulier pour déſigner un diſque de fer, & Homere en décrivant les Jeux funebres de Patrocle, parle d'un diſque de cette eſpece. Il y avoit des diſques qui n'offroient aux yeux que des maſſes informes;

---

(1) On pourroit placer les commencements de cet exercice dans les temps fabuleux, ſi l'on s'en rapportoit à Ovide & à pluſieurs autres Ecrivains, qui racontent qu'Apollon jouant au palet avec le jeune Hyacinthe, le bleſſa mortellement au viſage avec le diſque qu'il avoit lancé; mais cette origine eſt trop douteuſe pour y faire quelque fond, & l'opinion de Pauſanias paroît la plus ſûre & la meilleure. Voici ce que cet Hiſtorien nous apprend de Perſée. Ce Héros, après ſes expéditions militaires, ſe rendit à Lariſſe, où Acriſe ſon ayeul s'étoit retiré depuis quelque temps. Perſée, dans le deſſein de s'attirer l'eſtime d'Acriſe, & de faire en même temps éclater ſon habileté à l'exercice du diſque, dont il étoit l'inventeur, voulut lui en donner le ſpectacle devant une nombreuſe aſſemblée. Acriſe ſe trouva malheureuſement à la portée du palais que ſon petit-fils venoit de lancer, & il en reçut le coup fatal qui lui ôta la vie. Pauſanias ajoûte que Perſée, honteux de regner dans Argos après un tel accident, fit un échange de cette ville contre les Etats de Megapenthe, ſon couſin germain, & qu'il bâtit la ville de Mycènes, qui devint dans la ſuit une des plus célebres de la Grece.

(2) Iliad. L. 2. v. 774. & L. 23. v. 826. Odyſſ. L. 8. v. 129.

mais à l'égard des autres, suivant la description que Lucien en fait, ils étoient de figure ronde, semblable à un petit bouclier, & d'une surface si polie qu'ils ne donnoient presque point de prise. Leur forme étoit lenticulaire, c'est-à-dire, plus épais dans le milieu que sur les bords. On employoit quelquefois des disques de pierre percés d'un trou, par lequel on passoit une corde qui servoit à les lancer avec plus de force & de facilité.

LES GRECS.

Les Athletes, qui faisoient profession de l'exercice du disque, étoient appellés *Discoboles* par les Grecs. Leurs préparations au combat, & l'équipage dans lequel ils s'y présentoient, étoient sans doute variés ; car plusieurs monuments les représentent avec des tuniques, & divers passages de différents Auteurs donnent lieu de croire qu'ils étoient nuds, comme pour la lutte, la course, &c. A l'égard des onctions des Discoboles, elles ne pouvoient être en usage lorsqu'ils étoient vêtus ; mais elles se pratiquoient dans les cas où ces Athletes étoient nuds, ce qui arrivoit toujours dans les Jeux publics. Ovide rend un témoignage assez décisif de cette circonstance, en racontant la maniere dont Apollon & Hyacinthe se préparerent à l'exercice du disque. Il les fait dépouiller l'un & l'autre de leurs vêtements, & se rendre la peau luisante en se frottant d'huile avant le combat. On sçait d'ailleurs que les onctions, par la concentration de la chaleur & des esprits, étoient propres à augmenter la force & la souplesse des muscles. Or les Discoboles, à qui ces deux qualités étoient absolument nécessaires, ne devoient donc point les négliger.

Discoboles.

Les Discoboles, afin de rendre le palet moins glissant, & de le tenir plus ferme, avoient soin de le frotter de sable ou de poussiere, ainsi que la main qui le soutenoit. Ils le jettoient en l'air de deux manieres, quelquefois perpendiculairement, pour essayer leur force, & d'ordinaire en avant, dans le dessein d'atteindre au but qu'ils se proposoient. De quelque façon qu'ils lançassent cet instrument, ils le tenoient en sorte que son bord inférieur étoit engagé dans la main & soutenu par les quatre doigts recourbés en devant, pendant que sa surface postérieure étoit appuyée contre le pouce, la paulme de la main & une partie de l'avant-bras. Lorsqu'ils vouloient pousser le disque, ils prenoient la posture la plus propre à favoriser cette impulsion, c'est-à-dire, qu'ils avançoient un de leurs pieds, sur lequel ils courboient tout le corps, ensuite ils balançoient le bras chargé du disque, lui faisoient faire plusieurs tours presque horisontalement pour le chasser avec plus de force ; & enfin le poussoient de la main, du bras & pour ainsi dire de tout le corps qui suivoit en quelque sorte la même impression. Alors le disque échappé s'approchoit de l'extrémité de la carriere, en décrivant une ligne plus ou moins courbe, suivant la détermination qu'il avoit reçue en partant de la main du Discobole.

Suivant les témoignages qui nous restent de l'Antiquité touchant les Jeux Agonistiques, il est certain qu'il n'y avoit point de but déterminé pour le Disque, & qu'on n'y mettoit d'autre borne que celle que l'Athlete le plus vigoureux de la troupe prescrivoit lui-même par la chûte de son palet. On voit par conséquent qu'un Discobole avoit besoin de force pour réussir, puisqu'il ne s'agissoit que de pousser son Disque par-delà ceux de ses concurrents. On regardoit chez les Grecs, la portée d'un Disque poussé

Regles prescrites aux Discoboles.

460 INTRODUCTION A L'HISTOIRE

LES GRECS. par une main robuste; comme une mesure suffisamment connue, & on désignoit par-là une certaine distance, de même que nous en exprimons une par une *portée de mousquet*. On n'ose assurer que les Discoboles qui concouroient pour le prix se servissent tous du même Palet; mais on doit le présumer, si l'on fait attention à un grand nombre de passages des Anciens, où il est fait mention de cet exercice. Homere & Stace disent qu'on avoit soin de marquer exactement chaque coup de Disque en y plantant un piquet, une fleche, ou quelque chose d'équivalent; ce qui prouve qu'il n'y avoit qu'un seul Palet pour tous les antagonistes. Stace seul fournit une autre circonstance touchant cet exercice, c'est qu'un Athlete, à qui le Disque glissoit de la main dans le moment qu'il se préparoit à le lancer, étoit

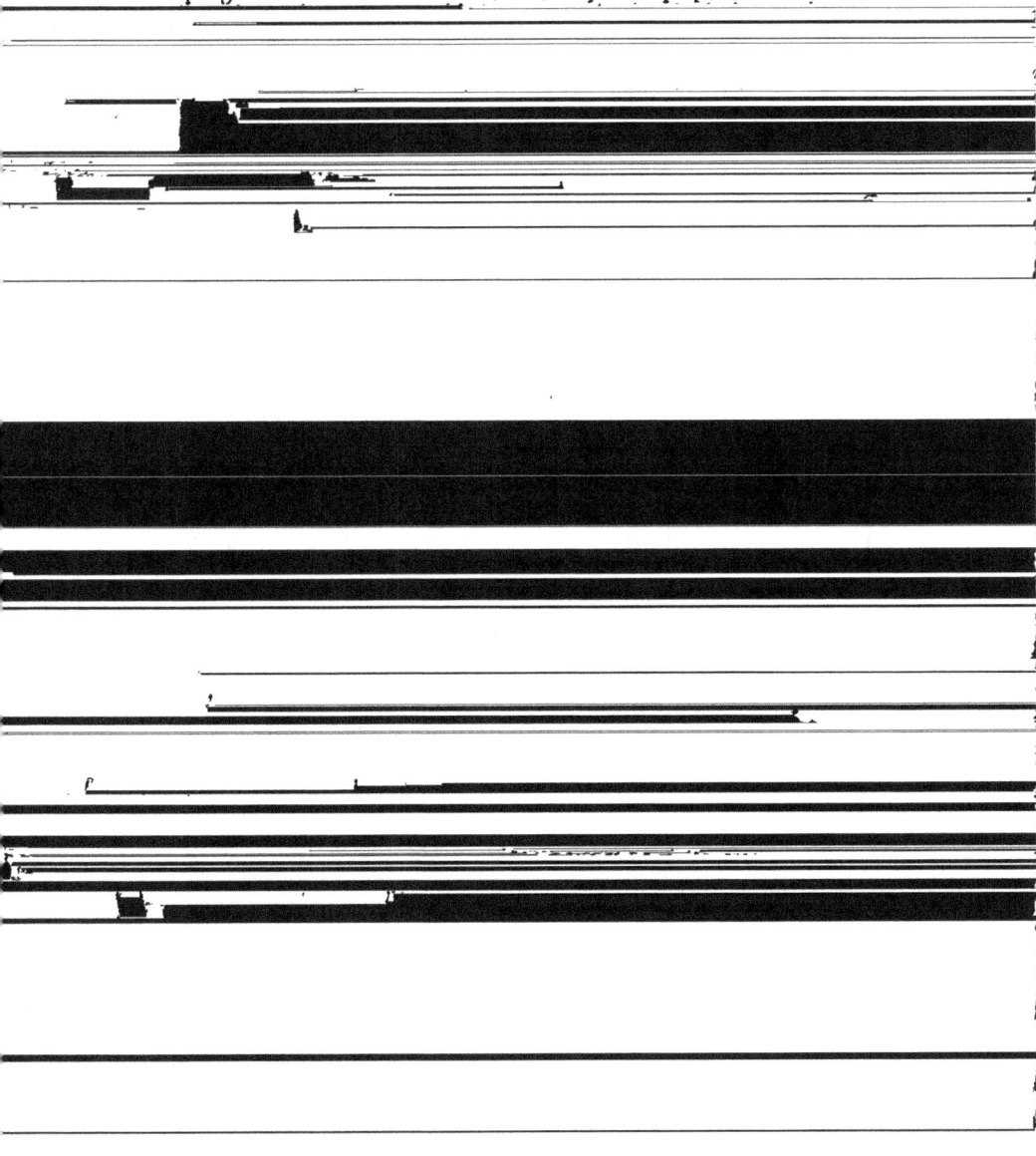

premiers établi des forges sur le Mont Ida, & qui porterent les arts & le culte des Phrygiens dans la Grece. Diodore & Paufanias donnent le nom d'Hercule à ce Dactyle. M. Freret, dans fes fçavantes recherches fur la Chronologie de l'hiftoire de Lydie (1), nous apprend fur la foi de plufieurs anciens Ecrivains, qu'il y avoit fix cents ans entre la premiere Olympiade vulgaire, & la fondation des fêtes en l'honneur de Jupiter par le Dactyle Hercule. Cette fondation, fuivant le même Académicien, eft fixée à l'an 1474. avant J. C. & 192. avant la prife de Troye.

Hercule, fils d'Alcmene, après la défaite d'Augias paffa par Olympie, & affifta aux Jeux funebres célebrés en l'honneur de Pélops fon bifayeul maternel. Ce fut alors qu'il inftitua les Jeux & l'Affemblée d'Olympie, & qu'il en regla toutes les cérémonies. Cette feconde inftitution, ou plutôt l'origine de la forme des Jeux & des loix qu'on y obferva, peut fe rapporter, fuivant M. Freret, à l'an 1346. avant J. C. & 64. avant la prife de Troye. Les différents combats qui faifoient partie des Jeux des Grecs étoient peu communs pour la plûpart avant le fiége de Troye. Quelque temps après le fac de cette ville les peuples de la Doride firent une irruption dans la Grece, & on fut obligé de ceffer la célébration de toute efpece de Jeux. Peut-être eût-on entierement perdu la mémoire des exercices qui y étoient pratiqués, fi Homere qui, à la plus heureufe imagination, joignoit l'érudition la plus étendue, ne les eût fait revivre dans fes Poëmes. Il y avoit plus de quatre cents ans d'écoulés depuis la prife de Troye, lorfque Lycurgue vit les ouvrages d'Homere, & en connut tout le prix. Il ne fe contenta pas de les admirer, il voulut qu'on en profitât. En conféquence, il les apporta dans le Péloponnefe, fit part de fon projet à Iphitus, un des defcendants d'Oxylus, & de concert avec lui, il établit en Elide des Jeux femblables à ceux qu'Homere a fi magnifiquement décrits.

Les Jeux Olympiques furent rétablis par Iphitus, quatre cent huit ans après la prife de Troye, & huit cent foixante & quatorze avant l'Ere Chrétienne. Alors ces Jeux prirent une forme réguliere, & on eut foin de les policer par de bonnes loix. Leur célébration étant devenue exactement périodique (2), les Grecs commencerent à compter par Olympiades. On inftitua des Paleftres ou Gymnafes, & des Maîtres d'exercices. On créa des Juges ou Directeurs, qui furent appellés Helladoniques (3), & dont la fonction étoit de préfider aux Jeux, d'y maintenir l'ordre & la difcipline, & d'adjuger le prix à ceux qui l'avoient mérité. Il faut obferver que tous les combats ne rentrerent pas à la fois dans la célébration des Jeux Olympiques. Une trop longue difcontinuation avoit prefque fait perdre la mémoire des dif-

rare dans la Grece, parce que ces mêmes Dactyles en avoient apporté du plant. Telle fut, fuivant quelques-uns, l'origine de ces Jeux, qui devinrent dans la fuite fi célebres, & pour lefquels les Grecs eurent tant de goût. D'autres difent que Jupiter, après la victoire qu'il remporta fur les Titans, inftitua lui-même ces Jeux à Olympie, & qu'Apollon y remporta le prix de la Courfe. Ces deux traditions étoient également accréditées parmi les Eléens du temps de Paufanias.

(1) Voyez dans la partie des Mémoires de l'Académie des Infcriptions & Belles-Lettres. Vol. V. pag. 311.

(2) La célébration des Jeux Olympiques fe renouvelloit au bout de quatre ans révolus, & duroit ordinairement cinq jours.

(3) Il eft parlé de ces Juges & des Maîtres d'exercices dans l'article qui concerne les Athletes.

férents exercices qui avoient été autrefois en usage, & ils ne furent admis qu'à mesure qu'on se les rappella. On commença par la course à pied, comme celui de tous qui étoit le plus naturel & le plus ancien. On rétablit ensuite la lutte, le ceste, le pancrace, & enfin les courses de chars & celles de chevaux.

Le grand nombre de personnes qui accouroient de toutes parts pour assister à la célébration des Jeux Olympiques, sembloit devoir rendre plus glorieuse la victoire des Athletes, & cette idée donnoit à ces derniers une émulation qui servoit à augmenter le plaisir des spectateurs.

JEUX ISTHMIQUES.

Les Jeux Isthmiques, ainsi nommés, parce qu'on les célébroit dans l'Isthme de Corinthe, furent d'abord institués en l'honneur de Mélicerte ou Palémon, Dieu marin, par Sisyphe, Roi de Corinthe, & voici quelle en fut l'occasion. Ino femme d'Athamas, Roi d'Orchomene, voulant éviter les fureurs de son mari qui la poursuivoit, se jetta dans la mer avec son fils Mélicerte. Neptune en fit, dit-on, deux Divinités marines. Ino prit le nom de Leucothoé ou Leucothée, & son fils fut nommé Palémon. Cependant le corps de ce dernier ayant été jetté sur le rivage fut trouvé par Sisyphe, qui eut soin de l'ensevelir. Quelque temps après une peste violente ravagea cette contrée, ce qui obligea le Roi de Corinthe de consulter l'Oracle. La réponse fut, que le mal ne cesseroit que lorsqu'on auroit célébré des Jeux funebres en l'honneur de Mélicerte. Les Corinthiens ne se presserent pas d'obéir, & la peste recommença de nouveau. Sisyphe eut recours une seconde fois à l'Oracle, qui lui répondit la même chose que la premiere fois. Pindare ajoute que des Nymphes de la mer donnerent des ordres pareils à Sisyphe; de sorte que ce Prince fut obligé d'instituer les Jeux Isthmiques. Ces Jeux qui furent d'abord célébrés pendant la nuit ressembloient moins à des spectacles qu'à des mysteres nocturnes, & par la suite ils cesserent entierement, à cause des vols & des meurtres qui se commettoient sur le grand chemin de l'Isthme de Corinthe.

Thésée après avoir purgé toute la Grece, & en particulier l'Isthme de Corinthe, des brigands qui l'infestoient, rétablit les Jeux Isthmiques; mais il les consacra à Neptune, & les fit célébrer pendant le jour. Il les rendit plus magnifiques qu'ils ne l'avoient été auparavant, ce qui fait qu'on peut en quelque sorte le regarder comme le premier instituteur de ces Jeux. Le service que Thésée avoit rendu aux Corinthiens lui donnoit le droit de leur demander des preuves de leur reconnoissance, & il exigea que les Athéniens à la célébration des Jeux Isthmiques seroient assis au premier rang, & qu'entre leurs sieges & ceux des autres on laisseroit autant d'espace qu'en pourroit contenir la voile du vaisseau qui les auroit amenés d'Athènes.

Pline & Solin prétendent que les Jeux Isthmiques se célébroient tous les cinq ans, c'est-à-dire, après quatre années révolues; & Pindare qui paroît plus instruit sur cette matiere, marque expressément qu'on les célébroit tous les trois ans. On ignore le mois & le jour de cette célébration; mais il y a lieu de conjecturer que c'étoit en Automne. Les prix qu'on y distribuoit, varierent selon les temps. Les couronnes furent d'abord faites de pin, ensuite d'ache seche, & enfin, suivant Plutarque, on revint dans les derniers temps aux couronnes de pin.

Les Corinthiens étoient les Juges naturels des Jeux Isthmiques, & ils jouirent de cette prérogative jusqu'au temps où Lucius Mummius prit Corinthe. Alors le droit de présider aux Jeux fut transféré aux Sycioniens, qui le conserverent pendant plusieurs années. La ville de Corinthe ayant été par la suite rétablie dans ses priviléges, les Corinthiens reprirent l'intendance de ces Jeux, & en furent possesseurs tant que subsisterent les Jeux, qui furent entierement abolis vers le temps du regne de l'Empereur Hadrien.

JEUX NÉMÉENS.

Les Jeux Néméens établis par les Argiens dans la ville de Némée se célebroient tous les trois ans vers le solstice d'hyver en l'honneur d'Ophelte, autrement appellé Archemore. Quelques-uns croyent qu'ils furent plutôt institués pour honorer Jupiter. Quoi qu'il en soit, ces Jeux, ainsi que les autres de la Gréce, consistoient en cinq sortes d'exercices, & les vainqueurs étoient couronnés d'ache. Ceux qui croyent que les Jeux Néméens étoient célébrés en l'honneur d'Ophelte, attribuent leur institution à l'aventure suivante. Hypsipile fuyant de Lemnos, où les Lemniennes vouloient la faire mourir pour avoir sauvé la vie à son pere Thoas, fut prise par des pirates & vendue à Lycurgue, Roi de Thrace, & en particulier de Némée. Ce Prince quelques années après lui confia son fils Ophelte; mais cet enfant fut piqué par un serpent dans le temps qu'Hypsipile étoit allée montrer une fontaine aux Argiens qui alloient à la guerre de Thebes, & ces mêmes Argiens établirent les Jeux Néméens en mémoire de cet évenement, & donnerent à Ophelte le surnom d'Archemore.

JEUX PYTHIQUES.

On prétend que les Jeux Pythiques dans leur origine ne furent institués que pour y chanter les louanges d'Apollon; & Pausanias raconte qu'on y proposoit des prix pour la poësie & pour la musique. Cette poësie consistoit dans des Hymnes en l'honneur d'Apollon : on les chantoit au son de la lyre ou de la cithare, & le vainqueur pour prix de son adresse avoit une simple couronne faite de branches de laurier. Cette coutume subsista d'abord quelque temps, & enfin les Jeux discontinuerent jusqu'à la seconde année de la quarante-septieme Olympiade, qu'Euryloque, à l'occasion de la victoire signalée qu'il venoit de remporter sur les Crisséens, institua les diverses sortes de combats Pythiques, qui furent depuis en usage. En donnant une nouvelle forme aux Jeux Pythiques, & en les faisant célebrer avec plus de pompe & de magnificence qu'ils ne l'avoient été jusqu'alors, Euryloque ajouta aux anciens combats de joueurs de cithare, de nouveaux combats de joueurs de flute & de musiciens qui chantoient des Odes avec l'accompagnement ordinaire de la lyre, ou du moins avec celui de la flute. Il joignit aussi à ces derniers combats, ceux qui étoient déjà pratiqués dans les autres Jeux de la Grece, & afin d'exciter davantage l'émulation entre les combattants: les prix qu'il assigna aux vainqueurs en tout genre furent des sommes payables, les unes en or, les autres en argent, & ces sommes provenoient du butin qui avoit été fait sur les Crisséens. On célébra donc alors pour la premiere fois dans les campagnes de Delphes tous les mêmes Jeux qu'on voyoit à Olympie, à l'exception des seules courses de chars, qui ne purent avoir lieu, suivant les termes formels de Pausanias. Cependant comme la course tenoit le premier rang dans les Jeux Olympiques, les Amphictyons ne crurent pas devoir priver les spectateurs de l'exercice qui leur plaisoit le plus. Dans cette vûe, ils ordonnerent qu'il y auroit deux sortes de courses à pied pour les jeunes gens; la premiere appellée Diaule (1), & la seconde nommée Dolique.

La magnificence des Jeux Pythiques célebrés à la fin de la premiere guerre sacrée servit d'époque, & depuis ce moment on commença à compter par Pythiades. A l'égard des récompenses en argent données aux Athletes vainqueurs, elles n'eurent lieu que dans la premiere Pythiade: car dès la seconde, les Amphictyons redonnerent aux Jeux Pythiques leur ancienne forme quant aux prix, c'est-à-dire, que la seule couronne de laurier servit de récompense aux victorieux dans toutes les sortes d'exercices. D'ailleurs la course des chars, qui n'avoit pas été admise dans la premiere célébration des Jeux Pythiques, y eut entrée à la seconde.

Le nombre des années d'intervalle entre une Pythiade & une autre a varié. Cet intervalle fut d'abord de huit années révolues, & par conséquent on célebroit les Jeux au commencement de chaque neuvieme année. Cet usage s'observa toujours avant la guerre sacrée, & fut conservé encore long-temps depuis cet évenement. Par la suite, comme les Grecs avoient beaucoup de penchant pour les Jeux publics, dans lesquels ils aimoient à se donner en spectacle au peuple, & à faire éclater leur force & leur adresse, les Amphictyons trouverent qu'un terme de neuf années étoit trop long, & ils le racourcirent en faveur des Athletes qui se présentoient en foule à leurs Jeux. Ils ordonnerent donc que les Jeux Pythiques se célebreroient à l'avenir tous les cinq ans, au commencement de la troisième année de chaque Olympiade; ce qui se pratiqua exactement, tant que les Jeux Pythiques subsisterent.

JEUX CARNIENS.

Il y avoit outre les quatre grands Jeux de la Grece, différents Jeux particuliers à quelques villes, & qui, quoique moins considerables & moins magnifiques que les premiers, ne laissoient pas que d'être célebrés avec assez d'appareil. On peut compter parmi ces derniers la fête instituée à Sparte en l'honneur d'Apollon dans la vingt-sixieme Olympiade. Pausanias raconte l'occasion qui fit établir cette fête, & voici ce qu'il en dit. Un Acarnanien nommé Carnus, Devin célebre, inspiré par Apollon même, ayant été tué

---

(1) Ces deux sortes de Courses sont expliquées à l'article de la Course en général.

par

par Hippotès, fils de Phylas, Apollon frappa de peste tout le camp des Doriens. Le meurtrier fut banni, & les Doriens appaiserent les mânes du Devin par des expiations ordonnées dans cette vûe sous le nom de *Fêtes Carniennes*. D'autres, continue Paúsanias, leur donnent une origine toute différente. Ils prétendent que les Grecs pour construire ce cheval de bois si fatal aux Troyens, ayant coupé sur le Mont Ida beaucoup de cornouilliers dans un bois consacré à Apollon, irriterent par cette action, le Dieu contre eux. Ils chercherent à le fléchir en établissant un culte en son honneur, & ils lui donnerent le surnom de Carnien, en transposant les lettres du nom de l'arbre (1) qui faisoit le sujet de leur disgrace. Cette fête *Carnienne* avoit quelque chose de militaire. On dressoit neuf loges en façon de tentes qu'on appelloit *Ombrages*. Sous chacun de ces ombrages soupoient ensemble neuf Lacédémoniens, trois de chacune des trois Tribus; le tout conformément à la proclamation du crieur public. Cette fête duroit neuf jours, & on y célébroit des Jeux, & on y proposoit des prix aux joueurs de cithare.

FESTES PARTICULIERES AUX ATHÉNIENS.

Les Athéniens, dont la ville renfermoit plus d'Idoles qu'il n'y en avoit dans toute la Grece, célébroient aussi un plus grand nombre de fêtes que le reste des Grecs. Je vais, d'après plusieurs Dissertations inférées dans les Mémoires de l'Académie des Belles-Lettres, rapporter le détail de quelques-unes de ces fêtes, & je commencerai par les Panathénées que M. Burette (2) a décrites en peu de mots avec beaucoup de clarté.

Ces fêtes solemnelles chez les Athéniens étoient divisées en grandes & petites Panathénées, & elles se célébroient en l'honneur de Minerve, patrone d'Athènes. Orphée & le Roi Ericthonius en furent, dit-on, les premiers instituteurs, & ensuite elles furent renouvellées & rendues plus magnifiques par Thésée, qui y ajouta quelques cérémonies. Les grandes Panathénées revenoient tous les cinq ans, & les petites de trois ans en trois ans, ou même tous les ans, selon quelques-uns. La célébration des unes & des autres qui d'abord ne duroit qu'un jour, s'étendit par succession de temps à plusieurs jours. On y proposoit des prix pour trois sortes de combats. Le premier qui se faisoit le soir, & dans lequel les Athletes portoient des flambeaux, étoit originairement une course à pied; mais elle fut changée, & devint une course équestre, & c'est ainsi qu'elle se pratiquoit du temps de Platon. Le second combat étoit Gymnique; c'est-à-dire, que les Athletes y combattoient nuds, & il y avoit pour cet exercice un stade particulier, construit d'abord par Lycurgue le Rheteur, & rétabli magnifiquement par Hérode-Atticus. Le troisieme combat institué par Periclès étoit destiné à la Poësie & à la Musique.

On y voyoit disputer à l'envi d'excellents chanteurs accompagnés de joueurs de flute & de cithare; qui célébroient les louanges d'Harmodius, d'Aristogiton & de Thrasybule. Des Poëtes y faisoient représenter des pieces

(1) En Grec le cornouillier s'écrit ainsi χράνεια.
(2) Voyez dans les Mémoires de l'Académie des Belles-Lettres, Vol. X. p. 294. & suiv.

Les Grecs.

de théâtre jusqu'au nombre de quatre (1) chacun. Les prix de ces combats étoient une couronne d'olivier & un baril d'une huile excellente, que les vainqueurs, par une grace particuliere accordée à eux seuls, pouvoient faire transporter où il leur plaisoit hors du territoire d'Athènes. Ces combats étoient suivis de sacrifices & de festins publics qui terminoient la fête. Celle des grandes Panathénées l'emportoit sur celle des petites, par une cérémonie qu'on n'observoit pas dans ces dernieres. Cette cérémonie consistoit à conduire en grande & magnifique pompe un navire orné du voile de Minerve, où la broderie représentoit les plus mémorables actions de cette Déesse & les combats des Dieux. Lorsque ce navire, accompagné du plus nombreux cortége, & qui n'alloit en avant qu'avec des machines, avoit fait plusieurs stations sur sa route, on le ramenoit au même lieu d'où il étoit parti, & qui étoit le Céramique hors de la ville. Telles étoient les particularités observées dans les Panathénées; mais si le Lecteur est curieux d'avoir plus d'éclaircissement à ce sujet, il peut, suivant le conseil de M. Burette, consulter Meursius dans son livre intitulé : *Panathenea*.

Puanepsies.

Les Puanepsies étoient une fête que Thésée institua à Athènes en l'honneur d'Apollon, à qui il devoit principalement sa victoire sur le Minotaure. Elle fut appellée Puanepsies, parce que pendant qu'on la célebroit, on avoit coutume par devoir de religion, de ne manger que des féves. Une des plus essentielles cérémonies de cette fête consistoit à ramasser & à porter dans des corbeilles toutes les différentes sortes de fruits qu'offroit la saison. On ne sçait pas positivement combien de jours elle duroit; mais il est constant qu'elle donna le nom de *Puanepsion* au mois d'Août où elle tomboit, & ce mois, suivant un ancien calendrier, répond en partie à notre mois de Septembre & en partie à celui d'Octobre.

Il y avoit aussi au nombre des fêtes Athéniennes, les Apaturies, solemnités observées pendant trois jours par le Peuple & l'Aréopage même. Les Athéniens instituerent cette fête en mémoire d'une supercherie qui leur confirma la possession du Bourg d'Œnoë, que les Béotiens leur avoient disputée (2).

Outre les fêtes dont je viens de parler, les Athéniens en avoient beaucoup d'autres, comme celles qu'ils célebroient en l'honneur des Dieux Mânes,

---

(1) Cet assemblage de Poëmes dramatiques s'appelloit *Tetralogies*.

(2) Voici de quelle maniere Conon extrait par Photius, rapporte cet évenement. La guerre, dit-il, s'étant allumée entre les Athéniens & les Béotiens au sujet du Bourg d'Œnoë qu'ils se disputoient, on convint de part & d'autre que les deux Rois termineroient ce differend par un combat singulier. Thymœtès, Roi d'Athènes, le dernier des descendants de Thésée, suivant Pausanias, déclara qu'il céderoit le Royaume à quiconque voudroit se battre contre Xanthus, Roi des Béotiens. Mélanthus accepta cette proposition, & se présenta pour en venir aux mains. Dès le commencement du combat Mélanthus vit, ou crut voir un jeune homme qui se tenoit derriere Xanthus comme pour le seconder. Aussitôt il s'écria que le Roi de Béotie s'étoit fait suivre par quelqu'un contre la foi du traité. Xanthus, qui ne méritoit pas ce reproche, tourna la tête pour voir si son ennemi disoit la vérité. Dans ce moment il fut percé d'un coup de lance, & tomba mort aux pieds de Mélanthus, qui acquit ainsi le Royaume d'Athènes, & rendit ses sujets paisibles possesseurs d'Œnoë. Dans la suite les Athéniens avertis par un Oracle, bâtirent un Temple à Bacchus *Mélanthide*, ou protecteur de Mélanthus; & lui firent des sacrifices tous les ans. Jupiter sous le nom d'*Apaturius*, ou trompeur, eut aussi part à cette fête, & il lui donna même le nom d'Apaturies qu'elle porta dans la suite.

celle des Eores, qu'ils consacrerent à la suite d'une peste & par ordre d'un Oracle, à Erigone (1), petite-fille d'Œbalus & cousine des Dioscures; celle des *Thargelies*, pendant la célébration de laquelle on sacrifioit, pour purifier la ville des victimes expiatoires, sçavoir, un homme & une femme, ou deux hommes seulement; celle des *Thesmophories* en l'honneur de Cérès législatrice. La solemnité de cette fête duroit plusieurs jours, & au troisieme jour les femmes particulierement observoient un jeûne très-rigoureux, de même qu'à la fête Eleusine; & enfin un grand nombre d'autres, dont le détail seroit trop long.

ARTICLE VII.

DES MINISTRES SACRÉS.

LA maniere d'élire les Prêtres, leurs fonctions, leurs prérogatives, leur rang, leurs devoirs étoient différents dans chaque ville de la Grece.
» Le sort décidoit du choix des uns, celui des autres étoit remis à la no-
» mination des Magistrats ou au suffrage du Peuple; quelques Sacerdoces
» étoient attachés à certaines familles, la plûpart pouvoient être remplis
» indifféremment par tous les citoyens; quelques-uns étoient perpétuels,
» plusieurs ne se conféroient que pour un temps. Ici les hommes seuls pou-
» voient posseder ces dignités; là, ils en étoient exclus; ailleurs on ad-
» mettoit les deux sexes à la fois: quelques Divinités rejettoient l'un &
» l'autre, & faisoient acheter par un cruel sacrifice le droit de leur offrir
» des victimes. Le célibat étoit ordonné aux uns, & le mariage permis à
» d'autres; mais ils ne pouvoient passer à de secondes nôces. Dans une
» ville d'Achaïe le Sacerdoce de Jupiter étoit le prix de la beauté; dans
» plusieurs Temples on l'accordoit à la naissance: à Thèbes le Prêtre d'A-
» pollon Isménien devoit joindre ce double avantage avec la force. La
» chasteté souvent indispensable, étoit quelquefois un obstacle. Chez les
» Messéniens un Prêtre qui avoit perdu son fils devenoit incapable d'exercer
» ses fonctions; à Elatée, un jeune enfant présidoit au culte de Minerve; à
» Egis, la Terre avoit un Temple, dont la Prêtresse devoit être veuve, &
» renoncer pour le reste de ses jours au mariage. Celle de Junon tenoit le
» premier rang dans Argos, & marquoit les années par son nom: mais les
» Ministres de Cybèle & de Bellone n'étoient gueres honorés que par une
» populace superstitieuse. Pendant que les autres Prêtres attachés constam-
» ment au même Temple avoient une demeure fixe, ceux-ci vagabonds

(1) Erigone, fille d'Icarius, ne sçachant ce que son pere étoit devenu, parce qu'il étoit disparu tout d'un coup, en fit tant de recherches qu'elle découvrit qu'il avoit été tué. Le regret de cette perte lui fut si sensible qu'elle se pendit de désespoir. Peu de temps après l'Attique fut désolée par une cruelle peste, & les Athéniens, sur la réponse de l'Oracle qu'ils avoient consulté à ce sujet, consacrerent la fête des Eores, & la chanson nommée Aletis à la mémoire d'Erigone.

» comme leur Déesse, parcouroient successivement toutes les contrées, trai-
» nant à leur suite les objets méprisables d'un fanatisme odieux : en un
» mot, on ne peut faire un pas dans la Grece, sans rencontrer des diffé-
» rences nombreuses sur l'article de la Religion & de ses Ministres. «

Pour connoître du moins en général les Ministres de la Religion Grecque, on peut se borner à examiner quelle étoit la nature du Sacerdoce chez les Athéniens; quelle idée ils s'en formoient, & quel rang tenoit parmi eux les hommes chargés du culte des Dieux. Athènes sur cet article doit avoir été, presque sans exception, le modele de toutes les autres villes Grecques. Elle étoit le centre de la Religion, & en quelque sorte le Temple de la Grece. Jamais peuple ne fut plus occupé du culte des Dieux que ses citoyens : il n'y avoit peut-être pas un seul jour qui ne fût marqué par quelque fête, & le culte de leur principale Divinité s'étoit répandu dans toutes les parties de la Grece, & souvent même au-delà de ses limites. Athènes enfin dans l'étendue de son territoire renfermoit le sanctuaire du Paganisme, le célebre Temple d'Eleusis.

La dignité Sacerdotale n'empêchoit pas ceux qui en étoient revêtus de pouvoir exercer les emplois les plus importants de la République, & même de commander les armées; elle étoit seulement incompatible avec les professions utiles & lucratives. Les Prêtres avoient en conséquence un revenu fixe attaché à leur place. Une partie des victimes leur appartenoit ; plusieurs d'entr'eux étoient logés dans les bâtiments qui dépendoient des Temples ; & ils recevoient un honoraire proportionné sans doute à l'importance de leurs fonctions, & au rang que tenoit dans la ville la Divinité dont ils étoient les Ministres. Il y a lieu de penser que cet honoraire se prélevoit sur les revenus des Temples. Ces revenus qui étoient souvent fort considerables, étoient de plusieurs especes.

Une des principales étoit le revenu des amendes auxquelles on condamnoit les Particuliers; amendes dont la dixieme partie appartenoit à Minerve Poliade, & la cinquantieme aux autres Dieux & aux Héros dont les Tribus portoient le nom. Outre cette espece de revenu qui appartenoit en commun aux Dieux, les Temples en avoient de particuliers : c'étoit le produit des terres consacrées aux Divinités. On sçait que rien n'étoit plus commun dans la Grece que ces fondations. Il ne s'agit pas ici des terres consacrées aux Dieux, & qui étoient condamnées à rester toujours incultes. Il ne s'agit pas non plus des terres qui appartenoient à l'Etat, & dont les bleds étoient destinés pour les sacrifices qu'on faisoit au nom & aux dépens de la République ; ni des prémices que les Parasites avoient droit de lever pour les Dieux sur toutes les terres.

Les Dieux avoient outre cela des droits qui leur étoient accordés par des conventions particulieres. La dixieme partie des dépouilles enlevées aux ennemis appartenoit aussi à Minerve. Les Dieux avoient une infinité de moyens de s'enrichir ; mais ce qui augmentoit le plus les thrésors de leurs Temples, c'étoit l'argent que les Particuliers apportoient pour s'acquitter de quelques vœux, ou pour faire offrir des sacrifices en leur nom.

Les Prêtres n'étoient ni les dépositaires, ni les administrateurs de ces revenus : leurs fonctions étoient seulement d'offrir des prieres & des victimes aux Divinités dont ils étoient les miniſtres. Il y avoit ſans doute d'autres perſonnes prépoſées pour adminiſtrer ces richeſſes ; & Ariſtote en parlant des Officiers attachés aux Temples, fait une mention expreſſe des gardiens de l'argent qui appartenoit aux Dieux. Les dépenſes qu'exigeoient les fêtes ſolemnelles, telles que les Bacchanales & les Panathénées, n'étoient point priſes ſur les revenus des Temples, mais elles ſe faiſoient aux dépens du Chorege, c'eſt-à-dire, du Chef des chœurs de chaque Tribu. Chacune en effet avoit ſon Poëte & ſes Muſiciens qui chantoient à l'envie des Hymnes en l'honneur de la Divinité. Comme la charge de Chorege excitoit à de grandes dépenſes, on choiſiſſoit toujours pour la remplir les plus riches citoyens. Cette fonction conduiſoit aux premieres places de la République, & donnoit beaucoup de crédit dans l'eſprit du peuple.

Il y avoit à Athènes dix Thréſoriers publics choiſis par le ſort, qui étoient chargés de recevoir les amendes. Ils touchoient cet argent en préſence du Sénat, & avoient le droit de modérer l'amende ou même d'en décharger, lorſqu'ils la trouvoient injuſte. La ſtatue de Minerve, celles des Victoires & les autres gages précieux de la durée de l'Etat, étoient confiés à leur fidélité. Le thréſor dans lequel on conſervoit l'argent conſacré aux Dieux, étoit dans la citadelle derriere le Temple de Minerve Poliade ; ſituation qui lui fit donner le nom d'*Opiſtodome*. Un double mur lui ſervoit d'enceinte ; il n'avoit qu'une ſeule porte, dont la clef étoit entre les mains de l'Epiſtate ou Chef des Prytanes ; dignité fort conſiderable, mais qui ne duroit qu'un jour. On gardoit dans ce thréſor un régiſtre, ſur lequel étoient inſcrits les noms de tous les débiteurs de l'Etat juſqu'au payement entier de l'amende. S'ils étoient inſolvables, on agiſſoit contre eux avec une ſéverité exceſſive, comme on le peut voir par l'exemple de Miltiade. Ces Thréſoriers ſacrés tenoient un rang conſiderable dans l'ordre des Magiſtrats deſtinés à recevoir les deniers publics. Il y en avoit pluſieurs eſpeces, comme pluſieurs ſortes de revenus. Sigonius diſtingue ces revenus en quatre claſſes, 1°. les impôts ou les revenus qui ſe tiroient des biens appartenants à l'Etat, comme les mines, les bois, les terres, les droits pour l'entrée ou la ſortie des marchandiſes, & la capitation des Etrangers ; 2°. les contributions que les villes alliées s'étoient engagées de fournir contre les Barbares après l'expulſion de Xerxès ; Ariſtide en avoit été nommé Directeur : elles formoient d'abord une ſomme aſſez modique, mais on les fit monter dans la ſuite à mille talents Attiques ; 3°. les levées extraordinaires faites ſur les Etrangers habitants d'Athènes, & ſur les citoyens, dans les beſoins preſſants, par ordre du Sénat & par l'autorité du Peuple ; 4°. enfin les amendes prononcées en jugement, dont une partie appartenoit aux Dieux, comme on l'a dit plus haut.

Il n'en étoit pas de même chez les Grecs que chez les Romains. ” Les ” Prêtres formoient à Rome un corps diſtingué qui avoit à ſa tête un ſou- ” verain Pontife, dont l'autorité embraſſoit toute la Religion. Cette dignité ” donnoit à celui qui la poſſédoit un pouvoir preſque ſans bornes. Il étoit ” le Chef de tous les Colléges ſacerdotaux, & en particulier de celui des ” Pontifes. Ces Colléges jugeoient en dernier reſſort toutes les conteſtations ” relatives au culte des Dieux ; le droit d'établir de nouvelles loix leur

» appartenoit; ils avoient l'inspection sur tous les Prêtres aussi bien que
» sur les Magistrats chargés du soin des sacrifices & des cérémonies reli-
» gieuses. Arbitres souverains de tout ce qui intéressoit la Divinité, ils en
» étoient en même temps & les Ministres & les vengeurs : c'est à leur Tri-
» bunal qu'on déféroit les crimes contre la Religion. Ce qu'ils ordonnoient
» passoit pour inviolable, & ils n'étoient obligés de rendre compte ni au
» Peuple, ni au Sénat. Le Souverain Pontife avoit même le droit de s'op-
» poser aux décrets du Sénat, dans les occasions où il croyoit son ministere
» intéressé. «

A Athènes, & dans le reste de la Grèce, les Ministres des Dieux ne for-moient point de corps séparé, & n'avoient point un Chef dont l'autorité s'étendît généralement sur tous les membres. On donnoit seulement le nom de Grand Prêtre au Chef particulier des Temples, dont les Divinités étoient en plus grande considération, comme ceux de Minerve, de Neptune, de Cérès, &c. Le pouvoir de chacun se bornoit à l'intérieur de son Temple, il n'y avoit point de Souverain Pontife qui fût le Chef de la Religion. Les Prêtres ne composant point aucun ordre distinct, ne pouvoient former un Tribunal, & par conséquent ne pouvoient être Juges en matiere de Religion. Les crimes contre le culte des Dieux n'étoient punis qu'autant qu'ils intéressoient l'Etat, & par une conséquence naturelle, leur jugement appartenoit au ministere public. De simples railleries qui ne blessoient pré-cisément que les Dieux, étoient regardées comme une chose indifférente; mais on punissoit avec rigueur ceux qui osoient attaquer le culte public, c'est-à-dire, la pompe extérieure des cérémonies, parce qu'elles étoient con-siderées comme faisant partie de la police. C'est par cette raison qu'on ne fit point d'attention aux plaisanteries d'Aristophane contre les Dieux, mais qui n'attaquoient point leur culte ; au lieu que Socrate fut condamné à mort malgré le respect qu'il avoit pour la Divinité, parce qu'il désap-prouvoit la maniere dont on les honoroit. Les accusations d'impiété n'a-voient donc lieu que lorsqu'elle se rapportoit à quelque chose de public ; auquel cas le sacrilége étoit une espece de crime mixte qui rentroit dans l'ordre civil, & dont l'examen appartenoit dès-lors à la justice ordinaire. Si quelquefois les Ministres des Dieux paroissoient dans ces occasions, ce n'étoit qu'en qualité d'accusateurs, & jamais à titre de Juges. Les Prêtres n'étoient pas même chargés de la vengeance des crimes contre la Religion, & ils ne pouvoient pas sans un ordre exprès, soit du Peuple, soit du Sé-nat, user du droit qu'ils avoient de dévouer les coupables aux Dieux in-fernaux (1).

Plusieurs se sont imaginés que les crimes de Religion étoient portés de-vant le Tribunal de l'Aréopage (2) : mais si l'on examine avec réflexion les procès de ceux qui ont été condamnés pour leur impiété, & surtout celui de Socrate, on sera bientôt convaincu par la maniere dont ils ont été instruits, qu'ils n'avoient pas été portés devant les Aréopagites. Tout indique au contraire que le Tribunal des Héliastes, espece d'assemblée du peuple, jugeoit toutes les matieres en fait de Religion.

(1). Je parlerai dans un article séparé de ces sortes d'imprécations.
(2) Je ferai mention ailleurs de ce Tribunal.

« Voici de quelle manière on inftruifoit ces fortes de procès. » L'accufateur
» citoit d'abord fa partie par le miniftere d'un Officier public, devant l'Ar-
» chonte Roi chargé de l'inftruction, & qui tenoit fes féances au Portique
» royal. Enfuite il compofoit une requête contenant fes chefs d'accufations
» qu'il alloit porter à ce Magiftrat. L'Archonte Roi n'étoit pas Juge de ces
» procès en dernier reffort, comme les autres Archontes ne l'étoient pas
» dans les affaires de leur département : feulement il avoit le droit de faire
» toutes les informations préliminaires, après lefquelles il introduifoit la caufe
» devant le Tribunal compétent, & la livroit aux Juges qui devoient en
» décider. Ces informations confiftoient à intérroger l'accufateur fur fes
» moyens ; à lui demander s'il avoit des témoins prêts à dépofer en fa fa-
» veur ; fi la préfence de quelqu'un lui étoit néceffaire, afin que tout étant
» prêt & dans les formes, les Juges n'euffent plus qu'à prononcer fur les
» difcours des Parties. Ils fe fervoient pour donner leurs fuffrages de fèves
» noires & blanches ; les noires qui marquoient les condamnations, étoient
» percées, les autres entières : deux urnes étoient deftinées à les recevoir.
» L'Archonte qui préfidoit à l'affemblée comptoit enfuite ce qu'il avoit dans
» chacune, & felon le nombre plus ou moins grand des noires, l'accufé
» étoit condamné ou abfous. Dans l'égalité des fuffrages, on décidoit en
» fa faveur. Si la fentence ordonnoit la mort, il étoit remis entre les mains
» des onze pour être conduit au fupplice. Tous ces détails fe retrouvent dans
» l'hiftoire de Socrate.
» Il y avoit une autre manière de procéder qui étoit fort en ufage à
» Athènes : c'étoit une dénonciation publique faite directement au Sénat
» ou au Peuple affemblé, par quelque citoyen que ce fût, fans l'entremife
» d'aucun Magiftrat particulier. On avoit recours à ce moyen dans tous les
» cas extraordinaires, pour lefquels il n'y avoit point de peines détermi-
» nées par les loix, & dans les affaires d'éclat qui intéreffoient la Religion
» ou le Gouvernement. Nous en voyons un exemple dans le procès d'Al-
» cibiade.
» Le Sénat prenoit auffi dans un cas particulier connoiffance des procès
» de cette nature ; l'examen de tout ce qui fe commettoit contre l'ufage &
» les loix dans la célébration des myfteres d'Eleufis, appartenoit à cette
» Compagnie. Elle s'affembloit à Eleufis le lendemain de cette fête, fe
» faifoit rendre un compte exact de tout ce qui s'étoit paffé, écoutoit les
» plaintes, foit des Prêtres, foit des Particuliers, & prononçoit en dernier
» reffort. «

Les Eumolpides, dont j'ai parlé dans les myfteres d'Eleufis, avoient, par
une diftinction fpéciale, une efpece de jurifdiction fur ce qui regardoit les
myfteres de Cérès, mais pourvu qu'il ne fût queftion que d'une affaire de
petite importance ; car s'il s'agiffoit d'une caufe d'éclat qui pût faire condamner le criminel à la mort ou à l'exil, le procès étoit renvoyé devant les
Héliaftes. Cette efpece de droit accordé aux Eumolpides, étoit plutôt attaché à leur famille qu'à la dignité facerdotale. Il paroît qu'il n'y avoit point
de loix générales portées contre l'impiété qui déterminaffent l'efpece & la
grandeur du fupplice. On en trouve la preuve fur la néceffité où fe trouverent les Juges de Socrate, de ftatuer fur le genre de peine que méritoit

fon crime. Il paroît que dans ces occasions on consultoit les Ministres de la Divinité offensée, & que leur réponse pouvoit décider quelquefois de la nature de l'action, & par conséquent de la peine qu'elle méritoit. Les divers réglements faits dans différentes circonstances ne pouvoient former un Code qui embrassât toute la Religion, qui fût capable de servir de base à la croyance des hommes, de regle à leur conduite, & de fondement aux décisions des Juges.

» Quoique les Ministres des Dieux n'eussent aucune jurisdiction à Athènes, » ni même dans le reste de la Grece, ils ne laissoient pas que d'avoir beaucoup » de crédit, & de tenir un rang considerable. Il est certain qu'ils avoient des » priviléges & des prérogatives qui les distinguoient du reste des citoyens ; » que leur ministere étoit sacré, leurs personnes inviolables; qu'on avoit » pour eux un respect proportionné à l'importance de leurs fonctions, & » au rang de la Divinité à laquelle ils étoient attachés. Le Prêtre de Bacchus » avoit la premiere place dans les spectacles; la séance des Prêtresses de » Minerve y étoit aussi fort distinguée; la place la plus honorable dans les » repas leur appartenoit de droit. Placés entre les Dieux & les Hommes, » ils recevoient une partie des hommages qu'ils étoient chargés d'adresser » aux objets de leur culte ; c'étoit un crime de les maltraiter, d'user contre » eux de la moindre violence, & le meurtrier d'un Prêtre étoit regardé » comme un sacrilége (1). «

ARTICLE VIII.

Imprécations publiques des Anciens.

LES imprécations publiques en usage chez les Grecs, & ensuite chez les Romains & chez d'autres peuples, furent originairement établis à dessein d'exclure de la société & de la participation aux avantages qui en dépendent, ceux qu'on jugeoit capable d'en troubler l'ordre & l'union. Elles étoient ordonnées en certains cas par l'autorité publique & n'avoient ordinairement pour objets que les oppresseurs de la liberté, les ennemis de l'Etat ou les citoyens impies (2). Les formules des imprécations se réduisoient toutes à attirer la colere des Dieux sur la tête de celui contre qui on les prononçoit, & les Divinités qui présidoient à la vengeance, entre lesquelles les Furies tenoient le premier rang, étoient celles qu'on invoquoit le plus généralement dans les imprécations. On leur faisoit des sacrifices, & pour y donner une sorte d'horreur, on ne les offroit pas sur des

(1) Voyez le Mémoire de M. de Bougainville sur les Ministres des Dieux à Athènes, dont ceci est tiré; Tom. XVIII. des Mémoires de l'Académie des Belles-Lettres, pag. 60. dans la partie des Mémoires.

(2) C'est suivant cet usage, que le Sénat d'Athènes, après avoir secoué le joug des Pisistratides, rendit un Décret qui ordonnoit des imprécations contre Pisistrate & ses descendants. Un pareil Décret fut publié contre Philippe, Roi de Macédoine, qui répandoit la terreur par toute la Grèce, & Alcibiade accusé d'avoir mutilé les statues de Mercure, & profané les mysteres de Cérès, subit la même peine.

autels

autels élevés, mais dans des fosses profondes, qui étoient creusées exprès. Ceux qui étoient ainsi dévoués, & qu'on croyoit mettre sous la puissance des Divinités infernales, étoient regardés comme des ennemis publics. Ils devenoient odieux à tout le monde, & on n'y pensoit qu'avec frémissement. Bannis de la société, ils n'avoient aucune part aux sacrifices, n'osoient entrer dans les Temples, & il leur étoit défendu d'assister aux assemblées du peuple. Lorsqu'ils étoient chassés de leur patrie, ils n'y étoient pas même reçus après leur mort; parce qu'on ne vouloit pas que leurs ossements fussent confondus avec ceux des citoyens, ni que leur terre natale, qu'ils avoient deshonnorée, servît à les couvrir. Il arrivoit quelquefois que ceux contre lesquels on avoit prononcé ces terribles imprécations, donnoient des preuves qu'ils ne les avoient pas méritées. Alors on les réhabilitoit, & cette cérémonie consistoit à immoler des victimes en l'honneur des mêmes Dieux, dont on avoit imploré l'assistance par les imprécations.

Les formules d'imprécations varioient suivant la nature du crime qui y avoit donné lieu. Lucien rapporte celle qui étoit usitée contre les ambitieux, dont voici à peu près les termes. *Que celui-là périsse avant la fin du jour, qui forme des desseins au-dessus de ses forces.* Lorsque les Crétois, chez qui la dépravation des mœurs étoit regardée comme la source de tous les désordres, chassoient de leur Isle un citoyen corrompu, ils ne formoient contre lui d'autre souhait, sinon qu'il fût obligé de passer sa vie hors de sa patrie, & toujours dans la compagnie de gens qui lui ressemblassent.

Quoique les imprécations fussent ordonnées par l'autorité publique, il est presque certain qu'il y entroit souvent de la passion ; du moins les cérémonies odieuses & flétrissantes qui les accompagnoient, étoient-elles plusieurs fois dictées par la haine ou la jalousie. Le Décret du Sénat d'Athènes contre Philippe, Roi de Macédoine, pouvoit être de ce nombre. Il portoit, suivant Tite-Live, que les statues qu'on avoit élevées à ce Prince seroient renversées, que tous ses portraits seroient déchirés, que son nom, & ceux de ses ancêtres de l'un & de l'autre sexe seroient effacés ; que les fêtes établies en son honneur seroient réputées des jours profanes ; que les lieux où on avoit placé quelque monument à sa gloire seroient déclarés des lieux exécrables ; enfin que les Prêtres, à toutes leurs prieres publiques pour les Athéniens, & pour leurs Alliés, seroient obligés de joindre des malédictions contre la personne & la famille de Philippe. On inféra depuis dans le Décret, que tout ce qui pourroit être imaginé pour flétrir le nom du Roi de Macédoine, seroit avoué & adopté par le peuple d'Athènes, & que si quelqu'un osoit s'y opposer, il seroit traité en ennemi de l'Etat.

Les imprécations publiques en usage chez les Grecs passerent chez les autres peuples : elles furent particulierement en vogue chez les Romains, & l'histoire nous en fournit un grand nombre d'exemples. Ces formules menaçantes (1), qu'ils mettoient sur les tombeaux pour effrayer ceux qui entreprendroient de les violer, n'étoient-t-elles pas des espéces d'imprécations sépulchrales. Au reste, la coutume des imprécations publiques-

---

(1) Voici quelles étoient ces formules. | *beat, ossa suorum eruta atque dispersa videat,*
Manes iratos habeat...., Deos iratos ha- | *si quis de eo sepulchro violarit, &c.*

s'introduisit aussi chez les Gaulois, & un passage de César nous apprend, que les Druides seuls étoient en droit de les prononcer, & que la désobéissance à leurs décisions étoit l'occasion ordinaire qui y donnoit lieu.

ARTICLE IX.
Origine des Grecs. Discussion sur les Pélasges & les Hellenes.

Origine des Grecs, suivant l'Ecriture sainte.

MOYSE, en faisant dans le dixieme chapitre de la Genèse l'énumération de plusieurs peuples & de leurs migrations, dit que *les fils de Javan peuplerent les isles des nations*. Les enfants de ce Patriarche étoient Elisa, Kettim, Tharsis & Dodanim. On ne peut parler avec certitude que des deux premiers, parce qu'on les retrouve dans d'autre livres que la Bible, & selon toutes les apparences le pays de Kettim est la Macédoine nommée Maketia par quelques Anciens, & celui d'Elisa est le Péloponnese. A l'égard de Dodanim, rien ne peut faire connoître quelle étoit la partie de la Grece à laquelle il avoit donné son nom; mais on pourroit soupçonner que les isles de la mer Egée sont désignées par celui de Tharsis.

Plusieurs passages de l'Ecriture font voir que les Juifs ne connoissoient le nom de la Grece que sous celui du pays de Javan. Daniel, en annonçant la conquête de la Perse par Alexandre, dit que la domination des Medes & des Perses sera détruite par le Roi de Javan. On sçait qu'Alexandre, avant que d'entreprendre son expédition contre Darius, s'étoit fait reconnoître chef de toute la Grece. Le nom de Javan se trouve en divers endroits d'Ezéchiel, comme celui d'un pays d'où les Phéniciens tiroient des esclaves, du cuivre & du fer; ce qui peut convenir à différents cantons de la Grece.

Au temps de l'Ecrivain du premier livre des Machabées, on donnoit à la Macédoine le nom de Kittim. Il y est dit, 1°. qu'Alexandre partit de Kittim lorsqu'il marcha contre les Perses; 2°. que Philippe & son fils Persée, tous deux Rois de Macédoine & vaincus par les Romains, étoient Rois de Kittim. Quelques interpretes ont imaginé que ce nom désignoit l'Italie, mais ils n'ont pas fait attention que du temps de Moyse ce pays ne pouvoit être tout au plus peuplé que de sauvages, & que d'ailleurs il est certain que dans la suite les Hébreux ne l'ont pas connu sous ce nom. Ezechiel, en parlant des isles de Kittim, dit que les Tyriens en tiroient une espece de bois que les Septante supposent être du bouis. Pline fait en effet mention du bouis de la Macédoine, dont les Orientaux faisoient usage. Le mot de Kittim signifie une isle & une presqu'isle: ainsi les isles de Kittim peuvent être les diverses peninsules de la Pallene, qui faisoit partie de la Macédoine. Hesychius & quelqu'autres Auteurs nous apprennent que la Macédoine prenoit quelquefois le nom de Maketia, formé de celui de Kettim.

Ezechiel parle du pays d'Elisa, du commerce que les Tyriens y faisoient, & en particulier de la pourpre qu'ils en tiroient. On sçait qu'on pêchoit fur les côtes du Péloponnefe le coquillage qui fourniffoit cette précieufe teinture. Celle d'Hermioné dans le Golfe d'Argos avoit une grande célébrité. Les Rois de Perfe en faifoient des amas, & Alexandre en trouva dans les magafins royaux à Suze le poids d'environ cent dix livres, qu'on avoit ramaffées depuis cent quatre-vingt-dix ans ; ce qui remonte à l'an cinq cent vingt-un avant J. C. c'eft-à-dire au commencement du regne de Darius. La Prophétie d'Ezéchiel eft de l'an 600. ou environ, & de fon temps la pourpre d'Hermioné étoit fort recherchée en Orient. Une partie confidérable du Péloponnefe avoit porté dès les premiers temps le nom d'Elis. Les peuples qui l'habitoient, s'imaginoient avoir été produits dans ce pays. Ils n'avoient jamais été conquis, & n'avoient point reçu de Colonie étrangere qui eût altéré leur ancienne langue Eolienne. Strabon dit qu'ils la parloient dans toute fa pureté. Ce pays étoit le feul de la Grece où il reftât quelques veftiges du culte de Saturne.

LES GRECS.

De ce que Moyfe fait Javan pere d'Elifa, de Tharfis, de Kettim & de Dodanim, on en peut conclure que dès lors le nom de *Javan* ou de *Jaon* étoit le nom commun de la nation Grecque dans l'Egypte & dans la Phénicie. Chez les Grecs il étoit celui d'un pays particulier, je veux dire de l'Attique & de l'Egialée, & peut-être d'une partie de l'Argolide, c'eft-à-dire le nom des endroits où s'établirent les premieres Colonies. Homere défigne les feuls Athéniens par cette dénomination. Il eft ordinaire de donner à tout un pays le nom du canton qu'on a d'abord découvert, & où fe font faits les premiers établiffements. De ce que le nom de Javan étoit en ufage au temps de Moyfe, il en faut encore conclure qu'il ne vient pas d'Ion, fils de Xuthus, & petit fils d'Erecthée, Roi de l'Attique, imaginé par les Grecs, & poftérieur au moins d'un fiécle à Moyfe.

Une feconde conféquence, qui n'eft pas moins affurée, c'eft que la Chronologie Grecque, qui fait remonter l'arrivée des Colonies de Cecrops, de Cadmus & de Danaüs dans la Grece, du moins jufqu'au feiziéme fiécle avant l'Ere Chrétienne, eft conforme à ce qui réfulte des livres de Moyfe, & de la Chronologie de l'Ecriture, puifqu'au temps de l'Exode arrivée l'an 1510. la Grece étoit déjà connue dans l'Egypte & dans la Phénicie, fous les mêmes noms employés par les Hébreux au temps des derniers Rois de Babylone & des Medes. A ne confiderer Moyfe, dit M. Freret, que comme un fimple Hiftorien, en faifant abftraction du refpect que la Religion nous infpire pour lui, fes livres font très-certainement ce que nous avons de plus authentique & de plus fuivi pour l'ancienne hiftoire. Ils doivent être la regle par laquelle nous jugerons de la vérité ou de la fauffeté des traditions hiftoriques de toutes les nations; & lorfqu'elles s'accorderont avec eux, je ne vois pas qu'on puiffe raifonnablement s'en écarter. Ce principe, que je crois indubitable, continue M. Freret, renverfe totalement les prétendues découvertes du Chevalier Newton, & le nouveau fyftême chronologique, par lequel il met l'arrivée des Colonies Orientales dans la Grece, & la formation des différents Peuples qui l'habitoient au temps de David, c'eft-à-dire, près de cinq cents ans après Moyfe. Il fuppofe que ce fut feulement alors que les hommes commencerent à fe réunir dans la Grece & à former des fociétés. La Genefe nous montre que dès le temps de Moyfe, les Grecs formoient différents Corps, auxquels on donnoit les mêmes noms que ceux qu'ils portoient dans les derniers temps.

Les Grecs.

Origine des Grecs, suivant ces Peuples. Les Grecs ignoroient totalement quelle avoit été leur premiere origine, parce que leurs premieres traditions ne remontoient point de l'arrivée au-delà des Colonies Orientales, & prenant à la lettre les noms des *Fils de la Terre*, ou d'*Autoctones*, que les Poëtes donnoient à leurs premiers ancêtres, ils les faisoient souvent sortir du sein même de la Terre. Les Grecs aimoient les fables, & la moindre équivoque de nom leur suffisoit pour en imaginer, & elles étoient ensuite adoptées de tout le monde quelque absurdes que fussent ces équivoques. On trouve partout des allusions à la Fable, des pierres changées en hommes après le Déluge de Deucalion. L'époque de Deucalion n'étoit pas cependant celle de la naissance des hommes, mais celle de la formation des premiers Peuples ou Cités, celle des premieres associations politiques dans la Grece Septentrionale. Avec quelque confusion que les Grecs ayent parlé de la premiere origine de leurs ancêtres, ils n'ont pu s'empêcher d'avouer que dans les premiers temps la Grece avoit été habitée par les mêmes peuples Barbares, auxquels ils refuserent dans la suite le nom de Grecs ou d'Hellenes. Hécathé de Milet, plus ancien qu'Hérodote, le disoit en parlant du Péloponnese, & Strabon démontre qu'on doit étendre cet aveu à toute l'Hellas ou pays des Hellenes. Il nomme les Thraces, les Thesprotes, les Molosses, les Chaoniens & les autres peuples Illyriens de l'Epire. On a vû qu'une partie considerable des Thessaliens étoit Thesprotes. Strabon y joint les Pélasges, les Cariens & plusieurs autres nations de l'Asie Mineure. Les Thraces, dit-il, occupent encore une partie de la Macédoine & de la Thessalie, & ils étoient autrefois en très-grand nombre dans l'Attique, dans la Dolide, dans la Béotie & dans le pays des Locriens. Le nom de Barbares donné par les Grecs à ces peuples, n'emportoit pas la signification d'hommes d'une nation & d'une langue absolument différentes. Il désignoit seulement des peuples qui ne faisoient point partie du Corps Hellenique, espece de ligue qui unissoit un certain nombre de Cités Grecques, & dont plusieurs autres étoient exclues, quoiqu'elles eussent la même origine, & qu'elles parlassent même des dialectes de la langue Hellenique. Nous voyons dans Hérodote qu'Alexandre, fils d'Amyntas, Roi de Macédoine, s'étant présenté pour combattre aux Jeux Olympiques, fut rejetté sous le prétexte que ces Jeux étoient établis *pour les Hellenes, & non pour les Barbares*. Il ne fut admis qu'après avoir prouvé que sa famille étoit Dorienne, sortie d'Argos & issue des Héraclides. Cette affaire devint un procès dans les formes, qui fut jugé par les Hellanodiques.

Les Hellenes. Cette acception générale du nom d'Hellenes étoit moins ancienne que la guerre de Troye. Thucydide observe que dans Homere ce nom ne désigne jamais le Corps entier des Grecs ligués contre les Troyens, mais seulement ceux de la Phthiotide & de la Thessalie Orientale. Apollodore, Aristarque & les plus habiles Critiques avoient adopté le sentiment de Thucydide. Ceux qui vouloient le combattre avoient seulement prouvé qu'au temps d'Archiloque on comprenoit le Corps entier des Grecs sous le nom d'Hellenes; mais ce qu'il auroit fallu montrer, c'est qu'Homere l'employoit au même sens en parlant de la guerre de Troye. On cite un passage d'Héfiode: mais ce Poëte défigne par le nom d'Hellene ou de *Pan-Hellene*, les feuls defcendants d'Hellen, dans le temps qu'ils n'occupoient encore qu'un canton de la Theffalie.

LES GRECS.

Le nom d'Hellas n'a jamais compris qu'une partie de la Grece: celle qui étoit bornée au Nord par le golfe d'Ambracia, par les montagnes de Dodone, par l'Olympe & par le fleuve Pénée. Cette divifion marquée par les anciens Géographes, eft encore fuivie dans Ptolémée, & elle a toujours fubfifté. Arrien, Plutarque & Dion Caffius diftinguent les Hellenes & les Macédoniens, & les oppofent comme deux peuples jaloux & rivaux l'un de l'autre. On fçait que les Macédoniens & les Epirotes ne faifoient qu'un même Corps. Ces deux peuples étoient d'origine Grecque, & parloient des dialectes Helléniques, quoiqu'ils ne fiffent point partie des Hellenes.

Le droit Hellenique confiftoit 1°. dans la faculté d'envoyer des Députés aux affemblées Amphictyoniques; 2°. dans celle de facrifier à Jupiter Olympien aux fêtes qui fe célebroient tous les ans à Pife fur l'Alphée; 3°. dans celle d'être admis aux Jeux qui accompagnoient cette fête, & qui fe célebroient de quatre en quatre ans.

Le droit de facrifier à Olympie & de combattre dans les Jeux étoit commun à tous ceux qui étoient iffus d'une Cité Hellenique. À l'égard du droit d'envoyer aux affemblées Amphictyoniques, il étoit reftreint, comme on l'a vû plus haut, à un certain nombre de Cités; mais il y avoit quelques-unes de ces Cités dont le nom comprenoit plufieurs peuples différents. Les Lacédémoniens, par exemple, & les autres peuples du Péloponnefe envoyoient des Députés fous le nom des Doriens. Les Athéniens étoient admis à ces affemblées fous le nom des Ioniens; & quoiqu'on ne voye pas le nom des Æoliens d'Afie au nombre des Cités Amphictyoniques, il n'en eft pas moins vrai que ces peuples étoient Hellenes, & comme tels reçus aux Jeux Olympiques. L'affemblée Amphictyonique auroit pu devenir le Confeil commun des Hellenes, fi les Grecs n'euffent pas été trop jaloux les uns des autres, & trop divifés entr'eux pour avoir de femblables vûes (1). La Diete des Amphictyons étoit moins un Confeil politique qu'une affemblée religieufe, & fa jurifdiction femble avoir été bornée à ce qui concernoit les priviléges du Temple de Delphes, & l'obfervation de certaines coutumes générales du Droit naturel & commun, qu'on ne pouvoit tranfgreffer fans bleffer la Religion.

Thucydide fait la ligue Hellénique poftérieure à la guerre de Troye, fans parler du temps auquel elle a dû être formée. Les Poëtes & les Hiftoriens Grecs ont placé dans la plus haute antiquité l'établiffement des affemblées Amphictyoniques (2). Il paroîtroit donc difficile d'en déterminer l'époque, mais on pourra trouver de grands éclairciffements à ce fujet, fi l'on fait

(1) L'opinion la plus commune fait de la Diete Amphictyonique, une efpece de Tribunal commun, & de Confeil général des Grecs; mais une lecture réfléchie détruit cette idée qui, fuivant la remarque de M. Freret, ne s'accorde pas avec le détail de l'hiftoire Grecque. On ne trouve point d'exemples hiftoriques de ces affemblées avant la guerre facrée entreprife au temps de Solon, & on ne voit pas qu'il y fût porté d'autres affaires que celles qui avoient quelque rapport à la Religion.

(2) Voy. à l'article des Amphictyons, dont j'ai parlé plus haut.

Les Grecs. attention que parmi les peuples qui avoient droit d'Amphictyonie, il n'est point parlé des Æoliens, & qu'au contraire, il est fait mention des Thessaliens. Or ces derniers étoient des Etrangers sortis de la Thesprotie pour venir occuper les pays abandonnés par les Æoliens. Donc les fêtes & les assemblées annuelles ne furent instituées qu'après le départ des Æoliens, & après que les Thessaliens se furent établis dans leur pays. D'un autre côté les Doriens sont au nombre de ces peuples qui formerent le Corps des Amphictyons. De-là on doit conclure que l'établissement de ces assemblées s'est fait avant le départ des Doriens, & après l'arrivée des Thesprotes Thessaliens, & les dates de ces deux évenements pourront fixer l'époque de l'institution des assemblées Amphictyoniques. Les Æoliens quitterent la Thessalie soixante ans après la prise de Troye, & les Doriens, conduits par les Héraclides, entrerent dans le Péloponnese quatre-vingts ans après le même évenement. Ces deux dates étant un point constant & reconnu de tous les Anciens, il est donc évident que l'établissement des assemblées Amphictyoniques se sera fait entre l'année soixante & l'année quatre-vingt depuis la prise de Troye, probablement plusieurs années après le départ des Æoliens, & depuis que les Phocéens eurent pris le parti de fermer le défilé d'un retranchement & d'une porte, pour se mettre à l'abri des courses des Thesprotes (1).

Il y avoit dans le Péloponnese une autre Diete qui portoit aussi le nom d'Amphictyonique. Elle se tenoit à Calauria, isle voisine de Trœsene, & elle étoit composée des villes d'Hermioné, d'Epidaure, de Prasire, de Nauplia dans l'Argolide, de celle d'Ægine, d'Athènes & d'Orchomene de Béotie. Comme cette derniere avoit été prise & détruite par Hercule, l'institution de cette assemblée Amphictyonique doit être antérieure à la ruine d'Orchomene, & au plus tard du temps de la jeunesse d'Hercule. Dans la suite ceux d'Argos s'étant emparés de Nauplia, ils envoyerent des Députés à cette assemblée au nom des Naupliens. Cette assemblée se tenoit dans un Temple de Neptune, & comme les Argiens avoient abandonné le culte de ce Dieu pour se mettre sous la protection de Junon, ils n'auroient pas été admis en leur nom. Les Lacédémoniens devenus maîtres de Prasire, envoyerent aussi des Députés au nom de cette ville.

L'assemblée des Thermopyles se tenoit tous les ans dans l'automne. Par la suite on ajouta une seconde assemblée, & cette derniere se tint à Delphes vers le milieu du printemps. Il ne paroît pas que cette seconde assemblée soit fort ancienne, & peut-être ne commença-t-elle qu'à l'occasion de la guerre entreprise contre les Crisséens, pour la défense des priviléges du Temple & de l'Oracle de Delphes. Suivant cette conjecture, l'assemblée des Amphictyons à Delphes seroit du même temps environ que l'établissement des Jeux Pythiens par Euryloque.

Thucydide observe qu'après la prise de Troye & le retour de l'armée

---

(1) Tel est le sentiment de M. Freret sur l'établissement des Amphictyons, dans son Mémoire encore manuscrit sur *l'origine des Grecs*, & que j'ai déjà cité. Ce passage m'avoit échappé, lorsque je composai l'article des Amphictyons. Le Lecteur, qui le trouvera ici, sera en état de comparer les différentes opinions des Sçavants sur cette matiere; mais je pense qu'il se rangera dans le parti de M. Freret.

Grecque en Europe, la Grece se trouva extrêmement agitée, & qu'elle éprouva diverses révolutions. Des nations entieres quitterent leurs anciennes demeures pour se faire de nouveaux établissements, & ceux que ces invasions forçoient d'abandonner leur patrie, se répandirent d'abord de tous côtés. Ils se réunirent ensuite en divers Corps (1); & chercherent à leur tour à s'emparer des pays qu'ils trouvoient à leur bienséance. Ces nouvelles Cités & ces nouveaux peuples composés d'hommes rassemblés de différents endroits, durent craindre que la division ne se mît entre eux dès qu'ils auroient partagé leurs conquêtes. Pour obvier à cet inconvénient, & empêcher que les villes & les cantons particuliers n'oubliassent la nécessité où ils étoient de vivre en union, on établit des fêtes, où les Députés des cantons particuliers se rassembloient tous les ans, afin d'offrir des sacrifices communs, de resserrer les nœuds de leur ancienne alliance, & de prendre des résolutions générales, lorsque les circonstances le demandoient. Hérodote nous apprend que cela arriva après la conquête de la Lydie par Cyrus; les Æoliens & les habitants des isles, que l'orage ne menaçoit que de loin, se joignirent au Corps des Ioniens pour se préparer à faire une défense commune.

Les colonies Helleniques n'étoient pas les seules qui eussent de ces assemblées annuelles; les anciens habitants de l'Asie, comme les Mysiens, les Lydiens & les Cariens, en avoient de semblables. Dans la Grece Européenne les Béotiens en établirent une après le retour des Thébains dans ce pays. Lorsque Thesée eut réuni les bourgades de l'Attique en une même ville, les Athéniens instituerent les Panathénées. Les Doriens du Péloponnese ne songerent pas d'abord à former un même Corps, & les troubles & les divisions ne cesserent à Lacédémone qu'au temps de Lycurgue. Il y a beaucoup d'apparence que ce fut dans la vûe d'établir une espece d'association entre les Grecs du Péloponnese, que Lycurgue, de concert avec Iphitus, fonda les Jeux Olympiques, & les fêtes solémnelles qui se célébroient de quatre ans en quatre ans. L'origine de ces fêtes est à la vérité beaucoup plus ancienne; mais elles ne devinrent quadriennales qu'à l'occasion des Jeux qu'on y joignit. Jusques-là elles avoient consisté simplement dans un sacrifice qui s'offroit tous les ans vers le solstice d'Eté. Peut-être fut-ce alors que le nom d'Hellenes commença à devenir d'un usage commun. Ce nom qui ne convenoit proprement qu'aux Doriens & aux peuples, ou aux familles originaires de la Thessalie, fut étendu à un grand nombre de peuples qui n'avoient aucune liaison avec eux, tels que les Athéniens, les Arcadiens, les Eléens, les Ætoliens, les Locriens. Pour avoir un prétexte de se dire Hellenes, on imagina de fausses généalogies, par lesquelles on se faisoit descendre d'Hellen. C'est apparemment ainsi que les Athéniens dériverent leur ancien nom d'Ioniens d'un *Ion*, fils de Xuthus, & petit-fils d'Hellen, quoique ce nom fût beaucoup plus ancien.

---

(1) Hérodote fait voir que les Ioniens étoient ramassés de différents cantons, & mêlés de divers peuples qui ne parloient pas le même dialecte. Il nomme les Orchoméniens, les Cadméens, les Phocéens, les Molosses, les Arcadiens, les Pélasges, les Doriens & plusieurs autres peuples.

LES GRECS,   On peut conjecturer qu'on ne commença à forger ces sortes de généalogies qu'après la conquête du Péloponnese par les Doriens, & que ce furent principalement les peuples qui vouloient participer à la gloire des Doriens qui s'occuperent de ce projet. A l'égard des Doriens, ils ne songerent qu'à se faire descendre d'Hellen, & ne chercherent pas à faire une généalogie à Dorus, fils d'Hellen, dont on prétendoit qu'ils tiroient leur nom. Platon dit que les Lacédémoniens ne rapportoient point le nom de Doriens à Dorus, fils d'Hellen, mais à un *Dorieus*, qui, après la guerre de Troye, se mit à la tête des Achéens (1), chassés du Péloponnese par Euristhée, & les rétablit dans leurs anciens domaines. Le nom des Doriens étoit cependant plus ancien que la guerre de Troye; car Homere le donne à un peuple de l'isle de Crete.

Des trois fils d'Hellen, il n'y a qu'Æolus dont la généalogie soit détaillée; & c'est de lui qu'on fait descendre le plus grand nombre des familles héroïques. Prideaux, dans ses notes sur la Chronique de Paros, fait un détail exact de ces familles. On pourroit cependant douter que tous les personnages qui composent cette généalogie, surtout ceux qu'on suppose avoir donné leur nom à des peuples entiers, soient des personnages historiques. Plusieurs paroissent avoir été imaginés & supposés après coup. Le nom d'Eolus pourroit en être un exemple. Ce nom en Grec signifie *bigarré*, ou *de diverses couleurs*. On le trouve encore employé pour signifier *changeant, errant, vagabond*. Eustathe dit que les Æoliens avoient été ainsi nommés, parce qu'ils formoient une ligue composée de plusieurs peuples mêlés. Si on donne le nom d'Æolien à tous ceux qui parloient le Dialecte Æolien, il n'y auroit gueres de peuples dans la Grece qui ne fussent compris sous cette dénomination; mais les Æoliens de l'Asie Mineure étoient les seuls dont elle fût devenue le nom appellatif. Cependant lorsqu'on parloit de la langue & de l'origine des Eléens, des Arcadiens, des Béotiens, des Ætoliens, des Phocéens, des Locriens, des Thessaliens, on disoit qu'ils étoient Æoliens, & qu'ils faisoient usage de la langue Æolienne, avec plus ou moins de pureté. Ainsi il y a beaucoup d'apparence que ce nom étoit, dans son origine, plutôt celui d'une ligue, que celui d'un homme particulier. Peut-être en faut-il dire autant des noms d'Achéus, qu'on regarde comme le Chef des Achéens, & de Dorus, qui, suivant l'opinion commune, a donné son nom aux Doriens. A l'égard d'Ion, de Thessalus, de Macédon, & de quelques autres, il est certain qu'ils sont des personnages imaginaires, dont les noms ont été formés, même assez tard, sur ceux des peuples qu'on en faisoit descendre.

Apollodore & l'Auteur de la Chronique de Paros, qui regardent le nom d'Hellene comme ayant été de tout temps le nom commun des peuples de l'Hellas, disent que les sujets de Deucalion porterent d'abord le nom de Grecs; mais Aristote assure que les Grecs étoient proprement les Thesprotes, voisins du fleuve Achelous & de l'Oracle de Dodone. Callimaque étend ce nom aux peuples de l'Epire, & même à ceux qui occupoient une

---

(1) Platon, qui n'est pas toujours exact, donne le nom d'Achéens aux Héraclides. Ce nom ne convenoit qu'aux sujets des descendants de Pélops.

partie

partie de l'Illyrie Méridionale. Lycophron l'employe en quelques occasions dans une acception générale, & ce qui peut faire penser que d'autres Poëtes anciens l'avoient pris dans le même sens, c'est qu'il est expliqué dans Héfychius par le mot *Hellenes*. Ainsi il est au moins probable que dans l'origine ces noms de *Grecs* & d'*Hellenes* étoient plutôt ceux des peuples de deux cantons particuliers que ceux de deux hommes.

LES GRECS.

Les Romains n'avoient point d'autres termes dans leur langue que celui de *Græci*, Grec, pour désigner les habitants de la Grece, & ils prenoient ce pays dans une acception très-étendue, qui renfermoit non seulement l'Hellas, mais encore l'Epire & la Macédoine. On doit observer à ce sujet que les Critiques Latins & François qui substituent le nom de *Grecs* à celui d'*Hellenes*, donnent souvent lieu à des embarras & à des équivoques qu'ils éviteroient en conservant ce dernier nom. Au lieu de dire que les Macédoniens & les Epirotes n'étoient pas Hellenes, ils disent qu'ils n'étoient pas Grecs: ce qui forme un sens tout différent, & feroit penser qu'ils auroient eu une autre origine, & qu'ils venoient d'une autre Nation que les Hellenes. Le nom de Γραικός, de Γραῖος, Grec, signifiant *ancien*, il est visible que par ces mots on a voulu seulement désigner les anciens habitants ou les naturels du pays, par opposition aux nouveaux peuples & aux Cités formées par les Sauvages, que le commerce des Colonies Orientales avoient policés.

Hésiode dit que les nouveaux sujets de Deucalion, pere d'Hellen, avoient pris le nom de *Leleges*. Locrus gouvernoit, dit-il, les Leleges que Jupiter avoit choisis entre les peuples de la Terre pour les soumettre à Deucalion. Strabon explique le mot de Lelege par ceux d'*unis*, *rassemblés*. Ainsi ce nom ne venoit point de Lelex, Héros célébré par les Poëtes; mais il étoit seulement une épithete qui désignoit des hommes rassemblés de divers endroits pour former un Corps politique.

Cette dénomination de *Leleges* ou de *Ligués* avoit été celle d'un grand nombre de peuples différents. Suivant Aristote, les Etoliens, les peuples des trois Locrides, les Béotiens, les Mégariens avoient porté ce nom dans les premiers temps. Les Poëtes l'ont souvent donné, & même dans les derniers siecles aux habitants de la Laconie. On voit dans Strabon que les anciens habitants de la mer Egée & des côtes Occidentales de l'Asie Mineure, étoient aussi appellés *Leleges*; mais ce nom qui étoit devenu trop général & trop commun, ne pouvant plus servir à distinguer ceux qui le portoient, on lui substitua les épithetes ou surnoms que chaque peuple avoit pris, ou qu'il avoit reçus de ses voisins. Homere qui ne se sert point du nom de *Leleges*, en parlant des Grecs de l'Europe, le donne à quelques petits peuples alliés des Troyens.

Thucydide qui ne croit pas que les Grecs ayent eu dans les premiers temps une dénomination commune & générale, dit que le nom de *Pélasges* étoit de tous les noms qu'ils portoient, celui qu'on prenoit dans l'acception la plus étendue. Hérodote avoit été de la même opinion. Il assure que toute l'Hellas avoit anciennement porté le nom de *Pélasgie*, & que le Corps des Hellenes n'étoit qu'un démembrement de la nation Pélasgique. Homere & Hésiode donnent le nom de Pélasges à ceux de la Thesprotie & des environs de Dodone, qu'Aristote appelle *Grecs*. On ne peut douter que ces

Discussion sur les Pélasges.

Tome VI. P p p

noms de Grecs & de Pélasges ne fussent employés dans les premiers temps pour désigner en général les premiers hommes qui habitoient le pays avant l'arrivée des Colonies Orientales.

A mesure que ces premiers habitants se policerent & qu'ils commencerent à se réunir pour former des sociétés, ils prirent des noms particuliers pour se distinguer de ceux qui continuoient de mener une vie errante & sauvage, & qui paroissoient avoir été désignés par le nom de *Pélasges*. Le nombre de ces Pélasges diminuoit de jour en jour, sans qu'il faille supposer, comme on le fait souvent, qu'ils abandonnassent leur pays pour aller s'établir ailleurs. Lorsqu'enfin tous ces anciens habitants se furent réunis en plusieurs petites sociétés, il ne fut plus question des Pélasges, parce qu'on ne donnoit ce nom qu'à ceux qui vivoient épars dans les bois sans commerce & sans union entre eux.

La Grece ne s'est policée que successivement, plutôt dans le Péloponnese & dans la Grece Méridionale, plus tard dans la Thessalie, dans la Thesprotie & dans la Béotie. C'est pour cette raison qu'on trouve encore des Pélasges dans ces derniers pays, lorsqu'on n'en voit plus dans le Péloponnese & dans l'Attique. Les habitants de l'Arcadie sont ceux qui ont porté plus long-temps le nom de Pélasges dans le Péloponnese, parce qu'ils conserverent plus long-temps que les autres la maniere de vivre des anciens Autoctones, ou premiers habitants du pays. Ils ne l'abandonnerent que vers le temps d'Arcas, petit-fils de Lycaon, selon tous les Généalogistes, & antérieur de cinq générations à la guerre de Troye. Il étoit, suivant cette généalogie, contemporain de l'ancien Minos & d'Erecthée. Ce ne fut que sous Arcas que les Arcadiens quitterent l'usage de se nourrir de glands, & qu'ils commencerent à connoître le bled. Ce même Arcas leur apprit à tisser des étoffes & à se faire des habits. On doit conclure de ceci que cent ans après Danaüs les Arcadiens cesserent d'être Pélasges, & qu'ils reçurent alors les noms sous lesquels ils ont été connus depuis.

On avoit imaginé une généalogie pour les ancêtres d'Arcas & de Lycaon, qu'on faisoit remonter jusqu'à un certain Pélasgus, qu'on disoit petit-fils de Phoronée, ou Autoctone, suivant Hésiode. Cette généalogie est rapportée diversement dans Apollodore, dans Denys d'Halicarnasse & dans Pausanias. Ce qui ne doit pas surprendre, puisqu'elle n'étoit point composée de personnages historiques, & qu'elle n'étoit liée avec aucune des familles, dont les générations sont marquées par la suite des regnes.

Les peuples de la Thessalie s'étoient policés encore plus tard. On trouve des Pélasges dans ce pays, lorsqu'il n'en est plus question dans le Péloponnese. On suppose que ceux de l'Arcadie s'étoient retirés dans la Thessalie, où leur nom a subsisté jusqu'aux derniers temps. Les habitants du canton situé entre le fleuve Pénée & la chaîne du Mont Olympe, ont toujours été appellés *Pélasgiotes*. Simonide, cité par Strabon, disoit que ces Pélasgiotes étoient des Lapythes & des Perrhœbes. Ces derniers étoient ceux que les Poëtes ont nommés Centaures.

Soixante ans après la prise de Troye, lorsque les Thébains revinrent dans la Béotie qu'ils avoient abandonnée forcément pour se réfugier dans la Thessalie, ils trouverent le pays occupé par des Pélasges & par des Thraces descendus de la Daulide, & des vallées du Parnasse. Ils vinrent enfin à bout de les soumettre ou de les chasser après une assez longue guerre. Une partie de ces Pélasges se réfugia dans l'Attique ; mais comme il n'y avoit point de terres vacantes dans le pays, ils ne subsisterent d'abord que par les services qu'ils rendoient aux habitants. Ils furent employés à la construction des murs de la haute Ville, ou de l'Acropolis d'Athènes. Ces murs conserverent le nom de *Pélasgiques* ou *Pélargiques*. Ces Pélasges obtinrent enfin un canton stérile de l'Attique au pied du Mont Hymette, où ils se retiroient, & où ils avoient placé leurs femmes & leurs enfants. Cependant les Athéniens se lasserent bientôt du voisinage de ces Barbares, car ils les nommoient ainsi, & les obligerent de chercher une autre retraite. Une partie se retira dans l'isle de Lemnos. La navigation étoit alors très-commune. Les Pélasges abuserent de la complaisance que les Minyens de Lemnos avoient eue pour eux, les chasserent de l'isle & s'en rendirent maîtres. Les Minyens se retirerent dans la Laconie ; mais s'étant bientôt brouillés avec les Doriens, une partie passa sous la conduite de Theras dans l'isle de ce nom. Le reste alla s'établir sur la frontiere de l'Arcadie & de la Triphylie.

Les Ecrivains Grecs des temps postérieurs, tels que Denys d'Halicarnasse, Diodore de Sicile, &c. jugeant de tous les Pélasges par ceux qui se réfugierent dans l'Attique, où ils formerent un peuple séparé qui alla habiter divers pays, ont supposé que tous les Pélasges étoient différentes Colonies d'un même peuple, qui sortant de l'Arcadie, avoit passé continuellement d'un pays dans un autre sans avoir aucune demeure fixe. Hérodote & Thucydide étoient d'une opinion toute opposée, & regardoient le nom des Pélasges, non comme celui d'un peuple particulier, mais comme un nom qui avoit été commun à tous les peuples de la Grece avant la formation des Cités particulieres. Hérodote assure même que les Pélasges n'ont jamais quitté les pays où ils étoient établis. C'est par cette différence qu'il les distingue des Hellenes qui ont, dit-il, souvent changé de demeure, & qui étoient un peuple vagabond, ayant habité successivement la Phthiotide, l'Estiotide, la Dryopide & le Péloponnese.

L'opinion de Denys d'Halicarnasse & celle de Diodore qui a été adoptée par le plus grand nombre des Critiques modernes les plus habiles, n'est fondée que sur de simples suppositions destituées de preuves, & qui donnent lieu à des embarras historiques, dont il est très-difficile de sortir.

1°. Comment peut-on concevoir que l'Arcadie, qui n'a qu'une étendue bornée, ait fourni un nombre de Colonies assez considerables pour remplir toute la Grece, le Continent, les Isles, l'Italie, la côte de l'Asie, &c.

2°. Par quels peuples l'Arcadie aura-t-elle été repeuplée après le départ de ces Pélasges ? car l'Arcadie a toujours été un pays très-habité, & rempli de villages, de bourgs & même de villes, en prenant ce mot dans le sens des Anciens. Lorsque les Doriens & les Æoliens eurent quitté la Thessalie, il y vint de nouveaux habitants sortis des pays voisins, de l'Epire, de l'Isle d'Eubée, &c.

3°. Comment ces Pélasges d'Arcadie auroient-ils pû se transporter jusqu'aux extrémités de la Grece, conduisant avec eux leurs femmes, leurs enfants & leurs troupeaux ; car dans ce syſtême on ſuppoſe la migration d'un peuple qui marche en Corps de Nation ? Dans le temps où les Ecrivains cités plus haut, placent ces migrations, la Grece étoit remplie de peuples & de villes déjà policées, & qui avoient ſur ces Barbares l'avantage de la diſcipline & des armes.

4°. Comment ces peuplades nombreuſes avoient-elles traverſé la mer pour paſſer dans les iſles de Crete, de Samos, de Chios, de Lesbos, & ſur les côtes de l'Aſie Mineure ? où avoient-elles trouvé des vaiſſeaux ?

Denys d'Halicarnaſſe nous a donné un long détail des prétendues migrations des Pélaſges de l'Arcadie dans la Theſſalie, dans l'Epire, & de-là dans l'Italie (1). Cet Ecrivain ſuppoſe que les Pélaſges quitterent l'Arcadie cinq générations, ou cent ſoixante ans avant Deucalion, pour paſſer dans la Theſſalie (2). Ils y trouverent d'autres Pélaſges qui s'y étoient établis, & ils les en chaſſerent. Ces anciens Pélaſges forcés d'abandonner le pays, ſe diſperſerent de tous côtés, continue Denys d'Halicarnaſſe. Une partie s'arrêta dans la Pélaſgiotide, les autres paſſerent dans la Phocide, dans la Béotie, dans l'iſle d'Eubée, dans celle de Lesbos & dans l'Aſie Mineure. L'époque du regne de Deucalion précéde les Colonies de Cadmus & de Danaüs; ainſi on peut demander à Denys d'Halicarnaſſe ſur quels vaiſſeaux les Pélaſges traverſerent-ils la mer Egée ? puiſqu'avant l'arrivée des Colonies la navigation étoit inconnue chez les Grecs ?

Le même Auteur aſſure que le plus grand nombre de ces Pélaſges ſe retira dans la Theſprotie, aux environs de Dodone ; mais que s'y trouvant trop à l'étroit, & voyant qu'ils étoient à charge à ceux qui les avoient reçus, ils réſolurent de chercher une nouvelle demeure. L'Oracle de Dodone qu'ils conſulterent leur indiqua l'Italie ſous le nom de Terre de Saturne. Remarquons ici en paſſant que l'Oracle eſt en vers, & dans un Grec qui ne paroît pas fort ancien. Les Pélaſges pour obéir à l'ordre qu'ils avoient reçu, ajoute Denys d'Halicarnaſſe, conſtruiſirent une nombreuſe flotte, ſur laquelle ils traverſerent le golfe Adriatique. Pouſſés par un vent du Midi, ils arriverent au fond du golfe & à l'embouchure du Pô, où ils bâtirent la ville de *Spina*, qui fut détruite par les Gaulois 600 ans avant J. C. Cette ville avoit à Delphes un tréſor ou une chapelle, dans laquelle on conſervoit les offrandes qu'elle envoyoit tous les ans à Apollon. Cette chapelle ſubſiſtoit encore au temps de Strabon & de Pline qui en font mention : mais il faut conclure de-là que la ville Grecque de Spina étoit bien moins ancienne que ne le ſuppoſe Denys d'Halicarnaſſe ; 1°. Si elle eût été l'ouvrage des Pélaſges de Dodone, elle auroit envoyé la dîme de ſes

---

(1) On croiroit, ajoute ici M. Freret, en liſant l'ouvrage de Denys d'Halicarnaſſe, qu'il parle d'un évenement voiſin de ſon ſiecle, & que ce qu'il écrit eſt tiré des Mémoires contemporains. C'eſt un défaut qui regne dans tout ſon ouvrage. Il parle du même ton des évenements des temps fabuleux & de ceux des temps hiſtoriques. Je ne ſçais par quelle prévention on ne juge jamais les Anciens avec la même rigueur que les Modernes. Sans cette prévention on ne regarderoit la premiere partie des Antiquités de Denys d'Halicarnaſſe, que comme un pur Roman hiſtorique.

(2) C'eſt-à-dire, ſoixante & dix ans avant la Colonie de Cécrops, lorſque Deucalion & ſon fils Hellen conduiſirent les Locriens & les Ætoliens dans la Theſſalie.

profits à ce Temple, & non à celui de Delphes. 2°. Si cette ville avoit été LES GRECS. détruite par les Gaulois vers l'an 600. avant J. C. elle auroit cessé alors, d'envoyer des offrandes à Delphes. La chapelle *Spinetique*, dont parlent Strabon & Pline, faisoit partie du Temple qui subsistoit de leur temps. Or ce Temple avoit été bâti par les Amphictyons après que l'ancien eut été entierement consumé par le feu l'an 549. avant J. C. & depuis la ruine de Spina. Cette ville n'avoit point été ruinée, comme le dit Denys d'Halicarnasse; elle existoit encore dans le temps de Philippe, pere d'Alexandre, & avoit le titre de ville Hellenique; c'est ainsi même qu'elle est nommée par Strabon, & par conséquent elle n'étoit point une ville Pélasgique. L'établissement d'une Colonie Grecque dans l'Italie est un fait constant, quoique le temps & les circonstances de son passage soient ignorés; mais Denys s'est trompé en imaginant les détails qu'on lit dans son histoire. Toutes ces différentes migrations de Pélasges ne sont en elles-mêmes que le changement successif de maniere de vivre dans les différentes contrées de la Grece, puisque ce nom, commun à tous les anciens habitants du pays lorsqu'ils étoient encore Sauvages, disparut entierement quand tous les Grecs se furent policés.

Ce ne fut pas seulement dans l'Italie que les Grecs allerent s'établir, plusieurs de leurs Colonies passerent aussi dans l'Asie Mineure.

Colonies Grecques établies dans l'Asie Mineure.

Strabon nous apprend, sur le témoignage de Philippus, Auteur d'une histoire de Carie, que le fond du langage des Cariens étoit Hellenique, & que les mots en étoient seulement altérés par une prononciation rude & grossiere. Strabon employe cette autorité, pour faire voir que l'épithete de *Barbares* donnée aux Cariens par Homere, signifie seulement des hommes qui parlent mal le Grec, & non des hommes qui parlent une autre langue. Suivant cet Auteur, les habitants de la Carie étoient des Leleges & des Pélasges, & ils avoient d'abord occupé les isles. Les Crétois prétendoient, au rapport d'Hérodote, que les Cariens étoient une bande d'aventuriers sortis de leur isle au temps de Minos, & qu'après avoir longtemps couru sur cette mer, sous les ordres de ce Prince, ils passerent en terre ferme, où ils formerent un établissement. Leur nom venoit, suivant Strabon, d'une espece de coëffure ou d'armure de tête ornée d'une aigrette, par laquelle ils se distinguoient. Les Pélasges de la côte d'Asie s'étant joints à eux, ils composerent un peuple nombreux, qui soumit une grande étendue de pays.

Hérodote dit que les Cariens se prétendoient Autoctones, ou originaires du pays; ce qui peut se concilier avec les traditions des Crétois. Les Pélasges & les Leleges d'Asie, qui s'étoient joints aux Cariens insulaires, faisoient la partie la plus nombreuse de la nation. Les Cariens racontoient que trois freres, *Mysus*, *Lydus*, & *Car*, avoient donné leurs noms aux trois peuples qui occupoient toute la partie Occidentale de l'Asie Mineure. Ces trois peuples avoient été longtemps unis, & ils envoyoient encore tous les ans leurs Députés à Mylassa en Carie, offrir un sacrifice commun à Jupiter Carien au nom des trois peuples. Ce Dieu avoit aussi des autels sous ce titre dans la Grece Européenne. Hérodote observe que les Mysiens, les Lydiens, les Cariens étoient seuls admis à ces sacrifices, & que d'autres peuples, qui parloient cependant la même langue, en étoient exclus.

Cette observation d'Hérodote prouve, 1°. que cette alliance des Mysiens, des Lydiens & des Cariens étoit une ligue ou une union politique, & qu'elle ne venoit pas seulement de ce qu'ils avoient une origine commune. 2°. Que ces trois peuples parloient une même langue, & que cette langue leur étoit encore commune avec d'autres Cités.

Homere place les Cariens au Midi du Méandre, qui semble les avoir séparés de tout temps des Lydiens. Il nomme ceux-ci Méoniens, & donne le nom de Phrygiens aux Mysiens du Mont Olympe, & de la Propontide. De-là on peut inférer, que les noms de Lydiens & de Mysiens sont ceux de deux nouvelles ligues formées depuis la guerre de Troye.

Hérodote assure que les Mysiens sont une Colonie de Méoniens. Xanthus de Lydie & Menecrates d'Elée les faisoient sortir des Lydiens, ce qui revient au même. Ils ajoutoient que le Dialecte étoit mêlé de Lydien & de Phrygien. Il étoit très difficile, au temps de Strabon, de reconnoître les anciens territoires de ces peuples, dont les limites avoient changé lors des révolutions qu'ils avoient essuyées, à cause du peu de différence qu'il y avoit entr'eux ; ce qui suppose qu'ils parloient la même langue ou du moins des Dialectes peu éloignés. Des langues absolument différentes ne se feroient pas confondues, parce que deux langues ne se mêlent ensemble que lorsqu'elles ont une sorte d'analogie. Strabon assure que les Mysiens ou Phrygiens d'Homere ressembloient beaucoup aux Thraces Bithyniens. C'étoit sans doute cette ressemblance, qui avoit fait imaginer que les Phrygiens étoient une Colonie venue de la Thrace des environs du Strymon, où on trouvoit un petit peuple nommé *Bryges* ; mais quoiqu'un grand nombre d'Ecrivains ait adopté cette opinion, il y a bien de l'apparence qu'elle n'étoit qu'une idée des Macédoniens qui avoient cherché à s'illustrer par là. Les Phrygiens, nation ancienne & nombreuse, qui occupoit une grande étendue de pays, ne pouvoient être une Colonie d'un très-petit peuple, dont on ne connoît que le nom, & dont il n'est pas possible de déterminer la position. On pourroit plutôt croire que le nom de Phrygie avoit été donné à la Mysie & à la grande Phrygie, pour désigner la nature de certains cantons de ces deux pays. Dans ces cantons, les plaines arides & brûlées étoient remplies de sources d'eaux chaudes, de souffrieres & de gouffres, d'où sortoient de la fumée & des flâmes ; plusieurs des montagnes étoient des volcans, & on voyoit que les autres l'avoient été. Stephanus nous apprend qu'en Thessalie on donnoit le nom de *Phrygie* au lieu sur lequel on disoit qu'avoit été le bucher où Hercule s'étoit brulé vivant. Les Poëtes Grecs, & après eux les Latins ont étendu le nom de Phrygie à la Troade & à la Lydie. Ils donnent le titre de Phrygiens à Pelops & à son pere Tantale, qui regnoit auprès du fleuve Hermus & du Mont Sipylus.

Les Arméniens passoient pour être une ancienne Colonie Phrygienne, au temps d'Hérodote, & il nous apprend que dans l'armée de Xerxès les Troupes de ces deux peuples formoient un seul Corps, & servoient sous le même Commandant. Eudoxe observoit que la langue Arménienne ressembloit beaucoup à la Phrygienne.

On a vû, 1°. que les Cariens, les Lydiens & les Mysiens parloient une même langue ; 2°. que le Dialecte Mysien étoit mêlé de Lydien & de Phrygien, d'où il résulte que le Lydien & le Phrygien avoient quelque analogie. Si on ajoute à cela, qu'au temps de Strabon les Pisidiens parloient encore la langue Lydienne, il résultera de tous ces faits combinés, que presque toute l'Asie Mineure, depuis la mer Egée, jusqu'aux frontieres Orientales de l'Arménie voisines des Médes, parloit une même langue partagée en différents Dialectes.

Le fond de la langue Carienne, qui étoit un de ces Dialectes, étant Hellenique, il faudra en conclure que cette langue commune & générale devoit avoir beaucoup de rapport pour le fond, avec celle des Grecs d'Europe ou des Hellenes, malgré les différences qui caractérisoient les Dialectes.

Cette conséquence sera absolument conforme à ce qui se passe dans l'Iliade d'Homere. Dans ce Poëme les Grecs parlent sans interpretes avec les Troyens & avec leurs alliés. Plusieurs Chefs des Troyens portent des noms Grecs, ou du moins des noms qu'il est facile de ramener à ceux de cette langue. De ce qu'Homere appelle barbare le langage des Cariens, quoiqu'il fût un Dialecte Hellenique défiguré, on en doit conclure qu'il a supposé que ceux dont il ne dit rien de semblable, parloient une langue encore moins altérée que celle des Cariens.

Le Grec Hellenique devint dans la suite le langage commun de toutes les villes de la Troade, de la Mysie, de la Lydie & de la Carie. Le Lydien fut même aboli, & au temps de Strabon, il ne subsistoit que dans les montagnes de la Pisidie. Xanthus, qui publia à Sardis une histoire de Lydie sous le regne du premier Darius, l'écrivit en Grec ; ce qui montre que cette langue étoit entendue, & peut-être parlée en Lydie cinquante ans au plus après Crésus. Les fréquents voyages des beaux esprits de la Grece, & même de ceux de l'Attique & du Péloponnese à la Cour de Lydie, supposent qu'ils pouvoient espérer d'y faire goûter leur Poësie & leur éloquence, & par conséquent que leur langue y étoit entendue. La même chose avoit eu lieu sous les prédécesseurs de Crésus.

Tout cela deviendra possible, si on suppose que le fond de la langue Lydienne étoit Hellenique, de même que celui de la langue Carienne. Platon assure dans le *Cratyle*, que la langue Hellenique avoit plusieurs termes communs avec la langue Phrygienne ; peut-être les Phrygiens de Platon ne sont-ils que ceux d'Homere, & des Poetes tragiques, c'est-à-dire les Mysiens & les Lydiens. Ce qui feroit croire que ces Phrygiens ne sont pas ceux de la grande Phrygie, c'est que dans la langue de ce pays on n'appelloit pas l'eau ὕδωρ mais βέδυ. Ce mot se trouvoit en ce sens dans les Poësies Orphiques.

On demandera sans doute, quelle étoit la cause de cette conformité entre les Pélasges ou anciens Grecs de l'Europe, & ces nations Asiatiques ? Les premieres peuplades avoient-elles passé de la Grece dans l'Asie, ou de l'Asie dans la Grece ? Venoient-elles d'un autre pays, d'où elles s'étoient répandues également dans l'Asie Mineure & dans la Grece ? Quel étoit ce pays ? Comment & dans quel temps s'étoient faites ces migrations ?

Il ne paroît pas qu'il soit possible de répondre à ces questions d'une maniere précise & certaine, 1°. Ces événements sont d'un temps antérieur à celui dont la tradition s'est conservée par le secours de l'écriture chez les Grecs & chez les nations voisines, c'est-à-dire à l'arrivée des Colonies Orientales. Les livres de Moyse, qui nous instruisent de la dispersion des descendants de Noé, ne contiennent aucun détail sur la maniere dont s'est faite cette dispersion, pas même par rapport aux nations que les Hébreux avoient plus d'intérêt de bien connoître.

2°. Nous avons perdu les ouvrages des Historiens Grecs, qui auroient pu nous instruire du moins des plus anciennes traditions des peuples voisins de la Grece, & de celles des nations de l'Asie Mineure, comme Xanthus de Lydie, Hecathée de Milet, Cadmus, &c.

3°. Les Ecrivains Grecs qui nous restent ne s'accordent point entr'eux, & souvent ils se contredisent eux-mêmes, adoptant dans le même ouvrage des opinions opposées l'une à l'autre ; d'où il faut conclure que ce qu'ils disent étoit rarement appuyé sur d'anciennes traditions. Ce n'étoit le plus-souvent que les conjectures des Critiques plus anciens qu'eux, ou des fables inventées pour favoriser les prétentions de quelques nations particulieres, qui vouloient passer pour plus anciennes que les autres.

Hérodote dit dans un endroit, que les Bithyniens, les Phrygiens, les Mysiens, les Lydiens, &c. sont tous descendus des *Bryges*, petit peuple voisin du Strymon sur les frontieres de la Thrace & de la Macédoine. Ailleurs il assure qu'avant les temps de Troye, ce qui peut s'entendre de la fondation comme de la ruine de cette ville (1), une armée nombreuse de Teucriens & de Mysiens traversa le Bosphore, soumit toute la Thrace, pénétra dans la Macédoine, & s'avança d'un côté jusqu'au fleuve Pénée, & de l'autre jusqu'à la mer d'Ionie, ou jusqu'au Golfe Adriatique. Ce fut, dit-il, cette expédition qui obligea les Bryges d'abandonner les bords du Strymon. Ils se retirerent sans doute dans la Thrace Septentrionale, rassemblerent les naturels du pays, se mirent à leur tête, marcherent par le milieu des terres vers l'Orient, traverserent le Bosphore auquel Byzance donna son nom dans la suite, entrerent en Asie, s'emparerent d'abord de la Bithynie, & descendirent ensuite vers le Midi. Si l'événement rapporté par Hérodote est véritable, il faut supposer qu'il est arrivé de la maniere dont on le représente ici.

Les Teucriens & les Mysiens d'Hérodote, ayant soumis la Thrace & la Macédoine, jusqu'au Pénée & jusqu'à la Mer d'Ionie, c'est-à-dire, jusqu'à la Thessalie & jusqu'à l'Epire ; il est naturel de supposer que leur domination sur ces pays subsista pendant quelques générations ; & que c'est à cette espece d'union en un même corps politique, qu'il faut attribuer ce que Strabon nous apprend de la ressemblance dans le langage, dans la forme des habits, & dans la maniere de couper les cheveux, qu'on remarquoit entre ces différens peuples établis depuis la mer d'Ionie jusqu'au Strymon,

---

(1) Diod. XIV. pag. 453. parlant des Tyrrhenes d'Italie, employe cette même expression au sens que je propose. Il dit que ces Tyrrhenes sont des Pélasges qui abandonnerent la Thessalie, pour éviter le déluge de Deucalion avant les temps de Troye. Le déluge de Deucalion a précédé de plus de 300 ans la prise de Troye. Diodore n'a pas eu dessein de joindre deux évenements si éloignés, pour déterminer la date d'un fait qui a suivi le premier.

Peut-être

Peut-être ce corps est-il ce que Moyse désigne par le nom de *Kittim*, que les Juifs donnoient à la Macédoine au temps des Machabées. Cette tradition d'une Colonie de Teucriens de la Troade, établie dans la Macédoine, subsistoit encore au temps d'Hérodote parmi les Péoniens du Strymon. Cet Historien nous apprend, que l'expédition de Darius contre les Péoniens fut entreprise à l'instigation de deux hommes de cette Nation nommés *Mastyes* & *Pigres*, qui lui proposerent de transporter dans l'Asie mineure les Péoniens du fleuve Strymon, qui étoient une Colonie des Teucriens de la Troade. Les Péoniens étoient au Midi du Mont *Boras* ou *Boreus*. Au Nord de cette montagne étoient les Dardaniens divisés en plusieurs petits peuples. Il ne seroit peut-être pas impossible que les Dardaniens fussent une Colonie *Teucrienne*, car il est certain que les Teucriens de la Troade ont pris dans la suite le nom de Dardaniens. Homere nomme ainsi ceux du canton dont Enée commandoit les troupes. Au reste cette ancienne invasion des Mysiens & des Teucriens étant faite à main armée, ne peut pas être comparée à ces migrations des nations Pélasgiques, dont on a attaqué plus haut la possibilité. C'est ici une expédition militaire, dans laquelle une armée nombreuse s'ouvre le passage par la force, & contraint ceux dont elle traversoit le pays, à lui fournir des vivres.

Les Mysiens de l'Asie mineure étoient, suivant l'opinion d'Arthemidore, Géographe & Critique sçavant, de la même nation que les Mysiens qui habitoient sur les bords du Danube. Ils avoient passé en Asie en traversant le Bosphore de Thrace ou de Byzance, qui, par cette raison, avoit porté d'abord le nom de Bosphore Mysien. D'autres Critiques disent que les Mysiens étoient Thraces de même que les Bithyniens ; mais il est facile de concilier ces deux opinions. Les Mysiens du Danube étoient les mêmes que les Getes, or les Getes faisoient partie des Thraces, suivant Hérodote. De plus, les Getes d'au-delà du Danube, les Mysiens & les Daces parloient la même langue que les Thraces, ainsi que Strabon nous l'assure.

Si les Mysiens & les Bithyniens parloient la langue des Thraces, comme le suppose tout ce que Strabon dit de leur origine, il y avoit une langue générale commune à tous les peuples qui habitoient des deux côtés du Danube, depuis les frontieres des Celtes, jusqu'aux peuples de la Thrace Européenne, & jusqu'à la Thrace Asiatique, c'est-à-dire, aux Bithyniens & aux Mysiens.

Comme il est prouvé d'un autre côté, que les Mysiens, les Lydiens & les Cariens parloient une même langue, & que le fond de celle des Cariens & de celle des Lydiens étoit Hellenique, il en faudra conclure que la langue Grecque étoit elle-même un Dialecte de cette langue générale. On a vu plus haut, qu'il devoit y avoir beaucoup de rapport entre le Phrygien & le Lydien ; & que l'Arménien étoit un Dialecte du Phrygien. Ainsi on pourra supposer, avec assez de probabilité, que depuis les frontieres des Celtes, jusqu'à celles des Syriens & des Medes, on parloit des Dialectes d'une même langue, & que la langue Grecque étoit un de ces Dialectes.

Cette ancienne langue étoit sans doute très-simple & très-pauvre dans son origine, parce que ceux qui la parloient étoient des hommes grossiers, dont l'esprit peu cultivé n'avoit qu'un très-petit nombre d'idées. Comme

LES GRECS.

elle étoit commune à des peuples divisés d'intérêts, & éloignés les uns des autres, à mesure que ces peuples étendirent leurs notions & leurs réflexions, elle reçut des altérations & des augmentations différentes dans chaque canton, & après un certain nombre de siecles, elle se trouva divisée en plusieurs Dialectes, dont chacun avoit un certain nombre de termes soit primitifs, soit dérivés, qui lui étoient particuliers. La différence se fera augmenté à mesure que chacun de ces Dialectes se fera perfectionné, & enfin elle sera devenue telle que ceux qui parloient un de ces Dialectes n'auront plus été entendus par ceux qui ne le parloient pas. L'exemple de l'Italien, de l'Espagnol, du Gascon, du François, qui ont différentes altérations du Latin, peut nous donner une idée de ce qui a dû arriver à cette ancienne langue, dont le Grec étoit un Dialecte.

Nous ne connoissons que très-imparfaitement les anciens Dialectes Pélasgiques, j'entends par ce nom les langues des peuples Grecs, que les Hellenes traitoient de barbares. Les anciens Glossaires nous en ont conservé plusieurs mots; mais c'étoient ceux qui, ne se trouvant pas dans la langue Hellenique, avoient besoin d'être traduits, & nous ne devons pas juger du reste de la langue Pélasgique par ces mots, & conclure de-là qu'elle ne ressembloit pas au Grec Hellenique. Si cela étoit, il faudroit porter le même jugement de la langue des Doriens de Sparte, dont les mêmes Grammairiens nous ont conservé aussi plusieurs mots inconnus au reste des Hellenes.

Les Grecs rapportoient toutes les variétés de leur langue à quatre Dialectes principaux, dont chacune contenoit encore différents idiomes propres à des cantons particuliers. Ces quatre Dialectes étoient l'Eolien, le Dorien, l'Ionien & l'Attique. Strabon les réduit même à deux, à l'Eolien & à l'Ionien, regardant le langage Dorien & l'Attique, comme des variétés de l'Eolien & de l'Ionien (1).

RECAPITULATION.

Retraçons en peu de mots, tout ce qui a été dit ci-dessus, & que les différentes discussions ont peut-être fait perdre de vûe.

Le passage des Colonies Orientales dans la Grece est l'époque des plus anciennes traditions historiques de ce pays. Ce fut alors que les Grecs commencerent à sortir de la barbarie, à former des sociétés, & à se réunir en diverses Bourgades, qui devinrent peu à peu des Cités nombreuses. Jusqu'alors ils avoient été dans l'état des Sauvages du Paraguay. Les Colonies Orientales apprirent aux Grecs à cultiver la terre, à bâtir des maisons, à rassembler & à nourrir des troupeaux; en un mot, elles leur enseignerent les éléments des arts les plus nécessaires. Ces mêmes Colonies établirent l'usage de l'écriture, & apporterent avec elles une Religion qui, s'étant peu à peu répandue parmi les Sauvages, leur fit oublier le culte simple & grossier qu'ils rendoient aux Dieux. Les Grecs étoient une nation naturellement ingénieuse, & leur barbarie n'étouffoit point leur esprit naturel. Ainsi de tout temps ils avoient été religieux, & avoient été persuadés de l'immortalité de l'ame. Leurs plus anciennes fables & leurs plus vieilles

(1) Tout cet article est tiré d'une partie du manuscrit de M. Freret, que j'ai déjà cité, & qui est annoncé dans la premiere page de la partie historique des Mémoires de l'Académie des Belles-Lettres T. XXI.

traditions supposent que c'étoit chez eux une opinion populaire. Le desir & l'espérance de l'immortalité sont des sentiments innés chez tous les hommes, même les plus grossiers. La Philosophie, ou plutôt l'abus des raisonnements philosophiques a tenté vainement de détaciner ces sentiments.

LES GRECS.

A mesure que les Sauvages de la Grece se policerent, ils se réunirent en divers Corps ou sociétés, qui se distinguèrent les unes des autres par des noms différents. Celui de Pélasges désignoit en général ceux qui n'étoient pas encore sortis de leur ancien état de barbarie, ceux qui vivoient épars & séparés dans les forêts. Lorsqu'il n'en resta plus dans un pays, on cessa de les appeler Pélasges. Comme ce changement ne se fit que peu à peu, & que la Grece Méridionale étoit presque toute policée lorsque les Provinces Septentrionales commencerent à sortir de la barbarie, on commença aussi à parler des Pélasges de l'Epire & de la Thessalie, lorsqu'il n'en restoit presque plus dans l'Arcadie. Ce n'est pas que les anciens habitants de ce pays l'eussent abandonné pour passer en Epire ou en Thessalie, c'est que les Thessaliens & les Epirotes menoient encore, lorsqu'on vint à les connoître, une forme de vie semblable à celle des anciens Arcadiens.

Ceux des Pélasges qui, après s'être réunis, pensèrent à faire des conquêtes, soit pour s'assujettir les autres Sauvages, soit pour passer dans des cantons plus fertiles, prirent le nom de *Leleges* ou de *Ligués*. Mais comme il y avoit de ces Leleges en beaucoup d'endroits, ils se distinguèrent par des surnoms sous lesquels ils ont été connus depuis. Tels étoient, selon Hésiode, les premiers sujets de Deucalion, qui prirent dans la suite les différents noms de Locriens, de Béotiens, d'Hellenes, d'Æoliens, d'Achéens, de Doriens, &c. Le nom de Leleges ne resta qu'aux anciens habitants de la Laconie, & à quelques peuples de la côte Occidentale d'Asie. Ce n'est pas qu'ils fussent des Colonies des Leleges de Deucalion; mais uniquement parce qu'ils formoient des ligues composées d'hommes ramassés de divers cantons, & réunis par une espece d'engagement militaire. Cette maniere d'envisager l'ancienne histoire des premiers Grecs, fera disparoître les difficultés & les embarras dont elle est remplie dans tous les Ecrivains qui en ont parlé.

L'époque des Colonies Orientales fixée par la Chronologie Grecque, s'accorde avec la Chronologie Egyptienne, déterminée par les seuls monuments historiques des Egyptiens. Les dernieres de ces Colonies tombent vers le commencement du regne de Sésostris, & près d'un siécle avant l'Exode des Hébreux. Tandis que ces Colonies Orientales policoient l'Argolide, l'Attique & la Béotie, l'expédition de Sésostris vers l'Occident produisit un effet semblable dans l'Asie mineure. On ne peut douter qu'il n'ait conquis une partie de ce pays, & qu'il n'ait même porté ses armes dans la Thrace. Il laissa dans tous ces lieux des monuments de ses conquêtes. Hérodote nous assure qu'il en avoit vu deux dans l'Ionie, & il parle de ceux qui étoient dans la Thrace en homme qui étoit certain de leur existence. Le même Historien nous apprend que Sésostris avoit laissé un Corps de troupes dans la Colchide, pour assurer cette frontiere de son nouvel empire. On a lieu de supposer qu'il en avoit placé aussi un autre par la même raison dans l'Asie mineure.

Qqq ij

LES GRECS.

Les successeurs de Sésostris abandonnerent des conquêtes éloignées, qui étoient à charge à l'Egypte, & qui ne lui procuroient aucun avantage. Hérodote dit que les troupes Egyptiennes de la Colchide s'établirent dans le pays ; que s'étant mêlées avec les habitans naturels, ils ne conserverent que de légeres traces de leur ancienne origine. Il est probable que la même chose arriva dans l'Asie mineure. C'est apparemment à ce mélange des garnisons Egyptiennes avec les Phrygiens, qu'il faut attribuer l'établissement des arts dans la Phrygie, l'ouverture des forges du Mont Ida, par les Dactyles, le culte de Rhéa, les mysteres de Cybéle, & la fable d'Atys, copie défigurée, mais reconnoissable, des mysteres d'Isis, de la mort d'Osiris, & de son retour à la vie.

On pourroit encore conjecturer que la conquête de l'Asie mineure par Sésostris, & son expédition dans la Thrace, occasionnerent cette invasion des Mysiens & des Teucriens dans la Macédoine, dont parle Hérodote, & dont il marque le temps en général avant celui de Troye. Il assure que ces Teucriens & ces Mysiens s'avancerent au Midi jusqu'au Penée, & à l'Occident jusqu'à la Mer d'Ionie, & qu'ils soumirent toute la Macédoine. Un semblable événement n'a pu arriver sans occasionner bien des mouvemens parmi les peuples de la Thessalie & de l'Epire. Il n'est pas possible que des peuples entiers, fuyant la violence & les armes de ces Etrangers, ne se soient pas retirés dans les pays situés au Midi de la Macédoine. Si cet événement étoit des temps postérieurs à la fondation de Troye, temps dont la tradition a conservé l'histoire générale, on en découvriroit certainement quelques traces.

La fondation de Troye ne précede sa prise par Agamemnon que de 153 ans, suivant le Canon du Mathématicien Thrasyle (1). Par conséquent elle est postérieure au regne des Hellenes dans la Thessalie, aux expéditions de Persée, & même à l'institution des mysteres de Bacchus à Thebes, & de ceux de Cérès à Eleusis. Suivant la Chronique de Thessalie, l'ouverture des forges du Mont Ida a précédé la fondation de Troye de 114 ans, & sa prise de 267 ans. La Chronique de Paros fixe l'établissement des fêtes de Cybéle à l'an 274. avant le dernier événement, & cinq ans après la Colonie de Danaüs. Toutes ces dates s'accordent assez bien avec la Chronologie Egyptienne, & avec les traditions Méoniennes.

Il paroît qu'on doit s'arrêter sur l'époque du passage des Colonies Orientales & sur celle de l'expédition de Sésostris, parce qu'il y a tout lieu de présumer que ces deux événemens sont ce qui a occasionné toutes les révolutions qui ont fait prendre une nouvelle forme à la Grece, & qui l'ont tirée de la barbarie. Ce fut alors que les hommes de ce pays connurent le besoin qu'ils avoient de se réunir, soit pour se mettre en état de résister aux entreprises de ces Etrangers, soit pour jouir plus tranquillement & plus facilement des avantages que leur procuroit la connoissance des arts utiles qu'ils avoient apportés. Cette seule observation peut donner la clef de toute la Mythologie & de toute l'ancienne histoire Grecque à ceux qui voudront y faire quelque attention.

(1) La Chronologie de Paros met le regne d'Hellen dans la Phthiotide, à l'an 289. avant la prise de Troye.

ARTICLE X.

Arrivée des Colonies Orientales dans la Grece. Etabliſſements des Colonies Grecques dans les différentes Contrées de l'Aſie & de l'Europe. Droits des Métropoles ſur les Colonies & devoirs des Colonies envers leurs Métropoles.

ON a vû par tout ce qui a été dit ci-deſſus, que les premiers habitants de la Grece, connus ſous le nom général de *Pélaſges*, vivoient épars dans les bois, ſe nourriſſant des ſeuls fruits que la terre produiſoit ſans culture, n'ayant aucune forme de gouvernement; & que par conſéquent il eſt inutile de chercher l'hiſtoire de ces temps obſcurs. Il eſt bien plus naturel de la commencer au moment où les Grecs devenant, pour ainſi dire, de nouveaux hommes par leur commerce avec les Etrangers, ſe réunirent en Corps & formerent des Cités. Un tel changement qui ne ſe fit que par ſucceſſion, fut occaſionné par l'arrivée des Colonies Orientales. Elles étoient au nombre de quatre, ſçavoir, celles d'Inachus, de Cécrops, de Danaüs qui étoient ſorties de l'Egypte, & celle de Cadmus qui venoit de la Phénicie. Les trois premieres porterent avec elles l'uſage de l'écriture hiéroglyphique des Egyptiens, qui pouvoit conſerver la mémoire de certains évenements généraux. Les monuments chargés d'hiéroglyphes Egyptiens trouvés en Béotie dans le tombeau d'Alcmene, mere d'Hercule, montrent que l'uſage de ces caracteres avoit été porté dans l'Argolide, & qu'il y avoit ſubſiſté pendant pluſieurs ſiecles.

Ce ne fut cependant qu'au temps de Cadmus, qui établit dans la Grece l'écriture alphabétique des Phéniciens, que le ſouvenir des évenements commença à ſe conſerver avec quelque détail. Cette écriture Phénicienne compoſée d'un petit nombre de ſignes, ſe pouvoit apprendre & retenir facilement. Elle étoit l'image de la parole, & fixant les ſons fugitifs de la voix humaine, elle conſervoit les diſcours mêmes, par leſquels les hommes ſe communiquoient leurs ſentiments & leurs idées; au lieu que l'écriture Egyptienne compoſée d'un très-grand nombre de ſignes, demandoit une étude longue & pénible, s'oublioit facilement, & ne pouvoit pas même exprimer, pour ceux qui l'entendoient, la prononciation des noms propres d'une Langue étrangere.

La Chronique de Paros qui nous a conſervé le ſyſtême chronologique des Athéniens, commence l'hiſtoire d'Athènes à Cécrops, dont elle place l'arrivée dans l'Attique 373 ans avant la priſe de Troye. Elle marque le regne de Deucalion, fils de Prométhée, quinze ans après Cécrops, & le déluge ou inondation de Deucalion (1), trente-neuf ans après ſon regne. Hellanicus

---

(1) En examinant avec attention la chronologie de l'hiſtoire Grecque, on verra que les inondations arrivées du temps d'Ogygès & de Deucalion, vraies ou ſuppoſées, ne peuvent être que depuis l'arrivée des Colonies Orientales, & de beaucoup poſtérieu-

plus ancien qu'Hérodote, & après lui tous les Chronologistes comptoient 1020 ans depuis Ogygès jusqu'à la premiere Olympiade, & 1235 jusqu'au commencement de Cyrus : ce qui donne l'an 612 avant la prise de Troye pour l'époque d'Ogygès dans la Chronologie commune, & précede de 229 ans le regne de Deucalion. Ce déluge d'Ogygès qu'on supposoit être arrivé dans la Béotie, étoit le plus ancien événement de l'histoire des Grecs Septentrionaux. Mais la succession historique & détaillée ne commençoit qu'à Cécrops postérieur de 139 ans à Ogygès. Les Grecs de l'Argolide & du Péloponnèse faisoient remonter leur tradition jusqu'à Inachus, conducteur de la premiere Colonie Egyptienne, & antérieur de 384 ans à Danaüs. La Chronique de Paros marque l'arrivée de ce dernier soixante-deux ans après Cécrops, c'est-à-dire, 362 ans avant la prise de Troye. En joignant ensemble ces deux calculs, Inachus précédera Ogygès de 108 ans, & la prise de Troye de 686.

Phoronée, fils d'Inachus, passoit chez les Argiens pour celui qui avoit rassemblé les Grecs alors épars dans les forêts, & pour celui qui les avoit engagés à se réunir & à former des sociétés. Le temps de Phoronée, successeur ou fils d'Inachus, doit précéder celui de Prométhée, pere de Deucalion, de plus de 300 ans. Inachus & Phoronée étoient ce qu'on connoissoit de plus ancien dans l'histoire Grecque. Platon rapportant dans le *Timée* la conversation de Solon avec un Prêtre Egyptien, dit que le Législateur d'Athènes pour lui donner une idée de l'ancienneté des Grecs, remonta jusqu'à Phoronée, & descendit ensuite au déluge de Deucalion, dont la postérité peupla la Grece.

Pour déterminer d'une maniere un peu sûre la date du commencement des traditions historiques dans chaque nation, il faut s'arrêter à une époque historique, constante & commune à ces nations. Telle peut être pour les Grecs l'époque de la guerre de Troye, à laquelle presque tous les peuples de la Grece prirent part. La généalogie des différents Chefs qui les commandoient, prise en remontant d'âge en âge, doit nous conduire jusqu'au temps où nous ne trouvons plus que des générations poétiques. Alors nous regarderons cette époque comme celle du commencement de cette famille ; tout ce qui la précede, en sera le temps fabuleux & inconnu. En conséquence la généalogie d'Achille remontera par son pere Pélée jusqu'à Eachus, Souverain de l'isle d'Egine. Cet Eachus étant le fruit des amours de Jupiter & d'une Nymphe, fille du fleuve Asopus, il sera un homme nouveau dont les ancêtres étoient inconnus, & on fixera à la troisieme génération avant la guerre de Troye, le temps auquel l'isle d'Egine a été habitée, ou du moins celui auquel ses habitants auront commencé à former une Cité. Une méthode aussi simple & aussi sûre, dit M. Freret dans le Mémoire déjà cité, auroit pu être suivie par tous les Critiques, & ils se seroient apperçus que la durée des temps héroïques n'est pas la même pour tous les peuples de la Grece.

Époque de cet événement.

L'ancienne histoire des Colonies Grecques commençant à l'arrivée des

res à Moyse. *Voyez le Mémoire de M. Freret sur ces deux évenemens ; Tome XXIII. des* | *Mémoires de l'Académie des Belles-Lettres, pag. 129. dans la partie des Mémoires.*

Colonies Orientales, la date de ces Colonies fera la bafe de toute la Chronologie de cette ancienne hiſtoire. La Chronique de Paros nous donne la date des trois dernieres Colonies, qui ſont celles de Cecrops, de Cadmus & de Danaüs. La date de la Colonie d'Inachus eſt déterminée par la durée que le Chronologiſte Caſtor donne aux regnes des Rois qui ont occupé le thrône d'Argos depuis Inachus juſqu'à Cadmus.

LES GRECS.

Suivant la Chronique de Paros, la Colonie de Cécrops eſt, comme on l'a vû, antérieure à la priſe de Troye de 373 ans; celle de Cadmus de 310 ans, & celle de Danaüs de 302 ans. Caſtor, cité par Euſebe, donne 384 ans de durée aux regnes des ſucceſſeurs d'Inachus qui ont précédé Danaüs. Ces 384 ans joints aux 302, dont l'époque de Danaüs précede la priſe de Troye, font 686 ans. Ainſi Inachus a commencé 686 ans avant la guerre de Troye. Clément d'Alexandrie nous apprend que tous les anciens Ecrivains de l'hiſtoire Grecque s'accordoient à placer Inachus à la vingt-unieme génération avant la priſe de Troye. Les vingt & une générations complettes ſont environ 700 ans. Le calcul précédent en donne 686.

L'époque préciſe de ces Colonies dans les années avant l'Ere Chrétienne, dépend de la date de la priſe de Troye. Eratoſthène mettoit cet événement dans l'année 1184 avant J. C.; mais les Chronologiſtes plus anciens le plaçoient beaucoup plus haut. M. Freret l'a fixé à l'an 1282 (1): en conféquence,

La Colonie d'Inachus eſt de l'an 1968. avant J. C.

Celle de Cécrops de l'an 1655.

Celle de Cadmus de l'an 1592.

Et celle de Danaüs de l'an 1586.

Ainſi Cécrops ſe rendit dans la Grece 313 ans après Inachus; Cadmus 63 ans après Cécrops, & Danaüs 8 ans après Cadmus (2).

Ce fut alors que les Grecs abandonnant peu à peu leur premier état de Sauvages, commencerent à former diverſes ſociétés, qui n'étant point encore liées par aucun intérêt commun, ſe firent des guerres continuelles. L'Attique dut à ſa ſtérilité apparente la tranquillité dont jouiſſoient ſes habitants, tandis que les autres contrées de la Grece voyoient des révolutions ſans nombre. Le pays, quoique d'une étendue aſſez bornée, renfermoit une multitude de peuples, dont les loix, les uſages, les intérêts étoient différents; ſouvent même contraires. On ne peut ſe former une idée plus juſte de l'ancienne Grece, qu'en la conſidérant comme un Corps, dont tous les membres étoient eux-mêmes autant de Corps diſtincts & ſéparés les uns des autres. Pour faire un tout de tant de parties déſunies, il falloit plus d'une eſpece de lien. La langue de tous les habitants étoit la même: une religion ſemblable pour le fond, quoiqu'infiniment variée dans les détails, les uniſſoit entr'eux, & cette union étoit encore cimentée par un amour égal de la liberté, & par une haine naturelle contre les peuples qu'ils appelloient Barbares. Mais ces liens n'étoient que généraux. Les deux premieres diſtinguoient la Nation, les deux autres l'armoient contre les Etrangers; & ſi

Formation des Sociétés.

(1) Mémoires de l'Académie des Belles-Lettres, Tom. V. pag. 316. dans la partie des Mémoires.

(2) Ce morceau eſt encore extrait du manuſcrit de M. Freret, que j'ai déja cité.

Les Grecs.

tous ces motifs ensemble suffisoient pour réunir tous les Grecs dans une guerre commune contre l'ennemi commun, ils ne suffisoient pas pour rendre la paix & l'intelligence durables entr'eux, dès qu'elles n'étoient plus nécessaires. De semblables nœuds disparoissoient avec le péril qui les avoit fait naître. Il en falloit d'autres pour entretenir une correspondance mutuelle entre tant de Républiques, & pour former différents systèmes politiques dans l'intérieur même de la Grece par des ligues & des associations particulieres. Le voisinage, le commerce, des besoins réciproques pouvoient contribuer à la liaison de quelques villes; ajoutons encore la jalousie contre une République dont la puissance les inquiétoit; mais le motif le plus propre à produire de telles alliances, c'étoit sans contredit une origine commune. Deux villes, dont l'une étoit la tige de l'autre, devoient naturellement être unies, & cette union en donnant à la premiere une véritable supériorité sur la seconde, mettoit celle-ci dans une subordination qui n'allarmoit point sa liberté, parce qu'elle paroissoit volontaire. Ces liens mutuels des Villes meres ou Métropoles & des Colonies étoient extrêmement forts, & nous en trouvons un grand nombre de vestiges épars dans les Auteurs anciens. Elles avoient des droits réciproques dont elles ne s'écartoient que rarement. Avant que de traiter cette matiere, il paroît à propos de faire connoître les différentes Colonies Grecques, & de rapporter une partie des motifs qui ont occasionné leur fondation.

Etablissements des différentes Colonies Grecques.

Les Eoliens qui s'étoient répandus dans la Locride & dans la Béotie, occuperent dans la suite une partie du Péloponnese. Les Doriens s'établirent dans les terres voisines du Parnasse, & les Ioniens se fixerent dans l'Attique. Ces trois peuples étendirent leurs Colonies dans l'intérieur de la Grece. Les Achéens habiterent un canton du Péloponnese, auquel on donna le nom d'Achaïe. Les Ioniens se trouvant trop resserrés dans l'Attique, une partie d'entr'eux passa dans la même presqu'isle, & y bâtit douze villes. Les Doriens y fonderent Lacédémone; mais aucune Colonie ne sortit de la Grece avant la guerre de Troye. Environ quatre-vingts ans après cette expédition, les Héraclides, c'est-à-dire, les descendants d'Hercule rentrerent dans le Péloponnese, d'où ils chasserent les descendants de Pélops, qui, secondés par les Eoliens, s'en étoient emparés après la mort d'Euristhée. Les Doriens y rentrerent avec eux.

Le retour des Héraclides est l'époque & la cause de la transmigration des Grecs dans les pays étrangers. Les principales contrées dans lesquelles ils s'établirent, sont les isles de la mer Egée, toute la côte maritime de l'Asie, l'Italie & la Sicile. Les Eoliens chassés par les Doriens de la partie du Péloponnese qu'ils avoient usurpées du temps de Pélops, ouvrirent la route aux autres Grecs. Oreste avoit été l'auteur de cette Colonie; mais ce Prince étant mort dans l'Arcadie, laissa l'exécution de son projet à ses descendants, qui après avoir long-temps erré se répandirent sur toute la côte de l'Asie, depuis Cyzique jusqu'au Caïque, & fonderent douze villes, dont Smyrne est la plus considérable. Environ quatre générations après, la plûpart des Doriens que Codrus avoit établis à Mégare, passerent dans l'Asie, où ils bâtirent les villes de Cnide & d'Halicarnasse, sans compter celles qu'ils construisirent dans les isles de Rhodes & de Cos. Ces villes Doriennes, au nombre de six, formerent une société réduite depuis à cinq par l'exclusion d'Halicarnasse.

LES GRECS.

Enfin vers le même temps les Ioniens forcés d'abandonner leurs demeures dans le Péloponnese, se rassemblerent en grand nombre. A ces peuples se joignirent les descendants de Nestor & plusieurs autres nations. Réunis sous la conduite d'Androclus, fils de Codrus, ils traverserent la mer, & s'établirent dans les plus belles parties de l'Asie Mineure, où ils fonderent douze villes, qui, par leur étroite union, composerent le Corps Ionique. Les principales vûes des peuples du Péloponnese se tournerent du côté de l'Italie & de la Sicile; Crotone & Tarente sont des Colonies Lacédémoniennes. Archias de Corinthe fonda Syracuse, qui ayant elle-même peuplé la Sicile de plusieurs villes issues de son sein, rendit Dorienne une partie considerable de cette isle. Les Grecs pénétrerent encore dans plusieurs autres contrées. Les Phocéens d'Asie fonderent dans les Gaules, Marseille, qui devint la Métropole de quelques villes, entr'autres d'Antibe & de Nice. L'Espagne eut aussi des villes Grecques, & Cyrene, l'une des plus puissantes de l'Afrique, tiroit son origine d'une Colonie de Lacédémoniens : sans parler de Naucratis, située à une des embouchures du Nil; de Byzance, de Périnthe, de Sinope, d'Héraclée, & de tant d'autres répandues dans la Thrace, dans le Pont, & jusqu'aux extrémités de l'Asie.

Différents motifs avoient donné naissance à tant de Colonies. Dans les premiers temps où les établissements étoient encore peu solides, la crainte d'une invasion prochaine déterminoit un peuple à changer de demeure : l'amour de l'indépendance le portoit quelquefois à abandonner sa patrie, comme firent les Messéniens pour chercher, sous la conduite d'Aristomene, une terre étrangere, mais libre : quelquefois la curiosité seule éloignoit les Grecs de leur pays natal. La beauté du climat, la fertilité du terroir fixoient souvent leurs pas irrésolus. Tantôt un Prince mécontent de voir regner à sa place, ou son frere, ou un usurpateur, alloit fonder quelque part un nouveau Royaume, & devenoit le Chef d'une Colonie nombreuse, composée de gens que la légereté, l'espérance, ou d'autres raisons attachoient à sa fortune. Tantôt une maladie contagieuse, une famine rendoient une ville déserte & transportoient ailleurs ses habitants. L'ordre des Dieux annoncé par les Oracles, l'accomplissement de vœux solemnels ont souvent occasionné ces différentes migrations. Enfin une trop grande multitude de citoyens a été le plus ordinairement la cause des établissements qui se faisoient pour soulager une ville qui ne pouvoit plus nourrir un si grand nombre d'habitants.

Motifs qui occasionnent ces diverses migrations.

Lorsque les petits Royaumes, qui s'étoient formés depuis l'arrivée des Colonies Orientales, se furent changés en autant de Républiques indépendantes, l'égalité qui regnoit entre ces différents Etats ne fut pas de longue durée. Quelques-uns s'éleverent bientôt au dessus des autres, & tinrent le premier rang dans la Grece. Telles furent Athenes, Lacédémone, Thebes & Corinthe. L'ambition les rendit rivales; & les deux premieres surtout ayant le plus brillé dans la défense contre les Perses, partagerent entr'elles l'autorité principale, & forcerent presque toutes les villes à entrer dans leur alliance. Ainsi il se forma dans le sein de la Grece deux ligues, dont l'une

Tome VI. R r r

LES GRECS.

avoit les Athéniens à la tête, l'autre reconnoissoit les Lacédémoniens pour Chefs. Ce qui produisit entre ces deux Républiques ces guerres sanglantes, auxquelles tout ce qui portoit le nom de Grec prit part. Cette jalousie réciproque donna aux Grecs de nouveaux motifs pour faire à l'envi des établissements. Ainsi pour contenir un peuple nouvellement soumis, se rendre maître d'un port commode & avantageux pour le commerce, faciliter la communication d'un pays à l'autre, on bâtissoit une nouvelle ville, dans laquelle on envoyoit une Colonie, ou bien l'on chassoit d'une place conquise les anciens habitants qu'on remplaçoit par de nouveaux.

Toutes les Colonies Grecques n'étoient donc pas d'une même espece; & les Grecs donnoient un nom particulier à ces différentes sortes de peuplades, pour lesquelles nous n'avons dans notre langue que le terme général de *Colonie*.

Cérémonies observées pour envoyer une Colonie.

Quand une République avoit pris la résolution d'envoyer une Colonie dans quelque contrée, elle observoit les cérémonies suivantes: 1°. on dressoit un rôle de ceux qui devoient former une Colonie, & la levée s'en faisoit à peu près comme celle d'une armée. On leur donnoit un Chef, & la patrie de ce Chef étoit toujours la Métropole de la ville qu'ils alloient fonder. 2°. Le départ de la Colonie étoit précédé de sacrifices & d'autres cérémonies religieuses. 3°. L'Etat fournissoit des armes, des vivres, & d'autres provisions nécessaires à ces personnes qu'on expatrioit de cette maniere. 4°. On leur donnoit au nom de la République des Diplômes ou Patentes revêtues de toutes les formalités qui rendent un acte authentique; & l'original de ce Décret étoit gardé dans les archives. 5°. On nommoit des Commissaires pour regler le partage des terres entre les nouveaux habitants; pour donner au gouvernement une forme convenable, & pour établir les loix du pays. 6°. Des Ministres dépositaires du culte de la patrie, marchoient à la tête avec les images des Dieux tutelaires, & le feu sacré qu'on tiroit du sanctuaire de la Métropole. Cette derniere cérémonie étoit si essentielle, qu'une Colonie formée des habitants de plusieurs villes, reconnoissoit pour sa Métropole celle qui fournissoit le feu sacré. 7°. Dans un certain cas toutes ces cérémonies étoient précédées par une autre assez singuliere. Ce cas arrivoit lorsque les habitants étoient trop nombreux pour le territoire qu'ils occupoient. Alors, soit que cet excès vînt de la trop grande multiplication, qu'on regardoit comme un effet de la bonté des Dieux, soit qu'il fût causé par une famine, marque certaine de leur colere, on consacroit à une Divinité particuliere autant de personnes qu'il en naissoit dans une année, & on les faisoit partir pour faire la conquête d'une nouvelle patrie, sous les auspices de ce Dieu, dont on croyoit la protection assurée. Ce dernier usage avoit lieu chez plusieurs nations, tant Grecques que Barbares, suivant la remarque de Denys d'Halicarnasse.

Toutes ces remarques font voir que les fondateurs d'une ville, en se séparant d'une partie de leurs citoyens, loin de consentir à les perdre sans retour, avoient grand soin de conserver la trace de leur origine, d'entretenir avec eux une correspondance intime, & de se les unir par des liens qui marquassent la dépendance des uns & la supériorité des autres. Mais toutes ces choses ne doivent pas s'entendre des établissements faits à l'insçu, ou contre l'aveu des Républiques, par des Particuliers, que différents motifs y déterminoient. Ces dernieres Colonies formées de fugitifs ou de vagabonds, étoient abfolument libres, & ne relevoient en aucune maniere des villes d'où elles fortoient. La néceffité les forçoit cependant quelquefois à fe foumettre aux Métropoles, qui réclamoient leurs droits dans certaines occafions.

LES GRECS.

Les droits des Métropoles fur les Colonies qu'elles avoient fondées, n'étoient pas tous de même nature, mais il y en avoit un grand nombre qui étoient généraux. 1°. Les Colonies étoient obligées d'envoyer tous les ans à leur Métropole des Députés chargés d'offrir en leur nom des facrifices aux Dieux de la patrie, & de leur préfenter les premices de leurs fruits. 2°. Si le feu facré s'éteignoit par quelque accident que ce fût, les Colonies ne pouvoient le rallumer que dans le Prytanée de leurs fondateurs. 3°. Elles étoient dans l'obligation de tirer leurs Prêtres du fein de leur Métropole. 4°. Dans la diftribution des victimes, s'il fe trouvoit quelques citoyens de la Métropole, on commençoit par lui. 5°. Les premieres places dans les folemnités publiques, appartenoient à ces mêmes citoyens. 6°. C'étoit l'ufage des Colonies d'orner les Temples de leur ancienne patrie, de préfents confidérables, de dépouilles d'ennemis, de trophées, de ftatues & d'autres embelliffements. 7°. La plûpart des villes Grecques payoient tous les ans à celle d'Athènes quelques mefures d'huile, comme une forte d'aveu qu'elles lui devoient l'olivier. On peut conjecturer que les Métropoles exigeoient de pareilles redevances à titre d'hommage, & que l'efpece en étoit fixée, fuivant le traité fait entr'elles & les Colonies. Tels étoient en général les droits honorifiques.

Droits des Métropoles fur les Colonies.

Parmi ceux qui étoient utiles on doit compter, 1°. celui que les citoyens des Métropoles avoient de pouvoir faire des alliances dans les Colonies, y contracter des mariages, fans que leurs enfants fuffent réputés Etrangers. On fçait combien les Grecs étoient jaloux de leur droit de Bourgeoifie. On ne pouvoit, fans cette qualité, parvenir aux charges, & pour être réputé citoyen, il falloit être né d'un pere & d'une mere qui le fuffent. 2°. Le citoyen d'une Métropole avoit le droit d'acheter des terres ou d'autres biens dans le territoire de fa Colonie. Les loix de la plûpart des villes Grecques, & d'Athènes en particulier, ne permettoient ni aux citoyens de quitter leur patrie pour chercher ailleurs un établiffement, ni aux Etrangers de venir y fixer leur féjour fans un confentement public. 3°. Le droit d'hofpitalité étoit commun entre les habitants de la Métropole & ceux de la Colonie.

Il y avoit encore plufieurs autres droits qui marquoient beaucoup plus la fupériorité des villes meres fur celles qu'elles avoient fondées. Ils confiftoient, 1°. à donner des Légiflateurs à leurs Colonies, foit pour y établir la forme de leur gouvernement, foit pour l'y faire revivre, lorfqu'il avoit été renverfé par quelque révolution. 2°. A faire paffer dans ces Colonies de nouveaux habitants que les anciens étoient obligés d'admettre à la participation de leurs biens. 3°. Lorfque les Colonies vouloient faire quelqu'établiffement, elles devoient demander un Chef à leur Métropole : ufage extrêmement ancien, fuivant la remarque de Thucydide. 4°. Ces Colonies étoient dans l'obligation de tirer leurs Généraux du fein de leurs Métropoles.

R r r ij

INTRODUCTION A L'HISTOIRE

LES GRECS.

5°. Enfin le plus important de tous les droits des villes Grecques sur celles qui leur devoient la naissance, étoit celui qu'elles avoient d'exiger d'elles dans toutes sortes d'occasions des secours proportionnés à leurs forces. Au moindre signal les Colonies étoient obligées de joindre leurs troupes à celles des Métropoles; d'ouvrir leurs ports aux flottes, leurs territoires aux armées de ces dernieres; d'en recevoir même les habitants, lorsqu'ils avoient besoin d'un asyle; & dans ce cas, non seulement de partager leurs terres avec eux, mais de leur céder encore la principale autorité. Dès qu'une Métropole étoit en guerre avec quelque peuple allié de sa Colonie, cette alliance disparoissoit aussitôt, quelqu'avantageuse qu'elle leur fût, & malgré le danger qu'il y avoit souvent à la rompre. Ce devoir des Colonies étoit une suite si naturelle de leur dépendance, que les Métropoles se plaignoient hautement de celles qui paroissoient y manquer, & les en punissoient même avec la derniere rigueur, quand elles étoient en état de faire valoir leurs droits par la force.

Devoirs des Métropoles envers les Colonies.

Si la qualité de Métropole donnoit tant de droits, elle imposoit en même temps des devoirs réels & indispensables. Les Métropoles étoient en quelque sorte comme les tutrices de leurs Colonies, & obligées en conséquence de les soutenir, de les protéger, de partager leurs disgraces, de leur donner toutes sortes de secours dans la guerre, de veiller en toutes occasions à leurs intérêts, & ce n'étoit qu'à ce prix que les Colonies leur devoient l'hommage & l'obéissance; les engagements avoient des deux côtés la même force, & la négligence des unes à les remplir, mettoit les autres en droit de les rompre. Une Colonie abandonnée par sa Métropole, pouvoit alors en secouer le joug, & s'adresser à la ville qui avoit fondé celle à qui elle devoit la naissance; auquel cas, celle-ci acqueroit sur le champ les droits de Métropole immédiate, qui avoient jusqu'à ce moment appartenu à l'autre. Tant que les villes meres protégeoient leurs Colonies, elles se maintenoient dans leurs priviléges; & les villes qu'on pourroit nommer *ayeules*, n'exerçoient sur les Colonies qu'un pouvoir indirect. Celles-ci avoient cependant toutes sortes d'égards & de déférences pour elles, & étoient, selon les apparences, obligées de les secourir, soit de concert avec leurs Métropoles immédiates, soit sans elles.

Liaison entre les villes, dont l'origine étoit commune.

Les villes qui étoient sorties d'une même tige, avoient aussi des liens qui les unissoient, & qui établissoient entr'elles des devoirs réciproques. Le nom de Sœurs qu'elles portoient les mettoit dans l'obligation de se secourir mutuellement. En réunissant tout ce qui précéde, & considerant la Grece sous le point de vûe qui en résulte, on peut la regarder comme l'assemblage d'un grand nombre de familles différentes, plus étendues les unes que les autres, divisées chacune en plusieurs branches, qui toutes unies entr'elles par des liens plus ou moins forts, suivant la proximité plus ou moins grande, se rapportent à une tige commune.

Les Métropoles tiroient une des principales parties de leur lustre du grand nombre de leurs Colonies. Une telle fécondité faisoit beaucoup d'honneur parmi les Anciens. C'étoit la gloire d'Athènes, de Milet, de Corinthe & de plusieurs autres villes célebres. Leurs droits sur leurs Colonies ne se conserverent qu'autant qu'elles purent se maintenir dans l'indépendance &

dans la supériorité. L'ambition & la puissance de Philippe, Roi de Macédoine, portèrent atteinte à la liberté de la Grece, qui fut considerablement diminuée sous les successeurs d'Alexandre, & qui s'évanouit enfin sous la domination Romaine. Les distinctions d'origine se trouverent alors supprimées, & les villes, en formant d'autres alliances, ne consulterent plus que leur utilité commune. Un système nouveau conforme aux circonstances changea la face de la nation, diminua la force des liens particuliers qui unissoient les villes entr'elles, & leur en substitua d'autres. C'est donc au temps de la ligue des Achéens que commença l'altération des droits dont il s'agit; & la conquête de la Grece par les Romains, qui suivit de près la prise de Corinthe, entraîna leur extinction totale.

Le terme de Métropole cessa dans la suite de signifier une *ville mere*. Ce mot ne fut plus employé que pour marquer le rang que les villes tenoient dans les Provinces, & on entendit par *Métropole*, la principale de chaque contrée (1).

ARTICLE XI.

GUERRE DES GRECS CONTRE LES TROYENS.

AVANT que de passer à l'histoire particuliere des différents Royaumes de la Grece qui se formèrent depuis que les habitants de ce pays furent policés, j'ai crû devoir parler de la premiere expédition que les Grecs firent en commun, je veux dire, la guerre qu'ils portèrent en Phrygie, & qui ne fut terminée que par l'extinction du Royaume des Troyens qui, selon toute apparence, tirent leur origine des Grecs.

L'histoire de ces peuples est tellement enveloppée de ténèbres, qu'on ne peut rien dire de certain sur les premiers Princes fondateurs du Royaume de Troye. Teucer & Dardanus sont les deux premiers dont il soit fait mention dans les Auteurs; mais ceux-ci ne sçavent souvent lequel des deux ils doivent regarder comme le premier. Ils eurent pour successeur Erichton. Tros, qui monta sur le thrône après la mort de celui-ci, bâtit la ville de Troye. Il laissa la couronne à son fils Ilus, après la mort duquel Laomédon son fils fut reconnu Roi des Troyens. Ce Prince ayant été tué par Hercule, Podarces son fils, & qui avoit été emmené en captivité en Grece, fut racheté par ses sujets, & placé sur le thrône de ses ancêtres. Il fut surnommé Priam, d'un mot Grec qui signifie racheter. Ce fut sous son regne que se fit cette guerre célèbre qui a fourni tant de sujets à l'imagination

---

(1) Voyez la sçavante Dissertation de M. de Bougainville, dont ceci est tiré. Cette Dissertation, qui faisoit dès-lors connoître la profonde érudition de l'Auteur sur l'histoire Grecque, fut couronnée en 1745. par l'Académie Royale des Belles-Lettres. Le sujet étoit: *Les droits des Métropoles Grecques sur les Colonies; les devoirs des Colonies envers les Métropoles; & les engagements réciproques des uns & des autres.* Vol. in-12, chez Desaint & Saillant.

LES GRECS.

des Poëtes. Ce que je vais en dire est tiré de Darès le Phrygien. Ce récit destitué du merveilleux, qu'on lit dans Homere & dans Virgile, sera par conséquent souvent contraire à ce qu'on trouve dans ces deux célebres Poëtes.

La ville de Troye a été prise deux fois par les Grecs; d'abord sous Laomédon, & ensuite sous Priam. Voici, selon Darès, l'origine de la premiere guerre.

Pélias regnoit paisiblement dans le Péloponnese, lorsqu'il prit ombrage des vertus qui commençoient à briller dans Jason son neveu. Ce jeune Héros aimé des sujets de son oncle, les traitoit avec bonté en toute occasion. D'ailleurs on remarquoit en lui une valeur peu commune, & Pélias craignant qu'il ne voulût s'emparer du thrône, forma le dessein de l'éloigner. Dans cette vûe, il proposa à Jason d'aller faire la conquête de la Toison d'or, lui promettant un vaisseau & des troupes. Cette offre, qui flattoit agréablement un jeune Prince avide de gloire, fut acceptée avec joye, & aussi-tôt que la nouvelle en fut répandue, un grand nombre des amis de Jason se présenta pour l'accompagner dans l'expédition projettée. Pélias ravi du succès de sa politique, fit munir un vaisseau nommé Argo, de toutes les choses nécessaires dans un voyage sur mer; il y fit monter ensuite son neveu avec tous ceux qui voulurent le suivre.

Jason arrivé en Phrygie s'arrêta au port de Simoïs, & y débarqua: mais il avoit à peine eu le temps de faire descendre quelques-uns des siens, qu'un ordre précis de Laomédon, Roi de Troye, les força tous à remonter sur leur vaisseau. Les menaces qu'on leur avoit faites, s'ils n'obéissoient pas sur le champ, exciterent en eux un juste ressentiment, & ils résolurent de s'en venger, lorsqu'ils seroient plus en état de le faire. Cependant ils poursuivirent leur route, entrerent dans Colchos, enleverent la Toison d'or, & retournerent dans le Péloponnese. Hercule étoit du nombre des Argonautes, & il fut, pour ainsi dire, le seul qui songeât à tirer raison de l'insulte que le Roi de Troye avoit faite à ses compagnons. Il en parla à Castor & à Pollux, qui lui promirent de le seconder de tout leur pouvoir, & il sçut mettre dans ses intérêts Télamon, Pélée, Nestor & plusieurs autres. Aussi-tôt que tout fut prêt, ces Héros se rassemblerent auprès d'Hercule, & s'embarquerent avec lui pour la Phrygie. Ils aborderent de nuit au port de Sigée, & Hercule, Télamon, Pélée, & une partie de l'armée prirent le chemin de Troye, pendant que Castor, Pollux & Nestor resterent pour les secourir, s'ils en avoient besoin. Laomédon informé du dessein des Grecs, se rendit sur le rivage, où il les croyoit encore tous, & livra le combat à ceux qu'il y trouva. Dans le temps qu'il les attaquoit, il apprit que Troye étoit déjà assiégée, & retournant aussi-tôt sur ses pas, il fut rencontré par Hercule, qui le tua en combattant. Télamon entra le premier dans la ville, & eut pour récompense Hésione, fille de Laomédon; les autres enfants de ce Prince, à l'exception de Priam qui étoit alors en Phrygie (1) à la tête d'une armée, furent tués dans le combat. Hercule & ses compagnons,

---

(1) Les sentiments sont partagés à ce sujet, & celui que je rapporte ici, est de Darès; mais la plûpart des Auteurs prétendent que Priam fut emmené en captivité, comme je l'ai dit plus haut.

s'étant emparés de la ville, en enleverent un riche butin, & reprirent le chemin de leur patrie.

LES GRECS.

Priam n'eut pas plutôt appris la mort de son pere, l'enlevement de sa sœur Hésione & le pillage de Troye, que renonçant à toute autre entreprise, il ramena ses troupes dans cette ville. Il étoit accompagné d'Hecube sa femme, de ses enfants, Hector, Pâris, surnommé Alexandre, Deiphobe, Helenus, Troïlus, Andromaque, Cassandre, Polixene, & des enfants qu'il avoit eus de ses concubines. Priam voulant prévenir un malheur pareil à celui que son pere avoit éprouvé, ajouta de nouvelles fortifications à celles qui défendoient la ville, & augmenta le nombre de troupes destinées à la garder. Il bâtit ensuite un Palais, y éleva un Autel à Jupiter, & fit dresser une magnifique statue à ce Dieu. Les portes dont il ferma la ville étoient au nombre de cinq, & elles portoient les noms d'Anténorienne, de Dardanienne, d'Ilienne, de Thymbrienne & de Troyenne. Après avoir ainsi pourvu à la défense & à la sûreté de Troye, le Roi se détermina à envoyer Antenor en ambassade chez les Grecs, se plaindre de la mort de Laomédon, & demander qu'ils rendissent Hésione.

Antenor exposa successivement le sujet de son ambassade à Pelée, à Telamon, à Castor, à Pollux, à Nestor; mais il ne put obtenir de réponse favorable d'aucun de ces Princes, qui lui ordonnerent même de sortir promptement de leurs Etats. Priam, outré de cette nouvelle insulte, assembla ses enfants légitimes & naturels, avec ses Courtisans, sçavoir Antenor, Anchise, Enée, Eucalegon, Bucolion, Panthus, Lamponte, & leur fit part du peu de succès qu'avoit eu le voyage d'Antenor. Il parla ensuite d'envoyer une armée dans la Grece, & exhorta ses enfants à se charger de la conduite de cette entreprise. Hector, sans désapprouver les desseins de son pere, fit voir les difficultés qui s'opposoient à leur réussite, & combien les Grecs surpassoient en force toutes les troupes que les Troyens pourroient envoyer. Pâris, ne croyant pas devoir déférer aux sages avis de son frere, avança témérairement, que si on vouloit le charger du commandement de la flotte, il étoit sûr de revenir couvert de laurier. Il se croyoit particulierement favorisé des Dieux, & chercha à le prouver en rapportant le songe qu'il avoit fait dans la forêt du Mont Ida. Il lui avoit semblé que Mercure lui amenoit Junon, Venus & Pallas, afin qu'il jugeât quelle étoit la plus belle de ces trois Déesses; que Venus lui ayant promis de lui donner la plus belle femme de la Grece, s'il décidoit en sa faveur, il avoir déclaré qu'elle l'emportoit sur ses concurrentes. Pâris, en conséquence de ce songe, se flattoit que Venus seroit sa protectrice, & c'étoit sur un tel fondement qu'il appuyoit ses espérances. Déiphobe, après avoir dit son sentiment, qui étoit pareil à celui de Pâris, laissa parler le devin Helenus son frere. Celui-ci annonça que si Pâris enlevoit une femme de la Grece, les Grecs fondroient sur les Troyens, renverseroient les murailles de la ville, & massacreroient Priam & ses enfants. Des prédictions si funestes ne furent pas capables d'ébranler le courage de Troïlus; il l'écouta plus que la prudence, & opina pour la guerre. Tous ceux qui étoient rassemblés ayant déclaré qu'ils pensoient comme Pâris, Déiphobe & Troïlus, la guerre fut absolument résolue.

Priam envoya Pâris & Déïphobe en Lycaonie pour lever des soldats,

LES GRECS.

& comme il jugea à propos de ne rien entreprendre sans consulter le peuple, il convoqua une assemblée générale. Il expliqua alors les motifs qui le portoient à déclarer la guerre aux Grecs, & permit à chacun de dire son avis à ce sujet. Panthus, fils d'Euphorbe, profita de la liberté que le Roi donnoit à tous, & déclara que son pere lui avoit dit que les Troyens seroient ruinés, si Pâris emmenoit une femme de la Grece, & qu'ainsi il étoit plus à propos de passer sa vie dans l'oisiveté, que de risquer sa liberté dans la guerre, & s'exposer à mille dangers. Le discours de Panthus, qui avoit beaucoup de rapport à ce qu'Helenus avoit dit, ne fit pas plus d'impression sur le peuple que les prédictions du fils de Priam. On demanda la guerre à grands cris, & chaque particulier offrit sa personne & ses biens. Le Roi, flatté de la bonne volonté de ses sujets, les en remercia, & ne songea plus qu'aux préparatifs nécessaires. La Princesse Cassandre, instruite des projets de son pere, mit tout en usage pour l'engager à y renoncer ; mais elle n'en put venir à bout, & irritée du mépris qu'on sembloit faire de ses conseils, elle annonça tous les malheurs qui devoient arriver aux Troyens, si l'on envoyoit une armée navale dans la Grece. Malgré les représentations & les menaces de Cassandre, on se hâta d'équiper des vaisseaux qui furent bientôt en état de partir.

Les troupes que les enfants de Priam avoient rassemblées étant prêtes, & la saison étant favorable, le Roi fit la revûe de ses soldats, confia à Pâris le commandement de la flotte, & le fit accompagner de Déiphobe, d'Enée & de Polydamas. Il donna ordre aux Troyens de commencer par demander seulement Hésione, & d'exiger des Grecs une satisfaction proportionnée à l'injure qu'ils en avoient reçue. Priam ajouta que si on obtenoit des Grecs ces deux choses, il défendoit à Pâris de rien entreprendre contr'eux ; mais que s'ils refusoient de les accorder, il falloit sur le champ le lui faire sçavoir, afin qu'il envoyât une seconde armée pour soutenir la premiere. Après avoir promis d'exécuter exactement la volonté de son pere, Pâris leva l'ancre & partit. Quelques jours avant que de découvrir les côtes de la Grece, les Troyens aborderent à l'isle de Cythere où Ménélas venoit de passer. Hélene sa femme, qui y étoit encore, sçachant que Pâris descendoit dans le même endroit, eut la curiosité de le voir. Pâris de son côté désiroit rencontrer Hélene, dont la beauté étoit déjà célebre, & il ménagea si adroitement cette entrevûe, qu'il se trouva sur son passage au moment qu'elle alloit au Temple de Diane offrir un sacrifice à cette Déesse & à Apollon. Ils furent surpris l'un & l'autre des agréments qu'ils remarquerent en eux. Pâris devenu éperdument amoureux d'Hélene, ordonna aux Troyens de se tenir prêts à lever les ancres au premier signal, ensuite il entra brusquement dans le Temple & enleva Hélene, qui ne fut pas plutôt sur le vaisseau de Pâris, que la flotte Troyenne fit voile pour la Phrygie. Ménélas au désespoir de se voir ainsi ravir une femme qu'il aimoit, partit avec Nestor, à la Cour duquel il étoit, & se rendit à Sparte, d'où il envoya prier son frere Agamemnon de le venir trouver.

Cependant Pâris arriva chez son pere, lui raconta son aventure, & lui montra Hélene, qui quoique triste parut d'une beauté éclatante. Priam se flattant que les Grecs ne refuseroient plus de rendre Hésione, fut satisfait

de

de l'expédition de Pâris, & pour l'en récompenser il le maria avec Hélène. LES GRECS.
Caſſandre, qui la vit dans cette cérémonie, répéta ce qu'elle avoit déjà prédit avant le départ de ſon frere, & ajouta tant de circonſtances; que Priam
la fit enfermer, dans la crainte qu'elle ne troublât par ſes diſcours la joye
publique.

Pendant que Priam & ſes enfants ſe livroient au plaiſir de s'être vengés,
Agamemnon, de concert avec ſon frere Ménélas, faiſoit tous ſes efforts
pour armer toute la Grece contre les Troyens. Achille, Patrocle, Tlepoleme & Diomede furent les premiers qui embraſſerent le parti de Ménélas.
Ils élurent Agamemnon pour leur chef, & envoyerent prier tous les Princes
de la Grece de ſe trouver au Port d'Athènes avec des vaiſſeaux, pour ſe
mettre auſſitôt en mer, & aller à Troye venger l'injure commune. Perſonne
ne refuſa, & voici dans quel ordre chaque Prince arriva au rendez-vous.
Agamemnon partit de Mycene & ſe rendit à Athènes avec cent vaiſſeaux;
Ménélas de Sparte avec ſoixante; Archelaüs & Protenor de Béotie, avec
cinquante; Aſcolaphe & Jalmene de la ville d'Orchomène, avec trente;
Epiſtrophus & Schedius de Phocide, avec quarante; Ajax, fils de Telamon,
de Salamine emmena avec lui ſon frere Teucer, Bibliaccon, Amphima-
cus, Dorius, Theſius & Polyxenus, avec quarante; Neſtor de Pyle avec
quatre-vingts; Thoas d'Etolie, avec quarante; Ajax, fils d'Oïlée de Locre,
avec trente-ſept; Antiphus & Phidippus, avec trente; Idomenée & Me-
rion de Crete, avec quatre-vingts; Ulyſſe d'Ithaque, avec quarante; Emilie
avec dix; Proteſilas & Protarchus de Philac, avec quarante; Podalire &
Macaon, fils d'Eſculape, avec trente-deux; Achille ſuivi de ſon ami Patrocle
& des Mirmidons de Pythie, avec cinquante; Tlepoleme de Rhodès, avec
huit; Euripile d'Orchomène, avec neuf; Xantippe & Amphimacchus d'E-
lide, avec douze; Polipetes & Léontius de Larriſſe, avec quarante; Diomede, Euripilus & Sthnelus d'Argos, avec quatre-vingts; Philoctete de Me-
libée avec ſept; Cuneus de Cypre avec vingt-un; Protéus de Magnéſie, avec
quarante; Agapenor d'Arcadie, avec quarante; & Meneſthéus d'Athènes,
avec cinquante. La flotte des Grecs ſe trouva ainſi compoſée d'environ onze
cents vaiſſeaux, dont le commandement fut déféré à Agamemnon. Ce Prince,
après avoir remercié les Grecs, jugea à propos d'envoyer Achille & Patrocle
conſulter l'Oracle de Delphes.

Auſſitôt que Priam eut appris que les Grecs ſe préparoient à lui faire la
guerre, il envoya dans toute la Phrygie, & même dans les Pays voiſins
lever des troupes, & raſſembla celles qu'il avoit déjà. Les Princes qui vinrent au ſecours des Troyens furent Pandarus & Amphidaraſtus de Zelie;
Amphimachus & Mneſtheus, de Colophonie; Sarpedon & Glaucus, de Li-
cie; Hippotogus & Cupeſus, de Larriſſe; Remus, de Cyronie; Pyrrhus &
Alcamus, de Thrace; Pactameſus & Teropeus, de Péonie; Aſcanius, Xan-
dipus & Portius, de Phrygie; Eufemeus, d'Eliconie; Sanias, Aſimaus &
Foricus, de Béotie; Philemeneus, de Palaconice; Pirſés & Memnon, d'E-
thiopie; Heſeus & Archilogus, de Thrace; Adreſtus & Amphius, d'Adreſ-
tie; & Epiſtrophus, d'Auſonie. Pendant que ces Princes ſe rendoient ſuccef-
ſivement auprès de Priam, Achille étoit allé à Delphes par les ordres d'A-
gamemnon. La réponſe de l'Oracle fut, que les Grecs ſeroient à la fin

victorieux ; mais qu'ils ne s'empareroient de Troye qu'au bout de dix ans. Les sacrifices qu'Achille offrit étoient à peine achevés, que le Devin Calchas, fils de Thestor, arriva à Delphes, chargé des présents qu'il apportoit de la part des Phrygiens. Il consulta aussi l'Oracle, qui lui commanda d'entrer au service des Grecs, de partir avec eux, & de les avertir de ne pas abandonner la ville de Troye qu'elle ne fût prise. Achille, informé de ce qui avoit été dit à Calchas, eut avec lui une longue conférence touchant les réponses de l'Oracle, & il sçut engager ce Devin à lui jurer une amitié inviolable, & à le suivre.

Calchas & Achille, arrivés à l'Assemblée générale des Grecs, rapporterent ce qu'ils avoient appris de l'Oracle. Toute l'Armée en témoigna une grande satisfaction, & Agamemnon fit lever les ancres pour sortir du Port d'Aulide. La flotte n'en étoit pas encore beaucoup éloignée qu'une furieuse tempête la repoussa dans le Port, & comme il sembloit qu'elle ne pouvoit plus en sortir parce que le mauvais temps continuoit, Calchas conseilla aux Grecs de descendre à terre & d'offrir des sacrifices à Diane. On suivit le conseil du Devin, & le calme étant rétabli, Agamemnon fit remettre à la voile, & nomma pour principal Pilote Philoctete, qui avoit été à Troye avec les Argonautes. Les Grecs secondés d'un vent favorable arriverent en peu de temps sur les terres du Roi Priam. Ils commencerent par lui enlever une ville, & descendirent ensuite à Tenedos, dont ils tuerent les habitants. Après ces premieres hostilités, Agamemnon envoya Diomede & Ulysse sommer Priam de leur rendre Hélene avec tout ce que Pâris avoit emporté.

Le départ des Ambassadeurs ne fit point rester les Grecs dans l'inaction ; Achille & Telephe se jetterent sur la Mysie, province de l'Asie Mineure, & y firent de grands dégats. Teuthras, Souverain de ce pays, voulut les en chasser, mais son armée fut entierement défaite, & Achille alloit tuer Teuthras lui-même, lorsque Telephe, qui se ressouvint que ce Roi avoit autrefois reçu favorablement Hercule son pere, le couvrit de son bouclier, & arrêta la fureur d'Achille. Le soin que prit Telephe pour sauver la vie à Teuthras devint inutile ; ce Monarque étoit blessé mortellement. Néanmoins il fut sensible à la bonne volonté du Prince Grec, & en reconnoissance de ce service & de ceux qu'Hercule lui avoit rendus, il déclara avant que de mourir, qu'il donnoit son Royaume à Telephe. Ce dernier, sans avoir dessein de profiter du don que lui avoit fait Teuthras, le fit enterrer magnifiquement. Il se préparoit à quitter la Mysie ; mais Achille lui conseilla de conserver cette couronne & de demeurer dans le pays, parce qu'il pourroit rendre service aux Grecs en leur fournissant des vivres. Telephe, ébranlé par les raisons d'Achille, sacrifia le désir de se signaler à celui d'être utile, & consentit à rester dans la Mysie où on le reconnut Roi sans difficulté. Achille de retour à Tenedos rendit compte de ce qu'il avoit fait, & reçut de grands applaudissements.

Peu de temps après, les Ambassadeurs envoyés à Priam rentrerent dans le camp des Grecs, & rapporterent que les Troyens, loin de leur accorder leur demande, les avoient fait chasser de leurs Etats. Agamemnon sur cette réponse assembla toute l'armée & tint conseil sur ce qu'on devoit faire. On étoit encore occupé à délibérer, lorsque Palamede, fils de Nauplius, arriva de Corme avec trente vaisseaux. Il fut aussitôt admis au Conseil & comme on balançoit si l'on donneroit le premier assaut le jour ou la nuit, il décida qu'il le falloit donner le jour, & il entraîna toutes les voix. Agamemnon le chargea de cette expédition, & la flotte mit sur le champ à la voile & s'approcha de la ville de Troye. Priam, qui s'attendoit que les Grecs ne tarderoient pas à se faire voir, nomma chefs de ses armées Hector, Deiphobe, Pâris, Troilus, Enée & Memnon, & leur recommanda de s'opposer à la descente des Grecs. Cependant ceux-ci, malgré la vigoureuse résistance des Troyens & la perte de quelques-uns de leurs Généraux, débarquerent & dresserent leur camp devant la ville. Hector, dans la premiere sortie qu'il commanda, tua Patrocle, ami d'Achille, & auroit mis toute l'armée en fuite sans Ajax Telamonien, qui arrêta son impétuosité, en l'attaquant avec vigueur. Néanmoins s'étant reconnus tous les deux pour être parents, parce qu'Ajax étoit fils d'Hesione & de Telamon, ils cesserent de se porter des coups, & les deux armées se retirerent.

Le lendemain les Grecs demanderent une treve de deux ans qui leur fut accordée, & Achille, que la mort de Patrocle affligeoit beaucoup, inventa des Jeux funebres en son honneur. Ce témoignage de tendresse pour les défunts fut imité dans la suite, & les Jeux célébrés pendant les funérailles devinrent bientôt d'un usage ordinaire. Les Grecs, loin de profiter du temps de la treve pour augmenter leurs forces, le passerent à se disputer le commandement. Palamede entr'autres étoit jaloux d'en voir Agamemnon revêtu, & il ne cessoit de parler de son incapacité. Les deux ans s'écoulerent ainsi, & l'autorité demeura à Agamemnon. Dès que la treve fut expirée, il y eut une nouvelle bataille dans laquelle plusieurs braves furent tués de part & d'autre. Pendant l'espace de trois mois on se battit tous les jours, & parmi les Officiers Grecs qui furent tués on compta Boetes, Archiloque, Protenor, Orchomene, Palamon, Epistrophus, Schedius, Delpenor, Dorius, Polyxenus, Amphimachus & Nerius. Les Troyens de leur côté perdirent Euphemius, Hippothous, Asterius, Xantippe, Mesthes & beaucoup d'autres. Tant de Capitaines & de soldats morts obligerent les Grecs & les Troyens à prendre du temps pour les ensevelir, & Ulysse de la part d'Agamemnon demanda une treve de trois ans, qu'il obtint après quelques difficultés.

Les Grecs s'occuperent à radouber leurs vaisseaux & à faire provision de vivres & de munitions, pendant que les Troyens travaillerent sans relâche à fortifier considérablement leur ville. Au bout des trois ans on combatit de nouveau; plusieurs treves se succéderent & l'avantage ne parut encore d'aucun côté. Hector se faisoit toujours redouter des Grecs qui ne pouvoient tenir devant lui, & toutes les fois qu'il commandoit dans les sorties, les Troyens rentroient triomphants dans la ville. La nuit qui précéda un jour marqué pour une bataille, Andromaque, femme d'Hector, vit en songe tuer son mari. Effrayée de ce rêve, elle pria Hector de rester dans la ville; mais il fit peu d'attention à ce que lui disoit sa femme, & continua à se préparer au combat. Andromaque inquiette fit supplier le Roi de ne pas permettre à son mari de marcher ce jour-là contre les Grecs. Priam se prêta aux craintes d'Andromaque, défendit à son fils de se trouver à la bataille,

LES GRECS.

& chargea du commandement des troupes Hellenus, Pâris, Troilus, Enée & Memnon. Hector, forcé d'obéir, quitta le palais, & se promena dans la ville. Cependant les Grecs s'étant apperçus qu'il n'étoit pas à la tête des Troyens redoublerent leurs efforts, & mirent bientôt leurs ennemis en déroute. Hector ne tarda pas à être informé de ce désavantage ; alors il n'écouta plus que sa valeur, & sans rien dire il sortit de la ville & se jetta dans le plus fort de la mêlée. Sa présence fut fatale à plusieurs Capitaines qui tomberent sous ses coups, & les Grecs, chagrins de se voir ravir une victoire qu'ils croyoient sûre, semblerent n'avoir que lui seul à combattre. Achille chercha à le joindre & y réussit, ce qui occasionna de grands cris de la part des Grecs & des Troyens. Hector blessa d'abord son adversaire à la cuisse ; mais ce fut le dernier coup qu'il porta. Il en reçut à son tour & perit enfin par la main d'Achille. Sa mort découragea entierement les Troyens, qui se mirent à fuir, & furent poursuivis jusqu'aux portes de Troye, où Memnon fit de si grands prodiges de valeur que les Grecs furent obligés de se retirer.

Pendant la treve qui suivit cette action, Priam fit enterrer les morts, & on célebra des Jeux funebres en l'honneur d'Hector, que tous les Troyens regretterent beaucoup. Palamede recommença ses plaintes contre Agamemnon, de sorte que ce Prince, pour prévenir les séditions, assembla son armée, & déclara qu'il permettroit qu'on élût un autre Chef que lui si on le désiroit. Les Grecs, gagnés sans doute par Palamede, profiterent de la permission & lui remirent le commandement. Achille seul désapprouva ce choix & en murmura hautement. Il y eut dans le cours d'une année plusieurs combats, & quelques treves de peu de durée. Un an après les funérailles d'Hector, Priam, Hécube, Polyxene & tous les Troyens sortirent de la ville & allerent au tombeau de ce Prince. Achille les voyant passer fut frappé de la beauté de Polyxene, & en devint éperdument amoureux. De ce moment Achille refusa de se trouver aux combats, & il envoya à Troye demander Polyxene en mariage, promettant de s'en retourner chez lui avec ses Myrmidons, & d'obliger les autres Princes Grecs à le suivre. Hécube fit un accueil favorable à l'esclave Phrygien qu'Achille avoit dépêché vers elle, & elle répondit qu'elle feroit sçavoir à Achille ce que Priam décideroit. Le Roi apprit avec plaisir la tendresse que sa fille avoit inspirée à Achille ; mais il déclara qu'il ne la donneroit qu'après la conclusion de la paix. La réponse de Priam ayant été rapportée à Achille, ce Prince commença à faire entendre aux Grecs, qu'il étoit ruineux de faire la guerre si longtemps. Il ne trouva pas les esprits aussi disposés à la paix qu'il le souhaitoit, & comme on indiqua plusieurs batailles, il se retira à son quartier ne voulant pas s'y trouver.

Palamede fit peu d'attention à la colere d'Achille, & ne laissa pas de faire livrer différents combats dans lesquels les pertes furent à peu près égales des deux côtés. Personne ne pouvoit encore se flatter de l'emporter sur ses ennemis, lorsque dans une bataille, où chacun faisoit des efforts incroyables, Palamede fut tué d'un coup de fleche que lui décocha Pâris. La mort du Général causa la déroute de toute l'armée, & les Troyens profitant de leur victoire, mirent le feu à la flotte des Grecs. La nuit qui survint obligea les Troyens à rentrer dans la ville, & favorisa le ralliement des troupes Grecques. Palamede fut regretté de toute l'armée, & pendant qu'on songeoit à lui rendre les derniers honneurs, Priam & ses sujets pleuroient Déiphobe & Sarpedon, qui avoient perdu la vie dans la derniere action. Nestor, le plus ancien des Capitaines Grecs, prévoyant la confusion où les pourroit mettre le défaut de Chef, proposa de rétablir Agamemnon; on suivit son conseil, & le Roi de Mycene se vit une seconde fois à la tête d'une armée nombreuse. Ses premiers soins furent d'ordonner de superbes funérailles à Palamede, & d'envoyer Nestor, Ulysse & Diomede prier Achille de se trouver au combat. Ce dernier refusa de se rendre à leurs sollicitations, & prétendit qu'il falloit absolument faire la paix. Les Députés de retour à la tente d'Agamemnon lui rapporterent la réponse d'Achille, ce qui occasionna une nouvelle assemblée de Généraux, où on délibéra si l'on suivroit l'avis d'Achille. Diomede & Ulysse furent les seuls portés à la paix; tous les autres & le Devin Calchas lui-même déciderent qu'on devoit combattre jusqu'à ce qu'on eût vaincu entierement les Troyens.

En conséquence de la résolution de continuer la guerre, on se disposa à attaquer vivement les Troyens, & ceux-ci se préparerent à se défendre avec vigueur. Dans les différents combats qui se donnerent, Achille se contenta d'envoyer ses Myrmidons, & ne parut point en personne. Enfin chagrin de voir ses troupes battues par les Troyens, il sortit de son assoupissement, & se montra dans l'armée Grecque; où il fut blessé par Troïlus. Il se vengea quelques jours après de la blessure qui lui avoit été faite, en tuant Troïlus & Memnon, & en portant le désordre & la mort parmi les Troyens. Hécube affligée de la perte des plus braves de ses enfants, forma le projet d'immoler Achille à sa douleur. Elle fit part de ses desseins à Pâris, & pour l'encourager à ôter la vie au meurtrier de ses freres, elle lui persuada que cette action l'immortaliseroit. Pâris promit d'obéir aux volontés de sa mere; qui voulant en accélérer l'exécution, fit dire à Achille que Priam & ses enfants l'attendoient dans le Temple d'Apollon Tymbrien. Achille impatient de voir Polyxene, se rendit sur le champ avec Antiloque à l'endroit indiqué; mais il étoit à peine arrivé que Pâris & ceux qui étoient en embuscade l'environnerent, ainsi que son compagnon, & les tuerent tous deux, quelques efforts qu'ils fissent pour se défendre. Pâris peu content d'avoir si lâchement ôté la vie à un ennemi qu'il redoutoit, vouloit encore le priver des derniers honneurs, & il l'auroit fait sans doute si Helenus ne s'y fût opposé, & n'eût rendu aux Grecs les corps d'Achille & d'Antiloque.

La mort de ces deux Héros répandit une telle consternation parmi les Grecs, qu'ils n'oserent plus rien entreprendre avant que d'avoir consulté les Dieux. L'Oracle répondit que la guerre ne se termineroit que par un des enfants d'Achille. Ajax proposa d'envoyer chercher Néoptoleme ou Pyrrhus, fils d'Achille & de Déidamie, fille de Lycomede, Roi de Scyros. Ménélas fut chargé de cette commission, & s'en acquitta suivant le desir des Grecs, en amenant avec lui le jeune Prince. On célebra alors des Jeux funebres en l'honneur d'Achille, & on lui éleva un magnifique tombeau. Aussitôt après les Grecs livrerent une bataille, dans laquelle Pâris perça d'une fleche le côté d'Ajax, & fut tué par Ajax lui-même, qui mourut en entrant dans le camp. Diomede fit de si grands prodiges de valeur, que les Troyens furent obligés de fuir vers la ville, que l'armée des Grecs environna bientôt. Penthésilée, Reine des Amazones, arriva sur ces entrefaites au secours des Troyens, & livra une sanglante bataille aux Grecs. Elle se seroit emparée de leur camp, sans la résistance de Diomede qui soutint ses efforts, pendant que l'armée faisoit des retranchements nécessaires pour être en sûreté. Quelques jours après les Amazones combattirent avec la même ardeur ; mais Pyrrhus s'attachant à Penthésilée, fut blessé par cette Princesse. Furieux du coup qu'il avoit reçu, il rassembla toutes ses forces, & fit voler la tête à la Reine des Amazones. Sa mort causa la déroute des Troyens qui s'étoient avancés pour la soutenir, & les Grecs poursuivant de près leurs ennemis, les bloquerent de façon qu'ils ne pouvoient plus sortir.

Priam, ainsi enfermé dans Troye, assembla les principaux Officiers de son armée, & les consulta sur le parti qu'il devoit prendre. Antenor porta le premier la parole, & insista sur la nécessité de faire la paix, en rendant aux Grecs Helene & tout ce qu'ils demandoient. Ce discours fit impression, & une partie des assistants commençoit à chercher les moyens d'obtenir une paix la plus avantageuse qu'il seroit possible, lorsqu'Amphimachus, fils de Priam, s'opposa fortement à cet avis, & dit qu'il falloit vaincre, ou avoir la gloire de mourir pour sa patrie. Enée détruisit les raisons d'Amphimachus, & conclut à demander la paix. Les altercations, suites ordinaires de la différence des sentiments, irriterent le Roi, que la mort de ses enfants avoit déjà aigri, & il reprocha durement à Antenor & à Enée d'être les causes d'une guerre qu'ils refusoient de soutenir. Antenor avoit, selon lui, aggravé les circonstances de la réception que les Grecs lui avoit faite, & Enée s'étoit trouvée avec Pâris, & l'avoit aidé à enlever Helene. Enfin le Roi termina ses plaintes, en ordonnant à tous ceux qui étoient présents de se tenir prêts à faire de nouveaux efforts, ou à succomber sous ceux de leurs ennemis. Tel fut le résultat de cette assemblée que le Roi congédia, à l'exception d'Amphimachus qu'il retint auprès de lui. Aussitôt qu'ils furent seuls, Priam confia ses inquiétudes à son fils, & soupçonnant Enée & Antenor de vouloir trahir les Troyens, il crut devoir prendre des mesures pour se défaire d'eux. Amphimachus trouva les craintes de son pere bien fondées, & ils projetterent ensemble d'inviter Antenor & Enée à un festin, dans lequel on les feroit mourir.

Pendant que Priam mettoit tout en usage pour faire réussir ses desseins, Antenor, Polydamas, Ucalégon, Amphidamas & Dolon eurent une entrevûe secrette, où ils appellerent Enée, afin de se précautionner contre ce qu'on pourroit entreprendre contre eux. Ils n'avoient pas eu de peine à démêler les idées du Roi, & dans la crainte d'éprouver les effets de son ressentiment, ils prirent la résolution de livrer la ville à Agamemnon. Après s'être promis par serment un secret & une fidélité inviolables, ils députerent Polydamas vers le Chef des Grecs. Ce Prince, de l'avis de son Conseil, chargea Sinon d'aller à Troye recevoir d'Anchise, d'Enée & d'Antenor le signal que Polydamas avoit donné pour garant de la sincérité de ses propositions. Les Grecs assurés par ce moyen qu'on ne cherchoit pas à les tromper, jurerent de conserver les maisons & les biens d'Enée, d'Antenor & des autres

Conjurés, ainsi que leurs femmes & leurs enfants. Ce traité fait & confirmé, Polydamas conseilla aux Grecs d'avancer toute leur armée du côté de la porte Secenne, au dehors de laquelle la tête d'un cheval étoit peinte, & où Antenor & Anchise devoient poster leurs soldats. Il ajouta que, lorsqu'ils verroient de la lumiere, ils pourroient approcher hardiment, parce que ce seroit un signal pour les faire entrer & les conduire au Palais du Roi. Polydamas après ces instructions se hâta de rentrer dans la ville, où il instruisit ses associés de toutes les choses dont il étoit convenu avec les Grecs.

Dès la nuit suivante Agamemnon fit avancer des troupes du côté qu'on lui avoit indiqué. Pyrrhus vit paroître de la lumiere, & fut reçu par Enée & Antenor qui se retirerent aussitôt avec leurs soldats. Alors toute l'armée entra & fit main basse sur tous ceux qui oserent paroître. Pyrrhus poursuivit Priam, & l'immola sur l'autél de Jupiter. Hécube en fuyant avec Polyxene apperçut Enée, & lui confia sa fille, qui fut cachée dans la maison d'Anchise. Andromaque & Cassandre se réfugierent dans le Temple de la Concorde, & les Grecs ne cesserent pendant un jour & une nuit de détruire la ville. Enfin Agamemnon fit assembler ses principaux Officiers dans le Temple de Minerve, où il rendit graces aux Dieux du succès de ses armes, loua toute l'armée, & distribua le butin qu'on avoit fait. Il consulta ensuite ses Capitaines, pour sçavoir s'il étoit obligé de garder la parole donnée à Antenor, à Enée & autres qui avoient trahi leur patrie. Chacun fut d'avis qu'on devoit tenir ce qui leur avoit été promis, & en conséquence, on leur rendit tous les effets dont les soldats s'étoient emparés. Antenor en remerciant les Grecs leur remontra que Cassandre & Helenus s'étant toujours opposés à la guerre, méritoient qu'on eût des égards pour eux, & Agamemnon persuadé par ces raisons rendit la liberté à l'un & à l'autre du consentement de ses troupes. Helenus demanda & obtint la même faveur pour Hécube & Andromaque, à qui on fit réstituer ce qu'on leur avoit pris.

Les Grecs après avoir ainsi tout reglé, & exécuté les vœux qu'ils avoient faits pendant le siege, songerent à se rembarquer ; mais une violente tempête les contraignit de rester encore quelque temps. Impatients de retourner dans leur pays, ils interrogerent Calchas sur la cause de cet événement, dont la durée paroissoit extraordinaire. Le Devin répondit que les mânes des morts n'étoient pas satisfaits, & que les Enfers étoient irrités de leur négligence à ce sujet. Cette réponse, dont Pyrrhus fut frappé, lui rappella le souvenir de la mort d'Achille, qui n'étoit point vengée par celle de Polyxene, & à ce sujet il fit réflexion qu'on n'avoit pas trouvé cette Princesse dans le Palais. Il demanda à Agamemnon ce qu'elle étoit devenue, & ce Monarque la fit chercher avec tant de soin, qu'Enée fut obligé de la remettre entre les mains de Pyrrhus. Cette Princesse fut conduite sur le champ au tombeau d'Achille, où Pyrrhus l'immola croyant appaiser les mânes de son pere. Cependant Agamemnon irrité contre Enée, à cause qu'il avoit caché Polyxene, lui ordonna de quitter promptement le pays, & de s'en aller où il voudroit avec ses vaisseaux. Enée obligé d'obéir, partit, & emmena sur les vaisseaux de Pâris trois mille quatre cents hommes.

Agamemnon s'embarqua aussi, & donna à Antenor le territoire & la ville

LES GRECS. de Troye, où il resta deux mille cinq cents hommes; Helene rendue à Ménélas son premier mari, se retira avec lui dans la Chersonnese; Hécube, Cassandre, Helenus & Andromaque se rendirent aussi dans la même contrée, accompagnés de douze cents hommes. C'est ainsi que fut terminé le siége de Troye, qui dura dix ans huit mois & douze jours. Les Grecs dans cet espace de temps perdirent huit cent quatre-vingt six mille hommes, & les Troyens six cent soixante & seize mille.

ARTICLE XII.
ROYAUMES DE SICYONE, D'ARGOS ET DE MYCENE.

SICYONE.

LE plus ancien des Royaumes de la Grece, suivant l'opinion commune, est celui de Sicyone, autrefois la plus considerable des villes de l'Egialée. Ce petit Etat devint rival d'Argos sous les enfants d'Inachus & de Phoronée. Il conserva ses Rois particuliers long-temps après le retour des Héraclides. Ces Rois descendoient de Festus, fils d'Hercule; mais lorsque cette famille fut éteinte, le Royaume de Sicyone tomba sous la domination de plusieurs Tyrans, & fut enfin réuni à celui d'Argos. L'obscurité qui regne sur l'histoire de ce Royaume ne permet pas d'entrer dans aucun détail sur ce qui s'est passé sous les regnes des Princes qui ont gouverné cet Etat. Nous n'avons même rien de certain sur leurs véritables noms ni sur leur nombre.

ARGOS.

Les premiers temps du Royaume d'Argos ne sont gueres moins couverts de ténebres, & il ne paroît pas possible de donner rien d'assuré sur ce qui s'est passé dans ces siecles, qu'on doit regarder comme l'enfance de la Grece. On prétend qu'Inachus fut le fondateur de ce Royaume qu'il laissa à Phoronée qu'on dit être son fils. Ce Prince qui passe chez quelques Ecrivains pour avoir fondé le Royaume d'Argos, rendit de grands services aux Grecs en les tirant de leur barbarie, & en les obligeant à former quelque société. Il agrandit beaucoup ses Etats par les différentes conquêtes qu'il fit sur ses voisins. Je ne suivrai point les différentes listes des Rois d'Argos & de Mycene qu'on trouve dans divers Auteurs, d'autant qu'il n'y a rien de certain sur cette matiere. Je parlerai seulement des plus célebres, c'est-à-dire, de ceux dont il est le plus fait mention dans les Poëtes anciens; car nous sommes encore dans les temps fabuleux ou héroïques, où le merveilleux sembloit avoir tant de droit. Les grands Princes y sont des demi-Dieux, & les Poëtes croyant les illustrer davantage, attribuoient leur naissance à quelques Divinités.

DANAUS. Un de ces Rois nommé Danaüs étoit venu s'établir à Argos, après avoir été

été chassé d'Egypte par son frere Egyptus. Ce dernier avoit cinquante fils qu'il vouloit donner en mariage aux cinquante filles de Danaüs. Ce Prince avoit refusé une telle union, parce qu'il avoit dessein de contracter plusieurs alliances avec ses voisins, dans l'espérance qu'ils le favoriseroient dans ses projets. Pour donner à Egyptus une raison plausible de son refus, il avoit publié qu'un Oracle l'avoit averti qu'il périroit par la main d'un de ses gendres, & qu'en conséquence il étoit résolu de ne point marier ses filles. Egyptus qui avoit pénétré les véritables motifs qui faisoient agir son frere, envoya ses cinquante fils à la tête d'une armée, & força de cette maniere Danaüs à leur donner ses filles en mariage. Celui-ci se vengea d'une maniere bien cruelle, en ordonnant à ses filles de poignarder leurs maris la premiere nuit de leurs nôces. Elles obéirent toutes à un ordre si barbare, à l'exception d'Hypermneftre, qui sauva son mari Lyncée. Les Poëtes qui se sont chargés de punir ces femmes inhumaines, les ont précipitées dans le séjour affreux du Tartare, où elles sont continuellement occupées à remplir d'eau un vase percé de tous côtés.

Prœtus étoit sur le thrône d'Argos, lorsque Bellerophon, fils de Glaucus, Roi de Corinthe, qui avoit tué son frere, se rendit à sa Cour pour y chercher un asyle. L'inclination que Sténobée, femme de Prœtus, prit pour Bellerophon, pensa lui devenir funeste. Cette femme irritée de l'indifférence que ce jeune Prince lui témoignoit, l'accusa auprès de son mari de l'avoir voulu séduire. Prœtus trop crédule songea à se venger de Bellerophon ; mais ne voulant pas violer les droits de l'hospitalité, il l'envoya vers Jobate, Roi de Lycie, pere de Sténobée, & le chargea de lettres qui portoient sa condamnation. Jobate, pour entrer dans le dessein de son gendre, ordonna à Bellerophon d'aller combattre la Chimere, persuadé qu'il périroit dans cette expédition. La Chimere, selon la Fable, étoit un monstre né de Typhon & d'Echidne, qui avoit la tête d'un lion, la queue d'un dragon & le corps d'une chévre. Sa gueule toujours ouverte vomissoit des tourbillons de flamme & de fumée. Ce monstre étoit dans la Lycie. Bellerophon monté sur le cheval Pégase, sortit glorieux d'une entreprise aussi dangereuse. Fier d'un tel succès, il voulut se servir de son cheval aîlé pour monter jusqu'au ciel, mais Jupiter le précipita sur la terre. C'est ainsi que les Poëtes ont jetté du merveilleux sur les exploits que fit Bellerophon par les ordres de Jobate. Il n'est pas difficile de réduire au simple une histoire embellie de tant de fictions. Nous en trouverons de la même nature dans l'histoire des autres Héros dont je vais parler. Je rapporte tous ces traits fabuleux, parce que la connoissance en est souvent nécessaire, tant pour expliquer les tableaux, que les ouvrages de sculpture où ils sont représentés.

Acrisius, fils & successeur de Prœtus, étoit pere de Danaé. Effrayé par un Oracle qui lui avoit prédit que son gendre lui donneroit la mort, il enferma sa fille dans une tour d'airain; mais Jupiter s'étant changé en pluye d'or, rendit inutiles les précautions d'Acrisius. Danaé devenue mere de Persée, fut enfermée dans un coffre avec son fils, & ensuite jettée à la mer. Jupiter fit aborder heureusement ce coffre à l'isle de Sériphe, où Dictys, frere de Polydecte, Roi de cette isle, éleva le jeune Persée. Lorsqu'il fut devenu grand, il s'attira la haine de Polydecte, qu'il empêcha plusieurs fois de faire outrage à sa mere. Polydecte pour se délivrer d'un surveillant si incommode, le chargea d'aller couper la tête à Méduse, comme on l'a vû plus haut. Persée de retour de cette expédition & de plusieurs autres, dans lesquelles il avoit réussi par le moyen de la tête de la Gorgone, se vengea de Polydecte qu'il fit mourir, ou plutôt qu'il changea en rocher en lui montrant la tête de Méduse, comme le disent les Poëtes. Persée, vainqueur de ses ennemis, se rendit à Argos, que son grand-pere avoit abandonné, lorsqu'il avoit appris les grands exploits de son petit-fils. Ce jeune Prince s'étant trouvé peu de temps après à la Cour de Tantale, qui faisoit célébrer des Jeux funeraires en l'honneur de son pere, tua par mégarde, avec un disque, Acrisius qui étoit présent à ces Jeux. Persée chagrin du crime qu'il avoit commis, quoiqu'involontairement, ne put se résoudre à rester sur le thrône d'Argos. Il l'abandonna à Mégapente, frere d'Acrisius, & se contenta de la Couronne de Tyrinthe, qu'il avoit échangée contre celle d'Argos. Il bâtit ensuite la ville de Mycenes, dont il fit la Capitale de ses Etats. Depuis ce temps le Royaume d'Argos commença à décheoir de sa premiere splendeur, & fut partagé entre plusieurs familles.

Persée laissa en mourant son Royaume à son fils Alcée, qui eut pour successeur Amphitryon, mari d'Alcmène. Ce Prince ayant tué par hasard Electryon son oncle & son beau-pere, se vit obligé de fuir à Thebes, avec le jeune Hercule, qu'on regardoit comme le fils de Jupiter & d'Alcmene. Les grands exploits de ce Héros ont fourni une abondante matiere aux Poëtes pour exercer leur imagination. Ils en ont fait un homme extraordinaire, & ils n'ont point épargné le merveilleux dans tout ce qu'ils ont rapporté à son sujet. Son existence est réelle, ainsi qu'un grand nombre de belles actions ; mais la plûpart sont enveloppées d'une infinité de fables.

Jupiter, selon les Poëtes, épris des charmes d'Alcmene, trompa cette Princesse en prenant la figure d'Amphitryon. Alcmene devint mere d'Hercule, qui naquit à Thebes, suivant les plus habiles Critiques, & non pas à Tyrinthe, comme plusieurs le disent (1). Le zele qu'il témoigna pour le culte de Jupiter, qu'il vint à bout d'établir dans la Grece par la force des armes, donna sans doute occasion à cette fiction. Ce Héros n'avoit que dix-huit ans, lorsqu'il commença à donner des marques de sa valeur. Il tua alors le lion du mont Cytheron qui faisoit de grands ravages dans le pays, & quelque temps après il défit les Minyens, qui perdirent leur Roi dans le combat. Créon, Roi de Thebes, pour récompenser le courage d'Hercule, lui donna en mariage sa fille Mégare. Il eut trois enfants de cette Princesse ; mais étant tombé dans un accès de fureur auquel il étoit sujet, il les massacra avec plusieurs autres personnes qui eurent le malheur de tomber entre ses mains. Ce fut, dit-on, la Déesse Junon qui lui inspira cette fureur. Cet accident l'ayant obligé de quitter la Cour de Créon, il alla consulter l'Oracle de Delphes sur sa destinée. Apollon lui ordonna de passer à Mycenes où regnoit Euristhée, & lui déclara qu'en accomplissant les

---

(1) Sa naissance arriva l'an 1383. avant J. C. 101. avant la prise Troye, suivant M. Freret. *Mémoire de l'Académie des Belles-Lettres, Tome V. page* 312. *dans son Canon chronologique de l'histoire de Lydie.*

ordres de ce Prince, il acquerreroit l'immortalité. Hercule obéit au commandement des Dieux, & ce fut par les ordres d'Euristhée qu'il entreprit les douze travaux si célèbres dans l'Histoire poëtique.

1°. Il alla combattre le lion de la forêt de Némée, qu'il vint à bout de tuer en l'étranglant. Il porta toujours depuis sur ses épaules la peau de cet animal.

2°. Il détruisit par le fer & le feu l'hydre de Lerne, monstre à deux têtes, dont une n'étoit pas plutôt abattue qu'il en renaissoit deux autres à la place.

3°. Il terrassa le sanglier d'Erimanthe, & l'apporta vivant à Euristhée qui pensa mourir de frayeur. Il vainquit en même temps les Centaures, monstres demi-hommes & demi-chevaux, suivant la Fable.

4°. Il arrêta une biche qui avoit des cornes d'or, des pieds d'airain, & qui étoit d'une légereté surprenante à la course.

5°. Il nettoya en un seul jour les Ecuries du Roi Augias, en y faisant passer le fleuve Alphée, dont il avoit détourné le cours.

6°. Il tua à coups de fleches les oiseaux du lac Stymphale, qui vivoient de chair humaine.

7°. Il dompta dans l'isle de Crete le taureau que Neptune avoit envoyé contre Minos. Il combattit aussi contre les Géants qui avoient osé attaquer Jupiter.

8°. Il emmena de Thrace les cavales de Diomede, Roi du pays, qui les nourrissoit de chair humaine. Il punit ce Tyran en le faisant dévorer par ses propres chevaux.

9°. Il remporta une victoire complette sur les Amazones.

10°. Il tua Geryon, Roi d'Espagne, qui avoit trois corps, & lui enleva ses troupeaux (1).

11°. Il tira Cerbere des Enfers.

12°. Enfin, il enleva du Jardin des Hespérides, les pommes d'or gardées par un dragon.

Les dix premiers travaux d'Hercule l'occuperent huit ans & un mois, selon Apollodore, & il fut vraisemblablement dix ans à exécuter les douze. Il s'étoit présenté à Euristhée à l'âge de vingt-trois ans, quatre ans après son mariage avec Mégare; ainsi il avoit environ trente-trois ans, lorsqu'il retourna dans la Béotie. Dès qu'il y fut arrivé il répudia Mégare, dont la vûe lui rappelloit la mort funeste de ses enfants, & cherchant à faire une autre alliance, il fit demander en mariage Iolé, fille d'Erytus, Roi d'Æchalie. Il fut refusé, parce que le sort des enfants de Mégare faisoit craindre un évenement pareil. Cet affront causa à ce Héros un nouvel accès de fureur,

---

(1) Ce fut après cette expédition qu'il sépara près de Cadix deux montagnes, pour faire communiquer la Méditerranée avec l'Océan. Ces deux montagnes sont Calpé & Abyla, dont l'une est en Afrique & l'autre en Europe sur le détroit de Gibraltar. On dit qu'Hercule y fit élever deux colonnes, sur lesquelles il mit cette Inscription: NEC PLUS ULTRA: HÆC META LABORUM. Les habitants de Cadès ou Cadix bâtirent dans la suite, à quelque distance de leur ville, un Temple magnifique, dans lequel on voyoit des colonnes d'or & de bronze, chargées d'anciennes inscriptions & d'hiéroglyphes.

LES GRECS. & il tua Iphitus, frere de sa maîtresse. Hercule revenu à lui, se repentit de cette action, & pour se délivrer des remords qui l'agitoient, il eut recours à l'Oracle de Delphes. Le Dieu lui répondit que le seul moyen d'expier ce meurtre, étoit de se faire vendre comme esclave dans un pays étranger. Hercule avant que d'exécuter l'ordre d'Apollon, crut devoir se purifier par les cérémonies de l'expiation ordinaire, & Thésée, si l'on en croit Apollodore, lui rendit ce service. Il obéit ensuite à l'Oracle, & ayant engagé un de ses amis à le vendre, il fut conduit en Lydie à la Cour d'Omphale, devenue Souveraine du pays à la mort de son mari Tmolus. La seconde année de l'esclavage d'Hercule qui commença dans la trente-cinquieme de son âge, il eut un fils d'une esclave d'Omphale.

Les exploits de ce Héros contre les Cercopes, espece de brigands qui ravageoient la Lydie, le rendirent célebre; & inspirerent à Omphale la curiosité de le voir. Cette Princesse instruite de la valeur & de la naissance d'Hercule, qui n'avoit alors que trente-six ans, se livra à la tendresse qu'il lui inspira bientôt, & elle en eut un fils qu'Apollodore nomme Agelaüs, & Diodore, Lamon. L'esclavage d'Hercule dura trois ans, & finit dans la trente-septieme année de son âge. Aussi-tôt qu'il fut libre, il équipa & arma une escadre de six vaisseaux, avec lesquels il alla attaquer Laomédon, Roi de Troye, qui avoit offensé les Grecs. Son expédition fut heureuse, il tua Laomédon & ses enfants, à l'exception de Priam, & emmena Hésione, qu'il fit épouser à Télamon. A son retour dans le Péloponnese, il se prépara à punir Augias, Roi d'Elis, de quelque perfidie dont il avoit usé à son égard pendant qu'il étoit occupé à accomplir les ordres d'Euristhée. Un grand nombre d'Arcadiens & de Volontaires de toutes les villes de la Grece se mit sous les ordres d'Hercule. Augias de son côté songeant à se défendre leva des troupes, & en donna le commandement aux Molionides ses neveux. Vers le milieu de la premiere campagne Hercule tomba malade, ce qui l'engagea à entrer en négociation avec les Molionides. Ceux-ci violerent la suspension d'armes, & livrerent combat aux troupes d'Hercule au préjudice du traité. Ce Héros piqué de cette infraction ne se crut pas obligé de respecter des engagements que ses ennemis avoient violés les premiers; il leur dressa une embuscade, & tua les Molionides auprès de Cléone, comme ils alloient sacrifier aux fêtes de l'Isthme au nom des peuples du Péloponnese.

Après la mort des Molionides, Hercule passa dans l'Elide, surprit Augias qui se croyoit en sureté, le défit & le fit mourir avec ses enfants, à la réserve de Phyléus le plus jeune de tous. Comme ce dernier n'avoit point eu de part à la perfidie de son pere, Hercule lui laissa le Royaume d'Elide. Il entra de-là dans la Messenie pour punir Nélée d'avoir autrefois refusé de l'expier du meurtre d'Iphitus. En passant par Olympie, il assista aux Jeux funebres établis depuis quelques années en l'honneur de Pélops son bisayeul maternel. Il y combattit, en regla les cérémonies; & fit entendre aux Grecs du Péloponnese qu'ils devoient s'y trouver tous, afin de conférer entr'eux sur leurs intérêts communs. Lorsque les Jeux furent finis, Hercule marcha vers Pylos qu'il enleva d'assaut, & tua dans un combat neuf fils du Roi Nélée. Nestor, le plus jeune de ces Princes, échappa au carnage, sans doute parce qu'il étoit alors à Gérénium. De Pylos, Hercule s'avança jusqu'à Lacédémone, il en chassa Hippocoon, & y rétablit Tyndare, pere d'Helene, de Castor & Pollux. Il alla s'établir l'année suivante à Phenée dans l'Arcadie auprès de Sicyone. Les troupes qui l'avoient accompagné dans ses expéditions ne l'abandonnerent pas, & il resta tranquille quatre ans antiers. Au commencement de la cinquieme année, Euristhée, qui redoutoit le voisinage d'Hercule, l'obligea à abandonner entierement le Péloponnese. Ce Héros quitta le pays sans résistance, & n'y rentra plus depuis. Arrivé dans l'Etolie avec ses troupes, il s'engagea au service du Roi de Calydon, épousa Déjanire, fille de ce Prince, & en eut trois fils. Tandis qu'il étoit en Etolie, il fit la guerre aux Thesprotes. Maître de la ville d'Ephyra, il en emmena Astyoché, fille d'Aidonée, Roi des Thesprotes, & en eut un fils. Ce fut vraisemblablement dans cette guerre qu'il délivra Thesée des prisons d'Aidonée.

Hercule, dans sa quarante-cinquieme année, se vit contraint de se bannir lui-même d'Etolie, pour un meurtre involontaire. Il partit accompagné de sa femme Déjanire, & de son fils Hyllus, & rencontra le Centaure Nessus auprès d'un fleuve qu'il falloit traverser. Le Centaure fit passer Déjanire, mais comme il étoit de l'autre côté il voulut lui faire violence. Hercule qui étoit encore sur le bord opposé, prit aussitôt ses fleches trempées dans le sang de l'Hydre de Lerne, & en blessa Nessus. Celui-ci pour se venger donna à Déjanire sa robe teinte de son sang, en l'assurant que c'étoit un remede efficace pour ramener son mari à elle, s'il se laissoit jamais aller à quelque nouvelle passion. Hercule, retiré à Trachine chez Ceyx, y fut joint par ses troupes, & avec de nouvelles recrues d'Arcadie, il entreprit la guerre contre les Driopes en faveur d'Egimias, Roi des Doriens. Il vainquit ces peuples ainsi que les Lapithes, qui étoient ennemis d'Egimias. Hercule, après cette expédition qui dura environ deux ans, résolut de répudier Déjanire, qu'il n'avoit épousée que par intérêt, & de prendre une femme qui pût lui procurer une retraite assurée. En conséquence, il fit demander Astydamie, fille d'Ormenius, Roi des Pélasges de Thessalie; mais il fut refusé, & pour s'en venger il ravagea les Etats de ce Prince, prit sa capitale, & emmena sa fille captive.

Cette guerre ne fut pas plutôt terminée qu'Hercule songea à en entreprendre une autre contre les enfants d'Eurytus. Il prit pour prétexte le refus qu'ils lui avoient fait autrefois de lui donner leur sœur Iolé, & réunissant ses troupes à celles des Arcadiens, des Doriens, des Locriens & des Trachyniens, il fut en peu de temps vainqueur de ses ennemis. La ville d'Echalie fut prise, les enfants d'Eurytus perdirent la vie, & Iolé tomba entre les mains d'Hercule. La vûe de cette Princesse rallama aisément dans son cœur une passion que le temps n'avoit pas entierement éteinte, & Déjanire, qui craignit alors d'être répudiée, crut devoir employer le prétendu philtre que le Centaure Nessus lui avoit donné. Elle en frotta donc la robe qu'Hercule devoit mettre pour faire un sacrifice, & attendit tranquillement l'effet qu'elle devoit produire. Elle ignoroit que ce Philtre, composé du sang du Centaure, étoit un violent poison, parce que les fleches d'Hercule trempées dans le venin de l'Hydre infectoient le sang de ceux qu'elles perçoient.

LES GRECS.

A peine son mari eut-il revêtu cette fatale robe, qu'il sentit les plus violentes douleurs. Les efforts qu'il faisoit pour arracher cette étôffe qui s'étoit collée à sa peau, facilitoient encore l'action du poison, de sorte que ne pouvant supporter la force du mal, il se fit mettre sur le bucher, & expira dans les flâmes à l'âge de quarante-neuf ans (1).

Isocrate, dans sa harangue à Philippe de Macédoine, parle ainsi d'Hercule. » Il est étonnant que les Auteurs ne se soient uniquement attachés qu'à
» élever jusqu'au ciel la force extraordinaire d'Hercule, & le nombre in-
» fini de ses travaux, sans qu'aucun d'eux ait entrepris de faire l'éloge des
» grandes qualités de son esprit & de son cœur . . . . . . Il me seroit
» aisé, ajoute l'Orateur, de faire voir que ce Héros a surpassé tous ceux
» qui l'ont précédé beaucoup plus par son équité, par sa prudence & par
» son sçavoir, que par la force de son corps. « Diodore de Sicile en porte le même jugement (2).

Hercule, plusieurs siecles après sa mort, fut mis au nombre des Dieux; mais du temps d'Homere il n'avoit pas encore cette qualité, & on ne lui rendoit que les honneurs héroïques, bien différents du culte divin. En effet, on lit dans l'Odyssée que son ombre étoit errante dans les enfers; tandis que son ame jouissoit dans le ciel de la compagnie des Dieux. Ce qui prouveroit de nouveau que le système de la Religion des Grecs n'admettoit aucun homme parmi les Divinités qu'il proposoit. Hésiode n'attribue aussi à Hercule que l'immortalité. Les Grecs du temps de ce Poëte ne connoissoient point un autre Hercule, je veux dire celui d'Egypte & de Phénicie. Il avoit un Temple dans l'isle de Thase, fondé par des Phéniciens qui avoient quitté leur patrie en même temps que Cadmus. Cet Hercule, qui jouissoit du titre de Dieu (3) chez les Thasiens, les Egyptiens & les Tyriens, fut connu dans la suite par les Grecs. Ceux-ci le confondirent avec l'Hercule de Thebes, & ne faisant plus qu'un seul être de deux personnages différents, ils honorerent Hercule, tantôt comme un Dieu, tantôt comme un Héros. C'est un reproche qu'Hérodote fait aux Grecs. Pausanias nous apprend que les Marathoniens se vantoient d'être les premiers qui lui eussent rendu les honneurs divins, & il ajoute qu'on voyoit encore de son temps à Sicyone un autel, sur lequel il étoit à la fois honoré comme Dieu & comme Héros.

Diverses tentatives des Héraclides pour rentrer dans le Péloponnese.
AVANT J. C.
1323.
1320.

- Après la mort d'Hercule, ses descendants chassés de toute la Grece par Eurysthée, se refugierent à Athènes, où Thésée regnoit alors. Il les prit sous sa protection, & marcha contre Eurysthée qui fut tué avec ses enfants par Hyllus, fils de Déjanire & d'Hercule. Hyllus passa ensuite dans le Peloponnese avec ses troupes, mais il fut obligé de se retirer au bout de l'année à cause de la contagion qui désoloit le pays. Trois ans après sa retraite, il

(1) Cet évenement arriva treize cent trente-cinq ans avant J. C. & cinquante-trois ans avant la prise de Troye.
(2) Voyez la dissertation de M. l'Abbé de Fontenu sur Hercule Musagete, ou chef des Muses, Tom. VII. des Mémoires de l'Académie des Belles-Lettres, pag. 51.

dans la partie des Mémoires.
(3) Quelques Auteurs anciens ont regardé cette Hercule Dieu, comme la planette de Mars; d'autres ont prétendu qu'il étoit la constellation à laquelle on donne le nom de Sagittaire.

rentra dans le Péloponnese, & fut tué dans un combat singulier par Echemus, Roi de Tégée. Les Héraclides se retirerent de nouveau, & promirent de ne reparoître dans le Péloponnese qu'au bout de cinquante ans.

LES GRECS.

Cléodéus, fils d'Hyllus, fit une troisiéme tentative sur le Péloponnese, mais elle ne fut pas plus heureuse que les précédentes. Il fut repoussé par Oreste qui occupoit le thrône d'Argos. Trente-cinq ans après, les Héraclides, sous la conduite d'Aristomacus, fils de Cleodéus, firent une nouvelle irruption dans le Péloponnese. Ils furent encore chassés par Oreste, & leur Chef fut tué au passage de l'Isthme. Pendant que les Héraclides cherchoient les moyens de se rétablir dans leur pays, une autre branche de la famille d'Hercule florissoit en Lydie. Argon descendu de ce Héros, fut reconnu Souverain de ce pays, & ses descendants regnerent jusqu'à la vingt-deuxiéme génération.

1257.

1222.

1219.

Cependant les Héraclides firent une cinquiéme tentative sur le Péloponnese. Ils avoient alors à leur tête les trois fils d'Aristomacus ; sçavoir, Aristodeme, Temenus & Cresphonte. La conquête du Péloponnese dura plusieurs années, & les Héraclides, en étant enfin devenus tranquilles possesseurs, partagerent le pays entre les trois fils d'Aristomacus. Telles sont en générale les expéditions des Héraclides depuis la mort d'Hercule jusqu'à leur rétablissement dans le Péloponnese. Comme cet évenement est un des points essentiels à l'Histoire Grecque, j'ai cru devoir en placer de suite le précis, & en donner la chronologie. Je vais maintenant reprendre la suite des Rois d'Argos & de Mycenes depuis Eurysthée.

1202.

Atrée, fils de Pélops & petit-fils de Tantale, Roi de Lydie, monta sur le thrône de Mycenes après la mort d'Eurysthée son oncle, qui ne laissoit point d'enfants. Atrée, & Thyeste son frere, se sont rendus fameux par leur haine implacable que les Poëtes tragiques ont tant célébrée. Atrée, ne pouvant oublier la liaison criminelle que son frere avoit eue avec sa femme, crut ne pouvoir mieux se venger de ce Prince qu'en égorgeant les enfants de Thyeste, & qu'en les lui faisant manger. Egisthe, fils naturel de Thyeste, fit mourir Atrée. Ce fut sous le regne de ce Prince qu'Hyllus, fils d'Hercule, réclama le Royaume de Mycenes, comme je l'ai dit plus haut.

ATRÉE.

Agamemnon, successeur d'Atrée, devint le plus riche & le plus puissant des Rois de la Grece. Maître d'une partie considérable du Péloponnese, il étoit encore Souverain de plusieurs isles voisines. Ce fut pour cette raison que les Grecs le choisirent pour chef de l'entreprise qu'ils méditoient contre les Troyens. On a vu plus haut le détail de cette expédition, qui fut presque aussi funeste aux vainqueurs qu'aux vaincus. Agamemnon de retour dans ses Etats, ne jouit pas longtemps du repos qu'il espéroit y trouver après tant de fatigues. Clytemnestre, sa femme, & Egiste avec lequel elle avoit eu une intrigue secrette, assassinerent ce Prince au milieu d'un festin. Ils resterent maîtres du Royaume environ dix ans, mais Oreste, fils d'Agamemnon, vengea la mort de son pere par le meurtre d'Egysthe & de Clytemnestre.

AGAMEMNON.

Oreste devint alors maître des Royaumes de Mycenes & d'Argos ; mais le crime qu'il avoit commis, en trempant ses mains dans le sang de sa mere, lui causa de si violents remords, qu'il perdit pendant quelque temps

ORESTE.

LES GRECS.

Les Héraclides maîtres des Royaumes d'Argos & de Mycenes.

l'ufage de la raifon. Nous avons déjà vû les avantages qu'il remporta fur les Héraclides qui vouloient lui difputer le thrône. Ils vinrent enfin à bout de leur deffein fous Penthile ou Tifamene, fils & fucceffeur d'Orefte. Les trois fils d'Ariftomacus partagerent entr'eux leurs conquêtes, Crefphonte eut le Royaume de Mycenes; Temenus eut celui d'Argos, & le Royaume de Lacédémone échut à Ariftodeme, ou à fes fils felon quelques Auteurs. Les Héraclides refterent en poffeffion de Mycenes & d'Argos, jufqu'à la conquête du pays par les Macédoniens. L'autorité royale ne fe maintint pas longtemps dans ces deux Royaumes, & le gouvernement monarchique fut bientôt changé en démocratie. De plus, la fplendeur de Lacédémone éclipfa bientôt celle d'Argos & de Mycenes, comme on le verra dans la fuite.

ARTICLE XIII.

LACÉDÉMONE.

IL eft probable que le Royaume de Lacédémone fut fondé prefque dans le même temps que ceux d'Argos & de Mycenes, mais l'hiftoire de ces premiers temps eft obfcure & incertaine. Tous les Auteurs parlent de Lelex, comme du chef d'un peuple auquel il donna le nom de Léleges; mais j'ai fait voir dans un des articles précédents; 1°. que Lelex reffembloit beaucoup à un perfonnage imaginaire; 2°. que le nom de *Léleges* ne fignifioit que *Ligués*; nom qui avoit été donné à plufieurs peuples Grecs, réunis enfemble pour former un corps politique, & que dans la fuite les Poëtes des derniers fiécles fe fervirent de cette dénomination pour défigner les habitants de la Laconie. Lacédémon eft celui qu'on regarde comme le premier Roi connu. On dit qu'il bâtit ou embellit Sparte ou Lacédémone; mais l'hiftoire de ce Prince eft très-incertaine, ainfi que l'origine de la capitale du pays. La fucceffion des premiers Rois de Lacédémone n'a rien d'affurée jufqu'à Tyndare, fils d'Œbale. Tyndare chaffé du thrône par Hippocoon fon frere, fut rétabli par Hercule, qui s'étoit rendu maître de Lacédémone, pour fe venger de ce que Hippocoon & fes fils s'étoient oppofés à lui faire la cérémonie de l'expiation, à caufe du meurtre d'Iphitus. Hippocoon & fes fils ayant été tués, Hercule chargea Tyndare de l'adminiftration du Royaume, à condition qu'il le rendroit aux Héraclides.

Ce Prince, célebre par fes enfans Caftor, Pollux, Helene & Clytemneftre, ne fongea qu'aux moyens de conferver la couronne dans fa famille, au préjudice des enfants d'Hercule. En effet, après fa mort, il eut pour fucceffeur fes fils Caftor & Pollux, qui laifferent le thrône à Ménélas, mari d'Helene. Ce dernier avoit deux fils, Nicoftrate & Mégapenthe; mais les Lacédémoniens refuferent de leur obéir, parce qu'ils avoient eu pour mere une efclave. Il n'eft point fait mention qu'Helene ait donné des enfants à fon mari. Orefte, fils d'Agamemnon & de Clytemneftre, fe trouvant des droits fur Lacédémone à caufe de fa mere, obtint facilement la couronne.

Tifamene

Tisamene, son fils & son succeseur, fut contraint de céder aux Héraclides les Royaumes d'Argos, de Mycenes & de Lacédémone.

LES GRECS.

J'ai dit plus haut que les Héraclides étoient alors conduits par les enfants d'Aristomacus. Aristodeme, fils de ce dernier, fut mis en possession du Royaume de Lacédémone. Ses deux fils Eurysthene & Procles monterent ensemble sur le thrône & partagerent entr'eux l'autorité royale. Depuis ce temps, les Lacédémoniens furent toujours gouvernés par deux Rois. Les deux freres partagerent le Royaume en six parties, où chacune desquelles ils accorderent les mêmes priviléges qu'à la ville de Sparte, où ils firent leur résidence. Cette conduite leur attira la bienveillance des habitants; mais Agis, fils & succeseur d'Eurysthene, aliéna les esprits, en ôtant ces priviléges, & en imposant un tribut aux Lacédémoniens. Cependant Soüs, fils de Procles & Collegüe d'Agis, se faisoit estimer par sa valeur & sa prudence. Il fit plusieurs conquêtes qui étendirent la domination Lacédémonienne. Ces deux lignes conserverent la couronne pendant environ deux cent quatre-vingts ans.

Héraclides maîtres de Lacédémone.

Quoique la succession subsistât si longtemps dans ces deux branches, les discordes auxquelles ce partage de puissance donna lieu, diminuerent considérablement l'autorité royale. Deux partis distincts se formerent dans le Royaume; & chacun s'attacha fortement à celui qui lui paroissoit le plus favorable. Les Rois de leur côté chercherent à augmenter le nombre de leurs partisans par leurs libéralités, & par les grands priviléges qu'ils accordoient. Ces moyens, qui réussirent d'abord, eurent de dangereuses suites pour les Souverains. Le peuple sentit sa force & en fit usage. Les Rois, qui voulurent réprimer l'insolence de leurs sujets, se virent exposés à toutes sortes de dangers. Enfin ces divisions occasionnerent tant de désordres, que l'Etat étoit sur le point de devenir une véritable Anarchie, lorsque Lycurgue prit l'administration du Royaume pendant une partie de la minorité de son neveu Charilaüs.

Lycurgue, fils d'Eunomé ou de Prytanis, étoit frere de Polydectes, qui occupoit le thrône de Sparte avec Archelaüs, de la famille d'Eurysthene. Polydectes étant mort sans enfants, la couronne appartenoit à Lycurgue; mais ce Prince ne se chargea de l'administration des affaires que provisionnellement, à cause que sa belle-sœur étoit enceinte. Cette Princesse ambitieuse, qui ne pouvoit se résoudre à descendre du thrône, offrit à Lycurgue de faire périr son fils, s'il vouloit l'épouser. Lycurgue dissimula l'horreur que lui faisoit une telle proposition; mais il engagea la Reine, sous prétexte de sa santé, de conserver son enfant, avec promesse de le faire disparoître sitôt qu'il seroit né. Elle accoucha d'un Prince qu'on porta sur le champ à Lycurgue; qui le fit reconnoître Roi par tous les Magistrats de Lacédémone. On lui donna le nom de Charilas ou Charilaüs. Une conduite si généreuse n'empêcha pas ses ennemis d'en tirer des moyens pour le rendre suspect. La Reine, furieuse d'avoir été trompée, fit publier par ses Emissaires que Lycurgue n'avoit agi ainsi que pour s'assurer plus adroitement de la couronne, en faisant périr le jeune Prince. Lycurgue, pour ôter tout soupçon, s'exila volontairement, & ne reparut à Lacédémone qu'après que Charilas eût eu un fils pour lui succéder. Il passa tout ce temps à voyager

Tome VI.   Vuu

dans différents pays, afin de s'instruire des Loix & des Coutumes, & de former le plan de la révolution qu'il méditoit, & du changement qu'il se flattoit de pouvoir introduire chez les Lacédémoniens.

Tandis que Lycurgue recueilloit des connoissances chez l'Etranger, ses Concitoyens avoient grand besoin de son secours, & tous les divers Ordres de l'Etat lui envoyerent, du consentement des Rois mêmes, des Ambassadeurs chargés de hâter son retour. Après le meurtre d'Eunome & quelques autres tragiques effets de l'insolence du peuple, tout tendit à l'Anarchie & à la révolte, & chacun sentit parfaitement que l'intégrité & la prudence de Lycurgue étoient seules capables de prévenir la ruine de Sparte. Telle étoit la situation des affaires, lorsque Lycurgue arriva. Il trouva le peuple disposé à recevoir toutes les impressions qu'il jugeroit à propos de lui donner, & il y travailla sans perdre de temps. Pour appliquer le remede nécessaire au mal présent, il crut devoir changer entierement la forme du gouvernement. Il sçavoit de quel poids étoit à cet égard la voix des Dieux & l'autorité de la Religion ; & il alla à Delphes consulter Apollon. La Pythie le qualifia de plus qu'homme; & l'appella le bien aimé des Dieux. L'Oracle qu'il reçut, & auquel il donna le nom de *Rhétra*, contenoit suivant lui l'espece de gouvernement qui convenoit aux Spartiates, & assuroit que leur Etat égaleroit en splendeur les Etats les plus florissants. On ajouta foi à ce que publioit Lycurgue, de sorte que ce Législateur, encouragé par ce premier succès, s'appliqua à augmenter le nombre de ses amis, afin de venir entierement à bout de ses desseins. Pour inspirer la terreur à ceux dont il avoit à craindre quelque résistance, il commanda à trente des principaux Citoyens, de se trouver en armes sur la place publique. Charilas effrayé se réfugia dans le Temple de Minerve ; mais comme ce Prince étoit d'un caractere flexible, Lycurgue lui fit part de ses projets & les lui fit goûter.

Après cette démarche nécessaire, Lycurgue porta les premiers coups aux Chefs de l'Etat. Il continua à la famille Royale le droit de succéder au thrône ; mais il affoiblit l'autorité des Rois, en instituant un Sénat qui pût servir de contrepoids entre le Prince & les sujets, & entretenir un juste équilibre entre les prérogatives des uns & les prétentions des autres. Ce Tribunal étoit composé de vingt-huit personnes, sans compter les deux Rois. Les premieres places furent données à ceux qui favorisoient la réforme, & pour remplir les autres, on choisit parmi les Citoyens, ceux qui s'étoient distingués par leurs vertus particulieres, où par les services qu'ils avoient rendus à l'Etat. Chacun de ces Magistrats n'avoit pas moins de soixante ans, & demeuroit en charge le reste de sa vie ; à moins qu'il ne fût convaincu de quelque malversation. Cette précaution remédioit aux inconvéniens d'un Corps qui se renouvelle trop souvent, préparoit une récompense aux vieillards, & servoit d'aiguillon à la jeunesse. Cette Cour de judicature étoit Souveraine, & procédoit avec tant de prudence & de circonspection, qu'il étoit rare de voir appeller de ses Jugements. Cependant on le pouvoit, & en ce cas on en appelloit au peuple. Au reste, on n'avoit pas la liberté de prendre ces Juges à partie. Toute l'autorité étoit pour ainsi dire, concentrée dans ce Sénat ; les Rois n'en étoient que les

Chefs, & ne pouvoient entreprendre ou décider aucune affaire d'importance sans avoir la pluralité des voix. On avoit à la vérité quelque respect & quelque déférence particuliere pour eux. Ils occupoient les premieres places dans les assemblées, proposoient leur avis, & donnoient leurs suffrages avant tous les autres. Hérodote prétend même qu'ils avoient double voix ; mais quant aux droits particuliers de la couronne, ils étoient bornés à la réception des Ambassadeurs & des Étrangers, aux consultations des Oracles, aux soins des sacrifices, à l'adoption des héritiers, à la protection de ceux qui étoient trop jeunes pour succéder par eux-mêmes, & aux fonctions de Voyers. Les Rois étoient comptables de leur administration ; on informoit contre eux ; on les interrogeoit en forme, & on les condamnoit suivant la nature des fautes qu'ils avoient commises. Ils pouvoient en appeller au peuple, & ce droit leur étoit commun avec le dernier des Citoyens. En un mot, s'ils avoient quelque Jurisdiction, c'étoit plutôt en qualité de Sénateurs que de Rois. Contents de leur titre & de la pompe Royale, ils avoient moins d'autorité que les Consuls Romains, & autant à peu près que les Doges de Venise. Telle étoit la condition des Rois dans le Sénat, mais elle étoit bien différente dans le camp. Là ils jouissoient d'un pouvoir absolu en qualité de Généraux. Leur Conseil étoit composé du chef de la Cavalerie, de quelques Sénateurs, d'un grand nombre de Colonels & d'Officiers subalternes qu'ils consultoient, sans être obligés de s'en rapporter à leurs avis. Le Sénat laissoit ordinairement aux Rois la liberté de commander absolument & de décider toutes choses, tout le temps qu'ils étoient en campagne ; mais il les forçoit quelquefois à y entrer, ou les rappelloit au moment qu'ils s'y attendoient le moins.

À l'égard de la part que le peuple avoit dans le nouveau gouvernement, elle se réduisoit à deux especes d'assemblées, la grande & la petite. Cette derniere étoit composée des seuls Citoyens, & la plus grande se formoit du Corps entier des Lacédémoniens. Ces deux assemblées n'étoient en quelque sorte qu'une pure formalité : le Sénat les convoquoit, ou les dissolvoit à sa volonté. Il proposoit ce qui lui paroissoit convenable, & le peuple n'avoit que le droit de ratifier ou de rejetter ses propositions, sans pouvoir les examiner & les mettre en délibération. On n'alloit pas même aux opinions. Le peuple dont Lycurgue avoit ainsi restreint l'autorité, étoit aussi exclus de toutes les charges de l'Etat, & il n'auroit trouvé aucun avantage aux innovations qui s'étoient faites, si le nouveau Législateur n'eût employé tous ses soins à faire passer un partage égal des terres. Lycurgue après avoir représenté combien il étoit glorieux & utile de ne mettre entre les Lacédémoniens d'autre distinction que celle que le vice ou la vertu pourroit faire remarquer, leva un plan exact de la Laconie, la divisa en trente mille parties égales, en assigna neuf mille aux citoyens, & le reste aux habitants du Domaine. Chaque portion devoit suffire à la subsistance d'une famille, pourvû qu'elle se conformât à la frugalité à laquelle le Législateur se proposoit de l'assujettir. Le revenu des Rois étoit plus considerable, parce qu'ils avoient leur dignité à soutenir ; mais leurs tables respiroient la décence & la sobriété plutôt que l'abondance & le superflu.

Le partage de l'or & de l'argent étoit plus difficile, & auroit été sujet

LES GRECS. à plusieurs inconvéniens. Pour y remédier & établir une égalité totale entre tous les Citoyens, Lycurgue substitua des monnoyes de fer à celles d'or & d'argent, dont il proscrivit entierement l'usage. Comme il falloit une grande quantité de nouvelles especes pour faire une petite somme, peu de Particuliers en amasserent plus que leurs besoins journaliers n'en exigeoient. Ce reglement bannit tout d'un coup l'avarice, les vols, la mollesse, & coupa la racine à tous les procès. Tous les autres peuples de la Grece blâmerent un projet qui anéantissoit tout commerce ; mais Lycurgue avoit son but. Il supprimoit par ce moyen, tous, les arts, & tous les métiers qui tendoient à amollir les esprits, & fermoit l'entrée au luxe des Grecs circonvoisins. Dans la vûe de prévenir la corruption de son peuple, & le mépris de ses constitutions, il interdit à tout Etranger par une loi expresse, de faire un long séjour dans Lacédémone ; & par la même raison, il défendit les voyages à tous les habitants de la Laconie.

Lycurgue arrêta l'intempérance domestique en abolissant les repas en famille, & en rassemblant dans de vastes salles à manger tous les Citoyens, sans distinction de fortune ou d'état. Un des Rois fut déposé & puni pour avoir mangé en particulier avec la Reine. On distingua d'abord ces assemblées par le nom d'*Andria* qu'elles avoient reçu des Crétois, dont les Spartiates tenoient cet usage ; & elles furent nommées ensuite *Phiditia* & *Syssitia*. Chacun avoit soin d'envoyer ses provisions pour un mois, avec quelque argent pour d'autres besoins. Tous les mets qui tendoient à flatter le goût plutôt qu'à satisfaire l'appétit & à nourrir le corps, étoient bannis de ces tables. L'aliment ordinaire étoit une espece de brouet noir, dont tout autre qu'un estomac Spartiate se seroit difficilement accommodé. On s'opposa d'abord à ces repas en commun, & Lycurgue perdit même un œil dans une émeute qu'il y eut à ce sujet ; mais enfin sa loi passa & fut religieusement observée par la suite. Ces tables étoient comme des écoles de tempérance, & les conversations qu'on y tenoit devenoient des leçons de prudence pour les jeunes gens qui y assistoient.

Le dessein de Lycurgue étoit de donner des mœurs aux Lacédémoniens par les mêmes loix qui assureroient le bon ordre de l'Etat. En conséquence ses loix tendoient à former les mœurs, & les mœurs devoient être l'appui de ses loix. Il n'imaginoit pas qu'on pût être bon Citoyen sans être honnête homme ; mais comme la probité dépend beaucoup de l'éducation, il eut soin qu'on rendît naturels dans le cœur des sujets les sentimens d'ordre & de discipline, par les principes qu'on leur inspireroit dès leur tendre jeunesse. Afin que les enfants apportassent en naissant un tempérament vigoureux & robuste, il exhorta les meres à vivre durement, & à prendre des exercices pendant tout le temps de leur grossesse. Aussitôt qu'elles étoient accouchées, on portoit l'enfant pour être examiné en public. Si l'on jugeoit à sa foiblesse ou à quelque défaut de conformation qu'il dût être un jour moins utile, qu'onéreux à l'Etat, on le jettoit sans pitié dans une caverne voisine du Mont Taygete, où il périssoit. S'il étoit fort & bien constitué, on le renvoyoit à ses parents, qui l'élevoient avec dureté en apparence au dessus des forces de son âge.

A sept ans les enfants sortoient d'entre les mains de leurs parents, &

étoient remis entre celles du Public. On les diſtribuoit en différentes claſſes, à la tête deſquelles on mettoit celui d'entre eux qui ſe trouvoit plus adroit & plus expérimenté. Ce Chef avoit une eſpece d'autorité ſur ſes compagnons; il les commandoit, les gouvernoit, les châtioit ſelon la nature des fautes qu'ils commettoient, & leur faiſoit obſerver les loix de la plus exacte diſcipline dans leurs amuſements & leurs exercices. Leur éducation étoit dure & pénible : on les accoutumoit à marcher pieds nuds; ils avoient la tête raſée, & on les faiſoit combattre tout nuds les uns contre les autres. Suivant une ancienne coutume on les fouettoit ſur l'autel de Diane, & ils ſupportoient les coups avec patience juſqu'à ce que le ſang coulât. On en a vû même quelques-uns ſe piquer d'émulation au point de mourir ſans ſe plaindre. Le vol étoit permis, & même ordonné comme une partie de l'exercice militaire; mais on le puniſſoit quand il étoit découvert. Plutarque rapporte qu'un jeune enfant qui avoit caché ſous ſa robe un petit renard qu'il avoit volé, aima mieux s'en laiſſer déchirer les entrailles que de faire connoître ſon vol.

A douze ans les enfants paſſoient dans une autre claſſe. Alors pour étouffer les ſemences du vice qui commencent à germer à cet âge, la diſcipline étoit plus étroite, & les devoirs plus fatigants. Ils avoient un Pedonome ou Inſpecteur général de leur conduite, & ſous ce Pedonome pluſieurs Irenes, ou jeunes gens choiſis dans le Corps entier, étoient chacun à la tête d'une compagnie, ſur laquelle ils avoient une puiſſance immédiate. Leurs exercices devenus plus ſérieux & plus militaires conſiſtoient en des attaques entr'eux, des eſcarmouches & des combats. Celui qu'on nommoit Plataniſte du nom de l'endroit où il ſe livroit, étoit un des plus conſiderables. On s'y battoit des pieds, des mains, des ongles, des dents, & avec tant d'opiniâtreté & de fureur, que pluſieurs y perdoient ordinairement les yeux, les bras, & quelquefois la vie avant que l'action fût décidée. Afin que ces jeunes gens euſſent une idée préſente de tout ce qui ſe pratique à la guerre, on leur apprenoit à dreſſer des embuſcades, & à poſer des ſentinelles & des gardes.

On veilloit auſſi ſoigneuſement à la culture de leur eſprit qu'à celle de leur corps. Les plus graves Citoyens ſe plaiſoient à examiner, eux-mêmes les jeunes gens & à éprouver leurs talents. Pendant les repas les Irenes les engageoient dans différentes queſtions, auxquelles il falloit que la réponſe fût prompte, courte & claire. Ils acqueroient par ce moyen une façon de s'exprimer naturelle & préciſe, & la préſence d'eſprit qu'ils devoient à cette habitude donnoit à leurs penſées un tour neuf & original. Les Spartiates n'aimoient pas l'art Oratoire, cependant on remarque qu'ils parloient avec autant de grace, & communément avec plus de juſteſſe que ceux qui avoient fait une étude longue & particuliere des préceptes de la Rhétorique. Leurs expreſſions courtes & ſerrées prêtoient de la force à leurs penſées, & ils diſoient bien moins de choſes qu'ils n'en faiſoient entendre. Tels étoient les exercices des jeunes gens tout le temps de leur minorité, qui duroit vraiſemblablement juſqu'à l'âge de trente ans. Ils ne pouvoient avant cet âge ni ſe marier, ni porter les armes, ni entrer en charge; mais à trente ans paſſés ils encouroient la diſgrace publique s'ils ne ſe marioient pas.

LES GRECS.

L'éducation des filles étoit semblable à celle des garçons; & on avoit peu d'égard à la foiblesse de leur sexe. On ne les marioit point avant l'âge de vingt ans, & jusqu'alors on les endurcissoit à la peine & au travail. On les exerçoit à la course, à la lutte, & on leur apprenoit à se servir de l'arc, & à lancer le javelot. Tous ces exercices se faisoient en public, & elles étoient nues, sans qu'il parût y avoir en cela de l'indécence, ou du danger pour les mœurs. On voyoit au contraire dans l'innocence naturelle, & la simplicité avec lesquelles elles se présentoient, un témoignage de leur vertu. C'est à cette partie de leur éducation qu'elles étoient redevables de cette grandeur d'ame, & de ces sentiments d'honneur qu'on remarque dans la réponse que fit Gorgo, femme de Léonidas, à quelques Dames étrangeres, qui lui demandoient pourquoi les Lacédémoniennes avoient sur les hommes plus d'empire que toutes les femmes du monde? *C'est*, leur dit-elle vivement, *qu'elles sont les seules qui sçachent faire des hommes.*

On vient de voir comment Lycurgue fit élever la jeunesse. Il s'appliqua surtout à inculquer de bonne heure dans les esprits, des sentiments d'honneur & de vertu. Il n'ignoroit pas que la coutume & l'éducation étoient presqu'aussi puissantes que la Nature. C'est d'elles qu'il se promettoit la durée de ses loix, & c'est apparemment la raison pour laquelle il n'en écrivit aucune. Voici quelques maximes générales qu'il leur laissa: " De ne pas " combattre trop souvent le même ennemi, & d'attendre à en être attaqués, " de peur que cet ennemi ne connût trop la discipline Lacédémonienne. " La discipline des Spartiates, les obligeoit à se tenir en garde, & il étoit presqu'impossible de surprendre un peuple si vigilant, ou d'écraser une nation si réunie, quand même on l'auroit surprise. La défense de la ville étoit l'unique occupation des Citoyens; les Hilotes suffisoient à la culture des terres & à tous les ouvrages serviles.

Telle fut la forme du gouvernement que Lycurgue introduisit à Lacédémone. Le succès égala, ou surpassa même ses espérances, & on a peine à concevoir comment un seul homme, qui n'avoit que son courage & sa vertu à opposer à l'autorité de deux Rois, ait pu changer si généralement, & avec tant de promptitude la face de l'Etat. Les effets de cette révolution produisirent des avantages considerables, & en grand nombre. L'égalité qui regnoit entre les citoyens, excluoit toutes les jalousies particulieres, & chaque membre de l'Etat, n'ayant que le Corps à servir, trouvoit son propre avantage à conspirer au bien général. Les Lacédémoniens n'avoient ni or, ni argent, mais ils possedoient d'autres thrésors. Leur temps étoit la plus précieuse de leurs richesses, & on proportionnoit les occupations à l'âge & à la capacité. Le travail n'avoit rien de bas, ni de servile, on le regardoit au contraire comme le devoir d'un homme libre. L'amour qu'on en inspiroit aux enfants leur interdisoit tout amusement. On ne souffroit point que le soldat se promenât dans ses heures de relâche; le jour entier étoit consacré à la vertu, & c'étoit une espece de sacrilége que de lui en ravir un instant. Ces peuples étoient économes jusques dans le discours, & une syllabe faisoit quelquefois toute leur réponse. Des voisins les menaçant par leurs Ambassadeurs d'entrer dans leur pays, & d'y mettre tout à feu & à sang, les Lacédémoniens ne répondirent que *si*. Ils observerent la tempérance la plus étroite, buvant seulement de l'eau, & mangeant souvent un morceau de pain trempé dedans. Toute splendeur & toute magnificence étoient bannies de Sparte. Un seul habit servoit pour toutes les saisons, & c'étoit un crime que d'en changer. Le sexe curieux ailleurs des ornements du corps, ne s'attachoit à Lacédémone qu'à la culture de l'esprit. Toutes les passions étoient immolées à la liberté de l'ame, & on n'avoit de goût que pour le travail & la peine.

Lycurgue avoit interdit les spectacles, parce qu'il craignoit que son peuple ne s'accoutumât à voir & à entendre des actions condamnées par ses loix. Elles avoient autant de force contre le riche que contre le pauvre. Les Rois se faisoient honneur de s'y soumettre, & ne se distinguoient que par une obéissance plus exacte. Le mérite étoit de tout âge à Sparte; la jeunesse instruite avec soin n'avoit que de bons exemples devant les yeux. Les femmes ornées des vertus les plus éminentes, & capables des actions les plus héroïques, écoutoient moins la voix du sang, que l'amour de la patrie. Une mere, dont le fils avoit perdu la vie au service de l'Etat, modéroit sa douleur sur le déshonneur ou la gloire des blessures qu'il avoit reçues. La discipline étoit si sévere pendant la paix, que la guerre n'avoit rien de rebutant pour les Lacédémoniens, à qui le camp étoit, pour ainsi dire, un lieu de repos. On ne doit pas être surpris de leur intrépidité dans l'action, si on considere qu'ils devoient vaincre, ou mourir, & qu'ils employoient rarement les stratagêmes. Ils ne se tenoient honorés que de la victoire que leurs armes leur procuroient, & ce n'étoit que sur le champ de bataille qu'ils recueilloient les lauriers dont ils étoient jaloux de se couronner. L'inégalité du nombre ne les arrêta jamais. Agis, un de leurs Rois, disoit à ce sujet, que les Spartiates demandoient bien où étoient les ennemis; mais non, combien ils étoient.

La réputation d'un peuple si extraordinaire pénétra jusqu'en Egypte, & le Phénicien lui rendit une espece d'hommage par des Ambassadeurs. Le reste de la Grece n'avoit pas moins d'estime & de vénération pour eux: on étoit persuadé qu'ils avoient toujours la raison & l'équité de leur côté, & qu'en prenant leur parti, on travailloit à l'honneur & aux intérêts de la nation en général. Jamais la tyrannie n'eut d'ennemis plus terribles, & la liberté de défenseurs plus infatigables. C'est ainsi que Lacédémone acquit sur la Grece entiere un empire qu'elle devoit à ses vertus. Tant qu'elle se contenta de ce titre, on la respecta comme mere des nations, protectrice de la cause commune, & Juge souveraine de tous les differends. L'amour, l'estime, la confiance & l'admiration des peuples étoient la seule récompense qu'elle en reçût & qu'elle en exigeât pour tous les services qu'elle leur rendoit.

Cependant les constitutions des Lacédémoniens n'étoient pas sans défaut. Leur vertu & leur gouvernement avoient un air effrayant, qu'on admiroit volontiers plus qu'on ne l'aimoit. La sévérité de leur discipline leur donnoit un caractere inflexible, dont ils ne se départoient jamais, & ils traitoient leurs Alliés avec toute cette rigueur à laquelle ils étoient accoutumés. D'ailleurs, il n'y avoit ni paix, ni treve à espérer d'un peuple destiné aux combats, & dont la guerre étoit l'état naturel. Ces inconvénients dégoûterent insensiblement de leur domination. L'ambition tira les Athéniens de l'assoupissement où ils furent long-temps; & devenus rivaux des Spartiates, ils secouerent le joug qui leur étoit commun avec leurs voisins, & le briserent enfin, comme on le verra dans la suite.

Plusieurs Auteurs qui n'avoient examiné que très-superficiellement les loix de Lycurgue & les mœurs des Lacédémoniens depuis qu'ils avoient accepté la réforme établie par ce légiflateur, ont voulu faire passer ces peuples pour des gens plongés dans l'ignorance & la barbarie. Leur valeur guerriere fit plus de bruit que leur érudition, & cependant ils ne cesserent jamais de cultiver les Lettres. Lycurgue en défendant à ses Citoyens l'exercice de toute profession vile & grossiere, ne conçut jamais l'étrange idée de bannir des connoissances qui favorisoient le but qu'il s'étoit proposé. Elles furent au contraire un objet de ses recherches dans les longs voyages qu'il fit pour aller chercher de toutes parts les matériaux propres à son nouveau plan. On en peut juger par son attention à découvrir les ouvrages d'Homere, à les transcrire avec un soin infini, & à les apporter avec lui dans son pays. Il avoit trouvé dans ce Poëte la solidité des préceptes jointe à l'agrément de l'érudition. Ajoutons de plus que ceux qui ont insisté davantage sur l'ignorance prétendue des Lacédémoniens, & sur le reglement du Légiflateur contre les arts méchaniques, ne produisent aucune loi qui enveloppât dans cette même proscription la littérature, les sciences & les arts libéraux.

» L'étude des sciences & des Belles-Lettres n'avoit rien en effet de con-
» traire aux vûes de Lycurgue. Sans ruiner le corps, elles ornent & nour-
» rissent l'esprit, le remplissent de vérités lumineuses, l'élevent au dessus
» des sens; & par la liaison que la Nature a mise entre la façon de penser
» & celle d'agir, le sçavoir contribue à former l'honnête homme & le bon
» Citoyen; il établit l'empire de la raison jusques dans la conduite, per-
» suade la nécessité & l'amour du bon ordre, & seconde ainsi la sévérité
» même des loix. «

Les Lacédémoniens accoutumés dès leur enfance à beaucoup penser, ne pouvoient à la suite de leurs exercices du corps que se cultiver l'esprit: c'étoit le seul objet qu'on laissoit, soit à leur amusement, soit à leur occupation. Le loisir que Lycurgue avoit ménagé à ses citoyens, n'étoit donc pas une molle indolence trop opposée à l'esprit d'un gouvernement, qui demandoit qu'on fût toujours en haleine. Ce loisir consistoit à affranchir un Lacédémonien de la plûpart des soins de la vie, & à lui laisser tout son temps pour le partager uniquement entre les armes & les lettres. Il n'étoit pas nécessaire que l'étude des dernieres se fît dans un cabinet; il y avoit d'autres moyens de s'instruire. L'Académie, le Lycée d'Athènes, tant d'autres Ecoles ont formé des Sçavants par les entretiens & les conversations. C'étoit la méthode générale de l'Antiquité, & les Lacédémoniens, obligés de vivre continuellement ensemble, n'en étoient que plus à portée de traiter & d'approfondir les matieres de sciences & de littérature. Leur Légiflateur qui ne voulut pas souffrir qu'on mît ses loix par écrit, sembloit avoir donné aux leçons de vive-voix la préférence sur les autres voyes d'instruction. Son peuple a pû & a dû penser comme lui.

Les Lacédémoniens convenoient tant qu'on vouloit de leur ignorance, &
quand

quand un Athénien la leur reprochoit : *Vous avez raison*, disoient-ils, *nous sommes le seul peuple de la Grece qui n'aille point se gâter à votre école*. Un raffinement de politique leur faisoit trouver un plaisir secret de voir qu'on se trompât ainsi sur leur compte. Le mystere de leur conduite n'échappa point cependant à Platon, & à quelques autres génies du premier ordre. Voici le jugement qu'en a porté Platon, & qu'il fait prononcer à Socrate.

LES GRECS.

» L'ancienneté & la multiplicité des sciences sont plus grandes en Crete » & à Lacédémone que dans le reste de la Grece : il s'y trouve un plus » grand nombre de Sçavants. Ils s'en défendent, & font semblant d'être » ignorants pour ne pas donner à connoître qu'ils l'emportent sur les Grecs » du côté du sçavoir, & pour ne faire sentir leur supériorité que dans l'art » militaire, persuadés que si l'on connoissoit ce qu'ils font, on voudroit » suivre leur méthode. Ils la cachent donc, & par ce moyen ils ont fait » prendre le change à des Etrangers qui les veulent imiter, & qui, à leur » exemple, se froissent les oreilles, les entourent de courroies, s'attachent » à la Gymnastique, & portent des habits courts, comme si c'étoit-là ce » qui fait le mérite des Lacédémoniens au dessus des autres Grecs. Toutes » les fois que les Lacédémoniens voudroient s'assembler librement avec » leurs Sçavants, ils sont fâchés d'être obligés de le faire secrettement, » afin d'éviter l'importunité de ces amateurs de manieres Lacédémoniennes, pour lesquelles ils ont le même éloignement que pour les autres Etrangers, & de quelque qualité que soient ces Etrangers, ils ne peuvent jamais » être admis dans leurs assemblées de Sçavants. Ni eux ni les Cretois ne permettent à aucun de leurs jeunes gens de voyager dans les autres villes, » de peur qu'ils ne désapprennent ce qu'on leur a enseigné chez eux. Au » reste, il y a parmi ces deux peuples, non seulement des hommes, mais » des femmes encore qui se piquent d'un grand succès dans les études. » Vous sentirez que je dis vrai, quand vous sçaurez que les Lacédémoniens » sont parfaitement bien élevés dans les Sciences & dans les Belles-Lettres ; » de sorte que si on veut lier conversation avec quelqu'un de leurs citoyens, fût-ce le dernier de tous, on pourra lui trouver d'abord un air » de grossiereté dans le discours ; mais ensuite quand il entre en matiere, » il s'énonce avec une dignité, une précision, une finesse, qui rendent » ses paroles comme autant de traits perçants ; & l'autre qui s'entretient » avec lui, ne paroît plus que comme un enfant qui bégaye. Sur cela quelques Anciens avoient compris, & des Modernes le reconnoissent, que » la maxime des Lacédémoniens est de s'attacher à la Philosophie plus » qu'aux exercices du corps. On a senti que le talent de la parole porté » à ce point, n'appartient qu'à des hommes parfaitement instruits, comme » l'ont été Thalès de Milet, Pittacus de Mitylène, Bias de Priène, Solon » d'Athènes, Cléobule de Linde, Myson de Chêne, & Chilon de Lacédémone, le septieme d'entr'eux, tous imitateurs des Lacédémoniens, » partisans de leurs études, & formés suivant leur méthode. «

Jugement que Platon a porté des Lacédémoniens.

Xénophon, qui envoya ses enfants à l'école de Sparte pour y être élevés, assure qu'on y enseignoit les Lettres, la Musique & la Gymnastique. Leur maniere de s'exprimer noble, fine, lumineuse & précise, appellée style

Tome VI.   X x x

LES GRECS.

Laconique, a eu le suffrage de toutes les Nations, & Socrate ne veut point qu'on envisage le talent qu'ils avoient de manier la parole, comme un don de la Nature, mais comme un fruit de l'éducation & du travail. « Les » Lacédémoniens ne se laissoient point éblouir par les prestiges de la Rhé- » torique, persuadés que la multiplicité des figures & des lieux communs » dépare l'éloquence au lieu de l'embellir ; que les saillies continuelles » d'une imagination qui veut briller, tiennent dans un Orateur la raison » captive ; que la profusion des paroles est la marque ordinaire d'une sté- » rilité de génie, & même d'un défaut de bon sens ; qu'un art destiné à » peindre les idées & les sentiments, montre plus d'habileté à bien re- » présenter la Nature qu'à la surcharger de couleurs, & que la véritable » éloquence, bien différente d'un vain babil, conduit les hommes à la con- » noissance du vrai & à l'amour de la vertu. «

La Poësie & la Musique étoient autrefois intimement liées ensemble. On vit à Lacédémone des Poëtes musiciens, soit Etrangers, soit Nationaux, qui n'y furent pas moins honorés & moins chéris que dans le reste de la Grece. Les Jeux Carniens qu'on célebroit à Sparte pour adjuger des prix aux Poëtes musiciens, ne sont-ils pas des preuves que la Poësie & la Musique y étoient florissantes. Les autres Jeux des Lacédémoniens, leurs exercices publics, leurs fréquentes danses, leurs fêtes continuelles, leurs assemblées de politique ou de Religion, exigeoient le chant des vers & le son des instruments. Tous apprenoient à jouer de la flute, & cet instrument leur servoit à la guerre. Leur Poësie étoit simple, mais énergique, pleine de traits de feu, qui inspiroient l'ardeur & le courage : on n'y traitoit que des sujets capables d'entretenir la valeur & la vertu. Toute Poësie licencieuse étoit proscrite, & on ne tolera ni la Tragédie, ni la Comédie, pour éviter toute occasion de donner atteinte aux maximes du gouvernement, soit sérieusement, soit par plaisanterie. On ne souffrit même aucune innovation essentielle dans le chant ni dans les instruments : on s'en tint scrupuleusement au fond du caractere de l'ancienne Musique Grecque : on n'abandonna point le Mode Dorien, dont l'intonation plus basse, & la modulation plus noble que celle des Modes étrangers, répondoient mieux à la gravité de la nation.

On ne connoissoit point à Lacédémone ce qui s'appelle dans les autres villes *le vulgaire* ou *la multitude*, terme de mépris, employé autrefois, comme aujourd'hui, pour désigner une populace vile & ignorante. De telles qualifications pouvoient convenir aux Hilotes & aux autres Esclaves que Lacédémone avoit à son service, mais qui ne composoient pas le Corps de la Nation. On vouloit qu'ils ne fussent bons que pour les ouvrages manuels ; & on les entretenoit à dessein dans l'ignorance & dans la bassesse des sentiments. Il n'en étoit pas de même des véritables Lacédémoniens, puisque c'étoit se singulariser que de n'être pas Philosophe. Plutarque disoit qu'agir en Lacédémonien, c'étoit agir en Philosophe.

L'ancienne Philosophie s'étendoit comme la nouvelle à l'art du raisonnement, à la science des mœurs, & à la connoissance de la Nature, c'est-à-dire, à la Dialectique, à la Morale & à la Physique. Pour jetter dans l'esprit des enfants les premieres semences du raisonnement, on s'y prenoit dès le berceau, parce qu'on ne croyoit pas que l'enfance fût incompatible avec la raiſon. Les nourrices Lacédémoniennes avoient le talent d'accoutumer les enfants à n'être ni délicats, ni fantaſques ; à n'avoir peur de rien, à ne connoître ni l'humeur, ni les cris, ni les pleurs ; à montrer enfin une raiſon avancée, qui partout ailleurs auroit eu un air de prodige. La maniere dont on formoit enſuite les jeunes gens qui devoient répondre promptement & avec préciſion aux queſtions qu'on leur faiſoit, eſt une preuve convaincante qu'on leur enſeignoit les principes de la Logique, mais d'une Logique dépouillée de regles ſubtiles & abſtraites. Un défaut de raiſonnement étoit puni à Sparte, comme on puniſſoit ailleurs un défaut de conduite. Les queſtions qu'on propoſoit rouloient ſur la Morale, c'eſt-à-dire, ſur les notions du bien & du mal.

Concluons donc que la Philoſophie faiſoit la principale étude des Lacédémoniens. Philoſophes à l'égard des biens de la fortune, ils vouloient être à couvert de l'embarras des richeſſes & des rigueurs de la pauvreté. Philoſophes dans l'uſage des plaiſirs, ils les meſuroient aux beſoins de la vie, & ils en retranchoient toutes les douceurs capables de corrompre l'eſprit & le cœur, ou d'énerver le corps. Philoſophes dans l'amour qu'ils avoient pour leur patrie, ils renonçoient pour elle à tout ſentiment d'amour propre ; mais ils pouſſoient beaucoup trop loin cette Philoſophie. Philoſophes dans leurs maximes de politique, ils ſuivoient une ſorte de gouvernement, dont toutes les parties habilement liées enſemble, concouroient à former un peuple ſage & policé ſans loix écrites ; floriſſant au dedans ſans finances, ſans commerce, ſans navigation ; redoutable au dehors ſans villes murées pour ſe défendre, & ſans machines de guerre pour attaquer ; habile dans les opérations militaires, fin & délié dans les négociations, conſtamment ſupérieur à ſes voiſins, maître le plus ſouvent de la deſtinée de la Grece. Philoſophes dans leurs ſentimens ſur la liberté civile, ils ne la faiſoient pas conſiſter dans une malheureuſe licence, & plus ſoumis aux loix qu'aucun autre peuple, ils prétendoient qu'aucun ne jouiſſoit d'une indépendance pareille à la leur. Philoſophes ſur la Religion, ils la citoient au tribunal de la Raiſon, comme on doit y rappeller tout culte qui n'a pas la révélation pour principe. S'ils ne cultivoient pas les arts par eux-mêmes, ils n'avoient pas moins l'honneur de les maintenir par leurs artiſtes & leurs ouvriers. Enfin Platon nous aſſure que l'hiſtoire des Héros, celle des villes, en un mot toutes les matieres de l'Antiquité, faiſoient les délices des Lacédémoniens. Tant de témoignages raſſemblés, font voir clairement que les Lacédémoniens n'étoient pas auſſi barbares & ignorants que pluſieurs Auteurs ont voulu nous les repréſenter (1).

Lorſque Lycurgue ſe fut apperçu que les loix qu'il avoit preſcrites étoient en vigueur, il fit jurer au Sénat & au Peuple qu'ils les obſerveroient juſqu'à ſon retour. Son deſſein, en quittant Lacédémone, étoit de n'y jamais retourner, & par ce moyen il ſe flattoit que la forme du gouvernement qu'il avoit établi ſubſiſteroit toujours. Il y a diverſes opinions ſur la mort de ce grand homme, & les uns prétendent qu'il ſe laiſſa mourir de faim à Delphes,

_____

(1) Extrait d'une Diſſertation de M. de la Nauſe ſur l'état des ſciences chez les Lacédémoniens ; Tom. XIX, des Mémoires de l'Académie des Belles-Lettres, pag. 166.

LES GRECS.

où il étoit allé consulter l'Oracle d'Apollon. D'autres veulent qu'il mourût en Crete, & qu'il ordonna que son corps fût brûlé & ses cendres jettées dans la mer, de peur qu'elles ne fussent reportées à Lacédémone, & que le peuple ne crut alors qu'il étoit dégagé de son serment. Les Spartiates pleins de respect pour sa mémoire, lui éleverent des Autels, & lui rendirent les plus grands honneurs. Ce Législateur ne vécut que quatre ans depuis la réforme de Lacédémone, & il mourut à l'âge de quatre-vingt cinq ans, selon Lucien. Sa législation est de l'an 845 avant J. C.

Etablissement des Ephores.

Hérodote nous apprend que Lycurgue avoit institué le Tribunal des Ephores ou Inspecteurs; mais il paroît que leur autorité n'étoit pas aussi considerable qu'elle le devint dans la suite. Ce fut le Roi Théopompe, petit-fils de Charilas, qui donna aux Ephores le droit de veiller sur la conduite des Rois, & de les contraindre à venir rendre compte de leur administration toutes les fois qu'on l'exigeroit. Leur Tribunal fut donc établi pour servir de frein à l'autorité Royale, en tempérer l'excès, & en prévenir les abus. Aristote, qui est de cet avis, ajoute que quelqu'un ayant reproché à Théopompe qu'il laisseroit à ses enfants une autorité moindre que celle qu'il avoit reçue de ses peres, il répondit: *Non pas moindre, mais plus durable.* Les Ephores étoient élus par le peuple, & leur dignité ne duroit qu'un an.

Depuis le siége de Troye jusqu'à la descente des Perses, l'Histoire Grecque n'offre aucune expédition plus importante que la guerre qui fut entreprise par les Spartiates contre les Messéniens. Après la mort de Lycurgue les Lacédémoniens renouvellerent leur ancienne querelle contre les habitants d'Argos, & Charilas désola tout leur pays. Quelques années après les Lacédémoniens attaquerent les Tégéens, peuple du Péloponnese. Un Oracle avoit prédit aux Spartiates qu'ils mesureroient au cordeau le territoire des Tégéens. Persuadés qu'ils seroient vainqueurs dans cette guerre, ils porterent avec eux une grande quantité de cordes; mais battus par les Tégéens, ils furent garrotés avec les mêmes cordes qu'ils avoient destinées à leurs ennemis. Ce fut de cette maniere qu'ils mesurerent les champs des Tégéens, & que l'Oracle qu'ils avoient mal entendu fût accompli. Charilas qui étoit du nombre des prisonniers, ne pût obtenir la liberté qu'en faisant serment de ne plus attaquer les Tégéens.

Guerre des Messéniens.

La mort de Télecle (1), collegue de Charilas, servit de prétexte à la guerre que les Lacédémoniens déclarerent aux Messéniens: mais une jalousie héréditaire qui s'étoit allumée même avant la division de leurs territoires par les Héraclides, en étoit le véritable motif. Ce ne fut que sous Théopompe que les Lacédémoniens prirent les armes contre leurs ennemis. Un nouvel incident leur en fournit l'occasion. Polichare Messénien, avoit donné quelques bœufs à nourrir à un Lacédémonien nommé Evephnus. Celui-ci

---

(1) Les Lacédémoniens & les Messéniens fréquentoient un Temple de Diane qui leur étoit commun. Ces derniers insulterent quelques jeunes Lacédémoniennes qui s'y étoient rendues, & Télecle ayant pris leur défense fut tué dans cette émeute. Les Messéniens, pour se justifier de cette action, publierent que ce Prince qui avoit dessein de les surprendre, avoit déguisé en filles de jeunes Lacédémoniens, & les avoit armés de poignards.

ayant vendu les bœufs à son profit, publia qu'on les lui avoit volés. La friponnerie fut bientôt découverte, & Polichare envoya demander de l'argent par son fils à Evephnus, qui tua ce jeune homme. Le pere demanda plusieurs fois justice d'un tel attentat, mais ses plaintes ne furent point écoutées. Résolu de se venger, il massacra autant de Lacédémoniens qu'il en put rencontrer. Les Spartiates demanderent aux Messéniens qu'on leur livrât Polichare, & sur leur refus ils se prépareterent secrettement à la guerre.

Lorsque tout fut disposé pour l'exécution de ce projet, ils sortirent de leur ville pendant la nuit, & sous la conduite d'Alcamene, ils se rendirent maîtres d'Amphée, ville frontiere. Ils se jetterent ensuite dans le pays où ils causerent d'horribles ravages. Les Messéniens surpris par leurs ennemis ne se trouverent pas en état de faire beaucoup de résistance, & ils se contenterent de faire des courses sur les terres de la Laconie. Ils s'occupèrent cependant à lever de nombreuses armées, & lorsqu'ils se sentirent en force, ils livrerent plusieurs batailles à leurs ennemis. Elles furent longues & sanglantes, & l'avantage parut toujours égal des deux côtés. Mais comme la Messénie étoit le théatre de la guerre, les habitants ressentirent bientôt les suites funestes qu'elle entraîne avec elle, je veux dire la famine & les maladies. Contraints d'abandonner leurs Cités, ils se rassemblerent à Ithome, Place forte, située sur le sommet d'une montagne où ils se retrancherent. Ils jouirent de quelque repos pendant plusieurs années. Pour chercher un remede à leurs maux, ils envoyerent consulter l'Oracle de Delphes. Le Dieu demanda en sacrifice une Vierge de la famille d'Epytus, fils de Cresphonte. Le sort tomba sur la fille de Lysisque; mais comme on avoit quelque soupçon sur sa naissance, Aristodeme offrit la sienne. Un jeune homme qui l'aimoit beaucoup, crut lui sauver la vie en disant qu'elle étoit enceinte ; mais cet aveu ayant rendu le pere furieux, il tua sur le champ sa fille, lui ouvrit le ventre, & fit voir au peuple que c'étoit une calomnie. Le Prêtre demandoit cependant un nouveau sacrifice, mais on s'y opposa, en représentant qu'il importoit peu comment, & par qui la victime avoit été immolée.

Les Spartiates profitant de la tranquillité des Messéniens, voulurent enlever aux Argiens la ville de Thirée, dont ces deux peuples se disputoient la souveraineté. Les Amphictyons, devant lesquels chacun porta ses prétentions, ordonnerent que l'affaire seroit décidée seulement par trois cents hommes de part & d'autre. Ils se battirent avec tant d'acharnement, qu'il n'échappa de ce combat que deux Argiens & un seul Lacédémonien. Ce dernier maître du champ de bataille, y éleva un trophée, sur lequel il traça une inscription de son propre sang. Il étoit tellement blessé qu'il mourut quelques instants après. Les Argiens mécontents de la décision des Amphictyons, qui avoient adjugé la ville aux Spartiates, reprirent de nouveau les armes ; mais la fortune leur fut encore contraire.

Les Spartiates retournerent alors contre les Messéniens, & il y eut une nouvelle action qui dura depuis le matin jusqu'au soir. Euphaés, Roi de Messénie, mourut des blessures qu'il avoit reçues dans ce combat. Aristodeme son successeur fit alliance avec les Argiens, les Arcadiens & les Lycaoniens. Ces nouveaux secours le mirent en état de tailler en pieces l'armée

Lacédémonienne qui étoit venue les attaquer jusques sous les murs d'Ithome. Les Spartiates désespérant de se rendre maîtres de la Messénie à force ouverte, eurent recours aux stratagêmes. La vigilance d'Aristodeme fit échouer tous leurs projets; mais il ne put empêcher le siége d'Ithome. Persuadé qu'il lui étoit impossible de sauver sa patrie, il se tua sur le tombeau de sa fille qu'il avoit si cruellement immolée. Le Royaume des Messéniens finit en sa personne, & ses sujets au désespoir de sa mort étoient prêts à se livrer à la merci de leurs ennemis. Ils souffrirent cependant encore quatre mois toutes les rigueurs d'un siége, & ils subirent enfin la loi du vainqueur. Par la capitulation qu'ils firent avec les Lacédémoniens, ils furent obligés d'envoyer tous les ans à Lacédémone la moitié de la récolte de leurs terres, & de se regarder comme les esclaves des Lacédémoniens. Ainsi fut terminée cette premiere guerre qui avoit duré près de vingt ans.

Parthéniens. Pendant cette guerre les Lacédémoniennes représentèrent que la plus grande partie de la Jeunesse étant en campagne, il y avoit lieu de craindre que le nombre des hommes ne diminuât de telle sorte, que la République ne fût privée de son plus ferme appui. On fit réflexion sur les remontrances des Lacédémoniennes, & on renvoya à Sparte plusieurs jeunes gens, auxquels on permit de faire alliance avec les filles de la Capitale. Il sortit de ces alliances un grand nombre d'enfants qu'on nomma *Parthéniens*. Les Lacédémoniens de retour de leur expédition contre les Messéniens, témoignèrent peu d'attachement pour ces nouveaux citoyens. Les Parthéniens irrités de la conduite qu'on tenoit à leur égard, se liguèrent avec les Hilotes: mais la conspiration fut découverte par la foiblesse de ces derniers. Les Lacédémoniens ne croyant pas devoir en venir aux dernieres extrémités avec les Parthéniens, dont le nombre leur donnoit quelque inquiétude, les avertirent qu'ils avoient découvert leurs projets, & les invitèrent en même temps à aller fonder une Colonie. Ils se rendirent aux conseils des Lacédémoniens, & passèrent en Italie, où ils fondèrent la ville de Tarente.

Révolte des Messéniens sous Aristomene. Les Messéniens après avoir gémi près de 40 ans dans la servitude, firent les plus grands efforts pour en briser le joug. Aristomene, jeune homme d'un mérite & d'un courage extraordinaires, les engagea à se soulever, après avoir mis dans leurs intérêts les Argiens & les Arcadiens. La révolte des Messéniens arriva sous les regnes d'Anaxandre, petit-fils de Polydore, & d'Anaxidame, arriere petit-fils de Théopompe. La premiere bataille qu'Aristomene livra aux Lacédémoniens, leur fit connoître qu'ils avoient affaire à un ennemi redoutable. Quoique supérieurs en nombre, leur armée fut battue, & désespérés d'un tel événement, ils allèrent consulter l'Oracle d'Apollon, qui leur conseilla de mettre à leur tête un Athénien. Forcés d'obéir à l'Oracle, ils envoyèrent à Athènes demander un citoyen de cette ville pour lui confier le commandement de leur armée. Les Athéniens leur donnerent par dérision un homme borgne, contrefait, & qui étoit Maître d'Ecole, mais homme d'esprit & grand Poëte. On le nommoit Tyrtée. Les Lacédémoniens honteux d'obéir à un homme qui paroissoit si méprisable à l'extérieur, étoient d'avis de le renvoyer. Tyrtée leur parla avec tant de force & d'une maniere si pathétique, qu'il gagna bientôt leur confiance. Le sublime de sa poëse ranima le courage des Lacédémoniens, & les engagea à marcher à l'ennemi. Ce Poëte rendit souvent de pareils services aux Lacédémoniens, & les empêcha même d'abandonner la guerre contre les Messéniens. On le récompensa de toutes ses peines en lui accordant le droit de Bourgeoisie. Les Lacédémoniens n'agirent cependant de la sorte avec lui, que pour ne pas dire qu'ils avoient obligation à un Etranger.

Les harangues de Tyrtée n'empêcherent pas les Lacédémoniens d'être battus une seconde fois par Aristomene. Les Messéniens encouragés par ce nouveau succès, entrerent dans la Laconie, surprirent la ville de Phares qu'ils mirent au pillage, vainquirent Anaxandre qui s'opposoit à leur passage, & marcherent vers Sparte, dont ils avoient dessein de se rendre maîtres; mais Aristomene s'arrêta à la vûe de cette ville, effrayé, dit-on, par les Dieux tutelaires de Lacédémone. Les Spartiates animés par leur Général en vinrent encore aux mains avec leurs ennemis. La perfidie d'Aristocrate, Roi des Arcadiens, fit perdre la bataille aux Messéniens. Aristomene échappé du massacre rassembla le reste de son armée, & se renferma dans une citadelle, située sur le Mont Eira. Les Spartiates ne tarderent pas à le bloquer; mais à la tête de trois cents hommes d'élite, il trouva moyen de se faire un passage au travers de son armée, d'aller ravager la Laconie & de surprendre Amiclès. Cette puissante diversion obligea les ennemis à lever le siége d'Eira. Cependant Aristomene enveloppé par les troupes que commandoient les deux Rois de Lacédémone, fut fait prisonnier avec cinquante des siens. Il fut conduit à Sparte, & on le mit dans un cachot destiné aux malfaiteurs. Tous les Ecrivains rapportent qu'il s'en sauva par un trou qu'un renard avoit fait. Après cette fuite miraculeuse, & presque incroyable, il rentra dans Eira, & dès la même nuit il attaqua les Corinthiens, tua leurs Généraux & pilla leur camp. Il fut pris une seconde fois par des Crétois; mais ses Gardes s'étant enyvrés, il les tua avec leurs propres poignards, & rejoignit sa troupe.

Quelque temps après les Lacédémoniens qui assiégeoient encore Eira, furent avertis que les Sentinelles n'étoient pas sur leurs gardes. Ils profiterent d'un avis si important, & surprirent la citadelle à la faveur de l'obscurité de la nuit. Aristomene, après avoir fait des prodiges de valeur, forma un bataillon quarré d'une partie de ses troupes, & s'avança hardiment pour se faire jour au travers de l'ennemi. Les Lacédémoniens qui redoutoient sa valeur, ne jugerent pas à propos de s'opposer à sa retraite. Il forma alors le projet hardi de se rendre maître de Sparte; mais comme il avoit été obligé de communiquer son secret aux soldats qui l'accompagnoient au nombre de sept cents, en comptant trois cents Arcadiens, il fut trahi par le Roi d'Arcadie, qui en fit avertir les Lacédémoniens. Ce contre-temps fut suivi de la prise d'Eira, & mit fin à la seconde guerre de Messénie qui avoit duré dix-huit ans. Aristomene, suivant le sentiment de quelques-uns, périt aux environs d'Eira, s'étant jetté sur une troupe de Lacédémoniens. D'autres prétendent qu'il mourut à Rhodes chez un de ses gendres. Une partie des Messéniens passa dans la Sicile, où ils s'établirent. On prétend même qu'ils y bâtirent la ville de Messine. Ceux qui étoient restés dans le pays se joignirent aux Hilotes, & furent traités avec la même rigueur que ces peuples. Toujours prêts à se révolter, ils resterent néanmoins plus de deux cents ans dans l'esclavage.

La conquête de la Messénie augmenta beaucoup la puissance des Lacédémoniens, & l'étendue de leur territoire. A peine furent-ils en possession de cette Province, qu'ils déclarerent la guerre aux Arcadiens & aux Argiens: mais tous ces démêlés n'offrent rien de remarquable. Quant aux autres affaires générales, j'en ferai mention dans l'article d'Athènes, où je parlerai des affaires générales de la Grece, en même temps que je ferai l'histoire des Athéniens. J'éviterai par ce moyen des répétitions qui pourroient ennuyer le Lecteur.

Lacédémone, après l'extinction de la famille Royale des Héraclides & l'expulsion de Cléomene III. la premiere année de la cent ving-cinquieme Olympiade, continua encore pendant quelque temps d'avoir des Rois qui gouvernoient conjointement avec les Ephores. Mais après la mort de Nabis assassiné l'an 191. avant J. C., Lacédémone devint une ville particuliere, & fut obligée d'entrer dans la ligue des Achéens, & de se soumettre à Philopemen, Chef de cette ligue, qui abolit tout-à-fait les loix de Lycurgue, & contraignit les Lacédémoniens à recevoir les loix Achéennes. Cet événement arriva l'an 189. avant l'Ere Chrétienne. Ce fut en 1460. depuis J. C., & sept ans après la prise de Constantinople, que Mahomet II. Empereur des Turcs, se rendit maître de la Laconie, qui avoit été de la dépendance des Empereurs d'Orient depuis la division de l'Empire Romain.

ARTICLE XIV.
HISTOIRE DES HILOTES
ET DE LEUR ESCLAVAGE.

L'ORIGINE de la ville d'Hélos est peu connue; Strabon, Pausanias & Eustathe prétendent qu'elle fut fondée par Hélius le plus jeune des fils de Persée, & Etienne de Byzance pense qu'elle tiroit son nom de sa situation dans un endroit marécageux. Sa position étoit déjà incertaine dès le temps de Strabon; car cet Auteur dit que les uns entendoient par Hélos un pays vers l'Alphée; d'autres une ville de la Laconie, & quelques-uns enfin un Hélos vers l'Halorium, où étoit un Temple de Diane Eléenne, dont les Arcadiens étoient les Prêtres. Le même Strabon dans un autre passage, où il décrit le cours de l'Eurotas, le fait parcourir une petite vallée auprès d'Hélos, après avoir coulé le long de Sparte, & avant que de se jetter dans la mer entre Gythium, l'arsenal de Sparte & les Acries. Pausanias marquant d'une maniere assez semblable & plus précise la position d'Hélos, s'exprime en ces termes: » On trouve à la gauche de Gythium, ». quand on a marché trente stades, les murs de Trinasus, & environ à » quatre-vingts stades au-delà, on voit encore des ruines d'Hélos. « Il résulte

du.

du sentiment de ces deux Ecrivains, que la ville d'Hélos étoit bâtie sur le bord de la mer, & Homere dans son Iliade le confirme encore : *Ménélas*, dit ce Poëte, *avoit soixante vaisseaux, & commandoit ceux de Lacédémone, d'Amyclée & d'Hélos, ville maritime.*

Les habitants d'Hélos étoient connus sous le nom d'Eléens ou Eléates, & plus communément sous celui d'Hilotes. Il y a apparence qu'ils étoient une Colonie d'Achéens, qui s'établit dans la Laconie, & qui avoit ses loix & son gouvernement particulier. Il paroît que les Hilotes possederent tranquillement le pays qu'ils occupoient jusqu'au temps où les Héraclides sous la conduite des Doriens, rentrerent dans le Péloponnese, & s'emparerent des Royaumes de Lacédémone, de Mycenes & d'Argos. Sous le regne d'Agis, fils d'Eurysthene, & Roi de Sparte, les peuples voisins furent subjugués par les Lacédémoniens, ou se soumirent sans résistance. Agis les priva du droit qu'ils avoient d'être associés aux affaires & aux charges publiques, & leur imposa un tribut. Les habitants d'Hélos voulurent en vain s'opposer au torrent; ils furent vaincus, réduits à l'esclavage (1), & pour rendre leur condition plus dure, le vainqueur défendit à ceux qui étoient les maîtres de ces nouveaux captifs, de leur rendre la liberté, ou de les vendre hors du pays.

Les Lacédémoniens mettoient cependant une différence entre les Hilotes & leurs esclaves domestiques; & Pollux dit que les premiers tenoient le milieu entre les gens libres & les esclaves. Ces derniers étoient plus particulierement destinés à servir leurs maîtres dans l'intérieur du ménage. C'étoit eux qu'on forçoit à boire jusqu'à s'enyvrer, & qu'on exposoit ainsi aux yeux des jeunes gens, afin de leur inspirer l'horreur d'un vice qui dégrade l'humanité. La cruauté des Lacédémoniens sembloit s'exercer continuellement sur ces malheureux esclaves. Ils les contraignoient à recevoir tous les ans un certain nombre de coups, quoiqu'ils ne l'eussent pas mérité, mais seulement pour leur rappeller l'état de servitude où ils étoient. Si quelqu'un d'eux par sa bonne mine, ou des qualités particulieres sembloit s'élever au dessus de son état, il étoit puni de mort, & son maître mis à l'amende, afin qu'il prît des précautions à l'avenir, & que ses mauvais traitements à l'égard des esclaves qui lui restoient, leur ôtassent tous les avantages extérieurs. Un bonnet & un habit de peau de chien étoient tout leur habillement, soit que les Lacédémoniens voulussent les humilier davantage, soit qu'ils n'eussent d'autre dessein que de les distinguer des citoyens. Les maîtres avoient la liberté de punir les esclaves pour la plus petite faute, sans que ces derniers pussent réclamer l'autorité des loix, de quelque façon qu'ils fussent traités. Enfin l'excès de leur infortune étoit tel qu'ils étoient en même temps esclaves des Particuliers & du Public; en sorte que, suivant Aristote, on se les prêtoit les uns aux autres.

La condition des Hilotes étoit plus douce; ils vivoient à la campagne, & chargés du soin de cultiver les terres, ils rendoient seulement un certain

(1) Les différents Etats de la Grece avoient chacun leurs esclaves; les Thessaliens, leurs Pénestes; les Cretois, leurs Clarotes; les Héracléotes, leurs Dorophores; les Argiens, leurs Gymnetes; les Sicyoniens, leurs Corynéphores; les Syracusains, leurs Arottes, & enfin les Lacédémoniens, leurs Hilotes.

Tome VI.

tribut déterminé qu'on ne pouvoit augmenter, ni diminuer. Lycurgue s'imaginant que le gain feroit propre à adoucir l'efclavage des Hilotes, avoit établi cette loi qui les rendoit au moins propriétaires en partie du lieu qu'ils habitoient. De plus, comme tous les arts méchaniques étoient interdits aux Lacédémoniens, il y a lieu de croire que les Hilotes pouvoient les exercer, & qu'ils étoient par conféquent Forgerons, Charpentiers, Charrons, & de tous les métiers enfin, dont un peuple guerrier peut retirer de l'utilité. Par une fuite, & fans doute comme une marque de leur dépendance, ils étoient obligés d'affifter aux funerailles des Rois de Lacédémone. Ils fe frappoient alors la poitrine, pouffoient de longs gémiffements, & crioient conformément à l'ufage, que c'étoit le meilleur Roi qu'il y eût encore eu.

Les Hilotes n'étoient pas traités avec autant de mépris que les efclaves domeftiques, mais ils ne laiffoient pas que d'effuyer fouvent des marques de hauteur affez humiliantes. Les Lacédémoniens pousferent même à leur égard la barbarie auffi loin qu'elle pouvoit aller, fi la loi *Cryptia* eft véritable. Cette loi établie dans la vûe de diminuer le nombre des Hilotes, permettoit aux Lacédémoniens de tuer autant de ces efclaves qu'ils pourroient en furprendre dans la campagne. La dureté naturelle aux Spartiates feroit aifément croire que cette loi étoit en ufage chez eux; mais le défaut de preuves empêche de rien affurer là-deffus. Quoi qu'il en foit, on peut conclure avec Plutarque, que fi la Cryptie a eu lieu, elle ne fut pas inftituée par Lycurgue le plus fage de tous les Légiflateurs. On ne peut douter que les Hilotes ne donnaffent beaucoup d'inquiétude à leurs maîtres, par leur grand nombre, puifqu'ils étoient trente-cinq mille, fur cinq mille Spartiates à la journée de Platée. C'eft fans doute pour cette raifon que les Lacédémoniens les employoient dans leurs armées, & ne vouloient pas les laiffer dans la Laconie pendant leur abfence. Au refte, les Hilotes trouvoient de l'avantage à porter les armes; parce que quelque action de bravoure ou des fervices importants pouvoient leur procurer la liberté. Les cérémonies de l'affranchiffement confiftoient feulement à couronner de fleurs les efclaves, & à leur faire faire le tour des Temples.

Ceux qui étoient affranchis pouvoient quelquefois fe retirer où ils vouloient, mais ils étoient plus ordinairement envoyés en colonie avec un Harmofte ou Gouverneur pour les commander. Ces Hilotes étoient alors appellés *nouveaux citoyens, renvoyés, gens de mer,* ou *d'une condition inférieure,* & lorfqu'ils reftoient dans le pays, ils habitoient dans les environs de Sparte. On lit dans Héfychius qu'on donnoit le nom d'*Argiens* à ceux qui fe diftinguoient par leur fidélité.

Les Meffeniens furent réduits par la fuite au même état que les Hilotes, & les uns & les autres firent plufieurs tentatives inutiles pour recouvrer leur ancienne liberté. La premiere confpiration des Hilotes avec les Parthéniens contre les citoyens de Sparte, fut découverte avant qu'elle eût éclaté. Les Parthéniens, que les Spartiates crurent devoir ménager, furent feulement renvoyés, & allerent en Italie jetter les fondements de Tarente. A l'égard des Hilotes, à qui on avoit ainfi ôté le fécours des Parthéniens, on augmenta encore la rigueur de leur efclavage. Le joug qu'ils fubiffoient commençoit à leur devenir infupportable, lorfqu'il fe préfenta une occafion favorable de le fecouer. Paufanias, tuteur du jeune Roi Pliftarque, ayant gagné fur les Perfes la célebre bataille de Platée, forma le deffein ambitieux d'afservir fa patrie & la Grece entiere. Ce projet échoua par la dénonciation que l'efclave Argilius en alla faire aux Ephores, & Paufanias fut rigoureufement puni avec fes complices.

Peu de temps après, quelques Hilotes condamnés à la mort, fans qu'on fçache pour quel crime, fe réfugierent à Ténare, promontoire de la Laconie, où Neptune avoit un Temple. Les Ephores les en arracherent, & les firent traîner au fupplice. Un furieux tremblement de terre furvint, & fit penfer qu'il étoit l'effet du courroux de Neptune contre les Spartiates, à caufe qu'ils avoient violé l'afyle de Ténare. L'épouvante étoit générale dans Lacédémone, & les Hilotes, ainfi que les Mefséniens, efclaves, croyant devoir profiter de ce trifte évenement pour fe mettre en liberté, prirent les armes & s'avancerent vers la ville. Archidamas, fils de Zeuxidamus, avoit prévu leur entreprife, &, afin d'en arrêter les fuccès, il affembla à la hâte ceux qui avoient échappé au péril pendant le tremblement de terre, & attendit en bon ordre les efclaves. Ces derniers furpris de trouver les Lacédémoniens en garde, n'oferent les attaquer, & fe retirerent fur le Mont Ithome, d'où ils faifoient des courfes continuelles fur le territoire de Sparte. Les Lacédémoniens affiégerent les rebelles, & envoyerent folliciter du fecours à Athènes. Les habitants de l'Attique balancerent quelque temps, s'ils accorderoient ce qui leur étoit demandé, & enfin Cimon les détermina à fournir des troupes aux Spartiates. L'armée de ceux-ci renforcée par les foldats Athéniens remporta d'abord plufieurs avantages; mais les Chefs des Lacédémoniens foupçonnant leurs nouveaux alliés de vouloir fe joindre aux Hilotes, les renvoyerent fous différents prétextes, & continuerent le fiége. Ils y furent occupés l'efpace de dix ans fans pouvoir foumettre les rebelles, qui fe rendirent enfin, à condition qu'on les laifferoit fortir du Péloponnefe pour n'y plus rentrer. Les Athéniens inftruits de cette capitulation, & fenfibles à l'affront qu'ils avoient reçu devant Ithome, fatisfirent leur reffentiment, en établiffant à Naupacte les Hilotes qui fe retirerent.

Les Lacédémoniens traiterent fans pitié ceux qui refterent dans la Laconie. Ils punirent de mort les auteurs de la révolte, & redoublerent les cruautés à l'égard de ceux à qui ils laifferent la vie. Cependant ces mêmes Hilotes rendirent les fervices les plus effentiels à leurs maîtres, lorfqu'ils fe trouverent bloqués dans l'ifle de Sphactérie. Les Athéniens en poffeffion de Pylos, ville éloignée de Meffene de quatre cents ftades, y éleverent des fortifications par les ordres de Démofthène. Les Lacédémoniens pour les rendre inutiles firent paffer de leurs troupes dans l'ifle de Sphactérie, dont la fituation pouvoit fermer à leurs ennemis l'entrée du port de Pylos; mais leur flotte ayant été battue, ceux qui étoient dans l'ifle fe trouverent tellement ferrés qu'ils ne pouvoient fortir, ni recevoir de vivres. Ce fut en cette occafion que les Hilotes s'expoferent généreufement à toutes fortes de périls pour faire paffer à leurs maîtres quelques outres remplies de pavots détrempés dans du miel & de graine de lin pilée. Malgré le zele de leurs efclaves, & la vigoureufe réfiftance que firent les Lacédémoniens, Cléon qui avoit fuccédé à Démofthène, les força de fe rendre à difcrétion; & les

LES GRECS. emmena chargés de fers à Athènes au nombre de trois cents. Le Général Athénien avant que de partir confia la garde de Pylos aux Hilotes de Naupacte. Cette nouvelle garnison qui détestoit les Spartiates, peu contente de ravager leurs terres, engagea un grand nombre d'anciens Hilotes à déserter.

Les plaintes que les Lacédémoniens porterent à Athènes, & la demande qu'ils firent qu'on leur rendît Pylos & les prisonniers de Sphactérie, ayant été inutiles, ils eurent recours au stratagême pour arrêter, ou du moins punir les Hilotes de leur désertion. En conséquence ils firent publier un Edit, qui ordonnoit aux Hilotes, dont l'Etat avoit reçu quelque service, de se faire inscrire sur les régistres publics pour être remis en liberté. Deux mille se présenterent ; on les couronna de fleurs, & on leur fit faire le tour des Temples ; mais personne n'en entendit plus parler, & on ignore de quelle façon ils moururent. Les Lacédémoniens accompagnés de mille Hilotes battirent les Athéniens sous les murs d'Amphipolis, & les forcerent à faire la paix. Un des articles portoit qu'on se rendroit de part & d'autre les villes & les prisonniers. Les Athéniens retirerent les garnisons Hilotes qui étoient à Pylos & à Naupacte ; & les firent passer à Cranies dans la Céphallenie. Les Lacédémoniens de leur côté rendirent la liberté aux Hilotes qui les avoient servis dans cette guerre, & les établirent à Léprée sur les confins de la Laconie & de l'Elide.

L'infraction du traité fit bientôt rentrer les Hilotes dans Pylos ; mais les Lacédémoniens assiégerent cette ville, & s'en remirent en possession quinze ans après que le Général Démosthène la leur avoit enlevée. Depuis cet évenement les Historiens font peu mention des Hilotes. Il est seulement parlé d'une conjuration qu'ils formerent contre l'Etat avec Cinadon, homme de basse naissance. Les Ephores qui la découvrirent, punirent rigoureusement les coupables ; & jusqu'au regne de Cléomene on n'a que des conjectures touchant les Hilotes. Alors ceux qui purent payer une certaine somme au Prince furent mis en liberté, & un grand nombre se trouva en état de profiter de cet avantage. Lorsque Lacédémone tomba au pouvoir des Tyrans, la condition des Hilotes n'en fut pas meilleure ; & Tite-Live rapporte que Nabis sur le simple soupçon que quelques-uns vouloient passer dans les troupes Romaines, les fit expirer sous les coups. Sparte fut enfin soumise à la domination Romaine, ainsi que le reste de la Grece, & les Hilotes ne firent que changer de maîtres (1).

ARTICLE XV.
CORINTHE.

ON prétend que Sisyphe qui fut tué par Thésée, à cause des brigandages qu'il commettoit dans l'Attique, est le fondateur du Royaume de

(1) Extrait d'une Dissertation de M. Capperonnier sur les Hilotes, dans la partie des Mémoires de l'Académie des Belles-Lettres ; Tome XXIII. page 271. & suiv.

Corinthe. Les defcendants de ce Prince furent chaffés du throne par Alétès, arriere petit-fils d'un des fils d'Hercule. Bacchis cinquieme fucceffeur d'Alétès, donna fon nom à fes defcendants qui furent appellés Bacchiades. Ils conferverent encore la couronne pendant cinq regnes fucceffifs, après lefquels les Corinthiens abolirent le gouvernement monarchique fous le Roi Teleftès, tué dans une confpiration que deux de fes parens avoient formée contre lui. Après fa mort deux cents des principaux Bacchiades partagerent entr'eux la fouveraine autorité, & mirent à leur tête un Magiftrat, auquel ils donnerent le nom de *Prytané*. Corinthe refta ainfi dans l'Ariftocratie des Bacchiades jufqu'à Cypfelus, qui defcendoit de cette famille par fa mere. Ce Prince rétablit la Royauté ; & fon fils Périandre monta fur le throne après lui. Sa conduite tyrannique dégoûta de nouveau les Corinthiens de la Monarchie, & ils ne fouffrirent point que Périandre eût de fucceffeur. Ils formerent alors un nouveau gouvernement, compofé d'Oligarchie & de Démocratie ; c'eft-à-dire, que la République étoit gouvernée par un petit nombre de perfonnes, & que le peuple avoit part au gouvernement.

Cependant Corinthe qui avoit effayé fes forces fur mer, fonda les Colonies de Corcyre & de Syracufe : celle-ci fous la conduite d'Archias & l'autre fous celle de Therficate, tous deux de la race d'Hercule. Syracufe devint en peu de temps par la fertilité de fon terroir, la beauté de fon ciel, & les commodités de fa fituation, une des plus grandes & une des plus belles villes de la Grece. Corcyre, qui jouiffoit des mêmes avantages, devint affez puiffante pour fonder en Illyrie les villes d'Epidamne & d'Apollonie. Ces Colonies demeurerent dans la dépendance de Corinthe, & conferverent fa forme de gouvernement, tant qu'elles n'eurent pas la force d'en fecouer le joug.

Les Corinthiens ont donné des marques d'une averfion finguliere pour la Monarchie en s'engageant dans plufieurs guerres, moins pour leur intérêt propre que pour la défenfe de la liberté en général ; car ils avoient autant de facilité d'agrandir leur Etat que de protéger leurs voifins. Les commodités de la navigation, la fituation de l'Ifthme, le feul pas de communication entre le Péloponnefe & le Continent, & d'où ils pouvoient commander à la mer Ionienne & à la mer Egée, faifoient regarder la citadelle de Corinthe, comme l'œil, & la ville, comme les fers de la Grece. Tous ces avantages devoient leur donner des tentations de fubjuguer leurs voifins ; mais leurs vûes, plus utiles que grandes, fe tournerent entierement du côté du commerce, qui procura à fes citoyens des richeffes immenfes, & les plongea dans une molleffe, qui ne leur permit pas de s'élever au deffus des Républiques du fecond ordre. Elle fe fignala néanmoins de temps en temps dans les guerres inteftines de la Grece, & rendit de grands fervices à fes Alliés. Cette ville fut détruite par les Romains fous la conduite de Lucius Mummius qui avoit foumis toute l'Achaïe. Un grand nombre de richeffes furent confumées par le feu qui ruina les plus beaux édifices. Jules Céfar fit rebâtir & repeupler cette ville où S. Paul prêcha la foi, & demeura un an & demi. Plufieurs fiecles après elle tomba fous la domination des Vénitiens ; mais en 1458. Mahomet II. s'en rendit maître. Elle fut plufieurs fois reprife par les Vénitiens, qui la perdirent enfin en 1715.

ARTICLE XVI.

THEBES.

CADMUS. CADMUS est généralement regardé comme le fondateur du Royaume de Thebes. Il étoit sorti de la Phénicie à la tête d'une troupe d'aventuriers, avec lesquels il se rendit dans la Grece vers l'an 1592. avant J. C. Les premiers siecles de cet Etat n'appartiennent pas moins à la Fable que ceux des autres Royaumes de la Grece; c'est-à-dire, que les faits historiques se trouvent enveloppés de récits merveilleux. Cadmus, selon la Fable, étoit fils d'Agénor & frere d'Europe, que Jupiter avoit enlevée. Agénor ordonna à son fils de chercher sa sœur, & lui défendit de rentrer dans ses Etats sans la ramener. Cadmus après avoir parcouru inutilement plusieurs endroits, consulta l'Oracle pour sçavoir dans quel lieu il devoit fixer sa résidence. Il étoit alors descendu sur les côtes de la Grece. L'Oracle lui répondit de suivre la premiere vache qu'il rencontreroit, & de bâtir une ville où elle s'arrêteroit. Cadmus obéit aux ordres du Dieu, &, pour reconnoître la protection qu'il lui avoit accordée, il lui offrit en sacrifice la vache qui lui avoit servi de guide. Comme il manquoit d'eau, il envoya ses compagnons en chercher dans le voisinage. Ils furent tous mis à mort par un horrible Dragon, gardien d'une fontaine qu'ils avoient découverte. Cadmus après les avoir long-temps attendus, alla les chercher, & les apperçut étendus morts sur la place. Il attaqua alors le Dragon, & après un combat long & dangereux, il vint à bout de le terrasser. Minerve lui conseilla alors d'arracher les dents à ce monstre & de les semer dans la terre. Après avoir exécuté les ordres de la Déesse, il fut extrêmement surpris de voir sortir de la terre un grand nombre de gens armés. Il se disposoit à les combattre, lorsqu'un d'entr'eux l'avertit qu'on n'avoit pas dessein de l'attaquer. Ces enfants de la Terre se porterent aussitôt des coups les uns aux autres, & en peu de temps toute cette troupe fut détruite, à la réserve de cinq qui mirent bas les armes, & qui reconnurent Cadmus pour leur Souverain.

Cette fable peut souffrir diverses explications, 1°. on sçait que les peuples qui ignoroient leur origine, ou qui vouloient la cacher, se prétendoient sortis de la terre. C'étoit le système des premiers Grecs. 2°. Le Dragon qui tua les compagnons de Cadmus, pourroit représenter les anciens habitants de la Béotie qui attaquerent & détruisirent la Colonie Phénicienne, & qui ensuite se soumirent à Cadmus. 3°. Ce même Dragon pourroit signifier une maladie contagieuse qui donna la mort à ces Etrangers. Cadmus passe chez les Poëtes pour le grand-pere de Bacchus, parce que ce fut lui ou ses enfants qui établirent dans la Grece le culte de ce Dieu.

On donne à Cadmus pour successeur Polidore qu'on dit être son fils. Ce Prince épousa une fille de Nyctée, dont il eut un fils nommé Labdacus. Se voyant prêt de mourir, il confia la tutelle de cet enfant à son beau-pere jusqu'à ce qu'il fût en état de regner. Nyctée contraint de déclarer la guerre à Epopée, Roi de Sicyone, qui avoit enlevé fa fille Antiope, reçut une blessure qui le priva de la vie peu de temps après. Lycus son frere prit alors soin du jeune Labdacus, qui étant devenu grand, trouva moyen de se faire rendre Antiope sa tante. Cette Princesse de retour à Thebes accoucha de deux enfants jumeaux, Amphion & Zéthus. Labdacus, dont le regne fut court, confia à Lycus la Régence du Royaume & la tutele de son fils Laïus.

LES GRECS.

Pendant la minorité de ce Prince Amphion & Zéthus s'empàrerent de la Couronne ; mais Lycus qui n'avoit pû la défendre, déroba le jeune Laïus aux recherches des usurpateurs. Amphion, selon les Poëtes, bâtit les murailles de Thebes au son de sa lyre. Laïus ne remonta sur le thrône qu'après leur mort, & ce Prince qui avoit épousé Jocaste, fille de Créon, fut averti par un Oracle qu'il mourroit de la main de son propre fils. Pour prévenir un évenement si funeste, il ordonna de faire mourir l'enfant que sa femme mit au monde. L'homme qui fut chargé d'exécuter un ordre si cruel, se contenta d'exposer l'enfant après lui avoir percé les pieds avec de l'osier pour le suspendre à un arbre. Quelqu'un ayant trouvé cet enfant le porta à Polybe, Roi de Corinthe, qui le fit élever comme s'il eût été son fils. On lui donna le nom d'Œdipe, qui signifie enflure des pieds. Œdipe devenu grand apprit qu'il n'étoit point fils du Roi de Corinthe, & comme il se rendoit à Delphes pour consulter l'Oracle sur sa naissance, il rencontra dans la Phocide Laïus son pere, qui alloit aussi à Delphes pour sçavoir si son fils étoit véritablement mort. Les deux Princes sans se connoître se disputerent un passage fort étroit : la dispute s'étant échauffée, on en vint aux mains, & Laïus fut tué par son fils. Œdipe se rendit ensuite à Thebes, trouva la ville dans une grande désolation, tant à cause de la mort de Laïus, que par rapport aux maux que causoit un monstre nommé Sphynx. Junon irritée contre les Thébains, l'avoit envoyé dans le territoire de Thebes pour le désoler. Il avoit la tête & le sein d'une jeune fille, les griffes & le corps d'un lion, la queue d'un dragon, & des aîles d'oiseaux. Il proposoit une énigme à tous les passants, & mettoit en pieces ceux qui ne pouvoient l'expliquer. Voici l'énigme qu'il proposoit ordinairement : *Quel est l'animal qui marche à quatre pieds le matin, qui ne se sert que de deux sur le midi, & qui marche à trois vers le soir ?* Créon, pere de Jocaste, promit cette Princesse en mariage à celui qui viendroit à bout de délivrer la ville d'un tel fléau. Œdipe animé par cette récompense se présenta devant le Sphynx, & lui expliqua l'énigme, en disant que l'animal dont il s'agissoit étoit l'homme qui dans son enfance, qu'on devoit regarder comme le matin de sa vie, se traînoit souvent sur les mains & sur les pieds : vers le midi, c'est-à-dire, dans la force de son âge, il n'avoit besoin que de ses deux jambes ; mais le soir, qui étoit sa vieillesse, il se servoit d'un bâton comme d'une troisieme jambe pour se soutenir. Le Sphynx outré de dépit se brisa la tête contre un rocher. Œdipe devenu l'époux de sa mere ne tarda pas à la reconnoître, & cette Princesse au désespoir d'un tel évenement se donna la mort. Œdipe épousa ensuite Euriganée, dont il eut deux fils, Ethéocle & Polynice, & deux filles, Antigone & Ismene. Sophocle, dans la Tragédie d'Œdipe, prétend que ces enfants étoient de Jocaste, & qu'Œdipe

LAÏUS. ŒDIPE.

ayant reconnu le crime qu'il avoit commis involontairement, se priva de la vûe, & alla mourir à Athènes.

Après la mort ou la retraite d'Œdipe, ses deux fils, Ethéocle & Polynice convinrent de régner alternativement pendant un an. Ethéocle, qui étoit monté le premier sur le thrône, refusa au bout de ce terme de céder la place à son frere. Polynice se rendit à Argos, où il épousa la fille d'Adraste, Roi du pays, & en obtint des secours pour rentrer dans ses Etats. Ethéocle fut assiégé dans sa Capitale, & cette guerre fut si sanglante, que les deux partis se trouverent extrêmement affoiblis. On proposa alors aux deux freres de terminer leur querelle par un combat singulier. La proposition fut reçue, & les deux Princes se tuerent réciproquement sur le champ de bataille. Sept grands Capitaines s'étoient trouvés à cette guerre, & Adraste fut le seul qui n'y fut pas tué. Créon, qui avoit alors usurpé la Couronne à titre de tuteur de Laodamas, fils d'Ethéocle, ne vouloit pas permettre qu'on enterrât les morts; mais Théfée, Roi d'Athènes, le força les armes à la main à consentir qu'on accordât aux morts les honneurs de la sépulture.

Les fils des sept Capitaines qui avoient combattu devant Thebes, résolurent de venger sur cette ville le malheureux succès de la derniere expédition. Ils formerent pour cet effet une confédération qui leur fit donner le nom d'*Epigones*. Ils recommencerent le siége, qui ne fut gueres moins meurtrier que le précédent par la valeur de Laodamas qui se défendit vigoureusement. Ce Prince ayant été tué, ou obligé de se retirer en Illyrie, les Thébains firent des propositions de paix, & pendant la négociation, ils sortirent de la Place à la faveur de la nuit, avec leurs familles & leurs effets. Ils se retirerent à Arné en Thessalie, d'où ils ne revinrent à Thebes qu'à la quatrieme génération, c'est-à-dire, près de cent ans après.

On lit dans quelques Auteurs que les Epigones étant entrés dans Thebes, la pillerent & en raserent les murailles (1). D'autres assurent que Thersandre, fils de Polynice, les en empêcha; qu'il rappella les Citoyens fugitifs, & qu'il regna sur eux (2); que peu de temps après il les mena devant Troye, & qu'après avoir signalé sa valeur dans la Mysie, il fut tué par Télepe. La jeunesse de son fils Tésamene, engagea les Thébains à se donner Pénelée pour Chef. Après sa mort Tésamene monta sur le thrône, & regna tranquillement. Autésion son fils ayant eu le malheur de tomber en phrenésie, fut obligé de se retirer chez les Doriens. Les Thébains mirent alors la Couronne sur la tête de Damasichton, petit-fils de Pénelée. Il eut pour successeur son fils Ptolémée, qui laissa le Royaume à Xanthus. Ce Prince qui est le dernier Roi de Thèbes, fut tué par surprise dans un combat, comme on le verra dans l'histoire d'Athènes.

Après sa mort, les Thébains qui étoient las du gouvernement Monarchique, érigerent leur Etat en République. Nous verrons dans l'histoire d'Athènes ce qui leur arriva de plus considerable depuis cette révolution. Les

---

(1) La premiere guerre de Thebes commença l'an 1329. avant J. C. 47. ans avant la prise de Troye. La seconde guerre, qui est celle des Epigones, arriva l'an 1319. avant J. C. 37. ans avant la prise de Troye.

(2) Ce dernier sentiment n'est pas le plus probable.

Thébains devenus puissants soutinrent long-temps la guerre contre les Athéniens & les Lacédémoniens, & gagnerent sur ces derniers la célebre bataille de Leuctres en Béotie. Ils étoient alors commandés par Epaminondas, le plus grand Général de son siecle. Ils furent soumis par Philippe de Macédoine, qui les réduisit dans une espece de servitude. Sur la fausse nouvelle de la mort d'Alexandre le Grand, ils voulurent se soulever; mais ce Prince se rendit maître de leur ville, & la ruina entierement. Elle fut rebâtie plusieurs années après par Cassandre, fils d'Antipater, & elle est aujourd'hui un petit bourg sous la domination des Turcs.

LES GRECS.

ARTICLE XVII.

ATHENES.

SUIVANT l'opinion la plus généralement reçue, Cécrops, à la tête d'une Colonie Egyptienne, se rendit dans l'Attique, où il fonda la ville d'Athènes l'an 1655. avant J. C. Le terroir de ce pays naturellement stérile, ne produisoit qu'à force d'industrie & de travail. Ce désavantage fut anciennement la source de son repos; car tandis que les autres contrées de la Grece étoient exposées à de fréquentes incursions, les habitants de l'Attique restoient tranquilles possesseurs de leur terrein. La Colonie Egyptienne n'avoit fait que commencer à policer les peuples de ce canton, qui formerent alors un grand nombre de bourgs & de hameaux. Chaque bourg avoit son territoire distinct, ses coutumes, ses Magistrats, ses pratiques religieuses que les Egyptiens avoient apportées dans le pays. Thésée, qu'on doit regarder comme le véritable fondateur d'Athènes, rassembla les habitants de ces bourgs pour former une seule ville, & fit dans le Gouvernement des innovations considerables.

Origine d'Athènes.

Les Athéniens étoient distribués par Tribus: chaque Tribu se divisoit en trois Curies; & chaque Curie se subdivisoit en trente familles (1). Au temps de Thésée on comptoit dans la ville quatre Tribus, douze Curies, trois cent soixante familles. Dans la suite les Tribus se multiplierent: Clisthene en fit dix, & depuis on en compta jusqu'à treize (2). A cette premiere répartition s'en joint une seconde, en peuples ou bourgades; vestige subsistant de l'ancienne division de l'Attique en villes, bourgs, hameaux, dont Athènes étoit le centre. Meursius en compte cent quatre-vingt-six, & Spon en a découvert quelques-uns inconnus à cet Auteur. Thésée en réunissant

---

(1) Ce mot ne doit pas se prendre ici dans sa signification ordinaire; il ne s'agit pas de personnes unies par le sang, & issues d'une tige commune. Chaque famille étoit un Corps politique composé de plusieurs familles différentes, qui placées dans la même Curie, avoient contracté entr'elles une sorte de société: l'union de ces familles particulieres faisoit de toutes ensemble comme une famille générale.

(2) Les trois dernieres appartiennent à des temps postérieurs, & doivent leur origine à l'adulation servile des Athéniens. Ils les établirent en l'honneur de Ptolémée, d'Attale & d'Hadrien, & leur donnerent les noms de ces Princes.

Tome VI.

les Athéniens épars de tous côtés, avoit tâché d'en attirer le plus grand nombre dans la Capitale ; mais malgré cette réunion les bourgades n'étoient pas restées désertes, & même les familles transplantées dans la ville, n'avoient pas perdu la trace de leur premiere origine. Elles continuerent à porter le nom du lieu d'où elles étoient sorties. Tout Athénien, même habitant de la Cité, avoit sa bourgade, dont il ajoutoit le nom au sien, comme un titre patronymique & distinctif : toutes les bourgades étoient réparties dans les différentes Tribus.

Ainsi chaque Citoyen d'Athènes faisoit partie d'un Peuple & d'une Tribu, & dans cette Tribu il avoit sa Curie & sa famille. Les Peuples & les Curies avoient des régistres, où l'on étoit obligé de s'inscrire. On commençoit par celui de la Curie, où l'on se faisoit enrégistrer dès l'âge de 15 ans. Le troisieme jour des *Apaturies* étoit destiné pour cette formalité. Un pere amenoit son fils au Chef de la Curie ; des Inspecteurs lui faisoient subir l'examen ordonné par les loix. Ensuite, après un serment prêté devant l'autel d'Apollon, ou de quelqu'autre Divinité tutélaire, le pere protestoit que cet enfant étoit son fils, né d'une mere Athénienne en légitime mariage : il lui donnoit un nom qu'on portoit aussitôt sur le régistre, avec le sien même, & celui de sa bourgade. Ce régistre s'appelloit : *Régistre commun*; parce qu'il étoit commun à tous ceux qui composoient la Curie. A dix-huit ans on alloit s'inscrire dans le rôle de la Bourgade, & ce second enrégistrement donnoit, avec l'émancipation, la jouissance de tous les droits attachés au titre d'Athéniens. Devenus Citoyens par cette double formalité, ils entroient en possession des priviléges de leur famille (1).

Le Gouvernement d'Athènes fut d'abord Monarchique, mais il fut aboli à la mort de Codrus, dix-septieme Roi depuis Cécrops. Les Athéniens par reconnoissance du sacrifice que ce Prince avoit fait pour eux, déciderent que le titre de Roi seroit entierement supprimé, & que la souveraine autorité passeroit entre les mains de Magistrats nommés Archontes. Les fréquentes dissensions qui déchirerent les Athéniens sous ce nouveau Gouvernement, leur apprirent enfin que la véritable liberté consiste à dépendre de la justice & de la raison. Cet heureux assujettissement ne pouvoit s'établir que par un sage Législateur. Dracon (2), dont le mérite étoit connu de tout le monde, fut choisi pour être l'auteur d'une réforme, dont les Athéniens avoient un pressant besoin. Mais ses loix trop dures & trop séveres furent abrogées dans la suite ; en partie, parce qu'on ne pouvoit les exécuter, & en partie, parce qu'on reçut celles de Solon (3), qui étoient plus douces & plus conformes aux mœurs du temps où il les dicta.

TRIBUNAUX D'ATHENES.

Sans compter les Archontes & l'Aréopage, qui sont les Tribunaux d'Athènes

(1) Mém. de l'Acad. des Belles-Lettres ; Tom. XXIII. pag. 57. dans la partie historique.

(2) Il ne paroit pas qu'avant lui la Grece ait eu des Loix écrites. Celles qu'il publia étoient si séveres, qu'un Auteur a dit, qu'elles n'étoient point écrites avec de l'encre, mais avec du sang. En effet les fautes étoient punies de mort, ainsi que les crimes.

(3) La naissance de Solon est de l'an 638. avant J. C. & son Archontat est de l'an 594.

les plus connus, il y en avoit dix autres, sçavoir, le *Palladium*, le *Delphinium*, le *Prytanée*, le *Phréate*, l'*Hélicie*, le *Trigone*, le *Parabyste moyen*, le *grand Parabyste*, le *Tribunal de Lycus*, & celui de *Métiochus*. Il y en avoit quatre pour les matieres criminelles, & six pour les affaires purement civiles. Les Officiers qui devoient prendre séance dans quelqu'un de ces Tribunaux, afin d'y rendre la justice, y étoient appellés, ou par le sort, ou par l'élévation de la main, ou enfin par le scrutin à la pluralité des bulletins. Ces Officiers se prenoient toujours parmi les riches ; de sorte que ceux qui n'avoient pas de biens qui répondissent de leurs actions, ne pouvoient prétendre à l'administration des affaires publiques. On exigeoit même que les élus eussent des enfants, ou qu'ils promissent de se marier. Les élections par le sort se faisoient dans le Temple de Thésée sous l'inspection des Thesmothétes (1) ; & comme le nombre de ceux qui se présentoient, étoit toujours plus grand que celui des places vacantes, le sort en décidoit de cette façon : le nom des aspirants étoit écrit sur les bulletins qu'on mettoit dans une urne, & on jettoit dans une autre autant de féves blanches qu'il y avoit de places à remplir, & autant de féves noires qu'il se trouvoit de prétendants. Ensuite on tiroit un bulletin & une féve ; & si elle étoit noire, on tiroit un autre bulletin & une autre féve, jusqu'à ce que la féve blanche désignât celui à qui le sort donnoit la préférence. C'étoit un crime capital de jetter dans l'urne deux bulletins chargés du même nom, & lorsque deux freres concouroient, ils étoient obligés d'ajouter à leur nom quelque distinction. A l'égard de l'élection qui se faisoit par l'élévation de la main, on y procédoit ainsi. On s'assembloit dans un lieu nommé *Pnyce* (2), près de la citadelle, & les Thesmothétes présentoient les sujets que les Archontes avoient désignés, soit pour commander l'armée, soit pour être Officiers dans la Cavalerie, soit enfin pour être Chefs de Tribu. Si le peuple approuvoit le choix des Archontes, il élevoit les mains en signe d'applaudissement, & le sujet étoit ainsi élû par l'élévation de la main.

L'élection par le scrutin étoit différente des deux autres : on prenoit de chaque Tribu deux cents sujets, ce qui faisoit huit cents personnes, parmi lesquelles on en choisissoit de nouveau quatre cents, c'est-à-dire, cent de chaque Tribu. Les quatre cents surnuméraires qui n'entroient point en fonction, étoient réservés & destinés à remplacer ceux qui mouroient étant en place, ou qui, par leur conduite, méritoient d'être exclus. Lorsque les Tribus furent mises au nombre de dix, on ne tira plus dans chacune d'elles que cent Citoyens, dont cinquante seulement entroient en charge, & ils formoient en tout le nombre de cinq cents ; pendant que les cinq cents autres attendoient l'occasion de suppléer à ceux qui pouvoient manquer.

Lorsque les élections étoient finies, de quelque façon qu'elles eussent été faites, ceux qui étoient nommés devoient, avant que d'entrer en charge, se présenter aux Légistes, & subir en présence des Archontes, un interrogatoire juridique sur le respect qu'ils avoient eu pour leurs pere & mere, ou pour ceux qui avoient tenu leur place ; s'ils avoient porté les armes au

(1) On verra plus bas quels étoient ces Magistrats.
(2) Dans la suite cette sorte d'élection fut transférée du Pnyce dans le Temple de Bacchus.

LES GRECS. service de la République autant de temps que les loix l'ordonnoient; s'ils pratiquoient l'exercice de la Religion reçue dans le pays, & si leur fortune étoit suffisante pour répondre de leur gestion. Aucun Athénien, de quelque rang qu'il fût, ne pouvoit exercer deux emplois dans le même temps, ni dans une seule & même année, s'il n'avoit auparavant rendu compte de son administration. Ce compte devoit se rendre dans l'espace de trente jours, depuis celui qu'on sortoit de charge, & on étoit obligé de le faire par devant les Légistes, qui étoient au nombre de dix élus par le sort, & qui, pour recevoir & juger les comptes des Magistrats hors de fonction, prenoient séance avec les Archontes. Si le comptable se trouvoit réliquataire, on le renvoyoit à neuf autres Juges, & si ces derniers le trouvoient coupable de quelque délit, il étoit évoqué au Tribunal chargé de juger les criminels. Lorsque quelqu'un se portoit accusateur devant le Tribunal des Légistes contre les Officiers qui devoient y rendre leurs comptes, il pouvoit former ses plaintes dans les trente jours accordés à ces Officiers. Les accusés avoient des jours marqués pour comparoître devant leurs Juges, & s'ils y manquoient, on les adjournoit, & enfin ils étoient condamnés par contumace, quand les délais étoient expirés, sans qu'ils se fussent montrés. Ceux dont les comptes n'étoient pas rendus étoient incapables d'aucuns effets civils, & ne pouvoient jamais être adoptés par personne. Il ne leur étoit pas permis de sortir de l'Attique, & on leur refusoit les honneurs que toutes leurs autres actions auroient pû mériter.

Tout élû, à quelque charge que ce fût, avoit le droit de représenter ses raisons pour ne pas l'accepter, & il falloit qu'il les fît recevoir dans la même assemblée qui l'avoit choisi. Au reste, cela arrivoit rarement, parce que chacun recherchoit volontiers à être revêtu de la dignité de Juge, pour laquelle on avoit tant de respect, que dans les premiers temps, on punissoit de mort quiconque osoit insulter un Juge dans son Tribunal. Cependant cette peine fut adoucie par la suite, & on la changea en une amende pécuniaire.

Tous les Tribunaux avoient leurs Greffiers, tirés d'entre ceux des esclaves qui étoient employés au service public. La seule fonction de ces Greffiers étoit d'écrire, & de relire ce qu'ils avoient rédigé. Ils étoient au nombre de trois, & chacun d'eux avoit son département. L'un étoit chargé de lire les Ordonnances à la réquisition des Orateurs; l'autre les Loix, & le troisieme écrivoit les Arrêts. Le Sénat élisoit deux de ces Officiers, & le peuple choisissoit le troisieme. Les Greffiers sortoient de charge en même temps que les Juges des Tribunaux dans lesquels ils étoient, & on leur faisoit aussi rendre leurs comptes.

On vient de voir quelles étoient les précautions qu'on apportoit dans le choix des différents Magistrats qui composoient les Tribunaux d'Athènes, & comment on procédoit à leur élection, je vais maintenant donner une idée des plus célebres de ces Tribunaux, & je commencerai par les Archontes.

ARCHONTES.

Ces Magistrats qui succederent aux Rois dans le gouvernement d'Athènes, furent d'abord perpétuels pendant plus de trois cents ans. Ils furent ensuite décennaux l'espace d'environ soixante & dix, & ils devinrent enfin annuels. Au reste, leur nombre fut toujours fixé, & il n'y en eut jamais que neuf. Le premier se nommoit Archonte Eponyme ; le second avoit le titre de Roi ; le troisieme s'appelloit Polémarque, & les six autres avoient le nom de Thesmothètes. Avant Solon on nommoit les Archontes à la pluralité des suffrages ; mais ce Législateur décida qu'ils seroient élus par le sort, & cet usage s'observa depuis sans aucun changement. Cependant ceux pour lesquels le sort avoit décidé ne pouvoient entrer en charge, s'ils n'étoient pas agréés par le peuple dans une assemblée générale.

Les Archontes étoient obligés de prouver devant leur Tribu, qu'ils étoient issus du côté de leur pere & de leur mere de trois Ascendants Citoyens d'Athènes. Ils devoient de même donner des marques évidentes de leur attachement au culte d'Apollon protecteur de la patrie ; & on exigeoit qu'ils eussent dans leur maison un autel consacré à Jupiter. D'ailleurs, il falloit que leur respect pour leurs parents répondît de celui qu'ils auroient pour la patrie, & que l'état de leurs biens servît de garant de leur fidélité. On vouloit encore qu'ils eussent rempli le temps du service que chaque Citoyen devoit à la République ; de sorte que les Archontes n'entroient jamais en exercice avant l'âge de quarante ans accomplis. Aussitôt après que les Commissaires nommés pour l'examen de leurs preuves en avoient fait le rapport, ces Magistrats étoient obligés de jurer de maintenir les loix, & de s'engager, s'ils y manquoient, à envoyer à Delphes une statue d'or du poids de leur corps, & si l'Archonte, qui étoit le premier de ces Officiers, se trouvoit pris de vin, il étoit condamné à une forte amende, & même quelquefois puni de mort.

L'information pour le second Officier de ce Tribunal qui étoit nommé le Roi, devoit porter qu'il avoit épousé la fille d'un Citoyen, & qu'elle n'avoit pas eu d'autre mari. Cette précaution, suivant le sentiment de Démosthène, étoit nécessaire, parce que la femme de l'Archonte Roi l'aidoit dans les sacrifices, & que les Dieux auroient été irrités si elle n'avoit pas eu les deux qualités qu'on lui demandoit. Le département de ce Magistrat étoit de présider à la célébration des fêtes religieuses, & d'offrir les sacrifices. Il étoit le Surintendant des fêtes d'Eleusis, & pour lors on lui donnoit pour Adjoints quatre Administrateurs nommés par le peuple. On choisissoit toujours les deux premiers dans les familles sacerdotales ; les deux autres étoient indifféremment tirés du reste des Citoyens.

Le Polémarque subissoit aussi un examen fort sévere ; mais qui l'étoit cependant moins que celui de la vie privée des deux premiers Officiers. Il étoit chargé de tout ce qui regardoit la guerre, jugeoit par conséquent les causes militaires, & faisoit les fonctions de Généralissime, lorsqu'il se trouvoit à l'armée.

Les Thesmothètes, dont on recherchoit de même avec exactitude les actions passées, étoient les gardiens & les conservateurs des loix. Ils avoient soin de les revoir & d'empêcher qu'il ne s'y glissât des abus. Ils rendoient leurs comptes, ainsi que les trois autres Officiers qui composoient avec eux le Tribunal des Archontes, au bout d'une année d'exercice, & lorsqu'on étoit satisfait de leur administration, ils entroient de droit dans l'Aréopage (1).

AREOPAGE.

Ce Tribunal, dont l'origine est fort ancienne, prit son nom de la Colline de Mars (2) où il s'assembloit, & ne jugeoit d'abord que des meurtres. Dans la suite on lui attribua la connoissance de presque toutes les causes criminelles, comme des homicides volontaires, des incendies, des empoisonnements, des vols & de la retraite dans les pays étrangers. Solon, devenu Archonte, donna plus d'étendue à la puissance de l'Aréopage, & les augmentations qu'il y fit, l'ont fait regarder, quoique sans fondement, par quelques Ecrivains, comme son fondateur. Ce sage Législateur confia aux Aréopagites, l'inspection générale des loix; il les chargea particulierement du soin des mœurs, de celui de maintenir le bon ordre, de corriger les abus, de s'opposer à l'introduction des usages étrangers, de veiller à l'éducation de la Jeunesse, de mettre des freins à l'avarice, au libertinage, & surtout de proscrire l'oisiveté, qu'il regardoit avec raison comme la source de tous les vices. En conséquence de ce pouvoir, les Aréopagites avoient le droit de s'informer de la conduite de chaque Particulier, de ses facultés, des moyens qu'il employoit pour sa subsistance. Personne n'eût osé se soustraire à ces recherches, & les Citoyens inutiles étoient exposés à la rigueur des loix. Les édifices publics, la paye des Soldats, le maniement des deniers de l'Etat, enfin tout ce qui intéressoit le bien général étoit soumis à ce Tribunal.

L'édifice où les Aréopagites s'assembloient étoit fort simple dans son origine, & le toît qui étoit de la plus vile matiere demeura en cet état jusqu'au temps d'Auguste; si l'on en croit Vitruve. Oreste, suivant Pausanias, fut le premier qui chercha à embellir l'intérieur de ce bâtiment. Il y éleva un Temple à Minerve, & y plaça deux masses d'argent taillées en siéges, où on faisoit asseoir l'accusateur & l'accusé. Une de ces deux masses étoit consacrée à l'Injure, & l'autre à l'Impudence. Epimenides par la suite consacra à ces Divinités allégoriques des autels dans les formes, & renouvella la dédicace du Temple qu'Oreste avoit bâti aux Furies près de l'Aréopage (3). La salle où les Aréopagites tenoient leur séance, étoit encore

---

(1) Tout ce qu'on va lire sur l'Aréopage est tiré en partie d'une Dissertation de M. de Bougainville, Tome XVIII. des Mémoires de l'Académie des Belles-Lettres, pag. 79. & suiv. & en partie des Recherches de M. l'Abbé de Canaye sur l'Aréopage, dans la partie Littéraire des Mémoires de l'Académie des Belles-Lettres, Vol. VII. p. 174. &. suiv.

(2) On l'appelloit aussi pour cette raison le *Conseil d'enhaut.*

(3) Oreste avoit bâti ce Temple en l'honneur des Eumenides ou des Déesses Séveres, comme on les appelloit dans Athènes; en reconnoissance de ce qu'elles l'avoient amené à Athènes, & lui avoient par ce moyen procuré la protection de Minerve. On se croyoit perdu sans ressource, & livré à tous les malheurs ensemble, quand on avoit eu la hardiesse d'appuyer un parjure du nom sacré de ces redoutables Déesses. Les Mystiques du Paganisme se figuroient que les Eumenides n'avoient un Temple si proche de l'Aréopage que pour inspirer les Juges, & leur sauver par une assistance continuelle, les méprises qui auroient pû échapper à leur fragilité.

ornée du tombeau d'Œdipe, qui étoit placé dans l'enceinte intérieure de cet édifice. Sa situation sur le sommet d'une colline n'empêchoit pas les Vieillards, dont le Sénat étoit composé, de s'y rendre assidûement, malgré la fatigue qu'ils pouvoient essuyer en montant cette colline. Ils ne s'y rendoient d'abord que les trois derniers jours de chaque mois, ce qui pouvoit leur faire supporter avec patience la peine que leur coûtoit une situation si incommode ; mais les affaires se multiplierent au point qu'ils furent obligés d'ajouter aux trois premieres séances une quatrieme, qu'ils placerent au septieme jour du mois, & bientôt après ils s'assemblerent tous les jours. Les fêtes les plus solemnelles n'interrompoient point ces assemblées, & il n'y eut que dans la troisieme année de la cent cinquieme Olympiade, que sous l'Archontat de Céphisodore on publia un Décret, par lequel il étoit ordonné aux Aréopagites de célebrer, à l'exemple des autres Tribunaux, les fêtes Apaturiennes qui duroient cinq jours.

Un exercice si assidu & si pénible força en quelque sorte les Aréopagites à transporter le siége de leur Tribunal dans un lieu moins gênant, & ils choisirent un endroit de la ville qu'on appelloit le Portique Royal : c'étoit une place exposée à toutes les injures de l'air. Lorsque les Juges qui s'y rendoient en grand silence étoient réunis, on les enfermoit dans une espece d'enceinte tracée par une corde qu'on faisoit couler tout au tour, & afin que rien ne pût partager leur attention, ils ne jugeoient que pendant la nuit. Lucien en donne une autre raison, & dit que cette coutume ne fut établie que dans la vûe de n'être occupés que des raisons, & nullement de la figure de ceux qui parloient. Quand l'assemblée étoit formée, un Hérault faisoit faire silence, & ordonnoit au peuple de se retirer. Dès que le peuple étoit éloigné, on entamoit l'instruction des affaires, & comme la moindre préférence auroit paru à ces Juges scrupuleux une injustice condamnable, les causes sur lesquelles on devoit prononcer se tiroient au sort, & on nommoit par la même voye un certain nombre de Juges plus ou moins grand, selon la qualité & l'importance de l'affaire dont on leur confioit la décision.

Dans les premiers temps les Parties exposoient elles-mêmes avec simplicité le fait dont il étoit question. L'Aréopage s'adoucit dans la suite sur ce point ; il donna d'abord aux accusés, & bientôt après aux accusateurs mêmes, la permission d'exposer leurs raisons par la bouche de ceux qui faisoient profession d'employer pour les autres le talent de parler avec plus de précision. Néanmoins on interdisoit à ces derniers la liberté d'orner leurs discours, ni de l'étendre. Le choix étudié des expressions, un ton même trop véhément étoient proscrits. A la place de ces ornements qui auroient pû devenir avantageux au crime, comme à l'innocence, on avoit substitué toutes les précautions qu'on jugeoit nécessaires pour découvrir la vérité. L'accusateur avant que de déduire ses griefs, s'engageoit par serment à dire les choses telles qu'elles étoient. Pour rendre ce serment plus redoutable, on faisoit asseoir celui qui en prononçoit la formule sur les restes sanglants des victimes égorgées, & offertes à certains jours marqués. L'accusateur ne bornoit pas à lui seul les imprécations affreuses dont il chargeoit sa tête ; il conjuroit les Eumenides d'étendre leur courroux sur sa famille, sur sa ville,

sur sa patrie entiere, & de venger sur le repos public l'horreur de son par‑
jure. Ce préliminaire terrible étoit suivi du détail de l'accusation, à la‑
quelle on opposoit une réponse précédée d'un pareil serment.

Lorsque l'accusation étoit prouvée, on consultoit les loix sur la peine qu'on devoit décerner. Il étoit permis au coupable d'éviter le châtiment dû à son crime, en prévenant sa condamnation par la fuite. Toute la précau‑
tion qu'il devoit apporter étoit de disparoître après ses premieres défenses; car quand il donnoit aux Juges le temps d'aller aux opinions, il falloit qu'il subît toute la séverité des loix. Quand l'accusé négligeoit de se servir de cette ressource, on recueilloit les suffrages. Alors chacun donnoit le sien en silence de cette maniere: Il prenoit avec le poulce, l'index & le doigt du milieu son *calcul* destiné à absoudre ou à condamner (1), & l'alloit mettre dans une de ces deux urnes (2), qui étoient dans l'endroit de l'assemblée le plus retiré. Après que les suffrages avoient été mis dans ces urnes, on les tiroit pour les mettre dans un troisieme vase d'airain. On les comp‑
toit ensuite, & selon le nombre des différents suffrages, les Juges traçoient avec l'ongle une ligne plus ou moins courte sur une espece de tablette en‑
duite de cire, sur laquelle on marquoit le résultat de chaque affaire. La plus courte signifioit que l'accusé étoit renvoyé absous, la plus longue mar‑
quoit sa condamnation.

A l'égard des émoluments des Juges, ils étoient très-médiocres, ainsi que ceux des Avocats; la longueur de la procédure n'y changeoit rien. Le nom‑
bre des Aréopagites, malgré le sentiment de plusieurs Auteurs, n'étoit pas déterminé, & il devoit même varier tous les ans, puisque les Archontes en sortant de charge entroient dans l'Aréopage, dès qu'ils avoient rendu leurs comptes. Au reste ce Tribunal, dont le siége fut transféré de la colline de Mars, au Portique Royal, ne laissoit pas, suivant toute apparence, que de s'assembler encore quelquefois dans le premier lieu qu'il avoit occupé aupa‑
ravant.

Parmi les divers jugements rendus par l'Aréopage, plusieurs anciens Ecri‑
vains en rapportent, où on ne voit aucune vraisemblance. Pausanias dit que Mars y fut jugé le premier, & que ce fut pour cette raison que le Tri‑
bunal prit le nom d'Aréopage. Apollodore prétend que Dédale y fut cité, & que Céphale y fut condamné à un exil perpétuel, pour avoir tué, sans le vouloir, sa femme Procris. Le jugement d'Oreste sembleroit le plus célebre de tous par rapport à l'usage qui s'observa depuis. Oreste, après avoir tué sa mere, se rendit à Athènes, & son crime fut porté à l'Aréopage. Les suf‑
frages se trouverent dans une égalité parfaite; de sorte qu'Oreste alloit périr,

---

(1) Ces calculs, comme l'explique M. l'Abbé de Canaye dans ses Recherches sur l'Aréopage, étoient des especes de cailloux. Ils furent d'abord des coquilles de mer, qu'on remplaça depuis par des pieces d'airain de la même figure appellées *Spondyles*. Ces pieces étoient distinguées par la forme & par la couleur. Celles qui condamnoient étoient noires & percées par le milieu, les autres étoient entieres & blanches. La précaution de percer les noires étoit occasionnée sans doute par l'usage observé par les Aréopa‑
gites de juger pendant la nuit.

(2) Ces urnes placées l'une devant l'autre avoient différents noms; la premiere s'appel‑
loit l'urne de la mort, & la seconde l'urne de la miséricorde. Celle de la mort étoit d'airain, & portoit aussi le nom de *propre*; celle de la miséricorde étoit de bois, & se nommoit *impropre*.

si Minerve, touchée de ses malheurs, n'eût ajouté son calcul aux suffrages de ceux qui l'avoient absous. Oreste fut ainsi sauvé, & en mémoire de cet évenement, toutes les fois que les voix étoient égales de part & d'autre, on décidoit en faveur de l'accusé, en lui donnant ce qu'on appelloit le calcul de Minerve.

Ce Sénat, que Solon avoit rendu si respectable, & dont il avoit augmenté considérablement la puissance, ne resta pas toujours dans le même état. Environ cent ans après Solon, Périclès entreprit de diminuer l'autorité de l'Aréopage, & il y réussit avec le secours d'Ephialtès, homme éloquent & persuasif. Ces deux Citoyens vinrent à bout d'ôter à ce Tribunal la connoissance de la plupart des affaires, le firent ainsi rentrer dans ses anciennes bornes, & par-là ouvrirent un vaste champ à la corruption, qui ne craignit plus la censure impuissante d'une Compagnie plus respectée qu'obéie. Le nom d'Aréopagite ne devint plus qu'un vain titre. On le rechercha néanmoins, parce qu'il avoit été auparavant la récompense de la vertu. Cependant, suivant les conjonctures, les Aréopagites reprirent quelquefois une espece d'autorité; mais elle fut toujours de peu de durée.

PRYTANÉE.

Entre les Tribunaux d'Athènes inférieurs à l'Aréopage, celui des Prytanes tenoit le premier rang. Les Officiers qui composoient ce Tribunal prirent leur nom du Prytanée, terrein assez étendu, situé au milieu de l'ancienne ville d'Athènes, & couvert de bâtimens destinés à différens usages pour l'utilité de la République. Les Grammairiens ne sont pas d'accord sur l'origine du nom de Prytanée; mais comme cette discussion seroit trop longue (1), je me bornerai à parler de l'examen, du nombre & des fonctions des Prytanes, & je dirai quelques mots des repas du Prytanée.

Les Prytanes se tiroient des différentes Tribus d'Athènes de la maniere qu'on l'a pû voir en lisant les élections par le scrutin. Ces Officiers qui furent d'abord, comme on sçait, au nombre de quatre cents, se trouverent à celui de cinq cents, lorsqu'il y eut dix Tribus, & enfin deux nouvelles Tribus ayant été ajoutées aux dix autres, on décida qu'il y auroit six cents Prytanes. Chacune des Tribus de la République d'Athènes avoit son Lexiarque, qui tenoit un régistre de l'âge & des qualités de l'esprit & du cœur de chacun des sujets de l'État qui étoient inscrits à vingt ans. Un nombre si considérable d'Officiers donnoit à tous les Citoyens une juste espérance de passer à leur tour à l'administration des affaires publiques, & cette attente leur donnoit une noble émulation qui les engageoit à veiller sur toutes leurs actions. On déclaroit incapables d'être du nombre des Prytanes ceux qui, par une mauvaise conduite dans la gestion de leurs biens, & par une dissipation mal entendue de leur patrimoine, s'étoient rangés eux-mêmes dans la classe des Prodigues; ceux qui étoient débiteurs du Fisc, & qui n'avoient pas fourni leur contingent pour les besoins de la République, & ceux qui

---

(1) On peut voir les différens sentimens sur l'origine du nom de Prytanée dans l'extrait de la Dissertation de M. Blanchard, inséré dans la partie Historique des Mémoires de l'Académie des Belles-Lettres; Vol. VII, pag. 57. & suiv.

publiquement avoient manqué de respect à leurs parents. Après le rapport favorable des Lexiarques sur la vie & les mœurs de ceux qu'on avoit élus, ces derniers prêtoient serment, & s'engageoient à traiter les affaires pour l'avantage de la République ; à juger & à gouverner selon les loix, & à ne mettre dans les fers personne qui, dans la vûe de s'en tirer, pourroit présenter trois cautions, à moins que ce ne fût un perturbateur du repos public, un homme soupçonné de trahison, ou un débiteur frauduleux de l'Etat. Les Etrangers qui avoient été honorés du droit de Bourgeoisie à Athènes, étoient regardés comme Citoyens, & pour cette raison, ils pouvoient prétendre à la dignité de Prytane.

Afin d'éloigner toute idée de prééminence entre les Tribus, les plus anciens de chacune d'elles s'assembloient pour assister à une espece de loterie, qui laissoit décider le sort touchant le rang des dix Prytanies (1). Elles gouvernoient successivement pendant trente-cinq ou trente-six jours, sçavoir, celles à qui étoient échues par le sort les quatre premieres places, trente-six jours, & les six autres trente-cinq jours seulement pour remplir le nombre des jours de l'année lunaire. Lorsque les Tribus Antigonide & Démétriade eurent été ajoutées aux dix autres, on nomma six cents Prytanes, & les Prytanies qui se trouverent au nombre de douze, ne gouvernerent plus que trente jours. Les jours surnuméraires pour remplir l'année solaire, furent destinés à recevoir le compte de l'administration des Prytanes, & à ordonner des récompenses pour ceux qui, dans cet exercice, avoient servi avantageusement la République.

Chaque Prytanie arrivée à son jour de commander, se divisoit en cinq Décuries qui regnoient successivement leur semaine. Les dix qui étoient de semaine s'appelloient *Proédres*, & celui que le sort avoit mis à la tête de chaque Décurie étoit nommé *Epistate*. Ce dernier Officier ne possedoit sa dignité qu'un jour seulement ; de sorte que dans la Décurie il n'y avoit que trois sujets qui ne fussent pas Epistates. Au reste, celui qui l'avoit une fois été, l'étoit rarement une seconde. Il y a lieu de penser que le motif de son exclusion venoit de ce que le jour de sa fonction, il avoit les clefs du thrésor public, des titres, des archives & du sceau de l'Etat, & qu'il pourroit prendre des mesures pour se rendre maître de toutes ces choses, s'il pouvoit les avoir encore entre ses mains. Les Particuliers qui avoient quelqu'affaire à poursuivre au Tribunal des Prytanes, s'adressoient à un des Officiers de leur Tribu pour obtenir audience par devant celle qui étoit en fonction.

Il se tenoit quatre assemblées générales pendant l'intervalle de chaque Prytanie, sçavoir, l'onzieme, le vingtieme, le trentieme, & le trente-troisieme jour. Il y avoit un Calendrier qui indiquoit ces jours d'assemblées, & lorsqu'ils étoient venus, les Hérauts marchoient à trois reprises différentes par la ville, pour inviter tous ceux qui avoient droit d'y assister à s'y rendre sous peine d'une amende qui s'exigeoit avec sévérité. Les boutiques étoient fermées, & les Lexiarques avoient soin de faire hâter ceux

---

(1) Les Prytanies étoient le Corps des Citoyens tirés de chaque Tribu ; par conséquent, il n'y eut d'abord que quatre Prytanies, parce qu'il n'y avoit que quatre Tribus. Dans la suite leur nombre s'accrut à mesure que celui des Tribus augmenta.

qui s'amusoient. Parnyte Calliftrate établit qu'on accorderoit à chaque Citoyen une obole pour son droit d'assistance, & Agyrrhius dans la suite en fit donner trois. Ceux qui arrivoient trop tard étoient privés de cette distribution & du droit de suffrage ; & ceux qui s'étoient absentés sans excuse légitime payoient l'amende. Les Esclaves, les Etrangers & ceux qui avoient été repris de justice étoient exclus de ces assemblées. La premiere étoit spécialement destinée à la confirmation des Officiers du mois, contre lesquels il étoit permis de s'élever, s'il y avoit quelque plainte à faire contre eux ; la seconde se tenoit pour ceux qui avoient des requêtes à présenter, ou contre les Particuliers, ou contre le Gouvernement public. Dans la troisieme assemblée on donnoit audience aux Ambassadeurs étrangers, & on traitoit avec eux. On chargeoit de leurs instructions ceux de la République qui devoient partir, & on écoutoit le rapport de ceux qui étoient de retour. Lorsque les Prytanes n'avoient osé décider sur des affaires capitales qui regardoient la République, ou certains Particuliers, ils les renvoyoient à une de ces assemblées générales.

Si quelque affaire pressante, & d'une certaine importance, survenoit dans un des jours de vacations, l'Epistate en fonction indiquoit une assemblée générale extraordinaire. Il tiroit au sort neuf Officiers des neuf Tribus qui n'étoient pas en charge, & entre ces neuf, le sort décidoit encore sur le choix d'un Epistate pour présider à cette assemblée. Le nouvel Epistate en faisoit afficher le motif, afin que chacun pût s'instruire & se préparer à apporter un suffrage raisonné. Aussitôt après le sacrifice d'expiation qu'on avoit coutume de faire à Jupiter & à Minerve à l'ouverture de toutes les grandes assemblées, le Hérault souhaitoit toutes sortes de prospérités au peuple d'Athènes, & prononçoit les imprécations ordonnées par la loi, contre ceux qui ne suivroient pas le sentiment qui leur paroîtroit le plus avantageux à la République. Ensuite celui des Orateurs qui s'étoit chargé d'établir la question, montoit dans la Tribune aux harangues la couronne sur la tête, & portoit la parole au peuple (1). Si quelque trouble s'élevoit & causoit du tumulte, les Prytanes étoient en droit de publier par le Hérault la dissolution de l'assemblée, & ils en indiquoient une autre à un jour marqué. Si tout se passoit en ordre, on donnoit les suffrages, lorsque l'Orateur avoit fini son discours. Alors pour éviter la confusion, l'Epistate, les Proédres & tous ceux (2) qui composoient une Tribu, s'avançoient & donnoient leurs voix. A la suite de la Tribu en fonction, venoient successivement celles qui devoient entrer en exercice après elles, & celles dont les Prytanies étoient expirées. Six mille Citoyens enfin (3) qu'on avoit introduits par une barriere, & qui y recevoient dequoi désigner (4) leurs

(1) C'est de-là que nous sont venues ces pieces célebres, qui font encore le sujet de l'admiration de ceux qui les lisent. Dans des cas extraordinaires on assembloit souvent le peuple de la campagne ; & les Généraux des armées, avec la permission des Prytanes, convoquoient aussi quelqu'une de ces assemblées, dont le résultat se prononçoit en leur nom & en celui des Prytanes.

(2) Dans les premiers temps ces Prytanes se présentoient suivant l'ordre de leur âge ; par la suite, ce fut dans l'ordre que le sort leur indiquoit.

(3) Ces six mille Citoyens représentoient tout le peuple.

(4) Ce qu'on donnoit pour désigner les suffrages fut d'abord une féve blanche & une féve noire ; mais l'Huissier Xénotime ayant

suffrages, se présentoient, donnoient leur avis, & se retiroient par une autre barriere, où on leur payoit les oboles préparées pour leur droit d'assistance. Après la discussion des bulletins, l'Epistate dressoit & prononçoit à haute & distincte voix la loi formée sur la pluralité des suffrages. Ensuite chacun se retiroit; & les Prytanes se rendoient au Prytanée avec ceux qui avoient droit d'y manger aux dépens de la République.

Les Officiers chargés de l'inspection des repas pouvoient condamner à l'amende ceux qui excédoient dans leur préparation. Il n'étoit pas permis non plus d'y rien apporter pour manger. Cependant les autres jours que ces jours de fêtes, il n'étoit pas défendu à ceux qui avoient droit d'assister aux tables du Prytanée, de faire venir de dehors quelques ragoûts de légumes ou de poissons, ou quelques petits morceaux de chair de porc. À l'égard de la boisson, on ne donnoit qu'une seule mesure de vin. Les femmes n'étoient jamais admises à ces assemblées, à l'exception d'icelles qui jouoient des instruments. La salle où on prenoit ces repas étoit ornée des statues des Divinités tutelaires du Lieu & de l'Etat. Ces Divinités étoient Vesta, la Paix, Jupiter, Minerve. Les statues des grands hommes qui avoient donné leur nom aux Tribus de l'Attique, y eurent aussi leur place, & les loix de Solon étoient affichées dans le même lieu pour en perpétuer le souvenir.

C'étoit un honneur singulier que d'être admis aux repas des Prytanées hors des temps de la fonction des Prytanes, & il étoit le prix des services importants rendus à la République. Les orphelins, dont les peres étoient morts au service de l'Etat, entroient au Prytanée sous la tutele spéciale de ce sage Tribunal. L'idée qu'on se formoit de la gloire que les vainqueurs aux Jeux Olympiques procuroient à leur patrie, fut cause qu'on leur accorda aussi la faveur d'assister aux distributions & aux repas des Prytanes. On y recevoit les Ambassadeurs dont on étoit content, le jour qu'ils rendoient compte de leurs négociations. On y admettoit aussi, le jour de leur audience, les Ambassadeurs étrangers qui venoient de la part des Princes, ou des Peuples alliés, ou amis de la République d'Athènes.

Les vivres qu'on mettoit dans les magasins du Prytanée, ne servoient pas seulement aux repas des Prytanes, ils étoient encore employés à faire à certains jours réglés des distributions aux pauvres familles auxquelles on ne pouvoit rien reprocher. L'autorité publique ordonnoit ces distributions, qui étoient proportionnées au nombre de têtes qui composoient chaque famille.

Athènes n'étoit pas la seule ville qui eût son Prytanée; si l'on en croit un grand nombre d'Auteurs, il y en avoit à Naucratis (1), à Corinthe, à

---

abusé des féves, on y substitua des bulletins, ou, selon la matiere qui étoit en délibération, des feuilles ou de petites écailles. Les premieres étoient en usage pour dégrader un Officier qui avoit prévariqué; les autres servoient pour l'Ostracisme, dont il est parlé ci-après.

(1) Athénée nous a conservé un fragment d'Hermias dans son second livre sur Apollon, où il entre dans le détail des repas du Prytanée à Naucratis, ville d'Egypte. Les Prytanes, dit-il, s'y rendoient en robes blanches, qui portent encore le nom de Prytaniques: chacun prenoit sa place sur les lits destinés à cet usage, & se relevoit sur ses genoux pour faire la priere, dont le Hérault sacré prononçoit la formule en faisant des libations; ensuite chacun recevoit une certaine

Rhodes, à Milet, à Ténedos, à Argos, à Siphnium, chez les Thasiens, à Smyrne, à Erese, à Mitylène, à Cyzique, chez les Eléens, à Naxos, à Ephese.

On vient de voir le détail des trois plus célebres Tribunaux d'Athènes, les autres moins considerables étoient, pour ainsi parler, les aides des premiers. Comme je ne pourrois éviter les répétitions en faisant mention de chacun d'eux, il suffit, je crois, de dire que les Citoyens qui les composoient subissoient les mêmes informations, & prêtoient serment, de même que pour entrer dans les grands Tribunaux.

OSTRACISME.

L'Ostracisme étoit une loi établie à Athènes, par laquelle on condamnoit à un exil de dix ans, tout Citoyen dont la puissance trop étendue, le mérite trop distingué, ou les démarches suspectes pouvoient inquietter un peuple jaloux de sa liberté. Cette loi tira son nom des petites écailles (1) ou coquilles, sur lesquelles les Athéniens écrivoient le nom de celui qu'ils vouloient bannir.

L'Ostracisme fut institué comme un préservatif contre la tyrannie, & un frein qu'on vouloit mettre à l'ambition des grands. S'il arrivoit, par exemple, que la jalousie, ou un dessein apparent de dominer mît la discorde parmi les Chefs de la République, & qu'il se formât différents partis qui fissent appréhender quelque révolution dans l'Etat, on avoit recours au ban de l'Ostracisme. On le mettoit encore en usage contre les Citoyens qu'un mérite distingué, ou des services importants faisoient regarder comme des hommes dangereux. Le peuple s'assembloit d'abord pour chercher les moyens de prévenir les suites fâcheuses des divisions, & souvent les délibérations dans ces circonstances, se terminoient par un décret qui indiquoit à un jour marqué une assemblée particuliere pour procéder au ban de l'Ostracisme. Alors ceux qui se sentoient menacés de cet exil, mettoient tout en usage pour se concilier les esprits, & faire tomber sur les chefs de la faction contraire la condamnation qu'ils redoutoient. Quelque temps avant l'assemblée on formoit au milieu de la place publique un enclos de planches, auquel on pratiquoit dix portes. Aussitôt que le jour annoncé étoit arrivé, les Citoyens de chacune des dix Tribus entroient par leur porte particuliere, & jettoient

mesure de vin, & les Prêtres d'Apollon Pythien avoient double portion de tout ce qui étoit servi. On donnoit d'abord un pain plat comme nos gâteaux, & par dessus un autre morceau de pain ordinaire, une portion de chair de porc, un plat de bouillie, ou des légumes de la saison, deux œufs, une portion de fromage, des figues sèches, un gâteau, & une couronne. Voyez l'extrait de la Dissertation de M. Blanchard sur le Prytanée ; Vol. VII. pag. 64. dans la partie Historique.

(1) Les Sçavants sont partagés sur la matiere qui formoit ces écailles ; les uns prétendent que c'étoit une petite pierre, ou un morceau de brique ; les autres una écorce, d'autres enfin veulent que ce furent des écailles ou des coquilles. M. l'Abbé Geinoz, qui a fait une Dissertation sur l'Ostracisme, dont j'ai tiré tout ce que je rapporte touchant cette loi, pense que les especes de bulletins qui servoient à bannir un Athénien, étoient de terre cuite, & qu'on leur donnoit la forme d'écailles ou de coquilles. Ce sentiment est appuyé sur des preuves, comme on le peut voir dans les Mémoires de l'Académie Royale des Belles-Lettres à la partie des Mémoires, pag. 146. Vol. XII.

au milieu de cet enclos le petit morceau de terre où étoit écrit le nom du Citoyen qu'ils vouloient bannir. Les Archontes & le Sénat préſidoient à cette aſſemblée, & comptoient les bulletins. Il falloit au moins ſix mille voix contre un Athénien, pour qu'il ſubît toute la rigueur de la loi, & lorſque ce nombre étoit complet, celui qui étoit condamné ſe trouvoit obligé de ſortir de la ville dans l'eſpace de dix jours.

La plûpart des anciens Ecrivains ſont peu d'accord ſur l'époque de l'établiſſement de l'Oſtraciſme; mais M. l'Abbé Geinoz, après avoir diſcuté les différentes opinions à ce ſujet, paroît porté à croire qu'il ne fut établi en forme de loi qu'après l'expulſion des Piſiſtratides.

Au reſte, comme un excès d'amour pour la liberté expoſoit les Athéniens à éloigner quelquefois de leur patrie des hommes qui, à tous égards, ne méritoient pas cette peine, on crut devoir adoucir autant qu'il étoit poſſible la rigueur de l'Oſtraciſme. En conſéquence, on en retrancha tout ce que le banniſſement ordinaire avoit d'odieux & de déshonorant par lui-même. On ne confiſquoit pas les biens de ceux qui étoient mis au ban de l'Oſtraciſme, ils en jouiſſoient quelque part où ils fuſſent, & on ne les releguoit que pour un temps limité, au lieu que les autres exilés perdoient leurs biens, & toute eſpérance de retour. D'ailleurs, ſuivant le témoignage du Sophiſte Ariſte, la loi de l'Oſtraciſme ne fut établie, pour ainſi dire, que contre les perſonnes du premier mérite, & on les condamnoit ſouvent ſur la ſeule accuſation de s'être élevés au deſſus des autres par leur vertu. On ſent que cet adouciſſement étoit d'autant plus néceſſaire que l'Hiſtoire de la République d'Athènes eſt remplie d'exemples, qui prouvent l'abus que le peuple faiſoit de l'Oſtraciſme. Ariſtide en eſt la preuve la plus éclatante. Cet Athénien, dont la juſtice & la probité furent pendant long-temps l'objet de l'admiration publique, fut banni (1) à cauſe de ces mêmes vertus que Thémiſtocle réuſſit à rendre ſuſpectes. Cependant les Athéniens ſentirent le tort qu'ils avoient fait au bien public en éloignant Ariſtide, & ils le rappellerent avant que le terme des dix ans fût expiré.

Quoique les Athéniens duſſent en pluſieurs occaſions connoître les abus de l'Oſtraciſme, ils y demeurerent conſtamment attachés juſqu'à ce qu'un évenement, auquel ils ne s'attendoient pas, les détermina à abolir entierement cette loi. Cet évenement, dont Plutarque fait mention, eſt rapporté par M. l'Abbé Geinoz en ces termes. » Il s'étoit élevé un grand différend
» entre Alcibiade & Nicias. Leur méſintelligence croiſſant de jour en jour,
» le peuple eut recours à l'Oſtraciſme, & il n'étoit pas douteux que le ſort
» ne dût tomber ſur l'un ou l'autre de ces Chefs. On déteſtoit les mœurs
» diſſolues d'Alcibiade autant qu'on redoutoit ſa hardieſſe. On envioit à
» Nicias les grandes richeſſes qu'il poſſedoit, & on n'aimoit pas ſon humeur

---

(1) L'aventure qui arriva à Ariſtide en cette occaſion mérite d'être rapportée. Le jour même de ſon banniſſement, Ariſtide s'étant trouvé dans l'aſſemblée du peuple, un Citoyen qui ne ſçavoit pas écrire s'adreſſa à lui comme au premier venu, & le pria de tracer le nom d'Ariſtide. Ce dernier étonné de la priere de l'Athénien, lui demanda quel mal Ariſtide lui avoit fait : *Il ne m'a point fait de mal*, répondit cet homme, *je ne le connois même pas; mais je ſuis las de l'entendre par tout nommer le Juſte*. Ariſtide ne répliqua rien, & écrivit ſon nom.

» auſtere. Les jeunes gens qui déſiroient la guerre, vouloient faire tomber
» le ſort de l'Oſtraciſme ſur Nicias, & les vieillards qui aimoient la paix
» ſollicitoient contre Alcibiade. Le peuple étant ainſi partagé, Hyperbolus,
» homme bas & mépriſable, mais ambitieux & entreprenant, crut que
» cette diviſion étoit pour lui une occaſion favorable de parvenir aux plus
» grands honneurs. Cet homme avoit acquis parmi le peuple une eſpece
» de crédit & d'autorité ; mais il ne la devoit qu'à ſon impudence. Il
» n'avoit pas lieu de croire que l'Oſtraciſme pût le regarder, parce qu'il
» ſentoit bien que la baſſeſſe de ſon extraction le rendoit indigne de cet
» honneur : mais il eſperoit que ſi Alcibiade ou Nicias étoit banni, il pour-
» roit devenir le concurrent de celui qui reſteroit en place. Flatté de cette
» eſpérance, il témoignoit publiquement la joye qu'il avoit de les voir en
» diſcorde, & il animoit le peuple contre eux. Les partiſans d'Alcibiade
» & de Nicias ayant remarqué l'inſolence & la lâcheté de cet homme, ſe
» donnerent le mot ſecrettement ; ils réunirent leurs factions, & firent en
» ſorte que le ſort de l'Oſtraciſme tomba ſur Hyperbolus. Le peuple ne
» fit d'abord que rire de cet évenement ; mais il en eut bientôt après tant
» de honte & de dépit, qu'il abolit la loi de l'Oſtraciſme, la regardant
» comme déshonorée par la condamnation d'un homme ſi mépriſable. «

On vient de voir quel étoit l'Oſtraciſme à Athènes ; Ariſtote dit que cette loi fut adoptée par toutes les villes, dont le gouvernement étoit Démocratique, & le Scholiaſte d'Ariſtophane nomme entr'autres villes Argos, Milet & Mégare. Syracuſe établit le Pétaliſme à l'imitation de l'Oſtraciſme, avec cette différence néanmoins, qu'on ne condamnoit qu'à cinq années d'exil, & qu'au lieu d'écrire les noms ſur des morceaux de terre, on les écrivoit ſur des feuilles d'olivier.

ODEUM D'ATHÈNES.

L'*Odeum*, dont la plûpart des Ecrivains ont célébré la grandeur & la magnificence, étoit une eſpece de Théatre que Périclès avoit fait bâtir. L'intérieur en étoit orné de colonnes & garni de ſiéges. Les mâts & les antennes que les Athéniens avoient enlevés aux Perſes ſervirent à conſtruire cet édifice qui ſe terminoit en cône, ſous la forme d'une tente, ou d'un pavillon royal. Avant que le grand Théatre d'Athènes fut élevé, les Muſiciens & les Poëtes s'aſſembloient dans l'*Odeum* pour y jouer & repréſenter leurs pieces, & ce fut à cauſe de cela même que le lieu fut ſurnommé *Odeum*. On y avoit placé à l'entrée une belle ſtatue de Bacchus, pour rappeller l'origine de la Tragédie qui commença chez les Grecs en l'honneur de ce Dieu. Lorſque le grand Théatre fût entierement achevé, on y repréſenta les pieces des Poëtes ; mais avant cette repréſentation on les récitoit dans l'*Odeum*. Comme ce bâtiment étoit vaſte & commode, les Archontes y tenoient quelquefois leur Tribunal, & on y faiſoit au peuple la diſtribution des bleds & des farines.

Cet édifice fut brulé l'an de Rome 668. 86. avant l'Ere Chrétienne, pendant le ſiége d'Athènes par Sylla. Ariſtion, qui défendoit la ville pour Mithridate, fit mettre le feu à l'*Odeum*, parce qu'il craignoit que le Général

LES GRECS.

Romain n'en prît le bois & les autres matériaux, & ne s'en servît pour attaquer le château. Dans la suite Ariobarzane-Philopator, Roi de Cappadoce, fit rétablir l'*Odeum*, & n'épargna aucune dépense pour rendre à cet édifice sa premiere splendeur. Il chargea de l'exécution de cet ouvrage trois habiles Architectes, dont deux étoient Romains, & le troisieme vraisemblablement Grec. Le Rhéteur Hérodes Atticus qui vivoit sous les Antonins, ajouta de nouveaux ornements à l'*Odeum*, & Strabon, Plutarque, Pausanias qui ont écrit depuis son rétablissement, le mettent au nombre des plus magnifiques monuments d'Athènes. Il est certain qu'il étoit d'une grande solidité, si l'on en juge par les vestiges qui subsistent encore après dix-huit siecles. Voici la description que Wheler en a donnée dans son voyage d'Athènes : » Les fondements sont de prodigieux quartiers de roche,
» taillés en pointes de diamants & bâtis en demi-cercle, dont le diametre
» peut être de cent quarante pas ordinaires : ses deux extrémités se termi-
» nent en angle obtus sur le derriere, qui est entierement taillé dans le
» rocher. Il y a au milieu de ces extrémités une tribune taillée dans le
» roc, élevée de cinq à six pieds, sur laquelle on monte par des degrés.
» A chaque côté sont des bancs ciselés pour s'asseoir le long des deux branches
» du demi-cercle. « Suivant cette description l'édifice qui est de forme *semi-circulaire*, pouvoit avoir trois cent cinquante pieds, ou cinquante-huit toises de notre mesure. Wheler, d'après le témoignage de Pausanias, & par les circonstances locales, prouve que ce monument dont il donne le plan est l'ancien *Odeum*, & qu'on ne doit pas le confondre avec le théatre qui s'appelle encore le *Théatre de Bacchus* (1).

ÉDUCATION DE LA JEUNESSE.

L'éducation des enfants influe ordinairement sur toutes les actions de leur vie, & ils rendent des services à leur patrie, suivant les principes qu'on leur a inculqués dès l'âge le plus tendre. Les Législateurs Athéniens sentoient toute la force de ce raisonnement, & en conséquence ils se firent un point capital de l'éducation de la Jeunesse. Ils commencerent d'abord par distinguer les enfants des Citoyens de la plus vile extraction d'avec ceux d'une naissance plus élevée. Les premiers étoient réservés pour la pratique des arts méchaniques, & les autres conformément aux loix de Solon, étoient instruits dans les Lettres, la Philosophie & la Musique. Ces sciences qui leur formoient le goût & l'esprit, n'empêchoient pas qu'on ne s'attachât en même temps à les rendre adroits & vigoureux, en les assujettissant à tous les exercices du Gymnase. Ils apprenoient donc à monter à cheval, à chasser, à nager, &c. & afin de mettre plus d'ordre & de suite dans cette éducation publique, on distribuoit les jeunes gens en différentes classes, suivant l'âge qu'ils pouvoient avoir.

La premiere classe étoit celle des *Païdes* ou enfants. Ils y entroient à l'âge de sept ans, & on les inscrivoit sur le rôle de cette classe qui avoit ses Maîtres, ses Officiers & ses Inspecteurs. On commençoit alors à les instruire

(1) Extrait d'une Dissertation de M. l'Abbé Belley dans les Mémoires de l'Académie des Belles-Lettres; Volume XXIII. dans la partie Historique, pag. 195. & suiv.

dans

dans tous les exercices propres à leur former le corps, & l'esprit, & ils restoient dans cette classe jusqu'à ce qu'ils eussent achevé leur dix-huitième année. A dix-huit ans accomplis ils montoient à la classe des *Ephèbes*, ou jeunes gens, & y étoient inscrits avec cérémonie. Ils y demeuroient l'espace de deux ans, & y achevoient leur cours des exercices du Gymnase. On les faisoit, pour ainsi dire, préluder au service militaire. Armés de la lance & du bouclier ils faisoient, devant le peuple assemblé, un serment solemnel de courage & de fidélité, & aussitôt après, ils montoient alternativement la garde dans la ville, & dans les postes de l'Attique. On ne se contentoit pas de les exercer à l'ombre du Gymnase, on essayoit leur force, & leur adresse dans les Jeux publics, où ils disputoient les prix, comme on l'apprend de plusieurs inscriptions.

Ces Ephèbes étoient subordonnés à des Officiers qui veilloient avec soin sur leurs mœurs & sur leurs exercices. Les Officiers, dont les noms se trouvent dans les Auteurs & sur plusieurs monuments, étoient les Cosmètes, les Sophronistes, les Gymnasiarques & les Pédotribes. Leurs fonctions étoient différentes, ainsi que leurs noms. Le Cosmète, comme le Gouverneur des Ephèbes, étoit chargé de prendre garde à leur instruction, & à maintenir l'ordre & la décence parmi eux. Il étoit aidé en cela par des Officiers subalternes, que les monuments désignent par les noms d'Hypocosmètes & d'Anticosmètes.

La fonction du Pédotribe étoit de former les jeunes gens aux exercices gymnastiques sous les ordres du Gymnasiarque, qui en étoit le premier Maître. Ces deux offices très-différents l'un de l'autre, sont expressément distingués par les Auteurs & sur les marbres (1). Le Gymnasiarque Surintendant du Gymnase n'étoit en charge que pour un an ; dans quelques endroits même on en changeoit tous les mois. Le Pédotribe, qui étoit un Officier subalterne, lui étoit subordonné ; mais sa charge étoit à vie. Il tient toujours sur les marbres un des derniers rangs parmi les Ministres du Gymnase. On voit qu'il étoit particulierement attaché aux Ephèbes ; malgré cela ses fonctions s'étendoient sur la classe des enfants. On en trouve la preuve dans plusieurs passages, & entr'autres dans un traité d'Aristote & dans l'*Axiochus*, Dialogue communément attribué à Platon.

A l'âge de vingt ans accomplis, les Ephèbes étoient inscrits sur le rôle des Soldats, & dès ce moment engagés au service militaire pour la défense & l'honneur de la République. La cérémonie de cet engagement se faisoit dans le Temple d'Aglaure (2), où les jeunes Athéniens prononçoient le

(1) Le sçavant Prideaux a confondu ces deux Officiers, mais il y apparence qu'il s'est trompé.

(2) Aglaure fut une des filles de Cécrops, & son attachement pour la patrie mérita qu'on lui rendit dans la suite des honneurs divins. L'Attique, sous le règne de Cécrops, étoit désolée par une guerre si cruelle, qu'on crut devoir consulter l'Oracle sur les besoins pressants de l'Etat. Le Dieu répondit que si quelqu'un vouloit se sacrifier au salut de ses concitoyens, les calamités cesseroient aussi-

tôt. Aglaure, instruite de cette réponse, forma la généreuse résolution de délivrer les Athéniens des maux dont ils étoient accablés. Cette jeune Princesse en conséquence se déroba secrettement, & se précipita du haut d'une tour. Les Athéniens en reconnoissance lui élevèrent un Temple, & c'étoit à la face de ses autels que les jeunes gens se consacroient à la patrie, afin que le souvenir de ce qu'Aglaure avoit fait, leur fit entendre ce qu'ils devoient toujours être prêts à faire.

serment, dont Stobée & Pollux nous ont conservé la formule qui étoit en ces termes : » Je ne déshonorerai point la profession des armes, & ne » sauverai jamais ma vie par une fuite honteuse. Je combattrai jusqu'au » dernier soupir pour les intérêts de la Religion & de l'Etat, de concert » avec les autres Citoyens, & seul s'il le faut : je ne mettrai point ma » patrie dans un état pire que celui où je l'ai trouvée ; mais je ferai tous » mes efforts pour la rendre encore plus florissante. Je serai soumis aux » Magistrats & aux Loix, & à tout ce qui sera reglé par le commun con- » sentement du peuple. Si quelqu'un viole ou tâche d'anéantir les Loix, je » ne dissimulerai point un tel attentat, & je m'y opposerai ou seul, ou » conjointement avec mes concitoyens. Enfin je demeurerai constamment » attaché à la Religion de mes peres. Je prends sur tout ceci à témoins » Aglaure, Enyalus, Mars & Jupiter. « Ce serment devenoit pour les jeunes Athéniens un nœud indissoluble qui les attachoit à leur patrie, & ils de- voient la servir avec zele jusqu'à l'âge de soixante ans, soit en portant les armes, soit en devenant les membres des différents Tribunaux établis à Athènes (1).

ROIS D'ATHENES.

Les actions des premiers Rois d'Athènes ne nous sont gueres connues, & ces temps héroïques ne nous offrent que des fables qui obscurcissent les vérités historiques. Les Princes qui occuperent le throne d'Athènes furent

CÉCROPS.	EGÉE.
CRANAÜS.	THÉSÉE.
AMPHICTYON (2).	MNESTHÉE.
ERICTHONIUS.	DÉMOPHON.
PANDION.	OXYNTHÈS.
ERECTHÉE.	APHYDAS.
CÉCROPS II.	THYMOETÈS.
PANDION II.	MÉLANTHUS.
	CODRUS.

Pandion I. est célebre dans l'histoire poétique à cause de ses deux filles, Progné & Philomele. La premiere étoit mariée à Térée, Roi de Thrace.

---

(1) Extrait d'une Dissertation de M. l'Abbé Belley dans les Mémoires de l'Académie des Belles-Lettres, Vol. XXIII. dans la partie Historique, pag. 183. & suiv.

(2) Ce Prince, que la Chronique de Paros fait regner à Athènes, paroît être un per- sonnage imaginaire, qui dérange toute la suite de l'Histoire. Il ne se trouve point dans la liste des Rois copiée par Eusebe des ouvra- ges de Castor & d'Apollodore. Ainsi, il n'est pas bien sûr qu'il fût l'auteur des assemblées Amphictyoniques, & que ce mot fût dé- rivé du nom de ce Prince. Hésychius & le Scoliaste de Thucydide, disent que ce terme étoit significatif, & qu'il étoit le synonyme d'un mot Grec qui signifie *voisins, ceux des environs*. C'étoit aussi le sentiment d'Andro- tion & d'Anaximenes, comme on le voit dans Pausanias & dans Harpocration.

fâchée de se voir séparée de sa sœur, elle engagea son mari à aller la chercher à Athènes. Pandion eut beaucoup de peine à consentir à ce voyage, mais enfin il se laissa gagner par les vives sollicitations de Térée. Ce Prince qui avoit conçu un violent amour pour sa belle-sœur, la conduisit dans un vieux château qui étoit au milieu d'une forêt, & lui fit violence. Philomele outrée de la conduite de son beau-frere à son égard, ne cessa de la lui reprocher. Térée ennuyé de ses plaintes, lui coupa la langue, & retourna joindre sa femme, à qui il annonça que sa sœur étoit morte dans le voyage. Progné pleura sa sœur, & lui fit élever un monument. Philomele toujours enfermée ne trouvoit aucun moyen de faire sçavoir à sa sœur le triste état où elle se trouvoit. Enfin au bout d'un an, elle fit tenir à Progné une toile où elle avoit tracé avec du fil teint de son sang l'histoire de ses malheurs. La Reine de Thrace profitant du temps des Orgies, ou fêtes de Bacchus, s'habilla en Bacchante, & accompagnée de femmes armées de thyrses, elle enfonça les portes du château & délivra sa sœur. Elles se rendirent ensuite secrettement au palais, & Progné pour se venger de son époux, massacra le petit Itys leur fils, fit cuire ses membres, & les donna à manger à Térée. Sur la fin du repas, Philomele se présenta devant ce Prince, & lui jetta la tête de son fils. Térée devenu furieux à ce spectacle, prit ses armes pour immoler les deux sœurs à sa vengeance; mais les Dieux se mêlerent de cette affaire. Prognée fut changée en Hirondelle, Philomele en Rossignol, Itys en Faisan, & Térée en Huppe.

Egée, un des fils de Pandion. II. fut long-temps sans avoir d'enfants. Chagrin de se voir sans successeur, il alla consulter l'Oracle; mais comme il ne pouvoit comprendre la réponse qu'il avoit reçue, il se rendit à la Cour de Pitthée, Roi de Trezene, qui se mêloit d'interpréter les Oracles. Ce Prince lui conseilla d'épouser en secret sa fille Ethra, qui devint bientôt enceinte. Egée, avant que de quitter cette Princesse, lui laissa une épée pour la donner à l'enfant qui naîtroit d'elle, si c'étoit un garçon. Thésée, qui fut le fruit de cette intrigue secrette, passa d'abord pour le fils de Neptune; mais lorsqu'il fut devenu grand, sa mere l'instruisit du nom de son pere, & l'engagea à se rendre auprès de lui avec l'épée qui lui avoit été confiée. Le jeune Prince voulant marcher sur les pas d'Hercule dont il étoit contemporain, ne parut à Athènes qu'après avoir fait précéder son arrivée par le bruit de ses exploits. Egée ignoroit encore que ce Héros fût son fils. Médée (1), qui avoit épousé le Roi d'Athènes, depuis qu'elle s'étoit vengée

---

(1) Médée étoit fille d'Aëtès, Roi de Colchide, & passoit pour une célebre Magicienne. Son pere possedoit la Toison d'or, qui lui avoit été apportée par Phryxus, fils d'Athamas. Ino, seconde femme de ce dernier, ne pouvant souffrir les enfants de Néphélé, qu'Athamas avoit épousée en premieres nôces, résolut de les faire périr. Phryxus & Hellé sa sœur redoutant les effets de la haine de leur belle-mere, prirent la fuite avec un bélier, dont la toison étoit d'or. Ils monterent dessus pour traverser la mer; mais Hellé ayant eu peur, tomba dans l'eau & se noya. Elle donna son nom à cette mer, qui fut appellée depuis l'*Hellespont*. Phryxus arriva heureusement en Colchide, où il sacrifia à Jupiter le bélier, dont il donna la toison à Aëtès, Roi du pays. Ce Prince la plaça dans un champ consacré à Mars, & la fit garder par des taureaux qui avoient des pieds d'airain, & qui vomissoient continuellement des flammes. Il ajouta à cette garde un dragon terrible, qui étoit toujours éveillé. Toutes ces précautions n'empêche-

de Jason, soupçonna bientôt l'origine de ce Prince. Flattée de l'espérance d'avoir des enfants d'Egée, elle craignit que Thésée ne leur ravît la couronne qu'elle se proposoit de leur assurer. Dans le dessein de se défaire d'un concurrent si redoutable, elle le rendit suspect à Egée, & l'engagea à le faire périr. L'exécution de ce projet fut remise au moment d'un festin solemnel, pendant lequel on devoit présenter au Héros une coupe de vin empoisonnée. Thésée étoit prêt à boire, lorsqu'Egée apperçut l'épée qu'il

rent pas que ce précieux thrésor ne lui fût ravi par Jason.

Ce Prince étoit fils d'Eson, Roi d'Iolchos, qui avoit été chassé du thrône par Pélias son frere. Comme celui-ci redoutoit la valeur de son neveu, il résolut sa perte, & l'envoya pour cet effet à la conquête de la Toison d'or. Jason avide de gloire accepta la proposition de son oncle, & le bruit de cette entreprise s'étant bientôt répandu, tous les jeunes Héros de la Grece, se joignirent à Jason. Cette troupe de Héros fut nommée les Argonautes. Après diverses aventures qui leur arriverent dans le cours de leur navigation, ils débarquerent en Colchide. Médée, n'eut pas plutôt apperçu Jason qu'elle l'aima, & cet amour fut le salut du Héros, qui auroit infailliblement péri dans cette expédition sans le secours de la fille d'Aëtès. Cette Princesse lui fournit tout ce qui lui étoit nécessaire pour se mettre à l'abri de la fureur des monstres qu'il falloit dompter. Par le moyen des drogues dont Médée lui avoit fait présent, il vint à bout d'adoucir la fureur des taureaux, & de les attacher à une charrue pour les faire labourer un terrein d'une certaine étendue. Il sema ensuite les dents d'un dragon. Elles germerent promptement, & produisirent des hommes armés de toutes pieces. Jason lança aussitôt une pierre au milieu d'eux, & celui qui en fut frappé, perça de son épée un de ses freres qu'il regardoit comme l'auteur du coup. La mort de celui-ci fut bientôt vengée, & s'attaquant ainsi les uns les autres, ils se détruisirent mutuellement. Jason délivré de ces nouveaux ennemis, versa sur le dragon gardien du thrésor des sucs d'herbes qui le jetterent dans un profond sommeil. Le Héros profitant de son assoupissement enleva la Toison d'or, & se sauva avec Médée. Cette Princesse emmena avec elle le petit Absyrte son frere, & après l'avoir égorgé, elle dispersa ses membres le long du chemin, afin que son pere, occupé à les recueillir, lui donnât le temps de s'éloigner.

Lorsqu'elle fut arrivée chez son beau-pere

Eson, elle employa sa science pour le rajeunir. Les filles de Pélias témoins de cette merveille, la prierent de rendre ce même service à leur pere. Médée parut se laisser gagner par les prieres de ces filles, & prépara des drogues bien différentes de celles dont elle avoit fait usage pour le rajeunissement d'Eson. Elle arma ensuite les filles de couteaux, & les engagea à tirer avec ces instruments le vieux sang de Pélias, afin qu'elle pût en faire couler un nouveau dans ses veines. Ces filles qui ne soupçonnoient pas la perfidie de Médée, exécuterent ponctuellement ses ordres; mais elles eurent le chagrin de s'appercevoir à la fin qu'elles avoient été sans le vouloir les meurtrières de leur pere. Ce fut ainsi que Médée se vengea de Pélias qui avoit voulu faire mourir son mari. Jason qui s'empara alors du thrône, n'y fut pas long-temps tranquille possesseur; car le fils de Pélias le força bientôt de l'abandonner. Il se retira à la Cour du Roi de Corinthe, où il se laissa surprendre par les charmes de Creüse, fille de Créon, Roi du pays. Médée irritée de l'ingratitude de son mari, envoya un présent enchanté à cette Princesse. A peine eut-elle ouvert la boëte où il étoit renfermé, qu'il en sortit une flamme qui réduisit en cendres le palais de Créon. Médée fit ensuite de sanglants reproches à Jason, & massacra en sa présence les enfants qu'elle avoit eus de lui, & se sauva par les airs. Elle arriva à Athènes, où elle épousa Egée.

On prétend que l'histoire de Médée fut altérée plusieurs siecles après sa mort, & que ce ne fut que dans ces derniers temps-là qu'on lui imputa tant de crimes, qu'elle n'avoit réellement pas commis. On assure au contraire qu'à l'exception de sa foiblesse pour Jason, à qui elle fournit les moyens d'enlever les thrésors de son pere, elle donna toujours des marques d'un cœur généreux & rempli de vertus. La connoissance des simples avoit fait l'occupation de sa jeunesse; & elle ne s'en étoit servie que pour procurer du secours aux malades; mais les Poëtes en ont pris occasion d'en faire une Magicienne.

portoit. Après plusieurs interrogations, il reconnut que Théfée étoit son fils, & renversa la liqueur qui devoit trancher le fil de ses jours. Médée redoutant la colere du Roi d'Athènes, se sauva promptement, & se retira en Asie.

Le frere & les neveux d'Egée se voyant privés de l'espérance de monter un jour sur le throne, déclarerent la guerre à Théfée ; mais ce Prince les mit bientôt dans la nécessité de rester tranquilles. Animé par ce nouveau succès, il entreprit de délivrer les Athéniens d'un tribut qui leur causoit tous les ans tant de larmes. Minos, Roi de Crete, indigné de la mort de son fils Androgée, que les Athéniens avoient tué dans des Jeux publics, où il avoit remporté le prix, marcha contre Athènes. Après avoir soumis les habitants de cette ville, il leur imposa un tribut annuel de cent jeunes hommes & de sept filles pour être dévorés par le Minotaure, monstre demi-homme & demi-taureau, qui étoit enfermé dans le labyrinthe de Crete bâti par Dédale. Il y avoit déjà plusieurs années que les Athéniens avoient satisfait à cette imposition, lorsque Théfée se proposa pour être du nombre des infortunés qu'on envoyoit en Crete. Les voiles attachées au vaisseau qui les transportoit, étoient noires, & Théfée promit à son pere que s'il revenoit victorieux, il en feroit mettre de blanches. Ariadne, fille de Minos, ne put voir Théfée sans ressentir pour lui la plus vive tendresse. Résolue de lui sauver la vie, elle l'instruisit de la maniere dont il devoit s'y prendre pour faire périr le monstre. Elle lui donna en même temps un peloton de fil, afin qu'après avoir erré dans les détours du labyrinthe, il pût en retrouver l'issue. Vainqueur du Minotaure, il sortit promptement de Crete, accompagné d'Ariadne qu'il avoit promis d'épouser ; mais il l'abandonna dans l'isle de Naxos, où il avoit relâché. Bacchus, qui passa peu de temps après dans cet endroit, consola cette Princesse de l'infidélité de son amant, en l'épousant. Cependant Théfée oubliant la promesse qu'il avoit faite à son pere, ne fit point changer les voiles de son vaisseau. Egée, qui l'apperçut de loin, ne douta plus du malheur de son fils, & sans attendre un nouvel éclaircissement sur le sort de ce Prince, il se précipita dans la mer, qui porta depuis son nom.

Théfée de retour à Athènes, monta sur le throne qui étoit devenu vacant par la mort de son pere. Ce fut alors qu'il rassembla toutes les différentes bourgades des peuples de l'Attique, pour augmenter le nombre des habitants de la Capitale. Il fit en même temps plusieurs reglements pour la police de l'Etat, & travailla avec ardeur à donner un nouveau lustre au Royaume. Après avoir établi tout ce qu'il croyoit nécessaire pour l'avantage de ses nouveaux sujets, il songea à faire valoir les prétentions qu'il avoit sur le Royaume de Mégare en qualité de petit-fils de Pandion II. Maître de ce pays, il marcha contre les Amazones, & alla les attaquer, à ce qu'on prétend, sur les bords de la mer Caspienne. La fortune & la valeur secondant toujours ses entreprises, il sortit glorieux de cette expédition, & épousa Hippolite, Reine de ces femmes guerrieres.

Peu de temps après, il se lia d'amitié avec Pirithoüs, fils d'Ixion, & ces deux Héros entreprirent ensemble diverses aventures. Ils vainquirent les Centaures demi-hommes & demi-chevaux, ou plutôt les Cavaliers de

LES GRECS.

Theſſalie, enleverent Helene, fille de Tyndare, & deſcendirent aux Enfers pour ravir Proſerpine, ſelon la Fable. Pyrithoüs fut déchiré par Cerbere, & Théſée ne fut remis en liberté qu'à la priere de Neptune, ou, ſelon d'autres, il fut tiré de cet affreux ſéjour par la valeur d'Hercule.

Cependant Caſtor & Pollux s'étoient avancés vers Athènes pour ravoir leur ſœur. Les Athéniens, à la ſollicitation de Mneſthée, petit-fils d'Erechtée, réſolurent d'ouvrir les portes de leur ville, & de rendre Helene. Théſée ne pouvant ſouffrir l'ingratitude d'un peuple à qui il avoit fait tant de biens, prit le parti de ſe retirer avec ſa famille, & prononça contre ſes ſujets une malédiction ſolemnelle. Il avoit deſſein d'abord de ſe rendre dans l'iſle de Crete auprès de Deucalion, fils & ſucceſſeur de Minos, dont il avoit épouſé la ſœur nommée Phedre. Il ſe flattoit que ſon beau-frere lui fourniroit des ſecours pour ſe venger des Athéniens; mais une violente tempête porta ſon vaiſſeau vers l'iſle de Scyros. Lycomede, Souverain de cette iſle, lui accorda volontiers l'aſyle qu'il cherchoit. Théſée ne profita pas long-temps de la bienveillance de ce Prince, & il perdit la vie en tombant du haut d'une montagne, où il avoit coutume d'aller ſe promener tous les ſoirs. Pluſieurs prétendent qu'il en avoit été précipité par les ordres de Lycomede, que l'uſurpateur d'Athènes avoit mis dans ſon parti. Dans la ſuite les Athéniens érigerent un Temple à la gloire de Théſée, & lui rendirent les honneurs héroïques. Cimon, fils de Miltiade, ravagea l'iſle de Scyros pour venger la mort de Théſée, & tranſporta à Athènes les os de ce Prince qu'il avoit eu beaucoup de peine à trouver.

Après la mort de Mneſthée, qui avoit enlevé le thrône à Théſée, les Athéniens reconnurent pour leur Roi Démophon, fils de ce Héros & de Phedre. Cet évenement arriva l'année même de la priſe de Troye. Il eut pour ſucceſſeurs ſon fils Oxynthès, & ſes deux petits-fils Aphidas & Thymœtès. Leurs regnes furent au moins de 80. ans. Le thrône fut enſuite occupé par Mélanthus, un des Princes Meſſéniens deſcendus de Nélée, pere de Neſtor, qui avoient été chaſſés de leur pays par les Héraclides, & qui s'étoient retirés dans l'Attique. Lorſqu'il arriva dans ce pays, les Athéniens étoient en guerre avec les Béotiens pour la poſſeſſion d'une Place, ſituée dans les vallées du Mont Parnès, ſur la frontiere des deux Etats. Xanthus, qui commandoit les Béotiens, envoya défier Thymœtès, qui étoit alors Roi des Athéniens. Ce Prince qui avoit fait périr ſon frere pour s'emparer de la Couronne, n'eut pas le courage de ſe battre contre le Roi de Béotie. Mélanthus accepta le combat à ſa place, & vint à bout de vaincre ſon adverſaire par un ſtratagême indigne d'un brave homme (1). Les Athéniens honteux d'obéir à un Prince tel que Thymœtès, le dépoſerent, & mirent en ſa place celui qui venoit de procurer un ſi grand avantage à l'Etat.

Mélanthus devenu Roi d'Athènes, perſuada à ſes ſujets de recevoir dans leur pays les deſcendants de Neſtor, & les Meſſéniens qui avoient été chaſſés de leur patrie. Ainſi l'Attique qui juſqu'alors avoit reçu peu d'Etrangers, devint un aſyle ouvert pour tous ceux qui cherchoient à ſe mettre à l'abri des révolutions que les Héraclides occaſionnoient dans le Péloponneſe,

---

(1) Voyez ci-devant dans les fêtes des Apaturies, pag. 466. à la note.

Mélanthus eut pour succeſſeur ſon fils Codrus. Il étoit à peine ſur le throne, que les Héraclides excités par les habitants de Corinthe, auxquels la puiſſance des Athéniens paroiſſoit redoutable à cauſe du voiſinage, prirent les armes & entrerent dans l'Attique, ſous la conduite d'Althemene, petit-fils de Théminus, Roi d'Argos. Il étoit accompagné d'Aletès, Roi de Corinthe. L'Oracle de Delphes, que les Héraclides avoient conſulté au ſujet de cette guerre, leur avoit promis un heureux ſuccès, pourvu que le Roi des Athéniens ne fût point tué dans le combat, mais que s'il périſſoit, les Héraclides devoient s'attendre aux plus grands malheurs. Frappés de cette réponſe, ils défendirent d'attaquer Codrus, & de lui porter aucun coup. Ce Prince inſtruit par haſard de la réponſe de l'Oracle, prit un habit de payſan, & alla inſulter quelques ſoldats ennemis, qui ne le connoiſſant pas, le percerent de leurs épées. Les Athéniens apprirent bientôt la mort de leur Roi par ceux à qui Codrus avoit confié ſon ſecret. Ils envoyerent demander le corps de ce Prince, & les Héraclides ſurpris & effrayés de cet évenement, abandonnerent ſur le champ l'Attique, & délivrerent les Athéniens d'une guerre dont le ſuccès paroiſſoit douteux. Ils ſe contenterent de laiſſer une Colonie Dorienne à Mégare, qui avoit fait juſqu'alors partie de l'ancienne Ionie, c'eſt-à-dire de l'Attique, & ils abattirent la colomne que Théſée avoit élevée autrefois à l'entrée de l'Iſthme, pour marquer la ſéparation de l'Ionie & du Péloponneſe.

LES GRECS.

NOUVELLE FORME DU GOUVERNEMENT D'ATHENES.

Après la mort de Codrus les Athéniens lui déférerent les honneurs héroïques, & comme s'ils euſſent craint de profaner le titre de Roi en le conférant à des ſucceſſeurs indignes de ce grand homme, ils ordonnerent qu'on ne donneroit plus au Chef de l'Etat que le nom d'Archonte ou de Prince. Ils accorderent cette nouvelle dignité, qui étoit alors perpétuelle, à Médon fils de Codrus, & frere de Nélée. Il y eut cependant une querelle entre les deux freres. Nélée vouloit diſputer la ſouveraine puiſſance à Médon ſon frere aîné, parce qu'il étoit boiteux; mais l'Oracle de Delphes conſulté ſur ce ſujet, fit une réponſe favorable à Médon. Nélée ne pouvant ſe déterminer à vivre ſous l'empire de ſon frere, ſe mit à la tête d'une partie des Ioniens du Péloponneſe. Avec cette nombreuſe Colonie il paſſa dans l'Aſie Mineure, & s'empara du pays qui eſt des deux côtés de l'embouchure du Méandre.

1091.
Avant J. C.

1076.

Médon eut douze ſucceſſeurs dans l'Archontat perpétuel, & cette dignité paſſa ſucceſſivement des peres aux fils. La durée des regnes de ces treize Archontes eſt d'environ trois cent trente-neuf ans. Ce fut ſous l'Archontat perpétuel d'Eſchile, douzieme Archonte, que commencerent les Olympiades vulgaires, qui ſervirent de fondement à la chronologie de l'Hiſtoire Grecque. J'ai parlé plus haut des Jeux Olympiques, & j'y renvoye le Lecteur.

Commencement des Olympiades vulgaires.

Après le regne d'Alcméon, dernier des Archontes perpétuels, la forme du gouvernement changea de nouveau. Les Athéniens qui dès le temps de Théſée avoient pris des idées oppoſées au gouvernement Monarchique, crurent n'avoir pas aſſez pourvu à leur liberté en aboliſſant le nom de Roi,

777.
Archontes décennaux.

753.

& en retranchant une partie de l'autorité Royale. Une administration qui ne finissoit qu'avec la vie, & à laquelle on ne parvenoit que par la voye de succession, ressembloit encore trop à la royauté. Ils rendirent donc les Archontes électifs ; mais ils s'attachèrent dans leur choix à la famille de Codrus, & les anciens donnent le nom de *Médontides*, descendants de Médon, aux Archontes électifs, de même qu'aux autres. La durée de leur pouvoir fut réduite à dix ans, après lesquels ils cédoient leur place à un autre, & se trouvoient alors exposés au ressentiment de leurs concitoyens, auxquels ils rendoient compte de l'usage qu'ils avoient fait du pouvoir suprême. Ces Archontes électifs sont au nombre de sept qui se sont succedés pendant soixante & dix ans. Sous leur regne, ainsi que sous ceux des Archontes perpétuels, il ne se passa rien de considerable dans l'Attique.

Les dix ans d'autorité, auxquels les Athéniens avoient restreint les Archontes, parurent encore une durée trop longue à des peuples qui ne respiroient que la liberté. Ils crurent devoir abréger cette durée en la réduisant à une seule année, & diminuer leur puissance en la partageant entre neuf Archontes choisis indifféremment parmi tous les Citoyens. C'est depuis cette réforme que se forma le Tribunal des Archontes, dont j'ai parlé plus haut. Ce gouvernement subsista tant que les Athéniens furent libres, & les différentes révolutions que le pays eut à souffrir, n'occasionnerent aucun changement sur cet article. Il est inutile de faire remarquer que depuis Médon jusqu'au dernier Archonte décennal, Athènes n'avoit été gouvernée que par un seul Archonte, & que le nombre de neuf ne fut établi que depuis qu'ils devinrent annuels.

Le peuple à chaque révolution avoit acquis quelqu'avantage, & l'autorité des Magistrats se trouvoit trop foible pour captiver ces esprits factieux & légers. Ils avoient besoin du secours des Loix, & la Grece n'en avoit point encore d'écrites : la volonté des Archontes étoit la seule regle de l'Etat. De-là naissoient des disputes continuelles, tant sur la Religion que sur le gouvernement civil. La moindre innovation devenoit un sujet d'allarme aux ignorants, & de révolte aux ambitieux. Cylon, Citoyen d'Athènes, fier du prix de la course du double stade qu'il avoit remporté aux Jeux Olympiques, & de son alliance avec Théagène, Tyran de Mégare, profitant des divisions qui regnoient à Athènes, forma à son retour d'Olympie le projet de se rendre souverain. Les Athéniens le voyant maître de la citadelle tremblérent pour leur liberté. Animés par un si puissant motif, ils prirent bientôt les armes, & bloquerent ce factieux dans l'asyle qu'il s'étoit choisi. Une vigoureuse défense rendit long-temps inutiles les efforts des Athéniens ; mais le défaut de vivres obligea enfin Cylon d'abandonner la citadelle avec ses compagnons, & de se sauver au pied de la statue de Pallas. Comme on n'osoit violer la majesté du lieu, on les engagea à les quitter en leur promettant la vie. Cylon trop crédule sortit du Temple avec ses complices, mais ils furent aussitôt arrêtés & mis à mort. Cette action irrita tellement dans la suite les Athéniens contre l'Archonte Mégaclès & sa famille, qu'on les regarda comme une race impie & maudite, sur laquelle le bras des Dieux vengeurs étoit toujours suspendu.

Cette famille des Alcméonides, ainsi nommée d'Alcméon, fils de l'Archonte Mégaclès,

Mégaclès, fut bannie d'Athènes, & long-temps persécutée. Solon tâcha LES GRECS. d'effacer les préjugés qu'on avoit contre eux, & qui étoient une source continuelle de troubles & de désordres. Dans la quarante-sixieme Olympiade, dont la premiere année répond à l'an 193. avant J. C. il survint une maladie épidémique, que le peuple regarda comme un effet de la vengeance divine. Epimenide de Crete, homme célebre par son intelligence dans les matieres de Religion, ordonna des sacrifices expiatoires, fit bâtir des Temples, élever des Autels, consacrer des statues, & par ces cérémonies religieuses, il calma pour un temps les superstitions de la populace. Les ennemis des Alcméonides sçurent bientôt les réveiller, & ils leur susciterent des persécutions si vives, qu'ils ne purent éviter une ruine totale que par la fuite & par un exil volontaire. On les nommoit toujours les impies. Pisistrate obligé par des motifs de politique d'épouser une femme de cette famille, se servit de ce prétexte pour ne pas consommer le mariage. Clisthène qui avoit rendu de grands services à sa patrie en chassant les Pisistratides, & en perfectionnant le gouvernement par des loix sages, fut condamné à l'exil avec sept cents personnes de sa famille ou de ses amis, sur le seul prétexte du crime de leurs ancêtres. On poussa la rigueur jusqu'à déterrer les morts pour porter leurs os hors de l'Attique : mais cet exil ne dura pas long-temps, & les Alcméonides furent bientôt rappellés. Ils ne dûrent leur parfait rétablissement qu'aux pressantes sollicitations de la Pythie, qu'ils avoient gagnée à force d'argent (1). Ce fut ainsi qu'on vengea la mort d'un homme qui avoit voulu donner des fers à sa patrie.

L'entreprise de Cylon étoit d'un dangereux exemple, & les Athéniens Loix de Dracon. craignoient à chaque instant qu'il ne fût imité. Enfin instruit par leurs malheurs que la vraye liberté consiste dans la soumission à l'équité & à la raison, & qu'ils avoient besoin d'un Législateur, ils jetterent les yeux sur Dracon, sept ans après le meurtre de Cylon. Dracon étoit un homme vertueux & éclairé ; mais presque inhumain à force d'être sévere. Il fit un grand nombre de loix qui se sentoient de la dureté de son caractere, & il en confia l'exécution au Tribunal des Ephetes, qu'il avoit établi pour ce sujet. La moindre faute étoit punie de mort, ainsi que le plus grand crime. Des loix aussi dures ne subsisterent pas long-temps. Le pauvre n'y trouvoit point un asyle contre l'inhumanité ordinaire aux riches ; le peuple continua de haïr la Noblesse, le noble de craindre le peuple, & l'Etat étoit toujours près de sa ruine. La possession de Sigée, petite ville de la Troade, occasionna quelques contestations entre Athènes & Lesbos de Mytilène. Les Athéniens s'en étant enfin rendus maîtres, elle leur resta, en conséquence de la décision de Périandre de Corinthe. 624.

Cependant les mêmes désordres continuoient toujours à Athènes, & les Loix de Solon. loix de Dracon n'y avoient apporté aucun remede. Les Athéniens qui en avoient reconnu l'insuffisance à cause de leur extrême rigueur, sentirent qu'ils en avoient besoin de nouvelles. Solon connu par sa prudence, son équité & la douceur de son caractere, fut celui qu'ils choisirent pour être 594.

---

(1) Voyez ce que j'en ai dit dans l'article de l'Oracle de Delphes en parlant de la construction du dernier Temple.

Tome VI. Cccc

leur nouveau Législateur. Il s'étoit déjà fait connoître par la réduction de Salamine, qu'il avoit fait rentrer sous la domination Athénienne, dont elle avoit secoué le joug pour se mettre sous la puissance de Mégare. Les Athéniens avoient fait si souvent d'inutiles tentatives pour reprendre cette isle, qu'on décerna peine de mort contre ceux qui oseroient dans la suite proposer cette entreprise. La crainte ne découragea point Solon : il contrefit l'insensé, mais tous les discours qu'il tenoit ne tendoient qu'à porter les Athéniens à faire une nouvelle entreprise contre Salamine. Le peuple séduit par les artifices de Solon se détermina à la guerre, dont le succès fut confié à celui qui l'avoit conseillée. Salamine fut reprise par des soldats déguisés en femmes, & cette action fut tellement agréable aux Athéniens, qu'ils ne tarderent pas à décorer Solon du titre d'Archonte. On lui accorda de plus le pouvoir de réformer la Magistrature, de confirmer ou de dissoudre toutes les constitutions qu'il jugeroit à propos, en un mot de faire dans le gouvernement tous les changements qu'il croiroit nécessaires pour le bien de l'Etat. Athènes étoit alors déchirée par différentes factions, & chacun demandoit un gouvernement conforme à ses intérêts particuliers. Le peuple prêt à se révolter vouloit qu'on partageât également les terres publiques dont les riches étoient en possession, & il se disposoit déjà à joindre la violence à sa demande. Dans ces circonstances les plus considerables des Citoyens conseillerent à Solon de prendre le titre de Roi, mais il rejetta une telle proposition.

Le premier usage qu'il fit de son autorité fut de publier une loi qui anéantissoit toutes les dettes, & il augmenta en même temps la valeur de la monnoye. Il destina aux riches les dignités & les emplois; mais il eut soin d'en affoiblir l'autorité, en accordant à chaque Particulier le droit de suffrage dans l'assemblée générale de l'Etat. Ce privilége tiroit à des conséquences dont on ne s'apperçut pas d'abord ; réuni au droit d'appel que tout Citoyen pouvoit interjetter, il soumettoit au peuple les causes les plus importantes. Anacharsis, que la réputation des sages de la Grece avoit attiré des extrémités de la Scythie, ne put s'empêcher de dire à Solon qu'il étoit étonné que les gens de bon sens proposassent les questions, & qu'on les laissât décider à des insensés. Ce sage ajouta dans une autre occasion, que les loix étoient des toiles d'araignées capables d'arrêter l'indigent & le foible ; mais que le puissant & le riche rompoient sans difficulté. Solon lui répliqua que les uns & les autres les respecteroient tant qu'ils trouveroient leurs intérêts à les observer. Entre les différentes loix que fit Solon, il en publia particulierement contre la fainéantise, & il déclara qu'un fils ne seroit pas obligé de nourrir un pere qui ne lui auroit pas fait apprendre dans sa jeunesse une profession pour gagner sa vie. Il permit à chacun de tester ; car avant cette Ordonnance, la succession passoit nécessairement au plus proche parent. Il défendit de doter les filles, afin que les mariages ne se fissent plus par intérêt. Il ne fit aucune loi contre le patricide, parce qu'il ne pouvoit s'imaginer que quelqu'un se rendît coupable d'un crime si horrible. Solon, dit Plutarque, ne fit que pallier les maux de la République. Quelques-unes de ses loix sont sages : mais elles ne partent jamais du même principe pour aller au même but ; souvent même elles se contrarient. Solon mécontente les riches par l'abolition des dettes, & les pauvres en leur refusant un nouveau partage des terres. Pour satisfaire les Grands, il veut que les Magistratures ne soient données qu'à ceux qui recueillent de leurs terres deux cents mesures de froment, d'huile ou de vin. Par-là il aigrit le peuple, à qui les Grands ne pardonnerent pas de leur côté de connoître par appel des sentences des Magistrats. Sa démocratie étoit monstrueuse, en ce que le peuple faisoit lui-même exécuter les loix au dedans & au dehors. Après la chûte des Pisistratides, Aristide porta une loi par laquelle tout Citoyen pouvoit parvenir aux Magistratures. Solon, pour prévenir les objections qu'on pourroit faire aux diverses loix qu'il avoit prescrites, s'absenta d'Athènes pendant dix ans, & parcourut l'Egypte, l'Isle de Chypre & la Lydie (1). Un autre motif

(1) L'origine du Royaume de Lydie paroît se perdre dans l'antiquité la plus reculée, & nous ignorons les actions de la plûpart de ses premiers Rois. Manès ou Maïon, qui occupoit le Thrône de Lydie & de Phrygie l'an 1579. avant J. C. établit dans ses États le culte de Cybéle & d'Atys sur le modele des fêtes d'Isis. Ce fut pour cette raison que plusieurs l'ont fait pere de Cybèle. Un de ses successeurs, nommé Tmolus, étant mort sans enfants, laissa la Couronne à Omphale, son épouse. Hercule vendu en qualité d'esclave à cette Princesse, l'an 1350. avant J. C. eut l'année d'après, d'une esclave nommée Malis, un fils qui fut appellé Alcée. C'est de lui que descendoient les Héraclides qui ont régné en Lydie. Hercule ayant gagné les bonnes graces de la Reine, eut en 1348. de cette Princesse un fils nommé Agélaüs. C'est de lui que descendoit Crésus, selon Apollodore. Argon descendu d'Hercule, monta sur le Thrône de Lydie en 1219. & ses descendants regnerent jusqu'à la 22e génération. Le dernier de cette famille fut Candaule, qui perdit l'an 708. la Couronne & la vie par la révolte de Gygès. Les circonstances de cet événement sont diversement rapportées dans les Auteurs. Selon Hérodote, Candaule ne dut son malheur qu'à son imprudence d'avoir exposé sa femme nue aux yeux de son favori Gygès. La Reine irritée contre son mari, le fit poignarder par Gygès même, à qui elle donna ensuite la main, & qu'elle fit reconnoître Roi de Lydie. Platon fait de Gygès un Berger qui ayant découvert le cadavre d'un homme extrêmement grand, lui avoit enlevé un anneau que celui-ci portoit à un de ses doigts. Cet anneau avoit la vertu de rendre invisible, lorsqu'on retournoit le chaton dans le dedans de la main. Gygès en fit usage pour séduire la Reine & faire mourir Candaule. Plutarque rapporte ce fait d'une maniere plus vraisemblable. Il dit que Gygès s'étant révolté contre Candaule, se ligua avec Arselis, Prince de Mylassa en Carie, qui lui amena un Corps considérable de Cariens. Ces peuples ont été fameux dès les premiers temps par leur humeur belliqueuse, & par leur intelligence dans le métier de la guerre. Candaule ayant été défait & tué dans un combat, Gygès monta sur le Thrône de Lydie. Cet usurpateur, chef de la famille des Mermnades qui régna sur les Lydiens, enleva ainsi la Couronne aux Héraclides.

Ce fut sous le régne de Gygès que la Lydie commença à devenir un État florissant. Il fit la guerre aux habitants de Milet, de Smyrne & de Colophon, & se rendit maitre de cette derniere Place. Esclave des femmes, il fut toujours occupé du soin de leur plaire, & une d'entr'elles eut tant d'empire sur son esprit, qu'elle le gouverna absolument lui & son Royaume. Il eut pour successeur Ardys son fils, Prince encore plus ambitieux que lui. Il joignit la Ville de Priene au domaine de ses Etats : mais il attaqua inutilement les Milesiens, & il perdit la Ville de Sardes. Sadyatte, son fils & son successeur, fut un des plus puissants & des plus courageux Princes de l'Asie, & à l'exemple de ses prédécesseurs il songea à étendre les bornes de son Empire. Epris des charmes de sa propre sœur, il l'enleva à son mari, l'épousa publiquement, & en eut un fils nommé Halyatte. Ce Prince devenu son successeur, se livra d'abord à toutes sortes de plaisirs : mais ouvrant enfin les yeux sur l'irrégularité de sa conduite, il s'occupa sérieusement des devoirs de son état, & se fit aimer de ses sujets. Il continua la guerre que son pere avoit entreprise contre les habitants de Milet,

Cccc ij

l'engagea encore peut-être à quitter Athènes, & ce furent sans doute les factions qui troublerent la République, & qu'il ne se sentoit pas en état de dissiper. Il mourut à l'âge de quatre-vingts ans, l'an 559. avant J. C. la seconde année du regne de Pisistrate.

Ce Prince descendant de Codrus, & l'allié de Solon du côté maternel, cachoit sous un dehors ouvert & désintéressé l'ambition la plus excessive. D'un esprit capable de profiter de toutes les circonstances, & souvent même de les faire naître, il vint à bout par des voies les plus détournées d'imposer un joug à un peuple qui ne respiroit que la liberté. Lorsqu'il fut assuré de

battit deux fois les ennemis : enfin las d'une guerre dont il ne retiroit aucun profit, il consentit à faire la paix. Il jouissoit à peine de quelque repos, lorsqu'il se vit contraint de marcher contre les Medes. Cyaxare leur Roi avoit maltraité une troupe de Scythes qui étoient attachés à sa Cour, & ceux-ci après s'être vengés du Roi, avoient été chercher un asyle dans la Lydie. Halyatte les ayant pris sous sa protection, refusa de les rendre à Cyaxare, qui les redemandoit. On prit les armes de part & d'autre, & la guerre dura six ans avec des succès assez variés. Une éclipse totale de soleil qui arriva dans le moment d'une bataille, effraya tellement les deux partis qu'ils convinrent de terminer leur querelle. Halyatte tourna ensuite ses armes contre les Cariens : mais on ne sçait point quel fut le succès de cette expédition.

Il laissa le Thrône à son fils Crésus, & la premiere année du regne de ce Prince est de l'an 559. avant J. C. Il faut placer dans cette même année le voyage de Solon en Lydie. En effet, si l'on veut conserver dans l'Histoire l'entrevûe de Solon & de Crésus, il faut supposer que le Législateur ayant quitté Athènes la premiere année de la tyrannie de Pisistrate, il alla d'abord à Sardes, Capitale de la Lydie, & que trop âgé pour vivre à la Cour d'un Prince enivré de sa puissance, il se retira dans l'Isle de Chypre pour y finir ses jours dans la Ville de Soli qu'il avoit fondée. Cette façon de placer le voyage de Solon à la fin de sa vie, est conforme au sentiment de celui qui avoit supposé les lettres de ce Philosophe rapportées par Diogene-Laërce. Les témoignages de Thucydide, d'Aristote, de Phanias & de Sosicrate, comparés ensemble, font voir que Solon est mort la même année de l'installation de Crésus sur le Thrône. Voyez les Mémoires de l'Académie des Belles-Lettres, Tome V. page 276 & suiv. Tome XXI. page 126. 127. 140. & suiv. dans la partie des Mémoires. La conversation que Plutarque fait tenir à Solon avec Crésus, est contraire au caractere du Législateur d'Athènes, dont les mœurs étoient bien éloignées de celles d'un Diogene ou de quelqu'autre Cynique. Solon n'étoit point un Philosophe austere. Sa vie molle & délicate, son excessive dépense, & la grande licence de ses Poëmes avoient besoin d'apologie, comme Plutarque en convient. Il auroit donc plutôt cherché à instruire Crésus avec douceur, qu'à songer à l'irriter par une fierté ridicule. Mais Plutarque croyoit ce trait nécessaire pour avoir occasion de moraliser.

Crésus, le plus riche & le plus puissant Prince de Lydie, rendit Tributaires & mit sous sa domination plusieurs peuples de l'Asie Mineure. Les peuples de la Babylonie & de la Médie redoutant les entreprises de Cyrus, eurent recours au Roi de Lydie, qui mit bientôt sur pied une armée formidable. Celle de Cyrus étoit de moitié plus foible : mais il sçut réparer ce désavantage par ses dispositions & par la manœuvre qu'il fit faire à ses troupes pendant le combat. Cette fameuse bataille qui décida de l'Empire de Lydie, se donna près de Thymbrée dans la Phrygie. Voyez les remarques sur cette bataille dans les Mémoires de l'Académie des Belles-Lettres, Tome VI. page 532. & suiv. Cyrus sorti vainqueur d'une action si sanglante, alla mettre le siége devant Sardes, où Crésus s'étoit retiré. La Ville fut prise, & Crésus ayant été fait prisonnier, fut condamné par Cyrus à perdre la vie sur un bucher. On rapporte que ce Prince se voyant dans une situation si fâcheuse, se rappella que Solon lui avoit dit autrefois qu'on ne pouvoit estimer un homme heureux qu'après sa mort. Occupé de cette pensée, il s'écria : O Solon, Solon ! Cyrus instruit du motif qui avoit engagé Crésus à prononcer ces paroles, fit ôter ce Prince de dessus le bucher, & en fit le plus intime confident de ses secrets. Ainsi fut détruit le Royaume de Lydie l'an 546. avant J. C.

l'affection des Athéniens, qu'il avoit gagnés par ses artifices, il se fit lui-même une blessure qu'il affecta de faire voir, en se plaignant qu'on n'avoit attenté à sa vie, que parce qu'il témoignoit trop de zele pour le bien public. Il demanda alors une garde pour le mettre à l'abri de ses ennemis, & sa faction lui fit obtenir cinquante hommes : mais il en augmenta bientôt le nombre. Ce fut alors qu'il ne dissimula plus ses véritables sentiments, & qu'il fit tomber Athènes dans les fers, en s'emparant de la Citadelle & de la souveraineté. Toute la Ville fut aussi-tôt en allarmes; mais personne ne se mettoit en devoir de s'opposer à la tyrannie. Pisistrate jouit tranquillement pendant trois ans de son usurpation, & ne fut déplacé que par Mégaclès & Lycurgue, Chefs de deux autres factions, dont la mésintelligence donna lieu cinq ans après à son rétablissement. Mégaclès peu satisfait de la conduite de Lycurgue à son égard, offrit à Pisistrate de le remettre sur le Thrône, s'il vouloit épouser sa fille. Pisistrate accepta cette offre : mais dix ans après, Mégaclès souleva le peuple contre lui. Ce Prince craignant de succomber, s'exila volontairement, & se retira à Etitrée dans l'Eubée. Il avoit déjà passé dix ans dans cet exil, lorsque son ambition le porta à faire alliance avec les Thébains & les Argiens. Secondé de ces peuples, il s'empara de Marathon, Ville de l'Attique, marcha contre les Athéniens, les mit en déroute, & leur proposa alors de faire la paix. Les Athéniens effrayés de leur défaite, se soumirent de nouveau à Pisistrate, qui remonta pour la troisieme fois, sur le Thrône. Il s'y conserva par ses richesses, par ses alliances, & en retenant en ôtage les fils de ses ennemis. Il mourut après avoir régné trente-trois ans, en comprenant ses deux exils. Il ajouta aux Loix de Solon quelques nouveaux Réglements, par lesquels il pourvoyoit à l'entretien des Invalides & au labour des terres. Le prétexte de ce dernier établissement étoit de prévenir la fainéantise & d'avancer l'agriculture : mais le véritable motif étoit de disperser le peuple, afin de l'empêcher de former des factions contre lui. Il étoit naturellement éloquent; aimoit la littérature, estimoit les Sçavants, & érigea en leur faveur la premiere bibliothéque publique. Il n'abusa jamais de son autorité, & peu s'en fallut qu'il n'éteignît dans le cœur des Athéniens leur éloignement pour la Royauté.

Pisistrate laissa trois fils, Hyppias, Hipparque & Thessalus. Ils partagerent entr'eux le gouvernement : mais Hyppias s'empara de la souveraineté. On donne à Thessalus un caractere intrépide & féroce. Diodore l'éleve au-dessus de ses freres, & dit qu'il fut aimé du peuple pour avoir abdiqué la tyrannie. Ses deux freres ne firent aucune altération dans le gouvernement: ils embellirent la Ville, & bornerent leurs revenus à la cinquieme partie des rentes publiques. Ils regnerent en bonne intelligence, & suivirent l'exemple de leur pere avec tant de succès, qu'Athènes ne pouvoit leur objecter que le nom de tyrans.

Cependant Policrate avoit usurpé le gouvernement de Samos, qui auparavant étoit Démocratique, & après l'avoir d'abord partagé avec ses freres, il fit mourir l'un & chassa l'autre de cette Isle. Maître absolu de Samos, il songea à affermir sa domination, en faisant alliance avec les Egyptiens. Une flotte de cent Vaisseaux, avec laquelle il infestoit les côtes voisines, le rendirent formidable en Europe & en Asie. Il avoit tant de confiance dans ses

LES GRECS.

forces, qu'il osa aspirer à la Souveraineté de la Gréce en opprimant ses sujets & ses voisins. Les Lacédémoniens qui avoient alors le plus de réputation, entreprirent à la priere d'une troupe de ses sujets révoltés, de traiter Policrate comme un ennemi commun. Ils mirent en mer une flotte nombreuse, firent une descente dans l'Isle, & mirent le siége devant la Capitale. Les pertes considérables qu'ils essuyerent les contraignirent à se retirer & à retourner dans leur patrie. Les habitants de Samos qui étoient entrés dans la conspiration, allerent chercher un asyle dans l'Isle de Créte, & fonderent Cydonie. Quelque temps après Policrate fut livré entre les mains des Perses, qui le crucifierent. Méandrius son Secrétaire lui succéda : mais il fut chassé par Siloson, frere de Policrate, qui se rendit maître de Samos à la tête d'une armée de Perses. Il eut pour successeur son fils Eacès. Les Samiens profitant d'une révolution générale dans l'Ionie, lui ôterent la Couronne & se remirent en liberté. Ce fut vers ce même temps que les Platéens firent alliance avec les Athéniens, pour les engager à venger les insultes qu'ils avoient reçues des Thébains.

Fin du regne des Pisistratides.

509.

Jusqu'alors Athènes paroissoit voir tranquillement Hyppias & Hipparque sur le Thrône : mais l'insulte que ce dernier fit à un jeune-homme nommé Harmodius, fut cause d'une révolution qui fit perdre aux Pisistratides toute leur autorité. On conspira bientôt contre Hipparque, & il fut tué dans les Panathénées. Hyppias dissimula le ressentiment qu'il avoit de la mort de son frere : mais résolu de la venger, il devint cruel & impérieux. Les Alcméonides profitant du mécontentement des peuples, saisirent cette occasion pour rentrer dans leur patrie, comme je l'ai déja dit plus haut. Ils gagnerent la Pythie, qui ne cessa d'engager les Lacédémoniens à délivrer Athènes de ses tyrans. La liberté de cette Ville devint pour eux une affaire de religion, & les força à envoyer une armée contre Hyppias. Les Lacédémoniens vaincus dans cette premiere rencontre, reparurent de nouveau devant Athènes. Un second combat répara la honte de leur défaite ; les Pisistratides abandonnerent aussi-tôt la Ville, & Hyppias se retira à Lampsaque. Ainsi Athènes recouvra sa liberté au bout de cinquante & un an.

Nouveaux troubles dans Athènes.

L'extinction de la puissance Royale donna trop de part au peuple dans le gouvernement. Isagoras & Clisthene qui avoient travaillé avec tant de succès à la chute des Pisistratides, devinrent bientôt rivaux, en voulant usurper un pouvoir contre lequel ils avoient paru s'élever. Clisthene l'emporta enfin sur Isagoras ; mais celui-ci ne pouvant souffrir d'être soumis à son concurrent, se retira à Sparte, & engagea le Roi Cléomene à prendre ses intérêts. Ce Prince marcha aussi-tôt contre Athènes, fit exiler Clisthene & les principaux de sa faction, tenta d'abolir le Sénat, & de confier l'entiere administration des affaires aux partisans d'Isagoras. Il se rendit maître de la Citadelle : mais au bout de trois jours, il fut obligé de capituler pour obtenir la liberté de se retirer à Lacédémone avec ses troupes. Les Athéniens qui avoient trempé dans cette conspiration furent emprisonnés & mis à mort. On rappella ensuite Clisthene & toutes les familles qui avoient été exilées. Celui-ci encore effrayé du danger qu'il avoit couru en aspirant à la Souveraineté, rendit de nouveau le gouvernement Démocratique.

Les Athéniens appréhendant de se voir encore attaqués par les

Spartiates, rechercherent l'alliance des Perses. Ceux-ci profitant de l'occasion exigerent que les Athéniens leur donnassent la terre & l'eau. Les Ambassadeurs Athéniens qui avoient cru devoir accepter des conditions si honteuses, furent blâmés à leur retour. La crainte des Athéniens n'étoit pas sans fondement, & en effet ils virent bientôt sur leurs terres Cléomene à la tête d'une armée composée de Lacédémoniens, de Béotiens & de Chalcidiens de l'Eubée. Les Athéniens attaquerent d'abord les Péloponnesiens d'Eléusis, auxquels s'étoient joints les Corinthiens ; mais ces derniers à la persuasion de Démarate, collégue de Cléomene, se retirerent avant l'action. Le reste suivit leur exemple, & les Athéniens profitant de cette défection, tomberent sur les Béotiens & les Chalcidiens, les mirent en fuite jusques dans l'Eubée, où ils entrerent avec eux. Les Thébains firent alliance avec les habitants d'Egine, qui étoient fort puissants sur mer. Les Eginetes infesterent bientôt les côtes de l'Attique, & Lacédémone, rivale d'Athènes, crut que le moyen le plus sûr de l'humilier étoit de lui donner un Souverain. On jetta les yeux sur Hyppias : mais les Confédérés s'y opposerent. Les Perses firent cependant tout ce qu'ils purent pour contraindre les Athéniens à recevoir Hyppias : leurs efforts furent inutiles ; & Athènes aima mieux s'exposer à toutes sortes de dangers, que de se remettre sous un joug qu'elle avoit brisé. Ce refus est une des causes de la longue guerre que les Perses firent aux Grecs, & la révolte des Ioniens en précipita l'exécution. Les Ioniens, les Eoliens, les Cariens & les autres Nations qui bordoient les côtes de l'Asie Mineure étoient passés de la domination de Crésus sous celle des Perses depuis la destruction du Royaume de Lydie. Ces peuples à demi subjugués ne négligeoient aucune occasion de se procurer la liberté après laquelle ils aspiroient avec tant d'ardeur. L'expédition de Darius, fils d'Hystaspe, contre les Scythes, leur parut une circonstance favorable pour se révolter. Ils étoient résolus de rompre le pont que Darius avoit construit sur le Danube, & par ce moyen ils exposoient l'armée de ce Prince à être entièrement détruite par les Scythes qui la poursuivoient. C'étoit le sentiment de Miltiade : mais Hystiée, tyran de Milet, empêcha l'exécution de ce projet. Darius échappé à la fureur des Scythes, laissa en Europe Mégabise avec une armée de quatre-vingt mille hommes. Ce Général força Amyntas, Roi de Macédoine, à lui donner la terre & l'eau. (1) ; il réduisit ensuite Chalcedoine, Byzance, s'empara de Lemnos & de quelques autres Villes.

Hystiée qui s'ennuyoit à la Cour du Roi de Perse, n'épargnoit aucun moyen de soulever les Ioniens, dans l'espérance de profiter des troubles pour se rétablir à Milet. Aristagore son neveu mit tout en usage pour faire réussir le projet de son oncle. Auteur de l'expédition de Darius sur les isles de la Mer Egée, dont on lui avoit confié le succès, il craignoit de reparoître devant le Roi de Perse après avoir échoué dans cette affaire. Pour se mettre à l'abri du ressentiment de Darius, il excita les Ioniens à se révolter. Après avoir gagné l'affection des Milésiens, & en avoir reçu les secours dont il avoit besoin, il se rendit maître de la flotte des Perses, dont le commandement lui avoit été confié. Comme il ne se trouvoit pas encore en état de

---

(1) J'ai dit dans un des Chapitres précédents, que c'étoit une formule ordinaire de soumission.

LES GRECS.
Guerre des Ioniens contre la Perse.

504.

LES GRECS.

résister aux forces des Perses, qu'il prévoyoit devoir tomber sur lui, il s'adressa aux Lacédémoniens qu'il ne put engager à entrer dans ses intérêts. Athènes ne fit aucune difficulté de se joindre à lui, esperant par ce moyen se venger des Perses, qui avoient pris si vivement le parti d'Hyppias. Aristagore à la tête des troupes confédérées s'avança sur les frontieres de la Perse, & surprit la Ville de Sardes. Les Lydiens & les Perses revenus de leur premier effroi, se rallierent promptement & chargerent l'ennemi avec tant de furie qu'ils le mirent bientôt en fuite. Ce mauvais succès n'empêcha pas les Ioniens de suivre leur projet. Après s'être rendus maîtres de Byzance & de quelqu'autre Ville sur l'Hellespont, ils tenterent la conquête de l'Isle de Chypre, qui gémissoit sous la servitude des Perses. La défaite des Cypriens révoltés fit perdre aux Ioniens tous les avantages qu'ils avoient eus. Découragés par cet incident, ils se renfermerent dans leurs Vaisseaux & abandonnerent toutes leurs conquêtes. Les Perses reprirent alors toutes les Places qu'ils avoient perdues, & Aristagore qui avoit voulu se retirer dans la Thrace avec le reste de ses troupes, y fut entierement défait. Milet ainsi abandonnée, se trouva seule exposée au ressentiment des Perses. Elle eut recours aux habitants de Chio, de Lesbos & de Samos, & avec les Vaisseaux qu'elle en reçut, elle mit en mer une flotte de trois à quatre cents voiles. Les Lesbiens & les Samiens faisant réflexion qu'ils s'opposeroient en vain à la puissance des Perses, rompirent l'alliance, & la flotte Grecque se trouva par ce moyen considérablement affoiblie. Ceux de Chio tintent ferme : mais leur défaite entraîna la ruine de Milet. Hystiée qui étoit encore à la tête de quelques troupes, fut vaincu dans la Mysie & arrêté prisonnier. Artapherne, frere de Darius, le fit mourir sans attendre les ordres du Roi. La mort d'Hystiée, & la ruine de Milet, mirent fin à la guerre qui avoit duré six ans. Les peuples effrayés se soumirent au vainqueur, & tous les Grecs de l'Asie Mineure repasserent sous le joug de la Perse.

Un tel succès servit à fortifier l'envie que Darius avoit de conquérir toute la Grèce. Deux ans après la prise de Milet, il envoya en Ionie une armée de terre & une flotte considérable, sous la conduite de Mardonius, son gendre. Ce Général après avoir purgé l'Ionie de tous ses tyrans, & rétabli la Démocratie, envoya sa flotte devant l'Isle de Thase, pendant qu'il s'avançoit vers la Macédoine. Les Bryges, peuple de la Thrace, fondirent d'abord sur son armée qu'ils mirent en déroute : mais les Perses s'étant ralliés, forcerent bientôt les Bryges à prendre la fuite. Mardonius, dont l'armée étoit considérablement affoiblie, & qui d'ailleurs avoit perdu un grand nombre de Vaisseaux par la tempête, retourna promptement en Asie.

Entreprise de Darius contre les Grecs.

Darius qui ne perdoit point de vûe le projet de réduire toute la Grece sous sa puissance, fit tous les préparatifs nécessaires pour une entreprise si considérable. Il commença par envoyer des Hérauts dans toute la Grece demander la terre & l'eau. Athènes & Lacédémone maltraiterent les Hérauts; mais les habitants d'Egine & de quelques autres Villes, rendirent hommage à Darius. La lâcheté de ces insulaires leur attira la colere des Athéniens & des Spartiates. Cléomene, Roi de Lacédémone, se seroit vengé des Eginetes, s'il n'eût pas été traversé dans ses desseins par Demarate son Collegue. Ce dernier ayant été déposé par les intrigues de son adversaire, se retira à la
Cour

Cour du Roi de Perſe. Cléomene mourut peu de temps après, s'étant déchiré les entrailles dans un accès de phrénéſie. Il avoit donné en ôtage aux Athéniens dix des principaux Citoyens d'Egine. Les Eginétes s'en étant plaints inutilement, firent priſonniers quelques Citoyens d'Athènes qui s'en alloient à Délos. Les Athéniens armerent contre eux; mais ils ne purent venir à bout de réduire Egine : ils furent contraints d'abandonner la guerre après quelques années pendant leſquelles ils avoient eu pluſieurs déſavantages. Toutes ces diſſenſions domeſtiques inſtruiſirent les Athéniens dans la marine, & les mirent inſenſiblement en état de réſiſter aux Perſes.

LES GRECS.

Cependant Darius avoit mis ſur pied une armée formidable, dont il avoit donné le commandement à un Méde nommé Datis, qui avoit ſous ſes ordres Hyppias & Artapherne, neveu du Roi. Des troupes ſi nombreuſes s'embarquerent ſur une quantité ſuffiſante de vaiſſeaux pour les tranſporter. Elles s'emparerent, en croiſant la mer Egée, de Samos, de Naxos, de Délos, du reſte des Cyclades & de l'Eubée, dont la Ville Capitale ſoutint pendant ſix jours un aſſaut continuel. Hyppias conduiſit enſuite les Perſes dans l'Attique, & les fit camper dans les plaines de Marathon.

Les Athéniens allarmés de l'approche des ennemis, envoyerent demander du ſecours à Lacédémone; mais on répondit que les Spartiates ne pouvoient ſortir que dans quatre jours. On délibera ſi l'on attendroit les Perſes, ou ſi l'on iroit au-devant d'eux. Miltiade, un des dix Généraux qu'Athènes avoit choiſis pour commander l'armée, vint à bout de perſuader à ſes Citoyens de ſe mettre en campagne. Ils ſortirent donc au nombre de dix mille hommes, en comptant mille Platéens. Miltiade à qui on défera le commandement général, fit des diſpoſitions ſi avantageuſes qu'il rendit inutiles le nombre des ennemis, & les efforts qu'ils firent pour enfoncer les Athéniens. Les Perſes furent entierement défaits; & on les pourſuivit même juſques à leurs Vaiſſeaux. On leur en prit ſept, & on mit le feu à pluſieurs autres. Ariſtide & Thémiſtocle ſe ſignalerent dans cette journée, & on récompenſa Miltiade en faiſant faire un tableau qui le repréſentoit à la tête des Athéniens. Le lendemain de la bataille, deux mille Spartiates arriverent dans les plaines de Marathon, & furent témoins de la gloire des Athéniens. Les Perſes croyant réparer la honte de leur défaite par la priſe d'Athènes, s'avancerent en diligence vers cette Ville, ſe flattant de la ſurprendre avant l'arrivée de l'armée Athénienne. Les Athéniens qui ſe doutoient du deſſein de leurs ennemis, firent tant de diligence qu'ils ſe trouverent en état de défendre leur ville. Les Perſes reconnoiſſant l'impoſſibilité de la prendre, ſe retirerent en Aſie, & emmenerent avec eux les Eretriens, qu'ils avoient pris dans l'Eubée. Darius leur permit de s'établir ſur le Tygre, & leur poſtérité conſerva ſa langue & ſes mœurs pendant pluſieurs ſiecles.

Bataille de Marathon.

490.

Les Athéniens, après la retraite des Perſes, équiperent une flotte pour ſe venger des Inſulaires, qui avoient pris les intérêts des Perſes. Miltiade chargé de cette expédition, ſoumit bientôt la plus grande partie des habitants des Iſles, & Paros fut la ſeule qui oſa faire une longue réſiſtance. Miltiade étant débarqué dans l'iſle, y fit de grands ravages, & mit le ſiége devant la Capitale. Pendant qu'il en preſſoit vivement les opérations, le feu prit à un bois voiſin de la Place. Miltiade croyant que c'étoit un ſignal pour l'armée des Perses, combla les travaux & leva le siége. Xantippe, pere de Périclès, & ses autres ennemis que son mérite lui avoit faits, prétendirent qu'il étoit d'intelligence avec les Perses. Comme il étoit malade d'une chute qu'il avoit faite pendant le siége, ses amis furent obligés de comparoître pour défendre sa cause. Ils eurent beau rappeller les services qu'il avoit rendus à l'Etat à la journée de Marathon, ils ne purent obtenir que de commuer la peine de mort en une amende de cinquante talents, & en une prison qui ne devoit finir qu'après le payement de cette somme. Il mourut de sa blessure avant que d'y avoir satisfait, & Cimon son fils n'eut la permission de lui donner la sépulture, qu'en se chargeant de la dette de son pere. Ses talents avoient excité la jalousie de ses Concitoyens, qui craignoient qu'il ne songeât un jour à devenir leur Souverain.

 Les pertes que Darius avoit faites, loin de le faire renoncer à ses desseins sur la Grece, sembloient l'exciter encore davantage à les poursuivre. La révolte de l'Egypte ne fut pas capable de l'empêcher de songer aux affaires de la Grece. Résolu de porter en même temps la guerre dans ces deux contrées, il fit des préparatifs considerables pour l'exécution d'une telle entreprise. Il étoit prêt à faire partir ses armées contre les Egyptiens & les Grecs, lorsqu'il mourut.

 Xerxès son fils héritier de sa couronne, ne perdit point de vûe les projets de son pere. Il assembla des millions d'hommes, & crut qu'avec une si grande multitude, il alloit subjuguer facilement toute la Grece. Il fit en effet trembler plusieurs Etats de ce pays, & tout le fort de la guerre ne tomba que sur les Athéniens & les Lacédémoniens, auxquels se joignirent les Thespiens & les Platéens. Thémistocle fut choisi pour commander les Athéniens, & Léonidas se mit à la tête des Lacédémoniens. Quatre mille hommes furent envoyés aux Thermopyles pour défendre le seul passage par où les Perses pouvoient entrer en Achaïe. Xerxès fit inutilement attaquer ce corps à trois reprises consécutives, & il avoit déjà perdu plus de vingt mille hommes, lorsqu'il découvrit un sentier qui le mit en état de gagner les hauteurs. Les Grecs enveloppés de toutes parts vendirent cherement leur vie, & trois cents Lacédémoniens qui avoient juré de ne point abandonner un poste qu'on leur avoit confié, périrent les armes à la main. Xerxès entra alors dans l'Attique, marcha vers Athènes qu'il trouva abandonnée, & la réduisit en cendres. Les Athéniens, par le conseil de Thémistocle, s'étoient embarqués sur leurs vaisseaux, dans l'espérance de vaincre plus facilement les Perses sur mer que sur terre. Ce même Général engagea la flotte Grecque à rester près de Salamine, afin que les ennemis ne pussent profiter de la multitude de leurs vaisseaux dans un endroit si resserré. Les sages mesures de Thémistocle eurent tout le succès qu'il en avoit attendu. La flotte ennemie fut battue, & les Athéniens se couvrirent de gloire dans cette journée. Thémistocle qui avoit dessein de forcer Xerxès à quitter la Grece, lui fit dire que les Grecs étoient résolus de lui couper la retraite, & qu'ainsi il lui conseilloit de se retirer le plus promptement qu'il pourroit. Le Roi de Perse donna dans le piége qu'on lui tendoit, se hâta de gagner l'Hellespont, & de rentrer en Asie. Mardonius étoit cependant resté avec trois cent mille hommes, & ce Général se flattoit de réduire bientôt les Grecs qui n'avoient voulu accepter aucune des propofitions qu'il leur avoit faites. On en vint encore aux mains auprès de Platée, & les Perfes furent défaits de nouveau par les Lacédémoniens & les Tégéates. Les Athéniens qui pendant le combat avoient été obligés d'employer leur valeur contre les Grecs partifans des Perfes, rejoignirent enfin les Lacédémoniens, & forcèrent le camp où l'ennemi s'étoit retiré. Le même jour les Grecs remportèrent fur les Perfes un autre avantage fur mer à Mycale, promontoire d'Afie. Tant de fuccès obligèrent Xerxès à renoncer à tout projet de guerre, & à abandonner fes defleins fur la Grèce (1).

LES GRECS.
Batailles de Platée & de Mycale.
479.

Les Athéniens n'ayant plus fujet de redouter les Perfes, fongèrent à rétablir les murailles de leur ville. Les Lacédémoniens jaloux de la gloire que les Athéniens s'étoient acquife, réfolurent de traverfer leurs travaux, fous prétexte que les fortifications de cette ville pourroient bien quelque jour fervir de fûreté à l'ennemi s'il venoit à bout de s'en emparer. Ces remontrances avoient fait impreffion fur les Athéniens; mais Thémiftocle foupçonnant le véritable motif qui faifoit agir les Spartiates, engagea fes Citoyens à continuer les ouvrages. Il fe rendit enfuite à Lacédémone en qualité d'Ambaffadeur, & après avoir différé le plus long-temps qu'il lui fut poffible de demander audience, il ofa affurer les Lacédémoniens qu'on leur en avoit impofé. Pour preuve qu'il ne leur avançoit rien de faux, il leur confeilla d'envoyer des Députés à Athènes. Lorfqu'il fut certain qu'ils y étoient arrivés, il déclara ouvertement aux Lacédémoniens qu'Athènes étoit fortifiée; qu'il étoit lui-même l'auteur de cette entreprife, & qu'en cela les Athéniens n'avoient rien fait qui ne fût permis à un peuple libre, & qui n'avoit de loi à recevoir de perfonne. Il ajouta que fi on lui faifoit quelque violence, on uferoit de repréfailles envers leurs Ambaffadeurs. Les Lacédémoniens furent obligés de diffimuler leur reffentiment, & Thémiftocle étant de retour à Athènes, y fut reçu comme ayant triomphé de Sparte. Il étoit en effet le premier qui eût eu la hardieffe de contredire un peuple qui s'étoit arrogé la fupériorité fur toute la Grèce. Thémiftocle vouloit qu'on brulât la flotte des Lacédémoniens qui étoit dans le port de Pyrée, mais Ariftide s'y oppofa.

Rétabliffement d'Athènes.

Comme les Perfes poffedoient encore quelques villes en Europe, & dans l'Afie Mineure, les Athéniens & les Lacédémoniens équipèrent chacun une flotte, dont ils donnèrent le commandement, les premiers à Ariftide, & les autres à Paufanias. Cette armée navale chaffa de l'Ifle de Chypre tous les Perfes qui y étoient reftés en garnifon. Byzance tomba enfuite fous la puiffance des Grecs, & Paufanias qui avoit beaucoup contribué à la prife de cette ville, devint d'un orgueil infupportable. La dureté & le mépris avec lefquels il traita les Lacédémoniens & leurs Alliés, irritèrent tellement les efprits, qu'on refufa de lui obéir. On voulut alors lui faire fon procès, parce qu'on n'ignoroit pas les intelligences fecrettes qu'il avoit à la Cour de Perfe; mais comme on ne trouva pas affez dequoi le convaincre, on fe contenta de le dépofer. Les Ioniens & toutes les villes de l'Ifthme fe rangèrent fous la protection des Athéniens, qui nommèrent Cimon pour

Différentes expéditions contre les Perfes.

(1.) J'ai parlé plus au long des guerres de Darius & de Xerxès contre les Grecs dans l'Hiftoire de Perfe. Voyez ci-devant à la page 159. & aux fuiv.

Dddd ij

LES GRECS.

remplacer Pausanias. Les Lacédémoniens ne virent pas sans chagrin qu'ils avoient perdu sur mer le commandement, & qu'Athènes commençoit à avoir dans la Grece plus de crédit qu'eux. Comme ils n'étoient pas en état d'attaquer leurs rivaux, ils suspendirent les effets de leur dépit. Les Athéniens chargés de continuer la guerre contre les Perses, eurent la permission de taxer toutes les villes proportionnellement à leurs revenus, pour subvenir aux frais qu'exigeoit cette expédition. Ce fut à Délos qu'on déposa les sommes que chaque ville eut soin de fournir.

Cimon, dont on ne peut trop louer les vertus, entra dans la Thrace, prit Eion, ville située sur les bords du Strymon, & châtia les peuples circonvoisins qui avoient pris le parti des Perses. Il passa ensuite à Scyros, qui étoit alors habitée par des Pirates qu'il détruisit, & il rendit par ce moyen la navigation libre sur la mer Egée. Il peupla toutes ces villes de Colonies Athéniennes, réduisit les Carystiens de l'Eubée, subjugua Naxos, & la punit de sa révolte, en privant ses habitants de la liberté. C'est le premier acte d'autorité par lequel les Athéniens ayent attaqué les droits des Alliés.

Fin tragique de Pausanias.

Cependant Pausanias n'avoit point renoncé à ses desseins ambitieux. Assuré de la protection des Perses, il se flattoit par leur secours de parvenir à la domination de la Grece. On voulut encore l'attaquer en justice, mais comme on n'avoit pas de preuves assez convaincantes, on abandonna la poursuite de son procès. Une lettre qu'il écrivoit à un des Gouverneurs de la Perse, & qui fut décachetée par un Esclave, acheva de découvrir la trahison. Craignant alors le jugement des Ephores, Pausanias se retira dans le Temple de Minerve. Comme on n'osoit point violer la majesté du lieu, on prit le parti de murer la porte, & on dit que la mere de ce Prince posa la premiere pierre.

Exil de Thémistocle.

Les Athéniens qui redoutoient les talents de Thémistocle, l'avoient aussi traité avec beaucoup de rigueur. Ce Général ayant subi la peine de l'Ostracisme s'étoit retiré à Argos. Ses ennemis, surtout les Lacédémoniens, prétendirent avoir des preuves qu'il étoit entré dans le complot de Pausanias. On étoit si animé contre Thémistocle, qu'il fut condamné sans avoir la liberté de se défendre. Pour éviter l'exécution de ce jugement, il alla chercher un asyle à la Cour du Roi de Perse, qui, étonné que son plus grand ennemi fût venu se jetter entre ses bras, lui accorda sa protection, & lui assigna de gros revenus pour sa subsistance. On prétend qu'il s'empoisonna long-temps après, afin de n'être pas obligé de marcher contre sa patrie. Aristide ne survécut pas beaucoup à la retraite de Thémistocle, & quoiqu'il fût le Thrésorier de la Grece, il ne laissa pas dequoi payer ses funérailles. Quand sa vieillesse ne lui permit plus de supporter les fatigues du gouvernement, il s'occupa de l'instruction des jeunes gens, & son cabinet devint une école de politique, où il préparoit des sujets à l'Etat.

Suite des expéditions contre les Perses.

Cimon succéda à ces grands hommes, & marcha sur leurs traces. Ses succès contre les Perses furent si rapides qu'il ne leur laissa pas un pouce de terre depuis l'Ionie jusqu'à la Pamphilie. Informé que l'armée ennemie soutenue de cent cinquante vaisseaux s'avançoit sur les côtes de la Pamphilie, il fit voile pour l'Isle de Chypre, & contraignit les Grecs de Phaselis à réunir leurs forces aux siennes. Cimon attaqua la flotte des Perses à l'embouchure de l'Eurimedon, & la défit entierement. Profitant de cet avantage, il descendit à terre & fondit sur l'ennemi qui ne put soutenir le choc des Grecs. Pour rendre complettes les deux célebres victoires qu'il venoit de remporter en un même jour, il enleva aux Phéniciens huit vaisseaux qui venoient au secours des Perses, & massacra tout l'équipage. Artaxerxe Longuemain qui étoit alors sur le thrône des Perses, allarmé par tant de défaites, résolut enfin de conclure la paix avec les Grecs. Les principaux articles du traité étoient que les Grecs de l'Asie Mineure seroient entierement libres, & que les flottes & les armées des Perses n'approcheroient point de leur territoire. Il paroît vraisemblable que ce traité ne fut pas inviolablement observé; mais comme depuis la bataille de l'Eurimedon, jusqu'au regne d'Alexandre le Grand, il ne se passa rien de considerable entre les deux nations, on peut terminer ici la guerre de Perse.

LES GRECS.

Fin de la guerre contre les Perses.

On ne désarma pas cependant encore la flotte Athénienne, & Cimon eut ordre d'entrer dans la Chersonnese de Thrace pour en punir les habitants qui avoient favorisé le parti des Perses. Après la réduction de ce pays il attaqua les Thasiens, qui n'ayant pû recevoir aucun secours des Lacédémoniens, auxquels ils s'étoient adressés, se soumirent au bout de trois ans. Cimon au lieu des lauriers qu'il avoit droit d'attendre pour tant de victoires, pensa devenir la victime de la jalousie de ses concitoyens. On lui fit un crime de n'être pas entré dans la Macédoine aussitôt que les passages en avoient été ouverts, & on l'accusa d'intelligence avec le Roi de ce pays. Il se justifia d'une telle accusation, & Périclès qui étoit alors à la tête des affaires n'ayant parlé contre lui que foiblement, on consentit à le déclarer innocent.

Périclès, fils de Xantippe, sortoit d'une des meilleures familles d'Athenes. Doué d'un esprit vif & d'une imagination féconde, il profita des leçons d'Anaxagoras, qui l'instruisit dans l'art de gouverner. Il joignit à une brillante éloquence, la beauté de la voix & la noblesse du geste. Lorsqu'il voulut entrer dans l'administration des affaires, il n'eut d'autre rival que Cimon; mais afin de contrebalancer son crédit, il chercha à gagner l'affection du peuple qu'il vint à bout de corrompre avec les propres deniers de l'Etat. Il médita dès-lors la ruine de l'Aréopage; & enleva à ce Tribunal la connoissance d'un grand nombre d'affaires. Cimon plus content de l'honneur d'avoir servi sa patrie, que jaloux de la récompense de ses services, vit tranquillement que Périclès tentoit à s'élever sur ses ruines. Sa modération ne l'empêcha cependant pas de succomber à la haine d'un peuple qui ne craignoit rien tant que ceux à qui il étoit redevable de son salut. Sur des prétextes assez légers, Cimon fut banni pour dix ans, & subit ainsi le sort des grands hommes d'Athènes.

Elévation de Périclès.

760.

Athènes, après l'expulsion de Cimon, rompit toute alliance avec les Spartiates, & en forma de nouvelles avec les Argiens & les Thessaliens leurs ennemis déclarés. Mycenes résolut alors de recouvrer son ancienne splendeur, & de secouer le joug des Argiens : mais cette entreprise lui devint funeste; car les Argiens prirent la ville & la raserent. Ce fut dans ce même temps que Mégare abandonna le parti des Lacédémoniens, & se mit sous la protection d'Athènes. Cette alliance excita la jalousie des Corinthiens, &

les indifposa contre les habitants de Mégare. De-là naquirent ces diffenfions qui couterent la vie à tant de milliers d'hommes. Athènes & Corinthe prirent les armes l'une contre l'autre, & pendant qu'elles fe livroient de rudes combats, les Athéniens déclarerent la guerre aux habitants d'Egine par un pur motif de jaloufie. Les Doriens & les Phocéens n'étoient pas alors plus tranquilles, & les premiers foutenus par les Lacédémoniens remporterent une victoire complette fur leurs ennemis. Les Athéniens prirent le parti des Phocéens, & allerent chercher les Spartiates dans le voifinage de Thebes. Cimon faififfant cette occafion fe rangea parmi ceux de fa Tribu, quoique le temps de fon exil ne fût pas encore expiré. Son zele fut encore mal récompenfé, & on le força de fe retirer. Cent de fes compagnons qu'on accufoit comme lui de favorifer l'ennemi, formerent par fon confeil un Corps féparé, & fe précipiterent avec fureur fur les Lacédémoniens. Accablés par le nombre, ils périrent tous les armes à la main, & laifferent aux Athéniens la honte d'avoir condamné avec tant d'injuftice de fi braves gens. Les Lacédémoniens enfoncerent enfuite les Athéniens, & profitant de leur victoire, ils ravagerent le pays des Mégariens, & rentrerent dans le Péloponnefe.

Deux mois après les Athéniens reparurent dans la Béotie fous la conduite de Myronide, battirent les Lacédémoniens qui étoient reftés aux environs de Tanagra, prirent cette ville d'affaut, ravagerent une grande partie de la Béotie & du territoire des Locres Opunces. Cependant on avoit continué fans interruption le fiége d'Eginete, & cette ville avoit été obligée de fe rendre. Les murs en furent rafés, & les habitants s'engagerent à ceder leur flotte & à payer un tribut. Tolmide chargé du commandement de cinquante vaiffeaux Athéniens & de quatre mille hommes d'équipage, furprit Githée, port de la Laconie, brûla la flotte des Spartiates & ravagea leur pays. Il entra enfuite fur le territoire des Corinthiens, & défit les habitants de Sicyone.

Rappel de Cimon.

La crainte continuelle où l'on étoit que les Lacédémoniens ne fiffent quelque irruption dans l'Attique, engagea les Athéniens à rappeller Cimon, dont on avoit reconnu l'innocence. Périclès, auteur de fon banniffement qui avoit déjà duré cinq ans, dicta lui-même l'édit de fon rappel. Auffitôt que Cimon fut de retour dans fa patrie, il profita des liaifons qu'il avoit avec les Lacédémoniens pour faire conclure un traité de paix entre Athènes & Sparte. Dans la crainte que les Athéniens ne fe serviffent contre eux-mêmes de leurs propres forces, il leur propofa une nouvelle expédition contre l'Ifle de Chypre. On prétend que Périclès qui avoit deffein de conduire l'intérieur de la République, étoit convenu que Cimon fe chargeroit d'occuper au dehors une partie des Citoyens. Ce Général arrivé à la hauteur de Chypre, détacha quelques vaiffeaux de fa flotte pour l'envoyer en Egypte, afin d'inquietter les Perfes. Il ravagea cependant l'Ifle de Chypre, & mit le fiége devant Sitium. Ce fut dans le cours de ce fiége qu'il mourut, foit des bleffures qu'il avoit reçues, foit de quelque maladie. Pour ne point interrompre les opérations militaires on eut foin de cacher fa mort, & la nouvelle n'en fut répandue qu'au bout de trente jours. L'armée Athénienne enleva cent vaiffeaux, tant aux Phéniciens qu'aux Chypriens & aux Ciliciens. Il paroît que la paix qu'on fit avec la Perfe, & dont j'ai parlé plus haut, ne doit être

Sa mort.

449.

placée qu'après cette derniere expédition. La puissance des Athéniens sur mer augmenta tellement leur crédit, que ceux qui jusqu'alors avoient été leurs amis, leurs alliés, leurs égaux, se trouverent insensiblement réduits à une condition qui n'étoit gueres au dessus de celle de sujets, de tributaires & de vassaux. Cimon n'avoit pas peu contribué à les élever à ce haut point de gloire, & il avoit toujours travaillé avec ardeur à étouffer cet esprit de faction qui étoit souvent prêt à causer la ruine de l'Etat. Toute la Grece qui n'avoit plus d'ennemis au dehors, se déchiroit par ses propres divisions, & arrosoit son territoire de son propre sang. Enfin Athènes & Lacédémone conclurent pour trente ans une paix, dans laquelle furent compris les Alliés de l'une & de l'autre République.

Périclès qui n'avoit plus de concurrent depuis la mort de Cimon, commença à donner un libre cours à ses desseins. On s'en apperçut bientôt, & on lui opposa Thucydide dont on connoissoit la prudence, & qui étoit versé dans l'étude des loix. Devenu l'émule de Périclès, il sépara de la multitude les plus illustres Citoyens, & en fit un Corps qu'on appelloit *la petite Troupe*, ou *les Grands*, par opposition au peuple. Cependant Périclès qui affectoit de ne songer qu'aux intérêts de l'Etat, faisoit renouveller tous les ans l'équipage de soixante vaisseaux que la République entretenoit. Par cette conduite il répandit la terreur chez les Ennemis & chez les Alliés, & se délivra en même temps de la partie du peuple qui pouvoit exciter plus de troubles. Pour occuper le reste, il multiplia les jeux, les fêtes, les spectacles, excita l'émulation entre les Artistes, fit élever les plus superbes bâtimens, en un mot il embellit la ville de toute sorte d'ornemens. Ses ennemis voulurent lui faire un crime de ce qu'il dissipoit en édifices l'argent du thrésor public. Il leur ferma bientôt la bouche en proposant au peuple de faire continuer à ses dépens tous les ouvrages commencés. Athènes ne vouloit rien devoir à un Citoyen, & on demanda à grands cris que tout fût achevé aux frais du public.

Il y avoit déjà six ans que tout étoit en paix dans la Grece, lorsqu'il s'éleva une contestation entre les Samiens & les Milésiens, à l'occasion de Priene, ville d'Ionie. Ces derniers implorerent le secours des Athéniens, & Périclès qui prit leur parti avec chaleur, vint à bout après divers événemens de réduire la ville de Samos à accepter une capitulation honteuse. Les principaux articles furent, que les fortifications de la ville seroient rasées; que les Samiens livreroient leur flotte qui étoit fort nombreuse; qu'ils payeroient les frais de la guerre, & donneroient des ôtages. Depuis ce temps jusqu'à la vingtieme année de la guerre du Péloponnese, Samos resta sous la domination Athénienne, & conserva le gouvernement Démocratique que Périclès y avoit établi. La réduction de Byzance qui s'étoit déclaré pour les Samiens, acheva de combler de gloire Périclès.

De nouveaux differends qui s'éleverent deux ans après entre les Corcyréens & les Corinthiens, causerent un incendie qui embrasa toute la Grece, par l'intérêt que Lacédémone & Athènes prirent à cette affaire. Les Grecs étoient comme divisés en deux parties; les uns sous le nom d'Alliés étoient les vassaux des Athéniens, les autres s'étoient mis sous la protection de Lacédémone pour éviter le joug d'Athènes. Cette République, fiere d'avoir

LES GRECS.

Origine de la guerre du Péloponnese.

délivré la nation d'un ennemi commun, affectoit la souveraineté de la Grece, & Lacédémone déchu de son crédit par l'élévation de sa rivale, n'avoit fait aucun effort pour tâcher de l'abaisser. Les villes soumises aux Athéniens avoient enfin ouvert les yeux, & considerant que la protection qu'ils avoient cherchée, étoit tombée en espece de tyrannie, elles saisissoient avidement les occasions de rompre des liens qui les tenoient dans la captivité. Les troubles survenus à Epidamnus, connu dans la suite sous le nom de Dirrachium, fournirent aux uns & aux autres l'occasion de prendre les armes. Epidamnus étoit une Colonie de Corcyréens, qui devenus puissants chasserent leurs principaux Citoyens. Ces exilés secourus par les Illyriens, réduisirent les habitants d'Epidamnus aux dernieres extrémités. Cette ville implora le secours de Corcyre, d'où elle étoit sortie ; mais n'ayant pu obtenir ce qu'elle demandoit, elle s'adressa aux Corinthiens fondateurs de la Colonie de Corcyre. Les Corinthiens envoyerent de nouveaux habitants à Epidamnus avec une garnison. Ceux de Corcyre mirent aussitôt leur flotte en mer, & attaquerent en même temps Epidamnus & les vaisseaux des Corinthiens. Ceux-ci furent battus, & la ville ne tarda pas à se rendre. Avant que d'en venir à de plus grandes hostilités, les deux Partis rendirent Athènes juge de leur differend. Suivant les loix de la Grece, Corcyre devoit être soumise à sa Métropole ; mais la politique d'Athènes l'empêcha de porter un jugement contraire à ses intérêts. Les forces de Corinthe & celles de Corcyre réunies ensemble auroient pu devenir redoutables aux Athéniens ; ainsi on ne jugea pas à propos de soumettre Corcyre à Corinthe. On fournit même à la premiere dix vaisseaux, & on ne voulut pas donner un secours plus considerable, afin de ne pas paroître avoir rompu le dernier traité de paix. Périclès en envoya cependant dix autres peu de temps après. Les deux flottes ennemies se livrerent sur les côtes d'Epire un combat plus cruel que décisif ; car les deux Partis s'attribuerent la victoire chacun de leur côté.

Depuis cette action Athènes & Corinthe se regarderent comme ennemies. Les Athéniens trouvant plus d'avantage à prévenir les Corinthiens, commencerent par sommer les habitants de Potidée, ville située dans la presqu'Isle de Pallene, qui appartenoit aux Corinthiens, de démolir les murs qui regardoient Pallene, d'envoyer des ôtages, de chasser les Magistrats qu'ils avoient reçus de Corinthe, & de n'en plus recevoir. Les Potidéens s'adresserent alors aux Lacédémoniens, qui promirent de faire une irruption dans l'Attique aussitôt que les Athéniens auroient commencé les hostilités. Perdicas, Roi de Macédoine, irrité de la retraite que les Athéniens avoient donnée à ses frères, entra volontiers dans cette ligue, & engagea plusieurs villes de la Thrace à se soulever. Il y eut bientôt une action près de Potidée, où les Athéniens eurent quelqu'avantage. La ville fut aussitôt assiégée par terre & par mer ; mais pendant que les Athéniens étoient occupés devant cette Place, les Corinthiens faisoient le siége de Corcyre. Tous ces mouvements porterent un grand nombre de villes à secouer le joug d'Athènes, & même à se déclarer contre elle. Les Lacédémoniens n'avoient cependant pas encore pris les armes, & pour conserver les apparences de l'équité, ils envoyerent des Députés aux Athéniens pour leur faire diverses propositions. Ils demanderent entr'autres qu'ils rendissent la liberté aux villes qui étoient

sous

fous leur domination, & furtout qu'il fût permis aux habitants d'Egine de fe gouverner fuivant leurs loix. Périclès qui avoit intérêt d'occuper les Athéniens, de peur qu'ils ne le forçaffent à rendre compte de l'adminiftration du thréfor public, parla avec tant de fubtilité & d'adreffe qu'il fit rejetter les propofitions des Lacédémoniens; ainfi la guerre fut réfolue.

Les Spartiates entraînerent dans leur parti tout le Péloponnefe, à l'exception des Argiens & des Achéens qui voulurent refter neutres. Ils mirent encore dans leurs intérêts les Mégariens, les Phocéens, les Locriens, les Béotiens, les Ambraciotes, les Leucadiens & les Anactoriens. Les Athéniens avoient de leur côté les habitants de Lesbos & de Chio, les Platéens, les Mefféniens établis à Naupacte, une grande partie de l'Acarnanie, les Corcyréens, les habitants de l'Ifle de Zacinthe, la plûpart des Grecs Afiatiques, particulierement ceux qui occupoient les villes maritimes; plufieurs villes de la Thrace, & prefque toutes les cités qui payoient un tribut. Enfin chacun prit dans cette querelle le parti qu'il croyoit convenable à fes intérêts. Le motif de la liberté avoit attaché le plus grand nombre aux Lacédémoniens, & la crainte avoit retenu le refte du côté des Athéniens, qui ne manquoient d'ailleurs ni de vaiffeaux, ni d'argent, ni de provifions.

Archidamus, Roi de Lacédémone, chargé de la conduite de cette guerre, entra dans l'Attique pendant que les Athéniens faifoient leurs préparatifs. Il tenta inutilement d'emporter d'affaut Enoé, Place frontiere aux environs de la Béotie; mais il trouva plus de réfiftance qu'il ne s'y étoit attendu. Il alla enfuite occuper Acharnes, le plus grand bourg de l'Attique qui étoit à fept milles d'Athènes. L'allarme fe répandit bientôt dans la ville, & l'on auroit marché au devant de l'ennemi fi Périclès ne s'y fût fortement oppofé. Sa conduite fauva fes Concitoyens fans les expofer au combat. Archidamus ne pouvant long-temps fubfifter dans le pays faute de provifions, & apprenant d'ailleurs que la flotte Athénienne avoit fait quelque defcente fur les côtes de la Laconie, abandonna promptement l'Attique, & rentra dans le Péloponnefe. Les Athéniens fe rendirent cependant maîtres d'Egine, qu'ils repeuplerent d'une Colonie Athénienne. Ils s'emparerent encore de plufieurs autres villes & de l'Ifle de Céphallénie. Tels furent les principaux événements de la premiere année de la guerre. Au commencement de la feconde année Archidamus rentra dans l'Attique, & ravagea le pays. Athènes fut alors affligée de la pefte qui défoloit une partie de l'Europe & de l'Afie. Thucydide qui en fut attaqué, en a décrit fort au long les funeftes effets. Tant de maux jetterent le défefpoir dans le cœur des Athéniens, & ils regarderent Périclès comme l'auteur de leurs maux. Ils le condamnerent à une amende confidérable, & le priverent de l'adminiftration de la République. On fentit bientôt le befoin qu'on avoit de lui, & on lui rendit toute fon autorité. La pefte qui avoit fait périr une grande partie de l'armée & des Citoyens, empêcha que la guerre ne fût pouffée avec beaucoup de vivacité. Les Athéniens s'emparerent de Potidée, où ils établirent une de leur Colonie. Au commencement de la quatrième campagne l'armée Lacédémonienne mit le fiége devant Platée; mais cette ville fit une défenfe fi vigoureufe, que l'ennemi fut obligé de changer le fiége en blocus. Les

LES GRECS.

Guerre du Péloponnefe.

430.

LES GRECS.

Athéniens eurent quelque désavantage sur terre, mais ils furent plus heureux sur mer sous la conduite de Phormion.

Mort de Péricles.

Ce fut pendant le cours de cette Campagne que mourut Périclès. La fermeté de son administration fit la sûreté de sa patrie, & la douceur de son caractere garentit son gouvernement du nom de Tyrannie. Prompt à prendre les armes, & lent à s'en servir, il différoit l'action jusqu'à ce qu'il fût presque sûr du succès, tant il cherchoit à ménager le sang de ses Citoyens. Pendant quarante ans qu'il gouverna Athènes, cette ville ne fut jamais plus florissante. Son éloquence avoit tant de force sur les esprits, qu'il venoit à bout de persuader tout ce qu'il vouloit. On disoit alors que l'Attique étoit le Royaume d'un Citoyen illustre que son éloquence avoit couronné.

428.

Peu de temps après la perte de ce grand homme, les Lesbiens abandonnerent le parti d'Athènes, & se mirent sous la protection des Lacédémoniens, auxquels ils offrirent un grand nombre de vaisseaux. Les Spartiates furent long-temps à se résoudre à profiter de la bonne volonté des Lesbiens. Cependant les Athéniens se rendirent maîtres de Mithylene, ville de l'Isle de Lesbos, dont ils massacrerent une partie des habitants pour les punir de leur défection. Ils raserent les murailles de cette Place, & se saisirent de tous les vaisseaux qui appartenoient aux habitants. On consacra aux Dieux la dixieme partie de leur territoire, & les Athéniens s'approprierent les revenus des neuf autres parties. Enfin Platée fut contrainte de se rendre à discrétion, & les Spartiates condamnerent à mort deux cents de ses habitants, pour satisfaire la haine des Thébains. Vingt-quatre Athéniens eurent le même sort. Platée méritoit un traitement moins rigoureux pour les services importants qu'elle avoit rendus dans la guerre de Perse; mais l'animosité qui subsistoit entre Athènes & Lacédémone, ne permettoit plus à ces deux Républiques d'écouter les voyes de la justice & de la modération. Il suffisoit d'avoir rendu de grands services à sa rivale pour être traitée avec la derniere rigueur. On peut dire avec fondement que l'ambition d'Athènes & de Lacédémone fut en plus grande partie la source des divisions intestines, qui déchirerent la nation.

Les Etats de la Grece ainsi divisés au dehors, n'étoient pas plus tranquilles au dedans. La Noblesse & le Peuple de Corcyre animés l'un contre l'autre, offrirent la plus tragique scene dont il soit fait mention dans l'Histoire. Le peuple avoit appellé à son secours les Athéniens, & les Spartiates s'étoient présentés pour soutenir les Magistrats. La flotte Athénienne repoussée d'abord par les Lacédémoniens, reprit le dessus aussitôt qu'elle eut été renforcée par soixante vaisseaux qu'on envoya d'Athènes. Le peuple de Corcyre se porta alors aux dernieres extrémités, & la ville n'offrit bientôt plus que l'image d'une Place prise d'assaut, où le Soldat qui n'écoute que sa fureur n'épargne ni l'âge, ni le sexe, ni la majesté des Temples. Plusieurs villes, à l'imitation des Corcyréens, appellerent le Spartiate & l'Athénien dans les démêlés de la Noblesse & du Peuple. Ces secours ne servirent qu'à précipiter la ruine de ceux qui les imploroient. Athènes & Lacédémone trouvoient leur avantage dans ces dissensions domestiques, dont elles étoient souvent les auteurs.

La Sicile étoit alors troublée par les differends qui étoient survenus entre Syracuse & Léontium. Les habitants de cette derniere ville attirerent dans leur parti les Athéniens, qui n'étoient pas fâchés d'avoir une raison pour entrer dans la Sicile. Ils avoient dessein de s'en emparer, & de priver les Péloponnésiens des bleds qu'ils en tiroient. La flotte Athénienne s'étant jointe à celle des habitants de Rhégium, on attaqua les Isles Eoliennes voisines de la Sicile. La peste qui avoit cessé pendant quelque temps, se fit ressentir de nouveau, & devint plus funeste aux Athéniens que la guerre. Ces fléaux furent accompagnés de tremblements de terre qui causerent beaucoup de dommages dans l'Attique. Ces nouveaux accidents empêcherent les Lacédémoniens de commencer la sixième Campagne par une irruption sur le territoire d'Athènes. Nicias & Démosthène, chacun à la tête d'une flotte Athénienne, s'avancerent le premier à Mélos & le second en Etolie. Nicias ne fit rien de remarquable; mais Démosthène ayant été défait par les Etoliens, battit à son tour les Ambraciotes, & rétablit la paix entre ceux-ci & les Acarnaniens. Ce Général se rendit maître l'année suivante de Pyle, promontoire de la Messénie. Il y fut bientôt attaqué par les Spartiates; mais Démosthène ayant été secouru à propos, on assiégea dans Sphactérie les Lacédémoniens qui s'y étoient retirés. L'impossibilité où on se trouvoit de les délivrer, fit résoudre les Magistrats de Lacédémone à demander une treve d'un an. Ce fut alors que toute la fierté de Sparte tomba tout à coup, & que renonçant à être la rivale d'Athènes, elle insinua qu'elle accepteroit sans peine le titre de Collegue dans la souveraineté de la Grece. Cléon, Magistrat d'Athènes, voulant profiter de la foiblesse où se trouvoient les Lacédémoniens, fit des propositions si exhorbitantes qu'elles ne pouvoient être acceptées sans honte. Les Spartiates enfermés dans Sphactérie se défendirent avec une valeur extraordinaire, & les Athéniens qui commençoient à se repentir de n'avoir pas accordé la paix aux Lacédémoniens, chargerent Cléon, qui avoit conseillé la guerre, de terminer promptement le siége. Cléon qui s'étoit vanté de réussir, ne put refuser le commandement des troupes que Nicias lui céda volontiers. Résolu de vaincre ou de périr, il força les Spartiates jusques dans leurs derniers retranchements. Cent vingt-huit d'entre ceux qu'on avoit faits prisonniers furent mis à mort, & les autres furent envoyés à Athènes. L'armée Athénienne battit vers ce même temps les Corinthiens dans l'Isthme, & ces avantages consécutifs empêcherent les Athéniens d'écouter les nouvelles propositions de paix qui leur furent faites de la part de Lacédémone.

L'affaire de Sicile ne tourna pas au gré des Athéniens, & ils furent obligés de retirer leurs troupes sans être venus à bout de leur projet. Les Grecs de Sicile qui avoient pressenti le dessein d'Athènes, se hâterent de faire la paix, afin d'éloigner un Allié qui auroit pû devenir le maître. Perdicas, Roi de Macédoine, allarmé des alliances que les Athéniens faisoient dans la Thrace, engagea Brasidas, Général des Lacédémoniens, à entrer dans ce pays avec son armée. Il y fut à peine rendu qu'un grand nombre de villes se soumit à lui, à condition qu'on leur laisseroit leur gouvernement & la liberté. Thucydide l'Historien ne put empêcher la prise d'Amphipolis, &

LES GRECS.

comme on imputa la perte de cette Place à sa négligence, il fut banni d'Athènes par l'autorité de Cléon, & son exil dura vingt ans.

Les succès de Brasidas empêcherent la chute de Lacédémone, qui étoit sur le penchant de sa ruine, & balancerent en quelque sorte les grands avantages que les Athéniens avoient remportés. Chacun profita de cette circonstance pour réparer ses pertes : sous prétexte de travailler à un traité solide, on convint d'une treve d'un an. Elle fut à peine expirée que les hostilités recommencerent. Brasidas obligé de secourir les Places que les Athéniens assiégeoient, abandonna les intérêts de Perdicas. Ce Prince irrité de la conduite du Général Lacédémonien, renouvella ses alliances avec les Athéniens. Cléon fit voile pour la Thrace, prit Torone, & envoya sept cents prisonniers à Athènes. Il voulut ensuite se rendre maître d'Amphipolis ; mais Brasidas avoit pourvu à sa sûreté. Les Spartiates firent une sortie, & tuerent six cents Athéniens avec leur Général Cléon. Brasidas fut du nombre de ceux qui périrent du côté des Lacédémoniens. La mort de Cléon n'étoit pas une perte considerable pour Athènes ; mais les Lacédémoniens se trouvoient privés d'un grand homme en perdant Brasidas. Sa conduite avoit ramené sous la domination de Lacédémone tous ses Alliés, & on le regardoit comme le commun destructeur de la tyrannie des Athéniens. Les habitants d'Amphipolis le mirent au rang des Héros, & établirent en son honneur des jeux & des sacrifices. Ils l'adopterent même pour leur fondateur, & anéantirent tous les monuments de leur origine.

Paix de cinquante ans entre les Athéniens & les Lacédémoniens.
420.

Les Spartiates desiroient la paix avec ardeur, & pour engager les Athéniens à écouter leurs propositions, ils publierent qu'ils étoient résolus d'entrer dans l'Attique aussitôt que la saison le permettroit, & qu'ils avoient dessein de s'y fortifier. Les Athéniens effrayés de cette menace consentirent à entrer en accommodement, & la paix fut conclue pour cinquante ans. Le principal article fut, qu'on retireroit de part & d'autre les garnisons, & qu'on rendroit les prisonniers & les villes. Nicias contribua beaucoup à cette paix qui porta son nom. Par un autre article du traité, il étoit dit que les Spartiates & les Athéniens auroient droit d'en retrancher ce qu'ils jugeroient à propos, d'y ajouter, & même de l'altérer dans l'occasion. Les Béotiens & les autres peuples du Péloponese refuserent de souscrire à un traité qui paroissoit si vague & si peu assuré. Nicias pour lier encore plus étroitement les deux Républiques, les engagea à former entre elles une ligue offensive & défensive pour cinquante ans. Elle ne subsista néanmoins que pendant sept ou huit ans ; car le traité qui la précédoit n'ayant jamais été bien exécuté, on peut dire que la guerre continua toujours.

Suite de la guerre du Péloponese.

La reddition des Places embarrassa les Lacédémoniens, qui ne purent contraindre plusieurs villes à rentrer sous la domination des Athéniens. Il est vrai qu'ils n'employerent point la force comme ils en étoient convenus, & cette nonchalance commença à altérer l'union qui n'étoit pas encore bien affermie. D'un autre côté les Corinthiens se voyant abandonnés des Spartiates, se liguerent avec les Argiens, & formerent le dessein d'enlever aux Spartiates la souveraineté du Péloponese. Mantinée en Arcadie entra bientôt dans cette nouvelle alliance, & plusieurs autres villes suivirent son exemple.

Les Lacédémoniens firent tout ce qu'ils purent pour porter les Cotinthiens à la paix; mais leurs représentations furent mal reçues. Cependant Athènes & Lacédémone ne cherchoient qu'à se donner de nouvelles preuves de leur haine réciproque, & l'inexécution des articles du traité ne servoit qu'à les irriter davantage l'une contre l'autre, en même temps qu'elle excitoit de nouveaux troubles dans la Grece. La rupture éclata bientôt, & la guerre recommença avec plus d'ardeur qu'auparavant.

Nicias avoit employé tout son crédit pour entretenir la paix; mais Alcibiade qui avoit des raisons pour conseiller la guerre, détruisoit tout ce que faisoit Nicias. Alcibiade, fils de Clinias, étoit neveu de Périclès qui avoit pris soin de son éducation. Toutes les passions étoient excessives en lui, mais l'ambition étoit encore la plus forte. » Il poussa la volupté jusqu'à la
» débauche, & la débauche jusqu'au mépris de la Religion & des Loix ;
» vrai Prothée; ses mœurs étoient celles du pays où il habitoit; indolent &
» voluptueux en Ionie; toujours à cheval ou à table chez les Thraces; chez
» les Perses, plus magnifique qu'eux ; se pliant à la vertu la plus étroite,
» & à la discipline la plus austere, on admiroit à Sparte sa modération, sa
» frugalité & son opiniâtreté au travail. Mais si ses vices étoient grands, ses
» talents l'étoient encore plus. La grandeur de sa naissance, la gloire de ses
» ancêtres, l'immensité de ses richesses qu'il employoit en fêtes, en pré-
» sents & en toute sorte de magnificence; la force de son éloquence qui
» l'égaloit à Périclès, les charmes de sa personne, un courage extraordi-
» naire, une application infatigable aux affaires de la guerre, tous ces
» avantages réunis, en lui procurant une foule d'amis & de clients, lui
» concilierent la faveur du peuple, dont l'indulgence alloit jusqu'à pallier,
» par des noms glorieux, ses plus coupables excès. « C'est moins à l'inégalité de son caractere qu'à ses métamorphoses qu'il faut attribuer la différence des jugements qu'on a portés de cet homme célebre. Disciple de Socrate, il en avoit fait le plus intime de ses amis. Nicias qui n'avoit d'autre but dans toute sa conduite que la gloire & l'intérêt de sa patrie, lui parut un rival redoutable qu'il eut soin d'écarter.

Après avoir fait espérer aux Argiens une ligue offensive & défensive contre les Lacédémoniens, il travailla à rendre suspects ces derniers aux Athéniens, & à faire disgracier Nicias. Les Spartiates, pour prévenir l'alliance qu'on vouloit faire avec les habitants d'Argos, envoyerent à Athènes des Ambassadeurs, auxquels ils avoient donné plein pouvoir de traiter avec les Athéniens. Alcibiade feignant d'entrer dans les intérêts de Lacédémone, conseilla aux Ambassadeurs de ne pas déclarer l'étendue de leur pouvoir, de peur que le peuple ne profitant de cette circonstance, ne fît des propositions que les Lacédémoniens ne pourroient accepter qu'avec honte. Les Ambassadeurs donnant dans le piége qu'Alcibiade leur avoit tendu, se conduisirent suivant son conseil. Les Athéniens s'imaginant alors que Lacédémone ne cherchoit qu'à les amuser, renvoyerent les Ambassadeurs sans vouloir les écouter, & ôterent toute l'autorité à Nicias. On conclut une ligue de cent ans avec les Argiens, les Eléens & les Mantinéens. On ne rompit pas d'abord ouvertement avec les Spartiates; mais il étoit évident que cette négociation étoit dirigée contre eux. Alcibiade fut nommé Général de l'armée

LES GRECS. qui devoit marcher au fecours des Alliés : mais fa premiere Campagne fe borna à faire une irruption fur le territoire de Corinthe. Les Lacédémoniens fe voyant abandonnés de la plûpart de leurs Alliés, firent les derniers efforts pour prévenir leur ruine totale.

Ils raffemblerent une armée formidable compofée de Citoyens, d'Alliés & même d'Efclaves. Réfolus de foumettre les Argiens, ils s'avancerent jufqu'aux portes de leurs villes. Les habitants fortirent auffitôt, & préfenterent la bataille ; mais comme on étoit prêt à en venir aux mains, deux de leurs Officiers allerent trouver Agis qui commandoit les Lacédémoniens, & conclurent un traité de paix avec lui. Elle ne fut approuvée ni à Sparte, ni à Argos, & les Lacédémoniens marcherent de nouveau contre les Argiens. L'armée de ces derniers fut mife en fuite, & s'il n'eût pas été contraire à la difcipline Lacédémonienne de pourfuivre un ennemi qui fuyoit, Agis auroit tiré de fa victoire un avantage plus confiderable. L'année fuivante Argos & Lacédémone firent encore la paix, dans laquelle les Mantinéens furent auffi compris. Quelques troubles qui furvinrent dans Argos firent rentrer cette ville dans l'alliance d'Athènes. Alcibiade forma alors le projet de fe rendre maître de l'Ifle de Mélos. Il trouva d'abord quelque réfiftance ; mais il força enfin les habitants à fe rendre à difcrétion. La plûpart furent paffés au fil de l'épée, & on mit dans les fers les femmes & les enfants. Une Colonie de huit cents Athéniens fut envoyée pour repeupler Mélos.

Guerre de Sicile. Les fecours que les habitants d'Egefte en Sicile demanderent contre Sélinunte & Syracufe, engagerent les Athéniens dans une guerre qui leur devint funefte. Nicias s'oppofa tant qu'il put à cette entreprife ; mais Alcibiade flatta les Athéniens de la conquête de cette Ifle, & les excita à tout entreprendre pour réuffir dans ce deffein. On le crut, & on lui donna même le commandement des troupes ; mais on lui nomma en même temps pour Collegues Nicias & Lamachus, afin de temperer fon impétuofité par la prudence de ces deux Généraux. Nicias fit tout ce qu'il put pour ne pas partir, mais il fut obligé d'obéir aux ordres de la République. On équipa une flotte compofée de cent trente vaiffeaux, & fur laquelle il y avoit plus de trois mille hommes. On étoit prêt à mettre à la voile, lorfqu'on trouva les ftatues de Mercure brifées ou mutilées. Alcibiade fut accufé d'être l'auteur de ce facrilége ; mais on remit l'information de fon procès à fon retour de Sicile. L'armée navale étant partie de Corcyre, alla débarquer à Catane, & furprit cette Place. Ce fut alors qu'Alcibiade eut ordre de fe rendre à Athènes pour fe juftifier des facriléges dont on l'accufoit. Ses ennemis avoient profité de fon abfence pour l'attaquer avec avantage. On avoit informé juridiquement contre lui, & il étoit convaincu d'avoir profané dans une affemblée de débauche les myfteres de Proferpine & de Cerès, dont il avoit joué le rôle de Grand Prêtre. Alcibiade redoutant la fuite de cette affaire, fe fauva en diligence à Sparte, & promit aux Lacédémoniens de les dédommager, par les fervices qu'il leur rendroit, des maux qu'il leur avoit faits quand il étoit leur ennemi. Lorfqu'il eut appris que les Athéniens l'avoient condamné à la mort, il dit qu'il fe chargeoit de leur faire connoître qu'il étoit encore vivant.

Cependant Nicias étoit forti de Catane, & avoit fait une defcente fur les terres de Syracuse. Il y eut un choc entre les Syracusains & les Athéniens, & les premiers furent repoussés jusques dans leur ville. Cette Place ne put être bloquée que l'année suivante ; mais la valeur & l'adresse des assiégés rendit souvent inutiles les efforts de leurs ennemis. Lamachus perdit la vie dans une de ces petites actions si fréquentes dans les longs siéges. Il étoit un des meilleurs Généraux de son siecle ; mais son extrême pauvreté l'exposa plus d'une fois au mépris de ses Concitoyens. Lorsqu'il étoit chargé de quelque expédition militaire par la République, il étoit obligé de mettre jusqu'à ses souliers sur l'état des choses dont il avoit besoin. Nicias n'ayant plus de Collègue, se trouva seul chargé de la guerre de Sicile. Il étoit déjà maître d'une grande partie des Places de l'Isle, & Syracuse commençoit à être réduite à la derniere extrémité, lorsque la face des affaires changea tout d'un coup par l'arrivée d'une flotte Lacédémonienne qui venoit au secours des Syracusains. Nicias, au lieu de s'opposer au débarquement, eut l'imprudence de mépriser un ennemi qui se rendit bientôt redoutable. Gilippe, Général des Lacédémoniens, ne fut pas plutôt entré dans l'Isle, qu'il fit perdre à Nicias tous les avantages qu'il avoit eus jusqu'alors. Le secours que les Corinthiens envoyerent peu de temps après acheva de ruiner les affaires des Athéniens. Attaqués de tous côtés, poursuivis sans relâche, bloqués dans tous les endroits où ils se retiroient, ils furent enfin obligés de se rendre à discrétion. Nicias & Démosthène furent condamnés à la mort par les ennemis : mais on prétend qu'ils prévinrent eux-mêmes leur supplice. L'Orateur Démosthène se faisoit gloire de descendre de celui qui avoit commandé les Athéniens en Sicile. Tel fut le succès de l'entreprise des Athéniens sur Syracuse : entreprise qui leur coûta de braves Généraux, une flotte considerable, l'élite de leurs Soldats, & des dépenses étonnantes. Une nouvelle si fâcheuse jetta les Athéniens dans la derniere consternation : ils firent de violents reproches à leurs Prêtres, qui les flattant de l'espoir de conquérir la Sicile, les avoient engagés dans cette guerre par de vains prétextes de Religion. Cependant résolus de ne se point laisser abattre par un évenement si triste, ils équiperent une flotte destinée à retenir les Alliés qui vouloient les abandonner.

Pendant que les Athéniens étoient occupés en Sicile, les Spartiates étoient entrés dans l'Attique, & s'étoient emparés de Décélée, ville située à cent vingt stades d'Athènes. Les Lacédémoniens y mirent une forte garnison qui faisoit des courses continuelles sur le territoire des Athéniens. La situation de ces peuples étoit si fâcheuse, que vingt-cinq mille de leurs esclaves, presque tous Artisans, passerent chez l'ennemi. La paix étoit entierement rompue entre Athènes & Lacédémone, & Alcibiade qui vouloit se venger de ses Concitoyens, avoit engagé le Roi de Perse à faire une ligue avec les Spartiates. Quelques petits échecs que reçurent les Lacédémoniens, rendirent Alcibiade suspect. Il s'étoit d'ailleurs attiré la jalousie des principaux de Lacédémone, qui ne pouvoient souffrir qu'on fît honneur à Alcibiade de toutes les affaires de conséquence qui se terminoient avec succès. On résolut donc sa mort ; mais aussitôt qu'il en fut averti, il se rendit auprès de Tissapherne, un des Généraux du Roi de Perse. Irrité contre les Lacédémoniens, il s'efforça de les rendre odieux aux Perses. Il conseilla-

LES GRECS.

à Tissapherne de n'envoyer qu'un foible secours, afin d'établir la balance entre Athènes & Sparte, & laisser ces deux Républiques s'épuiser mutuellement. Cet avis suspendit pour quelque temps la ruine d'Athènes. Alcibiade négocioit en même temps son rappel avec ses compatriotes, dont les principales forces étoient à Samos. Phrinique s'opposa tant qu'il put à son retour; mais Alcibiade trouva moyen de faire soulever l'armée contre lui, & de le faire massacrer.

Rappel d'Alcibiade à Athènes, & changement dans le gouvernement.

Pour conclure le traité projetté entre Alcibiade & ses Concitoyens, on abolit dans Athènes la Démocratie. Cette révolution fut préparée par le massacre d'Androclès, & de tous ceux qui paroissoient attachés aux intérêts du peuple. Le nombre des Magistrats fut réduit à quatre cents, & le gouvernement devint Olygarchique. Ce fut l'ouvrage du conseil *des dix*, qui, pour se mettre à l'abri des injures du peuple, obtinrent la permission de proposer tout ce qu'ils jugeroient à propos sans encourir les peines de la Loi. Pisandre eut beaucoup de part dans cette innovation; mais Antiphon qui ne le cédoit ni en talents, ni en vertu à aucun de ses Concitoyens, en avoit dressé le plan. Lorsqu'on lui fit son procès au sujet des innovations qu'il avoit proposées, il se défendit avec fermeté, & l'examen de sa vie lui fit honneur. *Les quatre cents* autorisés par les loix, entrerent dans le Sénat, environnés de Gardes, armés de poignards, & congédierent *les cinq cents*. Le premier usage qu'ils firent de leur autorité, fut d'emprisonner, de bannir, de proscrire ceux qui ne vouloient pas reconnoître la nouvelle forme du gouvernement. Ils envoyerent ensuite des Députés à Lacédémone pour traiter de la paix avec Agis : mais ce Prince ne voulant écouter aucune proposition, s'avança jusques aux portes d'Athènes. La résistance qu'il rencontra le contraignit de retourner à Décélée. L'armée Athénienne qui étoit encore à Samos, ne pouvant souffrir les cruautés qu'on exerçoit dans Athènes, rappella Alcibiade à la persuasion de Thrasibule, & le créa Général, avec pouvoir de rentrer dans le Pyrée, & de détruire les nouveaux Tyrans. Alcibiade ne voulut pas encore entrer dans l'Attique, représentant aux troupes que ce seroit abandonner à l'ennemi l'Ionie & l'Hellespont.

Athènes étoit si remplie de troubles & de factions, que *les quatre cents* redoutant la fureur du peuple, résolurent d'ouvrir les portes aux Spartiates. Ceux-ci sous la conduite d'Hégesandridas, battirent la flotte Athénienne commandée par Tymochare. Toute l'Eubée, à l'exception d'Orée, abandonna le parti d'Athènes, qui ne pouvoit alors s'attendre qu'à une ruine prochaine : mais les longueurs & la méfiance des Lacédémoniens sauverent cette ville. Les Athéniens déposerent alors *les quatre cents,* & confierent le gouvernement à *quatre mille*. Deux avantages que les Athéniens remporterent peu de temps après sur leurs ennemis, ranimerent leur courage, & tira le peuple de l'abattement où il étoit. On étoit redevable de la derniere victoire à Alcibiade, qui étoit accouru au secours de ses Concitoyens. Après l'action il alla trouver Tissapherne pour traiter avec lui; mais le Général Persan le fit arrêter, & donna ordre de le conduire à Sardes. Alcibiade trouva moyen de se sauver après trente jours de détention, & rejoignit bientôt sa flotte. Il surprit alors celle du Péloponnese, qui étoit à l'ancre à l'entrée du port de Cyzique, la mit en désordre, se rendit maître de

Cyzique,

DE L'UNIVERS. Liv. VI. Ch. VI.

Cyzique, & obligea les Lacédémoniens à quitter l'Hellespont. Cependant Agis s'étoit avancé jusques sous les murs d'Athènes; mais Thrasile à la tête de tous ceux qui se trouvoient alors à Athènes, tant Etrangers que Citoyens, força le Roi de Lacédémone à faire une prompte retraite. Thrasile, avec cinquante vaisseaux dont on lui avoit donné le commandement, surprit Colophon, enleva quelques vaisseaux Syracusains, & eut d'autres avantages. Alcibiade de son côté battit les Perses commandés par Pharnabase, se rendit maître de Chalcedoine, de Salembrie, de Byzance, & de quelques autres Places.

Les Grecs.

Alcibiade couronné de gloire crut que c'étoit le moment favorable pour profiter du décret de son rappel, & rentrer dans Athènes. Il arriva dans le Pyrée avec ses vaisseaux couverts de boucliers, chargés de dépouilles, d'enseignes, & suivis d'autres bâtiments qu'il avoit enlevés aux ennemis. Toute cette flotte étoit composée de deux cents voiles. Le peuple le reçut au milieu des acclamations les plus grandes, le couronna de fleurs, le proclama le plus grand Général des Athéniens, & déclara que la sentence qu'on avoit prononcée contre lui étoit injuste. On le créa Généralissime sur terre & sur mer, parce qu'on le regardoit comme le seul homme capable de rendre à l'Etat son ancienne splendeur. Ses ennemis craignant qu'il ne fît usage de son autorité pour se venger d'eux, équiperent promptement une flotte, & le presserent d'aller contre l'ennemi.

Entrée triomphante d'Alcibiade à Athènes.

Les Lacédémoniens opposerent à Alcibiade Lysandre descendant des Héraclides, homme brave, entreprenant, mais dont le caractere étoit fourbe. Il disoit que *quand la peau du Lion étoit trop courte, il falloit l'allonger avec celle du Renard*. Ce Général se rendit à la Cour du Roi de Perse; & fit entrer ce Prince dans les intérêts de Lacédémone. Il se mit ensuite à la tête de sa flotte pour aller chercher les Athéniens. Alcibiade obligé de s'arrêter pour quelque temps à Phocée, laissa le commandement de la flotte Athénienne à Antiochus: mais il lui ordonna en même temps à cet Officier d'éviter le combat jusqu'à son retour. Antiochus jaloux sans doute de la gloire d'Alcibiade, voulut profiter de son absence pour attaquer l'ennemi qu'il esperoit vaincre. Le succès ne répondit pas à son attente, & Lysandre remporta sur lui une victoire complette. Cette action, dans laquelle Antiochus fut tué, se passa devant Ephese. Alcibiade chagrin de cette nouvelle, rassembla en diligence les restes de sa flotte, & alla présenter la bataille à Lysandre. Celui-ci content de l'avantage qu'il avoit remporté, refusa d'accepter le combat. Les ennemis d'Alcibiade profiterent de cette circonstance pour occasionner sa disgrace. On l'accusa de négligence, & on lui ôta le commandement qui fut donné à Conon. Alcibiade se retira alors dans un fort de la Chersonnese qu'il avoit construit.

Callicratidas, que les Lacédémoniens mirent à la place de Lysandre, prit d'assaut Méthymne, battit Conon, le poursuivit jusques dans le port de Mytilene, & lui enleva un grand nombre de vaisseaux. Les Athéniens ayant rassemblé toutes leurs forces, attaquerent à leur tour Callicratidas, & dissiperent entierement sa flotte. Les Alliés qui n'avoient plus de ressource que dans Lysandre, engagerent les Lacédémoniens à lui confier une seconde fois les forces navales: mais pour ne point enfreindre les loix de Sparte, on

Tome VI. Ffff

lui donna un Chef qui n'en avoit que le titre sans le pouvoir. Lysandre déterminé à abattre entierement la puissance d'Athènes, prit toutes les mesures que la prudence pouvoit lui suggérer pour porter avantageusement le coup qu'il méditoit. Pendant quatre jours il refusa la bataille que la flotte Athénienne forte de cent quatre-vingt vaisseaux lui présenta aux environs de Lampsaque. Mais lorsqu'il eut appris qu'une partie des troupes Athéniennes étoit descendue à terre, il fondit avec impétuosité sur la flotte ennemie, s'empara de tous les vaisseaux, & retourna à Lampsaque avec trois mille prisonniers qui furent mis à mort. Conon s'étoit cependant sauvé en Chypre avec huit vaisseaux. Le Général Lacédémonien animé par un tel succès, força tous les Athéniens qui s'étoient jettés dans les villes voisines de se retirer à Athènes.

Prise d'Athènes par Lysandre.

403.

Cette ville se trouvoit alors sans provisions, sans flotte, bloquée par mer & par terre, & abandonnée de tous ses Alliés, à l'exception des Samiens. Les Athéniens se défendirent pendant six mois, au bout desquels ils furent obligés de demander la paix. Ils ne purent l'obtenir qu'à condition que les murs & les fortifications du Pyrée seroient rasés; qu'Athènes ne se réserveroit que douze vaisseaux; que les exilés seroient rappellés; que les Athéniens feroient avec Lacédémone une ligue offensive & défensive, & la seconderoient dans toutes ses expéditions par mer & par terre. Les dures extrémités où Athènes étoit réduite, la mirent dans la nécessité de souscrire à un traité qui la soumettoit à la domination Lacédémonienne. Lysandre descendit dans le Pyrée, & rasa les fortifications au bruit des instruments, & avec de grandes démonstrations de joye. On avoit agité à Sparte si l'on détruiroit Athènes; mais lorsqu'on fit réflexion aux services importants qu'elle avoit rendus à la Nation, on convint qu'il falloit la laisser subsister : on se détermina seulement à l'humilier, & à la mettre hors d'état de pouvoir jamais se relever de sa chute. C'est ainsi que fut terminée une guerre qui avoit duré vingt-sept ans, & qui avoit coûté tant de sang aux Grecs. Ce ne fut que par le secours des Perses que Lacédémone put venir à bout de soumettre sa rivale. Les sommes immenses que les Lacédémoniens tirerent de la Cour de Perse leur fournirent les moyens d'équiper de nombreuses flottes, & d'entretenir les troupes de leurs Alliés.

Les trente Tyrans d'Athènes.

Lysandre maître d'Athènes, y changea la forme du gouvernement, & donna la souveraine autorité à trente Citoyens qu'on appelle les trente Tyrans. Il introduisit encore ce même gouvernement à Samos, & dans quelques autres Places. Il établit dans quelques-unes un Décemvirat, dont il prescrivit la forme, & qu'il composa de ses partisans. Il retourna ensuite en triomphe à Lacédémone suivi des vaisseaux Athéniens, & il apportoit avec lui quinze cents talents en argent, une grande quantité de riches dépouilles avec des couronnes d'or, & d'autres présents qu'il avoit reçus des villes. Gilippe chargé de conduire l'argent qui étoit enfermé dans des sacs, en enleva une grande partie. Son vol fut découvert, & pour éviter le châtiment ou la honte d'une action si lâche, il s'exila volontairement. Ainsi la cupidité des richesses effaça la gloire que ce Général s'étoit acquise par la grandeur de ses exploits. On fut long-temps à se résoudre à recevoir l'argent que Lysandre envoyoit; car c'étoit donner atteinte aux loix de Lycurgue :

mais pour pallier en quelque forte cette infraction, on convint de n'employer ces richesses que pour les besoins de l'Etat. Lysandre qui ambitionnoit la souveraineté de sa patrie, n'omit rien pour relever son triomphe. Il fit faire en bronze sa statue, & celles des Officiers généraux. Il fit de grandes libéralités à ses partisans & aux Poëtes qui chanterent ses louanges. On éleva des autels à ce Héros, & on lui immola des victimes comme à un Dieu.

LES GRECS.

Cependant les trente Tyrans gouvernoient Athènes avec une cruauté qui révoltoit tous les esprits. Soutenus par les troupes que Lysandre leur avoit envoyées, ils firent bientôt couler le sang des Citoyens pour ravir leurs richesses. Théramene, un des trente, ne put approuver la conduite de ses Collegues, & dès-lors il leur devint odieux. On lui supposa des crimes, & malgré son innocence, on le força à boire de la cigue. Le peuple qui avoit désiré sa mort, le regretta bientôt, parce qu'il étoit le seul en qui on pût avoir confiance.

Les Athéniens ne pouvant plus supporter la tyrannie de ceux qui les gouvernoient, jetterent les yeux sur Alcibiade qu'ils regardoient comme le seul qui pût apporter quelque soulagement à leurs maux. Les Tyrans s'apperçurent bientôt du complot qui se formoit, & ils avertirent Lysandre qu'il étoit essentiel de faire périr Alcibiade. Il étoit alors dans un petit village de la Phrygie, occupé de quelques négociations avec Pharnabase. Lysandre engagea le Général Persan à lui livrer son ennemi mort ou vif. Pharnabase fit d'abord quelque difficulté, mais il consentit enfin à la mort d'Alcibiade. On environna la maison où il étoit, & on y mit le feu. Alcibiade après avoir fait d'inutiles efforts pour arrêter la violence des flammes, fondit l'épée à la main sur ses ennemis qui lui livrerent le passage. Lorsqu'ils le virent un peu éloigné, ils le percerent de leurs fleches. Alcibiade touchoit à peine à la quarantieme année de son âge, lorsqu'il fut tué.

Mort d'Alcibiade.

La plus grande partie des habitants d'Athènes se détermina à abandonner la ville pour se soustraire à une domination si cruelle. Les Spartiates avoient fait défense aux villes de la Grece de les recevoir; mais ils trouverent un asyle dans Thebes & dans Argos. Thrasybule touché du malheur de ses Concitoyens, forma le projet de les délivrer de la tyrannie sous laquelle ils gémissoient. A la tête de quelques exilés il se rendit maître de Phile, qui étoit un fort construit sur les frontieres de l'Attique. Les Tyrans allarmés de cette entreprise marcherent contre Thrasybule, qui tua une partie de leurs troupes. Cet échec leur faisant craindre une révolution dans Athènes, ils se retirerent à Eleusis, où ils se fortifierent. La petite armée de Thrasybule devint en peu de temps plus considerable, & le mit en état de s'emparer du Pyrée. Il battit de nouveau les trente Tyrans, & étant entré dans Athènes, il persuada facilement à ceux qui étoient encore dans leurs intérêts, de les abandonner, & de changer la forme du gouvernement. On conféra donc l'administration à dix Citoyens qui furent donnés par chaque Tribu. Ces nouveaux Magistrats se conduisirent comme les trente, & Athènes se trouva dans une situation aussi fâcheuse que la précédente. Lysandre pour soutenir les dix, ou plutôt pour rétablir les trente, fit consentir les Lacédémoniens à lui donner des troupes pour marcher contre les Athéniens qui refusoient d'obéir aux Tyrans. Thrasybule se trouva bientôt

Expulsion des Tyrans par Thrasybule.

Ffff ij

enfermé par mer & par terre ; & réduit aux plus fâcheuses extrémités. Pau-
Les Grecs. sanias, Roi de Sparte, jaloux de la gloire de Lysandre, sous prétexte de lui
amener un nouveau secours, ne travailla qu'à le traverser dans ses opérations. Il attaqua cependant le Pyrée, & battit les Athéniens qui avoient fait
une vigoureuse sortie. Il fit dire ensuite secretement aux vaincus de lui
dépêcher des Ambassadeurs pour traiter de la paix avec lui & avec les
Ephores qui l'accompagnoient. Le traité fut conclu à condition que chacun
rentreroit chez soi, à l'exception des trente & des dix. Après ce traité Pausanias retira ses troupes, & Thrasybule rétablit dans Athènes la Démocratie.
Les auteurs des troubles furent massacrés ; on publia une Amnistie générale,
& chacun s'engagea par serment à oublier les anciennes querelles. Athènes
fut redevable de sa tranquillité à la prudence, à la valeur & à la modération de Thrasybule, qui rétablit le gouvernement suivant les loix de Solon.

Troupes Grec- Les Grecs qui ne pouvoient rester en repos, prirent parti dans l'armée
ques au service de Cyrus, frere d'Artaxerxès Mnémon (1). Ils étoient au nombre de treize
du jeune Cyrus. mille sous les ordres de Cléarque Lacédémonien, & de quelques autres
Généraux, tels que Xénias, Proxene de Béotie, Sophenere de Stymphalie,
Socrate d'Achaïe, Phasion de Mégare, Ménon de Thessalie, Socias de Syracuse, &c. Cyrus avoit d'abord caché aux Grecs le dessein qu'il avoit d'attaquer son frere, & il ne le leur déclara que lorsqu'ils furent bien avancés
dans la Perse. Ils vouloient alors se retirer ; mais gagnés par les promesses
de Cyrus, ils consentirent à combattre pour sa défense. La mort de ce
Prince jetta les Grecs dans un extrême embarras, & les exposa à toute sorte
de dangers. Artaxerxès qui redoutoit leur valeur, les fit sommer de mettre
bas les armes, & de se rendre à discrétion. Ils refuserent constamment d'accepter des propositions si honteuses, & ils se mirent en marche pour retourner dans leur pays.

Retraite des Artaxerxès les suivit de près ; mais Cléarque obtint de ce Prince qu'il ne
Grecs appellée la les attaqueroit point, & qu'il leur fourniroit des provisions. Trois jours
retraite des dix après Tissapherne leur fit sçavoir qu'il avoit obtenu la permission de les
mille. reconduire dans leur patrie, & qu'on ne leur feroit aucune peine. Mais au
bout de cinquante jours de marche le Général Persan fit arrêter Cléarque,
Ménon, Proxene, Agias & Socrate qui s'étoient rendus dans sa tente. Ils
furent tous mis à mort par ordre d'Artaxerxès, qui désesperant de vaincre
les Grecs à force ouverte, avoit usé de stratagême pour faire périr leurs
Officiers, persuadé que le reste de la troupe ne seroit plus en état de faire
une longue résistance. En effet les Grecs consternés par la perte de leurs Généraux, étoient sur le point de se disperser ; car ils n'avoient plus d'espérance de revoir leur patrie dont ils étoient si fort éloignés. La prudence &
la valeur de Xénophon, qui n'avoit jusqu'alors servi qu'en qualité de Volontaire, leur furent d'un grand secours dans un moment si critique. Il
réveilla par ses discours leur courage abattu, & les engagea à substituer de
nouveaux Officiers à ceux qu'ils avoient perdus. Son conseil fut suivi, & on
nomma Timasion, Xanthide, Cléanor, Philésias & Xénophon pour commander cette petite armée. Timasion & Xénophon furent chargés de conduire l'arriere-garde. Tissapherne ne cessoit de les harceler pendant leur

(1) Voyez ci-devant l'histoire des Perses, page 169.

marche, mais ils se défendirent toujours avec tant de courage, que les Perses furent contraints plus d'une fois de se retirer. Les Grecs arrivés sur les bords du Tygre se trouverent fort embarrassés pour traverser ce fleuve. Animés par l'espérance d'entrer dans les plaines fertiles de l'Arménie, ils prirent la résolution de franchir les montagnes, quoiqu'elles fussent occupées par les Carduques, peuple barbare & belliqueux. Ils employerent sept jours entiers à se faire un passage au travers de ces barbares qui leur disputoient continuellement le terrein. Ils souffrirent pendant ce temps tout ce qu'on peut imaginer de plus triste, & ils se trouverent presque épuisés de faim & de fatigues. Lorsqu'ils furent entrés dans l'Arménie ils rencontrerent Tribaze, Gouverneur de la Province, qui feignit d'abord de les traiter en amis, en leur offrant toutes les provisions dont ils avoient besoin, à condition qu'ils ne feroient aucun ravage dans le pays. Sous cette bonté apparente il cachoit le dessein d'attaquer les Grecs dans les défilés où ils devoient s'engager. Les Grecs instruits de ce projet le surprirent dans son camp, & mirent son armée en déroute.

Après cette expédition ils traverserent l'Euphrate, & entrerent dans les déserts de l'Arménie, où plusieurs périrent de froid & de faim. Ils traverserent ensuite avec beaucoup de difficultés le pays des Phasiens, des Taches & des Chalybes, qui passoient pour les plus courageux d'entre les Barbares. Enfin après bien des fatigues & des peines ils arriverent à Trapeze, Colonie Grecque établie chez les Sénapéens qui habitoient les Provinces de la Colchide, voisine du Pont-Euxin. De-là ils se rendirent à Cérase, autre Colonie Grecque. Ils y firent le dénombrement de leurs forces, & la troupe se trouva réduite à huit mille six cents hommes. Ils eurent encore cependant beaucoup à souffrir en côtoyant le pays des Mosynéciens jusqu'à Cotyora. Les habitants de cette ville réfuserent d'ouvrir leurs portes; mais les Grecs s'en vengerent en ravageant tout le pays. On leur fournit des vaisseaux pour se délivrer d'un ennemi si incommode, & s'étant embarqués par un vent favorable, ils arriverent le jour suivant à Sinope, où on leur amena encore quelques vaisseaux. Ils voulurent faire une descente pour mettre à contribution Héraclée, Colonie Grecque; mais Chérisophe s'y opposa. Les troupes se révolterent par cette raison, & se partagerent en trois Corps. Les Arcadiens & les Achaïens composoient le plus nombreux qui étoit de quatre mille quatre cents hommes, commandés par des Officiers qu'ils avoient créés; Chérisophe étoit à la tête de deux mille, & Xénophon en commandoit autant. Toute leur Cavalerie consistoit en quarante chevaux. Le premier Corps obtint des vaisseaux d'Héraclée, & fit voile pour Calpé, port de Bithynie : Chérisophe conduisit ses troupes par terre, & céda ses vaisseaux à Xénophon, qui se rendit pareillement en Bithynie. Les Grecs s'étant réunis au port de Calpé, jurerent de ne plus se séparer. La Cavalerie de Pharnabase les incommoda beaucoup; mais Xénophon trouva moyen de s'ouvrir un passage, & de conduire sa troupe jusqu'à Byzance. Pharnabase qui redoutoit beaucoup ces Grecs, mit dans ses intérêts Cléandre, Gouverneur de Byzance, & Anaxibius Commandant de la flotte Lacédémonienne. Anaxibius sous prétexte de les passer en revûe les attira hors de la ville, & leur fit des propositions qui leur parurent si étranges, qu'ils se déterminerent à

LES GRECS.

mettre Byzance au pillage. Xénophon leur parla avec tant de douceur, qu'ils sortirent de la ville sans commettre le moindre désordre. Quelque temps après Seüthès, Roi des Odrisiens peuple de Thrace, prit ces Grecs à son service. Ils combattirent pour ce Prince avec tant davantage, que toute la contrée se soumit à sa domination. Les Spartiates qui venoient de déclarer la guerre à Tissapherne, proposèrent alors à ces Grecs de servir dans leur armée. Xénophon qui les commandoit, accepta cette offre, & conduisit sa troupe jusqu'à Pergame, où elle se joignit à Thimbron, Général des Lacédémoniens. Tel fut le sort des dix mille Grecs qui furent dix-neuf mois à traverser un grand nombre de pays au milieu des dangers les plus éminents.

Nouvelle guerre contre les Perses.

Les Spartiates qui avoient rétabli leur domination dans la Grece, songèrent à étendre leurs conquêtes au dehors. Ils en trouverent bientôt l'occasion. Les Ioniens allarmés de la puissance de Tissapherne, à qui Artaxerxès avoit accordé le gouvernement de toutes les villes qu'il possedoit dans ces contrées, appellerent les Spartiates à leur secours. Ceux-ci leur envoyerent aussitôt quatre mille hommes d'Infanterie & trois cents de Cavalerie sous les ordres de Thimbron, dont l'armée fut augmentée par les dix mille que Xénophon commandoit. Avec ce renfort il s'empara de Pergame & de quelques autres villes mal fortifiées. Pendant qu'il assiégeoit Larissa, il fut rappellé & banni pour avoir souffert que ses troupes pillassent les terres des Alliés. On lui donna pour successeur Dercyllidas.

Ce Général trop foible pour combattre en même temps Tissapherne & Pharnabase, fit la paix avec le premier, & entra aussitôt dans la Province qui étoit aux ordres du second. La plus grande partie des villes d'Eolie ouvrit ses portes, & le reste ne fit pas une longue résistance. Dercyllidas fit ensuite une treve avec Pharnabase, & passa l'année suivante dans la Thrace. Il ferma l'Isthme de la Chersonnese par un long mur qui mettoit les Isles voisines à couvert des incursions des Barbares. De-là il repassa en Asie, & s'empara d'Atarne, Place forte de l'Ionie, habitée par les exilés de Chio. Informé que Tissapherne & Pharnabase avoient réuni leurs forces contre lui, il marcha à dessein de leur présenter le combat. Avant que d'en venir aux mains, il eut une entrevûe avec les Gouverneurs Persans, & s'engagea d'évacuer le pays, si Artaxerxès vouloit rendre la liberté aux villes Grecques de l'Asie Mineure. On convint d'une suspension d'armes jusqu'à ce que le Roi de Perse eût fait sçavoir ses intentions.

Cependant les Spartiates jaloux de l'attachement inviolable que les Eléens avoient toujours eû pour Athènes, & fâchés d'ailleurs de ce que ces peuples ne les avoient pas admis à la célébration des Jeux Olympiques, leur déclarèrent la guerre sous des prétextes assez frivoles. Ils les sommerent d'abandonner la jurisdiction qu'ils exerçoient dans des villes originairement libres. Sur leur refus, Agis Roi de Lacédémone, alla mettre le siége devant Elis, & le pressa si vivement, que les habitants se trouverent dans la dure nécessité de se soumettre aux conditions qu'on leur prescrivit. Toutes les fortifications d'Elis furent rasées, & les Eléens renoncerent à la domination qu'ils avoient usurpée sur les autres villes.

La nouvelle des préparatifs que les Phéniciens faisoient pour secourir les

Perses, détermina Lacédémone à envoyer de nouvelles troupes en Asie sous la conduite de leur Roi Agésilas. Tissapherne amusa long-temps le Roi de Sparte, sous prétexte qu'il attendoit de nouveaux ordres de son Souverain. Agésilas ayant appris que le Gouverneur Persan n'avoit usé de délai que pour rassembler son armée, entra dans la Phrygie & s'empara de plusieurs Places. Il n'osa livrer combat aux Perses, parce qu'il n'avoit point de Cavalerie : mais ayant tiré un grand nombre de chevaux des villes qu'il mit à contribution, il attaqua les Lieutenants de Tissapherne, & remporta sur eux une victoire signalée sur les bords du Pactole. Il fit dans cette occasion un riche butin qu'il trouva dans le camp ennemi. Artaxerxès soupçonnant que Tissapherne étoit l'auteur de cette défaite, lui fit trancher la tête, & mit en sa place Tithrauste. Ce dernier employa toutes sortes de moyens pour engager Agésilas à faire la paix, & il l'assura qu'il étoit prêt à accorder la liberté aux Grecs d'Asie, pourvu qu'ils payassent un tribut, & que les troupes Lacédémoniennes se retirassent. Agésilas s'excusa sur ce qu'il ne pouvoit rien conclure sans ordre de l'Etat. Tithrauste obligé de se rendre à ces raisons, fournit une somme d'argent à l'armée Spartiate, exigeant qu'elle rentrât en Phrygie. Pendant la marche d'Agésilas, les Députés de Lacédémone le rencontrerent, & lui apprirent qu'on l'approuvoit & qu'on le laissoit maître de nommer un Commandant pour la flotte qui devoit agir de concert avec lui. En vertu de ce pouvoir Agésilas demanda aux Insulaires & aux villes maritimes une flotte de cent vingt vaisseaux, dont il donna la conduite à Pisandre son beau-frere.

De si grands préparatifs effrayerent les Perses, qui, pour forcer Agésilas à sortir de leur pays, résolurent de soulever plusieurs villes de la Gréce contre la puissance de Sparte. En conséquence Tithrauste fit partir Timocrate, l'instruisit de ses desseins, & lui remit cinquante talents, dont il devoit se servir pour assurer le succès de ses négoeiations. Timocrate par ses présents & ses discours artificieux séduisit facilement les habitants de Thebes, d'Argos & de Corinthe, qui à leur tour engagerent d'autres Etats à se réunir avec eux. Les Thébains furent les premiers & les plus empressés à faire déclarer les Athéniens en faveur des Perses contre les Lacédémoniens, & pour donner lieu à quelques hostilités, ils engagerent les Locriens Opunces à révendiquer une piece de terre qui appartenoit aux Phocéens. Ces derniers invoquerent aussitôt la justice & le secours de leurs Alliés. Les Spartiates qui haïssoient particulierement les Thébains, voyant qu'ils prenoient le parti des Locriens, embrasserent les intérêts des Phocéens, & ordonnerent à Pausanias de mener un renfort à Lisandre qui investissoit Haliarte. Les Thébains avertis assez-tôt du départ de Pausanias, tomberent sur Lisandre avant la jonction, & ce Général trop foible pour résister, perdit la bataille & la vie. Telle fut la fin de Lisandre qui avoit rendu à sa patrie les services les plus importants, & donné aux Athéniens le plus violent échec qu'ils eussent jamais reçu. Les Lacédémoniens le regretterent beaucoup, & rendirent de grands honneurs à sa mémoire. Il n'étoit cependant pas sans défauts; il en avoit même plus qu'un autre, & l'ambition, la vanité, la dissimulation, l'avarice & la trahison faisoient le fond de son caractere. Quelques vertus qu'il affectoit de faire briller, aveuglerent le peuplé fur fes mauvaifes qualités ; de forte qu'il trouva moyen de maintenir jufqu'à fa mort l'afcendant qu'il avoit pris fur toutes les affaires. Il reftraignit confiderablement l'autorité des Rois de Sparte, lors même qu'ils étoient à la guerre, & cherchoit néanmoins à fe placer fur le thrône. Comme après fa mort on en trouva la preuve dans fes papiers, Léocratidas qui les examinoit les fupprima, fous prétexte qu'il étoit indigne des Spartiates d'accufer les mânes d'un Citoyen à qui l'Etat avoit obligation.

Paufanias arrivé après la défaite des troupes de Lifandre, n'ofa faire aucune entreprife. Il fe contenta de demander les corps de ceux qui avoient été tués, & on les lui accorda pourvu qu'il fortît fur le champ du pays ; ce qu'il exécuta. Les Spartiates regardant fa conduite comme une lâcheté qui les couvroit de honte, le condamnerent à la mort ; mais il l'évita en fe retirant à Tégée, où il finit fes jours. Cependant Agéfilas après avoir ravagé le gouvernement de Pharnabafe, enlevé & pillé la tente même de ce Général, confentit à avoir une entrevûe avec lui. Pharnabaze fit tous fes efforts pour fe concilier la bienveillance des Lacédémoniens, & fur les proteftations qu'il fit à Agéfilas, ce Prince fe détermina à fortir de fa Province, & porta fes pas vers la plaine de Thebes. Il y étoit à peine entré qu'il reçut ordre de retourner dans la Laconie, où fa préfence étoit néceffaire. Il ne laiffa que quatre mille hommes en Afie pour y conferver les poftes qu'il occupoit, & partit fur le champ.

Le retour d'Agéfilas ne pouvoit être auffi prompt que le danger des Spartiates étoit preffant. Les Athéniens, les Argiens, les Béotiens, les Corinthiens & les Eubéens devoient fondre tous à la fois fur Lacédémone, & cette ville étoit perdue fans reffource, fi les conteftations de fes ennemis fur le commandement & l'ordre de bataille n'euffent donné le temps aux Lacédémoniens de raffembler les habitants d'Elis, de Sicyone, d'Epidaure, de Trezene & quelques autres, dont ils formerent une armée en état de marcher à la rencontre des Athéniens & de leurs Alliés. Ariftodeme tuteur d'Agéfipolis, jeune Roi de Lacédémone, fut nommé Général, & alla camper aux environs de Sicyone, en face de l'armée ennemie. L'action ne tarda pas à s'engager, & les Spartiates, malgré la déroute de leurs Alliés, firent de fi grands prodiges de valeur, qu'ils forcerent les Athéniens à leur céder le champ de bataille & la victoire.

Agéfilas qui en reçut la nouvelle à Amphipolis, renvoya Dercyllidas en Afie pour affermir dans l'alliance les villes confédérées, & s'avança avec toute la diligence poffible. Les Thrales, peuples de Thrace, voulurent s'oppofer à fon paffage, ou le lui faire payer ; mais il les châtia de leur témérité, & s'approcha des Etats du Roi de Macédoine. La réponfe ambigue de ce Prince fur la demande qu'on lui fit de permettre aux Spartiates de traverfer fon Royaume, n'empêcha pas Agéfilas de continuer fa route. Les Macédoniens hors d'état d'en marquer leur reffentiment, furent obligés de le diffimuler, & les Lacédémoniens arriverent fans beaucoup d'obftacles dans la Béotie. Agéfilas y apprit la défaite & la mort de Pifandre, à qui il avoit confié la conduite de la flotte Lacédémonienne. Le combat avoit été livré aux environs de Gnide, & la flotte des Perfes commandée par Conon & par Pharnabafe, avoit enlevé cinquante vaiffeaux aux Spartiates, & coulé

plufieurs

plusieurs autres à fond. Agésilas craignant que cet échec ne décourageât ses troupes déguisa la nouvelle, & diminua les pertes. Il se réunit bientôt aux Alliés de Sparte, & marcha avec eux contre les Athéniens qui campoient dans la plaine de Coronée. Les Thébains ne tarderent pas à faire l'attaque, & l'action devint générale. Agésilas, quoique blessé dès le commencement de la bataille, ne cessa de combattre que lorsqu'il fut assuré de la victoire. Ce nouvel avantage que remporterent les Spartiates ne termina pas les hostilités; elles se perpétuerent par les incursions continuelles des Lacédémoniens en Attique, & des Athéniens dans la Laconie.

Le territoire de Corinthe devint alors le théatre de la guerre, & les Corinthiens accablés de toutes sortes de maux, ne désiroient que la paix. Les Magistrats & les Citoyens qui étoient dans le parti des Perses s'y opposerent de toutes leurs forces; ce qui forma deux factions. Les Spartiates profiterent de cette division, & entrerent en armes dans Corinthe sous prétexte de soutenir les mécontents. Praxitas, qui commandoit les Lacédémoniens, fit un grand carnage des Argiens & des Béotiens, pendant qu'Agésilas ravageoit leurs pays. Les Athéniens envoyerent à leur secours Iphicrate, dont les connoissances dans l'art militaire étoient au dessus de son âge. L'arrivée de ce Général fit retirer les Lacédémoniens. La guerre continua cependant; mais ce ne fut de part & d'autre que des escarmouches & des incursions.

Les villes de l'Asie Mineure s'appercevant que les forces maritimes des Lacédémoniens étoient considerablement diminuées depuis la journée de Gnide, se révolterent à la sollicitation de Pharnabase, & chasserent leurs Gouverneurs. Conon qui étoit toujours au service des Perses, mais qui travailloit secretement pour les intérêts de sa patrie, avoit conseillé à Pharnabase de rétablir le Pyrée & de relever les murs d'Athènes, afin de mettre cette ville en état de contrebalancer la puissance des Spartiates. Conon étoit presque assuré de la réussite de son projet, lorsque les Lacédémoniens, qui en avoient été informés, mirent tout en œuvre pour le faire échouer. Ils envoyerent Antalcide pour entrer en accommodement avec les Perses, & rendre Conon suspect. Ils représenterent pour cet effet qu'il n'avoit allumé la guerre que pour soutenir les Athéniens aux dépens de la Perse. Téribase, à qui ils s'étoient adressés, fit arrêter Conon, dont on ignore le véritable sort. On prétend qu'un amour aveugle pour sa patrie l'avoit rendu ingrat envers ses bienfaiteurs.

Pendant qu'on travailloit à la paix, de nouveaux sujets de querelle firent continuer les hostilités entre les Spartiates & les Athéniens. Les habitants de Rhodes divisés entr'eux au sujet de la forme du gouvernement, se partagerent en deux factions: les uns étoient pour la Démocratie, & les autres pour l'Oligarchie. Ces derniers, qui étoient les plus foibles, furent chassés de l'Isle, & eurent recours aux Lacédémoniens. Téleutias se rendit aussitôt à Rhodes avec les exilés, & vint à bout de rétablir l'Oligarchie. Athènes, à qui il importoit d'enlever aux Lacédémoniens la souveraineté qu'ils vouloient usurper dans cette Isle, envoyerent Thrasybule avec ordre de rétablir la Démocratie. Ce Général passa d'abord dans la Thrace pour engager deux Princes de la Perse à prendre le parti des Athéniens, il s'assura ensuite de Byzance, de Chalcis, & de quelques autres villes situées sur les côtes de l'Hellespont, & fut assassiné par les habitants d'Aspende, qui avoient été maltraités par ses soldats. Telle fut la fin de cet illustre Citoyen, qui mérita le nom de Libérateur d'Athènes à d'aussi justes titres que ceux qui la défendirent contre les Perses. Les actions de la plûpart des Héros Athéniens ont peut-être eu plus d'éclat, mais elles n'avoient pas un mérite plus solide. Cornélius Népos dit, en parlant de Thrasybule, que si la vertu n'a pas besoin du relief de la fortune pour mériter nos hommages, cet illustre Citoyen doit avoir la premiere place entre les Héros. Les Spartiates ayant dessein de reprendre les Places que Thrasybule leur avoit enlevées sur l'Hellespont, chargerent Anaxibius de cette entreprise. Iphicrate, que les Athéniens lui opposerent, le surprit près d'Abydos, & coula sa flotte à fond.

Paix d'Antalcide.

387.

Cependant les Athéniens & les Spartiates ne cessoient de s'attaquer mutuellement de tous côtés, & de se livrer de petits combats, qui en ne décidant point la querelle, affoiblissoient néanmoins les deux partis. Enfin Sparte, Athènes & les autres Etats de la Grece fatigués par de si longues guerres, convinrent de faire la paix avec les Perses. Antalcide envoyé par les Lacédémoniens la conclut; à condition que toutes les villes Grecques Asiatiques rentreroient sous la domination des Perses, sans en excepter les villes de Clazomene; que les Athéniens conserveroient dans Lemnos, Imbrus & Syros, les jurisdictions qu'ils y exerçoient depuis plusieurs siecles; & que le reste de la Grece jouiroit d'une entiere liberté. On abandonnoit par ce traité tout ce qu'Agésilas avoit conquis, & tout ce que les Grecs avoient possedé dans l'Asie depuis l'origine de la Nation. Les Spartiates ne faisoient ce sacrifice que pour se conserver la tyrannie sur la Grece.

Ce traité, tout honteux qu'il étoit pour les Grecs, mettoit ceux-ci dans l'obligation de l'exécuter entr'eux; puisqu'un des principaux articles portoit que les Etats contractants se joindroient au Roi de Perse contre ceux qui voudroient en enfreindre les conditions. Les Lacédémoniens toujours jaloux de dominer sur la Grece, interpreterent au gré de leurs intérêts ou de leurs passions, l'article dont je viens de parler. Sous prétexte de le faire exécuter, ils prirent les armes contre leurs voisins, & les habitants de Mantinée furent les premieres victimes de leur ambition. Agésipolis, Roi de Lacédémone, réduisit bientôt les Mantinéens à sortir de leur ville, & à aller chercher un asyle dans la campagne. Ils ne traiterent ces peuples avec tant de dureté, que pour les punir d'avoir pris parti contre eux dans les dernieres guerres. Quelques autres petits Etats qui ne leur paroissoient pas si coupables, n'éprouverent pas un sort si rigoureux. Enfin les Spartiates employerent toutes les ruses de la politique pour affermir leur domination dans le temps même qu'ils affectoient de n'avoir d'autre but que de procurer le bonheur des peuples de la Grece. Les petits Etats ne furent pas les seuls qui ressentirent les effets de la puissance de Lacédémone: Corinthe se vit forcée de retirer les garnisons qu'elle avoit dans Argos, & les Thébains furent obligés d'abandonner les villes de la Béotie. Ce dernier évenement rendit aux Lacédémoniens leur réputation, & dissipa pour quelque temps la haine qu'on avoit conçue contre eux pendant la guerre précédente.

Olynthe, dont la fortune avoit été rapide & brillante, & qui avoit trouvé moyen d'augmenter sa puissance par les conquêtes qu'elle avoit faites sur ses voisins, fut la seule qui osât long-temps résister aux Spartiates. Comme les troupes de ces derniers n'étoient pas assez fortes pour réduire les Olynthiens, Phébidas, à la tête d'un corps assez considérable, partit de Lacédémone à dessein de les joindre. En passant près de Thebes, il apprit que cette ville étoit divisée en deux factions, dont les Chefs étoient Isménias & Léontiade, tous deux Gouverneurs de la Cité. Léontiade ne pouvant esperer détruire le parti de son rival, livra la Citadelle à Phébidas, qui fit aussitôt arrêter Isménias. La plûpart de ceux qui étoient dans les intérêts de ce Gouverneur se retirerent à Athènes, & les Spartiates maîtres de Thebes, confirmerent Léontiade dans la place qu'il occupoit, & lui nommerent Archias un de ses complices pour Collegue. On intenta plusieurs accusations contre Isménias qui fut condamné à la mort, & les Spartiates sûrs des Thébains, continuerent la guerre contre les Olynthiens. Ces peuples se défendirent pendant trois ans, au bout desquels Olynthe fut prise par Polybiabe, qui imposa aux habitants les conditions suivantes : » Que les amis & les ennemis » de Lacédémone seroient aussi les leurs, & qu'ils entreroient dans toutes » ses guerres en qualité d'Alliés. «

Les Grecs.

Troubles à Thebes.

Cette expédition des Lacédémoniens étoit à peine terminée qu'ils marcherent contre les Phliasiens, dont la ville fut assiégée, & emportée en dix-huit mois par Agésilas. Les Spartiates, sous prétexte de travailler à l'exécution du traité qu'on avoit fait avec les Perses, étoient parvenus à un degré de puissance qui les rendoit supérieurs à tous leurs rivaux. Néanmoins ils ne jouirent pas long-temps de cette gloire ; car les Thébains fatigués du joug qu'ils portoient depuis quatre ans, songerent à le secouer. Ceux qui étoient à Athènes entretenoient une secrette correspondance avec ceux de leur parti qui se trouvoient encore à Thebes, & ils formerent ensemble une conjuration contre les Gouverneurs établis par les Lacédémoniens. L'entreprise eut tout le succès qu'ils s'étoient proposé ; les Gouverneurs furent massacrés, la garnison Lacédémonienne qui gardoit la Citadelle fut obligée de se rendre au bout de quelques jours de siége ; & les Thébains recouvrerent ainsi leur ancienne liberté, & poserent le premier degré de leur grandeur future.

Les Thébains recouvrent leur liberté.

Les Spartiates furieux de la perte de Thebes, envoyerent contre cette ville le Roi Cléombrote. On étoit alors dans le fort de l'hyver ; de sorte que ce Prince fit peu de progrès, & fut obligé même de retourner à Sparte après avoir chargé Sphodrias, Gouverneur de Thespies, de continuer la guerre contre les Thébains. Cependant les Athéniens qui vouloient pas avoir de démêlés avec les Lacédémoniens, refuserent de fournir des secours aux habitants de Thebes. Ceux-ci hors d'état de résister seuls, userent de stratagême pour jetter de la mésintelligence entre Lacédémone & Athènes. Dans cette vûe, ils sçurent, par des voyes secrettes, engager Sphodrias, dont ils connoissoient l'ambition, à tenter de surprendre le Pyrée. Sphodrias se laissa facilement persuader ; mais il échoua dans son entreprise, & attira sur Sparte les effets de l'indignation des Athéniens. Le désaveu que les Lacédémoniens firent de l'attentat de Sphodrias n'appaisa point les Athéniens qui embrasserent le parti des Thébains, & entraînerent beaucoup d'autres villes dans l'alliance qu'ils avoient faite avec eux. Les Lacédémoniens firent de vains efforts pour détacher toutes ces villes de la nouvelle alliance qu'elles venoient de contracter ; Agéfilas & Cléombrote qui parurent tour à tour dans la Béotie, y perdirent l'un & l'autre un grand nombre de Soldats & de braves Officiers. Chabrias, Général Athénien, fit des prodiges de valeur; & non content d'avoir battu les Spartiates dans la Béotie, il défit leur flotte destinée à empêcher le transport des bleds à Athènes, & rentra dans le Pyrée chargé des dépouilles des ennemis.

Les Athéniens fiers de l'avantage qu'ils venoient de remporter sur mer, formerent le dessein de rétablir leur marine, & de recouvrer la souveraineté des mers. En conséquence, ils équiperent une seconde flotte, & en donnerent le commandement à Timothée, fils de Conon. Ce nouvel Amiral sçut attirer dans l'alliance des Athéniens plusieurs villes maritimes, & n'eut pas de peine à défaire près de Leucade la flotte des Lacédémoniens commandée par Nicoloque. Pendant ces divisions les Thébains reprirent toutes les villes de la Béotie, & ces avantages leur faisoient insensiblement perdre la terreur qu'ils avoient eue d'abord des armes des Lacédémoniens. Pélopidas, Général des Thébains, tua de sa propre main le Chef des Spartiates aux environs de Tanagra, & remporta, quelque temps après, un avantage considérable dans le voisinage de Tégyre, quoique ses troupes fussent des deux tiers moins nombreuses que celles des Lacédémoniens. Les Soldats, à la tête desquels Pélopidas combattoit, étoient à la vérité l'élite de l'armée des Thébains. Ils étoient au nombre de trois cents, à qui on avoit donné le nom de *Bataillon facré* (1), à cause de leur valeur, & celui de *la Troupe d'amis*, parce qu'ils étoient parfaitement unis entre eux.

Les succès des Thébains commencerent à faire craindre aux Athéniens qu'ils ne devinssent trop puissants, & ne s'élevassent aussi contre eux. Cette appréhension fut cause qu'ils se prêterent volontiers aux propositions qu'Artaxerxès leur fit faire de renouveller la paix d'Antalcide. Les Thébains apporterent d'abord quelques difficultés à cette négociation ; mais ils céderent à la fin, & chaque Cité se gouverna selon ses loix particulieres, & fut délivrée de toute garnison étrangere. Cette tranquillité à laquelle Artaxerxès avoit donné lieu, l'autorisa à demander aux Grecs un secours de vingt mille hommes pour marcher contre les Egyptiens. Pharnabase, Général de l'armée des Perses, obtint des Athéniens qu'ils accorderoient le commandement de leurs troupes à Iphicrate, & qu'ils rappelleroient Chabrias qui servoit chez les Egyptiens en qualité de Volontaire. Iphicrate rendit peu de services aux Perses, parce que la lenteur & la jalousie de Pharnabase l'empêcherent d'entreprendre ce qu'il vouloit. L'expédition des Perses se réduisit à la prise

---

(1) On prétend que Gorgidas, un des Gouverneurs de la Béotie qui eut beaucoup de part aux grandes actions de son temps, institua ce Corps de Milice, de concert avec Pélopidas. L'emploi de ces Soldats étoit de garder la Citadelle, & on les faisoit marcher dans les cas extraordinaires. Ils étoient alors distribués parmi les autres troupes, afin que leur exemple les encourageât. Néanmoins Pélopidas persuadé qu'ils étoient plus forts & plus utiles, lorsqu'ils se trouvoient rassemblés, combattit à leur tête à la journée de Tégyre, où ils donnerent les plus grandes preuves de valeur. Depuis ce moment on ne les dispersa plus, & ils passerent pour invincibles jusqu'à la bataille de Cheronée, où la Phalange Macédonienne les mit tous en pieces.

de Mendefium, au siége inutile de Memphis, & le Général Perse se plaignit d'Iphicrate qui, de retour à Athènes, se justifia sans doute, puisque ses Concitoyens le nommerent Général.

<small>LES GRECS.</small>

Cependant plusieurs villes de la Grece, & particulierement du Péloponese, firent quelques mouvements qui occasionnerent de nouveau la guerre. La rupture éclata par les troubles que la faction Lacédémonienne excita dans Corcyre & dans Zacynthe, dont les habitants chasserent les principaux Magistrats avec ceux qui leur étoient attachés. Ces bannis se réfugierent sur les vaisseaux de Timothée, qui leur fournit les moyens de s'emparer d'un Château, & de s'y défendre. Les Spartiates instruits de ce qui se passoit, envoyerent une flotte sous les ordres de Mnasippe, à dessein de secourir leurs partisans, & de se rendre maître des deux Isles. Leur flotte fut battüe, neuf vaisseaux tomberent au pouvoir des Athéniens, & Mnasippe perdit la vie. Vers le même temps les Thébains détruisirent Platée & Thespies qui s'étoient mises sous la protection des Athéniens. Ceux-ci irrités de la ruine de ces deux villes rompirent avec les Thébains, & les affaires de la Grece changerent totalement de face. Les Athéniens & les Spartiates songeoient à faire la paix entre eux, & à la procurer aussi aux autres petits Etats; lorsque les Thébains, qu'on vouloit comprendre parmi les derniers, annoncerent fierement qu'ils prétendoient être désignés par le nom de Béotiens, & tenir un des premiers rangs. Les contractants rejetterent ces prétentions, & Agésilas insista sur ce qu'ils eussent à rendre aux villes la liberté, & à mettre la Béotie dans l'indépendance. Epaminondas revêtu de la qualité d'Ambassadeur des Thébains, répliqua que le droit des Spartiates n'étoit pas mieux fondé sur la Laconie, que celui des Thébains sur la Béotie, & que lorsque les Lacédémoniens montreroient l'exemple, on le suivroit exactement. Cette réponse étoit juste, mais elle irrita tellement Agésilas, qu'il raya sur le champ les Thébains du traité, & leur déclara la guerre.

<small>Nouveaux troubles dans la Grece.</small>

La vivacité d'Agésilas fut blâmée, néanmoins les Lacédémoniens, afin de priver les Thébains de toute alliance, conclurent la paix avec les autres Etats, & les Ephores chargerent Cléombrote d'entrer dans la Béotie. Les Thébains se crurent alors perdus, & la consternation où ils tomberent leur seroit devenue fatale, si Epaminondas n'eût pris soin de les rassurer. Il se prépara à recevoir les ennemis avec une fermeté & une sécurité si apparentes, que ses troupes commencerent à mieux esperer. Cléombrote arrivé sur les frontieres de la Béotie, fit sommer les Thébains de rendre la liberté aux villes de cette Province, de rebâtir Platée & Thespies, & de rembourser les habitants de tous les dommages qu'ils avoient soufferts. Epaminondas fit répondre que les Spartiates n'avoient rien à prétendre dans la Béotie, & que les Thébains n'avoient point de compte à rendre de leur conduite. Le combat devenu nécessaire, les Thébains sortirent de leur ville, quoiqu'ils fussent effrayés par des prodiges dont ils tiroient mauvais augure. Epaminondas, pour prévenir les mauvais effets de la terreur de ses Soldats, opposa aux vains présages qui les épouvantoient, d'anciennes prédictions propres à leur inspirer de la confiance. Il réussit, & les mêmes troupes qui paroissoient auparavant si découragées, prierent impatiemment leur Général de les mener à l'ennemi. Le Conseil de guerre qu'Epaminondas s'étoit formé, décida

<small>Differends entre les Lacédémoniens & les Thébains.</small>

LES GRECS.

Bataille de Leuctres.

371.

qu'il falloit profiter de la bonne volonté des Soldats; on se mit en chemin en conséquence, & on rencontra l'armée Spartiate dans la plaine de Leuctres, ville de Béotie.

Archidame, fils d'Agésilas, avoit conduit de nouvelles recrues à Cléombrote; de sorte que les Lacédémoniens étoient de beaucoup supérieurs en forces. Néanmoins Epaminondas se conduisit avec tant d'activité, de prudence & de valeur dans la disposition de son armée, & dans la manœuvre, qu'il mit les ennemis en déroute, & acheva de rendre sa victoire complette en tuant Cléombrote, & plusieurs Officiers de distinction qui combattoient près de ce Général. Les Alliés des Spartiates avoient pris la fuite aussitôt qu'ils s'étoient apperçus que l'avantage étoit du côté des Thébains, & leur défection contribua à la perte des Lacédémoniens, qui laisserent un grand nombre des leurs sur le champ de bataille. Les Thébains satisfaits de la victoire éclatante qu'ils venoient de remporter, éleverent sur le lieu même un Trophée, & envoyerent un Hérault à Athènes pour y porter la nouvelle de ce qui s'étoit passé, & demander du secours. Les Athéniens qui n'avoient pas dessein de transporter aux Thébains la puissance dont les Lacédémoniens avoient joui jusqu'alors, refuserent de donner audience au Hérault, & aussitôt après son départ, ils firent entendre aux Spartiates, que les Citoyens d'Athènes se chargeroient de maintenir la paix. Les Députés des villes Grecques, convoqués dans Athènes, renouvellerent le traité de paix en leur nom & en celui de leurs Confédérés, & les Thébains persisterent dans leur opposition. Les Eléens suivirent l'exemple de ces derniers, & d'autres Etats à portée d'être soutenus par les Thébains, embrasserent aussi ce parti; ce qui rendit Thebes l'asyle de tous ceux qui étoient allarmés de la puissance de leurs voisins, & en particulier de celle des Spartiates.

Ceux-ci supporterent leur disgrace avec une fermeté dont on voit peu d'exemple. On célébroit à Sparte une fête qui y avoit attiré un grand nombre d'Etrangers, lorsqu'on apprit l'affaire de Leuctres. Les Ephores dissimulant le désespoir qu'une pareille nouvelle devoit leur causer, envoyerent dans chaque famille intéressée les noms de leurs morts, après quoi ils se mêlerent aux Jeux, & firent observer les cérémonies ordinaires. Les parents de ceux qui étoient morts sur le champ de bataille se féliciterent les uns les autres, pendant que ceux dont les enfants avoient survécu se renfermerent dans leurs maisons pour y cacher leur douleur & leur honte. Les femmes ne montrerent pas moins de joye ou de tristesse que leurs maris, suivant les circonstances. Telle étoit la maniere dont les différentes familles étoient affectées: mais en général on fut allarmé d'une perte aussi considerable que celle qu'on venoit de faire. Sparte se trouvoit sans Soldats, ses Alliés l'abandonnoient, pour ainsi dire, à la merci du vainqueur, & on sçavoit que l'ennemi avoit résolu d'entrer dans le Péloponnese. Les habitants de Sparte se repentirent alors d'avoir couronné Agésilas, premiere cause de tous leurs malheurs, néanmoins ils le chargerent d'y remédier, & s'abandonnerent sans réserve à sa conduite.

Agésilas commença par rappeller tous ceux qui avoient pris la fuite à la derniere action, & comme les loix les excluant de tout emploi & les déclarant infâmes, auroient privé l'Etat de Citoyens utiles, il publia que les loix feroient fans force le jour de l'arrivée de ces Soldats ; mais qu'elles reprendroient le lendemain leur autorité ordinaire. Après avoir ainfi rendu le droit de porter les armes à ceux qui n'auroient jamais ofé y prétendre fans l'expédient d'Agéfilas, ce Prince entra dans l'Arcadie, s'empara d'une petite ville du domaine des Mantinéens, & en ravagea le territoire. Les Mantinéens entrerent dans la ligue que les Thébains avoient faite avec d'autres Etats, & releverent leur ville avec le fecours des Eléens, & d'une partie des peuples d'Arcadie. Paufanias raconte qu'à la perfuafion d'Epaminondas les Arcadiens difperfés fe raffemblerent dans une grande ville qu'ils bâtirent & qu'ils nommerent Mégalopolis. Ces peuples jouiffoient à peine des priviléges du traité qui leur permettoit de fe gouverner par leurs propres loix, que des diffenfions inteftines leur cauferent beaucoup de maux. Les Tégéens & le refte des Arcadiens formerent le projet de ne compofer enfemble qu'une feule République, & de placer le pouvoir abfolu dans une affemblée de dix mille. L'exécution de ce plan occafionna des factions dans lefquelles plufieurs perdirent la vie, & quatorze cents furent bannis. Agéfilas informé de ces troubles, chargea Polytrope d'entrer dans ce pays à la tête de quinze cents hommes. Polytrope s'empara d'Orchomene, & y établit garnifon : mais Lycomede, Général Arcadien, lui livra bataille fous les murs de la ville, & le défit. Cet avantage faifant craindre aux Arcadiens que les Spartiates ne raffemblaffent contre eux de plus grandes forces, implorerent l'affiftance des Athéniens. Ces peuples refuferent l'alliance des Arcadiens, pour la même raifon qui leur avoit fait rejetter celle des Thébains ; ce qui engagea les Arcadiens à avoir recours à ces derniers. Ils en furent reçus avec joye, & formerent une ligue qui devint formidable aux Spartiates.

Pendant que les Arcadiens cherchoient à fe faire un appui qui pût les mettre en état de réfifter aux Lacédémoniens, les Argiens fe déchiroient eux-mêmes par les plus cruelles diffenfions. Les Orateurs ou Démagogues fouleverent le peuple contre les Nobles. Ceux-ci formerent le projet d'abolir la Démocratie, & enfin les deffeins des uns & des autres occafionnerent des troubles & des meurtres qui ébranlerent la puiffance d'une ville qui auroit pû difputer l'empire de la Grece. Jafon revêtu de quelqu'autorité à Pherès, perfuada aux Theffaliens, dont il fe fit déclarer Général, qu'ils devoient profiter des querelles inteftines des Argiens, & s'emparer de leur ville. Les difcours de Jafon, fes intrigues, fes préfents, fon éloquence, attirerent un grand nombre de villes dans fon parti, & les Thébains s'adefferent à lui pour obtenir un fecours que les Athéniens leur avoient refufé. Jafon le leur promit, mais il ne tint pas parole. Il fe contenta de les exhorter à ufer de modération, & de craindre le défefpoir de l'ennemi, tandis qu'il cherchoit d'un autre côté à relever le courage des Spartiates. Le but d'une conduite fi étrange de la part de Jafon, étoit de s'arroger une certaine autorité, & de parvenir par degrés à faire la loi à toute la Grece. Il penfa qu'il valoit mieux, dans les circonftances préfentes, fe rendre médiateur que d'accepter le titre d'Allié, & il conclut entre les Spartiates & les Thébains une paix dont les Hiftoriens parlent fi diverfement, qu'on ne peut affurer fi elle fut antérieure ou poftérieure à la bataille de Leuctres.

LES GRECS.

Quoi qu'il en soit, Jason arrivoit insensiblement à ses fins, lorsque Polydore & Polyphron ses freres le firent assassiner. Peu de temps après Polydore fut tué par Polyphron, qui perdit la vie à son tour de la main d'Alexandre son frere ou son neveu. Alexandre se rendit maître de Pheres, où il exerça la tyrannie, & les Thessaliens dès la mort de Jason furent privés de l'influence qu'ils avoient eue sur les affaires de la Grece.

Entreprise des Thébains contre Sparte.

Les Thébains qui, outre les Arcadiens, avoient engagé dans leur alliance les Phocéens, les Locriens, les Eubéens, les Acarnaniens, & quelques petits Etats de leur dépendance, entrerent dans le Péloponnese sous prétexte de secourir l'Arcadie. L'armée des Thébains & de leurs Confédérés, commandée par Epaminondas & Pélopidas, étoit forte d'environ soixante & dix mille combattants. Elle fut divisée en quatre corps, qui fondirent dans la Laconie en même temps, par quatre endroits différents, & s'avancerent vers Lacédémone. Agésilas qui étoit occupé à la poursuite des Arcadiens, ayant été informé de l'approche des ennemis, accourut à la défense de sa patrie. Il trouva les Citoyens dans une consternation d'autant plus grande, que dans l'espace de six cents ans les ennemis n'avoient osé paroître devant Sparte. Cependant Epaminondas, à la tête de son Infanterie, traversa l'Eurotas, & malgré les difficultés qu'il rencontra, il mena ses troupes jusqu'aux fauxbourgs de Lacédémone. Agésilas eut alors besoin de toute son autorité & de toute sa prudence pour arrêter les effets du désespoir des Spartiates, qui vouloient se précipiter en confusion à travers l'ennemi. Il s'occupa d'abord à calmer les esprits, songea ensuite à pourvoir à la défense de la ville, & proposa la liberté à tous les Hilotes qui voudroient servir.

A dessein d'attirer les Lacédémoniens dans un combat régulier, les Thébains formerent une espece de camp aux environs de la ville; mais Agésilas qui se tenoit seulement sur la défensive, rendit inutiles leurs efforts & leurs stratagêmes. Les Thébains tenterent vainement quelques attaques, ils y perdirent beaucoup de Soldats, & se virent enfin obligés de lever le siége & de rentrer dans l'Arcadie. Le peu de succès de cette expédition affligea Epaminondas, & pour en effacer la honte & inquietter les Spartiates, il proposa le rétablissement de la postérité des Messéniens. Ces peuples qui,

Etablissement de Messene.

trois cents ans auparavant avoient été chassés du Péloponnese par les habitants de Lacédémone, s'étoient répandus dans la Sicile, dans l'Italie & dans quelques autres contrées, où leurs usages, leurs mœurs & leur dialecte s'étoient conservés sans aucune altération. Ravis de l'offre qu'on leur faisoit, ils se rendirent en foule dans leur pays originaire, & en peu de mois leur ville fut rebâtie, peuplée & revêtue de son ancienne splendeur. Les nouveaux habitants partagerent entr'eux le territoire, & les Thébains leur laisserent une forte garnison. Le rappel de ce peuple fit honneur à Epaminondas, & causa un sensible chagrin aux Spartiates. Les Thébains reprirent aussitôt la route de leur pays, & y arriverent sans obstacles, parce qu'Iphicrate, que les Athéniens avoient envoyé au secours des Lacédémoniens, avoit séjourné trop long-temps à Corinthe, avec les douze mille hommes qu'il commandoit.

Procès fait à Epaminondas.

En entrant dans Thebes Epaminondas & Pélopidas, au lieu des récompenses qu'on qu'on devoit à leurs services, furent faits prisonniers d'Etat pour avoir exercé le commandement quatre mois au-delà du temps prescrit par les Loix. Le crime étoit capital ; on instruisit leur procès, ils furent interrogés, & sur le point d'être condamnés : mais Epaminondas prévint le jugement, & rappellant à ses Concitoyens les différents services qu'il leur avoit rendus, il demanda pour toute grace qu'on inscrivît sur son tombeau qu'il avoit perdu la vie pour avoir conservé l'Etat. Ce reproche eut l'effet qu'il en attendoit ; le peuple eut honte de ce qu'il alloit faire, & se hâta d'absoudre Epaminondas & son Collegue.

Cependant les Lacédémoniens délivrés d'un ennemi redoutable, songerent moins à réparer leurs pertes qu'à les augmenter par des factions, & Agésilas ne trouva pas moins de difficultés à gouverner le peuple qu'il en avoit eu à le défendre. Son activité & sa prévoyance firent échouer deux conspirations dangereuses, & la sévérité avec laquelle il punit les coupables, prévint de nouveaux troubles. Après avoir surmonté ces dangers domestiques & repoussé les Thébains, les Spartiates commencerent à jouir de quelque repos. Ils sentirent la nécessité de chercher du secours chez leurs voisins, & quoiqu'ils en eussent obtenu des Corinthiens & des autres habitants du Péloponnese, ils fonderent leurs espérances sur Athènes, à qui ils avoient cédé la souveraineté des mers à dessein de l'attacher plus fortement à leurs intérêts. Les Athéniens ne firent pas néanmoins tout ce que les Spartiates en attendoient ; ils formerent des difficultés sur le commandement des troupes, & on fut obligé de leur accorder tout ce qu'ils exigeoient. On avoit à peine terminé les contestations, que les Arcadiens se remirent en campagne, & emporterent d'assaut la ville de Pallene dans la Laconie. Trois cents Spartiates qui composoient la garnison furent passés au fil de l'épée, & le pays fut saccagé. Les Argiens & les Eléens se joignirent aux Arcadiens, auxquels les Thébains envoyerent aussi un renfort sous la conduite d'Epaminondas. Les Athéniens crurent alors devoir secourir les Spartiates, & ils firent partir Chabrias pour disputer le passage aux ennemis. Le Général Athénien se rendit à Corinthe, où ses troupes & celles des Lacédémoniens & de leurs Alliés formerent une armée assez forte. Epaminondas sans s'effrayer de leur nombre s'avança, résolu de se faire jour les armes à la main : mais on avoit pris la précaution de fermer l'Isthme d'un long mur coupé d'un fossé très-profond. Cet obstacle n'arrêta pas long-temps le Général des Thébains ; il s'apperçut que le côté défendu par les Spartiates étoit le plus foible, il y dirigea son attaque, & s'ouvrit enfin le passage. Ses troupes se répandirent ensuite dans le pays, le désolerent & subjuguerent plusieurs villes. Corinthe étoit pressée avec tant de vigueur, que les habitants n'avoient plus aucune espérance, lorsque Chabrias les sauva par sa valeur. Il repoussa les Thébains, qui perdirent beaucoup des leurs, & furent contraints d'abandonner Corinthe & le Péloponnese.

La conduite d'Epaminondas paroissoit à l'abri des reproches, néanmoins le Gouvernement de Thebes en fut peu satisfait. On l'accusa d'avoir ménagé les Spartiates au moment qu'il pouvoit les écraser, & sous prétexte qu'il avoit trahi les intérêts de la Béotie, il fut écarté de l'administration des affaires, & réduit à la vie de simple Particulier. Un traitement aussi injuste n'altéra

Tome VI. Hhhh

Factions dans Lacédémone.

Disgrace d'Epaminondas.

point l'amour d'Epaminondas pour sa patrie, à laquelle il rendit dans la suite d'importants services. Cependant les Arcadiens fiers de leurs succès ne voulurent plus se reconnoître pour sujets des Thébains, & refuserent de leur rendre quelques villes. Il y eut à ce sujet de violents démêlés, & les Thébains & les Eléens retirerent les troupes qu'ils avoient fournies aux Arcadiens. Ces peuples en furent médiocrement affligés, parce qu'ils se croyoient en état de soutenir seuls les efforts des Lacédémoniens. L'évenement ne répondit pas à une confiance si étendue. Archidame, fils d'Agésilas, se mit aussitôt en campagne, s'empara de Caries, dont par représailles il passa la garnison au fil de l'épée, ravagea le territoire de Parrhasie, & chargea si vivement les Arcadiens, qui s'étoient réunis aux Argiens pour s'opposer à ses progrès, qu'il les mit en déroute, & remporta une victoire complette. Les Spartiates, à la nouvelle de cet avantage, firent éclater la plus grande joye ; tandis que les Arcadiens découragés par leur défaite, eurent encore le chagrin d'apprendre que les Thébains & les Eléens s'en réjouissoient.

La grandeur & la puissance des Thébains s'accroissant de jour en jour par les soins & par les talents de Pélopidas, la confiance des Etats voisins s'augmenta à proportion. Les Thessaliens fatigués de la tyrannie d'Alexandre de Pherès, eurent recours aux Thébains, & engagerent Pélopidas à remontrer à ce Souverain l'injustice de plusieurs de ses actions. Le Général Thébain, qui étoit de retour de la Macédoine, où il avoit été appaiser quelques différends, partit pour la Thessalie. Il étoit près de Pharsale, lorsqu'il apperçut Alexandre de Pherès à la tête d'une nombreuse armée. Pélopidas crut que le Phéréen venoit se justifier des accusations portées contre lui, & se confiant au caractere d'Ambassadeur dont il étoit revêtu, il s'avança sans Soldats & sans armes accompagné de son Collegue Isménias. Alexandre de Pherès ravi de leur sécurité, les fit saisir & conduire à Pherès, où ils furent gardés avec soin. Les Thébains indignés de l'insulte qu'ils avoient reçue dans la personne de leur Ambassadeur, envoyerent une armée en Thessalie. Le malheur ou l'inexpérience des Généraux fut cause du peu de succès de cette expédition. Les Thébains furent contraints de fuir en désordre, & poursuivis par les Phéréens, ils auroient tous péri sans Epaminondas, à qui les troupes déférerent le commandement, quoiqu'il ne servît alors qu'en qualité de Volontaire. Cet habile Général remédia sur le champ aux fautes qu'on avoit faites, & se retira en bon ordre. Aussitôt qu'il fut arrivé en Béotie, on le combla de louanges, & on le chargea de réparer le déshonneur de cette Campagne. Alexandre fut effrayé du retour des Thébains, & déterminé à se concilier leur bienveillance, il rendit la liberté à Pélopidas & à Isménias. C'étoit le seul but que se proposoit Epaminondas, qui, satisfait d'avoir réussi, rejetta avec mépris l'alliance d'Alexandre de Pherès, & reprit le chemin de Thebes.

Quelque temps après les Thébains informés que les Spartiates avoient commencé quelques négociations avec la Cour de Perse, proposèrent à leurs Confédérés d'y députer des Ambassadeurs chargés du soin de défendre leurs intérêts. Les Arcadiens, les Eléens, les Argiens approuverent cet avis, & les Thébains nommerent Pélopidas. Les Athéniens envoyerent aussi leurs

Députés; de forte que les Ambaſſadeurs de preſque toute la Grece ſe trouverent raſſemblés près du Roi de Perſe. Ce Monarque diſtingua Pélopidas de tous les autres Grecs, & lui donna des marques particulieres d'honneur & d'eſtime. Pélopidas de ſon côté fit ſa cour avec tant d'art qu'il diſpoſa le Roi de Perſe à être favorable aux Thébains, & à accorder toutes leurs demandes. Elles portoient en ſubſtance que toutes les villes ſeroient confirmées dans la liberté dont elles jouiſſoient en vertu du dernier traité; que Meſſene en particulier ſeroit indépendante de Lacédémone; que les Athéniens déſarmeroient leur flotte, & que les Thébains continueroient d'être conſiderés comme les anciens amis & alliés des Perſes. Dans le deſſein de recueillir les fruits de cette négociation, les Thébains convoquerent les Députés des autres villes: mais lorſqu'on les ſomma de jurer qu'ils ſe conformeroient au contenu du traité, ils répondirent qu'ils étoient aſſemblés pour en prendre connoiſſance, & non pour en ratifier les articles. Les eſpérances des Thébains étant ainſi trompées, ils s'adreſſerent à chaque ville en particulier. Toutes leurs tentatives furent inutiles, les villes refuſerent d'accéder au traité, & il n'eut point d'exécution.

Les Athéniens mécontents de l'article qui reſtreignoit leur puiſſance ſur mer, marquerent leur reſſentiment en condamnant à la mort un de leurs Députés, accuſé d'avoir agi de concert avec Pélopidas contre les intérêts de ſes Concitoyens. Cependant les Thébains qui perſiſtoient dans leurs deſſeins, eſſayerent à vaincre par les armes la réſiſtance des Arcadiens & des autres peuples du Péloponneſe. Epaminondas entra ſubitement dans la contrée des Achéens, les ſubjugua ſans peine, & les contraignit de le ſeconder. Les Arcadiens attaqués tout à la fois par les Achéens & les Spartiates, reprocherent leurs malheurs aux Thébains. De nouveaux troubles agiterent la Grece pendant quelque temps, & Euphron, Citoyen de Sycione, parvenu à en être le tyran, cauſa beaucoup de maux aux Phliaſiens, Alliés des Thébains. Les Arcadiens & les Argiens tomberent ſur ces peuples qui n'auroient pu réſiſter ſans le ſecours que l'Athénien Charès leur amena. La peine que les Athéniens avoient eue à défendre les Phliaſiens, les irrita contre les Alliés de ce petit Etat qui l'avoient vû tranquillement attaquer, & les Arcadiens jugerent la circonſtance favorable pour propoſer une alliance aux Athéniens. Ceux-ci, après quelque examen, conſentirent à un accommodement, & promirent de fournir aux Arcadiens un Corps de Cavalerie qui les mettroit ſeulement à couvert des incurſions des Spartiates, ſans être tenus d'accompagner les Arcadiens s'ils vouloient faire une irruption dans la Laconie. Les Athéniens formerent enſuite le projet de ſe rendre maîtres de Corinthe, où ils avoient mis garniſon à titre de protecteurs & d'amis. Le complot fut découvert, les Corinthiens fermerent l'entrée de leur port à la flotte des Athéniens, & congédierent leurs troupes. Ces procédés réciproques rompirent l'union qui regnoit entre les deux peuples, & les Corinthiens firent la paix avec les Thébains. A l'égard des Spartiates, ils déclarerent qu'ils ne poſeroient les armes que lorſqu'ils auroient recouvré ſur la Meſſénie toute l'autorité de leurs ancêtres. Néanmoins pluſieurs peuples ayant traité avec les Thébains, à condition que chacun ſeroit indépendant, Artaxerxe reprit la qualité de médiateur, & établit enfin une paix générale dans la Grece. Les villes ſe

Hhhh ij

Les Grecs.

Rupture entre les Athéniens & les Corinthiens.

désarmerent toutes jusqu'à Lacédémone, & c'est à cette époque qu'on peut placer la fin de la guerre de Béotie qui dura cinq ans depuis la bataille de Leuctres.

Ce dernier traité ne procura pas une tranquillité solide & de longue durée; l'étendue de la puissance des Thébains causa de l'ombrage aux grandes Républiques qui prirent les armes de nouveau, & entraînerent dans leurs querelles les autres petits Etats. Les Eléens demanderent la souveraineté de Triphile qui leur appartenoit, & dont les Arcadiens étoient en possession ; & pour appuyer leur demande, ils appellerent les Lacédémoniens à leur secours. Les Athéniens se rangerent aussitôt du côté des Arcadiens, ravagerent l'Elide & s'emparerent de quelques villes. La Campagne suivante, les Piséens, à l'instigation des Athéniens, revendiquerent sur des prétextes fabuleux, le droit de présider aux Jeux Olympiques, & se chargerent de la conduite de cette solemnité. Les Eléens obligés de céder pour le moment, se rassemblerent, & au milieu des exercices ils fondirent sur les Arcadiens, les mirent en fuite, & défirent un Corps de deux mille Argiens. Cependant les Eléens ne purent profiter de leur avantage, la multitude les repoussa, & les força de se retirer dans leur ville. Les Piséens maîtres du champ de bataille, continuerent les Jeux; mais les Eléens refuserent d'inscrire cette Olympiade, & d'en conserver la mémoire dans leurs Annales. Les troubles qui commençoient à s'élever de toutes parts, firent songer à Epaminondas qu'il seroit facile aux Thébains de s'attribuer la souveraineté des mers. Il fit plusieurs démarches en conséquence, & malgré l'opposition des Athéniens, il étoit sur le point de réussir, lorsque les Thébains furent obligés de prendre part aux contestations de leurs voisins, & de suspendre l'exécution du projet d'Epaminondas.

Dans le temps qu'il étoit occupé aux négociations nécessaires à son dessein, les Orchoméniens formerent une conspiration avec quelques Thébains fugitifs. Le complot fut découvert, & les Thébains pour punir les habitants d'Orchomene, assiégerent cette ville, l'emporterent d'assaut, la raserent, passerent les hommes au fil de l'épée, & chargerent de fers les femmes & les enfants. Pélopidas ne se trouva pas à cette expédition, il étoit allé au secours des Thessaliens qui, fatigués de la tyrannie d'Alexandre de Pherès, s'étoient révoltés contre lui. Les Thébains touchés du triste état où se trouvoient les Thessaliens, leur avoient d'abord accordé sept mille hommes; mais au moment du départ de ces troupes une éclipse de Soleil qui survint, les épouvanta. Pélopidas s'apperçut de leur frayeur, les congédia, & partit à la tête de trois cents Cavaliers qui ne voulurent point l'abandonner. Il eut à peine joint les Thessaliens qu'il reçut la nouvelle de la prise d'Orchomene, & des ordres pour continuer ce qu'il avoit entrepris contre le Tyran. Pélopidas pressé par son propre ressentiment, n'avoit pas besoin d'être excité par d'autres motifs; il campa en face d'Alexandre de Pherès, & lui livra bataille. La supériorité du nombre des troupes du Tyran balança quelque temps la victoire, qui se déclara enfin pour les Thessaliens; mais elle coûta la vie à Pélopidas, & ce funeste accident changea en tristesse la satisfaction que les vainqueurs auroient pû goûter. Les Thébains arroserent de leurs larmes le corps de leur Général, & les Thessaliens demanderent comme une faveur singuliere la permission de l'inhumer chez eux. Cette grace leur fut accordée, & ils célébrerent ses funérailles avec une pompe & une magnificence dignes de l'estime qu'ils avoient eue pour lui. Pélopidas méritoit de tels sentimens; né d'une des meilleures familles de Thébes, & avec des biens considérables, il s'appliqua à soulager les gens vertueux qui se trouvoient dans le besoin. Il voulut partager ses richesses avec Epaminondas, pour lequel il se sentoit une amitié sincere : mais ce dernier les refusa toujours, quoiqu'il lui marquât être reconnoissant de ses offres. L'étroite amitié qu'il y eut entr'eux, & que la jalousie ou la rivalité n'altéra jamais, fait l'éloge de l'un & de l'autre. Sans intérêts particuliers, au dessus de toutes basses considerations, la gloire de l'État étoit leur unique objet, & ils se réjouissoient des avantages que tout autre remportoit comme s'ils les eussent remportés eux-mêmes. Quant à Pélopidas en particulier, il étoit actif, brave, infatigable, entreprenant, & si heureux qu'il ne perdit jamais de batailles. Suivant quelques Auteurs, il fut élu treize fois Gouverneur de la Béotie; & selon Diodore de Sicile, il gouverna ce pays sans interruption depuis la délivrance de la Cadmée jusqu'à sa mort.

Les Thébains furent sensibles à la perte qu'ils avoient faite, & pour venger la mort de Pélopidas & mettre les Thessaliens en état de profiter de leur victoire, ils leur dépêcherent un renfort de sept mille Fantassins & de six cents chevaux. Les Thessaliens avec ce secours dissiperent les restes de l'armée d'Alexandre de Pherès, & le contraignirent à restituer toutes les villes qu'il avoit prises. Les Thébains ne permirent au Tyran de rentrer dans ses Etats, qu'à condition qu'il feroit serment de les aider de ses troupes toutes les fois qu'on les lui demanderoit. Alexandre se retira aussitôt à Pherès, où il vécut encore sept ans ; devenu alors odieux par ses cruautés, il fut égorgé dans son lit par sa femme & par ses freres, & son corps fut traité avec ignominie par le peuple. Cependant les Thébains toujours attentifs à saisir les occasions de s'agrandir, en trouverent une dans les divisions qui survinrent entre les Tégéens, les Mantinéens & les Arcadiens. Ces derniers avoient tiré du Temple d'Olympie une somme d'argent qui avoit servi aux frais de la guerre qu'ils faisoient aux Eléens. Les Mantinéens firent déclarer cette action comme un sacrilége, & de concert avec les Tégéens, ils en demanderent la punition. Les Arcadiens effrayés résolurent de chercher à accommoder cette affaire par la douceur ; mais ceux qui étoient à la tête du gouvernement, craignant d'être obligés de rendre compte de l'argent qu'ils avoient touché, crurent devoir augmenter encore les troubles. Dans cette vûe, ils firent entendre aux Thébains que les Arcadiens alloient se jetter du côté des Spartiates, si on ne se hâtoit d'arrêter la révolte.

Epaminondas ravi d'avoir un prétexte pour entrer en armes dans le Péloponnese, s'y prépara en diligence. Il refusa d'écouter les représentations des Arcadiens les mieux intentionnés, & la réponse qu'il leur fit fut si fiere, qu'elle indisposa une partie des peuples qui affectionnoient le plus la cause des Thébains. Les Mantinéens & quelques autres prévoyant le danger où ils alloient se trouver, en donnerent avis aux Spartiates & aux Athéniens, & implorerent leur assistance. Ces peuples se prêterent à ce qu'on désiroit d'eux, formerent une ligue offensive & défensive avec les Mantinéens, &

il fut arrêté que chacun commanderoit sur son territoire. Aussitôt qu'Epaminondas fut en état de marcher, il se mit à la tête des Béotiens, de plusieurs Eubéens, & d'un Corps de Cavalerie Thessalienne, & s'avança dans le Péloponnese. Il fit quelque séjour à Némée, ville située sur le territoire d'Argos, & il comptoit empêcher par ce moyen la jonction des Athéniens avec leurs Alliés ; mais ces peuples avoient pris une autre route. Sur cette nouvelle les Thébains s'approcherent de Tégée qui embrassa leur parti, ainsi que différentes villes de l'Arcadie. Cependant les Lacédémoniens avoient désigné Mantinée pour le rendez-vous général de leurs forces & de celles de leurs Alliés, & tandis qu'ils se fortifioient devant cette Place, Epaminondas persuadé que Lacédémone étoit sans défense, forma le projet de surprendre cette ville. Agésilas (1) informé à temps du péril de ses Citoyens, marcha si promptement à leur secours qu'il arriva avant les Thébains. Epaminondas n'eut pas de peine à s'appercevoir que son dessein avoit été découvert, néanmoins il assaillit la ville par différents (2) endroits. La résistance fut égale partout, & Archidame, fils d'Agésilas, ayant traversé l'Eurotas, attaqua les Thébains & les mit en déroute.

Epaminondas chagrin du peu de succès de son entreprise, tourna ses pas du côté de Mantinée. Il sçavoit que les Alliés des Spartiates étoient sortis de cette ville, & il se flattoit de pouvoir aisément s'en emparer ; mais un renfort d'Athéniens qui venoit d'y arriver, livra bataille aux Thébains, & les repoussa avec perte. Ce nouvel échec mortifia Epaminondas, qui craignit que la confiance de ses Alliés & la gloire de ses premieres actions n'en souffrissent. Cette appréhension loin d'abattre son courage, lui inspira le désir de laver dans le sang de ses ennemis l'affront qu'il croyoit avoir essuyé. En conséquence il se prépara à attaquer les Spartiates qui s'approchoient pour secourir les Mantinéens. L'armée des Thébains étoit renforcée par les Arcadiens, les Argiens, les Eubéens, les Corcyréens, les Sicyoniens, les Messéniens, les Thessaliens & quelques autres peuples. Dans celle des Lacédémoniens se trouvoient les Athéniens, les Mantinéens, les Achéens, les Eléens & plusieurs autres Confédérés. Epaminondas ne tarda pas à engager une action générale ; il donna pendant le combat des preuves éclatantes de sa valeur & de sa conduite ; mais les Spartiates mis en désordre par les Thébains se rallierent, & tournant leur désespoir contre Epaminondas, ils firent pleuvoir sur lui une nuée de traits. Ce Général en arracha plusieurs de son corps, & les leur renvoya. Enfin blessé mortellement d'un coup de javelot qu'il reçut, à ce qu'on croit, de la main de Gryllus, fils de Xénophon, il fut emporté dans sa tente. Sa blessure sembla terminer le

(1) Diodore de Sicile attribue à Agis, ce qu'on rapporte ici d'Agésilas ; mais quoi qu'il en soit, il paroit, suivant le rapport des Auteurs, que ce Prince eut beaucoup de part à la défense de Lacédémone.

(2) Un jeune Spartiate nommé Isadas, fit voir dans cette occasion une bravoure peu commune. Il étoit à peine au dessus de l'adolescence, & s'occupoit à se frotter, lorsque l'allarme se répandit dans la ville, Il sortit de sa maison sans se donner le temps de s'habiller entierement, & tenant une pique d'une main & une épée de l'autre, il se précipita au milieu des ennemis & les repoussa. Les Ephores instruits de cette action, accorderent une couronne à la valeur d'Isadas, & le condamnerent à une amende pour s'être présenté au combat sans toutes ses armes.

DE L'UNIVERS. LIV. VI. CH. VI.

combat, & les deux armées se séparerent comme d'un consentement unanime. Xénophon en parlant de cette bataille, prétend que l'avantage ne fut ni du côté des Spartiates, ni de celui des Thébains, & que les choses se trouverent au même état qu'elles étoient avant l'action. Ce sentiment est contredit par les autres Historiens, qui assurent que la victoire demeura aux Thébains, qui n'en profiterent pas à cause de l'abattement dans lequel ils se trouverent.

Transporté dans sa tente sans connoissance, mais encore vivant, Epaminondas n'eut pas plutôt recouvré la parole, qu'il demanda son bouclier, & s'informa si les Thébains avoient eu l'avantage. On lui répondit qu'ils étoient vainqueurs : alors ce Général satisfait d'apprendre cette nouvelle, ordonna qu'on arrachât de son corps la pointe du javelot dont il avoit été frappé, & il mourut dans l'opération. Il fut inhumé dans le lieu même du combat, & on lui dressa une colonne, où on suspendit son bouclier, & sur laquelle on mit une inscription Béotique qui faisoit mention de ses exploits les plus importants. Pausanias parle de cette colonne, & d'une seconde que l'Empereur Adrien avoit fait poser avec une nouvelle inscription. Tous les Historiens sont d'accord sur l'éloge d'Epaminondas. Il étoit d'une famille peu favorisée des biens de la fortune, mais noble & si ancienne qu'on en faisoit remonter l'origine jusqu'aux temps fabuleux. Polymnis son pere, malgré la médiocrité où il se trouvoit réduit, lui donna une excellente éducation. Le jeune Epaminondas porté naturellement aux choses sérieuses fit des progrès surprenants dans l'étude de la Philosophie. Quand il fut parvenu à l'âge d'adolescence, temps où les jeunes gens commençoient à faire leurs exercices, il préféra ceux qui pouvoient lui rendre le corps ferme & dispos, à ceux qui n'auroient servi qu'à augmenter ses forces, & il s'appliqua particuliérement à la lutte & à la course. A ces dispositions du corps il joignoit les plus belles qualités de l'ame. Il étoit modeste, prudent, maître de lui-même, habile à prendre conseil du temps & de l'occasion, sçavant dans l'art militaire, homme d'exécution & d'un grand courage, avec cela chaste, tempérant, doux, ami de la vérité, jusqu'à s'interdire le mensonge le plus léger & le plus innocent; d'une patience à toute épreuve, souffrant sans murmurer tout ce qui lui arrivoit de fâcheux de la part de ses amis comme de la part du peuple; sçachant se taire & garder inviolablement un secret; enfin parlant peu, écoutant beaucoup, & se prêtant toujours à l'instruction. Il méprisa constamment les richesses, & ne voulut jamais tirer de l'Etat autre chose que la gloire de le bien servir, ni exiger de ses amis rien au-delà que le plaisir d'en être aimé. L'amitié constante qu'il témoigna à Pélopidas, & qui leur fit tant d'honneur à tous les deux, commença à l'expédition de Mantinée, lorsque les Thébains envoyerent du secours aux Lacédémoniens qui étoient encore leurs Alliés. Epaminondas dans le combat voyant Pélopidas renversé par terre & dangereusement blessé, le couvrit de son corps, & lui sauva la vie au péril de la sienne. Depuis ce moment Pélopidas s'attacha intimement à Epaminondas, & comme ils pensoient de même sur le bien de l'Etat, ils ne cesserent jamais de se donner des marques de l'union la plus parfaite. L'occasion où le désintéressement d'Epaminondas parut avec le plus d'éclat, fut lorsque Diomédon de Cyzique

Les Grecs.

Mort d'Epaminondas.

LES GRECS.

entreprit de le corrompre à la priere du Roi de Perse. Cet homme avoit déjà gagné Micythus jeune Thébain, ami d'Epaminondas, & l'avoit engagé à l'introduire près de ce Général. Diomédon crut l'éblouir par le détail des sommes considérables qu'il étoit chargé de lui offrir; mais Epaminondas sans s'informer de ce qu'on exigeoit de lui, fit tranquillement & avec fermeté cette réponse : *Il n'est pas besoin d'argent, si ce que vous avez à me proposer est avantageux aux Thébains, parce que je le ferai gratuitement; mais si c'est contre leurs intérêts, votre Roi n'a pas assez d'or pour me le faire faire ; car toutes les richesses du monde ne me feroient pas manquer à ma patrie. Vous me connoissez mal, vous avez cru trouver en moi votre semblable ; je ne m'en étonne pas, & je vous le pardonne ; mais sortez de la ville au plutôt de peur que vous n'en corrompiez d'autres. Et vous, Micythus, rendez l'argent que vous avez reçu, autrement je vous dénoncerai au Magistrat.* Diomédon surpris & effrayé demanda à se retirer, & à remporter son argent avec sûreté. *Je vous accorde cela volontiers*, dit Epaminondas, *non pour l'amour de vous, mais pour l'amour de moi-même.* Enfin un Historien de la vie d'Epaminondas la finit par ce trait : *Avant & après ce grand homme*, dit-il, *les Thébains furent toujours soûmis à quelqu'autre puissance, & tant qu'il fut à la tête de leurs affaires, ils firent la loi à toute la Grece.*

La mort d'Epaminondas fut l'évenement le plus funeste pour les Thébains ; toutes leurs espérances s'évanouirent avec lui, & leur chute fut aussi prompte que leur élévation. Suivant les conseils que leur Général leur avoit donnés dans les derniers moments de sa vie, ils firent quelques propositions de paix, que leurs ennemis accepterent, & on dressa un traité par lequel on décida, que chacun garderoit ce qu'il possedoit, & que toute dépendance seroit anéantie. Les Lacédémoniens refuserent seuls de ratifier le traité, & ne voulurent pas entrer dans la ligue offensive & défensive qui le suivit, parce que les Messéniens y étoient compris. Agésilas, auteur de cette opposition, fut regardé comme un homme difficultueux, & on lui reprocha les maux & les pertes qu'il avoit causés à ses Concitoyens ; mais il ne se corrigea pas, & soutint son opinion avec opiniâtreté. La paix dont les villes de la Grece jouïrent pendant quelque temps ennuyoit Agésilas, qui ne pouvant rester ainsi dans l'inaction, partit pour l'Egypte, où Tachos l'avoit appellé à son secours contre les Perses. Arrivé en Egypte, Agésilas au lieu du commandement général qu'il comptoit obtenir, ne fut chargé que de la conduite des troupes auxiliaires. Les hauteurs qu'il eut d'ailleurs à souffrir de la part de Tachos le rebuterent ; il embrassa le parti de Nectanebus qui s'étoit fait déclarer Roi, & Tachos fut chassé de l'Egypte. Agésilas après avoir contribué à placer Nectanebus sur le thrône, l'y affermit en l'aidant à vaincre un nouveau compétiteur qui s'étoit présenté. Ce Monarque satisfait des services que lui avoit rendu Agésilas, le renvoya l'hyver suivant comblé de présents considérables. Le Roi de Sparte se mit aussitôt en chemin ; mais le mauvais temps l'ayant contraint de débarquer sur une côte déserte d'Afrique appellée la Baye de Ménélas ; il y tomba malade, & mourut la quatre-vingt-quatrieme année de son âge, & la quarantieme de son regne.

Mort d'Agésilas.

Ce Prince qui n'étoit parvenu qu'avec peine au rang qu'il avoit occupé, jouït jouit d'une autorité plus étendue qu'aucun de ses prédécesseurs. Il étoit mal fait, & d'une figure basse & disgracieuse : élevé durement, il ne s'éloigna jamais de la tempérance & de la frugalité des premiers Spartiates, & son aversion pour tout ce qui paroissoit trop recherché, fut cause qu'il défendit à sa femme & à sa fille de se distinguer par la parure. Au reste, il aimoit tendrement ses enfants, & se prêtoit même quelquefois à leurs amusements (1). Son attachement pour ses amis alloit jusqu'à la partialité, & il les protégeoit souvent sans s'informer s'ils avoient tort ou raison. L'ambition qu'on lui remarqua dans sa jeunesse, & qui le rendit usurpateur, le domina pendant toute sa vie, & éteignit en lui toute autre considération. Cependant il gouverna les trente premieres années avec tant de modération, que le peuple lui fut sincerement dévoué. Il devint dans sa vieillesse haut, impatient, ennemi du repos, méditant continuellement des entreprises, ne respirant que la guerre, & ne se trouvant bien que dans un camp. Il avoit aussi tous les talents d'un grand Général : vigilant, actif, brave, il supportoit patiemment le froid & le chaud, & se comportoit en tout comme un simple soldat. Il sçavoit se poster avantageusement, attaquer à propos, & se procurer par adresse ce qu'il ne pouvoit obtenir de vive force. Il étoit maître de son impétuosité naturelle, & se possedoit parfaitement dans l'action, tranquille, ardent ou désespéré, suivant les occurences. Ses Citoyens convaincus de sa capacité, le nommerent Commandant de la flotte, & Général dans l'expédition d'Asie, honneur qu'ils n'avoient fait à personne avant lui. Lacédémone épuisée d'hommes & d'argent dût ses malheurs à l'opiniâtreté d'Agésilas, & perdit toute ressource à sa mort.

Cependant la paix que les autres Etats de la Grece avoient conclue entr'eux, fit tomber les Grecs dans une sécurité qui fit tort à leur valeur naturelle, & leur devint funeste. Les Athéniens particulierement se livrerent aux plaisirs, aux jeux & aux spectacles. Lorsque Périclès avoit été à la tête du gouvernement il avoit favorisé le penchant naturel des Athéniens pour la dissipation, & afin de se soustraire à un examen qu'il avoit lieu de craindre, il s'étoit servi de l'argent du thrésor public, & avoit fourni tous les jours de nouveaux amusements. Les deniers destinés à l'entretien des flottes & des armées se consommoient donc à payer des chanteurs & des danseurs, qui se rassasioient des mets les plus délicats, tandis que les Généraux & les Soldats avoient à peine du pain. Enfin les Athéniens sembloient avoir perdu cette prudence & cet esprit qui les animoient dans la guerre contre les Perses, & pendant qu'ils s'endormoient dans la mollesse, sans crainte d'être troublés par leurs anciens ennemis, ils se virent tout à coup assaillis par les Macédoniens. Ce peuple, quoiqu'entreprenant & belliqueux, n'avoit point encore pris part aux affaires de la Grece, parce que ses divisions intestines l'avoient suffisamment occupé : mais Philippe, pere d'Alexandre le Grand, se voyant alors affermi sur le thrône de Macédoine (2), commença

---

(1) Un de ses amis le surprit un jour qu'il couroit avec ses enfants à cheval sur un bâton. *Gardez-moi le secret*, dit Agésilas à son ami, *jusqu'à ce que vous soyez pere*.

(2) Caranus originaire d'Argos, né l'an 889. avant J. C. & le seizieme dans la succession des Héraclides, fut le fondateur de la Monarchie Macédonienne, & voici de quelle maniere quelques uns rapportent cet évenement. Le thrône de Sparte occupé par

618 INTRODUCTION A L'HISTOIRE

LES GRECS.

à faire éclater ses desseins ambitieux. Il avoit déjà déclaré libre & indépendante la ville d'Amphipolis, que les Athéniens regardoient comme une de leurs Colonies. Ils furent sensibles à cette perte, & dans le dessein de

les freres de Caranus, ne lui laissoit aucune espérance d'y pouvoir jamais monter, & ce Prince qui désiroit ardemment porter aussi la couronne, sortit de Lacédémone, & alla consulter l'Oracle pour sçavoir de quel côté il tourneroit ses pas. La seule réponse qu'il reçut, fut que des chevres lui traceroient le chemin du thrône. Caranus résolu de s'éloigner de la Grece, engagea plusieurs de ses amis à le suivre, & partit avec eux. Il rencontra en route un troupeau de chevres qu'un violent orage faisoit fuir; il les suivit, entra après elles dans Edesse, où Mydias régnoit alors, & secouru des compagnons de ses aventures, il tua ce Prince & s'empara du sceptre. Ce premier succès flatta l'ambition de Caranus sans la satisfaire, & voulant étendre plus loin les bornes de ses Etats, il attaqua quelques Rois voisins & les détrôna, de même que Mydias. C'est ainsi que Caranus forma le Royaume de Macédoine, & en mémoire de son heureux établissement il bâtit une ville qu'il appella *Egée* du nom de ses conductrices. Cet Empire resta néanmoins dans une espece d'obscurité pendant quatre cents ans, & on ne le connoissoit que comme une Province foible & ordinaire, qui passoit alternativement sous la puissance des Grecs, & sous celle des Péoniens & des Illyriens. Les Rois qui gouvernerent cet Etat, continuellement occupés à se garantir des incursions de leurs voisins, ne firent rien de remarquable. Je vais seulement donner une liste de ceux qui regnerent depuis Caranus jusqu'à Amyntas, pere de Philippe II.

CARANUS, fondateur du Royaume.
CENUS son fils.
THIRIMAS, fils de ce dernier.
PERDICCAS I.
ARGÉE.
PHILIPPE I.
ÉROPE.
ALCETAS.
AMYNTAS I.
ALEXANDRE I.
PERDICCAS II. tué presque aussitôt par son frere naturel.
ARCHELAÜS.
ORESTE, tué par Erope son tuteur.
ÉROPE.
PAUSANIAS, fils d'Erope, assassiné par Amyntas.
AMYNTAS II.

Ce dernier, que le crime plaça sur le thrône, vit son Royaume déchiré par de cruelles guerres. Il fut contraint de payer tribut aux Illyriens, & d'abandonner à la République d'Olynthe toutes ses prétentions. Des troubles domestiques acheverent de mettre le comble aux malheurs d'Amyntas. Il avoit épousé Eurydice, & cette Princesse lui avoit donné trois fils, sçavoir, Alexandre, Perdiccas & Philippe, & une fille nommée Eurynoë, qui fut mariée fort jeune. Eurydice prit bientôt de l'amour pour son gendre, & résolue de le mettre sur le thrône, elle forma le dessein de faire périr Amyntas. Eurynoë découvrit ces complots, & sans en informer son pere, elle prit des mesures pour les faire échouer. Elle y réussit sans doute; car Amyntas mourut naturellement après un regne assez long. Sa mort réveilla les espérances d'Eurydice, qui fit massacrer Alexan-

recouvrer l'autorité qu'ils avoient eue sur Amphipolis, ils embrasserent le parti d'Argée, & firent quelques tentatives pour le mettre en possession du thrône de Macédoine. Philippe s'avança à Méthone, où Argée & les Athéniens s'étoient rassemblés, leur livra bataille & les défit. La mort d'Argée qui fut tué dans l'action, délivrant Philippe d'un dangereux compétiteur, il affecta beaucoup de modération avec les Athéniens. Il vouloit les ménager encore quelque temps, & afin de les disposer à faire la paix, il renvoya sans rançon tous les prisonniers qu'il leur avoit faits. Sa politique eut le succès qu'il en avoit attendu ; les Athéniens touchés de sa générosité, consentirent à traiter avec lui, & promirent de ne le plus troubler dans ses entreprises.

Le Roi de Macédoine tranquille du côté des Athéniens marcha contre les Péoniens, & les subjugua ; les Illyriens éprouverent ensuite la force de ses armes, & ce Prince mit enfin tous ses ennemis hors d'état de l'inquiéter davantage. Il crut devoir alors mettre une nouvelle barriere entre la Thrace & ses Etats, & pour cet effet il jugea qu'il falloit s'emparer d'Amphipolis. Les habitants de cette ville, surpris de se voir assiégés par Philippe, envoyerent promptement demander du secours aux Athéniens. Ceux-ci le refuserent sous prétexte qu'ils enfreindroient la paix qu'ils avoient conclue avec le Roi de Macédoine. Quelques-uns croyent que le véritable motif du refus des Athéniens étoit la promesse que Philippe leur avoit faite de leur remettre Amphipolis. S'ils se flatterent de cette espérance, ils furent trompés ; car Philippe garda cette ville, d'où il passa à Pydna, qui se soumit à lui, ainsi que Potidée. La garnison qui se trouva dans cette derniere étoit Athénienne, & elle fut congédiée avec de grandes marques de

dre son fils aimé, aussitôt qu'il eut pris possession de la Couronne. Cette action criminelle ne mit cependant pas le sceptre entre les mains de l'amant d'Eurydice ; Perdiccas avoit des droits incontestables sur le throne, & il y monta sans opposition. La guerre qu'il eut à soutenir contre les Illyriens, le mit alors à couvert des entreprises de sa mere : mais il fut vaincu, & obligé de laisser chez ces peuples son frere Philippe en ôtage. Peu de temps après il le retira, & il se flattoit de jouir de quelque repos, lorsque de nouveaux troubles suscités par Eurydice touchant la possession de la Couronne, l'obligerent à avoir recours aux Thébains qui se rendirent arbitres. Pélopidas fut envoyé en Macédoine, adjugea le sceptre à Perdiccas & pour lui ôter tout sujet d'inquiétude, emmena avec lui Philippe & trente jeunes Macédoniens. Philippe fut élevé dans la maison de Polymnis, eut la même éducation qu'Epaminondas, & en profita. Pendant qu'il étoit à Thebes, Eurydice qui n'avoit point renoncé à ses premiers desseins, fit mourir Perdiccas, dont le fils encore enfant lui sembloit un foible obstacle. Quelques Ecrivains prétendent que Perdiccas périt dans un combat contre les Illyriens, & non par les ordres de sa mere. Quoi qu'il en soit, Philippe, à la nouvelle de la mort de son frere, s'échappa de Thebes & arriva dans la Macédoine, où il trouva le peuple consterné de la perte de ses Rois. Il se fit aussitôt reconnoître pour Souverain, & songea à rendre à ses Etats la paix & la splendeur, dont ils étoient privés depuis long-temps. Les Illyriens étoient prêts à fondre sur la Macédoine ; les Péoniens l'infestoient par des courses continuelles ; les Thraces prétendoient placer Pausanias sur le throne, & les Athéniens y portoient Argée. Philippe sans s'effrayer, s'appliqua à remédier à tout ; il commença par abandonner Amphipolis, que les Athéniens révendiquoient comme leur Colonie : mais ne voulant point céder cette ville à ses ennemis, il prit le parti de la déclarer libre. Ensuite convaincu de la nécessité de combattre, il exerça ses sujets, réforma la discipline militaire, & institua la Phalange Macédonienne si connue & si célebre.

bonté. Philippe évitoit de rompre ouvertement avec les Athéniens, mais il ne négligeoit rien pour les affoiblir & les éloigner de ses frontieres. Il assigna aux Olynthiens Pydna & tout son territoire, & ménageoit ainsi ces peuples par des préfents, tandis qu'il amufoit d'ailleurs les Athéniens par une paix fimulée. Crinide tomba à son tour sous la puiffance de Philippe, qui agrandit cette ville, & lui donna le nom de *Philippi*.

Les Athéniens commençoient à s'appercevoir des intentions du Roi de Macédoine, & ils se feroient sans doute oppofés à ses progrès, s'ils n'euffent été occupés d'un autre côté. Deux factions partageoient l'Eubée; l'une appella les Thébains, & l'autre eut recours aux Athéniens, qui envoyerent une flotte & des troupes. Les Thébains furent contraints de se retirer, les habitants renoncerent à leur querelle, & les Athéniens reprirent la souveraineté qu'ils avoient toujours eue sur cette Isle. Dès que les troubles furent appaifés, Byzance & les Isles de Chio, de Cos & de Rhodes se révolterent, se liguerent ensemble, & firent naître une nouvelle guerre qui fut nommée *fociale*. Charès & Chabrias partirent auffitôt d'Athènes, avec ordre de réduire les rebelles: Chabrias, qui commandoit la flotte, avoit déjà forcé le port de Chio; lorfque les autres vaiffeaux l'abandonnerent. Refté feul contre les ennemis, il fut bientôt enveloppé, & périt les armes à la main. Charès, Général des troupes de terre, ayant appris la mort de Chabrias, se retira sans rien entreprendre, & la campagne finit. L'année fuivante on fit de grands préparatifs de tous côtés. Les Isles alliées formerent une flotte de cent vaiffeaux, ravagerent les Isles dépendantes d'Athènes, & affiégerent Samos. Les Athéniens envoyerent d'abord au secours de cette ville une flotte de foixante vaiffeaux fous les ordres de Charès, & y joignirent enfuite foixante autres vaiffeaux montés par Iphicrate & Timothée, nommés Collegues de Charès. Auffitôt que les forces Athéniennes furent réunies, les trois Généraux se déterminerent à faire le fiége de Byzance. Les Alliés informés de ce projet renoncerent au leur fur Samos, & se hâterent d'approcher de Byzance avant que leurs ennemis y fuffent arrivés. Les deux flottes se rencontrerent fur l'Hellefpont, & il y auroit eu un fanglant combat fans une violente tempête qui furvint tout à coup. Charès étoit d'avis qu'on attaquât l'ennemi malgré l'orage; mais Iphicrate & Timothée s'y opposerent. Leur Collegue ravi d'avoir un prétexte pour les éloigner, les accufa de trahifon, & le Gouvernement d'Athènes les rappella, & leur demanda compte de leur conduite.

Charès, à qui on laiffa le commandement de toute la flotte, se préparoit à pourfuivre fes deffeins contre les Infulaires, lorfqu'Artabafe, Gouverneur de quelques Provinces de l'Afie Mineure, l'appella à son secours, en lui promettant une récompense confiderable. Le Général Athénien sans prévoir les fuites de son imprudence, se laiffa gagner, mena fes troupes à Artabafe, qui s'étoit révolté contre le Roi de Perfe, & l'aida à défaire l'armée qu'on avoit envoyée pour le réduire. Le Roi de Perfe irrité de ce procédé, menaça les Athéniens de fournir aux Infulaires une flotte de foixante vaiffeaux. On fut tellement allarmé à Athènes, qu'il fut décidé qu'on feroit la paix à quelque prix que ce fût. Les Infulaires profiterent des circonftances, & se firent déclarer libres & indépendants. Ainfi fut terminée cette guerre qui dura trois ans; & pendant laquelle il y eut peu d'actions remarquables. Charès, qui étoit la premiere cause d'une paix si peu avantageuse, fut accusé d'avoir passé les ordres de l'Etat, & abandonné sans raison plausible le service de sa patrie. Il étoit coupable, & méritoit punition; mais il avoit des amis parmi le peuple, & il se tira d'affaire. Iphicrate & Timothée ne furent pas aussi heureux, & quoiqu'on ne pût leur reprocher que d'avoir refusé de combattre l'ennemi & la tempête, ils furent interrogés en forme, révoqués & mis à l'amende. Quelques Ecrivains rapportent que Timothée fut seul condamné à payer cent talents, & qu'Iphicrate évita un pareil jugement par un stratagême (1) qui intimida les Juges.

La guerre Sociale étoit à peine finie qu'une autre plus importante s'éleva. Cette derniere, dans laquelle entrerent presque tous les Etats de la Grece, est connue sous le nom de guerre des Phocéens, ou seconde guerre Sacrée. Comme j'en ai donné plus haut le (2) détail, je ne le répéterai point ici, je rappellerai seulement au Lecteur que les Lacédémoniens & les Athéniens prirent vivement le parti des Phocéens, & que Philippe embrassa les intérêts des Thessaliens & des Béotiens. Ce Prince sous prétexte de les secourir, songea à faire la conquête de la Grece qu'il méditoit depuis long-temps, & s'avança vers les Thermopyles. Les Athéniens effrayés de voir les Macédoniens si près de l'Attique, envoyerent des troupes contre eux, & Philippe qui croyoit devoir garder encore quelques mesures avec les Athéniens, se retira aussitôt dans ses Etats. Les habitants de l'Attique dûrent en cette occasion leur salut à Démosthène (3), qui les força par son élo-

---

(1) Voici de quelle maniere ce fait est raconté. Iphicrate, qui appréhendoit de subir le sort de Timothée, introduisit dans l'assemblée un grand nombre de jeunes gens de ses amis armés de poignards. Pendant qu'on examinoit l'affaire d'Iphicrate, ceux qui étoient dans ses intérêts faisoient briller leurs poignards aux yeux des Juges qui intimidés le renvoyerent absous. On lui reprocha dans la suite cette violence, & il répondit toujours: qu'après avoir servi utilement sa patrie, il n'auroit pas été raisonnable qu'il eût négligé de se servir lui-même. Iphicrate évita ainsi une condamnation injuste; mais il paroît qu'il n'eut plus aucun emploi dans la République, soit qu'il eût abandonné le service, soit que l'Etat l'en eût exclus.

(2) Voyez à la page 430. & suiv. de ce Volume.

(3) Démosthène, dont l'éloquence fit en quelque sorte toute la réputation, se distingua cependant par plusieurs autres belles qualités. Il étoit bon Citoyen, excellent Magistrat, & habile négociateur. Son zele pour sa patrie & son intégrité se manifesterent dans toutes ses actions, & occasionnerent ces déclamations véhémentes qu'il prononça contre Philippe. Démosthène, fils d'un homme qui employoit un grand nombre d'esclaves à faire valoir ses forges, naquit deux ans après Philippe, & perdit son pere, étant encore fort jeune. Cléobule sa mere ne s'attacha qu'à l'élever délicatement sans songer à lui cultiver l'esprit, & les tuteurs entre les mains desquels il tomba ensuite, s'embarrasserent moins de son éducation que des biens dont ils le dépouillerent. La Nature d'ailleurs ne l'avoit pas favorisé, & il eut bien des obstacles à surmonter avant que d'être aussi grand Orateur qu'il le devint. Il avoit la prononciation vicieuse, la voix & la poitrine foibles, & il déclamoit de mauvaise grace. Le travail & l'opiniâtreté surmonterent ces défauts. Il fortifia sa voix en parlant sur des lieux élevés, corrigea sa prononciation en mettant de petits cailloux dans sa bouche, réforma son geste devant un miroir, & se fit donner des leçons à cet égard par les meilleurs Comédiens de son temps. Il prit aussi d'autres précautions, & pour n'être point étonné du bruit d'un auditoire tumultueux, il déclamoit au bord de la mer & haranguoit les flots agités. Souvent il s'enfermoit dans des lieux ténébreux, afin de

LES GRECS.

quence à pourvoir à leur propre sûreté. Cet Orateur étoit, pour ainsi dire, le seul qui démêlât les vûes ambitieuses du Roi de Macédoine, & qui fît échouer plusieurs de ses entreprises. Philippe, à dessein de cacher ses projets sur la Grece, étendit ses conquêtes du côté de la Thrace. Il tourna ensuite ses armes contre les Places qui se trouvoient éloignées d'Athènes, mais qui en dépendoient en qualité de conquêtes ou de Colonies. Les Olynthiens furent les premiers qu'il attaqua, & ces peuples envoyerent demander un prompt secours aux Athéniens. Ceux-ci mirent l'affaire en délibération, & Démosthène s'appercevant que quelques Orateurs séduits sans doute par Philippe, parloient toujours en faveur de ce Prince, monta dans la tribune, & fit un discours si éloquent & si persuasif, qu'il l'emporta sur ses rivaux. On envoya donc du secours aux Olynthiens, mais il étoit trop foible, & ces peuples implorerent de nouveau l'assistance des Athéniens. Enfin Démosthène obtint qu'on feroit partir, sous le commandement de Charès, une flotte plus considerable que la premiere, & des troupes mieux disciplinées. Les Olynthiens ne tirerent aucun fruit du zele de Démosthène ; l'indécision & les longueurs des Athéniens avoient donné à Philippe le temps de corrompre deux des principaux Magistrats d'Olynthe, qui lui

travailler sans être distrait ; d'autres fois il se rasoit la tête à demi, & se réduisoit par ce moyen à la nécessité de n'oser se montrer. Un travail si fatigant étoit d'autant moins indispensable, que Démosthène qui s'étoit absolument décidé pour l'art Oratoire, n'avoit pas brillé dans ses coups d'essai ; mais l'étude à laquelle il s'assujettit corrigea entièrement ses défauts naturels, & il reparut en Public avec tant de succès, qu'on venoit des extrémités de la Grece pour l'entendre. Il consacra ses talents au salut de sa patrie, & sans cesse en garde contre Philippe dont il connoissoit la politique, il employa toutes sortes de moyens pour engager les Grecs à se défier de ce Prince. Il persuada quelquefois les Athéniens, & fit échouer plusieurs entreprises du Roi de Macédoine. On reproche à Démosthène d'avoir fait éclater une joye indécente à la mort de Philippe, & de s'être laissé corrompre par Harpalus qui s'étoit réfugié à Athénes : mais le premier de ces reproches, loin de déshonorer Démosthène, prouve son attachement pour sa patrie qu'il voyoit délivrée d'un ennemi redoutable. A l'égard du second, plusieurs Auteurs le regardent comme une calomnie. Quoi qu'il en soit, Démosthène ne cessa jamais de rendre à ses compatriotes tous les services dont il fut capable, & dans le temps même qu'il fut exilé, son zele ne se ralentit en aucune maniere. Il ne s'opposa pas moins aux desseins d'Alexandre qu'il avoit fait à ceux de Philippe, & il arrêta les progrès de ce Prince,

en exhortant plusieurs villes Grecques à se joindre contre lui. Cependant Antipater vint à bout de soumettre les Grecs, & il ne leur accorda la paix qu'à condition qu'ils lui livreroient Démosthène. Cet Orateur s'appercevant qu'on étoit prêt à l'abandonner aux Macédoniens, se retira à Calaurie, & se réfugia dans le Temple de Neptune. Il y fut bientôt investi par les Gardes d'Antipater, qui l'exhorterent à se rendre sans rien craindre ; mais Démosthène avala courageusement du poison, & lorsqu'il commençoit à faire son effet, il se remit entre les mains de ses ennemis, & mourut bientôt après âgé de soixante ans. Les Athéniens le regretterent beaucoup, érigerent une statue en son honneur, & accorderent divers priviléges à ses descendants. Démosthène méritoit à tous égards cette marque de leur reconnoissance ; car outre les périls dont ses harangues les avoient souvent garantis, ils avoient éprouvé les effets de sa générosité. Il fit travailler aux murs de la ville, équipa des vaisseaux, racheta des prisonniers, donna des fêtes & des spectacles, & n'oublia rien de tout ce que sa fortune pouvoit lui permettre. Enfin le seul défaut qu'on peut reprocher à Démosthène, & qu'il avouoit lui-même, est la timidité dans les combats. Ce même homme qui s'exposoit avec tant d'intrépidité à la fureur d'un peuple assemblé, étoit le premier à fuir dans une bataille, & il juroit, dit Plutarque, par ceux qui périrent à Marathon, qu'il ne les imiteroit pas,

livrerent la ville avant que Charès fût arrivé. Le Roi de Macédoine maître de cette Place, la pilla, & fit ses habitants esclaves.

LES GRECS.

Cependant la guerre sacrée continuoit toujours, & les deux partis, quoiqu'affoiblis par des pertes réciproques, ne songeoient pas encore à quitter les armes. Les Thébains eurent recours à Philippe, & l'engagerent à venir lui-même à la tête de son armée. Les Phocéens de leur côté demanderent de nouveaux renforts aux Spartiates & aux Athéniens. Ceux-ci fatigués d'une guerre qui leur étoit désavantageuse refuserent des troupes, & firent pressentir sur la paix le Roi de Macédoine. Ce Prince y parut assez disposé, ce qui détermina les Athéniens à lui envoyer Démosthène à la tête de neuf autres Ambassadeurs. Cette négociation traîna en longueur, & Philippe prit des mesures pour ne donner audience aux Athéniens, que lorsqu'il auroit achevé de ravager leurs domaines dans la Thrace. Il les reçut alors, & agréa le traité qu'ils lui présenterent. Il ne le ratifia pas néanmoins sur le champ, & trouva moyen d'amuser les Ambassadeurs jusqu'à ce que son armée fût avancée dans la Thessalie, & à portée de tomber sur les Phocéens. Enfin la paix fut conclue, & le peuple d'Athènes parut content de la conduite des Ambassadeurs. Eschine un d'entr'eux, confirma les Athéniens dans l'idée avantageuse qu'ils avoient du Roi de Macédoine, & Démosthène voulut dévoiler les véritables desseins de ce Prince, mais on refusa d'ajouter foi à ses discours. Les Ambassadeurs d'Athènes étoient à peine de retour chez eux, que les Phocéens effrayés de la présence de Philippe, lui proposerent d'entrer en accommodement avec lui. On a vû de quelle maniere ce Prince se conduisit en cette occasion, & quel fut le décret des Amphictyons contre les Phocéens, & en faveur du Roi de Macédoine, qui arrivoit par degrés au but qu'il s'étoit proposé. Ce Monarque satisfait alors des avantages qu'il devoit à sa politique, crut devoir remettre à un autre temps de nouvelles entreprises sur la Grece. Il retourna triomphant dans ses Etats, & marcha contre les Illyriens ses anciens ennemis. Tandis qu'il étoit occupé à cette expédition, les troubles survenus en Sicile engagerent les habitants de cette contrée à implorer le secours des Grecs, & ils s'adresserent particulierement aux Corinthiens.

Les Sicules étoient en possession de la Sicile, lorsque les Colonies Grecques débarquerent dans cette Isle pour y former des établissements. Archias, originaire d'Argos, & qui s'étoit sauvé dans des temps de troubles à Corinthe, y trouva des vaisseaux qui le transporterent en Sicile, avec ceux qui voulurent l'accompagner. Il fonda vers l'an 768. avant J. C. la ville de Syracuse, qui ayant elle-même peuplé la Sicile de plusieurs autres villes issues de son sein, rendit Dorienne une partie considerable de cette Isle. Ces villes étoient originairement gouvernées par le peuple, mais peu à peu la puissance des principaux Citoyens augmenta, & l'Aristocratie, qui suivit immédiatement, dégénéra enfin en tyrannie. Le gouvernement de Syracuse éprouva les mêmes révolutions, & Gelon fut le premier qui s'empara de la souveraineté. Les avantages qu'il procura à ses sujets dans la paix & dans la guerre, affermirent son autorité, & le peuple, en reconnoissance de ses services, accorda la souveraine puissance à Hiéron & à Thrasybule ses freres. Hiéron en jouit onze ans, & Thrasybule dix mois, au bout

Ancien Etat de la Sicile.

LES GRECS.

desquels ils furent déposés par le peuple qui étoit mécontent de leur administration. Les Syracusains recouvrerent ainsi leur premiere liberté, & la conserverent environ soixante ans. Denys le Vieux les gouverna ensuite, & exerça sur eux un despotisme qu'aucun des autres Tyrans n'avoit osé faire éclater. Au reste, il rendit de grands services aux Syracusains en augmentant leurs forces navales, & en chassant à plusieurs reprises les Carthaginois, qui cherchoient à se rendre maîtres de la Sicile. Ce Prince eut pour successeur un de ses fils nommé Denys comme lui, & connu par le surnom de Jeune. Le Philosophe Platon, & Dion beau-frere du nouveau Roi, s'efforcerent en vain de corriger ses défauts; ce Prince obsédé par des flatteurs, s'abandonna à ses vices naturels, & exila ses Censeurs. Dion se fit bientôt des partisans, chassa le Tyran, & mit les Syracusains en état de recouvrer leur liberté: mais au lieu de profiter de l'occasion, ils devinrent jaloux de la gloire de leur libérateur; & le traiterent avec indignité. Il oublia néanmoins leur ingratitude, & travailloit encore à leur avantage, lorsqu'il fut tué par l'Athénien Calippe, qui s'érigea en Souverain du pays, & regna un an. Denys rentra dans Syracuse après dix ans d'absence. Le souvenir de l'affront qu'il avoit essuyé augmenta tellement sa férocité, que le peuple ne pouvant supporter sa domination, eut recours à Icetès originaire de Sicile, & Souverain des Léontins. Icetès, qui avoit formé le dessein de succeder à Denys, engagea les Carthaginois à s'approcher de la Sicile avec une flotte nombreuse, & par ce moyen il jetta l'allarme parmi les Syracusains. Dans la frayeur où ils se trouverent, ils jetterent les yeux sur les Corinthiens, leur demanderent du secours, & obtinrent quelques troupes sous la conduite de Timoléon (1).

Ce Général, en qui on connoissoit une haine implacable pour les Tyrans, partit avec dix vaisseaux, quoiqu'il eût reçu des lettres d'Icetès, qui cherchoit à le dissuader de cette entreprise, dont il lui exposoit les difficultés. Arrivé sur les côtes d'Italie, il apprit qu'Icetès s'étoit emparé de la plus grande partie de Syracuse, qu'il avoit renfermé Denys dans la citadelle, & que les Carthaginois avoient ordre de s'opposer à la descente des Corinthiens. Il reçut en même temps des Députés d'Icetès, qui lui faisoit sçavoir que les troubles étant appaisés dans la Sicile, les secours qu'il amenoit

---

(1) Timoléon étoit d'une des meilleures familles de Corinthe, & on remarquoit en lui de grandes qualités. Il avoit un frere aîné appellé Timophane, & il l'aimoit beaucoup, parce qu'il lui avoit sauvé la vie dans une action contre les Argiens. Timophane avoit le commandement des gardes de la ville; & plus ambitieux que Timoléon, il se servit des prérogatives de son emploi pour changer le gouvernement & se faire déclarer Roi. Son frere mit tout en usage pour empêcher cette action qu'il condamnoit; & enfin, voyant que les prieres ni les menaces ne le touchoient point, il le fit tuer par quelques amis qui se trouvoient présents. Diodore de Sicile prétend que Timoléon perça Timophane de sa propre main sur la place publique; mais ce récit est contredit par plusieurs autres Ecrivains, & paroît s'éloigner du caractere de Timoléon, qui eut tant de regret de la mort de son frere, qu'il voulut se laisser mourir de faim. Ses amis s'opposerent à cette résolution, & il consentit enfin à prendre de la nourriture, pourvu qu'on lui laissât la liberté de se retirer à la campagne, où personne ne viendroit l'interrompre. Il exécuta ce projet, passa douze ans éloigné de toute compagnie, & ne sortit de sa retraite que pour aller détruire les Tyrans de Syracuse.

amenoit étoient superflus. Les Députés proposerent secrettement à Timoléon de la part d'Icetès, de renvoyer à Corinthe les troupes qui étoient avec lui, & de se rendre à Syracuse pour partager les conquêtes du Roi des Léontins. Timoléon feignit d'accepter les offres qu'on lui faisoit ; mais il demanda que le traité se fît en présence des habitans de Rhegium. Les Députés qui ignoroient que ces habitans étoient entierement dans les intérêts de Timoléon, consentirent à ce qu'il exigeoit, & on convoqua une assemblée du peuple, où les Chefs des Carthaginois se trouverent. Pendant que la conférence traînoit en longueur, neuf vaisseaux Corinthiens sortirent du port. Timoléon en fut averti aussitôt, trouva moyen de s'échapper sans qu'on s'en apperçût, monta sur le vaisseau qui restoit, joignit ceux qui l'avoient précédé, & descendit à Tauromenium en Sicile. Andromaque, Gouverneur de cette ville, réunit ses troupes à celles de Timoléon, & engagea quelques autres villes à se liguer avec eux. Les Syracusains avoient quelque confiance dans les Corinthiens, mais ils n'osoient en esperer de grands secours, parce qu'Icetès étoit en possession de la ville, Denys de la citadelle & les Carthaginois de leur port.

Timoléon s'avança devant Adranum, petite ville aux environs du Mont Etna, y rencontra Icetès & le mit en déroute. Ce premier succès porta Adranum & plusieurs villes voisines à ouvrir leurs portes aux Corinthiens. Mamerque, Tyran de Catane, fit alliance avec eux ; & les habitans de Messine se déclarerent en leur faveur. Timoléon, dont les troupes étoient considerablement augmentées, entra dans Syracuse & investit la citadelle. Denys se voyant sans ressource se rendit, & livra la citadelle à Timoléon, qu'il estimoit plus qu'Icetès. Le Tyran fut conduit à Corinthe, où, pour se consoler de la perte du thrône, il s'abandonna à toutes sortes de débauches, & se trouva enfin réduit à une telle misere, qu'il fut contraint de tenir école pour vivre. Cependant Icetès demanda de nouveaux secours aux Carthaginois, qui lui envoyerent une flotte considerable commandée par Magon. Timoléon sans s'effrayer du nombre de ses ennemis, marcha contre eux à dessein de leur livrer bataille. Pendant qu'il étoit campé devant Syracuse, quelques-uns de ses Soldats eurent une entrevûe avec ceux d'Icetès, & leur reprocherent de mettre Syracuse & la Sicile au pouvoir des Barbares, qui devroient plutôt être regardés comme des ennemis dangereux que comme leurs Alliés. Ces discours firent impression sur les troupes d'Icetès, & Magon en ayant été informé craignit d'être trahi & livré aux Corinthiens. Prévenus de la même appréhension que leur Général, les Carthaginois s'embarquerent à la hâte, & se retirerent brusquement. Un évenement si peu attendu fournit à Timoléon les moyens de vaincre Icetès, & d'emporter d'assaut la ville de Syracuse. Aussitôt qu'il y fut entré, il somma les habitans de démolir la citadelle, & il fut obéi si ponctuellement, que les Syracusains détruisirent jusqu'aux palais & aux tombeaux de leurs Tyrans, dont ils disperserent les cendres. Timoléon s'appliqua ensuite à rétablir le bon ordre, & en y travaillant il s'apperçut que le nombre des habitans étoit diminué à un tel point que l'herbe croissoit dans les rues, & qu'une des plus grandes villes de la Sicile étoit presque déserte. Touché de ce triste état, il fit publier par toute la Grece que Syracuse avoit recouvré sa liberté,

Les Grecs.

qu'on y transporteroit tous ceux qui voudroient y former des établissemens, & qu'ils partageroient les terres avec les naturels du pays. Ces avantages rassemblerent un Corps de dix mille hommes, qui réunis à ceux qui s'étoient retirés, ou qui avoient été exilés, & à d'autres qui avoient suivi Timoléon, formerent une Colonie de soixante mille nouveaux Citoyens.

Destruction des Tyrans de Sicile.

Après avoir ainsi relevé les affaires de Syracuse, Timoléon parcourut les autres contrées de la Sicile, & leur procura la liberté. Lorsqu'il fut arrivé à Léontium, il força Icetès à rompre ses alliances avec les Carthaginois, le réduisit à la condition de simple Particulier, & fit raser les fortifications de la ville. Pendant que Timoléon étoit encore occupé à pacifier les troubles, les Carthaginois conduits par Hamilcar & par Asdrubal, fondirent tout à coup sur la Sicile, & y répandirent la consternation. Timoléon rassura les peuples, & marcha contre les ennemis qu'il surprit au passage du Crimese. Il les attaqua, quoique beaucoup inférieur en forces, & profitant d'un orage subit, il redoubla ses efforts contre les Carthaginos déjà incommodés par le vent, la grêle & les éclairs qui les frappoient au visage. Leur défaite fut complette, & Timoléon rentra victorieux dans Syracuse. Il se flattoit d'avoir rendu la paix à cette ville; mais Icetès s'étoit joint à Mamerque, Tyran de Catane, & à Hyppon qui regnoit à Messine, & tous trois redoutant Timoléon inviterent les Carthaginois à reparoître & à favoriser leur révolte. Ils obtinrent un secours de soixante & dix vaisseaux que Giscon leur amena; leur expédition néanmoins ne fut pas heureuse. Les Carthaginois furent contraints de fuir honteusement, & Timoléon poursuivit Icetès, Mamerque & Hyppon, dispersa leurs troupes, se rendit maître de leurs personnes, & les fit mourir. Tant de succès consécutifs le firent craindre des Carthaginois qui demanderent la paix, & s'engagerent à ne plus aider en aucune maniere les Tyrans de Sicile. Timoléon à cette condition signa le traité, qui fut suivi de l'extinction entiere de la tyrannie & du recouvrement de la liberté publique.

Satisfait d'avoir accompli un si grand ouvrage, Timoléon se dépouilla de toute autorité, & fixa sa demeure à Syracuse, où il passa le reste de ses jours dans les douceurs d'une vie privée. Il fut cheri & honoré d'un peuple auquel il avoit procuré le bonheur & la tranquillité, & en mémoire de ses services, les Syracusains reglerent que dans toutes les guerres qu'ils auroient à l'avenir, ils seroient commandés par un Corinthien. Tout le temps que Timoléon vécut ils ne firent aucun traité, ne créerent aucune loi, & ne souffrirent aucun changement dans le gouvernement sans l'avoir consulté.

Mort de Timoléon.

Ce grand homme mourut au bout de deux ans, & fut universellement regretté. Le Public se chargea de sa pompe funebre, & on institua les Jeux annuels en son honneur. On remarque qu'il est presque le seul des grands hommes de la Grece qui, content de ses succès, ait tranquillement achevé sa vie sans devenir la victime de son ambition, ou de l'ingratitude de ses Concitoyens. Les Syracusains après sa mort jouirent de la liberté pendant vingt ans; mais l'abus qu'ils en firent donna enfin lieu à la tyrannie d'Agathocle, qui les replongea dans leur premiere servitude.

Pendant les premiers troubles de la Sicile, Philippe s'avançoit dans l'Illyrie, & dans le temps que Timoléon détruisoit les Tyrans, il porta ses armes dans la Thrace, & l'Hellespont contre les Alliés & les Colonies des Athéniens. Il avoit sçû mettre dans ses intérêts les Thessaliens & quelques autres peuples, lorsqu'il entreprit de soumettre la Chersonnese. Les Athéniens avoient possedé cette presqu'Isle jusqu'au temps de Cotys qui la leur enleva, & la laissa à son fils Chersoblepte. Ce jeune Prince ne se voyant pas en état de résister à Philippe, rendit aux Athéniens le pays qui leur avoit appartenu, & ne se réserva que Cardia : mais les Cardiens préférerent la domination du Roi de Macédoine à celle des Athéniens, & ils se mirent sous la protection de Philippe. Diopithe envoyé par les Athéniens au secours de la Chersonnese, regarda l'entreprise de Philippe comme un acte d'hostilité, & ne croyant plus avoir rien à ménager avec ce Prince, il fondit sur les côtes de la Thrace, où il fit un butin considerable. Le Roi de Macédoine trop éloigné pour se venger de cette irruption, en porta des plaintes à Athènes. Les partisans qu'il avoit dans cette ville ne manquerent pas de le servir en cette occasion, en accusant Diopithe de chercher à renouveller la guerre sans les ordres de la République; de faire les fonctions de pirate, & de mettre les Alliés à contribution. Démosthène entreprit de justifier le Général Athénien, & dans le discours qu'il prononça, il eut soin de jetter la faute sur Philippe, & de chercher à détruire les dangereux effets que l'éloquence des Orateurs, amis de ce Prince, avoit produits sur l'esprit du peuple. Il pressa ensuite ses Concitoyens à pourvoir aux besoins pressants de l'Etat, à mettre leurs armées en bon ordre, & à dépêcher des Ambassadeurs vers tous leurs Alliés, pour les engager à se liguer ensemble contre un ennemi commun.

Quel que fût l'effet de ces remontrances sur le peuple, les progrès de Philippe ne se ralentirent point, & tandis qu'il faisoit tous ses efforts pour tirer parti des troubles qui divisoient le Péloponnese, les Spartiates qui avoient réparé leurs pertes domestiques, persecutoient les Argiens & les Messéniens. Ces peuples s'allierent avec les Thébains, & implorerent le secours du Roi de Macédoine. Les Lacédémoniens craignant tant de forces réunies, firent solliciter les Athéniens de se joindre à eux. Démosthène s'empara alors des esprits, & employa toute sa politique pour détacher Philippe de la triple alliance sans en venir à une rupture ouverte. La joye qu'on ressentit à Athènes d'un succès si peu attendu, ne fut pas de longue durée : Philippe gagna quelques-uns des principaux habitants de l'Eubée, & par leur moyen se rendit maître de plusieurs Places de cette Isle. Plutarque ou Clitarque, Gouverneur d'Eretrie, fit avertir les Athéniens du danger où se trouvoit l'Eubée, s'ils n'envoyoient promptement à son secours. Phocion (1) partit sur le champ avec des troupes; mais Clitarque

LES GRECS.

Entreprise de Philippe sur la Chersonnese.

---

(1) Phocion avoit déjà donné des preuves de sa valeur & de sa capacité; mais il parut alors pour la premiere fois en qualité de Général, & commença à prendre part au gouvernement. Il avoit les talents convenables à tous les emplois, & ne le cédoit à personne dans l'art Oratoire. Si ses discours n'avoient pas la pompe & l'abondance de ceux des Orateurs de son temps, ils étoient d'un style fort, serré & plein de sens. Démosthène en étoit jaloux, & il l'appelloit la *Coignée de ses périodes.* Les mœurs de Phocion tenoient plus des Lacédémoniens que des habitants de l'Attique; il étoit grave & sévere, & en imposoit tellement, que ceux qui n'étoient point connus de lui n'o-

qui avoit changé de sentiment, voulut s'opposer aux Athéniens. Phocion irrité d'une telle perfidie livra bataille à Clitarque, le mit en déroute, & après avoir remporté une victoire éclatante sur les Macédoniens, il retourna à Athènes rendre compte de son expédition. Molosse beaucoup inférieur à Phocion, fut nommé pour lui succeder. Il ne fit aucune action remarquable, & fut même fait prisonnier. Cependant il paroît que l'entreprise de Philippe eut peu de succès, & que les Athéniens durent la conservation de l'Eubée à Phocion.

Philippe obligé de renoncer à la conquête de cette Isle, retourna dans la Thrace. Déterminé à détruire entierement les affaires des Athéniens dans cette contrée, d'où ils tiroient la plus grande partie de leurs provisions, il mit le siége devant Périnthe, Place forte de la Propontide, & fermement attachée aux Athéniens. Les habitants de cette ville se défendirent avec tant de courage, qu'ils donnerent le temps aux Byzantins de leur fournir du secours. Philippe, à dessein d'empêcher cette communication, laissa une partie de son armée devant Périnthe, & alla avec l'autre assiéger Byzance. Des procedés aussi violents allarmerent la Grece & la Perse, & les Lieutenants des Provinces maritimes eurent ordre de secourir ces villes avec toutes les forces qu'ils pourroient rassembler. Les Isles de Chio, de Co & de Rhodes entrerent dans ce dessein, & les Athéniens commencerent à ouvrir les yeux sur la conduite de Philippe. Ils envoyerent aussitôt une flotte sous le commandement de Charès. Cet homme choisi par les créatures de Philippe, n'étoit pas capable de remplir l'emploi dont il étoit chargé, & les Alliés d'Athènes qui bordoient les côtes de l'Hellespont, lui refuserent l'entrée de leurs ports. Les Athéniens convaincus de la nécessité de nommer un Général en qui on eût de la confiance, choisirent Phocion qui partit avec un nouveau renfort.

Philippe, qui jusqu'alors avoit gardé quelques mesures avec les Athéniens, s'apperçut qu'elles devenoient inutiles, qu'on avoit pris l'allarme, & qu'on levoit des troupes contre lui. Il leur écrivit une lettre, dans laquelle il ménageoit avec tant d'art les plaintes & les menaces, que sans déroger à

soient l'approcher. Cependant cette sévérité extérieure n'empêchoit pas qu'il ne fût d'un caractere doux, sociable, compatissant & officieux. Il étoit vêtu simplement, & lorsqu'il se trouvoit dans un camp, il marchoit ordinairement les pieds nuds. Il ne briguoit point les emplois; & ne cherchoit point non plus à les éviter. Il s'opposa en toute occasion aux caprices du peuple, & il étoit si ferme dans ce qui lui paroissoit équitable, qu'il se feroit plutôt exposé à passer pour lâche, que de conseiller une guerre injuste. Les Soldats le pressant d'engager l'action dans une conjoncture désavantageuse: *Il n'en fera rien*, dit-il, *vous auriez autant de peine à me rendre brave à présent, que j'en ai à vous inspirer de la prudence*. Il aimoit la paix, & ne consideroit la guerre que comme un moyen d'y parvenir. Les tentatives qu'il fit pour terminer la guerre avec les Macédoniens, & la modération avec laquelle il traitoit les ennemis de sa patrie, lui firent du tort dans l'esprit de ses Concitoyens. Il acquit l'estime de Philippe, d'Alexandre & d'Antipater, & il en auroit reçu des présents considerables s'il eût voulu les accepter. Antipater disoit aussi qu'il avoit deux amis à Athènes, Phocion & Démade; que le premier refusoit tout, & que l'autre n'étoit jamais satisfait. Phocion étoit enfin le plus sage & le plus honnête homme d'Athènes; mais la rigidité de sa vertu ne lui permit pas de se prêter aux mœurs de son siecle, & il fit moins de bien que de mal au gouvernement, lorsqu'il fut à la tête des affaires.

la dignité Royale, il flattoit ses partisans, & leur fournissoit des motifs pour défendre ses intérêts dans l'assemblée du peuple. Il reprochoit aux Athéniens d'avoir fait alliance avec les Perses, qui passoient autrefois pour des barbares dans leur esprit. Cette lettre artificieuse auroit sans doute fait impression sur le peuple, si Démosthène n'en eût prévenu l'effet. Il fit voir la foiblesse des raisons du Roi de Macédoine, qui accusoit les Athéniens d'être les agresseurs, tandis qu'il avoit commencé lui-même les hostilités en prenant leurs Places, en interceptant leurs provisions, & en attaquant leurs Alliés pendant la paix. Démosthène termina son discours par de vives déclamations contre l'indolence des Athéniens, & leur patience à écouter les Orateurs à la solde de Philippe, & il conseilla au peuple de nommer des Généraux capables de rétablir les affaires. Phocion insista sur ce dernier point, & ce fut alors qu'on le désigna pour successeur de Charès.

Les Byzantins qui connoissoient les talents de Phocion, le reçurent avec de grandes démonstrations de joye. Le Général Athénien, de concert avec eux, força Philippe à lever le siége de Byzance, ainsi que celui de Périnthe (1), & on lui enleva quelques vaisseaux. Phocion ne voulut pas borner ses exploits à cet avantage; il recouvra plusieurs autres Places, d'où il chassa les garnisons Macédoniennes, & força Philippe à sortir de l'Hellespont. Cet échec fit perdre à ce Prince une grande partie de ses troupes; mais il dissimula suivant sa coutume, & entama avec les Athéniens une négociation qu'il fit durer deux ans. Pendant qu'il faisoit faire des propositions de paix à Athènes, il marchoit contre Athéas, Roi de Scythie, sous prétexte que ce Monarque ne l'avoit point dédommagé des secours qu'il lui avoit fournis contre les Istriens. Les Scythes prirent les armes, & lui livrerent une bataille qu'ils perdirent. Philippe satisfait de cette victoire & d'un butin considerable, reprit la route de ses Etats. Quelques peuples de Mésie voulant partager les dépouilles dont Philippe étoit chargé, lui disputerent le passage, & dans le combat qu'ils lui livrerent, ce Prince eut son cheval tué sous lui. Il reçut lui-même une blessure, & seroit tombé entre les mains de ses ennemis sans la valeur d'Alexandre son fils qui le défendit, & sauva l'armée.

Cependant on déliberoit à Athènes sur la paix proposée, & les avis étoient différents, lorsque Démosthène fixa l'irrésolution en opinant pour la guerre. Le peuple se trouva de même sentiment que cet Orateur, & Philippe n'espérant plus traiter avec les Athéniens, songea à faire alliance avec les Thébains & les Thessaliens, qui pouvoient seuls ouvrir un passage à ses troupes. Il sentoit bien que ces peuples ne consentiroient point facilement à le servir contre les Athéniens; mais il imagina qu'en excitant quelques differends entre les Etats de la Grece, il obtiendroit alors un passage en qualité d'Allié de l'un ou de l'autre Parti. Les Locriens Ozoles, dont les frontieres touchoient celles des Phocéens, donnerent bientôt lieu à l'exécution des projets de Philippe. Ils étoient accusés de s'être emparés de quelques domaines

---

(1) Quelques Auteurs prétendent que les Perses avoient contraint les Macédoniens à décamper de devant Périnthe avant l'arrivée de Phocion: mais il y a apparence qu'ils se sont trompés; car les habitants de Périnthe & ceux de Byzance attribuerent entierement leur délivrance aux Athéniens, à qui ils donnerent plusieurs marques de gratitude.

LES GRECS.

appartenants au Temple de Delphes, & cette affaire fut portée, selon l'usage, au Tribunal des Amphictyons. Ces Juges se transporterent sur les lieux ; mais insultés par les Locriens, ils furent obligés de prendre la fuite. Toutes les villes Amphictyoniques eurent ordre de lever des troupes, & comme le zele n'étoit plus le même qu'il avoit été dans les guerres sacrées, & que les préparatifs se faisoient lentement, Eschine se fit députer par les Athéniens, pour se trouver à l'assemblée des Amphictyons. Il étoit entierement dévoué à Philippe, & il employa toute son éloquence pour le servir en cette occasion. Il fit remarquer que la guerre traînoit en longueur, parce que les Alliés ne se pressoient pas d'envoyer du secours, & il proposa d'employer des troupes étrangeres que chaque ville payeroit, ou de choisir pour Général le Roi de Macédoine. Eschine appuya à dessein sur ce dernier expédient, fit voir qu'il épargneroit de grandes dépenses, & rappella les services que ce Prince avoit rendus dans la guerre des Phocéens. Les Amphictyons ne découvrirent pas l'artifice d'Eschine ; ils approuverent au contraire son avis, & dépêcherent des Ambassadeurs vers Philippe, pour le solliciter de punir les Locriens. Philippe ne balança pas à accepter la qualité de Général ; & après avoir rassemblé les troupes qu'il jugeoit nécessaires, il se mit en marche. On avoit lieu de croire qu'il attaqueroit directement les Locriens ; mais loin de le faire, il tomba subitement sur Elatée, capitale de la Phocide, & s'en saisit. Il tiroit deux avantages de la situation de cette ville, qui le mettoit en état de tenir les Thébains en échec, & de marcher sans obstacles contre les Athéniens.

Cette action dévoiloit les intentions du Roi de Macédoine, & lorsqu'on en apprit la nouvelle à Athènes, la consternation & la terreur s'emparerent de tous les esprits. Démosthène s'efforça de dissiper la crainte de ses Concitoyens, & de les encourager à la défense. Il vint à bout de les persuader que l'alliance de Philippe avec les Thébains, qui étoit la cause principale de leur frayeur, n'étoit pas aussi intime qu'on pouvoit se l'imaginer, & il conclut par exhorter ceux qui étoient en âge de porter les armes, à sortir d'Athènes, & à montrer l'exemple au reste de la Grece. Il proposa encore d'envoyer des Ambassadeurs à tous les Etats de la Grece, & surtout aux Thébains qu'il étoit important de détacher de Philippe. L'avis de Démosthène fut unanimement approuvé, & on en fit un décret, auquel on ajouta seulement qu'on équipperoit une flotte de deux cents vaisseaux, qui mettroient à l'ancre aux environs des Thermopyles. Démosthène fut chargé d'aller à Thebes, & y trouva Python (1), Chef des Ambassadeurs de Macédoine. Python ne négligea rien pour convaincre les Thébains de l'avantage qu'ils trouveroient à se déclarer pour Philippe, ou au moins à garder la neutralité, en comparaison des maux auxquels ils s'exposeroient en se jettant du côté des Athéniens. Démosthène combattit avec succès les raisons de Python, & quelqu'inclination que les Thébains eussent pour la neutralité,

---

(1) Python étoit originaire de Byzance, & y étoit né. Les Athéniens, en considération de ses talents, lui accorderent le droit de Bourgeoisie ; mais Python les paya d'ingratitude, & se rangea du parti de Philippe, qui connoissant son éloquence, crut devoir l'opposer à Démosthène.

ils furent entraînés par la force des discours de cet Orateur, & firent alliance avec les Athéniens.

Philippe abandonné par les Thébains, demanda la paix aux Athéniens, qui refuserent toute espece d'accommodement, & se préparerent au combat. Le Roi de Macédoine essaya encore un nouveau stratagême avant que d'en venir à une action. Il corrompit l'Oracle de Delphes, & chercha à effrayer ses ennemis par des augures & des prédictions. Démosthène ne donna pas dans ce piége, & ce fut alors qu'il accusa la Pythie de *Philippiser*. Cependant pour écarter l'impression que toutes ces choses pourroient faire sur les troupes, il rappella aux Thébains l'exemple d'Epaminondas, & aux Athéniens celui de Périclès, qui ne se laissoient pas séduire par des imaginations aussi superstitieuses. L'ardeur que les Athéniens avoient pour la guerre les mit au dessus de ces vaines terreurs, & ils partirent dans la résolution de suivre les seuls avis de Démosthène. Les Thébains & les Athéniens ne faisant qu'une seule armée, camperent aux environs de Cheronée dans la Béotie. Philippe arriva peu de temps après, & dès le lendemain au lever du Soleil les deux armées ennemies se trouverent rangées en bataille. Philippe commandoit l'aîle droite, & faisoit face aux Athéniens, pendant qu'Alexandre & les meilleurs Officiers de l'armée étoient à la tête de l'aîle gauche, & avoient les Thébains à combattre. L'action commença bientôt, &. on se battit de part & d'autre avec tant de valeur, que la victoire fut long-temps incertaine. Une fausse démarche de Lysicle, qui commandoit avec Charès l'armée des Athéniens, fut cause de leur perte. Philippe s'apperçut de leur imprudence, en profita, & mit ses ennemis en déroute. Démosthène jetta ses armes pour fuir (1) plus facilement, & son exemple fut aussitôt suivi par la plus grande partie des troupes. Les Athéniens dans cette action perdirent trois mille hommes, dont mille furent tués & deux mille faits prisonniers. La perte des Thébains fut à peu près égale.

Le Roi de Macédoine plus content de cette victoire que d'aucune de celles qu'il avoit jamais remportées, fit célébrer des fêtes à cette occasion. Quelques Auteurs prétendent qu'il insulta aux morts & aux prisonniers, & dansa sur le champ de bataille, en chantant le commencement du décret que Démosthène avoit prononcé contre lui. Démade, Orateur Athénien, qui étoit du nombre des prisonniers, regarda fixement Philippe, & lui reprocha de faire le rôle de Therlite (2), dans le temps que la fortune l'avoit favorisé du rang d'Agamemnon. La vérité de ces paroles, loin d'irriter le Roi de Macédoine, le fit rentrer en lui-même, & pour réparer sa faute, il remit sur le champ Démade en liberté, le traita même dans la suite avec distinction, & renvoya les autres Athéniens sans rançon. Il traita plus rigoureusement les Thébains, & afin de les punir d'avoir renoncé à son alliance, il exigea de grandes sommes d'argent pour la rançon de leurs

LES GRECS.

Bataille de Cheronée.

338.

(1) Quelques Auteurs, comme pour ajouter plus de ridicule à la frayeur de Démosthène, racontent que son habit s'étant accroché à un buisson, il se crut arrêté par un ennemi, & demanda quartier.

(2) Thersite étoit le plus laid & le plus lâche de tous les Grecs qui se trouverent au siége de Troye. On peut voir la peinture qu'en fait Homère dans le second livre de son Iliade.

prisonniers, & pour la permission d'enterrer les morts. On ajoute qu'il rappella à Thebes ceux qui en avoient été exilés, & qu'il leur donna les charges de Juges & de Magistrats, avec puissance de vie & de mort sur ceux qui les avoient bannis. Ensuite il plaça dans cette ville une forte garnison, & se retira.

La plûpart des Athéniens enchantés de la modération de Philippe à leur égard, crurent n'avoir plus rien à craindre ; mais ceux qui connoissoient ce Prince ne penseroient pas de même, & furent persuadés au contraire qu'il n'en resteroit pas à ce premier succès. Isocrate fut tellement frappé de cette idée, qu'il aima mieux se laisser mourir de faim, que de survivre à la liberté de son pays. Les ennemis de Démosthène ne laisserent pas échapper cette occasion de lui nuire, & ils l'accuserent d'avoir été la cause du malheur arrivé aux Athéniens. Le peuple prit ouvertement le parti de cet Orateur, qui fut absous des imputations dont on le chargeoit, & rétabli dans l'administration des affaires. Il fut même choisi parmi les Orateurs pour prononcer l'éloge funebre de ceux qui étoient restés sur le champ de bataille. La défaite des Athéniens à Cheronée fut attribuée à la mauvaise conduite de Lysicle & de Charès. Le premier fut condamné à perdre la vie (1), & le second (2) qui avoit des partisans dans le peuple, trouva encore moyen de se sauver.

La bataille de Cheronée étoit décisive, & la terreur qu'elle répandit par toute la Grece, disposa à la soumission les peuples qui l'habitoient. Philippe méditoit depuis long-temps une expédition contre les Perses, & sous prétexte de venger les Grecs des irruptions des Barbares, il les engagea à réunir leurs forces aux siennes, & demanda seulement à être nommé leur Général. Les Députés de chaque ville se rendirent à Corinthe, où Philippe les avoient convoqués, & tous accepterent ses propositions, à l'exception des Lacédémoniens. Pendant qu'on étoit occupé aux préparatifs nécessaires, Philippe songea à regler ses affaires domestiques, & comme la fidélité d'Olympias sa femme lui étoit devenu suspecte, il la répudia, & couronna Cléopatre, niece d'Attale, un de ses principaux Officiers. Attale ravi de l'honneur dont le Roi combloit sa famille, souhaita imprudemment que la nouvelle Reine donnât un successeur légitime au throne. Ce discours insultoit Alexandre, qui, furieux de recevoir cet affront, lança sa coupe

---

(1) Lysicle fut condamné à la poursuite de Lycurgue, homme puissant parmi le peuple, & un des plus grands Orateurs de son temps. Il reprocha à Lysicle la mort de ses Concitoyens, la honte dont il avoit couvert sa patrie, & la lâcheté qu'il avoit de vivre après une telle action. Ces reproches font voir le caractere de Lycurgue, & on n'a pas de peine à découvrir qu'il étoit un Juge sévere, & un accusateur plus terrible encore. D'ailleurs, son intégrité parut avec éclat pendant les douze ans qu'il administra les revenus de l'Etat, & il jouit tout le temps qu'il vécut de la réputation d'homme d'honneur.

(2) Charès étoit un homme sans mérite & sans talents. Il se battoit avec courage, mais il ne sçavoit pas commander ; &, suivant la remarque de Timothée, il étoit plus propre à porter le bagage d'un Général, qu'à l'être lui-même. En effet, il étoit grand, fort & fait à la fatigue, & il ne dut les emplois dont il fut revêtu qu'à la faveur du peuple qu'il avoit sçu gagner, par l'éloge qu'il faisoit de lui-même, & le mépris qu'il affectoit pour des gens de mérite dont ce peuple étoit jaloux.

contre

contre Attale. Le bruit que Philippe entendit, obligea ce Prince à se lever d'une autre table où il étoit, & de courir sur son fils l'épée à la main, le regardant comme l'auteur de la querelle. La colere l'empêcha de prendre garde où il marchoit; il tomba, & on eut le temps d'arrêter ses transports. Alexandre loin de s'adoucir, railla son pere sur sa chute, & se retira. Ces disputes, dont on craignoit les suites, furent appaisées par les soins de Démade, qui trouva moyen de reconcilier le Roi de Macédoine avec son fils.

Quelque temps après Philippe donna sa fille Cléopâtre en mariage à Alexandre, Roi d'Epire, & fit célebrer les nôces avec une magnificence extraordinaire. Il y invita les premiers Citoyens de la Grece, dont il reçut les hommages & les éloges les plus outrés. Ce fut le dernier triomphe de Philippe qui fut assassiné au milieu de ses Gardes dans le moment qu'il se montroit au peuple, suivi d'un brillant cortége. L'assassin nommé Pausanias, voulut se sauver, mais on l'arrêta, & il fut mis en pieces sur le champ. Il avoit été poussé à une action si détestable par le desir de venger une injure personnelle qu'il avoit reçue (1), & pour servir le ressentiment d'Olympias. Du moins cette Princesse donna-t-elle lieu de le croire, en prenant soin de faire inhumer le corps de ce meurtrier, & en lui rendant de grands honneurs. La mort imprévue de Philippe causa beaucoup de joye à tous les habitants de la Grece, & surtout à ceux d'Athènes, où le peuple se para de guirlandes, & décerna une couronne à Pausanias. Démosthène s'habilla richement, & parut dans l'assemblée la satisfaction peinte sur le visage. Il montra dans cette occasion plus d'amour pour sa patrie que pour ses enfants; car il n'y avoit que quelques jours qu'il avoit perdu sa fille.

Philippe mourut dans la quarante-septieme année de son âge, & la vingt-cinquieme de son regne. Personne n'eut plus d'ambition que ce Prince; mais il sçavoit la déguiser par des apparences de bonté, de justice & d'ardeur pour la défense des opprimés. Toutes ses actions étoient reglées par la prudence, & le secret de ses desseins ne lui échappoit en aucune rencontre. Ses favoris ne devenoient point ses confidents, & toujours impénétrable dans ses délibérations, il étoit maître de changer subitement d'avis, lorsque les circonstance l'exigeoient. Il ne manquoit point d'expédients pour arriver à ses fins, & il se faisoit autant d'honneur du succés d'une négociation, que du gain d'une bataille. Néanmoins dans une action, il étoit brave jusqu'à l'intrépidité, & songeant à pourvoir à tout, il étoit aussi actif à réparer les fautes qu'il pouvoit faire pendant le combat, que prompt à tirer avantage

---

(1) Pausanias, jeune Seigneur Macédonien, avoit été invité à un festin par Attale, oncle de la nouvelle Reine de Macédoine. Attale échaufé de vin insulta Pausanias, qui n'osant en tirer vengeance sur l'heure, porta ses plaintes à Philippe. Ce Prince ne voulut pas agir trop rigoureusement avec son oncle; mais pour appaiser Pausanias, il lui accorda un emploi honorable dans ses Gardes. Ce jeune homme outré des ménagements que le Roi avoit pour Attale, tourna sa fureur contre Philippe, & ne s'occupa plus qu'à chercher l'occasion de lui en faire éprouver les effets. L'affectation de Philippe à s'éloigner de ses Gardes pendant les fêtes du mariage de sa fille, favorisa l'exécution des projets de Pausanias, qui le frappa de son poignard, & l'étendit mort sur la place. Il avoit médité sa fuite, & se seroit sans doute échappé, si un de ses pieds ne se fût embarrassé dans un sep de vigne.

LES GRECS.

de celles de fes ennemis. Ses Soldats difciplinés avec foin, mais traités doucement & avec affection, ne trompoient jamais fon efpérance; & les Macédoniens paffoient alors pour meilleurs guerriers que les Grecs. Philippe joignoit aux talents militaires, les qualités propres à un homme de lettres; Il étoit doué d'une grande pénétration, parloit facilement, écrivoit avec dignité & juftefle, quoiqu'on apperçût dans fes lettres trop d'art & de fubtilité, & enfin poffedoit beaucoup d'autres belles connoiffances. Le mérite de ce Prince fut en quelque forte obfcurci par fes fubterfuges, fon avarice, fes trahifons, fes parjures, fon zele peu fincere pour la Religion, & fes débauches qu'il pouffoit quelquefois jufqu'à l'excès (1). Ce mélange de bonnes & de mauvaifes qualités le fit arriver au but qu'il s'étoit propofé; il difpofa les Grecs à la foumiffion, & applanit des difficultés qu'Alexandre n'auroit peut-être pas furmontées. Enfin, fuivant le fentiment général, Philippe mérita mieux que fon fils le titre de grand homme.

Troubles dans la Grece occafionnés par la mort de Philippe.

La mort de Philippe ébranla l'Empire qu'il avoit fondé, & toutes les villes de la Grece regardant cet évenement comme une circonftance favorable de fecouer le joug, fe fouleverent de tous côtés. Démofthène & les Orateurs de fon parti avoient occafionné tous ces mouvements par leurs difcours, dans lefquels ils affectoient de traiter Alexandre d'enfant & d'imbécille. Les Thraces qui ne fupportoient qu'avec peine une domination étrangere, voulurent auffi fortir de la fervitude où Philippe les avoit réduits. Alexandre, après avoir gagné l'affection des Macédoniens, marcha contre les Thraces qu'il battit en diverfes rencontres, & foumit en même temps les Péoniens, les Illyriens, les Getes & les Tribales. Les Thébains, à qui on avoit rapporté qu'Alexandre étoit péri dans fon expédition contre les Thraces, maffacrerent la garnifon que Philippe avoit laiffée dans leur ville. Alexandre fe rendit auffitôt dans la Béotie, & fa préfence caufa tant d'allarmes aux Athéniens, qu'ils lui envoyèrent des Députés pour lui demander la paix. Le Roi de Macédoine ne voulut l'accorder qu'à condition qu'on lui livreroit Démofthène, & les autres Orateurs qui avoient mal parlé de lui. Phocion, qui avoit toujours confeillé aux Athéniens de refter tranquilles, fe chargea d'aller trouver Alexandre, & de tâcher d'en obtenir d'autres conditions. La fageffe de fes difcours fit une telle impreffion fur Alexandre, que non-feulement il lui accorda tout ce qu'il voulut, mais il en fit encore fon ami, & lui en donna toujours des marques authentiques. Phocion ne fe fervit de fon crédit que pour l'avantage de fes Concitoyens, & refufa toujours généreufement les préfents que le Roi lui envoyoit.

(1) Quelque goût que Philippe eût pour les plaifirs de la table, il permettoit qu'on l'en reprît, ainfi que de fes autres défauts; & on raconte à ce fujet, qu'une femme fe préfentant à lui un jour qu'il fortoit d'un grand repas, lui demanda juftice. Il écouta fes raifons, & décida contre elle. *J'en appelle*, lui dit cette femme; & *à qui*, reprit le Roi? *A Philippe à jeun*, répliqua-t-elle. Cette réponfe hardie ne déplut pas au Roi, qui examina plus tranquillement l'affaire qu'on lui propofoit, & rétracta fon jugement. Une autre femme, après avoir follicité pendant long-temps une audience que Philippe remettoit de jour en jour fous prétexte qu'il n'avoit pas le temps, lui dit : *Si vous n'avez pas le temps de me rendre juftice, ceffez donc d'être Roi*. Philippe moins irrité, que touché de ce reproche, répondit fur le champ aux plaintes de cette femme, & devint par la fuite d'un accès plus facile pour fes fujets.

Cependant les Thébains, au lieu de chercher à appaiser ce Prince, ne cessoient d'inquiéter son armée. Alexandre, qui avoit toujours différé d'employer la force ouverte contre ce peuple dans l'espérance qu'il se soumettroit de lui-même, se détermina enfin à l'attaquer. La fortune parut d'abord favoriser les Thébains, mais une bataille qu'ils perdirent dans la suite occasionna leur ruine totale. Le vainqueur les ayant poursuivis jusqu'au pied de leurs murailles, entra avec eux dans leur ville, & y fit un carnage affreux sans distinction d'âge ni de sexe. La ville même fut rasée & entierement détruite : on excepta seulement la maison du Poëte Pindare, celles de ses parents, des Prêtres & Prêtresses. La sévérité d'Alexandre lui fit beaucoup de tort ; mais il vint à bout de ramener les esprits. Aussitôt que les troubles de la Grece parurent un peu calmés, Alexandre songea à exécuter le projet que son pere avoit conçu, & se disposa à marcher contre les Perses. Dans la crainte où il étoit que les Grecs n'attaquassent ses Etats pendant son absence, il chercha à gagner leur amitié, & à faire approuver la guerre contre Darius Codoman. Il indiqua pour cet effet une assemblée générale à Corinthe, & représenta aux Grecs combien il leur intéressoit d'abattre la puissance des Perses : mais il ajouta qu'une entreprise de cette importance ne pouvoit avoir de succès qu'autant que les Grecs resteroient unis entr'eux. On approuva son dessein, & il fut nommé Généralissime des Grecs. L'ardeur d'acquérir de la gloire ne permit pas à Alexandre de différer long-temps son départ pour l'Asie. Je ne suivrai point ce Prince dans le cours de ses victoires en Perse, & je renvoye le Lecteur à l'Histoire de ce pays, où j'en ai fait mention.

Pendant qu'Alexandre se rendoit maître de l'Empire de Darius, les Lacédémoniens qui avoient refusé de reconnoître le Roi de Macédoine en qualité de Généralissime des Grecs, se joignirent à ses ennemis, & cherchèrent à lui en susciter de nouveaux. Agis, Roi de Lacédémone, s'étant mis à la tête de huit mille hommes qui s'étoient sauvés de la bataille d'Issus, passa dans l'Isle de Crete, & la fit soulever en partie contre Alexandre. Il fit aussi alliance avec Memnon de Rhodes, Général de Darius, & s'empara de plusieurs Places maritimes. Cependant les Thraces profitant de l'éloignement d'Alexandre, se souleverent de toutes parts, persuadés que ce Prince trop occupé dans la Perse, ne seroit pas en état de les soumettre. Antipater, qu'Alexandre avoit laissé dans la Macédoine, marcha contre les rebelles, & les força bientôt à mettre bas les armes. Les Lacédémoniens informés de la révolte des Thraces, engagerent plusieurs villes du Péloponnese à profiter de la circonstance pour recouvrer leur ancienne liberté, & se soustraire à la puissance du Roi de Macédoine. Presque tous les Grecs enterent dans cette ligue, à l'exception des Athéniens, des Achéens, des Etoliens & de quelques autres. Antipater, après avoir soumis les Thraces, entra dans la Thessalie, s'avança jusques dans le Péloponnese, & en vint aux mains avec Agis près de Mégalopolis. La fortune favorisa pendant quelque temps les Lacédémoniens ; mais enfin elle se déclara pour Antipater, malgré la valeur du Roi de Lacédémone. Ce Prince percé de mille coups, combattit encore long-temps, ne pouvant plus se soutenir que sur

LES GRECS.
Destruction de Thebes.
Alexandre déclaré Généralissime des Grecs.

LES GRECS.

un feul genou. Ce fut dans cette attitude qu'il reçut le dernier trait qui le priva de la vie. Les Lacédémoniens hors d'état de fupporter la guerre, envoyerent des Ambaffadeurs à Alexandre pour tâcher de l'appaifer. Le Roi qui vouloit gagner l'affection des Spartiates, reçut avec bonté leurs Ambaffadeurs, & promit d'oublier tout ce qui s'étoit paffé.

Mort d'Alexandre, & troubles qu'elle occafionne dans la Grece.

323.

Depuis cet évenement jufqu'à la mort d'Alexandre, il ne fe fit dans la Grece aucun mouvement confiderable; mais auffitôt qu'on eût appris que ce Prince avoit rendu les derniers foupirs, on fe porta à des excès de joye que les plus fages condamnerent. Ce fut furtout à Athènes que les Orateurs firent le plus de bruit, & qu'ils porterent le peuple à prendre les armes. Phocion s'y oppofa autant qu'il put, mais on le traita de lâche & d'infenfé; & la guerre fut déclarée aux Lacédémoniens. Antipater étonné d'une révolution fi fubite demanda du fecours aux Généraux d'Alexandre, & marcha cependant contre les Athéniens. Battu dans une premiere rencontre, il fut contraint de s'enfermer dans Lamia, où il fut auffitôt affiégé. La longueur du fiége ennuya bientôt les Grecs, qui fe féparerent fous différents prétextes. L'arrivée des troupes que Cratere, Général d'Alexandre, commandoit, fit changer les chofes de face, & releva le parti des Macédoniens. Les Grecs vaincus près de la ville de Cranon, fe laifferent tellement abattre par cet échec, qu'ils envoyerent porter des propofitions de paix à Antipater. Le vainqueur vouloit traiter en particulier avec chaque République; mais les Grecs s'y étant oppofés, il fit de grands ravages dans la Theffalie. On étoit paffé à Athènes d'une extrémité à l'autre, & on y blâmoit hautement ceux qui avoient confeillé la guerre. Démofthène qui avoit été rappellé depuis la mort d'Alexandre, & les autres Orateurs de fon parti, fortirent promptement de la ville pour éviter le reffentiment d'Antipater & la fureur du peuple. Après bien des délais il fallut fe foumettre à la loi du vainqueur, qui dicta lui-même les articles du traité. Les principales conditions étoient : que les Athéniens lui livreroient Démofthène & Hypéride; qu'ils rétabliroient le gouvernement fur l'ancien pied, où les charges étoient données aux riches; qu'ils recevroient garnifon dans le fort Munychia; qu'ils payeroient tous les frais de la guerre, & une amende dont on conviendroit. Plufieurs ne pouvant fupporter la honte d'un tel traité fe retirerent en Thrace, où Antipater leur affigna une ville & des terres pour y habiter. Athènes fe reffentit vivement des troubles dont la Macédoine fut agitée, & devint plus d'une fois le théatre des guerres que les Régents ou les Prétendants du Royaume fe firent entr'eux.

318.

Antipater étant mort, Caffandre fon fils & Polyfperchon fe difputerent la Régence de la Macédoine. Ils tâcherent tous deux de gagner l'affection des Athéniens, & le fecond, pour les mettre dans fes intérêts, promit de rétablir la Démocratie. Les promeffes de Polyfperchon flatterent les Athéniens, & le plus grand nombre prit fon parti. Nicanor, que Caffandre avoit envoyé pour s'affurer de la citadelle de Munychia, fe rendit maître du Pyrée. Alexandre, fils de Polyfperchon, fe rendit en même temps dans l'Attique à la tête d'une armée. Tous ceux qui étoient dans les intérêts de Caffandre, furent ou privés de leurs biens, ou bannis, ou condamnés à la mort, & Athènes n'offrit plus qu'une ville pleine de troubles & de confufion.

Phocion, qui avoit été dépofé, fortit d'Athènes, & alla fe juftifier auprès de Polyfperchon des accufations intentées contre lui : mais celui-ci refufa de l'entendre, & le renvoya à Athènes fous bonne garde. Cet homme qui avoit rendu de fi grands fervices à fa patrie par la fageffe de fes confeils, fut condamné à boire de la ciguë, & on défendit fous de rigoureufes peines de lui rendre les honneurs de la fépulture. Un Artifan le tranfporta au delà de la terre d'Eleufis, lui dreffa un bucher, & le brûla. Les Athéniens ne tarderent pas à reconnoître leur injuftice, & la perte qu'ils avoient faite dans la perfonne de Phocion. Ils lui éleverent une ftatue de bronze, & firent apporter fes os qu'ils enterrerent honorablement aux dépens du Public. Ils tournerent enfuite leur fureur contre les auteurs de fa mort, & leur firent fubir le même fupplice.

Les Grecs.

Pendant qu'Athènes étoit ainfi déchirée par différentes factions, Caffandre vint au fecours de Nicanor, & fe mit en devoir de chaffer Alexandre. Polyfperchon accourut au fecours de fon fils ; mais quoique fon armée fût plus forte que celle de fon rival, il fut obligé de fe retirer dans le Péloponnefe faute de vivres. Alexandre qu'il avoit laiffé devant Athènes, ne put rien entreprendre, & les Athéniens craignant de fuccomber fous les efforts de Caffandre, prirent le parti de fe foumettre & d'abandonner les intérêts des Roi de Macédoine, dont Polyfperchon étoit tuteur. L'Oligarchie fut alors rétablie dans Athènes, & Caffandre mit à la tête du Gouvernement Démétrius de Phalere. Ce Magiftrat fe conduifit pendant dix ans avec tant de douceur & de fageffe, qu'il fit regner la paix & l'union entre les Grands & le Peuple. Après fon année d'Archontat, il perdit le titre de cette dignité, mais il en conferva tout le pouvoir, & Athènes fouffrit volontiers cette efpece d'Etat monarchique. On prétend que cette République ne fut jamais gouvernée avec tant de prudence & de modération ; car Démétrius agiffoit de façon qu'on ne s'appercevoit point qu'il eût toute l'autorité. Il augmenta les revenus d'Athènes, embellit cette ville de nouveaux édifices, fit des loix pour diminuer le luxe & les dépenfes faftueufes, furtout celles qui fe faifoient aux funerailles. Il ordonna qu'elles ne fe feroient plus que la nuit, & qu'il ne feroit permis de mettre fur les tombeaux aucun ornement, fi ce n'étoit une colonne haute de trois coudées. Il commit un Magiftrat particulier pour faire obferver cette loi. En fit d'autres pour regler les mœurs. Les pauvres Citoyens furent encore l'objet de fon attention, & il eut foin particulierement de la famille d'Ariftide, qui étoit dans une trifte fituation. Les Athéniens furent fi fatisfaits qu'ils lui éleverent trois cent foixante ftatues. Duris, auteur cité par Athénée, reproche à Démétrius de Phalere fa vie licentieufe & les excès de débauches qui le déshonorerent. Ces mêmes reproches font faits dans tous les Ecrivains à Démétrius Poliorcetes, fils d'Antigonus Roi de Syrie ; ce qui fait voir, ou que Duris a pris l'un pour l'autre ; ou que par méchanceté il a chargé Démétrius de Phalere des actions qui couvrirent de honte Démétrius Poliorcetes ; puifque tous les Auteurs, à l'exception de Duris, font le plus grand éloge du Magiftrat Athénien.

Démétrius de Phalere.

317.

Pendant que Démétrius n'étoit occupé que des moyens de rendre heureux fes compatriotes, Caffandre fit tuer Olympias, mere d'Alexandre le Grand.

Démétrius Poliorcetes fe rend Maître d'Athènes.

306.

Cet évenement fournit à Antigonus un prétexte de recommencer la guerre, & aux Athéniens une occasion de secouer le joug des Rois de Macédoine. Quelque temps auparavant ces derniers avoient envoyé secrettement des Députés à Antigonus, pour lui demander du secours contre les troupes Macédoniennes, qui étoient toujours en garnison à Munychia. L'arrivée de Ptolémée neveu d'Antigonus dans l'Attique, porta les Athéniens à se déclarer ouvertement contre l'Oligarchie. Ils contraignirent Démétrius de Phalere de traiter avec le Roi de Syrie & de faire alliance avec ce Prince. Démétrius, qui ne pouvoit plus compter sur Cassandre, alors occupé dans la Macédoine, se trouva dans la nécessité de contenter le peuple. Cette négociation n'eut pas lieu, Cassandre, Ptolémée Soter & Lysimachus ayant fait la paix avec Antigonus, Cassandre fut déclaré Chef souverain en Europe, jusqu'à la majorité d'Alexandre, fils de Roxane. Le nouveau tuteur fit périr peu de temps après le fils, la mere, Hercule & sa mere Barsine.

Antigonus, qui craignoit que Cassandre ne le troublât en Asie, forma le projet de chasser les garnisons Macédoniennes de toutes les villes de la Grece. Démétrius Poliorcetes chargé de cette expédition, se rendit au port de Pyrée avec une flotte de deux cent cinquante vaisseaux. Démétrius de Phalere résista autant qu'il put à l'effort des ennemis; mais ceux-ci ayant escaladé les murs du Pyrée, il fut obligé de se sauver dans la ville. Les Athéniens inviterent le fils d'Antigonus à se rendre dans leur ville, & lui prodiguerent les noms de Sauveur & de Libérateur. Démétrius de Phalere voyant qu'il avoit tout à craindre de ses Concitoyens, pria Démétrius Poliorcetes de le faire conduire à Thebes, où il avoit résolu de se retirer. Le fils d'Antigonus pour gagner l'affection des Athéniens, obligea la garnison Macédonienne de sortir de Munychia. Après ce service qu'il venoit de rendre aux Athéniens, il ne balança plus à entrer dans leur ville, & on fit pour son entrée les mêmes cérémonies qu'on avoit coutume d'observer, lorsqu'on portoit les statues de Cerès & de Bacchus. On fit même un décret, par lequel il fut ordonné qu'on répéteroit les mêmes cérémonies toutes les fois que ce Prince rentreroit dans la ville.

Mort de Démétrius de Phalere.

Les Athéniens toujours ingrats pour ceux qui leur avoient rendu le plus de services, renverserent le grand nombre de statues qu'ils avoient élevées à la gloire de Démétrius de Phalere. Ils ternirent même la réputation de ce grand homme; l'accuserent d'avoir fait beaucoup de choses contre les loix pendant son gouvernement, & le condamnerent à la mort. Il se retira en Egypte, où il vécut encore long-temps à la Cour de Ptolémée Soter. Ptolémée Philadelphe, fils de ce Prince, étant monté sur le throne fit mourir Démétrius, qui avoit conseillé à son pere de donner la couronne à un autre de ses fils. On prétend que Démétrius prévint le supplice que Philadelphe lui préparoit en se faisant piquer par un aspic.

303.

L'embarras où se trouvoit Antigonus en Asie, l'avoit cependant obligé de rappeller auprès de lui Démétrius son fils. Cassandre profitant de son absence, se rendit maître d'Athènes par le moyen d'un riche Citoyen nommé Lacharès, qui vouloit rétablir l'Oligarchie. Démétrius informé de cette nouvelle, parut bientôt dans l'Attique, d'où il chassa Cassandre, & soumit presque toutes les villes de la Locride, de la Phocide & de la Béotie. Il rendit aux Athéniens les forteresses de Phyle & de Panacte, après en avoir fait sortir les garnisons de Cassandre. Les Athéniens qui avoient poussé la flatterie jusqu'à mettre Démétrius au rang des Dieux, lui offrir des victimes, & lui consacrer un Prêtre, ne sçavoient plus comment reconnoître les services qu'il venoit de leur rendre. Ils imaginerent de lui assigner pour son logement le derriere du Temple de Minerve appellé *Parthenon*, ou Temple de la Vierge. Les débauches les plus excessives, dans lesquelles Démétrius se plongea, souleverent les esprits, & on fit un décret contre ce Prince. La crainte de son ressentiment porta presqu'aussitôt les Athéniens à casser ce décret, & à punir ceux qui l'avoient dressé ou conseillé. On en fit un autre, par lequel il fut dit : que tout ce qui émaneroit des ordres du Roi Démétrius, seroit reçu par le peuple d'Athènes comme saint envers les Dieux, & juste envers les hommes. Les Athéniens qui passoient toujours d'une extrémité à l'autre, n'eurent pas plutôt appris qu'il avoit été défait à Ipsus, & que son pere avoit été tué dans le combat, qu'ils secouèrent entierement le joug. Démétrius qui ignoroit encore la résolution des Athéniens, voulut se retirer dans leur ville comme dans le seul asyle qui lui restoit alors. Il fut extrêmement surpris, lorsqu'ils lui firent sçavoir qu'ils étoient déterminés à ne recevoir aucun des Rois qui se disoient successeurs d'Alexandre. La foiblesse où il se trouvoit ne lui permit pas de se venger, il se contenta de leur envoyer faire ses plaintes avec modération.

Cependant Cassandre s'étoit encore présenté devant Athènes, & s'étoit emparé du Musée qui étoit dans un des fauxbourgs. Olympiodore, à qui les Athéniens donnerent le commandement de leurs troupes, rassembla une armée en diligence, & battit les Macédoniens de tous côtés. Cette victoire rendit pour quelque temps la liberté aux Athéniens ; mais deux ans après, Démétrius qui avoit réparé ses forces, mit le siége devant Athènes, & réduisit le peuple à une si dure extrémité, qu'il fut obligé de se rendre à discrétion. Démétrius qui vouloit s'attacher les Athéniens, les traita avec plus de douceur qu'ils ne s'y étoient attendus. Pour lui témoigner leur reconnoissance, ils lui remirent le port du Pyrée & le fort Munychia. Tant de marques d'affection n'avoient néanmoins rien de solide, & Démétrius se vit encore abandonné des Athéniens aussitôt qu'il eût été vaincu par Pyrrhus. Ils s'attacherent à ce dernier, & l'appellerent à leur secours. Démétrius voulut s'en venger, mais ses intérêts personnels l'engagerent à lever le siége, & à tourner ses armes contre l'Asie.

Les mêmes motifs qui avoient porté Démétrius à laisser les Athéniens tranquilles, le forcerent à abandonner son entreprise sur Lacédémone. Délivrée de ce péril, elle se vit bientôt exposée à tomber sous la puissance du Roi d'Epire. Cléonyme, oncle du Roi Aréüs, irrité de ce qu'on lui avoit refusé la couronne, eut recours à Pyrrhus, & le sollicita de lui fournir les moyens de monter sur le throne. Pyrrhus qui ne cherchoit que l'occasion de se signaler & d'étendre ses conquêtes, se mit aussitôt en marche avec une armée considerable ; mais il eut soin de cacher son projet, jusqu'à ce qu'il fût entré dans la Laconie. On prétend que si Pyrrhus se fût présenté tout d'un coup devant Lacédémone, il se seroit facilement rendu maître de cette ville, qui étoit alors sans défense. Les Lacédémoniens profitant du

LES GRECS.

301.

300.

298.

Siége de Lacédémone par Pyrrhus.

LES GRECS.

repos qu'ils vouloient accorder à ses troupes, se mirent en état de lui résister. On étoit résolu d'envoyer les femmes en Crete, mais elles représenterent qu'on leur faisoit peu d'honneur de se méfier de leur courage, & qu'elles étoient déterminées à s'ensevelir sous les ruines de leur ville, si elles ne pouvoient la défendre. En effet, elles travaillerent avec tant d'ardeur aux fortifications qu'elles les mirent promptement en état d'arrêter l'ardeur de l'ennemi. Les hommes animés par l'exemple des femmes, se battirent en désesperés, & quelques secours qu'ils reçurent pendant le siège les rendirent assez puissants pour forcer Pyrrhus à la retraite. Son arriere-garde fut même taillée en pieces, & son fils Ptolémée périt dans l'action.

Ligue des Achéens, & son origine.

Pendant que la Grece devenoit de jour en jour plus esclave, & qu'elle étoit agitée par tant de révolutions, les Etoliens qui jusqu'alors n'avoient presque jamais eu part à aucune affaire importante, se rendirent redoutables à leurs voisins. Ils étoient les seuls de tous les Grecs qui eussent conservé cet esprit de piraterie & de brigandage que les autres avoient perdu en formant des sociétés. *Les Etoliens*, dit Polybe, *sont plutôt des bêtes féroces que des hommes : justice, droit, alliances, traités, ce sont de vains noms, l'objet de leurs plaisanteries. Accoutumés à ne vivre que de butin, ils ne font grace à leurs alliés que quand ils trouvent à contenter leur avarice chez leurs ennemis.* Tant que la Grece fut en état de leur en imposer, ces brigands n'exercerent leurs violences que dans la Macédoine, dans l'Illyrie, sur mer, ou dans les Isles qui avoient le moins de relation avec le Continent. Aussitôt que les différents intérêts eurent désuni les Grecs, & qu'ils se furent affoiblis par leurs guerres domestiques, les Etoliens entrerent dans le Péloponnese, désolerent cette Province, & parcoururent enfin toute la Grece. Ces désordres rappellerent à quelques Républiques le souvenir de leurs anciennes associations, Dyme, Patras, Tritée & Phare, villes les plus célebres de l'Achaïe, & les plus exposées aux insultes des Etoliens, renouerent les premieres leur alliance, & ce traité donna naissance à la seconde ligue des Achéens. Elle devint si puissante, qu'elle prit la place qu'Athènes & Lacédémone avoient autrefois occupée parmi les Grecs.

L'Achaïe avoit d'abord obéi à des Rois descendus d'Oreste. Les derniers s'étant rendus odieux par leur conduite, furent chassés de leurs Etats, & les villes de l'Achaïe devenues libres formerent séparément une République indépendante qui avoit son gouvernement, son territoire & ses Magistrats particuliers. La Démocratie qui y fut établie étoit temperée par les loix générales dont les différentes Républiques convinrent, en contractant une alliance, que leur foiblesse rendoit nécessaire. On avoit consenti d'ailleurs que chaque République ne pourroit traiter seule avec l'Etranger ; qu'une extrême égalité serviroit de fondement à l'union de ces Républiques ; & que la puissance, ou l'ancienneté d'une ville, ne lui donneroit aucunes prérogatives sur les autres. On créa un Sénat commun de la Nation. Il s'assembloit deux fois l'an à Egium au commencement du Printemps & de l'Automne, & il étoit composé des Députés de chaque République en nombre égal. Ces villes étoient au nombre de douze, sçavoir, Patras, Dyme, Phare, Tritée, Léontium, Egire, Pellene, Egium, Boure, Céraunie, Olen & Elym. Cette derniere fut submergée par la mer peu de temps

temps avant la bataille de Leuctres. L'assemblée de la ligue Achéenne avoit le pouvoir d'ordonner la guerre ou la paix, de contracter seule des alliances, de faire des loix particulieres pour son gouvernement, d'envoyer des Ambassadeurs, ou de recevoir ceux qui étoient adressés aux Achéens. Si pendant le cours de l'année, il survenoit quelque affaire importante, les deux Préteurs convoquoient extraordinairement l'assemblée. Ces Magistrats, dont l'autorité étoit annuelle, commandoient les armées, & ils étoient en quelque sorte les dépositaires de l'autorité publique tout le temps que le Sénat, auquel ils présidoient, n'étoit pas assemblé. Ils ne pouvoient cependant rien entreprendre sans la participation de dix Commissaires qui formoient leur Conseil. Les Achéens naturellement portés à la modération, ne songeoient ni à acquérir de grandes richesses, ni à se rendre redoutables à leurs voisins. Leur Sénat respecté par son attachement à la vertu, fut souvent l'arbitre des differends qui s'élevoient dans le Péloponnese, dans les autres parties de la Grece, & même chez les Etrangers. Les Achéens se sentirent des malheurs que la Grece éprouva sous les successeurs d'Alexandre, & les villes de l'Achaïe reçurent les garnisons de tous ces Princes qui se disputerent l'Empire du Conquérant de l'Asie. Le lien qui unissoit toutes les villes de l'Achaïe fut rompu, & des Citoyens factieux exercerent la tyrannie dans quelques-unes d'entr'elles.

Aratus, Chef de la ligue.
266.

Tant de maux inspirerent à quelques villes le desir de se procurer la liberté. Dyme & les trois autres villes nommées plus haut commencerent à jetter les fondemens d'une seconde ligue sur le modele de la premiere. Les Egéens, les Caryniens & les Bouriens, après avoir massacré leurs tyrans, se joignirent à cette nouvelle association, qui fut bientôt augmentée par plusieurs villes du Péloponnese. La multiplicité des Préteurs nuisit pendant long-temps aux intérêts des Achéens: mais tout changea de face, lorsqu'on prit le parti de ne confier l'administration des affaires qu'à un seul Magistrat. Aratus, qui avoit délivré Sicyone sa patrie du tyran qui s'en étoit rendu le maître, fut choisi pour être le Chef de cette ligue. Sous sa Magistrature, qui fut perpétuelle, il attaqua tous les tyrans du Péloponnese, & engagea toutes les villes auxquelles il avoit rendu la liberté, d'entrer dans la ligue des Achéens.

Il voulut délivrer les Athéniens de la servitude où ils étoient sous la domination de la Macédoine; mais ils refuserent long-temps de seconder les efforts qu'il avoit faits pour chasser les Macédoniens du Pyrée. Ils eurent même la lâcheté de se couronner de fleurs sur le faux bruit de sa mort. Aratus indigné d'une telle ingratitude attaqua les Athéniens, & s'ayança jusqu'au parc de l'Académie. La crainte les saisit alors, & ils furent obligés d'avoir recours à sa clémence. Il consentit volontiers à oublier l'affront qu'on lui avoit fait, & les Athéniens s'étant joints à lui, il remit en leur puissance le Pyrée, le fort de Munychia, le Musée, l'isle de Salamine & le promontoire de Sunium.

Les villes qui avoient autrefois dominé sur la Grece, étoient jalouses des progrès de l'Achaïe, & cependant la ligue Achéenne par elle-même étoit encore trop foible pour inspirer de la confiance, & mettre en mouvement tous les peuples qui sembloient être déjà accoutumés au joug des Etrangers. Aratus qui n'étoit point homme de guerre, tâchoit de maintenir l'union & la paix, & ne songeoit à faire aucune conquête. » C'étoit, dit Polybe, » l'homme le plus propre à conduire les affaires d'une République : la jus- » tesse de son esprit le portoit toujours à prendre le parti le plus conve- » nable dans les dissensions civiles. Habile à ménager les passions diffé- » rentes des personnes avec lesquelles il traitoit, il parloit avec grace, » sçavoit se taire, & possedoit l'art de se faire des amis & de se les atta- » cher. Sçavant à former des Partis, à tendre des piéges à un ennemi & à le » prendre au dépourvu, rien n'égaloit son activité & son courage dans la » conduite, & l'exécution de ces sortes de projets. Aratus si supérieur par » toutes ces parties, n'étoit plus qu'un homme au dessous du médiocre à » la tête d'une armée. Troublé, quand il falloit agir à force ouverte, une » timidité subite suspendoit toute l'action de son esprit ; & quoiqu'il ait » rempli le Péloponnese de ses trophées, peu de Capitaines ont eu cepen- » dant moins de talents que lui pour la guerre. «

Plus politique que brave, il songea à tirer profit de la rivalité qui regnoit entre les successeurs d'Alexandre. Aratus réfléchissant que les Cours d'Egypte & de Syrie voyoient avec satisfaction que les villes du Péloponnese refusoient de subir le joug Macédonien, contracta alliance avec elles ; & en imposa de cette maniere à Antigone Gonatas & à son fils Démétrius. Ce Magistrat avoit tâché de prévoir tous les dangers que la République des Achéens avoit à craindre ; mais celui auquel on devoit le moins s'attendre, en changea la situation & la politique.

Révolution à Sparte sous Cléomene.

237.

Lacédémone, plongée dans la plus honteuse corruption depuis Alexandre, étoit bien différente de cette ville qui, obéissant avec rigueur aux loix de Lycurgue, avoit dominé sur la Grece & fait trembler les Perses. Agis III. en voulant travailler à la réforme de ses sujets, souleva contre lui une République à laquelle ses vices étoient devenus chers, & succomba sous les artifices & la violence que lui opposa le déreglement des mœurs. La fin tragique de ce Prince ne découragea point Cléomene un de ses successeurs, animé comme lui, mais par un motif différent, à la réforme des Lacédémoniens. L'amour de la vertu avoit engagé le premier dans son entreprise, & l'autre ne cherchoit à bannir les vices de son temps que pour rendre les Spartiates capables de reprendre leur ancien empire sur la Grece, & favoriser en même temps son ambition. Cléomene, après avoir fait assassiner les Ephores, & bannir les Citoyens les plus intéressés par leur fortune à contrarier ses projets, fit un nouveau partage des terres & abolit les dettes. Les Lacédémoniens charmés de sa conduite, se prêterent à ses idées, & approuverent tout ce qu'il fit. Dans l'intention de rendre à sa patrie la supériorité qu'elle avoit perdue, il tourna toutes ses forces contre les Achéens. Aratus sentit alors que l'alliance qu'il avoit faite avec les Rois d'Egypte & de Syrie ne pouvoit le mettre à l'abri des efforts de Cléomene. Obligé de choisir entre deux partis fâcheux, ou de se soumettre au Roi de Sparte, ou de faire rentrer les Macédoniens dans la Grece, il prit ce dernier pour sauver sa République. Il ne pouvoit d'ailleurs se dispenser d'agir de la sorte, puisque, suivant Polybe, les Messéniens & les Mégalopolitains étoient résolus de se séparer de la ligue pour rechercher la protection d'Antigone Doson, Roi ou Régent de Macédoine.

Antigone n'hésita pas de saisir l'occasion qui se présentoit de revenir dans la Grèce. Aratus le mit en possession de la citadelle de Corinthe, & lui ouvrit ainsi l'entrée dans le Péloponnèse. Les hostilités commencerent bientôt entre les Macédoniens & les troupes commandées par Cléomène. Ce Prince vaincu plusieurs fois par les Macédoniens demanda du secours au Roi d'Egypte; mais cette négociation n'ayant eu aucun succès, il arma deux mille Hilotes, & se rendit maître de Mégalopolis, dont il fit raser la plus grande partie des fortifications. Un si foible avantage ne fut pas de longue durée. Antigone n'eut pas plutôt reçu le nouveau renfort qu'il attendoit de Macédoine, & réuni ses Alliés, qu'il marcha de nouveau vers la Laconie, & battit Cléomène à Sellasie. Le Roi de Sparte honteux de sa défaite se retira en Egypte, après avoir exhorté les Lacédémoniens à se soumettre au vainqueur. Antigone traita les Spartiates avec beaucoup de douceur, leur permit de vivre suivant leurs loix, & ne changea rien dans la forme de leur gouvernement. L'incursion que les Illyriens firent dans la Macédoine vers ce même temps, obligerent Antigone à abandonner la Laconie. Cependant Ptolémée Evergete avoit promis à Cléomène de lui fournir des troupes pour le faire remonter sur le thrône de Lacédémone; mais la mort du Roi d'Egypte détruisit toutes les espérances du Spartiate. Ptolémée Philopator le regardant comme un homme dangereux, le fit enfermer dans les prisons publiques d'Alexandrie. Quelques Lacédémoniens qui étoient dans cette ville le firent sortir de prison; mais comme les portes d'Alexandrie étoient fermées, & qu'on voulut se saisir de leurs personnes, ils vendirent cher leurs vies, & périrent tous les armes à la main.

Les Lacédémoniens, après la retraite de Cléomène & de son frere Euclidas, resterent soumis aux Macédoniens qui les traitoient comme des Alliés. L'intrigue de trois Ephores troubla la tranquillité dont on jouissoit à Sparte depuis quelque temps. La jeunesse de Philippe, Roi de Macédoine, leur fit espérer que la révolution qu'ils conseilloient auroit un succès favorable. Ils proposoient de se liguer avec les Etoliens, ennemis déclarés de Philippe & des Achéens. L'arrivée des troupes Macédoniennes les fit bientôt repentir de leur conduite, & ils redouterent un Prince justement irrité. Philippe les traita néanmoins avec bonté, & se contenta de leur faire renouveller le serment de fidélité. Le Roi de Macédoine fut encore obligé de marcher contre les Spartiates commandés par leur Roi Lycurgue, qui avoit voulu secouer le joug des Macédoniens. La défaite des Spartiates les mit encore dans la nécessité de demander la paix.

Cependant les Etoliens accoutumés à vivre de brigandages ne pouvoient se tenir tranquilles; & rompoient continuellement les traités qu'on faisoit avec eux. Aratus rassembla promptement ses forces; mais persuadé qu'elles étoient trop considérables pour attaquer les Etoliens, il en renvoya une partie. Cette confiance lui devint funeste: les ennemis le battirent près de Caphie, dans le territoire de Mégalopolis. Philippe vengea bientôt les Achéens, par les avantages consécutifs qu'il remporta sur leurs ennemis.

LES GRECS.
Mort d'Aratus.
214.

L'attachement sincere qu'Aratus avoit pour Philippe excita la jaloufie des Grands de fa Cour, qui indifpoferent enfin le Roi contre ce fage Magiftrat. Il vint cependant à bout de fe juftifier & de rentrer en grace auprès de ce Prince. Philippe, devenu l'amant de la femme du jeune Aratus, regarda bientôt le Préteur des Achéens comme un cenfeur incommode, qui ne cessoit de lui reprocher l'irrégularité de fes mœurs. Sa mort fut réfolue, & un poifon lent fut le moyen dont on fit ufage pour lui faire perdre la vie. Son fils eut le même fort, mais on employa pour lui un poifon plus violent qui, après lui avoit fait perdre la raifon, le conduifit au tombeau. Aratus mourut à Egium étant Préteur pour la dix-feptieme fois. Il fut enterré à Sicyone dans le lieu le plus éminent de la ville avec la pompe la plus magnifique.

208.

Philopemen, Citoyen de Mégalopolis, qui eft regardé comme le dernier des grands Capitaines de la Grece, ayant été nommé quelques années après Préteur des Achéens, releva beaucoup la gloire de cette ligue. Dès fa plus tendre enfance il s'étoit appliqué aux exercices militaires, & avoit fait fon étude continuelle de la guerre. Il avoit accoutumé fon corps à toutes fortes de fatigues, & fe traitoit aussi durement que fes efclaves. Son mérite le fit bientôt connoître, & les Achéens, qui fentoient le befoin qu'ils avoient d'un Chef tel que lui, le chargerent de l'adminiftration de leurs affaires. Ses premiers exploits furent contre Machanidas qui, de fimple Particulier, étoit venu à bout de fe placer fur le thrône de Lacédémone. Ce Tyran pour occuper les Lacédémoniens, & les empêcher de fonger à le priver d'un pofte qu'il avoit ufurpé, les tenoit toujours en campagne, & les menoit tantôt fur les terres d'Argos, & tantôt dans l'Elide. Devenu plus hardi par quelques fuccès, il ofa attaquer l'armée des Achéens. Philopemen arrêta bientôt fes progrès, l'enveloppa de toutes parts, défit entierement fon armée, & le tua de fa main.

Nabis, Tyran de Sparte.

La mort de Machanidas ne fit point changer le fort des Lacédémoniens, qui retomberent bientôt fous la tyrannie de Nabis, riche Particulier de Sparte. Devenu Souverain de cette ville par fes intrigues, il conferva fon autorité pendant quatorze ans par des violences & des meurtres continuels. Soutenu d'une troupe de fcélérats qui lui fervoient de gardes & de bourreaux, il s'appropria les revenus de la Couronne & les richeffes de la plûpart de fes Concitoyens. La quatrieme année de fon ufurpation il ofa attaquer Meffene, qui étoit de la ligue des Achéens. Philopemen marcha promptement au fecours de cette Place, que Nabis abandonna auffitôt. Quelque temps après Philippe qui étoit en guerre contre les Romains, donna la ville d'Argos à Nabis, à condition qu'il prendroit fon parti contre eux. Nabis devenu maître d'Argos par cette ceffion, y exerça les mêmes cruautés & les mêmes vexations qu'à Lacédémone. Lorfqu'il eut fatisfait fon avarice, il voulut livrer cette ville aux Romains pour gagner leur amitié; mais cet arrangement n'eut pas lieu, parce que Nabis refufa d'accepter de certaines conditions que le Général Romain lui propofa. Argos, Mégalopolis & une grande partie du Péloponnefe qui gémiffoient fous une fi cruelle tyrannie, implorerent le fecours des Romains. Titus Quintius Flaminius eut ordre de déclarer la guerre à Nabis & de la pouffer vivement. Le Conful qui avoit déjà vaincu

198.

Philippe à Cynocéphale, faisoit alors la loi à toute la Grece, excepté aux Etoliens. Dans l'assemblée qu'il indiqua à Corinthe, les Députés de toutes les villes qui s'y étoient rendus, offrirent de contribuer aux frais d'une guerre aussi juste, & il n'y eut que les Etoliens qui s'y opposerent.

LES GRECS.

Flaminius alla aussitôt mettre le siége devant Lacédémone, & ce fut alors que Nabis qui redoutoit les Lacédémoniens, en fit massacrer un grand nombre, & força plusieurs à sortir de la ville. Il appella pour sa défense vingt mille Etrangers qu'il introduisit dans Sparte. Les Romains presserent le siége avec tant d'ardeur, qu'ils forcerent Nabis à capituler. On murmura hautement de ce que Flaminius avoit laissé la vie & la couronne à Nabis, mais il se justifia, en représentant qu'il ne l'avoit fait que pour éviter de détruire entierement une ville aussi célebre que Sparte. Argos encouragée par le succès des Romains, chassa la garnison que Nabis y avoit établie, se mit sous la protection de Flaminius, & le nomma pour présider aux Jeux Néméens, qui furent célebrés peu de temps après. Flaminius ayant rendu la paix à toute la Grece, retira toutes ses troupes qui étoient dans plusieurs villes, & il eut soin d'insinuer que les Romains n'étoient entrés dans la Grece que pour lui rendre sa liberté.

Prise de Lacédémone par les Romains.

196.

C'est ainsi que les Romains essayerent dès-lors sur les Grecs cette politique adroite & sçavante qui avoit déja trompé & asservi tant de Nations. Sous prétexte de rendre à chaque ville sa liberté, ses loix & son gouvernement, ils mirent réellement la Grece dans l'impuissance d'avoir un même intérêt, & de se réunir. La République Romaine commença à dominer les Grecs par les Grecs mêmes : elle se fit des partisans zélés dans chaque ville, en comblant de bienfaits les Citoyens qui lui étoient attachés. Ces hommes, entierement livrés à leurs bienfaiteurs, prétendirent qu'il n'y eût plus dans la Grece d'autres loix, d'autres mœurs, d'autres usages que la volonté des Romains. Devenus Tyrans de leur patrie, ils furent en même temps les délateurs de leurs Concitoyens. Au moindre différend qui s'élevoit, Rome offroit sa médiation, ne parloit que de paix, parce qu'elle vouloit avoir seule le privilége de faire la guerre, donnoit des conseils, hasardoit quelquefois des ordres, mais toujours en cachant son ambition sous le voile spécieux du bien public. Ce fut par ces voyes indirectes qu'elle parvint à mettre toute la Grece sous sa puissance.

L'armée Romaine ne fut pas plutôt retirée que les Etoliens & Nabis causerent de nouveaux troubles dans toute la Grece. Ce Prince avoit fait soulever toutes les villes maritimes qu'il avoit perdues par le traité fait avec les Romains, & avoit construit une nouvelle flotte. Les Achéens firent sçavoir ces nouvelles à Rome, & Flaminius leur promit un prompt secours. Cependant de l'avis de Philopemen, on prit les armes avant l'arrivée des Romains, l'on résolut de sauver Gythie que Nabis assiégeoit. Philopemen avec une foible marine s'avança contre la flotte Lacédémonienne, mais elle ne put tenir long-temps. Le Général des Achéens s'en vengea sur terre, mit en pieces l'armée de Nabis, & ravagea la Laconie pendant trente jours. Les Etoliens, qui se flattoient d'obtenir la souveraineté de toute la Grece, entreprirent de se mettre en possession de Démétriade, de Chalcis & de Lacédémone. Démétriade fut prise d'assaut, mais ils n'eurent pas le même succès à Chalcis. Craignant de ne pouvoir se rendre maîtres de Lacédémone à force ouverte, ils employerent la ruse & la perfidie. Sous prétexte de donner du secours à Nabis qui n'osoit sortir de la ville, ils lui envoyerent un Corps de troupes sous la conduite d'Alexamène. Ce Général exhorta Nabis à exercer souvent ses troupes dans la campagne, afin de les tenir toujours en haleine. Nabis donna dans le piége qu'on lui tendoit, & Alexamene le trouvant un jour éloigné des soldats Lacédémoniens, le fit massacrer par les Etoliens. Les Spartiates qui croyoient qu'Alexamene vouloit devenir leur Tyran, se jetterent sur lui & l'égorgerent avec tous ceux de sa suite.

Philopemen profita de la situation où se trouvoit Lacédémone, pour l'engager à se joindre à la ligue des Achéens. Le discours qu'il prononça devant le Sénat & le peuple, leur fit une telle impression qu'ils consentirent à faire désormais partie de la République Achéenne comme les autres villes du Péloponnese. Ainsi fut abattu l'orgueil des Lacédémoniens qui avoient voulu donner des loix à la Grece. Pour récompenser Philopemen des services qu'il leur avoit rendus, ils lui offrirent toutes les richesses de Nabis, mais il les refusa généreusement. La tranquillité qu'il avoit procurée à Sparte ne dura pas long-temps, & de nouvelles factions brouillerent bientôt les Achéens & les Spartiates. Les exilés de Lacédémone furent cause de cette querelle. Les uns avoient été chassés de la ville par Nabis ou par les Achéens, pour avoir voulu soutenir les droits & la liberté de la République; les autres l'avoient été par les Ephores mêmes & par le peuple, comme coupables d'avoir trahi la patrie pour servir Nabis & les Achéens. Le Sénat voulant enlever ceux-ci, envoya secretement des troupes dans les bourgades maritimes de la Laconie, dont les Achéens s'étoient emparés. Philopemen, Préteur des Achéens, envoya ordre aux Spartiates de lui livrer les Sénateurs qui avoient fait cette entreprise. Les Spartiates après avoir fait mourir trente Citoyens qu'ils soupçonnoient d'être en intelligence avec Philopemen, inviterent le Consul M. Fulvius qui étoit à l'Isle de Céphalenie avec la flotte Romaine, de venir prendre possession de Sparte au nom du Sénat. Le Consul engagea les uns & les autres à une suspension d'armes jusqu'à ce qu'on eût reçu des nouvelles du Sénat. Rome qui vouloit gagner du temps pour reconcilier les deux Partis, chercha à les appaiser par une réponse équivoque, sans néanmoins condamner les Spartiates. Philopemen ne jugea pas à propos d'attendre la décision des Romains, & résolut d'employer la force pour faire rentrer les exilés dans Lacédémone, & en chasser les Etrangers qui s'y étoient établis sous les derniers Tyrans. Maître de la ville, il en fit abattre les murailles, cassa & annulla les loix de Lycurgue, défendit qu'on élevât les enfants suivant la maniere prescrite par ce Législateur, & voulut que les Achéens apprissent l'ancienne discipline des Spartiates, afin de faire passer la valeur d'une Nation à l'autre. Une telle démarche excita les murmures des Lacédémoniens; mais Philopemen s'en vengea en faisant mourir ceux qui parloient avec le plus de hardiesse. Les Lacédémoniens porterent leurs plaintes à Rome, & cette fiere République qui se croyoit déjà en droit de décider du sort des Grecs, désapprouva la conduite des Achéens à l'égard de Lacédémone.

Les services importants que Philopemen avoit rendus à sa République, le firent nommer de nouveau Préteur dans la soixante & dixieme année de son âge. Informé alors que les Messéniens s'étoient séparés de la ligue par le conseil de Dinocrate leur Chef, il marcha contre eux, & battit d'abord les rebelles. Craignant ensuite d'être enveloppé par la Cavalerie Messénienne, il fit sa retraite en bon ordre, mais ce ne fut pas sans être obligé de tourner souvent bride. Son cheval épuisé de fatigue l'ayant enfin jetté par terre, il fut pris par les ennemis qui le conduisirent à Messene en lui faisant toutes sortes d'insultes. Les principaux de la ville étoient cependant portés à la modération ; mais Dinocrate qui craignoit d'être obligé de le rendre, chargea le bourreau de lui porter du poison. Ainsi périt ce grand homme, que Ciceron appelle le dernier des Grecs, & que Tite-Live met en parallele avec Annibal & Scipion l'Africain. Il fut extrêmement regretté des Achéens, qui lui firent des obséques magnifiques. Lycortas son successeur vengea sa mort par celle de ceux qui l'avoient fait périr, & par la défaite des Messéniens.

Rome, qui agissoit toujours suivant les circonstances, prit le parti des Achéens, & refusa d'écouter les plaintes de Lacédémone. Cette République entierement abandonnée de tout le monde, se trouva de nouveau forcée de faire partie du Corps des Achéens. Les disputes continuelles entre ces derniers & les Spartiates au sujet du retour des exilés, frayerent aux Romains la route qui les conduisit au but où ils tendoient depuis long-temps. Callicrate, homme prêt à tout sacrifier pour son ambition, mais dont le caractère n'étoit pas encore connu, fut envoyé à Rome de la part des Achéens. Au lieu de parler en faveur des Grecs, il eut la perfidie de tracer au Sénat le plan qu'il falloit suivre pour subjuguer le Péloponnese. Il ne manqua pas d'insinuer que la ligue Achéenne étoit l'ennemi le plus redoutable pour les Romains. Rome profita de cet avis, & excita contre les Achéens les peuples de l'Etolie, de l'Epire, d'Athènes, de la Béotie & de l'Acarnanie. On vit alors trois Partis contraires dans la Grece. Les uns vouloient qu'on s'attachât aux Romains ; les autres pensoient qu'il étoit plus naturel de se mettre sous la protection des Rois voisins & Grecs d'origine ; les autres enfin vouloient conserver leur loi, leur liberté & leur indépendance. Les Romains, vainqueurs de Persée dernier Roi de Macédoine, ne laisserent plus aux Grecs le choix du parti qu'ils vouloient prendre, & agirent en Souverains. Ils envoyerent dix Commissaires en Grèce pour prendre connoissance des contestations qui s'y regnoient entre différents peuples, & pour les regler conformément aux vûes du Sénat. Mille des principaux de la ligue Achéenne furent obligés d'aller à Rome pour se justifier, mais on ne jugea pas à propos de les entendre, & ils furent distribués dans les villes d'Etrurie, où ils resterent pendant dix-sept ans. Polybe l'Historien étoit du nombre de ces infortunés.

Cependant les Romains travaillerent avec ardeur à désunir la ligue Achéenne, & à se faire des Partisans. De nouveaux differends survenus entre les Achéens & les Spartiates, occasionnerent la guerre entre ces deux peuples. Les premiers, sans égard pour les remontrances des Romains, attaquerent les Spartiates, & les pousserent vivement. Aurelius, Chef des

---

LES GRECS.
Guerre des Achéens contre Messene.
Mort de Philopemen.

183.

LES GRECS.

Commissaires que Rome envoyoit dans la Grece, se rendit à Corinthe, où il assembla tous ceux qui avoient quelque autorité dans les villes d'Achaïe. Il leur déclara que Lacédémone, Corinthe, Argos, Héraclée & Orchomene ne dépendroient plus du conseil des Achéens. Cette déclaration irrita tellement ces derniers que, pour s'en venger, ils se jetterent sur les Spartiates, à qui ils firent toutes sortes d'insultes. Critolaüs, Préteur des Achéens, assembla les Etats à Corinthe, & leur persuada de déclarer la guerre aux Romains. Pythéas qui commandoit dans Thebes entra dans ce complot, & promit le secours des Béotiens. Métellus, qui vouloit terminer cette guerre, n'eut pas plutôt appris la décision des Achéens, qu'il leur envoya faire des propositions d'accommodement. Ses Députés furent chassés de l'assemblée où ils s'étoient rendus, & les Corinthiens montrerent plus de fureur que les autres. Métellus se mit aussitôt en marche pour venger l'affront qu'on avoit fait aux Romains. Il tailla en pieces l'armée des Achéens, & Critolaüs, qui la commandoit, ne fut trouvé ni parmi les morts, ni parmi les vivants. Dieüs, qui fut mis en sa place, rassembla le plus de troupes qu'il lui fut possible; & fit prendre les armes à tous ceux qui étoient en état de les porter. L'armée Romaine s'avança cependant jusqu'à Thebes, dont elle trouva les portes ouvertes. Métellus en épargna les habitants qui avoient eu assez de confiance pour l'attendre. De-là il s'avança jusques dans l'Isthme de Corinthe, & offrit encore la paix aux Achéens; mais Dieüs fut assez insensé pour la rejetter.

147.

146.

Destruction de Corinthe par les Romains.

L'arrivée du Consul Mummius obligea Métellus de repasser en Macédoine, & d'abandonner à un autre le fruit de ses travaux. Le Consul attaqua Dieüs qui, entierement défait, se sauva à Mégalopolis. Une jalousie barbare porta ce dernier à poignarder sa femme dans la crainte qu'elle ne tombât entre les mains des ennemis. Après une action aussi horrible, il s'abandonna à sa fureur, & termina sa vie par le poison. Mummius profitant de sa victoire entra dans Corinthe, qu'il traita avec la derniere rigueur. Les hommes furent passés au fil de l'épée; on vendit les femmes & les enfants; les richesses des Temples & des Places publiques devinrent la proye du vainqueur, & le feu consuma tout ce que les Romains négligerent d'emporter. Le Consul démantela ensuite toutes les villes qui avoient pris les armes contre les Romains, & abolit par ordre du Sénat tout gouvernement populaire. Il imposa un tribut à la Grece, & interdit toute assemblée d'Etats aux peuples de l'Achaïe, de la Béotie & de la Phocide. Cette rigueur fut modérée quelque temps après; mais la Grece n'en fut pas moins réduite en Province Romaine, & le Sénat y envoya tous les ans un Officier qu'on nommoit Préteur d'Achaïe. Ce coup anéantit la ligue des Achéens, & les Grecs perdirent alors toute leur liberté.

Tyrannie d'Ation.

89.

Athènes, en flattant les Tyrans de la Grece, avoit acheté la tranquillité, & jouissoit toujours de la Démocratie. La rapidité des conquêtes de Mithridate le Grand ou Eupator, Roi de Pont, lui fit appréhender d'être asservie par ce fier vainqueur. Les Athéniens lui envoyerent une Ambassade, & cette démarche occasionna bientôt la derniere ruine d'Athènes. Aristion, qu'ils chargerent de leurs intérêts, profita de ce moyen pour satisfaire son ambition. Pour mettre le Roi de Pont dans son parti, il promit d'engager les

Athéniens

Athéniens à abandonner celui de Rome. En effet, de retour à Athènes, il fit au peuple un long discours, dans lequel, après leur avoir fait connoître tout ce qu'il avoit à redouter de Mithridate, il peignit le bonheur dont il jouiroit, s'il vouloit se mettre sous la protection de ce Prince. Les Athéniens séduits par ses paroles, le déclarerent Chef de la République, & lui remirent les clefs de l'Arsenal. Ariftion ne tarda pas à faire usage de l'autorité qu'on lui avoit confiée, & pour s'y affermir davantage, il ne donna qu'à ses Partisans les principales charges de l'Etat. Il fit approuver par Mithridate la forme du gouvernement qu'il jugea à propos, & l'annonça comme une loi, dont on ne pouvoit s'écarter sans encourir la disgrace & la colere d'un Roi puissant & vengeur. Devenu par ces moyens le Tyran de sa patrie, il exerça toutes sortes de violences & de cruautés, & réduisit le peuple à la derniere extrémité.

Archelaüs, Lieutenant-Général de Mithridate, se rendit quelque temps après à Athènes avec cent vingt mille hommes, & Ariftion lui en fit auffi-tôt ouvrir les portes. La plûpart des villes de la Grece, effrayées des progrès rapides de Mithridate, se soumirent d'elles-mêmes à Archelaüs, qui envoya un détachement de deux mille hommes pour châtier les Déliens, que la violence d'Ariftion avoit portés à secouer le joug d'Athènes. Les conquêtes de Mithridate allarmerent les Romains, qui chargerent Sylla de marcher contre ce Prince. La présence du Général Romain ramena toutes les villes de la Grece dans le parti de Rome, & elles s'empresserent à fournir abondamment à l'armée Romaine tout ce dont elle avoit besoin. Sylla se trouvant en état d'exécuter les ordres qu'il avoit reçus, entra dans l'Attique, & alla faire le siége d'Athènes, où Archelaüs s'étoit retiré. Il commença par attaquer le Pyrée, mais comme il n'avoit pas de machines suffisantes pour en ébranler les murailles, il en fit construire avec les arbres des allées de l'Académie & du Lycée. Il employa en même temps les thréfors des Temples, & même de celui de Delphes pour l'entretien de ses troupes. Il avoit tellement bloqué la ville qu'on y ressentit bientôt toutes les horreurs de la plus cruelle famine, puisqu'on prétend qu'on y mangea de la chair humaine.

Cependant Ariftion passoit les jours & les nuits en débauches & en festins, & se faisoit un plaisir de la calamité publique. Les Prêtres & les Sénateurs le prierent inutilement de les tirer de l'état affreux où ils se trouvoient, & de traiter avec les Romains. Enfin Sylla vint à bout de faire breche, & son armée étant entrée dans la ville, en massacra inhumainement les habitants. Le carnage dura pendant un jour, & ceux qui étoient échappés au fer du vainqueur furent réduits à l'esclavage. Ariftion fut arraché du Temple de Minerve, & le Général Romain lui fit perdre la vie dans les tourments. Archelaüs défendit encore quelque temps le Pyrée; mais enfin il fut obligé d'abandonner la Place & de se sauver en Thessalie. Ce coup abattit tout-à-fait la puissance d'Athènes, qui ne se releva jamais de sa chute. Elle conserva cependant sa Démocratie, & parut satisfaite du titre d'amie & d'alliée des Romains, sur qui elle se reposoit de son sort.

» En passant sous la domination des Romains, la Grece conserva une
» sorte d'empire, mais bien honorable, sur ses vainqueurs. Ses lumieres

LES GRECS.

Prise d'Athènes par les Romains.
87.

LES GRECS.

» & son goût pour les Lettres & les Arts, la vengerent de sa défaite, &
» soumirent à leur tour l'orgueil des Romains. Les vainqueurs devinrent
» les disciples des vaincus, & apprirent une langue que les Homere, les
» Pindare, les Thucydide, les Xénophon, les Démosthène, les Platon
» & les Euripide avoient embellie de toutes les graces de leur esprit. Des
» Orateurs qui charmoient déjà Rome, allerent puiser chez les Grecs ce
» goût fin & délicat qui doit guider le génie, ces secrets de l'art qui lui
» donnent une nouvelle force, & se former un talent enchanteur de tout
» embellir. Dans les Ecoles de philosophie où les Citoyens les plus distin-
» gués de Rome se dépouilloient de leurs préjugés, ils apprenoient à res-
» pecter les Grecs; ils rapportoient dans leur patrie leur reconnoissance
» & leur admiration, & leur République rendoit leur joug plus léger,
» craignoit d'abuser des droits de la victoire, & par ses bienfaits distin-
» guoit la Grece des autres Provinces qu'elle avoit soumises. Quelle gloire
» pour les Lettres d'avoir épargné au pays qui les a cultivées des maux
» dont ses Législateurs, ses Magistrats & ses Capitaines n'avoient pu le
» garantir! Elles sont vengées du mépris que leur témoigne l'ignorance,
» & sûres d'être respectées, quand il se trouvera d'aussi justes appréciateurs
» du mérite que les Romains (1) «.

(1) Observations sur les Grecs par M. l'Abbé Mably.

Fin du sixieme Volume.

TABLE DES MATIERES

Contenues dans le sixiéme Volume.

Nota. Ces mots abrégés *Ecriv. Or.* signifient que les articles de cette Table où on les verra, sont tirés de l'Histoire des Perses Sassanides, suivant les Ecrivains Orientaux ; & *Myth.* veut dire que les articles appartiennent à la Mythologie.

A.

Aaron, installé dans le Sacerdoce, p. 9. sa mort, p. 10.

Abia, Roi de Juda, p. 23.

Abiram, puni de sa rébellion contre Moyse, p. 10.

Aboussaid, arriere-petit-fils de Tamerlan, défait par Ussum-Cassan, de la Dynastie du Mouton-Blanc, p. 242.

Abraham, sa naissance, p. 2. entre en Mésopotamie, *ibid.* rentre en Chanaan, délivre Loth, son neveu, *ibid.* meurt, p. 3.

Absalom, fils de David, p. 17. venge Thamar, *ibid.* conjure contre son pere, *ibid.* suite de sa révolte, *ibid.* sa mort, *ibid.*

Achab, Roi d'Israël, p. 25. ses iniquités, *ibid. & p. suiv.* sa mort, p. 27.

Achaz, fils de Joathan, succéde à son pere au thrône de Juda, p. 34. ses victoires, son idolâtrie, *ibid.* meurt dans son impiété, p. 35.

Achéens (ligue des), & son origine, p. 640. éloge de leur Sénat, p. 641. autre ligue, p. 641. leur guerre contre Messene, p. 647. leur ligue anéantie, p. 648.

Acrisius, fils de Prœtus, & son successeur au thrône d'Argos, p. 513. enferme sa fille Danaé dans une Tour d'airain, & pourquoi, *ibid.* abandonne le thrône, & par quel motif, p. 514. tué par mégarde par son petit-fils, *ibid.*

Adraste, Roi d'Argos, p. 544.

Agamemnon, successeur d'Astrée au thrône de Mycenes, p. 519. meurt assassiné, *ibid.*

Agesilas, Roi de Lacédémone, va en Asie contre les Perses, p. 599. ses différents succès, *ibid. & p. suiv.* ses expéditions contre les Thébains, p. 608. contribue à placer Nectanebus sur le thrône d'Egypte, p. 616. sa mort, *ibid.* son portrait, p. 617.

Aghuans (les), peuple Tartare, se soulevent contre Tamerlan, p. 242. sont chassés de la Perse par Thamas-Kouli-Khan, p. 243.

Agis, fils d'Eurysthene, & *Soüs*, fils de Proclès, succédent à leurs peres au thrône de Lacédémone, p. 521.

Agonothete (l'), étoit un Officier qui présidoit chez les Grecs aux jeux des Athletes, p. 442.

Agrippa, obtient la Tétrarchie de son oncle Philippe, après la mort de ce Prince, p. 59. sa fortune augmentée, *ibid.* fortifie Jerusalem, *ibid.* sa mort, *ibid.*

Agrippa, fils du précédent, est revêtu de la Tétrarchie qu'avoit eue Philippe, & qui avoit été possédée par plusieurs Princes depuis la mort de son pere, p. 59.

Alcée, fils de Persée, & son successeur au thrône de Mycenes, p. 514.

Alcetas, Roi de Macédoine, p. 618.

Alcibiade, Commandant des Athéniens dans la guerre de Sicile, p. 590. sa retraite chez les Lacédémoniens, & à quelle occasion, *ibid.* condamné à mort par les Athéniens, *ibid.* devient suspect aux Lacédémoniens, p. 591. se retire chez les Perses, *ibid.* rappellé à Athenes, p. 591. la Démocratie est abolie à

Nnnn ij

Athènes à fon occafion, *ibid.* fes exploits, *ibid & p. fuiv.* fon entrée triomphante à Athenes, *p.* 593. fa dépofition, *ibid.* fa mort, *p.* 595.

Alcime, parvient à la fouveraine facrificature, & comment, *p.* 50. Jerufalem refufe de le reconnoître, *ibid.*

Aletès, de la race d'Hercule, chaffe du thrône de Corinthe les defcendants de Sifyphe, *p.* 541.

Alexandra, Régente du Royaume des Juifs, *p.* 52. fa mort, *ibid.*

Alexandre Janée, l'aîné des freres d'Ariftobule, fuccéde à ce Prince à la fouveraine puiffance fur les Juifs, *p.* 52. fes cruautés, fes guerres, fa mort, *ibid.*

Alexandre I. Roi de Macédoine, *p.* 618.

Alexandre II. fils de Philippe II. fuccéde à fon pere au thrône de Macédoine, *p.* 634. détruit Thebes, *p.* 635. déclaré Généraliffime des Grecs, *ibid.* fe rend maitre de Darius, *ibid.* fa mort & troubles qu'elle occafionne dans la Grece, *p.* 636.

Alipte (l'), étoit un Officier du Gymnafe des Athletes, *p.* 441.

Amalécites (les), note effentielle à leur fujet, *p.* 9.

Amafias, fils de Joas, fuccede à fon pere à la couronne de Juda, *p.* 31. défait les Iduméens, *ibid.* fon idolâtrie, *ibid.* meurt affaffiné, *p.* 32.

Amon, fils de Manaffès, monte fur le thrône de Juda, après la mort de fon pere, *p.* 37. meurt affaffiné, *ibid.*

Amour (l'), *Myth. p.* 298. *& fuiv.*

Amphiaraüs (Oracle d'), *p.* 411.

Amphictyon, Roi d'Athenes, *p.* 562.

Amphictyons (Affemblée des), *p.* 420. *& fuiv.* étymologie du nom d'Amphictyon, *p.* 421. villes qui avoient droit d'Amphictyonie, *p.* 422. ferment des Amphictyons, lorfqu'ils étoient reçus, *p.* 423. comment ils étoient élus, *p.* 424. temps des Affemblées des Amphictyons, *ibid.* ils ordonnent la premiere guerre facrée contre les Crifféens, *p.* 426. & la feconde guerre facrée contre les Phocéens, *p.* 431.

Amphion & Zethus ufurpent, pendant la minorité de Laïus, la couronne de Thebes, *p.* 543.

Amphitryon, mari d'Alcmene, fucceffeur d'Alcée, au Royaume de Mycenes, *p.* 514. obligé de fuir à Thebes avec le jeune Hercule, *ibid.*

Amri, Roi d'Ifrael, *p.* 24. meurt dans fon impiété, *p.* 25.

Amyntas I. Roi de Macédoine, *p.* 618.

Amyntas II. Roi de Macédoine, *p.* 618.

Anaxandre, Roi de Lacédémone, *p.* 534.

Anaxidame, Roi de Lacédémone, *p.* 534.

Antigone, fils d'Ariftobule II. veut nuire à Antipater, *p.* 54. proclamé par les Parthes Roi de Judée, *p.* 55. fes guerres avec Hérode, *ibid.* fa mort tragique, *p.* 56.

Antigone-Dofon, Roi ou Régent de Macédoine, *p.* 643.

Antipas-Hérode, partage avec fon frere Archélaüs le Royaume de Judée, *p.* 58.

Antipater, fait par Céfar Gouverneur de toute la Judée, *p.* 54. fait donner fes gouvernements à fes fils, meurt empoifonné, *ibid.*

Antipater, foumet les Thraces, *p.* 635. eft battu par les Athéniens, *p.* 636. fa mort, *ibid.*

Apaturies (les), fêtes particulieres aux Athéniens, *p.* 466.

Aphidas, petit-fils de Démophon, & Roi d'Athenes, *p.* 566.

Aratus, chef de la ligue des Achéens, *p.* 641. fon portrait, *p.* 642. battu par les Etoliens, & pourquoi, *p.* 643. empoifonné, *p.* 644.

Arbacès & Béléfis, caufes de la révolution du premier Empire des Affyriens, *p.* 103. *& fuiv.* éclairciffement à cet égard, *p.* 104. Arbacès Roi des Medes fuivant Ctéfias, *p.* 134. fes fucceffeurs fuivant le même Auteur, *ibid.*

Arbianès, Roi des Medes, felon Ctéfias, *p.* 134.

Archélaüs, fils d'Hérode, déclaré par ce Prince fon fucceffeur au thrône de Judée, *p.* 57. eft obligé de partager le Royaume avec fes freres Philippe & Antipas-Hérode, & n'a que le titre d'Ethnarque, *p.* 58. relégué à Vienne dans les Gaules, *ibid.*

Archélaüs, occupe le thrône de Sparte avec Polydectes, *p.* 521.

Archélaus, Roi de Macédoine, *p.* 618.

Archidamus, Roi de Lacédémone, chargé de la conduite de la guerre du Péloponnefe, *p.* 585.

Archontes (les), Magiftrats d'Athenes, *p.* 548. 567. *& fuiv.* Decennaux, *p.* 567. annuels, *p.* 568.

Ardavan ou *Artabane*, Roi des Perfes Saffanides, éprouve une révolution excitée par Ardfchir qu'il avoit élevé à fa Cour, *p.* 245. eft tué dans un combat, *ibid.* fon Empire devient la proye d'Ardfchir I. *ibid. Ecriv. Or.*

DES MATIERES.

Ardhefir, fils de Siroès, succéde à son pere au thrône des Perses Sassanides, *p.* 242. meurt assassiné, *ibid.*

Ardschir I. succéde à Ardavan ou Artabane, au thrône des Perses Sassanides, & comment, *p.* 245. sa naissance, *p.* 244. son mérite & ses vertus, *p.* 245. sa mort, *p.* 246. *Ecriv. Or.*

Ardschir II. Forcé de succéder à Schabour II. au thrône des Perses Sassanides, *p.* 249. incertitude sur son origine, sa mort, *ibid. Ecriv. Or.*

Ardschir III. fils de Khobad-Schirouieh, succéde à son pere au thrône des Perses Sassanides, *p.* 262. est détrôné par son oncle, qui le fait périr, *ibid. Ecriv. Or.*

Aréopage, Tribunal d'Athènes, *p.* 550. *& suiv.*

Argée, Roi de Macédoine, *p.* 618.

Argos, Royaume de la Grèce, *p.* 512. obscurité de ses premiers temps, *ibid.* décadence de ce Royaume, *p.* 514.

Aristide, Commandant de la flotte des Athéniens liguée avec celle des Lacédémoniens contre les Perses, *p.* 579. son désintéressement, sa mort, *p.* 580.

Aristion, Tyran d'Athenes, *p.* 648. *& suiv.* périt dans les tourments, *p.* 649.

Aristobule I. fils ainé de Jean Hircan, après la mort de son pere, change la forme du Gouvernement, & unit le titre de Roi à celui de Pontife, *p.* 51. ses cruautés, *ibid. & p. suiv.* sa mort, *p.* 52.

Aristobule II. fils d'Alexandre Janée, & frere de Hircan, jouit du souverain pouvoir sur la nation juive, *p.* 52. prisonnier à Rome, *p.* 53. remis en liberté par César, *p.* 54. meurt empoisonné, *ibid.*

Aristodeme, Roi de Lacédémone, *p.* 520. 521.

Arsace I. Fondateur du Royaume des Parthes, *p.* 191. prend le titre de Roi des Parthes après la défaite de Séleucus, *p.* 193. est tué dans une bataille, *ibid.*

Arsace II. fils d'Arsace I. monte après la mort de son pere sur le thrône des Parthes maîtres de la Perse, *p.* 193. traite avec Antiochus, *ibid.*

Arsacès, voyez Artaxerxe-Mnémon.

Arsès, le plus jeune des fils d'Ochus, après la mort de son pere, est placé sur le thrône des Perses par l'Eunuque Bagoas, Ministre, *p.* 183. est assassiné par le même, *ibid.*

Artaban, Roi des Medes, nommé à la place de Vononé I. Roi des Parthes maîtres de la Perse, *p.* 213. déposé par les Romains, *p.* 214. rétabli plusieurs fois, *p.* 215. meurt, *ibid.*

Artabane, oncle de Phraate II. succéde à ce Prince au Royaume des Parthes maîtres de la Perse, *p.* 196. meurt d'une blessure reçue dans un combat contre les Scythes, *ibid.*

Artabane, fils de Vologese I. succéde à son pere au Royaume des Parthes maîtres de la Perse, *p.* 219.

Artabane, fils de Vologese III. succéde à son pere au thrône des Parthes maîtres de la Perse, *p.* 222. à Vologese son frere pour rival, *ibid.* en est vainqueur, *ibid.* contrariété de sentiments sur le mariage de sa fille avec Caracalla, *p.* 223. ses guerres avec les Romains, *ibid. & p. suiv.* il fait la paix avec eux, *p.* 224. révolte des Perses; il est vaincu & mis à mort ; l'Empire des Parthes retourne au pouvoir des Perses, *ibid.*

Artaxare, fait révolter les Perses contre Artabane, Roi des Parthes maîtres de la Perse, *p.* 224. rétablit l'Empire des Perses, *p.* 225. sa naissance, *ibid.* ses guerres contre les Romains, *ibid. & p. suiv.* différents sentiments sur ses succès, *p.* 226.

Artaxarce, successeur de Sapor II. à l'Empire des Perses rétabli, *p.* 231. incertitude sur l'origine de ce Prince, *ibid.*

Artaxercès, voyez Artaxare.

Artaxerxe-Longue-main, troisiéme fils de Xerxès, succéde à ce Prince au thrône des Perses, *p.* 169. vainqueur de son frere Hystaspe, *ibid.* fait rentrer l'Egypte sous son obéissance, *ibid. & p. suiv.* meurt, *p.* 173.

Artaxerxe-Mnemon, fils de Darius-Nothus, succéde à son pere au thrône de Perse, *p.* 176. ses guerres avec son frere Cyrus, *ibid. & p. suiv.* contre les Lacédémoniens, *p.* 178. *& suiv.* contre Evagore, Roi de Cypre, *p.* 180. contre les Cadusiens, *ibid.* & les Egyptiens, *p.* 181. sa mort & à quelle occasion, *ibid.*

Artéus, Roi des Medes, selon Ctésias, *p.* 134. révolte de Parsondas sous le règne de ce Prince, au rapport de Diodore de Sicile, & de Nicolas de Damas, *pag.* 138. *& suiv.*

Ariycas, Roi des Medes, suivant Ctésias, *p.* 134.

Ariynès, Roi des Medes, selon Ctésias, *p.* 134.

Afa, Roi de Juda, p. 23. détruit les idoles, p. 24. ses prévarications, sa mort, *ibid.*

Aspadas, Roi des Medes, selon Ctésias, p. 134.

Assaradinus, Roi de Babylone, p. 116.

Assarhaddon, ou *Assordan*, fils & successeur de Sennacherib au thrône d'Assyrie, p. 106. sa retraite, p. 107. confondu mal-à-propos avec Assaradinus Roi de Babylone, p. 116.

Astyage, succede à son pere Cyaxare au thrône des Medes, suivant Hérodote, p. 143. dernier Roi des Medes, détrôné & par qui, *ibid.*

Astybaras, Roi des Medes, selon Ctésias, p. 134. & 140. ses guerres avec les Saces, p. 140.

Assyriens, leur histoire depuis la page 96. jusqu'à la page 109. époque de l'établissement de leur Empire, p. 96. ils sont subjugués par Sésostris Roi d'Egypte, p. 102. révolution de l'Empire d'Assyrie, p. 103. ils rétablissent leur puissance, p. 104.

Athalie, regne seule dans Juda, & comment, p. 29. augmente le culte de Baal, p. 30. meurt par les ordres du Grand-Prêtre, *ibid.*

Athènes, son origine, p. 545. gouvernée d'abord par des Rois, p. 546. 562. & *suiv.* ensuite par des Archontes, p. 548. 567. & *suiv.* tombe sous la tyrannie de Pisistrate & de ses descendants, p. 572. & *suiv.* ennemie de Corinthe, p. 584. son gouvernement devient Olygarchique, p. 592. 637. elle est au pouvoir des trente Tyrans, p. 594. en est délivrée, p. 595. est prise par les Romains, p. 649. ses Tribunaux lorsqu'elle fleurissoit, p. 546. & *suiv.* éducation de sa jeunesse, p. 560. & *suiv.* ses Législateurs, p. 569. & *suiv.*

Athéniens (les), leurs fêtes particulieres, p. 465. leurs guerres contre les Lacédémoniens, p. 581. & *suiv.* p. 586. & *suiv.* p. 590. 593. 601. ils concluent la paix avec ces peuples, p. 601.

Athletes, leur régime de vie, p. 439. onctions & frictions dont ils faisoient usage, p. 440. épreuves auxquelles ils étoient soumis, *ibid.* Officiers qui présidoient à leur instruction, p. 441. examen qu'ils subissoient, & sur quels objets, p. 442. maniere de les tirer au sort, p. 443. exhortations qu'on leur faisoit *ibid.* & p. *suiv.* Loix qu'ils observoient dans les combats Gymniques,

p. 444. punitions de ceux qui y manquoient, *ibid.* récompenses accordées aux vainqueurs, p. 445. & *suiv.*

Athlothete (l'), étoit un Officier qui présidoit chez les Grecs aux jeux des Athletes, p. 442.

Atlas, Myth. p. 318.

Atossa, associée par son pere Belochus au thrône de Ninive, p. 103.

Atrée, Roi de Lydie, monte sur le thrône de Mycenes, après la mort d'Euristhée son oncle, p. 519. vengeance qu'il tire de Thyeste son frere, & à quelle occasion, *ibid.* Egiste, fils naturel de Thyeste, le fait mourir, *ibid.*

Aurore (l'), Myth. p. 319.

Autesion, fils de Tesamene, & son successeur au Royaume de Thebes, se retire chez les Doriens, & à quelle occasion, p. 544.

Azarias, voyez *Ozias*.

Azurmi-Dockt, la plus jeune fille de Khosrou II. est mise sur le thrône des Perses Sassanides, à la place de Gihan-Schedah, aussitôt déposé qu'élu Souverain, p. 263. meurt assassinée, & à quelle occasion, *ibid.* Ecriv. Or.

B

Baasa, Roi d'Israel, p. 24.

Babylone, sa description, p. 110. & *suiv.* ce que dit Hérodote de cette ville, p. 114. à la note. Divinités qu'on y adoroit, p. 115. discussion sur la prise de cette ville par Cyrus, & sur le Darius-Medus de Daniel, p. 121. & *suiv.*

Babyloniens, leur histoire, depuis la page 110. jusqu'à la page 133. leur ancienneté, p. 110. destruction de leur Empire par Cyrus, p. 121.

Bacchis, Roi de Corinthe, donne son nom aux Bacchiades, ses descendants, p. 541.

Bacchus, Myth. p. 385. & *suiv.*

Baharam I. à qui les Auteurs Grecs donnent différents noms, fils d'Hormouz I. lui succede au thrône des Perses Sassanides, p. 247. fait écorcher vif Manès ; meurt assassiné, *ibid.* Ecriv. Or.

Baharam II. succede à Baharam I. au thrône des Perses Sassanides, p. 247. incertitude sur sa naissance ; il devient un bon Monarque, *ibid.* Ecriv. Or.

Baharam III. fils de Baharam II. succede à son pere, au thrône des Perses Sassanides, p. 247. Ecriv. Or.

Baharam IV. fils de Schabour III. suc-

céde à son père, au thrône des Perses
Sassanides, p. 249. sa mort tragique,
ibid. Ecriv. Or.

Baharam V. fils de Jezdegerd I. monte
après la cession de Kersa, sur le thrône
de son pere, p. 251. ce qui lui fit recouvrer la couronne dont il avoit été
exclus en haine de son pere, p. 250.
vainqueur des Turcs, p. 251. ses voyages & ses aventures, ibid. son retour
dans ses Etats, ibid. ses conquêtes,
p. 252. incertitude sur sa mort, ibid.
Ecriv. Or.

Baharam-Tchoubin, usurpe sur Khosrou
II, fils d'Hormouz IV. le thrône des
Perses Sassanides, p. 261. est enfin obli-
gé de céder la couronne à l'héritier lé-
gitime; meurt empoisonné, ibid. Ecriv.
Or.

Balac, se ligue contre les Hébreux avec
les Madianites, & les Ammonites,
p. 10. & suiv.

Balasch, fils de Ferouz, succéde à son
pere au thrône des Perses Sassanides,
p. 254. meurt subitement, ibid. Ecriv.
Or.

Balthasar, succede à Laboroforcod, au
thrône de Babylone, p. 120. ses guerres avec Cyrus, ibid. il prophane les
vases du Temple de Jerusalem, ibid.
miracle à cette occasion, ibid. il est tué
par les Perses, p. 121.

Barcochebas, faux Messie, se met à la tête
des Juifs contre les Romains, p. 66.
sa mort p. 67.

Bardane, frere de Gotarze, après avoir
fait prendre la fuite à ce Prince, est reconnu Roi des Parthes maîtres de la
Perse, p. 216. meurt assassiné, ibid.

Bataille de Marathon, p. 163. 577. de
Platée, p. 168. 579. de Mycale, p. 579.
de Carrès, p. 203. de Salamine, p. 578.
de Leuctres, p. 606. de Mantinée,
p. 614. de Cheronée, p. 631.

Belesis & Arbacès, causes de la révolution
du premier Empire des Assyriens, p.
103. & suiv. éclarcissement à cet égard,
p. 104. Belesis reconnu Roi des Babyloniens, p. 116.

Beletaras, monte sur le thrône de Ninive, p. 103. silence des Historiens à l'é-
gard de ses successeurs, ibid.

Bellerophon, p. 513. merveilleux répandu
sur ses exploits, ibid.

Belochus, Roi de Ninive, p. 103.

Belus, Roi de Ninive, fonde l'Empire
Assyrien, p. 97.

Benjamin, sa naissance, p. 5. est mené

en Egypte par ses freres, p. 6.

Blaiès, voyez Zambade.

Borée, Myth. p. 400.

Bornarim, reçoit de quelques factieux le
titre de Roi des Perses Sassanides, sous
le regne de Sarbaras usurpateur, p. 242.
il étoit Prince de la famille royale; sa
mort, ibid.

C.

Cabadès, voyez Cavadès.

Cadmus, son arrivée dans la Grece, p. 495.
regardé comme le fondateur du Royaume de Thebes, p. 541. fable à son sujet, susceptible de diverses explications,
ibid.

Caliphes (les), maîtres de la Perse, p.
242.

Callicrate, sa perfidie en faveur des Romains, p. 647.

Callicratidas, mis par les Lacédémoniens
à la place de Lysandre, p. 593. bat
Conon, ibid.

Cambyse I. pere de Cyrus, Roi des Perses, tributaire de celui des Medes, p.
145.

Cambyse II. fils de Cyrus, succéde à son
pere au thrône des Perses, p. 150. est
maître de l'Egypte, p. 151. mauvais succès de ses expéditions contre les Ammoniens & les Egyptiens, ibid. & p.
suiv. son mépris pour les Dieux; ses
cruautés, p. 152. & suiv. sa mort,
p. 154.

Caranus, fondateur du Royaume de Macédoine, p. 618. quel il étoit, p. 617.

Cassandre, fils d'Antipater, & Polysper-
chon se disputent la Régence de la Macédoine, p. 636. Cassandre fait tuer la
mere d'Alexandre le Grand, p. 637.
est chassé de l'Attique, p. 638.

Castor & Pollux, succédent à Tyndare
leur pere au thrône de Lacédémone,
p. 520.

Cavadès, neveu de Valens, & son successeur à l'Empire des Perses rétabli, p.
232. ses exploits contre les Huns, ibid.
& p. suiv. sa tyrannie le fait renfermer
dans une prison, p. 233. il en sort &
comment; remonte sur le thrône, ibid.
ses guerres contre les Romains, ibid.
& p. suiv. sa mort, p. 234.

Cecrops I. son arrivée dans la Grece, p.
495. cru fondateur d'Athenes, p. 545.
& 562.

Cecrops II. Roi d'Athenes, p. 562.

Cenus, fils de Caranus, Roi de Macédoine, p. 618.

Cerès, Myth. p. 356. & suiv.
Charilas ou Charilaüs, neveu de Lycurgue, Prince posthume, échappe à une mort tragique par les soins de son oncle, qui le fait reconnoître Roi de Lacédémone, p. 521.
Chosroès, frere de Pacore II. succéde à ce Prince au thrône des Parthes maîtres de la Perse, p. 219. ses guerres contre les Romains, p. 220. déposé par Trajan ; rétabli par Adrien ; sa mort, ibid.
Chosroès I. fils de Cavadès, en vertu du testament de son pere, monte sur le thrône des Perses Sassanides, au préjudice de ses freres aînés, p. 234. on conjure inutilement contre lui, ibid. sa mauvaise foi envers les Romains, p. 235. ses différentes guerres avec eux, & leurs suites, ibid. & p. suiv. il meurt de langueur, p. 238. sentimens différents sur le caractere de ce Prince, ibid. & p. suiv.
Chosroès II. succéde à son pere Hormisdas II. à l'Empire des Perses rétabli, p. 239. se sauve chez les Romains, p. 240. abat la faction de Varame, ibid. son ingratitude envers les Romains, ibid. & p. suiv. ses malheurs dans la guerre, p. 241. est déposé, mis en prison, & percé de traits par l'ordre de son fils Siroès, élu en sa place, p. 242.
Ciel (famille du) & de la terre, Myth. p. 306. & suiv.
Cimon, Général des Grecs, p. 580. ses exploits contre les Perses, ibid. & p. suiv. son bannissement, p. 581. son rappel, p. 582. sa mort, ibid.
Claros, (Oracle de), p. 413.
Cléomene, troisiéme du nom, chassé du thrône de Lacédémone, p. 536.
Cléomene, successeur d'Agis III. maître de Lacédémone, fait assassiner les Ephores, p. 642. battu par le Roi de Sparte, p. 643. prisonnier à Alexandrie, ibid.
Clisthene, & Isagoras, rivaux, après l'extinction de la puissance Royale à Athenes, p. 574.
Cobad, frere de Balasch, succéde à ce Prince, au thrône des Perses Sassanides, p. 254. sa déposition, p. 255. son rétablissement, sa mort, ibid. Ecriv. Or.
Codrus, fils de Mélanthus & son successeur au thrône d'Athènes, p. 567. action généreuse de ce Prince, ibid.
Conon, obtient des Athéniens le commandement, à la place d'Alcibiade, p. 593. battu par Callicratidas, ibid. se retire en Chypre, p. 594. son véritable fort ignoré, p. 601.
Coré, puni de sa révolte contre Moyse, p. 10.
Corinthe, Royaume de la Grece, p. 540. changea plusieurs fois la forme de son gouvernement, p. 541. fonde les Colonies de Corcyre & de Syracuse ; son commerce & ses richesses ; elle est détruite par les Romains, p. 541. 648. puis rebâtie par Jules César ; prise plusieurs fois par les Vénitiens, qui n'en sont plus les maîtres, ibid. ennemie d'Athènes, p. 584.
Corybantes (les), Myth. p. 339. & suiv.
Course (la), combat des Grecs, p. 453. il y en avoit de plusieurs especes, ibid. lieux destinés aux courses, p. 454. régime des coureurs, p. 455. leur préparation, ibid. leur équipage, p. 456. Loix qu'ils devoient observer, ibid. p. 457. course du stade, p. 457. course nommée Diaule, ibid. autre course nommée Dolique, ibid.
Cranaüs, Roi d'Athènes, p. 562.
Cresphonte, Roi de Mycenes, p. 529.
Curetes (les), Myth. p. 339. & suiv.
Cyaxare, fils de Phraortès, succéde à son pere au thrône des Medes, suivant Hérodote, p. 141. met fin à l'Empire de Ninive, p. 143 & 108.
Cyaxare II. (le) de Xenophon, n'est qu'un Prince imaginaire, p. 143.
Cybele, Myth. p. 332. & suiv.
Cyclopes (les), Myth. p. 341. & suiv.
Cypselus, de la famille des Bacchiades, rétablit la Royauté à Corynthe, p. 541.
Cyrus, Roi des Perses, p. 146. son histoire suivant Hérodote, ibid. & suiv. selon Xenophon, p. 148. p. 596. & suiv. il détruit l'Empire de Babylone, p. 121. & 150. & autres, p. 150. diversité de sentimens sur sa mort, ibid. avoit eu 13000 Grecs à son service, p. 596.

D.

Dactyles (les), Myth. p. 337. & suiv.
Dalila, trahit Samson, p. 14.
Damasichton, petit-fils de Pénélée, est élu Roi de Thebes, après la retraite d'Autésion, p. 544.
Danaüs, Roi d'Argos, p. 512. son arrivée dans la Grece, p. 495. forcé par Egyptus, son frere, de donner ses cinquante filles en mariage à ses cinquante neveux, p. 513.

DES MATIERES. 657

p. 513. comment il se venge de cette violence, *ibid.*

Darius I. succéde à Smerdis le Mage au thrône de Perse, & comment, *p.* 156. soumet les Babyloniens révoltés, *p.* 157. ses guerres contre les Scythes, *p.* 158. fait la conquête des Indes, *p.* 159. porte la guerre dans la Grece *p.* 160. 576. sa mort, *p.* 163. 578.

Darius-Codoman, après la mort d'Arsès, est placé sur le thrône de Perse par l'Eunuque Bagoas, Ministre, *p.* 183. fait avaler à ce dernier le poison qui lui étoit présenté, *ibid.* est vaincu plusieurs fois par Alexandre, *p.* 184. *& suiv.* se retire à Ecbatane, *p.* 185. conspiration contre Darius, & ses suites, *p.* 186. sa fin tragique, *ibid.* son caractere, *ibid.* avec lui finit la Monarchie des Perses, fondée par Cyrus, *p.* 187.

Darius-Médus, de Daniel. Discussion sur ce Prince, *p.* 121. *& suiv.*

Darius-Nothus, fils naturel d'Artaxerxe, succéde à son frere Ochus, qu'il fit périr cruellement, au thrône de Perse, *p.* 174. révoltes continuelles sous son regne, *p.* 175. *& suiv.* sa mort, *p.* 176.

Dathan, puni pour s'être révolté contre Moyse, *p.* 10.

David, sacré par Samuel, *p.* 15. tue le Géant Goliath, *ibid.* devient cher à Saül, & en est persécuté, *ibid.* ses conquêtes, *p.* 16. son amour pour Bersabée, & ses suites; sa pénitence, *p.* 17. fléau dont Dieu le châtie, *p.* 18. sa mort, *p.* 19.

Déjocès, Roi des Medes, suivant Hérodote, *p.* 134. *& 141.*

Delphes (Oracle de), *p.* 414. *& suiv.*

Demetrius de Phalere, fait par Cassandre Archonte d'Athenes, *p.* 637. sa retraite en Egypte, *p.* 638. ses statues sont renversées, *ibid.*

Démétrius Poliorcetes, maître d'Athenes, *p.* 637. différents décrets des Atheniens à son égard, *p.* 639.

Démophon, fils de Thésée, succéde à son pere au thrône d'Athenes, *p.* 566.

Démosthene, Général d'une flotte Athénienne, *p.* 587. ses différents succès, *ibid.* condamné à la mort par les ennemis, *p.* 591.

Diane, *Myth.* p. 375. *& suiv.*

Discoboles (les), étoient chez les Grecs les Athletes qui faisoient profession de l'exercice du Disque, *p.* 459. régles qui leur étoient prescrites, *ibid.*

Discorde (la), *Myth.* p. 306.

Tome VI.

Disque (exercices du), chez les Grecs, *p.* 458. quel étoit le disque ou palet, *ibid.*

Dodone (Oracle de), *p.* 410. *& suiv.*

Dracon, Législateur d'Athenes, *p.* 569.

E.

Egée, fils de Pandion II. & Roi d'Athenes, *p.* 562. *& suiv.*

Egiste, & Clytemnestre, femme d'Agamemnon, après avoir assassiné ce Prince, restent maîtres du Royaume de Mycenes, *p.* 519.

Ela, Roi d'Israel, *p.* 24.

Eleazar, succede à son frere Simon à la grande Sacrificature, *p.* 45. souffre le martyr, *p.* 48.

Eléens, ou *Eléates*, voyez *Hilotes*.

Eleusis (Mysteres d'), *p.* 359. *& suiv.* grands & petits Mysteres, *p.* 362. Ministres de fêtes d'Eleusis, *p.* 363. cérémonies observées à ces fêtes, *p.* 365. *& suiv. Myth.*

Eliakim, voyez *Joakim*.

Eliasib, Grand Sacrificateur des Juifs, *p.* 43.

Elie, confond les Prophetes de Baal, *p.* 26.

Eole, *Myth.* p. 400.

Eortes (les), fêtes particulieres aux Athéniens, *p.* 467.

Epaminondas, chef des Thébains contre les Spartiates, *p.* 605. gagne la bataille de Leuctres, *p.* 606. rétablit Messene, *p.* 608. les Thébains lui font son procès, *ibid.* il est disgracié, *p.* 609. s'avance dans le Péloponnese, *p.* 614. sa mort, *p.* 615. son portrait, *ibid.*

Ephores (les), leur Tribunal établi à Lacédémone par Lycurgue, *p.* 532. leur autorité devenue plus considérable par les droits que le Roi Théopompe leur accorde, *ibid.* assassinés par l'ordre de Cléomene, *p.* 642.

Epimethée, *Myth.* p. 323. *& suiv.*

Epistate (l'), étoit un Officier du Gymnase des Athletes, *p.* 441.

Epopée, Roi de Sicyone, *p.* 543.

Erecthée, Roi d'Athenes, *p.* 562.

Ericthonius, Roi d'Athenes, *p.* 562.

Erope I. Roi de Macédoine, *p.* 618.

Erope II. Roi de Macédoine, *p.* 618.

Esaü & Jacob, leur naissance, *p.* 3. cause de leur inimitié, *p.* 4. leur entrevûe, *p.* 5.

Etheocle & Polynice, fils d'Œdipe, conviennent d'occuper le thrône de The-

Oooo

bes alternativement, *p.* 544. se font la guerre, & pourquoi, périssent dans un combat singulier, *ibid.*

Esther, (l') *Myth. p.* 300.

Eurysthée, Roi de Mycenes, *p.* 514. chasse les Héraclides de la Grece, *p.* 518. tué dans un combat par un d'eux, *p.* 519.

Eurysthene & *Proclès*, succedent à leur pere Aristodeme au thrône de Lacédémone, *p.* 521.

Evilmerodac, Régent du Royaume de Babylone, pendant la pénitence de son pere Nabuchodonosor, *p.* 119. prend le titre de Roi, *p.* 120. meurt assassiné, *ibid.*

Ezéchias, fils d'Achaz, succede à son pere au Royaume de Juda, *p.* 35. rétablit le culte du vrai Dieu, *ibid.* abat le serpent d'airain qui avoit été élevé par Moyse, & pourquoi, *ibid.* prodige operé en sa faveur, *p.* 36. il fait lever le siége de Jérusalem, *ibid.* sa mort, *ibid.*

F.

Ferokhzad, un des petit-fils de Khosrou II. placé sur le thrône des Perses Sassanides, après la mort d'Azurmi-Dockt, *p.* 263. meurt empoisonné, *ibid.* Ecriv. Or.

Ferouz, fils aîné de Jezdegerd II. déthrône Hormouz III. son frere, qui s'étoit fait reconnoître, en l'absence de son Prince, Roi des Perses Sassanides, *p.* 253. ses cruautés envers Hormouz, *ibid.* il échoue dans ses expéditions contre les Haiathélites, *ibid.* sa mort, *p.* 254. Ecriv. Or.

Festus, fils d'Hercule, auteur des Rois de Sicyone, *p.* 512.

Fortune (la), *Myth. p.* 310. & *suiv.*

G.

Gaurides (la Dynastie des), maîtresse de la Perse, *p.* 242.

Gaznevides (la Dynastie des), maîtresse de la Perse, *p.* 242.

Gédéon, juge d'Israel, *p.* 13.

Genghiskhaniens (la Dynastie des), maîtresse de la Perse, *p.* 242.

Gihan-Scheda, après la mort de Touran-Dockt, est placé sur le thrône des Perses Sassanides, *p.* 262. à l'instant déposé, & pourquoi, *p.* 263. Ecriv. Or.

Glaucus, *Myth. p.* 400.

Gorgones (les) *Myth. p.* 397. & *suiv.*

Gotarze, fils d'Artaban, succéde à son pere au thrône des Parthes maîtres des Perses, *p.* 215. sa suite; a guerre & fait un accommodement avec son frere, & à quelle occasion, *p.* 216. se retire en Hyrcanie; remonte sur le thrône, & comment, *ibid.* meurt, *p.* 217. soupçon sur sa mort, *ibid.*

Graces (les), *Myth. p.* 370. & *suiv.*

Graies (les), *Myth. p.* 397. & *suiv.*

Grece (Topographie de la), *p.* 267. & *suiv.* arrivée des Colonies orientales dans la Grece, *p.* 493. & *suiv.* différents royaumes de la Grece, *p.* 512. & *suiv.* Province Romaine, *p.* 648. son éloge, *ibid* & *suiv.*

Grecs (les). Leur histoire; depuis la *p.* 265. jusqu'à la fin du volume. Avant-propos sur leur origine, *p.* 265. & *suiv.* leur Mythologie, depuis la p. 274. jusqu'à la *p.* 402. leurs oracles, *p.* 402. & *suiv.* leur tribunal des Amphictyons, *p.* 420. & *suiv.* leurs guerres sacrées, *p.* 416. & *suiv.* leurs athletes, jeux & fêtes particulieres, *p.* 439. & *suiv.* leurs Ministres sacrés, *p.* 467. & *suiv.* leurs imprécations publiques, *p.* 471. & *suiv.* leur origine suivant l'Ecriture sainte, *p.* 474. & *suiv.* suivant eux-mêmes, *p.* 476. & *suiv.* leur ancienne langue & ses altérations, *p.* 489. & *suiv.* ils ont été policés à l'arrivée des Colonies orientales dans la Grece, *p.* 490. 493. & 495. leurs différentes Colonies, *p.* 496. motifs qui les occasionnerent, *p.* 497. cérémonies observées pour envoyer une Colonie, *p.* 498. droits des Métropoles sur les Colonies, *p.* 499. devoirs des Métropoles envers les Colonies, *p.* 500. guerre des Grecs contre les Troyens, *p.* 501. & *suiv.* perte considérable d'hommes, qu'ils firent durant le siége de Troyes, *p.* 512. ils s'emparent de Byzance, *p.* 579. leurs expéditions contre les Perses, *p.* 579. 597. & *suiv.*

Gymnasiarque (le), étoit le surintendant du Gymnase des Athletes, *p.* 441.

Gymnaste (le), étoit un Officier du Gymnase des Athletes, *p.* 441.

H.

Harpies (les), *Myth. p.* 396. & *suiv.*

Hassan-Beg, voyez *Ussum-Cassan*.

Hébé, *Myth. p.* 369.

DES MATIERES.

Hebreux, (les), voyez *Ifraelites* & *Juifs*.
Hécate, *Myth*, p. 331. & *fuiv*.
Héli, Juge d'Ifrael, p. 14.
Hellanodique (l'), étoit un Officier qui préfidoit chez les Grecs aux jeux des Athletes, p. 442.
Hellenes (difcuffion fur les), p. 476. & *fuiv*. leurs droits, p. 477. ils n'étoient qu'un démembrement des Pélafges, p. 481.
Hélos, ville de la Grece, qui a donné fon nom aux Hilotes, p. 536. fon origine, & fa pofition peu connues, *ibid*.
Heraclides (les), ou defcendans d'Hercule, chaffés de la Grece par Euriffthée, p. 518. leurs tentatives pour rentrér dans le Péloponnefe, *ibid*. & p. *fuiv*. en deviennent tranquilles poffeffeurs, p. 519. maîtres des Royaumes d'Argos & de Mycenes, & de celui de Lacédémone, *ibid*. & p. *fuiv*. extinction de leur famille, p. 536.
Hercule, p. 514. regardé comme le fils de Jupiter & d'Alcmene, *ibid*. fes travaux, p. 515. fes guerres & exploits, p. 516. & *fuiv*. il meurt, comment, & à quelle occafion, p. 517 & 518. mis au rang des Dieux, p. 518.
Hérode, fecond fils d'Antipater, gouverneur de la Galilée, p. 54. venge la mort de fon pere, époufe Mariamne, *ibid*. eft fait, par Antoine, Tetrarque des Juifs, p. 55. fes guerres contre Antigone, *ibid*. affiége, prend Jerufalem, & eft reconnu pour Roi des Juifs, p. 56. avoit été élevé à cette dignité par le Sénat Romain, p. 55. fes chagrins domeftiques & leurs fuites, *ibid*. & p. *fuiv*. fes cruautés, fa mort, p. 57. fes femmes, fes enfans, fon teftament, *ibid*.
Hefiode, Précis de fa Théogonie, p. 285. & *fuiv*. jufqu'à la p. 399.
Hefperides (les), *Myth*, p. 301. & *fuiv*.
Hieromnemon (l'), fes fonctions parmi les Amphictyons, p. 423. & *fuiv*.
Hilotes (les), habitans d'Helos, Colonies des Achéens, p. 537. font réduits à l'efclavage, *ibid*. leur révolte contre les Lacédémoniens, & leur capitulation, p. 539.
Hircan, fils d'Alexandre-Janée, fuccéde à fon pere à la fouveraine Sacrificature, p. 52. s'accommode avec fon frere, *ibid*. fes guerres avec le même, *ibid*. eft rétabli par Pompée dans la charge de Grand Sacrificateur, p. 53. eft confirmé par Céfar dans cette dignité, p.

54. mauvais traitement qu'il effuye de la part d'Antigone, p. 55. fa mort, p. 56.
Hormifdas I. fils de Sapor I. fuccéde à fon pere à l'Empire des Perfes rétabli, p. 227.
Hormifdas II. fuccéde à Chofroès I. fon pere, à l'Empire des Perfes rétabli, p. 239. fes cruautés, fes mauvais fuccès dans la guerre, il eft privé de la vûe, & du thrône, *ibid*. meurt par les ordres de fon fils Chofroès II. reconnu Souverain à fa place, *ibid*.
Hormifdas III. voyez *Ifdigerte III*.
Hormouz I. ou *Hormifdas*, fils de Schabour I. & fon fucceffeur au thrône des Perfes Saffanides, p. 246. fes vertus, fa mort, *ibid*. *Ecriv*. *Or*.
Hormouz II. ou *Hormifdas*, fils de Narfi, fuccéde à fon pere au thrône des Perfes Saffanides, p. 248. fa mort, *ibid*. *Ecriv*. *Or*.
Hormouz III. fils cadet de Jezdegerd II. fe fait reconnoître Roi des Perfes Saffanides, en l'abfence de Ferouz fon frere aîné, p. 252. eft déthrôné par Ferouz qui le fait mettre à mort, p. 253. *Ecriv*. *Or*.
Hormouz IV. fils de Noufchirvan, fuccéde à ce Prince au thrône des Perfes Saffanides, p. 259. fon caractere, *ibid*. à la note. Son fils fe met à la tête des rebelles, p. 260. Hormouz meurt étranglé, p. 261. *Ecriv*. *Or*.

I.

Iatralipte (l'), étoit un Officier du Gymnafe des Athletes, p. 441.
Ilithye, *Myth*, p. 370.
Inachus, fondateur du Royaume d'Argos, p. 512. fon arrivée dans la Grece, p. 495.
Ino, *Myth*, p. 400. & *fuiv*.
Iris, *Myth*, p. 396.
Ifaac, fa naiffance, p. 2. fon mariage, p. 3. pere d'Efaü & de Jacob, *ibid*. fa mort, p. 5.
Ifagoras, voyez *Clifthene*.
Ifdigerte I. fuccéde à Varane IV. à l'Empire des Perfes rétabli, p. 231. favorife le Chriftianifme, *ibid*.
Ifdigerte II. voyez *Varane VI*.
Ifdigerte III. neveu de Siroès, eft élevé, après la mort de Sarbaras, fur le thrône des Perfes Saffanides, p. 242. obligé d'abandonner fes Etats aux Arabes, *ibid*. fa retraite, fa mort, *ibid*.

avec lui finit la Dynaftie Perfane des Saffanides, *ibid.*

Ifmaël, fa naiffance *p.* 2.

Ifraëlites (les), fortent de l'Egypte fous la conduite de Moyfe, *p.* 7. leurs différents états en Egypte, *ibid.* à la note. Prodiges opérés en leur faveur, *ibid. & p. fuiv.* leurs différentes guerres, *p.* 9. *& fuiv.* ils partagent le pays de Chanaan, *p.* 12. voyez *Juifs.*

J.

Jacob, jumeau d'Efaü, fa naiffance, *p.* 3. fon départ; fa vifion; fon retour, *p.* 4. fes enfants, *p.* 5. fon arrivée en Egypte, *p.* 6. fa mort, *ibid.*

Jaddus, fuccéde à fon pere Jonathan à la grande Sacrificature, *p.* 43. faveurs qu'il obtient d'Alexandre, *p.* 44. fa mort, *ibid.*

Jaël, tue Sifara, *p.* 13.

Japet, *Myth. p.* 321.

Jafon, fuccéde à fon frere Onias III. à la grande Sacrificature, & comment, *p.* 47. en eft dépouillé par fon frere Ménélas, *ibid.* contraint de fe retirer chez les Ammonites, *ibid.*

Jean Hircan, fils de Simon, fuccéde à fon pere dans la charge de Grand Sacrificateur, *p.* 51. fa fuite à Jerufalem, & quelle en fut la caufe; fa tendreffe pour fa mere & fes freres, & fes effets; fes fuccès; les exploits de fes fils contre Antiochus; fa mort, *ibid.*

Jechonias, voyez *Joachin.*

Jehu, Roi d'Ifrael, *p.* 29. fait périr Jezabel, *ibid.* fait maffacrer tous les Sacrificateurs de Baal, *p.* 30. fa mort, *ibid.*

Jephté, fon vœu, *p.* 14.

Jeroboam I. Roi d'Ifrael, *p.* 22. fon idolâtrie; fa punition; fon repentir, *ibid.* fes rechûtes; fa mort, *p.* 23.

Jeroboam II. fils de Joas, feul poffeffeur du thrône d'Ifrael, à la mort de fon pere, *p.* 32. fon idolâtrie; fes conquêtes; interregne après fa mort, *ibid.*

Jerufalem, affiégée par Sennachérib, *p.* 36. prife par Nabuchodonofor, Roi de Babylone, *p.* 38. affiégée de nouveau par ce Prince, *p.* 39. *& fuiv.* mife au pillage, *p.* 40. prife par Ptolémée, *p.* 44. par Antiochus, *p.* 48. par Pompée, *p.* 53. par Hérode, *p.* 56. détruite par Tite, *p.* 65.

Jeux, chez les Grecs; Olympiques, *p.* 460. *& fuiv.* Ifthmiques, *p.* 462. *&*

fuiv. Néméens, *p.* 463. Pythiques, *ibid. & p. fuiv.* Carniens, *p.* 464. *& fuiv.*

Jezdegerd I. fils de Baharam IV. fuccéde à fon pere au thrônes des Perfes Saffanides *p.* 429. fon caractere cruel, *ibid. & p. fuiv.* il meurt; & comment, *p.* 250. *Ecriv. Or.*

Jezdegerd. II. fils de Baharam V. & fon fucceffeur au thrône des Perfes Saffanides, *p.* 252. fes vertus; il meurt fubitement; *ibid. Ecriv. Or.*

Jezdegerd III. dernier Roi de Perfe de la Dynaftie des Saffanides, *p.* 263. incertitude fur fon origine; événemens de fon regne, *ibid.* contradiction fur le commencement de l'Ere de ce Prince, *ibid. & p. fuiv. Ecriv. Or.*

Joachaz, fils de Jehu, fuccéde à fon pere au thrône d'Ifrael, *p.* 30.

Joachaz, fils de Jofias, placé, après la mort de fon pere, fur le thrône au préjudice de fes freres, *p.* 38. fon idolâtrie, fa punition, *ibid.*

Joachim, fils de Joakim, fuccéde à fon pere à la couronne de Juda, *p.* 39. fe livre à Nabuchodonofor qui l'envoye en captivité à Babylone, *ibid.*

Joakim, ainfi nommé par Nechao, placé par ce Prince fur le thrône de Joachaz fon frere, *p.* 38. fes abominations; eft chargé de fers par le Roi de Babylone; remis en liberté; enfin tué, *ibid.*

Joas, paifible poffeffeur de la couronne de Judas, par la mort d'Athalie, *p.* 30. fes crimes, *ibid. & p. fuiv.* meurt affaffiné, *p.* 31.

Joas, fils de Joachaz, Roi d'Ifrael, *p.* 31. fes victoires fur les Syriens; fa mort, *ibid.*

Joathan, fils d'Ozias, Roi de Juda, *p.* 33.

Jonathan, fils de Joyada, lui fuccéde à la fouveraine Sacrificature, *p.* 43. tue fon frere Jeshua, ou Jéfus, & à quelle occafion; fa mort, *ibid.*

Jonathan, fils de Mathathias, eft élu chef des Juifs, *p.* 50. fes différents fuccès, *ibid.* Triphon le fait mourir, *p.* 51.

Joram, fils d'Achab, Roi d'Ifrael, *p.* 27. fon idolâtrie, *p.* 28. fa victoire fur le Roi de Syrie, *ibid.* fa mort, *p.* 29.

Joram, fils de Jofaphat, Roi de Juda, *p.* 27. époufe Athalie, *ibid.* fes impiétés & fa punition, *ibid. & p. fuiv.* fa mort, *p.* 28.

Jofaphat, Roi de Juda, *p.* 25. fa piété; danger qu'il court, *ibid.* défait les Moabites, *p.* 27.

Jofeph,

DES MATIERES.

Joseph, est vendu par ses freres, *p*. 6. son élévation en Egypte; sa conduite envers ses freres; sa mort, *ibid.*

Josias, fils d'Amon, succéde à son pere au thrône de Juda, *p*. 37. sa piété & ses vertus; il ordonne la célébration de la Pâque, *ibid.* meurt d'une blessure, & à quelle occasion, *p*. 38.

Josué, chargé de la conduite des Israëlites, *p*. 11. renouvelle la cérémonie de la Circoncision, *ibid.* assiége Jericho, *p*. 12. commande au soleil de s'arrêter & pourquoi, *ibid.* sa mort, *p*. 13.

Joyada, succéde à Eliasib son pere, à la souveraine Sacrificature, *p*. 43.

Judas Machabée, fils de Mathathias, déclaré Général des troupes Juives, *p*. 49. ses succès, *ibid. & p. suiv.* nommé souverain Sacrificateur, *p*. 50. tué dans un combat, *ibid.*

Judée (la), désolée par des révoltes & des brigandages fomentés par l'avarice des Gouverneurs Romains, *p*. 59. entierement soumise par Adrien, *p*. 67. sa description géographique, *p*. 88. *& suiv.*

Juifs, leur histoire, depuis la *p*. 1. jusqu'à la *p*. 95. leurs plaintes & apostasies & leurs châtimens, *p*. 10. 13. *& suiv.* leurs différents Rois tant de Juda que d'Israel, *p*. 22. *& suiv.* emmenés en captivité par Salmanasar en Assyrie, *p*. 35. leur retour à Jérusalem, *p*. 40. passent sous le gouvernement des souverains Sacrificateurs, *p*. 43. *& suiv.* rentrent sous le gouvernement Monarchique, *p*. 51. *& suiv.* leurs guerres avec les Romains, *p*. 59. *& suiv.* leur dispersion, *p*. 67. il y en a de différentes sortes, *ibid.* leurs Loix, *ibid.* forme de leur gouvernement, *p*. 68. administration civile de leur République, *ibid.* châtiments établis chez eux, *p*. 69. Ministres de leur Religion, *p*. 70. leurs sacrifices & oblations, *p*. 73. leurs lieux saints, *p*. 75. leurs fêtes, *p*. 77. leurs schismes, sectes & Docteurs, *p*. 79. leurs coutumes & usages dans tous les temps, *p*. 82. leur cabale, *p*. 86.

Junon, Myth. *p*. 366. *& suiv.*

Jupiter, Myth. *p*. 346. *& suiv.*

K.

Kersa, élu Roi des Perses Sassanides, après la mort de Jezdegerd I. dont le fils Baharam, en haine de son pere, avoit été exclus du thrône, *p*. 250. comment Kersa céda la couronne à Baharam, qui en étoit l'héritier légitime, *p*. 251. *Ecriv. Or.*

Khobad-Schirouieh, fils aîné de Kosrou II. mis, à la place de son pere déposé, sur le thrône des Perses Sassanides, *p*. 261. fait assassiner son pere, *ibid.* massacrer ses freres, *p*. 262. meurt de langueur, *ibid. Ecriv. Or.*

Khosrou I. voyez *Nouschirvan.*

Khosrou II. fils de Hormouz IV. après la retraite de l'usurpateur Baharam-Tchoubin, monte sur le thrône des Perses Sassanides, *p*. 261. est déposé; assassiné par les ordres de son fils élu Roi en sa place, *ibid. Ecriv. Or.*

Khovaresmiens (la Dynastie des), maîtresse de la Perse, *p*. 242.

L.

Labdacus, fils de Polydore, succede à son pere au Royaume de Thebes, *p*. 542.

Labingt, voyez *Balthasar.*

Laborosorcod, fils de Nerigliffor, succéde à son pere au thrône de Babylone, *p*. 120. meurt assassiné, *ibid.*

Lacédémon, regardé comme le premier Roi connu de Lacédémone, *p*. 520. son histoire très-incertaine, *ibid.*

Lacédémone; Royaume de la Grece, *p*. 520 son origine incertaine, *ibid.* gouvernée par des Rois, *ibid. & p. suiv.* dont l'autorité est affoiblie par Lycurgue, *p*. 522. qui avoit institué le Tribunal des Ephores, *p*. 532. devient une ville particuliere, *p*. 536. reçoit les Loix Achéennes; tombe sous la puissance Romaine, *p*. 540. sous celle de Mahomet II. Empereur des Turcs, *p*. 536. assiégée par Pyrrhus, *p*. 639. se réunit à la ligue des Achéens, *p*. 646. révolution dans cette ville sous le regne de Cléomene, *p*. 642.

Lacédémoniens (les), gouvernés par deux Rois & depuis quand, *p*. 521. sont prêts à tomber dans l'Anarchie, *ibid.* reçoivent de Lycurgue une nouvelle forme de gouvernement, *p*. 522. *& suiv.* & des Loix contre les vices, & pour l'éducation de leurs enfants, *p*. 524. *& suiv.* cultivent les sciences, *p*. 528. jugement de Platon sur ces peuples, *p*. 529. leurs guerres contre les Messéniens, *p*. 532. & 534. ils font la conquête de la Messenie, *p*. 536. leurs

Tom. VI. Pppp

guerres contre les Athéniens, p. 581. & suiv. p. 586. & suiv. p. 590. 593. 601. contre les Thébains, p. 605. ils concluent la paix avec les Athéniens, p. 601. restent soumis aux Macédoniens, p. 643. leur orgueil est abattu, p. 646.

Laïus, fils de Labdacus & son successeur au trône de Thebes, p. 543. déthrôné par Amphion & Zéthus; remonte sur le trône après leur mort, tué par Œdipe son fils & comment, *ibid*.

Lamachus, établi collegue d'Alcibiade, avec Nicias dans la guerre de Sicile, p. 590.

Lamasès; voyez *Zambade*.

Laodamas; fils d'Ethéocle, succéde à la couronne de Thebes, p. 544.

Latone, *Myth.* p. 375. & *suiv.*

Lelex, personnage imaginaire, p. 481. 520.

Léonidas, Général des Lacédémoniens ligués avec les Athéniens & autres peuples de la Grece contre Xerxès, p. 578.

Lune (la), *Myth.* p. 319.

Lutte (la) chez les Grecs, p. 451. il y en avoit de trois sortes, p. 452.

Lycurgue, frere de Polydectes, Roi de Sparte, préserve d'une mort funeste son neveu, Prince posthume, & le fait reconnoître Roi par tous les Magistrats de Sparte, p. 521. voyage & à quel dessein, p. 522. introduit à Lacédémone une nouvelle forme de Gouvernement, *ibid.* & p. *suiv.* réforme les mœurs des Lacédémoniens, p. 524. établit des Loix pour l'éducation de leurs enfants, *ibid.* & p. *suiv.* sa mort, p. 531.

Lysandre, opposé à Alcibiade par les Lacédémoniens, p. 593. s'empare d'Athènes, y établit les trente Tyrans, p. 594. cause de la mort d'Alcibiade, p. 595. meurt, p. 599.

M.

Macédoine, (la) liste de ses Rois, jusqu'à Amyntas, pere de Philippe II. p. 618.

Machanidas, usurpateur & tyran de Lacédémone, p. 644. tué de la main de Philopemen, son vainqueur, *ibid*.

Manahem, monte sur le trône d'Israël, après avoir tué Sellum, p. 33.

Manassé, fils de Jaddus, succéde à Eléazar à la souveraine Sacrificature, p. 46.

Manassès, succéde à son pere Ezechias au trône de Juda, p. 36. son impiété, *ibid*. ses cruautés, p. 37. prisonnier à Babylone; son repentir; son rétablissement dans Jérusalem; sa mort, *ibid*.

Mandaucès, successeur d'Arbacès au trône des Medes, selon Ctésias, p. 134.

Mânes (fêtes en l'honneur des Dieux) célébrées par les Athéniens, p. 466.

Mars, *Myth.* p. 369. & *suiv*.

Mastigophore (le), ou Porte-verges, étoit chez les Grecs un Officier préposé à la maniere de tirer au sort les Athletes, p. 443.

Matathias, effets de son zéle pour la Religion, p. 49.

Medes, leur histoire, depuis la p. 134. jusqu'à la p. 144. celle des Medes d'Ecbatane, suivant Hérodote, depuis la p. 141. jusqu'à la p. 144. maniere de se former un systême sur ces peuples, p. 134. & *suiv.* leur gouvernement d'abord républicain, ensuite Monarchique, suivant Hérodote, p. 134. toujours Monarchique, suivant Ctésias, *ibid.* fin de leur Empire, p. 143.

Médie; Description Géographique de ce Royaume, p. 143. & *suiv*.

Mégapente, frere d'Acrisius, monte sur le trône d'Argos, après l'abandon que lui en fait Persée, p. 514.

Melanthus, succéde à Thymœtes déposé, au trône d'Athenes, p. 566.

Mélicerte, *Myth.* p. 400. & *suiv*.

Ménila, dépossede son frere Jason de la souveraine Sacrificature & comment, p. 47. ses crimes, p. 48. sa mort, p. 49.

Ménélas, mari d'Hélene, succéde à Castor & à Pollux au trône de Lacédémone, p. 520.

Mercure, *Myth.* p. 382. & *suiv*.

Miltiade, ses expéditions contre les Perses, p. 577. sa mort, p. 578.

Minerve, *Myth.* p. 379. & *suiv*.

Misdate, nommé encore Hormisdas, succéde à Narsès au trône des Perses Sassanides, p. 228.

Mithridate I. frere de Phraate I. succéde à ce Prince à la couronne des Parthes maîtres de la Perse, p. 193. ses exploits, p. 194. sa mort, *ibid*.

Mithridate II. assassin de son pere Phraate III. aussi bien que son frere Orode, enleve à ce dernier la couronne des Parthes, maîtres de la Perse, p. 196. sa cruauté; sa retraite; ses tentatives pour recouvrer le trône, *ibid*. est assiégé, pris, mis à mort par l'ordre de son frere, p. 197.

Mnémosine, *Myth.* p. 371. & *suiv*.

Mnesthée, Roi d'Athenes, p. 566.

DES MATIERES. 665

Momus, *Myth*. p. 301.
Mort (la), *Myth*. p. 306.
Morts (Oracles rendus par les ames des)
p. 408. *& suiv*.
Moyse, sa naissance, p. 7. sa mission, *ibid.*
prodiges qu'il opere, p. 8. *& suiv.* reçoit les tables de la Loi, p. 8. construit le Tabernacle, *ibid.* éleve le serpent d'airain, p. 10. nomme Josué son successeur, p. 11. meurt ; le lieu de sa sépulture est inconnu, *ibid.*
Muses (les) *Myth.* p. 371. *& suiv.*
Mycenes, Royaume de la Grece, fondé par Persée, p. 514.
Myrr-Magmud, fils de Mirr-Wheys, oblige Tamerlan de lui céder la couronne de Perse, p. 243.
Myrr-Weys, chef de la révolte des Aghuans, contre Tamerlan, p. 242.
Mythologie Grecque, depuis la p. 274. jusqu'à la p. 402. idée qu'on doit s'en former, p. 274. différens changemens dans la religion des Grecs, p. 277. différentes idées des Anciens sur la formation de l'Univers, p. 291. *& suiv.*

N.

Nabis, Tyran de Lacédémone, p. 536. assassiné, *ibid. & p.* 646.
Naboandel, voyez *Balthasar*.
Nabonadius, voyez *Balthasar*.
Nabonassar, Roi de Babylone, p. 116.
Nabonid, voyez *Balthasar*.
Nabopolassar, monte par ordre de succession sur le thrône de Babylone, p. 116. s'associe au Gouvernement son fils Nabuchodonosor, p. 117. sa mort, *ibid.*
Nabuchodonosor, associé au thrône de Babylone par son pere Nabopolassar, p. 117. emmene à Babylone un grand nombre de Juifs, *ibid.* son premier songe, *ibid.* fait faire le siége de Tyr, p. 118. fait la conquête de l'Egypte, *ibid.* son second songe, p. 119. l'accomplissement de ce songe, *ibid.* sa mort, p. 120.
Nadab, Roi d'Israel, p. 23. meurt assassiné, *ibid.*
Nadir-Kouli, voyez *Thamas-Kouli-Khan*.
Narses, successeur de Varane III. à l'Empire des Perses rétabli, p. 228. ses guerres contre les Romains, & leurs fuites ; il meurt de chagrin, *ibid.*
Narsi, frere de Baharam III. lui succéde au thrône des Perses Sassanides, p. 247. perd toutes ses Provinces frontieres ; meurt de chagrin, *ibid. Ecriv. Or.*

Néhémie, introduit la réforme dans Jérusalem, p. 43.
Némésis, *Myth.* p. 305. *& suiv.*
Nemrod, fondateur de Babylone, p. 110.
Neptune, *Myth.* p. 390. *& suiv.*
Nérée, *Myth.* p. 395.
Néreides (les), *Myth.* p. 395.
Nériglissor, succéde à Evilmerodac au thrône de Babylone, p. 120. meurt dans un combat, *ibid.*
Nicias, Général d'une flotte Athénienne, p. 587. céde le commandement des troupes à Cléon, *ibid.* contribue à la paix entre les Athéniens & les Lacédémoniens, p. 589. disgracié, *ibid.* établi collegue d'Alcibiade, avec Lamachus dans la guerre de Sicile, p. 590. condamné à la mort par les ennemis, p. 591.
Ninias, succéde à Sémiramis sa mere au thrône d'Assyrie, p. 101. silence des Historiens à son sujet, & à l'égard de ses successeurs, *ibid.*
Ninive, son ancienneté, p. 97. révolution de son Empire, p. 103. *& suiv.* son rétablissement, p. 104. sa destruction, p. 108.
Ninus I. fils de Belus, & son successeur au thrône, recule les bornes de l'Empire Assyrien, p. 97. épouse Sémiramis, & partage le thrône avec elle, p. 98. incertitude sur sa mort, *ibid.*
Ninus II. Roi d'Assyrie, p. 107.
Noé, sauvé du déluge avec ses fils, p. 1.
Nouschirvan, succéde à son pere Cobad au thrône des Perses Sassanides, p. 255. il regle la police de ses Etats, *ibid. & p. suiv.* ses exploits, p. 256. *& suiv.* il est obligé de prendre les armes contre son fils, *ibid.* sa mort, p. 258. *Ecriv. Or.*
Nuit (la) & sa famille, *Myth.* p. 300.

O.

Obalas, voyez *Valens*.
Océan (l'), *Myth.* p. 308. *& suiv.*
Ochosias, succéde à Achab son pere au Royaume d'Israel, p. 27. sa mort, *ibid.*
Ochosias, fils de Joram, & petit-fils de Josaphat, succéde à Joram au Royaume de Juda, p. 28. tué par l'ordre de Jehu, *ibid.*
Ochus, voyez *Darius-Nothus*.
Ochus, fils d'Artaxerxe-Mnémon, occupe le thrône des Perses, après la mort de son pere, & comment, p. 181. avoit causé la mort de ses freres aînés, *ibid.*

ſes cruautés, ibid & p. ſuiv. ſoumet les rebelles, p. 182. meurt empoiſonné, p. 183.
Odeum (l') d'Athenes, p. 559.
Œdipe, tue ſon pere Laïus, & comment, p. 543. devient Roi de Thebes par ſon mariage avec ſa mere, ibid. ſes enfants d'un ſecond mariage, ibid. quitte le thrône, p. 544.
Onias I. ſuccéde à ſon fils Jaddus à la ſouveraine Sacrificature, p. 44.
Onias II. fils de Simon I. grand Sacrificateur après Manaſſé, p. 46.
Onias III. ſuccéde à Simon II. à la ſouveraine Sacrificature, p. 47. ſon inimitié avec Simon, Gouverneur du Temple de Jéruſalem, & ſes ſuites; contraint de ſe retirer à Antioche, ibid.
Onias, fils d'Onias III. privé du ſouverain Pontificat, ſe retire en Egypte, p. 50. bâtit un Temple à Alexandrie; aſſure à ſes enfants la grande Sacrificature de ce Temple, ibid.
Oracles, divers ſentiments à ce ſujet, p. 401. & ſuiv. Oracles rendus par les ames des morts, p. 408. & ſuiv. Oracle de Dodone, p. 410. & ſuiv. d'Amphiaraüs, p. 411. de Trophonius, ibid. & ſuiv. de Claros, p. 413. de Delphes, p. 414. & ſuiv.
Oreſte, fils d'Agamemnon & de Clytemneſtre, après avoir vengé ſur ſa mere & ſur Egyſte, le meurtre de ſon pere, devient maître des Royaumes de Mycenes & d'Argos, p. 519. ſes remords p. 520. ſes avantages ſur les Héraclides, p. 519. obtient le thrône de Lacédémone, p. 520. ſon jugement par l'Aréopage, p. 552.
Oreſte, Roi de Macédoine, p. 618.
Orode I. aſſaſſin de ſon pere Phraate III. auſſi bien que ſon frere Mithridate, s'empare de la couronne des Parthes maîtres de la Perſe, p. 196. eſt déthrôné par Mithridate; remonte ſur le thrône, ibid. ſes gueres contre ſon frere, ibid. & p. ſuiv. il le fait mourir, p. 197. ſes guerres contre les Romains, ibid. & p. ſuiv. ſa douleur de la mort de ſon fils Pacore, p. 207. partage l'autorité ſouveraine avec Phraate, l'aîné des fils qui lui reſtoient; meurt & comment, ibid.
Orode II. après la mort de Phraatice, eſt élu Roi des Parthes maîtres de la Perſe, p. 213. aſſaſſiné, ibid.
Oſée, fils d'Ela, Roi d'Iſrael, p. 34. ſon idolâtrie, ibid. tombe au pouvoir de Salmanaſar, p. 35. fin du Royaume d'Iſrael, ibid.

Oſtraciſme (l'), ce que c'étoit à Athenes, p. 557.
Othoniel, premier Juge d'Iſrael, p. 13.
Oxynthes, fils de Demophon, & ſon ſucceſſeur au thrône d'Athenes, p. 566.
Ozias, fils d'Amaſias, ſuccéde à ſon pere au thrône de Juda, p. 32. ſes avantages ſur les Philiſtins, ibid. frappé de lépre, & à quelle occaſion, p. 33. ſon repentir; ſa retraite; ſa mort, ibid.

P.

Pacore I. fils d'Artabane, monte, après la mort de ſon pere ſur le thrône des Parthes maîtres de la Perſe, p. 196. fait alliance avec les Romains, ibid.
Pacore II. fils d'Artabane, & petit-fils de Vologeſe I. ſuccéde à ſon pere au thrône des Parthes maîtres de la Perſe, p. 219.
Palet (le), exercice des Grecs, voyez Diſque.
Panathenées (les) fêtes particulieres aux Athéniens, p. 465.
Pancrace (le), eſpece de combat chez les Grecs, p. 453.
Pandion I. Roi d'Athenes, p. 561.
Pandion II. Roi d'Athenes, p. 561.
Pandore, Myth. p. 323. & ſuiv.
Parques (les) Myth. p. 373. & ſuiv.
Parthamaſpates, mis par Trajan, à la place de Choſroès, ſur le thrône des Parthes maîtres de la Perſe, p. 229. chaſſé du thrône, ibid.
Partheniens, enfants de Lacédémone & quels, p. 534. ſe liguent avec les Hilotes contre les Lacédémoniens, & pourquoi, ibid. paſſent en Italie, & y fondent la ville de Tarente, ibid.
Parthes (l'Empire des) fondé par Arſace I. p. 191. ils ſont maîtres de la Perſe, ibid. & p. ſuiv. juſqu'à la p. 224.
Pauſanias, Roi de Macédoine, p. 618.
Pauſanias, Commandant de la flotte des Lacédémoniens, liguée avec celle des Athéniens contre les Perſes, p. 580. dépoſé, ibid. ſon ambition; ſa fin tragique, ibid.
Pédotribe (le), étoit un Officier du Gymnaſe des Athletes, p. 441.
Pélaſges (diſcuſſion ſur les), p. 481. & ſuiv. ils ont été les premiers habitants de la Grece, p. 482. ſe rendent maîtres de Lemnos, p. 483. réfutation des ſentimens des Anciens ſur ces peuples, p. 483. & ſuiv.

Pélée

Pélée., *Myth. p.* 395.
Pélopidas, Collegue d'Epaminondas dans la guerre des Thébains contre Sparte, *p.* 608. accroît la puissance des Thébains, *p.* 610. est détenu à Pherès, est remis en liberté, *ibid.* sa mort, *p.* 612.
Péloponnese (guerre du), *p.* 585. son origine, *p.* 583. suite de cette même guerre, *p.* 588.
Pénelée, élu chef des Thébains, & pourquoi, *p.* 544.
Penthile, voyez *Tisamene*.
Perdiccas I. Roi de Macédoine, *p.* 618.
Perdiccas II. Roi de Macédoine, *p.* 618.
Periandre, fils de Cypselus, succéde à son pere au thrône de Corinthe, *p.* 541. Tyran, *ibid.* avec lui finit la seconde Monarchie de Corinthe, *ibid.*
Pericles, fils de Xantippe, s'éleve à l'administration des affaires des Athéniens sur les ruines de Periclès, *p.* 581. ses vûes ambitieuses, *p.* 583. ses exploits, *p.* 585. déposé, & rétabli, *ibid.* sa mort, son éloge. *p.* 586.
Perose, fils de Varane VI. & son successeur à l'Empire des Perses rétabli, *p.* 232. meurt dans un combat, *ibid.*
Perse (la), démembrée après la mort d'Alexandre le Grand, *p.* 191. soumise à Antigonus & à Démétrius son fils; passe sous la domination de Lysimaque; devient une dépendance du Royaume de Syrie, dont Séleucus fut le fondateur; reste sous la puissance des successeurs de ce Prince, jusqu'au regne de Démétrius-Nicanor; passe sous la domination de Mithridate I. Roi des Parthes, & de ses successeurs; jusqu'à la fondation de la Dynastie Persane des Sassanides, *ibid.* conquise par les Sarrasins, ou plutôt par les Arabes, *p.* 242.
Persée, fils de Danaé, fille d'Acrisius, & Roi d'Argos, après la retraite de ce Prince, *p.* 513. *& suiv.* merveilleux répandu sur sa naissance, *ibid.* ses exploits enveloppés de fables, *p.* 514. tue son grand-pere & comment, *ibid.* abandonne le thrône à Mégapente, frere d'Acrisius; se contente de la couronne de Corinthe, bâtit la ville de Mycenes; meurt, *ibid.*
Perses (les). Leur histoire depuis Cyrus jusqu'au regne d'Alexandre le Grand, *p.* 145. *& suiv.* sous les successeurs d'Alexandre, & sous les Rois Parthes, *Tome VI.*

p. 191. *& suiv.* Sassanides, ou depuis le rétablissement de la Monarchie, jusqu'à la conquête des Arabes, *p.* 215. *& suiv.* Histoire des Perses Sassanides suivant les Ecrivains Orientaux, *p.* 144. *& suiv.* mœurs des Perses du temps d'Hérodote, *p.* 188. *& suiv.*
Phacée, usurpateur de la couronne d'Israël, *p.* 34. meurt assassiné, *ibid.*
Phaceia, Roi d'Israel, après Manahem son pere, *p.* 33. assassiné par Phacée, *p.* 34.
Phaeton, *Myth. p.* 317.
Pharaon, sa dureté envers les Israelites, *p.* 7. contraint de les laisser sortir de ses Etats, *ibid.* s'en repent, court après eux, est englouti lui & son armée dans la mer Rouge, *p.* 8.
Phazael, fils d'Antipater, Gouverneur de Jerusalem, *p.* 54. fait par Antoine Tétrarque des Juifs, *p.* 55. sa mort tragique, *ibid.*
Philippe, partage avec son frere Archélaüs le Royaume de Judée, *p.* 58.
Philippe I. Roi de Macédoine, *p.* 618.
Philippe II. Roi de Macédoine, *p.* 617. ses entreprises sur la Grece, & leurs suites, *p.* 619. 621. *& suiv.* gagne la bataille de Cheronnée, *p.* 631. meurt assassiné, *p.* 633. son portrait, *ibid.* troubles dans la Grece occasionnés par la mort de ce Prince, *p.* 634.
Philistins (les), réduisent les Israëlites en esclavages, *p.* 14. prennent Samson, *ibid.* s'emparent de l'Arche, *ibid.*
Philopemen, regardé comme le dernier des grands Capitaines de la Grece, *p.* 644. Préteur des Achéens, *ibid.* tué de la main Machanidas, usurpateur du thrône de Lacédémone, *ibid.* annulle les Loix de Lycurgue, *p.* 646. sa fin tragique, *p.* 647. regretté des Achéens, *ibid.* son éloge, *ibid.*
Phoronée, fils d'Inachus, succéde à son pere au Royaume d'Argos, *p.* 511. cru par quelques Ecrivains fondateur de ce Royaume, *ibid.* il l'aggrandit, *ibid.*
Phraate I. l'aîné des enfants de Priapatus, est couronné par son pere Roi des Parthes maîtres de la Perse, *p.* 193. son amour pour ses sujets, *ibid.*
Phraate II. fils de Mithridate, & son successeur au thrône des Parthes maîtres de la Perse, *p.* 194. a guerre avec les Scythes, *p.* 195. est tué dans un combat, *ibid.*
Phraate III. fils de Pacore I. & son successeur au thrône des Parthes maîtres

Qqqq

de la Perſe, *p.* 196. meurt aſſaſſiné par ſes fils, *ibid.*

Phraate IV. fils d'Orode, nommé du vivant de ſon pere ſon ſucceſſeur au thrône des Parthes maîtres de la Perſe, *p.* 207. partage l'autorité ſouveraine avec ſon pere ; ſon parricide & autres cruautés, *ibid. & p. ſuiv.* ſes guerres contre les Romains, *p.* 208. *& ſuiv.* il recouvre ſa couronne uſurpée par Tiridate chef d'une rébellion, *p.* 211. meurt empoiſonné par l'ordre de ſon fils Phraatice, *p.* 212.

Phraatice, après avoir fait empoiſonner ſon pere Phraate IV. monte ſur le thrône des Parthes maitres de la Perſe, *p.* 212. eſt chaſſé du Royaume, *p.* 213. meurt peu de temps après, *ibid.*

Phraortes, fils de Déjocès, ſuccéde à ſon pere au thrône des Medes, ſuivant Hérodote, *p.* 141. tué dans un combat, *ibid.*

Phul, ou *Pul*, premier Roi d'Aſſyrie, dont la Bible fait mention, *p.* 105.

Pilate, fait par Tibere Gouverneur de la Judée, *p.* 59.

Piſiſtrate, Tyran d'Athenes, *p.* 572. remonte pour la troiſiéme fois ſur le thrône, *p.* 573. ſa mort, *ibid.* ſes fils partagent entr'eux le Gouvernement, *ibid.* fin du regne des Piſiſtratides, *p.* 574.

Pluton, *Myth.* p. 392. *& ſuiv.*

Pollux, voyez *Caſtor.*

Polydectes, occupe le thrône de Sparte avec Archelaüs, *p.* 521.

Polydore, cru fils de Cadmus, & ſon ſucceſſeur au Royaume de Thebes, *p.* 542.

Polynice, voyez *Ethéocle.*

Polyſperchon, diſpute à Caſſandre la Régence de la Macédoine, *p.* 636.

Pont (famille du) ; & de la terre, *Myth.* *p.* 395.

Priapatus, fils d'Arſace II. monte, à la mort de ſon pere, ſur le thrône des Parthes maitres de la Perſe, *p.* 193. ſes enfans, *ibid.*

Proclès, voyez *Euryſthene.*

Proetus, Roi d'Argos, *p.* 513. ſa crédulité pour ſa femme ; comment il ſe venge de Bellerophon, *ibid.*

Prométhée, *Myth.* p. 323. *& ſuiv.*

Proſerpine, *Myth.* p. 356. *& ſuiv.*

Prytancé (le), Tribunal d'Athenes, *p.* 553. *& ſuiv.*

Ptolémée, fils de Damaſichton, & ſon ſucceſſeur à la couronne de Thebes, *p.* 544.

Puanepſies (les), fêtes particulieres aux Athéniens, *p.* 466.

Pugilat (le), combat gymnique chez les Grecs, *p.* 448. *& ſuiv.*

Pylagore (le), ſes fonctions parmi les Amphictyons, *p.* 424.

R.

Rachel, mere de Benjamin, *p.* 5. ſa mort, *ibid.*

Rhéa, *Myth*, *p.* 332 *& ſuiv.*

Roboam, fils de Salomon, premier Roi de Juda, *p.* 21. 22. ſes guerres contre Jéroboam ; il introduit dans ſon Royaume le culte des Idôles, *p.* 22. ſa mort, *p.* 23.

S.

Salmanaſſar, ſucceſſeur de Téglathphalaſſar au thrône d'Aſſyrie, *p.* 105.

Salomon, ſa naiſſance, *p.* 17. Roi de toutes les Tribus d'Iſraël, *p.* 19. ſa ſageſſe, *ibid.* jette les premiers fondemens du Temple, *p.* 20. eſt viſité par la Reine de Saba, *p.* 21. ſes égaremens ; ſa mort, *ibid.* le Royaume de David eſt diviſé en deux parties, *ibid.*

Samanides (la Dynaſtie des), maîtreſſe de la Perſe, *p.* 242.

Samſon, trahi par Dalila, *p.* 14. fait périr les Philiſtins, & comment, *ibid.*

Samuel, Juge d'Iſraël, *p.* 14. ſacre Saül, *p.* 15. & David, *ibid.*

Sanchoniaton, Précis de ſon fragment, *p.* 293. *& ſuiv.*

Sapor I. fils d'Artaxare, ſuccéde à ſon pere à l'Empire des Perſes rétabli, *p.* 226. ſes guerres avec les Romains, *ibid. & p. ſuiv.* ſes cruautés, *p.* 227.

Sapor II. fils d'Hormiſdas II. ſuccéde à ſon pere à l'Empire des Perſes rétabli, *p.* 229. ſes différentes expéditions contre les Romains ; & autres Peuples, *ibid. & p. ſuiv.* ſa mort, *p.* 231.

Sapor III. fils d'Artaxerxe, ſuccéde à ſon pere à l'Empire des Perſes rétabli, *p.* 231.

Sarbaras, Général de l'armée de Siroès, ſuccéde au fils de ce Prince *Ardheſir* qu'il avoit fait aſſaſſiner, à l'Empire des Perſes rétabli, *p.* 242. faction en faveur de Bornarim, Prince de la famille Royale, mort bientôt après, *ibid.* Sarbaras eſt déthrôné, & mis à mort, *ibid.*

Sarbarazas, voyez *Sarbaras.*

Sardanapale, trente-troisiéme Roi d'Assyrie, selon Velleius, *p.* 104. sa mort tragique, *ibid.* d'autres Rois de ce Royaume ont porté le même nom, *p.* 96. *& suiv.* Etymologie de ce nom, *p.* 104.

Sassan, frere d'une reine des Perses Sassanides, renonce au thrône, & meurt hors de sa Patrie, *p.* 244. *Ecriv. Or.*

Sassanides (les Perses), *p.* 225. *& suiv.* d'où ils tirent leur nom de Sassanides, *ibid.*

Saturne, *Myth. p.* 342. *& suiv.*

Saül, reconnu Roi par toutes les Tribus des Juifs, assemblées, *p.* 15. il persécute David, & par quel motif, *ibid.* se prive de la vie, *p.* 16.

Schabour I. ou *Shah-Pour*, ou *Sapor*, fils d'Ardschir I. succéde à son pere au thrône des Perses Sassanides, *p.* 246. danger qu'il avoit couru dés le berceau, *p.* 245. variété de sentimens sur ce Prince, *p.* 246. *Ecriv. Or.*

Schabour II. fils posthume de Hormouz II. succède à son pere au thrône des Perses Sassanides, *p.* 248. ses guerres contre les Arabes, & à quelle occasion; contre les Romains, *ibid. & p. suiv. Ecriv. Or.*

Schabour III. fils de Schabour II. succéde à Ardschir II. au thrône des Perses Sassanides, *p.* 249. Prince pacifique, *ibid. Ecriv. Or.*

Schah-Abas III. Roi de Perse, sa mort, *p.* 243.

Schah-Hussein, met fin à la Dynastie des Sophis, & monte sur le thrône de Perse, *p.* 242.

Scheheriar, oncle d'Ardschir III. après avoir fait périr son neveu, s'empare du thrône des Perses Sassanides, *p.* 261. meurt assassiné, *ibid. Ecriv. Or.*

Sédecias, ainsi nommé par Nabuchodonosor, est placé par ce Prince sur le thrône de Jéchonias, son neveu, *p.* 39. ses désordres, *ibid.* sa cruauté envers Jérémie, *p.* 40. a les yeux crevés, & est envoyé dans les prisons de Babylone, *ibid.*

Séleucus, fondateur du Royaume de Syrie, *p.* 191. fait de la Perse une dépendance de ce Royaume, *ibid.*

Sellum, Roi d'Israel, par trahison, *p.* 33. sa mort, *ibid.*

Sellum, voyez Joachaz, fils de Josias.

Sémiramis, après la mort de Ninus, son mari, a la tutele de son fils, & se fait reconnoître pour Souveraine de l'Empire Assyrien, *p.* 98. étend ses Etats, *ibid. & p. suiv.* est déthrônée par son fils, *p.* 99. sa retraite, *ibid.*

Sennacherib, fils & successeur de Salmanassar au thrône d'Assyrie, *p.* 105. son armée détruite miraculeusement; ses cruautés; il est poignardé par ses fils, *p.* 106.

Septantes (les), *p.* 45.

Sethos, dixiéme Roi d'Assyrie, depuis Ninus, *p.* 102.

Sicile (guerre de la), *p.* 590. elle est délivrée de ses Tyrans par Timoléon, *p.* 625. *& suiv.*

Sicyone, le plus ancien des Royaumes de la Grece, *p.* 512. réuni à celui d'Argos, *ibid.* obscurité sur l'histoire de ses Rois, *ibid.*

Simon I. souverain Sacrificateur, après la mort de son pere Onias I. *p.* 45.

Simon II. fils d'Onias II. succéde à son pere à la souveraine Sacrification, *p.* 46. sa piété: il empêche Ptolémée Philipator de pénétrer dans le Temple, *ibid.*

Simon, fils de Matathias, se joint à Antiochus contre Tryphon, qu'il tue dans un combat, *p.* 51. délivre sa patrie de la domination des Rois de Syrie, *ibid.* il étoit alors grand Sacrificateur, *ibid.* est tué, *ibid.*

Siroès, l'aîné des fils de Chosroès II. lui succéde au thrône des Perses Sassanides, *p.* 242. comment il empêcha Merdasas son frere, d'obtenir la couronne que Chosroès vouloit faire passer sur la tête de ce dernier, *p.* 241. ses cruautés envers son pere; sa mort, *p.* 242.

Sisyphe, crû fondateur du Royaume de Corinthe *p.* 540. tué par Thésée, *ibid.*

Smerdis, frere de Cambyse II. mort avant son frere, *p.* 154. 155.

Smerdis le Mage, monte sur le thrône de Perse avant la mort de Cambyse II. & comment, *p.* 154. sa mort tragique, *p.* 155.

Soffariens (la Dynastie des), maîtresse de la Perse, *p.* 242.

Sogdien, fils naturel d'Artaxerxe, après avoir fait assassiner Xerxès II. seul fils légitime d'Artaxerxe, entre en possession du thrône de Perse, *p.* 174. sa mort tragique, *ibid.*

Soleil (le), *Myth. p.* 316. *& suiv.*

Solon, Législateur d'Athenes, *p.* 569. *& suiv.* sa mort, *p.* 571.

Sommeil (le) & les songes, *Myth. p.* 300. *& suiv.*

Sophis (la Dynastie des), maîtresse de la Perse, *p.* 242.

Sofarme, Roi des Medes selon Ctésias, p. 134.
Sparte, voyez *Lacédémone*.
Styx (le), Myth. p. 311. & suiv.

T.

Talmud (le), p. 85.
Tamerlan, fondateur de la Dynaftie des Timurides en Perfe, p. 242. les Aghuans, Peuple Tartare, fe foulevent contre lui, *ibid*. il eft déthrôné par Mirr-Maghmud, p. 243.
Tartare (le), Myth. p. 297. & suiv.
Teglath, ou *Teglathphalaffar*, Roi d'Affyrie, p. 105.
Telchines (les), Myth. p. 391. & suiv.
Teleclè, partage avec Charilas le thrône de Sparte, p. 532. eft tué dans une émeute, *ibid*. à la note.
Teleftès, dernier Roi de la premiere Monarchie de Corinthe, tué dans une conspiration, p. 541.
Temenus, Roi d'Argos, p. 520.
Terre (famille de la) & du Ciel, p. 306. & suiv. & du Pont, p. 395. & suiv. Myth.
Téfamène, fils de Therfandre, Roi de Thebes, monte, après la mort de Pénélée fur le thrône de ses ancêtres, p. 544.
Tethys, Myth. p. 395.
Teutamès, fucceffeur de Bélétaras, au thrône des Affyriens, p. 103.
Thaher, fondateur de la Dynaftie des Thaheriens maîtres de la Perfe, p. 242.
Thamas-Kouli-Khan, chaffe les Aghuans de la Perfe, p. 143. monte fur le thrône des Perfans, après la mort de Schah-Abas III. *ibid*.
Thargelies (les), fêtes particulieres aux Athéniens, p. 467.
Thaumas, Myth. p. 396.
Thébains (les), abandonnent leur ville, & à quelle occafion, p. 544. ils n'y reviennent que cent ans après, *ibid*. leurs différends avec les Lacédémoniens, p. 605. leur entreprife contre Sparte, p. 608. & suiv.
Thebes, d'abord Royaume de la Grece, p. 542. ensuite République, p. 544. ruinée, rebâtie, p. 545. détruite, *ibid*. & p. 635. fon état actuel, p. 545.
Theminus, Roi d'Argos, p. 567.
Thémis, Myth. p. 340. & suiv.
Thémiftocle, Général des Lacédémoniens liguées avec les Athéniens, & autres Peuples de la Grece contre Xerxès, p. 578. bat la flotte des Perfes, *ibid*. rétablit Athenes, p. 579. fon exil, p. 580.

Théogonie, voyez *Héfiode*.
Théopompe, petit-fils de Charilas, Roi de Lacédémone, p. 532. augmente l'autorité des Ephores, *ibid*.
Therfandre, fils de Polynice, felon quelques auteurs, regne fur les Thébains qu'il rappelle de leur fuite, p. 544. tué par Telepe, *ibid*.
Théfée, danger auquel il échappe, p. 564. & suiv. fuccéde à fon pere au thrône d'Athenes, p. 565. fon expéditon contre les Amazones, *ibid*. il périt malheureufement, p. 566.
Thefmophories (les), fêtes particulieres aux Athéniens, p. 467.
Thiremas, fils de Cenus, Roi de Macédoine, p. 618.
Thrafybule, chaffe d'Athenes les trente Tyrans, p. 595. rétablit la Démocratie, p. 596.
Thucydide, Emule de Periclès dans l'adminiftration des affaires des Athéniens, p. 583. oppofe au Peuple le corps des plus illuftres Citoyens, nommé la petite troupe, ou les Grands, *ibid*.
Thymœtes, petit-fils de Demophon, & Roi d'Athenes, p. 566. dépofé, *ibid*.
Timoléon, à la tête des troupes Corinthiennes, porte du fecours aux Syracufains, p. 624. déthrône Denis le Tyran, p. 625. détruit les autres Tyrans de Sicile, p. 626. fa mort, *ibid*.
Timurbeg, voyez *Tamerlan*.
Timurides (la Dynaftie des), maîtreffe de la Perfe, p. 242.
Timurlenck, voyez *Tamerlan*.
Tiridate, Prince de la famille de Vonone I. eft proclamé Roi des Parthes maîtres de la Perfe, à la place d'Artaban, par les foins de Vitellius, p. 214. fa fuite à la vûe d'Artaban, p. 215.
Tiridate, voyez *Arface* II.
Tifamene, fils & fucceffeur d'Orefte, eft chaffé du thrône de Lacédémone, ainfi que de ceux d'Argos & de Mycenes, par les Héraclides, p. 520. & suiv.
Touran-Docki, une des Princeffes de Perfe, après avoir fait affafiner Scheheriar, eft reconnue Reine des Perfes Saffanides, p. 261. regne glorieufement, meurt non fans foupçon de poifon, *ibid*. Ecriv. Or.
Tribus des Juifs, p. 88. & suiv. celles du Jordain, p. 88. & suiv. celles en deçà

deçà du Jourdain du Sud au Nord, p. 90. & suiv. celles vers la Méditerranée, p. 94. & suiv.

Trophonius (Oracle de), p. 411. & suiv.

Tyndare, fils d'Œbale, chassé du thrône de Lacédémone par son frere Hippocoön, p. 520. rétabli par Hercule, & à quelles conditions, ibid.

U.

Ussum-Cassan, de la Dynastie du Mouton Blanc, défait Aboulaïde, p. 242. ses descendants regnent dans la Perse jusqu'à Ismaël-Sophi, fondateur de la Dynastie des Sophis, ibid.

V.

Valens, frere de Perose; lui succéde à l'Empire des Perses rétabli, p. 232. sa mort, ibid.

Varame, usurpateur du thrône des Perses Sassanides sur Chosroès II. p. 240. sa faction est abattue par Chosroès; sa retraite; il meurt empoisonné, ibid.

Varane I. succéde à Hormisdas à l'Empire des Perses rétabli, p. 227.

Varane II. succéde à Varane I. à l'Empire des Perses rétabli, p. 227.

Varane III. fils de Varane II. succéde à ce Prince à l'Empire des Perses rétabli, p. 228. appellé Seganfaa, & pourquoi, ibid.

Varane IV. fils de Sapor III. succéde à son pere à l'Empire des Perses rétabli, p. 231.

Varane V. fils d'Isdigerte, & son successeur à l'Empire des Perses rétabli, p. 231. persécute les Chrétiens, ibid. ses guerres avec les Romains, ibid. & p. suiv. il devient favorable aux Chrétiens, & à quelle occasion, p. 232. sa mort, ibid.

Varane VI. succéde à Varane V. à l'Empire des Perses rétabli, p. 232.

Vesta, Myth. p. 355. & suiv.

Vologèse I. succéde à Vonone II. au thrône des Parthes maîtres de la Perse, p. 217. doute à son sujet, ibid. sa conduite à l'égard de ses freres, ibid. & p. suiv. ses prétentions sur l'Arménie, p. 218. fait la paix avec les Romains, & renouvelle avec eux les anciennes alliances, ibid. & p. suiv.

Vologèse II. fils aîné de Chosroès, succéde à son pere au thrône des Parthes maîtres de la Perse, p. 220. ses guerres contre les Romains, p. 221. sa mort, p. 222.

Vologèse III. succéde à Vologèse II. au thrône des Parthes maîtres de la Perse, p. 222. ses guerres avec les Romains, ibid.

Vonone I. fils de Phraate IV. succéde à Orode II. au thrône des Parthes maîtres de la Perse, p. 213. déposé par les Seigneurs, & soutenu par le peuple; ses guerres avec Artaban; sa retraite en Syrie; porte le titre de Roi d'Antioche, a son séjour assigné en Cilicie, ibid.

Vonone II. Gouverneur de Médie, succéde à Gotarze au Royaume des Parthes maîtres de la Perse, p. 217.

Vulcain, Myth, p. 370. & suiv.

X.

Xanthus, dernier Roi de Thebes, p. 544. tué par surprise dans un combat, ibid. & p. suiv.

Xerxès I. succéde à son pere Darius I. p. 164. ses succès contre les Egyptiens, ibid. son expédition contre les Grecs & ses suites, ibid. & p. suiv. & p. 578. sa fin tragique, p. 169.

Xerxès II. Roi de Perse après son pere Artaxerxe, p. 173. meurt assassiné, ibid.

Xystarque (le), étoit un Officier du Gymnase des Agonothetes, p. 441.

Z.

Zacharie, fils de Jeroboam, & arriere-petit-fils de Jehu, monte sur le thrône d'Israël, p. 32. meurt assassiné, p. 33.

Zambade, mis par les Perses Sassanides sur le thrône à la place de Cavadès, p. 233.

Zambri, usurpe le thrône d'Israël p. 24. périt dans les flammes, ibid.

Zethus, voyez Amphion.

Fin de la Table des Matieres.

APPROBATION.

J'ai lû par Ordre de Monseigneur le Chancelier le sixieme Volume de *l'Introduction à l'Histoire générale de l'Univers* : cette partie, qui comprend l'Histoire ancienne, composée d'après d'*excellens Mémoires*, montre de plus en plus l'utilité de cette nouvelle édition. A Paris, ce 12 Avril 1758. BELLEY.

Fautes essentielles à corriger dans le sixieme Volume.

Page 3. *ligne* 4. Eliczer, *lisez* Eliezer. P. 12. l. 12. le Roi Haï, *lis.* le Roi de Haï. P. 46. l. 18. à la Cour de Perse, *lis.* à la Cour d'Egypte. P. 74. l. 4. le cinquiéme jour, *lis.* le cinquantiéme jour. P. 92. l. 33. *Sebastes*, *lis. Sebastos*. P. 118. l. 42. Dubaste, *lis.* Bubaste. P. 271. l. 1. & 2. l'Armagolide, *lis.* l'Argolide. P. 273. l. 30. l'*Acrocohinthe*, *lis.* l'*Acrocorinthe*. P. 308. l. 14. Nerée & la mere de Grece, *lis.* Nerée & la Mer de Grece. P. 416. dans la premiere note, plus de cinq cents. *lis.* plus de douze cents.

AVIS
SUR LA NOUVELLE ÉDITION
DE L'INTRODUCTION
A
L'HISTOIRE DE L'UNIVERS,

Commencée par le Baron de Pufendorff.

Lorsqu'on entreprit de donner une nouvelle édition de l'*Histoire de l'Univers*, commencée par le Baron de Pufendorff, & continuée par M. Bruzen de la Martiniere, on n'avoit eu d'autre deffein que de corriger les fautes qui fe trouvoient encore dans la derniere édition de cet Ouvrage ; d'y faire quelques augmentations, & de continuer l'Hiftoire de chaque Pays jufqu'à la derniere paix d'Aix-la-Chapelle. C'eft par cette raifon que l'Hiftoire d'Efpagne eft, à plufieurs changements près, femblable à celle de M. de la Martiniere. M. de Grace chargé de la fuite de l'Ouvrage, voyant qu'il lui en coûtoit plus de corriger chaque article, que de le refondre entierement, abandonna, dès le fecond Chapitre du premier Volume, tout ce que M. de la Martiniere avoit fait, & il alla puifer tout ce dont il avoit befoin pour l'Hiftoire de chaque Nation, dans les fources que les Sçavants lui fournirent, ou lui indiquerent.

Maître alors de tracer le plan qui lui paroiffoit le plus utile pour l'étude de l'Hiftoire Univerfelle, il jugea qu'il étoit néceffaire de parler de l'antiquité de chaque Pays, avant que de faire mention des temps poftérieurs, & c'eft déjà en partie en quoi cette nouvelle édition differe de celles de M. de la Martiniere. M. de Grace s'apperçut encore que ce dernier avoit traité trop brievement l'Hiftoire moderne, & il fentit qu'il étoit effentiel de lui donner beaucoup plus d'étendue. En effet, quel fruit peut-on retirer de ces abrégés trop concis, qui ne font que fimplement indiquer quelques évenements fans en faire connoître les caufes? Tel étoit l'Ouvrage de M. de la Martiniere. Il avoit d'ailleurs paffé fous filence l'Hiftoire de plufieurs Peuples ; mais ces omiffions fe trouvent réparées dans la nouvelle édition qu'on préfente au Public.

On y a ajouté l'Hiftoire du Grand Duché de Tofcane, celles de l'ancienne Italie, des Ufcoques, des Irlandois, des Ecoffois, des Samojedes, des Oftiackes, des Lapons, des Livoniens, des Chevaliers *Portes-Epées*, de Curlande, de Lithuanie, de l'Ordre Teutonique, de la Walachie, de la Moldavie, des Awares. Dans le Chapitre de l'Allemagne on a remonté jufqu'à l'antiquité reconnue des premiers habitants de ce pays, & après avoir rapporté ce qu'on lit dans Tacite à leur fujet, on a fait des articles féparés, pour les Suéves, les Allemans, les Francs, les Goths, Wifigoths, Oftrogoths, les Gépides, les Hérules, les Wandales, les Lombards, les Bourguignons, les Alains. On a fait fuivre ces articles par une Hiftoire générale des révolutions que ces Peuples ont occafionnées dans toute l'Europe, en renverfant l'Empire Romain. Ce Chapitre est terminé par différents autres articles qui expliquent tout ce qui peut avoir rapport à la constitution du Corps Germanique.

Telles sont les additions qu'on trouve dans les cinq premiers Volumes qui renferment l'Histoire de l'Europe.

Après avoir ainsi traité cette partie du Monde, l'Auteur ne pouvoit se dispenser de suivre la même méthode pour l'Asie & l'Afrique, c'est-à-dire, qu'il se voyoit obligé de faire mention de l'antiquité de ces pays. Il destina en conséquence le sixieme Volume pour l'Histoire ancienne de l'Asie. La liaison intime qui se trouve entre celle-ci & l'Histoire Grecque, ne permettoit pas de les séparer. Cette Histoire ancienne n'est point une répétition de toutes celles qu'on a données jusqu'à présent: elle est tirée en très grande partie des Mémoires de l'Académie Royale des Inscriptions & Belles-Lettres; c'est le précis de ces sçavantes Dissertations, qui font connoître tous les jours l'avantage que la République des Lettres retire d'un Corps, dont les membres se distinguent continuellement par leur génie & leur profond sçavoir. Conduit par des guides si éclairés, l'Auteur a présenté des vûes nouvelles sur l'Histoire des Assyriens, des Medes & des Grecs. Le système religieux de ces derniers est traité d'une maniere bien différente que dans les Ouvrages de M. l'Abbé Banier, & des autres Mythologues : c'est une exposition nouvelle d'un sujet, dont la connoissance nous est devenue nécessaire pour la Poësie, les Arts & les Sciences.

Toutes ces différentes augmentations n'ont pas permis à l'Auteur de se renfermer dans les bornes étroites de six Volumes, & il se trouve obligé d'en annoncer deux nouveaux pour complettér l'Ouvrage; qui offrira en même temps l'Histoire ancienne & moderne de chaque Pays. La suite de l'Histoire de l'Asie, celles de l'Afrique & de l'Amérique feront la matiere des deux derniers Volumes.

AVIS

DES LIBRAIRES ASSOCIÉS.

A Messieurs les Souscripteurs pour l'Histoire Universelle, commencée par le Baron de PUFENDORFF, continuée par M. BRUZEN DE LA MARTINIERE, refondue, & considérablement augmentée par M. DE GRACE.

Nous avons annoncé dans le *Prospectus* de l'*Histoire Universelle*, qu'elle formeroit six Volumes *in-4°*. Dans cette vûe, nous avons surchargé les Volumes, de maniere que nous avons mis jusqu'à cent feuilles dans un même : nous avons eu moins égard à notre intérêt qu'au désir de satisfaire le Public, & nous avons préféré cette surcharge, plutôt que de diviser l'ordre des matieres. Malgré cette précaution, il ne nous est pas possible de donner l'Histoire Universelle complette sans y ajouter encore deux Tomes, que nous promettons de donner, les deux ensemble, à la fin de cette année 1758; ce que nous pouvons d'autant mieux assurer, que l'Auteur est fort avancé sur son manuscrit.

Messieurs les Souscripteurs retireront le sixieme Volume au prix ordinaire, & on leur tiendra compte de la premiere avance sur les deux derniers Volumes, qui seront du même prix que les six premiers.

Nous croyons avoir mérité la confiance du Public par notre désintéressement, & par la belle exécution de cet Ouvrage; aussi nous nous flattons que l'on voudra bien concourir à sa perfection, en s'empressant de retirer le sixieme Volume sous la condition que nous proposons.

www.ingramcontent.com/pod-product-compliance
Lightning Source LLC
Chambersburg PA
CBHW050056230426
43664CB00010B/1335